**Crimes contra
Ordem Tributária**

Crimes contra
Ordem Tributária

Crimes contra Ordem Tributária
DO DIREITO TRIBUTÁRIO AO DIREITO PENAL

Atas do Seminário Crimes contra a Ordem Tributária
Faculdade de Direito da USP – São Paulo, abril de 2019.

2018

Coordenação:
Gisele Barra Bossa
Marcelo Almeida Ruivo

Organização Executiva:
Mariana Monte Alegre de Paiva

CRIMES CONTRA ORDEM TRIBUTÁRIA
DO DIREITO TRIBUTÁRIO AO DIREITO PENAL
© Almedina, 2018

COORDENAÇÃO: Gisele Barra Bossa e Marcelo Almeida Ruivo
DIAGRAMAÇÃO: Almedina
DESIGN DE CAPA: FBA
ISBN: 9788584934188

Dados Internacionais de Catalogação na Publicação (CIP)
(Câmara Brasileira do Livro, SP, Brasil)

Crimes contra Ordem Tributária : do direito tributário ao direito penal / organização Gisele Barra Bossa, Marcelo Almeida Ruivo. -- São Paulo : Almedina, 2018.
Vários autores.

Bibliografia.
ISBN 978-85-8493-418-8

1. Contravenções fiscais - Brasil 2. Direito penal - Brasil 3. Direito tributário - Brasil 4. Infrações contra a legislação tributária I. Bossa, Gisele Barra. II. Ruivo, Marcelo Almeida.

18-22309   CDU-343.359.2(81)

Índices para catálogo sistemático:

1. Brasil : Crimes contra a ordem tributária : Direito penal 343.359.2(81)

Cibele Maria Dias – Bibliotecária – CRB-8/9427

Este livro segue as regras do novo Acordo Ortográfico da Língua Portuguesa (1990).

Todos os direitos reservados. Nenhuma parte deste livro, protegido por copyright, pode ser reproduzida, armazenada ou transmitida de alguma forma ou por algum meio, seja eletrônico ou mecânico, inclusive fotocópia, gravação ou qualquer sistema de armazenagem de informações, sem a permissão expressa e por escrito da editora.

Novembro, 2018

EDITORA: Almedina Brasil
Rua José Maria Lisboa, 860, Conj.131 e 132, Jardim Paulista | 01423-001 São Paulo | Brasil
editora@almedina.com.br
www.almedina.com.br

NOTA DOS COORDENADORES

A realidade corporativa atual desafia os envolvidos a solucionar problemas jurídicos complexos envolvendo institutos de direito público e privado. O direito penal empresarial é um dos principais espaços de incertezas e conflitos entre: sócios, sócios e administradores e administradores e o Estado. Especificamente no âmbito do direito penal tributário, assistimos o conflito de interesses entre as atuações empresarial e estatal.

Sabemos que o cumprimento das diretrizes constitucionais dos fundamentos e objetivos da República[1] impõe diversas questões de ordem prática que demandam efetivo trabalho integrado e colaborativo de diferentes profissionais da prática e da teoria dos direitos tributário e penal.

O próprio cotidiano das empresas tem mostrado a importância do trabalho conjunto envolvendo os diversos setores corporativos, o jurídico empresarial e os escritórios de advocacia especializados e a interação dos advogados com contadores, auditores e economistas. A multidisciplinaridade e a interdisciplinaridade são imperativas na busca de soluções eficientes.

O direito tributário e direito penal são disciplinas com histórico de limitação das tendências de abuso e arbítrio no exercício dos poderes públicos. Os dois ramos apresentam semelhanças científicas com origem na noção de Estado de Direito moderno, atento à proteção da liberdade e da segurança dos direitos do cidadão diante de abusos dos poderes públicos.[2] A importância da lei e da metodologia jurídica rigorosa de interpretação são pontos comuns da prática e da teoria do direito tributário e penal.

Não é por acaso que o direito penal tributário assume protagonismo e coloca em evidência potenciais antinomias. A constitucionalidade dos crimes contra ordem tributária (Lei 8.137/90) foi discutida pelo Supremo

---

[1] Arts. 1º, III e IV e 3º, I, II e III, da CF/88.
[2] BECCARIA, Cesare, *Dos delitos e das penas*, Trad. José de Faria Costa, 3º ed., Lisboa: Fundação Calouste Gulbenkian, 2009, p. 63.

Tribunal Federal,[3] por eventual violação ao impedimento de prisão por dívidas do art. 5º, LXVII, da CF.[4] A Corte Constitucional rejeitou a alegação dizendo que os crimes contra a ordem tributária não são apenas dívidas do cidadão com o fisco, mas antes protegem valores fundamentais para a manutenção do Estado.

O Estado Contemporâneo é sabidamente um "Estado Fiscal"[5] que tem os tributos como fonte primária de receitas. Nesse sentido, as condutas capazes de elidir, reduzir ou eliminar o recolhimento dos tributos tendem a ser fortemente combatidas e criminalizadas, mesmo quando legítimas.

As técnicas de planejamento fiscal, leia-se adoção de formas lícitas capazes de promover economia tributária, são "crucificadas" pelas autoridades fiscais e enquadradas, no curso do processo administrativo tributário, como práticas evasivas – incidência da multa qualificada do art. 44, § 1º, da Lei 9.430/96[6]. Será que cabe ao direito penal (*ultima ratio*) coibir condutas alinhadas aos valores constitucionais da livre-iniciativa e da autonomia privada para preservar o suposto interesse público?

O avanço qualitativo do cruzamento de dados oriundos de grandes operações policiais, de delações premiadas e acordos de leniência, da Receita Federal do Brasil (RFB), das Receitas Estaduais, do Banco Central, Comissão de Valores Mobiliários (CVM) e Conselho de Controle de Atividades Financeiras (COAF) tem aumentado as hipóteses de incidência da legislação penal tributária no cotidiano. Cada vez mais vivenciamos casos concretos que ampliam a diversidade de desafios relacionados ao direito penal e a preservação de garantias constitucionais.

Há questões que demandam respostas adequadas, dentre elas: (i) a distinção prático-conceitual entre as figuras da elisão, elusão e evasão e a delimitação técnica de quais podem ou não ser consideradas crime; (ii) as semelhanças

---

[3] STF, ARE 999425, Min. Lewandowski, Tribunal Pleno virtual, Julg. 02/03/2017, DJe-050, Divulg 15/03/2017, Pub. 16/03/2017.

[4] "art. 5º, (...) LXVII – **não haverá prisão civil por dívida,** salvo a do responsável pelo inadimplemento voluntário e inescusável de obrigação alimentícia e a do depositário infiel"

[5] CASALTA NABAIS, José, "O princípio da legalidade fiscal e os actuais desafios da tributação", *Boletim da Faculdade de Direito*, Coimbra: Gráfica Coimbra, 2003, p. 1060.

[6] *"Art. 44. Nos casos de lançamento de ofício, serão aplicadas as seguintes multas:*
I - de 75% (setenta e cinco por cento) sobre a totalidade ou diferença de imposto ou contribuição nos casos de falta de pagamento ou recolhimento, de falta de declaração e nos de declaração inexata; (...) § 1º O percentual de multa de que trata o inciso I do caput deste artigo será duplicado nos casos previstos nos arts. 71, 72 e 73 da Lei nº 4.502, de 30 de novembro de 1964, independentemente de outras penalidades administrativas ou criminais cabíveis." Tais artigos conceituam a sonegação (art. 71), a fraude (art. 72), e o conluio (art. 73).

e diferenças entre o ilícito tributário e o ilícito penal; (iii) as consequências penais do Regime Especial de Regularização Cambial e Tributária (RERCT); (iv) as consequências tributárias do Acordo de Leniência (art. 87, § único, da Lei 12.529/11) para os crimes contra a ordem econômica (art. 4º, da Lei 8137/90) e diretamente relacionados à prática de cartel e associação criminosa (art. 288, do CP); (v) as consequências tributárias da delação premiada nos crimes de corrupção (art. 4º, da Lei 12.850/2013); (vi) a eventual responsabilidade dos contadores, advogados, conselho de administração; (vii) a tributação do proveito econômico decorrente de prática criminosa; (viii) a necessária observância da súmula vinculante nº 24 do STF.

São temas práticos profundamente relevantes para a justiça e o desenvolvimento econômico que exigem a reflexão do jurista, a fim de bem orientar os poderes públicos na melhora da legislação, na atuação administrativo-judicial e no estreitamente da relação entre fiscos e contribuintes.

A redução do chamado *Brazilian Tax Gap* – a diferença de tributos que deveria ser recolhido ao erário e o montante de fato recolhido – depende da reformulação do sistema tributário brasileiro, da imposição de contrapartidas mensuráveis quando da instituição de eventuais benefícios fiscais, bem como da adoção de medidas de transparência e de redução do gasto público capazes de estimular o adimplemento tributário.

O *cooperative compliance* é fruto da confiança entre administradores e administrados, a implementação de políticas claras de reversão dos valores arrecadados para o atendimento das necessidades básicas dos cidadãos é um bom caminho, seguramente mais salutar e efetivo do que a criminalização de condutas em tempos de crise.

É neste cenário incerto e bastante desafiador que concebemos, então, a ideia da obra *"Crimes Contra Ordem Tributária: Do Direito Tributário ao Direito Penal"*.

Com participação de coautores tributaristas e criminalistas reconhecidos nacional e internacionalmente, buscamos por meio desta iniciativa superar a superficialidade na avaliação de problemas complexos e evitar teorizações e classificações excessivas que se distanciem da realidade prática dos fenômenos. O trabalho interdisciplinar de reconhecimento e solução dos problemas é a linha mestra deste projeto e todos os coautores têm real espírito público para trazer caminhos promissores à economia com justiça social.

A preservação dos valores segurança, equidade e efetividade na resolução de conflitos de interesse depende da maior aproximação e interação dos agentes envolvidos: professores especializados, *players* de mercado e representantes das três esferas de poder. Equalizar é dialogar. Negociar significa estar pronto para ceder.

Desejamos uma boa e profícua leitura a todos.

Gisele Barra Bossa e Marcelo Almeida Ruivo

Prefácio
Modernidade e Reflexões

Miguel Reale Júnior

O livro reúne 31 artigos tendo por tema central os Crimes contra a Ordem Tributária, em coletânea que contou com a coordenação de Marcelo Almeida Ruivo, Doutor por Coimbra e de Gisele Barra Bossa, Doutoranda em Coimbra, auxiliados por Mariana Monte Alegre de Paiva, Mestre pela FGV – Direito de São Paulo, na organização.

Participam da obra consagrados juristas brasileiros, como Alexandre Wunderlich, Antonio Cláudio Mariz de Oliveira, Davi Tangerino, Pierpaolo Cruz Bottini, Renato de Mello Jorge Silveira e Sérgio Salomão Shecaira, bem como juristas portugueses do quilate de José Faria Costa e Manuel da Costa Andrade. Ao lado deles, estão duas dezenas de doutores e mestres por diversas universidades brasileiras e de Coimbra e reconhecidos advogados.

Os trabalhos suscitam a reflexão sobre temas da maior atualidade. Vou gizar apenas alguns dos temas levantados, dando destaque especial para as contribuições dos mestres e doutores.

Trago, inicialmente, à baila, a proposta de Luciana Ibiapina Lira Aguiar de se instituir como medida preventiva e punitiva a divulgação de lista de sonegadores ao lado da categorização de contribuintes segundo variáveis quantitativas e qualitativas.

Alexandre Wunderlich e Marcelo Azambuja Araújo examinam o papel que podem ter, no campo tributário, os programas de conformidade como mecanismos de controle e de apuração de responsabilidades dentro da empresa, evitando-se práticas contrárias ao direito que podem gerar grandes passivos e dano à imagem. Propugnam, então, pela "adoção de uma plena cultura de conformidade".

Outra contribuição merecedora de atenção está na possibilidade de responsabilização do Estado por danos tributários em face da imputação indevida de ilícito tributário, questão levantada pelo artigo de Andreia Scapin. Como convite à meditação, leia-se o artigo de Ameleto Masini Neto e Maurício Yjichi Haga, que propõem superar-se os pontos frágeis da Lei n. 12.846/13, como a imprevisibilidade relativa à garantia dos benefícios e a falta de interlocução com outras áreas também tipificadoras de condutas de violação da corrupção.

Luis Henrique Marotti Toselli aborda a questão da tributação da propina, sendo a seu ver tributável o benefício econômico recebido como propina, sendo ademais, o pagamento de propina "despesa indedutível".

Importante a conclusão de Mariana Correia Pereira, para quem não deflui do disposto na Súmula 24 do STF[1] que o término do processo tributário administrativo conduza obrigatoriamente a se instaurar ação penal, sendo necessário que o crédito tributário seja exigível para "se viabilizar a discussão criminal de uma cobrança tributária", pois não há, a seu ver, crime se não estiver consolidada a exigibilidade do débito tributário.

Analisando as consequências da Súmula 24, Fernanda Regina Vilares, reconhece em geral a propositura de Ação Penal, porém, defende a possibilidade de ser atingida excepcionalmente a justa causa para o processo criminal antes desse término quando a investigação trouxer, mormente a partir de outras anteriores sonegações, prova certa da ocorrência do delito, visando-se, então, a eficiência da persecução penal.

Já os advogados Luiz Roberto Peroba Barbosa e Mário Panseri Ferreira entendem dever ser expressamente estatuída a suspensão da pretensão punitiva do Estado se o débito tributário estiver sendo judicialmente discutido, estando o juízo devidamente garantido.

Vendo na extinção da punibilidade pelo pagamento do tributo um péssimo incentivo à prática delituosa, Cristiano Rosa de Carvalho e Reginaldo dos Santos Bueno sugerem, caso não se alcance o ideal (a supressão da causa extintiva), em casos de comprovação administrativa do débito tributário, como incremento para se vir a recolher o tributo, a imposição de obrigações de fazer e não-fazer, como, por exemplo, termo de ajustamento de conduta com o

---

[1] A Súmula 24 do STF edita: "Não se tipifica crime material contra a ordem tributária, previsto no art. 1o. incisos I a IV da Lei n. 8.137/90, antes do lançamento definitivo do tributo".

Ministério Público. Mas, concluem: o sistema tributário é ruim ao ser produtor tanto de injustiças, como de anistias e formas de extinção de punibilidade.

Renato Silveira consegue estabelecer critérios de distinção entre o concurso de agentes formado pelos diretores que unem esforços para eventual sonegação fiscal e a constituição de efetiva associação criminosa, hipótese que se caracteriza quando se está diante de uma "empresa de fachada, em que o aspecto legal oculta a ilegalidade que a permeia".

Na contribuição dos juristas portugueses realço o artigo de Manuel da Costa Andrade que faz interessante paralelo entre o crime de burla (nosso estelionato) previsto nos artigos 217 e 218 do Código Penal e o crime de burla tributária estatuído no art. 87 do Regime Geral de Infrações Tributárias (RGIT), acentuando curiosas diferenças nas descrições típicas.

O crime fiscal é sem dúvida uma forma de estelionato, em que ressalta o aspecto da fraude, como forma de eliminação ou redução do tributo. Costa Andrade destaca as divergências entre os tipos penais, que não deixam de ser surpreendentes. Com efeito, dispõe o Código Penal o seguinte no art. 217 ao estatuir o estelionato ou burla:

> Art. 217. Quem, com intenção de obter para si ou para terceiro enriquecimento ilegítimo, por meio de erro ou engano sobre factos que astuciosamente provocou, determinar outrem à prática de actos que lhe causem, ou causem a outra pessoa, prejuízo patrimonial é punido com pena de prisão até três anos ou com pena de multa.

No RGIT – Lei n.º 15/2001, no art. 87º – define-se o crime de burla tributária:

> "1 – Quem, por meio de falsas declarações, falsificação ou viciação de documento fiscalmente relevante ou outros meios fraudulentos, determinar a administração tributária ou a administração da segurança social a efetuar atribuições patrimoniais das quais resulte enriquecimento do agente ou de terceiro é punido com prisão até três anos ou multa até 360 dias."

Diante destes textos, Costa Andrade bem destaca que enquanto na burla comum exige-se um prejuízo ao fisco como dado objetivo e uma intencionalidade, a de obter enriquecimento ilegítimo, na burla tributária pressupõem-se como resultado objetivo o enriquecimento do agente, sem, no entanto, fazer referência a ser o enriquecimento ilegítimo.

Como bem diz Costa Andrade, o afastamento do modelo da Burla comum na definição da Burla Tributária "não é facilmente compreensível".

A responsabilidade penal da pessoa jurídica não deixou de ser abordada exatamente por dois professores titulares de Direito Penal, um de Coimbra, Faria Costa e outro da USP, Salomão Shecaira.

A leitura dessa obra coletiva merecia prefácio mais extenso, com referência a todos trabalhos que a compõem. Mas, apenas busquei chamar a atenção à multiplicidade de temas e à sua modernidade, o que recomenda a leitura compassada deste livro que antes de tudo provoca indagações e reflexões em campo já repleto de dúvidas.

SUMÁRIO

Parte I
Interação entre o Direito Tributário e o Direito Penal

O Princípio da Função Social da Empresa como Baliza à Imputação da
Prática de Crimes Contra a Ordem Tributária 19
Mariana Monte Alegre de Paiva

Compliance e Governança Corporativa: É Preciso Reconhecer e
Premiar Boas Práticas 43
Luciana Ibiapina Lira Aguiar

Lei Anticorrupção e Acordos de Leniência-Impactos Tributários:
Uma Abordagem Profunda Visando a Defesa dos Interesses Públicos e do Erário ... 67
Ameleto Masini Neto
Mauricio Yjichi Haga

Responsabilidade do Estado e do Agente Público por Danos Tributários 93
Andreia Scapin

A Tributação da "Propina", Efeitos Penais e as Práticas Adotadas Pela Fiscalização 121
Luis Henrique Marotti Toselli

Parte II
Dos Crimes Contra Ordem Tributária e a Dinâmica do
Processo Administrativo e Judicial Tributário

Abertura de Inquérito Policial na Pendência de Processo Administrativo
Tributário Estadual ou Municipal: Aplicação da Súmula Vinculante 24 151
Hugo de Brito Machado Segundo
Raquel Cavalcanti Ramos Machado

A Súmula Vinculante 24 do Supremo Tribunal Federal e a Discussão Judicial
do Crédito Tributário..171
Mariana Correia Pereira

Aspectos Penais do Débito Fiscal Judicialmente Garantido.................................. 195
Luiz Roberto Peroba Barbosa
Mário Panseri Ferreira

A Dinâmica do Processo Penal nos Crimes Contra a Ordem Tributária:
o Papel do Processo Administrativo Fiscal e a Necessária Revisão da
Súmula Vinculante Nº 24 do STF 213
Fernanda Regina Vilares

O Pagamento Como Causa Extintiva da Punibilidade e o Risco Moral
(Moral Hazard)..237
Cristiano Rosa de Carvalho
Reginaldo dos Santos Bueno

Indícios de Corrupção e Anulação de Decisões pelo CARF................................. 253
Joyce Roysen
Mônica Pereira Coelho de Vasconcellos

Responsabilidade Penal Tributária e a Representação Fiscal Para Fins Penais....269
Jair Jaloreto
Sidney Stahl

Multa Qualificada e Multa Agravada em Matéria Tributária................................289
Charles William McNaughton

Contributos Práticos Para Introdução da Declaração de Planejamento
Tributário Abusivo no Brasil e a Experiência Malsucedida da MP 685/2015 315
Gisele Barra Bossa

Condutas Neutras: Uma Análise do Risco da Advocacia Frente à
Criminalidade Econômica..339
José Danilo Tavares Lobato

Uma Análise Crítica Sobre a Regularização de Ativos no Exterior 357
Elisabeth Lewandowski Libertuci
Pierpaolo Cruz Bottini

Regularização de Ativos e a Origem dos Recursos: Presunção de Legalidade
Versus Ônus da Prova do Fisco 379
Eduardo Perez Salusse
Antonio Cláudio Mariz de Oliveira

Confissão Tributária e Sua Eficácia no Processo Penal 399
Pedro Adamy

Parte III
Dos Crimes Contra Ordem Tributária e o Processo Penal Respectivo

Os Crimes de Sonegação Fiscal (Arts. 1º e 2º, Lei 8.137/90) 429
Marcelo Almeida Ruivo

PLs 236/2012: Reforma do Código Penal e os Crimes Contra a Ordem Tributária 453
Davi de Paiva Costa Tangerino
Henrique Olive Rocha

Os Crimes Fiscais em Portugal 471
Susana Aires de Sousa

A Fraude Fiscal – Dez Anos Depois, Ainda Um "Crime de Resultado Cortado"? 491
Manuel da Costa Andrade

A Responsabilidade Jurídico-Penal da Empresa e dos Seus Órgãos (ou Uma
Reflexão Sobre a Alteridade nas Pessoas Colectivas, à Luz do Direito Penal) 533
José de Faria Costa

Responsabilidade Penal dos Sócios e Administradores Por Crimes Contra
Ordem Tributária: Pressupostos da Legislação Brasileira 555
Pablo Rodrigo Alflen

A Responsabilidade Penal dos Sócios e Administradores no Âmbito dos
Delitos Tributários 581
Augusto Assis

Crimes Tributários e a Responsabilidade da Pessoa Jurídica nos Modelos
Italiano e Espanhol: Em Busca de Novos Caminhos Para a Redução
da Sonegação no Brasil 603
Fábio André Guaragni

O Atual Estágio da Responsabilidade Penal da Pessoa Jurídica no Brasil..............633
Sérgio Salomão Shecaira
Leandro Sarcedo

As Investigações Internas Empresariais e a Tutela da Ordem Tributária.............. 651
Alexandre Wunderlich
Marcelo Azambuja Araujo

Associação Criminosa e Crimes Contra a Ordem Tributária...................................665
Renato de Mello Jorge Silveira

Da Tipificação dos Crimes Previdenciários: Compatibilidade e
Proporcionalidade Prática... 681
Maysa de Sá Pittondo Deligne
Sara Carvalho Matanzaz

Os Sujeitos dos Processos Penal e Tributário: Problemática e Proposições 707
Daniela Silveira Lara
Débora Motta Cardoso

Sobre os Autores...729

Parte I
Interação entre o Direito Tributário e o Direito Penal

O Princípio da Função Social da Empresa como Baliza à Imputação da Prática de Crimes Contra a Ordem Tributária

Mariana Monte Alegre de Paiva

1. Introdução

O campo de estudo envolvendo os chamados crimes contra a ordem tributária é certamente um dos mais ricos no que diz respeito à imensa quantidade de temas polêmicos e complexos. A ideia por trás dessa obra coletiva é justamente tratar, com um viés mais prático e objetivo, das várias questões que impactam o dia-a-dia das empresas, dos indivíduos envolvidos, dos profissionais que atuam nesse campo e dos Julgadores que examinam os casos concretos. A interdisciplinaridade entre Direito Penal e Direito Tributário, bem como a própria profundidade inerente aos temas, fornece assuntos interessantes que merecem ser bem explorados. Essa é a missão – nada fácil, diga-se de passagem – que foi dada aos dedicados autores dessa obra.

Assim, como se verá nos próximos artigos, tratando-se de crimes contra a ordem tributária, temas relevantes não faltam! A função socioeducativa das penas, a possibilidade de responsabilização criminal das empresas, a real eficácia repressiva das práticas ilegais, a dosimetria das penas com base em diversos parâmetros, as hipóteses de extinção ou suspensão da punibilidade em função de garantias apresentadas em processos tributários, a possibilidade de anulação de processos tributários em função de crimes de corrupção praticados, a tributação dos rendimentos auferidos com a prática de atos ilegais...

O desafio proposto nesse artigo, porém, foi o de dar um passo atrás e, ao invés de tratar de um desses ricos temas que afligem o quotidiano dos que trabalham nesse campo, o artigo pretende explorar os tipos penais dos crimes contra a ordem tributária sob a perspectiva de um dos principais princípios do nosso ordenamento: a função social da empresa.

Como será desenvolvido, o artigo pretende propor o princípio da função social da empresa como baliza à imputação da prática de crimes contra a ordem tributária. No atual cenário brasileiro, verifica-se que muitas vezes as Autoridades atribuem a prática de crimes em situações quotidianas de mero descumprimento da legislação tributária, em que não há dolo, má-fé, fraude ou qualquer elemento que justifique a criminalização. Pode-se afirmar que a atribuição de crimes até mesmo é utilizada como ferramenta para coagir as empresas a realizar o pagamento das dívidas tributárias. Os sócios, administradores, diretores e indivíduos indevidamente responsabilizados sofrem uma série de consequências danosas, e, no pior cenário, a própria continuidade da empresa é ameaçada. A ponderação precisa ser feita: vale proteger a ordem tributária e o interesse arrecadatório do Estado a qualquer custo?

Mais lembrado quando se cuida da propriedade e dos contratos, o princípio da função social da empresa, em sua acepção comum, determina que a empresa, na figura dos seus acionistas e administradores, não tem apenas a obrigação de cumprir as leis, mas sim o dever social de alinhar o desenvolvimento empresarial aos interesses da coletividade. Esse dever é consequência lógica e direta do princípio da função social da empresa: no mundo em que vivemos, a empresa não pode visar apenas o lucro para seus acionistas, já que também tem a função de atender os interesses dos demais *stakeholders* que estão ao seu redor, quais sejam, o Fisco, os trabalhadores, os consumidores, o meio-ambiente etc.

Mas, afinal, como harmonizar a necessidade da proteção à ordem tributária e ao interesse arrecadatório do Estado sem deixar de lado o princípio da função social da empresa?

Para responder tal indagação, o presente artigo foi dividido da seguinte forma: esta breve Introdução, o bem jurídico tutelado: a ordem tributária e o interesse arrecadatório *versus* a preservação da atividade econômica; o significado, a abrangência e a concretização do princípio da função social da empresa; o princípio da função social como baliza à criminalização, bem como o princípio da livre iniciativa também como baliza; e conclusões e desafios sobre a perspectiva proposta.

2. O Bem Jurídico Tutelado: a Ordem Tributária e o Interesse Arrecadatório *Versus* a Preservação da Atividade Econômica

Quando se pensa a respeito da própria finalidade da criminalização prevista na famosa Lei nº 8.137/1990 ("Lei de Crimes contra a Ordem Tributária"), ou seja, da existência dos tipos penais ali dispostos, é claro que os tipos penais existem para proteger o interesse público, mais especificamente, o erário e a arrecadação, e, de certa forma, a ordem tributária como um todo.

Hugo de Brito Machado[1] destaca que uma visão simplista e superficial poderia levar à conclusão de que os tipos penais dos crimes contra a ordem tributária visam proteger exclusivamente arrecadação, quando, na verdade, no seu entender, o bem jurídico tutelado é a ordem tributária como um todo. O autor distingue o interesse público primário e o secundário, no sentido de que o interesse primário seria a ordem tributária, que tem como finalidade preservar a própria existência do Estado, e, como reflexo, o interesse secundário acaba sendo a arrecadação em si. Vale transcrever abaixo:

> Realmente, nos crimes contra a ordem tributária, como esta expressão bem o diz, o bem jurídico protegido é a ordem tributária e não o interesse na arrecadação do tributo. A ordem tributária, como bem jurídico protegido pela norma que criminaliza o ilícito tributário, não se confunde com o interesse da Fazenda Pública. A ordem tributária é o conjunto das normas jurídicas concernentes à tributária. É uma ordem jurídica, portanto, e não um contexto de arbítrio. É um conjunto de normas que constituem limites ao poder de tributar, e, assim, não pode ser considerado instrumento exclusivo da Fazenda Pública como parte das relações de tributação.
>
> Na verdade, o interesse da Fazenda Pública na relação de tributação é um interesse público secundário. A ordem tributária, como objeto do interesse público primário, resta protegida pelas normas que definem os crimes em estudo neste livro.

Outra interpretação foi adotada por Davi Tangerino e Rafael Braude Canterji[2], na linha de que, no fundo, o interesse jurídico verdadeiramente tutelado seria de fato a arrecadação. Na sua visão, diferentemente do direito penal

---

[1] MACHADO, Hugo de Brito. Crimes contra a ordem tributária. São Paulo: Atlas, 2009. 2ª edição. p. 23.
[2] TANGERINO, Davi e CANTERJI, Rafael Braude. Estado, Economia e Direito Penal: o Direito Penal Tributário no Liberalismo, no Wellfare State e no Neoliberalismo. In Direito Penal Tributário. São Paulo: Quartier Latin, 2007. p. 43.

clássico – em que a norma penal seria dirigida a todos os cidadãos (criminalização primária) e que, apenas quando efetivada a sua aplicação, haveria a seleção dos destinatários das leis penais (criminalização secundária) – no direito penal atual os destinatários das regras penais já são conhecidos desde o primeiro momento, de modo que a criminalização primária já corresponderia a um momento de "seleção criminalizante", funcionando as regras penais como efetivas ferramentas coercitivas aos empresários. Segundo os autores, trata-se da "inversão da seletividade". Nos crimes contra a ordem tributária, a mesma lógica se aplica: as previsões de crimes e respectivas sanções são já direcionadas aos empresários como ferramenta coercitiva.

Outro importante aspecto levantado diz respeito à extinção da punibilidade dos crimes pelo pagamento do tributo, que, sendo uma *"estratégia despenalizante"*, evidencia que esse direito penal tributário, na realidade, tem como propósito proteger o erário. Diante disso, os autores concluem que o bem jurídico tutelado pelos crimes contra a ordem tributária seria o interesse arrecadatório do Estado. Confira-se:

> Se não pretende o Direito penal tributário impor pena aos seus agentes, o que prenderá? Arrecadar. Esse é o lema. Claramente às funções de pena acresce-se uma nova: a finalidade arrecadatória. A sanção penal é um upgrade nas sanções tributárias.
>
> E com isso tem-se a última característica desse novo Direito penal tributário: a desconfiguração de um bem jurídico, em seus contornos garantistas, para um etéreo, intangível (a ordem tributária), em cujo nome desfigura-se o Direito penal a serviço de interesses estatais outros.

Seja a ordem tributária, em sua concepção mais abstrata, ou o interesse arrecadatório, em uma visão mais objetiva, é certo que os crimes contra a ordem tributária tem especial importância no nosso ordenamento jurídico e exercem um papel crucial ao controlar os contribuintes, desestimulando as práticas abusivas e ilícitas e penalizando quando de fato praticadas. É inegável que a sociedade não pode abrir mão dessa criminalização, inclusive no caótico cenário de corrupção e sonegação no qual nos encontramos atualmente. O interesse público por trás merece ser protegido.

Porém, na prática, tem se verificado, na nossa realidade brasileira, excessiva criminalização e imputação por vezes indevida e indiscriminada de práticas de crimes contra a ordem tributária contra os indivíduos, em geral, os acionistas e administradores das empresas. E essa prática por parte das Autoridades Fiscais, levada a cabo pelas Autoridades Criminais, tem gerado efeitos bastante perversos, trazendo grande insegurança jurídica, o que desestimula os investimentos produtivos e que pode, em última instância, minar a própria atividade econômica.

De acordo com os dados do Plano Anual da Fiscalização da Secretaria Federal do Brasil, as Autoridades Fiscais Federais realizaram 4859 Representações Fiscais para Fins Penais ("RPPF") no ano de 2014 (28,3% do total dos processos), 2782 RPPF, representando 28,1% do total das autuações em 2015[3] e 2437 RPPF, correspondendo a 27,05% do total de autuações em 2016[4].

Segundo o Decreto nº 982/1993, os Auditores-Fiscais do Tesouro Nacional, ou seja, os Auditores da Receita Federal, são obrigados a proceder com a RPPF sempre que apurarem ilícitos de sonegação fiscal e crime contra a ordem tributária. O descumprimento desse dever legal pode gerar eventuais irregularidades funcionais.

Assim, sob a alegação de cumprirem seu dever legal, os Auditores realizam, de forma cada vez mais frequente, as representações quando da lavratura de Autos de Infração para cobrança de tributos federais, que são encaminhadas ao Ministério Público Federal ("MPF") ao final dos processos administrativos tributários. Cabe então ao MPF analisar os indícios e, se for o caso, oferecer denúncia que, se admitida, gera a instauração dos processos criminais.

Os dados mostram que, em média, em quase 30% dos processos tributários o Fisco entendeu que os acionistas, diretores ou administradores teriam praticado atos de crimes contra a ordem tributária[5]. Ou seja, em 30% dos casos as empresas, representados nas figuras dos seus indivíduos responsáveis, agiram de forma ilícita com intenção dolosa de fraudar o Fisco.

Importante adicionar que, na esfera federal, o Conselho Administrativo de Recursos Fiscais ("CARF"), órgão julgador máximo do contencioso tributário, prioriza o julgamento das autuações que envolvam *"circunstâncias indicativas*

---

[3] Disponível em: http://idg.receita.fazenda.gov.br/dados/resultados/fiscalizacao/arquivos-e-imagens/plano-anual-fiscalizacao-2016-e-resultados-2015.pdf.
[4] Disponível em: http://idg.receita.fazenda.gov.br/dados/resultados/fiscalizacao/arquivos-e-imagens/plano-anual-de-fiscalizacao-2017-e-resultados-2016.pdf.
[5] Vide ainda dados específicos da Delegacia da Receita Federal de Bauru de 2013, que bem ilustram os dados divulgados pela RFB. Entre 2005 a 2013, 69% das empresas autuadas foram investigadas pelo MPF. 1.093 pessoas físicas foram intimadas pela Delegacia, e em 34% dos casos os processos foram remetidos ao MPF. Disponível em: http://www.jcnet.com.br/Economia/2013/07/metade--dos-casos-de-sonegacao-e-arquivada.html.

de crime contra a ordem tributária, que tenha sido objeto de representação fiscal para fins penais"[6]. Assim, em tese esses 30% de casos que o Fisco indicou indícios de crime tramitam mais rapidamente do que os demais.

Conforme dados do MPF, mais de 80% das denúncias oferecidas envolvendo crimes contra a ordem tributária tem sido aceita pelos Juízes: 80,46% no 2º semestre de 2015, 79,64% no 1º semestre de 2016, 80,54% no 2º semestre de 2016 e 80,79% no 1º semestre de 2017[7].

Mas será que em todos esses casos em que as Autoridades Fiscais identificam elementos que evidenciam a prática criminosa e que são levado à análise do Poder Judiciário de fato envolvem crimes? O nosso empresariado é tão criminoso assim?

É evidente que hoje passamos por um momento complicado: o ilícito e a corrupção tão arraigados em nossa cultura finalmente estão sendo extirpados, ainda que gradativamente. Ao mesmo tempo em que a sociedade é massacrada com tantos escândalos que ocupam as notícias, a população começa a sentir que existe sim um *enforcement* positivo da nossa legislação e que aqueles que cometeram irregularidades de forma tão escancarada serão penalizados.

Nesse contexto, nos últimos anos tem surgido os inúmeros casos de corrupção em matéria tributária, com a Operação Zelotes, que marcou um primeiro momento em que esquemas envolvendo a "compra" de decisões favoráveis no CARF para cancelar autuações fiscais foram trazidos à tona, e depois com diversas outras notícias sendo diariamente veiculadas relatando fatos como "compra" de Medidas Provisórias, de leis e outros atos que concederam tratamento tributário mais favorável, "compra" de benefícios e incentivos fiscais, pagamento de propinas aos Fiscais para cancelar autuações etc. Situações que, até pouco tempo, eram considerados "normais" na nossa história estão sendo objeto de investigações e questionamentos cada vez mais intensos.

Todas essas práticas envolvendo atos ilícitos para obtenção de alguma vantagem de cunho tributário não só podem como devem ser escrutinizadas pelo público e devem obviamente ser objeto de criminalização. Assim como esquemas fraudulentos utilizados por empresas para deixar de pagar tributos. Esquemas que envolvem, por exemplo, falsificação de documentos fiscais, interposição de pessoas jurídicas simuladas, transações jurídicas artificiais. Esse tipo de conduta deve obviamente ser fortemente rechaçada.

---

[6] Vide Portaria CARF nº 57, de 4.4.2016.
[7] http://www.mpf.mp.br/conheca-o-mpf/gestao-estrategica-e-modernizacao-do-mpf/sobre/publicacoes/pdf/relatorio-gestao-pgr-2015-2017.pdf.

Mas é verdade que não se pode generalizar e presumir a prática criminosa. Um exemplo interessante pode ser citado: uma empresa de telefonia, durante muitos anos, cedeu em comodato aparelhos celulares, especialmente para seus clientes corporativos, e recolheu ICMS-Comunicação sobre as mensalidades cobradas.

O Fisco Estadual de Santa Catarina questionou a empresa, alegando que o comodato deveria ser desconsiderado, na medida em que os aparelhos cedidos em comodato não eram recolhidos pela empresa, deixando de retornar ao seu estabelecimento[8]. O Fisco Estadual lavrou um "Termo de Desconsideração de Atos ou Negócios Jurídicos", por meio do qual desconsiderou o comodato e reclassificou as operações como doação modal[9]. Como a saída se configuraria como não tributada de ICMS – já que a doação é hipótese de incidência do ITCMD, e não do ICMS – o Fisco então glosou os créditos de ICMS apurados quando da aquisição dos aparelhos celulares pela empresa de telefonia[10].

Esse caso é particularmente curioso porque havia razões efetivas, de natureza econômica e comercial para a que a empresa não recolhesse os seus aparelhos após o término do contrato, mas, mesmo assim, o Fisco desconsiderou da natureza jurídica de uma operação, com base no teor do parágrafo único do artigo 116 do CTN, e alegou abuso e simulação, indicando que o Ministério Público investigasse a prática de eventual crime contra a ordem tributária.

É razoável atribuir a prática de crime contra a ordem tributária aos diretores da empresa de telefonia nessa situação?

Nesse cenário de criminalização excessiva, o próprio interesse público primário protegido pelos tipos penais, qual seja, a ordem tributária, acaba sendo diretamente prejudicada: o desestímulo à atividade produtiva reduz

---

[8] Para desconsiderar a operação de comodato, o Fisco se valeu de alguns "indícios": **(i)** muito embora os aparelhos fossem cedidos a título de comodato, os aparelhos eram enviados a título definitivo aos clientes; **(ii)** a única hipótese contratual que determinava a devolução dos aparelhos era o caso de rescisão/resilição do contrato de comodato; **(iii)** do montante total de remessas em comodato, menos de 5% dos aparelhos foi de fato devolvido; **(iv)** o contrato de comodato estava atrelado ao contrato de prestação de serviço de comunicação, e não havia prazo determinado para o término do comodato; e **(v)** uma entrevista com uma amostragem de clientes da empresa confirmou que os aparelhos não eram devolvidos.

[9] Nos termos do artigo 553 do Código Civil de 2002, o Fisco entendeu que a doação teria como propósito a fidelização dos clientes, e, portanto, haveria um caráter oneroso na operação.

[10] O fundamento da autuação, nesse sentido, foi o artigo 155, II, § 2º, II, 'b' da Constituição Federal ("CF/1988"), que prevê a exigência do estorno dos créditos de ICMS se o bem for *"objeto de saída (...) isenta ou não tributada, sendo esta circunstância imprevisível na data da entrada da mercadoria ou da utilização do serviço"*.

o produto, e, consequentemente, reduz a própria arrecadação! Os empresários – sócios, administradores, diretores etc. – sentem-se ameaçados pela criminalização, porque, além da própria questão moral e ética envolvendo a acusação de prática criminal – o que já causaria muito transtorno – há sérias consequências financeiras, econômicas e morais terríveis, como penhora de bens, perda de crédito junto à instituições financeiras, dificuldades em realizar outros negócios, redução das chances de novas contratações considerando o histórico criminal, os custos incorridos com a defesa criminal etc.

Além dos danos e prejuízos causados aos indivíduos pessoalmente responsabilizados, a atribuição da prática de crimes contra a ordem tributária também tem impactos na esfera das empresas em que esses indivíduos trabalham. As empresas são atacadas na mídia, perdem clientela, sofrem pressão social, que, muitas vezes, são resultado de uma criminalização indevida.

Não se pretende, por óbvio, afastar ou limitar de forma alguma o poder das Autoridades de investigar e condenar os indivíduos e responsabilizar as empresas por crimes contra a ordem tributária! A proposta desse artigo é apenas ponderar que a criminalização exagerada deve encontrar balizas, sob pena de desincentivar o investimento e afetar a ordem econômica como um todo. A baliza encontra-se justamente no princípio da função social da empresa.

Assim, o princípio da função social da empresa é importante para evitar a imputação da prática de crimes contra a ordem tributária de forma equivocada e descuidada que possa arriscar a própria preservação das empresas. A ideia é proteger o interesse público, garantindo um nível razoável de cumprimento da legislação tributária e a arrecadação ao erário mediante a criminalização, mas sem ameaçar a própria continuidade das empresas.

3. O Significado, a Abrangência e a Concretização do Princípio da Função Social da Empresa

O princípio da função social da empresa não encontra conceituação específica no nosso ordenamento, o que não significa, porém, que seu significado não possa ser extraído e construído a partir dos dispositivos constitucionais e legais existentes e a partir da nossa jurisprudência.

A Constituição Federal não traz, de forma expressa, o conceito de função social da empresa, mas, em dois momentos distintos, faz referência ao princípio da função social da propriedade. No artigo 5º, inciso XXIII, a Constituição determina, como dever fundamental, que *"a propriedade atenderá a sua função social"*. Já no artigo 170, em seu inciso III, prevê novamente *"a função social da propriedade"*, assegurada pela ordem econômica. Considerando que o termo "propriedade" pode e deve ser compreendido de maneira ampla, abrangendo todo direito patrimonial, é evidente que o termo inclui o conceito da empresa privada. Assim, é possível entender que, ainda que indiretamente, a Constituição protege o função social da empresa, já que a função social da propriedade nada mais é do que a própria função social da empresa, ou seja, dos seus meios de produção.

O nosso Código Civil de 2002 também trata do princípio da função social, mas se referindo aos contratos: o artigo 421 determina que *"a liberdade de contratar será exercida em razão e nos limites da função social do contrato"*. Ainda, o seu artigo 2.035, parágrafo único, estabelece que *"nenhuma convenção prevalecerá se contrariar preceitos de ordem pública, tais como os estabelecidos por este Código para assegurar a função social da propriedade e dos contratos"*.

Como a empresa nasce de um contrato social firmado entre os sócios e acionistas da empresa para exploração de certa atividade econômica, é também claro que o Código Civil prevê e protege a função social da empresa que, no fundo, não deixa de ser um contrato.

É importante também apontar o teor do Enunciado 53 da Jornada de Direito Civil promovida pelo Centro de Estudos Judiciários do Conselho da Justiça Federal ("CJF") em 2002. Ao se referir ao artigo 966[11] do Código Civil, o Enunciado determina que *"deve-se levar em consideração o princípio da função social na interpretação das normas relativas à empresa, a despeito da falta de referência expressa"*.

Assim, a interpretação sistemática e conjunta entre a função social da propriedade, prevista na Constituição, e a função social do contrato, disposta no Código Civil, permite concluir que o nosso ordenamento jurídico se preocupou em garantir a máxima proteção ao princípio da função social da empresa.

Tanto é verdade que esse princípio foi expressamente positivado na Lei das S.A. O artigo 116 da Lei, ao tratar da figura do acionista controlador, dispõe, em seu parágrafo único, que o mesmo *"deve usar o poder com o fim de fazer a companhia realizar o seu objeto e cumprir sua função social, e tem deveres e*

---

[11] "Art. 966. Considera-se empresário quem exerce profissionalmente atividade econômica organizada para a produção ou a circulação de bens ou de serviços.
Parágrafo único. Não se considera empresário quem exerce profissão intelectual, de natureza científica, literária ou artística, ainda com o concurso de auxiliares ou colaboradores, salvo se o exercício da profissão constituir elemento de empresa".

responsabilidades para com os demais acionistas da empresa, os que nela trabalham e para com a comunidade em que atua, cujos direitos e interesses deve lealmente respeitar e atender".

O artigo 154 da mesma Lei ainda acrescenta que o administrador deve *"exercer as atribuições que a lei e o estatuto lhe conferem para lograr os fins e no interesse da companhia, satisfeitas as exigências do bem público e da função social da empresa".*

Esses dispositivos legais são especialmente importantes, porque (i) impõem um dever expresso ao acionista controlador, que deve garantir que a empresa realize o seu objeto social, ou seja, desenvolva a sua atividade, e, ao fazê-lo, cumpra a sua função social; e (ii) impõem responsabilidade ao acionista controlador e ao administrador, no que diz respeito aos chamados *stakeholders*, quais sejam, os demais acionistas, inclusive os minoritários, os empregados e a comunidade que participa, consome ou interage com a empresa.

Assim, fica claro que o acionista controlador e o administrador não podem pautar a sua conduta apenas visando ao lucro, ao resultado ou a *performance* financeira da empresa. Isso não é suficiente. Por trás do conceito de função social, existe uma discussão importante e bastante complexa, em termos ideológicos, quanto aos limites do individualismo, do liberalismo e do interesse empresarial impostos pela responsabilidade social.

Alfredo Lamy Filho[12] vincula o conceito de função social da empresa à responsabilidade social, mostrando que a empresa passou a ter um papel social maior, o que lhe atribui um poder econômico significativo, poder este acompanhado, naturalmente, de um dever social para com todos os *stakeholders* diretamente afetados:

> Com efeito, cada empresa representa um universo, integrado pelos recursos financeiros de que dispõe e pelo número de pessoas que mobiliza a seu serviço direto.
> O círculo de dependentes das decisões empresariais não se esgota aí, no entanto. Assim, no campo econômico-financeiro a atividade traz repercussões aos fornecedores dos insumos, às empresas concorrentes ou complementares, aos consumidores que se habituaram aos seus produtos, aos investidores que se associaram à empresa, e aos mercados em geral; no setor humano, a empresa, como se disse, é campo de promoção e realização individual, cuja ação (de propiciar emprego, demitir, promover, remover, estimular e punir) ultrapassa a pessoa diretamente atingida para projetar-se nos campos familiar e social. Ora, decisões tão abrangentes (na pequena, média ou grande empresa, nesta especialmente) e

---

[12] FILHO, Alfredo Lamy. A função social da empresa e o imperativo de sua reumanização. In Revista Direito Administrativo. Rio de Janeiro, 190. Outubro/dezembro de 1992. p. 58.

de que depende a vida, e a realização de tantas pessoas, e o desenvolvimento econômico em geral, são tomadas pelos administradores da empresa – que exercem, assim, um poder da mais relevante expressão, não só econômica como política e social, e o das mais fundas conseqüências na vida moderna. A existência desse poder empresarial, de tão extraordinário relevo na sociedade moderna, importa – tem que importar – necessariamente em responsabilidade social.

No contexto do Estado democrático e social que vivemos, o individualismo, refletido na livre iniciativa e na liberdade de contratar, não pode ser absoluto; pelo contrário, encontra verdadeiros limites impostos pelos interesses sociais e coletivos. Como a empresa está inserida em um contexto social, a sua atuação deve levar em consideração o seu impacto na sociedade como um todo. Nessa linha, a função social nada mais é do que um poder-dever da empresa: ela deve respeitar e preservar os valores coletivos de todos aqueles *stakeholders* envolvidos.

Frederico Ribeiro de Freitas Mendes[13] destaca justamente que, sob o viés da sociedade moderna, a empresa não mais se limita a gerar lucros, bem contrário, deve desenvolver a economia e agregar à sociedade:

> A função social da empresa foi ampliada, alcançando outros sujeitos nas suas relações, adquirindo papel fundamental na manutenção e no desenvolvimento regular do Estado e da Sociedade. Com o desenvolvimento do ramo empresarial, torna-se evidente que existem, proporcionalmente, avanços na área social, como a criação de empregos e fomento de obras públicas com recursos provenientes de tributos arrecadados pelo Estado, demonstrando, dessa forma, que o desenvolvimento da atividade empresária está diretamente relacionado com o desenvolvimento da sociedade e do Estado.

Em diversas ocasiões, os Tribunais brasileiros chancelaram o princípio da função social da empresa. O Superior Tribunal de Justiça ("STJ") já destacou que, para cumprir a função social, *"a sociedade empresária deve demonstrar ter meios de cumprir eficazmente tal função, gerando empregos, honrando seus compromissos e colaborando com o desenvolvimento da economia"*[14].

---

[13] MENDES, Frederico Ribeiro de Freitas. A concretização da função social da empresa pela sua atividade-fim. In Revista Magister de Direito Empresarial, Concorrencial e do Consumidor. Ano VIII, Número 47. p. 58.

[14] Agravo Regimental no Conflito de Competência 110.250/DF, Relatora Ministra Nancy Andrighi, 2ª Seção, publicado em 16.9.2010.

Note-se que a função social implica verdadeiro dever: não bastante que a empresa cumpra as normas e não cause nenhum prejuízo a terceiros, a postura deve ser ativa; a empresa precisa atuar de forma efetiva para proteger os interesses sociais. Mas de que forma?

Além disso, é relevante observar que a função social é uma norma mais principiológica, sem um conteúdo programático propriamente dito. Não há uma lista de medidas ou ações que a empresa deve adotar para que cumpra de fato a sua função social.

Outro aspecto importante é que, apesar da Lei das S.A. atribuir o dever de garantir que a empresa cumpra a sua função social ao acionista controlador e também ao administrador, isso não significa que os demais acionistas, os administradores e diretores não tenham igualmente tal dever, inclusive em razão do próprio teor do artigo 154 mencionado.

Cabe ainda mencionar que a Lei de Falências e Recuperação Judicial também se reporta ao princípio de forma expressa no seu artigo 47, ao dispor que a recuperação judicial da empresa deve promover, ao final, a *"preservação da empresa, sua função social e o estímulo à atividade econômica"*.

Por fim, cumpre observar que nenhuma legislação prevê sanções em caso de descumprimento: o acionista controlador, os administradores e os diretores, ou mesmo os indivíduos responsáveis pela massa falida na recuperação judicial, não podem ser responsabilizados civilmente ou criminalmente por eventualmente serem omissivos quanto ao cumprimento da função social da empresa.

4. O Princípio da Função Social Como Baliza à Criminalização

Como visto acima, o princípio da função social da empresa impõe que a empresa seja considerada como um complexo de atividade econômica que tem um papel chave na sociedade moderna. A função social, portanto, é muito maior do que a simples perpetuação econômica da empresa. De um lado, preserva a importância da continuidade da empresa, mas, por outro, também exige que a empresa tenha responsabilidades perante terceiros que estão abrangidos no seu espectro de influência, tendo, logo, a obrigação de atuar de maneira proativa e consciente em relação a esse terceiros.

Como consequência, qualquer ato, fato ou evento que impacte a empresa deve levar em consideração os efeitos que podem ser gerados e que vão, necessariamente, afetar todos os *stakeholders* envolvidos. Assim, quando a empresa é autuada pelo Fisco de forma indevida, e a autuação, por exemplo, tem o potencial de pôr em risco a saúde financeira da empresa como um todo, o Fisco deve ter em mente as consequências da sua atitude: novamente, não significa que o Fisco não deva autuar a empresa se constatou alguma irregularidade e indicar a existência de possível prática de crime contra a ordem tributária, mas apenas que precisa levar em conta que uma cobrança exacerbada de crédito tributário pode vir a inviabilizar a sua continuidade, pondo em risco não apenas o lucro auferido pelos acionistas e a remuneração do administrador, mas todos os terceiros que dependem da empresa de forma imediata.

De nada adianta o Fisco exercer seu poder-dever de fiscalização e atuar as empresas, muitas vezes impondo multas abusivas e qualificadas pela suposta má-fé ou pela existência de dolo, fraude ou simulação, realizando ainda a RPPF, com a finalidade arrecadatória, ou mesmo com o fim maior de proteger a ordem tributária, se essa atuação impedir que as empresas cumpram sua função social, ou seja, que exerçam sua atividade produtiva com responsabilidade social perante todos os *stakeholders*.

Assim, é evidente que a arrecadação, bem como a ordem tributária, não são os únicos parâmetros que devem nortear a conduta do Fisco quando da autuação e quando da representação penal: onde estão os demais parâmetros? Quais outros princípios a sociedade demanda proteção? É claro que a sociedade, como um todo, necessita de condutas por parte do Fisco que busquem o cumprimento das leis, mas não indiscriminadamente e a qualquer custo.

Exigir tributos e criminalizar condutas que evidentemente são criminosas – como é o próprio caso das empresas e indivíduos envolvidos na Operação Lava Jato, na qual a RFB tem tido um papel exemplar, tendo investigado mais de 58 mil pessoas, autuado o total de R$ 11,4 Bilhões e realizado 67 RFFP até maio de 2017, já tendo preparado mais 140 em 2018[15] – é certamente louvável, mas autuar e criminalizar casos em que o ilícito não é nada evidente – como o caso citado da empresa de telefonia ao ceder seus aparelhos em comodato – claramente não é. Assim como não é razoável o Fisco realizar RFFP em casos envolvendo planejamentos tributários de ágio interno, de pejotização – em que, aliás, nem mesmo celebridades como o jogar de futebol Neymar[16] ficam ilesas à criminalização – de receita de terceiros[17], dentre muitos outros, que

---

[15] Disponível em: http://idg.receita.fazenda.gov.br/noticias/ascom/2017/maio/saiba-o-que-a-receita-federal-ja-fez-na-lava-jato. Acesso em 26.12.2017.

[16] Disponível em: http://www.valor.com.br/empresas/4081896/neymar-tem-seus-bens-no-brasil-monitorados-pela-receita-diz-revista. Acesso em 26.12.2017.

[17] Vide o caso da agência de turismo CVC, por exemplo: http://www.valor.com.br/

discutem teses tributárias e intepretação da legislação tributária que, como bem se sabe, não é de fácil compreensão nem para os mais técnicos no assunto.

Oportuno trazer recente manifestação do Supremo Tribunal Federal, ao destacar que os crimes tributários necessariamente envolvem fraude, omissão, falsidade e outros ardis; contra essas práticas claramente criminosas a Lei de Crimes contra a Ordem Tributária se destina, buscando tutelar a ordem tributária[18]:

> Dessa forma, as condutas tipificadas na Lei 8.137/1991 não se referem simplesmente ao não pagamento de tributos, mas aos atos praticados pelo contribuinte com o fim de sonegar o tributo devido, consubstanciados em fraude, omissão, prestação de informações falsas às autoridades fazendárias e outros ardis. Não se trata de punir a inadimplência do contribuinte, ou seja, apenas a dívida com o Fisco. Por isso, os delitos previstos na Lei 8.137/1991 não violam o art. 5°, LXVII, da Carta Magna bem como não ferem a característica do Direito Penal de configurar a ultima ratio para tutelar a ordem tributária e impedir a sonegacão fiscal.

Mas uma primeira dificuldade ao tratar a função social como baliza aos crimes tributários é que, na prática, é fácil identificar casos em que há nítida conduta criminosas e casos em que evidentemente não há, mas os muitos casos na chamada "zona cinzenta"? Em que há indícios mas não tão fortes? Um exemplo: uma empresa usufrui de determinado benefício fiscal na importação de insumos eletrônicos para posterior exportação dos produtos finais. Os produtos finais foram de fato exportados fisicamente para outro país, mas sempre, e em curto período de tempo, retornavam ao Brasil. Os produtos eram fabricados para uso nacional. Contudo, não houve falsidade nem manipulação de quaisquer informações ou documentos, todas as operações foram feitas com margem de lucro razoável, suportadas por notas fiscais, declaradas ao Fisco e registradas pelas empresas envolvidas. Trata-se de mero planejamento tributário ou fraude efetiva? Como agir nesse caso? Como fazer a ponderação entre a necessidade de criminalizar e a proteção à função social da empresa?

A segunda dificuldade é de fato impor essa obrigação de ponderação ao operador do direito, seja ele o Fiscal, o representante do MPF ou o Julgador. Não há como exigir, cobrar nem ao menos controlar; sem contar no forte conteúdo subjetivo inerente à tal ponderação de princípios e valores. Mesmo

---

legislacao/3544994/conselho-de-sao-paulo-mantem-autuacao-fiscal-contra-loja-da-cvc. Acesso em 27.12.2017.
[18] Voto do Ministro Ricardo Lewandowski, Repercussão Geral no Recurso Extraordinário com Agravo n° 999.425/SC, 2.3.2017.

assim, o exercício da ponderação precisa ser feito, sob pena de banalizar a criminalização e potencializar seus efeitos perversos gerados e que afetam empresas e indivíduos, subvertendo toda lógica da própria ordem tributária.

Como indicado acima, e para fins da ponderação proposta, realmente é difícil mensurar o que vale mais: até que ponto os efeitos perversos de uma criminalização indevida superam o suposto interesse público do Estado, refletido no dever de proteger a ordem tributária? Como medir esses efeitos perversos? Como calcular os prejuízos – que não se limitam à esfera patrimonial, ou seja, gastos diretos com os processos tributários e criminais, como custas processuais, honorários advocatícios etc., mas em especial os prejuízos morais, à imagem e à reputação da empresa e dos indivíduos a quem são imputados os ilícitos e a prática criminosa[19]? Como medir as chances perdidas de indivíduos que foram indevidamente processados criminalmente? Se executivos que trabalham em empresas envolvidas em escândalos de corrupção já tem dificuldade de se recolocar no mercado de trabalho[20], quem dirá aqueles que de fato foram processados, ainda que ao final inocentados!

Como medir os danos causados pela mídia, ao relatar investigações e processos criminais? Como apurar os danos à imagem de uma empresa acusada de sonegação fiscal e cujos diretores estão sendo acusados da prática de crime de sonegação? Como mensurar a rejeição dos clientes às empresas acusadas de crimes tributários?

Em termos de valoração, de fato não é factível. Os efeitos diretos e indiretos da criminalização excessiva e indevida são muitos e, ainda que não sejam passíveis de mensuração, devem sim ser levados em consideração, justamente em face ao princípio da função social da empresa.

Se toda a empresa tem o dever de cumprir sua função social, como discutido acima, tendo a obrigação de agir a fim de respeitar, proteger e fazer valer os interesses e direitos dos seus *stakeholders*, o Estado – representado por todos os seus agentes públicos, Fisco, Julgadores etc. – tem obviamente o dever de garantir a preservação e a continuidade da empresa. É uma via de mão dupla: não se pode exigir que a empresa cumpra sua função quando for conveniente, e, ao mesmo tempo, deixar a empresa arcar com sérias consequências que

---

[19] Não se pode ignorar o fenômeno conhecido como *tax shaming*: grandes empresas acusadas de planejamentos tributários mais agressivos tem sido rejeitadas pelo público consumidor de forma brutal. Vide em: http://www.bbc.com/news/magazine-20560359. Acesso em 26.12.2017. Quem dirá no caso de empresas e indivíduos criminosos?
[20] Vide matéria do Valor Econômico nesse sentido: http://www.valor.com.br/carreira/4975714/trabalhei-na-odebrecht-o-que-vou-fazer-agora.

podem, no pior cenário, pôr em risco a sua continuidade, sem se preocupar com os impactos gerados.

Assim, o Estado pode e dever exigir o cumprimento da função social, mas claramente também tem o seu próprio dever de proteger a empresa e garantir o seu bom funcionamento, até porque dela não dependem apenas os sócios e acionistas, como discutido anteriormente, mas todos os demais *stakeholders*.

No contexto da criminalização exagerada, portanto, o Estado, por meio de todos os seus agentes e representantes, deve ponderar se a imputação de crimes tributários e todas as consequências negativas resultantes pode prejudicar a função social da empresa, ou seja, pode comprometer a própria plena continuidade da empresa: se for o caso, então, o Estado tem a obrigação de agir com a maior parcimônia possível, levando em consideração os riscos envolvidos na criminalização.

O princípio da função social da empresa, portanto, se coloca como verdadeira baliza: a criminalização tributária encontra limites reais quando põe em risco a função social da empresa, ou seja, quando afeta e prejudica a continuidade estável da empresa. A empresa, comandada pelos seus acionistas, administradores e diretores, não pode ser prejudicada unicamente em nome da tutela da ordem tributária: de que adianta preservar a ordem tributária e por em risco as empresas, afetando negativamente o nível de investimento, o emprego e o produto gerado? Se a empresa enfrenta dificuldades decorrentes da exacerbada criminalização, seu resultado piora e, indiretamente, a sua capacidade de gerar receita, afetando, ao final, a própria arrecadação! Logo, é possível afirmar que a finalidade dos crimes tributários e o próprio interesse público são postos em cheque quando a Lei de Crimes contra a Ordem Tributária é mal aplicada.

4.1. O Princípio da Livre Iniciativa Como Baliza à Criminalização

O princípio da livre iniciativa, previsto no artigo 1º, IV[21], e no *caput* do artigo 170 da Constituição Federal[22], merece também ser explorado, igualmente

---

[21] Art. 1º A República Federativa do Brasil, formada pela união indissolúvel dos Estados e Municípios e do Distrito Federal, constitui-se em Estado Democrático de Direito e tem como fundamentos: (...)
IV – os valores sociais do trabalho e da livre iniciativa".

[22] "Art. 170. A ordem econômica, fundada na valorização do trabalho humano e na livre iniciativa, tem por fim assegurar a todos existência digna, conforme os ditames da justiça social, observados os seguintes princípios (...)".

como baliza à criminalização exacerbada que vivenciamos hoje. Não se propõe a livre iniciativa como limite ao poder de tributar, como os princípios da legalidade, isonomia, anterioridade, irretroatividade, capacidade contributiva etc., pois em momento algum foi esta a ideia do artigo, mas sim como verdadeiro balizador da atribuição de crimes contra a ordem tributária.

Vale primeiramente lembrar que a nossa Constituição Federal adotou um modelo de forte proteção à ordem econômica. Como bem comenta Celso Antonio Bandeira de Mello[23], as atividades econômicas são realizadas pela iniciativa privada, sendo desempenhadas pelo Estado em situações apenas excepcionais. Nesse sentido, o Estado está autorizado a interferir apenas para garantir a preservação da ordem econômica. Em suas palavras:

> (...) a Administração Pública não tem título jurídico para aspirar a reter em suas mãos o poder de outorgar aos particulares o direito ao desempenho da atividade econômica tal ou qual; evidentemente, também lhe faleceria o poder de fixar o montante da produção ou comercialização que os empresários porventura intentem efetuar. De acordo com os termos constitucionais, a eleição da atividade que será empreendida assim como o quantum a ser produzido ou comercializado resultam de uma decisão livre dos agentes econômicos. O direito de fazê-lo lhes advém diretamente do Texto Constitucional e descende, mesmo, da própria acolhida do regime capitalista, para não se falar dos dispositivos constitucionais supramencionados.

Á proteção à ordem econômica se reflete na garantia aos princípios previstos no caput e nos incisos do artigo 170 da Constituição: propriedade privada, função social da propriedade, livre concorrência, defesa do consumidor, defesa do meio ambiente etc. Nesse contexto se insere a livre iniciativa: como princípio basilar da nossa ordem econômica.

A iniciativa privada, assim, ganhou grande destaque e salvaguarda como fundamento da ordem econômica, estabelecendo que qualquer pessoa, física ou jurídica, é plenamente livre para desenvolver qualquer atividade econômica que queira. Assim, na ausência de lei, não é permitido a qualquer Autoridade impor aos particulares dificuldades e obstáculos ao pleno desenvolvimento de suas atividades empresariais, ou mesmo estabelecer requisitos ou exigências ao exercício dessas atividades.

---

[23] MELLO, Celso Antônio Bandeira de. Curso de Direito Administrativo. 20ª edição. Malheiros: São Paulo, 2006. p. 749 e 750.

José Afonso da Silva[24] bem define que a livre iniciativa reflete uma economia de mercado de natureza capitalista e destaca:

> (...) a liberdade de iniciativa envolve a liberdade de indústria e comércio ou liberdade de empresa e a liberdade de contrato. Consta do artigo 170, como um dos esteios da ordem econômica, assim como de seu parágrafo único, que assegura a todos o livre exercício de qualquer atividade econômica (...).

Eros Roberto Grau[25] destaca a amplitude desse princípio, que não se deve limitar à liberdade econômica, consistindo em um verdadeiro direito fundamental:

> Vê-se para logo, destarte, que se não pode reduzir a livre iniciativa, qual consagrada no artigo 1º, IV, do texto constitucional, meramente à feição que assume como liberdade econômica ou liberdade de iniciativa econômica.
> Dir-se-á, contudo, que o princípio, enquanto fundamento da ordem econômica, a tanto se reduz. Aqui também, no entanto, isso não ocorre. Ou, dizendo-o de modo preciso: livre iniciativa não se resume, aí, a 'princípio básico do liberalismo econômico' ou a 'liberdade de desenvolvimento da empresa' apenas, à liberdade única do comércio, pois. Em outros termos: não se pode visualizar no princípio tão-somente uma afirmação do capitalismo.
> O conteúdo da livre iniciativa é bem mais amplo do que esse cujo perfil acabo de debuxar.
> Ela é expressão de liberdade titulada não apenas pela empresa, mas também pelo trabalho. Por isso a Constituição, ao contemplá-la, cogita também da 'iniciativa do Estado'; não a privilegia, portanto, como bem pertinente apenas à empresa.
> Daí porque, de um lado, o artigo 1º, IV, do texto constitucional enuncia como fundamento da República Federativa do Brasil o valor social e não as virtualidades individuais da livre iniciativa; de outro, o seu art. 170, *caput*, coloca lado a lado trabalho humano e livre iniciativa, curando porém no sentido de que o primeiro seja valorizado.

Na mesma linha, Humberto Ávila[26] pontua a extrema relevância desse princípio constitucional e alerta que, em caso de colisão com outro princípio, qualquer restrição precisa ser devidamente justificada:

---

[24] SILVA, José Afonso da. Curso de Direito Constitucional Positivo, 17ª edição, São Paulo, Melhoramentos. 2005. p. 76.
[25] GRAU, Eros Roberto. A Ordem Econômica na Constituição de 1988 (Interpretação e crítica). 13ª edição. Malheiros: São Paulo, 2008. p. 237 e 238.
[26] ÁVILA, Humberto. Sistema Constitucional Tributário. 2ª edição. São Paulo: Saraiva, 2006. pp. 337 e 338.

(...) como a liberdade de exercício de atividade econômica é um princípio constitucional da atividade econômica (art. 170), e, portanto, um dever constitucional, qualquer medida que atinja o seu âmbito de proteção exigirá um controle mais estrito (...). Com efeito, se a liberdade econômica deve ser promovida, em vez de restringida, qualquer restrição que a utilize como ponto de referência (...), mesmo que justificada pela realização de outro princípio, deverá requerer uma justificativa ainda maior.

Segundo Luís Roberto Barroso[27], o princípio da livre iniciativa é um princípio fundamental do Estado brasileiro e vincula toda e qualquer ação do Estado e deve ser observado na interpretação das normas, sejam constitucionais ou infraconstitucionais. Ainda, destaca que esse princípio engloba, na realidade, outros relevantes princípios:

> O princípio da livre iniciativa, por sua vez, pode ser decomposto em alguns elementos que lhe dão conteúdo, todos eles desdobrados no texto constitucional. Pressupõe ele, em primeiro lugar, a existência de propriedade privada, isto é, de apropriação particular dos bens e dos meios de produção (CF, arts. 5º, XXII e 170, II). De parte isto, integra, igualmente, o núcleo da idéia de livre iniciativa a liberdade de empresa, conceito materializado no parágrafo único do art. 170, que assegura a todos o livre exercício de qualquer atividade econômica, independentemente de autorização, salvo nos casos previstos em lei. Em terceiro ligar situa-se a livre concorrência, lastro para a faculdade de o empreendedor estabelecer os seus preço, que hão de ser determinados pelo mercado, em ambiente competitivo (CF, art. 170, IV). Por fim, é da essência do regime de livre iniciativa a liberdade de contratar, decorrência lógica do princípio da legalidade, fundamento das demais liberdades, pelo qual ninguém será obrigado a fazer ou deixar de fazer alguma coisa senão em virtude de lei (CF, art. 5º, II).

Como não poderia deixar de ser, o Supremo Tribunal Federal vem defendendo a aplicação desse princípio em diversas situações, ressaltando a importância da sua irrestrita preservação:

> AGRAVO REGIMENTAL NO RECURSO EXTRAORDINÁRIO. ADMINISTRATIVO. INTERVENÇÃO DO ESTADO NO DOMÍNIO ECONÔMICO. RESPONSABILIDADE OBJETIVA DO ESTADO. FIXAÇÃO PELO PODER

---

[27] BARROSO, Luís Roberto. A ordem econômica constitucional e os limites à autuação estatal no controle de preços. Revista Direito Administrativo. Rio de Janeiro, 226. Outubro a dezembro de 2001. pp. 189 e 190.

EXECUTIVO DOS PREÇOS DOS PRODUTOS DERIVADOS DA CANA-DE-AÇÚCAR ABAIXO DO PREÇO DE CUSTO. DANO MATERIAL. INDENIZAÇÃO CABÍVEL. 1. A intervenção estatal na economia como instrumento de regulação dos setores econômicos é consagrada pela Carta Magna de 1988. **2. Deveras, a intervenção deve ser exercida com respeito aos princípios e fundamentos da ordem econômica, cuja previsão resta plasmada no art. 170 da Constituição Federal, de modo a não malferir o princípio da livre iniciativa, um dos pilares da república (art. 1º da CF/1988).** (...). (Agravo Regimental no Recurso Extraordinário nº 632.644, Primeira Turma, 10.5.2012).

CONSTITUCIONAL. ECONÔMICO. INTERVENÇÃO ESTATAL NA ECONOMIA: REGULAMENTAÇÃO E REGULAÇÃO DE SETORES ECONÔMICOS: NORMAS DE INTERVENÇÃO. LIBERDADE DE INICIATIVA. CF, art. 1º, IV; art. 170. CF, art. 37, § 6º. I. – A intervenção estatal na economia, mediante regulamentação e regulação de setores econômicos, faz-se com respeito aos princípios e fundamentos da Ordem Econômica. CF, art. 170. O princípio da livre iniciativa é fundamento da República e da Ordem econômica: CF, art. 1º, IV; art. 170. II. – Fixação de preços em valores abaixo da realidade e em desconformidade com a legislação aplicável ao setor: empecilho ao livre exercício da atividade econômica, com desrespeito ao princípio da livre iniciativa. (...). (Recurso Extraordinário nº 422.941, Segunda Turma, 24.3.2006).

Assim como a função social, o princípio da livre iniciativa exige que a criminalização seja feita com ressalvas, sob pena de desestimular gravemente a iniciativa privada. Na prática, o princípio da livre iniciativa já vem sendo tolhido e encontra cada vez mais obstáculos. Um dos reflexos que vale mencionar: a demanda por seguros de responsabilidade civil de administradores (seguros D&O) subiu consideravelmente nos últimos tempos, em especial após a Lava Jato[28], o que mostra que os indivíduos que administram e gerenciam as grandes empresas estão cada vez mais preocupados em se proteger, encarecendo os custos de contratação. E médias e pequenas empresas, que não tem recursos suficientes para contratar esses seguros? O que acontece?

A forte proteção constitucional que é dada à ordem econômica como um todo e, especificamente, à livre iniciativa, exige que as Autoridades Fiscais tenham o verdadeiro dever de aplicar corretamente as regras tributárias e,

---

[28] Disponível em: http://www.valor.com.br/financas/5194939/seguro-de-responsabilidade-civil-para-executivos-passa-cobrir-multa.

com maior cautela ainda, indicar eventual prática de crimes contra a ordem tributária, sob pena de prejudicar de forma irreparável a iniciativa privada, desestimulando o empresariado a empreender e a investir, danificando assim a ordem econômica, tão zelada pelo nosso ordenamento.

Não apenas a livre iniciativa, mas todos os demais princípios constitucionais que protegem a atividade econômica – como a propriedade, a livre concorrência, a moralidade administrativa e a própria justiça social – devem ser examinados, em conjunto com a função social da empresa, para que a ponderação seja efetivamente razoável: até onde deve prevalecer o interesse público, refletido no interesse arrecadatório do Estado?

É certo que o interesse público não pode se sobrepor ao interesse dos particulares. Interesse público nada mais é do que o interesse da sociedade como um todo; representa a soberania do povo. O Estado tem responsabilidade de proteger o interesse público, isso significa, porém e tão-somente que o Estado tem o dever de buscar o bem-estar da sociedade.

Não existe uma autorização em branco para que o Estado imponha os seus próprios interesses sem quaisquer limites sobre os interesses privados. Não há que se falar na ultrapassada "supremacia do interesse público sobre o interesse privado". Na realidade, inexiste uma antinomia entre interesse público e interesse privado; não há contraposição: ambos os interesses devem ser preservados.

Como bem comenta Celso Antonio Bandeira de Mello[29], o interesse público deve prevalecer sobre o interesse privado apenas quando implicar proteção aos interesses da coletividade. Em suas palavras, *"o uso das prerrogativas da Administração é legítimo **se, quando e na medida indispensável** ao atendimento dos interesses públicos; vale dizer, do povo".*

Nesse sentido, tem-se que o interesse público precisa ser reinterpretado; não basta que seja relativizado ou que seja ponderado, na realidade, precisa sofrer uma verdadeira "ressignificação", para que não se ponha em risco a atividade produtiva em nome de uma falaciosa supremacia do interesse do Estado.

Como consequência, o interesse arrecadatório e o interesse em proteger a ordem tributária não podem, evidentemente, levar à aplicação irrestrita e descuidada de sanções criminais aos particulares: proteger o verdadeiro interesse público é, na essência, proteger a iniciativa privada, que, afinal, se dedica à investir e gerar riqueza no país e puni-la somente quando presentes,

---

[29] Ibidem. p. 60 a 61.

de fato, condutas que sejam verdadeiramente caracterizadas como práticas criminosas e que, portanto, mereçam a devida penalização.

Assim sendo, o interesse público não deve se contrapor ao interesse privado, pelo contrário! Devem andar juntos, de forma harmônica, para que se resguarde o bem-estar social como um todo, de modo que a iniciativa privada possa desempenhar o seu papel, as empresas então possam cumprir a sua função social e os seus administradores tenham segurança suficiente de que serão penalizados apenas quando efetivamente cometerem crimes tributários, e que o Fisco, por sua vez, consiga realizar a sua atividade arrecadatória de forma satisfatória e razoável.

Portanto, o que se propõe é que a livre iniciativa, assim como a função social, sejam efetivamente levadas em consideração quando da aplicação das normas penais-tributárias e que a imputação de crimes contra a ordem tributária não seja justificada em vão, em nome de um interesse público arrecadatório. A ponderação dos princípios do interesse público – proteção à ordem tributária e ao erário e função social e livre iniciativa – e não a sua colisão, levam ao cenário ideal, em que tanto os contribuintes como o próprio Fisco só tem a ganhar.

5. Conclusões e Desafios Sobre a Perspectiva Proposta

Como garantir que o princípio da função social na prática funcione como baliza à criminalização? Tratando-se de regras já positivadas no nosso ordenamento jurídico – afinal, o princípio da função social é constitucionalmente protegido, além de estar expressamente previsto na Lei das S.A., enquanto os crimes contra a ordem tributária estão especificamente regulados pela Lei nº 8.137/1990 – a princípio caberia apenas uma ponderação no momento da efetiva aplicação das normas, função que cabe aos vários operadores do direito, no caso, as Autoridades Fiscais quando da lavratura de Autos de Infração e RPPF, o MPF, quando do oferecimento da denúncia, o Juiz e os demais Julgadores dos Tribunais Superiores, quando do julgamento dos processos criminais.

Mas, sem entrar na discussão teórica e tão complexa envolvendo as várias formas e métodos de interpretação das normas pelos operadores do direito – que certamente não é objeto deste artigo – na ausência de uma diretriz mais concreta, a única esperança seria acreditar que os operadores poderiam se sensibilizar com a presente proposta e esperar uma mudança da orientação jurisprudencial por meio de novos precedentes, que, no nosso novo modelo processual trazido pelo Novo Código de Processo Civil inspirado no *common law*, tem grande importância.

Ainda, os advogados tem papel fundamental nesse cenário, já que podem se valer de diversos recursos argumentativos para justamente potencializar a discussão nos casos práticos e confrontar os operadores com essa necessidade de considerar o princípio da função social como baliza à criminalização.

Mas esperar essa "virada jurisprudencial" pode ser um tanto quanto utópico, e, se realmente vir a acontecer, pode levar muitos anos ainda. Será que dispomos de tanto tempo para endereçar essa questão? Além disso, a jurisprudência teria que criar critérios e parâmetros mais precisos para efetivar essa ponderação a fim de que os precedentes possam ser realmente utilizados no modelo de *stare decisis*, caso contrário, alguns poucos precedentes não seriam de fato replicados com adequação no âmbito do Poder Judiciário.

Uma dificuldade inerente à ponderação prática é que, como mencionado anteriormente, o princípio da função social – assim como ocorre com o princípio da livre iniciativa – é uma norma principiológica sem qualquer conteúdo programático. Assim, já é difícil hoje exigir que os indivíduos cumpram a função social da empresa, pois inexistem ações ou medidas pontuais que podem ser especificamente impostas. Mais difícil ainda seria determinar, com precisão, quando o princípio deixa de ser preservado ou é violado em razão da imputação de crimes.

Outra alternativa seria refletir sobre a possibilidade de edição de uma regra concreta que imponha um verdadeiro dever aos operadores do direito de considerar os impactos negativos que podem ser causados pela criminalização excessiva. Trazer uma regra genérica nesse termos, porém, também não resolveria o problema. Assim, seria imprescindível debater o cabimento e a estrutura de uma norma nesse sentido com profundidade não apenas no âmbito do Congresso Nacional, mas em todos os demais foros acadêmicos e profissionais envolvidos no tema.

Pensar nos critérios que deveriam ser observados para garantir a correta ponderação não é tarefa simples. Uma estrutura de norma que poderia ser adotada seria talvez facultar ao operador a redução da pena ou a própria relevação da imputação da prática do crime quando preenchidos alguns requisitos ou circunstâncias, como a possibilidade de gradação da pena ou perdão da própria criminalização.

O debate quanto ao cabimento de uma norma nesse sentido deveria ser feito com profundidade no âmbito do Congresso Nacional. Mas ainda que seja debatida e editada, se eventualmente descumprida, porém, qual seria a consequência para os operadores?

As alternativas, portanto, se mostram bastante complexas. Isso não significa que o tema não deva ser amplamente discutido para que se pensem em novas formas práticas de garantir a importante aplicação de um princípio por vezes tão relegado como baliza à excessiva criminalização de indivíduos por crimes contra a ordem tributária.

Referências

ÁVILA, Humberto. *Sistema Constitucional Tributário*. 2ª edição. São Paulo: Saraiva, 2006.

BARROSO, Luís Roberto. *A ordem econômica constitucional e os limites à autuação estatal no controle de preços*. Revista Direito Administrativo. Rio de Janeiro, 226. Outubro a dezembro de 2001.

FILHO, Lamy Filho. *A função social da empresa e o imperativo de sua reumanização*. In Revista Direito Administrativo. Rio de Janeiro, 190. Outubro/dezembro de 1992.

GRAU, Eros Roberto. *A Ordem Econômica na Constituição de 1988 (Interpretação e crítica)*. 13ª edição. Malheiros: São Paulo, 2008.

IBRAIM, Marco Túlio Fernandes. *A conformação das sanções fiscais pela observância da capacidade econômica dos contribuintes: análise Segundo o princípio da capacidade contributiva*. In Grandes Temas do Direito Tributário Sancionador. São Paulo: Quartier Latin, 2010.

MACHADO, Hugo de Brito. *Crimes contra a ordem tributária*. São Paulo: Atlas, 2009. 2ª edição.

MELLO, Celso Antônio Bandeira de. *Curso de Direito Administrativo*. 20ª edição. Malheiros: São Paulo, 2006.

MENDES, Frederico Ribeiro de Freitas. *A concretização da função social da empresa pela sua atividade-fim*. In Revista Magister de Direito Empresarial, Concorrencial e do Consumidor. Ano VIII, Número 47.

SILVA, José Afonso da. *Curso de Direito Constitucional Positivo*, 17ª edição, São Paulo, Melhoramentos. 2005.

TANGERINO, Davi e CANTERJI, Rafael Braude. *Estado, Economia e Direito Penal: o Direito Penal Tributário no Liberalismo, no Wellfare State e no Neoliberalismo*. In Direito Penal Tributário. São Paulo: Quartier Latin, 2007.

Compliance e Governança Corporativa: É Preciso Reconhecer e Premiar Boas Práticas

Luciana Ibiapina Lira Aguiar

1. Introdução

Tratar de governança tributária[1] no Brasil é um desafio enorme dado o tanto que ainda é preciso evoluir, mas, ao mesmo tempo, apresenta-se como um caminho incontornável e essencial para melhorar o ambiente de negócios brasileiro.

O aumento no nível de conformidade tributária tem como contrapartida a melhoria de diversos aspectos da vida em sociedade, na medida em que o financiamento das atividades essenciais do Estado (substancialmente suportado pela arrecadação de tributos) pode ser mais eficiente[2]. Este entendimento está expresso no relatório do Secretário de Estado para Assuntos Fiscais de Portugal. Veja-se:

---

[1] Termo é aqui utilizado para designar a governança da administração dos tributos de forma geral e por parte da administração tributária e dos contribuintes, portanto, não tem o mesmo significado que governança corporativa volta a aspectos tributários.

[2] Segundo Betina Grupenmacher, a ideia de eficiência no âmbito das ciências econômicas está usualmente agregada à noção de resultados positivos e lucratividade. Nas ciências jurídicas, a ideia também é válida na medida em que a simplificação dos procedimentos representa redução de custos tanto para a "máquina estatal" como para a atividade privada, sobretudo no campo da tributação. O princípio da eficiência, sob a ótica jurídica, está, também e principalmente, **vinculado às ideias de justiça, ética e moralidade**. GRUPENMACHER, Betina Treiger. Desafios da Governança Tributária no Brasil. *In:* AMARAL, Gilberto Luiz do, AMARAL, Leticia Mary Fernandes do. (coord.) Anais do II Congresso Brasileiro de Governança Tributária: diminuição dos riscos tributários e aumento da lucratividade empresarial. 1ª ed. Curitiba: Editora Blanche, 2014. p. 29-49. p. 39.

Menos fraude e menos evasão fiscais constituem pressupostos para uma maior equidade fiscal na repartição do esforço coletivo de consolidação orçamental.[3]

Certamente a governança tributária passa por questões de conduta ética, valores cívicos e responsabilidade social. Boas práticas de governança na relação tributária significam maior potencial de desenvolvimento econômico e social, relação da comunidade com as instituições públicas mais saudável e também desembocam em uma vivência mais plena do Estado Democrático do Direito, no qual todos se submetem igualmente à lei[4]. Mas há outros aspectos tão relevantes quanto a compreensão de que agir corretamente é o que deve ser feito. Muitas medidas podem ser tomadas para promover a adesão voluntária ao *compliance*[5] e é também sobre estas medidas que este artigo objetiva tratar.

2. Governança[6]: Abordagem Ética

Ética relaciona-se com o estudo da moral e da ação humana[7]. O conceito provém do grego *ethikos* ou *ethos* e significa conjunto de traços e modos de comportamento que conformam o caráter de uma pessoa ou de uma coletividade[8]. No mundo moderno, os estudos sobre ética consistem na reflexão sobre a

---

[3] Relatório do Combate à Fraude e Evasão Fiscais e Aduaneira 18 de outubro de 2017. Disponível em https://www.portugal.gov.pt/download-ficheiros/ficheiro.aspx?v=81c76713-6b44-4990-8cf-5-039984b7d7c7. Acesso em 22 de dezembro de 2017.

[4] O Impacto da Corrupção na Qualidade da Democracia. p 83-98. In: CUNHA FILHO, Alexandre Jorge Carneiro de; LIVIANU, Roberto; PASCOLATI JUNIOR, Ulisses Augusto (coord.) – 48 visões sobre a Corrupção. São Paulo: Quartier Latin, 2016. p. 94.

[5] O termo *compliance* se origina do verbo "*to comply*" e significa cumprir e fazer cumprir as leis, diretrizes, regulamentos internos e externos buscando mitigar os riscos reputacionais, legais e regulatórios. COIMBRA, Marcelo Aguiar de e MANZZI, Vanessa Alessi. Manual de Compliance: preservando a boa governança e a integridade das organizações. São Paulo, Atlas, 2010. p. 2.

[6] A origem etimológica da palavra governança vem do francês antigo (*gouvernance*), do vocábulo latino *gubernantia* ou do grego *kubernan*. O termo passou a ser adotado de forma corrente no Brasil e incorporado ao jargão corporativo a partir da palavra inglesa "*governance*", utilizada para designar temas próprios das esferas privada e pública.

[7] Disponível em https://conceito.de/etica. Acesso em 20 de dezembro de 2017.

[8] Real Academia Española. *Diccionario de la lengua española*. Disponível em *http://dle.rae.es/?id=H3xAc5s*. Acesso em 23 de dezembro de 2017.

forma como devemos agir, ou o esforço racional para encontrar as melhores soluções de convivência[9].

Nos estudos contemporâneos dois pensamentos formam as correntes que mais se aplicam à vida empresarial. O utilitarismo, capitaneado por John Stuart Mill, inspirado no "ótimo de Pareto"[10], por meio do qual defende-se que a conduta ética é aquela que gera o maior benefício para o maior número de pessoas, com as menores externalidades possíveis e o pragmatismo que sustenta que a conduta ética é aquela que nos leva aos resultados almejados[11]. Estas duas correntes estão presentes no suposto conflito existente na definição da razão precípua para existência de uma entidade com fins lucrativos: a simples busca pelo lucro (pragmatismo) ou a perseguição da responsabilidade social (utilitarismo)?

Para resolver este aparente antagonismo, surgiu uma nova corrente, a ética de princípios, cujo principal expoente foi Immanuel Kant, que defendeu que a conduta tem um valor intrínseco e que, portanto, ela importa, independentemente do resultado. Esta parece ser uma linha bastante influente nos tempos atuais.

Desde a década de 80, a partir dos Estados Unidos, o princípio da maximização do lucro deixou de ser a bússola nos processos decisórios[12]. Floresceu uma nova percepção sobre o papel das empresas para a sociedade e os valores que de fato tornam a sua existência significativa. É dizer, na vida empresarial resultados importam, mas eles não devem ser alcançados a qualquer custo sob o risco de prejudicarem a perenidade das organizações e a vida da comunidade ao seu redor. As linhas de Kant e de John Stuart Mill parecem ter prevalecido na formação do atual referencial teórico sobre ética empresarial.

---

[9] ZANCHIM, Kleber Luiz; BERTOCCELLI, Rodrigo de Pinho. Empresas, Direito, Ética e Compliance: Existe Relação?. In: CUNHA FILHO, Alexandre Jorge Carneiro de; LIVIANU, Roberto; PASCOLATI JUNIOR, Ulisses Augusto (coord.) – 48 visões sobre a Corrupção. São Paulo: Quartier Latin, 2016. p. 104.

[10] Eficiência ou ótimo de Pareto, conceito desenvolvido por Vilfredo Pareto, que designa uma situação econômica na qual é impossível melhorar a alocação de recursos sem prejudicar simultaneamente outros. Em outras palavras, significa uma decisão ponderada que persiga o melhor resultado com o menor prejuízo (externalidades negativas).

[11] ZANCHIM, Kleber Luiz; BERTOCCELLI, Rodrigo de Pinho. Empresas, Direito, Ética e Compliance: Existe Relação?. In: CUNHA FILHO, Alexandre Jorge Carneiro de; LIVIANU, Roberto; PASCOLATI JUNIOR, Ulisses Augusto (coord.) – 48 visões sobre a Corrupção. São Paulo: Quartier Latin, 2016. pp. 104 e 105.

[12] COIMBRA, Marcelo Aguiar de e MANZZI, Vanessa Alessi. Manual de Compliance: preservando a boa governança e a integridade das organizações. São Paulo, Atlas, 2010. p. 12.

A força da ética como valor passou a influenciar as diretrizes empresariais e assim ganhou relevo a percepção de que a governança corporativa pode influenciar a decisão sobre a alocação de capital, em função da sua capacidade de reduzir as assimetrias de informação, tornando as decisões mais informadas e refletidas. Um adequado sistema de governança corporativa contribui para um melhor raciocínio estratégico, oferecendo à administração novas perspectivas[13] e mitiga custos não previstos decorrentes da não conformidade (retrabalho, sanções pecuniárias, administrativas e até penais, danos reputacionais, etc.) possibilitando que as empresas utilizem seus recursos de forma mais eficaz e viabilizando crescimento mais sustentável.

2.1. O Que Podemos Aprender a Partir da Lei Anticorrupção

A discussão sobre a ética inundou o Brasil nos últimos anos, principalmente em função dos diversos casos de corrupção que vieram à tona. Os danos da corrupção, agora já mais perceptíveis, em muito se assemelham aos danos da sonegação[14]. Além do óbvio efeito de recursos que se desviam da coletividade de maneira ilícita para proveito de alguém, transformando em "privado um patrimônio que é público"[15], a questão ética que permeia as duas situações também é em muito semelhante. O nível de tolerância da sociedade, os desafios para trazer à consciência coletiva os prejuízos, a deformação ética que acaba moldando comportamentos e processos de tomada de decisão são os pontos de contato entre a sonegação e a corrupção sob o ponto de vista das externalidades negativas para uma sociedade. Não por acaso os Estados têm cada vez mais tratado dos dois temas dentro dos assuntos "governança das nações"[16].

---

[13] OCDE. Relatório Oficial da OCDE sobre a Governança Corporativa na América Latina. Versão em português traduzida por Pinheiro Neto Advogados. s.d. p. 8 Disponível em http://www.ecgi.org/codes/documents/latin_america_pt.pdf. Acesso em 21 de julho de 2014.
[14] O crime de sonegação está previsto na Lei 4.729/65, mas o termo acima também objetiva abranger todos os crimes contra a ordem tributária previstos também na Lei 8.137/90.
[15] Empresas, Direito, Ética e Compliance: Existe Relação? 48 visões. p.100.
[16] A OCDE (Organização para Cooperação e Desenvolvimento Econômico) ao longo dos últimos anos emitiu diversos relatórios sobre os dois temas, os quais encontram vários pontos de contato e têm por finalidade principal identificar medidas que possam maximizar e desenvolvimento econômico e social das nações.

No campo da corrupção, o Brasil evoluiu em termos normativos em função dos compromissos internacionais assumidos. Assim foi editada a Lei 12.846/13[17] (Lei Anticorrupção), que suprimiu lacuna legal acerca da responsabilização administrativa e civil das pessoas jurídicas que praticam ilícitos contra a administração pública (atos de corrupção e fraudes em licitação). A lei introduziu mecanismos de sanção, mas também previu incentivos à criação de ferramentas que contribuam para a conformidade, sendo um paralelo interessante para estudos que se voltem à análise de incentivos de mesma natureza, mas na área tributária.

Veja-se que a relação tributária também é uma relação público e privado. O sujeito ativo da obrigação tributária, conforme definição do Código Tributário Nacional (CTN), é a pessoa jurídica de direito público a quem se atribuiu a competência para exigir o cumprimento da obrigação tributária (União, os Estados ou os Municípios), já o sujeito passivo é aquele obrigado ao pagamento do tributo (art. 121 do CTN), pessoa física ou jurídica, quer seja na condição de contribuinte ou de responsável tributário. Trata-se de relação obrigacional em função de lei e não de contrato, mas ainda assim, muito do que inspira normas de conduta nas relações público e privado podem ser transportadas para as questões tributárias.

A seguir são citados e analisados alguns aspectos relevantes da Lei 12.846/13, considerados inspiradores para a proposição de reflexões para o Direito Tributário:

Lei 13.246	O que a lei prevê	Inspirações para o Direito Tributário
Objetivo	• *Atender a compromissos internacionais de combate à corrupção* • *Estimular a prática do compliance* • *Estimular a criação de mecanismos para impedir, inibir ou constatar as práticas corruptivas*	Regras sancionadoras (principalmente sanções pecuniárias) com fito de inibir ilícitos tributários são o alicerce do nosso sistema jurídico-tributário. Por outro lado, regras que visam estimular a criação de mecanismos de controle próprios, com objetivo de aumentar a conformidade tributária são raros.

---

[17] Há críticas à Lei 12.846/13, da competência dos especialistas em Direito Penal Econômico. Para o objetivo do presente estudo, importa refletir se uma legislação semelhante a esta, que viabilize um sistema de incentivos à implementação de controles e cultura de *compliance* na área tributária por meio de atenuantes para eventuais sanções seria positiva no sentido de aumentar a eficiência na satisfação do crédito tributário.

Lei 13.246	O que a lei prevê	Inspirações para o Direito Tributário
Objetivo	• *Inibir ilícitos mediante sanções que ao mesmo tempo punem e viabilizam a recuperação do patrimônio público de forma mais eficaz, possuindo caráter não só punitivo, mas também indenizatório*	O Linha Azul[18] pode ser destacado como um exemplo positivo neste sentido, mas, sem dúvida, normas que diferenciem os contribuintes em função de seu compromisso e investimento em a ética e a conformidade é algo que pode ser muito desenvolvido no País. A redução de multa punitiva, por exemplo, para empresas que demonstrem ter comprometimento com o *compliance* tributário poderia já ser uma realidade. Para isso, no entanto, além do desafio legal, é preciso refletir sobre como avaliar o nível de compromisso dos contribuintes com a Governança Corporativa Tributária.
Organização da Lei:	• Definição de atos lesivos à administração pública nacional ou estrangeira • Responsabilização administrativa • e seu processo • Acordo de leniência • Responsabilização judicial	A lei se organiza trazendo definições, regras de responsabilização e mecanismos de redução das penalidades em função dos controles adotados pela pessoa jurídica. A mesma estrutura legislativa poderia se aplicar a um novo dispositivo legal tributário, que relembrasse o peso das sanções já existentes (multas punitivas gravosas) e os atenuantes aplicáveis a partir da constatação de implementação de mecanismos de programas de *compliance* tributários levados a cabo pelo contribuinte visando minimizar a ocorrência de não conformidades.
Incentivos	*Estimular a investigação interna da prática de ilícitos* – A implementação de mecanismos e procedimentos internos de integridade, auditoria e incentivo à denúncia de irregularidades e aplicação efetiva de códigos de ética (compliance) são considerados *fator redutor de pena*	Neste tópico é possível constatar o incentivo à investigação interna e a autorregularização. Em tese, esse incentivo já existe na legislação tributária, por meio da isenção de multas em caso de denúncia espontânea (art. 138 do CTN), mas a elaboração de lei específica a exemplo da Lei 12.846/13, ou a previsão expressa de inclusão do componente tributário nos programas e sistemas de integridade, poderia dissipar controvérsias quanto a aplicação do art. 138, ainda presentes na atuação das administrações tributárias (federal, estadual e municipal).

[18] Instituído pela Instrução Normativa SRF nº 476/2004. Conforme seu art. 2º, o Linha Azul "destina-se a pessoas jurídicas industriais que operem com regularidade no comércio exterior e consiste em tratamento de despacho aduaneiro expresso nas operações de importação, exportação

Lei 13.246	O que a lei prevê	Inspirações para o Direito Tributário
Programa de Compliance	Como redutor das sanções e efeito pedagógico	Instituir regra legal na qual seja prevista a inclusão expressa da matéria tributária como parte dos programas de *compliance* pode dar abrangência e visibilidade para este tema dentro dos departamentos de *compliance* das empresas, promovendo uma mudança positiva na cultura empresarial.
Acordo de Leniência: incentivos ao reconhecimento voluntário do ilícito	*Requisitos:* que a pessoa jurídica (i) seja a primeira a se manifestar sobre seu interesse em cooperar para a apuração do ato ilícito; (ii) cesse completamente seu envolvimento na infração investigada a partir da data de propositura do acordo; (iii) admita sua participação no ilícito e coopere plena e permanentemente com as investigações e o processo administrativo.	Não obstante as punições que podem advir das tentativas de inibir a ação da fiscalização, incentivos à cooperação não estão previstos na legislação tributária brasileira. Requisitos como os determinados para fins de acordo de leniência, obviamente com contrapartida equivalente a prevista neste tipo de acordo, podem aumentar a eficiência na atividade fiscalizatória da administração e trazer maior satisfação ao crédito tributário.
Quem pode ser punido?	Dirigentes e administradores, na medida de sua culpabilidade (art. 2º, § 2º)	Atualmente, infrações tributárias já envolvem a atribuição de responsabilidade a dirigentes e administradores. O art. 6º da Lei 4.729/65 determina que, quando se trata de pessoa jurídica, a responsabilidade penal pelas infrações será de todos os que, direta ou indiretamente a ela ligados, de modo permanente ou eventual, tenham praticado ou concorrido para a prática da sonegação fiscal. A RFB, ao identificar indícios de ocorrência de crimes contra a ordem tributária, promove Representações Fiscal para Fins Penais[19] – RFFP (art. 83, Lei 9.430/96). Neste aspecto, a reflexão proposta refere-se ao rigor na aferição da culpabilidade de cada indivíduo e limitação das sanções de forma proporcional a ações ou omissões de cada agente, em respeito aos princípios do Direito Penal e ao próprio art. 137 do CTN.

e trânsito aduaneiro, mediante habilitação prévia e voluntária das interessadas a um conjunto de requisitos e procedimentos que demonstrem a qualidade de seus controles internos, garantindo o cumprimento das obrigações tributárias e aduaneiras e permitindo o seu monitoramento permanente pela fiscalização aduaneira".

[19] Em 2016, foram elaboradas 2437 RFFP ou 27,05% de todas as ações fiscais encerradas. Em 2014 foram 4.859 RFFP ou 28,3% de todas as ações fiscais encerradas.

Lei 13.246	O que a lei prevê	Inspirações para o Direito Tributário
		A RFFP não pode ser usada como forma de intimidação a administradores e sócios que, diante da atribuição de consequências pessoais podem acabar tendo as suas decisões gerenciais (*managerial discretion*) influenciadas no sentido de autoproteção, em detrimento do melhor resultado para a companhia.
Aferição da culpabilidade	*Critérios*: motivos que levaram à prática do ato; circunstâncias e consequências; reiteração da conduta danosa.	Trazer critérios claros e expressamente previstos numa legislação tributária que tivesse por objetivo delimitar a atuação da administração é relevante para que seja possível unir os efeitos dos incentivos a comportamentos profícuos e os princípios do direito tributário.
Cadastro Nacional de Empresas Punidas – CNEP	*Objetivo*: publicidade a todas as sanções aplicadas em todas as esferas de governo *Dados das sanções aplicadas*: mantidos no Cadastro Nacional de empresa Inidôneas e Suspensas (CEIS). http://transparencia.gov.br/ceis	Trata-se de uma atitude polêmica, mas já utilizada em outras jurisdições[20]. Na seara tributária atualmente é publicada relação de grandes devedores para com a Procuradoria da Fazenda Nacional (PGFN), que leva em conta apenas os montantes de tributos em execução. Mesmo havendo questões relevantes relativas ao sigilo fiscal, *raiting* de contribuintes já está prestes a se tornar uma realidade, sendo factível considerar esta possibilidade para fins de premiar os bons contribuintes (vide tópico 3.1 a seguir).

A maior inspiração advinda desta legislação é a reflexão sobre a oportunidade de produzir algo similar definindo expressamente princípios para o relacionamento entre contribuintes e a administração tributária e regras de incentivo às boas práticas e de sanção àquelas que sejam consideradas em desacordo com as regras de governança.

São muitas inspirações de legislação dessa natureza. A começar pela ideia de que o *compliance* é indispensável para combater não apenas a corrupção, mas qualquer crime que envolva a atividade empresarial, inclusive os crimes contra a ordem tributária. Ao analisar os crimes previstos na Lei 8.137/90, constata-se que muitas condutas são passíveis de controle e que a prevenção

---

[20] O Reino Unido tem a lista dos "deliberate tax defaulters". Detalhes em https://www.gov.uk/government/publications/publishing-details-of-deliberate-tax-defaulters-pddd/details-included-in-the-list-of-deliberate-tax-defaulters. Acesso em 20 de dezembro de 2017.

e detecção de práticas de corrupção e de sonegação[21] podem envolver os mesmos controles internos relativos à escrituração contábil e obrigações fiscais.

Condutas como omissão deliberada de informações, declaração falsa, falsificação de documentos, ausência de emissão de documento fiscal obrigatório podem ser mitigadas, em grande parte, por rígida rotina de controles internos[22] e normas de conduta formais estabelecidas, vivenciadas e monitoradas pelos órgãos de administração das empresas. O interessante é que a estrutura e os programas formais de integridade[23] se aplicam perfeitamente ao tema tributário, sendo necessário que a matéria tributária passe a fazer parte formal e expressamente de tais programas, de modo a aumentar a percepção dos colaboradores da empresa sobre as normas de conduta emanadas por sua administração.

Também não se pode olvidar que normalmente *"casos de crimes de corrupção conectam-se com fatos geradores tributários e com crimes tributários"*[24] sendo mais eficiente para o Estado e para as empresas que o combate a ambas as condutas ilícitas seja feito a partir de políticas coerentes e sinérgicas entre si.

A Lei 12.846/13, ao privilegiar ações pedagógicas e preventivas, traz outras lições. A reinvenção da cultura empresarial brasileira através da adoção de novos padrões éticos depende de ações das duas partes: o Estado (público) e a pessoa jurídica/contribuinte (privado). Essa assertiva vai ao encontro de pesquisas desenvolvidas pela comunidade acadêmica internacional que indicam que o comportamento do contribuinte em relação à conformidade tributária é influenciado por diversos fatores, entre eles, incentivos emanados pelas administrações tributárias.

---

[21] ESTELLITA, Heloísa; PAULA Jr., Aldo de. Consequências Tributárias e Penais Tributárias. In: LEITE, Alaor; TEIXEIRA, Adriano (coord). Crime e Política: corrupção, financiamento irregular de partidos políticos, caixa dois eleitoral e enriquecimento ilícito. Rio de Janeiro. FGV. 2017. pp. 105 – 134. p. 126

[22] Para mais informações sobre estruturas formais de *compliance* e controles internos vide AGUIAR, Luciana. Governança Corporativa Tributária: aspectos essêncais. Quartier Latin, São Paulo, 2016. Cap. 4.

[23] Sistema de integridade é aquele que articula as áreas de auditoria, controles internos, gestão de risco e de crise, segurança e sustentabilidade. Sistemas de Integridade têm três finalidades precípuas: interromper uma situação "problema", resolve-la ou gerenciar a crise quando as duas outras alternativas tiverem falhado. COIMBRA, Marcelo Aguiar de e MANZZI, Vanessa Alessi. Manual de Compliance: preservando a boa governança e a integridade das organizações. São Paulo, Atlas, 2010. pp. 10 e 11.

[24] ESTELLITA, Heloísa; PAULA Jr., Aldo de. Consequências Tributárias e Penais Tributárias. In: LEITE, Alaor; TEIXEIRA, Adriano (coord). Crime e Política: corrupção, financiamento irregular de partidos políticos, caixa dois eleitoral e enriquecimento ilícito. Rio de Janeiro. FGV. 2017. pp. 105 – 134. p. 130.

Estímulos a adoção de boas práticas de Governança Corporativa Tributária[25] devem vir da parte que tem o poder de sanção e a responsabilidade de emitir regras legais de conduta: o Estado. Neste ponto, entra um importante componente para a análise da viabilidade de programas de incentivo ao cumprimento voluntário das obrigações tributárias: os paradigmas que respaldam a relação Fisco x contribuinte.

3. Paradigmas da Relação Fisco x Contribuinte

A dinâmica na interação de autoridades, contribuintes e governo importa nas decisões de observância das regras, entre elas, as regras tributárias. Trata-se da dimensão ética aplica à relação jurídico-tributária.

No início dos estudos sobre *"tax compliance behaviour"* (anos 70), acreditava-se que a conformidade decorreria, basicamente, do receio de detecção de infrações e aplicação de penalidades (teoria da economia do crime ou *enforcement*[26]). Com a evolução das pesquisas e as dificuldades[27] demonstradas por essa teoria, os estudos passaram a defender que o comportamento do contribuinte pode ser influenciado por valores sociais tais como justiça, confiança, reciprocidade e que as atividades combinadas de um governo responsável, das autoridades fiscais e dos contribuintes estão mutuamente relacionadas.

---

[25] Na literatura estrangeira costuma-se utilizar o termo *Tax Corporate Governance* que contempla os princípios, políticas, práticas e processos que os contribuintes implementam para garantir que as questões e riscos fiscais sejam gerenciados de acordo com a abordagem determinada pela Administração da sociedade. A definição adotada em pesquisas anteriores para o termo é a seguinte: "Governança Corporativa Tributária é o sistema pelo qual as organizações são dirigidas, monitoradas e incentivadas, no que tange ao planejamento, organização e cumprimento de obrigações principais e acessórias de natureza tributária, incluindo (i) as relações internas (intra-sociedade ou grupo) e as diretrizes emanadas pelos órgãos de gestão e controle, a Diretoria e o Conselho de Administração, bem como (ii) as relações externas entre a entidade empresarial e as autoridades competentes e outros *stakeholders*, respeitados os princípios básicos da Governança Corporativa". AGUIAR, Luciana. Governança Corporativa Tributária: aspectos essenciais. São Paulo Ed. Quartier Latin, 2016. p. 88.
[26] *"Economics-of-crime paradigm of tax compliance behavior"* ou teoria do "Enforcement" designam condutas da administração tributária com vistas a reforçar a execução de uma ordem, ou ato de coação ao cumprimento de um determinado requisito.
[27] Entre elas a ineficácia, a longo prazo, do poder coercitivo como principal elemento de preservação da conformidade tributária em geral.

Assim, o paradigma do serviço (*"service paradigm"*) vem ganhando força em diversas administrações tributárias[28] que reconhecem a importância de fomentar a confiança mútua construída com fundamento na ética, sem abrir mão da autoridade coercitiva quando necessário[29].

Fatores como boa-fé, previsibilidade de condutas, segurança jurídica, coerência na aplicação da legislação, transparência na relação e na divulgação de dados e informações são o alicerce do paradigma do serviço, que, para se tornar de fato uma realidade, atingir os objetivos de garantir o correto cumprimento das obrigações e evitar a evasão fiscal, depende ainda das seguintes medidas[30]:

a) Eficácia das políticas de detecção e punição de infrações fiscais por meio de (i) maior qualidade nas equipes e tecnologia aplicada nas auditorias, (ii) aprimoramento de técnicas de seleção dos contribuintes fiscalizados e de cadastros[31] e identificação dos contribuintes em geral e (iii) garantia de poder para aplicação de punições aos assessores tributários (não contribuintes) tais como revogação da licença para exercício da profissão.

b) Adoção da postura *"consumer-friendly"* consistente em tratar o bom contribuinte como alguém para quem a administração presta serviços. Essa postura prevê a promoção da educação do contribuinte e atuação no sentido de prover assessoria àqueles que desejem cumprir adequadamente suas obrigações, melhoria nos serviços disponibilizados pela administração tributária por telefone e *website*, além de esforços no sentido da simplificação das obrigações principais e acessórias.

c) Indução, por parte do Estado, de mudança na cultura de *compliance* tributário, a partir da: (i) comunicação de massa reforçando a ideia de que o pagamento adequado de tributos faz parte de um comportamento

---

[28] Podem ser citadas iniciativas na Austrália, Nova Zelândia, Portugal e Reino Unido.

[29] ALM, James; TORGLER, Benno. Do Ethics Matter? Tax Compliance and Morality. Tulane Economics Working Paper Series. Working Paper 1207, Tulane University, Department of Economics, 2012. Disponível em: <https://ideas.repec.org/p/tul/wpaper/1207.html>. Acesso em 11 de agosto de 2017.

[30] ALM, James; TORGLER, Benno. **Do Ethics Matter? Tax Compliance and Morality**. Tulane Economics Working Paper Series. Working Paper 1207, Tulane University, Department of Economics, 2012. Disponível em: <https://ideas.repec.org/p/tul/wpaper/1207.html>. Acesso em: 1º de novembro de 2014. pp. 30 e 31.

[31] Nesse sentido louva-se a introdução da Instrução Normativa 1.634/2016 que trouxe importantes alterações no cadastro nacional das pessoas jurídicas (CNPJ).

ético, (ii) premiação ou penalidade reputacional aplicada por meio de divulgação de lista de sonegadores ou de bons contribuintes, (iii) ênfase na relação entre o pagamento dos tributos e a prestação de serviços públicos essenciais disponibilizados pelo Estado, (iv) arregimentação de outras organizações que contribuam para a promoção da Governança Corporativa Tributária, (v) descontinuação de políticas que provoquem o entendimento de que a evasão fiscal é aceitável (ex. concessão de programas de anistias a todos os contribuintes indiscriminadamente).

ALM e TORGLER estabelecem relação entre a observância voluntária de regras tributárias e o tipo de tratamento dispensado pelas autoridades fiscais aos contribuintes.

Nesse sentido, não é necessário grande esforço para concluir que a prática das autoridades fiscais brasileiras se pauta pelo paradigma do *"enforcement"*, a começar pelo "leão" eleito como símbolo da Receita Federal do Brasil[32], amedrontador e que induz à sensação de uma relação muito desigual entre as partes. Maria de Fátima Cartaxo[33] qualificou a relação brasileira entre Fisco e contribuinte como de tensão e antagonismo, litigiosidade, baixa cooperação e pouca transparência.

Isto pode ser ilustrado pelo discurso do Secretário da Receita Federal do Brasil, Otacílio Cartaxo, quando da instituição do acompanhamento diferenciado:

> Tornou-se, também, fundamental ampliar a capacitação dos auditores, criando-se uma estrutura capaz de identificar os planejamentos tributários abusivos, usando de forma intensa e inteligente os avanços da tecnologia e incorporá-los a

---

[32] Segundo consta da memória da Receita Federal (RECEITA FEDERAL DO BRASIL, 2014), no final de 1979, foi encomendada campanha publicitária institucional para divulgar o Programa Imposto de Renda. Após análise das propostas, foi escolhido o leão como símbolo da ação fiscalizadora da Receita Federal e em especial do imposto sobre a renda, escolha que levou em consideração algumas de suas características: "o leão é o rei dos animais, mas não ataca sem avisar; é justo; é leal; é manso, mas não é bobo". Disponível em: <http://www.receita.fazenda.gov.br/Memoria/irpf/curiosidades/curiosidades.asp>. Acesso em: 1º de novembro de 2014.

[33] CARTAXO, Maria de Fatima. **Prerrogativas e Funções do Contencioso Administrativo Fiscal**. Núcleo de Estudos Fiscais (NEF). Escola de Direito de São Paulo da Fundação Getulio Vargas – DIREITO GV. São Paulo. 12 de abril de 2013. Disponível em: <http://nucleodeestudosfiscais.com.br/files/upload/2013/04/15/nef-fgv-prerrogativas_funcoes_contencioso_adm_fiscal-_bid-fc_12-04-2013-1-salvo-automaticamente.ppt]>. Acesso em: 14 de março de 2014.

procedimentos de auditoria bem definidos, e ajustados ao universo das grandes empresas.

(...)

Essas unidades comporão o estamento de elite na investigação e elaboração de novas metodologias de fiscalização focando o **planejamento tributário marginal e a sonegação**. (RECEITA FEDERAL DO BRASIL, Pronunciamento do Sr. Secretário da Receita Federal do Brasil. 2010).

O interessante é que se tratava da inauguração de uma Delegacia direcionada a grandes contribuintes (Portaria RFB nº 2.356/10[34]). Veja-se que a declaração abaixo, dada pelo Secretário de Estado dos Assuntos Fiscais de Portugal, Sr. António Mendonça Mendes, faz um enorme contraponto à declaração acima e mostra o quanto ainda temos a evoluir na relação fisco x contribuinte:

> Mais de metade das revisões administrativas feitas pela Autoridade Tributária deram razão aos contribuintes que as pediram. (...) Confrontado com estes números, na comissão parlamentar de orçamento e finanças, o secretário de Estado dos Assuntos Fiscais afirmou: "Fico satisfeito quando a Autoridade Tributária reconhece que o contribuinte tem razão".
>
> António Mendonça Mendes sublinha que a orientação dada à administração fiscal vai no sentido de que não deve litigar quando não tem razão. "Não vale a pena litigar quando não tem razão. **A máquina fiscal não serve para uma voracidade de receita, mas sim para cobrar os impostos e gerir esses impostos.** E no âmbito da justiça tributária é importante que sempre que haja um erro se possa assumir o erro.[35] (sem grifos no original)

Em Portugal a administração tributária está envidando esforços para aprimorar a relação fisco x contribuinte[36]. Neste sentido, a administração planeja

---

[34] Os critérios descritos para fins de definição dos maiores contribuintes são: I – receita bruta constante da Declaração de Informações Econômico-Fiscais da Pessoa Jurídica (DIPJ) ou dos Demonstrativos de Apuração de Contribuições Sociais (Dacon); II – débitos declarados nas Declarações de Débitos e Créditos Tributários Federais (DCTF); III – massa salarial constante das Guias de Recolhimento do Fundo de Garantia do Tempo de Serviço e Informações à Previdência Social (GFIP), IV – débitos totais declarados nas GFIP; e V – representatividade na arrecadação de tributos administrados pela RFB. (RECEITA FEDERAL DO BRASIL, Portaria 2356/10).

[35] Disponível em http://observador.pt/2017/10/18/secretario-de-estado-fico-satisfeito-quando-o--fisco-reconhece-que-o-contribuinte-tem-razao/. Acesso em 20 de dezembro de 2017.

[36] Em seu relatório, o Sr. António Mendes afirma que é "muito importante realçar que o cumprimento voluntário constitui o comportamento padrão dos contribuintes". Disponível em

concentrar esforços de fiscalização e cobrança visando ter uma atuação mais estratégica. Assim, passou a selecionar os litígios a partir das chances reais de êxito, o que aumentou o êxito dos contribuintes na fase de revisões administrativas, mas também aumentou o êxito do Fisco português na fase do contencioso. No que diz respeito às cobranças, assumindo postura de transparência e também buscando eficácia, a atual administração reconheceu a prescrição de diversos débitos cujo reconhecimento ainda não havia sido feito[37], o que viabilizará a alocação de recursos (escassos) de cobrança naquilo que é mais provável de haver retorno.

No Brasil, há uma inegável coincidência entre os contribuintes considerados pela administração tributária (RFB) como "grandes contribuintes, sujeitos a acompanhamento diferenciado" e ao mesmo tempo "potenciais sonegadores". Parece que este fato decorre basicamente de serem considerados apenas características quantitativas para estratificação do público-alvo e definição de políticas de atuação por parte da RFB, sendo completamente ignoradas as características qualitativas. E este é um dos pontos centrais da mudança que se faz necessária para a quebra do paradigma do *enforcement* e para a promoção da governança tributária e Governança Corporativa Tributária.

A Austrália mostra de forma didática que é possível fazer diferente e que isto é favorável para todas as partes envolvidas. O *Australian Taxation Office* (ATO), órgão equivalente à RFB, categoriza os contribuintes australianos para fins de definição de sua estratégica de fiscalização, revisão e auditoria. O órgão explica objetivos, critérios e metodologia de avaliação para fins de estabelecimento do chamado *"risk-differentiation framework"*, o que é demonstrado graficamente da seguinte forma:

---

https://www.portugal.gov.pt/download-ficheiros/ficheiro.aspx?v=81c76713-6b44-4990-8cf-5-039984b7d7c7. Acesso em 22 de dezembro de 2017.

[37] Informações extraídas da reportagem Secretário de Estado: "Fico satisfeito quando o fisco reconhece que o contribuinte tem razão", de 18 de outubro de 2017. Disponível em http://observador.pt/2017/10/18/secretario-de-estado-fico-satisfeito-quando-o-fisco-reconhece-que-o-contribuinte-tem-razao/. Acesso em 20 de dezembro de 2017.

RISK DIFFERENTIATION FRAMEWORK

	SERVICE FOCUS	ASSURANCE FOCUS	ENFORCEMENT FOCUS
Higher CONSEQUENCE		Key taxpayers	Higher risk taxpayers
Lower		Lower risk taxpayers	Medium risk taxpayers

Less likely ← LIKELIHOOD → More likely

Quadro: Matriz de Classificação dos Contribuintes
Fonte: Sítio Eletrônico Ato, 2017[38]

Veja-se que a categorização dos contribuintes não é feita apenas em função de seu faturamento ou número de empregados, mas leva em conta sempre duas variáveis: a consequência do descumprimento da lei tributária e a sua probabilidade de ocorrência. Nesse sentido, é bastante ilustrativa a abordagem definida para os contribuintes-chave (*key taxpayers*) grandes, porém entendidos como comprometidos com o *compliance*:

> Se você é identificado como um contribuinte-chave, nós temos interesse especial em sua gestão de risco e governança corporativa tributária. Esperamos que os contribuintes-chave comuniquem para o ATO plenamente os assuntos potencialmente contestáveis que possam surgir. Vamos atribuir os recursos necessários para garantir uma boa relação de trabalho e aumentar a nossa compreensão do seu negócio. **Se um assunto potencialmente contestável for identificado, trabalharemos com você para resolver o assunto e avaliar sua conformidade com a lei.** Nós somos menos propensos a usar nossos poderes formais de acesso e questionamento para obter informações adicionais, embora isso possa ser feito caso não tenhamos acesso a informações e evidências necessárias para formar entendimento em tempo hábil.[39]

---

[38] Disponível em https://www.ato.gov.au/Business/Large-business/In-detail/Risk-Differentiation-Framework/Risk-differentiation-framework-fact-sheet/ Acesso em 24 de dezembro de 2017.
[39] No original: If you are identified as a key taxpayer, we take a particularly close interest in your risk management and governance frameworks to mitigate tax compliance risks. We expect key taxpayers to fully disclose potentially contestable matters to us as they arise. We will assign the necessary resources to ensure a good working relationship and increase our understanding of your business. If a potentially contestable matter is identified, we will work with you to resolve the matter and evaluate your compliance with the law. We are less likely to use our formal powers

A supervisão baseada na avaliação de risco possibilita que a administração concentre seus recursos humanos e financeiros nos contribuintes considerados como de alto risco para a higidez do sistema tributário (quadrante 2 do quadro acima). O nível de governança corporativa tributária e a transparência no relacionamento com o ATO são elementos considerados nesta avaliação.

Cabe mencionar que a supervisão baseada em risco não é algo desconhecido de órgãos fiscalizadores no Brasil. A Comissão de Valores Mobiliários (CVM) há anos adota o este modelo, por meio do qual dedica mais atenção a:

"mercados, produtos e entidades supervisionadas que demonstrem *maior probabilidade de apresentar falhas em sua atuação e representem potencialmente um dano maior para os investidores ou para a integridade do mercado de valores mobiliários.*

Com base neste modelo, a Autarquia *atua nos maiores riscos ao desempenho de suas atribuições legais, racionalizando a utilização de recursos materiais e humanos e buscando uma abordagem mais preventiva do que reativa.*"[40] (sem grifos no original).

Certamente diante do atual cenário brasileiro acerca da relação fisco x contribuinte, aliado à complexidade que desfavorece tanto a atuação dos contribuintes quanto dos agentes fiscalizadores e que aumenta sobremaneira os custos de conformidade, iniciativas do Poder Público no sentido de externar a valorização aos bons contribuintes são recebidas com algum nível de ceticismo (para não dizer desconfiança). Os estudos desenvolvidos em relação à inovadora experiência australiana[41] demonstram que o entendimento das partes e a confiança mútua são condição *sine qua non* para a mudança de cultura e a promoção da governança, sendo importante que a administração tributária envide esforços de comunicação e ações no sentido de evidenciar sua intenção de quebrar os antigos paradigmas e estabelecer novas bases de relacionamento[42].

---

of access and questioning for additional information, although we will escalate matters if we are unable to obtain the information and evidence needed to form a view in a timely manner. Disponível em https://www.ato.gov.au/Business/Large-business/In-detail/Risk-Differentiation-Framework/Risk-differentiation-framework-fact-sheet/. Acesso em 24 de dezembro de 2017.

[40] Disponível em http://www.cvm.gov.br/menu/acesso_informacao/planos/sbr/sbr.html. Acesso em 23 de dezembro de 2017.

[41] Nesse sentido cita-se, a título exemplificativo, WHAIT, Robert. *Let's talk about compliance: bulding undeerstanding and relationships through discourse*. Disponível em https://www.business.unsw.edu.au/research-site/publications-site/ejournaloftaxresearch-site/Documents/05_Whait_LetsTalkAbout-TaxCompliance%20FINAL.pdf. Acesso em 20 de dezembro de 2017.

[42] Na Austrália, Andrew Mills, *Second Commissioner, Law Design and Practice Address* do ATO, discursou no Segundo Fórum Anual do *Tax Institute of Australia Victoria*, em Melbourne (Outubro de 2014) expondo expressamente os propósitos daquele país de reinventar a relação

Isto é precisamente o que pode ser observado na primeira iniciativa nesse sentido no Brasil, o Programa nos Conformes, tema do tópico a seguir.

3.1. Programa nos Conformes da Fazenda Estadual de São Paulo

Em 2017, o Governo de São Paulo apresentou Projeto de Lei Complementar "PLC 25/2017[43]", o qual faz parte do Programa de Conformidade Fiscal da Secretaria de Fazenda de São Paulo ("Programa nos Conformes").

O "Programa Nos Conformes", conforme Ofício encaminhado à Assembleia Legislativa pelo Governador Geraldo Alckmin:

> *"privilegia os atributos de orientação, atendimento, autorregularização, compliance, controle e aprimoramento da atividade fiscalizatória, redução de litigiosidade* e oferta de instrumentos tecnológicos que estimulem o cumprimento voluntário das obrigações tributárias pelos contribuintes
>
> A iniciativa está alinhada com o objetivo de *enfrentar os atuais problemas do sistema tributário brasileiro que prejudicam a produtividade e a competitividade do País.*"[44] (sem grifos no original)

Logo em seus artigos iniciais, o PLC 25/2017 expõe os princípios pelos quais deverão ser aplicados os critérios de conformidade tributária e que deverão orientar a regulamentação do Programa e a solução de eventuais divergências interpretativas. São eles: simplificação do sistema tributário estadual, boa-fé, previsibilidade de condutas, segurança jurídica por meio da objetividade e coerência na aplicação da legislação tributária, publicidade e transparência na divulgação de dados e informações, concorrência leal entre os agentes econômicos."[45]

Em linhas gerais, o Programa nos Conformes cria classificação de contribuintes que começa pelo alto nível de conformidade (A+) e vai até um com baixíssimo nível de conformidade (E). Esta classificação terá como critério o Fisco-contribuinte, assumindo compromissos e metas de excelência para a administração tributária exercida pelo órgão.

---

[43] Disponível em https://www.al.sp.gov.br/propositura/?id=1000168831. Acesso em 20 de dezembro de 2017.

[44] Conforme OFÍCIO GS/CAT N° 857/2017. Disponível em https://www.al.sp.gov.br/propositura/?id=1000168831. Acesso em 23 de dezembro de 2017.

[45] PLC 25/2017, art. 1º. Disponível em https://www.al.sp.gov.br/propositura/?id=1000168831. Acesso em 22 de dezembro de 2017.

grau de aderência aos preceitos da legislação tributária (obrigação principal, acessória e escolha de parceiros "nos conformes").

São definidos benefícios diferenciados ou restrições para os contribuintes de acordo com o *raiting* a eles atribuído. A publicação do enquadramento de cada contribuinte é prevista, mas depende de prévia anuência, sendo uma espécie parecida ao que se usa chamar *"naming or shaming"*, procedimento já adotado no Reino Unido a casos de evasão fiscal, ou seja, a contribuintes identificados como sonegadores.

Neste ponto vale pequena digressão para destacar a grande diferença que existe entre este tipo de lista e a divulgada pela PGFN em relação aos maiores devedores. Na lista dos maiores devedores a análise é apenas quantitativa, ou seja, o único critério é o tamanho do débito em aberto. Já na lista divulgada pela autoridade tributária britânica, a intenção de fraudar a lei tributária é capturada para identificar os *"serials avoiders"*. A lista britânica inclui detalhes dos contribuintes que incorreram em penalidades porque forneceram deliberadamente um ou mais documentos imprecisos à *HM Revenue and Customs* (HMRC), deliberadamente deixaram de cumprir obrigação tributária ou cometeram erros de IVA ou impostos especiais de consumo[46]. A inclusão na lista está condicionada ao contribuinte não colaborar prontamente em caso de investigação pela HMRC ou até antes, remetendo as diretrizes utilizadas pela Lei Anticorrupção brasileira.

A lista da PFGN[47] de maiores devedores previdenciários, por exemplo, apresenta contribuintes como Caixa Econômica Federal e Banco do Brasil, entidades controladas pela própria União, ingressados nesta lista em função do valor dos débitos, os quais provavelmente estão *sub judice*, e não em função da intenção de sonegar e se evadir da obrigação tributária. Assim, a relação de grandes devedores brasileiros não tem serventia para fins de categorização de contribuintes na abordagem do "paradigma do serviço", à qual a administração paulista pretende aderir, e não pode ser considerada semelhante a categorização pretendida pelo PLC 25/2017, inspirado em modelo semelhante ao Australiano.

O Programa nos Conformes, além de prever regras de conformidade tributária, manifesta apreço pela autorregularização dos contribuintes, determina

---

[46] Disponível em: https://www.gov.uk/government/publications/publishing-details-of-deliberate-tax-defaulters-pddd/details-included-in-the-list-of-deliberate-tax-defaulters. Acesso em 22 de dezembro de 2017.

[47] Disponível em: http://www.pgfn.fazenda.gov.br/arquivos-de-noticias/100%20MAIORES%20DEBITOS%20PREVIDENCIARIOS%201.xlsx/view. Acesso em 24 de dezembro de 2017.

que a administração tributária oriente e atenda os bons contribuintes e aprimore a atividade de fiscalização, além de prever medidas de engajamento dos servidores públicos da Fazenda nas ações do Programa, visando à concretização dos resultados almejados.

Para que tudo isso se torne realidade, foram previstas as seguintes diretrizes dirigidas à administração tributária paulista: facilitação e incentivo a autorregularização e a conformidade fiscal, redução dos custos de conformidade para os contribuintes, aperfeiçoamento contínuo da comunicação entre administração tributária e jurisdicionados e da administração tributária em geral e simplificação da legislação tributária e melhoria da qualidade da tributação.

Várias ações também foram expressamente mencionadas (art. 2, PLC 25/2017:

a) transparência na aplicação dos critérios de classificação de contribuintes bem como em todos os atos, atividades, decisões e diretrizes da administração tributária;
b) uniformidade e coerência na aplicação da legislação tributária;
c) divulgação do entendimento da administração tributária sobre a aplicação concreta da legislação;
d) fortalecimento institucional da administração tributária e de seus servidores, incluindo a discussão, elaboração e encaminhamento de proposta de Lei Orgânica da Administração Tributária;
e) desenvolvimento e aperfeiçoamento de sistemas de informação e melhoria da tecnologia aplicada nos processos;
f) revisão dos processos de trabalho com foco na melhoria dos serviços prestados aos contribuintes e a integração das funções da administração tributária com as demais áreas da Secretaria da Fazenda;
g) treinamento e a capacitação dos servidores da administração tributária especialmente para entendimento e aplicação do Programa Nos Conformes e vivência do novo paradigma;
h) desenvolvimento e divulgação de indicadores de eficiência e qualidade da administração tributária.

A adoção de princípios de boas práticas de governança tributária proporciona benefícios para a atividade empresarial na medida em que reduz riscos reputacionais, aumenta o nível de confiança na empresa, por parte de seus *stakeholders*, minimiza riscos associados à ocorrência de sanções pecuniárias, bem como reduz riscos decorrentes de incertezas inerentes ao processo de tomada de decisão, portanto é uma conduta que deve ser valorizada por qualquer pessoa jurídica, independentemente de incentivos (teoria de Kant acerca da ética como um valor e de Stuart Mill que defende a ética como algo que maximiza resultados perenes para as empresas).

No dia a dia empresarial, no entanto, fatores como a complexidade do sistema tributário, o estresse psicológico que acompanha os custos relacionados ao pagamento de tributos e que é gerado pelo fato de os contribuintes nunca terem certeza de que conseguiram cumprir com todas as suas obrigações, podendo vir a ter problemas muitos anos depois, por não conformidade involuntária, a percepção negativa sobre a aplicação dos recursos transferidos ao Estado por meio da arrecadação tributária são aspectos que influenciam as decisões empresariais acerca da cumprir as leis tributárias[48].

Richard Bird[49] afirma que a administração tributária, que raramente é satisfatória em países em desenvolvimento, fica ainda mais complexa quando há propensão a alterações legislativas frequentes, por isso o Projeto nos Conformes prevê a necessidade de estabilização de regras tributárias. Esta é uma necessidade muito presente quer seja em relação aos tributos federais ou mesmo a normas nacionais relativas ao ICMS.

Analisando as teorias de Richard Bird, James Alm e Benno Torgler é possível identificar pontos comuns que demonstram que a governança tributária deve ser fomentada pela administração tributária e pelo Estado, sob pena de não se tornar uma realidade entre os contribuintes. Trata-se de uma via de mão dupla porque, ao mesmo tempo que favorece as empresas, tem também utilidade para o país, por aumentar a eficiência na atividade de arrecadação. Para que isso se concretize, entretanto, a governança precisa ser fomentada pelo Estado por meio de diversos tipos de sinais que são direcionados aos contribuintes e à sociedade em geral.

---

[48] Nesse sentido vide TANZI, Vito. Complexidade na Tributação: Origem e Consequências. In: SANTI, Eurico Marcos Diniz de et. al. (Coord.). Transparência fiscal e desenvolvimento: homenagem ao professor Isaias Coelho. São Paulo: Fiscosoft, 2013. p. 199-235.

[49] BIRD, Richard. Smart Tax Administration. Economic Premise, nº 36. The World Bank, 2010. Disponível em http://siteresources.worldbank.org/INTPREMNET/Resources/EP36.pdf. Acesso em 24 de dezembro de 2017.

4. Síntese Conclusiva

Governança tributária é um caminho incontornável e essencial para melhorar o ambiente de negócios brasileiro e passa por questões de conduta ética, de valores cívicos e de responsabilidade social, na medida em que pode contribuir para o desenvolvimento econômico e social, melhor a relação da comunidade com as instituições públicas e também a percepção de que todos devem cumprir e fazer cumprir as leis, noção fulcral num Estado Democrático de Direito.

A ética como valor passou a influenciar as diretrizes empresarias na medida em que cresceu a percepção de que a governança corporativa pode melhorar o desempenho da entidade no longo prazo por meio de decisões mais informadas e refletidas, além de mitigar custos não previstos que decorrem da não conformidade involuntária.

A Lei Anticorrupção, ao privilegiar ações preventivas e trazer incentivos à cooperação a eventuais investigações, traz importante lição ao mundo tributário consistente no fato de o Estado pode (e deve) ter protagonismo na transformação da cultura empresarial brasileira através da adoção de novos padrões éticos, partindo-se da premissa de que o comportamento do contribuinte em relação à conformidade tributária é influenciado por diversos fatores, inclusive, por incentivos emanados pelas administrações tributárias.

Austrália, Portugal e Reino Unido são exemplos de medidas transformadoras na direção da governança tributária. As medidas são relativamente recentes e os resultados devem ser monitorados, mas parecem representar alternativa melhor que o paradigma do *enforcement,* comprovadamente ineficiente no combate à evasão fiscal.

O Brasil tem no "Programa nos Conformes" uma primeira iniciativa legislativa no sentido de positivar regras de conformidade. O programa foi recebido pela comunidade tributária com algum ceticismo, apesar de concordância geral acerca da necessidade de mudanças profundas na relação tributária no Brasil.

A categorização dos contribuintes por meio da combinação de variáveis quantitativas e qualitativas, a exemplo do que já é feito na Austrália e listas de divulgação dos maus contribuintes, assim entendidos como aqueles sonegadores ou tendentes a cometer atos de sonegação, são ações que devem ser implementadas coordenadamente e sempre com a observância dos princípios constitucionais e com vistas a aprimorar a governança e a relação fisco x bom contribuinte, a reduzir a evasão fiscal, como também a otimizar custos e recursos direcionados à fiscalização.

Referências

AGUIAR, Luciana. *Governança Corporativa Tributária: aspectos essenciais*. São Paulo Ed. Quartier Latin, 2016.
ALM, James; TORGLER, Benno. *Do Ethics Matter? Tax Compliance and Morality*. Tulane Economics Working Paper Series. Working Paper 1207, Tulane University, Department of Economics, 2012. Disponível em: <https://ideas.repec.org/p/tul/wpaper/1207.html>.
ATO. *Risk-differentiation framework*. Disponível em https://www.ato.gov.au/Business/Large-business/In-detail/Risk-Differentiation-Framework/Risk-differentiation-framework-fact-sheet/. Acesso em 24 de dezembro de 2017.
BIRD, Richard. *Smart Tax Administration*. Economic Premise, no. 36. The World Bank, 2010. Disponível em http://siteresources.worldbank.org/INTPREMNET/Resources/EP36.pdf. Acesso em 24 de dezembro de 2017.
BRASIL. *Memória da Receita Federal. Curiosidades da Evolução do Imposto de Renda*. (s.d.) Disponível em: < http://hom.receita.fazenda.gov.br/Memoria/irpf/curiosidades/curiosidades.asp>. Acesso em: 10 de abril de 2015.
BRASIL. RECEITA FEDERAL DO BRASIL. *Plano Anual da Fiscalização da Secretaria da Receita Federal do Brasil para o ano-calendário de 2017: quantidade, principais operações fiscais e valores esperados de recuperação de crédito tributário. Resultados de 2016*. Disponível em http://idg.receita.fazenda.gov.br/dados/resultados/fiscalizacao/arquivos-e-imagens/plano-anual-de-fiscalizacao-2017-e-resultados-2016.pdf. Acesso em 25 de dezembro de 2017.
BRASIL. *100 Maiores Devedores Previdenciários*. Disponível em http://www.pgfn.fazenda.gov.br/arquivos-de-noticias/100%20MAIORES%20DEBITOS%20PREVIDENCIARIOS%201.xlsx/view. Acesso em 24 de dezembro de 2017.
CARTAXO, Maria de Fatima. *Prerrogativas e Funções do Contencioso Administrativo Fiscal*. Núcleo de Estudos Fiscais (NEF) –). Escola de Direito de São Paulo da Fundação Getulio Vargas – DIREITO GV. São Paulo. 12 de abril de 2013. Disponível em: <http://nucleodeestudosfiscais.com.br/files/upload/2013/04/15/nef-fgv-prerrogativas_funcoes_contencioso_adm_fiscal-_bid-fc_12-04-2013-1-salvo-automaticamente.ppt]>. Acesso em: 14 de março de 2014.
COIMBRA, Marcelo Aguiar de e MANZZI, Vanessa Alessi. *Manual de Compliance: preservando a boa governança e a integridade das organizações*. São Paulo, Atlas, 2010. p. 2.
CVM. *Supervisão Baseada em Risco* Disponível em http://www.cvm.gov.br/menu/acesso_informacao/planos/sbr/sbr.html. Acesso em 23 de dezembro de 2017.
ESTELLITA, Heloísa; PAULA Jr., Aldo de. *Consequências Tributárias e Penais Tributárias*. In: LEITE, Alaor; TEIXEIRA, Adriano (coord). Crime e Política: corrupção, financiamento irregular de partidos políticos, caixa dois eleitoral e enriquecimento ilícito. Rio de Janeiro. FGV. 2017. P 105- 134.
GRUPENMACHER, Betina Treiger. *Desafios da Governança Tributária no Brasil*. In: AMARAL, Gilberto Luiz do, AMARAL, Leticia Mary Fernandes do. (coord.) Anais do II Congresso Brasileiro de Governança Tributária: diminuição dos riscos tributários e aumento da lucratividade empresarial. 1ª ed. Curitiba: Editora Blanche, 2014. p. 29-49.
MILLS, Andrew. *I've looked at tax from both sides now*. Discurso dirigido ao Tax Institute of Australia Victoria Second Annual Tax Forum. Melbourne, Austrália, 10 de outubro de

2014. Disponível em: <https://www.ato.gov.au/Media-centre/Speeches/Other/I-ve-looked-at-tax-from-both-sides-now/>. Acesso em março de 2015.

MOISÉS, José Alvaro. *O Impacto da Corrupção na Qualidade da Democracia*. p 83-98. In: CUNHA FILHO, Alexandre Jorge Carneiro de; LIVIANU, Roberto; PASCOLATI JUNIOR, Ulisses Augusto (coord.) – 48 visões sobre a Corrupção. São Paulo: Quartier Latin, 2016. p. 83-98.

OCDE. Relatório *Oficial da OCDE sobre a Governança Corporativa na América Latina*. Versão em português traduzida por Pinheiro Neto Advogados. s.d. p. 8 Disponível em http://www.ecgi.org/codes/documents/latin_america_pt.pdf. Acesso em: 21 de julho de 2014.

PORTUGAL. *Relatório do Combate à Fraude e Evasão Fiscais e Aduaneira 18 DE OUTUBRO DE 2017.* Disponível em https://www.portugal.gov.pt/download-ficheiros/ficheiro.aspx?v=81c76713-6b44-4990-8cf5-039984b7d7c7. Acesso em 22 de dezembro de 2017.

SÃO PAULO. *Projeto de Lei Complementar 25 de 2017*, art. 1º. Disponível em https://www.al.sp.gov.br/propositura/?id=1000168831. Acesso em 22 de dezembro de 2017.

SÃO PAULO. *OFÍCIO GS/CAT N° 857/2017*. Disponível em https://www.al.sp.gov.br/propositura/?id=1000168831. Acesso em 23 de dezembro de 2017.

TANZI, Vito. *Complexidade na Tributação: Origem e Consequências*. In: SANTI, Eurico Marcos Diniz de et. al. (Coord.). Transparência fiscal e desenvolvimento: homenagem ao professor Isaias Coelho. São Paulo: Fiscosoft, 2013. p. 199-235.

UK. *Corporate report Details included in the list of deliberate tax defaulters*. Updated 11 December 2017. Disponível em https://www.gov.uk/government/publications/publishing--details-of-deliberate-tax-defaulters-pddd/details-included-in-the-list-of-deliberate--tax-defaulters. Acesso em 20 de dezembro de 2017.

WHAIT, Robert. *Let's talk about compliance: bulding undeerstanding and relationships through discourse*. Disponível em https://www.business.unsw.edu.au/research-site/publications-site/ejournaloftaxresearch-site/Documents/05_Whait_LetsTalkAboutTaxCompliance%20FINAL.pdf. Acesso em 20 de dezembro de 2017.

ZANCHIM, Kleber Luiz; BERTOCCELLI, Rodrigo de Pinho. *Empresas, Direito, Ética e Compliance: Existe Relação?*. In: CUNHA FILHO, Alexandre Jorge Carneiro de; LIVIANU, Roberto; PASCOLATI JUNIOR, Ulisses Augusto (coord.) – 48 visões sobre a Corrupção. São Paulo: Quartier Latin, 2016. p. 99-116.

Lei Anticorrupção e Acordos de Leniência-Impactos Tributários: Uma Abordagem Profunda Visando a Defesa dos Interesses Públicos e do Erário

Ameleto Masini Neto
Mauricio Yjichi Haga

1. Introdução

A ordenação jurídica brasileira é marcada por diversas matérias polêmicas e assaz conflitantes, geradoras de discussões doutrinárias e, sobretudo, jurisprudenciais.

Tais dissidências são incitadas de tempos em tempos, reinflamando os debates e provocando novéis manifestações dos operadores do direito.

O presente estudo tem por desiderato analisar uma dessas tormentosas matérias, que, diante dos hodiernos episódios de corrupção vivenciados em nosso país, bem como do resultante conjunto de investigações conhecido como "Operação Lava Jato[1]", vem suscitando indagações no mundo jurídico, especialmente no que tange à defesa e proteção do erário[2].

O fenômeno social transnacional chamado "corrupção" consubstancia-se em um instituto jurídico multifacetado cuja realidade concreta necessita de enfrentamentos urgentes, com consequências penais, civis e administrativas,

---

[1] O nome da operação foi dado pela delegada federal Erika Marena em Curitiba e decorre do uso de uma rede de postos de combustíveis e lava jato para movimentação de recursos ilícitos. Apesar de a investigação ter avançado e alcançado outras empresas, o nome "Lava Jato" se consagrou.

[2] Dizer "erário público" constitui uma impropriedade. Erário é o termo mediante o qual se designa o tesouro público. Assim, por ser o erário essencialmente público, não há por que anexar-lhe esse indicativo. Nesse sentido: KASPARY, Adalberto J. *Habeas Verba/Português para juristas*, 5.ª ed., Porto Alegre: Livraria do Advogado, 1999, p. 97.

já que impede o desenvolvimento econômico; cria deficiências no mercado e diferenciais competitivos; direciona o investimento público; inflaciona o custo dos negócios, assim como facilita a prática de outras infrações penais[3], tais como lavagem de dinheiro (Lei 9.613/98), tráfico de influências (CP, art. 332), exploração de prestígio (CP, art. 357), crimes contra o sistema financeiro (Lei 7.492/86), dentre outras.

O ponto fundamental deste estudo é a reflexão acerca do instituto do acordo de leniência na Lei Anticorrupção[4] – sempre à luz da Constituição Federal, assim como da legislação infraconstitucional – buscando aferir suas implicações e enfrentar questões como: 1) Lei Anticorrupção em face das demais normas de responsabilização; 2) a segurança jurídica nos acordos de leniência e a concomitância de responsabilizações; 3) o Ministério Público e a indisponibilidade do crédito tributário; 4) impactos tributários, dentre outras.

Para uma perfeita compreensão acerca do microssistema de promoção da integridade pública, traçaremos, inicialmente, breve retrospecto histórico, em uma perspectiva evolutiva, diferenciando institutos correlatos e perscrutando seus alcances e nuances, para então podermos discorrer e concluir com propriedade sobre as desafiadoras proposições acerca do acordo de leniência criado pela Lei 12.846/2013.

É com o intuito de manter a comunidade jurídica minimamente pronta para os desafios dos novos tempos que nos enveredamos nesta investigação.

2. Histórico: Colaborações[5] Premiadas e Leniências

A aquisição de ativos conspurcados data da Antiguidade Clássica. Conforme ensina Rodolfo Tigre Maia "Dentre os gregos era corrente o uso de aforismo que dizia: 'ambos são ladrões, tanto quem recebeu quanto quem roubou' (Tosi, 1996:521); e, em Roma, Sêneca (na Medéia) já asseverava que: *'Cui prodest scelus,/is fecit'* (comete o crime quem dele tira proveito)[6]".

---

[3] O Brasil adota o critério dicotômico, sendo que infração penal é gênero de que são espécies o crime (ou delito) e a contravenção (também conhecida como crime anão, crime liliputiano ou *delitti nani*).

[4] Chamada de Lei da Empresa Limpa. Regulamentada pelo Decreto n.º 8.420, de 18/3/2015.

[5] Preferimos a expressão "colaboração premiada", pois nem sempre este meio de prova dependerá de uma delação.

[6] Lavagem de Dinheiro, 1.ª ed., 2.ª tiragem, São Paulo: Malheiros, 2004, p. 21.

Mas o marco histórico que deu início ao grande incremento às organizações criminosas ocorreu nos Estados Unidos com a edição da 18.ª Emenda à Constituição norte-americana, que adotou a Lei Nacional de Proteção, conhecida por Lei Seca, proibindo a fabricação, a venda e o transporte de bebidas intoxicantes. Essa modalidade de política repressiva acabou por catalisar a atividade criminosa que, a partir daí – estruturada e sistematizada –, passou a movimentar quantias em dinheiro até então inimagináveis. A partir disso, o mundo começou a enfrentar essa macrocriminalidade e forçosamente conhecer certas denominações como: Cosa Nostra (máfia italiana); Cartéis (máfia colombiana); Yakuza (máfia japonesa); Tríade (máfia chinesa); Bratva (máfia russa) e, mais especificamente no Brasil, os Comandos.

Ditas entidades sempre tiveram em comum o fato de seus integrantes associarem-se de forma estruturada e caracterizada pela divisão de tarefas, com o objetivo de cometer infrações penais.

Só que a particularidade acima citada não é a única. Descobriu-se com o tempo a existência de um elemento desestabilizador dessas organizações, qual seja a "colaboração premiada", que vem sendo, hoje, uma das principais ferramentas nos processos que investigam crimes de corrupção.

A legislação brasileira evoluiu de modo progressivo no tratamento da colaboração premiada, senão vejamos:

a) Código Penal (art. 159, § 4.º)[7];
b) Crimes contra o Sistema Financeiro (Lei 7.492/86, art. 25, § 2.º)[8];
c) Crimes Hediondos (Lei 8.072/90, art. 8.º, parágrafo único)[9];
d) Crimes contra a Ordem Tributária (Lei 8.137/90, art. 16, parágrafo único)[10];
e) Lavagem de Dinheiro (Lei 9.613/98, art. 1.º, § 5.º)[11];

---

[7] "Se o crime é cometido em concurso, o concorrente que o denunciar à autoridade, facilitando a libertação do sequestrado, terá sua pena reduzida de 1/3 a 2/3".

[8] Nos crimes previstos nesta Lei, cometidos em quadrilha ou coautoria, o coautor ou partícipe que através de confissão espontânea revelar à autoridade toda a trama delituosa terá a sua pena reduzida de 1/3 a 2/3.

[9] O participante que denunciar à autoridade o bando ou quadrilha, possibilitando seu desmantelamento, terá a pena reduzida de 1/3 a 2/3.

[10] Nos crimes previstos nesta Lei, cometidos em quadrilha ou coautoria, o coautor ou partícipe que através de confissão espontânea revelar à autoridade a trama delituosa terá a sua pena reduzida de 1/3 a 2/3.

[11] A pena poderá ser reduzida de 1/3 a 2/3 e ser cumprida em regime aberto ou semiaberto, facultando-se ao juiz deixar de aplicá-la ou substituí-la por pena restritiva de direitos, se o autor,

f) Lei de Proteção às Testemunhas (Lei 9.807/99, arts. 13)[12];
g) Lei de Drogas (Lei 11.343/2006, art. 41)[13].

Atualmente, a Lei 12.850/2013 – que define organização criminosa[14] – trata de forma minuciosa da colaboração premiada como meio de obtenção de prova em seu art. 4.º, *verbis:*

> O juiz poderá, a requerimento das partes, conceder o perdão judicial, reduzir em até 2/3 a pena privativa de liberdade ou substituí-la por restritiva de direitos daquele que tenha colaborado voluntariamente com a investigação e com o processo criminal, desde que dessa colaboração advenha um ou mais dos seguintes resultados:
> I – a identificação dos coautores e partícipes da organização e das infrações penais por eles praticadas;
> II – a revelação da estrutura hierárquica e da divisão de tarefas da organização;
> III – a prevenção de infrações decorrentes das atividades da organização criminosa;
> IV – a recuperação total ou parcial do produto das infrações penais praticadas pela organização criminosa;
> V – a localização de eventual vítima com a sua integridade física preservada.
> [...]

Como se nota da leitura do dispositivo, na colaboração premiada o investigado abre mão do direito ao silêncio (CF, art. 5.º, LXIII), bem como do princípio da não produção de provas contra si mesmo (*nemo tenetur se detegere*

---

coautor ou partícipe colaborar espontaneamente, prestando esclarecimentos que conduzam à apuração das infrações, à identificação dos coautores e partícipes, ou à localização dos bens, direitos ou valores objeto do crime.

[12] Poderá o juiz, de ofício ou a requerimento, conceder o perdão judicial e a extinção da punibilidade ao acusado que, sendo primário, tenha colaborado voluntariamente com a investigação, desde que dessa colaboração tenha resultado: I – a identificação dos coautores ou partícipes da ação; II – a localização da vítima com a sua integridade preservada; III – a recuperação total ou parcial do produto do crime.

[13] O acusado que colaborar voluntariamente com a investigação na identificação dos demais coautores ou partícipes e na recuperação do produto do crime, no caso de condenação, terá pena reduzida de 1/3 a 2/3.

[14] Art. 1.º, § 1.º Considera-se organização criminosa a associação de 4 ou mais pessoas estruturalmente ordenada e caracterizada pela divisão de tarefas, ainda que informalmente, com objetivo de obter, direta ou indiretamente, vantagem de qualquer natureza, mediante a prática de infrações penais cujas penas máximas sejam superiores a 4 anos, ou que sejam de caráter transnacional.

– Pacto de San José da Costa Rica, art. 8.º, § 2.º, "g"), visando a obtenção de benefícios legais.

A lei consolidou o entendimento jurisprudencial de que a colaboração não constitui prova, mas tão somente meio para a sua eventual obtenção (art. 4.º, § 16)[15].

Ocorre que a lei silenciou a respeito dos reflexos da colaboração nas searas cível e administrativa. E, muitas vezes, o colaborador é sócio ou funcionário da empresa que responderá civil e administrativamente pela conduta de uma pessoa física.

Valdir Moysés Simão[16] faz relevante indagação a esse respeito: *"Considerando que a esfera criminal concedeu benefícios à pessoa física em face da colaboração prestada ao Estado, não teria sido importante a lei prever a extensão de tais efeitos também para as pessoas jurídicas interessadas?*

Daí a importância de a atividade legislativa brasileira preocupar-se com uma política de leniência, assim como ocorreu nos Estados Unidos a partir da década de 1970 *(Amnesty Program and The Antitrust Penalty Enhancement)*.

A chamada Lei Antitruste (Lei 12.529/2012) – que acabou por emprestar algumas de suas ideias à Lei Anticorrupção – prevê em seu capítulo VII o programa de leniência.

Assim reza o seu art. 86:

> O Cade, por intermédio da Superintendência-Geral, poderá celebrar acordo de leniência, com a extinção da ação punitiva da administração pública ou a redução de 1/3 a 2/3 da penalidade aplicável, nos termos deste artigo, com pessoas físicas e jurídicas que forem autoras de infração à ordem econômica, desde que colaborem com as investigações e o processo administrativo e que dessa colaboração resulte:
>
> I – a identificação dos demais envolvidos na infração; e
>
> II – a obtenção de informações e documentos que comprovem a infração sob investigação.
>
> § 1.º O acordo de que trata o *caput* deste artigo somente poderá ser celebrado se preenchidos, cumulativamente, os seguintes requisitos:
>
> I – a empresa seja a primeira a se qualificar com respeito à infração noticiada;

---

[15] Nenhuma sentença condenatória será proferida com fundamento apenas nas declarações de agente colaborador.

[16] *O Acordo de Leniência na Lei Anticorrupção Histórico, Desafios, Perspectivas*. São Paulo: Trevisan, 2017, p. 98.

II – a empresa cesse completamente seu envolvimento na infração a partir da data de propositura do acordo;

III – a Superintendência-Geral não disponha de provas suficientes para assegurar a condenação da empresa ou pessoa física por ocasião da propositura do acordo; e

IV – a empresa confesse sua participação no ilícito e coopere permanentemente com as investigações, comparecendo, sob suas expensas, sempre que solicitada, a todos os atos processuais.

Por sua vez, a Lei Anticorrupção destinou capítulo próprio para disciplinar o tema (arts. 16 e 17), que será perscrutado em tópico específico deste trabalho.

Pela análise desses diplomas, podemos inferir a diferença entre os institutos da colaboração premiada e do acordo de leniência.

Quando a investigação recair sobre matéria de Direito Penal, a hipótese versará sobre a colaboração premiada. No entanto, quando a investigação revestir-se de índole administrativa, o mecanismo de obtenção de provas mediante cooperação será o acordo de leniência.

Já, em comum, temos o fato de que ambos os institutos consistem em acordos firmados entre infratores e órgãos investigativos, objetivando a concessão de benefícios.

O que se tem observado na prática é que o Ministério Público e o CADE têm logrado sucesso em trabalhar de forma articulada, valendo-se tanto da colaboração premiada quanto do *acordo de leniência da Lei Antitruste*. A Operação Lava Jato já deixou como um de seus legados ao menos dois exemplos de quão profícua pode ser a ação coordenada entre os dois órgãos. Trata-se dos acordos firmados em conjunto com as pessoas naturais e os grupos empresariais ligados à SOG Óleo e Gás e à Construtora Camargo Correa[17].

Contudo, infelizmente, a leniência da Lei Anticorrupção ainda não tem a mesma eficiência da Lei Antitruste. Veremos o porquê mais adiante.

Por fim, vale aqui sobrelevar que as investigações da força-tarefa do Ministério Público, na Lava Jato, tiveram reconhecimento internacional com o recebimento do prêmio da *Global Investigations Review*, na categoria órgão de persecução criminal do ano[18].

---

[17] Nesse sentido, Valdir Simão (*op. cit.* p. 99).
[18] Disponível em: https://pt.wikipedia.org/wiki/Global_Investigations_Review. Acesso em 24/8/2017.

3. A Lei Anticorrupção – LAC

Antes de estudarmos o acordo de leniência – nosso escopo maior – importante verificar o contexto em que ele se insere. Desse modo, em caráter propedêutico, traçaremos as principais considerações sobre a Lei 12.846/2013, vigente no país desde 29/1/2014.

No ordenamento jurídico pátrio, a corrupção[19] – que constitui a antítese da democracia – é tipificada nos arts. 317 e 333 do Código Penal, nos seguintes termos:

> Corrupção passiva
> Art. 317 – Solicitar ou receber, para si ou para outrem, direta ou indiretamente, ainda que fora da função ou antes de assumi-la, mas em razão dela, vantagem indevida, ou aceitar promessa de tal vantagem:
> Pena – reclusão, de 2 (dois) a 12 (doze) anos, e multa.
> Corrupção ativa
> Art. 333 – Oferecer ou prometer vantagem indevida a funcionário público, para determiná-lo a praticar, omitir ou retardar ato de ofício:
> Pena – reclusão, de 2 (dois) a 12 (doze) anos, e multa.

Essas tipificações, por si só, não alcançavam as empresas envolvidas em corrupção, que podiam ser apenadas com suspensão ou declaração de inidoneidade (Lei 8.666/93), além da incidência de outras normas como: Lei 12.426/2011 (Regime Diferenciado de Contratações Públicas), Lei 8.429/92 (Improbidade Administrativa), Código de Defesa do Consumidor, Lei Ambiental, Lei 7.492/86 (Sistema Financeiro), Lei 7.347/85 (Lei da Ação Civil Pública) e Lei Antitruste.

Sobreveio, visto isso, a LAC (Lei 12.846/2013) – legislação nacional[20], de caráter extraterritorial[21] e sem natureza penal[22] – com o fito de suprir essa lacuna. A partir de então, seguindo tendência internacional, as pessoas

---

[19] A Transparência Internacional – organização não-governamental que tem como objetivo combater a corrupção, fundada em 1993 e com sede em Berlim – classificou o Brasil na vergonhosa 79.ª posição em 2016.

[20] O poder regulamentar dos Estados, Municípios e DF é meramente complementar à LAC e tem natureza infralegal.

[21] Aplicável a atos praticados contra a Administração Pública estrangeira, ainda que cometidos no exterior (art. 28).

[22] E não poderia ser de outra forma pois, no Brasil, só se admite responsabilidade penal de pessoa jurídica nos crimes ambientais (Lei 9.605/98).

jurídicas passam a ser responsabilizadas administrativa e civilmente pelos atos lesivos à Administração Pública em todas as suas esferas (União, Distrito Federal, Estados e Municípios), além da responsabilização de particulares no âmbito penal e/ou civil (Lei 8.429/92 – Lei da Improbidade Administrativa e outras). Frise-se, com veemência, que a LAC em nada restringiu a competência dos diplomas citados. Ao contrário, a norma previu expressamente que a aplicação de suas sanções não afeta as penalidades previstas em outras leis (art. 30). Isso, como se verá no tópico referente ao acordo de leniência, trará um complicador a ser enfrentado.

Não se pode negar, no entanto, que em nenhum desses diplomas a atividade legislativa tinha nítido propósito de combater a corrupção, como no caso da Lei 12.846/2013.

Transcrevemos recente doutrina pátria[23]:

> Finalmente, após longos anos de trâmite no Congresso Nacional, numa flagrante resposta aos inúmeros protestos de rua ocorridos em junho de 2013, que realçavam a corrupção generalizada em todos os planos federativos, veio à tona a Lei 12.846, de 01.08.2013, já denominada 'Lei Anticorrupção', que inovou o ordenamento jurídico pátrio ao trazer em seu bojo uma mudança de perspectiva no combate à corrupção, porquanto acresce ao Direito Penal e à perseguição à pessoa física, o Direito Administrativo Sancionador, indo ao encalço da pessoa jurídica.

Importante destacar que a responsabilidade da pessoa jurídica regulada nessa lei é objetiva[24] – tanto na esfera judicial, como na administrativa (arts. 1.º e 2.º) – e tão somente das pessoas jurídicas, sejam quais forem sua forma de organização (art. 1.º). "A relação constante do parágrafo único do art. 1.º da LAC deve ser entendida como exemplificativa, devendo-se entender que a norma se aplica a todas as formas de pessoas jurídicas previstas no Código Civil, inclusive as não citadas pela Lei 12.846/2013" (SIMÃO, 2017)[25].

A nosso sentir, há silêncio eloquente da LAC no sentido de sua aplicação às empresas individuais de responsabilidade limitada, partidos políticos e organizações religiosas, já que tais entidades constam do rol de pessoas jurídicas

---

[23] BITTENCOURT, Sidney. *Comentários à Lei Anticorrupção.* 2.ª ed., São Paulo: Revista dos Tribunais, 2015, p. 25-26.

[24] A responsabilidade objetiva se caracteriza pela ausência de averiguação do elemento volitivo do causador do dano. Basta que se configurem três situações: a) a ação do agente; b) a existência da lesão; e c) o nexo causal entre essa ação e o resultado danoso (vide CC, art. 927).

[25] *Op. cit.*, p. 29.

previsto no art. 44 do Código Civil. Por sua vez, as entidades do Terceiro Setor, *v. g.*, ONGs e OSCIPs, também merecem responsabilização nos termos dessa lei, por inafastável regra hermenêutica de interpretação extensiva de seu art. 1.º, parágrafo único[26].

Aqui reside ponto importante. Interpretação extensiva não se confunde com analogia. Esta se destina a suprir lacunas; aquela a alcançar o verdadeiro significado da norma.

No escólio de Carlos Frederico Coelho Nogueira[27]:

> Na interpretação extensiva, amplia-se o conteúdo de uma norma legal existente, que passa a abranger situação nela não prevista literalmente. Pressupõe-se que o legislador disse menos do que pretendia.
> Parte-se, portanto, do ser, que se expande a outros seres.
> Na utilização da analogia, parte-se do não-ser (uma omissão ou lacuna, um vazio, um nada jurídico, a inexistência de norma disciplinadora de um assunto) para o preenchimento desse hiato através do 'empréstimo' de norma legal existente, reguladora de assunto semelhante.

Considerando, portanto, que a LAC tem o claro objetivo de proteger a Administração Pública[28] e reprimir atos de corrupção em todas as suas formas, transparece evidente que as entidades do Terceiro Setor estão sujeitas às suas diretrizes.

Quanto às sociedades de economia mista e empresas públicas, corroboramos o entendimento de que caberia tão somente a aplicação de multas a essas estatais. De fato, seria ilógica a aplicação das demais sanções. Isso porque tais entidades desempenham atividades de interesse nacional e sancioná-las nos termos do art. 19 da LAC seria cometer uma espécie de autofagia estatal, com prejuízos mais austeros ao interesse público.

---

[26] Aplica-se o disposto nesta Lei às sociedades empresárias e às sociedades simples, personificadas ou não, independentemente da forma de organização ou modelo societário adotado, bem como a quaisquer fundações, associações de entidades ou pessoas, ou sociedades estrangeiras, que tenham sede, filial ou representação no território brasileiro, constituídas de fato ou de direito, ainda que temporariamente.

[27] NOGUEIRA, Carlos Frederico Coelho. *Comentários do Código de Processo Penal*. 1.ª ed., São Paulo: Edipro, 2002, p. 113.

[28] Exposição de motivos do PL 6826/2010. Disponível em www.camara.gov.br/proposicoes. Acesso em 28/8/2017.

O art. 5.º da Lei 12.846/13 tipifica os atos considerados lesivos à Administração Pública, ao patrimônio público ou aos compromissos internacionais assumidos pelo Brasil.

Esse rol, já desponta na doutrina, é meramente exemplificativo, devendo a lei ir ao rasto de quaisquer condutas lesivas ao erário praticadas para beneficiar empresa corrupta.

No que tange à responsabilização, a norma estipula, na esfera administrativa, as seguintes sanções, isoladas ou cumulativamente: 1) multa[29] e 2) publicação extraordinária da decisão condenatória (art. 6.º). Já na esfera judicial, as sanções consistem em 1) perdimento de bens, direitos ou valores que representem vantagem ou proveito da infração; 2) suspensão ou interdição parcial de suas atividades; 3) dissolução compulsória e 4) proibição de receber incentivos, subsídios, subvenções, doações ou empréstimos de órgãos públicos e de instituições públicas ou controladas pelo poder público (art. 19).

Ocorre que a LAC estipula ainda outras regras, todas pertinentes à responsabilização (art. 3, *caput* e §2.º, art. 4.º, art. 6.º § 3.º, art. 29 e art. 30), que resultam em complexa questão de insegurança jurídica que abordaremos em momento oportuno desta obra (item 3).

Por outro lado, saudamos com muito entusiasmo a inovação trazida ao sistema jurídico brasileiro pelo art. 7.º, VIII, da LAC, *verbis*:

> Serão levados em consideração na aplicação das sanções: [...] VIII – a existência de mecanismos e procedimentos internos de integridade, auditoria e incentivo à denúncia de irregularidades e a aplicação efetiva de códigos de ética e de conduta no âmbito da pessoa jurídica.

Trata-se de cultura empresarial adotada por multinacionais de todo o mundo (Programas de *Compliance*) e que se consubstancia basicamente na adoção de códigos de ética, conduta, incentivo e utilização de canais de denúncia e desenvolvimento de sistemas de controle interno e auditorias.

Sobre o tema, Sidney Bittencourt[30] assevera que "*as empresas que adotam boas práticas de governança corporativa estão optando por transparência, prestação de contas e responsabilidade administrativa em suas operações. [...] Essas medidas fazem com que o sistema legal brasileiro se equipare às práticas anticorrupção adotadas em todo o mundo, principalmente nos Estados Unidos e Reino Unido*".

---

[29] Os arts. 17 a 23 e 25 do Decreto 8.420/15 pormenorizam a aplicação e execução dessas multas.
[30] Comentários à Lei Anticorrupção, São Paulo: Revista dos Tribunais, 2015, p. 111.

Excelente postura do legislador brasileiro. Os Programas de *Compliance* – se não impedem os atos ilícitos – pelo menos auxiliam na detecção de ameaças, desvios e fraudes praticados contra a Administração Pública. Sem contar que essa espécie de comprometimento fortalece a imagem das empresas, gerando segurança e motivando investidores.

Por derradeiro, vale mencionar que prescrevem em 5 (cinco) anos as infrações previstas na LAC (art. 25). A lei manteve a regra geral do Direito Administrativo de prescrição em cinco anos. Tanto na esfera administrativa, quanto na judicial o interregno será interrompido com a instauração de processo que tenha por objeto a apuração da infração (art. 25, parágrafo único). Vale aqui mencionar que, embora não previsto no dito art. 25, a celebração do acordo de leniência também tem o condão de interromper o prazo prescricional, nos exatos termos do art. 16, § 9.º.

Frise-se, por valiosíssima, a observação de Eduardo Cambi[31] no sentido de que *"o art. 25 da Lei Anticorrupção não pode ser aplicado para impedir a reparação integral dos danos causados".*

Isso por força do art. 37, § 5.º da Constituição Federal que prevê: *"A lei estabelecerá os prazos de prescrição para ilícitos praticados por qualquer agente, servidor ou não, que causem prejuízos ao erário,* **ressalvadas as respectivas ações de ressarcimento".**

Via de consequência, o prazo de 5 (cinco) anos previsto no art. 25 da LAC não incide sobre ações que visem o ressarcimento de danos ao erário, visto ser tal direito imprescritível por força constitucional.

4. O Acordo de Leniência na Lei 12.846/2013

O acordo de leniência – espécie do gênero "ato jurídico convencional restritivo de direito[32]" – constitui ato administrativo complexo, de feição instrumental, por meio do qual a Administração Pública celebra ajuste com a pessoa jurídica infratora, tendo por objeto substituir conduta primariamente exigível, por outra secundariamente negociável (Diogo de Figueiredo, *apud* BITTENCOURT, Sidney, 2015).

---

[31] A atuação do Ministério Público no combate à corrupção. Revista do CNMP, n.º 4, 2014.
[32] O ato negocial mais conhecido no campo do direito administrativo é o termo de ajustamento de conduta, previsto no art. 5º da Lei de Ação Civil Pública.

Nos termos do art. 16, *caput*, da Lei Anticorrupção, os acordos de leniência poderão ser celebrados pelas autoridades máximas de cada entidade pública – ou pela Controladoria-Geral da União – CGU, no âmbito do Poder Executivo Federal. De pronto, podemos inferir que essa multiplicidade de órgãos poderá gerar ineficiências ao processo, principalmente quando a corrupção envolver várias jurisdições. É importante que a CGU, em nome da segurança jurídica, atue de forma coordenada com o Tribunal de Contas da União, a Advocacia Geral da União e Ministério Público Federal, até porque, não raro, os elementos de prova entregues pela pessoa jurídica no acordo de leniência revelam fatos criminosos.

Nossa opinião, nesse particular, se coaduna com a interpretação ab-rogante[33] e dura crítica feita por Modesto Carvalhosa ao analisar o tema:

> Embora o *caput* do art. 16 outorgue genericamente competência para celebrar acordos de leniência à desfrutável 'autoridade máxima' do ente público envolvido – o que em si é uma contradição em termos com a finalidade da presente Lei – o § 10.º do art. 16 retifica essa intransponível aberração, determinando que cabe à CGU celebrar tais pactos no âmbito do Poder Executivo Federal, bem como nos 'atos lesivos praticados contra a administração pública estrangeira'.
>
> Deve, assim, ser desconsiderado em parte o *caput* do art. 16 para prevalecer a regra contida no seu referido § 10.º também nos planos estadual e municipal, bem como nos demais Poderes – Legislativo e Judiciário – nas três instâncias federativas.
>
> [...]
>
> Essa competência é, como reiterado, reservada aos órgãos correcionais e disciplinares dos entes implicados, tanto na investigação (inquérito) como no processo penal-administrativo. Somente esses órgãos correcionais e disciplinares na pessoa de seus titulares podem ser competentes para negociar e firmar pactos de leniência, na presunção legal de sua independência frente às 'autoridades máximas', por isso investidos de específicas atribuições e funções investigativas e administrativamente judicantes (2015, p. 390).

Já os requisitos para a pessoa jurídica celebrar o acordo estão no art. 16, §1º. São três exigências *cumulativas*: a) que seja a primeira a manifestar seu

---

[33] A interpretação ab-rogante é aquela que se aplica quando o preceito normativo é mau construído e não se consegue aludir com clareza mínima as hipóteses que se pretende alcançar com a norma. Aplicável quando houver entre duas disposições legais uma contradição insanável, podendo-se eliminar uma das regras e aplicar a outra (ab-rogação simples), ou eliminar as duas e aplicar uma terceira (dupla ab-rogação).

interesse em cooperar; b) que cesse completamente seu envolvimento na infração a partir da propositura do acordo; c) que admita a participação no ilícito e coopere permanentemente com as investigações, comparecendo, sob suas expensas, a todos os atos processuais.

Por sua vez, o Decreto 8.420/2015, que regulamentou a LAC, deu importante interpretação ao primeiro requisito, estipulando que a necessidade de a empresa ser a primeira a se manifestar se dá apenas *"quando tal circunstância for relevante"* (art. 30, I).

O Decreto citado – numa nítida preocupação com a harmonização do sistema, de modo a evitar julgamentos conflitantes – bem estipulou que *"os atos previstos como infrações administrativas à Lei 8.666/93, ou a outras normas de licitações e contratos da administração pública que também sejam tipificados como atos lesivos na Lei 12.846/13, serão apurados e julgados conjuntamente"* (art. 12).

Ocorre, no entanto, que esse cuidado do legislador não se mostra suficiente. Praticamente todas as infrações previstas na Lei 12.846/13 encontram tipificação correspondente na Lei 8.429/92 (Lei de Improbidade Administrativa). Com efeito, ao admitir a prática do ilícito com o fim de celebrar acordo de leniência a empresa estará, ao mesmo tempo, admitindo sua participação em ato de improbidade, sujeita às severas sanções do art. 12 da Lei 8.429/92.

Solução pertinente para garantir um mínimo de segurança nesses casos seria trazer o Ministério Público às negociações, incluindo no acordo eventuais sanções por ato de improbidade administrativa. Só que nesse caso ocorreriam contradições legais, dado que a Lei 8.429/92 veda expressamente a possibilidade de acordo, conciliação ou transação.

Se essa supracitada vedação impedir a celebração dos acordos de leniência da Lei Anticorrupção, os mesmos estarão com sua eficácia quase neutralizada, já que dificilmente uma empresa firmará acordo no qual admitirá a participação em ilícito com sanções tão severas como as da Lei de Improbidade Administrativa. Caso não haja modificação legislativa sanando a celeuma, caberá à jurisprudência achar alternativa viável.

Quanto aos efeitos, a celebração atua em duas frentes: a) nas penalidades administrativas, diminuindo a multa e isentando a empresa da penalidade de publicação da sentença condenatória nos meios de comunicação (art. 6, incs. I e II); e b) na sanção judicial, evita a proibição de receber incentivos, subsídios, subvenções, doações ou empréstimos de órgãos ou entidades públicas e de instituições financeiras públicas ou controladas pelo Poder Público (art. 19, IV). *Atenção especial ao item "b", cuja compreensão será imprescindível quando tratarmos do tema "acordo de leniência e incentivos fiscais"* (item 5 deste trabalho).

No que tange à responsabilização, como se adiantou em tópico anterior, a Lei Anticorrupção estipula, na esfera administrativa, as seguintes sanções, isoladas ou cumulativamente: 1) multa e 2) publicação extraordinária da decisão condenatória (art. 6.º). Já na esfera judicial, as sanções consistem em 1) perdimento de bens, direitos ou valores que representem vantagem ou proveito da infração; 2) suspensão ou interdição parcial de suas atividades; 3) dissolução compulsória e 4) proibição de receber incentivos, subsídios, subvenções, doações ou empréstimos de órgãos públicos e de instituições públicas ou controladas pelo poder público (art. 19).

Mas não é só. Não podemos olvidar das seguintes regras existentes em nosso ordenamento jurídico:

1. a responsabilização da pessoa jurídica não exclui a responsabilidade individual de dirigentes, administradores ou qualquer pessoa física participante do ilícito (LAC, art. 3.º, *caput*);
2. dirigentes e administradores serão responsabilizados pelos atos ilícitos na medida da sua culpabilidade[34] (LAC, art. 3.º, §2.º);
3. subsiste a responsabilidade da pessoa jurídica na hipótese de alteração contratual, transformação, incorporação, fusão ou cisão (LAC, art. 4.º);
4. a aplicação das sanções previstas no art. 6.º não exclui, em qualquer hipótese, a obrigação de reparar integralmente o dano (LAC, art. 6.º § 3.º);
5. a aplicação da LAC não exclui as competências do Conselho Administrativo de Defesa Econômica – CADE, do Ministério da Justiça e do Ministério da Fazenda para processar e julgar fato que constitua infração à ordem econômica (LAC, art. 29);
6. a aplicação das sanções previstas na LAC não afeta os processos de responsabilização e aplicação de penalidades decorrentes de atos de improbidade administrativa e atos ilícitos alcançados pela Lei 8.666/93 ou outras normas de licitações e contratos da Administração Pública, inclusive no tocante ao Regime Diferenciado de Contratações (LAC, art. 30);

---

[34] A expressão "culpabilidade" conta com tríplice significado: 1) Juízo de reprovação que recai sobre o agente de um fato típico e ilícito (aqui é culpabilidade como elemento do conceito analítico de crime), 2) princípio constitucional da culpabilidade (para que alguém seja condenado exige-se prova de dolo ou, ao menos, culpa e 3) fator de graduação da pena (CP, art. 59). No caso, o termo refere-se ao princípio da culpabilidade.

7. o processo administrativo de reparação integral do dano, previsto no art. 13 da Lei 12.846/2013, é a Tomada de Contas Especial, o que atrai a competência do TCU, não prejudicando tal fato a aplicação imediata das demais sanções estabelecidas na lei anticorrupção; e
8. o acordo de leniência celebrado pela Administração Federal nos termos da Lei 12.846/13 não afasta as competências do TCU fixadas no art. 71 da Constituição Federal, nem impede a aplicação das sanções previstas na Lei 8.443/92 (Instrução Normativa/TCU 74/2015).

Tudo isso sem contar que, com relação às pessoas físicas ligadas à pessoa jurídica acusada de corrupção, a condenação penal torna certa a obrigação de indenizar (CP, art. 91), além de a sentença penal condenatória constituir título executivo extrajudicial (CPC, art. 515).

Com o advento da Lei Anticorrupção sem nada versar sobre eventuais harmonizações de suas sanções com as dos demais diplomas repressivos aplicáveis aos casos – com competências justapostas a diversos entes – a segurança jurídica para que empresas investigadas por corrupção firmem acordos de leniência está demasiadamente mitigada.

Não estamos aqui nos referindo a possível ocorrência de *bis in idem*, que já foi rechaçada pela jurisprudência e doutrina, tanto no que tange à Lei Anticorrupção em face de normas penais, quanto em relação às normas civis e administrativas. Muito menos estamos dando as costas à característica do Direito Sancionador brasileiro que se baliza pela independência de instâncias, nem tampouco ignorando que sobreposições normativas são legítimas e que não raro vários diplomas legais são aplicáveis simultaneamente a uma mesma unidade factual.

O ponto que aqui queremos destacar é outro. É questão prática, complexa e que nos desafia a ampla reflexão.

Às pessoas jurídicas – primordiais no cenário do desenvolvimento da economia – vêm encontrando dificuldades para celebrar o acordo de leniência previsto na Lei Anticorrupção, não só por conta da incerteza quanto aos processos punitivos, mas também devido à multiplicidade de órgãos envolvidos (CADE, CVM, AGU, CGU, TCU e MP). Os acordos firmados com a AGU ou a CGU parecem não contar com o reconhecimento do Ministério Público, que pode ingressar com ação judicial por prática de ato de improbidade. O TCU, por sua vez, pode vir a rejeitar o acordo de leniência, pois, em última análise, este configura contrato administrativo e, como tal, sujeito ao seu controle (CF, art. 71).

Salutar, por óbvio, a adequação da LAC, elegendo órgão isento, central e coordenador dos demais, para que as empresas – cujos diretores ou sócios estejam sendo investigados – possam saber, com segurança e certeza, quais benefícios poderão alcançar mediante colaboração e a quais e quantas consequências poderão advir de seus atos.

A transcrição a seguir corrobora inegavelmente o raciocínio[35]:

> Em muitas situações, condutas bastante similares (quando não idênticas) são repreendidas em leis distintas, ao mesmo tempo em que cominam penas de mesma natureza sem considerar a previsão de outros diplomas legais.
>
> Assim, diante do advento da nova Lei, identifica-se no ordenamento jurídico verdadeira superabundância de penas e procedimentos punitivos sobrepostos. Ao contrário do que se pode imaginar em um primeiro momento, a profusão de normas sancionadoras nem sempre atinge o fim almejado de reprimir a prática de ilícitos.
>
> O estabelecimento de regras distintas aplicáveis à mesma situação, determinando competências sobrepostas a diversos atores institucionais, provoca grande insegurança jurídica, uma vez que os agentes privados não sabem com razoável previsibilidade a qual ação do Estado estão sujeitos. Esse cenário fica ainda pior quando órgãos públicos passam a acotovelar-se em busca do protagonismo da implementação de normas. A eficiência da ação do estado é diminuta e, em última medida, existe uma forte tendência de aumento da impunidade.

No modelo atual, a única certeza por parte das empresas investigadas é que estarão sujeitas a inúmeros processos e penalidades, sem qualquer previsão legal de algum tipo de exasperação. Vislumbramos nisso grave complicador que prejudicará a celebração de acordos e resultará na não repatriação de milhões de reais aos cofres públicos.

O fato de – após quatro anos de vigência da Lei Anticorrupção – não haver nenhum acordo de leniência firmado em seus termos e com desfecho *definitivo e bem sucedido*, confirma o receio acima alinhavado. Lembramos, para que não pairem dúvidas, que o elogio feito no capítulo 1 deste estudo refere-se aos acordos de leniência efetivados pelo CADE, nos termos da Lei Antitruste, trabalhando de forma articulada com o Ministério Público Federal.

Superadas as questões até então tratadas, ressaltamos que, a princípio, o acordo de leniência pode, como qualquer ato administrativo, ser anulado

---

[35] SIMÃO, Valdir. *op. cit.* p. 48.

no prazo decadencial de 5 (cinco) anos, pela própria Administração Pública, quando eivado de vício de legalidade (Lei 9.784/99, arts. 53 e 54).

Mas aqui queremos ressaltar ponto de crucial interesse público que, até o momento, parece não ter sido objeto de análise nas respeitáveis obras que tratam da Lei Anticorrupção.

Vem crescendo no âmbito da Administração Pública, há muito, a utilização dos institutos da prescrição e da decadência. E isso em razão da importância da estabilidade nas relações jurídicas. Exemplos dessa tendência estão nas Leis 9.784/99 e 10.839/04, que estipulam prazos para anulação de atos administrativos de que decorram efeitos favoráveis para seus beneficiários.

No entanto, a utilização desses institutos sem os devidos critérios pode prejudicar indevidamente o erário, gerando enriquecimento sem causa de particulares e atacando a sociedade que, em última análise, é a responsável pela formação do patrimônio público.

O direito civil segue sistema dicotômico, dividindo os negócios inválidos em nulos e anuláveis, nos termos dos arts. 166 e 171 do Código Civil, sendo que para se configurar um negócio nulo é preciso que o vício atinja preceito de ordem pública, ao passo que o anulável ofende norma dirigida à esfera privada.

Divergem os doutrinadores sobre a aplicação desses conceitos no direito administrativo, sendo duas as teorias existentes: a monista e a dualista.

Pela teoria monista, não há distinção entre ato nulo (nulidade absoluta) e anulável (nulidade relativa), pois, no âmbito da Administração Pública, todas as normas são cogentes. Já para a corrente dualista, a diferença entre ato nulo e anulável é considerada importantíssima, já que permite discutir a possibilidade de convalidação de atos administrativos anuláveis.

Fácil perceber que, seja qual for a teoria utilizada (monista ou dualista), o ato absolutamente nulo, no âmbito administrativo, jamais se convalida. Nesses casos, o que temos com a revisão do ato é tão somente a restauração da ordem jurídica, tendo em vista o princípio da legalidade, que constitui um dos pilares do Estado Democrático de Direito. Esse é o ensinamento de Maria Sylvia Zanella Di Pietro[36].

Toshio Mukai, amparado nos posicionamentos de Cretella Júnior e Miguel Reale, ensina que[37] *"Não há prazo, nem cabe cogitar de prescrição na via administrativa, relacionado com o poder de anulação ex officio dos atos administrativos".*

---

[36] In *Direito Administrativo*, São Paulo: Atlas, 20.ª edição, 2007, pp. 225 a 228.
[37] MUKAI, Toshio. *Direito Administrativo Sistematizado*, São Paulo: Saraiva, 1999, p. 229.

Apenas para reforçar o raciocínio, vale a pena destacar o comando contido no art. 54 da Lei 9.784/99, *verbis*: *"O direito da Administração de anular os atos administrativos **de que decorram efeitos favoráveis para os destinatários** decai em cinco anos, contados da data em que foram praticados, salvo se comprovada má-fé"*.

A atenta leitura do mencionado dispositivo legal esclarece a questão e corrobora o exposto até o momento. Se o próprio legislador estipula lapsos temporais para a anulação tão somente dos atos administrativos *de que decorram efeitos* favoráveis aos beneficiários, transparece evidente que o mesmo entende não haver prazo para invalidar aqueles atos que *não gerem quaisquer efeitos*.

E, como demonstrado, ato administrativo que não preenche requisitos legais não confere quaisquer efeitos, posto que eivado de absoluta nulidade.

Oportuna a transcrição do ensinamento de Lucia Valle Figueiredo[38]: *"Se o ato nasce nulo, o corolário lógico é o de que não pode gerar efeitos"*.

Como se não bastasse o exposto até esse momento, lembramos que os atos administrativos, quanto às prerrogativas, se classificam em: 1) atos de gestão e 2) atos de império. Nos atos de gestão, a Administração atua como particular, constituindo uma relação de prestação e contraprestação. Já nos atos de império, a relação é de Poder-Sujeição, ou seja, a Administração exerce poder de coerção decorrente do *ius imperi*.

Na sumular frase de Dalmo de Abreu Dallari[39]: *"O Poder de Império é imprescritível porque jamais seria verdadeiramente superior se tivesse prazo certo de duração"*.

Com efeito, podemos concluir que se eventualmente ocorrer uma hipótese de acordo de leniência celebrado com claras ofensas às exigências legais, não haverá que se falar em advento decadencial, sendo o ajuste anulável a qualquer tempo. Seria um paradoxo encarar como afronta ao princípio da segurança jurídica, a revisão de um ato administrativo nulo que se mostra corrosivo ao erário.

---

[38] FIGUEIREDO, Lucia Valle. Curso de Direito Administrativo, São Paulo: Malheiros, 2.ª edição, 1994, p. 149.

[39] DALLARI. Dalmo de Abreu, *Elementos da Teoria Geral do Estado*, São Paulo: Saraiva, 19ª edição, 1995, p. 149.

5. Ministério Público e a Receita Federal do Brasil

Uma das indagações que vêm sendo feitas refere-se ao possível conflito de atribuições entre o Ministério Público e a Receita Federal no que diz respeito à dispensa dos lenientes do pagamento de tributos.

Para bem entendermos a questão, recomenda-se uma interpretação teleológica, considerando os comandos emanados da nossa Constituição Federal e buscando sentido equitativo e lógico, mediante visão sistemática, equilibrada, coerente, realista e operacionalizável[40]. Vejamos.

A Constituição Federal/88 dispôs sobre o Ministério Público nos arts. 127 a 130, no capítulo "Das funções essenciais à justiça".

O art. 127 assim preceitua: *"O Ministério Público é instituição permanente, essencial à função jurisdicional do Estado, incumbindo-lhe a defesa da ordem jurídica, do regime democrático e **dos interesses sociais e individuais indisponíveis"**. Por sua vez, o art. 129 legitimou o MP para promover a ação civil pública, a proteção do patrimônio público e social, do meio ambiente e de outros interesses difusos e coletivos. E, nos dizeres de Hugo Mazzilli[41], inexiste taxatividade na defesa de interesses indisponíveis.

Isso significa que o Ministério Público é órgão independente que pode e deve atuar em todas as áreas que formam o Estado. Na parte criminal lhe cabe propor ação penal pública. Mas nas esferas cível e administrativa sua participação é imprescindível, sendo órgão atuante e interveniente, sempre tendo em vista a defesa de interesses difusos e do regime democrático.

Dito de outro modo, não é só a Receita Federal que pode lidar com interesse tributário indisponível, notadamente se envolver aspectos penais. A influência de um ramo do Direito sobre outro é algo que também deve ser considerado, a exemplo da suspensão da pretensão punitiva durante parcelamento tributário (Lei 10.684/2003, art. 9.º).

Além disso, temos o fato de que a indisponibilidade do crédito tributário (CTN, art. 142) vem sendo, há tempos, relativizada em nossa ordenação jurídica. A indisponibilidade do crédito tributário necessita ser entendida nos limites de seu correto sentido, ou seja, agregando-lhe a noção de interesse público. Exemplo disso está nas conciliações nas execuções fiscais de

---

[40] Nessa seara: MASINI NETO, Ameleto in *Sequestro Relâmpago com resultado morte é crime hediondo?* Órgão Informativo do Complexo Jurídico Damásio de Jesus, revista Phoenix, setembro 2009, ed. n.º 10.

[41] *A defesa dos interesses difusos em juízo*. São Paulo: Saraiva, 2000, p. 106.

conselhos de fiscalização de profissões regulamentadas, *v. g.*, CREAA e CRM. As anuidades cobradas dos profissionais inscritos nesses conselhos são contribuições de interesse das categorias profissionais ou econômicas (art. 149, CF), ou seja, são tributos. A despeito disso, transações judiciais são amplamente aceitas e até incentivadas pelo Conselho Nacional de Justiça. Citamos, para reforçar a ideia, as previsões de formalização de desistência ou transigência judiciais por parte de procurador da Previdência Social (art. 132, Lei 8.213/91). E isso nem poderia ser diferente. Este início de século está marcado pela relativização dos direitos e princípios. Nem mesmo os princípios de conteúdos mais expressivos e radiação de efeitos sobre toda ordenação jurídica têm mantido seu caráter absoluto (ex.: princípio da dignidade e direito à vida)[42].

Mas para a perfeita compreensão da questão, temos que aprofundar o debate e sintonizá-lo com a Lei Anticorrupção (que sobreveio para integrar o chamado microssistema de enfrentamento à corrupção), já que o indiscutível entulho normativo existente no Brasil, notadamente no Direito tributário, e suas complexidades intrínsecas dão margem a fraudes e elisões fiscais. As atividades administrativa, legislativa e judicial, antes concebidas como monopólios intangíveis, estão a cada dia refletindo mais sinais de opressão e ineficiência.

A Lei 12.846/13 deveria ter sido cristalina no sentido de que os acordos de leniência devem, em todos os casos, ser objeto de ciência, fiscalização e possibilidade de intervenção do Ministério Público, pois este constitui instituição constitucionalmente encarregada da defesa da ordem jurídica, devendo contar sempre com independência, sobretudo no combate à corrupção.

E a doutrina pátria – como fonte de direito que é – já se pronunciou em diversas oportunidades no sentido de que o Ministério Federal é autoridade competente para propor e acompanhar acordos de leniência por delegação do Procurador Geral da Republica (LAC, art. 8.º, §1.º).

Considerando que esses acordos versam sobre matérias de repercussões sociais relevantes, por óbvio, o Ministério Público deve, em sede do próprio acordo de leniência, levar a ocorrência ao conhecimento de outros órgãos públicos, como CADE e a Controladoria Geral da União, vindo a subscrever os termos acordados desde que não conflitem com o acordo de leniência já estipulado.

---

[42] Fosse um direito absoluto, não se poderia tirar a vida de alguém em legítima defesa ou estado de necessidade (CP, art. 23), nem tampouco o art. 56 do Decreto 1001/69 (CPM) poderia ter previsto a pena de morte por fuzilamento, nos casos de graves crimes de guerra.

Citamos pronunciamentos de respeitáveis doutrinadores acerca dos responsáveis pela instauração do processo administrativo de responsabilização (art. 8.º), bem como em celebrar o acordo de leniência (art. 16):

> Pelo sim pelo não, ao menos o uso da expressão não acarreta muitas dificuldades na aplicação, pois é de natural compreensão que, na administração (sic) direta, na esfera do Poder Executivo, são autoridades máximas os Ministros (no âmbito federal) e os Secretários (no âmbito estadual e municipal), e na administração (sic) indireta, os presidentes das empresas públicas, autarquias ou fundações. No Poder Legislativo, os Presidentes do Senado e da Câmara. No Poder Judiciário, os Presidentes dos Tribunais Federais e Estaduais. *No Ministério Público o Procurador Geral da República* [...]. (BITENCOURT, 2015, p. 121);

> Como bem observa Emerson Garcia, embora o dispositivo fale somente nos três clássicos poderes, face à existência de instituições autônomas no Brasil, *como Ministério Público e Tribunais de Contas, estes poderão instaurar, sempre que necessário, os processos administrativos decorrentes dessa Lei* [...] (SANCHES CUNHA, 2017, p. 97).

Não estamos aqui sustentando que o Ministério Público pode dispor – ao seu alvedrio – do crédito tributário. A ordenação jurídica deve ser obtemperada sempre com rigor. Por exemplo, a concessão de incentivo fiscal em sede do acordo de leniência previsto na Lei Anticorrupção não poderia ser permitida, pois tal matéria prescinde de prévia autorização legal (CF, art. 150, § 6.º).

De qualquer forma, malgrado não haver previsão de recurso acerca de decisões proferidas em sede de acordos de leniência, jamais podemos esquecer o consagrado princípio da inafastabilidade da tutela jurisdicional previsto no art. 5.º, XXXV, da Constituição: *"a lei não excluirá da apreciação do Poder Judiciário lesão ou ameaça a direito".*

Com isso, aqueles que se considerarem prejudicados sempre poderão buscar a última palavra no Poder Judiciário.

6. Acordo de Leniência e Incentivos Fiscais

Trata-se de reflexão a respeito dos acordos de leniência que, eventualmente, tratarem em seu bojo de concessões ou revogações de incentivos fiscais aos lenientes.

Aqui se faz necessário separar as hipóteses: (a) concessões de incentivos fiscais em acordos de leniência previstos na Lei Anticorrupção, e (b) revogações dos aludidos incentivos nos mencionados acordos de leniência.

Preliminarmente, deve-se considerar a circunstância da celebração do acordo de leniência previsto nos arts. 16 e 17 da Lei Anticorrupção, com efeitos no Direito Tributário.

Isto significa dizer que houve a prática de ato de corrupção em uma das hipóteses previstas no art. 5.º da Lei 12.846/13.

Portanto, em tese, caberiam várias hipóteses para a celebração do referido acordo, quais sejam: agente privado corrompeu agente público visando 1) pagar menos tributo do que o devido; 2) não pagar o tributo devido; 3) não pagar multa; 4) obter reconhecimento de isenção ou benefício fiscal em situação contrastante com a lei, dentre outras hipóteses.

De pronto, verifica-se não fazer sentido a hipótese retratada no item (a) acima, qual seja a concessão de incentivo fiscal em sede de acordo de leniência previsto na Lei Anticorrupção. Isso porque tal concessão violaria o princípio da supremacia do interesse público, extraído a partir de interpretação do art. 37 da Constituição Federal. Note-se, por outro prisma, que incentivo fiscal, tal como a isenção, deve estar previsto em lei específica (CF, art. 150, § 6.º)[43], a qual deve dispor a respeito dos requisitos e procedimentos a serem adotados pelos possíveis beneficiários.

Conforme se verifica da leitura do art. 150, § 6.º da Constituição da República, somente uma lei específica pode conceder incentivos fiscais ou tributários, de sorte a trazer transparência e segurança jurídica aos contribuintes e ao Estado. Da mesma forma, a revogação do incentivo, quando cabível, deve ser feita por lei específica.

Não bastasse isso, a Lei de Responsabilidade Fiscal (Lei Complementar 101/2000) limita a ação do legislador na concessão de incentivos de natureza tributária, nos termos do seu art. 14[44].

Assim, o acordo de leniência não será instrumento juridicamente adequado para a concessão de benefícios fiscais.

Por outro lado, no tocante à hipótese indicada na letra (b), é possível a revogação de um incentivo fiscal em sede de acordo de leniência, principalmente

---

[43] Qualquer subsídio ou isenção, redução de base de cálculo, concessão de crédito presumido, anistia ou remissão, relativos a impostos, taxas ou contribuições, só poderá ser concedido mediante lei específica, federal, estadual ou municipal, que regule exclusivamente as matérias acima enumeradas ou o correspondente tributo ou contribuição [...].

[44] A concessão ou ampliação de incentivo ou benefício de natureza tributária da qual decorra renúncia de receita deverá estar acompanhada de estimativa do impacto orçamentário-financeiro no exercício em que deva iniciar sua vigência e nos dois seguintes, atender ao disposto na lei de diretrizes orçamentárias e a pelo menos uma das seguintes condições: [...].

se o motivo que ensejou a celebração do acordo foi um ato de corrupção praticado na obtenção do aludido benefício por parte do agente particular (sujeito passivo tributário). Em tal hipótese, a revogação do benefício fiscal estaria em consonância com o dever de a pessoa jurídica infratora reparar integralmente o dano causado (art. 16, § 3º da Lei Anticorrupção), qual seja não ter recolhido o tributo devido em razão de ser beneficiária de incentivo fiscal obtido com a prática de corrupção.

No entanto, se o ato de corrupção praticado no âmbito do Direito Tributário não tiver relação com futura obtenção de benefício fiscal, o acordo de leniência, a teor do disposto no artigo 16, §2º[45], da Lei Anticorrupção, *afastará* a sanções previstas no inciso IV, do artigo 19 da referida Lei, dentre as quais, *a proibição de receber incentivos fiscais* junto às entidades públicas. Nesta hipótese, o acordo de leniência afastará a proibição de obter incentivos fiscais, mas se não houver lei concessiva do benefício, nada poderá ser pleiteado.

7. Conclusões

Indubitavelmente, o advento da Lei 12.846/2013 é motivo de comemoração na luta contra a corrupção. Mesmo diante dos claros desacertos legislativos demonstrados, que colocam em xeque a credibilidade do instituto, a lei constitui importante passo para a efetivação do combate a esse flagelo social, principalmente em seu viés político-empresarial, seja para dissuadi-lo, seja para puni-lo.

A impunidade da aristocracia velada existente no Brasil, desagregadora de valores e geradora de miséria e descrença no sistema judicial parece que, finalmente, vem dando sinais de reação. Nunca se viu, na história brasileira, nada comparado à chamada "Operação Lava Jato". O quadro de corrupção sistêmica no Brasil terá, certamente, desdobramentos imprevisíveis.

A Lei Anticorrupção inovou o ordenamento jurídico brasileiro ao trazer em seu bojo uma mudança de perspectiva no combate à corrupção, porquanto acresce ao Direito Penal o Direito Administrativo Sancionador, seguindo tendência universal de ampliação e predomínio da jurisdição administrativa sobre a penal.

---

[45] A celebração do acordo de leniência isentará a pessoa jurídica das sanções previstas [...] no inc. IV do art. 19 [...].

É patente, contudo, – como se demonstrou, à saciedade – que certas previsões da Lei Anticorrupção apresentam graves falhas e ausência de critérios claros que necessitam de aperfeiçoamentos, sob pena de a lei ter um efeito inverso e acabar inviabilizando a detecção de desvios de condutas e, mais grave, salvaguardando interesses das empresas investigadas. O zelo pela transparência, como se sabe, é uma das maiores virtudes de uma democracia.

Com o passar do tempo, alguns problemas pontuais tendem a se estabilizar como, por exemplo, a criação de parâmetros para a fixação da pena e da multa e alternativas para conter a excessiva concentração de poder de decisão pela autoridade administrativa, que sequer é impugnável via recurso. Claro que aqui há o princípio da inafastabilidade da tutela jurisdicional (CF, art. 5.º, XXXV) que, pelo menos por ora, já mitiga o problema.

Conforme buscamos demonstrar, a lei brasileira ainda não conseguiu criar estrutura jurídica verdadeiramente eficiente para atingir o coração da corrupção. Destacamos dois pontos que parecem ser os mais frágeis do acordo de leniência previsto pela Lei 12.846/2013: 1) a imprevisibilidade quanto à garantia dos benefícios e 2) a ausência de interlocução adequada com outras instâncias que preveem a responsabilização de condutas similares às tipificadas na Lei Anticorrupção.

A comunidade jurídica (legisladores, especialistas, magistrados e jurisconsultos) deve discutir, com urgência e profundidade, alternativas para a melhora do microssistema de integridade pública, com o afastamento dos óbices ao acordo de leniência previsto na Lei 12.846/2013 apontados neste trabalho, bem como em outras respeitáveis manifestações doutrinárias e, com isso, permitir o verdadeiro combate ao fenômeno deletério e nefasto da corrupção, protegendo convincentemente o erário e, via de consequência, a aflitiva sociedade brasileira.

Referências

ABDUCH, José Anacleto. *Comentários à Lei 12.846/2013: Lei Anticorrupção*. São Paulo: Revista dos Tribunais, 2015.

ALMEIDA, Gevan de Carvalho. *Modernos movimentos de política criminal e seus reflexos na legislação brasileira*. 2. Ed. Rio de Janeiro: Lumen Júris, 2004.

BACHINSKI, Carlos. *LATIM língua e direito vivos*. 5.ª ed., Curitiba: Juruá, 2006.

BITTENCOURT, Sidney. *Comentários à Lei Anticorrupção*. 2.ª ed., São Paulo: Revista dos Tribunais, 2015.

BOBBIO, Norberto. *Teoria do ordenamento jurídico*. São Paulo: Polis, 1989.

CARVALHOSA, Modesto. *A nova Lei da Empresa Limpa*. O Estado de São Paulo, 30/1/2014.
CARVALHOSA, Modesto. *Considerações sobre a Lei Anticorrupção das pessoas jurídicas*, São Paulo: RT, 2015.
CRETELLA JUNIOR, José. *Primeiras Lições de Direito*. 1.ª ed., Rio de Janeiro: Forense, 1995.
CUNHA, Rogério Sanches e SOUZA, Renee. *Lei Anticorrupção Empresarial*. Salvador: JusPodivm, 2017.
DALLARI. Dalmo de Abreu, *Elementos da Teoria Geral do Estado*. São Paulo: Saraiva, 19ª edição, 1995.
DI PIETRO, Maria Sylvia Zanella. *Direito Administrativo*. São Paulo: Atlas, 20.ª edição, 2007.
DIPP. Gilson. *A Delação ou Colaboração Premiada. Uma análise do instituto pela interpretação da lei*. Disponível em: <http://www.idp.edu.br/publicacoes/portalde-ebooks/2628-2015-02-05-19-29-48/>. Acesso em: 16 de agosto de 2017.
FIGUEIREDO, Lucia Valle. *Curso de Direito Administrativo*, São Paulo: Malheiros, 2.ª edição, 1994.
GOMES, Luiz Flávio. *Princípio da não auto-incriminação: significado, conteúdo, base jurídica e âmbito de incidência*. Disponível em http://www.lfg.com.br. Acesso em: 26 de janeiro de 2010.
GOMES, Luiz Flávio. *Culpabilidade e Teoria da Pena*. São Paulo: RT, 2005.
GRECO FILHO, Vicente. RASSI, João Daniel. *Lavagem de dinheiro e advocacia: uma problemática das ações neutras*. Boletim IBCCRIM. V. 20, n. 237, ago., 2012.
GRECO FILHO, Vicente. RASSI, João Daniel. *O combate à corrupção e comentários à Lei de Responsabilidade de Pessoas Jurídicas*. São Paulo: Saraiva, 2015.
JUSTEN, Filho. *A Nova Lei Anticorrupção brasileira*. Disponível em www.justen.com.br.
KASPARY, Adalberto J. *Habeas Verba/Português para juristas*, 5.ª ed., Porto Alegre: Livraria do Advogado, 1999, p. 97.
LARENZ, Karl. *Direito Justo. Fundamento de Ética Jurídica*. Madri: Civitas. 2001.
MAIA, Rodolfo Tigre. *Lavagem de dinheiro*. 1.ª ed., São Paulo: Malheiros, 1999.
MOREIRA NETO, Diogo de Figueiredo; Freitas, Rafael Véras de. *A juridicidade da Lei Anticorrupção: reflexões e interpretações prospectivas*. Fórum Administrativo – FA. ano 14. N. 156. P. 9-20. Belo Horizonte. Fev. 2014.
MUKAI, Toshio. *Direito Administrativo Sistematizado*. São Paulo: Saraiva, 1999.
NOGUEIRA, Carlos Frederico Coelho. *Comentários do Código de Processo Penal*. 1.ª ed., vol. I, São Paulo: Edipro, 2002.
NUCCI, Guilherme de Souza. *Código Penal Comentado*. 8.ª ed., São Paulo: Revista dos Tribunais, 2008.
SANTOS, José Anacleto Abduch et al. *Comentários à Lei 12.846: Lei Anticorrupção*.2.ª ed., São Paulo: Revista dos Tribunais, 2015.
SIMÃO, Valdir Moysés e VIANNA, Marcelo Pontes. *O Acordo de Leniência na Lei Anticorrupção Histórico, Desafios, Perspectivas*. São Paulo: Trevisan, 2017.

Responsabilidade do Estado e do Agente Público por Danos Tributários

Andreia Scapin

1. Considerações iniciais

Este artigo foi redigido a partir dos estudos efetuados na Pós-Graduação *Stricto Sensu* em nível de Doutorado na Universidade de São Paulo (USP) e das pesquisas desenvolvidas na *Università La Sapienza di Roma* sobre a responsabilidade do Estado por dano tributário. Dentre as perspectivas de análise que o tema propicia, destaca-se a positivação da norma geral *neminem laedere* no Direito brasileiro, que constitui o alicerce da responsabilidade civil, e a sua aplicação tanto ao Estado quanto aos agentes públicos, no setor tributário, especificamente no que tange às situações em que se imputa indevidamente aos sócios, aos administradores e à pessoa jurídica a prática de ilícitos; e, a possibilidade de responsabilizar tais agentes públicos em âmbito penal sempre que seja possível enquadrar sua conduta dentre as tipificadas pelo Código Penal.[1]

É sabido que a criminalização de alguns ilícitos tributários deu oportunidade para que abusos fossem cometidos por agentes do Fisco devido à complexidade inerente à aplicação da norma jurídica aos casos concretos, especialmente no que se refere à determinação da autoria do ilícito e da responsabilidade penal de cada um dos sujeitos anteriormente mencionados.[2]

---

[1] SCAPIN, Andreia. Responsabilidade do Estado por dano tributário. Belo Horizonte: D'Plácido, 2017, p. 29.

[2] MACHADO, Hugo de Brito. Crimes contra a ordem tributária. 3.ed. São Paulo: Atlas, 2011, p. 217.

Constata-se, no dia a dia, o oferecimento de denúncias contra diretores de sociedades empresariais alicerçadas somente no fato desses sujeitos serem titulares de certo cargo, ou seja, sem a presença de indícios de autoria suficientes para justificar a propositura da referida ação penal, desconsiderando os graves danos, na maior parte das vezes irreversíveis, que tal conduta pode produzir. Certamente, não basta condição de sócio ou de diretor da sociedade empresarial no âmbito da qual ocorreu o fato típico para que alguém seja penalmente responsabilizado.

Em relação à responsabilidade penal, inclusive no que tange aos crimes contra a ordem tributária, a noção de culpabilidade é fundamental, pois somente é possível aplicar pena para o sujeito que praticou a conduta descrita no tipo penal com dolo ou culpa, também denominada culpa *lato sensu*, pois a responsabilidade é pessoal, requisito que, em diversas situações, não é respeitado, constituindo verdadeiro abuso aplicar a pena simplesmente porque o sujeito ostenta a condição de sócio ou diretor da sociedade. Aliás, na maior parte das situações, haverá crime somente se a prática for dolosa, ou seja, não se admitindo nem mesmo a modalidade culposa.

Busca-se com este estudo realizar uma investigação científica de caráter analítico à luz da Teoria Geral do Direito e do Direito nos setores Constitucional, Administrativo, Tributário, Penal e Civil, sob a premissa de que as normas jurídicas não existem isoladamente, mas em um contexto em que se relacionam entre si, no qual, ligadas umas às outras, compõem um sistema, em que cada norma deve manter coerência com o todo, considerando a interação dos setores didaticamente subdivididos para facilitar a compreensão de suas especificidades, visto que, na verdade, formam um todo unitário.[3]

Frise-se que a unidade desse sistema decorre do fato de que o fundamento de validade das normas recai sobre a norma fundamental – a Constituição. Logo, adota-se a supremacia da Constituição e dos valores nela albergados como fundamento para a construção normativa que será efetuada, elegendo como objeto de estudo o conjunto de enunciados prescritivos gerais e abstratos, individuais e concretos, pertencentes ao sistema jurídico brasileiro.

Além dos métodos dedutivo e indutivo, far-se-á uso do método comparatístico, já que se mostra particularmente útil e interessante dada a quase total ausência de estudos específicos sobre o tema, que está em fase inicial de

---

[3] BOBBIO, Norberto. Teoria do sistema jurídico. 6ª ed. Brasília: Universidade de Brasília, 1995, p. 75; CARVALHO, Paulo de Barros. Direito Tributário, linguagem e método. 3ª ed. São Paulo: Noeses, 2009, p. 255.

sistematização no Brasil. Na Itália, existe uma solução em âmbito jurisprudencial sobre a responsabilidade civil do Estado por dano tributário que se mantém há mais de 15 anos, razão pela qual é possível afirmar que se trata de um entendimento pacificado. Trata-se do acórdão n. 722, de 15 de outubro de 1999, proferido pelas Seções Unidas da Corte de Cassação italiana. Acredita-se que investigar a forma como outro país resolve certa questão pode ser essencial ao debate e à reflexão que conduz à construção normativa doméstica sobre o mesmo tema.[4]

Preliminarmente, serão abordados os principais aspectos da responsabilidade penal do agente público, a qual não se aplica ao Estado; e, em seguida, será analisada a responsabilidade civil do Estado por dano tributário bem como a responsabilidade civil do próprio agente público em relação à mesma questão.

2. Ilícitos ou Infrações Tributárias e Crimes Tributários e a Responsabilidade no Direito Brasileiro

Antes de analisar a responsabilidade penal e a responsabilidade civil do agente público e do Estado resultante da relação tributária produtora de danos, é necessário diferenciar ilícitos ou infrações tributárias dos denominados crimes tributários, já que a resposta do legislador será diversa para um e para outro caso, sendo o segundo mais grave do que o primeiro, pois ensejará consequências como a propositura de ação penal em face do contribuinte ou responsável, com repercussão, obviamente, muito mais negativa no que tange ao bem jurídico violado e aos danos materiais sofridos em razão da contratação de advogado para a defesa penal e não apenas fiscal, bem como aos danos morais, sobretudo em decorrência da pecha de criminoso.

O instituto da responsabilidade aplica-se a todo o sistema jurídico, visto que, para uma convivência em sociedade de forma organizada e pacífica, o Direito deve assegurar que aquele que se conduziu de determinada maneira, violando um direito de outrem, seja responsabilizado por seus atos e omissões. Dada a sua finalidade, cabe ao Direito Penal a tutela dos bens jurídicos mais significativos, os quais são designados mediante um critério político de seleção, sendo que o peso da sanção penal também tem a função de desestimular a prática de condutas criminosas.

[4] SCAPIN, Andreia. op.cit., p. 26.

Em razão da sua intensidade, o Direito Penal intervém somente se os outros ramos do Direito não forem suficientes para solucionar o problema, funcionando como *ultima ratio*. Dessa forma, o ilícito penal reveste-se de peculiaridades ausentes no ilícito civil, como: tipicidade das condutas e maior rigor na produção de provas e na fixação das penas. A responsabilidade penal acarreta a submissão pessoal do agente causador do dano à pena imposta pelo órgão judicante. Logo, não há responsabilidade penal por ato de terceiro, mas só por ato próprio. Ao contrário da sanção civil, a sanção penal não prioriza a recomposição da situação pessoal da vítima em termos patrimoniais, mas sim o restabelecimento do equilíbrio social perturbado.[5]

A responsabilidade civil assenta-se no ressarcimento do dano defendendo o indivíduo prejudicado. Sua fonte geradora é o interesse na restauração do equilíbrio rompido pela lesão, porém, do ponto de vista patrimonial e moral, de modo que o lesado pode requerer a reparação do prejuízo sofrido para viabilizar a recomposição da situação ao *status quo ante*, o que também poderá ocorrer pelo pagamento de um valor em dinheiro, isto é, por meio de indenização.[6]

Dessa maneira, no Direito Civil, a sanção imposta corresponde ao dever de ressarcir o dano, sendo visivelmente menos gravosa do que a sanção penal. Além disso, o mecanismo de aplicação da sanção é bem mais simples, sobretudo nas hipóteses da responsabilidade objetiva do Estado, na qual basta a comprovação da conduta, do dano e do nexo causal entre a conduta e o dano para imputar a responsabilidade, que prescinde da culpa *lato sensu* (dolo ou culpa).

Portanto, ao tratar da responsabilidade, de forma geral, tem-se em mente a prática de uma conduta pelo agente público, da qual decorre um dano, de modo que entre ambos haja nexo de causalidade. Presente tais requisitos, dentro das condições que serão estudadas a seguir, é possível afirmar a responsabilidade civil objetiva do Estado e a responsabilidade civil subjetiva do agente público. Contudo, para que seja aplicada pena em âmbito penal, além de ser ilícita, é preciso que a conduta seja típica, isto é, que corresponda à descrição efetuada pelo legislador penal ao definir o crime, já que a Constituição Federal de 1988 estabeleceu que "não há crime sem lei anterior que

---

[5] ALMEIDA, Fernando Dias Menezes de; CARVALHO FILHO, José dos Santos. Controle da Administração Pública e Responsabilidade do Estado. In: DI PIETRO, Maria Sylvia Zanella (Coord.) Tratado de Direito Administrativo. 1.ed. São Paulo: Editora Revista dos Tribunais, 2014, p. 247.

[6] CRETELLA JR., José. O Estado e a obrigação de indenizar. São Paulo: Saraiva, 1980, p. 37; AGUIAR DIAS, José de. Da responsabilidade civil. Rio de Janeiro: Forense, 1979, v.1, p. 6.

o defina". Por isso, torna-se relevante a diferenciação entre ilícito e infração tributária e crimes tributários, como também a verificação da culpabilidade do agente público, ou seja, a sua atuação com dolo ou culpa, conforme será melhor esclarecido a seguir.

O comportamento do sujeito passivo da relação tributária, contribuinte ou responsável, que viola um dever jurídico prescrito pela lei tributária poderá configurar um ilícito ou infração tributária, ou até mesmo um crime tributário, segundo anteriormente apontado. Os ilícitos ou infrações tributárias estão previstos exclusivamente em leis de natureza administrativa fiscal, por não constituir crimes, sujeitando-se somente à apreciação de órgãos administrativos fiscais e aos princípios gerais prescritos pelo Direito Administrativo.

É possível inserir nessa categoria de atos, por exemplo, a classificação equivocada de um serviço prestado num dos itens da lista de serviços, pelo contribuinte, ensejando a aplicação de alíquota menor ao imposto sobre serviços (ISS) do que o efetivamente devido. Em tal caso, constatado o fato, o agente público lavra o auto de infração exigindo o pagamento da diferença do tributo e impondo uma multa que representa mera sanção administrativa.[7]

Se o agente público, por equívoco, lavra um auto de infração em face do contribuinte ou responsável, impondo o pagamento da diferença do tributo com imposição de multa sem que tenha sido praticada qualquer infração – isto é, se o contribuinte classificou de forma correta o serviço na lista – poderão ser verificados danos materiais e morais em razão da referida conduta, porém, não haverá crime por parte do agente público devido à ausência de dolo. Conforme será analisado abaixo, o crime de excesso de exação só estará configurado se houver dolo direto ou eventual, isto é, quando o agente público sabe ou deveria saber que o tributo exigido é indevido. É possível que inexista até mesmo a responsabilidade civil, caso o ato seja anulado pela própria Administração Tributária, em tempo, sem causar prejuízo algum, vale dizer: apesar do equívoco o agente público, posteriormente, foi cuidadoso em anular o ato e evitar consequências danosas.

No entanto, caso fosse do conhecimento do agente público o fato de que o contribuinte ou responsável não classificou de forma errônea o serviço prestado na lista do ISS, mas, mesmo assim, decidiu, intencionalmente, lavrar o auto de infração aplicando multa, estará caracterizado o dolo necessário para a configuração do crime de excesso de exação, além de existir o dever

---

[7] HARADA, Kiyoshi. Direito financeiro e tributário. 26. ed. revista, atualizada e ampliada. São Paulo: Atlas, 2016, pp. 760 a 761.

de ressarcir os danos causados, que o fará pessoalmente, por meio de ação de regresso movida pelo Estado, ou pelo próprio contribuinte, diretamente, devido à aplicação da responsabilidade subjetiva. Também há crime se, apesar da infração praticada pelo contribuinte, o agente público empregar meio vexatório (vergonhoso, humilhante) ou gravoso (que implique maiores despesas para o contribuinte), que a lei não autoriza. Conforme afirmado, o crime de excesso de exação não é admitido na modalidade culposa.

Os crimes fiscais correspondem a condutas tipificadas pela lei penal, subordinando-se aos princípios, institutos e formas do Direito Penal, sendo apurados pelo Poder Judiciário. Não são muitos os crimes tributários no Brasil, já que o Código Penal de 1969 resumiu as hipóteses previstas no Código de 1940, na Lei n. 4.729, de 14 de julho de 1965, e em outras leis esparsas, disciplinando a matéria atinente ao contrabando e ao descaminho no art. 372, além de equiparar certas condutas ao crime de apropriação indébita, nos termos da mencionada lei.

Outros crimes foram tipificados pela Lei n. 8.137, de 27 de dezembro de 1990, que, por sua vez, alterou a definição dos crimes contra a ordem tributária reescrevendo os delitos que foram designados de "sonegação tributária" pela Lei n. 4.729/65. Esse diploma alargou o rol de fatos típicos e redesenhou a apropriação indébita ao definir como crime o fato de deixar de recolher, no prazo legal, o tributo cobrado ou descontado de terceiro. Salvo se expressamente autorizada pelo legislador a modalidade culposa, para que exista crime, regra geral, é necessário que as condutas sejam praticadas com dolo.[8]

A título de exemplo, o contribuinte do imposto sobre a renda (IR), profissional liberal, que é acusado de: fraudar a fiscalização tributária inserindo elementos inexatos em documento ou em livro exigido pela lei fiscal; ou, falsificar ou alterar, nota fiscal, fatura, duplicata, nota de venda, ou qualquer outro documento relativo à operação tributável, violando o art. 1º da Lei n. 8.137/90, o qual tipifica o crime de supressão ou redução de tributos para obter a diminuição do imposto devido, desencadeando, assim, a instauração do processo administrativo fiscal para que seja exigida a diferença do imposto com a respectiva multa, bem como da ação penal para apuração do crime previsto no art. 298 do CP.

De forma semelhante ao anteriormente afirmado, caso seja do conhecimento do agente público que o contribuinte não é devedor do tributo, mas, apesar disso, o agente decide lavrar auto de infração para cobrar tributo que

---

[8] CARVALHO, Paulo de Barros. op. cit., p. 848.

sabe ou deveria saber indevido com aplicação de multa, estará configurado o crime de excesso de exação. Além disso, se prosseguir com a acusação em face do contribuinte sobre a prática de crime dando causa à instauração de investigação policial, de processo judicial, de investigação administrativa, de inquérito civil ou ação de improbidade administrativa, imputando-lhe crime de que sabe inocente, estará praticando também o crime de denunciação caluniosa.

Interessante observar, segundo apontado linhas atrás, que, atualmente, investigações têm sido instauradas e, até mesmo, denúncias têm sido oferecidas contra diretores de sociedades comerciais sem nenhuma indicação precisa da autoria do ilícito penal, mas só com fundamento no fato de tais pessoas figurarem como diretores da sociedade empresarial. Tal prática é contrária aos ditames do Direito Penal, visto que a responsabilização penal de tais sujeitos não pode decorrer da posição que ostentam dentro de uma empresa, mas sim da sua culpabilidade no que se refere à conduta praticada, ou seja: para as condutas que requerem o dolo, a presença dele, e para os crimes que admitem a culpa, a existência desta. Caso contrário, a imputação do crime ao sócio ou diretor será indevida, podendo o agente público responder pelos crimes de excesso de exação e denunciação caluniosa, além do ressarcimento pelos danos causados, pelo Estado, de forma objetiva, e pelo agente público, subjetivamente.

Como já afirmado, a distinção relacionada à imputação indevida pelo agente público ao sujeito passivo da relação tributária de infração ou ilícito tributário e crime tributário assume maior relevância na determinação do tipo de responsabilidade a ser atribuída ao agente público, isto é, civil ou penal, ou ambas, como também na quantificação do dano a ser ressarcido.

Com toda certeza, a inadequada imputação de uma conduta criminosa ao contribuinte ou responsável, e não apenas de infração e ilícito tributário, deverá ensejar uma resposta mais gravosa do legislador e do próprio Estado-Juiz, seja no que se refere à possibilidade da conduta do agente público ser enquadrada num tipo penal, a exemplo dos crimes de excesso de exação (art. 316, §2º do CP) e da denunciação caluniosa (art. 339 do CP), seja em relação ao montante da indenização por danos materiais e morais para recompor a situação ao *status quo ante*.

Relevante sublinhar que o Estado não será responsabilizado penalmente, mas somente o agente público que praticou a conduta, já que a responsabilidade penal possui caráter pessoal, afligindo diretamente a pessoa natural, ou seja, o autor do ato ilícito, exigindo-se que a conduta seja dolosa, tanto em relação ao excesso de exação quanto à denunciação caluniosa. No que se refere à responsabilidade civil, verifica-se que o art. 37, §6º da CF/88 aplica a responsabilidade objetiva do Estado, como também a responsabilidade subjetiva do agente público, o qual deverá ter atuado com dolo ou culpa para que tenha o dever de indenizar os prejuízos causados.

2.1. Crimes Praticados por Funcionário Público Contra a Administração Pública em Geral

Diversas condutas tipificadas no Código Penal, sobretudo dentre os crimes praticados por funcionário público contra a administração em geral, os quais se encontram prescritos entre o art. 312 e 327 do CP, poderiam ocorrer no âmbito do fenômeno tributário. Sublinhe-se que o art. 327 do CP apresenta a definição de funcionário público para a identificação do agente capaz de praticar os crimes descritos na seção, dentro da qual se encaixa o agente público do Fisco: *"considera-se funcionário público, para os efeitos penais, quem, embora transitoriamente ou sem remuneração, exerce cargo, emprego ou função pública"*.

Dessa forma, não obstante seja mais comum relacionar o agente público que exerce a função fiscal ao crime de excesso de exação, segundo os §§ 1º e 2º do art. 316 do CP, por regular expressamente a cobrança de tributo, certamente, tal sujeito não está restrito a essa única prática criminosa no desempenho de sua atividade perante e em nome da Administração Tributária.

É possível imaginar, por exemplo, o agente público autorizado que insere dados falsos no sistema de informações ou que facilita a sua inserção, alterando ou excluindo indevidamente dados corretos nos sistemas informatizados ou bancos de dados da Administração Pública – abrangendo a Administração Tributária – com o fim de obter vantagem indevida para si ou para outrem ou para causar dano, conforme o art. 313-A do CP. Outro exemplo seria o agente público extraviar livro oficial ou qualquer documento, de que tem a guarda em razão do cargo, sonegá-lo ou inutilizá-lo, total ou parcialmente, segundo o art. 314 do CP. Além dessas, outras condutas criminosas também podem ser praticadas pelo agente público do Fisco no exercício da função, contudo, será efetuado um corte metodológico para tratar dos crimes que resultam da imputação indevida aos sócios, diretores e administradores de sociedade empresária de ilícito ou infração tributária, como também de crimes tributários, restringindo a análise, portanto, aos crimes de excesso de exação e denunciação caluniosa.

2.1.1. Excesso de Exação (Art. 316, §1º e §2º do CP)

Excesso de exação constitui uma modalidade especial do crime de concussão em razão do destinatário especial do produto ser o próprio Estado, tendo como bens jurídicos protegidos a moralidade e a probidade da Administração Pública, além do patrimônio particular e a própria liberdade individual. Tipifica-se como crime a exigência de tributo que o agente público sabe ou deveria saber indevido, ou quando o tributo é devido, porém sua exigência é feita mediante o emprego de meio vexatório (vergonhoso, humilhante) ou gravoso (que implica maiores despesas para o contribuinte), que a lei não autoriza. Considera-se como essência do crime o abuso da função ou da autoridade ou do poder dela decorrentes.[9]

O termo "exigir" é utilizado pelo legislador no sentido de impor, ordenar, determinar sob ameaça explícita ou implícita de represálias imediatas ou futuras, sendo suficiente o temor genérico que a autoridade pública inspira. Pressupõe um comportamento comissivo do agente público; porém, não é necessário que ele se ache no exercício da função no exato momento da prática da conduta, podendo ocorrer o crime mesmo que se encontre licenciado ou até quando, já nomeado, não haja assumido a função ou tomado posse do cargo. Contudo, a exigência deve ser efetuada em razão da função, invocando ou insinuando tal qualidade.[10]

Caracteriza-se como crime próprio quanto ao sujeito ativo, pois só pode ser praticado por agente público, embora o particular possa concorrer para o crime pela figura do concurso de pessoas; e, como crime comum quanto ao sujeito passivo, por abranger qualquer pessoa que tenha sido prejudicada com a conduta, não somente a Administração Pública. É necessário que a ação seja dolosa, admitindo dolo direto e dolo eventual pelo uso, respectivamente, dos termos *sabe* ou *deveria saber*, não havendo previsão de punição na modalidade culposa. Dessa forma, a negligência, imprudência ou imperícia na quantificação do tributo não é considerada crime, embora autorize a repetição do indébito e, se preenchidos os requisitos legais, o ressarcimento de danos, como será analisado no tópico a seguir.

Trata-se de crime formal, já que se consuma com a simples exigência indevida, sendo irrelevante o não recebimento do montante pelo agente público, que, se ocorrer, corresponderá a mero exaurimento do crime. Sublinhe-se que

---

[9] BITENCOURT, Cezar Roberto. Tratado de Direito Penal. São Paulo: Saraiva, 2012, v. 5, pp. 71 a 72.
[10] GRECO, Rogerio. Código Penal comentado. 2ª ed. Rio de Janeiro: Impetus, 2009, p. 752.

a lei prescreve o verbo *exigir* e não *receber* vantagem indevida, classificando-o como um crime de mera conduta ou de simples atividade. De acordo com CEZAR ROBERTO BITENCOURT, como se trata de um crime de ato único, que não admite, teoricamente, fracionamento, fica afastada a tentativa.[11]

O conceito de vantagem indevida é amplo, abrangendo a vantagem em dinheiro ou em qualquer outra utilidade, seja ou não de ordem patrimonial. O termo indevido constante no tipo penal indica que a exigência deve ser ilícita, isto é, o tributo não é devido pelo contribuinte por já ter sido pago, porque os valores estão acima do que se deve pagar, porque não foi praticado o fato gerador, entre outras possibilidades.

A segunda hipótese do crime configura-se quando o tributo é devido, porém o agente público emprega meio vexatório ou gravoso não autorizado pela lei para realizar a cobrança, ou seja, o modo como foi efetuada não condiz com as determinações legais, já que foram utilizados meios constrangedores e humilhantes para que o pagamento fosse levado a efeito, ou também porque implica maiores despesas ao contribuinte. Em tal caso, o agente não visa obter qualquer vantagem para si ou para outrem, mas apenas que o tributo seja recolhido aos cofres públicos.

Se o agente público desvia em proveito próprio ou de outrem o que recebeu de forma indevida para recolher aos cofres públicos, ocorre a modalidade qualificada disposta no §2º do art. 316 do CP. O bem jurídico tutelado e os sujeitos ativo e passivo são exatamente os mesmos da figura simples do excesso de exação, requerendo-se apenas o elemento subjetivo do injusto que se identifica pela elementar "em proveito próprio ou de alguém".[12]

2.1.2. Denunciação Caluniosa (Art. 339 CP)

A denunciação caluniosa foi tipificada no art. 339 do CP, no capítulo dos crimes contra a Administração da Justiça, da seguinte forma: "dar causa à instauração de investigação policial, de processo judicial, instauração de investigação administrativa, inquérito civil ou ação de improbidade administrativa contra alguém, imputando-lhe crime de que sabe inocente", com pena de reclusão de dois a oito anos, e multa.

O bem jurídico protegido é a boa e regular Administração da Justiça, necessariamente atingida quando há falsas imputações que originam a

---

[11] BITENCOURT, Cezar Roberto. op.cit., p. 74.
[12] *Idem.*

instauração de qualquer das investigações mencionadas no dispositivo, além de tutelar a honra objetiva da pessoa ofendida.[13]

Não há dúvida de que cabe aos agentes públicos do Fisco, ao tomarem conhecimento de irregularidades e da prática de crimes, comunicar tais fatos às autoridades competentes para fins de apuração. Todavia, estará configurada a denunciação caluniosa se, além da acusação ser contrária à verdade dos fatos, o agente público tiver pleno conhecimento acerca da inocência da pessoa à qual atribui o crime. Portanto, requer-se a presença do dolo, isto é, da vontade livre e consciente de que seja iniciada uma investigação policial ou um processo contra a vítima de que sabe inocente. Em síntese, é necessário que o agente tenha ciência prévia da inocência do acusado, de modo que saber da inocência é condição indispensável para a existência do crime.

Segundo CEZAR BITENCOURT: "sujeito ativo é qualquer pessoa. Nada impede que qualquer autoridade pública possa ser sujeito desse tipo penal, especialmente aquelas que, de modo geral, integram a persecução criminal, tais como magistrados, membros do Ministério Público e delegados de polícia, que podem, como qualquer outra autoridade, também praticar o crime de denunciação caluniosa".[14] Esclarece o jurista, contudo, que a existência de verdade subjetiva é suficiente para afastar o dolo no crime de denunciação caluniosa, que ocorre quando o agente acredita sinceramente na verdade dos fatos, na licitude dos fins.[15]

Portanto, o crime de denunciação caluniosa não se confunde com a conduta de quem solicita à polícia que apure e investigue um delito, fornecendo-lhe os elementos de que dispõe.

Três são os requisitos necessários para a caracterização do delito: (i) sujeito passivo determinado, (ii) imputação de fato definido como crime e (iii) conhecimento prévio da inocência do acusado, sendo o último o elemento normativo do crime. Logo, o sujeito passivo deve ser inocente, tendo sido processado ou investigado sem justa causa, restando, ao final, absolvido.

Conduta semelhante já havia sido tipificada pela Lei de Improbidade Administrativa (Lei n. 8.429/92), a qual criminalizava o ato de representar, por improbidade administrativa, contra agente público ou terceiro beneficiário sabidamente inocente, conforme art. 19, a qual é uma figura mais ampla do que a ora estudada, bem como de natureza puramente administrativa.

---

[13] BITENCOURT, Cezar Roberto. op. cit., p. 272.
[14] *Idem.*
[15] *Idem.*

3. Responsabilidade Civil do Estado por Danos Tributários

A responsabilidade civil assenta-se na ideia de indenização por se relacionar a um dano causado ao particular. Decorre da necessidade de restabelecer o equilíbrio jurídico – patrimonial e moral – rompido pela lesão, legitimando o lesado a requerer a reparação do prejuízo sofrido para recompor a situação ao *status quo ante*; ou, se não for possível restabelecer exatamente o estado anterior, mediante o pagamento de valor em dinheiro, ou seja, por meio de indenização.

Nota-se que, quando aplicada ao Estado, a responsabilidade civil revela a outra face do princípio da legalidade, visto que a simples anulação do ato, na maior parte das vezes, não é suficiente para restaurar o equilíbrio rompido com a violação da lei, sendo necessário também ressarcir os prejuízos para restabelecer a situação ao estado anterior ao dano.

Segundo CELSO ANTONIO BANDEIRA DE MELLO, a responsabilidade do Estado poderia ser aplicada independentemente de regra expressa, pois é uma consequência lógica do Estado de Direito, simples corolário da submissão do Poder Público ao Direito, representando a contrapartida da legalidade.[16]

Pretende-se analisar neste item se o Direito brasileiro vigente permite a seu intérprete, pelo entrelaçamento dos enunciados prescritivos postos na Constituição Federal de 1988, no Código Tributário Nacional e no Código Civil, imputar ao Estado o dever jurídico de ressarcir os danos sofridos pelo sócio, diretores e administradores de sociedade empresária em razão do exercício da função fiscal.[17]

Será desenvolvido raciocínio semelhante ao aplicado pela Corte de Cassação italiana no acórdão n. 722/99, paradigma para a construção normativa doméstica sobre o tema, qual seja: (i) identificar a positivação da norma geral *neminem laedere* no Direito brasileiro; (ii) analisar se o complexo de normas por meio das quais se verifica a presença da norma *neminem laedere* permite concluir pela submissão do Estado a ela, inclusive em matéria tributária; (iii) verificar quais são os elementos da responsabilidade segundo a tradição jurídica brasileira; e, (iv) analisar os critérios de aplicação da responsabilidade do Estado no exercício da função fiscal.

---

[16] BANDEIRA DE MELLO, Celso Antônio. Curso de Direito Administrativo. 32 ed. São Paulo: Malheiros Editores, 2015, p. 1027.
[17] SCAPIN, Andreia. op. cit., p. 25.

3.1. A Positivação da Norma Geral Neminem Laedere no Direito Brasileiro

No Digesto 1.1.10.1, há três normas descritas por Ulpiano, dentre as quais está a norma *neminem laedere* (não lesar outrem), que constitui o alicerce da teoria da responsabilidade civil ao lado de dois outros preceitos, quais sejam: viver honestamente e dar a cada um o que é devido – *iuris praecepta sunt haec: honeste vivere, alterum non laedere, suum cuique tribuere*. Por seu conteúdo, tal norma é considerada atual e importante até os dias de hoje.[18]

Na Itália, em âmbito doutrinário e jurisprudencial, afirmou-se que a norma *neminem laedere* foi positivada no ordenamento jurídico italiano, pois se depreende da cláusula geral de responsabilidade prescrita no art. 2043 CC, o qual dispõe: "qualquer fato doloso ou culposo que causa a outrem um dano injusto obriga aquele que cometeu o fato a ressarcir o dano".

O tema foi apreciado pelas Seções Unidas da Corte de Cassação italiana que declarou, por meio do acórdão n. 722, de 15 de outubro de 1999, a submissão do Estado à norma *neminem laedere* inclusive no exercício da função fiscal, reconhecendo seu dever jurídico de ressarcir os danos causados pelos agentes públicos vinculados à Administração Tributária se violado algum direito subjetivo ou interesse legítimo do contribuinte.

Trata-se de uma decisão histórica e inovadora, pois reconheceu-se, pela primeira vez, a submissão do Estado ao dever de ressarcir os danos causados ao cidadão em decorrência da relação tributária, possibilitando a tutela plena no tema da responsabilidade do Estado, sendo essa espécie de lesão incluída pela jurisprudência na noção de dano injusto do art. 2043 do CC.[19]

Por meio de suas Seções Unidas, a Suprema Corte afirmou expressamente que também o Estado, e não apenas o particular, se submete à norma *neminem laedere*, já que a previsão dos princípios de legalidade, imparcialidade e boa administração, estabelecidos nos arts. 23 e 97 da Constituição italiana, destinados a disciplinar a ação administrativa, agem como parâmetro para a atuação do Poder Público e conduzem, logicamente, à conclusão de que ao Estado também se aplicam as consequências do art. 2043 do CC; por isso, os danos resultantes do descumprimento desses princípios constituem fonte de

---

[18] DONNINI, Rogério. Prevenção de danos e a extensão do princípio *neminem laedere*. In: NERY, Rosa Maria de Andrade; DONNINI, Rogério. (Coord.) Responsabilidade Civil: estudos em homenagem ao professor Rui Geraldo Camargo Viana. São Paulo: Editora Revista dos Tribunais, 2009, p. 483; DIAS, José Aguiar. Da responsabilidade civil. 3ed. Rio de Janeiro: Revista Forense, 1954, p. 17.
[19] ITÁLIA. Corte de Cassação, acórdão n. 722. Pres. Antonio Iannota, 15 de outubro de 1999.

responsabilidade, pois significa que a atividade pública foi desenvolvida fora das determinações constitucionais.

Dito de outro modo: impõe-se ao Estado o dever de agir de acordo com a legalidade, a imparcialidade, a boa-fé, a razoabilidade etc., visto que a presença desses princípios na ordem jurídica indica a vontade do legislador de regular a atividade do Estado em um modo que evite lesar a esfera jurídica do cidadão, inclusive em matéria tributária. Conclui-se que tais princípios são uma confirmação não apenas da positivação da norma *neminem laedere* no art. 2043 do CC, porque dele constitui parte integrante, mas de sua aplicação às atividades do Estado.

Igualmente, a Lei de Procedimentos Administrativos (Lei n. 241, de 07 de agosto de 1990) e o Estatuto dos Direitos do Contribuinte (Lei n. 212, de 27 de julho de 2000), os quais complementam as normas constitucionais, impõem ao Estado o dever jurídico de respeitar, no exercício da função fiscal, os princípios de economicidade, eficácia, publicidade, transparência, razoabilidade, proporcionalidade e adequação. Sublinhe-se que o art. 10 desse Estatuto impõe às partes da relação tributária o dever de se comportar de forma correta e segundo os ditames de boa-fé, o que caracteriza o princípio de colaboração e a tutela da confiança.[20]

Em síntese, as Seções Unidas da Corte de Cassação italiana entenderam que a previsão constitucional e infraconstitucional dos princípios instituídos para regular o *modus operandi* da Administração Tributária revela: (i) não é permitido ao Estado lesar a esfera jurídica de outrem no exercício das atividades fiscais, pois se submete à norma *neminem laedere*, aplicando-se as consequências impostas no art. 2043 do CC em caso de violação; (ii) tais normas jurídicas atuam como indicador da injustiça do dano; e, (iii) constituem um limite à eventual discricionariedade.

Tomando como paradigma a experiência italiana, é possível constatar que no Brasil a norma *neminem laedere* também se encontra positivada, aplicando-se igualmente ao Estado no exercício das atividades no setor tributário.

No Direito brasileiro, apesar da prescrição do dever de não lesar outrem, que se traduz na norma *neminem laedere*, resultar da interpretação do conjunto de princípios dispostos nos arts. 1º, 5º e 170 da CF, dos objetivos dispostos no art. 3º da CF e dos valores perseguidos pela República brasileira enunciados

---

[20] CHINDEMI, Domenico. Comportamento illecito dei dipendenti degli uffici finanziari e risarcimento del danno a favore del contribuente. In: Responsabilità civile e previdenza, fasc.9, 2011, pp. 1763 a 1764.

no Preâmbulo da Constituição, foi estampada nos arts. 186 e 927 do CC e no art. 37, §6º da CF, sendo que o último regula expressamente a responsabilidade do Estado pelos danos decorrentes de condutas praticadas por seus agentes, nessa qualidade. Todavia, diversamente do que ocorre na Itália, é desnecessário demonstrar a culpa *lato sensu*.

Ao analisar a composição do art. 37 da CF, constata-se que: (i) no *caput* do artigo, estão previstos os princípios que regulam o *modus operandi* da Administração Pública, demonstrando que o legislador disciplinou sua atuação para evitar a ocorrência de danos como consequência da atuação de seus agentes, já que afirmou que a Administração direta e indireta deve obedecer aos princípios de legalidade, impessoalidade, moralidade, publicidade e eficiência; e, (ii) no §6º, foi estipulado o dever de recompor os danos eventualmente causados e a responsabilidade direta do Estado pelos atos dos agentes públicos, nessa qualidade, como um mecanismo para estimular o cumprimento dos princípios que vinculam a atuação administrativa estabelecidos no *caput*. Portanto, existe uma estreita ligação entre o *caput* e o §6º no que tange a interpretação da norma *neminem laedere*.[21]

A submissão do Estado à norma *neminem laedere* também se confirma com base em normas infraconstitucionais que especificam a cautela do legislador em disciplinar a atuação da Administração Pública, como a Lei n. 9.784, de 29 de janeiro de 1999, que estabelece normas básicas de proteção aos direitos do cidadão para melhor cumprimento dos fins administrativos, sobretudo na realização do processo administrativo, por exemplo: finalidade, motivação, ampla defesa, razoabilidade, proporcionalidade, contraditório, segurança jurídica, interesse público e eficiência, além da atuação segundo padrões éticos de probidade, decoro e boa-fé.

Portanto, entende-se aplicável, no Brasil, uma interpretação semelhante à efetuada pela Corte de Cassação italiana no sentido de que o dever do Estado de ressarcir os danos decorrentes do exercício da função pública resulta da existência de normas que regulam o *modus operandi* da Administração Pública, estabelecidas em âmbito constitucional e infraconstitucional, além da norma prevista no §6º do art. 37 da CF.

Especificamente em relação ao setor tributário, tais conclusões também se aplicam, já que a Administração Tributária, que atua diretamente na execução de atividades de arrecadação e fiscalização de tributos, isto é, que exerce a

---

[21] SCAPIN, Andreia. op. cit., p. 63.

função fiscal, é parte integrante da Administração Pública, caracterizando-se como um dos seus setores especializados.

Além disso, ao introduzir na Constituição Federal de 1988 uma seção para tratar das "Limitações ao Poder de Tributar" (arts. 150 a 152 da CF), o legislador brasileiro demonstrou ter reconhecido o alto potencial destrutivo da imposição tributária e a necessidade de prescrever garantias constitucionais para proteger o contribuinte, visto que os fatos tributáveis se atrelam a comportamentos que se conectam às liberdades fundamentais, atingindo obrigatoriamente a propriedade e a liberdade, de modo que são suscetíveis de causar lesão a direitos subjetivos do sujeito passivo da obrigação tributária se exercidos fora dos parâmetros legais estabelecidos por meio de princípios e regras que constituem o limite para o exercício da atividade fiscal.[22]

Verifica-se que o fenômeno tributário toca diretamente os direitos fundamentais, não apenas como consequência da eleição dos fatos que o legislador constituinte apreende nas regra-matrizes de incidência tributária, mas principalmente pela forma como a atividade tributante é exercida, que pode causar danos de extrema gravidade e até irreversíveis ao contribuinte.

Nessa lógica, ao introduzir tais princípios como limitação à imposição tributária por reconhecer seus efeitos nocivos se exercida fora dos parâmetros estipulados, o legislador não só assegura e defende direitos fundamentais e valores como segurança, justiça, igualdade etc., mas torna evidente a existência de uma obrigação do Poder Público de adotar comportamentos corretos também em matéria tributária para não causar lesão ao contribuinte (*neminem laedere*), sob pena de se submeter às consequências previstas no art. 37, §6º da CF, ou seja, ao dever de ressarcir os prejuízos causados.

3.2. Critérios de imputação da responsabilidade civil ao Estado pelos danos causados ao sujeito passivo da relação tributária

Para deflagrar a responsabilidade civil do Estado, requer-se a presença dos elementos prescritos em lei, especificamente no art. 37, §6º da CF/88 e arts. 927 e 186 do CC, considerados essenciais, sem os quais não existe dever de ressarcir. Tais elementos, que serão analisados nos próximos parágrafos, são: (i)

---

[22] Conforme as palavras de John Marshall no caso McCulloch v. Maryland 1819: "that the power to tax involves the power to destroy", cuja tradução pode ser: "o poder de tributar implica o poder de destruir". JURINSKI, James John. Tax reform. California: ABC-CLIO, 2000, p. 257.

conduta (lícita ou ilícita) do agente público; (ii) dano ilícito; e, (iii) nexo de causalidade entre a conduta do agente público e o dano.

Dois fundamentos justificam a aplicação da responsabilidade objetiva ao Estado: (i) o risco de a Administração Pública causar danos ao desempenhar atividades em favor do interesse público, o que impõe o dever de repará-los caso se concretizem; e, (ii) a necessidade de repartir os encargos públicos de modo igual, visto que, além dos benefícios da atuação estatal, os danos sofridos por uns ou alguns membros da sociedade devem ser repartidos por todos. Trata-se do princípio da justiça distributiva, segundo o qual os ônus da produção de uma utilidade coletiva devem ser proporcionalmente distribuídos, não podendo gravar só um ou alguns dos membros da sociedade.[23]

Constata-se que, com a Constituição Federal de 1988, o Código do Consumidor e o Código Civil de 2002, o dano se tornou o pressuposto fundamental elegido pelo Direito para deflagrar a responsabilidade civil em grande parte das situações, conforme dispõe o parágrafo único do art. 927 do CC que impõe a responsabilidade objetiva nas hipóteses estipuladas em lei, a exemplo da responsabilidade do Estado disciplinada no art. 37, §6º da CF; como também, se a atividade desenvolvida pelo autor do dano implicar riscos para os direitos de outrem.[24]

Nesses casos, dispensa-se a averiguação da subjetividade do sujeito que praticou a conduta causadora do dano, isto é, se agiu com culpa *lato sensu*, elevando-se o risco à condição de fato gerador da obrigação de indenizar. Logo, retira-se o foco da responsabilidade da conduta ilícita para transferi-la à reparação dos sofrimentos da vítima dada a preocupação sempre maior com a preservação da essência da dignidade da pessoa humana e dos demais princípios e valores correlatos em detrimento das variadas práticas que expõem os cidadãos ao risco de dano.

No âmbito do Direito, o termo "dano" não possui a mesma extensão utilizada no senso comum, que corresponde à noção naturalística. Explico: na vida cotidiana, inúmeras situações podem ser experimentadas pelos indivíduos como danosas, mas nem todas elas se amoldam no conceito jurídico de dano, já que a noção naturalística não coincide com a jurídica.

Segundo a noção jurídica, a palavra "dano" possui um sentido mais restrito, que abarca exclusivamente o prejuízo tutelável pelo Direito, ou seja, o dano

---

[23] DI PIETRO, Maria Sylvia Zanella. Direito Administrativo. 26.ed. São Paulo: Atlas, 2012, p. 398.
[24] SCAPIN, Andreia. Responsabilidade do Estado por dano tributário. Belo Horizonte: D'Placido, 2017, p .98.

qualificado pela ilicitude, que revela a lesão de direitos subjetivos, por isso a afirmação de que nem todo prejuízo (dano) em sentido econômico pode ser considerado um prejuízo (dano) em sentido jurídico.

Sobre o assunto, FERNANDO DIAS MENEZES DE ALMEIDA: "dano, para fins de responsabilidade civil, é aquilo que o direito objetivamente considera e não aquilo que a vítima subjetivamente assim considera".[25]

Apesar de constituir um fenômeno unitário, o dano possui dois aspectos que se referem aos dois momentos de sua ocorrência, quais sejam: (i) dano-evento, que corresponde à lesão de direitos subjetivos ou de interesses juridicamente relevantes, intitulado "dano injusto" pelos italianos; e, (ii) dano-consequência, que é o prejuízo econômico efetivamente suportado, o qual servirá como referência para o ressarcimento. Esse desmembramento é essencial para o estudo da responsabilidade do Estado por dano tributário.[26]

O "dano evento" corresponde à lesão *non iure* de um interesse tutelado pela ordem jurídica, tal como a lesão da integridade moral de um sujeito devido à publicação de um artigo difamatório a seu respeito; a lesão de direitos invioláveis da pessoa, como a honra e a imagem, devido à penhora de bens e equipamentos de trabalho realizada no escritório do contribuinte na presença de funcionários, familiares e clientes com base na cobrança de tributo que havia sido declarado indevido mediante sentença transitado em julgado; a lesão da propriedade pela prática ilegítima de atos de execução forçada em relação a tributo indevido etc.

O "dano consequência" equivale ao prejuízo concretamente sofrido pelo lesado como consequência da verificação do dano evento, por exemplo: a necessidade de contratar um táxi ou uma empresa de transportes para efetuar a entrega das mercadorias aos clientes em virtude do bloqueio do próprio veículo automotor apesar do trânsito em julgado de sentença proferida pelo Poder Judiciário que declarava ilegítima a cobrança do tributo.

A lesão de direitos subjetivos ou de interesses jurídicos relevantes que caracterizam o dano como ilícito se traduz na lesão de direitos fundamentais da personalidade e da propriedade; e, no leque de direitos que resultam da relação normal num Estado de Direito entre os cidadãos e Administração Pública, a exemplo do direito à legalidade, segurança jurídica, igualdade, imparcialidade, moralidade, boa-fé, à proporcionalidade etc.

---

[25] ALMEIDA, Fernando Dias Menezes de; CARVALHO FILHO, José dos Santos. op.cit., p. 396.
[26] FLUMIGNAN, Silvano José Gomes. Dano evento e dano consequência. 2009. Dissertação (Mestrado) – Faculdade de Direito da Universidade de São Paulo. São Paulo, p. 40.

No Direito brasileiro, o legislador não especificou nos arts. 186 e 927 do CC quais são os danos que merecem tutela, pois utilizou o termo dano como cláusula aberta. Contudo, existe na Constituição um direcionamento a respeito da área de circunscrição do dano passível de ressarcimento devido à especificação dos direitos e interesses que a ordem jurídica selecionou como tuteláveis, dentre os quais estão os direitos fundamentais da pessoa humana dispostos no art. 5º da CF/88, tais como a propriedade e a liberdade; e, o direito à livre iniciativa econômica, estabelecido no art. 170 da CF/88, que constituem objeto da lesão no dano tributário. Logo, os danos que incidem sobre direitos que a ordem jurídica escolheu tutelar são reputados ilícitos.

Portanto, o pressuposto lógico e essencial da responsabilidade é a existência de dano (em sentido jurídico) como resultado da conduta de um terceiro, isto é, de pessoa diversa lesada, sendo o substrato mínimo da responsabilidade: a ação causadora (conduta) e o resultado danoso (ilícito) vinculados pelo nexo de causalidade.[27]

Em relação aos critérios jurídicos de aplicação da responsabilidade do Estado por dano tributário, há três hipóteses possíveis. A primeira trata da conduta lícita com resultado danoso lícito, em que não há responsabilidade estatal dada a ausência de ilicitude no dano, vale dizer, de dano em sentido jurídico, que revela a lesão de direitos subjetivos, apesar da possibilidade de existir prejuízo econômico.[28]

Por exemplo: é lícito ao Fisco constituir o crédito tributário pelo lançamento do tributo, nos exatos limites da lei, se o contribuinte praticar o fato gerador. Em tal contexto, é igualmente lícito ao Fisco perseguir o pagamento não efetuado espontaneamente no prazo legal, utilizando instrumentos prescritos em lei devido às prerrogativas conferidas à Administração Pública para atender o interesse público em razão do princípio da supremacia do interesse público sobre o particular, tais como: emissão de certidão de dívida ativa, indeferimento da certidão negativa de débito fiscal ou da certidão positiva com efeitos de negativa, ajuizamento da execução fiscal, penhora de bens e do faturamento da empresa, penhora *on-line*, a restrição à alienação de bens, inscrição no CADIN etc.

---

[27] ALMEIDA, Fernando Dias Menezes de; CARVALHO FILHO, José dos Santos. Controle da Administração Pública e Responsabilidade do Estado. In: DI PIETRO, Maria Sylvia Zanella (Coord.) Tratado de Direito Administrativo. 1.ed. São Paulo: Editora Revista dos Tribunais, 2014, p. 243.
[28] SCAPIN, Andreia. op. cit., p. 180.

Trata-se de uma consequência lógica por força da imputação deôntica, de maneira que: "se o sujeito passivo da relação tributária (Sp) deixar de pagar o tributo devido no prazo legal, então deve ser a obrigação do Estado (Sa) de aplicar a penalidade a (Sp), impondo deveres de fazer ou não-fazer sob o mesmo pretexto" – que se refere à norma primária sancionadora, além da norma secundária que prescreve a atuação do Poder Judiciário, mediante o ajuizamento de ação de execução fiscal, para que, por meio de atos coativos, atue sobre o patrimônio do devedor com a execução forçada de bens.

Logo, os danos resultantes do exercício das prerrogativas acima referidas justificam-se por corresponder ao cumprimento forçado de um dever jurídico do contribuinte que não foi atendido espontaneamente no prazo legal, por isso não podem ser qualificados como ilícitos. Pelo contrário, estão em consonância com a lei por caracterizar a aplicação do consequente da norma primária sancionadora e da norma secundária, do que se conclui que o dever jurídico do Estado de ressarcir o dano tributário depende da análise não só das características da conduta, mas também do dano.[29]

Tal situação ocorre quando efetivamente são praticados atos com excesso de poder ou infração à lei, contrato social ou estatutos ensejando a responsabilidade pessoal dos diretores, gerentes ou representantes de pessoas jurídicas de direito privado, segundo o art. 135 do CTN. Em tal caso, a violação do dever jurídico prescrito na norma primária dispositiva leva à legítima aplicação do disposto na norma primária sancionadora e da norma secundária, de forma que os danos eventualmente ocasionados são lícitos, não sendo passíveis de ressarcimento.

A segunda hipótese também se refere à conduta lícita danosa, mas, diferentemente da primeira hipótese, neste caso, o dano é passível de ressarcimento por consistir na lesão de direito subjetivo do sujeito passivo da obrigação tributária sem a existência duma norma jurídica capaz de justificá-lo. Em outras palavras, devido à presença do ilícito no dano, apesar de ausente o ilícito na conduta.

Dito de outra forma: ao aplicar a responsabilidade objetiva no §6º do art. 37 da CF/88, o legislador admitiu o ressarcimento também do dano resultante da conduta lícita, mas não do dano traçado na primeira hipótese, que corresponde a um efeito natural e legítimo da aplicação das medidas estipuladas pela lei em razão do descumprimento de um dever jurídico imposto ao lesado, isto é,

---

[29] SCAPIN, Andreia. op. cit., p. 181.

do dano lícito. Está referindo-se à possibilidade de, a partir de uma atuação lícita, ser provocado um dano contrário ao Direito, isto é, ilícito.[30]

Recorde-se que a licitude ou ilicitude da conduta está relacionada ao cumprimento, ou não, de um dever jurídico preexistente, de forma que a ilicitude necessária para ensejar o dever de ressarcimento, em tal caso, resulta do descumprimento do dever de não causar dano a outrem prescrito como norma primária dispositiva, sublinhando que o dano descrito pelo legislador é o dano em sentido jurídico, não em sentido comum, isto é, que revela a lesão de direitos subjetivos ou de interesses jurídicos relevantes.

Haverá resultado danoso ilícito como consequência da conduta lícita sempre que as medidas estabelecidas em lei para satisfazer o crédito tributário forem aplicadas pelo Fisco em acordo com as normas jurídicas e sem culpa *lato sensu* do agente público, mas sem a presença do dever jurídico de pagar o tributo (ou penalidade). Se o tributo não é devido, o dano suportado pelo contribuinte (ou responsável) é considerado ilícito e, portanto, passível de ressarcimento.

Parece estranha a ideia de que, ao exigir o pagamento de um tributo indevido – que regra geral caracteriza a conduta como ilícita – o agente público pode estar agindo licitamente, sendo somente o dano ilícito. Contudo, essa afirmação é possível ao considerar que os atos administrativos são dotados de presunção de legitimidade e que, além disso, em alguns casos, não existe culpa *lato sensu* do agente público na prática do ato.

Trata-se de uma presunção *iuris tantum* posta pelo Direito de que todo o processo de realização do ato administrativo se deu nos moldes das normas jurídicas que o regulam até que se prove e se constitua o contrário, pois o controle de validade dos atos é feito *a posteriori*. A presunção de legitimidade do ato administrativo somada à ausência de culpa *lato sensu* confere o caráter lícito à conduta do agente público até o reconhecimento e declaração da ilegitimidade.

Parte-se do pressuposto, segundo o art. 186 do CC, de que a conduta ilícita é formada pela contrariedade ao Direito (antijuridicidade), que constitui seu aspecto objetivo, e pela culpa *lato sensu*, que identifica seu aspecto subjetivo. Logo, será lícita a conduta praticada conforme o Direito e sem o descumprimento do dever de diligência característico das condutas culposas, vale dizer, sem a culpa *lato sensu*.

---

[30] *Ibidem*, p. 215.

Nessa lógica, é possível que, mesmo adotando as cautelas necessárias, o agente público pratique um ato que, apesar de visivelmente ilegítimo, é considerado válido e eficaz em razão da presunção de legitimidade, permitindo ao Fisco submeter o contribuinte às consequências extremamente gravosas da cobrança do crédito tributário, ainda que o ato seja declarado ilegítimo tempos depois. Nesse sentido, devido à presunção de legitimidade e à ausência de culpa *lato sensu* na atuação do agente público, a conduta é considerada lícita.[31]

Na atualidade, a complexidade das normas jurídicas torna cada vez mais difícil a sua aplicação aos casos concretos, inclusive em relação à determinação da autoria de ilícitos penais. Nesse contexto, é perfeitamente possível que os agentes públicos apurem e investiguem delitos, motivando a instauração de investigações policiais, processos administrativos, judiciais, entre outros, devido à existência de dúvida em relação à inocência de um acusado.

Tal conduta é legítima, mas, se ao final do processo, entender-se pela inexistência de crime praticado pelo contribuinte, os danos ocorridos poderão ser passíveis de ressarcimento se considerados ilícitos, ou seja, se lesivos à direitos subjetivos ou interesses jurídicos relevantes, como: propriedade, liberdade, personalidade e exercício de profissão, dispostos no art. 5º da CF; livre iniciativa econômica, segundo o art. 170 da CF; bem como, o leque de direitos que resultam da relação normal entre a Administração Pública e o cidadão num Estado de Direito, a exemplo da: legalidade, igualdade, eficiência, proporcionalidade, razoabilidade, colaboração, boa-fé etc., já que é direito subjetivo do administrado a atuação da Administração Pública em conformidade com os princípios do ordenamento jurídico brasileiro. O sacrifício dos direitos do contribuinte apenas se torna possível se for efetuado dentro do limite da ação legítima da Administração Tributária.

Quando se afirma que a responsabilidade objetiva prescinde da conduta ilícita dada a desnecessidade de demonstrar a culpa (*lato sensu*), não significa que o dano não possa resultar de condutas ilícitas. Aliás, é o que ocorre com mais frequência: danos sofridos pelo contribuinte em razão de descuidos do agente público no exercício da função fiscal. Esclarece FERNANDO DIAS MENEZES DE ALMEIDA que, no caso da teoria da responsabilidade objetiva, não se trata de ter o agente público agido ou não com culpa (*lato sensu*), mas da vítima do dano por ele causado ter a necessidade de demonstrar ou não a ocorrência dessa culpa.[32]

---

[31] SCAPIN, Andreia. op. cit., p. 218.
[32] ALMEIDA, Fernando Dias Menezes de. op. cit., p. 11.

Considera-se ilícita a conduta contrária ao Direito, portanto, resultante de ato ilegítimo praticado pelo agente público no exercício da função fiscal, à qual se acresce a culpa *lato sensu*, em que há descumprimento do dever de diligência vislumbrado na violação dos princípios que regulam o *modus operandi* da Administração Tributária, cujo papel é delinear a atuação correta e diligente do agente público no exercício da função fiscal. Já a ilicitude do resultado danoso verifica-se apenas com a contrariedade ao Direito que se traduz na lesão de um direito subjetivo ou de um interesse juridicamente relevante, pois a voluntariedade está na conduta, não no dano.

Quando o resultado danoso ilícito decorre duma conduta ilícita, há dois ilícitos a serem analisados: o primeiro está na conduta e o segundo, no dano. A ilicitude da conduta relaciona-se ao descumprimento de um dever preexistente e não com a produção do dano propriamente dita, o qual surge como consequência. Apesar disso, a conduta ilícita é fato gerador do dano que, por sua vez, enseja a responsabilidade, pois a ilicitude da conduta repercute sobre o dano. Se houve violação dum dever preexistente com culpa *lato sensu* do agente público na conduta, o dano dela resultante corresponderá automaticamente à lesão de direitos subjetivos ou de interesses juridicamente relevantes pelo simples fato de que foi causado por um ilícito.

O critério de aferição da responsabilidade do Estado em tal caso é o seguinte: existe infração de um dever jurídico preexistente pelo agente público de forma intencional (dolo) ou mediante negligência ou imprudência (culpa), isto é, descumprindo o dever de diligência, o qual viola uma norma jurídica produzindo dano. Por exemplo, o ajuizamento de execução fiscal para cobrança de débito tributário já pago porque o agente público deixou de dar baixa no pagamento nos cadastros do Fisco (violação culposa de dever preexistente), que gera danos ao contribuinte (contratação de advogado, penhora de bens e faturamento da empresa, inscrição do nome no CADIN, etc.). Frise-se que, embora na teoria objetiva não seja necessário demonstrar a culpa, ela está presente na hipótese "conduta ilícita com resultado danoso ilícito".

Interessante exemplo retirado da jurisprudência italiana em julgamento realizado pela Seção III da Corte de Cassação Civil, acórdão n. 9445, de 11 de junho de 2012. Em tal caso, o agente público compareceu no escritório do contribuinte para penhorar bens em execução fiscal na presença de clientes e funcionários, desconsiderando uma sentença absolutória com trânsito em julgado proferida em âmbito penal, que havia absolvido o contribuinte da acusação de crime de evasão fiscal, apesar da Administração Tributária ter sido regularmente notificada pelo Poder Judiciário, sendo essa conduta considerada ilícita.

Além da lesão ao direito à propriedade, constata-se a lesão à imagem profissional do contribuinte, pois a penhora foi efetuada na presença de funcionários e clientes com base em um débito indevido, isto é, sem que houvesse uma causa capaz de justificá-la, como também da inexistência do crime de evasão fiscal do qual havia sido acusado, por isso o dano é passível de ressarcimento, já que tutelado pelo ordenamento jurídico.

A conduta do agente lesa o interesse público à eficiência da Administração Pública e o interesse do particular que sofreu o dano dada a omissão do Fisco em relação ao ato devido, visto que a Administração Tributária tinha o dever de conformar suas práticas com as decisões proferidas pelo Poder Judiciário.

4. Responsabilidade Civil do Agente Público

No art. 37, §6º da CF, há duas regras jurídicas: a da responsabilidade objetiva do Estado e a da responsabilidade subjetiva do agente público. Além da norma primária sancionadora que impõe ao Estado o dever de ressarcir os danos decorrentes da conduta do agente público e da respectiva norma secundária que permite ao lesado provocar o Poder Judiciário para que, por atos coativos, imponha a execução forçada do patrimônio estatal para o cumprimento de tal dever jurídico, o referido artigo estabelece uma segunda norma primária sancionadora com a correspondente norma secundária, as quais regulam a relação jurídica do Estado com o agente público causador do dano.

Isso porque estabeleceu-se expressamente a possibilidade de o Estado ajuizar ação de regresso contra o agente público que atuou com dolo ou culpa da seguinte forma: "assegurado o direito de regresso contra o responsável no caso de dolo ou culpa". Por isso, a regressividade possui fundamento constitucional.

Nessa lógica, a segunda norma primária sancionadora pode ser assim redigida: "se o agente público, nessa qualidade, causar dano ao administrado por ato praticado com dolo ou culpa, então deve ser seu dever de ressarcir o Estado pelos valores gastos com a indenização paga ao administrado", aplicando-se a norma secundária que autoriza o Estado a provocar o Poder Judiciário para impor ao agente, por atos coativos, o cumprimento desse dever.

A ação de regresso possui natureza civil e destina-se à recomposição do erário que se desequilibrou dada a quantia paga ao particular em decorrência do ato lesivo. O titular ativo é o Estado em seus quatro níveis, ou suas entidades, e o sujeito passivo é o agente que agiu com dolo ou culpa, devidamente comprovados, tendo como pressuposto o trânsito em julgado da condenação da entidade pública em ressarcir o particular lesado.[33]

Ressalte-se que apenas os danos resultantes da conduta deliberada, ou praticada com imprudência, negligência ou imperícia podem ser objeto da responsabilização do agente público em ação de regresso movida pelo Estado ou em ação de ressarcimento ajuizada pela vítima diretamente contra o agente.

Para HUGO DE BRITO MACHADO, como a sanção de ressarcimento do dano aplica-se também ao agente público, admite-se que o lesado proponha ação judicial diretamente contra o agente, contra a entidade em nome do qual ele atua ou contra ambos.[34] Portanto, o contribuinte (ou responsável) que sofreu o dano poderá propor a ação de ressarcimento de danos contra o agente público que praticou a conduta, que responderá com o próprio patrimônio, e não exclusivamente contra o Estado. Nesse caso, aplica-se a teoria subjetiva da responsabilidade dada a previsão constitucional expressa que impõe que o agente público tenha agido com dolo ou culpa, efetivamente comprovado nos autos. Logo, no que tange à responsabilidade do agente público, a vítima do dano disputaria a lide só no campo da responsabilidade subjetiva.[35]

Contudo, segundo as afirmações de CELSO ANTONIO BANDEIRA DE MELLO, a responsabilidade que recai exclusivamente sobre o agente público não dá ao administrado a proteção necessária para acobertá-lo, pois, na maior parte das vezes, o patrimônio do agente é inferior ao do Estado, de modo que as possibilidades de recomposição da situação ao *status quo ante*, por meio do ressarcimento do dano, serão muito maiores se a ação for proposta contra o Estado do que contra o agente público, ou contra ambos.[36]

Além disso, a responsabilização do agente público restringe-se às hipóteses em que sua atuação se deu com dolo ou culpa, isto é, deliberadamente ou mediante negligência, imprudência ou imperícia, o que torna a sua concretização mais difícil.

Por essa razão, a responsabilização geral do Estado surge para dar proteção mais completa ante os comportamentos danosos ocorridos no transcurso da atividade pública, isto é, para ampliar as garantias de indenização em favor

---

[33] ARAÚJO, Edmir Netto de. op. cit., p. 490.
[34] MACHADO, Hugo de Brito. Responsabilidade no Direito Tributário. In: Responsabilidade Civil Contemporânea em homenagem a Silvio de Salvo Venosa. São Paulo: Atlas: 2011, p. 482.
[35] BANDEIRA DE MELLO, Celso Antonio. op. cit., p. 1036.
[36] *Ibidem*, p. 1064.

da vítima, e não para proteger os funcionários contra demandas promovidas pelo lesado.[37]

5. Conclusão

A complexidade inerente à aplicação da lei nos dias atuais abriu espaço para a prática de abusos por parte dos agentes vinculados ao Fisco. Constata-se o oferecimento de denúncias contra diretores de sociedades empresariais somente por serem titulares do cargo, isto é, sem a presença de indícios de autoria suficientes para ensejar a propositura de ação penal, além da determinação de seu dever pelo pagamento de tributos e multas tributárias em nome da sociedade sem a efetiva presença dos requisitos estabelecidos pelo legislador.

A aplicação indevida das normas jurídicas pelo agente público vinculado ao Fisco pode ensejar as seguintes responsabilidades: (i) a responsabilidade civil subjetiva e a responsabilidade penal do agente público; e, (ii) a responsabilidade civil objetiva do Estado.

A delimitação da responsabilidade do Estado e do agente público requer um primoroso exame da conduta realizada pelo último a fim de verificar se foi imputado ao contribuinte (ou responsável) indevidamente a prática de infração ou ilícito tributário ou de um crime tributário, pois as consequências estabelecidas pelo legislador serão diversas num e noutro caso, visto que o segundo terá pior repercussão no que se refere ao bem jurídico violado e aos danos materiais e morais sofridos pelo prejudicado.

Logo, a inadequada imputação de conduta criminosa ao contribuinte (ou responsável), e não apenas de infração ou ilícito tributário, deverá ensejar uma resposta mais gravosa no que se refere à possibilidade de a conduta do agente público ser enquadrada num tipo penal, como os crimes de excesso de exação (art. 316, §2º do CP) e da denunciação caluniosa (art. 339 do CP), ensejando, portanto, também sua responsabilização em âmbito penal.

No que tange à responsabilidade civil, o art. 37, §6º da CF/88 aplica a responsabilidade objetiva do Estado, bem como a responsabilidade subjetiva do agente público, sendo que, em relação à última, exige-se atuação com dolo ou culpa para que tenha o dever de indenizar os danos causados. Em ambos os casos, os requisitos para que seja deflagrada a responsabilidade são: conduta, dano e nexo de causalidade, diferenciando-se no que se refere à necessidade

---

[37] *Ibidem*, p. 1065.

de demonstrar a culpa *lato sensu* para a responsabilidade do agente público, o que é desnecessário em relação à responsabilidade do Estado.

Referências

ALMEIDA, Fernando Dias Menezes de; CARVALHO FILHO, José dos Santos. Controle da Administração Pública e Responsabilidade do Estado. In: DI PIETRO, Maria Sylvia Zanella (Coord.) **Tratado de Direito Administrativo.** 1.ed. São Paulo: Editora Revista dos Tribunais, 2014.

ALMEIDA, Fernando Dias Menezes de. Responsabilidade extracontratual do Estado por atos lícitos: ensaio em homenagem a Guido Soares. In: Casella, Paulo Borba [et al.] (orgs.). **Direito internacional, humanismo e globalidade:** Guido Fernando Silva Soares. São Paulo: Atlas, 2008.

BITENCOURT, Cezar Roberto. **Tratado de Direito Penal.** São Paulo: Saraiva, 2012, v.5

BORIA, Pietro. **Diritto Tributario.** Torino: G.Gianppichelli, 2016.

CARVALHO, Paulo de Barros. **Direito Tributário, linguagem e método.** 3.ed. São Paulo: Noeses, 2009.

CHINDEMI, Domenico. Comportamento illecito dei dipendenti degli uffici finanziari e risarcimento del danno a favore del contribuente. In: **Responsabilità civile e previdenza**, fasc. 9, 2011.

COSTA, Regina Helena. **Curso de Direito Tributário.** 2.ed. São Paulo: Saraiva, 2012.

DONNINI, Rogério. Prevenção de danos e a extensão do princípio *neminem laedere*. In: NERY, Rosa Maria de Andrade; DONNINI, Rogério. (Coord.) **Responsabilidade Civil: estudos em homenagem ao professor Rui Geraldo Camargo** *Viana*. São Paulo: Editora Revista dos Tribunais, 2009.

JURINSKI, James John. **Tax reform.** California: ABC-CLIO, 2000.

MACHADO, Hugo de Brito. **Crimes contra a ordem tributária.** 3.ed. São Paulo: Atlas, 2011.

STANZIONE, Pasquale. **Manuale di Diritto Privato.** 3. ed. Torino: G.Giappichelli, 2013.

TORRES, Heleno Taveira. Contribuições da doutrina italiana para a formação do Direito Tributário brasileiro. In: **Diritto e pratica tributaria.** fasc.4, 2002.

A Tributação da "Propina"[1], Efeitos Penais e as Práticas Adotadas Pela Fiscalização

Luis Henrique Marotti Toselli

1. Introdução

A tributação decorrente da prática de atos ilícitos não constitui matéria recente e já foi objeto de debates na doutrina e nos Tribunais Superiores.

A discussão envolve determinados argumentos pontuais, favoráveis e contrários à imposição tributária, como os princípios da capacidade contributiva e não confisco, isonomia, dever moral de pagar tributos (*tax morality*), justiça tributária, interpretação econômica, o princípio do *non olet*, impossibilidade de tributo constituir sanção, a legitimação indireta de crime pelo Estado e a sujeição exclusiva dos rendimentos provenientes de ilícitos à pena de perdimento.

Com os desdobramentos da Operação Lava-Jato e os acordos de colaborações premiadas celebrados, o assunto parece ganhar mais visibilidade. Isso porque, conforme vem sendo noticiado, a fiscalização tributária pretende atingir os pagamentos e recebimentos provenientes desses atos de corrupção, inclusive a partir de dados obtidos das delações.

O presente estudo tem por escopo a análise da tributação incidente sobre os rendimentos pagos e recebidos a título de "propina", levando em conta os efeitos penais decorrentes da *pena de perdimento* e de *delações premiadas*,

---

[1] "Propina" tornou-se o termo informal de "suborno". Trata-se de crime de *corrupção ativa* tipificado no artigo 333 do Código Penal (*"Oferecer ou prometer vantagem indevida a funcionário público, para determiná-lo a praticar, omitir ou retardar ato de ofício"*). A seu turno, aquele que recebe ou paga propina por conta e ordem de terceiro incorre no crime de *corrupção passiva*. (Cf. art. 317 do Código Penal: *"Solicitar ou receber, para si ou para outrem, direta ou indiretamente, ainda que fora da função ou antes de assumi-la, mas em razão dela, vantagem indevida, ou aceitar promessa de tal vantagem"*).

bem como as práticas que vêm sendo adotadas pela fiscalização fazendária na constituição de créditos tributários.

2. Tributação da Renda no Brasil

Tributo não deve ser confundido com sanção, na linha do que dispõe o artigo 3º do Código Tributário Nacional[2].

Além dos tributos e alguns outros meios de arrecadação, o Poder Público tem poderes para absorver valores pecuniários a título de sanções. Aqui a causa das receitas é o *jus puniendi* de que é titular o Estado. A prática do ilícito, cujo conceito é ser ato de descumprimento de dever legal, muitas vezes acarreta a aplicação de uma sanção de natureza pecuniária, como a multa ou o confisco de bens, os quais, uma vez liquidados, constituem receita estatal[3].

A submissão do cidadão à tributação é uma exceção ao direito de propriedade, afinal o tributo enseja o repasse aos cofres públicos de bens ou direitos integrantes do patrimônio do contribuinte. Para Hugo de Brito Machado[4], "*o dever de pagar tributo, na realidade, certamente integra o feixe de relações jurídicas que se pode denominar estatuto do cidadão. Embora nem sempre tenha sido assim, pagar tributo é atualmente um dever fundamental do cidadão. Há mesmo quem diga que o tributo é o preço da cidadania.*"

No caso da Constituição Federal do Brasil, a matéria tributária recebeu tratamento especial e impôs verdadeiros limites ao Poder Legislativo. Dentre desses limites destacam-se os princípios da legalidade, da isonomia, da capacidade contributiva e o do não confisco.

O princípio da legalidade prescreve que a oneração do patrimônio do contribuinte somente pode decorrer de situações suficientemente descritas em lei e perfeitamente identificadas no mundo dos fatos, sob pena de se tributar uma realidade econômica inexistente ou diversa daquela prevista na hipótese de incidência correspondente.

---

[2] "Tributo é toda prestação pecuniária compulsória, em moeda ou cujo valor nela se possa exprimir, que não constitua sanção de ato ilícito, instituída em lei e cobrada mediante atividade administrativa plenamente vinculada".

[3] Cf. COELHO, Sacha Calmon Navarro. "Curso de direito tributário brasileiro". Rio de Janeiro: Forense. 12ª edição, p. 360.

[4] MACHADO, Hugo de Brito. "Direitos fundamentais do contribuinte e a efetividade da jurisdição". São Paulo: Editora Atlas: 2009, p. 11.

A lei deve conferir tratamento isonômico aos seus destinatários. Diante, então, de uma mesma situação, todos nela inseridos devem receber o mesmo tratamento tributário.

A isonomia tributária possui relação direta com a capacidade contributiva, outra garantia do cidadão de não se submeter à uma tributação arbitrária ou abusiva. De acordo com trecho do voto proferido pelo Ministro do STF Cezar Peluso[5]:

> As exigências da justiça, no direito tributário, subordinam o tratamento normativo à medida da riqueza manifestada, ou, em rigor técnico, ao conceito de capacidade contributiva (art. 145, §1º, da Constituição da República), de modo que as distinções entre categorias de pessoas devem fundar-se nesse critério, e a adoção de qualquer outro há de manter-se perceptível e justificada correlação lógica-jurídica com os princípios normativos e os direitos e garantias fundamentais, sob pena de insulto ao princípio da igualdade.

A incidência de tributos deve recair sobre fatos-signos presuntivos de riqueza[6], o que bem evidencia a circunstância de que a situação econômica não é um elemento estranho à lei tributária, integrando, na verdade, seu próprio conteúdo[7].

A Constituição Federal[8] utilizou a expressão capacidade econômica no sentido de capacidade contributiva, permitindo ao fisco, como forma de efetivá-la, a utilização de medidas que possam identificar o patrimônio, os rendimentos e as atividades econômicas do contribuinte.

---

[5] ADIN nº 3.105-8/DF (Dj 18/02/2005).
[6] Cf. Becker: "Nos países cuja Constituição juridicizou o "princípio da capacidade contributiva", convertendo-o em regra jurídica constitucional, o legislador está juridicamente obrigado a escolher para a composição da hipótese de incidência das regras jurídicas tributárias, fatos que sejam signos presuntivos de renda ou capital acima do mínimo indispensável. [...]". BECKER, Alfredo Augusto. "Teoria geral do direito tributário". São Paulo: Noeses. 4ª edição, 2009.
[7] "A tributação recai sobre fenômenos de produção, circulação, distribuição ou consumo de riqueza, isto é, fenômenos de manifestação da capacidade econômica. Em outras palavras, os fundamentos econômicos não são elementos separáveis para as leis tributárias, pois fazem parte de seu conteúdo normativo". Cf. BOZZA, Fábio Piovesan. "Planejamento tributário e autonomia privada. São Paulo: Quartier Latin. 2015, p. 61.
[8] "Artigo 145 – [...] § 1º – Sempre que possível, os impostos terão caráter pessoal e serão graduados segundo a capacidade econômica do contribuinte, facultado à administração tributária, especialmente para conferir efetividade a esses objetivos, identificar, respeitados os direitos individuais e nos termos da lei, o patrimônio, os rendimentos e as atividades econômicas do contribuinte".

Ao concentrar a tributação para signos que manifestam riqueza, impede-se o confisco do patrimônio do contribuinte. Ainda que lógica tal conclusão, o artigo 150, IV[9], da Constituição Federal veda expressamente a utilização de tributo com efeito de confisco.

O não confisco consagra a ideia de que o poder de tributar não deve comprometer o *mínimo vital* ou *mínimo existencial* do contribuinte, bem como a sua respectiva fonte produtora de riqueza. Impede-se, dessa maneira, que a tributação incida danosamente sobre o patrimônio[10].

Especificamente sobre a tributação da renda, o artigo 153, III e § 2º do texto constitucional, assim dispõe:

> Artigo 153 – Compete à União instituir impostos sobre:
> [...]
> III – renda e proventos de qualquer natureza;
> [...]
> § 2º – O imposto previsto no inciso III:
> I – será informado pelos critérios da generalidade, da universalidade e da progressividade, na forma da lei.

Em resumo, por generalidade entende-se que a tributação em questão deve atingir todos os sujeitos que auferirem *renda*, sem discriminações arbitrárias ou privilégios; a universalidade requer que a tributação seja global. Assim, deve ser incluída, para fins de apuração da renda tributável, a totalidade dos elementos (*direitos* e *obrigações*) que compõem o patrimônio do contribuinte no período considerado pela lei.

No caso da generalidade, não se trata propriamente de ser uma repetição do princípio da isonomia, mas se aproxima dela porque resulta em tratamento igual entre os patrimônios. E a universalidade significa que todo o patrimônio do contribuinte deve ser considerado em sua integralidade, sem qualquer

---

[9] "Artigo 150 – Sem prejuízo de outras garantias asseguradas ao contribuinte, é vedado à União, aos Estados, ao Distrito Federal e aos Municípios:
[...] IV – utilizar tributo com efeito de confisco."

[10] Conforme precedente jurisprudencial do Supremo Tribunal Federal: "A proibição constitucional do confisco em matéria tributária nada mais representa senão a interdição, pela Carta Política, de qualquer pretensão governamental que possa conduzir, no campo da fiscalidade, à injusta apropriação estatal, no todo ou em parte, do patrimônio ou dos rendimentos dos contribuintes, comprometendo-lhes, pela insuportabilidade da carga tributária, o exercício do direito a uma existência digna, ou a prática de atividade profissional lícita ou, ainda, a regular satisfação de suas necessidades vitais (educação, saúde e habitação, por exemplo). ADI 2.010-MC (Dj 12/04/2002).

fracionamento, seja no seu marco inicial de comparação, seja no seu marco final, portanto, também quanto às suas mutações ocorridas no período[11].

A partir da interpretação do artigo 43 do Código Tributário Nacional[12], e em face dos contornos e limites traçados pelo texto constitucional acerca do conceito de "renda", nota-se que prevalece a ideia de *renda-acréscimo* no ordenamento jurídico vigente[13]. Nesses termos, *renda* constitui *resultado líquido positivo*, isto é, *acréscimo patrimonial*.

A base de cálculo possível, para efeitos de *renda*, então, deve corresponder à diferença entre os rendimentos[14] percebidos dentro de um período definido pela lei, subtraídos dos dispêndios considerados necessários[15]. Esse resultado, se positivo, constitui *aumento patrimonial* passível da exação fiscal.

O patrimônio vincula a personalidade do indivíduo, em uma concepção abstrata que se conserva durante toda a vida da pessoa. Falar em *patrimônio* é falar em *"representação econômica da pessoa"*, em sua clássica acepção[16]. Constitui patrimônio do sujeito o conjunto de bens, direitos e obrigações que podem ser aferidos pecuniariamente.

Sem acréscimo no patrimônio do contribuinte, não há que se falar em fato gerador do imposto de renda, na linha do que já decidiu o STF[17]:

---

[11] Cf. DE OLIVEIRA, Ricardo Mariz. "Fundamentos do imposto de renda". São Paulo: Quartier Latin, 2008, p. 255.

[12] "Artigo 43 – O imposto, de competência da União, sobre a renda e proventos de qualquer natureza tem como fato gerador a aquisição da disponibilidade econômica ou jurídica: I – de renda, assim entendido o produto do capital, do trabalho ou da combinação de ambos; II – de proventos de qualquer natureza, assim entendidos os acréscimos patrimoniais não compreendidos no inciso anterior.
§ 1º – A incidência do imposto independe da denominação da receita ou do rendimento, da localização, condição jurídica ou nacionalidade da fonte, da origem e da forma de percepção".

[13] Sobre as teorias desenvolvidas em torno do conceito de renda tributável, vide doutrina de POLIZELLI, Victor Borges. "O princípio da realização da renda. Reconhecimento de receitas e despesas para fins de IRPJ". São Paulo: Quartier Latin. 2012.

[14] Ressalte-se que eventual vantagem recebida na forma de benefícios ou serviços constitui espécie de ganho tributável pelo beneficiário. Isso porque, ao usufruir dessas vantagens, o contribuinte revela capacidade contributiva. É rendimento tributável que deve ser oferecido para fins de apuração da renda, portanto.

[15] Dispêndios necessários, no sentido ora empregado, são aqueles que a lei admite como passíveis de abatimento para fins de apuração da renda.

[16] GAGLIANO, Pablo Stolze. "Novo curso de direito civil". Vol. I. São Paulo: São Paulo: Saraiva, 2006.

[17] STF. 1ª Turma. RE 89.971. Relator Min. Cunha Peixoto, DJU 20/10/1978 (RTJ 96/783).

Na verdade, por mais variado que seja o conceito de renda, todos os economistas, financistas e juristas se unem em um ponto: renda é sempre um ganho ou acréscimo do patrimônio.

O Ministro Oswaldo Trigueiro, no RE 71.758, deu ao art. 43 do Código Tributário Nacional sua verdadeira exegese: "Quaisquer que sejam as nuanças doutrinárias sobre o conceito de renda, parece-me acima de toda dúvida razoável que, legalmente, a renda pressupõe ganho, lucro, receita, crédito, acréscimo patrimonial, ou, como diz o preceito transcrito, aquisição de disponibilidade econômica ou jurídica. Concordo em que a lei pode, casuisticamente, dizer o que é ou não é renda tributável. [...].

Há posicionamento doutrinário que sustenta que o CTN, com respaldo constitucional, não só teria contemplado o conceito de *renda-acréscimo* (como sinônimo de efetivo acréscimo patrimonial), mas também o de renda enquanto produto (*renda-produto*) em determinadas situações legais.

Veja, a propósito, as lições de Luís Eduardo Schoueri[18] ao comentar os incisos I e II do artigo 43 do CTN: "é verdade que o inciso II se refere a acréscimos patrimoniais não compreendidos no inciso anterior, o que pressupõe que o inciso I também inclua acréscimos patrimoniais. Entretanto, não está dito que o inciso I compreende apenas os casos de acréscimos patrimoniais. Aquele inciso versa sobre a renda-produto, que pode, ou não, resultar em acréscimos patrimoniais apenas". Em outra obra, o mesmo professor menciona o exemplo dos rendimentos pagos a não residentes para ratificar que a tributação da renda, neste caso, ampara-se exclusivamente no conceito de *renda-produto*[19].

Esse fato não passou despercebido para Victor Polizelli[20]:

> [...] a essência da definição de renda desenhada pelo CTN consiste no acréscimo patrimonial. Porém, não se pode obscurecer a presença do conceito de renda-produto na legislação brasileira, pois ele é importante, sobretudo, para

---

[18] SCHOUERI, Luís Eduardo. "O conceito de renda e o artigo 43 do Código Tributário Nacional: a disponibilidade econômica e a disponibilidade jurídica" *In*: ELALI, André; ZARANZA, Evandro; e SANTOS, Kallina. Direito Corporativo – temas atuais – 10 anos Anfré Elali Advogados. São Paulo: Quartier Latin, 2013, p. 349.
[19] Cf. SCHOUERI, Luís Eduardo. "O mito do lucro real na passagem da disponibilidade jurídica para a disponibilidade econômica". *In*: MOSQUERA, Roberto Quiroga; LOPES, Alexsandro Broedel. Controvérsias jurídico-contábeis: aproximações e distanciamentos. São Paulo: Dialética, 2010. pp. 246 a 247.
[20] POLIZELLI, Victor Borges. "O princípio da realização da renda. Reconhecimento de receitas e despesas para fins de IRPJ". São Paulo: Quartier Latin. 2012. p. 168.

justificar a tributação de rendimentos que, decorrentes do capital ou do trabalho, fluem regularmente para o patrimônio do indivíduo e podem não ser alcançados pelo conceito de renda-acréscimo pelo simples fato de terem sido consumidos no período, ou por se sujeitarem à tributação em regime apartado (tributação exclusiva na fonte).

A hipótese de incidência tributária do imposto de renda consiste, dentre as terminologias adotadas no artigo 116 do CTN abaixo transcrito, em uma situação de fato (*situação econômica*), razão pela qual pouco importa as circunstâncias jurídicas que possam tê-la impactado.

> Artigo 116 – Salvo disposição em contrário, considera-se ocorrido o fato gerador e existentes os seus efeitos:
> I – tratando-se de situação de fato, desde o momento em que se verifiquem as circunstâncias materiais necessárias a que produza os efeitos que normalmente lhe são próprios;
> II – tratando-se de situação jurídica, desde o momento em que esteja definitivamente constituída, nos termos de direito aplicável.

Como se nota, a hipótese de incidência tributária pode contemplar *situações de fato* e *situações jurídicas*. Essas situações foram bem esclarecidas por Fábio Piovesan Bozza[21]:

> [...] o art. 116 do CTN, ao mencionar a situação de fato, pretende alcançar fatos econômicos não categorizados por outra área do Direito, como, por exemplo, o fato de industrializar produto. São eventos, de conteúdo econômico, consagrados em outras ciências, como as Finanças, a Economia, a Contabilidade ou a Merceologia.
> Ao fazer menção à situação jurídica, o CTN evidencia que o legislador pode igualmente valer-se de institutos, conceitos e categorias de outros segmentos normativos na configuração da hipótese de incidência. A categoria de Direito Privado é aceita, pois o Direito Tributário, embora não esteja tributando propriamente o evento jurídico, está designando indiretamente o fato econômico por meio da estrutura de Direito Privado e, portanto, aceitando esta estrutura como hábil a alcançar o fato econômico que a tributação quer atingir.

---

[21] BOZZA, Fábio Piovesan. "Planejamento tributário e autonomia privada. São Paulo: Quartier Latin. 2015, p. 63.

É nessa circunstância que o Direito Tributário atua como "Direito de sobreposição" ou "Direito de superposição", já que faz incidir a tributação sobre situação já regulada pelo Direito. No entanto, a nosso ver, tal fórmula não pode ser generalizada para todo o Direito Tributário, já que a norma de incidência poderá igualmente recair sobre uma situação de fato, não regulada pelo Direito, mas por outra ciência.

Com efeito, os componentes da *renda* (rendimentos tributáveis – gastos dedutíveis) podem ser obtidos pelos mais variados meios (capital, trabalho e proventos de qualquer natureza) e são influenciáveis por diversos fatores. É, em cada período de apuração determinado pela lei, que o contribuinte deve, após compor e unir todos os elementos patrimoniais positivos e negativos, apurar a *renda tributável*.

A renda é uma grandeza econômica complexa e dinâmica, proveniente de uma ou um conjunto de ações, ações estas que podem ou não estar regulamentadas pelo direito (outros "ramos") e que, inclusive, possam vir a ser caracterizadas como ilícitas, seja no âmbito civil, trabalhista, penal etc. A origem da conduta, entretanto, não interfere para fins de tributação dos seus efeitos econômicos.

Se algum fato ilícito implicar situação que não seja ilícita e esteja prevista como hipótese para a imposição tributária, como ocorre com a renda, a ilicitude circunstancial não terá qualquer relevância, não viciará a relação jurídico-tributária[22].

Não basta, porém, a existência de uma riqueza para caracterizar a renda passível de tributação, mas sim a sua *disponibilidade econômica ou jurídica*.

Disponibilidade econômica significa a efetiva percepção do rendimento, podendo ser em dinheiro, benefícios, vantagens ou qualquer outro meio que proporcione proveito. Disponibilidade jurídica significa o direito incondicional, atual e efetivo de aferir a renda e de sobre ela dispor. Fala-se em disponibilidade jurídica sobre a renda quando o sujeito passivo adquire o direito incondicional de perceber a renda e de sobre ela dispor livremente, embora não a tenha recebido. Quando isso ocorrer, e ele efetivamente dispuser de rendimento, haverá disponibilidade econômica, qualificada justamente pela possibilidade de trocar livremente um direito no mercado[23].

---

[22] Cf. PAULSEN, Leandro. "Direito tributário. Constituição e código tributário à luz da doutrina e jurisprudência". Porto Alegre: Livraria do Advogado: 2005. p. 957.

[23] Cf. ÁVILA, Humberto. "Construção do conceito constitucional de renda". São Paulo: Malheiros. 2011, p. 35.

Considerando as regras legais de tributação vigentes, com razão Victor Polizelli[24] ao afirmar que parece mais razoável concluir que a referência a duas formas de disponibilidades no CTN tem relação com os métodos contábeis (*regimes de competência* ou *caixa*) admissíveis para fins de verificação das receitas e despesas componentes da renda tributável[25].

A legislação ordinária determina a sujeição das pessoas físicas ao *regime de caixa* (cf. art. 2º, da Lei nº 7.713/1988), o que as torna obrigadas a reconhecer os rendimentos tributáveis em face do recebimento dos recursos ou proveito da vantagem. As pessoas jurídicas, a seu turno, estão sujeitas, como regra geral[26], à apuração da *renda* com base no *regime de competência* e pelo *lucro real*, entendido como o lucro líquido (ou contábil) ajustado pelas adições (*dispêndios indedutíveis*), exclusões (*ganhos não tributáveis*) e compensações (cf. art. 6º do Decreto-Lei nº 1.598/1977).

A *renda*, nas situações excepcionais definidas na lei, pode ainda vir a ser apurada de ofício pelo fisco através do método de *arbitramento do lucro*[27] ou por meio das presunções legais de *omissões de receitas*[28].

3. Tributação de Rendimentos Decorrentes de Atos Ilícitos

A tributação da renda, ainda que resultante de rendimentos proveniente de atos ilícitos, é sim válida e legítima. A situação econômica consistente no aumento patrimonial pelo beneficiário da renda constitui fato gerador do IR. Trata-se de riqueza que revela capacidade contributiva, não havendo nenhuma razão jurídica para um tratamento fiscal diferenciado da renda proveniente de atos lícitos.

---

[24] POLIZELLI, Victor Borges. *Cit.*. pp. 177 e 185.
[25] Nesse sentido a disponibilidade jurídica equivaleria a renda adquirida, mas ainda não percebida (*accrual basis regime*), enquanto a disponibilidade econômica equivaleria a renda efetivamente percebida (*cash basis regime*).
[26] **É possível a opção pela sistemática do** *lucro presumido* (ou do *SIMPLES*) pelos contribuintes não obrigados, nos termos da lei, à apuração do lucro real.
[27] Cf. artigo 530 do RIR/99, dentre outros dispositivos, cabível, em linhas gerais, quando a escrituração revelar indícios de fraude ou contiver erros ou deficiências que a tornam imprestáveis.
[28] Como, por exemplo, a prevista no Art. 42, da Lei nº9.430/1996: "Caracterizam-se também omissão de receita ou de rendimento os valores creditados em conta de depósito ou de investimento mantida junto a instituição financeira, em relação aos quais o titular, pessoa física ou jurídica, regularmente intimado, não comprove, mediante documentação hábil e idônea, a origem dos recursos utilizados nessas operações".

Para Rubens Gomes de Sousa[29], "a lei fiscal tributa uma determinada situação econômica, e, portanto, desde que esta se verifique, é devido o imposto, pouco importando as circunstâncias jurídicas em que se tenha verificado"[30].

A Constituição Federal e o Legislador Complementar elegeram como renda um fenômeno econômico, sendo irrelevante a natureza ou validade jurídica das atividades subjacentes. Tributa-se a disponibilidade da renda enquanto *produto de ações* praticadas com a combinação do capital, do trabalho ou de qualquer outro meio que possa gerar acréscimo patrimonial, e não as ações propriamente ditas.

Na lição de Luís Eduardo Shoueri[31]:

> É corrente o entendimento de que o ato ilícito não pode ficar livre de tributação. Sustenta-se que a tributação incidirá em virtude de uma riqueza presente, não por conta da ilicitude, em si. O raciocínio é simples: a conduta ilícita, em si, gerará as sanções previstas no ordenamento. O tributo não terá por hipótese a própria conduta ilícita. Ocorre que esta conduta poderá implicar um efeito econômico e este (não a conduta que lhe deu origem) será alcançado pela lei tributária. Daí que quando o legislador prevê a tributação sobre um fato de índole econômica, será a ocorrência deste que dará ensejo à tributação, pouco importando se ele se deveu a um ato (ilícito) anterior, que lhe dá causa. Invoca-se que o princípio non olet, que relembra frase atribuída por Vespasiano (o dinheiro não cheira), quando questionado acerca de tributo sobre o uso de latrinas públicas, implicando a irrelevância da atividade de onde provém o tributo.

---

[29] DE SOUSA, Rubens Gomes. "Compêndio de legislação tributária". São Paulo: Resenha Tributária. 1975, p. 80.

[30] Nesse mesmo sentido caminharam Aliomar Baleeiro: "Pouco importa, para a sobrevivência da tributação sobre determinado ato jurídico, a circunstância de ser ilegal, imoral, ou contrário aos bons costumes, ou mesmo criminoso o seu objeto, como o jogo proibido, a prostituição, o lenocínio, a corrupção, a usura, o curandeirismo, o câmbio negro etc". E arremata: "Deve admitir-se, pensamos, a tributação de tais atividades eticamente condenáveis e condenadas. O que importa não é o aspecto moral, mas a capacidade econômica dos que com elas se locupletam. Do ponto de vista moral, parece-nos que é pior deixá-los imunes dos tributos, exigidos das atividades lícitas, úteis e eticamente acolhidas". BALEEIRO, Aliomar. "Direito tributário brasileiro". Rio de Janeiro: Forense. 11ª edição: 2010, p. 714; e Regina Helena Costa: "ainda que o ato jurídico seja inválido ou ineficaz no âmbito do direito privado, isso não lhe subtrairá a eficácia no campo tributário. Desse modo, por exemplo, mesmo que alguém aufira renda mediante exploração de atividade ilícita, será contribuinte do respectivo imposto". (COSTA, Regina Helena. "Curso de direito tributário: Constituição e código tributário nacional". São Paulo: Saraiva, 2009, p. 186).

[31] SCHOUERI, Luís Eduardo. "Direito tributário". São Paulo: Saraiva. 3ª edição: 2013, p. 141.

Uma coisa é a prática do ato; outra coisa são seus efeitos econômicos. Tributável pela renda é o salário, mas não o trabalho. Tributáveis são os juros, mas não o capital investido. Tributável é a renda proveniente do crime, não o crime. Enfim, tributa-se a riqueza gerada na figura da *renda* – esta sim qualificada juridicamente no antecedente da norma do direito tributário –, mas não a sua causa, que pode ou não integrar o território da *facticidade jurídica*.

Daí Roque Antonio Carrazza[32] sumariza que "pouco importa – pelo menos para fins tributários – que a renda líquida ou o lucro sejam obtidos por meio de atividades lícitas ou ilícitas, morais ou imorais. Em apertada síntese, ainda que a procedência contrária ao Direito, a renda líquida e o lucro podem e devem ser levados à tributação de que estamos tratando. Esta aplicação, pura e simples, ao IR da clássica teoria do non olet, que impede o absurdo de se aceitar a tributação apenas das atividades lícitas".

A aplicação do princípio do non olet para tributar a renda proveniente de atos ilícitos também tem como base a exegese do artigo 118 do CTN[33], na linha do que já decidiu o Superior Tribunal de Justiça[34]:

> [...] 2. O art. 118 do CTN consagra o princípio do "non olet", segundo o qual o produto da atividade ilícita deve ser tributado, desde que realizado, no mundo dos fatos, a hipótese de incidência da obrigação tributária.
>
> 3. Se o ato ou negócio ilícito for acidental à norma de tributação (= estiver na periferia da regra de incidência), surgirá a obrigação tributária com todas as conseqüências que lhe são inerentes. Por outro lado, não se admite que a ilicitude recaia sobre elemento essencial da norma de tributação.
>
> 4. Assim, por exemplo, a renda obtida com o tráfico de drogas deve ser tributada, já que o que se tributa é o aumento patrimonial e não o próprio tráfico. Nesse caso, a ilicitude é circunstância acidental à norma de tributação. No caso de importação ilícita, reconhecida a ilicitude e aplicada a pena de perdimento, não poderá ser cobrado o imposto de importação, já que "importar mercadorias" é elemento essencial do tipo tributário. Assim, a ilicitude da importação afeta a própria incidência da regra tributária no caso concreto. [...].

---

[32] CARRAZZA, Roque Antonio. "Imposto sobre a renda (perfil constitucional e temas específicos)". São Paulo: Malheiros. 3ª edição: 2009, p. 42.

[33] Art. 118. A definição legal do fato gerador é interpretada abstraindo-se:
I – da validade jurídica dos atos efetivamente praticados pelos contribuintes, responsáveis, ou terceiros, bem como da natureza do seu objeto ou dos seus efeitos;
II – dos efeitos dos fatos efetivamente ocorridos.

[34] Superior Tribunal de Justiça. 2ª Turma. Recurso Especial 984.607. Rel. Ministro Castro Meira. D.J. 05/11/2008.

Essa orientação jurisprudencial está em sintonia com a linha argumentativa aqui adotada, segundo a qual a licitude ou ilicitude da origem da atividade produtora de renda não é relevante para fins de incidência, afinal a sua hipótese contempla uma situação econômica reveladora de capacidade contributiva, e não uma situação jurídica[35].

A renda corresponde a uma realidade econômica da mais dinâmica. Seus elementos positivos formadores podem partir de diversas ou uma única conduta, podendo esta conduta corresponder a um tipo jurídico, e aí realmente a validade do ato ou negócio é condição para propagar os efeitos esperados pelo Direito, ou corresponder a um ato não jurídico, pouco importando a natureza ilícita.

Ainda sobre a interpretação do artigo 118 do CTN acima transcrito, Shoueri[36] adverte:

> O lucro poderá ser objeto de tributação, independentemente da pena pela atividade ilícita. Note bem: a atividade ilícita não motivou a exigência do tributo; o lucro, este sim, é que será o objeto da tributação. Esta leitura, aliás, foi feita pelo Ministro Moreira Alves, quando, examinando o artigo 3º do Código Tributário Nacional, confrontou-se com o artigo 118, I, afirmando que "o inciso I do art. 118 (...) permite que se enquadre na previsão legal tributária a atividade nela prevista, sem se levar em conta sua licitude ou ilicitude, irrelevância esta que afasta a ideia de sanção de ato ilícito. [...][37].

No precedente jurisprudencial do STF citado[38], cumpre observar que a tributação da renda proveniente de atos ilícitos também foi fundamentada na ideia de "justiça tributária" relacionada com os princípios da moralidade

---

[35] Apesar da CF não ter contemplado o *non olet* na sua forma originária e figurada na pessoa de Vespasiano, é possível dizer que seu fundamento principal – o de que o dinheiro não tem cheiro –, empregada para fins de ressaltar a não importância da origem do ato (ou causa) aplica-se para fins de tributação da renda no Brasil.

[36] SCHOUERI, Luís Eduardo. *Cit.* p. 142.

[37] Supremo Tribunal Federal: 1ª Turma. HC 77.530. D.J. 18.09.1998. A decisão foi reiterada no Habeas Corpus 94.240, 1ª Turma, Rel. Ministro Dias Toffoli. D.J. 23/08/2011.

[38] Seguida mais recentemente: STF: 1ª Turma, HC 94.240/PR. Rel. Ministro Dias Toffoli. 23/08/2011. Trecho da ementa: "A jurisprudência da Corte, à luz do art. 118 do Código Tributário Nacional, assentou entendimento de ser possível a tributação de renda obtida em razão de atividade ilícita, visto que a definição legal do fato gerador é interpretada com abstração da validade jurídica do ato efetivamente praticado, bem como da natureza do seu objeto ou dos seus efeitos. Princípio do non olet. Vide o HC nº 77.530/RS [...]".

e isonomia. Assim, o Supremo Tribunal Federal[39] assinalou que *"a exoneração tributária dos resultados econômicos de fato criminoso – antes de ser corolário do princípio da moralidade – constitui violação do princípio da isonomia fiscal, de manifesta inspiração ética."*

Para determinados doutrinadores, porém, a interpretação jurídica sobre a renda deveria levar à conclusão oposta a que chegou o STF no paradigma referido. Nessa concepção, a tributação relativa a atos ilícitos tornaria o Estado aético, imoral, colocando-se na mesma posição do criminoso[40]. Haveria, assim, uma *"concordância do Estado e a permissão para que ele se beneficiasse e se locupletasse de uma parte a título de imposto, do valor oriundo de atividades criminosas por ele conhecidas"*[41].

Com a devida vênia essa argumentação não nos convence. Mais ético ou moral, ou melhor, isonômica é a tributação da renda por todos que a auferem, não importando a origem. A generalidade e a universalidade reforçam a assertiva de que a "renda não tem carimbo".

Ora, não tem o menor sentido tributar a renda dos não praticantes de condutas ilícitas e deixar "imune" a renda de criminosos. Tal distinção contraria o conceito de renda, afrontando não só a moralidade e a capacidade contributiva, mas também a igualdade tributária.

Esse fato não passou despercebido para Amilcar de Araújo Falcão, ao afirmar que tributar os atos ilícitos é que possui, na verdade, um "alto sentido ético". Para o autor a tese contrária é que representa a manifestação de um sentimentalismo ilógico e infundado e, do ponto de vista tributário, conduz, isto sim, à violação do princípio da isonomia fiscal. Haveria na exoneração tributária um resultado na verdade contraditório, por isso que estaria abrindo aos contraventores, aos marginais, aos ladrões, enfim, aos que lucram com o furto, o crime, o jogo de azar, o proxenetismo etc., a vantagem adicional da exoneração tributária, de que não gozam os contribuintes com igual capacidade contributiva decorrente da prática de atividades, profissões ou atos lícitos[42].

---

[39] Supremo Tribunal Federal: Decisão unânime. HC 77.530. Rel. Ministro Sepúlveda Pertence. D.J. 18.09.1998.
[40] MARTINS, Ives Gandra da Silva. "O fato gerador do imposto sobre a renda – despesas operacionais deduzidas correspondentes a receitas líquidas ofertadas à tributação pelos beneficiários seguem rigorosamente a legislação de regência – inexistência de delito tributário na hipótese consultada". São Paulo: Revista dos Tribunais, v. 712, fev/1995, p. 119.
[41] QUEIROZ, Mary Elbe. "Imposto sobre a renda e proventos de qualquer natureza: [...]. Barueri: Manole, 2004, p. 73.
[42] FALCÃO, Amilcar de Araújo. "Fato gerador da obrigação tributária". São Paulo: Noeses, 7ª ed., 2013, p. 61.

Os argumentos de natureza ética ou moral costumam ser invocados no sentido de que a tributação deve ocorrer da maneira mais justa possível, naquilo que determinada linha de pensamento denomina de *tax morality*[43]. Nesse sentido, a relação entre fisco e contribuinte toma por enfoque a relação ética, envolvendo os valores representados, em uma ponta, pelo "dever moral de pagar tributos" e, na outra ponta, pela "responsabilidade do Estado frente aos gastos públicos".

Segundo pensamos, essa linha argumentativa, apesar de poder parecer não ser estritamente jurídica, a nosso ver reforça a conclusão de que a diferenciação de tratamento mediante emprego do critério de licitude/ilicitude da causa geradora de renda também não se socorre em face do princípio da isonomia.

A "propina" afeta diretamente o patrimônio dos seus beneficiários. Os recursos recebidos a esse título, assim como qualquer outra vantagem indevida, são rendimentos tributáveis em razão da produção de seus efeitos econômicos. Ao aceitar a propina (seja ela em dinheiro, bens ou benefícios), é inquestionável que o beneficiário aufere um ganho que impacta positivamente a sua renda. Há, nesse momento, livre disposição da situação econômica daí resultante, pouco importando a sua causa.

Tributável, pois, não é a "propina", mas a renda da "propina".

4. Pena de Perdimento

Há doutrina que sustenta que a sujeição do produto de crimes a *pena de perdimento* constituiria causa excludente da tributação. Nesse sentido, ou a origem dos recursos é lícita, cobrando-se em consequência o tributo devido, ou é ilícita sendo cabível o perdimento dos bens e recursos, fruto da infração[44].

Também há doutrina que argumenta que não há impedimento para a tributação de rendimentos provenientes de atos ilícitos enquanto o Estado desconhece a origem criminosa. Assim, os rendimentos derivados de atos

---

[43] "O tema Tax Morality é extremamente desafiador, principalmente por existir exclusivamente no campo das ideias, ou seja, no plano subjetivo do comportamento humano, mas que, concreta e pragmaticamente, propõe novos limites à Função Fiscal das organizações empresariais, limites estes determinados por conceitos de moral e ética que, obviamente, não estão regrados. [...]" (Cf. estudo divulgado pela PricewaterhouseCoopers, disponível em: https://www.pwc.com.br/pt/estudos/servicos/consultoria.../f222-fol-tax-morality-17.pd.).

[44] Nesse sentido DERZI, Misabel Abreu Machado. "Direito tributário brasileiro". Rio de Janeiro: Forense, 11ª edição, 2004; e BECHO, Renato. "Lições de direito tributário". São Paulo: Saraiva, 2011.

ilícitos seriam tributáveis enquanto não há uma condenação definitiva por juiz competente, podendo os contribuintes, em caso de pagamento de tributo e posterior confisco do bem ou de seus rendimentos, inclusive pedir restituição[45].

Com efeito, no rol dos direitos fundamentais, a Constituição Federal assegura que *ninguém será privado da liberdade ou de seus bens sem o devido processo legal* (art. 5º, LVII); *ninguém será considerado culpado até o trânsito em julgado de sentença penal condenatória* (art. 5º, LVII); *e a lei regulará a individualização da pena e adotará, entre outras, as seguintes: a) privação ou restrição da liberdade; b) perda de bens c) multa; d) prestação social alternativa; e) suspensão ou interdição de direitos* (cf. art. 5º, XLVI).

O Código Penal, ao tratar especificamente dos efeitos genéricos e específicos da condenação, dispõe no seu artigo 91:

> Artigo 91 – São efeitos da condenação:
> I – tornar certa a obrigação de indenizar o dano causado pelo crime;
> II – a perda em favor da União, ressalvado o direito do lesado ou de terceiro de boa-fé:
> a) dos instrumentos do crime, desde que consistam em coisas cujo fabrico, alienação, uso, porte ou detenção constitua fato ilícito;
> b) do produto do crime ou de qualquer bem ou valor que constitua proveito auferido pelo agente com a prática do fato criminoso.

Vale frisar que a Lei de Lavagem de Capitais (Lei nº 9.613/1998) também determina a perda, em favor da União, dos bens, direitos e valores objeto dos crimes de lavagem de dinheiro, ressalvado o direito do lesado ou de terceiro de boa-fé. E o Código de Processo Penal[46] prevê as *medidas assecuratórias*, ou seja, medidas cautelares (sequestro, hipoteca legal e arresto) que visam garantir futura indenização à vítima da infração penal, o pagamento de despesas processuais ou penas pecuniárias ao Estado.

Essas medidas podem ser concedidas durante a fase de investigação criminal. Assim, até mesmo antes da condenação penal, é possível que as autoridades penais, caso reúnam indícios veementes da proveniência ilícita de um bem, recolham o "patrimônio criminoso". Assim procedendo o "ativo" passa a se tornar indisponível até o desfecho da ação: caso procedente, o juiz decretará a sua *perda de perdimento*; caso improcedente, o ativo será restituído ao réu.

---

[45] Cf. PRZEPIORKA, Michell. "Tributação de rendimentos provenientes de atos ilícitos". Direito Tributário Atual nº 35. RDTA, p. 481.
[46] Artigos 125 a 144.

Isso significa dizer que a *pena de perdimento* é um potencial efeito da condenação criminal que impacta negativamente o patrimônio do infrator.

A doutrina penal[47] é praticamente unânime em conferir natureza de *confisco* à *pena de perdimento* com as seguintes finalidades: a) impedir a propagação dos instrumentos idôneos para a prática de crimes; b) não permitir o enriquecimento ilícito do criminoso; c) e, por fim, desmantelar as organizações criminosas, destruindo sua célula nervosa, qual seja, impressionante capacidade financeira (fortuna), ainda que localizada no exterior[48].

A sanção consistente na *pena de perdimento*, portanto, quando aplicável, produz efeitos confiscatórios no patrimônio adquirido pelo criminoso com o produto ou proveito do crime[49] ("patrimônio afetado").

Além disso, não se pode perder de vista que a aplicação da *pena de perdimento*, ainda que prevista e incentivada pelo ordenamento jurídico, não é líquida e certa ou infalível. A sanção em questão depende de duas circunstâncias fáticas: **(i)** o conhecimento do crime pelo Estado e isto pressupõe a instauração de ação penal e decisão judicial transitada em julgado; e **(ii)** a localização e retenção do produto ou proveitos do crime, o que pressupõem o conhecimento e a existência do patrimônio do réu.

Vale dizer, sem a condenação penal, e sem a tradição do "patrimônio afetado" (adquirido com o crime), inaplicável a decretação da *pena de perdimento*.

Outro fato que chama atenção é o de que *perda de bens* não necessariamente angaria recursos em prol do Estado, devendo ser revertida primeiramente em favor das pessoas que sofreram prejuízos com o crime.

É inegável que a *pena de perdimento* enseja a expropriação do patrimônio decorrente de crime ("patrimônio afetado"), mas daí a afirmar que esse fato impede a tributação, entendemos existir uma enorme distância.

Como bem captou Shoueri[50]:

---

[47] Nesse sentido: MIRABETE, Julio Fabrini. "Manual de direto penal". São Paulo: Atlas, 18ª edição, 2002, p. 347; NUCCI, Guilherme de Souza. "Código Penal Comentado". São Paulo: Revista dos Tribunais, 2007, p. 470; e MASSON, Cleber. "Código Penal Comentado". São Paulo: Método, 2013, p. 382.

[48] Cunha, Rogério Sanches. "Manual de direto denal". Parte Geral, 5ª Ed., Salvador: JusPODIVM, 2017, p. 551.

[49] Por produto do crime leia-se a vantagem direta obtida com a atividade criminosa (ex. carro furtado), ao passo que o proveito do crime consiste nas vantagens indiretas, os "frutos" do crime (dinheiro obtido com a venda do carro furtado).

[50] SCHOUERI, Luís Eduardo. *Cit.* 2013, p. 146.

[...] mesmo prevista a pena de perdimento, ela não ocorre senão no final de um processo penal. Até então, o fato é que o delinquente terá a propriedade (posto que sujeita a cassação) e, mais ainda, fruirá do produto de sua conduta reprovável. Sob tal perspectiva, pode-se contestar o raciocínio dos doutrinadores acima apresentados, para evidenciar que, no momento da tributação, existirá, sim, riqueza que poderá ser alvo da tributação.

O que se tributa, na verdade, é a renda auferida em determinado lapso temporal. E a renda, reitera-se, é formada por elementos positivos (rendimentos) e negativos (dispêndios). É desse encontro de contas que a base de cálculo deve ser apurada.

A conduta, não custa repetir, é irrelevante para fins de formação da renda, bastando existir *acréscimo patrimonial*. É por isso que rendimentos em geral, de atos lícitos e/ou ilícitos, devem ser inseridos na apuração da grandeza tributável por ocasião de seu proveito. O que torna a renda disponível é uma situação econômica, tal como a provocada pelo recebimento de "propina", salário, aluguel etc.

Não se trata, aqui, de sobreposição de normas ou *bis in idem*. A hipótese tributária é concretizada pelo auferimento da *renda*, inclusive proveniente de rendimentos de "propina". A hipótese do crime de corrupção, por sua vez, é concretizada em face da respectiva causa vir a ser tipificada como "propina" no bojo de uma ação penal transitada em julgado, ação esta que pode ou não ensejar a *pena de perdimento* de bens do condenado.

Ora, a disponibilidade econômica ou jurídica da renda se faz presente no momento do recebimento da "propina". É esta a condição suficiente e necessária para a ocorrência do fato gerador, e nada mais. Associar a existência ou não de *renda* a um fato futuro e incerto – como a caracterização de um crime, seguida da decretação da *pena de perdimento* – viola toda a lógica da tributação sobre a renda, segundo pensamos[51].

O que vai ocorrer com o patrimônio do beneficiário em momento posterior ao da disponibilidade da "propina" é fato estranho à relação jurídico-tributária. O patrimônio poderá ser deteriorado, roubado, aumentado, diminuído, indenizado, confiscado, enfim, influenciado pelos mais variados fatores, mas isso não "anula" ou "desconstitui" fatos geradores já consumados.

---

[51] Aliás, como se faria em relação à contagem do prazo decadencial do imposto sobre a renda nas atividades suspeitas? Qual seria o termo inicial, senão o da data da disponibilidade da renda?

O potencial *decréscimo patrimonial* gerado pelo *confisco* da *pena de perdimento* não possui efeitos na tributação da *renda*[52]. Tanto é assim que o Legislador previu que *"os rendimentos derivados de atividades ou transações ilícitas, ou percebidos com infração à lei, são sujeitos à tributação, sem prejuízo das sanções que couberem"*[53].

Veja que a própria lei reconhece de forma expressa que a tributação dos efeitos econômicos de transações ilícitas, que é o caso da "propina", convive em harmonia com a aplicação das sanções penais a ela aplicáveis, tais como a *pena de perdimento*.

5. Delação Premiada

A possibilidade de cooperação no contexto de investigação criminal não é recente e já constava da Lei de Crimes Hediondos (Lei 8.072/90), que em seu artigo 8°, parágrafo único, preconiza que *"o participante e o associado que denunciar à autoridade o bando ou a quadrilha, possibilitando seu desmantelamento, terá pena reduzida de um a dois terços"*.

A figura da colaboração também aparece na legislação penal de forma esparsa, como na Lei dos Crimes contra o Sistema Financeiro Nacional (Lei nº 7492/1986), Lei dos Crimes contra a Ordem Tributária (Lei nº 8.137/90), Lei de Lavagem de Dinheiro (Lei nº 9.613/1998), Lei sobre a Organização e a Manutenção de Programas Especiais de Proteção a Vítimas e a Testemunhas ameaçadas (Lei nº 9807/99) e Lei de Drogas (Lei nº 11.343/06).

Com o advento da Lei nº 12.850/2013, conhecida como a *"Nova Lei de Crimes Organizados"*, a "colaboração premiada"[54] definitivamente passou a ser instituto consagrado na seara penal e já conta com ao menos três posições acerca de sua natureza jurídica[55].

---

[52] Daí concluímos que a *pena de perdimento* não enseja a restituição de tributos eventualmente pagos anteriormente ao confisco. Não haveria, nessa hipótese, pagamento a maior ou indevido por parte do contribuinte – requisitos do indébito –, uma vez que a tributação teria ocorrido em conformidade com a hipótese normativa.

[53] Artigo 26, da Lei nº 4.506/1964.

[54] Com a repercussão da Operação Lava-Jato a "colaboração premiada" também é designada de "delação premiada". A diferença repousa no fato de que nem toda colaboração resulta numa delação. Delação pressupõe o apontamento de outra pessoa. Colaboração é mais genérico, envolvendo as demais hipóteses previstas.

[55] Assim dispõem os artigos 3º e 4º da referida lei:
Art. 3º – Em qualquer fase da persecução penal, serão permitidos, sem prejuízo de outros já previstos em lei, os seguintes meios de obtenção da prova:

Para a primeira corrente, a colaboração premiada é um negócio jurídico, ou seja, um acordo firmado entre o Estado e o colaborador; para a segunda, cuida-se de um meio de prova no processo penal; e para a terceira, já adotada pelo Supremo Tribunal Federal[56] e contemplada na própria lei, a delação premiada constitui um meio para obtenção de uma prova (documental, testemunhal, confissão do próprio colaborador, etc.).

Em linhas gerais, a *colaboração premiada* ou *delação premiada* consiste em um acordo entre o colaborador e o Poder Público, em que o colaborador recebe um benefício do Estado e este, em troca, recebe informações relevantes que levam à identificação dos demais coautores e partícipes do(s) crime(s) e das infrações penais por ele praticada.

A lei estabelece, ainda, que a *delação premiada* pode ser realizada em qualquer fase da persecução penal, inclusive após a sentença e, independentemente da corrente que se adote acerca de sua natureza jurídica, o fato é que para se obter seus benefícios (perdão judicial, redução de pena, progressão de regime ou a substituição da pena privativa de liberdade por restritivas de direito), a colaboração premiada deverá ser efetiva, vale dizer, deverá produzir um ou mais resultados previstos na lei, dentre eles *a recuperação total ou parcial do produto ou do proveito das infrações penais praticadas pela organização criminosa*.

Note-se, assim, que, não obstante existir regra geral que permite ao Estado, quando cabível, decretar a *pena de perdimento*, confiscando, assim, o "patrimônio adquirido com o crime", a colaboração premiada permite ao próprio infrator, em busca de um benefício penal (perdão judicial ou redução de pena privativa de liberdade), "devolver" espontaneamente o "patrimônio afetado". Assim, por exemplo, aquele que recebeu dinheiro de "propina" pode devolver a quantia (ou parte dela) assim recebida no âmbito de uma delação premiada, e daí obter um perdão ou redução de sua pena pelo ato de corrupção praticado.

I – colaboração premiada;
Art. 4º – O juiz poderá, a requerimento das partes, conceder o perdão judicial, reduzir em até 2/3 (dois terços) a pena privativa de liberdade ou substituí-la por restritiva de direitos daquele que tenha colaborado efetiva e voluntariamente com a investigação e com o processo criminal, desde que dessa colaboração advenha um ou mais dos seguintes resultados:
[...] IV – a recuperação total ou parcial do produto ou do proveito das infrações penais praticadas pela organização criminosa;
[56] STF. Tribunal Pleno. HC nº 127.483/PR (DJe 03/02/2016).

Ou seja, uma vez homologado um acordo de delação premiada nos termos em questão, o delator recebe um benefício penal, mas em contrapartida sofre um *decréscimo patrimonial*.

Do ponto de vista fiscal, a entrega ("devolução") de recursos pelo delator ao Estado, por implicar decréscimo patrimonial, não constitui fato gerador de renda.

O conteúdo da *delação premiada*, porém, pode revelar a existência de rendimentos de "propina" pagos e não tributados no momento de sua disponibilidade, constituindo expediente apto a ensejar fiscalizações dirigidas aos suspeitos e demais partes que possam estar envolvidas nas operações investigadas.

Enquanto meio de prova admitido pelo Direito, um acordo de colaboração premiada muitas vezes pode servir de fonte para desqualificar atos e negócios simulados, bem como identificar hipóteses de omissões de receitas.

Em prol da verdade material, e na atividade vinculada que é o lançamento, a administração pública não só pode, mas deve se utilizar de acordos dessa natureza para combater a sonegação fiscal. Trata-se de um instrumento probatório legítimo e que realmente pode servir de "gatilho" para desmanche de operações fraudulentas ou simuladas, não havendo motivo para desprezar sua cooperação na política de fiscalização.

Por se tratar de ato jurídico personalíssimo, porém, o acordo de colaboração premiada constitui meio probatório que admite prova em contrário por terceiros.

6. Práticas Adotadas Pela Fiscalização

Os pagamentos e rendimentos provenientes de atos de corrupção podem ou não estar declarados e/ou registrados na escrituração fiscal da empresa (*fonte pagadora*) e dos beneficiários da propina (*pessoa jurídica (interposta)* ou *pessoa física*).

Quando não declarados/escriturados, fala-se em "Caixa 2" ou "recursos não contabilizados", os quais muitas vezes são mantidos em contas no exterior (paraísos fiscais) ou em nome de "laranjas", o que dificulta ainda mais o descobrimento da "renda proveniente da "propina" pelas autoridades tributárias e da "propina" pelas autoridades penais.

Valendo-se, porém, dos instrumentos de fiscalização, tais como o cruzamento de informações e o acesso aos dados obtidos junto aos *delatores* por

A TRIBUTAÇÃO DA "PROPINA", EFEITOS PENAIS E AS PRÁTICAS ADOTADAS PELA FISCALIZAÇÃO

intetmédio de instituições financeiras ("quebra do sigilo bancário", por exemplo[57]), os valores a título de "propina" muitas vezes podem corretamente sofrer impacto tributário capitulado na hipótese de presunção legal de omissão de receitas[58].

O uso de presunções de omissão de receitas acaba por exercer papel auxiliador na busca de riqueza (capacidade contributiva) do contribuinte, coibindo práticas que possam implicar abusos à lei ou sonegação. Desde que utilizadas com observância dos preceitos legais, tal expediente constitui meio eficiente e legítimo na identificação da renda omitida a título de "propina".

O efeito prático da presunção legal é o de transferir (inverter) o ônus da prova. Assim, uma vez constatada a existência de crédito bancário ou passivo inexistente, por exemplo, e sua origem não restar comprovada pelo contribuinte (até mesmo porque poderia se referir a "propina"[59]), a lei considera que este crédito corresponde a um rendimento tributável, salvo prova em contrário.

A nosso ver nada impede que o fisco apure a *renda* omitida com a "propina" através das hipóteses de presunções legais, afinal os seus proveitos econômicos podem deixar rastros que permitem este enquadramento. E uma vez constatada, no âmbito de uma fiscalização, a efetiva ocorrência de alguma situação que implique *omissão de receita* (ou arbitramento), a fiscalização tem o dever de exigir os tributos incidentes com os acréscimos legais, sem prejuízo do direito do contraditório e ampla defesa.

Por outro lado, a "propina" pode ser declarada ou contabilizada, mas sem aparecer formalmente. Ela é dissimulada. Assim, pagamentos por serviços superfaturados ou por serviços inexistentes (não prestados), muitas vezes amparados em notas fiscais emitidas por pessoas jurídicas interpostas e enquadradas em regimes de tributação mais vantajosa (lucro presumido ou

---

[57] O STF, em fevereiro de 2016, julgou constitucional a LC 105/2001, que trata das informações bancárias, em especial o acesso ao pelo fisco dos "extratos" dos contribuintes sem autorização judicial (RE 601.314).

[58] Como, por exemplo, a não comprovação de origem de créditos bancários, a criação de "passivos fictícios", etc.

[59] A lei da "delação premiada" (Lei nº 12.850/2013), aliás, permite expressamente a utilização das seguintes provas: "Art. 3º -Em qualquer fase da persecução penal, serão permitidos, sem prejuízo de outros já previstos em lei, os seguintes meios de obtenção da prova: [...]
IV – acesso a registros de ligações telefônicas e telemáticas, a dados cadastrais constantes de bancos de dados públicos ou privados e a informações eleitorais ou comerciais;
V – interceptação de comunicações telefônicas e telemáticas, nos termos da legislação específica;
VI – afastamento dos sigilos financeiro, bancário e fiscal, nos termos da legislação específica."

SIMPLES), são utilizados para esconder a verdadeira natureza da operação: "propina".

Nessas situações os efeitos fiscais não são aplicáveis somente aos beneficiários que deixaram de recolher os tributos sobre a "propina", podendo a empresa (fonte pagadora) ser alvo de substancial impacto tributário.

Conforme veiculado pela imprensa[60], a Receita Federal tem lavrado autos de infração glosando – anulando – despesas contabilizadas na escrituração fiscal das empresas que efetuaram pagamentos a beneficiários no "esquema da Lava-Jato" e, concomitantemente, exigindo o pagamento de Imposto de Renda na Fonte à alíquota de 35%, calculado com base de cálculo reajustada (*gross up*).

Como se sabe, para fins de apuração do *lucro real*, são dedutíveis as despesas que, não registradas como custo, sejam *necessárias* para o desenvolvimento da atividade da pessoa jurídica e para a manutenção da respectiva fonte produtora. A regra geral de dedutibilidade de determinado gasto é a de que ele deve ser *usual* ou *normal* no tipo de transação ou operação exigida pela atividade da empresa, além de ser passível de *comprovação*[61].

As pessoas jurídicas tributadas com base no lucro real podem comprovar suas despesas dedutíveis por meio de qualquer documentação hábil e idônea, mas desde que fique claramente demonstrada a natureza operacional, o beneficiário, a efetiva aquisição de bem e/ou serviço e o valor da operação, sob pena de tornar o dispêndio indedutível.

Obviamente que pagamentos de "propina" não são dispêndios dedutíveis. São gastos concedidos por liberalidade e destinados a proporcionar vantagens indevidas, não preenchendo os requisitos para a dedução fiscal.

A dedutibilidade pressupõe a normalidade e correspondência do gasto com a *fonte de produção* de riquezas ou *mínimo existencial*. A "propina" integra o campo penal da ilicitude, razão pela qual não há como integrar nenhuma dessas classes.

---

[60] Estadão (06/02/2017) e Valor Econômico (20/06/2017).
[61] Cf. artigo 299 do RIR/99 (Decreto 3.000/99) "São operacionais as despesas não computadas nos custos, necessárias à atividade da empresa e à manutenção da respectiva fonte produtora (Lei nº 4.506, de 1964, art. 47).
§ 1º São necessárias as despesas pagas ou incorridas para a realização das transações ou operações exigidas pela atividade da empresa (Lei nº 4.506, de 1964, art. 47, § 1º).
§ 2º As despesas operacionais admitidas são as usuais ou normais no tipo de transações, operações ou atividades da empresa".

Pagamentos de "propina", portanto, não são dedutíveis, razão pela qual entendemos legítima a glosa da dedução fiscal correspondente.

No que concerne à exigência de IR-Fonte, o fundamento legal indicado nas autuações fiscais consiste nos artigos 61 e 62, ambos da Lei nº 8.981/1995[62]. Para a Receita Federal, despesas com "propina" devem ser enquadradas como *pagamentos sem causa*, permitindo a cobrança exclusiva de fonte, sem prejuízo da glosa.

Os contribuintes alegam que a *concomitância* das infrações ("IR-Fonte + glosa") não possui fundamento. Ademais, sustentam que a "causa", para fins de tributação da renda, é irrelevante. O elemento ilicitude não constaria na sua hipótese de incidência, o que implica dizer que a "propina", ainda que ilícita, não deixaria de ser uma *causa* dos pagamentos.

Pois bem. Originariamente, coube à Lei nº 4.154, de 1962[63] instituir a incidência de IR-Fonte sobre rendimentos declarados como pagos ou creditados por sociedades anônimas, quando não fosse indicada a operação ou a causa que deu origem ao rendimento e quando a fonte não indicasse o beneficiário individualmente.

---

[62] "Art. 61. Fica sujeito à incidência do Imposto de Renda exclusivamente na fonte, à alíquota de trinta e cinco por cento, todo pagamento efetuado pelas pessoas jurídicas a beneficiário não identificado, ressalvado o disposto em normas especiais.

§ 1º A incidência prevista no caput aplica-se, também, aos pagamentos efetuados ou aos recursos entregues a terceiros ou sócios, acionistas ou titular, contabilizados ou não, quando não for comprovada a operação ou a sua causa, bem como à hipótese de que trata o § 2º, do art. 74 da Lei nº 8.383, de 1991.

§ 2º Considera-se vencido o Imposto de Renda na fonte no dia do pagamento da referida importância.

§ 3º O rendimento de que trata este artigo será considerado líquido, cabendo o reajustamento do respectivo rendimento bruto sobre o qual recairá o imposto.

Art. 62. A partir de 1º de janeiro de 1995, a alíquota do Imposto de Renda na fonte de que trata o art. 44 da Lei nº 8.541, de 1992, será de 35%".

[63] Art. 3º As pessoas jurídicas somente deverão pagar os rendimentos especificados no incisos 3º e 6º do artigo 96 do Regulamento a que se refere o art. 1º e na alínea «a» do art. 8º desta lei:

[...]

§ 3º Aplicar-se-á também o disposto neste artigo aos rendimentos declarados como pagos ou creditados por sociedades anônimas, quando não forem atendidas as condições estabelecidas no § 4º do art. 37 do Regulamento referido no art. 1º desta lei.

Art. 37. Constitui lucro real a diferença entre o lucro bruto e as seguintes deduções: (Decreto-lei número 5.844, art. 37)

§ 4º Não são dedutíveis as importâncias que forem declaradas como pagas ou creditadas a título de comissão, bonificações, gratificações ou semelhantes, quando não for indicada a operação ou a causa que deu origem ao rendimento e quando o comprovante do pagamento não individualizar o beneficiário do rendimento. (Lei nº 3.470, art. 2º).

Trata-se de responsabilidade tributária[64] imputada à pessoa jurídica na qualidade de fonte pagadora de rendimentos que "demandava" (ou que ainda demanda) dois requisitos cumulativos: (i) ausência de causa do pagamento; "e" (ii) ausência de indicação individualizada do respectivo beneficiário.

Na época, a Coordenação do Sistema de Tributação[65] da Receita Federal se manifestou no sentido de que *"esta incidência na fonte somente tem aplicação às hipóteses em que a redução do lucro líquido possa de fato ensejar transferência de valores do patrimônio da pessoa jurídica para o das pessoas físicas"*, bem como que evita *"encobrir a transferência de tais recursos a outrem"*.

Realmente a não comprovação da necessidade do dispêndio pela fonte pagadora (fato este que motiva a glosa), somada à hipótese de não identificação do destinatário do pagamento, evita o conhecimento de quem auferiu o rendimento correspondente. Nessa situação, é evidente que a pessoa jurídica que efetua os pagamentos possui relação direta com o fato gerador do imposto sobre a renda, afinal é ela que transfere a riqueza tributável. É dever, contudo, da fonte pagadora identificar individualmente os beneficiários das vantagens concedidas, sob pena de sujeição passiva por responsabilidade.

Ressalte-se, por oportuno, que uma coisa é a não comprovação dos requisitos para a dedução do dispêndio – o que sempre ocorrerá no caso de pagamento de "propina" e que é causa para a glosa. Outra coisa é a não identificação do beneficiário do pagamento não comprovado pela fonte pagadora (que pode ou não ocorrer nos casos de pagamento de "propina"), esta sim é causa para a cobrança do IR-Fonte prevista no artigo 61 da Lei nº 8.981/1995.

As normas em questão (de "dedutibilidade" e do "IR-Fonte") são autônomas e convivem em harmonia, podendo, eventualmente, ser aplicadas em uma mesma autuação, na linha do que já decidiu a Câmara Superior de Recursos Fiscais[66]. Do precedente referido destaca-se a seguinte passagem do voto condutor:

> [...]. Foi identificado o pagamento de um valor registrado como despesa, pelo fiscalizado. Nesse caso:

---

[64] A responsabilidade tributária tem por fundamento, dentre outros dispositivos, o artigo 128 do CTN: "Sem prejuízo do disposto neste capítulo, a lei pode atribuir de modo expresso a responsabilidade pelo crédito tributário a terceira pessoa, vinculada ao fato gerador da respectiva obrigação, excluindo a responsabilidade do contribuinte ou atribuindo-a a este em caráter supletivo do cumprimento total ou parcial da referida obrigação."
[65] Parecer CST nº 20/1984 (itens 13 e 15).
[66] Acórdão nº 9202-003.879. Rel. Luis Eduardo de Oliveira Santos. Sessão de 12/04/2016.

– há dispositivo legal específico determinando que, para considerar esse montante passível de dedutibilidade na formação da base de cálculo do Imposto de Renda da Pessoa Jurídica deve ser comprovada a operação e sua necessidade para manutenção da fonte produtora;

e – também há outro dispositivo legal, determinando que o pagamento tenha beneficiário identificado e causa comprovada.

Repara-se que o primeiro dispositivo referido no parágrafo anterior tem por objetivo garantir a tributação da renda da própria pessoa jurídica, ao passo que o segundo dispositivo tem por objetivo garantir a tributação da renda de terceiro, [...].

Superada a questão da concomitância, passaremos a nos concentrar no campo de incidência da tributação do IR-Fonte.

Pois bem. Após sucessivas alterações legislativas, a redação atual dos dispositivos legais vigentes (o *caput* e o parágrafo primeiro do artigo 61 da Lei nº 8.981/1995) pode levar, se interpretados apenas gramaticalmente, a uma conclusão de que o sistema jurídico passou a permitir a cobrança do IR-Fonte em questão em duas hipóteses alternativas: pagamento para beneficiário não identificado (*caput*) "ou" pagamento sem causa (§ 1º[67]), e não mais em uma única hipótese com duas condicionantes: pagamento para beneficiário identificado "e" sem causa, como era previsto expressamente na legislação de origem.

Nesse ponto, vale assinalar que até pode dar-se o legislador, assim como o contribuinte, ao luxo de cometer equívoco. Não deveriam, mas o fato é que equívocos, ainda que causados por erro de técnica legislativa, devem ser esclarecidos no âmbito da interpretação sistemática quando esta contraria a dita literalidade da norma.

Ajeitando-se na estrutura lógica no qual inserido, cumpre observar que o artigo 61 da Lei nº 8.981/1995 continua tendo o propósito de evitar que empresas sejam utilizadas como "ponte" ou como fonte de pagamentos (ainda que sem causa) que não permitam identificar os efetivos beneficiários, inibindo, com isso, o rastreamento do destino da renda e sua tributação.

É a ausência de identificação para quem pagou, e não a que título que pagou, a hipótese de incidência da responsabilidade tributária pela retenção

---

[67] Note que o legislador usou o conectou "também", podendo levar ao precipitado entendimento de que seriam hipóteses alternativas: A incidência prevista no caput aplica-se, também, aos pagamentos efetuados ou aos recursos entregues a terceiros ou sócios, acionistas ou titular, contabilizados ou não, quando não for comprovada a operação ou a sua. (cf. art. 61, §, da Lei nº 8.981/1995).

do IR-Fonte. Isso porque a ilicitude da causa, por si só, jamais poderia constar no antecedente da norma legal de incidência tributária sobre a renda (lembra-se do *non olet*), até mesmo porque tributo não constitui sanção.

É por isso que a aplicação dos artigos 61 e 62 da Lei nº 8.981/1995, segundo nosso ponto de vista, está restrita às hipóteses de pagamentos, ainda que já glosados por falta de comprovação de causa, para beneficiários não identificados.

A causa, conforme exaustivamente abordado, é irrelevante para fins de tributação da renda. Ainda que ilícita, não impede a cobrança por parte daquele que dispôs de seus efeitos econômicos.

O mesmo, porém, não ocorre com a não identificação do beneficiário. Se a pessoa jurídica (fonte pagadora) não informa para quem concedeu a vantagem ou para quem entregou recursos, impedindo, com isso, que o verdadeiro titular dos rendimentos seja apontado, legítima a imputação da tributação pelo IR-Fonte.

Nesses termos, deve o fisco não necessariamente reunir elementos probantes de que a pessoa jurídica efetuou pagamentos cuja causa não foi comprovada (como a "propina") – isto é motivo para a glosa –, mas tem o ônus de demonstrar que a fonte pagadora se recusou a identificar os efetivos beneficiários, podendo, para tanto, se valer de todos os meios probatórios admitidos, tais como a comprovação de não atendimento a intimações fiscais, a reunião de indícios de que a empresa participou de estrutura simulada ou a utilização de notas fiscais "frias" ou "inidôneas", dentre outros.

Apenas com a reunião de indícios contundentes e convergentes que concorrem para uma conclusão segura acerca da não identificação dos beneficiários da "propina" por parte da fonte pagadora é que a cobrança do IR-Fonte é cabível.

7. Conclusões

Pelo exposto, concluímos que:
(i) o CTN, observando os parâmetros constitucionais, autoriza a tributação do acréscimo patrimonial percebido em razão da disponibilidade econômica ou jurídica da renda;
(ii) renda tributável é o resultado positivo apurado em determinado lapso temporal, resultado este correspondente ao valor dos elementos patrimoniais positivos (rendimentos ou vantagens), subtraídos do valor dos elementos patrimoniais negativos (dispêndios dedutíveis);

(iii) a renda proveniente de ato ilícito não foge do campo de incidência tributária. Rendimentos decorrentes de "propina", portanto, devem ser oferecidos à tributação;

(iv) a *pena de perdimento* possui natureza jurídica de *confisco*. Eventual *decréscimo patrimonial* gerado pela sua decretação não possui efeitos na tributação da renda, bem como não enseja direito à repetição de indébito. Tributável, pois, é o benefício econômico recebido pela "propina", sem prejuízo do Estado condenar penalmente o corrupto, inclusive mediante confisco de patrimônio mantido e adquirido com o crime;

(v) a *delação premiada* pode implicar uma perda espontânea de patrimônio do delator. Recursos "devolvidos" a este título não constituem fato gerador de renda por implicar *decréscimo patrimonial*, mas podem servir de bom expediente para definição da política de fiscalização e instauração de procedimentos fiscais tendentes a atingir a renda omitida com a movimentação da "propina";

(vi) pagamento de "propina" constitui despesa indedutível; e

(vii) pagamento de "propina" é passível de tributação exclusiva de fonte, na forma do artigo 61 da lei nº 8.981/1995, apenas na hipótese da pessoa jurídica (fonte pagadora) não identificar individualmente os efetivos beneficiários do rendimento.

Referências

ÁVILA, Humberto. *Construção do conceito constitucional de renda*. São Paulo: Malheiros. 2011.
BALEEIRO, Aliomar. *Direito tributário brasileiro*. Rio de Janeiro: Forense. 11ª edição: 2010.
BECHO, Renato. *Lições de direito tributário*. São Paulo: Saraiva, 2011.
BOZZA, Fábio Piovesan. *Planejamento tributário e autonomia privada*. São Paulo: Quartier Latin. 2015.
CARRAZZA, Roque Antonio. *Imposto sobre a renda (perfil constitucional e temas específicos)*. São Paulo: Malheiros. 3ª edição: 2009.
COELHO, Sacha Calmon Navarro. *Curso de direito tributário brasileiro*. Rio de Janeiro: Forense. 12ª edição.
COSTA, Regina Helena. *Curso de direito tributário: Constituição e código tributário nacional*. São Paulo: Saraiva, 2009.
CUNHA, Rogério Sanches. *Manual de direto penal*. P. Geral, 5ª Ed., Salvador: PODIVM, 2017.
DE OLIVEIRA, Ricardo Mariz. *Fundamentos do imposto de renda*. São Paulo: Quartier Latin, 2008.
DE SOUSA, Rubens Gomes. *Compêndio de legislação tributária*. São Paulo: Resenha Tributária. 1975.

DERZI, Misabel Abreu Machado. *Direito tributário brasileiro*. Rio de Janeiro: Forense, 11ª edição, 2004.

FALCÃO, Amilcar de Araújo. *Fato gerador da obrigação tributária*. São Paulo: Noeses, 7ª edição: 2013.

GAGLIANO, Pablo Stolze. *Novo curso de direito civil*. Volume I: parte geral. São Paulo: São Paulo: Saraiva, 2006.

MACHADO, Hugo de Brito. *Direitos fundamentais do contribuinte e a efetividade da jurisdição*. São Paulo: Editora Atlas: 2009.

MARTINS, Ives Gandra da Silva. *O fato gerador do imposto sobre a renda – [...]*. São Paulo: Revista dos Tribunais, v. 712, fev/1995.

MASSON, Cleber. *Código Penal Comentado*. São Paulo: Método, 2013.

MIRABETE, Julio Fabrini. *Manual de direto penal*. São Paulo: Atlas, 18ª edição, 2002.

NUCCI, Guilherme de Souza. *Código Penal Comentado*. São Paulo: Revista dos Tribunais, 2007.

PAULSEN, Leandro. *Direito tributário. Constituição e código tributário à luz da doutrina e jurisprudência*. Porto Alegre: Livraria do Advogado: 2005.

POLIZELLI, Victor Borges. *O princípio da realização da renda. Reconhecimento de receitas e despesas para fins de IRPJ*. São Paulo: Quartier Latin. 2012.

PRZEPIORKA, Michell. *Tributação de rendimentos provenientes de atos ilícitos*. Direito Tributário Atual nº 35. RDTA.

QUEIROZ, Mary Elbe. *Imposto sobre a renda e proventos de qualquer natureza: princípios, conceitos, regra-matriz de incidência, mínimo existencial, retenção na fonte, renda transnacional, lançamento, apreciações críticas*. Barueri: Manole, 2004.

SCHOUERI, Luís Eduardo. *O conceito de renda e o artigo 43 do Código Tributário Nacional: entre a disponibilidade econômica e a disponibilidade jurídica In*: ELALI, André; ZARANZA, Evandro; e SANTOS, Kallina Flôr. Direito Corporativo – temas atuais – 10 anos Anfré Elali Advogados. São Paulo: Quartier latin, 2013.

SCHOUERI, Luís Eduardo. *Direito tributário*. São Paulo: Saraiva. 3ª edição: 2013.

Parte II
Dos Crimes Contra Ordem Tributária e a Dinâmica do Processo Administrativo e Judicial Tributário

Parte II

Dos Crimes Contra a Ordem Tributária e a Disciplina do Processo Administrativo e Judicial Tributário

# Abertura de Inquérito Policial na Pendência de Processo Administrativo Tributário Estadual ou Municipal: Aplicação da Súmula Vinculante 24

Hugo de Brito Machado Segundo
Raquel Cavalcanti Ramos Machado

1. Introdução

O posicionamento do Supremo Tribunal Federal pela necessidade de prévio exaurimento da via administrativa, como condição para que se possa cogitar da consumação do crime de supressão ou redução de tributo, previsto no art. 1.º da Lei 8.137/90, foi desde a sua adoção objeto de alguma resistência por parte de outros setores do Poder Judiciário e por órgãos e agentes encarregados da investigação e da persecução penal.

Argumento recorrente contra o entendimento era de que o órgão administrativo conteria em seus quadros "representantes dos contribuintes", não estando, de mais a mais, imune à corrupção.[1] Releva notar, quanto a isso, que o fato de um julgador ser originado de indicação de órgãos de classe não o faz "menor" ou "inferior" por isso, tampouco "representante defensor dos interesses dos contribuintes", assim como os membros do Poder Judiciário oriundos do quinto constitucional não são "defensores da OAB ou do MP", só por sua origem distinta. Quanto à corrupção, que pode, em tese, estar presente em qualquer lugar, e não apenas entre as autoridades do Fisco, se houver suspeita de sua ocorrência que se investigue e puna *também* a autoridade corrupta, sendo inadmissível que, pela sua mera possibilidade, se

---

[1] Cf., *v.g.*, FURLAN, Anderson. Sanções Penais Tributárias. In: MACHADO, Hugo de Brito (Coord.). *Sanções Penais Tributárias*. São Paulo/Fortaleza: Dialética/ICET, 2005, p. 22.

diminuam as garantias constitucionais processuais do cidadão. Não bastasse tudo isso, o entendimento a ninguém prejudica, se se considerar que o lapso prescricional permanece suspenso – a rigor, ele nem se inicia – enquanto não concluído o processo administrativo de controle da legalidade do lançamento, preservando-se porém o direito do cidadão de ver feito o controle de legalidade de uma exigência tributária antes de ser considerado criminoso por não tê-la satisfeito.

De uma forma ou de outra, sem entrar, aqui, nos motivos dessa resistência, não usuais no que tange a outras divergências no entendimento dos órgãos públicos sobre questões jurídicas, o fato é que ela levou, em um primeiro momento, à edição da Súmula Vinculante 24 (SV24/STF), assim redigida: *"Não se tipifica crime material contra a ordem tributária, previsto no art. 1.º, incisos I a IV, da Lei nº 8.137/90, antes do lançamento definitivo do tributo."*

Isso porque o simples fato de o Supremo Tribunal Federal haver expressado sua posição a respeito do tema em julgamentos[2] desprovidos de tal força vinculante fazia, à época, com que outras instâncias do Judiciário solenemente ignorassem a dita jurisprudência, forçando os interessados a recorrer até a Corte Maior para que seu posicionamento fosse respeitado. Para evitar o excesso de trabalho inútil – para as partes e para os julgadores – decorrentes da pura e simples irresignação dos demais órgãos do Judiciário para com o entendimento, editou-se a súmula vinculante, cujos efeitos talvez tenham sido idealizados precisamente para situações assim.

Entretanto, editada a Súmula, a aludida resistência ao entendimento levou à formulação de um pedido de que se proceda à sua revisão, adiante examinado, bem como ao uso de outros expedientes destinados a contornar sua aplicação. Um deles é a consideração de que a Súmula impediria a propositura da ação penal, mas não a instauração de inquérito policial, sobretudo quando este tivesse por finalidade investigar a possível prática de outros crimes, tais como a formação de quadrilha ou bando, falsidade

---

[2] Foi o caso do HC 77.002, no qual o Supremo Tribunal Federal consignou a necessidade de repelir o "... abuso do poder de instaurar o processo penal para constranger o cidadão a render-se incondicionalmente aos termos da exigência do Fisco, com a renúncia não só da faculdade – que a lei complementar lhe assegura –, de impugnar o lançamento mediante procedimento administrativo nela previsto, mas também, principalmente, de eminentes garantias constitucionais, sintetizadas na do "devido processo legal. (...) Que a ordem jurídica não o permite, mostraram-no – entre outros juristas de vulto – o voto do Ministro Jobim, já recordado, e o trabalho doutrinário do Prof. Hugo de Brito Machado." (STF, Pleno, HC 77.002, voto do Min. Sepúlveda Pertence). Registre-se que o mencionado HC não teve seu mérito definitivamente julgado em face da superveniente perda de objeto causada pela absolvição do paciente nas vias ordinárias.

ideológica e a lavagem de dinheiro. Outro estaria relacionado ao fato de o processo administrativo pendente ser estadual, ou municipal. Neste trabalho, examinam-se essas questões, à luz da jurisprudência do Supremo Tribunal Federal e de seus fundamentos, e de um contraste entre os crimes contra a ordem tributária aos quais que reporta a Súmula com outros com eles possivelmente relacionados.

2. O Pedido de Revisão da Súmula Vinculante 24

Houve, por parte do Ministério Público Federal, pedido no sentido de que o Supremo Tribunal Federal revisasse a Súmula Vinculante 24[3], calcado nos seguintes argumentos:

(i) Violação da Teoria da Atividade (art. 4.º do CP), pois de acordo com o art. 4.º do Código Penal, considera-se *"praticado o crime no momento da ação ou omissão, ainda que outro seja o momento do resultado";*
(ii) Vinculação do Poder Judiciário a decisão de natureza administrativa, com contrariedade ao disposto no art. 5.º, XXXV, da CF/88, e ao entendimento do próprio STF no sentido de que haveria independência entre as esferas administrativa e penal;
(iii) Violação ao art. 5.º, XXXIX, CF, pois a Súmula teria alterado a estrutura típica do delito criado pelo legislador: a lei não cogitaria de "crédito tributário", mas de "tributo". Ademais, o que o lançamento constituiria seria a exigibilidade do crédito tributário, e não o crédito em si;
(iv) Alteração do prazo prescricional e da forma de sua contagem, pois o entendimento firmado faz com que, se o crime somente existe com o exaurimento da esfera administrativa, somente aí fluirá a prescrição (art. 111, I, do CP). Entretanto, o prazo prescricional para o crime previsto no art. 1º da Lei 8.137/1990 é de 12 anos (art. 109, III, CP). A aplicação da SV 24 redunda na alteração da prescrição: a) passados cinco anos sem a constituição do crédito tributário (que não é elemento do tipo, e sim o tributo), inviável a persecução penal; b) se

---

[3] Formulado em parecer apresentado no âmbito da Reclamação 16.087/SP, de relatoria do Ministro Celso de Mello, ainda não apreciado pelo Supremo Tribunal Federal no momento da elaboração deste trabalho. A medida liminar solicitada pelo reclamante, que se insurgia contra o que considerava ser um desrespeito à orientação sumulada, foi deferida.

houver a constituição do crédito tributário no prazo de até cinco anos, o prazo prescricional poderá atingir até 22 anos; c) o art. 115 do CP (prescrição pela metade) não pode ser aplicado se a ação criminosa foi anterior à data em que o agente tiver 21 anos, porém com exaurimento da discussão na esfera administrativa em momento ulterior, que é quando se considera existente o crime;

(v) o próprio STF já teria relativizado a aplicação da Súmula em outras oportunidades;

(vi) haveria desproteção sistêmica na apuração de crimes, pois seriam impossíveis medidas cautelares prévias à comprovação dos crimes; e

(vii) a investigação dos fatos criminosos seria restrita a autoridades (fazendárias) que *"em muitos casos, por ausência de conveniência"*, não os apuraria devidamente.

O Supremo Tribunal Federal, embora de fato tenha deixado de aplicar a Súmula em algumas situações – às quais ela realmente não parecia ser aplicável, por estar presente, *v.g.*, a suspeita da prática de outros crimes, a amparar a instauração de investigações de uma forma ou de outra –, não procedeu à sua revisão. E se espera que não proceda, pelo que se explicará, em síntese, a seguir.

Os argumentos invocados pelo Ministério Público, embora bem construídos, são, em larga medida, os mesmos por ele já utilizados antes da edição da Súmula, pouco inovando em relação ao que já fora suscitado e rejeitado pela Corte. Quanto à violação da teoria da atividade, é preciso notar que a supressão de tributo devido é elemento central do tipo, sem o qual ele não se materializa. Portanto, a ação, ou a omissão, não se completa sem o resultado do processo administrativo, do mesmo modo que um homicídio não se consuma antes do óbito da vítima, que pode passar algum tempo ferida em um hospital até que sua morte seja atestada por um médico, por exemplo. Com a diferença fundamental de que a morte não é uma realidade puramente institucional, surgida apenas quando a autoridade competente para a sua constituição a realiza. O tributo, por sua vez, sim, é uma realidade institucional, que apenas existe nos termos e nas condições em que as regras que o constituem disciplinam sua existência, tal como as regras de um jogo. Ainda que nos relógios dos torcedores já se tenham passado noventa minutos, é o apito final do juiz que encerra a partida, à luz das regras do jogo. O mesmo se dá com o tributo, sendo nesse contexto que se diz que, sem o lançamento, não se pode afirmar a existência de tributo devido e fraudulentamente não pago pelo contribuinte.

O pedido de revisão peca, neste particular, por confundir realidades brutas e realidades institucionais[4].

O mesmo pode ser dito da questão da autonomia das instâncias, pois não se está tratando de uma apuração que pode se dar autonomamente, na via administrativa tributária e em outras, por girar em torno de fatos que ocorreram e se consumaram, se for o caso, antes e independentemente de tais investigações (*v.g.*, o desaparecimento de um *laptop* do âmbito de uma repartição pública). No caso da Súmula 24, cogita-se da existência de um tributo devido e não pago (com o uso de expedientes fraudulentos), conduta que somente se acha completa quando a autoridade a tanto competente (CTN, art. 142) procede ao lançamento respectivo.

Quanto à alteração da própria definição do crime, tendo a lei se reportado a "tributo", quando a Súmula exige "crédito tributário", trata-se de argumento também incorreto, porquanto a palavra tributo é utilizada em diversos contextos diferentes pela própria ordem jurídica[5]. Quando, por exemplo, a Constituição assevera que somente por lei pode ser criado um tributo, naturalmente está a cogitar da criação de normas tributárias, vale dizer, normas que associam o dever de pagar compulsoriamente quantias em dinheiro ao Poder Público à prática de certas condutas, sem que se trata de sanção pela prática de atos ilícitos. Nesse sentido, quem "suprime" tributos é o legislador, ao revogá-los, ou, em outros termos, ao revogar as leis que os tiverem previamente instituído. Mas, no contexto da Lei 8.137/90, parece claro que o sentido é, sim, o de crédito tributário, vale dizer, de obrigação tributária líquida, certa e exigível.

Quanto ao prazo prescricional, não é da sua alteração que se trata, mas da consumação do crime, como já se disse. Assim, os cinco anos de que tratam os artigos 150 e 173 do CTN dizem respeito ao prazo de decadência do direito de lançar, o que, se não for feito, faz com que não haja tributo devido, o que é algo diverso de alterar o prazo de prescrição penal, que segue o mesmo.

Quanto à "desproteção sistêmica", ela existe, isto sim, quando se admite que a autoridade encarregada de afirmar se existem ou não tributos devidos profira uma decisão, eventualmente afirmando que não existem tributos devidos, e, ao mesmo tempo, se admite que outra autoridade, a quem não cabe a apuração e o lançamento de tributos, afirme a existência de um crime que

---

[4] Veja-se, a propósito, SEARLE, John. *Libertad y neurobiologia*. Tradução de Miguel Candel. Barcelona: Paidós, 2005, p. 103.
[5] CARVALHO, Paulo de Barros. *Curso de Direito Tributário*. 12. ed. São Paulo: Saraiva, 1999, p. 19 e ss.

consiste no não pagamento da referida exação. Ou, pior, quando se admite que *não se faça nada* contra autoridades que deveriam (segundo o Ministério Público) lançar e não o fazem *"por não acharem conveniente"*, mas se insiste em punir o contribuinte que, segundo essas mesmas autoridades, não estaria devendo nada. As medidas cautelares prévias são possíveis, por certo, se se estiver a cogitar de outros crimes – desde que não se trate de mera tentativa de contornar a súmula, como adiante será explicado.

No que tange à restrição da apuração, insista-se no fato de que não há qualquer restrição às atribuições de outras autoridades de investigação, para apurarem quaisquer crimes. Apenas não podem considerar consumado um crime de supressão de tributo antes do lançamento deste. Mas podem inclusive apurar a tal "ausência de conveniência" de autoridades tributárias em lançar eventuais tributos devidos e não pagos. Esse, aliás, parece ser o principal – e verdadeiro – óbice que o Ministério Público opõe ao entendimento cristalizado na Súmula: uma desconfiança relativamente às autoridades tributárias, e a falta da lembrança de que o parquet pode provocar o Fisco a agir, bem como pode investigar e punir seus agentes caso estes revelem não estar "achando conveniente" fazer essa apuração. Há, como dito, aqui sim, uma "incoerência sistêmica" na argumentação do Ministério Público. Afinal, a Súmula não impede que se investiguem tais autoridades, e se as puna, se for o caso, pois a feitura do lançamento não deve estar sujeita à sua conveniência, eufemismo utilizado pelo Ministério Público para designar práticas ilícitas que nada impede que sejam investigadas e punidas. O que não se aceita é que sejam sugeridas, assim indireta e disfarçadamente, para meramente lançar suspeita sobre as autoridades fiscais e, com isso, insistir na revisão do entendimento sumulado.

Para além dessas questões, postas diretamente para que se procedesse à revisão da Súmula, o que o Supremo Tribunal Federal não fez, há os outros aspectos, relacionados a tentativas de indiretamente contorná-la, aos quais se dedicam os próximos itens deste texto.

3. Prévio Exaurimento e Inquérito Policial

Há crimes que dependem, para a sua configuração, da realização de conduta relacionada à redução ou à supressão de tributos. É o caso do que se acha previsto no art. 1.º da Lei 8.137/90, que dispõe:

Art. 1º Constitui crime contra a ordem tributária suprimir ou reduzir tributo, ou contribuição social e qualquer acessório, mediante as seguintes condutas:

I – omitir informação, ou prestar declaração falsa às autoridades fazendárias;

II – fraudar a fiscalização tributária, inserindo elementos inexatos, ou omitindo operação de qualquer natureza, em documento ou livro exigido pela lei fiscal;

III – falsificar ou alterar nota fiscal, fatura, duplicata, nota de venda, ou qualquer outro documento relativo à operação tributável;

IV – elaborar, distribuir, fornecer, emitir ou utilizar documento que saiba ou deva saber falso ou inexato;

V – negar ou deixar de fornecer, quando obrigatório, nota fiscal ou documento equivalente, relativa a venda de mercadoria ou prestação de serviço, efetivamente realizada, ou fornecê-la em desacordo com a legislação.

Pena – reclusão de 2 (dois) a 5 (cinco) anos, e multa.

Parágrafo único. A falta de atendimento da exigência da autoridade, no prazo de 10 (dez) dias, que poderá ser convertido em horas em razão da maior ou menor complexidade da matéria ou da dificuldade quanto ao atendimento da exigência, caracteriza a infração prevista no inciso V.

Sem a existência de um tributo devido, a ser objeto da supressão ou da redução, portanto, não há crime. Pelo menos não este, previsto no art. 1.º da Lei 8.137/90. Afinal, como lembra Tipke, *"el que alguien haya incurrido en evasión fiscal y en qué cuantía lo haya hecho depende del importe de la deuda tributaria. Un impuesto que no es debido no puede ser objeto de evasión"*.[6] Igual conclusão, portanto, é aplicável ao crime de sonegação de contribuição previdenciária (Código Penal, art. 337-A), e a qualquer outro que tenha a supressão, a sonegação, ou qualquer outra ação ligada a um *tributo devido* como elemento essencial.

Aparentemente pacificada a questão da necessidade de prévio exaurimento, com a edição da Súmula Vinculante 24, e não sendo o caso de se proceder à sua revisão, como anteriormente se explicou, coloca-se então a dúvida relacionada à sua aplicabilidade à instauração de inquérito policial. Com isso se confirma a ideia de que os precedentes, mesmo quando cristalizados em súmulas com força vinculante, não tornam dispensável o trabalho hermenêutico ligado à verificação de sua aplicabilidade a casos futuros. O que não pode haver é o puro e simples desprezo ao que neles está estabelecido, sendo necessário, se for o caso, apontar as razões pelas quais não serão aplicados.

---

[6] TIPKE, Klaus. *Moral Tributaria del Estado e de los Contribuyentes*. Tradução de Pedro Herrera Molina. Madrid: Marcial Pons. 2002, p. 129.

No caso do inquérito policial, poder-se-ia dizer que ação penal e inquérito policial seriam institutos diversos. Assim, uma coisa seria a propositura da respectiva ação penal, que o entendimento sumulado diz não ser possível antes do exaurimento da via administrativa; outra seria a mera instauração de um inquérito, pela autoridade policial, destinado a averiguar possíveis práticas criminosas, incluindo-se as referidas, *v.g.*, no art. 1.º da Lei 8.137/90 e no art. 337-A do Código Penal.

Entretanto, embora o inquérito realmente não se confunda com a propositura da ação, os motivos que impedem a propositura desta última, neste caso, inviabilizam por igual a instauração do primeiro. Com efeito, o inquérito policial destina-se a apurar, o investigar, a ocorrência e a autoria de ilícito penal. Não é juridicamente admissível instaurar um inquérito para apurar a ocorrência de fatos que não configuram crime, nem mesmo em tese. Um inquérito para averiguar se determinado cidadão é ou não filiado a determinado partido político, ou torcedor de certo time de futebol, por exemplo, é não apenas indevido, mas configura um *constrangimento ilegal*.

Nessa ordem de ideias, tampouco poderá ser instaurado antes de decisão definitiva proferida em processo administrativo de controle interno de legalidade do lançamento, vale dizer, antes do prévio exaurimento da via administrativa. Isso porque não pode haver a instauração do inquérito se o crime que com ele se pretende apurar carece de uma de suas condições objetivas de punibilidade, não se podendo sequer cogitar de sua consumação[7].

---

[7] "(...) III – A jurisprudência do excelso Supremo Tribunal Federal, bem como desta eg. Corte, há muito já se firmou no sentido de que o trancamento do inquérito policial, por meio do habeas corpus, conquanto possível, é medida excepcional, cujo cabimento ocorre apenas nas hipóteses excepcionais em que, prima facie, mostra-se evidente, v.g., a atipicidade do fato ou a inexistência de autoria por parte do indiciado (precedentes).
IV – Nos termos da Súmula Vinculante n.º 24/STF: "Não se tipifica o crime material contra a ordem tributária, previsto no art. 1º, incisos I a IV, da Lei n.º 8.137/90, antes do lançamento definitivo do tributo". No caso dos autos, no entanto, os pacientes estão sendo investigados pela suposta prática do delito tipificado no art. 2º, I, da Lei 8.137/90.
V – O art. 2º, I, da Lei 8.137/90 prevê que constitui crime contra a ordem tributária "fazer declaração falsa ou omitir declaração sobre rendas, bens ou fato, ou empregar outra fraude, para eximir-se, total ou parcialmente, de pagamento de tributo".
VI – Na hipótese, as notificações lavradas contra os pacientes têm origem na suposta irregularidade na operação de aproveitamento de crédito de ICMS gerado na aquisição para revenda de farelo de soja. A existência do débito tributário ainda é objeto de discussão na esfera Administrativo--Tributária.
VII – Ainda que essa colenda Quinta Turma já tenha se manifestado no sentido de que "[...] Ao contrário dos crimes previstos no artigo 1º da Lei 8.137/1990, os delitos dispostos no artigo 2º são

Em síntese, se antes da conclusão do processo administrativo de revisão do lançamento não se pode sequer cogitar de crime, o mesmo óbice representado pela Súmula Vinculante 24 à propositura da ação penal impede, por igual, a instauração de inquéritos ou outros procedimentos de investigação do referido crime, ainda inexistente. Nos termos da jurisprudência do Supremo Tribunal Federal:

> (...) revela-se juridicamente inviável a instauração de persecução penal, mesmo na fase investigatória, enquanto não se concluir, perante órgão competente da administração tributária, o procedimento fiscal tendente a constituir, de modo definitivo, o crédito tributário. Enquanto tal não ocorrer, como sucedeu neste caso, estar-se-á diante de comportamento desvestido de tipicidade penal (RTJ 195/114), a evidenciar, portanto, a impossibilidade jurídica de se adotar, validamente, contra o (suposto) devedor, qualquer ato de persecução penal, seja na fase

formais, pois não exigem a ocorrência do resultado para a sua consumação, motivo pelo qual é desnecessário o esgotamento da via administrativa para que seja iniciada a persecução penal" (HC 278.248/SC, Quinta Turma, Rel. Min. Jorge Mussi, DJe de 12/9/2014), entendo que a interpretação mais consentânea à espécie dos autos é a de que "Enquanto houver processo administrativo questionando a existência, o valor ou a exigibilidade de tributos e contribuição previdenciária, atípicas são as condutas previstas no artigo 2.º, inciso I, da Lei n.º 8.137/90 e no artigo 168-A do Código Penal, que têm, como elemento normativo do tipo, a existência do crédito tributário e da contribuição devida a ser repassada" (HC 163.603/SC, Sexta Turma, Rel. Min. Maria Thereza de Assis Moura, DJe de 3/9/2013, grifei).
VI – Guilherme de Souza Nucci in Leis Penais e Processuais Penais Comentadas, 8ª Edição, Editora Forense, pg. 573, ao comentar o delito tipificado no art. 2º, I, da Lei 8.137/90, sustenta que o delito "é crime próprio (somente pode ser praticado pela pessoa física, indicada em lei como contribuinte); formal (não depende da ocorrência de efetivo prejuízo para o Estado, consistente na supressão ou redução do tributo; se tal se der, transfere-se a conduta do agente para o art. 1º, inciso I)". Assim, por essa perspectiva, a conduta atribuída aos pacientes (ainda que tipificada num primeiro momento no art. 2º, I, da Lei 8.137/90), pode caracterizar, em razão do resultado obtido na apuração administrativa, no delito do art. 1º, I, da Lei 8.137/90. Por isso, questionado ou debatido o crédito fiscal na instância administrativa, impede-se a investigação paralela pelo Órgão do Ministério Público para apuração dos mesmos fatos, eis que tal circunstância – constituição definitiva do crédito – constitui condição objetiva de punibilidade.
VII – Na mesma linha, a d. manifestação do Ministério Público Federal pela concessão de ofício da ordem de habeas corpus, uma vez que "a instauração da Notícia de Fato n. 01.2013.00018553-7, 'dando conta, em tese, da irregularidade fiscal e suposta prática de crime contra a Ordem Tributária, nos termos da Lei n. 8.137/90, constatada pelas Notificações Fiscais n. 136030082193 e 136030082207)' (fl.125), carece da necessária condição objetiva de punibilidade, ante a ausência de constituição definitiva do respectivo crédito Tributário" (fl. 285, e-STJ). Habeas corpus não conhecido. Ordem concedida de ofício para trancar o procedimento instaurado pelo Ministério Público Estadual, ressalvada a possibilidade de renovação do feito, na hipótese de eventual lançamento definitivo do crédito Tributário." (STJ, 5.ª T, HC 294.833/SC, DJe de 03/08/2015).

pré-processual (inquérito policial), seja na fase processual (*"persecutio criminis in judicio"*), pois – como se sabe – comportamentos atípicos (como na espécie) não justificam, por razões óbvias, a utilização, pelo Estado, de medidas de repressão criminal.[8]

Igual entendimento, como dito, se aplica aos demais crimes que têm ações ligadas a *tributos devidos* como elemento do tipo, a exemplo da apropriação indébita previdenciária. O Supremo Tribunal Federal não apenas possui decisões nas quais reitera essa conclusão, como nelas afirma que, do contrário, haveria mesmo ofensa ao princípio da não-contradição, configurada pelo fato de o Estado não poder exercer a persecução penal, mas poder manter em aberto inquérito a ela relacionada (**Inq-AgR 2537/GO**). Como não pode haver inquérito para investigar condutas que não são típicas, a instauração indevida, em situações assim, deve levar ao trancamento por ordem judicial, em sede, se for o caso, de *habeas corpus*[9].

4. Prévio Exaurimento, Inquérito Policial e a Apuração de Outros Crimes

A afirmação constante da parte final do item anterior conduz à segunda das práticas eventualmente utilizadas por autoridades investigadoras e acusadoras, no âmbito da repressão ao que consideram ser crimes contra a ordem tributária: a inclusão de outros delitos, diversos dos crimes materiais contra a ordem tributária, para com isso afastar a aplicação da Súmula.

É preciso, então, fazer algumas distinções.

Naturalmente, é possível que um mesmo cidadão seja acusado – ou esteja sendo investigado pela suspeita – de ter praticado crimes os mais diversos, tais como tráfico de drogas, receptação, corrupção ativa *e* supressão ou redução de tributos. Nesse caso, a pendência de decisão administrativa definitiva sobre o último desses crimes não impede a investigação e propositura de ação penal referente aos demais, com os quais não guarda relação necessária. É factualmente possível, inclusive, que não tenha havido supressão ou redução de tributo, mas os demais crimes tenham sim se consumado, ou vice-versa. Nesse caso, o entendimento subjacente à Súmula Vinculante 24/STF será

---

[8] STF, Rcl 10644 MC, *DJe* de 19.4.2011.
[9] STF, 1.ª T, Rel. Min. Celso de Mello, H.C. n.º 71466/DF, *DJ* de 19.12.94.

impeditivo da propositura de ação penal pelo crime contra a ordem tributária, mas não representará obstáculo à instauração de inquéritos e ao posterior recebimento de denúncias referentes aos demais ilícitos.

Muito diversa, porém, é a situação na qual a verdadeira imputação feita ao sujeito é apenas de supressão ou redução de tributo, mas delitos supostamente autônomos são acrescentados à acusação como mero artifício para possibilitar o uso da ameaça penal como forma de constrangimento para o pagamento das exações sem questionamentos, à margem do devido processo legal. Com isso, insiste-se na instauração de inquéritos e no oferecimento de denúncias, mesmo antes da conclusão do processo administrativo, sob a justificativa de que crimes como o de quadrilha ou bando e de falsidade ideológica ou lavagem de dinheiro seriam autônomos e não estariam abrangidos pelo entendimento sumulado. Trata-se, porém, de evidente e indevida burla à compreensão que ensejou a edição da Súmula.

Para que se perceba a burla, basta imaginar o mesmo cenário, diante da constatação de que nenhum tributo é devido, não tendo havido, portanto, evasão. Nesse caso, não se há de cogitar de lavagem de dinheiro, à míngua de crime antecedente gerador dos recursos a serem indevidamente "lavados", assim como desaparece a quadrilha ou o bando, porquanto a associação, entre as pessoas nesses casos indicadas como membros da quadrilha (geralmente os sócios da sociedade empresária e o contador), não terá ocorrido com a finalidade de se praticarem crimes[10]. A esse respeito, aliás, merece registro a posição de Hugo de Brito Machado[11]:

> Já não há dúvidas quanto a necessidade do prévio exaurimento da via administrativa no que diz respeito a ação penal no crime contra a ordem tributária. A questão que se coloca então é a de saber se essa necessidade estende-se ao crime de quadrilha ou bando.
>
> Não se nega a autonomia do tipo penal de quadrilha ou bando. Pode este configurar-se, mesmo que sociedade constituída para praticar crimes nenhum crime tenha praticado. Mesmo assim, para a configuração do tipo penal em tela é sempre necessária a certeza de que a sociedade constituiu-se com o objetivo

---

[10] O Código Penal assim define o crime em questão: "Art. 288 – Associarem-se mais de três pessoas, em quadrilha ou bando, para o fim de cometer crimes: Pena – reclusão, de um a três anos. Parágrafo único – A pena aplica-se em dobro, se a quadrilha ou bando é armado."

[11] MACHADO, Hugo de Brito. Crimes contra a ordem tributária. São Paulo: Atlas, 2008, pp. 410 e 411.

de praticar crimes. Assim, é importante a identificação de quais serão os crimes cujo cometimento constituiu o motivo para a constituição da sociedade.

Admitamos que a imputação do cometimento do crime de quadrinha ou bando esteja sendo feita aos membros de uma sociedade ao argumento de que a mesma foi constituída tendo como objetivo o cometimento de crimes conta a ordem tributária. Não com o objetivo de praticar outros crimes. Somente crimes contra a ordem tributária. Neste caso leva problema saber se realmente a conduta dos acusados configura ou não crime contra a ordem tributária, vale dizer, tem-se presente a necessidade de prévio exaurimento da via administrativa, a menos que não se respeite a competência privativa da autoridade administrativa, prevista no art. 142 do Código Tributário Nacional.

Há de ser assim porque, se nem ao menos se tem certeza quanto à qualificação como crime das condutas apontada como crime contra a ordem tributária, e se o propósito de cometer outros crimes não está indicado como objetivo da suposta quadrilha ou bando, não é razoável admitir-se que esteja configurado esse tipo penal. Assim, não temos dúvida de que a exigência de prévio exaurimento da via administrativa estende-se para o crime de quadrilha ou bando *sempre que a acusação sustente a configuração desse tipo penal apontando como objetivo criminoso de sua formação apenas o cometimento de crimes contra a ordem tributária*. Por quê? Exatamente porque a própria qualificação como crime, da conduta apontada como o objetivo para a formação da sociedade, depende da manifestação da autoridade administrativa competente.

Veja-se que o citado autor parte, propositalmente, da premissa de que a sociedade comercial teria sido constituída exclusivamente para instrumentalizar a prática de crimes contra a ordem tributária. Algo de verificação muito excepcional, e cuja demonstração caberia às autoridades acusadoras. Como regra, afinal, uma sociedade empresária é constituída para a consecução de atividades lícitas, ainda que, eventualmente, em seu seio haja o cometimento de ilícitos tributários. Uma coisa não guarda relação necessária com a outra, até porque, do contrário, toda denúncia por crime contra a ordem tributária praticado no âmbito de uma pessoa jurídica deveria imputar, por igual, a prática do crime de formação de quadrilha aos respectivos sócios e colaboradores, absurdo que dispensa considerações adicionais. A esse respeito, o mesmo autor[12] observa:

---

[12] Ibidem. pp. 413 e 414.

Note-se que o tipo definido pelo art. 288 do Código Penal não se configura com a constituição de uma sociedade empresária porque esta, até prova em contrário, tem objetivos lícitos. Sua finalidade é o desempenho de atividade econômica, que é a todos constitucionalmente assegurado.

A configuração do crime de quadrilha ou bando, diversamente do que ocorre na constituição de uma sociedade empresária, depende do dolo específico, que consiste no propósito de cometer crimes. É a lição de Noronha:

'Devem os agentes ter vontade livre e consciente de se associarem de modo estável ou permanente, com o desígnio de cometer crimes. Esse fim ou escopo constitui o dolo específico.' (*E. Magalhães Notonha, Direito Penal, 19ª edição, Saraiva, São Paulo, 1992, v. 4, p. 95.*)

No mesmo sentido é a doutrina de Capez, afirmando que o elemento subjetivo nesse tipo penal:

'É dolo, isto é, a vontade de que o agente se associar a outras a outras pessoas com finalidade de cometer crimes (esse fim específico constitui o elemento subjetivo do tipo) sejam eles contra o patrimônio, contra os costumes, contra a liberdade individual etc.' (*Fernando Capez, Curso de Direito Penal, 2ª edição, Saraiva, São Paulo, v. 3, p. 262.*)

Não é razoável admitir-se que uma sociedade empresária seja constituída com o desígnio de cometer crimes, até porque o cometimento de crimes não demanda uma sociedade formalizada em termos legais. Por outro lado, esse desígnio de cometer crimes deve albergar pelo menos dois crimes. Neste sentido, Noronha é incisivo:

'O art. 288 fala em crimes e, conseqüentemente, dois delitos bastam.' (*E. Magalhães Notonha, Direito Penal, 19ª edição, Saraiva, São Paulo, 1992, v. 4, p. 94.*)

O escopo da quadrilha ou bando não é o desenvolvimento de uma atividade econômica na qual o crime possa ser um elemento não essencial. É, isto sim, a prática de crimes. E embora a obtenção do lucro não seja, em princípio, elemento essencial, ele é na verdade a motivação que o ordinariamente leva as pessoas à prática da associação criminosa. Isto é da maior importância, como se passa a demonstrar.

. (...)

Na sociedade empresária não se vislumbra, ao menos em princípio, o desígnio de cometer crimes. Seu objetivo essencial é o exercício de uma atividade econômica. Nesta é que os integrantes da sociedade buscam lucrar.

Mesmo quando existe naqueles que constituem uma sociedade empresária o intuito de praticar crime contra a ordem tributária, não se pode deixar de admitir que essa prática seja sempre secundária. Não será possível como prática isolada da atividade econômica que constitui objetivo da sociedade: a indústria, o comércio, a agricultura ou a prestação de serviços. Nunca o cometimento de crimes. Aliás, ao menos em princípio a prática de crime contra a ordem tributária é absolutamente impossível sem a prática de uma atividade econômica.

Não apenas o objetivo da sociedade empresária. Mas também as condutas capazes de configurar crime contra a ordem tributária, fazem com que não se possa, sem artificialismo, ver nesse tipo da sociedade configurado o tipo penal definido pelo art. 288 do Código Penal.

A nosso ver, quem constitui uma sociedade empresária, ainda que tenha a intenção de suprimir tributos, ou praticar outro crime contra a ordem tributária para tornar mais lucrativa a atividade empresarial, não comete o crime de quadrilha ou bando. A configuração do tipo penal em questão pressupõe o fim ilícito como fim essencial, ou principal, se não o fim único da associação. E não é razoável admitir-se que alguém pratica uma atividade econômica apenas porque pretende suprimir ou reduzir tributo. Em outras palavras, não é razoável admitir-se que alguém vai desenvolver uma atividade econômica apenas porque pretende suprimir ou reduzir tributo.

Quanto à falsidade ideológica, associada à supressão ou à redução de tributos, trata-se de evidente hipótese de conduta-meio, a qual não pode ser punida autonomamente, à luz do princípio da especialidade, que se reflete, na esfera penal, na ideia de *absorção* subjacente ao princípio da consunção. A questão nem é de Direito Penal, mas de Teoria do Direito[13]. Se há duas normas que prescrevem consequências diversas para situações que parecem iguais, o conflito, que é aparente, resolve-se pela prevalência da mais específica sobre a mais geral. Assim, o crime fim, que tem o outro como meio, absorve este último. É o que ocorre com o uso de documento falso, ou que contém informações ideologicamente falsas, meio para a conduta fim que é a supressão do tributo, como se percebe da relação do *caput* do art. 1.º da Lei 8.137/90 com seus incisos.

A esse respeito, aliás, é pacífica a jurisprudência, tendo o Superior Tribunal de Justiça[14] decidido a questão, inclusive na sistemática de recursos repetitivos, no que tange ao descaminho, mas cujos fundamentos aplicam-se perfeitamente aos demais crimes contra a ordem tributária que têm a fraude como elemento essencial:

---

[13] CONDE, Francisco Muñoz. *Teoría general del delito*. Valencia: Tirant lo blanch, 1991, p. 200; COSTA JR, Paulo José da. *Curso de Direito Penal*. 2.ed. São Paulo: Saraiva. 1992, v. 1, p. 26-27; MARQUES, José Frederico. *Tratado de Direito Penal*. 1.ed. atualizada. Campinas: Bookseller, 1997, v. 2, p. 438/439.

[14] STJ, 3.ª S, REsp 1378053/PR, Rel. Min. Nefi Cordeiro, julgado em 10/08/2016, DJe 15/08/2016.

RECURSO ESPECIAL REPRESENTATIVO DA CONTROVÉRSIA. RITO PREVISTO NO ART. 543-C DO CPC. DIREITO PENAL. PRINCÍPIO DA CONSUNÇÃO. DESCAMINHO. USO DE DOCUMENTO FALSO. CRIME-MEIO. ABSORÇÃO. POSSIBILIDADE. RECURSO ESPECIAL IMPROVIDO.
1. Recurso especial processado sob o rito do art. 543-C, § 2º, do CPC e da Resolução n. 8/2008 do STJ.
2. O delito de uso de documento falso, cuja pena em abstrato é mais grave, pode ser absorvido pelo crime-fim de descaminho, com menor pena comparativamente cominada, desde que etapa preparatória ou executória deste, onde se exaure sua potencialidade lesiva. Precedentes.
3. Delimitada a tese jurídica para os fins do art. 543-C do CPC, nos seguintes termos: Quando o falso se exaure no descaminho, sem mais potencialidade lesiva, é por este absorvido, como crime-fim, condição que não se altera por ser menor a pena a este cominada.
4. Recurso especial improvido.

Desse modo, tendo havido a suspeita de supressão ou redução de tributo, que aguarda o desfecho do processo administrativo de lançamento para que eventual persecução penal ocorra, não é possível investigar e punir, autonomamente, as condutas-meio do aludido crime fim, por ele absorvidas.

5. Pendência de Processo Administrativo Estadual ou Municipal

A circunstância de o Brasil organizar-se sob a forma de uma República Federativa, com os diversos entes autônomos dotados de competência tributária, faz com que, não raro, uma mesma conduta possa desencadear a supressão de tributos federais, estaduais e municipais.

Exame da competência tributária esclarece ser bastante comum, no âmbito da atividade empresarial, essa simultaneidade. Estados-membros, por exemplo, têm competência para instituir imposto sobre operações relativas à circulação de mercadorias (e à prestação de serviços de comunicação e de transporte interestadual e intermunicipal), o ICMS (CF/88, art. 155, II). Ao vender uma mercadoria e adulterar o registro correspondente, há reflexos na determinação do valor devido a título de referido imposto, mas, por igual, reflexos na determinação do montante devido a título de imposto de renda, porquanto a venda fraudulentamente registrada a menor implicará menor receita, com impacto no resultado contábil. Com o advento das "contribuições" que oneram a receita ou o faturamento (CF/88, art. 195), COFINS e PIS, isso se torna ainda mais claro, com a supressão de vários tributos mesmo no caso de sociedade empresária que em determinado período não é lucrativa e, nessa condição, não é devedora do imposto de renda. O mesmo se dá no âmbito dos contribuintes prestadores de serviços, relativamente ao imposto municipal sobre serviços de qualquer natureza – ISSQN (CF/88, art. 156, III).

Há reflexos, daí decorrentes, na persecução penal, que pode ocorrer no plano estadual, ou no plano federal. Coloca-se, então, a questão de saber se a pendência de um processo administrativo estadual, ou municipal, no qual se discute a validade de lançamento tributário, deve ensejar a aplicação da Súmula Vinculante 24.

Em princípio, a Súmula não distingue, e a análise dos precedentes que lhe deram origem, e da *ratio* a eles subjacente, não autoriza que se faça essa distinção. Não é relevante saber se o processo em que se apura a existência de tributos devidos e não pagos, a serem lançados, é federal, estadual ou municipal. Se a supressão desses mesmos tributos é elemento central do tipo, relativamente ao crime de cuja investigação ou punição se cogita, o prévio exaurimento da via administrativa é medida que se impõe. Antes dele, não se pode afirmar que os tais tributos foram suprimidos e, por conseguinte, não se pode cogitar da consumação do crime.

Pode haver, contudo, particularidades que imponham solução diversa, remetendo a questões ligadas à competência jurisdicional ainda não suficientemente debatidas pela literatura especializada ou pela jurisprudência.

Imagine-se, por hipótese, que de determinada conduta – *v.g.*, a adulteração de notas fiscais de venda de mercadorias – um contribuinte suprime tributos estaduais (o ICMS) e federais (PIS, COFINS, IRPJ e CSLL). Nesse caso, será competente a Polícia Federal, o Ministério Público Federal, e a Justiça Federal, respectivamente, para investigar, propor a ação penal e julgá-la[15]. Hugo de Brito Machado[16], a esse respeito, escreve:

---

[15] Em situação diversa, mas no todo análoga, o Superior Tribunal de Justiça entendeu que o "uso de documentos particulares com dados ideologicamente falsos perante órgãos federais e estadual atrai a competência da Justiça Federal para o julgamento da ação penal. Súmula n. 122 do STJ. (...)" (STJ, 6.ª T, RHC 67.638/PE, *DJe* de 01/08/2016). Igual conclusão adotou a Corte em caso no qual investigação por falsidade ideológica conclui tratar-se de falsidade destinada a suprimir tributos, inclusive federais, ensejando a competência da Justiça Federal: STJ, 3.ª S, CC 136.432/SP, *DJe* de 15/12/2014.

[16] MACHADO, Hugo de Brito. *Crimes contra a ordem tributária*. São Paulo: Atlas, 2008, pp. 366 a 367.

Em regra, o crime de supressão ou redução de tributo atinge ao mesmo tempo impostos federais e estaduais ou municipais. A não emissão de uma nota fiscal relativa a venda de mercadorias, por exemplo, pode implicar supressão de tributos federais e estadual. A não-emissão de uma nota fiscal relativa a uma prestação de serviços pode implicar supressão de tributos federais e municipal. Assim, coloca-se desde logo a questão de saber se é competente para a respectiva ação penal a Justiça Federal ou a Justiça dos Estados. E se é competente para a propositura da ação o Ministério Público Federal ou o Ministério Público Estadual.

Compete à Justiça Federal o processo e o julgamento dos que praticam crimes em detrimento de bens, serviços e interesses da União. Se do fato em apreciação – falsificação ou uso de notas fiscais falsas, por exemplo – decorreu a supressão do ICMS, e também de tributos federais, induvidosa é a competência da Justiça Federal, como induvidosa é a absoluta incompetência da Justiça do Estado, para o respectivo processo e julgamento. E como a competência do Ministério Público é praticamente uma decorrência, tem-se que a competência para a propositura da ação nesses casos é do Ministério Público Federal.

O fato de ter havido também, em decorrência do mesmo fato, detrimento para o Estado, com a supressão ou redução de um imposto de sua competência, vale dizer, o ICMS, não faz competente a Justiça Estadual. Nem o Ministério Público Estadual. A presença do possível detrimento a interesses da União desloca, indiscutivelmente, para a Justiça Federal, a competência para o correspondente processo e julgamento. E para o Ministério Público Federal a competência para a propositura da ação penal correspondente. Assim tem entendido a jurisprudência.

Da competência da Justiça Federal será tão somente o processo e o julgamento de autor de crime previsto na Lei 8.137/90, se desse crime tiver decorrido a supressão, ou a redução, apenas de tributo estadual, ou municipal. Processo que há de ter início por ação promovida pelo Ministério Público Estadual.

O fato de ter havido supressão de tributo estadual não torna competente a Justiça Estadual, tampouco autoriza a absurda consideração de que teria havido crimes distintos[17], a serem punidos cada um em uma esfera diferente do Judiciário. Não há concurso formal. Nem mesmo na hipótese de vários serem os "titulares" dos bens jurídicos violados.

Comparação com outra situação menos complexa pode ser instrutiva na apreensão do raciocínio. Imagine-se, por exemplo, que alguém, encontrando um ônibus turístico estacionado e aberto, sem ninguém por perto, nele entra e furta diversos objetos deixados em seu interior (óculos, máquinas fotográficas,

---

[17] Em sentido contrário, FURLAN, Anderson. Sanções Penais Tributárias. In: MACHADO, Hugo de Brito (Coord.). *Sanções Penais Tributárias*. São Paulo/Fortaleza: Dialética/ICET, 2005, pp. 38 a 39.

telefones celulares etc.). Nesse caso, terá havido *um* furto, ainda que os objetos furtados sejam vários, e pertençam a pessoas diferentes. Não há concurso. O mesmo ocorre no caso de supressão de tributo mediante a falsificação de uma nota fiscal, ainda que haja efetiva redução de tributos federais, estaduais e municipais. É o que tem decidido, com muita precisão, o Superior Tribunal de Justiça[18]:

> RECURSO ESPECIAL. DIREITO PENAL E PROCESSUAL PENAL. CRIME CONTRA A ORDEM TRIBUTÁRIA. SUPRESSÃO DE MAIS DE UM TRIBUTO. CONCURSO FORMAL. INOCORRÊNCIA. CRIME ÚNICO.
>
> 1. No crime de sonegação fiscal o bem jurídico tutelado não é o patrimônio ou erário de cada pessoa jurídica de direito público titular de competência para instituir e arrecadar tributos – fiscais (entes federativos) ou parafiscais (entidades autárquicas) – mas, sim, a ordem jurídica tributária como um todo.
>
> 2. A conduta consistente em praticar qualquer uma ou todas as modalidades descritas nos incisos I a V do art. 1 da Lei nº 8.137/90 (crime misto alternativo) conduz à consumação de crime de sonegação fiscal quando houver supressão ou redução de tributo, pouco importando se atingidos um ou mais impostos ou contribuições sociais.
>
> 3. Não há concurso formal, mas crime único, na hipótese em que o contribuinte, numa única conduta, declara Imposto de Renda de Pessoa Jurídica com a inserção de dados falsos, ainda que tal conduta tenha obstado o lançamento de mais de um tributo ou contribuição.
>
> 4. Recurso improvido.

Nesse caso, sendo a Justiça Federal competente para o processamento da ação penal, pode ocorrer de o contribuinte estar ainda aguardando pronunciamento da autoridade administrativa estadual, quanto à existência de impostos estaduais devidos, mas já ter sido concluído o processo administrativo tributário federal, o qual confirmou de maneira definitiva o lançamento de tributos federais devidos e não pagos. Em uma situação assim, a pendência do processo administrativo estadual não impedirá a propositura da ação penal, na Justiça Federal, pela supressão de tributos, pois entre estes se acham exações de competência federal já definitivamente lançadas, nos termos exigidos pela Súmula. Não há desrespeito ou burla à súmula, com essa conclusão, pois o crime estaria consumado, e sua investigação e o oferecimento da denúncia seriam possíveis, mesmo que não houvesse tributos estaduais ou municipais

---

[18] STJ, 6.ª T, REsp 1.294.687/PE, *DJe* de 24/10/2013.

suprimidos também. Mas veja-se: nessa hipótese, tendo a denúncia sido oferecida antes da conclusão do processo estadual ou municipal, o juízo federal não poderá considerar a eventual supressão também de tributos estaduais ou municipais como causa para agravamento da pena ou para qualquer outro efeito no respectivo processo federal, o que, alternativamente, poderia ocorrer se tais processos estivessem todos concluídos.

Imagine-se, porém, a hipótese de o inquérito policial ser instaurado perante a polícia estadual, sendo também o Ministério Público Estadual quem promove a denúncia, perante a Justiça Estadual. Nesse caso, em primeiro lugar, há de se observar que é praticamente impossível ter havido, a partir das condutas imputadas ao contribuinte, a supressão apenas de tributos estaduais. E o fato de tributos federais terem sido afetados ensejará, como já observado, a competência da Justiça Federal, com a nulidade dos atos praticados no âmbito do Judiciário Estadual.

Mas, supondo-se que se está diante de conduta que afetou única e exclusivamente tributos estaduais, ou municipais, ter-se-á a competência do Ministério Público Estadual, e da Justiça Estadual, sendo imperioso aguardar-se o desfecho do respectivo processo administrativo tributário, seja ele estadual ou municipal, para que se possa proceder à investigação, à abertura de inquéritos e, *a fortiori*, à propositura da ação penal correspondente, nos termos da Súmula Vinculante 24. A lógica seguirá a mesma: sem a conclusão do processo administrativo de controle da legalidade do lançamento, não há "lançamento definitivo" nem, *a fortiori*, crime pela supressão dos tributos correspondentes.

6. Conclusões

A partir do que foi examinado ao longo deste texto, conclui-se que a questão do prévio exaurimento da via administrativa não deve ser revista pelo Supremo Tribunal Federal, mas, apesar disso, ainda suscita dúvidas e questionamentos, notadamente por conta de resistência em setores do Judiciário e do Ministério Público ao seu acolhimento, que leva à criação de medidas talvez destinadas a contorná-la. É o que se dá quando se inserem crimes outros, supostamente autônomos, na imputação feita, de modo que, pelo suposto crime de quadrilha ou bando, por exemplo, se possa desde logo instaurar inquérito policial ou promover a própria ação penal. Sempre que tais crimes desaparecem se não houver a supressão do tributo, ou forem por ela absorvidos, sua cogitação será mera tentativa de burla à súmula, não autorizando a investigação e a denúncia antes do exaurimento da via administrativa.

Outro ponto no qual a aplicação da Súmula Vinculante 24 pode ser problematizada, notadamente por quem está à procura de meios para fragilizá-la ou contorná-la, diz respeito à pluralidade de entes tributantes e de órgãos de investigação. Nesse caso, porém, o fato de o processo administrativo ser estadual, ou municipal, não modifica a conclusão de que, para investigar ou acusar crime referente à supressão do tributo discutido nesse processo administrativo, é preciso aguardar a sua conclusão. Excepcionalmente, na hipótese de pendência de processo administrativo estadual, ou municipal, poderá haver a abertura de inquéritos ou a apresentação de denúncia, por crime contra a ordem tributária, por parte do Ministério Público Federal, se na órbita da Receita Federal já tiver havido lançamento definitivo de tributos federais, os quais, por si só, justificariam a conclusão de que teria havido, em tese, crime de supressão ou redução de tributos. Nesse caso, porém, o crime será um só, assim como a competência para processá-lo, sendo nulos atos praticados no âmbito da Justiça Estadual.

Referências

CARVALHO, Paulo de Barros. *Curso de Direito Tributário*. 12. ed. São Paulo: Saraiva, 1999.
CONDE, Francisco Muñoz. *Teoría general del delito*. Valencia: Tirant lo blanch, 1991.
COSTA JR, Paulo José da. *Curso de Direito Penal*. 2.ed. São Paulo: Saraiva. 1992, v. 1.
FURLAN, Anderson. Sanções Penais Tributárias. In: MACHADO, Hugo de Brito (Coord.). *Sanções Penais Tributárias*. São Paulo/Fortaleza: Dialética/ICET, 2005.
MACHADO, Hugo de Brito (Coord.). *Sanções Penais Tributárias*. São Paulo/Fortaleza: Dialética/ICET, 2005.
_____. *Crimes contra a ordem tributária*. São Paulo: Atlas, 2008.
MARQUES, José Frederico. *Tratado de Direito Penal*. 1.ed. atualizada. Campinas: Bookseller, 1997, v. 2.
SEARLE, John. *Libertad y neurobiologia*. Tradução de Miguel Candel. Barcelona: Paidós, 2005.
TIPKE, Klaus. *Moral Tributaria del Estado e de los Contribuyentes*. Tradução de Pedro Herrera Molina. Madrid: Marcial Pons. 2002.

A Súmula Vinculante 24 do Supremo Tribunal Federal e a Discussão Judicial do Crédito Tributário

Mariana Correia Pereira

1. Introdução – A Súmula Vinculante 24 do Supremo Tribunal Federal

Em 02 de dezembro de 2009, em sessão plenária, o Supremo Tribunal Federal aprovou a seguinte súmula vinculante: *Não se tipifica crime material contra a ordem tributária, previsto no art. 1º, incisos I a IV, da Lei nº 8.137/90, antes do lançamento definitivo do tributo.*

A súmula vinculante teve por objetivo consolidar entendimento da Corte Suprema manifestado em diversos precedentes em que os contribuintes ainda discutiam administrativamente autuações fiscais – lançamentos tributários de ofício – e eram surpreendidos por ações penais tramitando em paralelo.

Essa foi a situação fática avaliada pelos Ministros do Supremo Tribunal Federal: *processo tributário administrativo em andamento e ação penal ajuizada em paralelo*.

Diante desse contexto, os julgados foram se consolidando em prol da garantia à ampla defesa, ao contraditório e ao devido processo legal e se firmou o entendimento de que enquanto perdurar um processo administrativo contra cobrança tributária, o lançamento não deve ser considerado definitivo e não sendo exigível ainda, nesse momento, não seria possível, se perquirir acerca da existência de crime tributário.

Isso porque a materialidade do crime contra a ordem tributária, conforme previsto no *caput* do artigo 1º, da Lei n. 8.137/90, reside na *supressão ou redução de tributo*, ou seja, pressupõe a legitimidade da cobrança fiscal, para que se apure se naquela hipótese, o ilícito tributário, já confirmado, se enquadra ou não no tipo penal legal e se seria passível de penalidade também na esfera criminal. Isso tudo em prol das garantias constitucionais conferidas aos cidadãos.

Pode-se afirmar que são esses os principais fundamentos utilizados pela Suprema Corte nas decisões proferidas nos casos que suscitaram a publicação da súmula vinculante e que foram amplamente debatidos pelo Pleno quando da definição do texto da súmula.

Diversos trechos desse debate evidenciam essa linha de argumentação e consideramos interessante a sua transcrição[1]. Vejamos:

> O SENHOR MINISTRO CEZAR PELUSO – (...) a postura da Corte, hoje, *não admite processo-crime sem que esteja predefinido o crédito*, que é elemento normativo do tipo, que todo tipo penal referido no artigo 1° da Lei se refere a crédito. *Se há dúvida sobre a existência do crédito, evidentemente* há dúvida sobre a existência do elemento normativo do tipo.
>
> A despeito disso, queria, com o devido respeito, dizer o seguinte: a jurisprudência não tem dúvida sobre essa conclusão. O que há é divergência quanto a fundamentos e, por isso, o caso é de fundamentos concorrentes: temos postura de quem admite condição de procedibilidade, fundamento de quem admite inexistência do elemento normativo do tipo e outros argumentos, ou seja, colhe-se um conjunto de fundamentos, mas isso não é objeto da súmula. **Objeto da súmula é a conclusão da Corte de que não há possibilidade de exercício de ação penal antes da apuração da** *existência certa do crédito tributário*.
>
> (...)o que agora interessa sobretudo, a meu ver, é refletir a postura do Tribunal, isto é, a tese de que, sem a **apuração definitiva da existência do crédito**, não pode haver nenhum desses crimes materiais previstos no artigo 1° da Lei. (pp.18)

Merece destaque o trecho que menciona a existência de fundamentos concorrentes nos diversos julgados da Corte Superior. Isso porque, mesmo diante de parâmetros e bases diferentes, há um ponto comum e crucial da súmula a ser enfatizado: *o caráter **definitivo** do crédito tributário como condição para a tipicidade criminal*.

Na sequência do debate fica muito evidente que a aplicação da súmula vinculante em questão deve estar atrelada ao elemento *exigibilidade* do crédito tributário – centro dos debates acerca da possibilidade de se instaurar processo criminal tributário relativo a créditos em discussão:

---

[1] http://www.stf.jus.br/arquivo/cms/jurisprudenciaSumulaVinculante/anexo/SUV_24__PSV_29.pdf.

O SENHOR MINISTRO CESAR PELUSO – Vossa Excelência me permite, são só duas observações: acho que o Tribunal, também, não pode perder de vista o caráter – vamos dizer –, de certo modo, extravagante de recurso que o ordenamento jurídico brasileiro faz ao Direito criminal para efeito de lograr arrecadação. **O Direito Penal é o último recurso de que as ordens jurídicas se valem para defender valores que não podem ser eficazmente defendidos de outro modo.** *Não é este o caso de arrecadação de tributos!*

Em segundo lugar, Senhor Presidente, e isso já estava no meu voto no HC nº 81.611, onde se debateu a matéria, que o artigo 151, III, do Código Tributário Nacional é expresso: "as reclamações e os recursos" administrativos "suspendem a exigibilidade do crédito". Noutras palavras, *como é que se pode considerar criminosa atividade de uma suposta imputação de sonegação, quando o próprio Código Tributário nacional preceitua que esse crédito é ainda inexigível?* (grifos nossos)

O principal precedente que culminou na edição da Súmula Vinculante 24 foi o HC 81.611, de relatoria do Ministro Sepúlveda Pertence e, em sua redação, novamente fica claro que a fundamentação utilizada está na *impossibilidade de criminalização de crédito tributário* não exigível.

2. Habeas Corpus 81.611 – Aspectos Debatidos e Fundamentos Consolidados

Sendo o Habeas Corpus 81.611 o principal precedente que deu origem à Súmula Vinculante 24, é muito importante conhecermos os fatos ali analisados, os argumentos debatidos e a fundamentação adotada pelo Supremo Tribunal Federal em sua decisão, pois são esses os dados que delimitam o alcance do entendimento sumulado e os contornos em que deve se dar a uniformização de entendimento jurisprudencial no país. Se isso não estiver bem claro para quem adota a súmula como norte de suas decisões, corre-se o risco de desvirtuar por completo a intenção da Suprema Corte quanto ao tema em debate.

Os fatos analisados no HC 81.611 tinham as seguintes características: a) denúncia apresentada pelo Ministério Público Federal contra sócio majoritário e gerente de empresa de construção civil; b) acusação de crime contra a ordem tributária capitulado no artigo 1º, I e II, da Lei 8.137/90, cominado com o artigo 71, do Código Penal (crime continuado); c) autos de infração lavrados pela Fiscalização da Receita Federal concluíram pela omissão de receitas por parte da empresa fiscalizada, pois tiveram acesso a contratos de compra e venda de apartamentos e recibos de pagamentos, que não teriam sido incluídos nas declarações de rendimentos da empresa e que não constavam dos seus registros contábeis; d) a denúncia foi recebida pela Justiça Federal de São Paulo, o habeas corpus impetrado pelo acusado foi negado no Tribunal Regional Federal e seus recursos para STJ e STF foram negados, levando à impetração originária no STF do HC 81.611.

As razões de defesa do Habeas Corpus se pautaram nos seguintes elementos principais:

a) a denúncia foi oferecida e recebida enquanto ainda estava pendente de apreciação impugnação do lançamento apresentada em sede administrativa, o que teria gerado constrangimento ilegal;
b) a referida impugnação atacou o Auto de Infração quer quanto ao aspecto da legalidade quer quanto ao montante nele determinado, lembrando que a lei estabelece a possibilidade de extinção da punibilidade mediante o pagamento do tributo, para o que se faz necessário o conhecimento do exato montante devido, o que somente se pode saber após o exaurimento das instâncias administrativas – a se exigir o pagamento do valor apurado numa primeira fase pelo mero lançamento expresso em Auto de Infração, estaria sendo vilipendiado o princípio constitucional da ampla defesa e do contraditório;
c) a legislação condiciona a comunicação pela autoridade administrativa ao Ministério Público ao exaurimento da fase contenciosa administrativa, o que seria uma condição de procedibilidade não observada pela denúncia questionada;
d) o crime contra a ordem tributária é um crime de dano e não de mera conduta, portanto;
e) por conta das decisões administrativas proferidas no processo administrativo que estava em andamento, o crédito tributário se encontrava reduzido a um terço do que originariamente havia sido lançado – argumentos esses que reforçavam o caráter prematuro da denúncia antes do encerramento do processo administrativo-fiscal; e, finalmente
f) a distribuição da denúncia penal era apontada em certidões criminais do paciente, gerando grande prejuízo a suas atividades profissionais, impedindo a concessão de empréstimos relevantes para a continuidade de seus negócios, causando impactos negativos imediatos, apesar de toda prematuridade dos fatos.

Com tais argumentos, a análise do Habeas Corpus teria por foco os seguintes elementos:

i) processo administrativo em andamento;
ii) elementos do lançamento ainda não consolidados, inviabilizando extinção de punibilidade pelo pagamento;
iii) preservação do princípio da ampla defesa e do contraditório;
iv) ausência de resultado na fase em que se encontrava a análise do crédito tributário em discussão – crime contra a ordem tributária é um crime de dano.

De todos esses argumentos, o que merece destaque, por ter sido o grande definidor da linha mestre adotada pelo STF em prol da segurança jurídica e que é o objeto do presente artigo, é aquele que trata da ausência de delimitação completa dos aspectos do lançamento tributário – estando qualquer um deles sob discussão ainda não consolidada, devem ser totalmente preservados os princípios do contraditório, da ampla defesa e da boa-fé.

Enquanto não concluída a avaliação em andamento acerca da exigibilidade do crédito tributário lançado, não há como se imputar ao contribuinte a prática de ilícito tributário, e consequentemente não há tipo penal passível de penalização – ausentes, portanto, requisitos mínimos para apresentação de denúncia por crime tributário, não sendo nem mesmo recomendável a instauração de inquérito criminal, pois inócua seria em fase como essa, já que os elementos a serem investigados não estão consolidados, completos e acabados.

É imprescindível a garantia de uma discussão exauriente dos aspectos fiscais da autuação por parte do contribuinte, que pode se estender também para a esfera judicial, como analisaremos mais a seguir.

Cabe aqui um adendo de que o aspecto judicial da discussão do débito tributário não foi abordado pelo STF no presente caso, pois não fazia parte dos fatos analisados. Como exposto acima, a denúncia foi apresentada pelo Ministério Público enquanto ainda estava pendente de finalização a discussão administrativa do auto de infração fiscal.

É muito importante que isso esteja claro no presente artigo, pois esse aspecto delimita o alcance do entendimento que foi sumulado pelo Supremo, porém, não impede que os fundamentos sejam avaliados em seu aspecto conceitual – interpretação fundamental para uma boa aplicação dos precedentes – esses pontos serão melhor explorados nos tópicos seguintes.

Voltemos à análise do que foi discutido no âmbito do HC 81.611.

A primeira decisão no HC 81.611, pelo Tribunal Regional Federal da 3ª Região, foi denegando a ordem, por maioria de votos.

A questão de procedibilidade tinha sido o norteador da decisão, porém, havia nos autos o voto vencido da juíza Suzana Camargo, que foi destacado pelos advogados em seu recurso ao STJ, em que se explorava a ausência de lançamento definitivo do tributo e sua consequência sobre a extinção da punibilidade pelo pagamento de tributo, cujo valor ainda não era definitivo, pela falta de delimitação exata do montante devido – ainda objeto de discussão entre Fisco e contribuinte.

Não obstante tal linha de argumentação, o STJ manteve o foco originalmente estabelecido pelo TRF sobre o aspecto da procedibilidade. O pedido de liminar no STF foi inicialmente indeferido pelo ministro Néri da Silveira, por entender inexistente o risco iminente à liberdade de ir e vir do paciente e após redistribuição por prevenção ao Ministro Sepúvelda Pertence, por ter sido ele o relator do agravo tirado do indeferimento do RE, a liminar foi deferida, após terem sido reforçados os argumentos de defesa que demonstravam a instabilidade do crédito tributário naquele momento e os prejuízos concretos já trazidos pela apresentação prematura da denúncia penal.

Importante mencionar esse conflito de fundamentos, pois é objeto de longos esclarecimentos no voto do relator e resultam na *escolha de um caminho pela Corte Suprema que levou à intenção de uniformização da jurisprudência por meio da súmula.*

A questão de existir processo administrativo tributário em trâmite seria impeditiva à apresentação de denúncia penal por:

i) uma questão de procedimento – a lei somente autoriza a apresentação de denúncia por parte do Ministério Público mediante recebimento de representação fiscal para fins penais, que por sua vez só poderia ser emitida após o término da fase administrativa ou

ii) uma questão de materialidade – caracterização do tipo penal – enquanto não se há certeza acerca do crédito tributário, de seu valor exato e de sua efetiva exigibilidade, não há que se imputar crime ao contribuinte que discute com o Fisco o lançamento fiscal recebido.

A questão procedimental vinha sendo analisada pela Corte de forma desfavorável aos contribuintes e era considerado aspecto suficiente para se manter a legitimidade das denúncias penais apresentadas mesmo quando ainda em curso o processo administrativo tributário. Sobre esse aspecto, o Ministro

Sepúlveda Pertence destacou em seu voto no HC 81.611, que *não recuava do voto proferido na ADInMC 1571, mas apenas se pronunciava sobre temas que, naquela oportunidade, se reservara para melhor exame, quando se fizesse necessário (p.101).*

E aqui é feita a diferenciação, a tomada de um novo rumo na análise de casos como esses. No trecho abaixo destacado do voto do relator fica evidente que naquele julgamento, o Supremo retira a discussão da esfera processual penal para inseri-la na esfera material do direito penal:

> 32. Problema de todo diverso – *não mais apenas de Processo, mas também de Direito Penal* – é saber se, antes de resolvida, nas vias administrativas, a impugnação do contribuinte acerca da existência e do montante do crédito tributário, *há justa causa para a denúncia por crimes tributários.*(pp.103)

A partir desse momento, desse divisor de águas, se inicia um debate de profundidade relevante, que esclarece o caminho sobre o qual se pretende aqui jogar uma luz máxima, a fim de evitarmos interpretações incompletas acerca do posicionamento do STF acerca da questão debatida, o que coloca em risco a importante proteção de garantias constitucionais aos cidadãos brasileiros.

Cabe aqui fixar alguns pontos de partida do voto condutor da decisão do STF antes de seguirmos em frente:

a) Crimes contra a ordem tributária são crimes de resultado, logo, dependem da confirmação do ato lesivo ao Fisco – exatidão do débito tributário – para se consumarem;

b) Independentemente das teorias tributárias acerca da natureza jurídica do lançamento tributário – se constitutiva ou declaratória – o lançamento, ou, se for o caso, a sua ratificação ou alteração em virtude de discussão administrativa desempenha uma *função de acertamento da existência e do conteúdo da obrigação tributária*. A esse respeito, o voto do relator desce em maiores detalhes, que valem a pena a leitura do original:

> 53. (...) Mas o fato de a obrigação tributária ser, em si mesma, certa, não impede que quanto a ela se **gere uma situação de incerteza**". Não importa, aduz, a mera incerteza subjetiva: "como fundamento da abstração e do efeito preclusivo *encontra-se, sim, a incerteza objetiva, resultante da simples potencialidade de uma contestação, de um conflito de apreciação quanto à existência e conteúdo da obrigação*".

54. *"O lançamento foi assim concebido pela lei" – conclui – "como uma forma de remoção ou eliminação da incerteza objetiva que impende sobre a obrigação tributária...".*
(...)
64. *O ponto é indagar dos reflexos penais dessa eficácia preclusiva da decisão definitiva do procedimento administrativo do lançamento, em favor do contribuinte ou contra ele.*
(...)
69. *Impõe-se aqui uma reflexão de ordem sistemática*, além daquela a que procedeu com lucidez o Ministro Jobim, e sem prejuízo dela.
(...)
73. De tudo resulta que, *enquanto pendente o processo administrativo, essa incerteza objetiva sobre a existência e o conteúdo da obrigação remanescerá.*
(...)
76. Cuida-se, sim, de hipótese extraordinária – posto que não única em que, quando não a tipicidade, a punibilidade da conduta do agente – malgrado típica – **está subordinada à decisão de autoridade diversa do juiz da ação penal.**

Nesse momento, trava-se uma análise acerca de qual é o ponto a que se estaria relacionada a necessária exatidão do crédito tributário: a) tipicidade ou b) punibilidade do crime, para concluir que, dentro da análise teórica de lançamento como declaratório e não constitutivo, desde o fato gerador o crime poderia ter sido consumado, pois ali teria se dado a sua materialidade de não recolhimento da obrigação tributária, que, por ser *ex lege*, nasce com a realização do fato gerador. Entretanto, não seria ainda punível, pois ainda dependeria de um acertamento administrativo para adquirir maior certeza e viabilizar eventual punição por parte do Estado, caso se confirme ser devido e envolver critérios tipificadores do crime como a fraude ou a omissão de informação. Nesse sentido, conclui que o fato se tornará criminalmente punível apenas após a decisão definitiva do processo administrativo de revisão do lançamento, instaurado de ofício ou em virtude da impugnação do contribuinte ou responsável (item 85 do voto do relator, proferido no HC 81.611).

O Ministro Relator concluiu o voto tratando da questão da extinção de punibilidade pelo pagamento, a qual torna ainda mais evidente a necessidade de conclusão do acertamento tributário para que seja viável a utilização de tal permissão legal pelo contribuinte, afinal, não é razoável que o contribuinte efetue o pagamento de um valor que ainda esteja sob discussão e possa ser alterado – como no caso analisado no HC 81.611, em que o débito, na fase em que se encontrava na discussão administrativa, já havia sido reduzido a um terço do valor originalmente cobrado na autuação fiscal, e ainda era possível a apresentação de novo recurso.

Caso essa possibilidade fosse negada ao contribuinte, ocorreria verdadeiro abuso de poder por parte do Estado, em violação expressa a garantias constitucionais concedidas ao cidadão quanto ao direito ao devido processo legal, pois, em última análise, exigir-lhe o pagamento antes do término do processo administrativo para que se alcançasse a extinção de punibilidade prevista em lei seria indiretamente tirar-lhe o direito de impugnar administrativamente a cobrança fiscal[2].

Os debates se iniciaram após a conclusão do voto relator com certo desconforto por parte do Ministro Moreira Alves quanto ao risco de prescrição do crime tributário, caso o Ministério Público fosse obrigado a aguardar o encerramento de discussão administrativa acerca do crédito tributário.

Foram discutidos conceitos de direito tributário, especialmente em relação a obrigação tributária, crédito tributário, lançamento por homologação, prazo decadencial (que prolongaria em muito tempo a conclusão de uma discussão administrativa acerca de eventual valor devido).

Cogitou-se, inclusive, que fosse feita a apuração pelo Ministério Público acerca da existência de crédito tributário, o que foi rapidamente repudiado pelo Ministro Nelson Jobim, que destacou ser o lançamento tributário ato privativo da Fazenda. Na sequência os debates evoluíram para um ponto extremamente relevante: *a especificidade e complexidade do tema tributário, que justificam o foro específico de discussão.* Nas palavras do ministro Nelson Jobim:

> No caso específico, pelo que foi sustentado da tribuna e referido pelo Relator, o valor inicial foi reduzido para 1/3, já na esfera administrativa, ainda não encerrada.
> Estava lendo **a** *decisão, nos autos, da Delegacia de Receita Federal, no julgamento, em São Paulo, e ela mostra* **a complexidade da situação**; é uma discussão de lançamentos e débitos:
> "A fiscalização considerou que a não contabilização dos contratos de prestação de serviços, caracteriza omissão de receita..." (sic)
> Mais adiante, ele diz que não era contrato de prestação de serviço, e, sim, outra coisa. *Isso precisa ser discutido na esfera administrativa.*(pp. 130).

---

[2] "101. Se assim é, ao devedor ameaçado da ação penal, para alcançar a extinção da punibilidade, só restaria um caminho: dobrar- se à exigência fiscal do lançamento objeto da impugnação e renunciar a esta.
102. Isso representaria, no entanto, o abuso do poder de instaurar o processo penal para constranger o cidadão a render-se incondicionalmente aos termos da exigência do Fisco, com a renúncia não só da faculdade – que a lei complementar lhe assegura de impugnar o lançamento mediante procedimento administrativo nela previsto, mas também, e principalmente, de eminentes garantias constitucionais, sintetizadas na do "devido processo legal". (...)".

Esse ponto nos remete a importante teoria do Direito Penal, que trata da unicidade do ilícito – unidade do injusto, na qual se estabelece que o antijurídico não se deduz do direito penal, mas sempre das restantes partes do Direito, as quais são efetivamente lesadas pela ação delituosa – assim, para se penalizar criminalmente uma conduta ilícita no campo do direito tributário, se faz imprescindível a prévia apuração de sua característica de ilícito na esfera tributária. Essa teoria, extremamente esclarecedora é brilhantemente explorada pela Professora Misabel de Abreu Machado Derzi, que, com sua costumeira erudição, descreve em um artigo publicado em 2000 sobre crimes contra a ordem tributária[3], como diversos autores estrangeiros tratam do tema. Diante da relevância dessas conclusões e sua adequação ao que defendemos no presente artigo, exploraremos melhor os seus conceitos em tópico seguinte do presente artigo.

Voltando ao HC 81.611 – em 2003, após pedido de vista da Ministra Ellen Gracie, foi retomado o julgamento que se iniciou em 2002 e que teve os votos do Relator (Ministro Sepúlveda Pertence) e do Ministro Gilmar Mendes deferindo a ordem. Naquela ocasião, o Pleno do STF voltou a debater o HC 81.611, com uma manifestação inicial do relator, aditando o seu voto para garantir que a prescrição penal restasse suspensa enquanto não se encerrasse a discussão administrativa provocada pelo contribuinte.

Após tais adendos feitos pelo Ministro Relator, a Ministra Ellen Gracie apresentou um voto rigoroso, pautado por questões orçamentárias e possível ineficiência do Poder Executivo prejudicando o dever constitucional do Ministério Público de denunciar criminosos – argumentação chamada pelo Ministro Relator de *extra-jurídica*, cujos trechos abaixo valem ser citados:

> (...), *não me filio à corrente que sustenta seja a ação de que o paciente é acusado crime de resultado* e, mais, que se precise apurar resultado certo ou líquido, para que o Ministério Público tenha justa causa para a instauração da ação penal.
>
> (...)
>
> **Não há previsão de arrecadação que se sustente, nem projeção orçamentária possível sem a expectativa de que a atividade econômica do país, num determinado exercício fiscal, gere um quantitativo determinado de ingressos.** *Quando a inadimplência, como no caso, resulte de omissão absoluta de comunicação da ocorrência das operações tributáveis,* **a conduta atrai a sanção penal.**

---

[3] Cf. DERZI, MISABEL DE ABREU MACHADO. Alguns Aspectos Ainda Controvertidos Relativos Aos Delitos Contra A Ordem Tributária. Revista Brasileira de Ciências Criminais – RBCCrim 31/201 – jul/set/2000. p. 357.

(...)
A relação tributária se estabelece, na realidade, entre a sociedade e seus membros que nela encontram o respaldo de seus direitos e para com ela assumem obrigações, na forma da lei. **A administração tributária intermedia o recolhimento das obrigações tributárias, nada mais.** *Se este setor do serviço público for ineficiente ou insuficiente para evitar que alguns membros da sociedade se furtem a suas obrigações, nem por isso deixa o MP de ter justa causa para a ação penal,* **independentemente da fixação exata do quantum debeatur.**

Na sequência do julgamento, o Ministro Nelson Jobim acompanhou o Relator, reforçando que tal entendimento tinha por objetivo assegurar garantias constitucionais aos contribuintes, em prol do devido processo legal, bem como destacou as especificidades do direito tributário, causando-lhe estranheza eventual entendimento que deixasse a cargo do juízo penal as conclusões acerca da interpretação de normas tributárias.

O Ministro Joaquim Barbosa, apesar de negar a ordem, trouxe conceitos muito importantes para a reflexão sugerida no presente artigo – destacando também a especificidade do delito tributário e tratando, a nosso ver, também da questão como uma unicidade de ilícito ao afirmar que *o fato humano voluntário que faz surgir a obrigação tributária e o ilícito penal é o mesmo*. Concluiu, porém, que se trata de questão que levaria à suspensão da ação penal, não sendo impeditivo à sua apresentação:

> *Fica claro, portanto, que a referida lei dá um tratamento uniforme ao ilícito penal e ao débito tributário.*
>
> *Já na situação oposta, ou seja, quando o Fisco concluir pela existência do débito tributário,* **não há como se deduzir automaticamente que houve delito da Lei 8.137/1990, porque o lançamento é simplesmente um indicativo da materialidade.**
>
> (...)
>
> *Por derradeiro, há a situação intermediária – e é esta que nos interessa em que não existe decisão definitiva sobre o lançamento do tributo.*
>
> *Creio que a solução a ser dada nesse caso prevista em lei, especificamente no art. 93 do Código de Processo Penal, que trata das questões prejudiciais heterogêneas.*
>
> **Veja-se que o deslinde acerca da relação jurídica tributária é estranho ao direito penal, de forma que, em louvor à regra da especialidade, tal relação jurídica há de ser mais bem apreciada pelo juízo ou órgão que ordinariamente cuida dessa matéria.**

O Ministro Carlos Ayres Britto, discordando quanto à precedência da jurisdição fiscal, negou a ordem.

O Ministro Cezar Peluso apresentou os argumentos mais consistentes com o que se defende no presente artigo, ao condicionar qualquer ação penal tributária à *efetiva exigibilidade do crédito tributário*. Ele concedeu a ordem, reforçando que a existência de obrigação tributária exigível é condição para caracterização do tipo penal de crime contra a ordem tributária, falou da característica de superposição do direito penal e finalizou com raciocínio de que o direito penal não deve ser usado como instrumento de arrecadação:

> Prescreve o art. 151, III, do Código Tributário Nacional, que **a obrigação tem a exigibilidade suspensa com:**
> "as reclamações e os recursos, nos termos das leis reguladoras do processo tributário administrativo."
> Isso significa, a todas as luzes, que, em pendendo reclamação ou recurso administrativo, **o Fisco não pode exigir nem cobrar o tributo, na esfera civil.** *E, não o podendo, temos de, sob pena de conspícuo absurdo, admitir não possa muito menos fazê-lo, de modo indireto, na esfera penal, desvirtuando os propósitos e a vocação politico normativa do Código Penal, e transformando o processo penal em sub-rogatório da* **execução fiscal que não pode ser iniciada. Está suspensa a exigibilidade do crédito.**
> (...)
> Mas quero arrematar, valendo-me da lembrança do eminente Ministro Marco Aurélio. É que seria inexplicável e intolerável desvirtuamento *da função normativa penal autorizar o Fisco a exigir, pela força coercitiva da ignomínia que sempre representa ao réu a pendência de uma ação penal, tributo que não pode exigir por via de ação civil!*
> E isso me recorda frase muito expressiva de CLAUS ROXIN: <u>*o Direito Penal é*</u> ***um mal necessário e, quando se transpõem os limites da necessidade, resta apenas o mal.*** Acho que é este o caso com que nos defrontamos, Sr. Presidente. ***Não há como nem por onde convalidar interpretação que, com o devido respeito, permita o uso de remédio de caráter penal, para obter resultado tributário que é impossível de ser logrado na via civil.***

O Ministro Marco Aurélio também privilegiou conceitos como a unidade do ilícito e a necessária exigibilidade do crédito tributário para se ter ação penal tributária, acompanhando o relator para conceder a ordem, com palavras claras e objetivas em prol das maiores garantias constitucionais conferidas aos cidadãos:

Há a independência, não existe a menor dúvida, das esferas civil, administrativa e penal. Mas a ordem jurídica é única, sendo essa independência norteada pela interpretação sistemática das diversas normas.
(...)
Até a vinda à balha da Lei nº 9.430, de 27 de dezembro de 1996, vigia uma regra que, às vezes, levava à precipitação, um dispositivo semelhante ao artigo 40 do Código de Processo Penal, compelindo o fisco a comunicar, diante de mero indício de crime, a prática ao Ministério Público. O legislador de 1996 mostrou-se pedagógico, ao jungir a comunicação que tem como objetivo maior proporcionar ao Ministério Público meios para ofertar a denúncia à decisão final no processo administrativo, *uma vez que esse processo – como foi ressaltado pelo ministro Cezar Peluso* – **tem o efeito de suspender a exigibilidade do tributo,** *a teor do disposto no inciso III do artigo 151 do Código Tributário Nacional.*

Senhor Presidente, o bom senso – perdoem-me ressaltar o enfoque sob esse ângulo, sem demérito para quem sustente o contrário – conduz à conclusão de que *não coabitam o mesmo teto a noção de sonegação fiscal, a existência do processo administrativo com* **eficácia suspensiva** *e, mesmo assim, a ação a ser intentada pelo Ministério Público. Não cabe, aqui, o argumento ad terrorem da impunidade, porque não é dado falar em prescrição, se a ação penal ainda não nasceu, por ausente a justa causa para a propositura.*

Finalizando o julgamento, votou o ministro Carlos Velloso reiterando os termos do voto do Relator, reforçando todos os fundamentos de que o crime contra a ordem tributária para que possa ser objeto de investigação e ação penal *pressupõe a existência inequívoca de crédito tributário exigível.*

Em debate final, ficou expressamente consignado, porém, que ali não se estava examinando casos em que o débito tributário estivesse sendo discutido judicialmente:

A Sra. Ministra Ellen Gracie – O contribuinte diz que o Conselho acaba de julgar e anuncia que vai recorrer ao Ministro de Estado. Há – creio – uma definição que o Plenário precisa fazer: encerrado esse procedimento administrativo, **evidentemente, ocorrerá o acesso ao Judiciário; não podemos recusá-lo. Ainda assim, continuaremos esperando a solução?**

O Sr. Ministro Carlos Velloso – Isso é outra questão, e não está em debate. A lei fala em sonegação fiscal, redução ou supressão de tributo. A conduta típica, pois, é reduzir ou suprimir Tributo. Numa palavra, sonegar Tributo.

O Senhor Ministro Sepúlveda Pertence – (Relator) – Salvo qualquer medida judicial cautelar.

O Sr. Ministro Carlos Velloso – **Mas isso é outra questão.**

Não há como negar, entretanto, que diversos conceitos relevantes e comuns às discussões judiciais tributárias foram trazidos à baila nesse julgamento e refletiram na redação da Súmula Vinculante 24: suspensão de exigibilidade, certeza e exatidão do crédito tributário, unicidade jurídica do ilícito tributário e penal. Esses são os conceitos principais, sobre os quais, por maioria de votos, a Corte Suprema decidiu no sentido de que não se deve iniciar ação penal contra contribuinte que possua débitos tributários em discussão.

Nesse ponto, aplicar a Súmula Vinculante 24 com o intuito de justificar a não apresentação de ação penal contra débito tributário que esteja sendo discutido judicialmente, com alguma hipótese de suspensão de exigibilidade, parece-nos bastante coerente com os fundamentos expostos pelos Ministros do Supremo, aqui detalhados. Se assim não se entender, que pelo menos fique claro que não houve por parte do Supremo a conclusão de que todo e qualquer processo administrativo tributário, após finalizado com decisão desfavorável ao contribuinte é suficiente para que seja aberta uma investigação criminal, podendo culminar no ajuizamento de uma ação penal. Não foi isso que o Supremo Tribunal Federal decidiu nos casos que tratam do tema e que levaram ao intuito de uniformização jurisprudencial.

3. Uniformização Jurisprudencial – o Papel dos Precedentes

É muito importante se esclarecer quais os papéis dos precedentes, das súmulas vinculantes e como devem ser aplicadas pelos julgadores de instâncias inferiores e pelos demais aplicadores do Direito – Promotores de Justiça; Advogados; Delegados e outros.

Em obra de preciosa contribuição ao Direito Brasileiro[4], a professora Misabel de Abreu Machado Derzi explora o tema com sua típica maestria, convencendo a todos de que o Direito é criado a partir das decisões judiciais, de modo a também suscitar expectativas de comportamentos: "*Uma vez exercida a escolha 'livre' pelo poder Judiciário, com base nas alternativas autorizadas pela norma legal, enfim, dando-se o encontro do Direito, **formam-se expectativas normativas, agora mais precisas e determinadas, a dirigir o comportamento das pessoas**"*.[5]

---

[4] Cf. DERZI, MISABEL DE ABREU MACHADO. Modificações da Jurisprudência no Direito Tributário. São Paulo: Noeses, 2009.
[5] Op. Cit., p. 266.

A uniformização de entendimento jurisprudencial é isso: *expectativa de comportamento das pessoas*, razão pela qual está ligada a valores caríssimos à sociedade democrática moderna, como **segurança jurídica, confiança e igualdade**. Nos dizeres de Misabel Derzi, *"criada a norma judicial, a partir da interpretação de um texto legal para aplicação a um grupo de casos semelhantes, impõe-se a **igualdade de todos perante a lei**, a rigor, simples imparcialidade na aplicação da lei. A temporalização da igualdade e da segurança precipitam o vazar da sentença, dada a um caso líder individual para os demais casos similares, do mesmo grupo. Onde quer que se pretenda existir democracia, a tendência será semelhante."*[6]

Obviamente, os casos avaliados pelo Judiciário possuem suas características próprias e individuais, mas os conceitos ali debatidos são capazes de gerar expectativas gerais por parte da sociedade, que passa a pautar seus atos e decisões com base nos entendimentos externados pelo Poder Judiciário, na confiança de que suas situações particulares receberão tratamento idêntico ao já proferido em situações semelhantes anteriormente validadas pelas chamadas normas judiciais.

Por isso, a importância dos fundamentos utilizados pelas Cortes julgadoras. São eles que dão os contornos definidores de conceitos que estabelecerão normas gerais a toda a sociedade.

Ao se raciocinar por precedentes, o sistema jurídico lida com conceitos e com o tempo: passado, presente e futuro se encontram e esse encontro se torna possível por meio dos conceitos abstratos e gerais, aplicáveis a uma pluralidade de casos.

Daí a relevância da aplicação dessas *normas judiciais* por parte dos aplicadores do Direito, de modo a dar plena eficácia às decisões nascidas no âmago das instituições jurídicas, com força vinculante e uniformizadora. Para que essa aplicação seja válida e eficaz, porém, é preciso muita atenção e cuidado com os conceitos firmados nos precedentes, para se evitar o oposto: a consolidação de entendimentos diversos e algumas vezes totalmente contrários ao que se decidiu em sede superior e com efeito vinculante, como é o caso da Súmula Vinculante 24. A esse respeito, Niklas Luhmann, nas palavras da professora Misabel Derzi[7]:

---

[6] Op. Cit., p. 203.
[7] Cf. DERZI, MISABEL, in op. cit., p. 212-213 (LUHMANN, NIKLAS, in Sistema Giuridico e Dogmatica Giuridica. Trad. E Prefácio: FEBBRAJO, Alberto. Bologna: Ed. Il Mulino, 1978.

Toda sentença ou ato interno, como operação do sistema, tem vocação para se estender normativamente aos casos iguais. Ela mesclará passado e futuro. Realça NIKLAS LUHMANN, que **isso explica a existência de uma forma de abstração que tende a tipos gerais nos quais pode ser subsumida uma pluralidade dos casos.**

Como já observamos, os conceitos são essenciais. Se não são corretos ou adequados devem ser mudados (e o são continuamente), tendo pouco sentido polemizar contra os conceitos enquanto conceitos, como assevera NIKLAS LUHMANN. Mas tal observação (o que é próprio da mais antiga doutrina jurídica dos sistemas) encontra o peso da orientação do sistema a partir de seu *input*, o que é olhar para o passado. Ao mesmo tempo, esse olhar para o passado é compensado por meio de conceitos que, por seu caráter universalístico, ainda que relativo, tornam possível a formação de expectativas nos confrontos entre pessoas ainda desconhecidas, em situações ainda desconhecidas, e por motivos fixados de modo relativamente livre no contexto (conceitos preparados para atingir o futuro). A orientação para o *input*, aliada aos conceitos dogmáticos, tem uma importância decisiva para o desenvolvimento de uma sociedade mais complexa, tornando suportáveis horizontes temporais futuros mais amplos, por meio da antecipação das decisões *futuras*, ou seja, por meio da criação de uma previsibilidade, que reduza e torne suportável o alto grau de insegurança ínsito às sociedades diferenciadas. Assim, ensina NIKLAS LUHMANN, os conceitos dogmáticos, por seu caráter abstrato e genérico, viabilizam o olhar para o passado (classificando e reconstruindo os casos jurídicos, introjetados para dentro do sistema, assim como as informações advindas das fontes de produção do *input*) e, ao mesmo tempo, antecipam o futuro.

Conforme exposto nos tópicos anteriores, a súmula ora analisada surgiu em um contexto de discussão que culminou no interesse de se proteger garantias constitucionais de ampla defesa, contraditório e devido processo legal aos cidadãos, fazendo com que lhes fosse preservado o direito de discutir débitos tributários cobrados pela Administração Pública, sem que sejam constrangidos por ações penais antes de que os débitos em discussão sejam efetivamente exigíveis pela Administração Pública.

Nesse contexto foram preservados conceitos como obrigação tributária, crédito tributário, acertamento do *quantum debeatur*, e especialmente o conceito de *exigibilidade do crédito tributário*, tendo sido justificada a impossibilidade de se iniciar uma ação penal contra débito tributário discutido administrativamente, pois nessa fase, o Código Tributário Nacional estabelece em seu artigo 151, III, que a exigibilidade do crédito tributário está *suspensa* – não sendo exigível na esfera cível, menos ainda será na esfera penal. Essa é a conclusão a que se chegou a Suprema Corte após longos e profundos debates, relatados no presente trabalho.

Os fatos ali avaliados envolviam a discussão administrativa de um débito tributário, porém, os conceitos dogmáticos utilizados na fundamentação da decisão aplicada aquele caso individualizada eram conceitos plenamente aplicáveis à discussão judicial de um débito tributário, que também encontra na legislação em vigor hipóteses de suspensão de exigibilidade do crédito tributário – cerne de toda a decisão do Supremo Tribunal Federal.

Portanto, aplicar a Súmula Vinculante 24 como fundamento para autorizar a continuidade de investigação criminal, que poderá resultar no ajuizamento de uma ação penal, em casos em que o débito tributário está sendo discutido judicialmente amparado por alguma das demais causas de suspensão de exigibilidade previstas no artigo 151, do CTN – concessão de medida liminar, antecipação de tutela ou depósito judicial do montante integral, por exemplo, somente porque nessa fase já teria sido encerrada a discussão administrativa (fato analisado pelo STF) – constitui verdadeiro desrespeito ao entendimento do STF e não observância do precedente vinculativo.

Nesse sentido, entendimentos como esse não devem prevalecer, devendo ser amplamente combatidos, sob pena de se estar ferindo a segurança jurídica e a igualdade na sociedade brasileira.

É certo que os entendimentos jurisprudenciais são passíveis de alteração, porém, há que se observar uma hierarquia entre juízes e tribunais, como bem dito por Misabel Derzi na obra aqui comentada[8]:

> Parece-nos ser esse o pensamento universal: nenhum tribunal ou juiz está cristalizado no desenvolvimento do Direito ou impedido, pela própria jurisprudência que criou, de encontrar o Direito mais correto para o caso ou grupo de casos futuros. Essa a regra geral. Mas quem está apto a modificar, de forma legítima, a jurisprudência antiga? Entre juízes e tribunais, existe hierarquia. Em relação a um mesmo Tribunal é evidente, não existem empecilhos legais às inovação. Assim, o Supremo Tribunal Federal poderá sempre rever os próprios julgados, ainda que integrantes de súmulas ou súmulas vinculantes (basta seguir o procedimento legal adequado). *Trata-se da mais alta Corte do País. Mas os tribunais de instância inferior, ainda que autorizados a divergir em certos casos, não podem modificar a jurisprudência constante da Corte Suprema, por não serem aptos a criar expectativas normativas legítimas em relação à jurisdição constitucional.*

---

[8] Op. Cit., pp. 270 a 271.

Então, essa diferenciação é relevante: (I) as inovações e as mudanças evolutivas da jurisprudência serão sempre autorizadas em relação ao próprio Tribunal, que as consolidou; (II) mas tais inovações serão dificultadas ou impedidas, se introduzidas por tribunais inferiores, em relação à jurisprudência consolidada pelo Tribunal de instância máxima, que se transformara em norma judicial de observância obrigatória ou vinculativa. *Eis a força dos precedentes, quer no Direito brasileiro, quer no Direito germânico.*

Nesse sentido, a Súmula Vinculante 24 não deve ser utilizada para autorizar investigação criminal ou ajuizamento de ação penal contra contribuinte que esteja discutindo o crédito tributário no Judiciário, com sua exigibilidade suspensa – exatamente o contrário – tal situação fática deve ser compreendida como também protegida pela súmula em questão, pois está acobertada pelos conceitos discutidos pela Suprema Corte e prestigiados na fundamentação de seu *decisum*.

4. Direito Tributário e Direito Penal – Interdependência e Unidade do Ilícito

Ainda que não fosse pela força do precedente da Súmula Vinculante 24, do STF, seria por força do simples raciocínio jurídico de que somente existirá crime contra a ordem tributária capitulado no artigo 1º, da Lei 8.137/90, quando houver débito tributário regularmente apurado, discutido e exigível pela Administração Pública. Nesse sentido, Mary Elbe Queiroz[9] defende:

> O bem tutelado e protegido pela norma é o Erário e a regularidade e o cumprimento das obrigações tributárias, isto é, indiretamente, o próprio patrimônio público. Sem que exista a prova do dano não poderá ser configurada qualquer conduta como criminosa.

Nesse mesmo sentido, as palavras dos penalistas Luiz Flávio Gomes e Alice Bianchini[10]:

---

[9] QUEIROZ, MARY ELBE, O Processo Administrativo Tributário e a Propositura da Ação Penal por Crime contra a Ordem Tributária. Sanções Penais Tributárias/coordenador Hugo de Brito Machado. São Paulo: Dialética; Fortaleza: Instituto Cearense de Estudos Tributários – ICET, 2005. p. 566.

[10] GOMES, LUIZ FLÁVIO E ALICE BIANCHINI. Reflexões e anotações sobre os Crimes Tributários, in Sanções Penais Tributárias/coordenador Hugo de Brito Machado. São Paulo: Dialética; Fortaleza: Instituto Cearense de Estudos Tributários – ICET, 2005. pp. 517 a 521.

A *declaração de existência de tributo devido*, pelo que se denota, não representa uma condição objetiva de punibilidade, mas, sim, constitui um dos *elementos da descrição típica*. O tributo devido, o qual possa ter sido *suprimido* ou *reduzido*, nos termos previsto no art. 1º da Lei nº 8.137/90, muito embora dependente de considerações a serem expendidas em sede que não a criminal (o que não afasta a possibilidade de ela ser revista, na esfera judicial), não é exterior à conduta e ao resultado. Melhor referindo, é-lhes inerente. Sem a declaração da existência de tributo devido, não há que se falar em configuração típica.

Trata-se, portanto, da unidade do injusto – tema abordado com profundidade por Misabel Derzi[11] em artigo em que se exploram os conceitos de diversos penalistas, que ao longo de suas pesquisas chegam à mesma conclusão de que *o antijurídico não se deduz do direito penal, mas dos restantes ramos do Direito*:

[...] O que quer a maior parte da doutrina é a unidade do ilícito, do injusto ou da antijuridicidade. E foi a partir dessa unidade que o grande penalista Beling construiu a sua teoria dos tipos, ou da tipicidade, ainda nas primeiras décadas deste século.
Lembra García Belsunce que, embora Rousseau já tivesse dito que "as leis criminais, no fundo, antes de serem uma espécie particular de leis, são a sanção de todas as outras" (*Du contrat social*, t. II, cap. XII), coube a Binding estabelecer a diferença entre norma e lei penal, diferença que veio a fundamentar a *unidade do injusto* (Derecho tributário penal. Buenos Aires: Depalma, 1985. p. 50-51).
(...), para Binding, *as normas mais importantes, que contém as proibições, não estão expressas no direito escrito, mas vêm formuladas através da lei penal; são deduzidas por meio dela, mas não estão nela.*
(...)
Nos delitos de fundo tributário, as normas que valoram, que são efetivamente lesadas, *são aquelas tributárias*. (...) a *antijuridicidade* (vale dizer, o injusto ou a ilicitude da ação) só se compreende por meio da interpretação e integração das leis tributárias, que definirão os deveres e direitos que devem ser observados. Por isso, Adolf Merkel, com base nessas premissas, acentuou o critério unitário do injusto. Lembra Jimenez Asúa que todos os ensaios de diferenciação entre os pretendidos ilícitos civis, penais e administrativos fracassaram.

---

[11] DERZI, MISABEL. *Alguns aspectos...op.cit.*, p. 358.

Nesse sentido, totalmente inviável a separação das discussões em duas esferas: penal e tributária. Enquanto o crédito tributário tem a sua exigibilidade sendo discutida (seja na esfera administrativa ou judicial), não é possível se pretender dar continuidade a uma investigação ou ação penal, sob o risco de se condenar contribuinte que agiu de forma lícita e que, tempos depois de sua condenação criminal, ao final da discussão tributária, descobrirá que passou anos privado de sua liberdade erroneamente, nos casos em que a decisão final lhe for favorável quanto à inexistência de crédito tributário exigível.

Portanto, inquestionável a necessária conclusão prévia acerca da legislação tributária, que, inclusive, pode aferir a existência de ilícito tributário, porém, evidenciar a ausência de dolo – elemento essencial para que seja acionada a esfera penal do direito – última *ratio* em termos de penalidade. Ainda nas palavras de Misabel Derzi, vale o destaque para esse ponto, que reforça a relevância de se bem esgotar a esfera do direito especializado acerca da suposta infração, pois é dentro dos limites do direito tributário que se evidenciará inicialmente se houve desrespeito à legislação fiscal e sequencialmente se tal desrespeito se deu com elementos próprios da criminalização de tal ilícito ou não:

> [...] De qualquer maneira que prefiramos enfocar o tema, filiando-nos aos causalistas ou aos finalistas, o certo é que os crimes contra a ordem tributária pressupõem *dois núcleos essenciais, ligados em uma relação necessária de causa e efeito:*
> a existência de tributo a pagar, inclusive acessórios, cuja redução ou supressão é o fim colimado pelo agente;
> a prática dolosa de omissões ou atos específicos e fraudulentos, que servem como instrumentos de obtenção da vantagem financeira almejada: a supressão ou redução de tributo devido.
> Assim, a desonestidade passível de incriminação não se apresenta pelo não pagamento do tributo, mas pelo engodo, embuste, pelo ludíbrio a que a Fazenda Pública é conduzida por meio dessas ações, dificultando-se, ou, às vezes, impossibilitando-se a descoberta do débito do contribuinte criminoso. Com lucidez e precisão, escreveu Roberto Lyra: "trata de iludir, de fraudar. É inconfundível. *A incriminação pelo não pagamento em si importaria o regresso à arqueologia absolutista. Prisão por dívida...*"(cf. Criminalidade econômico-financeira. Rio de Janeiro: Forense, 1978. P. 60).

Nesse ponto, vamos além da importância de se apurar o crédito tributário com o esgotamento de todas as instâncias garantidas pelo devido processo legal aos contribuintes, especialmente nos casos de suspensão de sua exigibilidade, para alertar para a fundamental apuração dos fatos e da conduta do contribuinte, a fim de que fique evidente a existência ou não dos elementos subjetivos imprescindíveis à criminalização de eventual ilícito tributário.

A relevância desse ponto reside, inclusive, na constante mudança interpretativa de atos jurídicos e seus reflexos tributários, como vimos presenciando na atualidade. Se após extensa discussão na esfera tributária restar comprovado que, à época do fato gerador, determinada operação era considerada lícita pela ordem jurídica vigente, mesmo que implicasse redução da carga tributária e à época da decisão final tais operações não fossem mais validadas pelo entendimento em vigor, suscitando a condenação fiscal do contribuinte, restaria ali evidenciada a ausência de dolo, de fraude, de engodo? Possivelmente sim. O que nos leva a uma nova reflexão: a conclusão do processo tributário pode, mesmo resultando em crédito tributário exigível, trazer elementos outros suficientes para demonstrar a impossibilidade de criminalização do ilícito fiscal.

Novamente, trata-se da unidade do antijurídico, porém, com limites diversos entre o tributário e o penal. A que pedimos licença para mais uma referência às preciosas lições da professora Misabel Derzi:

> É esclarecedora a imagem oferecida por K. Roxin, formada por dois círculos concêntricos. Com rara felicidade, escreve o jurista tedesco:
> "A antiga figura de Beling, de dois círculos secantes, com a qual se queria representar as relações entre tipicidade e antijuridicade requer, portanto, uma pequena correção: pode pensar-se em dois círculos concêntricos, dos quais o *menor* representa o tipo penal e o *maior*, a antijuridicidade. Desta forma se compreende que não se dá um comportamento tipicamente adequado que não ocorra dentro do âmbito da antijuridicidade, mas que *uma conduta antijurídica de nenhuma maneira deve ser necessariamente típico-penal*" (cf. *Teoría del tipo penal, tipos abiertos y elementos del deber jurídico*.Trad. E. Bacigalupo. Buenos Aires: Depalma, 1979. P. 287-288).

Esse ponto deve restar claro e ser amplamente defendido para evitar que o Direito Penal se torne a maneira mais comum e eficaz de cobrança de tributos. As garantias constitucionais de acesso ao Judiciário, devido processo legal, presunção da inocência, boa-fé, ampla defesa e contraditório precisam estar asseguradas.

Aos contribuintes deve ser dada a oportunidade de demonstrarem os motivos por que determinadas operações foram realizadas e de provarem a licitude de seus atos – tudo isso dentro da legalidade e dos instrumentos que lhes são garantidos pelo direito vigente. Nesse espectro está incluído o processo judicial tributário, instrumento de extrema valia e que não deve ser ignorado e considerado como fase inferior ao processo administrativo, especialmente na hipótese de se pretender incriminar atos jurídicos avaliados apenas pela Administração Pública e ainda passíveis de apreciação pelo Judiciário.

Na lição do Alberto Xavier[12], fica claro que *No Direito brasileiro coexistem, em matéria tributária, os mesmos tipos de processo que em processo civil – **processos de conhecimento**, processos de execução e processos cautelares. Dentro dos processos de conhecimento coexistem "processos sobre relações jurídicas", como as ações declaratórias e as ações de condenação, com "processos sobre atos", como as ações de anulação, os embargos de devedor em processo de execução e o mandado de segurança.*

Nos processos judiciais tributários de conhecimento, o lançamento tributário pode ser anulado, restando totalmente descaracterizada a suposta infração fiscal e consequentemente incabível a criminalização de ilícito não comprovado. Mesmo em se tratando de Execução Fiscal, calcada em certidão de dívida ativa – o título executivo fiscal por excelência, que goza de presunção de certeza e liquidez, ao contribuinte é dada a oportunidade de desconstituir tal título executivo no Judiciário, por meio dos Embargos de devedor – ação de conhecimento, passível de resultar no cancelamento do lançamento tributário "supostamente" ou "presumidamente" definitivo. Sobre o tema, Alberto Xavier elucida:

> Os embargos do executado representam uma ação de conhecimento estruturalmente autônoma, embora funcionalmente subordinada ao processo executivo. **Sendo a execução baseada em "título administrativo" extrajudicial, não teve o executado oportunidade de, em ação declarativa prévia, defender-se amplamente da pretensão do exequente,** pelo que – diversamente do que ocorre nos embargos à execução de sentença – *pode invocar qualquer fundamento que lhe fosse lícito invocar em processo de conhecimento.*

Diante de todo o exposto, resta-nos evidente que há fundamentos suficientes para não se iniciar investigação ou ação penal contra contribuinte que questiona judicialmente lançamento tributário, pois a ele deve ser garantido o direito à ampla defesa e ao devido processo legal, que pode resultar na declaração de ausência de ilícito tributário, ou ao menos de dolo, declarações essas passíveis de ilidir qualquer intenção estatal de penalização criminal de um cidadão.

---

[12] XAVIER, ALBERTO. Do lançamento: teoria geral do ato, do procedimento e do processo tributário. 2ª ed. Totalmente reformulada e atualizada – Rio de Janeiro: Forense, 2001.

5. Conclusões

O Sistema Tributário Brasileiro é complexo e suscita diversas controvérsias entre Fisco e contribuintes. Assim, é muito frequente a existência de autuações fiscais para cobrança de valores considerados devidos pelas autoridades fiscais, as quais são discutidas em processos tributários administrativos que podem resultar em decisões finais favoráveis ou desfavoráveis aos contribuintes.

Fato é que a decisão desfavorável ao contribuinte é passível de discussão no Judiciário, podendo ser, inclusive, cancelada no Judiciário, se concluído no processo judicial que não há débito tributário exigível. Nesse caso, a Súmula Vinculante 24, do STF, não deve ser considerada como fundamento suficiente para autorizar o início de uma ação penal contra o contribuinte antes da conclusão do processo judicial, pois o que se afirma em tal súmula é que *não se tipifica crime tributário antes do lançamento definitivo*, não se afirmou, por outro lado, que se tipifica o crime tributário imediatamente após o término da fase administrativa independentemente da manutenção da discussão do débito tributário na esfera judicial, especialmente em casos em que se tem a suspensão de exigibilidade do crédito tributário, nos termos do artigo 151, do Código Tributário Nacional.

Apesar dessa diferenciação entre as situações fáticas avaliadas, é frequente presenciarmos posicionamentos no sentido de que discussões tributárias passíveis de criminalização, após uma decisão administrativa desfavorável, podem suscitar a abertura de inquéritos criminais, podendo culminar em ações penais contra contribuintes, administradores e dirigentes de empresas, as quais poderão tramitar paralelamente a eventual discussão judicial acerca da legitimidade do crédito tributário, mesmo nas hipóteses em que a sua exigibilidade esteja suspensa.

O mais alarmante é que na maioria das vezes posicionamentos como esses se fundamentam na Súmula Vinculante 24, do STF, como se tal enunciado afirmasse que ao término do processo tributário administrativo estaria o Estado autorizado a punir penalmente o contribuinte que tivesse recebido uma decisão final administrativa desfavorável no âmbito tributário – o que, a propósito, não é raro de se ver em nosso cotidiano[13].

---

[13] A esse respeito, veja trabalhos do Observatório do CARF, em especial artigo publicado no Jota: "O voto de qualidade em números", dos pesquisadores Cristiane Leme, Eurico Marcos Diniz de Santi e Suzy Gomes Hoffmann, *in https://jota.info/colunas/observatorio-do-carf/observatorio-carf-o-voto-de-qualidade-em-numeros-12082016.*

Tal posicionamento nos parece ser diametralmente oposto ao que restou sumulado pelo Supremo Tribunal Federal, pois, conforme demonstrado no presente artigo, a Súmula Vinculante 24 é fruto de extenso debate e de diversas decisões da Suprema Corte em prol das garantias constitucionais de ampla defesa, contraditório e devido processo legal – também presentes no Contencioso Judicial Tributário. E a necessidade de que o crédito tributário seja exigível também é um elemento fundamental para viabilizar a discussão criminal de uma cobrança tributária – não há crime senão restar comprovada e consolidada a exigibilidade do débito tributário e enquanto houver fundamento jurídico para suspensão de tal exigibilidade, pode-se afirmar que não estamos diante de momento apropriado à criminalização do débito tributário em discussão judicial. Essa nos parece ser a melhor forma de se adotar o entendimento da Suprema Corte acerca do tema.

Referências

DERZI, MISABEL DE ABREU MACHADO. *Alguns Aspectos Ainda Controvertidos Relativos Aos Delitos Contra A Ordem Tributária*. Revista Brasileira de Ciências Criminais – RBCCrim 31/201 – jul/set/2000.

DERZI, MISABEL DE ABREU MACHADO. *Modificações da Jurisprudência no Direito Tributário*. São Paulo: Noeses, 2009.

GOMES, LUIZ FLÁVIO E ALICE BIANCHINI. *Reflexões e anotações sobre os Crimes Tributários*, in Sanções Penais Tributárias/coordenador Hugo de Brito Machado. São Paulo: Dialética; Fortaleza: Instituto Cearense de Estudos Tributários – ICET, 2005.

QUEIROZ, MARY ELBE, *O Processo Administrativo Tributário e a Propositura da Ação Penal por Crime contra a Ordem Tributária*. Sanções Penais Tributárias/coordenador Hugo de Brito Machado. São Paulo: Dialética; Fortaleza: Instituto Cearense de Estudos Tributários – ICET, 2005.

XAVIER, ALBERTO. *Do lançamento: teoria geral do ato, do procedimento e do processo tributário*. 2ª ed. Totalmente reformulada e atualizada – Rio de Janeiro: Forense, 2001.

Aspectos Penais do Débito Fiscal Judicialmente Garantido

Luiz Roberto Peroba Barbosa
Mário Panseri Ferreira

1. Introdução

A Ordem Tributária é um bem jurídico de extrema relevância e é inquestionável a necessidade da tutela penal dessa matéria, tendo em vista que o seu objetivo final, em tese, é financiar os direitos fundamentais da sociedade, por meio do custeio de serviços públicos essenciais.

Nesse sentido, o objetivo do legislador, ao redigir o atual regramento fundamental dos Delitos contra a Ordem Tributária, Lei nº 8.137, de 27 de dezembro de 1990 ("Lei nº 8.137/1990"), foi justamente endurecer as normas reguladoras dos Crimes Tributários, a partir de tipos penais mais abrangentes e penas mais severas, considerando a importância do bem jurídico tutelado.

O seguinte trecho, extraído da Exposição de Motivos da referida Lei[1], confirma o acima mencionado:

> A conceituação dos crimes que têm como consequência o não-pagamento de tributos, e as penalidades imponíveis a seus autores, deixam muito a desejar, mercê de suas imprecisões e lacunas, não só na definição dos fatos tipificados pelo crime, como também na fixação da pena aplicável quando de seu cometimento.

---

[1] EXPOSIÇÃO DE MOTIVOS Nº 088, DE 28 DE MARÇO DE 1990, DOS SENHORES MINISTROS DE ESTADO DA JUSTIÇA E DA ECONOMIA, FAZENDA E PLANEJAMENTO - Publicação: Diário do Congresso Nacional – Seção 1 – 29/3/1990, Página 2227. (http://www2.camara.leg.br/legin/fed/lei/1990/lei-8137-27-dezembro-1990-367271-exposicaodemotivos-149643-pl.html – acessado em 24.10.2017).

Em verdade, o objetivo básico colimado, qual seja o de desestimular a prática criminosa, não vem sendo alcançado, fato esse que tem causado grandes e irreparáveis prejuízos à Fazenda Nacional.

Nesse sentido, com propriedade, Guilherme de Souza Nucci[2] pondera que:

> Os tributos, em geral, se bem empregados, promovem justiça social, garantindo-se o mínimo de bem estar a todos os brasileiros. Sem haver exageros, é natural. Para haver a equilibrada tributação, existem regras constitucionalmente impostas, bem como leis que, no todo, compõem o quadro do Direito Tributário.
>
> (...) A esfera penal, que deve atuar como a ultima ratio (última opção), é criminalizar condutas graves, que levem à supressão ou diminuição da arrecadação tributária, colocando em sério risco a atividade estatal de distribuição (ou redistribuição) de riquezas, buscando a meta de constituir uma sociedade livre, justa e solidária.

Ocorre que, nos últimos anos, tem havido um desvirtuamento na aplicação da referida lei e uma banalização dos Crimes Fiscais, assunto que tem sido constantemente tema de debates e críticas.

O que se vê na prática, infelizmente, na maioria dos procedimentos criminais instaurados para apurar Crimes Fiscais, não é a proteção ao bem jurídico constitucionalmente previsto, mas sim, simplesmente, a tentativa de satisfazer a clara sanha arrecadatória do Fisco em cobrar um imposto que considera devido. No atual contexto político e considerando a crise econômica, essa situação fica ainda mais evidente.

A formalização de Representações Fiscais para Fins Penais tem se tornado uma medida automática, a cada autuação fiscal, tornando as investigações policiais e os processos criminais fiscais uma realidade cada vez mais presente na vida dos empresários brasileiros.

A utilização do Direito Penal como simples forma de coerção para a cobrança de tributos viola os princípios que norteiam o Direito Penal, que, em tese, visa proteger somente os bens mais importantes da sociedade e não qualquer tipo de irregularidade.

É nesse contexto que se vislumbra a importância de se analisar benefícios e medidas despenalizadoras aos contribuintes que não tiveram o dolo

---

[2] NUCCI, Guilherme de Souza. Leis penais e processuais penais comentadas. 3ª. Ed. São Paulo: Revista dos Tribunais, 2008, p. 938.

de sonegar impostos e fraudar o Fisco, mas que simplesmente deixaram de pagar um tributo que as Autoridades Fiscais entenderam que seria devido.

Na grande maioria das vezes, esses contribuintes têm fundamentos fáticos e legais plausíveis para defender seu posicionamento e acabam tendo que buscar o reconhecimento desse direito perante o Poder Judiciário porque, na prática, tendem a ser mais reduzidas as chances de as autoridades julgadoras em fase administrativa, mesmo que em instâncias superiores, cancelarem uma autuação.

A esse respeito, vale mencionar estudo realizado pelo CARF e divulgado em 2016 que analisa o percentual de sucesso dos contribuintes em recursos administrativos (Recursos Voluntários e Especiais). De acordo com os dados disponibilizados, os contribuintes tiveram sucesso apenas em torno de 52% dos recursos interpostos, de modo que 48% das autuações restaram mantidas[3].

Esses números foram alvo de muitas críticas, principalmente porque o mencionado estudo e seus critérios de mensuração de dados foram, respectivamente, produzidos e escolhidos pelo próprio CARF. Inclusive, já existem novas pesquisas realizadas sobre o tema indicando que, na verdade, o índice de sucesso dos contribuintes seria ainda menor, em torno de 38% dos recursos interpostos[4].

2. A Obrigatoriedade do Encerramento do Processo Administrativo Fiscal Para o Início da Persecução Penal

Atualmente, já é pacífico o entendimento da doutrina e da jurisprudência no sentido de que o procedimento criminal que vise apurar Crime Tributário somente pode ser instaurado após a decisão final de constituição do crédito tributário na esfera administrativa.

Nesse sentido, o artigo 83 da Lei nº 9.430, de 27 de dezembro de 1996 ("Lei nº 9.430/1996") dispõe que:

> Art. 83. A representação fiscal para fins penais relativa aos crimes contra a ordem tributária previstos nos artigos 1º e 2º da Lei nº 8.137, de 27 de dezembro

---

[3] Disponível em: https://idg.carf.fazenda.gov.br/noticias/2016/relatorio-julgamentos-do-carf--jan_ags_2016-1.pdf.

[4] Como exemplo, mencione-se o artigo de Cristiane Leme e Susy Gomes Hoffmann disponível em http://jota.info/colunas/observatorio-do-carf/observacoes-sobre-o-relatorio-das-decisoes--carf-publicado-pelo-carf-04112016.

de 1990, e aos crimes contra a Previdência Social, previstos nos artigos 168-A e 337-A do Decreto-Lei nº 2.848, de 7 de dezembro de 1940 (Código Penal), será encaminhada ao Ministério Público depois de proferida a decisão final, na esfera administrativa, sobre a exigência fiscal do crédito tributário correspondente.

No âmbito federal, a Portaria da Receita Federal nº 2.439, de 21 de dezembro de 2010, em seu artigo 4º, §1º, estabelece que:

> Art. 4º. A representação fiscal para fins penais relativa aos crimes contra a ordem tributária definidos nos arts. 1º e 2º da Lei nº 8.137, de 27 de dezembro de 1990, e aos crimes contra a Previdência Social, definidos nos arts. 168-A e 337-A do Código Penal, será formalizada e protocolizada em até 10 (dez) dias contados da data da constituição do crédito tributário.
>
> § 1º A representação fiscal deverá permanecer no âmbito da unidade de controle até a decisão final, na esfera administrativa, sobre a exigência fiscal do crédito tributário correspondente ou na ocorrência das hipóteses previstas no art. 5º, respeitado o prazo legal para cobrança amigável, caso o processo seja formalizado em papel.

A Súmula Vinculante nº 24 do Supremo Tribunal Federal também determina que: "Não se tipifica crime material contra a ordem tributária, previsto no art. 1º, incisos I a IV, da Lei nº 8.137/90, antes do lançamento definitivo do tributo".

Em novembro de 2011, o Supremo revisitou essa matéria nos autos do *Habeas Corpus* nº 108.037/ES e a necessidade do término do processo fiscal foi novamente questionada. Naquela ocasião, o Ministro Marco Aurélio ponderou que o término do processo administrativo não seria uma exigência legal, mas uma construção jurisprudencial, e a viabilidade da instauração da ação penal deveria ser vista caso a caso[5].

---

[5] "CRIME TRIBUTÁRIO – PROCESSO ADMINISTRATIVO – PERSECUÇÃO CRIMINAL – NECESSIDADE. Caso a caso, é preciso perquirir a necessidade de esgotamento do processo administrativo-fiscal para iniciar-se a persecução criminal. Vale notar que, no tocante aos crimes tributários, a ordem jurídica constitucional não prevê a fase administrativa para ter-se a judicialização. CRIME TRIBUTÁRIO – JUSTA CAUSA. Surge a configurar a existência de justa causa situação concreta em que o Ministério Público haja atuado a partir de provocação da Receita Federal tendo em conta auto de infração relativa à sonegação de informações tributárias a desaguarem em débito do contribuinte." (STF, Habeas Corpus nº 108.037/ES, Primeira Turma, Relator Ministro Marco Aurélio, j. 29.11.2011).

De qualquer forma, o que se tem visto na prática é uma uniformidade de posicionamento tanto pelo Ministério Público, como pelo Judiciário, de se aguardar a inscrição do crédito tributário em dívida ativa para início do procedimento criminal.[6]

Portanto, o Fisco, após a decisão administrativa desfavorável definitiva, adota, em regra, as seguintes medidas: (i) encaminha Representação Fiscal para Fins Penais para o Ministério Público, se entender pela existência de indícios da ocorrência de Crime contra a Ordem Tributária; (ii) inscreve o crédito tributário em dívida ativa, para que seja ajuizada Execução Fiscal.

Desta maneira, a investigação criminal será instaurada e poderá tramitar simultaneamente à Execução Fiscal. Não raro, também, o contribuinte se antecipa e já ajuiza uma Ação Anulatória, antes mesmo do ajuizamento da própria Execução Fiscal, conforme demonstraremos em mais detalhes no item a seguir.

3. As Possíveis Medidas Judiciais Para Discussão do Crédito Tributário

Uma vez definitivamente constituído o crédito tributário na esfera administrativa, a Fazenda Pública poderá ajuizar Execução Fiscal. No entanto, nem o ato administrativo de lançamento realizado pela Fazenda Pública, tampouco as decisões em sede de processo administrativo, possuem caráter absoluto e definitivo, podendo ser questionadas pelo contribuinte por meio de medida judicial, à luz do princípio da inafastabilidade da jurisdição.

Para tanto, o contribuinte pode se valer das denominadas ações antiexacionais, cujo objetivo é possibilitar sua proteção em face da imposição de tributos indevidos. São exemplos dessas ações a Ação Anulatória, os Embargos à Execução Fiscal e o Mandado de Segurança. É o que se passa a analisar.

---

[6] Segundo NÉLSON BERNARDES DE SOUZA, "deverá o Juiz rejeitá-la [eventual denúncia oferecida pelo Ministério Público], por faltar ao órgão acusatório interesse de agir, face à não--comprovação do resultado descrito no tipo penal, e, por consequência, inexistirá justa causa para a ação penal, antes que se afirme na instância administrativa que houve a supressão ou redução do tributo devido".

3.1. Ação Anulatória de Débito Fiscal

A Ação Anulatória é considerada como meio clássico de desconstituição do crédito tributário, isto é, visa à obtenção de sentença de conteúdo modificativo ou extintivo que *"anule total ou parcialmente ato administrativo de imposição tributária (lançamento tributário propriamente dito), ou ato administrativo de aplicação de penalidades (auto de infração)"*[7].

Além disso, a Ação Anulatória pode ser ajuizada a qualquer tempo pelo contribuinte, seja após a notificação do lançamento tributário, seja antes ou depois da inscrição do crédito tributário em dívida ativa, ou seja, ainda após o ajuizamento da Execução Fiscal pela Fazenda Pública[8].

É importante mencionar, ainda, que, embora o artigo 38 da Lei nº 6.830, de 22 de setembro de 1980 ("Lei de Execuções Fiscais") determine que a Ação Anulatória deva ser precedida por depósito preparatório do valor do crédito tributário, a jurisprudência dos Tribunais Superiores entende que isto não se constitui condição da ação ou mesmo pressuposto de sua procedibilidade, em respeito ao princípio da tutela judicial efetiva em matéria tributária[9].

Inclusive, para sanar qualquer tipo de discussão relativa à exigência acima mencionada, o Supremo Tribunal Federal editou a Súmula Vinculante nº 28, a qual determina que "é inconstitucional a exigência de depósito prévio como requisito de admissibilidade de ação judicial na qual se pretenda discutir a exigibilidade de crédito tributário".

Na verdade, à luz do artigo 151, inciso II, do Código Tributário Nacional[10], o depósito prévio seria mera faculdade do contribuinte que deseje suspender a exigibilidade do crédito tributário, afastando os efeito perversos decorrentes do ajuizamento de Execução Fiscal enquanto pende de discussão a Ação Anulatória – e.g., Certidão Positiva de Débitos.

Assim, conforme salientado anteriormente, a Ação Anulatória pode ser proposta a qualquer tempo pelo contribuinte, inclusive após o ajuizamento

---

[7] MARTINS, James. Direito Processual Tributário Brasileiro: administrativo e judicial. 9 Ed. São Paulo: Editora Revista dos Tribunais, 2016, pp. 471 a 472.
[8] BALBINO, Sandro Rogério. A Ação Anulatória de Débito Fiscal à Luz da Doutrina e da Jurisprudência do Superior Tribunal de Justiça e do Supremo Tribunal Federal. OAB – Santa Catarina, 16.6.2017. Disponível em: http://www.oab-sc.org.br/artigos/acao-anulatoria-debito-fiscal-luz-doutria-e-jurisprudencia-do-superior-tribunal-justica-supremo-fede/1826. Acesso em: 27.2.2018.
[9] Ibidem. p. 474.
[10] "Art. 151. Suspendem a exigibilidade do crédito tributário: (...) II – o depósito do seu montante integral;".

da Execução Fiscal. Nesse último caso, conforme entendimento da jurisprudência[11], se verificaria o denominado fenômeno da conexão diante da prejudicialidade existente entre as duas demandas, configurando, portanto, uma hipótese para reunião dos processos e julgamento simultâneo, conforme determina o artigo 55 do Código de Processo Civil.

Uma vez detalhada a Ação Anulatória passa-se a analisar um segundo tipo de ação antiexacional a ser ajuizada pelo contribuinte: os Embargos à Execução Fiscal.

3.2. Embargos à Execução Fiscal

Em sendo o crédito tributário lançado e não pago, este será inscrito em dívida ativa pela Fazenda Pública, corporificando a denominada Certidão de Dívida Ativa ("CDA"), título executivo extrajudicial que embasa a Execução Fiscal. Vale mencionar que a Execução Fiscal se dá por meio de ação própria proposta pela Fazenda Pública perante o Poder Judiciário.

Os Embargos à Execução são considerados a tradicional forma de defesa do contribuinte em sede de Execução Fiscal e possuem natureza jurídica de ação autônoma.

Cumpre mencionar que, durante muito tempo, se discutiu se a atribuição de efeito suspensivo seria efeito automático decorrente da propositura dos Embargos à Execução Fiscal.

Mas o Superior Tribunal de Justiça, em sede de Recurso Repetitivo[12], sedimentou entendimento no sentido de que a apresentação dos Embargos à Execução Fiscal não acarreta automaticamente efeito suspensivo à Execução Fiscal.

Para tanto, caberá ao Executado comprovar ao Juiz, no caso concreto, a necessidade da atribuição de tal efeito frente à possibilidade de lesão irreparável ou de difícil reparação na hipótese de expropriação dos bens oferecidos em garantia, em observância ao artigo 739-A, §1º do Código de Processo Civil

---

[11] Nesse sentido: REsp 968921 / MG, CC 95349 / ES, AgRg no AREsp 129803 / DF, AgRg no CC 96308 / SP, AgRg no REsp 1090136 / RS, CC 98090 / SP, CC 103229 / SP. *In*: BALBINO, Sandro Rogério. A Ação Anulatória de Débito Fiscal à Luz da Doutrina e da Jurisprudência do Superior Tribunal de Justiça e do Supremo Tribunal Federal. OAB – Santa Catarina, 16.6.2017. Disponível em: http://www.oab-sc.org.br/artigos/acao-anulatoria-debito-fiscal-luz-doutria-e-jurisprudencia-do-superior-tribunal-justica-supremo-fede/1826. Acesso em: 27.2.2018.
[12] STJ – REsp: 1272827 PE 2011/0196231-6, Relator: Ministro MAURO CAMPBELL MARQUES, Data de Julgamento: 22/05/2013, S1 – PRIMEIRA SEÇÃO, Data de Publicação: DJe 31/05/2013.

de 1973 (artigo 919, §1º, da Lei nº 13.105, de 16 de março de 2015 – "Novo Código de Processo Civil").

3. 3. Mandado de Segurança

Por fim, previsto no artigo 5º inciso LXIX da Constituição Federal[13] e regulamentado pela Lei 12.016/2009[14], o Mandado de Segurança define-se por ser, além de ação antiexacional, verdadeiro remédio constitucional e instrumento de proteção do contribuinte contra eventuais abusos cometidos pelas autoridades públicas ou que estejam nas atribuições do Poder Público.

Visa garantir o direito líquido e certo, isto é, tem como objetivo cessar ou impedir a violação de direito que possa ser facilmente comprovado. Logo, por possuir certo caráter de urgência, seu rito conta com algumas peculiaridades que buscam favorecer sua tramitação e conclusão.

Como exemplo, cite-se a necessidade de as provas serem juntadas no momento de sua impetração, não sendo permitida a dilação probatória. Além disso, o Mandado de Segurança possui preferência no que tange à ordem de julgamento (com exceção do *Habeas Corpus*), é isento de sucumbência, pode ser concedido liminarmente e não requer o oferecimento de garantia para sua impetração.

Por estas razões, trata-se de medida judicial pouco onerosa ao contribuinte e de procedimento mais célere, o que justifica seu uso em questões tributárias que, frequentemente, envolvem casos onde há violação ou iminência de violação de direito líquido e certo decorrente de abusos de autoridades públicas.

3.4. Modalidades de Garantia

No que tange às modalidades de garantia a serem oferecidas na Execução Fiscal, o artigo 9º da Lei de Execuções Fiscais, com a redação dada pela Lei nº 13.043, de 13 de novembro de 2014 ("Lei nº 13.043/2014")[15], determina que

---

[13] Constituição da República Federativa do Brasil de 1988. Disponível em: http://www.planalto.gov.br/ccivil_03/constituicao/constituicaocompilado.htm. Acesso em: 27.2.2018.

[14] Lei 12.016 de 2009. Disponível em: https://www.planalto.gov.br/ccivil_03/_ato2007-2010/2009/lei/l12016.htm. Acesso em: 27.2.2018.

[15] "Art. 9º. Em garantia da execução, pelo valor da dívida, juros e multa de mora e encargos indicados na Certidão de Dívida Ativa, o executado poderá:
I – efetuar o depósito em dinheiro, à ordem do Juízo em estabelecimento oficial de crédito, que assegure atualização monetária;

o crédito tributário indicado na CDA pode ser garantido por depósito em dinheiro, carta de fiança bancária, seguro garantia, bens nomeados à penhora, ou indicação à penhora de bens oferecidos por terceiros.

Cabe observar que a mencionada Lei nº 13.043/2014 acrescentou expressamente o seguro garantia como modalidade legalmente válida para garantir o crédito tributário, equiparando-a à fiança bancária. Inclusive, com base na Lei de Execuções Fiscais e no que determina o artigo 835, §2º, do Novo Código de Processo Civil[16], a jurisprudência tem entendido que tais garantias (carta de fiança bancária e seguro garantia) seriam, por sua vez, equiparadas ao depósito em dinheiro.[17]

4. A Ausência de Justa Causa Para a Persecução Penal em Razão da Discussão Judicial e da Garantia do Crédito Tributário

Normalmente, nos procedimentos instaurados para apurar Crimes Tributários, os contribuintes procuram demonstrar (i) a regularidade das operações ou procedimentos adotados, reiterando os argumentos utilizados no âmbito tributário, negando a ocorrência de qualquer irregularidade, seja tributária, seja criminal; e (ii) ter havido divergência de interpretação da lei entre contribuinte e Fisco, buscando afastar alegações de dolo.

Além do mérito das operações, tem se mostrado relevante a situação do crédito tributário decorrente da autuação que ensejou as investigações de Crimes Tributários, diante das medidas despenalizadoras previstas na legislação, a saber: (i) extinção da punibilidade pelo pagamento do crédito tributário[18],

---

II – oferecer fiança bancária ou seguro garantia;
III – nomear bens à penhora, observada a ordem do artigo 11; ou
IV – indicar à penhora bens oferecidos por terceiros e aceitos pela Fazenda Pública."

[16] Código de Processo Civil. Artigo 835, § 2º Para fins de substituição da penhora, equiparam-se a dinheiro a fiança bancária e o seguro garantia judicial, desde que em valor não inferior ao do débito constante da inicial, acrescido de trinta por cento. Disponível em: http://www.planalto.gov.br/ccivil_03/_ato2015-2018/2015/lei/l13105.htm. Acesso em: 27.2.2018.

[17] Nesse sentido: TRF1, Apel. nº 0001642-81.2007.4.01.3400, Des. Fed. Rel. Kassio Marques, 6ª Turma, Julg. 16.12.2016; TRF1, AI nº 0036810-81.2015.4.01.0000, Des. Fed. Rel. Olindo Menezes, 4ª Turma, julg. 18.10.2016.

[18] Antônio Carlos Lovato dispõe acertadamente acerca do assunto: "é oportuno colocar a posição defendida pelo Professor Hugo de Brito Machado, quando enfaticamente entende que a disposição contida no § 2º do art. 34, da Lei 9.249/95 era absolutamente desnecessária. Desta forma, defende o Eminente Jurista, com fundamento nos princípios da retroatividade benigna e da isonomia, deve ser aplicada a regra da extinção da punibilidade àqueles que pagarem o tributo antes da denúncia

conforme artigo 34 da Lei nº 9.249, de 26 de dezembro de 1995 ("Lei nº 9.249/1995)[19] e artigo 9º, § 2º, da Lei nº 10.684, de 30 de maio de 2003 ("Lei nº 10.684/2003")[20]; e (ii) suspensão da pretensão punitiva estatal pelo início do parcelamento[21], conforme artigo 83, § 2º, da Lei nº 9.430/1996, com redação dada pela Lei nº 12.382, de 25 de fevereiro de 2011.[22]

Além disso, é comum que os contribuintes, por estarem convictos da regularidade das operações tributárias e por entenderem não ter havido qualquer ilícito fiscal e tampouco Crime Tributário, optem por continuar discutindo a inexigibilidade do crédito perante o Poder Judiciário, em sede de Ação Anulatória, Embargos à Execução Fiscal ou Mandado de Segurança, como visto, oferecendo, para tanto, garantias de pagamento do crédito tributário, principalmente depósito judicial, carta de fiança bancária ou seguro garantia, conforme demonstramos no item anterior.

---

ou depois, após a vigência da Lei 9.249/95". (LOVATO, Antonio Carlos. Extinção da Punibilidade – Isonomia e Retroatividade. In: Repertório IOB Jurisprudência, 4/96, p. 69/70).

[19] "Art. 34. Extingue-se a punibilidade dos crimes definidos na Lei nº 8.137, de 27 de dezembro de 1990, e na Lei nº 4.729, de 14 de julho de 1965, quando o agente promover o pagamento do tributo ou contribuição social, inclusive acessórios, antes do recebimento da denúncia."

[20] "Art. 9º. É suspensa a pretensão punitiva do Estado, referente aos crimes previstos nos arts. 1º e 2º da Lei nº 8.137, de 27 de dezembro de 1990, e nos arts. 168A e 337A do Decreto-Lei nº 2.848, de 7 de dezembro de 1940 – Código Penal, durante o período em que a pessoa jurídica relacionada com o agente dos aludidos crimes estiver incluída no regime de parcelamento.
(...) § 2º Extingue-se a punibilidade dos crimes referidos neste artigo quando a pessoa jurídica relacionada com o agente efetuar o pagamento integral dos débitos oriundos de tributos e contribuições sociais, inclusive acessórios."

[21] Élcio Pinheiro de Castro argumenta que não há distinção entre pagamento à vista ou a prazo (parcelamento): "Ex positis, segundo o melhor entendimento (aquele que se preocupa com a solução justa) o apontado dispositivo (art. 34, Lei 9.249/1995) não distingue se o pagamento deve ser integral ou fracionado, bastando pois o ato concreto de pagar, seja à vista ou a prazo". (CASTRO, Élcio Pinheiro. Suspensão do processo e da prescrição no âmbito penal frente ao parcelamento de *débitos* tributários e contribuições sociais. Disponível em: http://livepublish.iob.com.br/ntzajuris/lpext.dll/Infobase/1f525/1f8af/1fb37?f=templates&fn=document-frame.htm&2.0#JD_AJURIS92PG171. Acesso em: 27.2.2018).

[22] "Art. 83. A representação fiscal para fins penais relativa aos crimes contra a ordem tributária previstos nos arts. 1º e 2º da Lei nº 8.137, de 27 de dezembro de 1990, e aos crimes contra a Previdência Social, previstos nos arts. 168-A e 337-A do Decreto-Lei nº 2.848, de 7 de dezembro de 1940 (Código Penal), será encaminhada ao Ministério Público depois de proferida a decisão final, na esfera administrativa, sobre a exigência fiscal do crédito tributário correspondente.
(...) § 2º É suspensa a pretensão punitiva do Estado referente aos crimes previstos no caput, durante o período em que a pessoa física ou a pessoa jurídica relacionada com o agente dos aludidos crimes estiver incluída no parcelamento, desde que o pedido de parcelamento tenha sido formalizado antes do recebimento da denúncia criminal."

Como mencionado, a partir da discussão judicial e/ou da garantia do crédito tributário é possível obter a suspensão da exigibilidade da cobrança, o que, por consequência, ocasionará a suspensão da Execução Fiscal.

Nesse sentido, vale mencionar que, conforme o artigo 151 do Código Tributário Nacional, diversos são os institutos passíveis de suspenderem a exigibilidade do crédito tributário. São eles: (i) a moratória, (ii) o depósito em montante integral do valor discutido, (iii) as reclamações e recursos, (iv) a concessão de medida liminar em mandado de segurança, (v) a concessão de medida liminar ou de tutela antecipada em outras espécies de ações judiciais, e (vi) o parcelamento.

A suspensão da exigibilidade do crédito tributário tem gerado fortes efeitos na esfera criminal. Nos últimos anos, têm crescido exponencialmente as manifestações do Ministério Público e as decisões judiciais favoráveis aos contribuintes, reconhecendo a inexistência de justa causa para o prosseguimento de procedimentos que apuravam Crimes Tributários, diante, justamente, da discussão judicial e da garantia integral do crédito tributário. Tais decisões sempre deixam claro que ficam suspensos também os prazos prescricionais dos Crimes Tributários investigados, até a conclusão da discussão judicial, restando evidente a ausência de lesividade ao Estado.

Com efeito, se as ações judiciais nas quais se discutem os créditos tributários forem julgadas procedentes, os débitos serão cancelados, não havendo que se falar em sonegação. Nesse sentido, não haveria o elemento objetivo necessário para a configuração do crime e seria também uma verdadeira afronta à uniformidade da jurisdição se os mesmos fatos que fossem considerados lícitos pelo Juízo Cível/Fiscal viessem a ser apontados ilícitos no âmbito criminal.

Por outro lado, se as ações forem julgadas improcedentes e forem mantidas as cobranças, as garantias serão convertidas em renda em favor da Fazenda Pública, quitando os débitos e, por consequência, extinguindo a punibilidade dos alegados Crimes Tributários[23], conforme artigo 34 da Lei nº 9.249/1995 e

---

[23] Douglas Santos Araujo defende que o pagamento do tributo possui prioridade à penalização criminal: "A extinção de punibilidade, nos crimes tributários, em razão do pagamento integral do crédito tributário tem como fundamento a priorização do pagamento do tributo em detrimento da penalização criminal, dando relevo à visão arrecadatória. Em suma, o Estado abre mão do seu poder dever de punir se o agente lhe paga aquilo que sonegou, ou seja, o ressarcimento do dano causado exclui o interesse do Estado na persecução penal". (ARAUJO, Douglas Santos. A extinção de punibilidade nos crimes tributários não depende do pagamento da multa, 2010. A extinção de punibilidade nos crimes tributários não depende do pagamento da multa. Disponível em: http://201.23.85.222/biblioteca/index.asp?codigo_sophia=133232. Acesso em: 27.2.2018).

artigo 9º, § 2º, da Lei nº 10.684/2003. Não haverá, portanto, prejuízo aos cofres públicos e tampouco lesão aos bens jurídicos tutelados pela Lei nº 8.137/1990.

Além disso, muitas dessas manifestações ministeriais, que tem sido pelo arquivamento dos procedimentos criminais, têm reconhecido também que a discussão judicial e a garantia do crédito seria já uma prova da ausência de dolo de sonegar tributos ou fraudar o Fisco. Ou seja, tal argumento tem sido utilizado até mesmo para a defesa de mérito, ao demonstrar a ausência de dolo na conduta do contribuinte, elemento que é essencial para a configuração do Crime Tributário. Isso porque tem-se entendido que, em síntese, um contribuinte que empenha esforços e recursos financeiros para ajuizar uma ação e conseguir uma garantia para o crédito tributário certamente não visava fraudar o Fisco. Vejamos:

> Verifico que a garantia integral do pagamento apresentada pela empresa investigada nos autos da Execução Fiscal, por meio da Apólice de Seguro nº 6.588.648, configura verdadeiro falta de justa causa para propositura de ação penal. Isto porque, como se sabe, o artigo 34 da Lei 9.249/95 determina a extinção da punibilidade do agente com relação aos delitos tipificados na Lei 8.137/90, caso ele promova o pagamento do tributo ou contribuição social, inclusive acessórios, antes de o recebimento da denúncia[24].

> A garantia do Juízo, no montante correlato ao respectivo débito, é motivo suficiente para ensejar o arquivamento do presente persecutório criminal. Isso porque, de qualquer forma, e independentemente do resultado da ação de execução fiscal, a questão será resolvida, quer pelo pagamento em caso de procedência da ação, quer pela decisão de inexistência do débito, em caso de embargos, de forma a afastar a lesividade ao bem jurídico e a consequente tipificação da conduta delituosa[25].

> Compulsando os autos, verifica-se que o débito tributário, objeto do presente Procedimento Investigatório Criminal, embora não pago, está garantido judicialmente, reconhecendo-se, pois, que caso a empresa não saia vencedora na ação em curso proposta no âmbito cível, o débito será integralmente quitado, o que legalmente afastará a punibilidade dos investigados (...) estando garantida a dívida fiscal, qualquer que seja o resultado da ação anulatória, não haverá lesividade ao

---

[24] Manifestação proferida pela Dra. Karen Mazloum, da Promotoria de Justiça de Guarulhos/SP, nos autos do Inquérito Policial nº 0014337-84.2012.8.26.0224, em 10.11.2016.
[25] Manifestação proferida pelo Dr. Cyrilo Luciano Gomes, da Promotoria de Justiça de Ribeirão Preto/SP, nos autos do Inquérito Policial nº 0065351-03.2013.8.26.0506, em 13.11.2014.

Estado. E, sem lesividade, não há crime. Portanto, não há outro caminho a este Órgão Ministerial que não seja o arquivamento das peças de informação[26].

No caso do crime fiscal, cuja característica material foi assentada pelo Supremo Tribunal Federal, não havendo efetiva supressão/redução de tributo, não há crime. Dessa forma, com o depósito integral do valor do débito, pode-se afirmar que não haverá, em qualquer hipótese, a consumação do delito tributário, indispensável para o oferecimento da denúncia. Ademais, ainda que a persecução penal pudesse persistir, o pagamento é causa de extinção da punibilidade, fato que inevitavelmente ocorrerá no caso presente[27].

Assim, a garantia do juízo fiscal mediante seguro-garantia, com a anuência da Fazenda do Estado de São Paulo, afasta a lesividade ao bem jurídico e a consequente tipificação da conduta, uma vez que, caso seja julgada procedente a execução fiscal, o valor devido restará integralmente quitado pela garantia ofertada, devendo-se salientar que o pagamento integral do débito tributário extingue a punibilidade do agente, nos termos do artigo 34 da Lei n.º 9.249/95[28].

A despeito de ainda não ser um entendimento unânime, os Tribunais também já têm reconhecido, de forma reiterada, a ausência de justa causa para a persecução penal em casos desse tipo, e determinado a suspensão do andamento ou o arquivamento de procedimentos criminais até o julgamento definitivo das ações judiciais em que se discutem a procedência dos créditos tributários[29].

Vale citar o entendimento externado pelo Superior Tribunal de Justiça em um importante precedente sobre o tema:

---

[26] Manifestação proferida pela Dra. Renata Carvalho da Luz, da 1ª Promotoria de Justiça de Crimes contra a Ordem Tributária de João Pessoa/PB, nos autos do Procedimento Investigatório Criminal nº 002.2015.000689, em 20.10.2015.
[27] Manifestação proferida pelo Dr. Fábio Reis de Nazareth, da 24ª Promotoria de Justiça de Contagem/MG, nos autos do Procedimento nº 0079.17.001427-2, em 27.10.2017.
[28] Manifestação proferida pela Dra. Silvia Tomaz Lourenço Moreno de Oliveira, da Promotoria de Justiça de Osasco/SP, nos autos do Inquérito Policial nº 0014216-90.2015.8.26.0405, em 21.3.2016.
[29] Nesse sentido: STJ, RHC nº 24.540/SP, Rel. Min. Og Fernandes, Sexta Turma, j. 19.10.2010, DJe 17.12.2010; STJ, HC 189.970/ES, voto do Rel. Min. Marco Aurélio Bellizze, Quinta Turma, j. 4.6.2013; TJSP, RESE 0106854-82.2011.8.26.0050, Rel. para acórdão Des. Paulo Rossi, 12ª Câmara de Direito Criminal, j. 28.9.2016; TJSP, HC 2254459-12.2015.8.26.0000, Rel. Des. Otávio de Almeida Toledo, 16ª Câmara de Direito Criminal, j. 26.1.2016; TJSP, RESE 0079863-35.2012.8.26.0050, Des. Rel. Fernando Simão, 7ª Câmara de Direito Criminal, j. 27.8.2015; TJSP, HC 2101048-46.2015.8.26.0000, Rel. Des. Miguel Marques e Silva, 14ª Câmara de Direito Criminal, j. 20.8.2015.

Mister ressaltar, por fim, que, *além da pendência da ação cível, ajuizada antes da constituição do crédito tributário*, consta também nos autos notícia de que *a dívida se encontra na situação "garantia fiança bancária" (fl. 781), o que denota a ausência de dolo de suprimir ou reduzir o tributo, elemento subjetivo indispensável à configuração do crime.*

Assim, diante de todas as peculiaridades elencadas, entendo não ser possível a manutenção do inquérito policial, o qual se lastreia, exclusivamente, na existência de constituição definitiva do crédito tributário, fato que, por si só, não é considerado crime. Patente, portanto, o constrangimento ilegal suportado pelos pacientes, o que enseja a concessão da ordem de ofício.

Ante o exposto não conheço do mandamus. O9 nº 26/2009, instaurado perante a Superintendência de Polícia Especializada – Divisão de crimes contra a Fazenda. É como voto. (STJ, HC 189.970/ES, voto do Rel. Min. Marco Aurélio Bellizze, Quinta Turma, j. 4.6.2013 – sem ênfase no original).

Entendemos que, na fase de Ação Penal (ou seja, já na fase judicial da persecução penal), a suspensão do andamento ganha mais força em virtude do disposto no artigo 93 do Código de Processo Penal:

> Art. 93. Se o reconhecimento da existência da infração penal depender de decisão sobre questão diversa da prevista no artigo anterior, da competência do juízo cível, e se neste houver sido proposta ação para resolvê-la, o juiz criminal poderá, desde que essa questão seja de difícil solução e não verse sobre direito cuja prova a lei civil limite, suspender o curso do processo, após a inquirição das testemunhas e realização das outras provas de natureza urgente.

O Código de Processo Penal prevê expressamente, nesse artigo, a possibilidade de suspensão da ação penal, quando existirem questões prejudiciais pendentes de julgamento na esfera cível.

Entendemos que a existência de uma ação antiexacional, em que se discute o crédito tributário que deu origem ao Processo Criminal, é uma clara e inequívoca hipótese de questão prejudicial, nos termos do referido artigo 93, tendo em vista que, caso seja desconstituído o crédito tributário na esfera cível, o Processo Criminal imediatamente carecerá de justa causa.

Não se questiona aqui a inegável e importantíssima independência entre as esferas cível e penal, mas sim o fato de que a análise sobre esse assunto deve levar em consideração também que: (i) essa independência não é e nem deve ser absoluta e não pode ser sobrepor aos Princípios da Uniformidade da Jurisdição e da Intervenção Mínima do Direito Penal; e (ii) o Código de

Processo Penal prevê expressamente a existência de questões prejudiciais e a possibilidade de suspensão da persecução penal, nessas hipóteses.

É evidente que o prosseguimento do Processo Criminal permitiria o risco da existência de decisões conflitantes, tendo em vista que, com a desconstituição do crédito tributário na esfera cível, inexistiria elemento objetivo para caracterização de Crime contra a Ordem Tributária.

De fato, seria uma afronta à uniformidade da jurisdição se exatamente os mesmos fatos que analisados pelo Juízo Cível/Fiscal fossem apontados como crime na esfera penal.

5. Conclusões

Como vimos, a despeito de, atualmente, a legislação não prever expressamente a garantia do crédito tributário como causa de suspensão da pretensão punitiva estatal ou de extinção da punibilidade, fato é que, na prática, a apresentação de tal garantia pelo contribuinte perante o Poder Judiciário tem gerado os mesmos efeitos da inclusão do crédito tributário no regime de parcelamento e, num segundo momento, do próprio pagamento do crédito.

No entanto, como essa situação não está prevista em lei, existe ainda um entendimento no sentido de que, havendo a inscrição do crédito em dívida ativa, já seria possível o oferecimento de denúncia pela prática de Crime Tributário, mesmo se o crédito estiver garantido e sendo discutido judicialmente.

Essa disparidade de entendimentos causa insegurança jurídica ao contribuinte, que poderá sofrer diferentes consequências legais (e.g. ser denunciado criminalmente ou ter a investigação policial arquivada) em casos juridicamente semelhantes, de acordo com a Promotoria de Justiça e/ou órgão julgador que estiver analisando seu procedimento criminal.

Assim, seja em razão dos efeitos da garantia do crédito tributário e de sua semelhança com o parcelamento, seja em virtude da existência de entendimento jurisprudencial acerca da ausência de justa causa para o procedimento criminal nos casos em que o crédito tributário ainda está sendo discutido judicialmente e encontra-se devidamente garantido, entendemos que tal situação deveria ser expressamente indicada na legislação como uma causa de suspensão da pretensão punitiva do Estado em casos de Crimes Tributários.

Nesse sentido, da mesma forma que a Lei nº 9.430/1996, em seu artigo 83, §2º, prevê expressamente a possibilidade de suspensão da pretensão punitiva pelo parcelamento do crédito, entendemos que poderia ser também expressamente prevista a suspensão da pretensão punitiva do Estado enquanto perdurar a discussão judicial do crédito tributário, desde que o contribuinte tenha oferecido garantia de pagamento do crédito, prevista na legislação tributária.

Uma complementação legislativa nesse sentido seria extremamente conveniente, principalmente considerando o contexto político atual, porque poderia eliminar a insegurança jurídica, formalizar um entendimento que já é adotado na prática há vários anos e impedir o início de demandas criminais temerárias, impulsionadas por denúncias despidas de justa causa, que, à custa de um indiscutível constrangimento ilegal, terminariam na inevitável extinção dos processos.

Nesse sentido, tanto os empresários como o Poder Judiciário economizariam tempo e recursos, evitando processos que acabariam sendo arquivados, ao mesmo tempo que o Fisco teria preservado o seu direito de receber um crédito que considera devido. O ganho em eficiência seria considerável.

Por fim, ao mesmo tempo, tal medida seria também, principalmente, uma tentativa de reestabelecer o caráter subsidiário do Direito Penal, em um assunto que esse ramo do Direito tem sido claramente desvirtuado e banalizado.

Referências

ARAUJO, Douglas Santos. *A extinção de punibilidade nos crimes tributários não depende do pagamento da multa*, 2010. Disponível em: http://201.23.85.222/biblioteca/index.asp?codigo_sophia=133232. Acesso em: 27.2.2018.

BITENCOURT, Cezar Roberto. *Crimes contra a ordem tributária*. São Paulo: Saraiva, 2013.

CASTRO, Élcio Pinheiro. *Suspensão do processo e da prescrição no âmbito penal diante do parcelamento de débitos tributários e contribuições sociais*. In: MARTINS, Daniela; BRITO, Edvaldo. Direito tributário: direito penal tributário. São Paulo: Revista dos Tribunais, 2011.

LOVATO, Antônio Carlos. *Crimes contra a ordem tributária – retroatividade benigna da extinção da punibilidade prevista no art. 34 da lei 9.249/1995*. In: MARTINS, Daniela; BRITO, Edvaldo. Direito tributário: direito penal tributário. São Paulo: Revista dos Tribunais, 2011.

MACHADO, Hugo de Brito. *Prévio esgotamento da via administrativa e ação penal nos crimes contra a ordem tributária*. In: Direito tributário: direito penal tributário. São Paulo: Revista dos Tribunais, 2011.

MARTINS, James. *Direito Processual Tributário Brasileiro: administrativo e judicial*, 9ª Ed. São Paulo: Revista dos Tribunais, 2016.

NUCCI, Guilherme de Souza. *Código de Processo Penal Comentado*, 16ª Ed. São Paulo: Forense, 2017.

_____. *Leis penais e processuais penais comentadas,* 3ª Ed. São Paulo: Revista dos Tribunais, 2008.

_____. *Manual de direito penal,* 10ª Ed. Rio de Janeiro: Forense, 2014.

PRADO, Luiz Regis. Direito Penal Econômico, 5ª Ed. São Paulo: Revista dos Tribunais, 2013.

SOUZA, Nélson Bernardes de. Crimes contra a ordem tributária e processo administrativo. *In:* MARTINS, Daniela; BRITO, Edvaldo. Direito tributário: direito penal tributário. São Paulo: Revista dos Tribunais, 2011.

A Dinâmica do Processo Penal nos Crimes Contra a Ordem Tributária: o Papel do Processo Administrativo Fiscal e a Necessária Revisão da Súmula Vinculante Nº 24 do STF

Fernanda Regina Vilares

1. Introdução

Convidada a contribuir com essa obra, perdi-me em devaneios sobre minha capacidade de atender aos anseios dos organizadores e entregar aos leitores uma visão crítica da persecução penal dos crimes contra a ordem tributária no Brasil e, ao mesmo tempo, propor soluções para eventuais problemas constatados.

O ordenamento brasileiro não regulamenta de forma específica o chamado "processo penal tributário" e a Lei nº 8.137/90 não traz normas processuais. Surgiu, então, o dilema: como abordar a persecução dessa modalidade de crime de forma a atender ao propósito da obra?

Parece que as questões mais polêmicas de processo penal relativas aos crimes contra a ordem tributária envolvem a relação com o processo administrativo fiscal. A prova da materialidade do crime, a suficiência do processo administrativo para a comprovação do elemento subjetivo e da responsabilidade, a possível interrupção ou suspensão da persecução pelo pagamento ou parcelamento da dívida e, a principal questão, a exigência do trânsito em julgado da decisão administrativa para a deflagração da persecução penal nos termos da Súmula Vinculante nº 24 do STF.

Toda essa dependência existente entre processo penal tributário e processo administrativo fiscal advém da exigência do efetivo resultado de supressão ou redução de tributo e de uma opção política do legislador atrelar a reparação do dano cível à extinção da punibilidade. A questão que se propõe é: o atual sistema é satisfatório e coerente ou a eficiência[1] da persecução depende de ajustes?

2. Breves Apontamentos Sobre os Tipos Penais e o Rito a Que se Submetem

Antes de tratar dos tópicos polêmicos, é preciso entregar ao leitor um mínimo conhecimento de como a lei penal tipifica a conduta de sonegação fiscal no Brasil.

A Lei nº 8.137/90 define os crimes contra a ordem tributária em seus artigos 1º, 2º e 3º.[2] De forma genérica, é possível afirmar que todos afetam o bem jurídico "erário" ou "ordem tributária", sendo que os dois primeiros descrevem condutas de sonegação fiscal típica, cometida por particular em detrimento da administração tributária, enquanto que o último descreve conduta praticada por funcionário público.

A doutrina costuma classificar os crimes descritos no artigo 1º como crimes de resultado, enquanto que os elencados no artigo 2º seriam crimes de mera conduta.[3] Sem adentrar no mérito sobre o acerto dessa classificação, é fato

---

[1] Para os fins desse trabalho, persecução penal eficiente é aquela que promove o equilíbrio entre o interesse em punir do Estado e o interesse do imputado em se defender, atendendo à dupla finalidade do processo penal consistente em garantir a segurança pública e salvaguardar os direitos fundamentais do imputado, sobretudo o direito à liberdade. SCARANCE FERNANDES, Antonio. O equilíbrio na repressão ao crime organizado. In: SCARANCE FERNANDES, Antonio; ALMEIDA, José Raul Gavião de; e ZANOIDE DE MORAES, Maurício de. (coord.) Crime Organizado – Aspectos Processuais. São Paulo: Editora Revista dos Tribunais, 2009, pp. 9 a 10.

[2] A sonegação fiscal previdenciária está prevista no artigo 337-A do Código Penal e a ela também pode ser aplicada a lógica desse estudo. Por outro lado, existem duas figuras típicas no artigo 334 e 334-A do Código Penal que afetam o erário público e interferem na arrecadação, mas não aproveitam as considerações aqui feitas, nomeadamente, o descaminho e o contrabando. Ambas se relacionam com a entrada e saída de mercadorias do país. Enquanto a primeira restringe-se ao não pagamento de impostos, a outra envolve a mercadoria proibida de ingressar no território nacional, transcendendo a esfera da ordem tributária. Embora seja comum a inserção desses tipos no âmbito do direito penal tributário, por questões metodológicas optamos por centralizar a análise nos tipos da Lei n. 8.137/90.

[3] BITENCOURT, Cezar Roberto. Crimes contra a ordem tributária. São Paulo: Saraiva, 2013, pp. 109 e 160.

que existe uma diferenciação da pena cominada para cada um dos artigos, o que reflete no procedimento aplicável aos delitos.

O *caput* do artigo 1º prevê que *"constitui crime contra a ordem tributária suprimir ou reduzir tributo, ou contribuição social e qualquer acessório, mediante as seguintes condutas"*. Exige-se, portanto, a realização do resultado sonegação de tributos e, por tal razão, comina-se uma pena de prisão que pode variar de 2 (dois) a 5 (cinco) anos. Já o artigo 2º, contenta-se em descrever condutas que consistem no mero descumprimento de deveres, não aludindo à efetiva inexistência de pagamento, total ou parcial. Pelo menor desvalor da ação a pena prevista é de 6 (seis) meses a 2 (dois) anos.

A Lei nº 9.099/95 introduziu no processo penal brasileiro o chamado procedimento sumaríssimo. De forma bastante sintética, simplificou-se o rito ordinário do processo penal para as infrações consideradas de menor potencial ofensivo, quais sejam, aquelas cuja pena máxima cominada não seja superior a 2 (dois) anos.[4] Esse é o caso dos crimes previstos no artigo 2º da Lei nº 8.137/90, cujo processamento será pautado pela oralidade, simplicidade, concentração dos atos, economia processual e celeridade. Ainda, antes de se iniciar esse procedimento com o oferecimento da denúncia oral, nesse tipo de crime é autorizada a tentativa de composição civil e a realização da transação penal nos casos não vedados pelo artigo 76 da Lei nº 9.099/95.[5]

Considerando a pena cominada ao delito do artigo 1º, sua persecução será regrada pelo rito ordinário do Código de Processo Penal. A exigência do efetivo resultado de sonegação insere o elemento normativo tributo no centro das discussões e é por isso que a relação com o processo administrativo fiscal ganha relevância.

3. A Relação Entre o Processo Administrativo Fiscal e o Processo de Crime Contra a Ordem Tributária

Em todos os tipos penais da Lei nº 8.137/90, observa-se a dependência de definições estabelecidas no âmbito do Direito Tributário, isto é, os elementos

---

[4] "Art. 61. Consideram-se infrações penais de menor potencial ofensivo, para os efeitos desta Lei, as contravenções penais e os crimes a que a lei comine pena máxima não superior a 2 (dois) anos, cumulada ou não com multa. (Redação dada pela Lei nº 11.313, de 2006)".
[5] GRINOVER, Ada Pellegrini et al. Juizados Especiais Criminais: Comentários à Lei 9.099, de 26.09.1995. 4ª ed. rev., ampl. e atual. de acordo com a Lei 10.259/2001. São Paulo: Editora Revista dos Tribunais, 2002, pp. 100 e 163 a 165.

normativos do tipo consistem em conceitos relativos àquele ramo do Direito.[6] Trata-se de uma relação de superposição, nos termos de Priscila Bubniak, de forma que só haverá crime fiscal se, antes, houver uma transgressão do dever tributário.[7]

No entanto, essa subordinação do Direito Penal ao Direito Tributário é mais destacada no artigo 1º, que traz a previsão do elemento normativo "tributo".[8] A definição de tributo está no artigo 3º do Código Tributário Nacional e, nos termos de Cezar Roberto Bitencourt, para o Direito Penal interessa *"evidenciar que quando o agente reduz ou suprime tributo significa que há o inadimplemento da obrigação principal de pagá-lo. De modo que, para a caracterização do crime, é necessário constatar a existência da referida obrigação".*[9]

A questão subjacente é: como surge essa obrigação? O artigo 142 do Código Tributário Nacional preceitua que a forma de constituição do crédito tributário é o lançamento e sua definição é essencial para solucionarmos o problema que trazemos à discussão nesse estudo: a Súmula Vinculante nº 24 do Supremo Tribunal Federal.

Para introduzir o assunto, há que se apontar que nos termos do artigo supra mencionado, todo o *"procedimento administrativo tendente a verificar a ocorrência do fato gerador da obrigação correspondente, determinar a matéria tributável, calcular o montante do tributo devido, identificar o sujeito passivo e, sendo o caso, propor a aplicação da penalidade cabível"* é documentado por meio de um processo administrativo fiscal regulamentado pelo Decreto nº 70.235/72 no âmbito da União[10].

---

[6] BITENCOURT, Cezar Roberto. Crimes contra a ordem tributária. São Paulo: Saraiva, 2013, p. 39. A doutrina costuma usar a expressão acessoriedade administrativa para descrever esse fenômeno. Helena Regina Lobo da Costa, todavia, opta pela grafia assessoriedade administrativa, por entender que "descreve o fenômeno de modo mais exato, pois remete à ideia de assessorar, ou seja, auxiliar na construção do tipo penal. Assim, abarcam-se não só as situações de efetiva dependência, mas também aquelas de mera complementação conceitual ou normativa." COSTA, Helena Regina Lobo da. Proteção penal ambiental: viabilidade – efetividade – tutela por outros ramos do direito. São Paulo: Saraiva, 2010, p. 67.

[7] BUBNIAK, Priscila Lais Ton. Análise econômica do direito penal tributário: uma crítica à política criminal brasileira. Dissertação de Mestrado apresentada ao programa de pós-graduação em Direito da Pontifícia Universidade Católica do Paraná. Curitiba, 2017, p. 86.

[8] Em verdade, o caput fala em tributo ou contribuição social. Todavia, tributo é o gênero do qual contribuições sociais são espécie, de maneira que nos interessa tratar do conceito de tributo que é mais abrangente.

[9] BITENCOURT, Cezar Roberto. Crimes contra a ordem tributária. São Paulo: Saraiva, 2013, pp. 106 a 107.

[10] Cada ente federativo pode regulamentar sua forma de documentação do procedimento administrativo fiscal, mas esse texto é focado no processo administrativo fiscal no âmbito da União.

O regramento abarca tanto o procedimento de fiscalização e autuação – ação fiscal – quanto o processamento da impugnação e recursos – fase litigiosa. Normas administrativas da Receita Federal regulamentam detalhadamente a ação fiscal que deve observar estritamente os parâmetros estabelecidos.[11] Para os fins desse estudo nos concentraremos na fase litigiosa.

De acordo com referido decreto, o auto de infração poderá ser impugnado e essa manifestação de inconformidade será julgada pela Delegacia da Receita Federal do Brasil de Julgamentos. Ainda, se o contribuinte seguir discordando da decisão, poderá apresentar recurso ao CARF – Conselho Administrativo de Recursos Fiscais.

Segundo Leonardo de Menezes Curty, o processo de formação do crédito tributário dura cerca de 5 (cinco) anos e poderá ser rediscutido perante o Poder Judiciário, o que pode levar mais tantos outros anos. Nos termos do autor, *"no PAF o tempo é um fator de extrema relevância. A demora na constituição do crédito tributário depõe contra a Fazenda Pública e a favor do autuado"*.[12] Nesse período, o patrimônio do futuro devedor pode ser esvaziado e as provas para uma eventual persecução penal enfraquecem tendo em vista os efeitos deletérios do tempo.[13]

A par das merecidas críticas ao sistema antiquado, é certo que toda essa fase administrativa de análise da legalidade e procedência do lançamento reflete no futuro processo penal e, por isso, merece nossa atenção. Seguindo com a linearidade das normas, de acordo com o artigo 83 da Lei nº 9.430/96, a Receita Federal deverá encaminhar representação fiscal para fins penais ao Ministério Público nos casos em que identificar indícios de crimes contra a

---

[11] PAULSEN, Leandro. Curso de Direito Tributário. 3ª ed. rev. e atual. Porto Alegre: Livraria do Advogado Editora, 2010, pp. 218 a 220.

[12] CURTY, Leonardo Menezes. Aos 44 anos, o processo administrativo fiscal em terapia: a crise da meia idade do PAF e o existencianlismo como vetor para sua solução. Disponível em: https://jota.info/colunas/contraditorio/aos-44-anos-o-processo-administrativo-fiscal-em-terapia-20022017. Acesso em 17.11.2017.

[13] Daniel Giotti de Paula e Allan Titonelli Nunes acrescentam que a essa demora administrativa soma-se a da fase judicial de cobrança: *"Para se efetivar uma citação, demora-se, em média, 1.523 dias. Concretizar os atos de persecução do patrimônio do devedor demanda mais 569 dias na etapa de penhora e 722 dias na finalização do leilão. A soma desses períodos perfaz um total de cinco anos e dois meses. No plano dos fatos, esse lapso temporal permite que o mau devedor desfaça de seus bens no decorrer do processo, inviabilizando a recuperação eficaz do crédito."* PAULA, Daniel Giotti de e NUNES, Allan Titonelli. Processo administrativo fiscal brasileiro exige mudanças. Disponível em: https://www.conjur.com.br/2016-jul-16/processo-administrativo-fiscal-brasileiro-exige-mudancas#_ftn7. Acesso em 17.11.2017.

ordem tributária e previdência social depois de proferida a decisão final na esfera administrativa sobre a exigência fiscal do crédito correspondente.[14]

A lei, portanto, deu a primeira diretiva sobre o processamento dos crimes tributários: a Receita Federal só poderá provocar a atuação do Ministério Público após o trânsito em julgado da decisão administrativa proferida pela DRJ ou pela CARF. Mas surgiu a dúvida: estaria a atuação do órgão acusador condicionada à observância dessa provocação? Teria sido criado um novo tipo de ação pública condicionada à representação?

O julgamento da ADI 1571/DF definiu que não. Logo que a Lei nº 9430/96 foi promulgada com o dispositivo supra mencionado, o Ministério Público tratou de aduzir seu conflito com o artigo 129, I da Constituição Federal por meio dessa ação direta de inconstitucionalidade. Em 1997, no julgamento da medida cautelar, o Supremo Tribunal Federal decidiu pela constitucionalidade do artigo 83 da lei, ressalvando, todavia, que não teria sido criada uma condição de procedibilidade e que o Ministério Público poderia agir caso tivesse acesso a outros meios de prova.[15]

---

[14] "Art. 83. A representação fiscal para fins penais relativa aos crimes contra a ordem tributária previstos nos *arts. 1º e 2º da Lei nº 8.137, de 27 de dezembro de 1990*, e aos crimes contra a Previdência Social, previstos nos *arts. 168-A e 337-A do Decreto-Lei nº 2.848, de 7 de dezembro de 1940 (Código Penal)*, será encaminhada ao Ministério Público depois de proferida a decisão final, na esfera administrativa, sobre a exigência fiscal do crédito tributário correspondente". Embora não exista obrigação similar imposta à Procuradoria da Fazenda Nacional, pois sua atuação é focada na cobrança do crédito, o desenvolvimento das atividades de investigação patrimonial trazem aos procuradores elementos relativos ao cometimento de outros crimes, sobretudo à lavagem de dinheiro que envolve ocultação de patrimônio. Assim, estão sendo levados a cabos estudos no sentido de instituir um mecanismo institucional de cumprir com o dever de qualquer funcionário público de noticiar aos órgãos persecutórios a possível ocorrência de crime.

[15] "EMENTA: – Ação direta de inconstitucionalidade. 2. Lei nº 9430, de 27.12.1996, art. 83. 3. Argüição de inconstitucionalidade da norma impugnada por ofensa ao art. 129, I, da Constituição, ao condicionar a notitia criminis contra a ordem tributária "a decisão final, na esfera administrativa, sobre a exigência fiscal do crédito tributário", do que resultaria limitar o exercício da função institucional do Ministério Público para promover a ação penal pública pela prática de crimes contra a ordem tributária. 4. Lei nº 8137/1990, arts. 1º e 2º. 5. Dispondo o art. 83, da Lei nº 9430/1996, sobre a representação fiscal, há de ser compreendido nos limites da competência do Poder Executivo, o que significa dizer, no caso, rege atos da administração fazendária, prevendo o momento em que as autoridades competentes dessa área da Administração Federal deverão encaminhar ao Ministério Público Federal os expedientes contendo notitia criminis, acerca de delitos contra a ordem tributária, previstos nos arts. 1º e 2º, da Lei nº 8137/1990. 6. Não cabe entender que a norma do art. 83, da Lei nº 9430/1996, coarcte a ação do Ministério Público Federal, tal como prevista no art. 129, I, da Constituição, no que concerne à propositura da ação penal, pois, tomando o MPF, pelos mais diversificados meios de sua ação, conhecimento de atos criminosos na ordem tributária, não fica impedido de agir, desde logo, utilizando-se, para isso, dos meios de prova a que tiver acesso. 7.

O julgamento final dessa Ação Direta de Inconstitucionalidade ocorreu no mesmo dia do celebrado HC 81.611 (10 de dezembro de 2003), precedente central da Súmula Vinculante nº 24 e houve a preocupação de se inserir na ementa final observação assegurando que não havia contradição entre as decisões. Embora o HC 81.611 tenha definido que faltaria justa causa para a ação penal quando o lançamento estivesse pendente de decisão definitiva do processo administrativo, ficou claro que eventual denúncia não seria condicionada à representação da autoridade administrativa.[16]

Em 2009, após alguns anos de consolidação da jurisprudência, foi proposta a criação de Súmula Vinculante que, embora se inspire no mencionado *leading case*, não o reflete por completo em sua nebulosa redação. A discussão entre os ministros do Supremo Tribunal Federal na ocasião da aprovação do enunciado revela certa discordância sobre as razões pelas quais a ação penal dependeria do término do processo administrativo para ser iniciada. Houve consenso, porém, sobre a consequência: impedimento de processar o cidadão antes de findo o processo administrativo fiscal. Uma das razões seria a política tributária adotada pelo Estado, que permite a extinção da punibilidade pelo pagamento do tributo. Significa dizer que se a reparação do eventual dano teria o condão de fazer cessar ou impedir a persecução do indivíduo que tenha perpetrado uma das condutas puníveis pelo artigo 1º da Lei nº 8.137/90, não

---

O art. 83, da Lei nº 9430/1996, não define condição de procedibilidade para a instauração da ação penal pública, pelo Ministério Público. 8. Relevância dos fundamentos do pedido não caracterizada, o que é bastante ao indeferimento da cautelar. 9. Medida cautelar indeferida". (STF – Pleno – MC na ADI 1571/DF – relator Min. Néri da Silveira – j. 20.03.1997, dj 25.09.1998).

[16] "EMENTA: I. Crime material contra a ordem tributária (L. 8137/90, art. 1º): lançamento do tributo pendente de decisão definitiva do processo administrativo: falta de justa causa para a ação penal, suspenso, porém, o curso da prescrição enquanto obstada a sua propositura pela falta do lançamento definitivo. 1. Embora não condicionada a denúncia à representação da autoridade fiscal (ADInMC 1571), falta justa causa para a ação penal pela prática do crime tipificado no art. 1º da L. 8137/90 – que é material ou de resultado –, enquanto não haja decisão definitiva do processo administrativo de lançamento, quer se considere o lançamento definitivo uma condição objetiva de punibilidade ou um elemento normativo de tipo. 2. Por outro lado, admitida por lei a extinção da punibilidade do crime pela satisfação do tributo devido, antes do recebimento da denúncia (L. 9249/95, art. 34), princípios e garantias constitucionais eminentes não permitem que, pela antecipada propositura da ação penal, se subtraia do cidadão os meios que a lei mesma lhe propicia para questionar, perante o Fisco, a exatidão do lançamento provisório, ao qual se devesse submeter para fugir ao estigma e às agruras de toda sorte do processo criminal. 3. No entanto, enquanto dure, por iniciativa do contribuinte, o processo administrativo suspende o curso da prescrição da ação penal por crime contra a ordem tributária que dependa do lançamento definitivo" (STF – Pleno – HC 81611/DF – relator Min. Sepúlveda Pertence – j. 10.12.2003, dj 13.05.2005).

faria sentido processá-lo criminalmente antes da estabilização do lançamento e da opção de quitar seu débito.[17]

Luiz Renato Pacheco Chaves de Oliveira[18] bem observa que:

> Se verificarmos os votos dos Ministros do STF no HC 81.611, é possível constatar que havia grande preocupação com o direito de defesa administrativa e com lançamentos originariamente feitos em valores elevados que posteriormente, na seara administrativa, sofriam grandes reduções.

Aprovou-se, assim, o enunciado da Súmula Vinculante nº 24 do STF com a seguinte redação: "Não se tipifica crime material contra a ordem tributária, previsto no art. 1º., incisos I a IV, da Lei no 8.137/90, antes do lançamento definitivo do tributo".

Desde então, apesar de algumas críticas à sua redação, essa Súmula dita o ritmo do processo penal tributário e sua aplicação reiterada como norma irredutível reprimiu a discussão sobre os problemas que passaram a surgir, o que pretendemos trazer à baila nesse estudo para tentar contribuir para novas soluções.

Por se tratar de uma obra luso-brasileira e porque as experiências de direito comparado possibilitam uma análise mais crítica do sistema posto, vamos fazer uma breve digressão sobre o direito português antes de entrar no tópico específico sobre a relativização do uso da Súmula Vinculante nº 24 do STF.

---

[17] Não é tema central desse texto a eleição do bem jurídico dos crimes tributários pelo legislador, bem como a coerência disso com o tratamento dado à questão no ordenamento jurídico brasileiro. Todavia, é importante destacar que ao prever a extinção da punibilidade pelo pagamento do tributo no artigo 34 da Lei n. 9.249/95 e em diversos dispositivos legais posteriores, sobretudo nas leis que introduziram programas de parcelamento, o legislador conferiu aos acusados do crime do artigo 1º da Lei 8.137/90 a mesma possibilidade de composição civil de danos prevista no rito sumaríssimo da Lei n. 9.099/95 aplicável ao artigo 2º que, em tese, teria menor gravidade. Atualmente vigora o entendimento de que o pagamento pode ser feito em qualquer momento da persecução penal. Tudo isso tem reflexos na análise de custo e benefício do crime explorada por Priscila Bubniak, segundo a qual: *"Inobstante a extinção da punibilidade internalizar os custos da prática delitiva, reduzindo-os aos montantes já estabelecidos na esfera administrativa, a forma como mencionado instituto tem sido contemplado na política criminal brasileira acaba por estabelecer incentivos para a prática ilícita."* Ver. Análise econômica do direito penal tributário: uma crítica à política criminal brasileira. Dissertação de Mestrado apresentada ao programa de pós-graduação em Direito da Pontifícia Universidade Católica do Paraná. Curitiba, 2017, p. 109.

[18] OLIVEIRA, Luiz Renato Pacheco Chaves de. Reflexões sobre os crimes tributários. In *Revista Brasileira de Ciências Criminais*, São Paulo, v. 18, n. 86, p. 201-230., set./out. 2010, p. 213.

3.1. Comparativo Com o Direito Português

A complexidade do crime fiscal faz com que as atividades investigativas que normalmente seriam desenvolvidas pela polícia sejam executadas por órgãos da administração tributária portuguesa. Eles prestam assistência técnica ao Ministério Público, mas o processo penal não é condicionado à chamada liquidação do tributo (termo utilizado para o processo de definição do valor do tributo em Portugal).[19]

Embora haja opiniões discordantes[20], a maior parte da doutrina portuguesa entende que a fraude fiscal é um crime de perigo ou resultado cortado. O que ambas as modalidades possuem em comum é prescindir do prejuízo efetivo para a consumação.[21]

Nesses casos, a liquidação, conquanto desnecessária para a configuração da conduta típica, serve como prova indiciária. Existe uma grande preocupação com os casos em que não se pode aferir com exatidão o valor do tributo por falta de documentação que depende do contribuinte. Na concepção deles, esse tipo de dificuldade não pode obstar a persecução da falsidade que leva à caracterização dos tipos penais tributários, notadamente a fraude. Ao mesmo tempo, não seria correto processar criminalmente o contribuinte cuja liquidação tenha sido feita por métodos indiciários, ou de presunção sem outras provas do enquadramento nos elementos objetivos e subjetivos do tipo, além das condições de punibilidade.[22]

Segundo Rui Marques[23], a liquidação tem mero efeito declarativo da existência do tributo que nasce com a ocorrência do fato gerador. Assim, mesmo

---

[19] PAIVA, Carlos. Das Infrações Fiscais à sua Perseguição Processual. Coimbra: Almedina, 2012, p. 192-195; MARQUES, Rui. A liquidação de imposto e o processo penal tributário. In Revista do Ministério Público de Lisboa, Lisboa, v. 37, n. 145, p. 153-173., jan./mar. 2016, p. 154.

[20] DIAS, Jorge de Figueiredo; ANDRADE, Manuel da Costa. O crime de fraude fiscal no novo direito penal tributário português: considerações sobre a factualidade típica e o concurso de infracções. In: Direito penal económico e europeu: textos doutrinários : volume II : problemas especiais. Coimbra: Coimbra Editora, 1999. p. 411-438.

[21] PAIVA, Carlos. Das Infrações Fiscais à sua Perseguição Processual. Coimbra: Almedina, 2012, p. 129-130, MARQUES, Paulo Edson. A inspecção tributária, os métodos indirectos e a prova no processo penal. In Revista do Ministério Público de Lisboa, Lisboa, v. 36, n. 141, p. 105-135, jan./mar. 2015, p. 129.

[22] MARQUES, Paulo Edson. A inspecção tributária, os métodos indirectos e a prova no processo penal. In Revista do Ministério Público de Lisboa, Lisboa, v. 36, n. 141, p. 105-135, jan./mar. 2015, pp. 129 a 131.

[23] MARQUES, Rui. A liquidação de imposto e o processo penal tributário. In Revista do Ministério Público de Lisboa, Lisboa, v. 37, n. 145, p. 153-173., jan./mar. 2016, p. 170.

que o direito de liquidação tenha caducado ou que a dívida seja inexigível, o processo penal poderá ser deflagrado, caracterizando-se a liquidação como meio de prova quando possível. Conclui o autor que a responsabilidade penal e a tributária não são necessariamente interdependentes:

> Aqui chegados, reafirmamos a suficiência do processo penal tributário, como regra, que não está impelido a aguardar pelo termo do procedimento de liquidação (administrativa). Não obstante, esta regra soçobra, excepcionalmente, quando o elemento constitutivo do tipo de crime assente na violação de uma obrigação tributária consubstanciada no acto tributário de liquidação.

Extrai-se do exposto que a configuração dos delitos tributários no direito português leva à desnecessidade de conclusão do processo administrativo (liquidação) para o início da persecução penal. Interessante observar que é possível que o processo penal seja suspenso caso haja impugnação judicial do crédito tributário ou oposição à execução, reconhecendo-se uma prejudicialidade tributária, mas não há qualquer condição de procedibilidade para a ação penal.[24]

4. Da Necessária Revisão do Conteúdo da Súmula Vinculante nº 24 do Supremo Tribunal Federal

Se levada ao pé da letra, a Súmula Vinculante nº 24 impede qualquer tipo de ato da persecução penal antes do término do processo administrativo tributário, já que antes do lançamento definitivo do tributo não haveria a subsunção dos fatos ao elemento normativo do tipo: tributo. No entanto, como bem destacou o então Ministro do STF Joaquim Barbosa na discussão sobre a proposta da Súmula:

> Com o passar do tempo, e em razão da multifacetariedade intrínseca do fenômeno criminal, haverá, sem dúvida, uma tendência inevitável à obsolência da súmula e à consequente necessidade para esta Corte, de revogá-la ou de proceder às sucessivas clarificações.

É inegável que estamos num momento de necessária revisão do significado dessa Súmula sob pena de se inviabilizar a persecução dos crimes tributários e

---

[24] PAIVA, Carlos. Das Infrações Fiscais à sua Perseguição Processual. Coimbra: Almedina, 2012, p. 205.

a reparação do dano da vítima ou, talvez pior, de tornar cada vez mais vantajoso para o contribuinte optar pelo caminho da sonegação fiscal.[25]

Para justificar nossa observação, temos argumentos de natureza teórica e prática. Em termos teóricos, a adequada verificação sobre o conceito de lançamento e a real natureza jurídica da sua exigência para a deflagração da persecução penal revelarão a medida exata do que é necessário para o início de uma investigação ou ação penal pelo cometimento de crime tributário. Sob uma perspectiva pragmática, não podemos ignorar que a demora do processo administrativo fiscal prejudica a obtenção de prova no momento da análise do elemento subjetivo, que só pode ser analisado no âmbito da persecução penal. Outrossim, o decurso do tempo muitas vezes inviabiliza a reparação do dano da vítima, sobretudo quando há concurso de crimes.

4.1. Lançamento e Justa Causa Para Ação Penal

Muito já se discorreu na doutrina sobre a natureza jurídica do lançamento definitivo do tributo no crime de sonegação fiscal. Não se pretende retomar toda a discussão sobre o que seria condição objetiva de punibilidade, assunto sobre são indicados os textos de Gustavo Badaró e Rogério Taffarello.[26]

Aqui interessa dizer que, na linha do direito português, parece claro que o lançamento tem natureza declaratória de um fato pretérito: o nascimento do tributo a partir da ocorrência do fato gerador e da incidência da norma tributária sobre ele. Não fosse assim, não faria sentido o ordenamento prever diferentes formas de lançamento para a mesma situação. No caso do imposto de renda, por exemplo, é esperado que o contribuinte declare espontaneamente a ocorrência do fato gerador e seus valores, efetuando o pagamento e a anuência da autoridade administrativa (ainda que por omissão) aperfeiçoa o lançamento. No entanto, se esse dever é descumprido, emerge para o Fisco o dever de efetuar o lançamento por auto de infração.

Leandro Paulsen explica que a obrigação tributária surge com o fato gerador (art. 113, §1º) e, embora o crédito surja nesse mesmo momento, sua

---

[25] Ver nota 17.
[26] Badaró, Gustavo Henrique Righi Ivahy. Do chamado 'lançamento definitivo do crédito tributário' e seus reflexos no processo penal por crime de sonegação fiscal. In Revista brasileira da advocacia – RBA, São Paulo, v. 0, n. 1, p. 263-291., jan./mar. 2016; Taffarello, Rogério Fernando. Impropriedades da Súmula Vinculante 24 do Supremo Tribunal Federal e a insegurança jurídica em matéria de crimes tributários. In Franco, Alberto Silva e Lira Rafael de Souza. Direito Penal Econômico: questões atuais. São Paulo: Revista dos Tribunais, 2011, pp. 299 a 338.

constituição dependerá da produção de um ato que formalize sua existência e permita sua exigibilidade.[27] Em outras palavras, a obrigação tributária existe desde o momento em que o fato gerador se aperfeiçoa e a forma pela qual e o momento e no qual essa situação será documentada não produzirão reflexos na existência do elemento normativo do tipo.

Luiz Renato Pacheco Chaves de Oliveira observa que a indignação com a possibilidade de o Fisco utilizar a ação penal como forma de exigir tributo provocou uma falha de raciocínio da elaboração da Súmula. Segundo ele, foi esquecido que o crédito estaria constituído desde o primeiro ato do procedimento de lançamento (declaração ou auto de infração) e apenas não seria exigível. Para o autor, a lógica aplicada à configuração do elemento normativo do tipo de sonegação fiscal deveria ser a mesma relativa às demais causas de suspensão do crédito tributário previstas no artigo 151 do CTN. Isso porque no processo administrativo fiscal não se discute a existência do tributo; somente há um impedimento para ajuizar o executivo fiscal. Nas palavras do autor[28]:

> Tendo em vista que o tributo é elemento do crime do art. 1o da Lei n. 8.137/1990, nenhuma causa de suspensão de exigibilidade do crédito tributário deveria possuir o condão de impedir o início ou o prosseguimento de ação penal, nem mesmo, a despeito do contido na Súmula Vinculante 24, o recurso administrativo contra o lançamento.

Parece claro que o tributo efetivamente existe desde o primeiro ato de constituição. Por outro lado, é notório que as expressões constituição definitiva do crédito e lançamento definitivo dizem respeito ao término da discussão administrativa. Assim, ao se reconhecer que o elemento normativo do tipo consistente em "tributo" pode ser considerado existente antes do trânsito em julgado da decisão administrativa, estar-se-ia contrariando o conteúdo da Súmula Vinculante nº 24 do STF. De fato, sua redação não é feliz nesse ponto e a única possibilidade de compatibilizar seu enunciado com a sistemática do ordenamento é entender que a conclusão do processo administrativo seria um instrumento para provar essa existência de maneira cabal, mas que os primeiros atos de documentação do lançamento já configurariam elementos de prova da existência do crime.

---

[27] PAULSEN, Leandro. Curso de Direito Tributário. 3ª. ed. rev. e atual. Porto Alegre: Livraria do Advogado Editora, 2010, p. 161.
[28] OLIVEIRA, Luiz Renato Pacheco Chaves de. Reflexões sobre os crimes tributários. In Revista Brasileira de Ciências Criminais, São Paulo, v. 18, n. 86, p. 201-230., set./out. 2010, p. 214.

Nesse sentido, o desenrolar do procedimento administrativo fiscal tem uma efetiva função comprobatória, no que acompanhamos Rogério Taffarello[29]:

> (...) a elementar normativa do tipo penal insculpido no art. 1º da Lei 8.137/1990 não requer tributo devido sob o ângulo da definitividade do lançamento após o término do procedimento administrativo, mas supõe, apenas, tributo existente – como obrigação tributária real, efectual. Até pelo fato de a descrição do tipo contemplar apenas o vocábulo 'tributo'. Deveras, mostrar-se-ia de todo inviável a hipótese de pretender o contribuinte suprimir ou reduzir fraudulentamente tributo (relembre-se: o objeto material da conduta incriminada, logo de necessária concretude no momento da ação ou omissão típicas) cuja existência e montante já houvesse sido objeto de decisão administrativa final.
>
> (...) o lançamento do tributo superveniente ao esgotamento pelo contribuinte da via recursal administrativa deve ser compreendido como indicativo idôneo da materialidade delitiva, a exemplo de um laudo de corpo de delito, sem o qual carece de justa causa a ação penal. Disso deflui a equivocidade da ideia de que o delito em questão somente se consuma com o lançamento definitivo do tributo".

E Gustavo Badaró[30]:

> O que o lançamento definitivo acrescenta é uma prova de materialidade de um dos elementos do crime, qual seja, o tributo devido ou, o que seria o reverso da medalha, o crédito tributário que deveria ter sido pago, mas não o foi, integral ou parcialmente. Confere, pois, ao crédito tributário, do ponto de vista da sua repercussão penal, uma prova documental, do an e do quantum debeatur do tributo. O problema não é de tipicidade ou de punibilidade, mas de existência de prova de um dos elementos do crime.

Assim, o lançamento definitivo do tributo seria a justa causa para a ação penal nos crimes tributários. Tem razão Gustavo Badaró quando afirma que sem o reconhecimento no âmbito administrativo do crédito tributário o

---

[29] TAFFARELLO, Rogério Fernando. Impropriedades da Súmula Vinculante 24 do Supremo Tribunal Federal e a insegurança jurídica em matéria de crimes tributários. In FRANCO, Alberto Silva e LIRA Rafael de Souza. Direito Penal Econômico: questões atuais. São Paulo: Revista dos Tribunais, 2011, pp. 323 a 325.
[30] BADARÓ, Gustavo Henrique Righi Ivahy. Do chamado 'lançamento definitivo do crédito tributário' e seus reflexos no processo penal por crime de sonegação fiscal. In Revista brasileira da advocacia – RBA, São Paulo, v. 0, n. 1, p. 263-291., jan./mar. 2016, p. 277.

processo penal seria, em geral, inútil e a condenação difícil.[31] No entanto, esse não deve ser um impedimento absoluto para qualquer início de investigação por sonegação fiscal antes de findo o processo administrativo fiscal. Há casos em que o início da persecução penal é possível e necessário, ainda que não tenha sido concluída a fase administrativa.

Essa é a lógica do direito português que visa reprimir as condutas de falsificação com vistas a fraudar o Fisco antes de se ter finalizado a liquidação do tributo. É verdade que a estrutura do tipo penal é diversa e na maior parte dos crimes fiscais não se exige o resultado da supressão do tributo. No entanto, o sistema português pode ser usado de modelo de independência da esfera penal com relação à tributária para os casos excepcionais objeto de preocupação.

A regra deve ser a exigência do término do processo administrativo fiscal para o início da persecução penal nos termos do artigo 83 da Lei nº 9.430/96, isto é, a Receita Federal apenas cientificará o Ministério Público sobre a possibilidade de ocorrência de um crime após a manutenção do crédito tributário pelas instâncias administrativas nos casos ordinários em que a fiscalização é aberta após a desconfiança sobre alguma declaração quando o cruzamento de dados interno sinaliza ocorrência de fraude e não o mero inadimplemento. Em geral, foi imposta multa qualificada no auto de infração nessas situações. Nesses casos puramente fiscais, eventual decisão administrativa que elimine o crédito tributário tornará a persecução penal inútil.

No entanto, é possível imaginar situações em que a existência do crédito é quase certa, havendo dúvida apenas quanto a seu valor. A quantidade de elementos informativos sobre o contexto delituoso atinge um *standard* satisfatório de "causa provável"[32] mesmo sem o término do procedimento de lançamento. Em geral, esse contexto será observado quando houver mais de um crime praticado em concurso e quando a investigação criminal já tiver sido iniciada por algum outro fato. Pode-se imaginar uma situação em que uma organização criminosa pratica o delito de sonegação fiscal e também o de lavagem de dinheiro.[33]

---

[31] BADARÓ, Gustavo Henrique Righi Ivahy. Do chamado 'lançamento definitivo do crédito tributário' e seus reflexos no processo penal por crime de sonegação fiscal. In Revista brasileira da advocacia – RBA, São Paulo, v. 0, n. 1, p. 263-291., jan./mar. 2016, pp. 280 a 283.

[32] Causa provável é um modelo de constatação rarefeito se considerarmos o necessário para levar a uma condenação, mas é o suficiente para autorizar medidas invasivas na esfera dos indivíduos. Exige motivos concretos e fortes indícios da existência do crime. KNIJNIK, Danilo. A prova nos juízos cível, penal e tributário. Rio de Janeiro: Forense, 2007, pp. 88 a 90.

[33] Cabe recordar que o processamento por lavagem de dinheiro independe da condenação pelo

Nessas circunstâncias, o caminho natural em que a autoridade administrativa promove a notícia crime para o órgão acusatório ou polícia judiciária é alterado e os fatos geradores são descobertos no contexto de uma persecução penal sobre outros delitos. Imagine-se uma investigação sobre corrupção na qual é feita uma colaboração premiada. Um processo penal já pode estar em andamento quando a Receita Federal é chamada para efetuar o lançamento dos tributos devidos naquele contexto fático que, claramente, envolveu a supressão dolosa de tributos. Faria sentido separar a persecução penal de crimes cometidos em concurso e não permitir a barganha com relação aos delitos fiscais também?

Pode acontecer, ainda, de a Procuradoria da Fazenda Nacional empreender investigações patrimoniais para ajuizar medida cautelar fiscal com o objetivo de assegurar o pagamento do crédito tributário discutido administrativamente e descobrir indícios de fraude, falsidade documental e lavagem de dinheiro. Nesse caso, o dever de ofício exige que a notícia crime seja enviada aos órgãos de persecução. Seria coerente com o sistema impedir que a sonegação também fosse investigada nesse contexto? E mais, impedir que os representantes judiciais da Fazenda Nacional atuem como assistentes da acusação visando à reparação do dano sofrido, já que seriam vítimas apenas do crime tributário?[34]

Sem dúvida a investigação deve ser possível no caso de haver a probabilidade mencionada, até para subsidiar a atuação da própria Receita Federal e da Procuradoria da Fazenda Nacional (com uma decisão judicial autorizando o compartilhamento dos elementos), porquanto a complexidade das relações que fazem surgir os fatos geradores aumenta sobremaneira quando uma organização criminosa está envolvida. A prova relativa à lavagem de dinheiro também costuma auxiliar na indicação de onde está o patrimônio do devedor. Nesse caso, a exemplo do sistema português, órgãos persecutórios e autoridade tributária terão uma atuação complementar. Estar-se-ia homenageando a decisão da ADI 1571/DF, segundo a qual a atuação do Ministério Público não poderia ficar condicionada à representação fiscal para fins penais do órgão administrativo.

---

crime antecedente. Teríamos uma situação, portanto, em que a persecução da lavagem do dinheiro produto de sonegação seria deflagrada não apenas antes da condenação, mas do próprio término do processo administrativo fiscal, com a agravante da pena cominada em abstrato ser o dobro da pena do crime tributário.

[34] Nesses casos, se o investigado tiver patrimônio limitado, o patrimônio que estava sendo indisponibilizado na cautelar fiscal acaba sendo objeto de medida assecuratória do âmbito criminal e a satisfação do crédito tributário ficaria inviabilizada se a Súmula Vinculante n. 24 do STF for aplicada ferrenhamente.

Mais sensível é a decisão sobre a possibilidade de propositura da denúncia que exige um *standard* probatório mais consistente do que o necessário para o início da investigação e para o deferimento de meios de obtenção de prova invasivos. No entanto, parece coerente não segregar a ação penal sobre os fatos conexos respeitando os princípios que inspiraram a previsão do artigo 76 do Código de Processo Penal e considerar possível a propositura da denúncia e o requerimento de medidas cautelares patrimoniais desde que atingido o mínimo suporte probatório,[35] ou seja, a justa causa.[36] Não se trata da prova além de dúvida razoável que se exige para a condenação, a qual dependeria do término do processo administrativo fiscal.[37] Trata-se apenas da propositura e eventual recebimento da denúncia com vistas a assegurar a eficiência do processo em casos excepcionais, evitando a perda de elementos de prova, o retrabalho (economia processual), o risco ao patrimônio e a prescrição dos demais crimes.[38]

O Supremo Tribunal Federal vem se manifestando timidamente sobre a possibilidade de "mitigar" o conteúdo da Súmula Vinculante nº 24.[39] Não há,

---

[35] ZANOIDE DE MORAES, Maurício. Presunção de inocência no Processo Penal Brasileiro: análise de sua estrutura normativa para a elaboração legislativa e para a decisão judicial. Rio de Janeiro: Lumen Juris, 2010, pp. 47 a 472.

[36] Daí decorre que a prova que se exige para a incoação do processo é aquela em grau necessário para submeter alguém a julgamento. Relaciona-se, pois, a justa causa com juízo de mínima probabilidade de condenação. Não se exige, de pronto, a certeza moral quanto à ocorrência do fato, da autoria e da culpabilidade. Esta será imprescindível na final, para autorizar um decreto condenatório. MOURA, Maria Thereza Rocha de Assis. Justa causa para a ação penal – doutrina e jurisprudência. São Paulo: Editora Revista dos Tribunais, 2001, p. 245.

[37] Nesse caso, o término do processo administrativo fiscal seria questão prejudicial ao julgamento do processo.

[38] Quando é externalizada a preocupação com a prescrição dos demais crimes imagina-se uma situação em que a persecução desses aguardaria a bandeira branca para a persecução da sonegação fiscal com vista a seguir o mandamento do artigo 76 do Código de Processo Penal e o processamento dos crimes conexos acontecer em conjunto. Destaque-se, todavia, que caso todos os crimes sejam investigados e processados em conjunto e sem aguardar o lançamento definitivo a prescrição não deve ser suspensa nem para o crime fiscal. Apenas no caso em que a denúncia for oferecida e recebida e o processo atingir uma fase na qual o término do lançamento revela-se indispensável para a prolação da sentença é que esse deve ser suspenso para aguardar o deslinde da questão prejudicial com inspiração no artigo 93 do Código de Processo Penal e a prescrição ficaria suspensa de acordo com o artigo 116, I do Código Penal.

[39] "EMENTA: DIREITO TRIBUTÁRIO. AGRAVO REGIMENTAL EM RECURSO EXTRAORDINÁRIO COM AGRAVO. CRIMES CONTRA A ORDEM TRIBUTÁRIA. TERMO INICIAL. CONSTITUIÇÃO DEFINITIVA DO CRÉDITO TRIBUTÁRIO. INÍCIO DA PERSECUÇÃO PENAL ANTES DO LANÇAMENTO DEFINITIVO DO TRIBUTO. POSSIBILIDADE. MITIGAÇÃO DA SÚMULA VINCULANTE 24. EXCEPCIONALIDADE. MULTA ISOLADA E DE REVALIDAÇÃO. LEGITIMIDADE. CARÁTER CONFISCATÓRIO.

ainda, profunda justificativa teórica para tanto, mas os precedentes referem-se a indícios da prática de outros delitos de natureza não fiscal. As investigações sigilosas levadas a cabo em grandes operações têm o condão de trazer à tona diversos elementos e seria bastante contraproducente perpetrar meios de obtenção de prova para esclarecer determinados fatos e não se poder utilizar a oportunidade para aprofundar a investigação que elucidaria questões relevantes à sonegação fiscal.

Os novos precedentes reafirmam a tese aqui apresentada. Por isso eles não são o ponto de partida, mas apenas utilizados como reforço argumentativo, até porque não houve uma construção com fundamentos teóricos que os justifiquem. No mesmo sentido, a Procuradoria-Geral da República manifestou-se recentemente em uma Reclamação proposta perante o Supremo Tribunal Federal por suposta violação da Súmula que ainda não foi julgada.[40] De acordo com o entendimento do Ministério Público Federal, o atual

---

REEXAME DE FATOS E PROVAS. IMPOSSIBILIDADE. SÚMULA 279/STF. VIOLAÇÃO AO PRINCÍPIO DO DEVIDO PROCESSO LEGAL. OFENSA REFLEXA. PRECEDENTES.
(...)
2. Não obstante a jurisprudência pacífica quanto ao termo inicial dos crimes contra a ordem tributária, o Supremo Tribunal Federal tem decidido que a regra contida na Súmula Vinculante 24 pode ser mitigada de acordo com as peculiaridades do caso concreto, sendo possível dar início à persecução penal antes de encerrado o procedimento administrativo, nos casos de embaraço à fiscalização tributária ou diante de indícios da prática de outros delitos, de natureza não fiscal".
(STF – 1ª T. – ARE 936.953 – relator Min. Roberto Barroso – j. 24.05.2016.)
"HABEAS CORPUS. PROCESSUAL PENAL. BUSCA E APREENSÃO DETERMINADA EXCLUSIVAMENTE COM BASE EM DENÚNCIA ANÔNIMA. NÃO OCORRÊNCIA. PERSECUÇÃO PENAL POR CRIMES TRIBUTÁRIOS E CONEXOS ANTES DO LANÇAMENTO TRIBUTÁRIO DEFINITIVO. VIABILIDADE. AUSÊNCIA DE FUNDAMENTAÇÃO DO DECRETO DE BUSCA E APREENSÃO. NÃO OCORRÊNCIA. ORDEM DENEGADA.
(...)
2. Nos termos da Súmula Vinculante 24, a persecução criminal nas infrações contra a ordem tributária (art. 1º, incisos I a IV, da Lei nº 8.137/90) exige a prévia constituição do crédito tributário. Entretanto, não se podendo afastar de plano a hipótese de prática de outros delitos não dependentes de processo administrativo não há falar em nulidade da medida de busca e apreensão. É que, ainda que abstraídos os fatos objeto do administrativo fiscal, o inquérito e a medida seriam juridicamente possíveis".
(STF – 2ª T. –– HC 107.362 – relator Min Teori Zavascki – j. 10.02.2015.)
[40] Reclamação nº 16.087/SP – ementa do parecer:
"RECLAMAÇÃO. ALEGAÇÃO DE VIOLAÇÃO À SÚMULA VINCULANTE Nº 24. INSTAURAÇÃO DE INQUÉRITO POLICIAL ANTES DO LANÇAMENTO DEFINITIVO DO TRIBUTO.
Entendimento atual do STF no sentido de que a investigação criminal não pode ser realizada antes do exaurimento da esfera administrativa, como decorrência da interpretação que se tem dado à extensão da SV 24.

conteúdo da Súmula Vinculante nº 24 traz *"insuperáveis problemas sistêmicos"*. Destacamos dois dos sete fundamentos apresentados:

> Sexto fundamento – Desproteção sistêmica na apuração de crimes, pelo reconhecimento da impossibilidade de medidas cautelares prévias para comprovação da prática de crimes tributários. Conforme a SV 24, somente existe o crime material de sonegação fiscal com o exaurimento da esfera administrativa. Assim, seria absolutamente ilegal e inconstitucional lançar mão de buscas e apreensões, interceptações telefônicas, quebras de sigilos ou outros meios cautelares de produção probatória. Situação paradoxal que impede a apuração dos fatos criminosos.
>
> Sétimo fundamento – Impossibilidade de apuração de fato criminoso previsto no art. 1º da Lei 8.137/1990 mediante inquérito ou outro meio específico de investigação. Pelas mesmas razões, tem-se reconhecido a impossibilidade de instauração de inquérito policial ou outro meio investigativo para apuração dos crimes tributários materiais. Restrição à apuração de fato criminoso unicamente a uma autoridade, que, em muitos casos, por ausência de conveniência, não apura os fatos sob a ótica meramente tributário-econômica.

É claro, portanto, que a regra decorrente da leitura estrita Súmula Vinculante nº 24 do Supremo Tribunal Federal não se coaduna com o arcabouço teórico existente tanto no Direito Tributário quanto no Processo Penal e deve ser revista para a manutenção da coerência do sistema e para permitir que situações excepcionais tenham uma resposta mais célere.[41] Os benefícios

---

Manifestação no sentido de alteração do entendimento jurisprudencial, na medida em que o conteúdo da SV 24 traz insuperáveis problemas sistêmicos, dentre eles o discutido na presente reclamação.
Primeiro fundamento – Violação da Teoria da Atividade (...) Segundo fundamento – Vinculação do Poder Judiciário a decisão de natureza administrativa. (...) Terceiro fundamento – Violação ao art. 5º, XXXIX, CF. A SV 24 alterou a estrutura típica do delito criado pelo legislador. A lei não fala em "crédito tributário", mas em "tributo". Ademais, o que o lançamento constitui é a exigibilidade do crédito tributário, e não o crédito em si.
Quarto Fundamento – Alteração do prazo prescricional e da forma de sua contagem. (...) Quinto fundamento – Relativização da SV 24 pelo próprio STF. (...) Sexto fundamento – Desproteção sistêmica na apuração de crimes, pelo reconhecimento da impossibilidade de medidas cautelares prévias para comprovação da prática de crimes tributários. (...) Sétimo fundamento – Impossibilidade de apuração de fato criminoso previsto no art. 1º da Lei 8.137/1990 mediante inquéritoou outro meio específico de investigação".
[41] É certo que a demora excessiva do Processo Administrativo Fiscal é um desvio do sistema e deve ser contornada. No entanto, o problema do descompasso na persecução penal de crimes conexos não se resolveria, pois sempre haveria um lapso temporal separando as iniciativas persecutórias.

que serão alcançados com esse novo entendimento dizem respeito tanto ao aumento da proteção do indivíduo ao se viabilizar uma investigação mais precisa acerca do elemento subjetivo e até mesmo um filtro de acusações infundadas, quanto ao incremento da possibilidade de reparação do dano, como será explicado a seguir.

4.2. Dos Riscos Inerentes ao Decurso do Tempo e a Necessária Equalização

Caso a persecução penal seja iniciada apenas após a representação fiscal para fins penais feita pela Receita Federal do Brasil quando houver decisão administrativa definitiva, a dificuldade de produção de prova acerca do elemento subjetivo do tipo normalmente existente em crimes cometido no âmbito de empresas será agravada.

A maior parte dos casos de sonegação fiscal de valores relevantes (isto é, que não se submetem ao princípio da insignificância) é identificada no contexto de grandes empresas. Todavia, no Brasil não existe a possibilidade de responsabilizar a pessoa jurídica por crimes diversos dos ambientais. Sendo assim, é indispensável individualizar a conduta dos responsáveis tributários e comprovar o dolo na prática do inadimplemento do tributo.

Conforme tive a oportunidade de defender em conjunto com James Siqueira, a lavratura de um auto de infração que imponha multa qualificada por identificar o "dolo" do contribuinte na prática de condutas com o objetivo de subtrair-se ao pagamento de tributos é apenas um atestado objetivo dos fatos, não sendo suficiente para atestar a existência do elemento subjetivo, tampouco para a individualização da conduta exigida no âmbito criminal.[42]

Considerando que o processo administrativo fiscal leva mais de 5 (cinco) anos para ser concluído, é claro que a reconstrução dos fatos será prejudicada se iniciada após seu término. Ferrajoli ensina que uma das limitações naturais

---

[42] VILARES, Fernanda Regina e SIQUEIRA, James. *De multa qualificada à multa empalhada: Há relação entre* agravamento da multa fiscal e constatação da prática de crime de sonegação? Disponível em: https://jota.info/colunas/contraditorio/de-multa-qualificada-a-multa-empalhada-17042017, Acesso em 17.11.2017. No mesmo sentido, Daniel Gerber e Rafael Canterji afirmam que o auto de infração não pode ser a única prova para a deflagração do processo penal. GERBER, Daniel; CANTERJI, Rafael Braude. Considerações sobre o valor probatório do auto de lançamento tributário como limite mínimo para a instauração de um processo penal. In Boletim IBCCRIM, São Paulo, v. 19, n. 227, pp. 16 a 17., out. 2011.

à busca da verdade histórica é o descompasso temporal entre o acontecimento e a tentativa de reproduzi-lo.[43] Assim, a já difícil tarefa de determinar as decisões e responsabilidades de cada indivíduo dentro de um complexo empresarial é extremamente prejudicada pelo impedimento de iniciar a investigação antes da conclusão do processo administrativo fiscal.

Além disso, existe o risco da dilapidação patrimonial do devedor no decorrer desse período, já apontado no item 3. No âmbito cível, mesmo o crédito tributário não sendo exigível em vista da pendência de recursos administrativos sobre sua procedência, a jurisprudência vem aceitando a propositura de medidas cautelares fiscais com vistas a indisponibilizar patrimônio do sujeito passivo da obrigação tributária para que os efeitos deletérios da demora do processo administrativo não inviabilizem a cobrança do crédito tributário. Claro que, para isso, o risco deverá ser comprovado, mas o sistema prevê uma solução para a excepcionalidade da situação.[44]

No âmbito penal, a reparação do dano da vítima depende da propositura de medidas cautelares patrimoniais que indisponibilizem bens lícitos ou o produto do crime (na ausência daqueles) para que, ao final, esses bens sejam revertidos a seu favor. É claro que se nenhuma medida puder ser proposta no período de duração do processo administrativo fiscal, quando a ação penal tributária for deflagrada, pouco ou nenhum patrimônio estará disponível

---

[43] FERRAJOLI, Luigi. Direito e Razão. Trad. Ana Paula Zomer Sica, Fauzi Hassan Choukr, Juarez Tavares e Luiz Flávio Gomes. 2 ed. São Paulo: Editora Revista dos Tribunais, 2006, p. 61.

[44] "AGRAVO DE INSTRUMENTO. MEDIDA CAUTELAR FISCAL. LEI 8.397/1992, ART. 2º, VI. DESNECESSIDADE DA CONSTITUIÇÃO DEFINITIVA. DÉBITOS SUPERIORES A TRINTA POR CENTO DO PATRIMÔNIO CONHECIDO DO DEVEDOR. AUTO DE INFRAÇÃO MILIONÁRIO, NÃO SENDO IMPUGNADA A RELAÇÃO ENTRE O DÉBITO APURADO E O PATRIMÔNIO CONHECIDO DA PARTE AGRAVANTE. INDISPONIBILIDADE DE ATIVOS FINANCEIROS. MEDIDA EXCEPCIONAL. CABIMENTO NA HIPÓTESE DOS AUTOS. RECURSO DESPROVIDO, FICANDO PREJUDICADO ANTERIOR AGRAVO REGIMENTAL DA UNIÃO.

1. Não é pressuposto da medida cautelar fiscal, proposta com fundamento no artigo 2º, inciso VI, da Lei nº 8.397/1992, que o crédito esteja constituído definitivamente. Para as ações que tem como finalidade o acautelamento, não é necessário que se encontre o crédito exigível, apenas que haja prova literal da dívida líquida e certa e prova documental de um dos casos mencionados no artigo 2º da Lei nº 8.397/1992. Desnecessário o exaurimento do litígio administrativo, com a definitividade do crédito tributário, para fim de ajuizamento da cautelar fiscal, pois eventual causa suspensiva dos débitos não afasta a possibilidade da medida. (...)" (TRF 3ª R– 3ª T. – AI-451049/SP – rel. Nelton dos Santos – dje. 14.09.2017).

para a reparação do dano da Fazenda Pública como vítima[45], tampouco para o perdimento.

A situação se agrava se diversos crimes tiverem sido cometidos em concurso com a sonegação fiscal, porque enquanto a persecução desta fica sobrestada, os demais crimes são processados e todo o patrimônio do acusado será revertido para a reparação do dano das demais vítimas sem a consideração do crédito tributário.[46]

Diante de tudo o que foi exposto, a ideia de cautelaridade[47] deve ser trabalhada para viabilizar uma atuação antecipada da persecução penal tributária. Ainda que não se atinja um mínimo probatório suficiente para a propositura da denúncia antes do chamado lançamento definitivo, pode-se atingir um *standard* de probabilidade que justifique o início da investigação e o deferimento de determinadas medidas com o escopo de assegurar o direito de prova e o direito de reparação do dano.

5. Conclusões

A questão proposta na introdução desse artigo foi avaliar se a dinâmica do processo penal tributário é coerente e eficiente. A resposta é negativa. Partindo do pressuposto que eficiência consistiria em obter os melhores resultados com

---

[45] Sobre a ideia de que a Fazenda Pública é vítima dos delitos de sonegação fiscal e merece reparação do dano nos termos do artigo 91 do Código Penal, ver: VILARES, Fernanda Regina. A Fazenda Pública como vítima da sonegação fiscal e as dificuldades na reparação de seu dano. Disponível em https://jota.info/colunas/contraditorio/fazenda-publica-como-vitima-da-sonegacao-fiscal-26122016. Acesso em 17.11.2017.

[46] A indisponibilização de bens por meio de cautelar fiscal nem sempre é suficiente para saldar o crédito tributário quando o patrimônio do devedor for decorrente de produto de diversos crimes. Nas situações em que a persecução penal dos demais crimes conexos for deflagrada em momento anterior à da sonegação fiscal e em conjunto com as medidas assecuratórias penais, é comum considerar (sem acerto) que a indisponibilidade do juízo criminal prevalece e os bens e valores acabam sendo destinados para a reparação do dano das vítimas (artigo 91, II do CP) ou, se restar algum valor que seja objeto de perdimento, acaba sendo direcionado para o Fundo Penitenciário Nacional. Nada sobra para saldar o crédito tributário, fonte de custeio dos serviços essenciais à manutenção do Estado.

[47] As medidas cautelares servem para diminuir o risco inerente ao decurso do tempo e essa ideia de permitir a antecipação da intervenção quando constatado o fumus comissi delicti deve permear a solução para os casos mais graves e complexos envolvendo crimes fiscais. Ver FERNANDES, Antonio Scarance, Processo Penal Constitucional, 6ª Ed. rev,. atual e ampl., São Paulo, Editora Revista dos Tribunais, 2010, p. 279.

a máxima garantia dos direitos individuais e coletivos envolvidos, é patente que a insistência da interpretação e aplicação literal da Súmula Vinculante nº 24 do STF desconsideram a própria eficiência que deve pautar a atuação do poder público, pois permitem que o fator tempo prejudique e às vezes inviabilize o resultado de apurar os fatos da melhor maneira possível (até como filtro de acusações infundadas) e, se for o caso, promover a reparação do dano da vítima. Isso sem mencionar a incoerência de eleger o erário como bem jurídico relevante, ao mesmo tempo em que se permite a extinção da punibilidade pelo pagamento do tributo a qualquer tempo.

O direito penal tributário, como diversas outras facetas do direito penal, possui uma relação de dependência de conceitos normativos trazidos em legislação "administrativa" em sentido lato. Especificamente no delito de sonegação fiscal essa dependência refere-se ao conceito de "tributo" e isso se reflete na relevância da relação existente entre o processo administrativo fiscal e o processo penal tributário.

Parte da doutrina já havia evoluído no sentido de entender que a redação da Súmula está equivocada, pois o tributo existe desde o momento anterior a qualquer ato de lançamento e, consequentemente, o elemento normativo do tipo de sonegação fiscal está preenchido desde o nascimento da obrigação tributária. O término do processo administrativo fiscal, portanto, deve ter a função comprobatória da existência do tributo e deve assegurar a existência da justa causa para a deflagração da persecução penal. Nesse sentido, a revisão da redação é imperiosa para que seja esclarecida a real natureza jurídica dessa exigência.

No entanto, não bastaria afirmar que o lançamento definitivo do tributo é justa causa para a ação penal, a qual só poderia ser deflagrada a após o término do processo administrativo fiscal. Isso porque há casos em que a justa causa poderia ser alcançada em momento anterior e não faria sentido aguardar para iniciar a investigação criminal arcando com todos os custos e riscos que o decurso do tempo traz para a persecução. Em geral, esses casos acontecerão no âmbito da criminalidade organizada e quando a sonegação é descoberta no decorrer da apuração de outros fatos conexos.

Assim, a regra estabelecida atualmente no processo penal tributário deve ser revista para adequar seu significado teórico e para diminuir os prejuízos causados pelo decurso do tempo.

A alteração da redação da Súmula é uma possibilidade para estabelecer a regra segundo a qual a existência da justa causa é indispensável para o início da ação penal por crime tributário. Essa justa causa, em geral, dependerá da decisão definitiva do processo administrativo fiscal. Todavia, também deve ser prevista a possibilidade de, excepcionalmente, a justa causa ser atingida em momento anterior, notadamente nos casos em que a investigação anterior sobre outros crimes revelar a ocorrência da sonegação como certa, restando apenas a definição do valor.

A solução mais racional, entretanto, talvez seja a inserção dessas regras, bem como a pormenorização de seus efeitos (sobre a prescrição, por exemplo), na forma de novos artigos da Lei nº 8.137/90. Assim, seria criado um microssistema de processo penal tributário no ordenamento jurídico brasileiro com limites bem estabelecidos de modo a assegurar a eficiência da persecução, incluindo a segurança jurídica e garantia dos direitos fundamentais do investigado ou acusado por essa modalidade de crime.

Referências

BADARÓ, Gustavo Henrique Righi Ivahy. *Do chamado 'lançamento definitivo do crédito tributário' e seus reflexos no processo penal por crime de sonegação fiscal*. In Revista brasileira da advocacia – RBA, São Paulo, v. 0, n. 1, p. 263-291., jan./mar. 2016.

BITENCOURT, Cezar Roberto. *Crimes contra a ordem tributária*. São Paulo: Saraiva, 2013.

BUBNIAK, Priscila Lais Ton. *Análise econômica do direito penal tributário: uma crítica à política criminal brasileira*. Dissertação de Mestrado apresentada ao programa de pós-graduação em Direito da Pontifícia Universidade Católica do Paraná. Curitiba, 2017.

COSTA, Helena Regina Lobo da. *Proteção penal ambiental: viabilidade – efetividade – tutela por outros ramos do direito*. São Paulo: Saraiva, 2010.

CURTY, Leonardo Menezes. *Aos 44 anos, o processo administrativo fiscal em terapia: a crise da meia idade do PAF e o existencianlismo como vetor para sua solução*. Disponível em: https://jota.info/colunas/contraditorio/aos-44-anos-o-processo-administrativo-fiscal-em--terapia-20022017. Acesso em 17.11.2017.

DIAS, Jorge de Figueiredo; ANDRADE, Manuel da Costa. *O crime de fraude fiscal no novo direito penal tributário português: considerações sobre a factualidade típica e o concurso de infracções*. In: Direito penal econômico e europeu: textos doutrinários : volume II : problemas especiais. Coimbra: Coimbra Editora, 1999.

FERRAJOLI, Luigi. *Direito e Razão*. Trad. Ana Paula Zomer Sica, Fauzi Hassan Choukr, Juarez Tavares e Luiz Flávio Gomes. 2 ed. São Paulo: Editora Revista dos Tribunais, 2006.

GERBER, Daniel; CANTERJI, Rafael Braude. *Considerações sobre o valor probatório do auto de lançamento tributário como limite mínimo para a instauração de um processo penal*. In Boletim IBCCRIM, São Paulo, v. 19, n. 227, out. 2011.

GRINOVER, Ada Pellegrini et al. *Juizados Especiais Criminais: Comentários à Lei 9.099, de 26.09.1995*. 4ª ed. rev., ampl. e atual. de acordo com a Lei 10.259/2001. São Paulo: Editora Revista dos Tribunais, 2002.

KNIJNIK, Danilo. *A prova nos juízos cível, penal e tributário*. Rio de Janeiro: Forense, 2007.

MARQUES, Paulo Edson. *A inspecção tributária, os métodos indirectos e a prova no processo penal*. In Revista do Ministério Público de Lisboa, Lisboa, v. 36, n. 141, p. 105-135, jan./mar. 2015.

MARQUES, Rui. *A liquidação de imposto e o processo penal tributário*. In Revista do Ministério Público de Lisboa, Lisboa, v. 37, n. 145, p. 153-173., jan./mar. 2016.

MOURA, Maria Thereza Rocha de Assis. *Justa causa para a ação penal – doutrina e jurisprudência*. São Paulo: Editora Revista dos Tribunais, 2001.

OLIVEIRA, Luiz Renato Pacheco Chaves de. *Reflexões sobre os crimes tributários*. In Revista Brasileira de Ciências Criminais, São Paulo, v. 18, n. 86, set./out. 2010.

PAIVA, Carlos. *Das Infrações Fiscais à sua Perseguição Processual*. Coimbra: Almedina, 2012; MARQUES, Rui. A liquidação de imposto e o processo penal tributário. In Revista do Ministério Público de Lisboa, Lisboa, v. 37, n. 145, jan./mar. 2016.

PAULA, Daniel Giotti de e NUNES, Allan Titonelli. *Processo administrativo fiscal brasileiro exige mudanças*. Disponível em: https://www.conjur.com.br/2016-jul-16/processo-administrativo-fiscal-brasileiro-exige-mudancas#_ftn7. Acesso em 17.11.2017.

PAULSEN, Leandro. *Curso de Direito Tributário*. 3ª. ed. rev. e atual. Porto Alegre: Livraria do Advogado Editora, 2010.

SCARANCE FERNANDES, Antonio. *O equilíbrio na repressão ao crime organizado*. In: SCARANCE FERNANDES, Antonio; ALMEIDA, José Raul Gavião de; e ZANOIDE DE MORAES, Maurício de. (coord.) Crime Organizado – Aspectos Processuais. São Paulo: Editora Revista dos Tribunais, 2009.

_____. *Processo Penal Constitucional*, 6ª Ed. rev,. atual e ampl., São Paulo, Editora Revista dos Tribunais, 2010.

TAFFARELLO, Rogério Fernando. *Impropriedades da Súmula Vinculante 24 do Supremo Tribunal Federal e a insegurança jurídica em matéria de crimes tributários*. In FRANCO, Alberto Silva e LIRA, Rafael de Souza. Direito Penal Econômico: questões atuais. São Paulo: Revista dos Tribunais, 2011, p. 299-338.

VILARES, Fernanda Regina. *A Fazenda Pública como vítima da sonegação fiscal e as dificuldades na reparação de seu dano*. Disponível em https://jota.info/colunas/contraditorio/fazenda-publica-como-vitima-da-sonegacao-fiscal-26122016. Acesso em 17.11.2017.

VILARES, Fernanda Regina e SIQUEIRA, James. *De multa qualificada à multa empalhada: Há relação entre agravamento da multa fiscal e constatação da prática de crime de sonegação?* Disponível em: https://jota.info/colunas/contraditorio/de-multa-qualificada-a-multa-empalhada-17042017. Acesso em 17.11.2017.

ZANOIDE DE MORAES, Maurício. *Presunção de inocência no Processo Penal Brasileiro: análise de sua estrutura normativa para a elaboração legislativa e para a decisão judicial*. Rio de Janeiro: Lumen Juris, 2010.

O Pagamento Como Causa Extintiva da Punibilidade e o Risco Moral (*Moral Hazard*)

Cristiano Rosa de Carvalho
Reginaldo dos Santos Bueno

1. Introdução

Com este breve ensaio, buscamos tecer comentários acerca da possibilidade de extinguir a punibilidade de crimes contra a ordem tributária por meio do pagamento do tributo, abordando o tema sob a perspectiva da teoria econômica do risco moral, a fim de vislumbrar a verdadeira pretensão da legislação penal tributária do ordenamento jurídico brasileiro.

Como ensinou Carnelutti[1], "o delito é uma desordem e o processo serve para restaurar a ordem", ou seja, o Direito e o Processo Penal tem como uma de suas finalidades a busca pela prevenção da ocorrência de um crime por meio da repressão àqueles que o cometem, para que a violação à ordem não volte a se repetir, garantindo, assim, a satisfação dos anseios da sociedade[2]. Desse conceito, seria lógico ponderar que a violação a um tipo penal pelo sujeito deveria ser punida com o rigor que a lei lhe estabelece, a fim de evitar a reiteração da conduta delituosa. Tais ideias foram introduzidas de forma pioneira por Cesare Beccaria, o Marquês Beccaria, em sua obra maior, *Dei Delliti e delle Pene* (1764), onde salienta a importância da certeza da punição

---
[1] CARNELUTTI, Francisco. As misérias do processo penal. Tradução da versão espanhola do original italiano por Carlos Millan. São Paulo: Editora Pillares, 2006, p. 86.
[2] As múltiplas definições acerca da finalidade do Direito Penal são muito bem abordadas e exemplificadas por Guilherme Nucci em: NUCCI, Guilherme de Souza. Curso de direito penal. Parte geral. Rio de Janeiro: Forense, 2016. p. 6.

(mais do que sua severidade), e dos efeitos que isso acarreta: incentivar os demais cidadãos a não cometer crimes.

Todavia, especificamente no que diz respeito aos crimes contra a ordem tributária, nos quais, em sua maioria, é necessário o cometimento material do delito, isto é, é necessário que haja de fato a lesão ao erário com o afastamento de um determinado fato gerador de sua tributação usual, a pretensão punitiva do Estado possui causa de extinção por meio do pagamento do tributo apurado, culminando no afastamento da sanção penal em favorecimento do recolhimento do tributo.

Dessa forma, têm-se que nos crimes contra a ordem tributária o Direito Penal pode servir unicamente como forma coercitiva do Estado para a arrecadação de tributos, e não como mecanismo de prevenção e repressão ao cometimento do crime.

Assim, para o correto entendimento da matéria, iniciamos com uma análise da evolução histórica acerca dos crimes contra a ordem tributária e as hipóteses de suspensão e extinção da punibilidade do agente violador de tais imputações penais.

2. Os Crimes Tributários e a Extinção da Sua Punibilidade

Na legislação brasileira, os atos delituosos cometidos contra o sistema tributário passaram a constituir crime após 1965, com a edição da Lei nº 4.729/65, que tipificou a conduta de prestar declaração falsa, omitir informações, inserir elementos inexatos ou alterar documentos com a intenção de reduzir, de alguma forma, tributos, como um tipo penal.

A legislação, em síntese, tipificava crimes tributários como um delito de mera conduta, formais. Ou seja, por exemplo, ainda que eventual declaração prestada com omissão de informações não implicasse, de fato, redução de arrecadação, quer seja pela atuação do fisco ou por outro motivo, o tipo penal estaria afrontado, desde que a intenção do declarante fosse a redução do tributo.

Posteriormente, em 1990, a tipificação dos crimes tributários passou a ser regida pela Lei nº 8.137/90. Agora, os crimes tributários passam a ser de resultado, materiais. Isso é, a novel redação legal condicionou a ocorrência do crime com a materialidade da redução ou supressão do tributo, assim, a principal finalidade do Direito Penal não mais buscava punir a intensão de lesar o erário, mas sim a lesão de fato, consubstanciada no lançamento definitivo do tributo³, embora ainda exista previsão penal àqueles que produzem declaração falsa para eximir-se de obrigações tributárias.

Entretanto, independente da Lei n. 8.137/90 tipificar sanções penais para crimes tributários, o sistema penal/tributário sempre estabeleceu regras de extinção da punibilidade do agente que efetuasse o pagamento do crédito tributário, substituindo a pretensão estatal de punir o infrator pela necessidade estatal de arrecadar tributos.

Inicialmente, a Lei nº 4.729/65 previa que a pretensão punitiva dos crimes tributários se extinguiria se o agente promovesse o recolhimento do tributo antes que se tivesse início o procedimento fiscal administrativo para a exigência do tributo. Este marco temporal, entretanto, foi alterado já em 1967, pelo Decreto-Lei nº 157/67, responsável por instituir um programa de pagamento especial de tributos, onde a pretensão punitiva relativa aos débitos adimplidos nos termos daquele programa era extinta. Esta, porém, foi somente a primeira de muitas alterações efetuadas ao longo do tempo.

Dois anos após, em 1969, o Decreto-Lei nº 1.060/69 considerou extinta a punibilidade do agente caso ocorresse o pagamento do tributo antes de que uma decisão administrativa fosse proferida em primeira instância. Este regramento vigeu por um considerável período de tempo, até a edição da Lei nº 8.137/90 que, além de alterar a hipótese de cometimento do tipo penal, também modificou o marco temporal para a extinção da punibilidade por meio do pagamento do tributo, que passou a perdurar até o oferecimento da denúncia.

---

[3] Neste sentido, o Supremo Tribunal Federal fixou a Súmula Vinculante nº 24: "Não se tipifica crime material contra a ordem tributária, previsto no art. 1º, incisos I a IV, da Lei nº 8.137/90, antes do lançamento definitivo do tributo." Esta definição foi consagrada pelo julgamento do HC 81611, sob a relatoria do Ministro Cezar Peluso. De acordo com o Ministro, "sendo tributo elemento normativo do tipo penal, este só se configura [crime] quando se configure a existência de tributo devido, ou, noutras palavras, a existência de obrigação jurídico-tributária exigível. No ordenamento jurídico brasileiro, a definição desse elemento normativo do tipo não depende de juízo penal, porque, dispõe o Código Tributário, é competência privativa da autoridade administrativa defini-lo. Ora – e aqui me parece o cerne da argumentação do eminente Relator –, não tenho nenhuma dúvida de que só se caracteriza a existência de obrigação jurídico-tributária exigível, quando se dê, conforme diz Sua Excelência, a chamada preclusão administrativa, ou, nos termos no Código Tributário, quando sobrevenha cunho definitivo ao lançamento. (...) E isso significa e demonstra, a mim me parece que de maneira irrespondível, que o lançamento tem natureza predominantemente constitutiva da obrigação exigível: sem o lançamento, não se tem obrigação tributária exigível. (...) Retomando o raciocínio, o tipo penal só estará plenamente integrado e perfeito à data em que surge, no mundo jurídico, tributo devido, ou obrigação tributária exigível. Antes disso, não está configurado o tipo penal, e, não o estando, evidentemente não se pode instaurar por conta dele, à falta de justa causa, nenhuma ação penal."

Todavia, todas estas previsões legais de extinção da punibilidade dos crimes tributários, até então vigentes, foram revogadas pela Lei nº 8.383/91.

Assim, após a promulgação desta legislação, não mais existia a possibilidade de se esquivar da pretensão punitiva por meio do pagamento do tributo, o que perdurou por um breve período de tempo, já que, a partir de 1º de janeiro de 1996, entrou em vigor a Lei nº 9.249/95, que novamente trouxe a possibilidade de extinção da punibilidade dos crimes tributários pelo pagamento do tributo antes do oferecimento da denúncia.

Com a chegada dos anos 2000, criou-se também uma série de programas do Governo Federal para a regularização tributária das empresas, os quais são popularmente conhecidos como "Refis". Esses programas objetivavam oportunizar as empresas que adimplissem seus passivos tributários de maneira privilegiada, com maiores quantidades de meses para a quitação do débito e descontos em multas e juros, já assim como o país, as empresas passaram a enfrentar crises que de certa forma inviabilizavam o pagamento de seus tributos regularmente.

O primeiro Refis foi instituído por meio da Lei nº 9.964/00, e, muito além da flexibilização de pagamento dos tributos em exigência, trouxe uma grande inovação em relação à punibilidade dos crimes tributários. Pela primeira vez no ordenamento jurídico brasileiro, uma legislação atribuiu ao parcelamento a força de suspender a pretensão punitiva do Estado em relação aos crimes tributários, desde que a adesão ao parcelamento tenha ocorrido em momento anterior ao oferecimento da denúncia. Finalizado o pagamento parcelado, estaria extinta a pretensão punitiva em relação aos crimes tributários.

Embora tenha inovado ao determinar a suspensão da pretensão punitiva com o parcelamento, a lei nº 9.964/00 manteve o marco temporal em que o pagamento ou o parcelamento seriam eficazes para elidir a atuação penal do Estado até então vigente. Todavia, quando da edição de um novo programa de parcelamento tributário em 2003, por meio da Lei nº 10.684/03, este marco temporal foi abandonado pela legislação, autorizando, portanto, que a pretensão punitiva do Estado fosse suspensa em virtude do parcelamento do débito independentemente do momento em que se faça a opção, quer já tenha sido o contribuinte denunciado penalmente ou não. Redação semelhante foi inserida na Lei nº 11.941/09, que instituiu o chamado "Refis da Crise".

Para além do parcelamento, a Lei nº 10.684/03 também trouxe redação diversa à hipótese de extinção da punibilidade dos crimes tributários mediante o pagamento do tributo, isso porque, além de não mais exigir um marco temporal para o pagamento, abrangeu o benefício não só para os débitos parcelados em determinado programa, mas sim para qualquer modalidade de pagamento[4].

Mais recentemente, uma nova alteração normativa ocorreu. A edição da Lei nº 12.382/11 trouxe modificações na Lei nº 9.430/96 e novamente passou a exigir, para a suspensão da pretensão punitiva, que o parcelamento ocorra em momento anterior ao recebimento de eventual denúncia criminal.

À partir desta contextualização, podemos chegar à conclusão de que, atualmente, a pretensão punitiva do Estado em relação aos crimes tributários pode ser afetada de duas formas distintas. Primeiramente, pode-se suspender a punibilidade do sujeito que cometa um crime tributário por meio da adoção de qualquer espécie de parcelamento dos tributos, quer seja vinculado a programas especiais de parcelamento, ou seja pela adoção de métodos ordinários de quitação parcelada da dívida tributária, desde que a formalização do parcelamento ocorra em momento anterior ao recebimento da denúncia criminal[5], à exceção dos débitos parcelados ainda no âmbito da Lei nº 11.941/09 (incluídos

---

[4] Enquanto as demais legislações, ao tratar da extinção da pretensão punitiva do Estado em relação aos crimes tributários, trazem redação no sentido de que este benefício se aplicaria apenas aos débitos que tiverem sido objeto de concessão de parcelamento antes do recebimento da denúncia criminal, a Lei nº 10.684/03 trouxe, em seu art. 9º, §2º, previsão de que "extingue-se a punibilidade dos crimes referidos neste artigo quando a pessoa jurídica relacionada com o agente efetuar o pagamento integral dos débitos oriundos de tributos e contribuições sociais, inclusive acessórios". Em não limitando o benefício apenas ao débitos parcelados, é possível afirmar que o pagamento do tributo, a qualquer momento, é suficiente para a extinção da punibilidade dos crimes tributários.

[5] Em se tratando de matéria processual, a suspensão é aplicável a seu tempo, sendo de rigor, para crimes cometidos após a edição da Lei nº 12.382/11, a aplicação do entendimento de que somente o parcelamento formalizado anteriormente ao recebimento da denúncia é eficaz para a suspensão da pretensão punitiva do Estado. Neste sentido já se posicionou o STJ: ARTIGO 9º DA LEI 10.684/2003. DESNECESSIDADE DE REVOGAÇÃO EXPRESSA PELA LEI 12.382/2011. EXISTÊNCIA DE PREVISÃO CONTRÁRIA NO NOVO DISPOSITIVO LEGAL. IMPOSSIBILIDADE DA SUSPENSÃO DA PRETENSÃO PUNITIVA ESTATAL SE A ADESÃO AO PROGRAMA DE PARCELAMENTO OCORRE APÓS O RECEBIMENTO DA DENÚNCIA. COAÇÃO INEXISTENTE. 1. Tendo a Lei 12.382/2011 previsto, no artigo seu 6º, que a suspensão da pretensão punitiva estatal ocorre apenas quando há o ingresso no programa de parcelamento antes do recebimento da denúncia, consideram-se revogadas as disposições em sentido contrário, notadamente o artigo 9º da Lei 10.684/2003. 2. Na própria exposição de motivos da Lei 12.382/2011, esclareceu-se que a suspensão da pretensão punitiva estatal fica suspensa "durante o período em que o agente enquadrado nos crimes a que se refere o art. 83 estiver incluído no parcelamento, desde que o requerimento desta transação tenha sido formalizado antes do recebimento da denúncia criminal". 3. Por conseguinte, revela-se ilegítima a pretensão da defesa, no sentido de que a persecução penal em tela seja suspensa em decorrência do parcelamento dos tributos devidos após o acolhimento da inicial. (HC 278.248/SC, Rel. Ministro JORGE MUSSI, QUINTA TURMA, julgado em 12/08/2014, DJe 12/09/2014).

aqueles parcelados por meio da Lei nº 12.996/14, que reabriu o prazo para a adesão ao parcelamento), para os quais, por se tratar de previsão especial expressa, aplica-se a suspensão da pretensão punitiva independentemente do estágio processual do processo penal.

De outro lado, pode a pretensão punitiva ser totalmente extinta por meio do pagamento integral do tributo, independentemente do momento em que isto ocorra. Ou seja, mesmo que se tenha uma sentença criminal condenatória transitada em julgado, o pagamento do débito é suficiente para que se aplique efeitos de extinção da punibilidade, que, neste caso, se dará por intermédio do reconhecimento da extinção da pretensão executória[6].

Dessa forma, nota-se que o propósito punitivo daquele que comete algum dos tipos penais previstos no rol de crimes contra a ordem tributária é substituído, pelo ordenamento jurídico, pelo propósito de coagir o contribuinte ao pagamento do tributo, pelo qual estaria o sujeito isento de punição penal.

3. Punição, Dissuasão e o *Moral Hazard*

3.1. Seleção Adversa e Risco Moral

Cesare Beccaria, referido no início deste artigo, sustentava, em 1764, que a função da norma penal não se limitava a punir o infrator, mas, principalmente, a

---

[6] O Superior Tribunal de Justiça tem pacífica jurisprudência no sentido de que o pagamento do tributo a qualquer momento extingue a punibilidade dos crimes contra a ordem tributária. Neste sentido: CRIME CONTRA A ORDEM TRIBUTÁRIA. CONDENAÇÃO TRANSITADA EM JULGADO. PAGAMENTO DO TRIBUTO. CAUSA DE EXTINÇÃO DA PUNIBILIDADE. ARTIGO 9º, § 2º, DA LEI 10.684/2003. COAÇÃO ILEGAL CARACTERIZADA. CONCESSÃO DA ORDEM DE OFÍCIO. 1. Com o advento da Lei 10.684/2003, no exercício da sua função constitucional e de acordo com a política criminal adotada, o legislador ordinário optou por retirar do ordenamento jurídico o marco temporal previsto para o adimplemento do débito tributário redundar na extinção da punibilidade do agente sonegador, nos termos do seu artigo 9º, § 2º, sendo vedado ao Poder Judiciário estabelecer tal limite. 2. Não há como se interpretar o referido dispositivo legal de outro modo, senão considerando que o pagamento do tributo, a qualquer tempo, até mesmo após o advento do trânsito em julgado da sentença penal condenatória, é causa de extinção da punibilidade do acusado. 3. Como o édito condenatório foi alcançado pelo trânsito em julgado sem qualquer mácula, os efeitos do reconhecimento da extinção da punibilidade por causa que é superveniente ao aludido marco devem ser equiparados aos da prescrição da pretensão executória. 4. Habeas corpus não conhecido. Ordem concedida de ofício para declarar extinta a punibilidade do paciente, com fundamento no artigo 9º, § 2º, da Lei 10.684/2003. (HC 362.478/SP, Rel. Ministro JORGE MUSSI, QUINTA TURMA, julgado em 14/09/2017, DJe 20/09/2017).

dissuadir os demais cidadãos de cometerem ilícitos. Em linguagem econômica moderna, se diria que um sistema penal que prima pela certeza da punição para criminosos gera "externalidades positivas", significando benefícios para toda a sociedade, uma vez que há eficiente dissuasão de cometimento de crimes.

Um dos postulados fundamentais da Ciência Econômica[7] é o do *indivíduo racional*. Por "racional" compreende-se o indivíduo que reage a incentivos ao realizar suas escolhas, e esses incentivos influenciam a sua ponderação custo-benefício.

O Direito é uma potente máquina geradora de incentivos. Ao restringir a liberdade humana, modalizando as condutas em obrigatórias, proibidas e permitidas, o sistema jurídico impõe custos às alternativas que se apresentam aos indivíduos. Normas jurídicas são incentivos, que, por sua vez, influenciam as escolhas que resultam em condutas concretas. Estas, por sua vez, podem gerar consequências positivas ou negativas, que potencialmente afetam a toda a sociedade.

Sendo assim, legislar ou julgar são atividades extremamente difíceis, pois o legislador, ao criar regras gerais, e o juiz, ao firmá-las em soluções de litígios, estarão criando incentivos que atingem não só os destinatários imediatos daquelas normas, mas a todos os demais, podendo resultar externalidades positivas ou negativas.

Quando os incentivos levam a repetidos maus comportamentos, os economistas denominam tal fenômeno de "risco moral" (*moral hazard*)[8]. Trata-se de um comportamento em que o indivíduo toma maior risco e age de forma irresponsável, pois outros suportarão o custo de suas ações negligentes.

A "seleção adversa"[9] também é fenômeno ligado ao risco moral, e ocorre quando uma das partes em uma troca econômica tem menos informação em relação a um bem ou serviço transacionado. Tanto o risco moral quanto a seleção adversa decorrem de uma das chamadas "falhas de mercado[10]", que é

---

[7] Tanto assim é, que o outro nome para ciência econômica é teoria da escolha racional.
[8] Cf. Krugman e Wells, risco moral é a "situação que pode ocorrer quando um indivíduo sabe mais sobre as implicações de suas próprias ações do que as outras pessoas. Isso leva a uma distorção dos incentivos para tomar cuidados ou para fazer um esforço, sobretudo quando o custo de não tomar cuidado ou de não fazer o esforço é incorrido pelos outros". *Introdução à economia*. Tradução de Helga Hoffman. São Paulo: Campus, 2007, p. 807.
[9] Ver Cooter e Ulen, Law and Economics, p. 59.
[10] Falha de Mercado é a situação na qual a alocação de recursos é ineficiente, ocasionando perda de bem-estar social. As típicas "falhas", consoante a literatura econômica, são mercados não competitivos (monopolies, oligopolies, cartéis), externalidades negativas, bens públicos e a assimetria de informação.

a "assimetria de informação", sendo que talvez a distinção entre eles seja em que no primeiro, o problema é um comportamento que resulta da assimetria, enquanto na última, a qualidade (ou defeito) do bem ou serviço é ocultado de uma das partes.

Exemplos drásticos mais comuns vêm, justamente, do mercado de seguros. Em seguro de saúde, o risco aumenta se o segurado oculta doença do segurador, prévia ao contrato, de modo a beneficiar-se de tratamento médico a baixo custo. Daí a necessidade de reduzir a assimetria, via exames de saúde e histórico médico, como medida *ex ante*, assim como sanção (não cobertura), caso se descubra que o assegurado ocultou problemas prévios de doença, como medida *ex post*. Esse é um exemplo de seleção adversa.

No risco moral, temos comportamento negligente do segurado, que passa a tomar mais risco pelo fato de estar coberto pelo seguro. Por exemplo, o sujeito que deixa o carro em área urbana perigosa, com a chave na ignição, esperando que seja roubado, uma vez que o prêmio do seguro por vezes vale mais do que o valor do carro no mercado.

Note-se que, em Economia, dificilmente um fenômeno ocorre desconectado de outros, muitas vezes gerando problemas em cadeia. Quando comportamentos como seleção adversa e risco moral passam a ocorrer frequentemente, sem haver medidas que possam coibi-los, espalha-se o problema do oportunismo e o efeito carona (*free rider problem*), onde agentes mal intencionados jogam os custos de suas ações para terceiros. Nos dois exemplos acima, o custo é repassado para segurados não oportunistas, o que se denomina de externalidades negativas.

É claro que as empresas seguradoras necessitarão, de modo a manter margens de lucro, a repassar esse custo, caso não se consiga evitar os maus comportamentos por outros remédios. Em situações extremas de seleção adversa e risco moral, o próprio setor do mercado pode se tornar inviável, tal o grau de risco, que torna o custo esperado de oferecer o serviço maior que o benefício esperado.

Cumpre ressaltar que não obstante a literatura denomine tais situações de "falhas de mercado", intervenções governamentais comumente as pioram, e mesmo as causam – são as chamadas "falhas de governo", estudadas pela Teoria da Escolha Pública.[11]

---

[11] Ver TULLOCK, Gordon, SELDON, Arthur e BRADY, Gordon L. Falhas de governo: uma introdução à teoria de escolha pública. Rio de Janeiro: Instituto Liberal, 2005.

3.2. E o Sistema Tributário Brasileiro? Risco Moral, Oportunismo e Equilíbrio de Nash

O sistema tributário brasileiro é um gerador de péssimos incentivos. A prolixidade, complexidade e falta de clareza das normas tributárias, somadas à alta carga tributária, desestimulam a criação de riqueza privada, aumentando os custos de transação e emperrando o desenvolvimento.

Considerando que o sistema tributário brasileiro, consoante comparações entre demais países realizados por órgãos internacionais[12], é um dos piores do mundo, percebe-se um claro círculo vicioso. Como a tributação sufoca a atividade privada, periodicamente o Estado (seja em nível municipal, estadual ou federal) fornece um "analgésico", usualmente na forma de algum benefício fiscal ou plano de refinanciamento de débitos fiscais. Ou seja, em vez de curar a doença, meramente (e temporariamente) alivia os sintomas.

O risco moral permeia o sistema tributário brasileiro. Seja com uma tributação excessivamente complexa, seja com carga alta sobre a geração de riqueza (tributos sobre receita e faturamento bruto), sobre folha de salários, além de incidências regressivas sobre o consumo, os incentivos são extremamente mal projetados, inclusive no que se refere a tipificação penal tributária.

O risco moral também é presente entre os auditores da Receita Federal, especialmente após a conversão da Medida Provisória nº 765/16 na Lei nº 13.464/17, que instituiu bônus de eficiência para os referidos fiscais. Considerando que um dos critérios utilizados como base para a bonificação são as multas aplicadas, incentiva-se os auditores a não apenas aplicar a lei, mas efetivamente a gerar autuações que, por sua vez, irão compor o fundo para o bônus.

Como se não bastasse, os auditores conselheiros do CARF (Conselho Administrativo de Recursos Fiscais) também são alcançados pelo sistema de bônus – aqueles que, junto com os conselheiros representantes dos contribuintes tem a função constitucional de julgar processos administrativos tributários, com o objetivo de exercer o devido controle de legalidade dos atos administrativos, são envoltos em concreto conflito de interesse. O problema conhecido como "agente-principal", relacionado ao risco moral, ocorre quando o agente age em interesse próprio, não alinhado aos interesses de sua organização ou sistema (principal). Neste exemplo específico de *moral hazard*,

---

[12] Como p. ex, o *Doing Business Report*, do Banco Mundial, publicado anualmente. Disponível em: http://portugues.doingbusiness.org/.

tomamos como "principal" não o governo federal ou a Fazenda Pública, mas o próprio sistema jurídico tributário. É evidente que os incentivos do agente (seja os fiscais, seja o governo ou fazenda pública) estão desalinhados com o sistema, e o resultado é a perpetuação da doença: uma tributação cada vez mais custosa, onde tanto agentes públicos quanto contribuintes são motivados a comportamentos que causam custo social e ineficiência.

No caso dos crimes contra a ordem tributária, o risco moral ocorre tanto com o Estado quanto com o contribuinte. O Estado, ao legislar de forma a incentivar a arrecadação em vez da dissuasão, promove maus incentivos, impelindo o contribuinte infrator a realizar análise custo-benefício que pondere apenas custos financeiros e não os custos de ter sua liberdade de ir e vir encerrada por alguns anos. Mas os incentivos são ruins para o Estado igualmente, pois deixam de promover o bom cumprimento das leis pelos contribuintes, o que, por sua vez, é nocivo para toda a sociedade.

Se considerarmos os periódicos planos de refinanciamento de débitos tributários, em nível municipal, estadual e federal, o risco moral toma proporções enormes. Como visto linhas atrás, sequer é preciso pagar o débito a vista, podendo ser parcelado, com todas as reduções e parcelas alongadas, para suspender a punibilidade penal.

Se tomarmos apenas os programas federais (comumente chamados de "Refis"), iniciados no ano de 2000, podemos estimar a média de um programa a cada biênio, sendo que usualmente é permitido absorver a adesão em anteriores aos novos, "rolando" as dívidas no tempo.

Gary Becker, economista da Escola de Chicago, laureado com o Nobel (1992), em artigo seminal (*On crime and punishments: an economic approach*, 1968) ensina, na esteira de Beccaria, que a dissuasão do cometimento de crimes e infrações não é motivada apenas pela sanção nominal, mas principalmente pela "sanção esperada".

Sintetizando o argumento de Becker, o cálculo custo-benefício que o agente racional realiza é a probabilidade de ser punido, sendo esse o fator determinante que o incentivará a cometer ou não o delito. Exemplificando, se a punição pela infração for um ano (365 dias) de pena de reclusão, mas a probabilidade de ser efetivamente apenado é, digamos, 10%, a sua sanção esperada seria de apenas 36 dias. Logo, dependendo do benefício esperado, o incentivo será cometer o delito.

Nota-se que nos casos de sanção penal contra crimes tributários, a legislação e a jurisprudência envolvidas reduzem a probabilidade de punibilidade para praticamente *zero*, incrementando exponencialmente o benefício para o cometimento de infrações subjetivas. Tais infrações, por sua vez, ensejam autuações com aplicação de multa qualificada (p.ex, 150% sobre o tributo devido, na esfera federal), gerando enormes passivos fiscais, que por sua vez, entópem os tribunais administrativos e judiciais.

Veja que os exemplos do mercado de seguros, expostos em tópico anterior, aplicam-se analogamente na relação Estado-contribuinte. A legislação, autêntica falha de governo nesse caso, institui espécie de seguro para o contribuinte, incentivando-o a comportar-se de forma negligente. No caso dos Refis periódicos, é como se o contribuinte tivesse um seguro que irá minimizar o seu passivo fiscal, com uma moratória de anos e ainda por cima redução de multas. O incentivo é justamente não cumprir com as obrigações tributárias, aguardando que o próximo parcelamento venha, externalizando os custos de seu não-cumprimento aos demais contribuintes que eventualmente cumpram em dia seus deveres fiscais.

Quanto aos crimes tributários, a extinção da punibilidade a qualquer tempo igualmente constitui um seguro ao sonegador, vez que sabe que uma vez pago ou mesmo parcelado, não lhe será imposta a sanção penal.

Ocorre que, com incentivos jurídicos mal desenhados, a tendência é que o oportunismo se espalhe, e contamine a todos, por uma questão de sobrevivência. Ora, se o contribuinte A não paga tributos, aguardando planos de refinanciamento fiscal, ou simplesmente sonega, sabendo que não será apenado, encontra-se em situação competitiva vantajosa em relação ao contribuinte B. Logo, este terá incentivo em comportar-se da mesma forma, sob pena de perda de posição no mercado.

O mesmo potencialmente ocorrerá com os contribuintes C, D e assim por diante. Trata-se de uma espécie de *dilema do prisioneiro*, interação estratégica oriunda da Teoria dos Jogos, pelo qual um jogador age de acordo com a expectativa da ação do outro e vice-versa. Neste jogo não-cooperativo, os incentivos levam ambos jogadores (ou demais, se forem múltiplos) a desertarem do comportamento cooperativo, "pegarem carona" uns nos outros e, por conseguinte, alcançarem um resultado coletivo ineficiente, ainda que a escolha individual seja racional (se sei que o outro irá tirar vantagem sobre mim, minha única opção racional é tentar fazer o mesmo, de preferência antes do que ele). Este resultado coletivo ineficiente é um "equilíbrio de Nash", denominado a partir dos trabalhos do matemático americano John Forbes Nash Jr.[13]

---

[13] Para aplicação de teoria dos jogos no Direito Tributário, ver CARVALHO, Cristiano, Teoria da Decisão Tributária, São Paulo, Saraiva, 2013.

Note-se que o resultado gera perda de bem-estar social e toda uma série de externalidades negativas: ao incentivar mau-comportamentos, o Estado aumenta o risco em seu "negócio", qual seja, arrecadar tributos. Como o risco aumenta, e há maiores chances de não-cumprimento, deve então aumentar a carga tributária, esperando que parte dos contribuintes arque com ela, em proveito de outros contribuintes oportunistas.

Importante salientar que essa análise não é moral, mas sim jurídico-econômica. Não pretendemos fazer juízos morais em relação aos contribuintes, mas advertir que agentes racionais reagem a incentivos, e se esses forem ruins, seus comportamentos também serão. Sendo assim, quando denominamos contribuintes de oportunistas, não significa que sejam moralmente perniciosos (se são ou não, é algo que não cabe nessa análise), mas que os incentivos são mal construídos, mais especificamente, incentivos jurídicos.

Percebe-se, portanto, que o risco moral permeia todo o sistema tributário, já que maus comportamentos incentivam outros maus comportamentos, em círculo vicioso entre Estado e particular, Fisco e contribuinte. Especificamente em relação aos crimes contra a ordem tributária, a eficiência da sanção é praticamente nula – se considerarmos a sua função primordial, que é tanto punitiva quanto dissuasiva. Entretanto, caso a real função seja meramente arrecadatória, sua eficiência pode ser significativa[14], não obstante distorciva dos sistemas tributários e penal.

4. Conclusões: Há Solução?

Descortinando os incentivos trazidos pelo vigente sistema penal tributário, não há muito o que se fazer em termos de melhoria de eficiência, mais especificamente, no incremento da função dissuasiva da sanção penal. A solução ótima é simples – ainda que difícil de ser implementada – revogar a sistemática vigente de extinção da punibilidade pela via do pagamento ou da suspensão da punibilidade pela via do parcelamento. Se houver indícios suficientes de elementos subjetivos no cometimento de infrações, confirmadas em decisão final administrativa, não deveria haver possibilidade de evitar a ação penal.

---

[14] Caberiam estudos e simulações para verificar se a arrecadação seria incrementada com um sistema que se pautasse pelo "tributo ótimo", ou seja, baixas alíquotas, poucos e simples tributos, não-setoriais, e sem necessidade, portanto, de benefícios ou moratórias fiscais. A Curva de Laffer parece indicar essa possibilidade.

Salvo, por óbvio, que existam elementos que ensejem *habeas corpus*, o que seria casuístico, e não regra geral como ocorre atualmente.

Uma solução alternativa seria criar mecanismos que pudessem compensar os maus incentivos decorrentes da sistemática vigente, mormente custos para o deferimento de uma extinção de punibilidade, suficientes para desmotivar o cometimento de crimes tributários. Tais custos naturalmente seriam veiculados por meio de sanções, não somente pecuniárias (como um incremento a ser pago junto com o tributo e as multas devidas), mas possivelmente obrigações de fazer e não-fazer, envolvendo termos de ajustamento de conduta com o Ministério Público e possivelmente algum tipo de regime especial de fiscalização mais severo, tanto para pessoas físicas quanto para jurídicas. Para essas últimas, poder-se-ia pensar em algum programa de *compliance* fiscal ou medidas do gênero, para futuro controle das atividades do contribuinte infrator.

Todavia, a solução do ponto de vista sistêmico vai além da mera alteração da sistemática da extinção ou suspensão da punibilidade pelo pagamento do débito. Como vimos, tanto o sistema tributário quanto o penal estão permeados de péssimos incentivos. Se há autuações com incidência cada vez mais frequente de multas qualificadas (condição necessária, porém não suficiente), que poderão ou não resultar em denúncias fiscais, muito disse se deve a incentivos dirigidos aos auditores fiscais (metas arrecadatórias e respectivas recompensas). Por sua vez, o Estado cria tais incentivos aos auditores por voracidade arrecadatória cada vez mais pantagruélica. O contribuinte, por seu turno (mormente em tempo de crise econômica profunda), tem incentivos para fugir da tributação, seja por vias lícitas (elisão), seja por ilícitas (evasão). O próprio limite outrora nitidamente demarcado entre lícito e ilícito tornou-se cada vez mais indefinido, graças a tendências mundiais importadas ao nosso sistema, tais como *norma geral antielisiva, propósito negocial* e *substância sobre a forma*.

O círculo vicioso se fecha: o sistema tributário é excessivamente oneroso, complexo e irracional; o contribuinte foge da tributação; o Estado necessita arrecadar e para tanto cria incentivos para autuações arbitrárias; fiscais autuam respondendo a esses incentivos, autuando muitas vezes de forma arbitrária; o Estado cria anistias, moratórias e formas de evitar a punibilidade penal e gerar um alívio fiscal; consequentemente, o sistema segue sendo ruim.

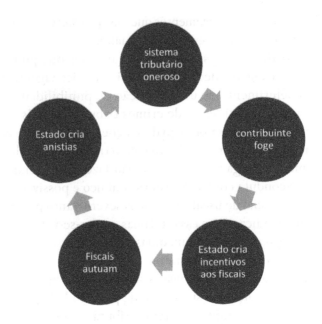

Sendo assim, *não adianta apenas olhar a árvore e não a floresta*. O sistema jurídico fundamentalmente é um produtor de incentivos, que afetam agentes de todos os lados, gerando consequências muitas vezes sequer imaginadas pelo legislador ou pelo juiz. Se apenas resolvermos o elo das anistias e impunidade, e não solucionarmos a ruindade do sistema como um todo, não só os problemas não cessarão, como provavelmente irão piorar significativamente.

Qual então a real solução para o problema? Reformar profundamente o sistema tributário brasileiro, de modo que tenhamos tributação justa e eficiente, que não crie distorções e que assim gere externalidades positivas, e não negativas. Um sistema que se paute pelo tributação ótima, a saber, aquela que cumpre sua função de suprir recursos para o Estado, porém sem desestimular as atividades econômicas dos agentes privados, poderia gerar maior cooperação, anulando o risco moral e o dilema do prisioneiro. Não há outra opção.

Referências

BECCARIA, Cesare. On crime and punishment. Tradução de David Young. Indianapolis: Hackett Publishing & Co, 1986.

BECKER, Gary. *Crime and punishment: an economic approach*. The economic approach to human behavior. Chicago: The University of Chicago Press, 1978.

CARNELUTTI, Francisco. *As misérias do processo penal*. Tradução da versão espanhola do original italiano por Carlos Millan. São Paulo: Editora Pillares, 2006.

CARVALHO, Cristiano. *Teoria da Decisão Tributária*. São Paulo: Saraiva, 2013.

KRUGMAN, Paul; WELLS, Robin. *Introdução à economia*. Tradução de Helga Hoffman. São Paulo: Campus, 2007.

NUCCI, Guilherme de Souza. *Curso de direito penal. Parte geral*. Rio de Janeiro: Forense, 2016.

TULLOCK, Gordon, SELDON, Arthur e BRADY, Gordon L. *Falhas de governo: uma introdução à teoria de escolha pública*. Rio de Janeiro: Instituto Liberal, 2005.

Indícios de Corrupção e Anulação de Decisões pelo CARF

Joyce Roysen
Mônica Pereira Coelho de Vasconcellos

1. Introdução

O presente artigo objetiva discutir a possibilidade de anulação de decisões definitivas proferidas pelo Conselho Administrativo de Recursos Fiscais (CARF), levando-se em consideração, paralelamente, os casos em que o fundamento seja a comprovação de prática de atos criminosos em seus julgamentos.

A deflagração da Operação Zelotes em 2015, e as consequentes insegurança e desconfiança que dela resultaram, culminou com a interrupção das atividades do referido órgão por um período e a edição de um novo Regimento Interno, aprovado pela Portaria MF nº 343/2015 e alterações.

O novo Regimento trouxe a possibilidade de instauração de um procedimento denominado "representação de nulidade", a ser apresentado em face de decisões proferidas por conselheiros em situações de impedimento.

Com isso, surge a necessidade de se analisar o procedimento de representação de nulidade e a sua relação com a apuração de prática de atos criminosos nos julgamentos do CARF, especialmente diante das Resoluções nos 9303-000.102 e 2202-000.742, recentemente editadas pelo referido órgão julgador.

Cabe ainda analisar quais medidas a serem adotadas, quando não se tratarem de situações enquadradas nos impedimentos previstos no Regimento Interno que justifiquem a apresentação da representação, mas que configuram crimes devidamente imputados em sentenças penais condenatórias transitadas em julgado e que, consequentemente, refletem em decisões definitivas proferidas pelo CARF.

Por último não se pode deixar de analisar a questão do prazo decadencial para se pleitear a declaração de nulidade das decisões administrativas tributárias contaminadas por situações de impedimento e pela prática de atos criminosos em seus julgamentos, de forma a se garantir o interesse público, sem deixar de observar a segurança jurídica das partes envolvidas.

2. A Possibilidade de Anulação de Decisões Administrativas Definitivas

Inicialmente, é importante contextualizar o assunto a partir da legislação aplicável aos processos administrativos tributários sujeitos à apreciação pelo CARF, no que se refere à análise de nulidade.

O Decreto nº 70.235/1972[1], que dispõe sobre o processo administrativo, determina que é definitiva no processo administrativo fiscal e extingue o crédito tributário a decisão favorável ao contribuinte. Por sua vez, o Código Tributário Nacional, em seu artigo 156, inciso IX, também estabelece que "*a decisão administrativa irreformável, assim entendida a definitiva na órbita administrativa, que não mais possa ser objeto de ação anulatória*" extingue o crédito tributário.

Ou seja, a decisão proferida pelo CARF que afasta a exigência discutida administrativamente não pode ser objeto de questionamento posterior pela Fazenda Pública.

Não se pode perder de vista, entretanto, que as decisões do CARF são enquadradas como atos administrativos e que, portanto, se sujeitam à observância dos

---

[1] *Art. 42. São definitivas as decisões:*
I – de primeira instância esgotado o prazo para recurso voluntário sem que este tenha sido interposto;
II – de segunda instância de que não caiba recurso ou, se cabível, quando decorrido o prazo sem sua interposição;
III – de instância especial.
Parágrafo único. Serão também definitivas as decisões de primeira instância na parte que não for objeto de recurso voluntário ou não estiver sujeita a recurso de ofício.
Art. 43. A decisão definitiva contrária ao sujeito passivo será cumprida no prazo para cobrança amigável fixado no artigo 21, aplicando-se, no caso de descumprimento, o disposto no § 3º do mesmo artigo.
§ 1º A quantia depositada para evitar a correção monetária do crédito tributário ou para liberar mercadorias será convertida em renda se o sujeito passivo não comprovar, no prazo legal, a propositura de ação judicial.
§ 2º Se o valor depositado não for suficiente para cobrir o crédito tributário, aplicar-se-á à cobrança do restante o disposto no caput deste artigo; se exceder o exigido, a autoridade promoverá a restituição da quantia excedente, na forma da legislação específica.
(...)
Art. 45. No caso de decisão definitiva favorável ao sujeito passivo, cumpre à autoridade preparadora exonerá-lo, de ofício, dos gravames decorrentes do litígio.

princípios da legalidade (artigo 5º, II da Constituição Federal), da moralidade administrativa (artigo 37 da Constituição Federal), do devido processo legal (artigo 5º LIV e LV da Constituição Federal) e da segurança jurídica[2], que decorrem da Carta Magna como um todo[3]. A Lei nº 9.784, de 1999, que regula o processo administrativo no âmbito da Administração Pública Federal, em observância ao disposto no artigo 37 da Constituição Federal[4], prevê expressamente a observância de tais princípios em seu artigo 2º:

> Art. 2º A Administração Pública obedecerá, dentre outros, aos princípios da legalidade, finalidade, motivação, razoabilidade, proporcionalidade, moralidade, ampla defesa, contraditório, segurança jurídica, interesse público e eficiência.
> Parágrafo único. Nos processos administrativos serão observados, entre outros, os critérios de:
> I – atuação conforme a lei e o Direito;
> II – atendimento a fins de interesse geral, vedada a renúncia total ou parcial de poderes ou competências, salvo autorização em lei;
> III – objetividade no atendimento do interesse público, vedada a promoção pessoal de agentes ou autoridades;
> IV – atuação segundo padrões éticos de probidade, decoro e boa-fé;
> V – divulgação oficial dos atos administrativos, ressalvadas as hipóteses de sigilo previstas na Constituição;
> VI – adequação entre meios e fins, vedada a imposição de obrigações, restrições e sanções em medida superior àquelas estritamente necessárias ao atendimento do interesse público;
> VII – indicação dos pressupostos de fato e de direito que determinarem a decisão;

---

[2] Nas palavras de Celso Antonio Bandeira de Mello "*A lei enuncia no art. 2º um conjunto de princípios (que esclarece não serem exaustivos) a serem obedecidos pela Administração, os quais, em sua esmagadora maioria, evidentemente, não são específicos do processo administrativo. Refere os da legalidade, da finalidade, da motivação, da razoabilidade, da proporcionalidade, da moralidade, do interesse público, eficiência, segurança jurídica e – estes, sim, típicos do instituto do processo administrativo – da ampla defesa e do contraditório.*" MELLO, Celso Antonio Bandeira de. *Curso de Direito Administrativo*. 33. ed. São Paulo: Malheiros, 2012, p. 521

[3] "*Este princípio não pode ser radicado em qualquer dispositivo constitucional específico. É, porém, da essência do próprio Direito, notadamente de um Estado Democrático de Direito, de tal sorte que faz parte do sistema constitucional com um todo*". MELLO, Celso Antonio Bandeira de. *Curso de Direito Administrativo*. 33. ed. São Paulo: Malheiros, 2012, p. 126.

[4] *Art. 37. A administração pública direta e indireta de qualquer dos Poderes da União, dos Estados, do Distrito Federal e dos Municípios obedecerá aos princípios de legalidade, impessoalidade, moralidade, publicidade e eficiência, e, também, ao seguinte:*
(...)

VIII – observância das formalidades essenciais à garantia dos direitos dos administrados;

IX – adoção de formas simples, suficientes para propiciar adequado grau de certeza, segurança e respeito aos direitos dos administrados;

X – garantia dos direitos à comunicação, à apresentação de alegações finais, à produção de provas e à interposição de recursos, nos processos de que possam resultar sanções e nas situações de litígio;

XI – proibição de cobrança de despesas processuais, ressalvadas as previstas em lei;

XII – impulsão, de ofício, do processo administrativo, sem prejuízo da atuação dos interessados;

XIII – interpretação da norma administrativa da forma que melhor garanta o atendimento do fim público a que se dirige, vedada aplicação retroativa de nova interpretação.

Ademais, estabelece em seu artigo 53 que *"a Administração deve anular seus próprios atos, quando eivados de vício de legalidade, e pode revogá-los por motivo de conveniência ou oportunidade, respeitados os direitos adquiridos"*.

O próprio Decreto nº 70.235/72, em seu artigo 59, II, prevê que são nulos *"os despachos e decisões proferidos por autoridade incompetente ou com preterição do direito de defesa"*.

Significa dizer que a preclusão administrativa, ou seja, a irretratabilidade da decisão no processo administrativo, esbarra na observância dos princípios aplicáveis aos atos administrativos em geral. Marcus Vinicius Neder e Maria Teresa Martinez Lopez, ambos ex-integrantes do extinto Conselhos de Contribuintes e do CARF, assim concluíram:

> Esta posição, todavia, é contestada por alguns autores que, mesmo diante da decisão administrativa definitiva defendem o direito à autotutela da Administração para rever o ato ilegal. O entendimento é corroborado pelo artigo 53 da Lei nº 9.784/99 que reproduz a Súmula nº 473 do STF, prevendo a possibilidade de a Administração anular seus próprios atos quando eivados de vício que os tornem ilegais.[5]

A imodificabilidade da decisão proferida no processo administrativo tributário tem, portanto, seus limites demarcados pela observância dos princípios

---

[5] NEDER, Marcos Vinicius, LOPEZ, Maria Teresa Martinez – Processo administrativo fiscal federal comentado. 2ª edição. São Paulo: Dialética, 2004. p. 404.

que regem a Administração Pública. Nessa linha, decisões proferidas em fraude à lei, decorrentes de condutas fraudulentas ou que caracterizem crime, nos termos da legislação mencionada, podem ser julgadas nulas[6].

Assim, a Operação Zelotes, deflagrada em 2015, resultou em um processo de reformulação do órgão julgador administrativo de processos tributários, diante da preocupação tanto dos contribuintes quanto da Administração Pública de se garantir a segurança jurídica nos julgamentos realizados pelo CARF, bem como de se anular decisões proferidas em seus procedimentos quando emanadas de conselheiros impedidos.

O processo de reformulação, que inclusive foi submetido a consulta pública e teve como objetivo uma garantia de maior transparência e segurança jurídica, resultou em um novo Regimento Interno, aprovado pela Portaria MF nº 343/2015, com posteriores edições, e que contemplou alterações na estrutura e composição do órgão, bem como na possibilidade de apresentação de uma representação de nulidade em face das decisões proferidas em desacordo com o disposto no artigo 42 do Regimento Interno, conforme previsto em seu artigo 80.

A representação de nulidade está baseada nas previsões do inciso II, do *caput* do artigo 59, do Decreto nº 70.235/1972, e dos artigos 53 e 54, da Lei nº 9.784/99. De acordo com o § 1º do artigo 80, a nulidade deverá ser declarada

---

[6] Vale citar os ensinamentos de Sergio André Rocha: *"Uma das alegações trazidas pela Fazenda para sustentar sua posição antes apresentada [pela possibilidade de questionamento judicial de decisões administrativas] consiste na suposta necessidade de instrumentos jurídicos de defesa contra decisões proferidas em fraude à lei ou em decorrência de práticas criminosas.*
Não há o que se objetar à preocupação da Fazenda, Salvo no que respeita ao entendimento de que o questionamento judicial das decisões proferidas no fim do processo administrativo fiscal seja necessário para a cassação de uma decisão decorrente do cometimento de conduta criminosa.
Com efeito, parece que nos casos em que a decisão se mostrar nula de plano direito (o que aconteceria, por exemplo, se o agente julgador tivesse sido corrompido pelo interessado para proferir decisão em determinado sentido) tem a Administração o direito de reconhecer tal nulidade, anulando a decisão, sendo certo que, caso administrado discorde do entendimento manifestado pela Administração, lhe será garantido o acesso ao Poder Judiciário. Nessa situação, o único limite imponível ao Poder da Administração Pública de anular suas decisões seria o prazo decadencial previsto no art. 54 da Lei nº 9.784/99.
A possibilidade de anulação da decisão nos casos acima mencionados foi inclusive reconhecida pelo Superior Tribunal de Justiça nos autos do Mandado de Segurança 8.810, já referido, tendo-se registrado, na ementa decisão proferida pelo STJ que 'o controle do Ministro da Fazenda (arts. 19 e 20 do DL 200/67) sobre os acórdãos dos conselhos de contribuintes tem como escopo e limite o reparo de nulidades. Não é lícito ao Ministro cassar tais decisões, sob o argumento de que o colegiado errou na interpretação da lei." in *Processo Administrativo Fiscal: Controle Administrativo do Lançamento Tributário*. 4ª edição. Rio de Janeiro: Lúmen Júris, 2010, pp. 229 a 230.

pelo colegiado que proferiu a decisão ou, no caso de sua extinção, a análise será sorteada para Turma Ordinária integrante da mesma Seção de Julgamento.

Deverá ser apresentada pelo Presidente do Conselho Administrativo de Recursos Fiscais de ofício ou mediante provocação do Secretário da Receita Federal do Brasil, pelo Procurador-Geral da Fazenda Nacional ou pelo Ministério Público Federal[7].

A arguição de nulidade necessitará ser direcionada ao Presidente do CARF, acompanhada dos elementos comprobatórios do impedimento do conselheiro[8]. As partes do processo administrativo fiscal e o conselheiro ou ex-conselheiro serão intimados para, no prazo de 10 (dez) dias, apresentar manifestação[9].

A representação de nulidade será julgada em sessão extraordinária convocada pelo Presidente do colegiado e a decisão formalizada por meio de resolução[10]. O Presidente do colegiado e demais membros poderão se manifestar antes do início da votação[11], não havendo previsão de manifestação das partes e do conselheiro sujeito da acusação.

Da decisão de Turma Ordinária que declarar ou rejeitar a nulidade caberá recurso administrativo, a ser interposto no prazo de 10 (dez) dias da ciência da decisão, à Turma da CSRF competente para apreciar a matéria objeto do processo administrativo fiscal[12].

A decisão que declarar ou rejeitar a nulidade será definitiva na esfera administrativa[13] e, sendo a nulidade reconhecida, uma vez definitiva a decisão exarada pela Turma da CSRF, o processo originário será sorteado para novo julgamento[14].

3. Recentes Decisões do CARF em Representações de Nulidade

A questão que preocupa com a possibilidade de nulidade prevista no Regimento Interno é se há necessidade de comprovação no âmbito penal de prática

---

[7] Cf. artigo 80, § 3º do Regimento Interno do CARF (Portaria MF 343/2015).
[8] Cf. artigo 80, § 4º do Regimento Interno do CARF (Portaria MF 343/2015).
[9] Cf. artigo 80, § 7º do Regimento Interno do CARF (Portaria MF 343/2015).
[10] Cf. artigo 80, § 8º do Regimento Interno do CARF (Portaria MF 343/2015).
[11] Cf. artigo 80, § 9º do Regimento Interno do CARF (Portaria MF 343/2015).
[12] Cf. artigo 80, §11 e 12 do Regimento Interno do CARF (Portaria MF 343/2015).
[13] Cf. artigo 80, § 16 do Regimento Interno do CARF (Portaria MF 343/2015).
[14] Cf. artigo 80, § 14 do Regimento Interno do CARF (Portaria MF 343/2015).

de conduta tipificada como crime para que então se conclua pela nulidade da decisão administrativa.

Isso porque recentemente, em 23 de março de 2017, a Terceira Turma da Câmara Superior de Recursos Fiscais concluiu pela nulidade do Acordão 9303.001.319, por meio da Resolução 9303-000.101, ao entender que um ex-conselheiro participou do julgamento apesar de estar impedido, tendo-se concluído que tinha interesse econômico indireto na decisão. A Resolução afirma expressamente que se analisou apenas o impedimento, sem análise dos reflexos penais, conforme exposto no próprio voto:

> Diante de todos os fatos acima relatados e demais elementos que constam dos autos, constata-se que o ex-conselheiro Leonardo Siade Manzan efetivamente tinha interesse direto no resultado do julgamento do processo 13674.000107/9990, especialmente no julgamento do Acórdão 9303-001.319, estando configurada a existência de interesse econômico e financeiro, de forma direta (presumida) e indireta (comprovada pelos valores recebidos da empresa ligada à subcontratada SBS Consultoria, VR Consultoria, e por seu pai).
>
> Portanto, como o ex-conselheiro Leonardo Siade Manzan não se declarou impedido conforme dispunha o art. 42 do RICARF anteriormente vigente, o Acórdão 9303-001.319 é nulo, por ter sido proferido por autoridade julgadora incompetente, conforme dispõe o inciso II do art. 59 do Decreto nº 70.235/72.
>
> Não procede a alegação da interessada de que o reconhecimento da nulidade do referido acórdão configura em reconhecimento de ato de corrupção por esta instância administrativa. No presente caso, o colegiado está apreciando se o julgamento anterior estava eivado de vício, pelo impedimento de conselheiro que participou do julgamento. Qualquer outra análise decorrente daquele ato, com reflexos de natureza penal, não cabe a este jugados administrativo.

Em outro julgamento, realizado pela Segunda Turma Ordinária da Segunda Câmara da Segunda Seção de Julgamento do CARF, foi proferida a Resolução nº 2202-000.742 que, embora tenha rejeitado a nulidade, por precariedade probatória das acusações, afastou a alegação do contribuinte de que havia identidade da matéria com ação penal em andamento, nos seguintes termos:

> (...)
> Não consta dos autos qualquer comprovação de que o processo referido tenha coincidência com a matéria em discussão nesta Representação de Nulidade. Consultando o sitio da Justiça Federal do DF, na rede mundial de computadores, vê-se que se trata de Inquérito Policial – Departamento de Polícia Federal, com

assunto identificado como crimes de lavagem ou ocultação de bens, direitos ou valores e observação de 'Operação Zelotes'. Trata-se, portanto, de processo mais amplo que a discussão posta nesta Representação de Nulidade.

Tenho que o pedido de nulidade postulado pelo contribuinte não pode ser acolhido, pela falta de identidade do assunto em discussão no judiciário com o deste processo – de representação de nulidade de julgamento no CARF – que trata especificamente do PAF do contribuinte Walter Faria. Pelas mesmas razões e também pela falta de previsão legal, descabe a suspensão do presente processo.

Não há dúvida de que decisão proferida pelo CARF em que se comprove o interesse econômico de um conselheiro no julgamento em que tenha funcionado, conforme previsto no § 1º do artigo 42 do Regimento Interno do CARF, deve ser enquadrada como ato administrativo ilegal e, portanto, nulo, nos termos da legislação acima mencionada.

Importante pontuar, contudo, que a mera existência de interesse econômico por parte do conselheiro não caracteriza subsunção a qualquer crime tipificado na legislação penal nacional, passando à margem, inclusive, do chamado ato preparatório para a prática de uma conduta criminosa, que em si mesmo já não tem repercussão penal[15].

Desse modo, ao utilizar como fundamento da anulação da decisão administrativa a existência de interesse econômico do julgador, de sorte a fazer incidir a norma dos artigos 42 e 80, do novo Regimento Interno do CARF, entendemos que não há prejulgamento de cunho criminal. Ao contrário, o reconhecimento de impedimento, nesse caso, poderá, quando muito, caracterizar indícios para a deflagração de uma investigação penal.

Todavia, dado que, para a existência de crime é necessária a verificação das elementares do tipo penal então aventado – e o interesse econômico não é elementar de nenhum crime de que se tenha notícia – pode-se afirmar que eventual sentença penal absolutória envolvendo a conduta de um julgador do CARF não entrará em contradição com a anulação declarada anteriormente naquela esfera.

De fato, são dois os aspectos a serem analisados nessa relação entre Direito Administrativo Tributário e Direito Penal, e que devem ser formuladas em uma espécie de via de dupla mão: *(i)* nem toda irregularidade administrativa é crime (!); e *(ii)* qualquer conduta criminosa praticada no âmbito do exercício

---

[15] De fato, *o critério válido de delimitação entre* atos preparatórios *e atos executórios(início da execução) será aquele que permita identificar a tentativa como "início da execução da conduta típica"*. Cf. BITENCOURT, Cezar Roberto. *Tratado de direito penal: parte geral, 1, 17ª ed. rev. ampl. e atual. de acordo com a Lei n. 12.550. de 2011.* São Paulo: Saraiva, 2012, p. 524.

da função pública, reconhecida em sentença penal transitada em julgado, pode ser considerada irregularidade ou ilícito administrativo (?).

A distinção é importante, na medida em que, obviamente, o CARF não tem competência para concluir pela ocorrência ou não de um delito, embora possa estar suscetível a influências que partam do Direito Penal, tido como *ultima ratio* do ordenamento jurídico.

Adiantamos, inobstante, que a possibilidade e regularidade da anulação de uma decisão administrativa, do nosso ponto de vista, residirão na natureza jurídica e origem do motivo utilizado para fundamentar essa mesma anulação. Vejamos.

3.1. O Fundamento de Natureza Administrativa: o Novo Regimento Interno do CARF

Como já mencionado anteriormente, o atual Regimento Interno do CARF contempla em seus artigos 42 e 80 as hipóteses de anulação das decisões em rol taxativo, a saber:

> Art. 42. O conselheiro estará impedido de atuar no julgamento de recurso, em cujo processo tenha:
> I – atuado como autoridade lançadora ou praticado ato decisório monocrático;
> II – interesse econômico ou financeiro, direto ou indireto; e
> III – como parte, cônjuge, companheiro, parente consanguíneo ou afim até o 3º (terceiro) grau.
> § 1º Para efeitos do disposto no inciso II do caput, considera-se existir interesse econômico ou financeiro, direto ou indireto, nos casos em que o conselheiro representante dos contribuintes preste ou tenha prestado consultoria, assessoria, assistência jurídica ou contábil ou perceba remuneração do interessado, ou empresa do mesmo grupo econômico, sob qualquer título, no período compreendido entre o primeiro dia do fato gerador objeto do processo administrativo fiscal até a data da sessão em que for concluído o julgamento do recurso.
> § 2º As vedações de que trata o § 1º também são aplicáveis ao caso de conselheiro que faça ou tenha feito parte como empregado, sócio ou prestador de serviço, de escritório de advocacia que preste consultoria, assessoria, assistência jurídica ou contábil ao interessado, bem como tenha atuado como seu advogado, nos últimos cinco anos. (Redação dada pela Portaria MF nº 152, de 2016)
> § 3º O conselheiro estará impedido de atuar como relator em recurso de ofício, voluntário ou recurso especial em que tenha atuado, na decisão recorrida, como relator ou redator relativamente à matéria objeto do recurso.

§ 4º O impedimento previsto no inciso III do caput aplica-se também aos casos em que o conselheiro possua cônjuge, companheiro, parente consanguíneo ou afim até o 2º (segundo) grau que trabalhem ou sejam sócios do sujeito passivo ou que atuem no escritório do patrono do sujeito passivo, como sócio, empregado, colaborador ou associado. (Redação dada pela Portaria MF nº 152, de 2016).
(...)
Art. 80. Sem prejuízo de outras situações previstas na legislação e neste RegimentoInterno, as decisões proferidas em desacordo com o disposto nos arts. 42 e 62 enquadram-se na hipótesede nulidade a que se refere o inciso II do caput do art. 59 do Decreto nº 70.235, de 6 de março de 1972.

De referidos textos é possível extrair basicamente situações relacionadas a *impedimentos* de julgadores, sem qualquer menção à prática ou não de crimes ou mesmo ilícitos administrativos. Trata-se de irregularidade quanto à vinculação objetiva do conselheiro com a parte ou o processo: o inciso I, por exemplo, visa a garantir o duplo grau de jurisdição, nada tendo que ver com a lisura do julgador.

Com efeito, para a verificação de uma das causas dispostas no artigo 42 do Regimento Interno e, portanto, para dar ensejo à anulação de uma decisão administrativa tributária, não há necessidade de haver indícios de que tenha o julgador efetivamente agido em prejuízo do erário e em benefício da parte.

Entendemos, pois, que a anulação das decisões, nesse caso, à exemplo do que ocorre em outras esferas do ordenamento jurídico com relação à figura do impedimento, não guarda qualquer vínculo com eventual repercussão na esfera criminal, como aconteceu no caso do Acordão 9303.001.319, anulado por meio da Resolução 9303-000.101. E não haverá contradição se uma sentença penal superveniente absolver aquele cuja decisão fora anulada administrativamente sob o argumento de impedimento.

3.2. O Crime Como Possível Fundamento da Anulação das Decisões do CARF

Diferente abordagem deve ser feita, todavia, se a existência de um crime, reconhecida em sentença penal transitada em julgado, puder servir de fundamento à anulação de uma decisão administrativa.

Diz-se "se puder servir" porque, na ausência de uma previsão expressa nesse sentido no Regimento Interno do CARF, a verificação de um crime envolvendo a prolação de uma decisão pelos conselheiros de referido órgão deveria ser objeto de flexão racional para dar azo à anulação.

À título de exemplo, circunscrevamo-nos ao inciso II, do artigo 42, do Regimento Interno do CARF, que toma como parâmetro para o impedimento a existência de *interesse econômico, direto ou indireto* por parte do julgador.

Como já discorrido, o interesse econômico do julgador, por si só, não é suficiente para configurar um crime, embora o seja para gerar a anulação de sua decisão. Todavia, em determinados casos, pode acontecer que, após o reconhecimento de um crime pela esfera Penal, esse interesse econômico torne-se presumido[16]. Explica-se.

O famigerado delito de corrupção passiva[17], por exemplo, em voga nos últimos tempos, carece para sua configuração da obtenção de uma vantagem, normalmente econômica, ou, ao menos, uma tentativa de obtê-la. Nesse cenário, pode-se concluir que, aquele que decidiu administrativamente de determinada forma e em razão disso obteve ou tentou obter vantagem econômica, tinha presumida e concomitantemente um interesse dessa natureza.

De fato, embora nem toda causa de impedimento possa ser considerada sequer indício de existência de crime, a verificação deste último pode dar ensejo a impedimento, pela via reversa.

É que, diferentemente das causas de objetividade plena, como a verificação de parentesco entre julgador e parte, a aferição de interesse econômico pode estar dissociada de qualquer vínculo aparente, não sendo de toda abstração a ideia de que a comprovação dessa relação espúria se dê primeiramente no processo criminal.

Torna-se clarividente, para nós, que em situação semelhante à ora descrita seria de rigor a necessidade de se aguardar a finalização da ação penal, com uma sentença condenatória transitada em julgado, para apenas então se buscar a anulação da decisão no âmbito administrativo[18].

---

[16] Cf. FARIA, Bento de. Código Penal Brasileiro Comentado, vol. 1. Rio de Janeiro: Distribuidora Récord Editora, 1961, p. 24: não se nega que, apesar de certa independência, o *direito penal, como os demais direitos regidos por outras disciplinas, não vive isolado e fora da enciclopédia jurídica. A sua autonomia não exclui a relação de independência, e daí os vínculos que o relacionam com outros ramos do direito.*
[17] Para configuração do crime em questão, previsto no artigo 317, do Código Penal, é necessário interpretar que a natureza jurídica da função desempenhada pelos Conselheiros do CARF seja equiparada à de funcionário público, como vem acontecendo no âmbito da Operação Zelotes. E, conforme lembra o saudoso professor Paulo José da Costa Jr.: *observe-se que a norma preferiu referir-se à função, de sentido mais amplo, do que a cargo público, de âmbito mais restrito.* In: COSTA JR., Paulo José da. Código Penal Comentado, 9ª Ed. rev., ampl. e atual. São Paulo: DPJ Editora, 2007, p. 991.
[18] "(...) o dano produzido pelo crime implica também a lesão sofrida pela vítima no bem jurídico

4. Análise Crítica e Sugestões de Alterações do Regimento Interno

O que se verifica, portanto, é que o instituto de "representação de nulidade" previsto atualmente no Regimento Interno do CARF tem aplicação limitada aos casos especificados no seu artigo 42, cumulado com o artigo 80.

A nosso ver, entretanto, quando o processo criminal concluir pela existência de crime em decorrência do qual se presuma interesse econômico do conselheiro que se discute o impedimento, a apuração excede a esfera administrativa, de forma que deve ser acompanhada de uma investigação criminal e só com a sua conclusão, a decisão administrativa tributária poderia ser julgada nula.

Outra preocupação é a afirmação na Resolução nº 2202-000.742 de que não há previsão legal que determine a suspensão do processo de representação de nulidade em razão da existência de ação penal, o que ofende a segurança jurídica e o princípio do devido processo legal. Entendemos que seria adequada a alteração do Regimento Interno do CARF para aprimorar o procedimento previsto no seu artigo, incluindo-se dispositivo que determine a vinculação do andamento da representação à respectiva ação penal.

Pelo exposto, entendemos que se poderia alterar o Regimento Interno não apenas para que o próprio tribunal possa decretar a nulidade de suas decisões, quando comprovada a existência de prática criminosa no âmbito da atuação do servidor, mas também para alterar o procedimento vigente no caso dos impedimentos do artigo 42 do Regimento Interno.

Nesse contexto, a fim de se garantir a neutralidade e transparência, vislumbramos a necessidade de criação de um órgão interno especifico dentro da estrutura do CARF ou até mesmo de uma corregedoria, para análise dos casos de representação de nulidade, afastando o dispositivo do artigo 80 do Regimento Interno que determina que o processo seja distribuído a Turma da mesma Seção de Julgamento.

O aprimoramento do procedimento no âmbito do CARF é essencial para que não seja necessário o ajuizamento de ação judicial visando à desconstituição das decisões administrativas. O procedimento nos parece mais célere e atende mais adequadamente ao interesse público da situação do que se aguardar o longo processo, com demasiados recursos, no Poder Judiciário.

---

violado e a que o Direito deve acorrer (...) em todo caso anular, tanto quanto possível, os efeitos do fato punível em violação do direito". Cf. BRUNO, Aníbal. Direito Penal, Parte Geral, tomo 3, 4ª ed. Rio de Janeiro: Forense, 1978, p. 244.

Não obstante, conforme exposto acima, na forma em que atualmente previsto, o procedimento é acompanhado de sérias preocupações, no tocante à observância da segurança jurídica e do devido processo legal.

Devemos, portanto, fiscalizar atentamente a atuação do CARF nos casos que surgirão no futuro e propor alterações no Regimento Interno para que não se proceda para um desvio de finalidade do instituto de "representação de nulidade" recém-criado, trazendo novas inseguranças no processo administrativo fiscal federal, o que se tenta afastar com as reformas trazidas pós-Operação Zelotes.

5. O Prazo Decadencial Para a Declaração de Nulidade da Decisão Administrativa Fiscal

A conclusão de que a representação de nulidade possa nascer de uma condenação penal transitada em julgado por um crime que faça presumir o interesse econômico do conselheiro quando de sua atuação no processo administrativo, leva-nos a uma segunda indagação: Qual o prazo decadencial para a apresentação da representação de nulidade? Qual o termo inicial para contagem do referido prazo?

Ao tratar da anulação das decisões administrativas, a Lei nº 9.784/1999, em seu artigo 54, estabelece que o direito de anulação decai em cinco anos, contados da data em que foram praticados, *salvo se comprovada má-fé*.

Desse modo, tendo em vista que a condenação por um crime doloso – como o de corrupção passiva[19], que não se configura na modalidade culposa[20] – indubitavelmente configuraria má-fé na condução da administração pública, entendemos que não haveria decadência do direito de propor a representação de anulação.

Não obstante, pode-se cogitar sobre a necessidade de se fixar um termo inicial e final para a apresentação da representação, em respeito ao princípio da segurança jurídica.

---

[19] A este respeito, ver: HUNGRIA, Nelson. Comentários ao Código Penal, vol. IX. Rio de Janeiro: Revista Forense, 1958, p. 370. Ou ainda, DELMANTO, Celso [et. al.]. Código Penal comentado: acompanhado de comentários, jurisprudência, súmulas em matéria penal e legislação complementar, 8ª ed. rev. atual. e ampl. São Paulo: Saraiva, 2010, p. 908 e ss.
[20] Corrobora nossa posição o fato de que os conselheiros do CARF não podem ser condenados criminalmente à título de culpa, nos termos da Lei 12.833/2013. Portanto, sempre que houver condenação penal, a ma-fé estará presumida.

Nessa linha, o termo inicial do prazo seria a data do trânsito em julgado da decisão proferida em ação penal que reconhece a existência de crime[21]. Tornando-se definitiva a decisão criminal inicia-se o prazo para a representação de nulidade e anulada a decisão, novo julgamento deve ser realizado, retomando-se o processo a partir do último ato válido.

Caso a representação de nulidade tenha sido apresentada antes do término da ação penal, o procedimento administrativo deve ser suspenso até que se tenha a definitividade na esfera criminal.

6. Conclusões

As decisões administrativas proferidas pelo CARF são enquadradas como atos administrativos, de forma que sua imodificabilidade tem seus limites demarcados pela observância dos princípios que regam a Administração Pública em geral.

O Regimento Interno do CARF, aprovado pela Portaria MF nº 343/2015, após a deflagração da Operação Zelotes, objetivando uma maior transparência e segurança jurídica, introduziu procedimento para apresentação de representação de nulidade em face das decisões proferidas por conselheiros em situações caracterizadas como impedimento, como a existência de interesse econômico ou financeiro, direto ou indireto, sem qualquer menção à prática ou não de crimes ou mesmo ilícitos administrativos.

A anulação das decisões administrativas pelo CARF não guarda vínculo com eventual repercussão na esfera criminal. A mera existência de interesse econômico por parte do conselheiro não caracteriza subsunção a qualquer crime tipificado na legislação penal nacional, passando à margem, inclusive, do chamado ato preparatório para a prática de uma conduta criminosa, que em si mesmo já não tem repercussão penal.

Desse modo, ao utilizar como fundamento da anulação da decisão administrativa a existência de interesse econômico do julgador, de sorte a fazer incidir a norma dos artigos 42 e 80, do novo Regimento Interno do CARF, entendemos que não há prejulgamento de cunho criminal. Ao contrário, o

---

[21] Nesse sentido, PISCITELLI, Thatiane e PAIVA, Mariana Monte Alegre de. Consequência da zelotes no CARF vai além da crise institucional. Conjur. http://conjur.com.br/,2016. Disponível em http://www.conjur.com.br/2016-mar-28/consequencia-zelotes-carf-alem-crise-institucional. Acesso em 28/09/2017.

reconhecimento de impedimento, nesse caso, poderá, quando muito, caracterizar indícios para a deflagração de uma investigação penal.

Todavia, dado que, para a existência de crime é necessária a verificação das elementares do tipo penal então aventado – e o interesse econômico não é elementar de nenhum crime de que se tenha notícia – pode-se afirmar que eventual sentença penal absolutória envolvendo a conduta de um julgador do CARF não entrará em contradição com a anulação declarada anteriormente naquela esfera.

Por outro lado, embora nem toda causa possa ser considerada indício de existência de crime, a apuração criminal pode resultar no reconhecimento de impedimento, pela via reversa. Nessa situação, entendemos que seria de rigor a necessidade de se aguardar a finalização da ação penal, com uma sentença condenatória transitada em julgado, para apenas então se buscar a anulação da decisão no âmbito administrativo.

Alterações no Regimento Interno do CARF seriam bem-vindas com o objetivo de se incluir a possibilidade do referido órgão decretar a nulidade de suas decisões, quando comprovada a existência de prática criminosa no âmbito de atuação dos conselheiros e, ainda, aprimorar o procedimento vigente para os casos de impedimento expressamente previstos, com a criação de um órgão exclusivo ou de uma corregedoria dentro do CARF para análise de tais casos.

Por fim, a legislação estabelece que decai em cinco anos o direito de anulação de atos administrativos, contados da data em que foram praticados, exceto de comprovada má-fé.

Entendemos que não haveria decadência do direito de propor a representação de anulação, no caso de condenação por um crime doloso, que por cento configura má-fé na conduta da administração pública. Todavia, em respeito ao princípio da segurança jurídica, pode-se cogitar a fixação de termo inicial como a data do trânsito em julgado da decisão proferida em ação penal que reconhece a existência de crime. Tornando-se definitiva a decisão criminal inicia-se o prazo para a representação de nulidade e anulada a decisão, novo julgamento deve ser realizado, retomando-se o processo a partir do último ato válido.

Caso a representação de nulidade tenha sido apresentada antes do término da ação penal, o procedimento administrativo deve ser suspenso até que se tenha a definitividade na esfera criminal.

Referências

BRUNO, Aníbal. *Direito Penal*, Parte Geral, tomo 3, 4ª ed. Rio de Janeiro: Forense, 1978.

FARIA, Bento de. *Código Penal Brasileiro Comentado, vol. 1*. Rio de Janeiro: Distribuidora Récord Editora, 1961.

BITENCOURT, Cezar Roberto. *Tratado de direito penal: parte geral, 1*, 17ª ed. rev. ampl. e atual. de acordo com a Lei n. 12.550. de 2011. São Paulo: Saraiva, 2012.

DELMANTO, Celso [et. al.]. *Código Penal comentado: acompanhado de comentários, jurisprudência, súmulas em matéria penal e legislação complementar*, 8ª ed. rev. atual. e ampl. São Paulo: Saraiva, 2010.

HUNGRIA, Nelson. *Comentários ao Código Penal, vol. IX*. Rio de Janeiro: Revista Forense, 1958.

MELLO, Celso Antonio Bandeira de. *Curso de Direito Administrativo*. 33. ed. São Paulo: Malheiros, 2012.

NEDER, Marcos Vinicius, LOPEZ, Maria Teresa Martinez. *Processo administrativo fiscal federal comentado*. 2ª edição. São Paulo: Dialética, 2004.

COSTA JR., Paulo José da. *Código Penal Comentado*, 9ª Ed. rev., ampl. e atual. São Paulo: DPJ Editora, 2007.

PISCITELLI, Thatiane; PAIVA, Mariana Monte Alegre de. *Consequência da zelotes no CARF vai além da crise institucional*. Conjur. http://conjur.com.br/,2016. Disponível em http://www.conjur.com.br/2016-mar-28/consequencia-zelotes-carf-alem-crise-institucional.

ROCHA, Sergio André. *Processo Administrativo Fiscal: Controle Administrativo do Lançamento Tributário*. 4ª edição. Rio de Janeiro: Lúmen Júris, 2010.

Responsabilidade Penal Tributária e a Representação Fiscal Para Fins Penais

Jair Jaloreto
Sidney Stahl

1. Introdução

A tipicidade é aquilo que assemelha a norma penal e a norma tributária. Tanto no tipo penal quanto no tipo tributário o que se tem é uma descrição (na lei) de uma conduta, um comportamento humano qualquer que o legislador entende ser relevante a atribuir-lhe uma conseqüência qualquer, a conseqüência penal é a punição, a tributária o nascimento de uma relação obrigacional – pagar tributo. O tipo penal, nesse sentido, é punível. O tributário não o é, inclusive pelo que dispõe o artigo 3º do Código Tributário Nacional, que expressa que tributo é aquilo que não constitua sanção de ato ilícito.

Nos últimos anos, ampliou-se significativamente o embate entre a Fazenda e os Contribuintes acerca dos limites de responsabilização de terceiros pelo cumprimento da obrigação tributária e pela responsabilidade pessoal dos sócios e administradores pelas infrações à legislação tributária, criminalizando ilícitos-administrativos.

O estabelecimento desse limite entre a conduta que busque uma carga tributária menos gravosa ou a realização da conduta possível –, como por ex., o fato de deixar de recolher tributos retidos na fonte por conta de impossibilidade real de dispor do caixa – e a conduta criminosa e a relação fisco/contribuinte nessas questões é o desafio que propomos nesse breve artigo.

A responsabilidade tem sido um dos temas mais repetitivos no Direito Tributário, apesar de existir farta doutrina sobre o assunto, o debate sempre retorna ao mundo jurídico por conta da anti-tendência brasileira de criminalizar o maior número de condutas para auxiliar na arrecadação de tributos, inclusive meros ilícitos administrativos-tributários. Essa criminalização das condutas é constantemente realizada por intermédio de uma reinterpretação da norma existente e a revisitação à temática acaba sendo obrigatória para todos atores.

O que é evidente nessa reinterpretação da norma tributária – para criminalizar a conduta de sócios e administradores – é que ela é feita sem qualquer suporte de natureza ontológica, por um lado, e sem qualquer estudo quanto a eficácia das medidas, por outro.

O primeiro, a falta de respeito à natureza ontológica do ilícito transforma a conduta do administrador em crime por mera vontade da lei, desrespeitando, por vezes, a real natureza do evento. Ignora-se primeiramente a presunção de inocência, e o trinômio dolo-fraude-crime fiscal, sem o qual não há que se falar em ilícito criminal

O segundo, a falta de um estudo de eficácia não permite aferir a efetividade das medidas, quer no combate à sonegação, quer na melhoria da arrecadação tributária.

A criminalização da conduta acaba por se parecer com o castigo que os pais dão para um filho por ter se comportado mal na mesa de jantar, obrigando-o a ir para o seu quarto recheado de tecnologias e jogos de videogame.

A conduta tributária criminalizada, por outro lado, não objetiva na maioria das vezes punir o crime em si, mas é utilizada como meio de coerção para o pagamento dos tributos. A intenção, descaradamente, tem estampado textos de leis, súmulas e planos de parcelamento de impostos. O texto original da Lei n. 8.137/90 (Lei de Crimes contra a Ordem Tributária) já previa no seu artigo 14 que *"extingue-se a punibilidade dos crimes definidos nos arts. 1º a 3º quando o agente promover o pagamento de tributo ou contribuição social, inclusive acessórios, antes do recebimento da denúncia"*.

Em última análise, transformar problemas tributários em crime acaba implicando a criação de complexas presunções penais tributárias para legalizar os "desvios de finalidade" pretendidos pela administração, cujo objetivo é principalmente a arrecadação e não a própria penalização da conduta ilícita e, por falta de mensuração e objetivação, não é possível saber se têm alcançado o seu intento.

O problema que se apresenta está em grande parte associado ao estudo deficiente das "relações tributárias", que é tratado como "subproduto" do estudo do "tipo tributário" e se limita à definição da *sujeição passiva* e do *responsável pelo pagamento do tributo*, mas deixa a desejar quando se refere aos agentes econômicos e do tipo tributário-penal e suas consequências.

O estudo da sujeição ou da responsabilidade pelo pagamento são apenas mecanismos de identificação dos agentes, mas não permitem criminalizar as condutas, pois a fraude, elemento essencial dos tipos penais relacionados aos crimes fiscais, não se presume.

Assim, o problema científico da responsabilidade tributária penal envolve vários aspectos.

Primeiro, é necessário analisar a natureza jurídica e o conteúdo das relações jurídicas tributárias, inclusive no estabelecimento da responsabilidade tributária, levando em consideração as circunstâncias existentes em cada caso, a análise econômica do direito e a legislação tributária.

Em segundo lugar, devemos, com substrato naquilo que se obtém da primeira análise, valorar as condutas a fim de se ter como resultado elementos suficientes que possam ser sopesados para separar as condutas que são meros ilícitos das condutas criminosas.

2. De Agentes a Criminosos

Apesar do nosso objetivo não ser examinar a relação tributária em si, mas a criminalização da conduta relacionada ao não cumprimento ou do cumprimento inexato das obrigações tributárias, é preciso fazer um apanhado acerca da obrigação tributária e seus agentes.

A lei tributária, ao definir onde incide uma obrigação de pagar tributo, descreve certo acontecimento e a ele impõe uma conseqüência, ou seja, o que faz a norma tributária é descrever um fato qualquer e atribuir a esse fato uma determinada obrigação de pagar uma certa quantia em dinheiro ao Estado, entendendo-se qual é a essência desse fato, podemos entender com clareza qual seria a obrigação tributária decorrente, caso ocorresse.

Roque Antônio Carrazza[1], com especial simplicidade aponta que *"criar um tributo é descrever abstratamente sua hipótese de incidência, seu sujeito ativo, seu sujeito passivo, sua base de cálculo e sua alíquota. Em suma: é editar, pormenorizadamente, a norma jurídica tributária."*

O obrigado a pagar é o contribuinte ou o responsável tributário – sujeito passivo da relação nos termos do art. 121 do Código Tributário Nacional.

---

[1] CARRAZA. Roque Antônio. *Curso de direito constitucional tributário*. 14ª ed., Malheiros: São Paulo, 2000, p. 175.

Assim, responsável é a pessoa que, mesmo não se caracterizando como contribuinte, isto é, não tem relação pessoal e direta com a hipótese tributária, tem um vínculo com a obrigação decorrente de dispositivo expresso na lei.

É o CTN que traz os limites impostos ao legislador para que desloque validamente o dever de pagar o tributo do contribuinte para o responsável tributário, apontando o seu artigo 128 o seguinte:

> Art. 128. Sem prejuízo do disposto neste capítulo, a lei pode atribuir de modo expresso a responsabilidade pelo crédito tributário a terceira pessoa, vinculada ao fato gerador da respectiva obrigação, excluindo a responsabilidade do contribuinte ou atribuindo-a a este em caráter supletivo do cumprimento total ou parcial da referida obrigação.

Assim, é atribuída a obrigação de quitar o crédito tributário não só àquele diretamente ligado à relação jurídica tributária, ou seja, o contribuinte, mas também àquele que, por qualquer motivo, deva responder pela obrigação tributária, substituindo o contribuinte ou juntamente com este.

Essa responsabilidade decorre da vinculação ao fato gerador.

Conforme Becker, *"há casos em que a lei outorga ao Estado o direito de exigir de outra pessoa a satisfação da prestação jurídico-tributária somente depois de ocorrer o fato da não-satisfação da prestação pelo respectivo contribuinte"*[2].

Assim, transfere para terceiro a obrigação de pagar tributos – e isso também nos aproxima do ilícito tributário como se verá.

No âmbito tributário, o deslocamento da responsabilidade de terceiros pelo cumprimento da obrigação tributária principal está prevista nos artigos 134 e 135 do Código Tributário Nacional.

Conforme artigo 134, os sócios respondem solidariamente com o devedor principal nos atos em que intervierem ou pelas omissões de que forem responsáveis no caso de liquidação da sociedade devedora.

Nos termos do artigo 135 os sócios, os diretores, gerentes ou representantes de pessoas jurídicas de direito privado são pessoalmente responsáveis pelos créditos correspondentes a obrigações tributárias resultantes de atos praticados com excesso de poderes ou infração de lei, contrato social ou estatutos.

---

[2] BECKER, Alfredo Augusto. *Teoria Geral do Direito Tributário*. 3. ed. São Paulo: Lejus, 2002, pág. 560.

A responsabilidade do artigo 134 do Código Tributário Nacional é solidária, a do artigo 135, exclusiva, quer dizer, os sócios, os diretores, gerentes ou representantes de pessoas jurídicas que agirem com dolo devem responder pelo crédito dele resultante.

O artigo 135 do CTN é claro ao apontar que os *créditos* que serão executados são aqueles *correspondentes a obrigações tributárias resultantes de atos praticados com excesso de poderes ou infrações de lei, contrato social ou estatutos*, portanto, *são* créditos decorrente de atos praticados com dolo pelo responsabilizado.

Luciano Amaro[3] adverte, entretanto, que "*o ônus do tributo não pode ser deslocado arbitrariamente pela lei para qualquer pessoa (como responsável por substituição, por solidariedade ou por subsidiariedade), ainda que vinculada ao fato gerador, se essa pessoa não puder agir no sentido de evitar esse ônus nem tiver como diligenciar no sentido de que o tributo seja recolhido à conta do indivíduo que, dado o fato gerador, seria elegível como contribuinte*".

Além disso, conforme aponta Andréa Medrado Darzé[4] em sua dissertação de mestrado sobre responsabilidade tributária, solidariedade e subsidiariedade, "*a responsabilidade tributária terá natureza sancionatória apenas se o fato descrito na sua hipótese for conduta ilícita tendente a impedir voluntariamente a constituição do crédito tributário, exigindo-se para a sua positivação o relato, fundamentado na linguagem das provas, de todos os elementos que integram as infrações subjetivas: i. ato ilícito, ii. Dano, iii. nexo causal e iv. elemento volitivo – dolo ou culpa*".

O que é evidente é que nesse momento, com a constatação do artifício doloso que busca impedir ou ocultar o fato gerador da obrigação tributária, o direito tributário passa a se confundir com o direito penal.

3. Crimes Contra a Ordem Tributária e Contra a Previdência Social – Elementos da Criminalização

O legislador pátrio tipificou os Crimes contra a Ordem Tributária nos artigos 1º e 2º da Lei n. 8.137/1990[5].

---

[3] AMARO, Luciano. *Direito Tributário Brasileiro*. 11ª ed., São Paulo: Saraiva, 2005, pp. 304 e 305.
[4] DARZÉ, Andréa Medrado (2009), dissertação de mestrado: *Responsabilidade Tributária: solidariedade e subsidiariedade*, Domínio Público. Disponível em: www.dominiopublico.gov.br/download/teste/arqs/cp090260.pdf. Acesso em 12.1.2018.
[5] "Art. 1° Constitui crime contra a ordem tributária suprimir ou reduzir tributo, ou contribuição social e qualquer acessório, mediante as seguintes condutas:
I – omitir informação, ou prestar declaração falsa às autoridades fazendárias;

Eventuais fraudes do contribuinte contra a Previdência Social também foram previstas pelo legislador, que fez inserir no Código Penal os artigos 168-A – Apropriação Indébita Previdenciária e 337-A – Sonegação de Contribuição Previdenciária[6].

II – fraudar a fiscalização tributária, inserindo elementos inexatos, ou omitindo operação de qualquer natureza, em documento ou livro exigido pela lei fiscal;
III – falsificar ou alterar nota fiscal, fatura, duplicata, nota de venda, ou qualquer outro documento relativo à operação tributável;
IV – elaborar, distribuir, fornecer, emitir ou utilizar documento que saiba ou deva saber falso ou inexato;
V – negar ou deixar de fornecer, quando obrigatório, nota fiscal ou documento equivalente, relativa a venda de mercadoria ou prestação de serviço, efetivamente realizada, ou fornecê-la em desacordo com a legislação.
Pena – reclusão de 2 (dois) a 5 (cinco) anos, e multa.
Parágrafo único. A falta de atendimento da exigência da autoridade, no prazo de 10 (dez) dias, que poderá ser convertido em horas em razão da maior ou menor complexidade da matéria ou da dificuldade quanto ao atendimento da exigência, caracteriza a infração prevista no inciso V.
Art. 2° Constitui crime da mesma natureza:
I – fazer declaração falsa ou omitir declaração sobre rendas, bens ou fatos, ou empregar outra fraude, para eximir-se, total ou parcialmente, de pagamento de tributo;
II – deixar de recolher, no prazo legal, valor de tributo ou de contribuição social, descontado ou cobrado, na qualidade de sujeito passivo de obrigação e que deveria recolher aos cofres públicos;
III – exigir, pagar ou receber, para si ou para o contribuinte beneficiário, qualquer percentagem sobre a parcela dedutível ou deduzida de imposto ou de contribuição como incentivo fiscal;
IV – deixar de aplicar, ou aplicar em desacordo com o estatuído, incentivo fiscal ou parcelas de imposto liberadas por órgão ou entidade de desenvolvimento;
V – utilizar ou divulgar programa de processamento de dados que permita ao sujeito passivo da obrigação tributária possuir informação contábil diversa daquela que é, por lei, fornecida à Fazenda Pública.
Pena – detenção, de 6 (seis) meses a 2 (dois) anos, e multa."
[6] "Apropriação indébita previdenciária
Art. 168-A. Deixar de repassar à previdência social as contribuições recolhidas dos contribuintes, no prazo e forma legal ou convencional
Pena – reclusão, de 2 (dois) a 5 (cinco) anos, e multa
§ 1º Nas mesmas penas incorre quem deixar de:
I – recolher, no prazo legal, contribuição ou outra importância destinada à previdência social que tenha sido descontada de pagamento efetuado a segurados, a terceiros ou arrecadada do público;
II – recolher contribuições devidas à previdência social que tenham integrado despesas contábeis ou custos relativos à venda de produtos ou à prestação de serviços;
III – pagar benefício devido a segurado, quando as respectivas cotas ou valores já tiverem sido reembolsados à empresa pela previdência social.
§ 2º É extinta a punibilidade se o agente, espontaneamente, declara, confessa e efetua o pagamento das contribuições, importâncias ou valores e presta as informações devidas à previdência social, na forma definida em lei ou regulamento, antes do início da ação fiscal.
§ 3º É facultado ao juiz deixar de aplicar a pena ou aplicar somente a de multa se o agente for primário e de bons antecedentes, desde que:

Não é nossa intenção comentar item a item o texto legal, posto que o texto é clarividente (o legislador conseguiu de certa forma ser claro), e há boas leis penais comentadas à disposição para consulta.

O elemento comum que transforma o ato em crime é o aspecto doloso da fraude ou da simulação.

A fraude é um artifício que, em direito tributário, busca afastar o débito.

A simulação compreende a realização de determinado negócio que não representa de fato a verdadeira intenção e objetivos dos agentes. A simulação distingue-se da fraude fiscal por um único fator: na fraude a utilização

I – tenha promovido, após o início da ação fiscal e antes de oferecida a denúncia, o pagamento da contribuição social previdenciária, inclusive acessórios; ou
II – o valor das contribuições devidas, inclusive acessórios, seja igual ou inferior àquele estabelecido pela previdência social, administrativamente, como sendo o mínimo para o ajuizamento de suas execuções fiscais.
§ 4º A faculdade prevista no § 3º deste artigo não se aplica aos casos de parcelamento de contribuições cujo valor, inclusive dos acessórios, seja superior àquele estabelecido, administrativamente, como sendo o mínimo para o ajuizamento de suas execuções fiscais."
"Sonegação de contribuição
Art. 337-A. Suprimir ou reduzir contribuição social previdenciária e qualquer acessório, mediante as seguintes condutas:
I – omitir de folha de pagamento da empresa ou de documento de informações previsto pela legislação previdenciária segurados empregado, empresário, trabalhador avulso ou trabalhador autônomo ou a este equiparado que lhe prestem serviços;
II – deixar de lançar mensalmente nos títulos próprios da contabilidade da empresa as quantias descontadas dos segurados ou as devidas pelo empregador ou pelo tomador de serviços;
III – omitir, total ou parcialmente, receitas ou lucros auferidos, remunerações pagas ou creditadas e demais fatos geradores de contribuições sociais previdenciárias:
Pena – reclusão, de 2 (dois) a 5 (cinco) anos, e multa.
§ 1º É extinta a punibilidade se o agente, espontaneamente, declara e confessa as contribuições, importâncias ou valores e presta as informações devidas à previdência social, na forma definida em lei ou regulamento, antes do início da ação fiscal.
§ 2º É facultado ao juiz deixar de aplicar a pena ou aplicar somente a de multa se o agente for primário e de bons antecedentes, desde que:
I – (VETADO)
II – o valor das contribuições devidas, inclusive acessórios, seja igual ou inferior àquele estabelecido pela previdência social, administrativamente, como sendo o mínimo para o ajuizamento de suas execuções fiscais.
§ 3º Se o empregador não é pessoa jurídica e sua folha de pagamento mensal não ultrapassa R$ 1.510,00 (um mil, quinhentos e dez reais), o juiz poderá reduzir a pena de um terço até a metade ou aplicar apenas a de multa.
§ 4º O valor a que se refere o parágrafo anterior será reajustado nas mesmas datas e nos mesmos índices do reajuste dos benefícios da previdência social."

de meios ilícitos é evidente e aparente, na simulação, a ilicitude dos atos é acobertada por uma aparência de licitude que reveste o negócio jurídico.

O artigo 72 da Lei n. 4.502/1964, definiu a fraude, sob a ótica tributária[7].

O artigo 44 da Lei n. 9.430/1996 referiu-se diretamente aos artigos 72, 73[8] e 74[9] da Lei 4.502/1964, para fins de determinação da multa agravada, tanto na redação original[10], quanto na sua alteração promovida pela Lei n. 11.488/2007[11].

Fraude no sentido da lei é ato que busca ocultar algo para que possa o contribuinte furtar-se do cumprimento da obrigação tributária. Ao contrário do dolo, que busca induzir terceiro a praticar algo, a fraude é ato próprio do contribuinte que serve para lograr o fisco.

Apesar disso, o artigo 72, referenciado, utilizou-se do conceito de dolo para a definição de fraude. Nesse sentido esclareceu que o "dolo" referido é

---

[7] "Art. 72. Fraude é tôda ação ou omissão dolosa tendente a impedir ou retardar, total ou parcialmente, a ocorrência do fato gerador da obrigação tributária principal, ou a excluir ou modificar as suas características essenciais, de modo a reduzir o montante do impôsto devido a evitar ou diferir o seu pagamento."

[8] "Art. 73. Conluio é o ajuste doloso entre duas ou mais pessoas naturais ou jurídicas, visando qualquer dos efeitos referidos nos arts. 71 e 72".

[9] "Art. 74. Apurando-se, no mesmo processo, a prática de duas ou mais infrações pela mesma pessoa natural ou jurídica, aplicam-se cumulativamente, no grau correspondente, as penas a elas cominadas, se as infrações não forem idênticas ou quando ocorrerem as hipóteses previstas no art. 85 e em seu parágrafo.

§ 1º Se idênticas as infrações e sujeitas à pena de multas fixas, previstas no art. 84, aplica-se, no grau correspondente, a pena cominada a uma delas, aumentada de 10% (dez por cento) para cada repetição da falta, consideradas, em conjunto, as circunstâncias qualificativas e agravantes, como se de uma só infração se tratasse.

§ 2º Se a pena cominada fôr a de perda da mercadoria ou de multa proporcional ao valor do impôsto ou do produto a que se referirem as infrações, consideradas, em conjunto, as circunstâncias qualificativas e agravantes, como se de uma só infração se tratasse.

§ 3º Quando se tratar de infração continuada, em relação à qual tenham sido lavrados diversos autos ou representações, serão êles reunidos em um só processo, para imposição da pena.

§ 4º Não se considera infração continuada a repetição de falta já arrolada em processo fiscal de cuja instauração o infrator tenha sido intimado".

[10] "Art. 44. Nos casos de lançamento de ofício, serão aplicadas as seguintes multas, calculadas sobre a totalidade ou diferença de tributo ou contribuição:
II – cento e cinqüenta por cento, nos casos de evidente intuito de fraude, definido nos arts. 71, 72 e 73 da Lei n.º 4.502, de 30 de novembro de 1964, independentemente de outras penalidades administrativas ou criminais cabíveis".

[11] "Art. 44. Nos casos de lançamento de ofício, serão aplicadas as seguintes multas:
§ 1º O percentual de multa de que trata o inciso I do caput deste artigo será duplicado nos casos previstos nos arts. 71, 72 e 73 da Lei nº 4.502, de 30 de novembro de 1964, independentemente de outras penalidades administrativas ou criminais cabíveis".

o dolo penal, não o civil, porque o segundo ocorre sempre com a participação da parte prejudicada.

Fraude é, portanto, uma conduta ilícita e intencional por meio do qual o agente, de má-fé, afeta a ocorrência do fato imponível através de uma conduta que busca alterar o valor devido, ou simplesmente ocultá-lo.

Para Alberto Xavier[12], a figura da fraude exige três requisitos. Um, que a conduta tenha **finalidade** de reduzir o montante do tributo devido, evitar ou diferir o seu pagamento; dois, o **caráter doloso** da conduta com intenção de resultado contrário ao Direito; e, três, que tal ato seja o **meio** que gerou o prejuízo ao fisco.

Conforme o artigo 18 do Código Penal, crime doloso é ocorre *quando o agente quis o resultado ou assumiu o risco de produzi-lo*, assim, o dispositivo legal está conforme a teoria da vontade adotada pela lei penal brasileira, isto é, para que o crime se configure, o agente deve conhecer os atos que realiza e a sua significação, além de estar disposto a produzir o resultado deles decorrentes. Assim, a responsabilidade pessoal do agente deve ser demonstrada.

É nesse sentido, ainda, a determinação do inciso VII do artigo 149[13] do Código Tributário Nacional.

O que, entretanto, ocorre, é que, conforme se verá no tópico acerca da representação fiscal para fins penais, há uma banalização do entendimento.

4. Desvio de Finalidade e Efetividade

Portanto, o ponto nevrálgico da abordagem é que, ao momento que o Estado torna uma conduta criminosa (e reprovável, sob todos os aspectos, posto que é criminosa), perdoa o mesmo crime caso o "criminoso" seja flagrado, desde que conserte o seu erro. Para um empresário, o simples fato de ver-se Réu é uma verdadeira condenação, o que o leva a agir pela emoção, e aceitar o Contrato. A lei, então, funciona. A lei, do mais forte.

Vejamos os retrocitados § 2º do artigo 168-A, e § 1º do artigo 337-A do Código Penal como exemplos claros da contradição moral ali descrita. Isso sem contar o texto original da Lei n. 8.137/1990 (no seu artigo 14, acima citado,

---

[12] XAVIER, Alberto. *Tipicidade da Tributação, Simulação e Norma Antielisiva*, Ed. Dialética, São Paulo, 2002, p. 78.

[13] "Att. 149. O lançamento é efetuado e revisto de ofício pela autoridade administrativa nos seguintes casos: (...) VII – quando se comprove que o sujeito passivo, ou terceiro em benefício daquele, agiu com dolo, fraude ou simulação".

revogado posteriormente) que, em síntese, previa a extinção da punibilidade dos crimes contra o Fisco mediante a "promoção" do pagamento do imposto, antes do recebimento da denúncia. Ao longo do tempo, a edição de diversos textos de lei que disciplinaram planos de recuperação fiscal ou correlatos previram "perdões judiciais" como esses àqueles que, espontaneamente, se dispusessem a pagar o preço.

Assim, ao mesmo tempo que se "estimula" o contribuinte a pagar um tributo que poderia ser questionado judicialmente para não se ver no banco dos réus, se garante a impunidade àqueles que assumem o risco de não serem flagrados pelo Grande Irmão dentro do prazo prescricional. Os sonegadores profissionais, criminosos convictos, dispõem de meios geralmente muito eficientes para não serem descobertos.

Certamente seremos objeto de críticas por impossibilidade de criar uma prova científica da afirmação, mas é o que ocorre na média das Representações Fiscais para Fins Penais. Desconsideram-se eventuais erros e vícios de toda ordem nos Autos de Infração, ou máculas no entendimento Pró-Fisco dos Tribunais Administrativos. O marco legal em questão não contempla a presunção de inocência.

No mais das vezes são compelidos a "pagar para não ver" geralmente aqueles que, paradoxalmente, não tinham a intenção real de praticar a Fraude, o Logro, o Crime. Em tempos bicudos, inadimpliram, mas são tratados como criminosos. Já os criminosos de plantão, esses continuam agindo, sob o manto do anonimato.

A Lei n. 6.830/80 prevê a hipótese do contribuinte que queira discutir em Juízo débito fiscal que lhe é atribuído garantir o Juízo das Execuções Fiscais com dinheiro, fiança bancária, seguro garantia ou nomear bens à penhora[14].

O artigo 151, II do Código Tributário Nacional estabelece que o depósito suspende a exigibilidade do crédito tributário. Da mesma forma, a fiança bancária e o seguro garantia (art. 15, inciso I, da Lei de Execução Fiscal). E com a suspensão do crédito tributário, ausente justa causa para o prosseguimento da ação penal.

Os Tribunais Superiores são uníssonos no entendimento de que a garantia (integral) no processo tributário leva à extinção do processo criminal por ausência de justa causa. No âmbito do Superior Tribunal de Justiça, em voto da lavra do Relator Haroldo Rodrigues, encontramos uma conclusão que nos

---

[14] BRASIL. Lei 6.830, de 22 de set. de 1980, Dispõe sobre a cobrança judicial da Dívida Ativa da Fazenda Pública, e dá outras providências. Brasília, DF, art. 9º.

parece definitiva: *"não há razões que justifiquem a manutenção do processo criminal, pois **em qualquer das soluções a que se chegue no juízo cível ocorrerá a extinção da ação penal, motivo pelo qual se mostra razoável o seu trancamento**"*[15]. (grifo nosso).

O depósito integral em juízo, na prática, surte o mesmo efeito que o efetivo pagamento. Diante de insucesso da discussão jurídico-tributária, o depósito se converte em renda a favor do Estado, com a consequente extinção da punibilidade do agente.

O Tribunal de Justiça do Estado de São Paulo vem se debruçando sobre essa questão. A judiciosa decisão que transcreveremos a seguir resume nossa indignação, e respeito ao Poder Judiciário:

> Ocorre que o débito fiscal está sendo discutido em ação anulatória, proposta pela recorrida, perante Vara da Fazenda Pública de São Paulo (fls. 477/491), na qual o ora recorrente apresentou carta de fiança como garantia do crédito tributário (fls. 499); acrescente-se que o aceite de tal garantia foi determinado por este Tribunal, conforme se vê a fls. 494/498. Pondere-se, de logo, que nos crimes contra a ordem tributária o Estado visa precipuamente visa a obter o recebimento dos valores dos tributos devidos e não à punição penal do infrator, razão pela qual a legislação respectiva prevê hipóteses que beneficiam o agente que sonegou um tributo, porém, posteriormente, o recolheu. Dessa forma, é cediço que o crime contra a ordem tributária exige dolo específico, qual seja, a intenção de não recolher o valor devido, com o fim de fraudar o fisco, ocasionando lesão ao Estado. Não é o que se vislumbra na hipótese "sub judice", pois que, conforme já mencionado, a empresa garantiu o juízo, mediante o oferecimento de fiança bancária, o que está a indicar inexistência de má-fé. Analisando o artigo 9º da Lei nº 10.684/2003, que estabelece causa de possível causa de extinção da punibilidade em havendo o pagamento de débitos tributários, decidiu este Tribunal que a carta de fiança pode ser reconhecida como meio de pagamento, com base no artigo 818 do Código Civil (...)"[16].

Assim é que, aqueles contribuintes que se sentem lesados, e não desejam se curvar a eventuais desmandos acabam por bater às portas do Poder Judiciário, instituição que tem suas mazelas, mas que felizmente, sem temer pelo eufemismo, continua sendo a fiel da balança por aqui.

---

[15] HC 155117, Sexta Turma, Rel. Ministro Haroldo Rodrigues, DJe 03/05/2010.
[16] Recurso em Sentido Estrito nº 0076624-57.2011.8.26.0050, Rel. Augusto de Siqueira, j. 21.08.2014, v.u.

5. A banalização da representação fiscal para fins penais

A representação fiscal para fins penais é o procedimento que liga o processo administrativo fiscal e o processo penal.

A sua introdução decorre do disposto no artigo 83 da Lei n. 9.430/1996[17] e dos artigos 1º e 2º do Decreto n. 2.730/1998[18].

A Portaria RFB n. 2.439/2010[19] regulamentou o procedimento.

O art. 1º da referida Portaria aponta que o *"Auditor-Fiscal da Receita Federal do Brasil (AFRFB) deverá formalizar representação fiscal para fins penais perante o Delegado ou Inspetor-Chefe da Receita Federal do Brasil responsável pelo controle do processo administrativo fiscal sempre que, no exercício de suas atribuições, identificar atos ou fatos que, em tese, configurem crime contra a ordem tributária ou contra a Previdência Social"*.

O termo "deverá", constante do artigo 1º e a disposição do artigo 8º que "solidariza" o "servidor que descumprir o dever de representar", sujeitando-o

---

[17] "Art. 83. A representação fiscal para fins penais relativa aos crimes contra a ordem tributária previstos nos arts. 1º e 2º da Lei nº 8.137, de 27 de dezembro de 1990, e aos crimes contra a Previdência Social, previstos nos arts. 168-A e 337-A do Decreto-Lei nº 2.848, de 7 de dezembro de 1940 (Código Penal), será encaminhada ao Ministério Público depois de proferida a decisão final, na esfera administrativa, sobre a exigência fiscal do crédito tributário correspondente". (Redação dada pela Lei nº 12.350, de 2010).

[18] "Art. 1º O Auditor-Fiscal do Tesouro Nacional formalizará representação fiscal, para os fins do art. 83 da Lei nº 9.430, de 27 de dezembro de 1996, em autos separados e protocolizada na mesma data da lavratura do auto de infração, sempre que, no curso de ação fiscal de que resulte lavratura de auto de infração de exigência de crédito de tributos e contribuições administrados pela Secretaria da Receita Federal do Ministério da Fazenda ou decorrente de apreensão de bens sujeitos à pena de perdimento, constatar fato que configure, em tese;
I – crime contra a ordem tributária tipificado nos arts. 1º e 2º da Lei nº 8.137, de 27 de dezembro de 1990;
II – crime de contrabando ou descaminho.
Art. 2º Encerrado o processo administrativo-fiscal, os autos da representação fiscal para fins penais serão remetidos ao Ministério Público Federal, se:
I – mantida a imputação de multa agravada, o crédito de tributos e contribuições, inclusive acessórios, não for extinto pelo pagamento;
II – aplicada, administrativamente, a pena de perdimento de bens, estiver configurado em tese, crime de contrabando ou descaminho".

[19] BRASIL. Receita Federal. Portaria RFB nº 2.439, de 21 de dezembro de 2010. Estabelece procedimentos a serem observados na comunicação ao Ministério Público Federal de fatos que configurem, em tese, crimes contra a ordem tributária; contra a Previdência Social; contra a Administração Pública Federal, em detrimento da Fazenda Nacional; contra Administração Pública Estrangeira; bem como crimes de contrabando ou descaminho, de falsidade de títulos, papéis e documentos públicos e de "lavagem" ou ocultação de bens, direitos e valores.

às sanções disciplinares previstas na Lei n. 8.112/1990 e na legislação criminal acaba por banalizar o procedimento e as multas agravadas.

Assim, o servidor acaba agravando a conduta do contribuinte e, consequentemente, a conduta tributária para que não seja penalizado por uma possível omissão na identificação atos ou fatos que, *em tese*, possam configurar crime contra a ordem tributária ou contra a Previdência Social.

Perde, desse modo, o equilíbrio necessário para efetuar o lançamento.

Torna-se um ato que deveria ser corriqueiro em um evento supererrogatório no qual o comportamento vai além do exigido, ou melhor, que fica além do que seria necessário ou obrigatório.

Em geral atos supererrogatórios são realizados para o bem como, por exemplo, uma pessoa pular em um mar bravo, com o risco de sua própria vida, para salvar alguém, porque isso é mais do que exige a moral média – diferentemente de salvar uma criança em uma piscina.

Lembremo-nos da lição de Platão (por mais vetusto que alguns entendam ser, nos serve na modernidade). Ele conta, no início do Livro II da República, o diálogo entre Sócrates e Glauco acerca do anel de Giges, que passamos a narrar (quem não quiser ler pode pular para a sua conclusão, mas não sabe o que perderá):

> (...)
> Glauco – A tua observação é excelente. Escuta, então, o que eu vou expor-te em primeiro lugar: qual é a natureza e a origem da justiça.
> Os homens afirmam que é bom cometer a injustiça e mau sofrê-la, mas que há mais mal em sofrê-la do que bem em cometê-la. Por isso, quando mutuamente a cometem e a sofrem e experimentam as duas situações, os que não podem evitar um nem escolher o outro julgam útil entender-se para não voltarem a cometer nem a sofrer a injustiça. Daí se originaram as leis e as convenções e considerou-se legítimo e justo o que prescrevia a lei. E esta a origem e a essência da justiça: situa-se entre o maior bem – cometer impunemente a injustiça – e o maior mal – sofrê-la quando se é incapaz de vingança. Entre estes dois extremos, a justiça é apreciada não como um bem em si mesma, mas porque a impotência para cometer a injustiça lhe dá valor. Com efeito, aquele que pode praticar esta última jamais se entenderá com ninguém para se abster de cometê-la ou sofrê-la, porque seria louco. E esta, Sócrates, a natureza da justiça e a sua origem, segundo a opinião comum.
> Agora, que aqueles que a praticam agem pela impossibilidade de cometerem a injustiça é o que compreenderemos bem se fizermos a seguinte suposição. Concedamos ao justo e ao injusto a permissão de fazerem o que querem; sigamo-los

e observemos até onde o desejo leva a um e a outro. Apanharemos o justo em flagrante delito de buscar o mesmo objetivo que o injusto, impelido pela necessidade de prevalecer sobre os outros: é isso que a natureza toda procura como um bem, mas que, por lei e por força, é reduzido ao respeito da igualdade. A permissão a que me refiro seria especialmente significativa se eles recebessem o poder que teve outrora, segundo se conta, o antepassado de Giges, o Lídio. Este homem era pastor a serviço do rei que naquela época governava a Lídia. Cedo dia, durante uma violenta tempestade acompanhada de um terremoto, o solo fendeu-se e formou-se um precipício perto do lugar onde o seu rebanho pastava. Tomado de assombro, desceu ao fundo do abismo e, entre outras maravilhas que a lenda enumera, viu um cavalo de bronze oco, cheio de pequenas aberturas; debruçando-se para o interior, viu um cadáver que parecia maior do que o de um homem e que tinha na mão um anel de ouro, de que se apoderou; depois partiu sem levar mais nada. Com esse anel no dedo, foi assistir à assembléia habitual dos pastores, que se realizava todos os meses, para informar ao rei o estado dos seus rebanhos. Tendo ocupado o seu lugar no meio dos outros, virou sem querer o engaste do anel para o interior da mão; imediatamente se tomou invisível aos seus vizinhos, que falaram dele como se não se encontrasse ali. Assustado, apalpou novamente o anel, virou o engaste para fora e tomou-se visível. Tendo-se apercebido disso, repetiu a experiência, para ver se o anel tinha realmente esse poder; reproduziu-se o mesmo prodígio: virando o engaste para dentro, tomava-se invisível; para fora, visível. Assim que teve a certeza, conseguiu juntar-se aos mensageiros que iriam ter com o rei. Chegando ao palácio, seduziu a rainha, conspirou com ela a morte do rei, matou-o e obteve assim o poder. Se existissem dois anéis desta natureza e o justo recebesse um, o injusto outro, é provável que nenhum fosse de caráter tão firme para perseverar na justiça e para ter a coragem de não se apoderar dos bens de outrem, sendo que poderia tirar sem receio o que quisesse da ágora, introduzir-se nas casas para se unir a quem lhe agradasse, matar uns, romper os grilhões a outros e fazer o que lhe aprouvesse, tornando-se igual a um deus entre os homens. Agindo assim, nada o diferenciaria do mau: ambos tenderiam para o mesmo fim. E citar-se-ia isso como uma grande prova de que ninguém é justo por vontade própria, mas por obrigação, não sendo a justiça um bem individual, visto que aquele que se julga capaz de cometer a injustiça comete-a. Com efeito, todo homem pensa que a injustiça é individualmente mais proveitosa que a justiça, e pensa isto com razão, segundo os partidários desta doutrina. Pois, se alguém recebesse a permissão de que falei e jamais quisesse cometer a injustiça nem tocar no bem de outrem, pareceria o mais infeliz dos homens e o mais insensato àqueles que soubessem da sua conduta; em presença uns dos outros, elogiá-lo-iam, mas para se enganarem mutuamente e por causa do medo de se tomarem vítimas da injustiça. Eis o que eu tinha a dizer sobre este assunto.

Agora, para fazermos um juízo da vida dos dois homens aos quais nos referimos, confrontemos o mais justo com o mais injusto e estaremos em condição de julgá-los bem; de outro modo não o conseguiríamos. Mas como estabelecer esta confrontação? Assim: não tiremos nada ao injusto da sua injustiça nem ao justo da sua justiça, mas consideremo-los perfeitos, cada um em sua modalidade de vida. Em primeiro lugar, que o injusto aja como os artesãos hábeis – como o piloto experiente, ou o médico, distingue na sua arte o impossível do possível, empreende isto e abandona aquilo; se se engana em algum ponto, é capaz de corrigir o erro –, tal como o injusto se dissimula habilmente quando realiza alguma má ação, se quer ser superior na injustiça. Daquele que se deixa apanhar deve-se fazer pouco caso, porque a extrema injustiça consiste em parecer justo não o sendo. Portanto, deve-se conceder ao homem perfeitamente injusto a perfeita injustiça, não suprimir nada e permitir que, cometendo os atos mais injustos, retire deles a maior reputação de justiça; que, quando se engana em alguma coisa, é capaz de corrigir o erro, de falar com eloqüência para se justificar se um dos seus crimes for denunciado, e usar de violência nos casos em que a violência for necessária, ajudado pela sua coragem, o seu vigor e os seus recursos em amigos e dinheiro. Diante de tal personagem coloquemos o justo, homem simples e generoso, que quer, de acordo com Esquilo, não parecer, mas ser bom. Tiremos-lhe esta aparência. Se, com efeito, parecer justo, receberá, como tal, honrarias e recompensas; saber-se-á então se é pela justiça ou pelas honrarias e as recompensas que ele é assim. Para isso, é preciso despojá-lo de tudo, exceto de justiça, e fazer dele o oposto do anterior. Sem que cometa ato injusto, que tenha a maior reputação de injustiça, a fim de que a sua virtude seja posta à prova, não se deixando enfraquecer por uma má fama e suas conseqüências; que se mantenha inabalável até a morte, parecendo injusto durante a vida toda, mas sendo justo, a fim de que, chegando ambos aos extremos, um da justiça, outro da injustiça, possamos julgar qual é o mais feliz.

Sócrates – Oh, meu caro Glauco! Com que energia estás limpando, tal qual estátuas, esses dois homens, para os submeteres ao nosso julgamento!

Glauco – Faço o melhor que posso. Agora, se eles são como acabo de os apresentar, julgo não ser difícil descrever o gênero de vida que os espera. Portanto, digamo-lo; e, se esta linguagem for demasiado rude, lembra-te, Sócrates, que não sou eu quem fala, mas aqueles que situam a injustiça acima da justiça. Eles dirão que o justo, tal como o representei, será açoitado, torturado, acorrentado, terá os olhos queimados, e que, finalmente, tendo sofrido todos os males, será crucificado e saberá que não se deve querer ser justo, mas parecê-lo.

O anel de Giges desnuda a moralidade, ou melhor, atesta. Como cada um agiria sob o manto da invisibilidade? Provavelmente a maioria das pessoas não sairia por aí dando tiro e matando os seus desafetos e nem invadiria lugares para examinar a nudez do outro, mas, certamente, nos permitiria distinguir entre àquilo que realmente corresponde às nossas convicções pessoais e aquilo que é mera convenção social ou pudor.

O que é evidente é que, se houver uma só boia e essa boia não for suficiente para salvar duas pessoas que estão se afogando, ninguém acusaria uma delas por salvar a sua própria vida e deixar a outra morrer.

No presente caso, o comportamento supererrogatório inverso acaba por sub-rogar ao contribuinte o risco do fiscal, que, obviamente, prefere assumir uma posição superestimada, ao risco de ter contra si um processo funcional ou criminal, graficamente temos o seguinte:

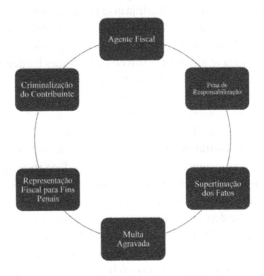

Isso se evidencia com clareza no CARF – Conselho Administrativo de Recursos Fiscais, que é hoje o principal tribunal para assuntos tributários do país, especialmente pós Zelotes[20].

O entendimento do CARF sempre foi de que seria imperioso encontrar-se evidenciado nos autos o intuito de fraude. Nesses casos, dever-se-ia ter como princípio o brocado de direito que prevê que "fraude não de presume", "se prova". Ou seja, há que se ter provas sobre o evidente intuito de fraude praticado pela empresa. Não era razoável – antes da Zelotes – simplesmente, presumir a ocorrência de fraude.

Vejamos trecho do acórdão 101-94.351 sobre o assunto:

---

[20] Operação policial que investigou fraudes ocorridas no Conselho.

Para que fosse provada a intenção de fraudar o fisco, seria necessário, antes de tudo, provar que os depósitos bancários são de fato, receitas omitidas. Pois, antes disso, a simples existência de depósitos bancários não escriturados tratam-se de simples indício de omissão de receitas. A norma legal estabelece que, no caso da existência de indício de omissão de receitas pela falta de escrituração de depósitos bancários, presume-se omissão de receitas, sendo possível o lançamento do tributo.

Essa presunção tem respaldo na lei, porém, não se pode provar, por via indireta, o evidente intuito de fraude. Essa prova tem de ser direta, como se pode dar por exemplo, o caso da utilização de documentos inidôneos, ou notas fiscais frias, ou mesmo notas calçadas, ou ainda, conta-corrente bancária em nome de interposta pessoa, entre tantos outros. Nessas situações, não existe a necessidade de outro prova da intenção de sonegar, pois a comprovação se dá pela ocorrência do fato irregular e pela utilização dos citados documentos, os quais já fazem a prova necessária da fraude.

Ou ainda, como apontado no acórdão 104-19.384:

O fato de alguém – pessoa jurídica – não registrar as vendas, no total das notas fiscais na escrituração, pode ser considerado de plano com evidente intuito de fraudar ou sonegara imposto de renda? Obviamente que não. O fato de uma pessoa física receber um rendimento e simplesmente não declará-lo é considerado com evidente intuito de fraudar ou sonegar? Claro que não.

Ora, se nesta circunstância, ou seja, a simples não declaração não se pode considerar como evidente intuito de sonegar ou fraudar. É evidente que o caso, em questão, é semelhante, já que a presunção legal que o recorrente recebeu um rendimento e deixou de declará-lo. Sendo irrelevante, o caso de que somente o fez em virtude da presença da fiscalização. Este fato não tem o condão de descaracterizar o fato ocorrido, qual seja, a de simples omissão de rendimentos.

Por que não se pode reconhecer na simples omissão, embora clara a sua tributação, a imposição de multa qualificada? Por uma resposta muito simples, tal como acontece no presente processo. É porque existe a presunção de omissão de rendimentos, por isso, é evidente a tributação, mas não existe a prova da evidente intenção de sonegar ou fraudar, já que nos documentos acostados aos autos inexistem as fraudes. O motivo da falta de tributação é diverso. Pode ter sido equívoco, lapso, negligência, desorganização, etc. Enfim, não há no caso a prova material da evidente intenção de sonegar e/ou fraudar o imposto, ainda que exista a prova da omissão de receita.

Se a premissa do fisco fosse verdadeira, ou seja, que a falta de declaração de algum rendimento recebido, através de crédito em conta bancada, pelo contribuinte, daria por si só, margem para a aplicação da multa qualificada, não haveria a hipótese de aplicação da multa de ofício normal, ou seja, deveria ser aplicada a multa qualificada em todas as infrações tributárias, a exemplo de: passivo fictício, saldo credor de caixa, declaração inexata, falta de contabilização de receitas, omissão de rendimentos relative ganho de capital, acréscimo patrimonial a descoberto, rendimento recebido e não declarado, etc.

Já ficou decidido por este Conselho de Contribuintes que a multa qualificada somente será passível de aplicação quando se revelar o evidente intuito de fraudar o fisco, devendo ainda, neste caso, ser minuciosamente justificada e comprovada nos autos.

Continua o referido acórdão mais adiante:

Quando a lei se reporta a evidente intuito de fraude é óbvio que a palavra intuito não está em lugar de pensamento, pois ninguém conseguirá penetrar no pensamento de seu semelhante. A palavra intuito, pelo contrário, supõe a intenção manifestada exteriormente, já que pelas ações se pode chegar ao pensamento de alguém. Há certas ações que, por si só, já denotam ter o seu autor pretendido proceder desta ou daquela forma para alcançar tal ou qual finalidade. Intuito é, pois, sinônimo de intenção, isto é, aquilo que se deseja, aquilo que se tem em vista, ao agir.

No caso em julgamento a ação que levou a autoridade lançadora a entender ter o recorrente agido com fraude está apoiado, equivocadamente, no fato do contribuinte não ter justificado adequadamente os valores que transitaram em sua conta corrente, entendendo que houve declaração falsa, bem como omissão de informações.

Ora, o evidente intuito de fraude floresce nos casos típicos de adulteração de comprovantes, adulteração de notas fiscais, conta bancária fictícia, falsidade ideológica, notas calçadas, notas frias, notas paralelas, etc. Não basta que atividade seja ilícita para se aplicar a multa qualificada, deve haver o evidente intuito de fraude, já que a tributação independe da denominação dos rendimentos, títulos ou direitos, da localização, condição jurídica ou nacionalidade da fonte, da origem dos bens produtores da renda, e da forma de percepção das rendas ou proventos, bastando, para incidência do imposto, o benefício do contribuinte por qualquer forma e a qualquer título.

Entretanto, conforme já adiantamos, o entendimento tem mudado sem qualquer justificativa a exemplo dos casos de ágio na aquisição, nos quais a simples menção de que se trata de operação, no entendimento fazendário, que simula a incorporação, no caso de existência de empresas veículo, implicaria qualificação da penalidade.

Entende a representação fiscal, com essa nova leitura, que apesar de considerar existente o ágio efetivamente pago e afastar os argumentos da fiscalização de ágio interno, o Tribunal entendeu que houve simulação no tocante ao uso da *holding* (empresa veículo), que teria servido para transferir o ágio, ou seja, com objetivos puramente fiscais. Nesse sentido, o CARF mantém a autuação e aplica a multa qualificada de 150%.

6. Conclusão

No cenário em tela, a obrigação da autoridade fiscal de representar o contribuinte criminalmente sob pena de responsabilidade pessoal, cumulada com a criminalização exagerada das questões tributárias, implica a violação de princípios básicos de direito administrativo, como o da imparcialidade, o da moralidade e ainda o da eficiência do Estado.

Um elemento extraído do dilema do prisioneiro nos ensina que, para cooperar com eficiência, mesmo que nosso motivo seja o interesse pessoal, precisamos confiar um no outro. E o país se encontra em uma enorme crise de confiança – as pessoas passam com seus carros nos radares a 20 km/h quando a velocidade permitida é de 40 km/h, porque não confiam na honestidade do Estado.

Por outro lado, o Estado desconfia de cada cidadão, cada contribuinte, na presente seara. Não porque o veja como contumaz sonegador, mas por defesa.

O princípio da proteção da confiança, conforme aprendemos, direciona-se para o futuro (previsibilidade, imutabilidade das situações etc.). Relaciona-se com o ambiente de direito seguro. Por isso, que o contribuinte precisa saber antecipadamente o que dele se deseja. O princípio da proteção da confiança não se destina a impedir o exercício de qualquer função, mas serve para substanciar outros dois princípios, o da segurança jurídica e o da publicidade.

O lançamento é fruto da implicação das determinações legais, iniciando daquela que escolhe e define o tipo, antecedente e consequente, até as regras que implicarão a expedição da norma individual e concreta.

Cassagne[21], se referindo à supremacia do interesse público sobre os particulares, separa corretamente aquilo que corresponde ao interesse primário e ao interesse secundário da administração.

---

[21] Ver em: CASSAGNE, Juan Carlos, *Los grandes principios del derecho* público constitucional y administrativo, La Ley, Buenos Aires, 2015 e *Derecho Administrativo*, Buenos Aires, t. 11, Abeledo Perrot, 1982.

Essa separação decorre da sobreposição princípio republicano sobre o da primazia do interesse público, porque protege de modo incisivo os contribuintes, ou seja, separa fundamentalmente aquilo que é o interesse primário da administração daquilo que é o seu interesse secundário, afinal, o que pretende a administração é atingir o interesse comum com a tributação, jamais locupletar-se.

A efetiva separação entre meros ilícitos e crimes tributários é fundamental para retomar o caminho da confiabilidade. Também é urgente que se altere a legislação para não se obrigar ao agente lançador representar criminalmente em decorrência de fato que configure, em tese, crime, essa função pertence ao Ministério Público e suprime a isenção do responsável pelo lançamento.

Referências

AMARO, L. *Direito Tributário Brasileiro*, 11ª ed., São Paulo, SP, Brasil: Saraiva, 2005.

BECKER, A. A. *Teoria Geral do Direito Tributário*, 3ª ed.. São Paulo, SP, Brasil: Lejus, 2002.

CASSAGNE, J. C., *Los grandes principios del derecho público constitucional y administrativo*, Buenos Aires , La Ley, 2015.

CASSAGNE, J. C. , *Derecho Administrativo*, Buenos Aires, t. ll, Abeledo Perrot, 1982.

CARRAZZA, R. A. *Curso de Direito Constitucional Tributário*, 14ª Ed. ed., São Paulo, SP, Brasil: Malheiros, 2000.

DARZÉ, A. M., dissertação de mestrado: *Responsabilidade Tributária: solidariedade e subsidiariedade*, Domínio Público, 2009. Acesso em 12.1.2018, disponível em www.dominiopublico.gov.br/download/teste/arqs/cp090260.pdf.

XAVIER, A. *Tipicidade da Tributação, Simulação e Norma Antielisiva*, São Paulo, SP, Brasil: Dialética, 2002.

Multa Qualificada e Multa Agravada em Matéria Tributária

Charles William McNaughton

1. Introdução

Recentemente, tendo a oportunidade de assistir ao XIV Congresso Nacional de Estudos Tributários do Instituto Brasileiro de Estudos Tributários – IBET, apreciei palestras de inúmeros advogados preocupados com a interpretação e o tratamento que se tem dado ao sistema jurídico no país, especialmente no que diz respeito à área tributária.

Faço referência, por exemplo, à palestra do Professor Paulo Ayres Barreto – em sua exposição na Mesa dedicada ao tema "Planejamento Tributário" – que utilizou a precisa menção de que, no Brasil, o contribuinte precisa agir com premonição, para aludir à imprevisibilidade com que autoridades aplicam a legislação tributária. Já Roberto Quiroga Mosquera – expoente da mesma mesa – se remeteu à ideia de "intimidação fiscal" para exprimir o fato de constrangimento dos contribuintes a adotar as práticas almejadas pelo Fisco.

Tenho para mim que a multa qualificada e a multa agravada são exemplos vivos desse quadro trazido pelos referidos juristas, seja por servirem como instrumentos de intimidação fiscal, seja por serem aplicadas em situações que o contribuinte simplesmente não poderia prever.

O presente artigo trata sobre o tema da multa qualificada e multa agravada aplicadas como sanções a ilícitos tributários, refletindo sobre a pertinência de sua aplicação em casos de conflitos de interpretação da legislação tributária e o significado de dolo para fins de sua legítima aplicação.

Para tratar do assunto, inicialmente buscaremos traçar os aspectos principais das multas em matéria tributária, especificando suas espécies, para, então, avançarmos na análise das multas qualificada e agravada, momento em que trataremos dos pressupostos de aplicação dessas espécies de penalidades. Em seguida, examinaremos as repercussões penais dos comportamentos que são pressupostos da aplicação de tais penalidades, para que finalmente possamos expor algumas alternativas.

2. Da Penalidade em Matéria Tributária Sob a Ótica Federal

Pela fenomenologia da percussão tributária, tão logo se verifique o fato jurídico tributário, surge o liame jurídico em que o sujeito passivo está compelido a pagar o tributo ao sujeito ativo. Referida ligação é designada pela legislação de obrigação tributária.

Agora, caso o sujeito passivo deixe de adimplir a prestação tributária, incorrerá na chamada "mora", ficando sujeito ao adimplemento de outra relação jurídico-tributária que a legislação designa de "multa" ou "penalidade pecuniária".

A legislação tributária federal cria uma série de penalidades pecuniárias ou multas relacionadas ao inadimplemento da obrigação tributária, cada qual com diferentes hipóteses de aplicação.

Assim, inicialmente, há a multa de mora que se encontra prevista no artigo 61 da Lei n. 9.430/96, a seguir citado:

> Art. 61. Os débitos para com a União, decorrentes de tributos e contribuições administrados pela Secretaria da Receita Federal, cujos fatos geradores ocorrerem a partir de 1º de janeiro de 1997, não pagos nos prazos previstos na legislação específica, serão acrescidos de multa de mora, calculada à taxa de trinta e três centésimos por cento, por dia de atraso.
>
> § 1º A multa de que trata este artigo será calculada a partir do primeiro dia subseqüente ao do vencimento do prazo previsto para o pagamento do tributo ou da contribuição até o dia em que ocorrer o seu pagamento.
>
> § 2º O percentual de multa a ser aplicado fica limitado a vinte por cento.
>
> § 3º Sobre os débitos a que se refere este artigo incidirão juros de mora calculados à taxa a que se refere o § 3º do art. 5º, a partir do primeiro dia do mês subseqüente ao vencimento do prazo até o mês anterior ao do pagamento e de um por cento no mês de pagamento.

Como se nota do artigo acima, para os tributos cujos fatos geradores em concreto ocorrerem a partir de 1º de janeiro de 1997 não pagos nos prazos previstos pela legislação específica, incidirá a multa de mora, calculada à taxa de 0,33% (trinta e três centésimos por cento) por dia de atraso, limitada a 20% (vinte por cento). Portanto, a regra geral nas hipóteses de atraso no pagamento do tributo é a aplicação da chamada "multa de mora" no percentual máximo de 20% (vinte por cento).

Ato contínuo, o artigo 44 da Lei n. 9.430/1996 prevê outras modalidades de penalidades, tendo como ponto comum o lançamento de ofício. Vejamos sua redação:

> Art. 44. Nos casos de lançamento de ofício, serão aplicadas as seguintes multas:
> I – de 75% (setenta e cinco por cento) sobre a totalidade ou diferença de imposto ou contribuição nos casos de falta de pagamento ou recolhimento, de falta de declaração e nos de declaração inexata;
> II – de 50% (cinqüenta por cento), exigida isoladamente, sobre o valor do pagamento mensal:
> a) na forma do art. 8o da Lei no 7.713, de 22 de dezembro de 1988, que deixar de ser efetuado, ainda que não tenha sido apurado imposto a pagar na declaração de ajuste, no caso de pessoa física;
> b) na forma do art. 2o desta Lei, que deixar de ser efetuado, ainda que tenha sido apurado prejuízo fiscal ou base de cálculo negativa para a contribuição social sobre o lucro líquido, no ano-calendário correspondente, no caso de pessoa jurídica
> § 1º O percentual de multa de que trata o inciso I do caput deste artigo será duplicado nos casos previstos nos arts. 71, 72 e 73 da Lei no 4.502, de 30 de novembro de 1964, independentemente de outras penalidades administrativas ou criminais cabíveis.
> (...)
> § 2º Os percentuais de multa a que se referem o inciso I do caput e o § 1o deste artigo serão aumentados de metade, nos casos de não atendimento pelo sujeito passivo, no prazo marcado, de intimação para:
> I – prestar esclarecimentos;
> II – apresentar os arquivos ou sistemas de que tratam os arts. 11 a 13 da Lei no 8.218, de 29 de agosto de 1991;
> III – apresentar a documentação técnica de que trata o art. 38 desta Lei.
> § 3º Aplicam-se às multas de que trata este artigo as reduções previstas no art. 6º da Lei nº 8.218, de 29 de agosto de 1991, e no art. 60 da Lei nº 8.383, de 30 de dezembro de 1991.

§ 4º As disposições deste artigo aplicam-se, inclusive, aos contribuintes que derem causa a ressarcimento indevido de tributo ou contribuição decorrente de qualquer incentivo ou benefício fiscal.

§ 5º Aplica-se também, no caso de que seja comprovadamente constatado dolo ou má-fé do contribui

I – a parcela do imposto a restituir informado pelo contribuinte pessoa física, na Declaração de Ajuste Anual, que deixar de ser restituída por infração à legislação tributária;

Como se nota do dispositivo acima transcrito, as seguintes modalidades de multas são nele previstas:

(1) Multa de ofício, de 75% (setenta e cinco por cento) sobre a totalidade ou diferença de imposto ou contribuição nos casos de falta de pagamento ou recolhimento, de falta de declaração e nos de declaração inexata, ou nos casos em que seja comprovadamente constatado dolo ou má-fé do contribuinte, relativa à parcela do imposto a restituir informado pelo contribuinte pessoa física, na Declaração de Ajuste Anual, que deixar de ser restituída por infração à legislação tributária, sobre a parcela do imposto a restituir informado pelo contribuinte pessoa física, na Declaração de Ajuste Anual, que deixar de ser restituída por infração à legislação tributária;

(2) Multa isolada de 50% na falta de antecipação de Imposto de Renda Pessoa Física e na falta de antecipação de imposto sobre a renda na modalidade de estimativa;

(3) Multa qualificada, nas hipóteses dos artigos 71, 72 e 73 da Lei no 4.502, de 30 de novembro de 1964; e

(4) Multa agravada, com aumento da metade dos percentuais de 75%, 50% e 150%, conforme o caso, se o contribuinte no prazo datado em intimação: (i) deixar de prestar esclarecimentos; (ii) deixar de apresentar os arquivos ou sistemas de que tratam os arts. 11 a 13 da Lei no 8.218, de 29 de agosto de 1991; (iii) apresentar a documentação técnica de que trata o art. 38 da Lei n. 9.430/96.

Quando se observam as hipóteses acima, nota-se que há duas regras gerais de aplicação de multa para lançamento de ofício que são as previstas nos incisos I e II do artigo 44 da Lei n. 9.430/1996, isto é, a multa de 75% (setenta e cinco por cento) e a multa isolada de 50% (cinquenta por cento).

Há, ainda, dois casos excepcionais em que as multas são majoradas, justamente (a) a multa qualificada, nas hipóteses dos artigos 71, 72 e 73 da Lei n. 4.502/1964; e (b) a multa agravada, com aumento da metade dos percentuais de 75%, 50% e 150%, conforme o caso, se o contribuinte no prazo datado em intimação: (i) deixar de prestar esclarecimentos; (ii) deixar de apresentar os arquivos ou sistemas de que tratam os artigos. 11 a 13 da Lei n. 8.218/1991; ou (iii) apresentar a documentação técnica de que trata o art. 38 da Lei n. 9.430/1996.

Diante do panorama acima explanado, segue uma análise individualizada da multa qualificada e multa agravada.

3. Da Multa Qualificada

A multa qualificada, isto é, aquela exigida na proporção de 150% (cento e cinquenta por cento) do valor do débito, nos termos do artigo § 1º do artigo 44 da Lei n. 9.430/1996, é aplicável para os casos previstos nos artigos 71, 72 e 73 da Lei n. 4.502/1964, é dizer, nas hipóteses de sonegação, fraude e conluio, independentemente da aplicação de outras penalidades administrativas ou criminais cabíveis.

Á conduta de sonegar é definida pelo artigo 71 que traz a seguinte redação:

> Art. 71. Sonegação é tôda ação ou omissão dolosa tendente a impedir ou retardar, total ou parcialmente, o conhecimento por parte da autoridade fazendária:
> I – da ocorrência do fato gerador da obrigação tributária principal, sua natureza ou circunstâncias materiais;
> II – das condições pessoais de contribuinte, suscetíveis de afetar a obrigação tributária principal ou o crédito tributário correspondente.

Como se percebe, nos termos do referido artigo, sonegação é toda ação ou omissão dolosa tendente a impedir ou retardar, total ou parcialmente, o conhecimento por parte da autoridade fazendária da ocorrência do evento tributário, sua natureza ou circunstâncias materiais, bem como das condições pessoais de contribuinte, suscetíveis de afetar a obrigação tributária principal ou o crédito tributário correspondente.

Nesse sentido, fica claro que sonegação, ou evasão, importa um descumprimento por parte do sujeito passivo de dever instrumental prejudicando a constituição da obrigação do crédito tributário.

Além da sonegação fiscal, a legislação também define a conduta de conluio, prevista no artigo 73 da mesma Lei, a seguir transcrito:

> Art. 73. Conluio é o ajuste doloso entre duas ou mais pessoas naturais ou jurídicas, visando qualquer dos efeitos referidos nos arts. 71 e 72.

Como se nota, o conluio é qualquer ato intencional praticado por mais uma parte visando o dolo ou a fraude. Portanto, o que qualifica o conluio, distinguindo-o de outra espécie de conduta dolosa ou fraudulenta, é o aspecto subjetivo, isto é, a existência de mais de um sujeito que ajustem atos que visem à sonegação ou fraude.

Feita a explicação, partamos para o conceito de fraude. A definição de tal noção vem estampada no artigo 72 da mesma lei cuja redação é a seguinte:

> Art. 72. Fraude é tôda ação ou omissão dolosa tendente a impedir ou retardar, total ou parcialmente, a ocorrência do fato gerador da obrigação tributária principal, ou a excluir ou modificar as suas características essenciais, de modo a reduzir o montante do impôsto devido a evitar ou diferir o seu pagamento.

Em termos semânticos, se interpretado o dispositivo em sua acepção de base, concluiríamos que fraude é qualquer conduta dolosa tendente a impedir ou retardar, total, ou parcialmente, a ocorrência do evento tributário, reduzindo o montante do imposto devido e evitando ou diferindo seu pagamento. Essa conclusão colocaria a fraude e a elisão na mesma categoria.

Não foi essa, contudo, a acepção conferida pela pragmática do direito. Rubens Gomes de Sousa, por exemplo, enuncia que a fraude apenas se verifica após a ocorrência do fato gerador. Vejamos suas colocações:

> Fraude fiscal que pode ser definida como toda ação ou omissão destinada a evitar ou retardar o pagamento de um tributo devido, ou a pagar menor que o devido. Todavia, um problema muito importante é a distinção entre fraude e evasão: também esta é uma ação ou omissão destinada a evitar, retardar ou reduzir o pagamento de um tributo, mas a diferença está em que a fraude fiscal constitui infração da lei e portanto é punível ao passo que a evasão não constitui infração da lei e portanto não é punível. Qual é portanto o critério para distinguir fraude fiscal da evasão? (...) o único critério seguro é verificar se os atos praticados pelo contribuinte para evitar, retardar ou reduzir o pagamento do tributo foram efetivados antes ou depois da ocorrência do fato gerador: na primeira hipótese, trata-se de evasão; na segunda trata-se de fraude fiscal.[1]

---

[1] SOUSA, Rubens Gomes de. Compêndio de legislação tributária. São Paulo: Edições Financeiras S.A., 1964, p. 109.

De fato, se o dispositivo fosse aplicado para todas as condutas que evitam o "fato gerador", situações absurdas e incompatíveis com o primado da livre iniciativa seriam verificadas. O núcleo da conduta enquadrada como fraudulenta há de ser a falsidade.

Por exemplo, na literalidade do artigo 72 da Lei n. 4.502/1964, se o Poder Público majorasse, para fins extrafiscais, a alíquota de um imposto para evitar certo comportamento que é pressuposto de incidência de certo tributo e o contribuinte, pautado em tal desestímulo, deixasse de praticar tal comportamento para não arcar com a carga tributária, estaria, em termos rigorosos, praticando uma conduta que evita o "fato gerador".

É claro que a conduta acima não pode ser tida como geradora de fraude, para fins tributários. Em verdade, entendemos que o artigo acaba sendo atualizado pelo parágrafo único do artigo 116 do Código Tributário Nacional, *in verbis*:

> Art. 116. Parágrafo único. A autoridade administrativa poderá desconsiderar atos ou negócios jurídicos praticados com a finalidade de dissimular a ocorrência do fato gerador do tributo ou a natureza dos elementos constitutivos da obrigação tributária, observados os procedimentos a serem estabelecidos em lei ordinária.

Ora, o dispositivo acima transcrito prescreve que a autoridade fiscal pode desconsiderar atos praticados com a finalidade de "dissimular a ocorrência do fato gerador do tributo ou a natureza dos elementos constitutivos da obrigação tributária, observados os procedimentos a serem estabelecidos em lei ordinária" e não de evitar.

Interpretação distinta, em nossa visão, iria de encontro ao princípio da livre iniciativa, pautada como princípio fundamental da República Federativa do Brasil, conforme previsto no artigo 1º, inciso IV, da Constituição de 1988.

Com efeito, o princípio da livre iniciativa, pedindo-se vênia pela redundância, pressupõe a liberdade no agir do particular, sem intervencionismo estatal. Daí se torna necessário afirmar que o princípio da livre iniciativa impede que o Estado obrigue o contribuinte a praticar o fato jurídico tributário.

É por isso que optamos por interpretar o termo fraude de maneira mais próxima ao teor do parágrafo único do Código Tributário Nacional, como o contribuinte que dissimula a ocorrência do fato gerador ou dos pressupostos da obrigação tributária, do que na acepção literal do teor do artigo.

Em outras palavras, a fraude, para fins de aplicação da multa qualificada, é a prática de simulação ou dissimulação voluntária que "esconde" a prática do evento tributário ou de elementos constitutivos da obrigação tributária.

Imperioso sublinhar que a subsunção nos conceitos acima delimitados depende, como, ademais, corrobora a letra do parágrafo único artigo 116 do CTN, rigorosamente que a autoridade fiscal comprove: (i) o nexo entre a conduta ilícita e a sonegação, a fraude ou o conluio, bem como (ii) a caracterização efetiva do dolo. Tais conceitos não podem ser aplicados mediante juízos presuntivos, como alerta Edmar Oliveira de Andrade Filho[2]:

> (...) o fundamento legal da infração não pode ser unicamente o preceito da Lei n. 9.430/96; é indispensável e necessária a produção de provas inequívocas de que tenha ocorrido pelo menos uma das condutas referidas nos arts. 71, 72 e 73 da Lei n. 4.502/64. A indicação, pura e simples, do preceito normativo citado, sem a correspondente prova, sem a sua qualificação e individualização da conduta, implica cerceamento do direito de defesa e torna ilegítima a aplicação da multa qualificada.

Não se pode olvidar que o dolo é conduta expressamente prevista no artigo anteriormente citado para configurar a aplicação da penalidade e que o dolo pressupõe a malícia, a intenção de se praticar um ato lesivo ao Fisco ou ao menos, a inescusabilidade da conduta ilícita[3].

A grande dificuldade da configuração do dolo é que pressupõe a vontade do sujeito passivo de lesar o Fisco *e* de ter ciência de que lesa o Fisco. Tal conduta não se confunde com a intenção legítima se economizar tributos, a partir da observância do ordenamento jurídico aplicável.

Nesse contexto, o "ter ciência de que se lesa o Fisco", para fins de fraude, significa ter a intenção deixar de pagar tributos em situação em que o sujeito passivo tem conhecimento de que deveria pagá-lo (ou, deveria o ter, caso esteja previsto em lei) somado à configuração da prática de um ato mentiroso que vise a dissimular a ocorrência do fato gerador ou de elementos da obrigação tributária, nos termos do parágrafo único do artigo 116 do Código Tributário Nacional.

A ressalva acima é de fundamental importância haja vista que a multa qualificada, como vimos, é uma norma de índole excepcional. Ora, a regra geral para casos de lançamento de ofício é a multa de ofício ou a multa isolada.

---

[2] ANDRADE FILHO, Edmar Oliveira. Infrações e Sanções Tributárias. São Paulo: Dialética, 2003, p. 121.

[3] PEREZ ROYO, Fernando. Infracciones y sanciones tributarias. Sevilla: Instituto de Estudios Fiscales, 1972, p. 88.

Neste diapasão, se o elemento "dolo" não fica devidamente qualificado, a hipótese excepcional deixa de ser aplicável, incidindo as regras gerais, conforme o caso. A respeito, Aurora Tomazini de Carvalho afirma:

> [...] tanto a fraude, como a sonegação, quanto o conluio, são condutas ilícitas, dolosamente delimitadas e, assim só o são, porque tipificadas em hipótese de normas sancionadoras, o que juridicamente lhes coloca no âmbito da ilicitude. Como em nosso país vigora o princípio da livre iniciativa privada, de que tudo o que não está proibido, é permitido. A ilicitude, só existe juridicamente se tomada como hipótese de alguma norma sancionadora punitiva.[4]

Neste preciso sentido, citamos importante decisão do Conselho Administrativo de Recursos Fiscais ("CARF"), cuja ementa se reproduz:

> MULTA QUALIFICADA DE 150% –LEI 9430/96, ART. 44, II –NECESSIDADE DE COMPROVAÇÃO DO DOLO –A hipótese prevista no art. 44, II, da Lei 9430/96, deve ser interpretada restritivamente, e aplicada somente nos casos de evidente intuito fraude em que tenha sido tipificada a ação em um dos institutos dos artigos 71 a 73 da Lei 4502/94, e desde que tenha ficado demonstrado pela fiscalização que o contribuinte agiu dolosamente. (Acórdão CSRF/01-05.483. Relator José Henrique Longo, publicado em 19/06/2006).

No seguinte trecho do Acórdão fica evidenciada o entendimento sobre a necessidade de intenção do agente:

> (...) A fiscalização acusou que teria havido dolo do contribuinte ao apresentar faturamentos inferiores ao efetivamente verificados pelo contribuinte. Ocorre que a constatação foi efetuada pelos documentos fornecidos pelo próprio contribuinte (Livros fiscais do ICMS), o que se faz supor que ele não agiu de modo a esconder ou impedir a ocorrência do fato gerador, ou ainda reduzir, evitar ou diferir o pagamento do imposto. Não há como deixar de considerar que o contribuinte está obrigado à escrituração contábil e fiscal, bem como a apresentá-la em procedimento de fiscalização. Ademais, a fiscalização empreendida pelos agentes não pode ignorar a escrituração contábil e fiscal.

---

[4] CARVALHO, Aurora Tomazini de. Simulação, fraude, sonegação e aplicação da multa qualificada na desconsideração de planejamentos tributários com ágio. In: XIII Congresso Nacional de Estudos Tributários – 50 anos do código tributário nacional. Organização Priscila de Souza. São Paulo: Noeses: IBET, 2016, p. 122.

A própria súmula CARF de nº 14, resultante de uma série de casos envolvendo a qualificação da omissão do contribuinte como conduta dolosa desprovida de elementos probatórios a respeito do intuito fraudatório, apresenta o seguinte texto:

> A simples apuração de omissão de receita ou de rendimentos, por si só, não autoriza a qualificação da multa de ofício, sendo necessária a comprovação do evidente intuito de fraude do sujeito passivo.

Importante, ainda, mencionar que a boa-fé do contribuinte que guia sua conduta de acordo com interpretações respaldadas na doutrina, na jurisprudência, intepretações de autoridades administrativas ou outras vozes avalizadas da pragmática jurídica também deveria ser mecanismo que afasta a incidência de fraude.

Em outras palavras, parece-nos ilegítima a aplicação de multa de 150% (cinquenta e por cento) em situações em que o contribuinte:

(1) Baseia-se em jurisprudência;
(2) Baseia-se em orientação jurídica que atesta a validade da operação;
(3) Baseia-se em entendimento doutrinário; e
(4) A operação não é condenada de forma unânime pela Câmara Julgadora, demonstrando que sua validade é defensável.

Ora, qualquer exemplo acima indicado apresenta uma possibilidade de se defender a operação, sob o ponto de vista jurídico. E se a operação é defensável não há que se presumir o dolo do contribuinte de lesar o Fisco, ou seja, não há que se falar na malícia própria do dolo.

Por outro lado, se determinada espécie de operação é unanimemente condenada perante doutrina, jurisprudência etc. daí sim se reconhece o efetivo dolo.

Poder-se-ia enunciar que tal hipótese é inexequível, retirando a eficácia da norma. Não é assim, contudo.

A "compra de nota fiscal", por exemplo, isto é, o pagamento a determinada pessoa jurídica, por valor a baixo do preço efetivamente indicado em nota fiscal, para se aproveitar uma despesa dedutível de IRPJ ou para gerar crédito de ICMS é uma operação claramente dolosa, sem possibilidades razoáveis de contestação séria. Nessa hipótese, a conduta dolosa constatada por meio do respectivo relato probatório seria aprioristicamente constatada.

Dir-se-á que a aplicação de multa qualificada ficará deveras restritiva, e isto justamente por se tratar de uma exceção.

Agora, qualquer interpretação mais elástica, tal como as atualmente efetivadas por tribunais administrativos pode implicar um verdadeiro confisco, vedado pelo artigo 150, inciso IV, da Constituição da República que prevê o seguinte:

> Art. 150. Sem prejuízo de outras garantias asseguradas ao contribuinte, é vedado à União, aos Estados, ao Distrito Federal e aos Municípios:
> IV – utilizar tributo com efeito de confisco;

Não ignoramos que o artigo 150, inciso IV, da Constituição da República, utilize o termo "tributo" quando remete à utilização "efeitos de confisco", mas instituir uma multa desproporcional em razão da não incidência de um tributo obtida pelo contribuinte em razão de uma conduta do contribuinte meramente culposa, isto é, derivada de uma negligência, imprudência ou imperícia, seria uma verdadeira fraude à Constituição da República efetiva pelo legislador.

Registre-se, nesse sentido, que o Supremo Tribunal Federal já consolidou a aplicação do princípio do não-confisco para multas, conforme se depreende da ementa abaixo citada:

> AGRAVO REGIMENTAL NO RECURSO EXTRAORDINÁRIO. MULTA FISCAL. CARÁTER CONFISCATÓRIO. VIOLAÇÃO AO ART. 150, IV, DA CONSTITUIÇÃO FEDERAL. AGRAVO IMPROVIDO. I – Esta Corte firmou entendimento no sentido de que são confiscatórias as multas fixadas em 100% ou mais do valor do tributo devido. Precedentes. II – Agravo regimental improvido.
> (RE 657372 AgR, Relator(a): Min. RICARDO LEWANDOWSKI, Segunda Turma, julgado em 28/05/2013, publicado em 10/06/2013)

Assim, ficamos convencidos de que a aplicação de multa qualificada, de modo muito abrangente, como insistentemente efetivada é patente violação ao primado do não confisco.

Tal razão, somada a inexistência do nexo de causalidade e inarredável comprovação da conduta dolosa, torna a imputação da penalidade qualificada prejudicada, não podendo o contribuinte sofrer limitações e sanções por simples liberalidade da autoridade administrativa.

4. Da Multa Agravada

Conforme visto anteriormente, a multa aplicada como sanção tributária poderá ser agravada se o contribuinte no prazo datado em intimação:

I – deixar de prestar esclarecimentos;
II – deixar de apresentar os arquivos ou sistemas de que tratam os arts. 11 a 13 da Lei no 8.218, de 29 de agosto de 1991;
III – apresentar a documentação técnica de que trata o art. 38 da Lei n. 9.430/96.

Em sendo a multa acima mencionada um agravante em relação às penalidades anteriormente citadas, sua aplicação há de ser tida como uma penalidade extrema para punir condutas que prejudiquem a fiscalização.

Ora, o contribuinte não pode sair ileso de não permitir que o Fisco apure o crédito tributário. Nesse sentido, para que a conduta de criar óbices ao Fisco não seja atraente, foi instituída a penalidade pecuniária ora tratada.

Mas, da assertiva acima, infere-se que a conduta do contribuinte há de ser dolosa e inescusável na prerrogativa de lesar o Fisco.

Como destacou o Conselheiro Luís Flávio Neto em didático voto proferido no Acórdão 9101-002.296 da Câmara Superior de Recursos Fiscais, no qual foi Relator, a aplicação da multa agravada pressupõe a presença comprovado do binômio fundamental, qual seja, silêncio e prejuízo, vejamos:

> i) o silêncio, pelo qual o sujeito passivo, quando intimado, nem apresenta esclarecimentos e documentos de guarda obrigatória e nem informa à autoridade fiscal quanto à sua inexistência ou imprestabilidade, deixando--lhe sem resposta;
> ii) prejuízos causados à Fazenda Nacional em razão de obstaculizações opostas por esse empecilho oposto pelo sujeito passivo.

Assim, não se pode conceber que o Fisco imponha penalidade por conta de prestações inexequíveis, seja por conta do prazo, seja por conta de circunstâncias que impedem o cumprimento da prestação.

De fato, o direito incide sobre condutas possíveis. Obrigar condutas impossíveis é um *"sem sentido deôntico"*.

Daí por que o Conselho Administrativo de Recursos Fiscais já decidiu que a não apresentação justificada de documentos não pode ser acompanhada de multa agravada. Vejamos:

MULTA AGRAVADA. INOCORRÊNCIA DOS REQUISITOS.
Constatado o atendimento à intimação por parte do contribuinte, justificando a não apresentação da documentação solicitada, mesmo que desacompanhada da documentação, demonstra o atendimento e impede a aplicação do agravamento da multa.
(Acórdão nº 1401-001.895, Sessão de 18/05/2017)

Ao mesmo tempo, se o contribuinte demonstra esforço para cumprir a intimação, mas deixa, por alguma razão de cumprir algum item, tal circunstância não pode ser tomada como motivo para a imputação da multa agravada.

De fato, assim já julgou o Conselho Administrativo de Recursos Fiscais, conforme se verifica nos trechos de ementa a seguir colacionados:

MULTA DE OFÍCIO AGRAVADA. FALTA DE ATENDIMENTO A INTIMAÇÃO. O agravamento da penalidade em 50%, previsto no inciso I do § 2º do art. 44 da Lei nº 9.430, de 1996, deve ser aplicado apenas nos casos em que o contribuinte deixa de atender à intimação do Fisco para prestar esclarecimentos, mas não quando o sujeito passivo tão somente apresenta resposta incompleta ou diferente daquela desejada pela autoridade fiscal.
(Acórdão 1201-001.291, Sessão de 21/01/2016)
MULTA AGRAVADA DE 225%. IMPROCEDÊNCIA. DF CARF MF Fl. 2186 18 Ainda que o contribuinte não tenha apresentado todos os dados solicitados pela fiscalização, deve-se afastar a multa agravada quando constatado que tal circunstância não obstaculizou nem prejudicou, de forma incisiva, a definição da base de cálculo dos tributos lançados.
(Acórdão 1201-001.113, Sessão de 22/10/2014)
MULTA AGRAVADA. IMPOSSIBILIDADE.
Na falta de resposta a item específico ou a termo intimação fiscal, tendo o contribuinte apresentado os elementos que permitam a aferição do tributo devido, é incabível o agravamento da multa de ofício.
(Acórdão nº 2201-004.035, Sessão de 09/11/2017)
MULTA AGRAVADA. INOCORRÊNCIA DOS REQUISITOS.
Constatado o atendimento à intimação por parte do contribuinte, justificando a não apresentação da documentação solicitada, mesmo que desacompanhada da documentação, demonstra o atendimento e impede a aplicação do agravamento da multa.
(Acórdão nº 1401-001.895, Sessão de 18/05/2017)

Nesse sentido, a multa agravada não deve ser aplicada senão em casos de omissão intencional (dolosa) do sujeito passivo que impeça a autoridade administrativa de fiscalizar tributos.

Não pode ser imposta, por outro lado, em razão da dificuldade do contribuinte de boa-fé em cumprir certa determinação prevista em intimação, desde que tal sujeito passivo justifique sua omissão.

5. Repercussão Penal da Multa Qualificada e Agravada

5.1. Repercussão da Multa Qualificada

Inúmeras vezes, determinadas condutas no direito são aptas a perfazer a incidência de diversas normas. Em termos lógicos, diz-se que há uma hipótese normativa implicando deônticamente diversas consequências jurídicas. É o que se passa nos casos das condutas que implicam a aplicabilidade da multa agravada e multa qualificada.

Efetivamente, vimos, acima, as hipóteses normativas da aplicabilidade da multa qualificada e agravada, buscando indicar que tais penalidades devem ser aplicadas para aqueles que tiverem o dolo de lesionar o Fisco.

Vejamos, nessa seara, o que dispõe o artigo 1º da Lei n. 8.137/1990[5]:

> Art. 1° Constitui crime contra a ordem tributária suprimir ou reduzir tributo, ou contribuição social e qualquer acessório, mediante as seguintes condutas:
> I – omitir informação, ou prestar declaração falsa às autoridades fazendárias;
> II – fraudar a fiscalização tributária, inserindo elementos inexatos, ou omitindo operação de qualquer natureza, em documento ou livro exigido pela lei fiscal;
> III – falsificar ou alterar nota fiscal, fatura, duplicata, nota de venda, ou qualquer outro documento relativo à operação tributável;
> IV – elaborar, distribuir, fornecer, emitir ou utilizar documento que saiba ou deva saber falso ou inexato;
> V – negar ou deixar de fornecer, quando obrigatório, nota fiscal ou documento equivalente, relativa a venda de mercadoria ou prestação de serviço, efetivamente realizada, ou fornecê-la em desacordo com a legislação.
> Pena – reclusão de 2 (dois) a 5 (cinco) anos, e multa."

---

[5] Por uma questão de corte metodológico, deixaremos de examinar o artigo 2º da mesma lei. Além disso, há outros tipos penais que se examinamos chegaríamos a conclusões semelhantes as que serão expostas no presente artigo como o crime de sonegação de contribuição previdenciária, prevista no artigo 337-A do Código Penal. Por uma questão de didática, focaremos a análise no artigo 1º da Lei n. 8.137/90.

Parágrafo único. A falta de atendimento da exigência da autoridade, no prazo de 10 (dez) dias, que poderá ser convertido em horas em razão da maior ou menor complexidade da matéria ou da dificuldade quanto ao atendimento da exigência, caracteriza a infração prevista no inciso V.

Como se nota do artigo acima citado, a prestação de declaração falsa às autoridades administrativas, por meio do qual se suprime ou reduz tributo, é considerado crime, apenado com reclusão de 2 (dois) a 5 (cinco) anos, e multa.

Também é crime, da mesma índole, fraudar a fiscalização tributária, inserindo elementos inexatos, ou omitindo operação de qualquer natureza, em documento ou livro exigido pela lei fiscal; falsificar ou alterar nota fiscal, fatura, duplicata, nota de venda, ou qualquer outro documento relativo à operação tributável, elaborar, distribuir, fornecer, emitir ou utilizar documento que saiba ou deva saber falso ou inexato; e negar ou deixar de fornecer, quando obrigatório, nota fiscal ou documento equivalente, relativa a venda de mercadoria ou prestação de serviço, efetivamente realizada, ou fornecê-la em desacordo com a legislação.

Ora, facilmente, percebe-se que todas essas condutas equivalem aos tipos de "sonegação" ou "fraude", previstos nos artigos 71, 72 e 73 da Lei n. 4.502/1964, embora definidas com técnicas legislativas distintas.

De fato, enquanto a multa qualificada tem sua hipótese de incidência definida conotativamente, isto é, por meio da indicação das características conceituais que definem o ato de sonegar, de fraudar etc. o artigo 1º da Lei n. 8.137/1990 elenca uma série de exemplos que ensejam a imputação do crime, por meio da chamada definição denotativa.

Irving M. Copi explica a diferença entre conotação e denotação, explicando o seguinte:

> A conotação objetiva ou intenção objetiva de um termo são o conjunto total de características comuns a todos os objetos que constituem a intensão do termo.
>
> (...) a extensão ou denotação de um termo é a coleção de todos aqueles objetos a que o termo de se aplica.[6]

Muito bem. Quando notamos que um artigo 71 da Lei n. 4.502/1964 estipula que *"sonegação é toda ação ou omissão dolosa (...)"* ou um artigo 72 da mesma lei prescreve que *"Fraude é tôda* ação ou omissão dolosa (...)", ou o artigo 73

---

[6] COPI, M. Irving. Introdução à Lógica. P. 120. Editora Mestre Jou, 1968, São Paulo, Trad. Álvaro Cabral, p. 121.

prevendo que *"conluio é o ajuste doloso entre duas ou mais pessoas naturais ou jurídicas (...)"*, podemos concluir que tais condutas estão sendo delimitadas em termos conotativos pelo legislador, ao determinar as características comuns de todos os comportamentos que são qualificados como *"sonegação"* ou como *"fraude"* ou como *"conluio"*.

Já o artigo 1º da Lei n. 8.137/1990 lista, em seus incisos, condutas individualizadas que podem caracterizar, em nossa visão, ora fraude, ora sonegação, ou muitas vezes as duas condutas simultaneamente.

A título de exemplo, se o contribuinte omite informação, ou presta declaração falsa às autoridades fazendárias, tal como previsto no inciso I, do artigo 1º da Lei n. 8.137/1990, certamente está cometendo a sonegação já que, inevitavelmente, estará impedindo ou retardando, total ou parcialmente, o conhecimento por parte da autoridade fazendária da ocorrência do fato gerador da obrigação tributária principal, de sua natureza ou circunstâncias materiais ou das condições pessoais de contribuinte, suscetíveis de afetar a obrigação tributária principal ou o crédito tributário correspondente, tal como previsto no artigo 71 da Lei n. 4.502/1964.

Por outro lado, se o contribuinte comete a fraude, prevista no artigo 72 da Lei n. 4.502/1964, ao menos nos moldes em que a enxergamos, necessariamente também buscará inserir informações, em suas declarações fiscais, que omitam a situação encoberta pela fraude e reflitam a ficção resultado da simulação praticada pelo contribuinte.

Daí se infere que a fraude tributária, para configurar os propósitos a que visa, certamente, estará acompanhada da sonegação e das condutas previstas nos incisos do artigo 1º da Lei n. 8.137/1990, sob pena de simplesmente não se lograr êxito de reduzir tributo algum.

Em outras palavras, todos os incisos I a V da Lei n. 8.137/1990 envolverão, necessariamente, a sonegação, pois implicam a conduta do contribuinte *"impedir ou retardar, total ou parcialmente, impedir ou retardar, total ou parcialmente, o conhecimento por parte da autoridade fazendária – da ocorrência do fato gerador da obrigação tributária principal, sua natureza ou circunstâncias materiais ou das condições pessoais de contribuinte, suscetíveis de afetar a obrigação tributária principal ou o crédito tributário correspondente"*.

Agora, tais condutas poderão estar acompanhadas da fraude caso envolvam operações simuladas que "escondam" as circunstâncias próprias dos fatos jurídico-tributários ou de elementos da obrigação tributária e poderão envolver o conluio caso tais operações simuladas sejam resultante do ajuste de diversas pessoas. Ou seja, a fraude e o conluio podem ser elementos acessórios em relação aos crimes definidos no artigo 1º da Lei n. 8.137/1990, ao passo que a sonegação, certamente, circunstância essencial, isto é, inerente ao tipo.

Nesse sentido, o Superior Tribunal de Justiça não necessariamente envolve a fraude, como se infere do julgado a seguir citado:

> A omissão na entrega da Declaração de Informações Econômico-Fiscais da Pessoa Jurídica (DIPJ) consubstancia conduta apta a firmar a tipicidade do crime de sonegação fiscal previsto no art. 1º, I, da Lei n. 8.137/1990, ainda que o FISCO disponha de outros meios para constituição do crédito tributário. *O crime de sonegação fiscal, na modalidade do inciso I do art. 1º da Lei n. 8.137/1990, prescinde de fraude ou falsidade, já que, pela leitura do dispositivo, é possível deduzir que a simples omissão, apta a acarretar a supressão ou redução de tributo, revela-se suficiente, em tese, para a prática do crime* ("Art. 1° – Constitui crime contra a ordem tributária suprimir ou reduzir tributo, ou contribuição social e qualquer acessório, mediante as seguintes condutas: I – omitir informação, ou prestar declaração falsa às autoridades fazendárias"). Essa omissão pode ser uma simples informação constante de uma declaração ou até mesmo da declaração em si; se a omissão atingir o resultado almejado pelo agente (supressão ou redução de tributo), o crime estará consumado. Ora, a constituição do crédito tributário, por vezes, depende de uma obrigação acessória do contribuinte, como declarar um fato gerador da obrigação tributária (lançamento por declaração). Se o contribuinte não realiza esse ato com vistas a não pagar o tributo devido, certamente comete o mesmo crime daquele que presta informação incompleta. De fato, não há lógica em punir quem declara, mas omite informação, e livrar aquele que sequer cumpre a obrigação de declarar. Nesse sentido, inclusive, há precedentes do STJ (AgRg no REsp 1.252.463-SP, Quinta Turma, DJe 21/10/2015). Ressalte-se, contudo, que essa assertiva não implica dizer que a simples omissão em apresentar uma declaração seja suficiente para a consumação do crime de sonegação fiscal, pois é imprescindível que exista o dolo do agente de não prestar declaração com vistas a suprimir ou reduzir determinado tributo e que o resultado almejado tenha sido efetivamente alcançado (crime material). Ademais, não há que se falar em atipicidade da conduta em decorrência da circunstância de o FISCO ter arbitrado o valor do tributo devido mesmo na falta da declaração. Isso porque o FISCO sempre possuirá meios de apurar o valor do tributo devido ante a omissão do contribuinte em declarar o fato gerador. O motivo disso é óbvio: o sistema tenta evitar a evasão fiscal. Se esse mecanismo existe, isso não quer dizer que a omissão do contribuinte é atípica. Na realidade, o arbitramento efetivado pelo FISCO para constituir o crédito tributário, ante a omissão do contribuinte em declarar o fato gerador, é uma medida para reparar o dano causado pela omissão, sendo uma evidência de

que a conduta omissiva foi apta a gerar a supressão ou, ao menos, a redução do tributo na apuração.
(REsp 1.561.442-SP, Rel. Min. Sebastião Reis Júnior, julgado em 23/2/2016, DJe 9/3/2016).

Agora, o corolário de tal identidade entre a "sonegação" e as condutas discriminadas no artigo 1º da Lei n. 8.137/1990 é que os critérios que apontamos no tocante à sonegação deveriam ser observados para se aplicar o artigo anteriormente mencionado. Em síntese, diríamos que assim como a sonegação, as condutas previstas no artigo 1º da Lei n. 8.137/1990 deveriam ser aplicadas em caso de comprovado dolo do contribuinte.

Como explica Cesar Roberto Bittencourt, no direito penal, a culpabilidade exige "fundamento da culpa", contendo como requisito a "consciência da ilicitude" sem o qual não há que se falar em "aplicação da sanção penal".[7] Ora, tal noção é expressa no parágrafo único do artigo 18 do Código Penal, a seguir citado:

> Parágrafo único - Salvo os casos expressos em lei, ninguém pode ser punido por fato previsto como crime, senão quando o pratica dolosamente.

Do dispositivo acima citado, infere-se que o dolo é a regra geral para incidência das normas criminais. A culpa dependerá de vontade expressa do contribuinte.

Como o artigo 1º da Lei n. 8.137/90 em momento algum estipula que as condutas nele previstas podem ser culposas, tem-se, necessariamente, que sua aplicabilidade apenas se verifica em casos dolosos. Dessa forma, o Superior Tribunal de Justiça assim decidiu:

> RESP. PENAL. TRIBUTÁRIO. TRIBUTOS. SONEGAÇÃO.
> - A infração penal reclama o elemento subjetivo - dolo - ou o elemento normativo - culpa. Não basta a relação do ponto de vista material entre a conduta e o resultado. O evento, necessariamente, reclama relação causal com a vontade do agente, ou o modo de desenvolver a conduta, vedadas a negligência, imprudência, ou imperícia.
> (REsp 184.725/DF, Rel. Ministro LUIZ VICENTE CERNICCHIARO, SEXTA TURMA, julgado em 02/03/1999, DJ 29/03/1999)

---

[7] BITENCOURT, Cesar Roberto. Tratado de Direito Penal. Editora Saraiva, 18ª edição, São Paulo.

AGRAVO REGIMENTAL. RECURSO ESPECIAL. CRIME DE APROPRIAÇÃO INDÉBITA DE CONTRIBUIÇÃO PREVIDENCIÁRIA. TIPO PENAL (ART. 168-A DO CP). DOLO ESPECÍFICO. NECESSIDADE DE A DENÚNCIA DESCREVER A INTENÇÃO DE SE FURTAR AO RECOLHIMENTO TRIBUTÁRIO.

O tipo do art. 168-A do Código Penal, embora tratando de crime omissivo próprio, não se esgota somente no "deixar de recolher", isto significando que, além da existência do débito, haverá a peça acusatória de demonstrar a intenção específica ou vontade deliberada de pretender algum benefício com a supressão ou redução, já que o agente "podia e devia" realizar o recolhimento.

Agravo provido para também prover o recurso especial, de modo a reconduzir a sentença de rejeição da denúncia.

(AgRg no REsp 695.487/CE, Rel. Ministra MARIA THEREZA DE ASSIS MOURA, SEXTA TURMA, julgado em 10/11/2009, DJe 30/11/2009)

Agora, a jurisprudência tem se posicionado no sentido de que a sonegação, para ser configurada, não exige o chamado "dolo específico", bastando a configuração do "dolo genérico". É preciso um esclarecimento sobre esse ponto.

O dolo genérico é a vontade de realizar o fato previsto em lei, com a consciência do repúdio axiológico que o direito ou a sociedade confere a essa prática. O dolo específico, por sua vez, é a vontade de se realizar o ato previsto em lei para um fim que transcende o tipo. Por exemplo, em matéria tributária, um caso de dolo específico seria a vontade de tomar para si o valor do tributo sonegado ou o que a jurisprudência costuma designar de *"Animus rem sibi Habendi"*.

Feita tal explicação, vale apontar que a jurisprudência vem decidindo que o crime de sonegação exige apenas o chamado dolo genérico, ou seja, basta a vontade e consciência de evasão fiscal e já se incorre no crime. Não é preciso o *"Animus rem sibi Habendi"*.

Nesse sentido, vejamos, a título de exemplo, a ementa a seguir citada de acórdão do Supremo Tribunal Federal:

AÇÃO PENAL ORIGINÁRIA. CRIMES DE APROPRIAÇÃO INDÉBITA PREVIDENCIÁRIA E SONEGAÇÃO DE CONTRIBUIÇÃO PREVIDENCIÁRIA (INCISO I DO § 1º DO ART. 168-A E INCISO III DO ART. 337-A, AMBOS DO CÓDIGO PENAL). CONTINUIDADE DELITIVA E CONCURSO MATERIAL. ELEMENTO SUBJETIVO DO TIPO. DOLO ESPECÍFICO. NÃO-EXIGÊNCIA PARA AMBAS AS FIGURAS TÍPICAS. MATERIALIDADE E AUTORIA COMPROVADAS EM RELAÇÃO AO CO-RÉU DETENTOR DO FORO POR PRERROGATIVA DE FUNÇÃO. PRECÁRIA CONDIÇÃO FINANCEIRA DA

EMPRESA. EXCLUDENTE DE CULPABILIDADE. INEXIGIBILIDADE DE CONDUTA DIVERSA. NÃO-COMPROVAÇÃO. INAPLICABILIDADE AO DELITO DE SONEGAÇÃO DE CONTRIBUIÇÃO PREVIDENCIÁRIA. PROCEDÊNCIA DA ACUSAÇÃO. ABSOLVIÇÃO DA CO-RÉ. INSUFICIÊNCIA DE PROVAS. PENA DE 3 (TRÊS) ANOS E 6 (SEIS) MESES DE RECLUSÃO E 30 (TRINTA) DIAS-MULTA, PARA CADA DELITO, TOTALIZANDO 7 (SETE) ANOS DE RECLUSÃO E 60 (SESSENTA) DIAS-MULTA, FIXADOS EM ½ (UM MEIO) Documento: 35227681 – RELATÓRIO, EMENTA E VOTO - Site certificado Página 3 de 5 Superior Tribunal de Justiça SALÁRIO MÍNIMO. REGIME INICIAL DE CUMPRIMENTO DA PENA. SEMI-ABERTO. SUBSTITUIÇÃO DA PENA PRIVATIVA DE LIBERDADE. SURSIS. DESCABIMENTO. [...] 3. A orientação jurisprudencial do Supremo Tribunal Federal é firme no sentido de que, para a configuração do crime de apropriação indébita previdenciária, basta a demonstração do dolo genérico, sendo dispensável um especial fim de agir, conhecido como animus rem sibi habendi (a intenção de ter a coisa para si). Assim como ocorre quanto ao delito de apropriação indébita previdenciária, o elemento subjetivo animador da conduta típica do crime de sonegação de contribuição previdenciária é o dolo genérico, consistente na intenção de concretizar a evasão tributária. [...] 13. Réu condenado à pena-base de 3 (três) anos de reclusão e 30 (trinta) dias-multa, para cada delito, que, na ausência de circunstâncias atenuantes e agravantes e aumentada de 1/6 (um sexto) ante a continuidade delitiva, foi tornada definitiva em 3 (três) anos e 6 (seis) meses e 30 (trinta) dias-multa. Pena que, somada, devido ao concurso material, totalizou 7 (sete) anos de reclusão e 60 (sessenta) dias-multa, fixados no valor unitário de ½ (um meio) salário mínimo, vigente em agosto de 2002 (término da continuidade delitiva), atualizados monetariamente desde então. Fixação do regime semi-aberto para o início do cumprimento da pena, seguido do reconhecimento da impossibilidade de conversão das penas privativas de liberdade por restritivas de direitos ou da falta de direito ao sursis da pena. 14. Co-ré absolvida por insuficiência de provas, nos termos do inciso V do art. 386 do Código de Processo Penal.

(STF, AP 516, Relator(a): Min. AYRES BRITTO, Tribunal Pleno, julgado em 27/09/2010, DJe-235 DIVULG 03-12-2010 PUBLIC 06-12-2010 REPUBLICAÇÃO: DJe-180 DIVULG 19-09-2011 PUBLIC 20-09-2011)

Não há dúvidas, portanto, que o dolo, isto é, a vontade e a consciência de se cometer a evasão tributária, há de ser tida como elemento caracterizador da evasão na seara tributária, ainda que não se exija o chamado dolo específico.

Nesse sentido, vale reforçar: mesmo o dolo genérico há de pressupor *"a vontade livre e consciente de não apresentar, parcial ou totalmente, as informações legalmente exigidas, o que, por consequência, acarreta a supressão ou a diminuição dos tributos devidos",* tal como decidido pelo acórdão do Tribunal Regional Federal da Terceira Região a seguir ementado:

PENAL E PROCESSO PENAL. APELAÇÃO CRIMINAL. CRIME CONTRA A ORDEM TRIBUTÁRIA. PRELIMINAR DE INÉPCIA AFASTADA. MATERIALIDADE E AUTORIA COMPROVADAS. DOLO GENÉRICO. INAPLICABILIDADE DA INEXIGIBILIDADE DE CONDUTA DIVERSA. REDIMENSIONAMENTO DA PENA.

1. Preliminar de inépcia afastada. Nos crimes contra o Sistema Financeiro e o Sistema Tributário, nem sempre é possível realizar-se, de plano, a perfeita identificação das ações que resultaram na conduta criminosa. Por isso, é admissível denúncia não tão detalhada, desde que a acusação seja compreensível e possibilite a ampla defesa.

2. Não houve qualquer vício na condução das investigações que embasaram a denúncia e a ação penal dela decorrente, de modo que impertinente a alegação de nulidade invocada pela defesa.

3. A materialidade do delito está caracterizada pelos diversos documentos relativos aos procedimentos administrativos fiscais n°s 10882.001299/00-13 e 10882.001302/00-26, especialmente autos de infração; relatório de encerramento de ação fiscal e inscrição dos débitos em dívida ativa em 13.12.2000.

4. A autoria delitiva deflui da prova oral e das declarações do acusado.

5. *O elemento subjetivo do crime tipificado no art. 1º da Lei nº 8.137/90 é o dolo genérico, ou seja, a vontade livre e consciente de não apresentar, parcial ou totalmente, as informações legalmente exigidas, o que, por consequência, acarreta a supressão ou a diminuição dos tributos devidos.*

6. Inaplicabilidade da tese da inexigibilidade de conduta diversa. A sonegação (previdenciária e/ou fiscal) pressupõe uma conduta clandestina por parte do agente, que não se justifica ainda que comprovado nos autos a existência de severas dificuldades econômicas por parte da pessoa jurídica.

7. No caso, a tipicidade do delito não decorre, puramente, da supressão ou redução do pagamento do tributo. O delito do art. 1º, I e II, da Lei nº 8.137/1990 envolve, necessariamente, o silêncio fraudulento ou a prestação de declaração falsa às autoridades fiscais, o que torna absolutamente irrelevante a capacidade econômica da empresa para eventual recolhimento do tributo.

8. Segundo entendimento recorrente dos Tribunais, a existência de um requerimento expresso de arbitramento do montante civilmente devido é imprescindível (CPP, art. 387, IV), mas não suficiente ao seu acolhimento. A jurisprudência tem exigido, também, que seja concedido ao acusado a oportunidade de, especificamente sobre o tema, se pronunciar e produzir provas, o que evidentemente não ocorreu no caso concreto.

9. O valor do tributo sonegado, descontados juros e multa, totalizam quase dois milhões de reais, o que demonstra a grave lesão causada aos cofres públicos, de molde a gerar um dano de maior intensidade e que merece maior reprimenda. Pena-base aumentada em ½ (metade).

10. De acordo com entendimento sedimentado nesta Corte (ACR 0000040-45.2005.4.03.6124/SP, Segunda Turma, Rel. Des. Federal Nelton dos Santos, j. 15.05.2012, e-DJF3 Judicial 1 24.05.2012), o padrão de aumento superaria o aplicado na sentença, diante do número de parcelas envolvidas na omissão. Todavia, considerando o transito em julgado da sentença para a acusação e o princípio da non reformatio in pejus, mantenho a exasperação da pena em 1/6 (um sexto).

11. Regime inicial aberto e substituição da pena privativa de liberdade por restritiva de direitos.

12. Apelação parcialmente provida.

(TRF 3ª Região, DÉCIMA PRIMEIRA TURMA, Ap. - APELAÇÃO CRIMINAL - 44451 - 0005586-75.2003.4.03.6181, Rel. DESEMBARGADOR FEDERAL NINO TOLDO, julgado em 28/11/2017, e-DJF3 Judicial 1 DATA:12/12/2017).

Nesse sentido, repetimos: mesmo o dolo genérico há de envolver a consciência de que se comete a evasão tributária. Sustentar o contrário seria ignorar a dicção do artigo 20 do Código Penal, ao determinar que o *"erro sobre elemento constitutivo do tipo legal de crime exclui o dolo, mas permite a punição por crime culposo, se previsto em lei."*

Não se pode, portanto, a pretexto de se aplicar o conceito de dolo genérico na esfera tributária, tornar o crime de sonegação uma prática de responsabilidade objetiva.

A título de exemplo, tomemos o caso de um contribuinte que segue orientações jurídicas sobre a legalidade da prática de determinadas operações e, portanto, atua de boa-fé. Ora, nessa hipótese, se tal agente declara informação decorrente de tais operações que não são aceitas pelo Fisco, a evidente falta de dolo há de ensejar, em nossa visão, tanto a impossibilidade de aplicação de multa qualificada como a ausência de crime contra a ordem tributária, pois, evidentemente, há falta de consciência na atitude de se lesar o fisco.

Outros exemplos, como o caso de normas controvertidas ou de conteúdo vago ou ambíguo, como a hipótese da conduta praticada na égide de jurisprudência favorável ou vacilante, ou mesmo no caso de normas que suscite divergências doutrinárias sobre o adequado tratamento a ser praticado, deveriam ser levados em consideração não apenas para afastar a qualificação da multa, como a imputação do tipo penal de sonegação pela clara inexistência de dolo de prática de evasão.

De fato, sustentar o contrário significaria retirar o elemento essencial do dolo que é a consciência de que a conduta praticada é axiologicamente vedada pelo direito positivo.

Em suma, estamos convencidos de que os parâmetros da seara tributária que apontamos acima, relacionados à possibilidade de se qualificar a multa, deveriam ser fielmente aplicados na esfera penal. Em outras palavras, há de se comprovar o dolo do contribuinte para configuração da sonegação para fins penais, evitando-se a aplicação de medidas desproporcionais que punam o sujeito passivo pela complexidade do sistema tributário, pelas mutações jurisprudenciais ou divergências doutrinárias, decorrentes de tal complexidade.

5.2. Percussão da Multa Agravada

Diríamos que a multa qualificada está para a aplicação do *caput* e incisos do artigo 1º da Lei n. 8.137/1990, parece-nos que a hipótese de incidência da multa agravada está prevista no parágrafo único do mesmo artigo.

De fato, prevê o dispositivo que a falta de atendimento da exigência da autoridade, no prazo de 10 (dez) dias, que poderá ser convertido em horas em razão da maior ou menor complexidade da matéria ou da dificuldade quanto ao atendimento da exigência, caracteriza a infração prevista no inciso V do mesmo artigo, isto é, no ato de negar ou deixar de fornecer, quando obrigatório, nota fiscal ou documento equivalente, relativa a venda de mercadoria ou prestação de serviço, efetivamente realizada, ou fornecê-la em desacordo com a legislação.

Ora, o comportamento descrito em tal dispositivo, evidentemente, coincide com o descrito no de o contribuinte no prazo datado em intimação (i) deixar de prestar esclarecimentos; (ii) deixar de apresentar os arquivos ou sistemas de que tratam os arts. 11 a 13 da Lei no 8.218, de 29 de agosto de 1991; ou (iii) apresentar a documentação técnica de que trata o art. 38 da Lei n. 9.430/96. De fato, não é preciso muito esforço para concluir que todas essas condutas se enquadram na classe de comportamentos *"deixar de atender intimação de autoridade administrativa"*.

A exemplo do que abordamos no item anterior, disso se conclui que as observações que apontamos sobre o agravamento da multa deveriam ser relevantes para fins penais.

Ora, vimos que o artigo 1º da Lei n. 8.137/1990 é aplicável para condutas dolosas, a exemplo do que prevê o parágrafo único do artigo 18 do Código Penal.

Nesse sentido, a falta de atendimento à fiscalização por impossibilidade material, devidamente justificada, jamais poderia ser tida como hipótese de aplicação do parágrafo único do mesmo dispositivo. Assim, como não pode ser aplicada em matéria tributária, muito menos o pode em matéria penal.

Qualquer interpretação contrária iria no sentido de tornar tal crime como oriundo de mera culpa, ou mesmo responsabilidade objetiva, o que é totalmente contrário aos ditames do direito penal.

6. Conclusões e Alternativas

Em nossa visão, do ordenamento jurídico já se vislumbra que a sonegação, a fraude e o conluio são condutas que exigem o dolo para sua configuração, tanto na esfera criminal como tributária.

De fato, tanto a multa agravada como a multa qualificada deveriam ser impostas em situações excepcionais, é dizer, de extrema gravidade, punindo a conduta do sujeito passivo de obstar ou dificultar a apuração do crédito tributário.

A banalização da aplicação de tais modalidades de penalidades pecuniárias, em situações inadequadas, além de ser ilegal, dificulta o adimplemento do crédito tributário pelo contribuinte, indo de encontro ao próprio interesse público.

Retornando a nossas referências iniciais às exposições dos Professores Paulo Ayres Barreto no XIV Congresso do IBET, concluímos que o volume de processos tributários administrativos e judiciais que discutem autos de infração que qualificam a conduta do contribuinte como fraudulenta, ou realizada mediante os artifícios da sonegação e do conluio, sem o reforço probatório suficiente para demonstrar a presença do dolo e o nexo causal da conduta do contribuinte com as hipóteses dos artigos 71, 72 e 73 da Lei n. 4.502/1964, só denotam a necessidade crescente que o contribuinte apresenta de agir, sim, com premonição, para lidar com a imprevisibilidade mediante a qual as autoridades aplicam a legislação tributária e a presença já inegável de uma afluente "intimidação fiscal" que vem induzindo os contribuintes a adotar as práticas, que eles optam não em razão de sua liberdade constitucional de iniciativa, mas em razão do que Fisco almeja.

Vislumbro, para buscar modificar esse quadro, duas alternativas.

A primeira, de longo prazo, passa pela reflexão acadêmica e jurídica dos institutos que ora tratamos para um amadurecimento de sua aplicabilidade. A reflexão de que a penalidade não pode ser confiscatória e nem a medida penal deve de responsabilidade objetiva; a reflexão de que é preciso separar o contribuinte que atua com ardil e consciente vontade de lesar o Fisco, daquele que não tem o dolo, ainda que genérico, de praticar um ato com o intuito claro de lesar o Fisco.

A segunda, talvez mais imediata, passaria por alterações legislativas, para reforçar aspectos já presentes no sistema jurídico, especificamente, o dolo na conduta de sonegação, fraude e conluio, excluindo, expressamente, casos inconscientes de não pagamento de tributos, como os anteriormente indicados, ou de impossibilidade de cumprimento de intimações, conforme o caso, tanto da imposição de multa qualificada como da imposição de multa agravada.

Alertamos, no entanto, que mesmo a segunda hipótese demandará da vontade dos tribunais, judiciais e administrativos de conferir aplicação adequada. O dado legislativo, sem a devida base pragmática que vai se consolidando pelos tribunais, judiciais e administrativos não toca à vida, perde-se no vazio do texto.

Referências

ANDRADE FILHO, Edmar Oliveira. *Infrações e Sanções Tributárias*. São Paulo: Dialética, 2003.

BETTI, Emilio. *Teoria Geral do Negócio Jurídico*. Campinas: Servanda, 2008.

BITENCOURT, Cesar Roberto. *Tratado de Direito Penal*. São Paulo: Editora Saraiva, 18ª edição, São Paulo, 2012.

CARVALHO, Aurora Tomazini de. *Simulação, fraude, sonegação e aplicação da multa qualificada na desconsideração de planejamentos tributários com ágio*. In: XIII Congresso Nacional de Estudos Tributários – 50 anos do código tributário nacional. Organização Priscila de Souza. São Paulo: Noeses: IBET, 2016.

CARVALHO, Paulo de Barros. *Direito Tributário, Linguagem e Método*. São Paulo: Editora Noeses, 6ª edição, 2015.

COPI, M. Irving. *Introdução à Lógica*. P. 120. Editora Mestre Jou, 1968, São Paulo, Trad. Álvaro Cabral, FERRARA, Francisco. A Simulação dos Negócios Jurídicos. São Paulo: Editora Saraiva, 1939.

MIRABETE, Julio. FABBRINI, Renato. *Manual de Direito Penal*. São Paulo: Atlas, 32ª edição, 2013.

McNAUGHTON, Charles William. *Elisão e Norma Antielisiva. Completabilidade e Sistema Tributário*. São Paulo: Editora Noeses, 2014.

PEREZ ROYO, Fernando. *Infracciones y sanciones tributarias*. Sevilla: Instituto de Estudios Fiscales, 1972.

SOUSA, Rubens Gomes de. *Compêndio de legislação tributária*. São Paulo: Edições Financeiras S.A., 1964.

VILANOVA, Lourival. *Analítica do Dever-Ser*. In Escritos Jurídicos e Filosóficos, Vol. II. São Paulo: Anyx Mundi/IBET, 2008.

Contributos Práticos Para Introdução da Declaração de Planejamento Tributário Abusivo no Brasil e a Experiência Malsucedida da MP 685/2015

Gisele Barra Bossa

1. Introdução

Em 21 de julho de 2015, tributaristas foram surpreendidos com a edição da Medida Provisória nº 685/2015 que, nos artigos 7º ao 12, dispôs sobre o dever do contribuinte de declarar à Secretaria da Receita Federal do Brasil (SRFB) o conjunto de operações realizadas no ano-calendário anterior que envolva atos ou negócios jurídicos que acarretem supressão, redução ou diferimento de tributo.

O descumprimento desse dever ou sendo a declaração considerada ineficaz (artigo 11), configurava omissão dolosa do sujeito passivo com intuito de sonegação ou fraude e os tributos devidos seriam cobrados acrescidos de juros de mora e da multa agravada de 150%, prevista no §1º do art. 44 da Lei 9.430, de 27 de dezembro de 1996.

O teor da chamada "declaração de planejamento tributário" teve grande repercussão política e jurídica, o que levou à exclusão desses dispositivos quando da conversão da Medida Provisória na Lei nº 13.202, de 08 de dezembro de 2015[1].

No entanto, nada obsta que outra proposta normativa seja conduzida pela SRFB no âmbito do legislativo ou do próprio executivo, ainda que a contragosto dos operadores.

---

[1] Vide Lei nº 13.202, de 08 de dezembro de 2015. Disponível em: https://goo.gl/FxysCe.

Por essa razão, o presente artigo pretende de forma não exaustiva e alinhada ao escopo da presente obra coletiva, trazer ponderações acerca dos entraves técnico-tributários levantados à época, considerações quanto aos eventuais reflexos na esfera criminal e sugestões para futura introdução da Declaração Obrigatória de Planejamento que considerem, no plano concreto, as diretrizes do Projeto sobre Erosão da Base Tributária e Transferência de Lucros (BEPS) da Organização para a Cooperação e Desenvolvimento Econômico (OCDE), em especial o Plano de Ação 12 (*Mandatory Disclousure Rules*, Regras de Declaração Obrigatória), as experiências comparadas e as peculiaridades do ordenamento jurídico brasileiro.

2. Os Entraves Técnico-Tributários à Introdução da "Declaração de Planejamento Tributário Abusivo" no Brasil

Ainda que o discurso do Governo Federal[2], quando da edição da MP 685/2015, tenha sido no sentido de buscar transparência tributária[3], neutralidade fiscal, cooperação entre fiscos e contribuintes, reduzir o contencioso respectivo e os passivos tributários, bem como alinhar o Brasil às práticas constantes do Plano de Ação 12 do BEPS, esta medida trouxe conceitos genéricos e subjetivos

---

[2] De acordo com a exposição de motivos constante da Medida Provisória nº 685/2015, *verbis*: "4. *A segunda medida proposta estabelece a necessidade de revelação de estratégias de planejamento tributário, que visa aumentar a segurança jurídica no ambiente de negócios do país e gerar economia de recursos públicos em litígios desnecessários e demorados. A ausência de informações completas e relevantes a respeito das estratégias de planejamentos tributários nocivos é um dos principais desafios enfrentados pelas administrações tributárias no mundo. O acesso tempestivo a tais informações oferece a oportunidade de responder rapidamente aos riscos de perda de arrecadação tributária por meio de fiscalização ou de mudança na legislação. 5. Nesta linha, o Plano de Ação sobre Erosão da Base Tributária e Transferência de Lucros (Plano de Ação BEPS, OCDE, 2013), projeto desenvolvido no âmbito da OCDE/G20 e que conta com a participação do Brasil, reconheceu, com base na experiência de diversos países (EUA, Reino Unido, Portugal, África do Sul, Canadá e Irlanda), os benefícios das regras de revelação obrigatória a administrações tributárias. Assim, no âmbito do BEPS, há recomendações relacionadas com a elaboração de tais regras quanto a operações, arranjos ou estruturas agressivos ou abusivos. 6. O principal objetivo dessa medida é instruir a administração tributária com informação tempestiva a respeito de planejamento tributário, além de conferir segurança jurídica à empresa que revela a operação, inclusive com cobrança apenas do tributo devido e de juros de mora caso a operação não seja reconhecida, para fins tributários, pela RFB. Ademais, destaca-se que a medida estimula postura mais cautelosa por parte dos jurisdicionados antes de fazer uso de planejamentos tributários agressivos.*". Disponível em: https://goo.gl/6pCZwG.

[3] Críticas acerca da ausência de diálogo entre fiscos e contribuintes quando da edição da MP 685/2015 em BASTOS, Frederico Silva; SATO, Katherine Borges. *MP 685 prevê transparência de mão única, sem diálogo com o Fisco*. CONJUR.www.conjur.com.br, 2015. Disponível em: https://goo.gl/Q1DySw. Acesso em: 24/02/2018.

o suficiente para gerar insegurança jurídica aos contribuintes e com forte potencial para aumentar ainda mais os litígios tributários.

Em seu formato original (artigos 7º a 12 da MP 685/2015), os sujeitos passivos da obrigação tributária não conseguiam ter a devida compreensão de quais operações, atos ou negócios jurídicos deveriam ou não ser declarados e, em caso de não entrega da referida obrigação, criou-se presunção de ilícito tributário com aplicação de multa agravada e possível reflexo na esfera penal.

Diante desse cenário, natural a repercussão negativa da medida no ambiente jurídico, mormente porque, da forma como foi escrita, havia o risco de estruturas legítimas serem discricionariamente enquadradas pelas autoridades fiscais como práticas agressivas ou abusivas[4].

Nesse sentido, importante trazer breves considerações sobre as patentes ilegalidades e inconstitucionalidades dos artigos 7º a 12 da MP 685/2015 para, quando da apresentação de nova iniciativa legislativa por parte do Executivo e/ou Legislativo, sejam evitados tais vícios.

2.1. Da Necessária Utilização de Veículo Legislativo Adequado

A suposta introdução da Declaração de Planejamento Tributário (DPLAT)[5] não preencheu o requisito de urgência, condição *sine qua non* exigida pelo artigo 62 da CF/88[6], para instituição, via Medida Provisória, de uma obrigação dessa natureza.

É inquestionável a relevância do tema, mas valer-se deste veículo legislativo configurou efetivo atropelo do Executivo às prerrogativas do Legislativo.

E, não obstante parte da doutrina sustente ser a DPLAT mera obrigação acessória[7], que independe da regulamentação do artigo 116, parágrafo único, do CTN[8], tenho como premissa não ser legítima a instituição do dever de

---

[4] À época foi proposta Ação Direta de Inconstitucionalidade nº 5366/DF, que acabou sendo julgada extinta sem resolução do mérito em razão da supressão dos artigos 7º a 12, da MP 685/2015, quando da sua conversão em lei. Informações disponíveis em: https://goo.gl/G2T89h e https://goo.gl/9RPSVv.
[5] Na Escrituração Contábil Fiscal (ECF) a Receita Federal utilizou a denominação Declaração de Informações de Operações Relevantes (DIOR).
[6] "Art. 62. *Em caso de relevância e urgência*, o Presidente da República poderá adotar medidas provisórias, com força de lei, devendo submetê-las de imediato ao Congresso Nacional." (grifos nossos)
[7] TORRES. Heleno Taveira. *O planejamento tributário abusivo é o novo alvo do Fisco Global*. CONJUR. www.conjur.com.br, 2015. Disponível em: https://goo.gl/JrlULZ. Acesso em: 24/02/2018.
[8] "Artigo 116, Parágrafo único. A autoridade administrativa poderá desconsiderar atos ou negócios jurídicos praticados com a finalidade de dissimular a ocorrência do fato gerador do tributo ou a

declarar determinada operação como relevante para fins fiscais ou planejamento tributário abusivo, sem que o ordenamento jurídico discipline previamente quais estruturas, circunstâncias fáticas e/ou jurídicas têm relevância ou não para fins de combate às práticas fiscais danosas.

O critério da relevância é altamente subjetivo e os conceitos que envolvem as figuras da elisão, evasão e elusão fiscal não são convergentes na doutrina tributária[9]. Portanto, não é tarefa fácil ao operador segregar, sem qualquer amparo jurídico, quais operações são legítimas ou não.

Os citados artigos da Medida Provisória dispunham sobre a obrigatoriedade de o contribuinte declarar suas operações, atos e negócios jurídicos. E mais, delegava para a SRFB a possibilidade de, através de ato a ser publicado, definir quais atos ou negócios jurídicos que, para o órgão, ensejariam a obrigatoriedade de serem declarados.

Ocorre que, conforme dispõe o artigo 146, da CF/88[10], cabe à *lei complementar* estabelecer normas gerais em matéria tributária, o que significa dizer, *delinear a abrangência dos fatos geradores das obrigações tributárias*. É certo que, dentro do conceito de obrigação tributária, estão abrangidas tanto as obrigações principais como as acessórias[11]. No caso da MP 685/2015, é evidente a conexão da obrigação acessória com os potenciais reflexos para concreta exigência do crédito tributário.

Adoto como premissa, a visão consignada por Souto Maior Borges[12], segundo a qual

---

natureza dos elementos constitutivos da obrigação tributária, observados os procedimentos a serem estabelecidos em lei ordinária."

[9] Vide cotejo conceitual trabalhado por NISHIOKA, Alexandre Naoki. *O Planejamento Fiscal e a Elusão Tributária na Constituição e Gestão de Sociedades: Os Limites da Requalificação dos Atos e Negócios Jurídicos pela Administração*. Dissertação de Doutoramento em Direito Econômico e Financeiro apresentada à Faculdade de Direito da Universidade de São Paulo. 2010, p. 13-16. Disponível em: https://goo.gl/fcvjgP. Acesso em: 24/02/2018.

[10] "Art. 146. Cabe à lei complementar: (...)
III – estabelecer normas gerais em matéria de legislação tributária, especialmente sobre:
a) definição de tributos e de suas espécies, bem como, em relação aos impostos discriminados nesta Constituição, a dos respectivos fatos geradores, bases de cálculo e contribuintes;
b) obrigação, lançamento, crédito, prescrição e decadência tributários;" (grifos nossos)

[11] Foge ao presente escopo trazer maiores digressões sobre as características das obrigações acessórias e sua eventual desqualificação por parte da doutrina como obrigações propriamente ante seu caráter extrapatrimonial e não transitório que lhe são inerentes. Alinho-me a visão de Souto Maior Borges e Ricardo Aziz Cretton.

[12] BORGES, Souto Maior. *Obrigação Tributária*. São Paulo: Malheiros, 1984, p. 70.

(...) em face do direito positivo brasileiro, não há como extrair a conclusão da patrimonialidade genérica da obrigação tributária, precisamente porque ela distingue – inauguralmente no CTN – entre obrigação tributária principal, suscetível de avaliação econômica (art. 113, § 1º), e obrigação tributária acessória, insuscetível de valoração econômica (art. 113, § 2º). Assim sendo, tanto as prestações de cunho patrimonial, quanto as prestações que não o têm, são, pelo direito positivo brasileiro, caracterizados como obrigacionais.

Ainda que se considere a transitoriedade e a patrimonialidade como requisitos essenciais da figura obrigacional, a autonomia do Código Tributário Nacional (CTN) precisa ser preservada pelo sistema jurídico pátrio. O artigo 146, inciso III, da CF/88 deu *status* de lei complementar ao CTN e, portanto, entendo tratar-se de legítima obrigação, o dever previsto no artigo 113[13], § 2º, do CTN, daí a necessária veiculação por lei complementar.

E, por mais que as obrigações acessórias não tenham caráter patrimonial, elas têm por objeto o cumprimento da obrigação principal. São mecanismos hábeis a viabilizar a fiscalização e a arrecadação dos tributos. Logo, por via indireta, a obrigação acessória acaba por ter finalidade patrimonial.

Nas palavras de Ricardo Aziz Cretton[14],

> (...) as obrigações tributárias acessórias (de fazer, não fazer e suportar) seriam verdadeiras obrigações, existentes e válidas, de conteúdo via de regra não patrimonial (embora indiretamente visem fim pecuniário, qual o de possibilitar o adimplemento, forçado que seja, da obrigação principal, esta sim, sempre patrimonial). A patrimonialidade só seria requisito imanente, sine qua, da obrigação civil, não das obrigações de direito público, exaustivamente consideradas.

No mais, relevante consignar que, embora a MP 685/15 tenha tentado instituir obrigação tributária acessória relativa à necessidade do contribuinte de apresentar declaração à SRFB do *"conjunto de operações realizadas no ano-calendário anterior que envolva atos ou negócios jurídicos que acarretem supressão, redução*

---

[13] "Art. 113. A obrigação tributária é principal ou acessória.
§ 1º A obrigação principal surge com a ocorrência do fato gerador, tem por objeto o pagamento de tributo ou penalidade pecuniária e extingue-se juntamente com o crédito dela decorrente.
§ 2º A obrigação acessória decorre da legislação tributária e tem por objeto as prestações, positivas ou negativas, nela previstas no interesse da arrecadação ou da fiscalização dos tributos."
[14] CRETTON, Ricardo Aziz. A teoria da Obrigação Tributária e suas Vicissitudes Recentes no Brasil. *Revista Dialética de Direito Tributário n.º 10*. São Paulo: Dialética, p. 38.

ou diferimento de tributo", os incisos I à III, constantes do artigo 7º[15], descrevem hipóteses que indicam eventual caracterização de planejamento fiscal abusivo.

Por mais que tais figuras não constem da norma antiabuso brasileira (artigo 116, parágrafo único, do CTN)[16], não podemos desconsiderar os potenciais efeitos práticos atinentes à aplicação de tais conceitos pelos agentes fiscais no curso do procedimento fiscalizatório, no ato de lançamento, na aplicação da multa qualificada prevista no § 1º do art. 44 da Lei nº 9.430/1996[17] (intuito

---

[15] "Art. 7º O conjunto de operações realizadas no ano-calendário anterior que envolva atos ou negócios jurídicos que acarretem supressão, redução ou diferimento de tributo deverá ser declarado pelo sujeito passivo à Secretaria da Receita Federal do Brasil, até 30 de setembro de cada ano, quando:
I – *os atos ou negócios jurídicos praticados não possuírem razões extratributárias relevantes;*
II – *a forma adotada não for usual, utilizar-se de negócio jurídico indireto ou contiver cláusula que desnature, ainda que parcialmente, os efeitos de um contrato típico; ou*
III – *tratar de atos ou negócios jurídicos específicos previstos em ato da Secretaria da Receita Federal do Brasil.*
Parágrafo único. O sujeito passivo apresentará uma declaração para cada conjunto de operações executadas de forma interligada, nos termos da regulamentação". (grifos nossos)

[16] De fato, a MP 685/2015 não poderia extrapolar os limites do artigo 116, § único, do CTN, mas o fez. Sobre esse aspecto ver LUMMERTZ, Henry. *A MP 685 só pode ir até onde o parágrafo único do art. 116 do CTN permite*. JOTA. https://www.jota.info/, 2015. Disponível em: https://goo.gl/aWMj1M. Acesso em: 24/02/2018.

[17] "Art. 44. Nos casos de lançamento de ofício, serão aplicadas as seguintes multas:
I – de 75% (setenta e cinco por cento) sobre a totalidade ou diferença de imposto ou contribuição nos casos de falta de pagamento ou recolhimento, de falta de declaração e nos de declaração inexata;
§ 1º O percentual de multa de que trata o inciso I do caput deste artigo será duplicado nos casos previstos nos arts. 71, 72 e 73 da Lei nº 4.502, de 30 de novembro de 1964, independentemente de outras penalidades administrativas ou criminais cabíveis."
Os artigos 71 a 73, da Lei nº 4.502/64, tratam das figuras da sonegação, fraude e conluio, verbis:
"Art . 70. Considera-se reincidência a nova infração da legislação do Imposto do Consumo, cometida pela mesma pessoa natural ou jurídica ou pelos sucessores referidos nos incisos III e IV do artigo 36, dentro de cinco anos da data em que passar em julgado, administrativamente, a decisão condenatória referente à infração anterior.
Parágrafo único. Diz-se a reincidência:
I – genérica, quando as infrações são de natureza diversa;
II – específica, quando as infrações são da mesma natureza, assim entendidas as que tenham a mesma capitulação legal e as referentes a obrigações tributárias previstas num mesmo capítulo desta lei.
Art . 71. Sonegação é tôda ação ou omissão dolosa tendente a impedir ou retardar, total ou parcialmente, o conhecimento por parte da autoridade fazendária:
I – da ocorrência do fato gerador da obrigação tributária principal, sua natureza ou circunstâncias materiais;
II – das condições pessoais de contribuinte, suscetíveis de afetar a obrigação tributária principal ou o crédito tributário correspondente.
Art . 72. Fraude é tôda ação ou omissão dolosa tendente a impedir ou retardar, total ou parcialmente, a ocorrência do fato gerador da obrigação tributária principal, ou a excluir ou modificar

de sonegação ou fraude constante do artigo 12, da MP 685/15) e na abertura de representação fiscal para fins penais.

Logo, é forçoso concluir que a MP 685/2015 não se limitou à tentativa de instituição de obrigação tributária acessória, mas, por via oblíqua, tentou claramente ampliar as hipóteses de abuso para além do disposto no artigo 116, § único, do CTN[18].

Vejam que, o parágrafo único do artigo 116, do CTN (norma antielisão), foi introduzido pela *Lei Complementar nº 104 de 2001*, para que a autoridade administrativa possa "*desconsiderar atos ou negócios jurídicos praticados com a finalidade de **dissimular a ocorrência do fato gerador** do tributo ou a natureza dos elementos constitutivos da obrigação tributária, observados os **procedimentos a serem estabelecidos em lei ordinária**.*"

O referido dispositivo ainda não tem eficácia concreta, pois não vingou a tentativa de regulamentação feita através da MP 66/2002, que foi convertida parcialmente em lei, restando vetados os dispositivos relacionados à norma antielisão.

Quando da verificação dos pressupostos constitucionais de relevância e de urgência, necessários à análise de eventual conversão da MP 66/2002 em lei, a Câmara dos Deputados decidiu por bem suprimir os artigos 13 a 19 do texto da MP a ser apreciada pelo Plenário. O parecer do Deputado Relator Benedito Gama, acatado pelo Plenário, constituiu verdadeira mensagem de veto à norma geral antielisão, *verbis*:

> Assim, se pode ser relevante, para a Receita Federal, livrar-se da agenda pendente que repousava nas gavetas do órgão, a mesma relevância está longe de ser tão aparente do ponto de vista dos interesses genuínos do público em geral. (...) *Mas não tem nenhuma urgência, e pouca relevância, despejar ensaios precipitados e imaturos, eivados de marcas autocráticas e de visíveis injuridicidades, a respeito de critérios e mecanismos antielisivos nitidamente afrontosos à consciência jurídica dominante, de que tratam os artigos 13 a 19. Estamos saneando esta inadmissibilidade mediante a supressão desses dispositivos.* (...) Primeira, quanto às normas antielisivas, dos arts. 13 a 19, que são *inquinadas de inconstitucionais* por amplos setores da comunidade jurídica

---

as suas características essenciais, de modo a reduzir o montante do impôsto devido a evitar ou diferir o seu pagamento.
[18] Vet RIBEIRO, Ricardo Lodi. *Planejamento tributário, mesmo mal feito, não é o mesmo que sonegar imposto*. CONJUR.www.conjur.com.br, 2015. Disponível em: https://goo.gl/gJxFcy. Acesso em: 24/02/2018.

brasileira, contornaremos o obstáculo propondo a supressão dos dispositivos sob suspeita.[19]

No mais, a própria validade constitucional da norma geral antielisão no Direito brasileiro é questão ainda não solucionada pelo Supremo Tribunal Federal, que deverá apreciá-la quando do julgamento da **ADI 2.446**, cujo objeto é o parágrafo único do artigo 116 do CTN.

Se foi preciso lei complementar para tipificar a desconsideração de negócios jurídicos acobertados pela ilicitude (dissimulação) no parágrafo único do artigo 116 do CTN, igualmente há a necessidade de tal espécie normativa dispor sobre as situações elencadas na MP 685/2015, quais sejam: ausência de razões extratributárias relevantes, negócio jurídico indireto, abuso de forma e outros atos ou negócios jurídicos a serem disciplinados pela SRFB.

Note-se que, os próprios efeitos constantes do artigo 9º[20], da MP 685/2015 deixam claro que tal dispositivo não se limitou a regulamentar obrigação tributária acessória, mas inovou ao permitir que, nas hipóteses dos incisos I a III do artigo 7º, a autoridade fiscal não reconheça estas operações para fins tributários.

Se, forçosamente, admitirmos que a declaração prevista no artigo 7º da MP 685/2015 poderia ser enquadrada como espécie de denúncia espontânea[21], ainda assim, esta não se ajustaria aos termos do artigo 9º, tampouco seria lei ordinária o veículo legislativo adequado para criar outra modalidade de denúncia espontânea a par do CTN.

Não tenho dúvidas que este direcionamento (artigo 9º) legitimou eventual desconsideração de atos e negócios jurídicos de forma mais ampla e subjetiva,

---

[19] Parecer apresentado em Plenário à Medida Provisória nº 66, de 29 de agosto de 2002. Mensagem nº 00191, de 02/09/2002. Relator: Deputado Benito Gama. Voto. Páginas 33-35. Disponível em: https://goo.gl/U51Rww. Acesso em: 24/02/2018.

[20] "Art. 9º Na hipótese de a Secretaria da Receita Federal do Brasil não reconhecer, para fins tributários, as operações declaradas nos termos do art. 7º, o sujeito passivo será intimado a recolher ou a parcelar, no prazo de trinta dias, os tributos devidos acrescidos apenas de juros de mora.
Parágrafo único. O disposto no caput não se aplica às operações que estejam sob procedimento de fiscalização quando da apresentação da declaração".

[21] Ato do contribuinte de confessar tributo devido e não recolhido no prazo legal, conforme disposto no artigo 138, do CTN, *verbis*: "Art. 138. A responsabilidade é excluída pela denúncia espontânea da infração, acompanhada, se for o caso, do pagamento do tributo devido e dos juros de mora, ou do depósito da importância arbitrada pela autoridade administrativa, quando o montante do tributo dependa de apuração.
Parágrafo único. Não se considera espontânea a denúncia apresentada após o início de qualquer procedimento administrativo ou medida de fiscalização, relacionados com a infração."

o que extrapola a situação particular (dissimulação) prevista no parágrafo único do artigo 116 do CTN, pendente, inclusive, de regulamentação.

Diante de tais ponderações, verifica-se que a MP 685/2015 não só deixou de observar as diretrizes normativas relativas à necessária urgência para sua edição, como se mostrou viciada ao dispor sobre matérias claramente reservadas à lei complementar.

2.2. Da Divergência Doutrinária Acerca das Figuras em Análise e da Impossibilidade da SRFB Inovar Por Ato Infralegal

Como se não bastassem as ilegalidades e inconstitucionalidades supra descritas, nos incisos I a III, do artigo 7º, apareceu a expressão genérica "razões extratributárias relevantes", houve referência às figuras do abuso de forma e o negócio jurídico indireto e dispôs sobre a possibilidade da SRFB inovar o ordenamento jurídico por ato infralegal.

Conforme salientado, o critério da relevância é altamente subjetivo, como distinguir o relevante do irrelevante em vista das peculiaridades de cada modelo de negócio e/ou da necessidade financeira e operacional de companhias de diferentes segmentos econômicos? E pior, a norma direcionava para aplicação de multa qualificada em virtude da suposta intenção do contribuinte de sonegar ou fraudar. Como comprovar, nessa hipótese, a existência de dolo pelo sujeito passivo da obrigação tributária? Ao meu ver, um temerário dissenso.

A patente insegurança jurídica imbricada nessa expressão é chave para o aumento do contencioso tributário, campo fértil para atos discricionários e vinculados pela administração fazendária e mecanismo capaz de gerar reflexos indevidos na esfera penal.

No mais, longe de trazer profundas digressões sobre as figuras jurídicas constantes da norma em análise, é certo que os conceitos que envolvem os institutos da elisão, evasão e elusão fiscal não são convergentes na doutrina tributária brasileira.

Segundo Heleno Taveira Tôrres[22] na elusão, o contribuinte utilizaria atos lícitos, se isoladamente considerados, mas sem causa, simulados ou em fraude à lei, tudo com o objetivo de economizar tributos. Na elisão ou legítima economia de tributos, a finalidade seria a mesma, os atos praticados também

---

[22] TÔRRES, Heleno Taveira. *Direito tributário e direito privado: autonomia privada, simulação, elusão tributária*. São Paulo: Revista dos Tribunais, 2003, p. 17.

seriam lícitos, mas não haveria violação direta ou indireta a dispositivos legais. Já na evasão, o contribuinte agiria voluntária e dolosamente para eximir-se do pagamento de tributo devido[23].

Contudo, não se trata de uma visão uníssona. É comum doutrinadores utilizarem, para fenômenos distintos e com efeitos concretos distintos, a mesma terminologia. À título exemplificativo, Alberto Xavier[24] utiliza a expressão "evasão legítima" para designar elisão, enquanto Heleno Taveira Tôrres[25] "elusão fiscal".

Alberto Xavier e Sampaio Dória[26] adotam conceito abrangente de elisão. Consideram legítima a manipulação de formas lícitas para obtenção de economia fiscal. Portanto, diferente, do Heleno Taveira Torres, do Amílcar de Araújo Falcão[27], do Marco Aurélio Greco, toleram o abuso de forma e o negócio jurídico indireto.

Com relação à distinção entre evasão e elisão, Hermes Marcelo Huck[28] bem evidenciou tal divergência de posicionamentos, *"o que uns chamam de evasão pura, outros chamam de fraude, o que alguns dizem evasão legal, terceiros denominam elisão, e assim sucessivamente"*.

O mesmo ocorre quando da utilização da expressão "planejamento tributário", Marco Aurélio Greco[29] diferencia o planejamento tributário das opções fiscais, enquanto Marcus Abraham[30] considera que as opções fiscais estão incluídas no conceito de planejamento tributário.

Esta desarmonia conceitual e a falta de regulamentação do parágrafo único do artigo 116 do CTN (dissimulação) e/ou edição de nova lei complementar

---

[23] Distinção semelhante a trabalhada em Portugal por Nuno Pombo que utiliza a expressão "elisão fiscal" como sinônimo de "ilusão fiscal", ato ou efeito de iludir as autoridades fiscais e o procedimento fiscalizatório por meio da "criação astuciosa de condições", com a finalidade de "contornar" a vontade do legislador e auferir vantagens fiscais indevidas. Ver POMBO, Nuno. *A fraude fiscal: a norma incriminadora, a simulação e outras reflexões*. Coimbra: Almedina, 2007, p. 26-27.

[24] Ver XAVIER, Alberto. A evasão fiscal legítima: o negócio jurídico indireto em direito fiscal. *Revista de Direito Público*, São Paulo: Revista dos Tribunais, ano VI, nº 23, jan./mar. 1973, p. 236-253.

[25] TÔRRES, Heleno Taveira. *Op. cit.*, p. 17.

[26] DÓRIA, Antonio Roberto Sampaio. *Elisão e evasão fiscal*. São Paulo: Livraria dos Advogados, 1971, p. 81-82.

[27] FALCÃO, Amílcar Araújo. *Fato gerador da obrigação tributária*. 6ª edição. Rio de Janeiro: Forense, 2002, p. 33.

[28] HUCK, Hermes Marcelo. *Evasão e elisão: rotas internacionais do planejamento tributário*. São Paulo: Saraiva, 1997, p. 325.

[29] GRECO, Marco Aurélio. *Planejamento Tributário*. São Paulo: Dialética, 1998, p. 92-94.

[30] ABRAHAM, Marcus. *O planejamento tributário e o direito privado*. São Paulo: Quartier Latin, 2007, p. 278.

hábil a bem delimitar as hipóteses de planejamento tributário abusivo, acaba por influenciar negativamente a atuação das autoridades fiscais no curso do procedimento fiscalizatório, quando da lavratura do auto de infração e da aplicação desses institutos pelos julgadores das Delegacias de Julgamento da SRFB e do Conselho Administrativo de Recursos Fiscais (CARF), quando olhamos a esfera federal.

Em termos práticos, assistimos a utilização atécnica das figuras da simulação e fraude pelo fisco, o consequente enquadramento das operações de planejamento tributário como evasão fiscal, nos termos do artigo 149, VII, do CTN, e a aplicação indiscriminada da multa qualificada do artigo 44, § 1º, da Lei nº 9.430/1996. Esta dinâmica viciada acaba por alinhar-se às pretensões materializadas no artigo 12, da MP 685/2015, conforme será abordado no item 4.

E, por mais que em boa parte dos casos a multa qualificada de 150% seja afastada e as decisões de primeiro grau reformadas para aplicar a multa de ofício ordinária de 75%, o contencioso respectivo tornou-se uma condicionante e a contenção de eventuais reflexos indevidos na esfera penal também.

Por fim, a concessão normativa prevista artigo 7º, inciso III, da MP 685/2015, que autorizava a SRFB definir quais operações (atos ou negócios jurídicos) devem ser declaradas pelo contribuinte, delega ao próprio ente fiscalizador e arrecadador a prerrogativa de "julgar" quais atos ou negócios jurídicos que acarretem supressão, redução ou diferimento de tributo têm caráter abusivo.

Na realidade concreta, a ausência de definição de parâmetros e limites específicos para o próprio órgão da administração pública levaria à SRFB criar hipóteses de suposto abuso por ato infralegal pautado na discricionariedade dos atos administrativos (legalidade combinada com conveniência e oportunidade), sem a promoção do necessário diálogo entre os agentes envolvidos.

Sendo o Fisco parte claramente interessada na arrecadação (interesse público secundário), a lei precisa demarcar, com bastante clareza e precisão, os alcances desta atuação, justamente para que se assegure de forma efetiva o interesse público primário e se evite abusos por parte dos agentes públicos[31].

---

[31] Vale reforçar que o interesse público primário ou interesse da sociedade e da coletividade como um todo, de onde ecoa o princípio da supremacia do interesse público sobre o privado, não se confunde com o interesse público secundário. O conteúdo do interesse público secundário não corresponde ao interesse social, mas tão somente ao interesse estatal (patrimonial). Logo, não estamos tratando do interesse público propriamente dito e sim de interesses exclusivos do Estado. Como premissa, o interesse público secundário só deveria estar legitimado na hipótese de convergir com o interesse do povo. No entanto, a realidade brasileira escancara a completa dissociação entre

Ao invés de segurança jurídica, iniciativas como a MP 685/15 podem trazer profunda instabilidade a partir da inobservância dos princípios constitucionais da livre iniciativa, da autonomia privada (ambos fundamentados nos artigos 1º, inciso IV e 170, da CF/88) e da liberdade negocial (artigo 5º, inciso II, da CF/88)[32].

A centralidade dos direitos fundamentais no Estado Social e Democrático de Direito não autoriza que o desenvolvimento das atividades empresariais tenha que se adequar a uma roupagem pré-estabelecida pelo Estado, tampouco submeter-se ao seu crivo.

Tal como foi elaborada, autorizou a tributação por analogia[33] a partir da oneração de situação praticada no plano fático não descrita pela norma que se pretende aplicar para fins fiscais, o que é vedado pelo artigo 108, §1º, do CTN[34].

Manifestações de riqueza não podem ser colhidas diretamente na realidade econômica sem a filtragem do Direito Tributário, que estabelece a hipótese de incidência por meio da definição legal.

A MP 685/15, ao conceder verdadeiro "cheque em branco" à SRFB no campo da desconsideração de atos e negócios jurídicos, não só afrontou as próprias disposições do parágrafo único do artigo 116 do CTN, pendentes de regulamentação, como atentou contra o próprio princípio da legalidade em matéria tributária[35].

---

a busca do bem-estar social e o exercício dos poderes de autoridade da Administração Pública. A cooperação e a eficiência (artigo 37, da CF/88) deveriam legitimar as escolhas discricionárias dos agentes públicos juntamente com os valores constitucionais relativos à ordem econômica (artigo 170, da CF/88, onde a expressão "justiça social" conecta a livre iniciativa à busca do bem comum). O direito administrativo deve ser explicado a partir da proporcionalidade e não mais da supremacia e o dito interesse público prescinde da associação dos interesses públicos e particulares. Maiores ponderações sobre o tema em BINENBOJM, Gustavo. Da supremacia do interesse público ao dever de proporcionalidade: um novo paradigma para o Direito Administrativo. In: *Revista de Direito Administrativo (RDA)*, v. 239, jan/mar. 2005. Rio de Janeiro, p. 1-31. Disponível em: https://goo.gl/LLUkGQ; e ÁVILA, HUMBERTO. Moralidade, Razoabilidade e Eficiência na Atividade Administrativa. In: *Revista Eletrônica sobre a Reforma do Estado*, nº 04, out/nov/dez 2005, p. 23-24. Disponível em: https://goo.gl/Hn3CpK. Acessos em: 01/01/2018.

[32] Nesse sentido, RIBEIRO, Ricardo Lodi. *Planejamento tributário, mesmo mal feito, não é o mesmo que sonegar imposto*. CONJUR.www.conjur.com.br, 2015. Disponível em: https://goo.gl/gJxFcy. Acesso em: 24/02/2018.

[33] Nesse linha, ESTRADA, Roberto Duque. *MP 685/2015: uma tentativa inconstitucional de tributação por analogia*. CONJUR.www.conjur.com.br, 2015. Disponível em: https://goo.gl/Xt75QS. Acesso em: 24/02/2018.

[34] Artigo 108, "§ 1º O emprego da analogia não poderá resultar na exigência de tributo não previsto em lei".

[35] Artigos 5º, inciso II e 150, inciso I, da CF/88.

Não é possível delegar à SRFB o poder de definir a própria regra a que estará submetida, especialmente para desconsiderar negócios e atos praticados pelos contribuintes. Tais diretrizes devem ser definidas e delimitadas por legislação de caráter material e processual/procedimental.

Este raciocínio é reforçado quando analisamos as disposições contidas nos artigos 9º e 11[36], da MP 685. Caso o contribuinte não concordasse com a exigência (artigo 9º) e/ou com a declaração/decisão de ineficácia (artigo 11) direcionada pela autoridade fiscal, o normativo sequer disciplinava como seria exercido o direito de defesa contra estes atos.

A Constituição assegura o amplo direito de defesa na esfera administrativa e esse ato de cobrança, que não deixa de ser um lançamento, *ex vi* do art. 142 do CTN, poderá ser impugnado pelo contribuinte, sob pena de nulidade[37].

A partir destas colocações, resta evidente a árdua tarefa do legislador neste campo e a importância de o tema ser melhor discutido com os operadores e com a sociedade, conduzido com assertividade e respeito aos ditames constitucionais e aos trâmites legislativos próprios, que naturalmente devem fomentar o diálogo entre fiscos e contribuintes.

3. Do Desvirtuamento das Diretrizes do Plano de Ação 12 do BEPS

Na exposição de motivos da MP 685/2015, o Ministro da Fazenda, Joaquim *Levy*, afirmava estar a medida em consonância com o Plano de Ação 12 do BEPS, desenvolvido para evitar "estruturas agressivas ou abusivas", bem como alinhada às práticas de países que já adotam a declaração de planejamento tributário abusivo como é o caso do Reino Unido, dos Estados Unidos, da Irlanda, de Portugal, do Canadá e da África do Sul.

À época o Executivo brasileiro, além de antecipar a normatização da declaração de planejamento tributário abusivo, deixou de observar os princípios basilares apresentados no draft de discussão do Plano de Ação 12 do

---

[36] "Art. 11. A declaração de que trata o art. 7º, inclusive a retificadora ou a complementar, será ineficaz quando:
I – apresentada por quem não for o sujeito passivo das obrigações tributárias eventualmente resultantes das operações referentes aos atos ou negócios jurídicos declarados;
II – omissa em relação a dados essenciais para a compreensão do ato ou negócio jurídico;
III – contiver hipótese de falsidade material ou ideológica; e
IV – envolver interposição fraudulenta de pessoas."
[37] O Decreto nº 70.235/72 indica os casos de nulidade nos artigos 10º e 59.

BEPS, posteriormente confirmados no Reporte Final[38], segundo os quais as regras devem (i) ser claras e de fácil compreensão; (ii) equilibrar os custos de *compliance* a serem suportados pelos contribuintes para cumprimento da obrigação legal com os benefícios obtidos pela administração fiscal; (iii) identificar com precisão os regimes relevantes (abusivos); e (iv) assegurar que as informações obtidas sejam capazes de atingir os objetivos políticos pretendidos.

Dentre os objetivos almejados pela OCDE, vale citar três principais: obtenção de informações prévias sobre planejamentos tributários potencialmente abusivos para avaliação dos riscos; identificação das operações/esquemas abusivos, os seus promotores/consultores e usuários/contribuintes; e dissuasão de modo a reduzir a promoção e o uso desses planejamentos[39].

Muito longe de pretender exaurir o tema, o intuito aqui é demonstrar que a frustrada tentativa de introdução da Declaração Obrigatória por meio dos artigos 7º a 12, da MP 685/2015, esteve muito longe de atender aos preceitos propostos no âmbito da OCDE.

A par dos custos de *compliance*[40] a serem suportados pelos contribuintes brasileiros com mais uma obrigação acessória, a falta de clareza do normativo, inevitavelmente, faria com que as informações obtidas pela SRFB não inibissem de forma eficiente as *práticas abusivas* de planejamento fiscal, tampouco seriam úteis na troca de informações fiscais entre países.

---

[38] OECD. *Public Discussion Draft – BEPS Action 12: Mandatory Disclosure Rules*. Paris: OECD, 11/05/2015, p. 14-15. Disponível em: https://goo.gl/gXtkCM. OECD. *Mandatory Disclosure Rules – Action 12 – 2015 Final Report*. Paris: OECD, 05/10/2015. Disponível em: https://goo.gl/NAAhtA. Acessos em: 24/02/2018.

[39] Esses objetivos foram observados quando da elaboração desses recentes documentos pela OCDE: *Model Mandatory Disclosure Rules for CRS Avoidance Arrangements and Opaque Offshore Structures*. Paris: OECD, 09/03/2018. Disponível em: https://goo.gl/LgFT15 e *Public Comments on the Discussion draft on Mandatory Disclosure Rules for Addressing CRS Avoidance Arrangements and Offshore Structures: CRS avoidance arrangements and offshore structures*. Paris: OECD, 18/01/2018. Disponível em: https://goo.gl/pHWa6B. Acessos em: 24/02/2018.

[40] Contínuos estudos comparativos escancaram a pouca atratividade do mercado brasileiro decorrente da elevada carga tributária, do alto custo de *compliance*, dos baixos indicadores de transparência e eficiência. Ver BANCO MUNDIAL. *Doing Business 2017 – 2016 – 2015*. Disponíveis em: https://goo.gl/U4slRw, https://goo.gl/KsyrlM e https://goo.gl/VvOFVH; DELOITTE. *Compliance tributário no Brasil: As estruturas das empresas para atuar em um ambiente complexo*. 2016. Disponível em: https://goo.gl/1w9NuU; FEDERAÇÃO DAS INDÚSTRIAS DO ESTADO DE SÃO PAULO – FIESP. *O Peso da Burocracia Tributária na Indústria de Transformação 2012*. 2012. Disponível em: https://goo.gl/DG7xTR. Acessos em: 24/02/2018.

A própria utilização de expressões imprecisas e substancialmente subjetivas somada a prerrogativa da SRFB de não reconhecer, para fins tributários, as operações declaradas nos termos do artigo 7º, inciso III, por si só já desvirtuariam as diretrizes constantes dos trabalhos desenvolvidos pela OCDE, especialmente porque quaisquer práticas negociais e organizacionais, sejam elas *abusivas ou não*, estariam contempladas.

O próprio Reporte Final do Plano de Ação 12 do BEPS[41], reforçou considerações de ordem principiológica que visam justamente evitar disposições como as trazidas pela MP 685/2015, *verbis*:

(...)
Mandatory disclosure rules should be drafted as clearly as possible to provide taxpayers with certainty about what is required by the regime. Lack of clarity and certainty can lead to inadvertent failure to disclose (and the imposition of penalties), which may increase resistance to such rules from taxpayers. Additionally, a lack of clarity could result in a tax administration receiving poor quality or irrelevant information.
(...)
It is impractical for a mandatory disclosure regime to target all transactions that raise tax avoidance concerns and the identification of "hallmarks" is a key factor.

Como se não bastasse, os países citados na exposição de motivos da MP 685/2015, além de já terem previsão normativa clara sobre a declaração obrigatória com a respectiva limitação das estruturas/estereótipos considerados abusivos, adotam medidas punitivas de natureza financeira e não penal. A tabela abaixo ilustra bem essa realidade[42]:

---

[41] OECD. *Mandatory Disclosure Rules – Action 12 – 2015 Final Report*. Paris: OECD, 05/10/2015, p-19-20. Disponível em: https://goo.gl/NAAhtA. Acesso em: 24/02/2018.
[42] Tabela elaborada de acordo com as informações constantes da planilha apresentada no *draft* e Reporte Final da OCDE. *Op. cit*, p. 91-97.

Madatory Disclosure Rules	Quais estruturas precisam ser declaradas?	Qual a natureza da medida punitiva?	Tem reflexo penal?
Brasil Tentativa via MP 685/2015	Quaisquer estruturas lícitas ou ilícitas.	Penalidade de natureza financeira e penal. Omissão dolosa com a aplicação de multa agravada de 150% do valor do tributo. Presunção de sonegação fiscal ou fraude tributária.	Sim
África do Sul	Estruturas Abusivas	Penalidades de natureza financeira, usualmente aplicadas por mês. Média de R 150 mil mês se consideradas isoladamente.	Não
Canadá	Estruturas Abusivas	Penalidades de natureza financeira e podem ultrapassar 100% do valor do tributo se consideradas isoladamente.	Não
Estados Unidos	Estruturas Abusivas	Penalidades de natureza financeira e podem ultrapassar US$ 200 mil se consideradas isoladamente.	Não
Irlanda	Estruturas Abusivas	Penalidades de natureza financeira, usualmente aplicadas por dia. Média de 500 € dia se consideradas isoladamente.	Não
Portugal	Estruturas Abusivas	Penalidades de natureza financeira e podem ultrapassar US$ 100 mil se consideradas isoladamente.	Não
Reino Unido	Estruturas Abusivas	Penalidades de natureza financeira e podem ultrapassar £ 1 milhão se consideradas isoladamente.	Não

À título exemplificativo, a norma portuguesa antiabuso[43], antes de impor a obrigação do contribuinte ou promotor de comunicar a estrutura agressiva, dispõe com precisão quais esquemas ou atuações estão abrangidas pelo Decreto-Lei nº 29/2008. Diferente da MP 685/2015 que contava com seis artigos altamente subjetivos, a norma lusitana em seus vinte e quatro trata o tema de forma cuidadosa e estruturada.

Como real medida de *enforcement*, as legislações comparadas optaram por medidas punitivas de natureza financeira e sem reflexos penais, isso porque cabe ao Direito Tributário (e não ao Direito Penal) buscar alternativas capazes de repelir e reduzir as práticas abusivas, impulsionar boas práticas e reforçar a cooperação e o diálogo entre fiscos e contribuintes.

---

[43] Decreto-Lei 29/2008, de 25 de fevereiro emitido pelo Ministério das Finanças da Administração Pública Portuguesa. Disponível em: http://dre.tretas.org/dre/229553/. Acesso em: 24/02/2018.

No mais, convém ressaltar que, embora os países supracitados tenham sido analisados pela OCDE, isso não significa serem experiências bem-sucedidas quando da introdução da declaração obrigatória de planejamento. Foi justamente a partir da análise empírica por parte do órgão internacional que foram traçadas as já referidas diretrizes principiológicas.

Pelo exposto, é possível observar a discrepância entre o proposto na MP 685/2015, as diretrizes gerais apresentadas no seio da OCDE e as legislações pré-existentes que, inclusive, em virtude das constantes atualizações dos mecanismos de implementação dos Planos de Ação do BEPS, poderão sofrer adequações pelos respectivos países para estarem alinhadas aos novos direcionamentos.

Trata-se de temática viva que demanda rotina de monitoramento e aprimoramento, daí a importância do diálogo, clareza e transparência de ações de caráter doméstico e internacional.

4. Do Não Cabimento de Medida Punitiva de Caráter Penal

Conforme mencionado nos itens anteriores, o artigo 12, da MP 685/2015, previa que o descumprimento do artigo 7º (hipóteses de cabimento da declaração obrigatória de planejamento tributário), ou a entrega com ocorrência de alguma das possibilidades previstas no artigo 11 (declaração considerada ineficaz), implicava em omissão dolosa com a aplicação de multa qualificada prevista no § 1º do art. 44 da Lei nº 9.430/1996 (intuito de sonegação ou fraude) e na abertura de representação fiscal para fins penais.

A partir do exame da tabela constante do item 3, fica claro que as disposições da MP 685/2015 não só destoaram das diretrizes da OCDE como também dos disciplinamentos domésticos dos países examinados.

Nenhum dos países vincula a ausência de entrega ou entrega ineficaz à presunção de prática sonegatória ou fraudulenta até porque crimes não se presumem. Sem a prova da materialidade delitiva e o elemento volitivo (dolo) não há que se falar em crime de sonegação.

A melhor doutrina penal e a jurisprudência de nossos tribunais são pacíficas quanto a impossibilidade de presunção de dolo em crime de resultado (crimes materiais), como é o caso ora em análise[44]. Faz-se necessária a devida

---

[44] Maiores aprofundamentos em COSTA, José de Faria; SILVA, Marco Antonio Nascimento da. *Direito Penal, Direito Processual Penal, e Direitos Fundamentais: visão luso-brasileira.* São Paulo: Quartier Latin, 2006; SCAFF, Fernando Facury; SILVEIRA, Renato de Mello Jorge. *MP 685/2015 se baseia em*

apuração e comprovação de que houve a efetiva supressão, redução ou diferimento de tributos e a real intenção do contribuinte de lesar o fisco.

Na prática, o artigo 12, da MP 685/2015, forçosamente ampliou tipo penal de natureza material (sonegação) como se formal fosse. Em termos técnicos, esse direcionamento, a par de desproporcional e irrazoável, afronta o princípio da legalidade e da presunção de inocência em matéria penal.

A referida obrigação instrumental, na forma como incluída na MP 685/2015, figurava como espécie de "confissão" forçada das operações empresarias, ainda que não abusivas ou fraudulentas.

Trata-se de verdadeiro dissenso tentar enquadrar como sonegação mero descumprimento ou descumprimento ineficaz de obrigação tributária acessória, especialmente se o contribuinte não tem certeza de quais operações/estereótipos são de fato considerados abusivos. E, ainda que o contribuinte tivesse essa certeza, a mera declaração em direito tributário não pode repercutir automaticamente na esfera penal.

As declarações em Direito Tributário (instrumento auxiliar à fiscalização, apuração e arrecadação de tributos) e em Direito Penal (meio de prova de prática criminosa) têm objetivos e efeitos distintos[45].

Tanto é verdade que, em Direito Tributário não temos o amparo do princípio da não auto-incriminação (*nemo tenetur se detegere*), fundado no artigo 5º, LXIII, CF e no artigo 8º, parágrafo 2º, g, do Pacto de San José da Costa Rica.

Apenas à título de argumento, se admitirmos a possibilidade de reflexo na esfera penal nessa situação, o contribuinte pode se recusar a cumprir a obrigação tributária acessória, pois não cabe exigir que o sujeito passivo produza prova contra si mesmo.

Ademais, a banalização da aplicação da multa qualificada do artigo 44, §1º, da Lei º 9.403/1996 pelas autoridades fiscais em situações que nitidamente não se enquadram nas hipóteses de sonegação, fraude e conluio, demonstra a

---

fórmulas pensadas para o comércio internacional. CONJUR.www.conjur.com.br, 2015. Disponível em: https://goo.gl/nf4r6J; TANGERINO, Davi de Paiva Costa. *Medida que obriga informar planejamento à Receita não deve ter efeito penal*. CONJUR.www.conjur.com.br, 2015. Disponível em: https://goo.gl/ahw3ER; RUIVO, Marcelo Almeida. Criminalidade Fiscal e Colarinho Branco: A Fuga ao Fisco é Exclusividade do White-Collar? In: COSTA, José de Faria; SILVA, Marco Antonio Nascimento da. *Direito Penal, Direito Processual Penal, e Direitos Fundamentais: visão luso-brasileira*. São Paulo: Quartier Latin, 2006, p.1177-1215. Acessos em: 24/02/2018. Acerca do enquadramento do tipo penal de sonegação como crime material, ver artigo do Dr. Marcelo Almeida Ruivo, *A materialidade dos crimes contra ordem tributária: crimes formais ou crimes materiais?*

[45] Sobre os efeitos da confissão tributária sugiro a leitura do artigo *Confissão Tributária e sua eficácia no Processo Penal*, de autoria do Dr. Pedro Adamy.

clara tendência a criminalização de condutas que, muitas vezes, não deveriam ser "freadas" pelo Direito Penal, mas adequadamente repelidas pelo Direito Tributário.

O Direito Penal deve servir como última medida e não como mecanismo intimidador, sob pena de tornar-se ineficaz ante autênticas práticas criminosas.

5. Conclusões e Alternativas de Ordem Prática

Tenho para mim que o legislador federal, quando da edição da MP 685/2015, optou pela obrigatoriedade do dever de comunicar todo e qualquer planejamento fiscal para garantir eficiência fiscalizatória e, por consequência, arrecadatória, ainda que em detrimento da Constituição Federal e em prejuízo o desenvolvimento político, institucional e econômico do país.

Da forma foi criada, correu-se forte risco de estruturas legítimas que hoje fomentam a competitividade e garantem a inserção do Brasil na cadeia global de valor, serem discricionariamente enquadradas pelas autoridades fiscais como práticas fiscais danosas.

Para evitar que o erro se repita, trago alguns pilares importantes que merecem ser observados quando da introdução da declaração de planejamento tributário:

Regulamentação do parágrafo único do artigo 116, CTN e compatibilização da futura declaração de planejamento abusivo com as figuras/hipóteses descritas na norma em questão. O ordenamento jurídico deve disciplinar previamente à instituição da declaração de planejamento tributário quais estruturas, circunstâncias fáticas e/ou jurídicas têm relevância ou não para fins de combate às práticas fiscais danosas, o que deve ser feito por lei complementar caso a figura da dissimulação não seja o único instituto jurídico hábil a qualificar determinada operação como abusiva.

Em linhas com as diretrizes da OCDE, os regimes relevantes (abusivos) devem ser trabalhados com precisão e clareza pelo legislador para que o contribuinte tenha ciência dos riscos envolvidos e a medida figure como instrumento hábil a influenciar o sujeito passivo a reduzir a promoção e o uso desses planejamentos.

Em vista da divergência doutrinária e jurisprudencial em torno das figuras da elisão, elusão e evasão, as legislações respectivas e conexas devem convergir e cuidar de inserir formalmente e bem definir os limites de aplicação dos institutos jurídicos do abuso de forma, abuso de direito e negócio jurídico indireto em matéria tributária, bem como da teoria do propósito negocial. Portanto, expressões genéricas e altamente subjetivas como "razões extratributárias relevantes", não devem ser utilizadas pelo legislador.

A legislação não pode delegar ao próprio ente fiscalizador e arrecadador a prerrogativa de "julgar" quais atos ou negócios jurídicos que acarretem supressão, redução ou diferimento de tributo têm caráter abusivo. Como alternativa, sugere-se a criação de câmara especializada composta por representantes do fisco e contribuintes, podendo envolver representantes do Ministério do Planejamento (ponderações acerca dos impactos macroeconômicos), das Confederações e experts acadêmicos com comprovada experiência em tributação e contabilidade, indicados pelo Conselho da Federal da Ordem dos Advogados do Brasil ou pelo Conselho Federal de Contabilidade, para deliberar sobre quais operações concretas podem ser consideradas abusivas.

Essa Câmara Especializada poderá ser provocada mediante consulta prévia ou após decisão da Delegacia de Julgamento que manter a exigência do crédito tributário. As sessões devem ser públicas e a listagem de operações consideradas abusivas pelo órgão deverá ser amplamente divulgada. Nos termos do Regimento Interno do CARF, poderá se tornar vinculatória para os órgãos do Ministério da Fazenda.

Na hipótese de a Secretaria da Receita Federal do Brasil não reconhecer, para fins tributários, as operações declaradas, o contribuinte deverá ser intimado a prestar esclarecimentos no prazo de trinta dias. A intimação deve vir acompanhada de fundamentação que contenha relatório circunstanciado dos atos ou negócios praticados, bem como dos fundamentos que justificaram ou não o reconhecimento das operações para fins fiscais, com a exposição dos motivos que afastaram as razões apresentadas pelo sujeito passivo. Se mantida a decisão por parte do agente fiscal, este deverá lavrar o competente auto de infração.

Na hipótese de a Secretaria da Receita Federal do Brasil considerar imprecisa a declaração prestada, contribuinte deverá ser intimado da decisão fundamentada para, no prazo de quinze dias, suprir o vício identificado.

Caso o contribuinte não apresente ou entregue em atraso a declaração obrigatória, deve ser aplicada multa isolada (natureza financeira) para que o sujeito passivo evite o descumprimento da obrigação acessória.

Deve ser afastado todo e qualquer reflexo penal diante do cumprimento ou descumprimento desta obrigação tributária acessória. A norma não deve contemplar a incidência da multa qualificada prevista no § 1º do art. 44 da Lei nº 9.430/1996.

Diante dessas breves digressões, provações e proposições, considero no mínimo recomendável que o Governo Federal não tente introduzir a declaração obrigatória de planejamento tributário abusivo na legislação doméstica sem antes: discutir prévia e amplamente com os agentes envolvidos; analisar com profundidade técnica os institutos jurídicos envolvidos, as diretrizes da OCDE e os casos de sucesso no Direito Comparado; e mensurar o impacto micro e macroeconômico dessa estratégia de política fiscal.

Diálogo, previsibilidade, segurança jurídica e transparência são os valores que esperamos ver preservados. O planejamento não diz respeito às decisões futuras, mas às implicações futuras de decisões presentes[46].

Referências

ABRAHAM, Marcus. *O planejamento tributário e o direito privado*. São Paulo: Quartier Latin, 2007.

ÁVILA, HUMBERTO. Moralidade, Razoabilidade e Eficiência na Atividade Administrativa. In: *Revista Eletrônica sobre a Reforma do Estado, nº 04*, out/nov/dez 2005, p. 23-24. Disponível em: https://goo.gl/Hn3CpK. Acesso em: 01/01/2018.

BASTOS, Frederico Silva; SATO, Katherine Borges. *MP 685 prevê transparência de mão única, sem diálogo com o Fisco*. CONJUR.www.conjur.com.br, 2015. Disponível em: https://goo.gl/Q1DySw. Acesso em: 24/02/2018.

BINENBOJM, Gustavo. Da supremacia do interesse público ao dever de proporcionalidade: um novo paradigma para o Direito Administrativo. In: *Revista de Direito Administrativo (RDA), v. 239, jan/mar. 2005*. Rio de Janeiro, p. 1-31. Disponível em: https://goo.gl/LLUkGQ. Acesso em: 01/01/2018.

BORGES, Souto Maior. *Obrigação Tributária*. São Paulo: Malheiros, 1984, p. 70.

CRETTON, Ricardo Aziz. A teoria da Obrigação Tributária e suas Vicissitudes Recentes no Brasil. *Revista Dialética de Direito Tributário n.º 10*. São Paulo: Dialética, p. 38.

DÓRIA, Antonio Roberto Sampaio. *Elisão e evasão fiscal*. São Paulo: Livraria dos Advogados, 1971.

ESTRADA, Roberto Duque. *MP 685/2015: uma tentativa inconstitucional de tributação por analogia*. CONJUR.www.conjur.com.br, 2015. Disponível em: https://goo.gl/Xt75QS. Acesso em: 24/02/2018.

FALCÃO, Amílcar Araújo. *Fato gerador da obrigação tributária*. 6ª edição. Rio de Janeiro: Forense, 2002.

GRECO, Marco Aurélio. *Planejamento Tributário*. São Paulo: Dialética, 1998.

---

[46] Peter Ferdinand Drucker. Pai da administração moderna, sendo um dos mais reconhecidos pensadores sobre o impacto da globalização na economia em geral e, em particular, nas estruturas organizacionais.

HUCK, Hermes Marcelo. *Evasão e elisão: rotas internacionais do planejamento tributário*. São Paulo: Saraiva, 1997.

LUMMERTZ, Henry. *A MP 685 só pode ir até onde o parágrafo único do art. 116 do CTN permite*. JOTA. https://www.jota.info/, 2015. Disponível em: https://goo.gl/aWMj1M. Acesso em: 24/02/2018.

MCNAUGHTON, Charles William.
_____. *Elisão e Norma Antielisiva: Completabilidade e Sistema Tributário*. São Paulo: Noeses, 2014.

_____. *MP 685: planejamento tributário e segurança jurídica*. JOTA. https://www.jota.info/, 2015. Disponível em: https://goo.gl/A7eLWW. Acesso em: 24/02/2018.

NISHIOKA, Alexandre Naoki. *O Planejamento Fiscal e a Elusão Tributária na Constituição e Gestão de Sociedades: Os Limites da Requalificação dos Atos e Negócios Jurídicos pela Administração*. Dissertação de Doutoramento em Direito Econômico e Financeiro apresentada à Faculdade de Direito da Universidade de São Paulo. 2010. Disponível em: https://goo.gl/fcvjgP. Acesso em: 24/02/2018.

_____. *Organization for Economic Co-operation and Development (OECD)*.

_____. *Model Mandatory Disclosure Rules for CRS Avoidance Arrangements and Opaque Offshore Structures*. Paris: OECD, 09/03/2018. Disponível em: https://goo.gl/LgFT15. Acesso em: 10/03/2018.

_____. *Public Comments on the Discussion draft on Mandatory Disclosure Rules for Addressing CRS Avoidance Arrangements and Offshore Structures: CRS avoidance arrangements and offshore structures*. Paris: OECD, 18/01/2018. Disponível em: https://goo.gl/pHWa6B. Acesso em: 24/02/2018.

_____. *Mandatory Disclosure Rules – Action 12 – 2015 Final Report*. Paris: OECD, 05/10/2015. Disponível em: https://goo.gl/NAAhtA. Acesso em: 24/02/2018.

_____. *Public Discussion Draft – BEPS Action 12: Mandatory Disclosure Rules*. Paris: OECD, 11/05/2015. Disponível em: https://goo.gl/gXtkCM. Acesso em: 24/02/2018.

_____. *Comments received on Public Discussion draft – BEPS Action 12: Mandatory Disclosure Rules*. Paris: OECD, 04/05/2015. Disponível em: https://goo.gl/SiZx67. Acesso em: 24/02/2018.

POMBO, Nuno. *A fraude fiscal: a norma incriminadora, a simulação e outras reflexões*. Coimbra: Almedina, 2007.

RIBEIRO, Ricardo Lodi. *Planejamento tributário, mesmo mal feito, não é o mesmo que sonegar imposto*. CONJUR.www.conjur.com.br, 2015. Disponível em: https://goo.gl/gJxFcy. Acesso em: 24/02/2018.

RODAS, Sérgio. *Com MP 685, punitivismo conhecido no Direito Penal chega ao Tributário*. CONJUR.www.conjur.com.br, 2015. Disponível em: https://goo.gl/rF1Hi1. Acesso em: 24/02/2018.

RUIVO, Marcelo Almeida. Criminalidade Fiscal e Colarinho Branco: A Fuga ao Fisco é Exclusividade do White-Collar? In: COSTA, José de Faria; SILVA, Marco Antonio Nascimento da. *Direito Penal, Direito Processual Penal, e Direitos Fundamentais: visão luso-brasileira*. São Paulo: Quartier Latin, 2006, p.1177-1215.

SANTI, Eurico Marcos Diniz de. *Macrovisão do crédito tributário: DRO, CORAT e a nova norma-antielisiva da MP 685.* JOTA. https://www.jota.info/, 2016. Disponível em: https://goo.gl/7Ufe47. Acesso em: 24/02/2018.

SANTIAGO, Igor Mauler. *Com medida provisória, governo criminaliza o planejamento tributário.* CONJUR.www.conjur.com.br, 2015. Disponível em: https://goo.gl/YbQCK2. Acesso em: 24/02/2018.

SCAFF, Fernando Facury; SILVEIRA, Renato de Mello Jorge. *MP 685/2015 se baseia em fórmulas pensadas para o comércio internacional.* CONJUR.www.conjur.com.br, 2015. Disponível em: https://goo.gl/nf4r6J. Acesso em: 24/02/2018.

TANGERINO, Davi de Paiva Costa. *Medida que obriga informar planejamento à Receita não deve ter efeito penal.* CONJUR.www.conjur.com.br, 2015. Disponível em: https://goo.gl/ahw3ER. Acesso em: 24/02/2018.

TORRES. Heleno Taveira.

_____.*O planejamento tributário abusivo é o novo alvo do Fisco Global.* CONJUR.www.conjur.com.br, 2015. Disponível em: https://goo.gl/Jr1ULZ. Acesso em: 24/02/2018.

_____. *Direito tributário e direito privado: autonomia privada, simulação, elusão tributária.* São Paulo: Revista dos Tribunais, 2003.

XAVIER, Alberto. A evasão fiscal legítima: o negócio jurídico indireto em direito fiscal. *Revista de Direito Público*, São Paulo: Revista dos Tribunais, ano VI, nº 23, p. 236-253, jan./mar. 1973.

Condutas Neutras: Uma Análise do Risco da Advocacia Frente à Criminalidade Econômica

José Danilo Tavares Lobato

1. Introdução

O presente artigo apresenta uma breve reflexão acerca da participação criminal por meio de ações neutras, tendo como centro de investigação a atuação do advogado que contribui para a conduta autoral alheia. Na atualidade, o advogado, que elabora ou assessora a confecção de um planejamento tributário agressivo, vê-se sob o risco de vir a ser responsabilizado por lavagem de dinheiro, sonegação fiscal, evasão de divisas dentre outros crimes. Por essa razão, nos últimos anos, aflorou o debate[1] acerca da possibilidade de se responsabilizar o advogado nessas hipóteses. A partir dessa preocupação que acomete a advocacia na atualidade, retomo algumas considerações já expostas em estudos anteriores[2], com o propósito de repisar algumas categorias

---

[1] ESTELLITA, Heloisa. Exercício da advocacia e lavagem de capitais. 1. ed. Rio de Janeiro: Editora FGV, 2016; ESTELLITA, Heloisa; BOTTINI, Pierpaolo Cruz. Sigilo, inviolabilidade e lavagem de capitais no contexto do novo Código de Ética. Revista do Advogado, v. 1, pp. 134 a 148, 2016; RÍOS, Rodrigo Sanchez. Advocacia e Lavagem de Dinheiro: Questões de Dogmática Jurídico-Penal e de Política Criminal. 1. ed. São Paulo: Saraiva, 2010.

[2] Nesse sentido, referenciem-se minhas publicações anteriores: Cumplicidade por Meio de Ações Neutras – O Início (tardio) de um Debate. Revista de Direito do Tribunal de Justiça do Estado do Rio de Janeiro. Rio de Janeiro, 64, 2005; Participação criminal por meio de ações neutras. Dissertação de Mestrado. Rio de Janeiro: UCAM, 2006; Teoria Geral da Participação Criminal e Ações Neutras – Uma Questão Única de Imputação Objetiva. Curitiba: Juruá, 2009; Ações Neutras – Algumas Notas Corretivas para o Debate Brasileiro. Boletim IBCCRIM. São Paulo, 216, 2010; Um Panorama da Relação entre Teoria do Abuso de Direito, Ações Neutras e Lavagem de Dinheiro. Revista de Concorrência e Regulação. Lisboa, 16, out/dez, 2013; Notas acerca do Problema: Advocacia e Lavagem de Dinheiro. Boletim IBCCRIM. São Paulo, 22, 2014.

centrais que cercam a presente problemática e, também, em certa medida, expor com mais clareza alguns pontos de meu pensamento que, em estudos anteriores, não obtiveram a didática por mim desejada. Para tanto, a análise partirá do crime de lavagem de dinheiro, posto ser o principal crime em voga nos debates do Direito Penal Econômico.

2. Lavagem de Dinheiro e Advocacia

Inicialmente, cumpre tecer algumas linhas que tocam os deveres jurídicos e as medidas preventivas de combate à lavagem. Diferentemente das previsões legais de outros crimes, as normas que hoje regem o crime de lavagem de dinheiro trazem comandos impositivos de comportamentos determinados. No Brasil, o crime de lavagem de dinheiro foi editado pela Lei 9.613 de 1998 e permanece até hoje fora do Código Penal. A mais recente reforma, datada de 2012, excluiu o rol de crimes antecedentes[3]. Atualmente, basta que se tenha a ocorrência de uma infração penal antecedente de qualquer natureza. A lei brasileira é muito enxuta se, por exemplo, comparada à portuguesa[4] e, por

---

[3] Prado criticava a adoção do sistema da catalogação de crimes por dar origem a lacunas de punibilidade: PRADO, Luiz Regis. Delito de lavagem de Capitais: Um Estudo Introdutório. In: Doutrinas Essenciais – Direito Penal Econômico e da Empresa. Prado e Dotti (Orgs.). Vol IV. São Paulo: RT, 2011. p.714. A mudança legislativa encerrou uma série de discussões acerca do delito prévio, que hoje serve para fins históricos, vide: CALLEGARI, André Luís. Lavagem de Dinheiro – Aspectos Penais da Lei nº 9.613/98. Porto Alegre: Livraria do Advogado, 2008. p.121 e ss..; FILIPPETTO, Rogério. Lavagem de Dinheiro: Crime Econômico da Pós-Modernidade. Rio de Janeiro: Lumen Juris, 2011. p. 147 e ss.

[4] Em Portugal, o crime de branqueamento encontra-se incorporado ao Código Penal, no artigo 368.º-A. A Lei portuguesa nº 25/2008, de 5 de junho, é o instrumento normativo responsável por dar corpo e vida ao tipo penal de branqueamento de capitais. Essa lei traz uma extensa regulação da matéria e estabelece medidas de natureza preventiva e repressiva de combate ao branqueamento de vantagens de proveniência ilícita e ao financiamento do terrorismo. Essas medidas são relativas à utilização do sistema financeiro, de atividades e profissões criadoras de risco de branqueamento de capitais e de financiamento do terrorismo. Por consequência, a Lei nº 25/2008 impõe às entidades financeiras e a um rol de entidades e profissionais de fora do mercado financeiro uma série de deveres jurídicos, como os de identificação, diligência, recusa, conservação, exame, comunicação, abstenção, colaboração, segredo, controle e formação. A imposição desses deveres acaba por transformar as entidades financeiras e aqueles expressamente elencados na lei em responsáveis por evitar a prática do crime de branqueamento em seu âmbito de atuação profissional. A lei portuguesa converte essas pessoas físicas e jurídicas em agentes garantidores, de modo que, se em seu âmbito profissional, deixarem de impedir que alguém, com fins de esconder a origem ilícita de vantagens obtidas na prática dos crimes antecedentes constantes do rol, transfira ou converta essas vantagens,

consequência, lacônica, o que potencializa o surgimento de zonas de incerteza normativa. Nesse sentido, as pessoas físicas e jurídicas sujeitas a mecanismos de controle possuem apenas os deveres de identificação de clientes, manutenção dos registros e comunicação. No Brasil, não se impõem deveres específicos de recusa e de abstenção. Desse modo, no direito brasileiro, os sujeitos submetidos aos mecanismos de controle não são elevados à condição de garantidores. Os deveres de identificação de clientes, manutenção dos registros e comunicação não são deveres de garantia de que haja o impedimento do resultado. No entanto, disso poder-se-ia extrair a conclusão de que, no Brasil, as condutas acessórias "neutras" que circundam a ação de lavagem dinheiro são atípicas?! Não, essa é a resposta que, inclusive, se escora na lógica ordinária da teoria do concurso de pessoas.

Por essa razão, a vinculação do advogado ao crime de lavagem de capitais praticado por sua clientela tornou-se uma preocupação crescente, nesse sentido, acertadamente, Estellita expõe que a lei brasileira de lavagem de dinheiro não traz os limites da definição do risco permitido, de modo que o advogado acaba ficando à mercê da própria sorte[5]. Para fins comparativos, recorra-se ao item 17 dos "considerandos" da Diretiva 2001/97/CE do Parlamento Europeu e do Conselho da União Europeia.

A referida Diretiva 2001/97/CE dispõe que o advogado que presta consulta jurídica ou representa o cliente judicial ou administrativamente está exonerado da obrigação de comunicação, uma vez que sua atuação se sujeita ao dever de sigilo profissional. Não haverá exoneração, contudo, se a consulta jurídica for prestada com a finalidade de propiciar a lavagem de capitais, ou seja, nesse

---

praticarão branqueamento por omissão imprópria. Trata-se, portanto, da conversão do crime de lavagem em um delito comissivo por omissão. O artigo 17 da citada Lei nº 25/2008 preceitua que as entidades referidas têm o dever de se abster "de executar qualquer operação sempre que saibam ou suspeitem estar relacionada com a prática dos crimes de branqueamento ou de financiamento do terrorismo". Trata-se de um dever jurídico que obriga essas pessoas e entidades a evitar a ocorrência de branqueamento de capitais. Para uma didática explanação acerca da evolução da legislação portuguesa anterior à novel regulação, conferir: SANTOS, João José Davin Neves dos. *O Branqueamento de Capitais em Portugal*. In: Doutrinas Essenciais – Direito Penal Econômico e da Empresa. Prado e Dotti (Orgs.). Vol IV. São Paulo: RT, 2011. p. 521 e ss.

[5] ESTELLITA, Heloisa. Lavagem de capitais, exercício da advocacia e risco. In: http://www.conjur.com.br/2012-set-27/heloisa-estellita-lavagem-capitais-exercicio-advocacia-risco. Acesso em: 19 de janeiro de 2014. Na Espanha, os limites do risco permitido estão estabelecidos na Ley 10/2010, que impõe uma série de obrigações aos advogados com o fim de evitar atividades de assessoramento advocatício que possam instrumentalizar e favorecer o branqueamento de capitais: BLANCO CORDERO, Isidoro. *El Delito de Blanqueo de Capitales*. 3ª.ed. Cizur Menor: Editorial Aranzadi, 2012. p.564 e ss.

caso, a ação do advogado ganhará contornos de tipicidade[6]. Nesse sentido, a posterior Diretiva 2005/60/CE que assenta a exclusão do dever de sigilo profissional quando o advogado estiver envolvido com atividades de lavagem e terrorismo. Contudo, diferentemente da Diretiva 2001/97/CE, a Diretiva 2005/60/CE vai mais além e excepciona a hipótese em que a finalidade da assessoria jurídica seja a prática de lavagem de dinheiro ou financiamento do terrorismo, bem como no caso de o advogado saber que o cliente solicita assessoramento jurídico com a finalidade de lavar dinheiro ou financiar o terrorismo[7].

No Brasil, surgem vozes, dilatando a interpretação dessa diretriz. Há quem sustente que atividades de consultoria jurídica nas áreas comercial, tributária e sucessória, por exemplo, se encontrem "abrangidas pelos deveres inerentes ao *know your customer*"[8]. Esse posicionamento é equivocado. Com acerto, Greco Filho e Rassi negam que da imposição de deveres genéricos de comunicação das operações aos órgãos estatais de controle decorra qualquer dever específico de se evitar o resultado típico, tal como previsto no art. 9.º, XIV, da lei brasileira de lavagem[9]. Em outra linha argumentativa, Rios manifesta sua contrariedade ao movimento que transforma o advogado em uma das peças-chave da política estatal de prevenção à lavagem de capitais, mesmo no tocante à atuação advocatícia na atividade de consultiva tributária, civil e societária[10]. Afirma haver razões político-criminais que justifiquem uma interpretação restritiva do tipo penal e assume a defesa, dentre outros direitos fundamentais, do livre exercício da profissão e da ampla defesa, além de argumentar que a conduta do advogado não cria um risco juridicamente desaprovado de lavagem de dinheiro[11]. Essa é uma visão que segue uma trilha principiológica correta, mas parcial do problema.

---

[6] Nesse sentido, cf.: BLANCO CORDERO, Isidoro. *Op. Cit.* p. 588.
[7] Cf.: BLANCO CORDERO, Isidoro. *Op. Cit.* pp. 560 a 561.
[8] GRANDIS, Rodrigo. Considerações sobre o Dever do Advogado de comunicar Atividade suspeita de "Lavagem" de Dinheiro. Boletim IBCCRIM. São Paulo, 246, Agosto/2012. p. 10.
[9] GRECO FILHO, Vicente; RASSI, João Daniel. Lavagem de dinheiro e advocacia: uma problemática das ações neutras. Boletim IBCCRIM. São Paulo, 246, Agosto/2012. p. 14.
[10] RIOS, Rodrigo Sánchez. *Op. Cit.* pp. 327 a 328.
[11] RIOS, Rodrigo Sánchez. *Op. Cit.* pp. 327 a 328.

3. Fundamentos da Teoria Geral da Participação Criminal

A construção de uma resposta que resolva satisfatoriamente o problema das ações neutras deve partir da consideração de que inexistem direitos absolutos. Há limites no conteúdo e no exercício dos direitos. Nesse sentido, é válido recuperar algumas lições do Direito Civil. Em suas lições fundamentais, Medicus recorda que nenhum direito subjetivo é ilimitado[12]. Pereira, ao tratar do abuso de direito, esclarecia ser impositiva a necessidade de se conciliar a utilização do direito com o respeito à esfera jurídica alheia e, por consequência, de se fixar um limite a esse direito[13]. O abuso de direito encontra seu fundamento na regra da relatividade dos direitos, na dosagem do conteúdo do exercício do direito, isto é, o titular do direito que excede o limite do exercício regular age sem direito ou na configuração do *animus nocendi*, quando o exercício do direito for inspirado na intenção de causar mal a outrem[14]. É muito acertada a afirmativa de Pereira no sentido de que não se pode admitir que o indivíduo conduza a utilização de seu direito até o ponto de transformá-lo na causa do prejuízo alheio[15]. Esse mesmo raciocínio deve ser transferido para o problema das ações neutras, posto que nos serve como critério de encontro das fronteiras que cercam o risco permitido.

Medicus recorda que, desde o instante em que se aceitou o posicionamento de von Ihering de que o direito subjetivo é um interesse protegido juridicamente, pode pronunciar-se como abusivo todo exercício de direito que não sirva ao interesse protegido[16]. Esse pressuposto é a compreensão exata dos limitados interesses que devem ser protegidos pelos respectivos direitos[17]. Por consequência, há de se concordar com a assertiva de Köhler, no sentido de ser inegável que todo direito é limitado em seu conteúdo e que o legitimado, que o exerce, deve observar seus limites[18]. A essência do abuso de direito reside na "violação material do fundamento axiológico de certo direito com o preenchimento da estrutura formal do mesmo direito"[19]. O abuso retira a

---

[12] MEDICUS, Dieter. *Allgemeiner Teil des BGB*. 8ª.ed. Heidelberg: C. F. MÜLLER Verlag, 2002. p. 56.
[13] PEREIRA, Caio Mário da Silva. *Instituições de Direito Civil*. Vol. I. 19ª. ed. Rio de Janeiro: Editora Forense, 1999. p. 429.
[14] PEREIRA, Caio Mário da Silva. *Op. Cit.* p. 429.
[15] PEREIRA, Caio Mário da Silva. *Op. Cit.* p. 429.
[16] MEDICUS, Dieter. *Op. Cit.* p. 59.
[17] MEDICUS, Dieter. *Op. Cit.* p. 59.
[18] KÖHLER, Helmut. *BGB – Allgemeiner Teil*. 29ª. ed. Munique: Verlag C.H. Beck, 2005. p. 228.
[19] CUNHA DE SÁ, Fernando Augusto. *Abuso do Direito*. 2ª. re. Coimbra: Editora Almedina, 2005. p. 456.

concretude material da forma do direito, de maneira que o valor imanente ao direito passa a não significar nada juridicamente naquele caso concreto[20], de modo que "os termos concretos do comportamento do sujeito só *aparentemente* constituem exercício do direito"[21].

Não é que o exercício do direito – feito com toda regularidade – não constitua razão de um mal a outrem, mas ocorre que, às vezes, e com frequência, esse constitui a referida razão[22]. O simples fato de o direito ser exercido dentro de seus limites não significa pura e simplesmente que o seu exercício seja lícito, uma vez que o direito subjetivo está submetido aos deveres jurídicos[23]. O exercício de um direito só pode ter lugar se forem levados em consideração os interesses das pessoas envolvidas e sua função social, ou seja, é desse balanceamento que se desenvolve a proibição do abuso de direito[24]. Inclusive, recordemos que a Ciência Penal utiliza o abuso do direito na solução, principalmente, de problemas relacionados à antijuridicidade. Pretender que alguém que exerce uma profissão lícita, mas que conscientemente abusa *in concreto* de seu direito constitucional ao trabalho, venha a ser processado por ter contribuído ao injusto de outrem, não deveria trazer qualquer motivo de consternação. Do contrário, há de se pôr em xeque a reprovação de todas as formas de participação criminal. A profissionalidade, neutralidade ou cotidianidade da conduta nada mais é do que uma capa. Esse disfarce vem iludindo muitos dos que se preocuparam com a participação por meio de condutas neutras.

Curiosamente o direito constitucional ao trabalho tem ludibriado muitos, enquanto que o direito constitucional de propriedade não possui essa capacidade de falsear a aplicação das regras da participação criminal. A argumentação que vislumbra o direito ao trabalho como obstáculo à formação do tipo objetivo de ações participativas neutras é equivocada. Esse direito é igual a todos os outros. Não é absoluto. É limitado em sua essência e em seu exercício. Só poderá ser exercido dentro dos limites impostos pelos fins econômico-sociais, pela boa-fé e pelos bons costumes, sob pena de excedê-los,

---

[20] CUNHA DE SÁ, Fernando Augusto. *Op. Cit.* p. 457.
[21] CUNHA DE SÁ, Fernando Augusto. *Op. Cit.* p. 455.
[22] PEREIRA, Caio Mário da Silva. *Op. Cit.* p. 429.
[23] KÖHLER, Helmut. *Op. Cit.* p.228; no mesmo sentido Cunha de Sá ao afirmar "há que fazer coincidir a materialidade de tal comportamento ou situação com o fundamento axiológico-jurídico do direito subjectivo em causa, exactamente da mesma maneira por que forma ou estrutura e valor constituem e integram uma única intenção normativa", *Op. Cit.* p. 456.
[24] KÖHLER, Helmut. *Op. Cit.* p. 228.

incorrendo, portanto, em abuso do direito, o que desvelará o desamparo da conduta frente ao ordenamento jurídico.

Tenha-se em mente que a norma penal que trata da participação criminal consiste em uma norma de extensão típica destinada a justamente abranger ações, a princípio, extratípicas, ou seja, neutras, mas que, por, concretamente, estarem inseridas dentro do contexto de concorrência ao injusto de outrem, terminam abarcadas pelo tipo penal que, inicialmente, só recaia sobre o agente principal. A legislação penal sempre criminalizou condutas de participação que são, *a priori*, lícitas e não-tipificadas[25], ou seja, a regra da participação criminal restringe o direito de liberdade de ação *in concreto*, uma vez que se trata de uma norma de extensão típica *in concreto*. Por esse motivo, é equivocado o entendimento de ambos, no sentido de que o homem comum só possui a justificação da liberdade geral de ação, enquanto que o homem de negócios, além dessa, detém adicionalmente a liberdade profissional, o que lhe concederia um direito mais forte[26]. Não se pode perder de vista que o abuso de direito fundamenta-se na relatividade dos direitos. O exercício de um direito não pode implicar a afronta do direito de terceiro ou a violação do próprio ordenamento jurídico que consagra tal direito[27].

4. Advocacia e Problematização dos Riscos das Ações Neutras

Cumpre, nesse momento, concretizar a problemática que envolve o exercício da advocacia e a prática das condutas neutras. Um advogado ou um contador que provenha, respectivamente, serviços advocatícios ou contábeis que sirvam à abertura de uma firma *offshore* destinada a "justificar", perante os órgãos estatais de controle, os ganhos ilícitos auferidos em terra pátria pelo cliente, participará, desde que atue conscientemente, na lavagem de dinheiro

---

[25] Por exemplo: segurar uma escada, passar informações acerca do funcionamento de sistemas de segurança, transportar bens e pessoas, dentre inúmeras outras atividades.
[26] AMBOS, Kai. *Beihilfe durch Alltagshandlungen*. JA. Caderno 8/9, 2000. pp. 724 a 725.
[27] No mesmo sentido: "o direito subjectivo parece não poder mais entender-se como pura categorial forma e abstracta em termos absolutos, onde só os limites que para ele resultam da sua estrutura tenham uma palavra a dizer sobre o que é possível ou permitido ao titular. A qualificação do comportamento concreto do sujeito em termos de direito subjectivo não se entende como podendo prescindir do fundamento próprio desse direito, fundamento que é simultaneamente de ordem valorativa e material, porque o comportamento do sujeito se situa *hic et nunc*, em determinado caso concreto e em determinados termos igualmente concretos". CUNHA DE SÁ, Fernando Augusto. *Op.Cit*. p. 455.

praticada por seu cliente-mandatário. O mesmo se diga se essa nova firma servir à prática de sonegação fiscal e à evasão de divisas. Indubitavelmente, a prestação de serviços contábeis e advocatícios à abertura de firmas *offshore* consiste em uma atividade arriscada, posto que, *de per se*, traz riscos no tocante ao cometimento dos crimes de lavagem de dinheiro, sonegação fiscal e evasão de divisas.

No entanto, na maior parte dos países, não há crime na abertura de firmas *offshore*, sendo, portanto, essa atividade, desde que atendidos certos requisitos legais, lícita e conforme o Direito, uma vez que o risco que sua atividade produz encontra-se dentro do âmbito do chamado risco permitido que, inclusive, é normativamente regulado. Por consequência, há que vigorar, diante da ausência de indícios de anormalidade do contexto fático, o princípio da confiança[28]. Nesse sentido, há de se reconhecer que os advogados, tal como os agentes financeiros, concorrerão com o autor principal para o cometimento do crime de lavagem da mesma forma que concorre o gerente de uma transportadora que recebe um quilo de cocaína como carga a ser transportada. Para tanto, é necessário que tanto o advogado quanto o transportador tenham consciência de que prestam o auxílio que o cliente demanda para o cometimento do crime almejado. O mesmo raciocínio se aplica ao advogado que participa na elaboração de um planejamento tributário agressivo voltado à prática de evasão de divisas.

Observe-se que o presente raciocínio parte da regra geral que fundamenta a reprovação de toda e qualquer participação criminal, ou seja, a norma penal de extensão típica da participação criminal amplia a reprovação dos tipos penais a condutas acessórias que, descontextualizadas, são lícitas e estão abrangidas pelo princípio geral de liberdade, mas que, dentro de um contexto criminal, são contaminadas pela tipicidade da ação principal. Aproximando-se, em alguma medida da ideia exposta, cite-se Schorscher que, já em 2007, informava ao público nacional que, apesar de essa específica questão não ter sido estudada no Brasil[29], internacionalmente não havia qualquer defesa de

---

[28] Sobre o tema, cf.: SIQUEIRA, Flávia. O Princípio da Confiança no Direito Penal. Belo Horizonte: D'Plácido Editora, 2016.

[29] Anteriormente houve uma publicação em coautoria da mesma: SILVEIRA, Renato de Mello Jorge; SCHORSCHER, Vivian Cristina. A Lavagem de dinheiro e o Livre Exercício da Advocacia: Condutas Neutras e a Indagação quanto à Jurisprudência Condenatória. Revista da Associação Brasileira de Professores de Ciências Penais. São Paulo, 2, jan/jun, 2005.

afastamento apriorístico do advogado da condição de eventual sujeito ativo de crime[30].

Bermejo e Wirtz recordam que, na Alemanha, o Bundesverfassungsgericht – BVerfG decidiu, ao ponderar a importância da defesa criminal para um processo justo dentro do Estado de Direito e a obrigação do advogado de salvaguardar seu múnus, que diante de uma cooperação consensual com o representado que signifique o descumprimento consciente do comando da Lei, há abuso da posição profissional do advogado, de modo que o advogado que age com dolo direto é reprovável[31]. Por outro lado, caso os concorrentes atuem de modo negligente ou com imperícia, violando um determinado dever objetivo de cuidado que deveriam tomar em consideração quando da realização da conduta, nenhum fato típico será praticado. Não existe participação culposa em crime doloso, como também não há previsão na legislação brasileira de tipos culposos de lavagem de capitais. O problema reside na distinção do que consiste o dolo, ou seja, na desmedida ampliação do conceito de dolo, já que seu alargamento conceitual implica diretamente a distinção entre os conceitos de dolo eventual e culpa consciente e, por consequência, a possibilidade de se admitir, *in concreto*, a responsabilização culposa pelo crime

---

[30] SCHORSCHER, Vivian Cristina. A Responsabilidade Penal do Advogado na Lavagem de Dinheiro – Primeiras Observações. In: Prado e Dotti (Orgs.). Doutrinas Essenciais – Direito Penal Econômico e da Empresa. Vol.4. São Paulo: RT, 2011. p.1044. Há notícia de que, no ano de 1997, no Canadá, a Corte Superior de Quebec reconheceu o direito constitucional à incondicional assistência por advogado, de modo que a relação entre cliente e advogado seria regida pelo princípio do privilégio absoluto do advogado. Cf: BLANCO CORDERO, Isidoro. *Op. Cit.* p. 593.

[31] BERMEJO, Mateo G.; WIRTZ, Georg. *Strafverteidigerhonorar und Geldwäsche aus europäischer Perspektive: Gleiches Problem, gleiche Lösung?*. ZIS, 10, 2007. p 403. No julgamento das reclamações constitucionais 2.BvR-1520/01–2.BvR1521/01, a 2ª Turma do BVerfG declarou que a punição do advogado pelo crime de lavagem de dinheiro é compatível com a Lei Fundamental alemã quando há o recebimento honorários conhecendo-se de sua origem ilícita e assentou, também, a obrigação, desde a fase de investigação, dos órgãos de persecução criminal e dos Tribunais de verificarem a especial posição do advogado criminal frente à normativa do crime de lavagem. Em realidade, o BVerfG realizou uma interpretação conforme para restringir o âmbito de incidência da norma penal do crime de lavagem no âmbito do tipo subjetivo. O BVerfG afirma haver violação do direito fundamental do advogado ao exercício profissional que só se justifica com base no princípio da proporcionalidade quando a cobrança de honorários e seu recebimento ocorrem com o conhecimento seguro do advogado de que os valores procedem de um dos delitos antecedentes previstos no tipo penal do crime de lavagem. BUNDESVERFASSUNGSGERICHT..*2.BvR-1520/01–2.BvR1521/01*. https://www.bundesverfassungsgericht.de/entscheidungen/rs20040330_2bvr152001.html. Acesso em 28 de Janeiro de 2014.

lavagem[32] sob a falseada rubrica do dolo. No entanto, essa problemática foge aos propósitos do presente estudo[33].

Independentemente da natureza do dolo, há uma questão anterior a ser necessariamente enfrentada. Ao analisar o problema acerca do recebimento de honorários advocatícios maculados, Bottini argumenta em favor da regra da inviolabilidade da informação que exonera o advogado, que exerça atividades consultivas ou litigiosas típicas na forma do Estatuto da OAB, do dever genérico de comunicar as atividades ilícitas ou suspeitas de seus clientes, o que, todavia, não se aplica àquele que exercer atividades atípicas, como a gestão patrimonial alheia[34]. No entanto, ao contrário do que tal assertiva pode sugerir, a exoneração do dever de comunicação do advogado em atividade típica não representa de forma alguma uma cláusula geral de atipicidade, tal como a imposição dos deveres de identificação de clientes, manutenção dos registros e comunicação não cria qualquer posição jurídica de garantia no tocante a evitar o resultado. A questão aqui permanece girando em torno da vigência do princípio da confiança à prestação dos serviços advocatícios que sejam, em virtude de sua natureza, arriscados, bem como à presença de dolo ou culpa consciente na conduta praticada.

De todo modo, da exposição de Bottini no tocante à gestão patrimonial alheia, pode-se extrair que o autor percebe, ainda que intuitivamente, a configuração do abuso de direito por parte do advogado que extrapola seu papel. No mesmo sentido Greco Filho e Rassi pontuam que o advogado, que "deixa de ser advogado" para se tornar uma "peça de organização criminosa ou de conluio para a prática dos crimes", praticará crime[35]. Nesse exemplo,

---

[32] Cf. SILVEIRA, Renato de Mello Jorge. Cegueira Deliberada e Lavagem de Dinheiro. Boletim IBCCRIM. São Paulo, 246, Maio/2013. pp. 3 a 4; SILVEIRA, Renato de Mello Jorge; SAAD-DINIZ, Eduardo. Criminal Compliance: Os Limites da Cooperação Normativa quanto à Lavagem de Dinheiro. Revista de Direito Bancário e do Mercado de Capitais. São Paulo, 56, abr/jun, 2012. p. 326 e ss.; SCHORSCHER, Vivian Cristina. A Responsabilidade Penal do Advogado na Lavagem de Dinheiro – Primeiras Observações. In: Doutrinas Essenciais – Direito Penal Econômico e da Empresa. Prado e Dotti (Orgs.). Vol IV. São Paulo: RT, 2011. p. 1075. Acerca dos países que admitem o tipo imprudente de lavagem: Alemanha, África do Sul, Bélgica, Chile, Eslováquia, Eslovênia, Finlândia, Hungria, Irlanda, Países Baixos, Reino Unido, Paraguai, República Tcheca e Suécia: BLANCO CORDERO, Isidoro. Op. Cit. pp. 728 a 729.

[33] Para uma profunda e atual análise dos inúmeros conceitos de dolo, cf.: VIANA, Eduardo. *Dolo como Compromisso Cognitivo*. São Paulo: Marcial Pons, 2017.

[34] BOTTINI, Pierpaolo Cruz. Advocacia e Lavagem de Dinheiro. Ordem dos Advogados do Brasil. http://www.oab.org.br/publicacoes/detartigo/48. Acesso em 08 de Novembro de 2014. No mesmo sentido: SCHORSCHER, Vivian Cristina. *Op. Cit.* p. 1076.

[35] GRECO FILHO, Vicente; RASSI, João Daniel. *Op. Cit.* p. 14.

não há qualquer ação neutra ou profissional. O advogado, que abusa de suas prerrogativas e direitos e se torna um agente ativo na prática de crime, passa a integrar, junto a seu cliente-mandatário, um autêntico concurso de pessoas. Essa solução é expressamente assumida por Bottini quando alerta que o advogado que participa e colabora "em atos suspeitos de lavagem de dinheiro" concorre na forma do artigo 29, do Código Penal para o crime[36]. Nesse sentido, percebe-se uma assunção, ainda que intuitiva, à nossa tese do abuso de direito[37].

5. Distinção das Condutas de Recebimento de Honorários Maculados e de Participação Criminal

Um equívoco muito corrente na análise da relação entre advocacia e participação criminal por meio de ações neutras é associar a conduta de quem recebe honorários maculados à do cúmplice que adere à empreitada criminosa do autor. Assente-se que o mero recebimento consciente de honorários maculados não pode jamais importar em participação criminal, uma vez que, no Brasil, o Código Penal vigente não permite a punição como partícipe de quem auxilie o autor do crime somente após o encerramento da fase consumativa do delito. Partindo do fato de que a legislação brasileira atualmente em vigor não admite participação criminal quando o *iter criminis* se encontrar na fase de exaurimento, o recebimento de honorários maculados *de per se* poderá quando muito configurar crime de favorecimento real, mas jamais participação no crime antecedente, cujas fases de execução e consumação já se encontrem encerradas.

Por outro lado, se o recebimento de honorários maculados vier associado à contraprestação de que o advogado, com seus serviços, confira aspecto de conformidade legal às origens desses honorários para que eles retornem, ainda que parcialmente, ao cliente, estar-se-á, sem sobra de dúvidas, diante de um crime de lavagem de dinheiro a ser cometido, a título de autoria direta, pelo advogado, no qual o cliente indutor deverá tecnicamente responder como partícipe. No entanto, perceba-se que a conduta típica do advogado na lavagem de dinheiro

---

[36] BOTTINI, Pierpaolo Cruz. *Op. Cit.*
[37] Para uma exposição mais completa, cf.: LOBATO, José Danilo Tavares. Teoria Geral da Participação Criminal e Ações Neutras – Uma Questão Única de Imputação Objetiva. Curitiba: Juruá, 2009. p. 99 e ss.

não estará materializada no simples recebimento dos honorários maculados, mas sim na prática de atos que sirvam à ocultação ou dissimulação da origem dos valores provenientes da infração penal praticada pelo cliente-mandatário e recebidos sob a fraudulenta rubrica de "honorários advocatícios".

Em contrapartida, se o advogado presta efetivamente um serviço de advocacia, por exemplo, propõe uma ação de consignação em pagamento de crédito tributário contra o Estado e, para tanto, recebe de seu cliente-mandatário, como contraprestação ao serviço prestado, honorários advocatícios pagos com valores auferidos criminosamente, não praticará o advogado qualquer ilícito criminal. Inexiste, nesta hipótese, a prática de qualquer crime pelo advogado, uma vez que o advogado não age como partícipe no crime antecedente do cliente-mandatário e nem como autor ou partícipe de crime superveniente.

Por essa razão que, ao contrário da opinião de Schorscher, ainda que comprovado o dolo direto do advogado de receber honorários maculados, não se pode afirmar, de plano, que esse recebimento configure uma participação criminal tipificada pela Lei 9.613/98. Se a título de honorários o advogado recebe um valor ou bem de origem criminosa e incorpora em seu patrimônio, mas não oculta e nem dissimula sua origem, localização, disposição, movimentação ou propriedade, inexistirá tipicidade do *caput* do artigo 1º, da Lei 9.613/98. Trata-se de um equívoco pensar no crime de lavagem de dinheiro.

No mesmo sentido, a conduta também não encontrará tipicidade no §1º, do artigo 1º, caso o advogado, sem o especial fim de agir de ocultar ou dissimular a utilização de seus honorários maculados, os adquira, receba, troque, negocie, movimente ou transfira registrando sua incorporação patrimonial. Inexiste ocultação e dissimulação quando o advogado registra, em nome próprio, corretamente nos órgãos competentes – v.g., Detran, cartório de notas, RGI e, em especial, em sua declaração de imposto de renda – o recebimento de bens e/ou valores recebidos a título de honorários advocatícios que configurem a efetiva contraprestação de um serviço de advocacia licitamente prestado. Nessa hipótese, trata-se de um sério equívoco pensar em lavagem de capitais. Em realidade, a atipicidade do fato já se encontra patenteada em sentido formal objetivo. Sequer será necessário recorrer às teorizações de atipicidade material. Inclusive, como argumento *obter dictum*, não se deve esquecer o princípio tributário do *non olet*[38] que vem servindo de suporte à tipicidade do crime de sonegação fiscal na forma da Lei 8.137/90.

---

[38] Ilustrativa a clássica lição de Baleeiro de que, para o artigo 118, do CTN, é irrelevante a legalidade, a moralidade e até a configuração criminal do fato gerador. BALEEIRO, Aliomar. Direito Tributário

É de uma clareza cartesiana a questão. O mero recebimento de honorários maculados jamais configurará uma conduta de lavagem de dinheiro, salvo se esse recebimento se prestar a auxiliar, a partir do uso da "aparência da prestação de serviços" advocatícios, à reciclagem de valores sujos[39]. Inexiste diferença entre o advogado que se vale de sua posição para levar drogas a seu cliente dentro do presídio e o patrono que recebe honorários maculados e lava-os, em prol de seu cliente, com a prestação de serviços de advocacia. Está-se diante de um autêntico abuso de direito, no caso, das prerrogativas profissionais próprias da advocacia. No tocante aos dois exemplos, não se pode ter dúvidas quanto à necessidade de o primeiro advogado responder pelo crime de tráfico de drogas e o segundo pelo de lavagem de dinheiro. Ambos extrapolam seus direitos e prerrogativas profissionais e passam a agir no campo da ilicitude. Esse proceder em nada difere do comportamento de alguém que cede dolosamente sua propriedade rural para que terceiros a usem como cativeiro na prática de uma extorsão mediante sequestro. O proprietário em questão abusa de seu direito de propriedade, violando os limites jurídicos civis e penais de seu poder de disposição da coisa. Em termos dogmáticos, todas essas condutas realizam um risco não permitido e, por consequência, são penalmente típicas.

6. Conclusões

O presente artigo detalhou, a partir da centralização de seu foco na relação entre a prestação de serviços advocatícios e a prática de lavagem de dinheiro, os principais fundamentos teóricos da imputação jurídica das condutas neutras, também chamadas de profissionais ou cotidianas. Esse problema refere-se ao concurso de pessoas e, em especial, à problemática da participação criminal.

Brasileiro. 9ª.ed. Rio de Janeiro: Forense, 1977. pp. 418 a 420. No mesmo sentido, Torres ao esclarecer que o princípio *non olet* "é admitido na legislação brasileira e defendido pela maior parte da doutrina, embora em alguns países haja reservas sobre a sua legitimidade, por contrastar com os princípios do direito penal". TORRES, Ricardo Lobo. Curso de Direito Financeiro e Tributário. 9ª. ed. Rio de Janeiro: Renovar, 2002. p.91. A jurisprudência dos tribunais superiores é pacífica no reconhecimento do princípio *non olet*, cf: STF: HC 94240/SP e HC 77530/RS; STJ: REsp 1208583/ES; HC 88565/RR; REsp 984607/PR; HC 83292/SP.

[39] BOTTINI, Pierpaolo Cruz. *Op. Cit.*

Apesar de a temática das ações neutras ainda ser dotada de ares de novidade[40], as discussões dogmáticas sobre a questão foram iniciadas, a partir de 1985, pela jurisprudência e pela doutrina penais alemãs após um julgado do BGH que cunhou o termo ações externamente neutras[41]. No entanto, como há mais de uma década vimos defendendo, esse debate não rende quaisquer frutos. Não há nenhuma particularidade que justifique um tratamento jurídico diferenciado, na teoria do concurso de pessoas, para as participações chamadas de neutras, posto que toda e qualquer participação criminal será *de per se*, isto é, enquanto descontextualizada, neutra.

Nesse sentido, não será a resposta acerca da neutralidade da conduta do advogado que excluirá a tipicidade de seu comportamento quanto à prática da lavagem de dinheiro, sonegação fiscal ou evasão de divisas em consórcio com seu cliente-mandatário ou por conta própria. A resposta para esta questão consiste na análise do risco permitido de sua conduta, verificando-se se, por ventura, o advogado não abusou de seus direitos e suas prerrogativas, bem como se possui consciência acerca do auxílio que presta. Em outros termos,

---

[40] Na América Latina, do pouco material existente tratando exclusivamente sobre ações neutras, encontram-se estudos de origem brasileira, argentina e peruana. No Brasil, a primeira publicação foi: PEREIRA, Flávio Cardoso. As ações cotidianas no âmbito da participação criminal. Revista Síntese de Direito Penal e Processual Penal, São Paulo, 16, 2002. Posteriormente: GRECO, Luís. Cumplicidade através de ações neutras. A imputação objetiva na participação. Rio de Janeiro: Editora Renovar, 2004; LOBATO, José Danilo Tavares. Cumplicidade por Meio de Ações Neutras – O Início (tardio) de um Debate. Revista de Direito do Tribunal de Justiça do Estado do Rio de Janeiro. Rio de Janeiro, 64, 2005; LOBATO, José Danilo Tavares. Teoria Geral da Participação Criminal e Ações Neutras – Uma Questão Única de Imputação Objetiva. Curitiba: Juruá, 2009; LOBATO, José Danilo Tavares. Ações Neutras – Algumas Notas Corretivas para o Debate Brasileiro. Boletim IBCCRIM. São Paulo, 216, 2010; LIMA, Vinicius de Melo. Ações Neutras e Branqueamento de Capitais. Revista de Concorrência e Regulação. Lisboa, 11/12, jul/dez, 2012; RASSI, João Daniel. Imputação das Ações Neutras e o Dever de Solidariedade no Direito Penal Brasileiro. São Paulo: LiberArs, 2014. Na Argentina, conferir: BOSCH, Gerard Gramática. *Conductas Neutrales: Estado de la Cuestión*. In: http://www.ciidpe.com.ar, 2009. Acesso em 13/07/2013; GUZMÁN, Nicolás. *Conductas Neutrales y Participación en el Delito: Apuntes sobre el estado acutal de la Discusión*. In: Problemas Actuales de la Parte General de Derecho Penal. Daniel R. Pastor e Nicolás Guzmán (Orgs.) Buenos Aires: Ad-hoc, 2010; ROBIGLIO, Carolina. *Participación en los Delitos Tributarios mediante Conductas Neutrales – Actuación de profesionales y conocimientos especiales*. Buenos Aires, 2013. Dentre os peruanos: JOHN, José Antonio Caro. *Sobre la no punibilidad de las conductas neutrales*. Revista Peruana de Doctrina y Jurisprudencia penales. Lima, 5, 2004; TERREROS, Felipe Villavicencio. *La Imputación Objetiva en la Jurisprudencia Peruana*. Instituto de Derecho Penal Europeo e Internacional – Universidad de Castilla La Mancha. http://www.cienciaspenales.net, 2007. Acesso em 13/07/2013.

[41] Cf.: WOHLLEBEN, Marcus. *Beihilfe durch äusserlich neutrale Handlungen*. München. Beck, 1996. p. 3.

voltemos às tradicionais regras do concurso de pessoas. Como diz o velho provérbio: "não há nada de novo sob o sol".

Referências

AMBOS, Kai. *Beihilfe durch Alltagshandlungen*. JA. Caderno 8/9, 2000.
BALEEIRO, Aliomar. *Direito Tributário Brasileiro*. 9ª. ed. Rio de Janeiro: Forense, 1977.
BERMEJO, Mateo G.; WIRTZ, Georg. *Strafverteidigerhonorar und Geldwäsche aus europäischer Perspektive: Gleiches Problem, gleiche Lösung?*. ZIS, 10, 2007.
BLANCO CORDERO, Isidoro. *El Delito de Blanqueo de Capitales*. 3ª.ed. Cizur Menor: Editorial Aranzadi, 2012.
BOSCH, Gerard Gramática. *Conductas Neutrales: Estado de la Cuestión*. In: http://www.ciidpe.com.ar, 2009. Acesso em 13 de julho de 2013.
BOTTINI, Pierpaolo Cruz. *Advocacia e Lavagem de Dinheiro*. Ordem dos Advogados do Brasil. http://www.oab.org.br/publicacoes/detartigo/48. Acesso em 08 de Novembro de 2014.
CALLEGARI, André Luís. *Lavagem de Dinheiro – Aspectos Penais da Lei nº 9.613/98*. Porto Alegre: Livraria do Advogado, 2008.
CUNHA DE SÁ, Fernando Augusto. *Abuso do Direito*. 2ª. re. Coimbra: Editora Almedina, 2005.
ESTELLITA, Heloisa. *Exercício da advocacia e lavagem de capitais*. 1ª. ed. Rio de Janeiro: Editora FGV, 2016.
ESTELLITA, Heloisa. *Lavagem de capitais, exercício da advocacia e risco*. In: http:// www.conjur.com.br/2012-set-27/heloisa-estellita-lavagem-capitais-exercicio-advocacia-risco. Acesso em: 19 de janeiro de 2014.
ESTELLITA, Heloisa; BOTTINI, Pierpaolo Cruz. *Sigilo, inviolabilidade e lavagem de capitais no contexto do novo Código de Ética*. Revista do Advogado, v. 1, 2016.
FILIPPETTO, Rogério. *Lavagem de Dinheiro: Crime Econômico da Pós-Modernidade*. Rio de Janeiro: Lumen Juris, 2011.
GUZMÁN, Nicolás. *Conductas Neutrales y Participación en el Delito: Apuntes sobre el estado acutal de la Discusión*. In Problemas Actuales de la Parte General de Derecho Penal. Daniel R. Pastor e Nicolás Guzmán (Orgs.) Buenos Aires: Ad-hoc, 2010.
GRANDIS, Rodrigo. *Considerações sobre o Dever do Advogado de comunicar Atividade suspeita de "Lavagem" de Dinheiro*. Boletim IBCCRIM. São Paulo, 246, Agosto/2012.
GRECO, Luís. *Cumplicidade através de ações neutras. A imputação objetiva na participação*. Rio de Janeiro: Editora Renovar, 2004.
GRECO FILHO, Vicente; RASSI, João Daniel. *Lavagem de dinheiro e advocacia: uma problemática das ações neutras*. Boletim IBCCRIM. São Paulo, 246, Agosto/2012.
JOHN, José Antonio Caro. *Sobre la no punibilidad de las conductas neutrales*. Revista Peruana de Doctrina y Jurisprudencia penales. Lima, 5, 2004.
KÖHLER, Helmut. *BGB – Allgemeiner Teil*. 29ª. ed. Munique: Verlag C.H. Beck, 2005.
LIMA, Vinicius de Melo. *Ações Neutras e Branqueamento de Capitais*. Revista de Concorrência e Regulação. Lisboa, 11/12, jul/dez, 2012.

LOBATO, José Danilo Tavares. *Ações Neutras – Algumas Notas Corretivas para o Debate Brasileiro*. Boletim IBCCRIM. São Paulo, 216, 2010.

LOBATO, José Danilo Tavares. *Ações Neutras e Teoria do Abuso de Direito – Um elo para se compreender a relação entre lavagem de dinheiro e advocacia*. Revista Brasileira de Ciências Criminais, v. 111, 2014.

LOBATO, José Danilo Tavares. *Cumplicidade por Meio de Ações Neutras – O Início (tardio) de um Debate*. Revista de Direito do Tribunal de Justiça do Estado do Rio de Janeiro. Rio de Janeiro, 64, 2005.

LOBATO, José Danilo Tavares. *Notas acerca do Problema: Advocacia e Lavagem de Dinheiro*. Boletim IBCCRIM. São Paulo, 22, 2014.

LOBATO, José Danilo Tavares. *Participação criminal por meio de ações neutras*. Dissertação de Mestrado. Rio de Janeiro: UCAM, 2006.

LOBATO, José Danilo Tavares. *Teoria Geral da Participação Criminal e Ações Neutras – Uma Questão Única de Imputação Objetiva*. Curitiba: Juruá, 2009; *Ações Neutras – Algumas Notas Corretivas para o Debate Brasileiro*. Boletim IBCCRIM. São Paulo, 216, 2010.

LOBATO, José Danilo Tavares. *Um Panorama da Relação entre Teoria do Abuso de Direito, Ações Neutras e Lavagem de Dinheiro*. Revista de Concorrência e Regulação. Lisboa, 16, out/dez, 2013.

MEDICUS, Dieter. *Allgemeiner Teil des BGB*. 8ª. ed. Heidelberg: C. F. MÜLLER Verlag, 2002.

PEREIRA, Caio Mário da Silva. *Instituições de Direito Civil*. Vol. I. 19ª. ed. Rio de Janeiro: Editora Forense, 1999.

PEREIRA, Flávio Cardoso. *As ações cotidianas no âmbito da participação criminal*. Revista Síntese de Direito Penal e Processual Penal, São Paulo, 16, 2002.

PRADO, Luiz Regis. *Delito de lavagem de Capitais: Um Estudo Introdutório*. In Doutrinas Essenciais – Direito Penal Econômico e da Empresa. Prado e Dotti (Orgs.). Vol IV. São Paulo: RT, 2011.

RASSI, João Daniel. *Imputação das Ações Neutras e o Dever de Solidariedade no Direito Penal Brasileiro*. São Paulo: LiberArs, 2014.

RÍOS, Rodrigo Sanchez. *Advocacia e Lavagem de Dinheiro: Questões de Dogmática Jurídico-Penal e de Política Criminal*. 1ª. ed. São Paulo: Saraiva, 2010.

ROBIGLIO, Carolina. *Participación en los Delitos Tributarios mediante Conductas Neutrales – Actuación de profesionales y conocimientos especiales*. Buenos Aires, 2013.

SANTOS, João José Davin Neves dos. *O Branqueamento de Capitais em Portugal*. In Doutrinas Essenciais – Direito Penal Econômico e da Empresa. Prado e Dotti (Orgs.). Vol IV. São Paulo: RT, 2011.

SCHORSCHER, Vivian Cristina. *A Responsabilidade Penal do Advogado na Lavagem de Dinheiro – Primeiras Observações*. In: Prado e Dotti (Orgs.) Doutrinas Essenciais – Direito Penal Econômico e da Empresa. Vol. 4. São Paulo: RT, 2011.

SILVEIRA, Renato de Mello Jorge. *Cegueira Deliberada e Lavagem de Dinheiro*. Boletim IBCCRIM. São Paulo, 246, Maio/2013.

SILVEIRA, Renato de Mello Jorge; SAAD-DINIZ, Eduardo. *Criminal Compliance: Os Limites da Cooperação Normativa quanto à Lavagem de Dinheiro*. Revista de Direito Bancário e do Mercado de Capitais. São Paulo, 56, abr/jun, 2012.

SILVEIRA, Renato de Mello Jorge; SCHORSCHER, Vivian Cristina. *A Lavagem de dinheiro e o Livre Exercício da Advocacia: Condutas Neutras e a Indagação quanto à Jurisprudência Condenatória*. Revista da Associação Brasileira de Professores de Ciências Penais. São Paulo, 2, jan/jun, 2005.

SIQUEIRA, Flávia. *O Princípio da Confiança no Direito Penal*. Belo Horizonte: D'Plácido Editora, 2016.

TERREROS, Felipe Villavicencio. *La Imputación Objetiva en la Jurisprudencia Peruana*. Instituto de Derecho Penal Europeo e Internacional – Universidad de Castilla La Mancha. http://www.cienciaspenales.net, 2007. Acesso em 13 de julho de 2013.

TORRES, Ricardo Lobo. *Curso de Direito Financeiro e Tributário*. 9ª. ed. Rio de Janeiro: Renovar, 2002.

VIANA, Eduardo. *Dolo como Compromisso Cognitivo*. São Paulo: Marcial Pons, 2017.

WOHLLEBEN, Marcus. *Beihilfe durch äusserlich neutrale Handlungen*. München. Beck, 1996.

Uma Análise Crítica Sobre a Regularização de Ativos no Exterior

Elisabeth Lewandowski Libertuci
Pierpaolo Cruz Bottini

1. Pano de Fundo em Que Foi Inserida a Regularização de Ativos Mantidos no Exterior Para Residentes no Brasil

O ano, 2015. Escândalos relacionados à lavagem de dinheiro passam a tomar parte dos noticiários brasileiros. Cada vez com mais ênfase e desdobramentos em níveis internacionais. Mecanismos relacionados a troca de informações entre países para coibir a prática de crimes dos mais variados vão ganhando vulto, em progressão geométrica, arriscaria dizer. E, em termos de mundo globalizado, nada mais conveniente para se enfrentar, no Brasil, a necessidade de regularização de bens mantidos no exterior, não informados adequadamente às autoridades brasileiras.

Justamente nesse crescente, eis que é divulgado o caso "SwissLeaks". Para quem não sabe, "SwissLeaks" foi o nome que se deu a uma investigação jornalística que revelou que mais de 180 bilhões de euros foram movimentados em contas mantidas no HSBC, em Genebra, muitas delas resultado de sonegação fiscal, corrupção, lavagem de dinheiro, ou evasão de divisas dos mais variados clientes, espalhados por todos os continentes. Os dados foram vazados por ex-funcionário do Banco (engenheiro de software) e entregues às autoridades da França em 2008. A partir disso, deu-se início a detalhada investigação jornalística, envolvendo em torno de 130 jornalistas, 45 países, em que se incluem França, Estados Unidos e Suíça. A dimensão à investigação foi tamanha, que ainda hoje é vista como "o maior vazamento da história dos bancos suíços".[1]

No Brasil, foram identificadas cerca de 6.600 contas, cujo saldo ao fim de 2013 atingia cerca de 7 bilhões de dólares. A lista dos clientes foi divulgada por jornalista brasileiro, que além de torná-la pública por intermédio de seu *blog*[2], entregou às autoridades competentes para verificação de ilegalidades pertinentes. No contexto da investigação mundial, o Brasil foi dado como o quarto país em número de clientes envolvidos.[3]

E assim, em 24 de março de 2015, foi instalada a CPI do HSBC, tudo isso, repita-se, após jornalista brasileiro ter recebido do *International Consortium of Investigative Journalists (ICIJ)* a lista dos clientes brasileiros do HSBC Geneve envolvidos, muitos deles do mundo artístico, empresários renomados e, obviamente, políticos. Importa destacar que nem todas aquelas contas eram irregulares ou apresentavam valores ilícitos, mas parte significativa delas era desconhecida das autoridades brasileiras. Pronto. Não poderia existir cenário mais apropriado para essa mesma CPI do HSBC dar início a estudos, de modo a introduzir no Brasil uma Lei para regularizar a situação de pessoas físicas e jurídicas que mantivessem esses ativos no exterior sem a devida informação (e eventual tributação)[4] às autoridades brasileiras. Pior do que isso, a peculiaridade da nossa legislação: a de que manter bens no exterior e não declará-los no Brasil consiste em tipo penal específico – a evasão de divisas – cuja punibilidade não é extinta com o pagamento do imposto aplicável.

A CPI do HSBC (SwissLeaks) ensejou o início de debates com vistas a buscar alternativas para que o crime de evasão de divisas – manter ativos no exterior e não informá-los às autoridades brasileiras – pudesse ser afastado para aqueles contribuintes que suprissem a omissão e pagassem o respectivo tributo. Missão fácil de ser resolvida? É o que será objeto de nossos comentários, logo a seguir.

---

[1] Dados obtidos de http://projects.icij.org/swiss-leaks/.
[2] Em que qualquer um poderia ter acesso, bastando acessá-lo.
[3] Dados obtidos de http://icij.org/investigations/swiss-leaks/.
[4] Nem sempre a manutenção de bens ou direitos no exterior deflagra tributação no Brasil; contudo, a mera falta de informação desses bens às autoridades competentes (fisco e/ou Banco Central do Brasil) implica crime de natureza cambial.

2. Como Foi Construída a Lei de Regularização (Lei nº 13.254/16)

O primeiro desafio a ser enfrentado pelos juristas que foram ouvidos no curso dos trabalhos da CPI do HSBC (em 2015) se deu no contexto de qual seria a legislação aplicável no Brasil para poder concomitantemente extinguir a punibilidade penal e impor tributação sobre os bens mantidos no exterior, objeto de regularização. Desde logo afastou-se a possibilidade de o veículo para tanto ser uma Medida Provisória. Já que um dos temas a ser objeto de comando legal teria natureza penal ter-se-ia que enfrentar o tema via Projeto de Lei. Em tramitação rápida, o projeto foi apresentado ao Congresso e aprovado em poucos meses. Até convocação em recesso houve, de modo a permitir que o Projeto de Lei que tramitou sob nº 186/2015 pudesse se transformar na Lei n° 13.254, de 13 de Janeiro de 2016.

O projeto inicial da lei parecia mais racional do que aquele aprovado pelo Congresso Nacional. Não descartamos a possibilidade de o texto final da Lei n° 13.254/16 ter sido confuso por conta da rapidez em que foi discutido, emendado e aprovado, com algumas adições e supressões casuísticas que comprometeram sua clareza. Além disso, importante a observação de que, na nossa opinião, trata-se de Lei Penal com reflexos tributários e não o contrário. A constatação não tem apenas natureza semântica, traz desdobramentos relevantes e que não serão aqui objeto de comentários[5].

O fato é que, embora se tratando de Lei Penal, com reflexos tributários, optou o legislador por criar uma ficção jurídica em termos tributários para extinguir a punibilidade penal.

E esta ficção está corporificada no art. 6° da Lei em comento para quem "o montante dos ativos objeto da regularização será considerado acréscimo patrimonial adquirido em 31 de dezembro de 2014, ainda que nesta data não exista saldo ou título de propriedade (...) sujeitando-se a pessoa, física ou jurídica, ao pagamento do imposto de renda sobre ele[6], a título de ganho de capital, à alíquota de 15% (quinze por cento), vigente em 31 de dezembro de 2014".

Em nossa opinião, este é um dos mais importantes dispositivos para entender todos os desdobramentos que a regularização de ativos mantidos no exterior trouxe e ainda pode trazer.

Explicamos.

---

[5] Sobre este tema específico, cito o artigo "Vicissitudes da lei sobre regularização de ativos no exterior e a polêmica quanto à não tributação da variação cambial", *in* Regime Especial de Regularização cambial e Tributária (RERCT): Aspectos Práticos; Es. Noeses, 2016, pag 101/121.
[6] Ele, no contexto, entenda-se *acréscimo patrimonial*.

2.1. A Presunção de Acréscimo Patrimonial a Título de Ganho de Capital

Em primeiro lugar, criou-se uma ficção jurídica para a regularização acontecer: a presunção[7] de que houve acréscimo patrimonial em 31 de dezembro de 2014. O que é o mesmo que dizer que a renda poupada (status dos bens na referência 31/12/2014), se tributada, e enquanto ganho de capital, implica extinção de punibilidade relacionada aos crimes realizados com o fito de terem sido mantidos no exterior bens irregularmente. Obviamente, a Lei não criou uma carta em branco para qualquer crime poder ser objeto de extinção de punibilidade com a contraprestação tributária. A relação dos crimes passíveis de extinção de punibilidade é taxativa (e está prevista no artigo 5º, incisos e parágrafos) e não abriga outros delitos.

O aspecto relevante aqui é a verificação de que se criou um "corte" para a regularização acontecer: a situação dos bens na referência 31 de dezembro de 2014. Estaríamos bem até aí. Não fosse o fato de o mesmo artigo 6° prever o texto "ainda que nessa data não exista saldo ou título de propriedade". E é neste ponto que profissionais do direito penal, em conjunto com os de especialização tributária, começaram a buscar um consenso, quase impossível: a situação dos bens na referência 31 de dezembro de 2014 é suficiente para extinguir a punibilidade? Ou ter-se-ia que verificar o período prescricional penal (bem mais amplo do que a decadência tributária) para se alcançar a referida extinção da punibilidade? A resposta? Acreditamos que somente a jurisprudência irá construir, dure o tempo que demorar...

2.2. A Carga Tributária Definida para Fins de Regularização dos Ativos

Outro ponto de atenção que foi levado intensamente à discussão durante os debates havidos em sede de CPI de HSBC[8] disse respeito à alíquota aplicável

---

[7] Presunção significa realidade ficta, fato de alta relevância para o assunto em comento.

[8] Lembre-se novamente que a Lei de Regularização de Ativos foi discutida e avaliada por conta do vazamento de informações do "Swissleaks". Daí a importância de reforçar que a "ideologia" transplantada nos trabalhos levou em conta o conceito de se dar uma última chance para a pessoa física ou jurídica poder regularizar a situação penal e, eventualmente, tributária. Disso decorre o fato de que não se quis conferir aos que se valessem da regularização um favor fiscal, o que acabou por deflagrar carga tributária substancialmente majorada, se comparada com outros países que instituíram programa similar.

para a regularização. Neste aspecto, duas correntes se apresentaram: a primeira, entendendo dever o acréscimo patrimonial caracterizado pela existência dos bens submeter-se à tributação pela tabela progressiva (no caso de pessoa física), o que, em termos práticos, implicaria carga tributária efetiva próxima a 27,5%[9], porém acrescentada de multa de mora na razão de 20%. Outra corrente, a vencedora, defendeu a tese de que a tributação deveria ser a aplicável ao ganho de capital (15%, na referência 31 de dezembro de 2014)[10] e acrescida de multa de 100% do imposto devido[11]. Isso significa afirmar que o Programa de Regularização importou tributação nominal da ordem de 30%[12].

A análise sistemática do artigo 6º já acima transcrito é a de que foi o limite de consenso entre os operadores de direito, em que se inclui, evidentemente, os membros do Ministério Público, ou seja, a de que a benesse de extinguir a punibilidade dos crimes permitidos na regularização de ativos mantidos no exterior teria como princípio basilar o de não agraciar o contribuinte com alíquotas atrativas na regularização.

Se tendemos a concordar com essa dinâmica de raciocínio, não podemos deixar de expressar crítica com a dificuldade que muitos estudiosos do direito tiveram em dimensionar a importância de ter sido eleito como fato gerador do imposto de renda, para fins de regularização, o acréscimo patrimonial por presunção, *a título de ganho de capital*.

---

[9] Referimo-nos a próxima a 27,5%, porquanto para as pessoas físicas a tabela progressiva a alíquotas que vão de 7% a 27,5%, o que significa dizer que nenhum rendimento, por maior que seja, chega a ser tributado em 27,5%, sendo certo, contudo, que, obviamente, quanto maior for o rendimento mais próxima de 27,5% evidentemente será a tributação efetiva.

[10] Atualmente, a tributação sobre ganho de capital se submete a alíquotas progressivas que vão de 15% a 22,5%.

[11] Seguindo orientação do STF, para quem a alíquota máxima em nível de multa não pode superar 100%, sob pena de ser entendida como confisco.

[12] Digo nominal dado o fato de que o dólar vigente na referência 31/12/2014 era atrativo (R$ 2,6562) em comparação ao vigente em 31/10/2016 (data base da regularização). Estudos mostram que por conta dessa diferença entre a variação do dólar entre 2014 e 2016, pode-se afirmar que a carga tributária efetiva na regularização girou em torno de 23,64% (o dólar no fim do mês de outubro de 2016, época do pagamento do imposto acrescido de multa para a regularização girou em torno de R$ 3,37; a diferença entre o dólar utilizado para a conversão dos ativos (R$ 2,6562) e o dólar para fins de pagamento (em torno de R$ 3,37) implica carga tributária efetiva na regularização por volta de 23,64%. Isso, obviamente dependendo da época em que o imposto e multa foram pagos. Se o pagamento se deu antes de 31/10/2016 (data limite) a carga tributária efetiva foi um pouco maior, tendo em vista que o dólar atingiu cotação menor que a de R$ 3,37 para fins de pagamento do imposto (lembrando que em outubro de 2016 o dólar oscilou em torno de R$ 3,27 a R$ 3,44).

Não vamos nos ater no presente trabalho às consequências que a escolha desse fato gerador implica no cenário tributário[13]. Uma delas (talvez a mais importante) é a de que talvez para assegurar carga tributária expressiva na regularização, de modo que não fosse entendida como favor fiscal, parece nítido que a presunção de acréscimo patrimonial na referência 31 de dezembro de 2014 é o mesmo que dizer que a renda obtida irregularmente no exterior, tenha sido constituído o patrimônio lá na época que for, confunde-se com a situação patrimonial da pessoa física ou jurídica em 31 de dezembro de 2014. Em melhores palavras, criou-se uma ficção jurídica de que tudo que se ganhou no exterior enquanto os bens se mantiveram irregularmente declarados é a fotografia desses bens em 31 de dezembro de 2014. Por esse motivo, defendemos a tese de que para a pessoa física não há tributação sobre variação cambial, apenas sobre os ganhos obtidos a partir de 1º de janeiro de 2015 e em moeda forte (dólar ou qualquer outra moeda convertida para dólar à época da realização do ganho).

2.3. Estruturas Societárias no Exterior e os Reflexos no Brasil

Um terceiro e último aspecto de significativa importância que a Lei nº 13.254/16 trouxe à baila (e que certamente trará reflexos na jurisprudência administrativa e judicial daqui para a frente) guarda relação com estruturas societárias existentes no exterior, ainda não devidamente enfrentadas por nossos tribunais, pelo menos não com o nível de detalhamento que o tema exige.

Trata-se novamente de aspecto prático, deduzido do ambiente em que a Lei de Regularização foi construída (CPI do HSBC), em que se constatou, pela lista dos clientes que tiveram a informação vazada, que muitos deles não tinham as contas em próprio nome, mas em nome de estruturas societárias, até então oferecidas pelos bancos[14] para "mascarar" o real beneficiário dos investimentos. Evidentemente, o fato de o mundo globalizado estar em significativa mudança, em que a troca automática de informações faz parte do dia-a-dia de praticamente todos os países, estando, por óbvio, o Brasil nisso enquadrado, é motivo também suficiente para um olhar mais atento às estruturas societárias existentes no exterior, por parte das autoridades fiscais brasileiras. Está mais do que no tempo de o tema da natureza e dos contornos de tais estruturas

---

[13] Vide, novamente, a esse respeito, artigo publicado, cujas referências encontram-se na nota de rodapé 5.

[14] E, obviamente, toda uma gama de prestadores de serviços.

seja enfrentado pelo Poder Judiciário, a fim de conferir segurança jurídica a todos os que trabalham nesse setor.[15]

De uma forma ou de outra, pode-se dizer que a Lei n° 13.254/16 deu um pontapé inicial (e relevante) para que se enfrente com transparência a questão das estruturas societárias existentes no exterior[16].

É do que cuidou o artigo 4º, parágrafo 1°, inciso V, ao disciplinar que "na hipótese de inexistência de saldo dos recursos, ou de titularidade de propriedade de bens ou direitos referidos no *caput*, em 31 de dezembro de 2014, a descrição das condutas praticadas pelo declarante que se enquadrem nos crimes previstos no § 1° do art. 5° desta Lei e dos respectivos recursos, bens ou direitos de qualquer natureza não declarados, remetidos ou mantidos no exterior ou repatriados, ainda que posteriormente repassados à titularidade ou responsabilidade, direta ou indireta, de *trust* de quaisquer espécies, fundações, sociedades despersonalizadas, fideicomissos, ou dispostos mediante a entrega a pessoa física ou jurídica, personalizada ou não, para guarda, depósito, investimento, posse ou propriedade de que sejam beneficiários efetivos o interessado, seu representante ou pessoa por ele designada".

Embora referido dispositivo não possa ser considerado um primor em termos de clareza de conteúdo, o fato é que o legislador apontou genericamente estruturas em que o real beneficiário não é em um primeiro momento nominado perante terceiros[17]. Daí que no âmbito da regularização de ativos criou-se a figura da "interposta pessoa", cujas consequências de ordem tributária serão avaliadas a seguir.

O que é relevante no presente momento é o fato de que, para fins de regularização, o legislador optou por eleger o beneficiário final dos ativos como a pessoa que estaria obrigada a regularizá-los. No contexto, assumindo as mais variadas estruturas societárias vigentes no exterior, o relevante passou a ser constatar quem no final do dia teria pleno gozo dos ativos (e obviamente de seus rendimentos) para oferecer à tributação esses bens. Os intermediários (ou interpostas pessoas) serviram apenas para demonstrar a "ponte" entre o ativo e o seu final beneficiário.

---

[15] O comentário, obviamente, leva em conta um cenário ideal, em que o Poder Judiciário poderia contribuir com decisões pragmáticas a respeito do assunto.
[16] Muitas delas integram a legislação alienígena há séculos, é bom lembrar.
[17] Na maioria das vezes instituições financeiras, mas não necessariamente. As estruturas se estendem também a ativos outros, como por exemplo, imóveis e até mesmo participações societárias de empresas operacionais.

2.3.1. O Trust e a Identificação do Efetivo Beneficiário

Dada a complexidade da lei, que como dito tem natureza penal com desdobramentos tributários, tornou-se de total relevância investigar em cada estrutura no exterior quem, de fato, é reconhecidamente o beneficiário do ativo. Isso para o fim de conceder a extinção da punibilidade penal relacionada à manutenção irregular dos bens no exterior[18]. Surpreendentemente matéria de tamanha envergadura acabou por ser disciplinada pelo expediente de "Perguntas e Respostas" pela Receita Federal do Brasil, que recebeu *status* de ato "interpretativo"[19].

Com isso, algumas diretrizes se apresentaram de forma explícita. A primeira delas, na resposta à pergunta 34, que trata de *trust*. O texto não poderia ser mais confuso. Diz que "é declarante do *trust* seu beneficiário, inclusive seu instituidor, caso figure na condição de beneficiário em 31 de dezembro de 2014. Para usufruir dos benefícios do RERCT[20], também poderá declarar a Dercat[21] o instituidor do *trust* que não figure, em 31 de dezembro de 2014, na condição de beneficiário".

Não é objeto aqui explorar todas as vicissitudes aplicadas à figura do *trust*. Grosseiramente falando, trata-se de instrumento, frequentemente aplicado para fins sucessórios, disciplinado por lei estrangeira, em que se transfere a terceiro (*trustee*) a administração de bens e direitos do instituidor. Com isso, tem-se uma estrutura tripartite, isto é, o instituidor, que enquanto titular original do ativo, define quem irá administrá-lo e em benefício de quem; o *trustee*, agente fiduciário, que recebe a propriedade do bem para administrá-lo em benefício de alguém; e o beneficiário, pessoa que, ano final do dia (atendidas eventuais condições dispostas em documento específico, *o trust deed*, em cenário ideal) virá a ser o efetivo proprietário do bem, para uso e gozo nos termos definidos pelo instituidor.[22]

---

[18] Sempre considerando a lista taxativa de crimes que a Lei n° 13.254/2016 autorizou a extinção de punibilidade, nos termos do Art. 5º, §1º e incisos.

[19] O "Perguntas e Respostas" em comento apresentou-se aprovado pelo Ato Declaratório Interpretativo n° 5, de 11/07/2016; posteriormente pelo Ato Declaratório Interpretativo n° 6, de 09/08/2016; e, finalmente, pelo Ato Declaratório Interpretativo nº 9, de 25/08/2016.

[20] RERCT significa Regime Especial de Regularização Cambial e Tributária.

[21] Dercat significa Declaração de Regularização Cambial e Tributária.

[22] O *trust deed* disciplina, na riqueza de detalhes que quiser o instituidor, como o bem ou direito poderá ser usufruído pelo beneficiário.

A experiência prática e considerando a cultura do brasileiro, que não está acostumado a transferir a terceiro a propriedade/administração de seus bens, acabou por demonstrar que a estrutura mais comum é o instituidor fazer constar no *trust deed* ele próprio como primeiro beneficiário do *trust* e sucessores como segundo beneficiários, portanto, titulares dos bens e direitos apenas após o falecimento do instituidor.

Se a realidade do *trust* se corporificasse apenas na hipótese acima, em que instituidor e beneficiário se confundem numa mesma pessoa, o texto da resposta à pergunta 34 se mostraria mais do que suficiente para indicar o instituidor como a pessoa eleita para regularizar os bens e diretos mantidos irregularmente no exterior. Afinal de contas, é uma mesma pessoa que adquire o *status* de instituidor e beneficiário e, por certo, a Lei n° 13.254/2016 buscou capturar o beneficiário dos bens e direitos para fins de regularização. Evidentemente, se instituidor e beneficiário se confundem na mesma pessoa, nenhuma consequência negativa há no fato de o instituidor recolher o imposto de renda e a multa para regularizar o *trust*.

Ocorre que podem acontecer situações em que o instituidor e o beneficiário são pessoas distintas, ou, pior, o instituidor e beneficiário poderiam ser a mesma pessoa antes de 31 de dezembro de 2014, e distintos nessa data. Essa situação a resposta à pergunta 34 também tratou de contemplar, concluindo por implicar a necessidade de tanto instituidor como beneficiário precisar oferecer à tributação o *trust* de modo a ver assegurada a extinção da punibilidade penal para ambos.

2.3.2. Termo ou Condição Para Aquisição ou Perda da Qualidade de Beneficiário do Trust

A orientação segue a mesma dinâmica de raciocínio em outras situações específicas, conforme se deduz quanto ao conteúdo das respostas às perguntas 35 e 36. A resposta à pergunta 35, por exemplo, cuida de hipótese de haver termo ou condição para adquirir ou perder a qualidade de beneficiário do *trust*. E conclui que deve declarar o *trust* aquele que em 31 de dezembro de 2014 não tenha perdido a qualidade de beneficiário. Já a resposta à pergunta 36 pressupõe situação em que a pessoa desconheça ser beneficiária do *trust*, hipótese bastante comum, haja visa o fato de se tratar de instrumento para fins sucessórios. Não raras vezes o instituidor do *trust* estabelece no *trust deed* terceiro como beneficiário, mas não dá a esse beneficiário a notícia. Nesses casos, o beneficiário vem a saber do fato com o passamento do instituidor.

A resposta à pergunta 36 deixa claro que, se o beneficiário desconhece a existência do *trust*, por motivos óbvios não tem como aderir ao RERCT, o que significa não se valer dos benefícios dele decorrentes, que seria a extinção da punibilidade do crime de manter ativos não declarados no exterior. Por outro lado, venhamos e convenhamos, se o beneficiário desconhece a existência do *trust*, nenhum crime teria cometido, razão de sequer fazer sentido aderir ao RERCT.[23]

Por fim, resta apontar as situações em que o beneficiário conhece a existência do *trust* e sua condição, mas não tem – ou tinha – disponibilidade ou propriedade dos bens. Nesses casos, ao menos na seara criminal, não haverá evasão de divisas caso o beneficiário tenha deixado de declarar os ativos no RERCT, porque o tipo penal em questão exige a existência de "depósitos" no exterior de titularidade do contribuinte. E o beneficiário que não dispõe dos bens está fora do âmbito de abrangência na norma penal.

2.3.3. Conclusão Extensiva a Outras Estruturas Societárias no Exterior

Conclusivamente, o RERCT criou uma linha divisória relevante no que se refere a estruturas mantidas no exterior, que é a de identificar a pessoa do beneficiário final e ser ele (o beneficiário) o responsável pela informação às autoridades fiscais com o fito de recolher o imposto de renda e a multa e com isso ver extinta a punibilidade nos crimes listados pela Lei nº 13.254/2016, ressalvada as situações de *trusts* em que o beneficiário não dispõe dos bens.[24]

---

[23] Ainda sobre o *trust*, importante a ressalva de que a obrigatoriedade de declará-lo já vinha há tempos sendo disciplinado pelo Banco Central do Brasil para fins de DCBE (Declaração de Capitais Brasileiros no Exterior). E, curiosamente, para esta finalidade, o Banco Central pontuou a obrigatoriedade ao beneficiário. É verdade que a orientação na DCBE dispõe que "o preenchimento da declaração poderá ser realizado, tanto pelo próprio beneficiário, quanto pelo *trustee*, que administra o *trust*, porém, sempre em nome do beneficiário residente." Leia-se, o destinatário de qualquer informação relacionada a *trust*, pelo menos em nível de Banco Central do Brasil é o beneficiário e não seu instituidor. Isso só pode levar à conclusão de que esta estrutura societária na quase unanimidade das vezes confunde instituidor com beneficiário, o que já foi objeto de comentários acima. Mas não custa reforçar, nem sempre é assim, e quando não é ainda temos carência na legislação nacional de como lidar com o assunto. Novamente, trata-se de tema que apenas a jurisprudência administrativa e/ou judicial poderá trazer respostas contundentes. Só nos resta esperar.

[24] A conclusão não se restringe ao *trust*. Estende-se a muitas outras estruturas societárias, a teor do que explicitamente dispõe a resposta à pergunta 25, V, que fala de "bens repassados à titularidade ou responsabilidade, direta ou indireta, de trust de quaisquer espécies, fundações, sociedades despersonalizadas, fideicomissos, ou dispostos mediante a entrega a pessoa física ou jurídica, personalizada ou não, para guarda, depósito, investimento, posse ou propriedade de que sejam

Esta forma de entender as estruturas no exterior é importantíssima para fins de tributação pós regularização. E será objeto de comentários mais a seguir.

3. Balanço Sobre o Resultado Prático Para Quem Aderiu à Regularização

Uma questão que sempre se levanta quando se fala do RERCT é se realmente foi atingido o objetivo de conceder a tal "última chance" para o contribuinte regularizar a situação dos bens existentes no exterior, principalmente considerando os tempos de globalização e de troca automática de informações entre países.

Neste aspecto, importante uma avaliação crítica do quanto se arrecadou neste Programa de Regularização, lembrando que na verdade a análise tem que se estender não só ao que dispõe a Lei nº 13.254/2016, como também à Lei nº 13.428/2017[25].

E, de fato, não se pode dizer que os números são tão atrativos como se esperava.

Dados da própria Receita Federal do Brasil[26] dão conta de que o total de ativos declarados (entre pessoas físicas e jurídicas) atingiu o montante de R$ 169,9 bilhões, o que, em termos de arrecadação significou R$ 50,9 bilhões[27]. No universo das pessoas físicas, a informação é de que 25.011 contribuintes apresentaram a Dercat[28]. Em nível de pessoa jurídica, o número é assustadoramente pequeno, apenas 103 empresas[29].

O quadro abaixo resume esta gama de informações, como segue:

---

beneficiários efetivos o interessado, seu representante ou pessoa por ele designada". Equivale dizer, para fins de regularização de ativos no exterior a relevância está pontuada no final beneficiário do bem ou ativo e não "interposta pessoa" em nome de quem referido bem ou ativo estaria registrado.

[25] A Lei nº 13.428/2017 permitiu nova regularização de ativos no exterior, considerando a situação dos bens na referência 30/06/2017 e pagamento do imposto de 15% e multa de 135% até 31/07/2017.

[26] Disponível em: http://idg.receita.fazenda.gov.br/noticias/ascom/2016/novembro/programa-de-regularizacao-de-ativos-brasileiro-atinge-objetivos

[27] Fontes não oficiais falam em R$ 64 bilhões.

[28] Número significativamente inexpressivo, se considerado o universo identificado pelo Swiss-Leaks, em que se fala de cerca de 7 bilhões de dólares de contas não declaradas por brasileiros em Genebra e apenas junto ao banco HSBC.

[29] A explicação de muitos analistas é a de que os ativos irregularmente mantidos no exterior costumavam estar em nome de pessoas físicas e não de pessoas jurídicas. Mesmo assim, ainda me parece o universo de 25 mil pessoas físicas um contingente de pouca expressão.

Tipo de Contribuinte	Quantidade de DERCART	Total de Ativos	Imposto de Renda	Multa de Regularização
PF	25.011	R$ 163.875.845.155,55	R$ 24.581.376.778,83	R$ 24.580.523.571,35
PJ	103	R$ 6.064.932.752,74	R$ 909.739.912,95	R$ 909.738.299,22
Total	25.114	R$ 169.940.777.908,29	R$ 25.491.116.691,78	R$ 25.490.261.870,57

Talvez por esse motivo, o legislador quis dar uma "outra última chance", com a edição da Lei n° 13.428/2017. Contudo, a opção por aumentar a carga tributária na regularização[30], atrelada à conversão por dólar bem mais inflado do que o vigente em 31/12/2014[31], significou um desestímulo à adesão.

Tanto isso é verdade que na denominada "segunda fase da regularização" os números se apresentaram bem menos expressivos do que na "primeira fase". Também com base em dados da própria Receita Federal do Brasil[32], a adesão atingiu 195 pessoas físicas e apenas 20 empresas. O volume de bens atingido é da ordem de R$ 4,6 bilhões, representando uma arrecadação de R$ 1,6 bilhão.

O quadro abaixo resume os dados como segue:

Tipo	Ativas	Total de Bens Declarados	Total do Imposto Apurado	Total de Multa Apurada
Pessoa Física	1915	R$ 4.546.405.717,29	R$ 681.960.857,97	R$ 920.561.398,84
Pessoa Jurídica	20	R$ 35.799.401,05	R$ 5.369.910,17	R$ 7.248.963,93
TOTAL	1935	R$ 4.582.205.118,34	R$ 687.330.768,14	R$ 927.810.362,77

É fato que o valor arrecadado nessa segunda fase foi tão inexpressivo que chegou a ser reavaliado pela Receita Federal do Brasil em julho de 2017, onde se encontrou um ligeiro aumento para R$ 2,9 bilhões[33]. Mesmo assim, significativamente inferior à meta esperada, que girava em torno de R$ 13 bilhões.

---

[30] A alíquota do Imposto de Renda se manteve em 15%, porém a multa foi majorada de 100% para 135%, o que em temos de carga tributária nominal subiu de 30% para 35,25%.

[31] O dólar de conversão para os efeitos da Lei n° 13.254/2016 foi de R$ 2,6562 por refletir a situação dos bens na referência 31/12/2014, ao passo que o dólar da Lei n° 13.428/2017 foi de R$ 3,2098, por ter de converter a situação dos bens na referência 30/06/2016. Ou seja, a conversão para reais foi majorada de um Programa para outro em 20,84%.

[32] http://www.fazenda.gov.br/noticias/2017/agosto/mais-de-r-4-5-bilhoes-de-ativos-no-exterior--foram-regularizados-na-2a-etapa-do-rerct.

[33] A fonte de informação é a mesma objeto da nota de rodapé 32.

A pergunta que fica é qual seria o motivo para a adesão ter se apresentado em número tão inferior ao esperado. Tomando-se por base apenas os contribuintes com valores de origem lícita no exterior – porque aqueles com ativos sujos não declararam por razões óbvias – a resposta parece ser a seguinte: as inseguranças e incertezas que a lei, na prática, acabou por deflagrar. É sobre o que passaremos a discorrer.

4. Onde o Legislador Errou?

Os profissionais que atuaram na regularização de ativos de seus clientes vão concordar com o que vamos dizer. A máxima ao tempo da decisão pela regularização dos ativos era o cliente ir ao escritório do profissional que pretendia contratar e antes mesmo de perguntar o nome dele, desferir a pergunta fulcral: qual sua posição? Foto ou Filme? Dependendo da resposta, o profissional ganhava ou perdia o cliente.

E o que significa isso? Defender a tese "da foto" ou do "filme"?

A resposta: os art. 4°, 5° e 6° da Lei n° 13.254/2016, combinados com a resposta à pergunta 39[34], além do Parecer PGFN/CAT n° 1.035/2016, lembrando que exceção feita à Lei, que é de janeiro de 2016, os demais atos ora citados foram editados entre julho e agosto de 2016, e a data limite para a adesão ao RERCT com o pagamento do imposto de renda e multa estava aprazado para 31/10/2016.

Do que exatamente estamos falando? Do mais importante quanto se está a tratar de matéria tributária, ainda mais se esta matéria deflagra na consequência de conferir extinção de punibilidade penal, i.e. a base de cálculo sobre a qual deve incidir o imposto de renda e a multa para fins de regularização dos bens mantidos no exterior.

4.1. A Estrutura da Lei n° 13.254/2016: Foto ou Filme?

O art. 4° da Lei n° 13.254/2016 diz taxativamente: "para adesão ao RERCT, a pessoa física ou jurídica deverá apresentar à Secretaria da Receita Federal do Brasil (SRF) (...) declaração única de regularização específica contendo a

---

[34] Do "Perguntas e Respostas", aprovado pelo Ato Declaratório Interpretativo n° 5, de 11/07/2016; Ato Declaratório Interpretativo n° 6, de 09/08/2016 e Ato Declaratório Interpretativo n° 9, de 25/08/2016.

descrição pormenorizada dos recursos, bens e direitos de qualquer natureza de que seja titular em 31 de dezembro de 2014 a serem regularizados , com o respectivo valor em real, ou, no caso de inexistência de saldo ou título de propriedade em 31 de dezembro de 2014, a descrição das condutas praticadas pelo declarante que se enquadrem nos crimes previstos no §1° do art. 5º desta Lei e dos respectivos bens e recursos que possui".

Já o art. 5º da Lei n° 13.254/2016 assevera que "a adesão ao programa dar--se-á mediante entrega da declaração dos recursos, bens e direitos sujeitos á regularização prevista no *caput* do art. 4º e pagamento integral do imposto previsto no art. 6º e da multa prevista no art. 8° desta Lei".[35]

Por fim, o art. 6º da mesma Lei n° 13.254/2016 estabelece que "para fins do disposto nesta Lei, o montante dos ativos objeto de regularização será considerado acréscimo patrimonial adquirido em 31 de dezembro de 2014, ainda que nesta data não exista saldo ou título de propriedade (...) sujeitando-se a pessoa física ou jurídica, ao pagamento do imposto de renda sobre ele, a título de ganho de capital, à alíquota de 15% (quinze por cento), vigente em 31 de dezembro de 2014."

Perceba-se aqui a dinâmica a ser perseguida para fins de extinção de punibilidade penal dos crimes permitidos pela Lei n° 13.254/2016. Em primeiro lugar, nos termos do art. 4°, a adesão expressa ao RERCT, com descrição dos bens existentes em 31/12/2014 e *também dos não mais existentes nesta data*. Após, por atenção ao art. 5º, pagamento integral do imposto de renda e multa. Por fim, como determinação da base de cálculo do imposto de renda (imposto de renda esse que acompanhado de multa importa em extinção de punibilidade penal, a teor do que dispõe o art. 5°, já objeto de comentários) a situação dos bens na referência 31/12/2014, ainda que nesta data inexista saldo ou título de propriedade.

Assim é que a primeira conclusão que não se tem como escapar é a de que só se pode falar em extinção de punibilidade com pagamento do imposto de renda e multa (art. 5º). O art. 4º faz menção a situação dos bens em 31/12/2014, OU, no caso de inexistência, a descrição das condutas praticadas. E o art. 6º segue nessa mesma toada. E nisso se instaura o imbróglio. Afinal, basta informar a situação dos bens em 31/12/2014, recolher imposto e multa sobre esses bens para haver a extinção da punibilidade penal; ou há que se verificar o

---

[35] Os parágrafos do art. 5° cuidam dos crimes passíveis de extinção de punibilidade pelo pagamento do imposto de renda e multa e demais condições a serem observadas para pôr fim a desdobramentos penais em função de terem sido mantidos bens irregularmente declarados no exterior.

status dos bens em 31/12/2014 e também daqueles consumidos antes desta data – retroagindo-se com base nas regras de prescrição dos crimes previstos no art. 5º da lei em comento – para só assim ser assegurada a extinção da punibilidade penal e a consequente regularidade tributária sobre os bens mantidos no exterior?

4.2. A Tese da Foto

Os defensores de que basta o status dos bens na referência 31/12/2014 denominam-se adeptos à tese da "foto", ou seja, a situação estanque dos bens em 31/12/2014, o recolhimento do imposto e da multa com base nesse parâmetro e, obviamente, a entrega da Dercat[36], são os requisitos suficientes para a regularização de bens no exterior e a consequente extinção da punibilidade penal. Neste contexto, supondo-se um investimento que em 31/12/2013 tivesse saldo de U$ 200 mil e em 31/12/2014 referido saldo tivesse sido reduzido para U$ 150 mil, a declaração se limitaria a esse último valor e o imposto de renda e multa teriam que ser calculados sobre o mesmo, já que a base de cálculo do imposto teria que considerar o status do bem em 31/12/2014, desconsiderando-se a oscilação anterior. Os valores pretéritos seriam declarados apenas na ausência de saldo em 31/12/2014.

4.3. A Tese do Filme e o Pronunciamento da Receita Federal do Brasil e da Procuradoria Geral da Fazenda Nacional

Acontece que assim não se manifestou a Receita Federal do Brasil, nem a Procuradoria da Fazenda Nacional. E, o pior, como já exposto anteriormente, os pronunciamentos de ambos se deram entre julho e agosto de 2016, ou seja, muito próximos da data fatal para adesão ao RERCT, 31/10/2016. Resultado: insegurança jurídica total!

O pronunciamento da Receita Federal do Brasil se deu por intermédio da resposta à pergunta 39 do "Perguntas e Respostas"[37] que expôs com todas as letras que "quem desejar estender integralmente os efeitos da lei aos bens e às condutas a eles relacionados deverá informar tanto a parte do bem remanescente em 31 de dezembro de 2014 como a parte consumida".

---

[36] Como já dito, Dercat significa Declaração de Regularização Cambial e Tributária.
[37] Aprovado pelo Ato Declaratório Interpretativo nº 5, de 11/07/2016; Ato Declaratório Interpretativo nº 6, de 09/08/2016 e Ato Declaratório Interpretativo nº 9, de 25/08/2016.

Ou seja, considerado o exemplo acima, em que houve consumo na conta que terminou com saldo de U$ 150 mil na referência 31/12/2014, aos olhos da Receita Federal do Brasil, a declaração desse valor não seria suficiente para assegurar a regularização e a extinção da punibilidade criminal. Aqui estamos diante da tese do "filme", ou seja, não basta a fotografia estanque de 31/12/2014 para a regularização do bem, mas sim o quanto desse bem foi consumido no período até atingir a situação em 31/12/2014.

Na mesma toada seguiu a Procuradoria Geral da Fazenda Nacional, por intermédio do Parecer CAT n° 1035/2016, de 1° de julho de 2016. Primeiramente enfatiza que a PGFN pretende ver esclarecido "se a base de cálculo da tributação sobre a renda restringir-se-á ao montante do ativo existente em 31/12/2014, ou se deverá abranger aqueles ativos total ou parcialmente consumidos anteriormente a essa data." E, após expor seus argumentos, conclui: "entendemos que à luz dos diversos dispositivos da Lei n° 13.254, de 2016 aqui analisados, mormente o §1° do art 1º, arts. 2º, 3º, 4º, art 6° §4º, a base de cálculo da tributação sobre a renda a que se refere a Lei em questão deverá abranger também os ativos total ou parcialmente consumidos anteriormente a 31/12/2014."

Equivale dizer, tanto Receita Federal do Brasil, quanto Procuradoria Geral da Fazenda Nacional juntaram-se aos adeptos de que a regularização dos ativos precisava se submeter à tese do "filme", em que o parâmetro 31/12/2014 somente apresenta-se factível em caso de os bens não terem sido consumidos anteriormente.

Acontece que nem a Receita Federal do Brasil, nem a Procuradoria Geral da Fazenda Nacional enfrentou taxativamente a retroação para se considerar o consumo. Decadência tributária ou prescrição penal, qual critério teria de ser observado? Evidentemente para o universo da Receita Federal do Brasil, a manifestação está adstrita a consequências tributárias. E justamente por conta disso, a resposta à pergunta 45 do "Perguntas e Respostas"[38] é enfática em determinar que "em relação aos efeitos tributários devem ser declarados os bens e direitos havidos no prazo decadencial dos tributos". Mas, a resposta foi mais além e fez também constar que "para fins dos efeitos penais o declarante deve inserir os bens e os direitos havidos no prazo prescricional das condutas que deseja anistiar". Nesta parte, manifestou-se sobre matéria fora de sua alçada e, pior, acabou por colocar o contribuinte em situação de insegurança

---

[38] Idem nota de rodapé 37.

jurídica, por definitivamente não ter claro o tempo da retroação para fins de regularização dos ativos.

Da manifestação da Receita Federal do Brasil e da Procuradoria Geral da Fazenda Nacional restou claro o entendimento de que o bem consumido teria efetivamente que estar inserido na regularização. Tal interpretação será objeto de longas discussões nos tribunais, mas a posição do Poder Executivo é clara. Porém, restou a dúvida sobre o período a ser declarado. Então, quase no apagar das luzes da data limite da regularização dos ativos (31/10/2016), os contribuintes aguardaram alterações na Lei n° 13.254/2016 que esclarecessem a questão. Isso não ocorreu.

4.4. Os Efeitos da Falta de Clareza quanto à base de Cálculo do Imposto de Renda para fins de Extinção de Punibilidade Penal

Tal insegurança foi, a nosso ver, um dos fatores preponderantes para a adesão ao RERCT ter sido muito menos expressiva do que o esperado. Uma pena. Foram tantos meses de discussão sobre a melhor forma de introduzir no País um Programa que pusesse fim aos aspectos penais relacionados a bens irregularmente mantidos no exterior e a falta de diálogo entre os Poderes Executivo e Legislativo não conseguiu por fim ao impasse.

Disso resulta nossa conclusão de que o RERCT acabou por não se revestir de real exemplo de *cooperative compliance*, tal como efetivamente se verificou em inúmeros outros países. Talvez isso signifique um recado (se é que politicamente esse recado ainda tem espaço para ser dado) de que outro Programa de Regularização de Ativos tenha que ser implementado no Brasil, na medida em que parece certo que não foram todos os ativos objeto de regularização e muitos deles não o foram por conta da insegurança jurídica que a Lei n° 13.254/2016 acabou por deflagrar. E, à evidência, nos tempos contemporâneos imperativo um regramento que objetive de fato o real *Cooperative Compliance* em todas as áreas do direito, mais, obviamente, e em especial, no que concerne a questões tributárias e penais.

5. O Dia Seguinte da Regularização: Conclusões Finais e Pontos de Reflexão

Dos comentários levados a efeito no presente trabalho, a outra conclusão não se pode chegar se não a de que muito terá que ser construído em nível de Jurisprudência Administrativa e Judicial quanto ao tema da regularização de ativos objeto do RERCT.

5.1. Avaliação Quanto à Necessidade de Serem Mantidas Estruturas no Exterior

Indubitavelmente alguns avanços se apresentaram, principalmente no tocante ao enfrentamento das estruturas societárias existentes no exterior e seus reflexos pela aplicação da legislação nacional. A principal delas, na nossa avaliação, resulta no fato de que essas estruturas, a partir do RERCT, passaram a ser consideradas estruturas transparentes para fins fiscais. Ou seja, o objeto de regularização (e por comando específico da Receita Federal) passou a ser o ativo que tivesse o declarante como beneficiário final. No caso de *trust*, por exemplo, a informação dessa estrutura societária foi informada no RERCT enquanto "interposta pessoa", o que é o mesmo que dizer se tratar de terceiro não vinculado ao fato gerador do imposto de renda. Para fins fiscais, então, pode-se afirmar que o acréscimo patrimonial, por presunção, foi o ativo declarado na referência 31/12/2014[39], independentemente das camadas, em nível de estruturas societárias, que foram criadas para afastar o ativo de seu beneficiário final.[40]

Portanto, àqueles que aderiram ao RERCT e que constituíram no exterior estruturas como *trust*, fundações, sociedades despersonificadas, fideicomissos, ou quaisquer outras que tinham por objetivo não tornar evidente o beneficiário final, a partir da regularização, tiveram o ativo em si regularizado[41].

A afirmação é de relevância para fins tributários, na medida em que autoriza o desfazimento dessas estruturas, sem custo tributário, em cenário ideal.[42]

---

[39] Não vamos aqui nos alongar se considera-se o valor do ativo na referência 31/12/2014 ou esse ativo acrescido do que houve de consumo ao longo do tempo. Sobre isso, cuidamos especificamente no item 4 do presente estudo.

[40] Evidentemente, a afirmação guarda relação com estruturas societárias que não as *offshores*. Neste caso específico, o legislador respeitou a constituição da empresa no exterior e ela empresa é que teve de ser informada na Dercat, a teor do que dispôs expressamente a resposta à pergunta 25, IV do "Perguntas e Respostas", Aprovado pelo Ato Declaratório Interpretativo n° 5, de 11/07/2016; Ato Declaratório Interpretativo n° 6, de 09/08/2016 e Ato Declaratório Interpretativo n° 9, de 25/08/2016.

[41] Leia-se, eventual sociedade existente no exterior, ou eventualmente ativos financeiros, imobiliários, etc., se estes não tiverem sido conferidos à sociedade (*offshore*).

[42] Evidentemente, o assunto deve ser analisado caso a caso para identificar eventual consequência tributária ao serem desmanchadas essas estruturas societárias.

A lição de casa que o RERCT por vias transversas acabou por deixar ao contribuinte é quanto vale a pena manter essas estruturas pós regularização.

Não há resposta única para esse questionamento. A situação particular do declarante é que vai definir se as estruturas no exterior ainda fazem sentido, ou se é caso e simplificá-las. O fato para o qual chamamos a atenção é que, em tese, desfazê-las passou a ser uma tomada de decisão não mais tributária, mas de aspectos sucessórios ou familiares. Se foram criadas para fins tributários, e unicamente para esse fim, sua existência possivelmente perde a razão.

5.2. O Acréscimo Patrimonial Pós Regularização dos Ativos

Outro aspecto relevante que a jurisprudência administrativa e judicial terá que considerar é a partir de quando o ativo regularizado pelo RERCT poderá voltar ser tributado. Isso por conta do que expressamente dispõe o art. 43 do Código Tributário Nacional, para quem o imposto de renda tem como fato gerador a denominada renda acréscimo.[43] No contexto, e na medida em que a tributação dos ativos se deu pela presunção a título de ganho de capital da situação dos ativos na referência 31/12/2014[44] ou 30/06/2016[45], somente há que se falar em "nova identificação de disponibilidade econômica ou jurídica de renda" se houver desfazimento desse ativo com ganho.[46] O raciocínio estende-se, por exemplo, para os casos em que o ativo regularizado identificar-se com uma sociedade *offshore* e que à época da regularização detinha lucros

---

[43] Leia-se a esse respeito, inúmeros juristas, em que se destacam Gilberto de Ulhoa Canto: "*A aquisição de Disponibilidade e o Acréscimo Patrimonial no Imposto sobre a Renda*", in Ives Gandra da Silva Matins, "*Estudos sobre o Imposto de Renda (em memória de Henry Tilbery)*, São Paulo, Resenha Tributária, 1994, pp. 33 e ss ;José Artur Lima Gonçalves, *Imposto sobre a Renda: Pressupostos Constitucionais*. São Paulo, Malheiros, 1997; Roberto Quiroga Mosquera, *Renda e Proventos de Qualquer Natureza: o Imposto e o Conceito Constitucional*, São Paulo, Dialética, 1996; Roque Antonio Carraza,, *Imposto sobre a Renda (perfil constitucional e temas específicos)*, São Paulo, Malheiros, 2005, Humberto Ávila, *Conceito de Renda e Compensação de Prejuízos Fiscais*, São Paulo, Malheiros, 2011; Aliomar Baleeiro, *Direito Tributário Brasileiro*, Rio de Janeiro, Forense, 1995, p. 183 e Humberto Ávila, *Conceito de Renda e Compensação de Prejuízos Fiscais*, São Paulo, Malheiros, 2011.
[44] Para quem aderiu ao programa de regularização com base na Lei n° 13.254/2016.
[45] Se a adesão ao programa de regularização considerou os termos da Lei n° 13.428/2017.
[46] E neste particular defendemos que o ganho terá de ser apurado em dólares e não em reais, já que na minha opinião os bens objeto de regularização têm variação cambial isenta. Mas isso não é matéria desse estudo. Os argumentos encontram-se em outro artigo, "Vicissitudes da lei sobre regularização de ativos no exterior e a polêmica quanto à não tributação da variação cambial", *in* Regime Especial de Regularização cambial e Tributária (RERCT): Aspectos Práticos; Es. Noeses, 2016, pag 101/121.

ainda não distribuídos aos sócios. Se o oferecido à tributação foi o patrimônio líquido dessa *offshore*, quer me parecer evidente[47] que a distribuição posterior dos lucros não se apresenta como fato gerador do imposto de renda, por inexistir no exemplo prático "nova renda acréscimo" a ser capturada para fins de tributação.

O mesmo terá de ser analisado para os casos de devolução de capital da *offshore* que tiver sido objeto de regularização. Em homenagem ao que dispõe o art. 43 do Código Tributário Nacional, a devolução de capital somente poderá ser considerada fato gerador do imposto de renda quando exceder o valor que serviu de base de tributação no RERCT. E, novamente, estamos aqui a tratar da mesma base legal, a de que o imposto de renda só captura a renda acréscimo para fins de tributação.[48] Portanto, enquanto a devolução e capital não exceder aquilo que foi base de tributação no RERCT, não há que se falar em tributação, na nossa avaliação.[49][50]

---

[47] Vide, novamente, resposta à pergunta 25, IV do "Perguntas e Respostas", aprovado pelo Ato Declaratório Interpretativo n° 5, de 11/07/2016; Ato Declaratório Interpretativo n° 6, de 09/08/2016 e Ato Declaratório Interpretativo n° 9, de 25/08/2016.

[48] Em sentido análogo, o entendimento de Ricardo Mariz de Oliveira, *Fundamentos do Imposto de Renda*, São Paulo, Quartier Latin, 2008, p. 181.

[49] O tema vai começar a se apresentar espinhoso quando a devolução de capital superar a base de cálculo do que foi considerado no RERCT. Neste sentido, a Solução de Consulta RFB/COSIT 678, publicada em 03 de janeiro de 2018, de caráter vinculante posicionou-se no sentido de que a diferença positiva entre o valor da devolução de capital em dinheiro e o valor constante na declaração de ajuste anual da pessoa física titular/quotista/acionista que receber a devolução, embora não seja ganho de capital na alienação de bens e direitos ou na liquidação/resgate de aplicações financeiras, configura aquisição de disponibilidade jurídica ou econômica de renda conforme dispõe o art. 43 da Lei n° 5.172, de 25 de outubro de 1966 – Código Tributário Nacional (CTN)". Se a Solução de Consulta é positiva, por explicitar que só há que se falar em renda acréscimo quando o valor da devolução supera o que foi objeto do RERCT, me parece, não ter acertado na sistemática de tributação. Evidentemente que é caso típico de ganho de capital, submetendo-se a alíquotas progressivas e definitivas, que variam entre 15 e 22% (dependendo do ganho) e não acréscimo patrimonial, que se submete a alíquotas progressivas que vão até 27,5%, além de ser considerado antecipação de imposto a ser calculado definitivamente à época da entrega da declaração de ajuste.

[50] Não são poucos aqueles que defendem a tese da renda acréscimo como fato gerador do imposto de renda. E distinguem a tributação como antecipação do devido na declaração de ajuste da tributação definitiva a título de ganho e capital. Como exemplo, Hugo de Brito Machado, in Carlos Valder do Nascimento (org.), *Comentários ao Código Tributário Nacional*, Rio de Janeiro, Forense, 1997, p. 89.

5.3. Considerações Finais e Pontos de Reflexão

A pergunta que fica no ar é se o Brasil optou por uma eficiente estrutura de regularização de ativos no exterior, ou se a opção do legislador, corporificada nas Lei nº 13.254/2016 e Lei nº 13.428/2017, deixou muito a desejar.

A resposta, em nossa opinião, não é positiva. Em tempos de mundo globalizado e troca automática de informações entre fiscos, parece evidente a obrigatoriedade de todos regularizarem a situação dos bens mantidos no exterior e não adequadamente informados às autoridades brasileiras. Talvez pelo ambiente em que a legislação sobre o tema nasceu (CPI do HSBC, conforme aqui já comentado), o terreno de discussão apresentou-se comprometido, por conta de um nível de desconfiança que girou em torno do assunto. Uma pena. Se a legislação tivesse sido idealizada de outra forma, num ambiente mais neutro, com conteúdo mais enxuto e sem tantos detalhes, o nível de adesão teria sido muito maior do que o que acabou sendo identificado.

E não é só isso. O imbróglio gerado pela discussão entre situação dos bens em 31/12/2014 (primeiro programa de regularização) ou 30/06/2016 (segundo programa de regularização) *versus* patrimônio consumido anteriormente a essa data (e sem haver precisão de quanto tempo anterior a esse marco deveria haver a verificação), certamente foi um fator determinante para muitas pessoas físicas e jurídicas terem optado por não aderir ao RERCT.

Insistimos nesse ponto, pois, otimista como somos, não descartamos a possibilidade de ser instituído um novo programa de regularização que não incorra nos defeitos aqui mencionados. Todos com isso sairiam ganhando: o fisco, com incremento na arrecadação e, obviamente, contribuintes que ainda se apresentam em situação irregular, e certamente gostariam de ter segurança para corrigir a situação, ainda mais quando o assunto traz desdobramentos penais importantes, como é o caso.

Da parte dos operadores do direito, ficou a lição de que tributaristas devem sempre trabalhar a quatro mãos com penalistas quando se está diante de uma lei penal com desdobramentos tributários. Se esta aliança não acontece, certamente, as consequências podem se apresentar com dimensão nefasta, por conta das peculiaridades que cada um desses ramos do direito apresentam.

No mais, tomara que estejamos preparados para o contencioso administrativo e judicial que o RERCT trará. E que as decisões que virão sejam pautadas pelo bom senso, pois terão de enfrentar ao mesmo tempo, questões de ordem penal e tributária, que não poderão se apresentar conflitante.

Aguardemos para ver do que tudo isso virá!

Referências

ÁVILA, Humberto. *Conceito de Renda e Compensação de Prejuízos Fiscais*, São Paulo, Malheiros, 2011.

BALEEIRO, Aliomar. *Direito Tributário Brasileiro*, Rio de Janeiro, Forense, 1995.

CANTO, Gilberto de Ulhôa. *A aquisição de Disponibilidade e o Acréscimo Patrimonial no Imposto sobre a Renda.* in Ives Gandra da Silva Matins, Estudos sobre o Imposto de Renda (em memória de Henry Tilbery), São Paulo, Resenha Tributária, 1994.

CARRAZA, Roque Antonio. *Imposto sobre a Renda (perfil constitucional e temas específicos)*, São Paulo, Malheiros, 2005.

GONÇALVES, José Arthur Lima. *Imposto sobre a Renda: Pressupostos Constitucionais.* São Paulo, Malheiros, 1997.

LIBERTUCI, Elisabeth Lewandowski. *Vicissitudes da lei sobre regularização de ativos no exterior e a polêmica quanto* à não *tributação da variação cambial,* in Regime Especial de Regularização cambial e Tributária (RERCT): Aspectos Práticos; Es. Noeses, 2016.

MACHADO, Hugo de Brito. in Carlos Valder do Nascimento (org.), *Comentários ao Código Tributário Nacional,* Rio de Janeiro, Forense, 1997.

MOSQUERA, Roberto Quiroga. *Renda e Proventos de Qualquer Natureza: o Imposto e o Conceito Constitucional,* São Paulo, Dialética, 1996.

Regularização de Ativos e a Origem dos Recursos: Presunção de Legalidade Versus Ônus da Prova do Fisco

Eduardo Perez Salusse
Antonio Cláudio Mariz de Oliveira

1. Introdução

Por meio da Lei nº 13.254, de 13 de janeiro de 2016, alterada pela Lei nº 13.428, de 30 de março de 2017, foi instituído o Regime Especial de Regularização Cambial e Tributária (RERCT) de recursos, bens ou direitos de origem lícita, não declarados ou declarados incorretamente, remetidos, mantidos no exterior ou repatriados por residentes ou domiciliados no País.

Referido regime foi instituído em meio à maior crise econômica da história do país. Ofereceu-se favor legal com a concessão de contrapartidas às pessoas físicas e jurídicas que mantinham, no exterior, recursos originados em atividades lícitas, sem a devida declaração às autoridades competentes.

Foi um incentivo à regularização da situação penal, tributária e cambial de pessoas físicas e jurídicas que repousavam à sombra da ilegalidade e, de outro lado, atendendo interesse do país em gerar arrecadação tributária adicional e atrair a internalização de divisas, ajudando significativamente para o fechamento das contas públicas em período de extrema dificuldade econômica.

Como resultado, com a primeira fase do programa do RERCT o governo federal arrecadou, em 2016, cerca de de R$ 46,8 bilhões, de um total de R$ 1.289 bilhões no ano de 2016[1], contribuindo para uma variação nominal positiva na arrecadação tributária na ordem de 5,60% maior em relação ao ano de 2015.

---

[1] Disponível em: http://idg.receita.fazenda.gov.br/dados/receitadata/arrecadacao/relatorios-do-resultado-da-arrecadacao/arrecadacao-2016/dezembro2016/apresentacao-arrecadacao-dez-2016.pdf. Acesso em 19.02.2018.

Um dos desafios na concepção da lei, dentre inúmeros outros que fogem da temática principal deste artigo, foi a de viabilizar a adesão ao programa por parte daqueles detentores de ativos de origem em atividade lícita mantidos clandestinamente no exterior, mas que não poderiam comprovar documentalmente a sua origem.

Não são raros os casos de heranças recebidas no exterior há décadas atrás, remontando a períodos de guerra e perseguições de povos. O velho e conhecido "caixa 2" também ganhou destaque dentre as origens dos ativos mantidos anonimamente no exterior, consistindo em recebimento não contabilizado de preço por vendas de mercadorias, prestação de serviços ou alienação de ativos. Houve, ainda, os que "esfriaram" recursos lícitos já tributados, mas remetidos irregularmente ao exterior para fugir das epopéias econômicas brasileiras, representadas por bloqueios de recursos em poupanças, até o chamado risco Brasil, mais ou menos acentuado por incertezas políticas e econômicas provocadas pela passagem de determinados governos.

Em todas estas situações, sem a pretensão de esgotá-las, têm-se recursos de origem em atividades lícitas, passíveis de serem incluídos no RERCT e, à evidência, com extrema dificuldade na comprovação da origem. Os mais lúdicos e ingênuos podem até defender a possibilidade de existir, nestes casos, registros sucessórios em bancos suíços em meio à 2ª guerra mundial, registros de contabilidades paralelas de caixa 2 ou, ainda, recibos assinados por doleiros no esfriamento de capital já tributado.

Todavia, sensível à realidade, o legislador adotou critérios aptos a viabilizar a instituição do RERCT com observância de critérios norteados pela praticabilidade, factibilidade e segurança jurídica. Afinal de contas, durante todo o debate político, econômico e legislativo, era plenamente sabido que o exagero na dose das exigências levaria ao indesejado fracasso da iniciativa.

O alvo do programa foi descortinar e trazer para as luzes da legalidade os ativos invariavelmente ocultados em estruturas complexas e protegidas sob as regras de sigilo em paraísos fiscais. Não se sabia ao certo qual o volume de recursos ocultados no exterior, mas havia a certeza de que estávamos diante de cifras elevadas.

Estudo da Global Financial Integrity, entitulado "Brasil: Fuga de Capitais, os Fluxos Ilícitos e as Crises Macroeconômicas, 1960-2012[2], concluiu que:

---

[2] Disponível em: http://www.gfintegrity.org/wp-content/uploads/2014/09/Brasil-Fuga-de-Capitais-os-Fluxos-Il%C3%ADcitos-e-as-Crises-Macroecon%C3%B4micas-1960-2012.pdf, p. 37. Acesso em 19.02.2018.

Ao longo desse período de 53 anos, o Brasil perdeu, no total, US$ 590,2 bilhões por meio da fuga geral de capitais, US$ 401,6 bilhões dos quais por saídas ilícitas. Em média, essas saídas representam 2,2% e 1,5% do PIB, respectivamente. O volume da fuga de capitais aumentou exponencialmente da década de 1960 aos anos 90, embora seu ritmo tenha caído ao longo da década encerrada em 2009. O aumento contínuo da fuga de capitais na década de 1990 tem a ver com saídas de capital lícito em resposta a choques macroeconômicos crescentes, provocados pela hiperinflação e pelo peso da dívida, entre outros fatores.

A ordem de grandeza dos números impressiona. Para lembrar estudo de grande repercussão, Gabriel Zucman[3], ao tratar sobre ativos escondidos em paraísos fiscais, disse que "à escala mundial, 8% do patrimônio financeiro das famílias está nos paraísos fiscais, o que é um recorde histórico".

Foi neste contexto que a lei deu especial atenção ao tratamento da prova da origem em atividades econômicas lícitas dos ativos não declarados ou declarados incorretamente, remetidos, mantidos no exterior ou repatriados por residentes ou domiciliados no País. Era importante oferecer incentivos à regularização e viabilizar o sucesso do programa.

Este artigo buscará explorar o racional que norteia a atribuição de ônus probatório da origem em atividades econômicas lícitas dos ativos regularizados, levando-se em conta a intenção do legislador, os objetivos do programa RERCT, do texto legal e da sua contextualização harmônica em nosso sistema jurídico.

2. A Busca da Escolha Racional Pela Adesão ao Programa

A construção de um programa com tal envergadura não pôde deixar de carregar para o centro do debate alguma previsão a respeito das decisões racionais que deveriam ser tomadas pelos indivíduos, enquanto agentes desta relação com o poder público. As lições de direito e economia, muito úteis no caso em tela, permitem posicionar os agentes – pessoas físicas e jurídicas – tomadores de decisões e de comportamentos maximizadores do seu bem-estar. Levam em consideração as alternativas que podem adotar, aderindo ou não ao programa ofertado, de modo a optar pela escolha racional decorrente de

---

[3] ZUCMAN, Gabriel. A Riqueza Oculta das Nações. Circulo de Leitores, 2014, p. 15.

um equilíbrio entre os benefícios de adesão ao programa e os riscos e custos possíveis. Tendem a tomar, naturalmente, a decisão mais eficiente.

Bruno Salama[4] ensina que, quando o Estado se põe a regular, intervir e (pretensamente, pelo menos) melhorar o mundo, a lei passa a ser vista como um instrumento de indução de comportamento; não mais, apenas, como uma cristalização normativa de intuições de justiça e humanidade. Logo, estamos condenados a ponderar sobre repercussões e consequências.

Pondera que o comportamento humano diante de recursos finitos obriga a escolhas racionais (*tradeoffs* – "sacrifícios"). Para se ter algo, é preciso abrir mão de outra coisa. E esta "outra coisa" é o custo de oportunidade ou preço. Os indivíduos confrontam custos e benefícios, calculando para alcançarem os maiores benefícios aos menores custos (intenção racional).

Quando todos os atores interagem para equilibrar os seus próprios interesses simultaneamente (maximizando-os), atinge-se um equilíbrio, fazendo com que o Estado tenha o interesse público na regularização e arrecadação tributária em detrimento de, assumindo os riscos do fracassso, exigir tributos potencialmente maiores, aplicar penalidades de cunho penal, tributário e cambial.

É possível, nesta toada, dizer que o RERCT apresentou-se como uma grande transação, regulada pela legalidade, lastreada em remissões e anistias, com impactos de ordem penal, tributária e cambial.

Dentre as concessões trazidas na lei, houve, no campo tributário, a remissão de créditos tributários e anistia de penalidades, ao passo que, no campo penal, restariam anistiados os crimes de natureza tributária[5], de tipos penais caracterizadores de evasão de divisas[6] e, ainda, de modalidades tipificadoras de lavagem de capitais[7].

Também se apresentaram como incentivos, concessões pertinentes à dispensa da (por vezes impossível) obrigação de comprovar a origem lícitas dos recursos, impostos à clandestinidade no exterior.

De outro lado, a expectativa e a necessidade de arrecadação, enquanto incentivos legítimos do poder público, impulsionaram a fixação de tributação em patamares reputados ideais à nossa realidade e, diga-se de passagem,

---

[4] SALAMA, Bruno Meyerhof. Estudos em Direito & Economia – Disponível em: http://editoravirtualgratuita.com.br/publicacoes/estudos-em-direito-e-economia/. Acesso em 19.02.2018.

[5] Descritos no artigo 1º e no artigo 2º, I, II e V da Lei nº 8.137/90; na Lei nº 4.729/65; e nos artigos 297, 298, 299 e 337-A do Código Penal.

[6] Descritos no artigo 22 da Lei nº 7.492/86.

[7] Descritos no artigo 1º da Lei nº 9.613/98.

alinhados com grande parte dos programas de regularização de ativos realizados por outros Países[8].

Houve uma substituição do interesse público na persecução penal das infrações anistiadas, da fiscalização e da pretensa arrecadação do crédito tributário potencialmente maior e na aplicação de outras sanções fiscais e administrativas pela certeza da arrecadação imediata e da atração de divisas para o país.

Estes últimos interesses públicos passaram a ser primordiais em detrimento de outros, justificando a medida.

Tem-se o direito como um sistema organizado e harmônico de regras. Como qualquer regra de jogo, a sua quebra acarreta sanções, configuradas, no caso em tela, pela exclusão do regime e a perda de todos os benefícios por ele propiciados, submetendo o particular ao rigor da tributação e das sanções fiscais, administrativas e penais.

E é justamente o rigor das consequências decorrentes da exclusão do RERCT que obriga, ainda mais, a clareza nas regras e condições postas à disposição dos interessados. Dentre elas, a questão da prova e da origem dos ativos regularizados.

3. A Natureza dos Ativos e a Ficção Legal

Para prosseguir na análise, tem-se no artigo 6º da Lei nº 13.254/2016 que o montante dos ativos objeto de regularização será considerado acréscimo patrimonial adquirido em 31 de dezembro de 2014, ainda que nessa data não exista saldo ou título de propriedade, na forma do inciso II do caput e do § 1º do art. 43 da Lei no 5.172, de 25 de outubro de 1966 (Código Tributário Nacional), sujeitando-se a pessoa, física ou jurídica, ao pagamento do imposto de renda sobre ele, a título de ganho de capital, à alíquota de 15% (quinze por cento), vigente em 31 de dezembro de 2014.

---

[8] Alemanha – 2004-2005, alíquotas de 25% a 35%. México – 2005 a 2006, alíquota de 25% (sem multás). Canadá – 2005, alíquotas normais, com juros e multas. Estados Unidos – 2003 e 2009, tributos com juros e multas. Itália – 2015, alíquotas variadas, de 1% a 43%. Reino Unido – 2007, alíquotas normais sobre o principal e juros (atualizados), com redução das multas a 10% Espanha – 2012, com alíquotas normais e imprescritibilidade. Fonte: Heleno Torres. Disponível em: http://webcache.googleusercontent.com/search?q=cache:scgGFQKp6zQJ:legis.senado.leg.br/sdleg-getter/documento/download/e56adf74=-f14a453-b-2a0a216192499293-+&cd1=&hl=pt-BR&ct=clnk&gl=br&client-firefox-b. Acesso em 07.03.2018.

Neste ponto, a lei adota a premissa, por ficção legal, de que os ativos do exterior são, para efeitos do direito, acréscimos patrimoniais em 31 de dezembro de 2014, submetendo-se à tributação aplicável ao ganho de capital. É, por ficção legal, ganho de capital, ainda que sua origem fática esteja distanciada desta realidade jurídica.

O fato social pode ser qualquer outro, como herança, doação, receita de serviços ou comércio, rendimentos financeiros ou outro. Para efeitos legais, passaram a ser, por ocasião da adesão, ganho de capital.

O ganho de capital é o fato jurídico eleito pela lei, mesmo ciente de que tenha origem fática distinta.

Nas palavras de Angela Maria da Motta Pacheco[9], *"as ficções são normas jurídicas substantivas gerais e ab*stratas, *qualificadoras de suportes fáticos, que, sabe o legislador, diferem de outros suportes fáticos integrantes de hipótese normativas válidas no sistema. São normas que impõem como verdade jurídica o que sabem que não é"*.

Na mesma linha, Ricardo Mariz de Oliveira[10] ensina que ficções *"são verdades estabelecidas em lei com vistas exclusivamente ao disciplinamento jurídico em geral ou particular. São imutáveis para efeitos legais. A realidade jurídica, a despeito da irrealidade natural, prevalece por força da ficção predeterminada"*.

Parece-nos, desde já, que a lei não poderia criar duas realidades distintas e não conviventes entre si. Afinal de contas, as normas jurídicas, enquanto instrumentos para regular comportamentos, devem prezar pela clareza e pela coerência, como corolário básico da confiança que deve nutrir ao jurisdicionado.

O fato ou a verdade jurídica criada por ficção é definitiva à luz do direito, pouco importando se distanciados do fato ou da verdade social. Tem-se, portanto, que este dispositivo qualifica o recurso no exterior como ganho de capital. E, assim sendo à luz e na visão do direito, parece incoerente pretender tratá-los como outra coisa na mesma lei.

Não há que se recriminar a legítima e fundamental preocupação de coibir o uso da lei de regularização de ativos como instrumento para lavagem de capitais de origem em atividades ilícitas, como tráfico de drogas e armas, roubos, corrupção e outras de igual calibre. Pelo contrário, tais práticas devem

---

[9] PACHECO, Angela Maria da Motta. Ficções tributárias. Noeses: São Paulo, 2008, p. 273.
[10] OLIVEIRA, Ricardo Mariz de. Presunções no direito tributário. Caderno de Pesquisas Tributárias, nº 9. São Paulo: Co-Edição CEEU e Resenha Tributária, 1984. *Apud* Angela Maria da Motta Pacheco, *op. cit.*

ser sempre alvo de enérgico e exemplar combate, sempre atentando-se para os limites e para a regra do jogo no estado democrático, sob o crivo e espada da legalidade.

Estar-se-ia, portanto, diante de recursos que pela lei foram "carimbados", por ficção, como ganho de capital para fins tributários, afastando-se, ainda para estes mesmos fins, qualquer outra qualificação jurídica que se lhe pretenda atribuir, ainda que para justificar a assodada ameaça de Estados e Municípios de impor-lhes tributação distinta.

O fato jurídico fixado por ficção legal e a sua subsunção à norma impositiva tributária correspondente assegura que, ao pagamento, nenhuma irregularidade restará, seja para fins de exigência tributária satisfeita na perspectiva do artigo156, inciso I, do Código Tributário Nacional, seja por força da extinção da punibilidade prevista no artigo 34 da Lei nº 9.249, de 26 de dezembro de 1995.

4. A Licitude Dos Ativos e a Presunção Legal

Os ativos mantidos no exterior, qualificados como ganho de capital por ficção legal, submetem-se a outra polêmica.

O artigo 4º, §1º, da Lei nº 13.254/2016, traz expressa exigência de apresentação de declaração – e não comprovação – da origem lícita dos recursos. Segundo este dispositivo, a declaração única de regularização a que se refere o *caput* deverá conter, dentre outras exigências, (II) as informações fornecidas pelo contribuinte necessárias à identificação dos recursos, bens ou direitos a serem regularizados, bem como de sua titularidade e origem; e (IV) a declaração do contribuinte de que os bens ou direitos de qualquer natureza declarados têm origem em atividade econômica lícita.

É de se notar que a lei não exige a apresentação de qualquer prova, coadunando com as premissas apresentadas no item anterior deste artigo. Exige literalmente a declaração de que os ativos tem origem em atividade econômica lícita, além de informações – e meras informações – pertinentes à individualização dos ativos.

Não há como concluir de outra maneira. Não há como escapar à ausência de previsão legal atinente à apresentação de provas documentais – em sua maior parte impossíveis ou inexistentes logicamente.

Os documentos, cuja cópia deve o contribuinte preservar, estão expressamente nela relacionados.

O primeiro deles é aquele previsto no art. 1º, § 2º, segundo o qual "os efeitos desta lei serão aplicados aos titulares de direito ou de fato que, voluntariamente, declararem ou retificarem a declaração incorreta referente a recursos, bens ou direitos, *acompanhados de documentos e informações sobre sua identificação, titularidade ou destinação*".

Veja, aqui, que a lei faz expressa menção à identificação do ativo, à sua titularidade e à sua destinação, nada exigindo relativamente à comprovação documental de sua origem em atividade econômica lícita.

Mais adiante, a lei disciplina, em seu art 4º, § 6º, que é a pessoa física ou jurídica que aderir ao RERCT obrigada a manter em boa guarda e ordem e em sua posse, pelo prazo de 05 (cinco) anos, cópia dos documentos referidos no § 8º que ampararam a declaração de adesão ao RERCT e a apresentá-los se e quando exigidos pela RFB.

E no § 8º, expressamente referido, encontra-se o rol de documentos atinentes ao valor dos ativos a serem declarados, que devem corresponder aos valores de mercado, relacionando-os em cada inciso de acordo com a natureza dos ativos (extratos bancários, contratos, balanço patrimonial, laudo de avaliação, etc.).

Novamente nenhuma menção a qualquer prova documental relativa à origem do ativo em atividade econômica lícita, mas tão somente ao seu valor de mercado.

Uma última oportunidade na qual a lei faz menção a documentos está descrita quando trata da exclusão do RERCT, relacionando em seu artigo 9º, dentre as causas motivadoras, a apresentação de declarações ou documentos falsos relativos à titularidade e à condição jurídica dos recursos, bens ou direitos declarados nos termos do art. 1º desta lei ou aos documentos previstos no § 8º do seu art. 4º.

Com efeito, talvez estejamos diante de um falso problema. A presunção é admitida, no direito brasleiro, como efetivo meio de prova. É assim que o Código Civil trata em diversas oportunidades, como por exemplo, quando trata da morte presumida (artigos 6º e 7º), de herdeiros presumidos (artigo 27), na presunção de fraude contra credores (artigo 163), a prova do próprio negócio jurídico (artigo 212, IV), presunção de prorrogação de contrato vencido (artigo 574), presunção de verificação de tudo o que se pagou pela contratação de obra (artigo 614), presunção de gratuidade de mandato (artigo 658), dentre várias outras situações.

No campo tributário, a própria ocorrência de fato gerador pode ser presumida a ponto de justificar a tributação antecipada por evento futuro, como decorre da leitura do art. 150, §7º, da Constituição Federal de 1988, ao tratar do regime de substituição tributária.

Sob a perspectiva penal, há ainda uma especial particularidade. A presunção de inocência prevista no art. 5º, XXXIX, da Constituição Federal de 1988, posicionada como direitos e garantias individuais, sob o manto dos sobreprincípios ou princípio sobre princípios, também ditos princípios fundamentais, da inviolabilidade do direito à vida, à liberdade, à igualdade, à segurança e à propriedade descritos no *caput* deste dispositivo. É princípio básico do direito penal que a todos é assegurada a presunção de inocência, cabendo o ônus probatório do acusador.

A primeira grande incerteza causadora de distúbios partiu quando a Receita Federal do Brasil editou a Instrução Normativa RFB nº 1627, de 11 de março de 2016, que, inovando em relação ao texto legal, definiu em seu artigo 14 que a pessoa física ou jurídica que aderir ao RERCT é obrigada a manter em boa guarda e ordem, em sua posse, à disposição da RFB, pelo prazo de 05 (cinco) anos, contados do prazo final para a entrega da DERCAT, os documentos previstos no § 3º do art. 7º, bem como *dos documentos que ampararam a declaração de adesão ao RERCT*, entre os quais se incluirão: (...).

A expressão genérica "*dos documentos que ampararam a declaração de adesão ao RERCT*" contida na Instrução Normativa RFB nº 1627, de 11 de março de 2016 (INRFB) gerou, em um primeiro momento, alguma apreensão e o recuo por parte de alguns interessados em regularizar seus ativos, notadamente aqueles que não conseguiriam resgatar documentos comprobatórios de origem em atividade econômica lícita ocorrida há décadas atrás.

Esta expressão, cumpre frisar, não está no texto da lei. Ao contrário, a lei é taxativa acerca das situações em que documentos poderão ser exigidos do particular, dentre os quais não constam quaisquer documentos pertinentes à prova da origem lícita dos ativos.

Em havendo descompasso entre o que está escrito na INRFB e o texto legal, obviamente que se devem prestigiar os limites amparados pela legalidade, desprezando-se, para efeitos jurídicos, o que o poder regulamentar exorbitou.

A celeuma pouco durou. A própria Receita Federal do Brasil, em seu sítio na internet, na seção "perguntas e respostas", construída para orientar os interessados em aderir ao programa do RERCT, deixou claro que[11]:

---

[11] Disponível em: http://idg.receita.fazenda.gov.br/orientacao/tributaria/declaracoes-e-demonstrativos/dercat-declaracao-de-regularizacao-cambial-e-tributaria/perguntas-e-respostas-dercat. Acesso em 19.02.2018.

40) O declarante precisa comprovar a origem lícita dos recursos?
O contribuinte deve identificar a origem dos bens e declarar que eles têm origem em atividade econômica lícita na Dercat. Não há obrigatoriedade de comprovação. O ônus da prova de demonstrar que as informações são falsas é da RFB.

Não obstante, muitos juristas já despertavam para os riscos existentes, a despeito de tal manifestação. Foi neste sentido que Flavia Rahal[12] escreveu em obra específica sobre o tema, que:

> A primeira questão relevante que se coloca, portanto, é da possibilidade de o contribuinte vir a ser chamado a apresentar documentos que comprovem a origem lícita de seus recursos e não conseguir fazê-lo.
>
> Tal hipótese, além de possível, é bastante provável na medida em que a grande maioria das pessoas que sonegou impostos ou manteve recursos não declarados no exterior agia com a consciência da ilicitude de seus atos, de tal forma que não mantinha arquivos, documentos ou comprovações da existência de seus ativos em território estrangeiro.

5. O Ônus Probatório, a Interpretação Sistêmica e a Legítima Confiança

A interpretação que afigura coerente com o restante do ordenamento, sobretudo quando iluminado pela segurança jurídica, pela moralidade e pela boa-fé, ganha reforço de ordem lógica e sistemática dentro do próprio texto legal no qual está inserido.

A primeira delas é a própria restrição ao início de expedientes fiscalizatórios e investigatórios com base em dados e informações constantes na declaração de regularização (DERCART). É claro o disposto no artigo 4º, § 12 da lei. A declaração de regularização de que trata o caput não poderá ser, por qualquer modo, utilizada: I – como único indício ou elemento para efeitos de expediente investigatório ou procedimento criminal; e II – para fundamentar, direta ou indiretamente, qualquer procedimento administrativo de natureza tributária ou cambial em relação aos recursos dela constantes.

---

[12] RAHAL, Flavia. O ônus da prova e o valor da Dercat como elemento probatório *in* Regime Especial de Regularização Cambial e Tributária: Aspectos Práticos, Coord. Eduardo Perez Salusse, Aldo de Paula Junior e Heloisa Estellita. Noeses: São Paulo, 2016, p. 194.

Parece incoerente com qualquer tentativa diversa justificar o porque a lei veda expressamente a utilização de informações contidas na DERCART, seja para providências no âmbito penal, tributário ou cambial, senão com o suporte de outros indícios ou elementos de origem diversa.

Pensamos que aqui está a cereja do bolo. Atribui-se presunção de verdade à declaração prestada, mas alertando o declarante que, caso identificados novos indícios ou elementos externos, os procedimentos fiscalizatórios e investigatórios podem ser adotados, tendo como possível consequência a exclusão do regime e a continuidade de todas as medidas de natureza penal, tributária ou cambial. É uma perfeita descrição tradicional da presunção relativa (*juris tantum*), que admite prova contrária.

Mais do que isso. Alinhado com a teoria do efeito probatório, bem abordada por Maria Rita Ferragut[13]:

> Essa teoria distingue a prova da presunção por seu efeito probatório diverso, no sentido de que, enquanto a prova confere certeza, a presunção oferece apenas probabilidade.
>
> Nas presunções, a certeza da ocorrência no mundo real do evento descrito no fato é uma convicção passível de ser atingida, ainda que a probabilidade de erro seja maior que nas provas diretas. Insistimos, no entanto, que as probabilidades tornam-se certezas jurídicas quando o sujeito não produzir provas em contrário, ou se produzi-las insuficientemente."

Caso contrário, não faria nenhum sentido alçar à norma o condão de exigir comprovação de documentos que sequer podem ser utilizados, senão se e quando contrários elementos indiciários ou probatórios externos que o maculem ou o coloquem sob suspeita.

Na mesma esteira está o art. 9º, § 2º da lei, quando, ao tratar da exclusão do contribuinte do RERCT, define expressamente que a instauração ou a continuidade de procedimentos investigatórios quanto à origem dos ativos objeto de regularização somente poderá ocorrer se houver evidências documentais não relacionadas à declaração do contribuinte.

Pode-se imaginar situação na qual o contribuinte seja excluído por não comprovar a origem dos ativos em atividade econômica lícita se, ao mesmo tempo, a declaração feita no âmbito do RERCT não pode autorizar qualquer expediente fiscalizatório ou investigatório? A única lógica possível sob esta

---

[13] FERRAGUT, Maria Rita. Presunções no direito tributário. Dialética: São Paulo, 2001, p. 71.

perspectica é atribuir, à referida declaração, o condão de presunção legal relativa.

Há, repita-se, expressa previsão quanto ao confronto entre evidências documentais externas e a declaração do contribuinte e não, como sinalizou a INRFB, entre documentos externos e documentos do particular.

Não há, é preciso pontuar, qualquer restrição à liberdade investigatória por parte das autoridades competentes. Ao contrário, o direito-dever de agentes públicos competentes investigarem é atividade de natureza vinculada. No bojo de tais investigações podem surgir indícios que contradigam as declarações dos contribuintes aderentes ao RERCT. E, se isso ocorrer, há os meios legais para iniciar os procedimentos de fiscalização e investigação cabíveis, com a possível exclusão do programa e a aplicação das penalidades cabíveis, como expressamente previsto no seu art. 9º, § 1º. Diz este dispositivo que, em caso de exclusão do RERCT, serão cobrados os valores equivalentes aos tributos, multas e juros incidentes, deduzindo-se o que houver sido anteriormente pago, sem prejuízo da aplicação das penalidades cíveis, penais e administrativas cabíveis.

O que a lei não admite, vale reiterar, é o caminho inverso. Não se pode colher das declarações elementos que, por si só, sem o confronto com indícios externos, produzam o mesmo efeito jurídico da exclusão e medidas de penalização do particular.

A dinâmica da lei somente se sustenta mediante a atribuição de conotação presuntiva à declaração apresentada. Os que nada têm a temer estão seguros de que nenhum indício externo lhes será contraposto, atraindo a necessária e subjetiva segurança jurídica para a tomada de decisão.

Caso contrário, estaríamos na contramão dos próprios objetivos declarados da lei, o que carece de razoabilidade interpretativa.

6. A Intempestiva e Equivocada Interpretação da PGFN

Desnecessário seria polemizar o tema acerca do ônus probatório da origem em atividade econômica lícita dos ativos no âmbito do RERCT não fosse a insegurança gerada pela manifestação da Coordenação-Geral de Assuntos Tributários (CAT) da Procuradoria Geral da Fazenda Nacional, por consulta formulada pela Receita Federa do Brasil, quando da edição do Parecer PGFN/CAT nº 1.290, de 2017.

Diz o Parecer, em resposta ao quesito D nele constante, que a pessoa que aderiu ao RERCT, se intimada, deixar de demonstrar a origem lícita dos ativos regularizados poderá ser excluída do programa:

D. O não atendimento a intimação para comprovar a origem lícita ou para prestar informações adicionais sobre a comprovação dos ativos constantes da Dercat autoriza a retirada dos efeitos do programa?

106. O tópico "as condições afetas à qualificação do sujeito passivo e do objeto de repatriação impostas pela Lei nº 13.254/2016 " demonstrou a relevância das condições legais para que ocorra a repatriação dos ativos declarados, e a imprescindibilidade de seu cumprimento por parte dos sujeitos passivos que optaram por aderir ao RERCT.

107. A tais razões, acresça-se ainda a determinação do art. 4º, § 6º, segundo a qual é a pessoa física ou jurídica que aderir ao RERCT obrigada a manter em boa guarda e ordem, e em sua posse, pelo prazo de 5 (cinco) anos, cópia dos documentos referidos no § 8o que ampararam a declaração de adesão ao RERCT e a apresentá-los se e quando exigidos pela RFB.

108. Da leitura desse dispositivo, combinada às razões antes elencadas a respeito da importância da observância das condições legais, conclui-se que o contribuinte que é intimado para comprovar a origem lícita ou para prestar informações adicionais sobre a comprovação dos ativos constantes da Dercat, mas deixa de atender à intimação, locupletando-se de sua obrigação acessória, gera uma presunção de falsidade de suas informações referentes às condições legais prestadas na Dercat.

109. Outra não pode ser a consequência para o contribuinte que opta por se esquivar de seu dever de demonstrar a veracidade de suas declarações, apesar de expressa determinação legal neste sentido.

110. Nas palavras do processualista Daniel Assumpção, "a presunção representa o resultado de um processo mental que, partindo de um fato demonstrado como ocorrido, permite a conclusão de que outro fato, ainda que não provado, seja também considerado como existente ou ocorrido".

111. Uma vez que a lei instituidora do regime deixou clara a obrigação do contribuinte de guardar os documentos que amparam a Dercat e de apresentá-los quando e se exigidos pela RFB, e uma vez que a mesma lei definiu a consequência jurídica para o contribuinte que incidir em falsidade quanto às declarações e documentos relativos à titularidade e à condição jurídica dos ativos declarados, a presunção de falsidade das declarações do contribuinte que deixa de atender à intimação da RFB para tanto é uma consequência natural.

112. A presunção é, inclusive, suficiente para fundamentar uma decisão, tendo sua força de convencimento afastada somente no caso de haver provas contrárias nos autos.

113. Ora, permitir a manutenção no regime de contribuinte que deixou de comprovar a origem lícita dos bens ou de comparecer para prestar informações a respeito do preenchimento das condições legais para que ocorra a repatriação dos ativos declarados, equivaleria a abrir as comportas da impunidade, porquanto premiada estaria a conduta de quem não se desincumbiu de provar a veracidade de suas declarações.

Além de divergir da linha interpretiva costurada nos argumentos deste trabalho, há que se atentar para dois fatores fundamentais na resposta exarada no Parecer PGFN/CAT nº 1.290, de 2017.

O primeiro deles é a omissão do texto legal levado a efeito no corpo do parecer. Referimo-nos à afirmação preliminar contida no item 107 da resposta, acima reproduzido, quando diz que "a tais razões, acresça-se ainda a determinação do art. 4º, § 6º, segundo a qual é a pessoa física ou jurídica que aderir ao RERCT obrigada a manter em boa guarda e ordem, e em sua posse, pelo prazo de 5 (cinco) anos, *cópia dos documentos referidos no § 8º que ampararam a declaração de adesão ao RERCT* e a apresentá-los se e quando exigidos pela RFB".

E, a conclusão que toma no item 108, logo em seguida, é no sentido de "*da leitura desse dispositivo,* combinada às razões antes elencadas a respeito da importância da observância das condições legais, conclui-se que o contribuinte que é intimado para comprovar a origem lícita ou para prestar informações adicionais sobre a comprovação dos ativos constantes da Dercat, mas deixa de atender à intimação, locupletando-se de sua obrigação acessória, gera uma presunção de falsidade de suas informações referentes às condições legais prestadas na Dercat."

Omite o fato de que o artigo art. 4º, § 6º da lei faz expressa menção aos documentos referidos no § 8º, que, como já explanado neste parecer, dizem respeito, em todos os seus incisos, ao valor dos ativos a serem declarados, sem nenhuma exigência quanto à sua origem lícita.

O segundo deles é a total e completa intempestividade de tal manifestação.

As relações entre o Estado e os particulares, por disposição constitucional e por princípios básicos inerentes à boa-fé, devem ser pautadas pela lealdade e pela legítima confiança, todos subprincípios decorrente do dever de moralidade estampado no artigo 37 da Constituição Federal de 1988[14].

---

[14] Art. 37. A administração pública direta e indireta de qualquer dos Poderes da União, dos Estados, do Distrito Federal e dos Municípios obedecerá aos princípios de legalidade, impessoalidade, moralidade, publicidade e eficiência e, também, ao seguinte: (...). Disponível em: http://www.planalto.gov.br/ccivil_03/Constituicao/Constituicao.htm. Acesso em 19.02.2018.

A orientação exarada publicamente pela Receita Federal do Brasil em seu sítio na internet, ao responder a já citada pergunta nº 40, efetivamente tem o condão de vincular a postura do poder público. É com tal certeza que os jurisdicionados, ao realizarem as suas opções, não podem ser traídos por interpretações distintas e diferentes daquela publicizada anteriormente, salvo para efeitos meramente acadêmicos e sem repercussão direta nas relações jurídicas efetivamente constituídas pela adesão ao RERCT.

O Estado não pode, por meio de seus diversos compartimentos institucionais, gerar insegurança ao cidadão. É fato que a Constituição Federal define que "são poderes da União, independentes e harmônicos entre si, o Legislativo, o Executivo e o Judiciário" (artigo 3º), mas esta divisão é de ordem organizacional de poder, sendo o Estado uno e indivisível.

Quer-se dizer que a manifestação da Receita Federal do Brasil, é manifestação da União Federal. É manifestação do Estado. Vincula a atuação dos agentes públicos e instaura garantias em face daqueles que seguiram tal diretriz. Qualquer mudança interpretativa posterior deve alcançar fatos posteriores, não retroagindo a ponto de atingir fatos pretéritos, especialmente àqueles consolidados em relações jurídicas perfeitas e acabadas, como a adesão ao RERCT.

A eventual mudança de postura da administração contraria o princípio geral de direito que veda o denominado *venire contra factum proprium*.

Tratando-se de uma transação ampla e complexa, que envolve concessões mútuas, com remissões e anistias de ordem penal, tributária e cambial, deve-se prestigiar o comportamento pautado pela boa-fé, pela confiança e pela moralidade. É inadmissível qualquer comportamento contraditório do Estado.

Oportunos são os ensinamentos de Judith Martins-Costa[15], quando trata que *"o condenável comportamento contraditório em detrimento da boa-fé, ocorre quando presentes os seguintes elementos: (a) a atuação de um fato gerador de confiança, nos termos em que esta é tutelada pela ordem jurídica; (b) adesão da contraparte – porque confiou – neste fato; (c) o fato de a contraparte exercer alguma atividade posterior em razão da confiança que lhe foi gerada; (d) o fato de ocorrer, em razão de conduta contraditória do autor do fato gerador da confiança, a supressão do fato no qual fora assentada a confiança, gerando prejuízo ou iniquidade insuportável para quem confiara"*.

Em se tratando de relações afeitas ao direito público, o Superior Tribunal de Justiça tratou do assunto, entendendo que:

---

[15] COSTA, Judith Martins. Da Boa-Fé no Direito Privado. São Paulo: RT, 1999, p. 471.

A teoria dos atos próprios impede que a administração pública retorne sobre os próprios passos, prejudicando os terceiros que confiaram na regularidade de seu procedimento. (STJ, 4ª turma, REsp 141879, Rel. Min. Ruy Rosado de Aguiar, j. 17/03/1998, DJ 22.06.1998).

Do voto do relator no julgamento do aresto citado, destaca-se:

> Sabe-se que o princípio da boa-fé deve ser atendido também pela administração pública, e até com mais razão por ela, e o seu comportamento nas relações com os cidadãos pode ser controlado pela teoria dos atos próprios, que não lhe permite voltar sobre os próprios passos, depois de estabelecer relações em cuja seriedade os cidadãos confiaram. 'A salvaguarda da boa-fé e a manutenção da confiança forma a base de todo o tráfego jurídico e em particular de toda a vinculação jurídica individual. Por isso não se pode limitá-lo às relações obrigacionais, mas aplicá-lo sempre que exista qualquer vinculação jurídica, ou seja, tanto no Direito Privado, como no Direito Público' (Karl Larenz, Derecho de Obligaciones, 1/144).

É inexorável decorrência da moralidade (art. 37 da CF/88). O significado de moralidade é bem explorado por Humberto Ávila[16] quando, ao traçar as diretrizes para construir o alcance deste princípio, aponta que *"o princípio da moralidade exige condutas sérias, leais, motivadas e esclarecedoras, mesmo que não as previstas em lei. Constituem, pois, violação ao princípio da moralidade a conduta adotada sem parâmetros objetivos e baseada na vontade individual do agente e o ato praticado sem a consideração da expectativa criada pela Administração."*

Lembre-se, neste contexto, das lições do renomado e um dos maiores publicistas alemães da atualidade, Paul Kirchhof[17], que, ao tratar da defesa dos direitos fundamentais do contribuinte em face do poder estatal de tributar, ensina que:

> (...) o legislador precisa transmitir de forma inteligível ao contribuinte por que ele tributa uma realidade econômica – por exemplo, renda ou faturamento (o objeto tributário) –, por que justamente impor àquele contribuinte – quem obteve renda ou faturamento (o contribuinte ou obrigado tributário) –, como ele mede o fundamento tributário da hipótese de incidência – a renda tributável ou

---

[16] ÁVILA, Humberto. Teoria dos princípios – da definição à aplicação dos princípios jurídicos. Malheiros: 2014, 15ª ed., p. 122.
[17] KIRCHHOF, Paul. Tributação no Estado Constitucional. Tradução Pedro Adamy. Quartier Latin, 2016, p. 17/18.

a remuneração das atividades empresariais no país (a base de cálculo) –, em qual intensidade se dará a imposição tributária (a alíquota).

A amarração harmônica de preceitos permite delimitar os limites da atuação estatal. Não é preciso dizer que a legalidade (art. 5º, II, CF/88[18]) – ou estrita legalidade aplicável ao direito tributário (art. 150, I, CF/88[19]) – é garantia de que apenas o Poder Legislativo (representação legítima do povo) dispõe de competência para instituir tributo, protegendo a sociedade e os cidadãos do livre arbítrio de governantes autoritários.

Roque Antonio Carrazza[20] define cirurgicamente que *"o princípio da legalidade garante, decisivamente, a segurança das pessoas diante da tributação. De fato, de pouco valeria a Constituição haver protegido a propriedade privada (arts. 5º, XXII e 170, II) se inexistisse a garantia cabal e solene de que os tributos não seriam fixados ou alterados pelo Poder Executivo, mas só pela lei"*.

Tal exigência não é mero capricho, mas corolário da segurança jurídica, eis que a conduta precisa da norma não pode deixar dúvidas, devendo estar dentro da capacidade cognitiva do cidadão. Como ensina Humberto Ávila[21], o sentido da norma deve ser claro:

> (...) porquanto um Direito ambíguo, vago, obscuro ou impreciso termina por enganar ou por confundir pelo menos aqueles que desejem ser guiados por ele. Daí se afirmar que a inteligibilidade das normas requer clareza e precisão, sendo essa condição de existência. Não por outro motivo que a própria Lei Complementar nº 95/98 estabelece critérios para incrementar tanto a clareza quanto a precisão das normas (art. 11, I e II, respectivamente).

E assim seguimos.

---

[18] Art. 5º Todos são iguais perante a lei, sem distinção de qualquer natureza, garantindo-se aos brasileiros e aos estrangeiros residentes no País a inviolabilidade do direito à vida, à liberdade, à igualdade, à segurança e à propriedade, nos termos seguintes:
II – ninguém será obrigado a fazer ou deixar de fazer alguma coisa senão em virtude de lei;
[19] Art. 150. Sem prejuízo de outras garantias asseguradas ao contribuinte, é vedado à União, aos Estados, ao Distrito Federal e aos Municípios:
I – exigir ou aumentar tributo sem lei que o estabeleça;
[20] CARRAZZA, Roque Antonio. Curso de Direito Constitucional Tributário, 31ª ed. São Paulo: Malheiros, 2015, p. 285.
[21] ÁVILA, Humberto. Teoria da segurança jurídica. Malheiros: 2016, 4ª ed., p. 340.

7. O Papel do Sigilo Fiscal na Definição do Ônus Probatório

Fazendo um rápido retrospecto legislativo, o sigilo fiscal tem amparo constitucional no direito à inviolabilidade da intimidade das pessoas. A mesma ordem constitucional admite, como regra decorrente do art. 37, XXII, o compartilhamento de informações entre as administrações tributárias, na forma da lei ou convênio.

O Código Tributário Nacional, em seu artigo 198, *caput*, trata do sigilo fiscal, definindo que, sem prejuízo do disposto na legislação criminal, é vedada a divulgação, por parte da Fazenda Pública ou de seus servidores, de informação obtida em razão do ofício sobre a situação econômica ou financeira do sujeito passivo ou de terceiros e sobre a natureza e o estado de seus negócios ou atividades.

Este mesmo artigo, em seus parágrafo §1º, admite a transferência de informações sigilosas por ocasião de requisição de autoridade judiciária no interesse da justiça, bem como por solicitações de autoridade administrativa no interesse da Administração Pública, desde que seja comprovada a instauração regular de processo administrativo, no órgão ou na entidade respectiva, com o objetivo de investigar o sujeito passivo a que se refere a informação, por prática de infração administrativa.

No âmbito do RERCT, a Lei nº 13.254/2016 protege as informações constantes na DERCART, equiparando-a à quebra de sigilo fiscal. Neste sentido, o artigo 7º, §1º, estabelece que a divulgação ou a publicidade das informações presentes no RERCT implicarão efeito equivalente à quebra do sigilo fiscal, sujeitando o responsável às penas previstas na Lei Complementar nº 105, de 10 de janeiro de 2011, e no art. 325 do Decreto-lei 2.848, de 7 de dezembro de 1940 (Código Penal), e, no caso de funcionário público, à pena de demissão.

Muitas questões se debruçam sobre o alcance desta restrição, especialmente a sua oponibilidade aos Estados e Municípios que esboçam intenção de exigir tributos de sua competência sobre valores recebidos, por exemplo, a título de doação e herança, à luz do art. 198, § 1º, do CTN. Isto porque há expressa vedação de compartilhamento de informações no artigo 7º, § 2º da lei, ao definir que, sem prejuízo do disposto no § 6º do art. 4º, é vedada à RFB, ao Conselho Monetário Nacional (CMN), ao Banco Central do Brasil e aos demais órgãos públicos intervenientes do RERCT a divulgação ou o compartilhamento das informações prestadas pelos declarantes que tiverem aderido ao RERCT com os Estados, o Distrito Federal e os Municípios, inclusive para fins de constituição de crédito tributário.

Outro aspecto polêmico, que se comunica com a questão relativa ao alcance de tal sigilo, diz respeito bem como o seu livre acesso ao próprio Ministério Público Federal. A entidade reconhece, em seus manuais de atuação[22], a obrigação das autoridades fornecerem informações sob sigilo fiscal para CPI (Congresso Nacional), Ministério Público da União, Fazendas Públicas e PGFN.

Não admite, por outro lado, o fornecimento de informações sob sigilo fiscal para AGU, CPIs (Estaduais e Municipais), CNAS, CGU, Defensoria Pública, Parlamentares, INSS, Juízo Arbitral, Ministérios Público Eleitoral, Ministério Público Estadual, Polícia Federal e TCU.

Não nos parece, assim, que a restrição ao fornecimento de informação exorbite às pessoas expressamente relacionadas no já mencionado artigo 7º, §2º da lei. Não impede, por outro lado, que a ela tenham acesso autoridades não relacionadas na lei, a quem haverá a transferência do dever de sigilo fiscal.

Lembremos que a possibilidade de acesso às informações da DERCAT por determinadas autoridades públicas não dá a elas qualquer direito de agir em hipótese não admitida na lei, com especial menção à restrição à instauração ou à continuidade de procedimentos investigatórios quanto à origem dos ativos regularizados com base em única informação extraída das declarações dos aderentes ao programa.

Nada valeria atribuir sigilo às informações da DERCAT se, ao mesmo tempo, fossem delas extraídas informações para autorizar procedimentos e expedientes de ordem tributária ou penal. A coerente e consistente posição justifica e é justificada pelo sigilo imposto pela lei.

O sigilo resguarda a informação e, mais do que isso, alinha interpretação com a premissa de que o ônus da prova da ilicitude das atividades que originaram os recursos deve partir de fora da DERCAT para dentro dela. Somente com indícios e provas novas, que porventura contrariem o quanto declarado pelos particulares, é que estariam autorizados os procedimentos correspondentes.

8. Conclusão

Em conclusão, estamos alinhados, pela análise sistemática da lei em relação a todo o sistema jurídico na qual está inserida, que o ônus probatório quanto

---

[22] Disponível em: http://escola.mpu.mp.br/publicacoes/series/manuais-de-atuacao/volume-2-quebra-de-sigilos-fiscal-e-bancario. Acesso em 19.02.2018.

à origem em atividade econômica lícita dos ativos é, efetivamente, de quem acusa. E, por óbvio, respeitadas as garantias trazidas pela própria lei, especialmente a utilização de elementos materiais indiciários externos à declaração, devidamente protegida por rigoroso sigilo fiscal. É a lógica interpretativa dentro de um sistema lastreado em boa-fé, confiança, segurança jurídica e moralidade!

Referências

ÁVILA, Humberto. *Teoria dos princípios – da definição à aplicação dos princípios jurídicos*. Malheiros: 2014, 15ª ed.

ÁVILA, Humberto. *Teoria da segurança jurídica*. Malheiros: 2016, 4ª ed.

CARRAZZA, Roque Antonio. *Curso de Direito Constitucional Tributário*, 31ª ed. São Paulo: Malheiros.

FERRAGUT, Maria Rita. *Presunções no direito tributário*. Dialética: São Paulo, 2001.

KIRCHHOF, Paul. *Tributação no Estado Constitucional*. Tradução Pedro Adamy. Quartier Latin, 2016.

OLIVEIRA, Ricardo Mariz de. *Presunções no direito tributário*. Caderno de Pesquisas tributárias, nº 9. São Paulo: Co-Edição CEEU e Resenha Tributária, 1984.

PACHECO, Angela Maria da Motta. *Ficções tributárias*. Noeses: São Paulo, 2008.

RAHAL, Flavia. *O ônus da prova e o valor da Dercat como elemento probatório in Regime Especial de Regularização Cambial e Tributária: Aspectos Práticos*, Coord. Eduardo Perez Salusse, Aldo de Paula Junior e Heloisa Estellita. Noeses: São Paulo, 2016.

SALAMA, Bruno Meyerhof. *Estudos em Direito & Economia*.

ZUCMAN, Gabriel. *A Riqueza Oculta das Nações*. Circulo de Leitores, 2014.

Confissão Tributária e Sua Eficácia no Processo Penal

Pedro Adamy

1. Introdução

As intersecções entre o direito penal e o direito tributário ainda são, em grande medida, tema pouco estudado no direito brasileiro. A omissão das doutrinas tributária e penal, nesse ponto, reside essencialmente na compreensão de que os ramos não possuem proximidade prática. Conquanto os fundamentos e limites do direito penal e do direito tributário sejam próximos, uma vez que ambos se ocupam fundamentalmente com a proteção da liberdade, propriedade e dignidade do cidadão, as preocupações acadêmicas se limitavam às análises específicas de alguns tipos penais tributários.

Recentemente, no entanto, as relações entre direito tributário e direito penal foram trazidas ao cenário político e jurídico brasileiro, sem que houvesse construções e sistematizações dogmáticas consolidadas. Dessa forma, em muitos casos, magistrados, membros do Ministério Público e defensores, atuaram sem balizas teóricas claras, optando por teorias – quando existentes – que nem sempre possuíam referencial reconhecido, tanto por outros tribunais quanto pelas próprias doutrinas penal ou tributária. Essa realidade se fortalece a cada dia. A omissão da doutrina, portanto, torna-se indesculpável.[1]

Com base nesse cenário de escassa produção científica no entrecampo do direito tributário e do direito penal, este artigo possui dois objetivos

---

[1] Exemplo da necessidade de análise foi o evento da Sociedade Alemã de Direito Tributário *(Deutsche Steuerjuristische Gesellschaft – DstG)* com o tema "O Direito penal tributário na interface com o direito tributário". Cf. MELLINGHOFF, Rudolf. *Steuerstrafrecht an der Schnisstelle zum Steuerrecht*. Colônia: Otto Schmidt, 2015.

principais: de um lado, demonstrar que o direito tributário cria obrigações ao contribuinte, que determinam deveres informacionais em favor das autoridades fiscais. Nesse ponto, analisar-se-á mais detidamente as confissões realizadas no âmbito dos programas de parcelamento e regularização tributária. De outro, que há limitações à utilização de tais informações no âmbito da persecução criminal, em especial do processo penal. Ainda, analisar-se-á os possíveis efeitos de tais confissões e quais os critérios para sua utilização. É o que se passa objetivamente a fazer.

2. Deveres Instrumentais do Contribuinte

Com relação às obrigações no âmbito do direito tributário, pode-se dividi-las em dois grandes grupos: de um lado, a obrigação principal, que corresponde ao pagamento do tributo devido uma vez verificada a ocorrência do fato descrito em lei como suficiente para o surgimento da obrigação tributária. O próprio Código Tributário Nacional (CTN) traz, no artigo 113, parágrafo 1°, previsão expressa com o conceito legal de obrigação principal, nos seguintes termos:

> A obrigação principal surge com a ocorrência do fato gerador, tem por objeto o pagamento de tributo ou penalidade pecuniária e extingue-se juntamente com o crédito dela decorrente.

De outro lado, a obrigação acessória, que corresponde a todos os outros deveres do contribuinte, quer positivos quer negativos, realizados em favor da administração tributária ou da fiscalização dos tributos. Novamente, o CTN traz previsão expressa, no artigo 113, parágrafo 2°, conceituando a obrigação acessória da seguinte forma:

> A obrigação acessória decorre da legislação tributária e tem por objeto as prestações, positivas ou negativas, nela previstas no interesse da arrecadação ou da fiscalização dos tributos.

Em grande medida, as obrigações acessórias compreendem os *deveres informacionais* do contribuinte. Quer isso dizer que, além de pagar o tributo devido, a legislação estabelece deveres instrumentais aos contribuintes, que devem informar ao fisco todos os elementos fáticos que possam ter, de acordo com a lei, relevância para a arrecadação ou para a fiscalização, isto é, para garantir a *"efetividade da tributação"*.[2] Tais obrigações são instrumentos para o controle do cumprimento da obrigação de pagar o tributo devido.[3] Portanto, do ponto de vista do Estado, as obrigações acessórias, isto é, os deveres por ela instituídos, atuam como intermediários do Estado na obtenção dos dados fiscais, que refletem a realidade individual de cada contribuinte, seja da pessoa física seja da pessoa jurídica, que auxiliam a administração na determinação do crédito tributário e, posteriormente, na cobrança deste crédito. Do ponto de vista do contribuinte, representam a garantia que a fiscalização deverá respeitar as informações prestadas e, caso haja descompasso entre o que o contribuinte declarou e que o Fisco entende devido, o ônus de demonstrar a diferença recai sobre este último.[4] Já decidiu o Supremo Tribunal Federal[5] que:

> A realidade da tributação impôs uma feição colaborativa à relação entre Estado e contribuintes, que vem sendo positivada em diversos diplomas legais e tratados internacionais. Esse novo referencial reforça a responsabilidade das duas partes na exata apuração dos tributos em geral, impondo a transparência como regra e reduzindo a praticamente zero o espaço para o segredo.

Neste contexto, as informações prestadas pelos contribuintes para fins de cumprimento de suas obrigações acessórias detêm uma *dupla funcionalidade*. De um lado, servem para a verificação da ocorrência do fato descrito em lei como suficiente para o surgimento da obrigação tributária. De outro, para verificar se o contribuinte cumpriu todas as obrigações acessórias previstas na legislação como de sua responsabilidade.[6] Essas informações, portanto, têm natureza estritamente tributária – tanto para a obrigação principal quanto para a acessória.

Mais recentemente, no entanto, vem ganhando corpo a pretensão de reconhecer uma *terceira função* à tais informações: a de que as informações entregues pelo contribuinte à autoridade fiscal podem ser utilizadas na determinação do cometimento de ilícitos penais. Esse aspecto assume ainda maior relevância nos programas de regularização tributária e de parcelamento

---

[2] PAULSEN, Leandro. *Capacidade colaborativa*. Porto Alegre: Livraria do Advogado, 2014, p. 77.
[3] NOGUEIRA, Ruy Barbosa. *Curso de Direito Tributário*. 15ª ed. São Paulo: Saraiva, 1999, p. 150; FERRAZ Jr., Tércio Sampaio. *Obrigação acessória e limites de imposição*. in: TORRES, Heleno (Org.) Teoria Geral da Obrigação Tributária. São Paulo: Malheiros, 2005, p. 268 e ss.
[4] BORGES, José Souto Maior. *Obrigação Tributária* (uma introdução metodológica). 2ª ed. São Paulo: Malheiros, 1999, p. 82.
[5] STF, RE 601314, Tribunal Pleno, Rel. Min. Edson Fachin, publ. 16.09.16.
[6] BORGES, José Souto Maior. *Obrigação Tributária* (uma introdução metodológica). 2ª ed. São Paulo: Malheiros, 1999, p. 82.

tributária, uma vez que exigem a *confissão* do contribuinte sobre os fatos albergados pela legislação que instituí os referidos programas.

Como consequência, a correta compreensão desta pretendida terceira função passa pelo levantamento dos programas de regularização tributária e, após, passa pela análise específica da abrangência jurídico-processual das informações tributárias no âmbito penal. É o que se passa a analisar.

3. Confissão no Âmbito dos Programas de Regularização Tributária

O Brasil tem usado programas de regularização tributária com frequência e regularidade. Desde o primeiro programa de refinanciamento fiscal – REFIS, em 2000, já foram instituídos mais de trinta programas de regularização, entre parcelamentos e outras formas de pagamento facilitado.[7]

Ao que interessa o presente estudo, os programas de parcelamento e regularização apresentam uma constante. Com efeito, em todos eles verifica-se a existência de uma obrigação de confissão e renúncia por parte do contribuinte. Por exemplo, o mais recente programa de regularização tributária trazia previsão expressa no sentido que o ingresso no programa implicaria *"a confissão irrevogável e irretratável dos débitos em nome do sujeito passivo, na condição de contribuinte ou responsável, e por ele indicados para compor o Pert"* (art. 1°, §4°, da Lei n.° 13.496/17).

O primeiro programa de parcelamento na esfera federal de grandes proporções, instituído pela Lei n.° 9.964/00, determinava que a *"opção pelo Refis sujeita a pessoa jurídica a confissão irrevogável e irretratável dos débitos"* incluídos no programa (art. 3°, inc. I). Da mesma forma, a Lei n.° 10.684/03, que instituiu o *Paes*, determinava que *"a opção pelo regime especial de parcelamento referido no artigo 12 sujeita a pessoa jurídica optante à confissão irrevogável e irretratável dos débitos"* (art. 15, inc. I). Ainda, a Medida Provisória n.° 303, que instituiu o *Paex*, trazia previsão bastante simbólica sobre o valor da confissão a que estava submetido o contribuinte que aderisse ao programa. Veja-se:

> Art. 1º (...)
> § 6º A opção pelo parcelamento de que trata este artigo importa confissão de dívida irrevogável e irretratável da totalidade dos débitos existentes em nome da

---

[7] ADAMY, Pedro Augustin. *Renúncia a Direito Fundamental*. São Paulo: Malheiros, 2011, p. 188 e ss.; para uma descrição dos programas de parcelamento e suas características principais, veja-se DEXHEIMER, Vanessa. *Parcelamento tributário*. São Paulo: IBDT, Quartier Latin, 2015, pp. 22 a 40.

pessoa jurídica na condição de contribuinte ou responsável, configura confissão extrajudicial nos termos dos arts. 348, 353 e 354 do CPC e sujeita a pessoa jurídica à aceitação plena e irretratável de todas as condições estabelecidas nesta Medida Provisória.

A Lei n.º 11.941/09, que instituiu o Refis da Crise, e teve seu prazo de adesão renovado várias vezes, trazia previsão semelhante ao acima transcrito no que se refere aos efeitos da confissão do contribuinte que aderisse ao programa. A Lei de Repatriação também previa a confissão como elemento indispensável para o ingresso no programa de regularização. De acordo com a lei, a opção pelo RERCT importava confissão irrevogável e irretratável dos débitos em nome do sujeito passivo na condição de contribuinte ou responsável, configuram confissão extrajudicial nos termos do Código de Processo Civil, constituindo aceitação plena e irretratável de todas as condições estabelecidas na própria lei (art. 6º §8º da Lei n.º 13.254/16). Por fim, deve-se notar que a Lei nº 10.522/02, que criou o parcelamento ordinário, ainda vigente e à disposição dos contribuintes, determina que *"o pedido de parcelamento deferido constitui confissão de dívida e instrumento hábil e suficiente para a exigência do crédito tributário, podendo a exatidão dos valores parcelados ser objeto de verificação."*

A análise da legislação instituidora de programas de parcelamentos e de regularização tributária não deixa dúvidas sobre a confissão como elemento essencial e indispensável para o ingresso do contribuinte em tais programas. Cumpre, agora, verificar quais são os requisitos e as características da confissão operada no âmbito tributário para, ao final, podermos verificar a adequação do seu uso no âmbito penal.

3.1. Requisitos da confissão

3.1.1. Capacidade

Conquanto o direito tributário não considere a capacidade como elemento central para o surgimento da obrigação tributária, nos termos do artigo 126 do Código Tributário Nacional, a confissão é ato que somente pode ser realizado por pessoa capaz ou, quando incapaz, por seu representante.[8] Quer isso

---

[8] ADAMY, Pedro Augustin. *Renúncia a Direito Fundamental*. São Paulo: Malheiros, 2011, p. 59; AMELUNG, Knut. Über die Einwilligungsfähigkeit (Teil I). *Zeitschrift für die gesamte Strafrechtswissenschaft*, Vol. 104, 1992, p. 527 e ss.; AMELUNG, Knut. *Die Einwilligung in de Beeinträchtigung eines Grundrechtsgutes*. Berlin: Duncker und Humblot, 1981, p. 45 e ss.

dizer que àqueles direitos condicionados pela idade civil ou pela capacidade geral para atos da vida civil ou empresarial aplicam-se as disposições gerais de capacidade, inclusive no que se refere às confissões realizadas em programas de parcelamento e regularização tributária.

Para o que interessa aos propósitos deste estudo, deve-se notar que a confissão é ato que pressupõe capacidade jurídica plena. Dessa forma, mesmo que pessoas juridicamente incapazes sejam os contribuintes, a sua confissão dependerá da intermediação de agente capaz para tais atos. Assim dispõe, por exemplo, o artigo 392, parágrafo 1° do Código de Processo Civil. No entanto, sempre que a confissão envolver sujeito incapaz sendo representado, devem ser aplicados limites mais rígidos para a análise do cabimento e da validade daquela confissão. Em determinados casos será necessário submeter a confissão à análise da maturidade decisória (*Entscheidungsreife*) ou da maturidade de compreensão (*Verstandesreife*) do incapaz afetado.[9]

Além disso, a confissão operada por pessoa jurídica deverá ter seus requisitos de validade, isto é, deverá ser realizada a verificação dos poderes e da capacidade de representação para a determinação da validade da confissão realizada. Uma vez presentes, a pessoa jurídica estará obrigada pelo ato de confissão realizado pelo administrador com poderes para tanto, nos termos do artigo 47 do Código Civil. Essa conclusão é corroborada por disposição expressa do Código de Processo Civil concernente à confissão. Veja-se:

> Art. 392 (...)
> § 2º A confissão feita por um representante somente é eficaz nos limites em que este pode vincular o representado.

Não restam dúvidas, portanto, que a confissão somente terá validade se realizada por pessoa capaz, ou por seu representante legal, nos exatos termos em que este foi autorizado pelo contrato ou pela lei.

3.1.2. Sujeição Passiva

A confissão somente poderá ser realizada pelo sujeito passivo da obrigação tributária. Dessa forma, apenas o sujeito passivo direto, ou seja, o contribuinte,

---

[9] MERTEN, Detlef. *Der Grundrechtsverzicht*. In: MERTEN, Detlef, PAPIER, Hans-Jürgen. Handbuch der Grundrechte. Vol. III. Heidelberg: C.F. Müller, 2009, p. 728.

poderá figurar como o agente que confessa. A inclusão de terceiro na confissão somente pode se dar sob condição de aceitação.[10]

A discussão sobre a sujeição passiva leva à necessidade de se analisar a questão da confissão sobre elementos fáticos que podem gerar efeitos sobre direitos e obrigações alheios. A declaração de vontade, no sentido de confessar fatos alheios, é, regra geral, inadmissível. Nesse sentido, Sturm defende a impossibilidade de manifestação de vontade em relação a direito de terceiros, devendo a confissão permanecer, sempre, na esfera de interesses do próprio titular, não alcançando direitos e obrigações alheios.[11] Caso contrário, poderia haver uma verdadeira *"restrição heterônoma"* aos direitos do terceiro envolvido[12]. Dessa forma, a regra que surge no direito civil, afirmando que a manifestação da vontade obriga apenas as partes que envolvidas, toma contornos específicos no que concernem às estipulações relativas à confissão no âmbito tributário.[13]

Como consequência direta, a confissão operada por responsável tributário somente poderá gerar efeitos para o contribuinte que confessa. Havendo efeitos para o contribuinte não envolvido na confissão, este deverá ser chamado para aderir aos termos da confissão. O responsável tributário, portanto, somente pode confessar aquilo que está dentro da sua esfera de competência, ou seja, somente pode incluir na confissão aqueles fatos sobre os quais detêm responsabilidade jurídico-tributária, com exclusão de todos os outros elementos fáticos que possam, direta ou indiretamente, interferir em direitos de outros contribuintes, ainda que tenham relação com o fato gerador da obrigação tributária. Em casos extremos, que visem à proteção dos interesses de contribuintes que tenham relação com os fatos confessados pelo responsável tributário, pode-se admitir a confissão sobre elementos que envolvem terceiros, desde que a confissão seja realizada com o intuito de proteção dos direitos do contribuinte afetado e que, em ato posterior, ele manifeste a sua vontade no sentido de aderir aos termos da confissão já operada.[14]

---

[10] SEER, Roman. *Verständigungen in Steuerverfahren*. Colônia: O. Schmidt, 1996, p. 266.
[11] STURM, Gerd. *Probleme eines Verzichts auf Grundrechte*. in LEIBHOLZ, Gerhard, et alli. (orgs.). *Menschenwürde und freiheitliche Rechtsordnung: Festschrift für Willi Geiger zum 65. Geburtstag*. Tübingen: Mohr Paul Siebeck, 1974, p. 192.
[12] NOVAIS, Jorge Reis. *Renúncia a Direitos Fundamentais*. in: MIRANDA, Jorge (Org.). Perspectivas Constitucionais nos 20 anos da Constituição de 1976. Vol. I, Coimbra: Coimbra editora, p. 302.
[13] GÜNTHER, Katarina. *Vertrauensschutz bei Angaben Dritter im Umsatzsteuerrecht*. Frankfurt a. M.; Peter Lang, 2013, p. 205 e ss., SEER, Roman. *Verständigungen in Steuerverfahren*. Colônia: O. Schmidt, 1996, p. 266.
[14] Em sentido análogo, veja-se VALDES, Ernesto Garzon. ¿Es eticamente justificable el paternalismo juridíco? *in* idem. *Derecho, etica y politica*. Madri: Centro de Estudios Constitucionales, 1993, p. 364.

3.1.3. Manifestação da Vontade

A manifestação da vontade é um dos elementos centrais que concretizam a liberdade em um Estado Democrático de Direito. Só é verdadeiramente livre aquele que pode, dentro de certos limites, manifestar sua vontade de forma juridicamente válida, para que haja o surgimento das consequências previstas no ordenamento. Somente pode dar declaração de vontade aquele que pode atuar de maneira juridicamente válida, nos termos da lei civil. As condições para a manifestação da vontade, isto é, para que ela não seja considerada viciada, são uma forma de paternalismo fraco.[15] Quer isso dizer que o ordenamento jurídico estabelece determinados critérios, formas e requisitos por meio dos quais limitam-se o poder decisório do titular dos direitos fundamentais.

Com relação à manifestação da vontade em procedimentos de confissão, entende-se que *"a manifestação de vontade deve ser inequívoca"*.[16] Sendo prescrito pela lei que a manifestação da vontade deva ser feita de forma expressa, também o ato de confissão deve se operar por meio de uma manifestação expressa. Como exemplo de confissão expressa, tem-se os casos dos programas de parcelamento, que obriga o contribuinte a manifestar sua vontade nos processos judicial ou administrativo, por meio da desistência e da renúncia ao direito sobre o qual se funda a ação. Nesse caso a conduta do contribuinte é de tal forma expressa, que se pode concluir sem qualquer dúvida sobre a vontade de confessar os elementos fáticos envolvidos.[17]

A manifestação da vontade no ato de confissão deve ser livre e informada, ou seja, deve estar ausente qualquer forma de erro, dolo, coação, fraude, garantia de vantagem indevida, ou qualquer outra forma de conduta que possa colocar em dúvida a voluntariedade ou capacidade do contribuinte que deseja confessar determinados elementos fáticos. Tal qual no direito privado, nos negócios jurídicos em geral, para que a confissão tributária seja considerada válida, é absolutamente essencial que não esteja sob coação, independentemente da natureza dessa coação, ou seja, que o ato seja praticado livre e voluntariamente, sem a utilização de força física (*vis absoluta*) ou coação moral (*vis*

---

[15] SCHMOLKE, Klaus Ulrich. *Grenzen der Selbstbindung im Privatrecht*. Tübingen: Mohr Siebeck, 2014, p. 63 e ss.
[16] MERTEN, Detlef. *Der Grundrechtsverzicht*. In: MERTEN, Detlef, PAPIER, Hans-Jürgen. Handbuch der Grundrechte. Vol. III. Heidelberg: C.F. Müller, 2009, p. 730.
[17] MERTEN, Detlef. *Der Grundrechtsverzicht*. In: MERTEN, Detlef, PAPIER, Hans-Jürgen. Handbuch der Grundrechte. Vol. III. Heidelberg: C.F. Müller, 2009, p. 730.

compulsiva) contra o sujeito e que a pressão exercida seja tamanha a ponto de viciar a declaração da vontade, incutindo no indivíduo fundado temor de dano iminente e considerável à sua pessoa, à sua família, ou aos seus bens. Repise-se: havendo *fundado temor* a declaração de vontade é considerada viciada.[18]

Sendo absolutamente vedada a utilização de instrumentos que importem coação ao indivíduo, não se admite que se busquem métodos coativos, a infligir temor por sua integridade física e moral em caso de negativa de consentimento ou concordância, ou seja, é vedado o uso de qualquer forma de coação para influenciar ou induzir indevidamente a confissão do contribuinte. Aqui vale a lição de J. Rawls[19]:

> (...) para fazer uma promessa vinculante, o indivíduo precisa estar plenamente consciente, em um quadro de racionalidade mental, e saber o significado das palavras operativas, o seu uso ao fazer as promessas, e assim em diante. Além disso, tais palavras precisam ser ditas livre ou voluntariamente, na completa ausência de ameaça ou coação, e em situações em que o indivíduo tem capacidade de negociação, por assim dizer.

A manifestação da vontade pela via formal, escrita, é preferível à forma verbal.[20] Como as confissões devem ser formalizadas perante a administração fiscal, pode-se considerar que não serão aceitas confissões verbais, apenas aquelas reproduzidas em documentos formais.

3.1.4. Temporariedade

A confissão realizada no âmbito dos parcelamentos e dos programas de regularização tributária deve ser temporária. Essa temporariedade da confissão assume relevância sob três aspectos diferentes: primeiro, a confissão deve ter relação com fatos localizados em determinados período, não podendo compreender períodos indefinidos ou indeterminados. Segundo, a confissão deter ter prazo determinado ou determinável. A confissão somente poderá ser exigida do contribuinte se houver prazo definido ou definível para os efeitos dela advindos. Dessa forma, fica vedada a confissão operada sem prazo

---

[18] ADAMY, Pedro Augustin. *Renúncia a Direito Fundamental.* São Paulo: Malheiros, 2011, p. 70.
[19] RAWLS, John. *A theory of justice.* Cambridge: Harvard University Press, 1999, p. 303.
[20] ROGOSCH, Patricia Maria. *Die Einwilligung im Datenschutzrecht.* Baden-Baden: Nomos, 2013, p. 56.

definido ou, ainda, com prazo a ser definido exclusivamente pela autoridade administrativa.[21]

Assim, não pode o Estado pretender definir – independentemente da natureza jurídica e da hierarquia da figura legislativa utilizada – unilateralmente os prazos da confissão. Com efeito, este deverá estar expressamente previsto na lei que traz as hipóteses em que pode o contribuinte se beneficiar confessando e reconhecendo determinados elementos fáticos que tenham relação com a obrigação tributária.

Terceiro, os efeitos da confissão devem ser temporários. Quer isso dizer que o contribuinte que confessa deve poder antever os efeitos produzidos por seu ato e que esses efeitos tenha duração limitada no tempo. Uma confissão que valesse indefinidamente criaria insegurança jurídica para o contribuinte.

3.1.5. Parcialidade

A parcialidade da confissão decorre da própria natureza do ato de confessar. A confissão diz respeito a determinados elementos fáticos que têm relação com o surgimento da obrigação tributária. E apenas a estes. Todos os demais elementos envolvidos no surgimento da obrigação e do crédito ficam excluídos da confissão.

Com efeito, não se admite a confissão sobre todos os elementos necessários para o surgimento da obrigação e do crédito tributário. Assim é que o contribuinte não confessa a correta aplicação da legislação. Da mesma forma, não confessa a correta aplicação das penalidades eventualmente cabíveis. Por fim, não confessa a correção ou exatidão do lançamento tributário ou aos seus elementos obrigatórios. Dessa forma, um lançamento efetuado por autoridade incompetente não pode ser resgatado da nulidade pela mera confissão do contribuinte.[22]

A conclusão é que as confissões realizadas no âmbito de programas de regularização e parcelamento devem ter relação com fatos determinados ou determináveis, e que apenas dizem respeito a uma pequena parcela dos elementos envolvidos no surgimento da obrigação e do crédito tributário.

---

[21] ADAMY, Pedro Augustin. *Renúncia a Direito Fundamental*. São Paulo: Malheiros, 2011, p. 116.
[22] ÁVILA, Humberto. *Parcelamento e confissão de dívida no Direito Tributário*. in: DE SANTI, Eurico Diniz (org.). Tributação e Desenvolvimento – Homenagem ao Professor Aires Barreto. São Paulo: Quartier Latin, 2011. p. 262 e ss.

3.1.6. Benefício Legítimo

Por fim, a confissão deve ser operada tendo em vista um benefício legítimo para o contribuinte. As bases da confissão deverão ser realizadas sempre em termos de benefícios recíprocos. Quer isso dizer que não poderá apenas o contribuinte que confessa ou a administração que recebe a confissão se beneficiar com o ato.

Note-se que não há necessidade de que haja *sinalagmaticidade* entre os benefícios havidos entre as partes envolvidas no ato da confissão. Contudo, ao exigir a confissão, a legislação deverá prever benefícios que importem uma melhoria nas suas condições individuais do contribuinte. Exigir a confissão sem o oferecimento de vantagens torna a confissão pouco ou nada atrativa. Independentemente da magnitude dos benefícios oferecidos ao contribuinte que pretenda confessar, tais benefícios não podem ser de tal monta que tornem inválida ou viciada a sua manifestação de vontade.[23]

3.2. Abrangência da Confissão Tributária

Como visto, a confissão tem um alcance, uma abrangência limitada. A confissão operada nos programas de parcelamento e regularização tributária está sujeita a limites. Quer isso dizer que nem tudo pode ser confessado, havendo limites sobre o que se pode confessar e sobre o que não se pode confessar. Acima de tudo, deve-se fixar que a confissão se dará sempre sobre fatos. *E apenas sobre fatos.*

Com efeito, a obrigação tributária surge como decorrência direta da lei, e o crédito tributário surge como decorrência da atuação da administração fiscal após verificados os requisitos fáticos e legais. Em nenhum momento a vontade do contribuinte pode fazer surgir obrigação ou criar crédito sem que estejam presentes os elementos fáticos e jurídicos que ensejam o seu surgimento.[24] A legalidade como elemento essencial para o surgimento da obrigação tributária, em primeiro lugar, e do crédito tributário, em segundo lugar, é decorrência direta de dispositivos constitucionais e legais.

---

[23] AMELUNG, Knut. *Irrtum und Täuschung als Grundlage von Willensmängeln bei der Einwilligung des Verletzten.* Berlin: Duncker & Humblot, 1998, p. 77-80; MERTEN, Detlef. *Der Grundrechtsverzicht.* In: MERTEN, Detlef, PAPIER, Hans-Jürgen. Handbuch der Grundrechte. Vol. III. Heidelberg: C.F. Müller, 2009, p. 73.

[24] ADAMY, Pedro Augustin. *Renúncia a Direito Fundamental.* São Paulo: Malheiros, 2011, p. 88 e ss.

Nesse ponto, o artigo 147 do Código Tributário Nacional determina que o lançamento é efetuado com base nas declarações do sujeito passivo ou de terceiro relativas à "matéria de fato". O próprio CTN reconhece que o contribuinte apenas presta informações sobre fatos ocorridos, não sobre a sua qualificação jurídico-tributária. Ainda, o artigo 142 do CTN determina que compete exclusivamente à autoridade tributária o poder para verificar a ocorrência do fato gerador e determinar a matéria tributável. Vê-se, portanto, que a legislação tributária excluiu do âmbito da vontade do contribuinte a qualificação jurídica dos fatos e a determinação das consequências jurídicas deles advindas.

Além disso, neste caso tem aplicação subsidiária o regramento do Código de Processo Civil que determina que a confissão implica reconhecimento apenas de fatos. Veja-se:

> Art. 389. Há confissão, judicial ou extrajudicial, quando a parte admite a verdade de fato contrário ao seu interesse e favorável ao do adversário.

A leitura do dispositivo não permite dúvidas. A confissão se opera sobre fatos. E apenas sobre estes. Ademais, o CPC prevê que não se pode confessar sobre direitos indisponíveis, ao prever que *"não vale como confissão a admissão, em juízo, de fatos relativos a direitos indisponíveis"* (art. 392).

Deve-se notar que a confissão sobre fatos, como previsto na legislação processual civil, exclui da abrangência do ato de confissão alguns elementos relevantes. Quer isso dizer que há fatores relevantes do ponto de vista jurídico que não estão englobados nas confissões realizadas pelos contribuintes.

Em primeiro lugar, a confissão do contribuinte não engloba a qualificação jurídica dos fatos confessados. Assim, o contribuinte confessa apenas a ocorrência de determinados fatos, mas não a sua qualificação jurídica. Em outras palavras, os fatos confessados deverão ser posteriormente qualificados pela autoridade competente, não cabendo ao contribuinte essa tarefa.

Em segundo lugar, a confissão do contribuinte não engloba a qualificação para efeitos tributários dos fatos confessados. Quer isso dizer que a ocorrência de determinados fatos será reconhecida, mas não as consequências tributárias deles advindas.

Em terceiro lugar, a confissão do contribuinte não engloba a atuação da administração tributária. Quer isso dizer que o surgimento do crédito tributário somente se dará com o lançamento, que é atividade privativa da autoridade fiscal, nos termos do artigo 142 do CTN. Dessa forma, deve-se fazer uma pequena correção à redação de determinadas leis instituidoras de programas de parcelamento que determinam a confissão sobre o "crédito tributário". Como visto, a confissão se limita à ocorrência de determinados fatos, não sobre a correção do lançamento tributário ou mesmo sobre o crédito tributário existente.

Em *quarto lugar*, a confissão do contribuinte não engloba a sua intencionalidade quando da ocorrência de tais fatos. Quer isso dizer que a intenção subjacente do contribuinte na realização de tais fatos ou na tomada de determinada conduta, não será objeto da confissão. Da mesma forma, se a conduta foi dolosa ou culposa não será objeto de confissão no âmbito tributário.

E *quinto lugar*, a confissão não engloba a qualificação probatória dos fatos. Quer isso dizer que o ato de confessar não implica reconhecimento probatório aos fatos confessados. Certo é que uma vez confessados, aqueles fatos tornam-se cristalizados do ponto de vista do direito tributário. Nesse ponto haverá uma inversão do ônus probatório em favor da autoridade fiscal.[25] No entanto, a confissão do contribuinte diz respeito somente aos fatos, não à sua carga ou valor probatório. A eventual utilização dos elementos fáticos confessados deverá observar todos os requisitos probatórios determinados pela legislação.

Por fim, *em sexto lugar*, certamente a confissão operada no âmbito de programas de parcelamento e de regularização tributária não engloba a qualificação jurídico-penal dos fatos confessados ou, ainda, a sua validação ou valoração como elemento probatório no processo penal. Importante notar que a confissão tem potencial de autoincriminação (*Eingenbelatunspotenzial*) para o contribuinte que eventualmente venha a se tornar acusado em um processo penal.[26]

Além disso, a análise da confissão tributária no processo penal deve partir sempre de uma visão de proteção das garantias constitucionais. Como afirma KOCH, *"a relevância penal dos fenômenos tributários somente poderá ser determinada no caso individual, sempre com as garantias do processo penal, ainda assim*

---

[25] ADAMY, Pedro Augustin. *Renúncia a Direito Fundamental*. São Paulo: Malheiros, 2011, p. 195 e ss.; KOCH, Oliver. *Das effiziente Finanzstrafverfahren*. Viena, Nova York: Springer, 1997, pp. 86 a 87; ÁVILA, Humberto. *Parcelamento e confissão de dívida no Direito Tributário*. in: DE SANTI, Eurico Diniz (org.). Tributação e Desenvolvimento – Homenagem ao Professor Aires Barreto. São Paulo: Quartier Latin, 2011, p. 264.

[26] REITER, Christian. *"Nemo tenetur se ipsum prodere" und Steuererklärungspflicht: Zur Strafbarkeit der wiederholenden Hinterziehung periodischer Veranlagungs- und Fälligkeitssteuern im anhängigen Steuerstrafverfahren*. München: Utz Verlag, 2007, p. 278.

com o conhecimento e a compreensão do direito tributário".[27] Essa observância traz como consequência o aumento da legitimidade do próprio processo penal, *"uma vez que as disposições processuais penais estão intimamente ligadas aos direitos fundamentais processuais e que muitos atos dentro do processo penal são intervenções diretas nos direitos fundamentais."*[28] Neste sentido, a eventual eficácia da confissão tributária no processo penal depende da verificação de sua adequação com as garantias constitucionais aplicáveis ao processo penal. É o que se passa a analisar.

4. Eficácia Penal da Confissão Tributária?

4.1. Distinções Entre a Confissão Tributária e a Processual Penal

A confissão na sistemática do Código de Processo Penal apresenta características relevantes, que auxiliam na compreensão da existência ou não de eficácia das manifestações no âmbito de programas de parcelamento nos processos penais.

O CPP determina que a confissão deva se dar sobre fatos, admitindo o papel do acusado na confirmação sobre os fatos pelos quais sofre a persecução criminal. O mesmo CPP, no entanto, relativiza a manifestação da vontade sobre os fatos quando puderem ser provados por outros meios. Assim é que a confissão terá valor relativo, sempre devendo ser contraposta e confrontada com os demais elementos probatórios presentes no processo penal. Essa é a conclusão a que se chega pela leitura do artigo 197 do CPP. Veja-se:

> Art.197. O valor da confissão se aferirá pelos critérios adotados para os outros elementos de prova, e para a sua apreciação o juiz deverá confrontá-la com as demais provas do processo, verificando se entre ela e estas existe compatibilidade ou concordância.

De um lado, a confissão como elemento probatório sobre os fatos deverá ser valorada pelos mesmos critérios utilizados para outros provas presentes nos autos. De outro lado, a confissão somente poderá subsistir como elemento se

---

[27] KOCH, Oliver. *Das effiziente Finanzstrafverfahren*. Viena, Nova York: Springer, 1997, p. 90.
[28] TIEDEMANN, Klaus. *Verfassungsrecht und Strafrecht*. Heidelberg: C.F. Müller, 1991, p. 56; APPEL, Ivo. *Verfassung und Strafe*. Berlin: Duncker und Humblot, 1998, pp. 561 e ss.

houver compatibilidade e concordância entre os fatos confessados e os demais elementos de prova. No mesmo sentido, o artigo 200 do CPP determina que a confissão pode ser retratada e dividida, devendo o juiz analisar o conjunto probatório como um todo.

O Código, portanto, determina o valor relativo da confissão na determinação dos fatos sobre os quais se fundamenta a persecução criminal. Essa conclusão é corroborada, ainda, pelo fato de o CPP exigir prova da materialidade, por meio do exame do corpo de delito, não sendo a confissão um substituto suficiente ou adequado. Assim dispõe o Código:

> Art. 158. Quando a infração deixar vestígios, será indispensável o exame de corpo de delito, direto ou indireto, não podendo supri-lo a confissão do acusado.

Corroborando esse entendimento, o artigo 187 do CPP, ao tratar do interrogatório, determina que o acusado deverá se manifestar única e exclusivamente sobre fatos. Em nenhum momento a manifestação da vontade do acusado se dará sobre outros elementos que não os fatos envolvidos no processo penal.

A confissão no direito processual penal tem natureza bastante específica e requisitos próprios, bem diversos daqueles que dizem respeito às confissões nos programas de parcelamento e regularização. Por essa razão, não se mostra viável a equiparação das confissões operadas no âmbito de programas de regularização ou parcelamento tributários à confissão no âmbito do processo penal. Esse último ponto deve ser destacado. A confissão tributária não pode ser transposta aos procedimentos de persecução criminal. As diferenças entre a confissão operada no direito tributário e as características da confissão penal não o permitem. Por três razões principais.

Em primeiro lugar, enquanto a confissão tributária é irrevogável e irretratável, nos termos da lei tributária, a confissão penal é sempre retratável, por expressa disposição legal. Em segundo lugar, enquanto a confissão tributária presume os fatos confessados como verdadeiros, a confissão penal exige que os fatos confessados sejam corroborados por outros elementos de prova. Em terceiro lugar, enquanto a confissão tributária não necessita de confronto com outros elementos, por exemplo, contábeis, a confissão penal deve ser confrontada para a verificação de sua concordância ou compatibilidade com os demais elementos processuais.

A conclusão é uma só: a confissão realizada no âmbito tributário manterá seus efeitos restritos aos direito tributário, com todas as consequências advindas previstas na legislação. A sua transposição ao processo penal não pode ser realizada, uma vez que, como visto acima, a confissão no processo penal tem pressupostos e características distintas daquelas do direito tributário.

4.2. Sigilo Fiscal

Como visto, a confissão no direito tributário e a confissão no processo penal têm natureza, requisitos e características distintas. Tais diferenças assumem especial relevância quando se leva em conta que as informações prestadas pelo contribuinte, bem como as confissões operadas no âmbito dos programas de parcelamento e regularização tributária tratam, essencialmente, de *fatos* relacionados à situação fiscal do contribuinte. Dessa forma, a estas informações aplica-se a garantia do sigilo fiscal, não prevista expressamente no texto constitucional, mas amplamente reconhecido como sendo decorrência direta, ou seja, *"um desdobramento do direito à intimidade e à vida privada"*[29], previsto no artigo 5°, inciso X da Constituição.

Por sua vez, o Código Tributário Nacional prevê expressamente a garantia ao contribuinte de que a administração tributária e os seus servidores não poderão divulgar as informações do contribuinte obtidas em virtude da atividade de fiscalização e cobrança, nos seguintes termos:

> Art. 198. Sem prejuízo do disposto na legislação criminal, é vedada a divulgação, por parte da Fazenda Pública ou de seus servidores, de informação obtida em razão do ofício sobre a situação econômica ou financeira do sujeito passivo ou de terceiros e sobre a natureza e o estado de seus negócios ou atividades.

O próprio CTN elenca as exceções à garantia de sigilo das informações fiscais. Com efeito, o dispositivo traz duas hipóteses nas quais poderá haver o compartilhamento das informações fiscais do contribuinte. Em primeiro lugar, quando houver requisição por autoridade judiciária no interesse da justiça (art. 198, §1°, inc. I). Em segundo lugar, para atender solicitação da autoridade administrativa, no interesse da própria Administração, no âmbito de um processo administrativo regularmente instaurado, para verificação de prática de infração administrativa (art. 198, §1°, inc. II).

Ainda, o Código Tributário estabeleceu mais uma garantia, ao determinar que o *"intercâmbio de informação sigilosa, no âmbito da Administração Pública, será realizado mediante processo regularmente instaurado, e a entrega será feita pessoalmente*

---

[29] STF, HC 87.654, Segunda Turma, Rel. Min. Ellen Gracie, publicado em 20.04.06.

à autoridade solicitante, mediante recibo, que formalize a transferência e assegure a preservação do sigilo" (art. 198 §2º). A garantia ao sigilo fiscal, portanto, tem hierarquia constitucional e foi concretizada pela legislação complementar. Esta, ao regular o sigilo, estipulou duas exceções que permitem a divulgação de informações fiscais. Importante notar que nenhuma das hipóteses previstas no CTN diz respeito à persecução criminal.

Essa garantia se torna ainda mais relevante quando se analisam os poderes conferidos às autoridades fiscais na obtenção de informações dos contribuintes. Assim é que a Constituição determina que *"a administração fazendária e seus servidores fiscais terão, dentro de suas áreas de competência e jurisdição, precedência sobre os demais setores administrativos"* (art. 37, inciso XVIII). Tal precedência é acompanhada de previsão pelo CTN sobre a inaplicabilidade de quaisquer limitações aos poderes de fiscalização da autoridade tributária. Veja-se o que dispõe o artigo 195 do Código:

> Art. 195. Para os efeitos da legislação tributária, não têm aplicação quaisquer disposições legais excludentes ou limitativas do direito de examinar mercadorias, livros, arquivos, documentos, papéis e efeitos comerciais ou fiscais, dos comerciantes industriais ou produtores, ou da obrigação destes de exibi-los.

Ainda, o artigo 197 do CTN permite que a autoridade fiscal requisite informações de tabeliães, bancos, síndicos, corretoras entre outras entidades que possuíram informações sobre o contribuinte. Em outras palavras, havendo recusa ou impossibilidade de o contribuinte prestar as informações, o Fisco detém meios para angariar as informações que julga relevantes na determinação da matéria tributável. Além das alternativas para o levantamento das informações fiscais colocadas à disposição pelo Código Tributário Nacional, foi reconhecida pelo Supremo Tribunal Federal a legitimidade da transferência das informações bancárias do contribuinte para o Fisco, com base na capacidade contributiva e na igualdade, entre outros fundamentos. Ao que interessa ao presente estudo, a decisão[30] determinou que:

> (...) o Poder Legislativo não desbordou dos parâmetros constitucionais, ao exercer sua relativa liberdade de conformação da ordem jurídica, na medida em que estabeleceu requisitos objetivos para a requisição de informação pela Administração Tributária às instituições financeiras, assim como manteve o sigilo dos dados a

---

[30] STF, RE 601314, Tribunal Pleno, Rel. Min. Edson Fachin, publicado em 16.09.16.

respeito das transações financeiras do contribuinte, observando-se um translado do dever de sigilo da esfera bancária para a fiscal.

Ao final, o Supremo Tribunal Federal fixou a tese no Tema 225, determinando que *"o art. 6º da Lei Complementar 105/01 não ofende o direito ao sigilo bancário, pois realiza a igualdade em relação aos cidadãos, por meio do princípio da capacidade contributiva, bem como estabelece requisitos objetivos e o translado do dever de sigilo da esfera bancária para a fiscal"*. Importante notar que a decisão do STF reconhece e reafirma o sigilo fiscal nos exatos termos que a Constituição e a legislação garantem ao contribuinte.

Todos esses elementos acima demonstram dois pontos relevantes. Primeiro, que o sigilo fiscal deve ser respeitado, por ser decorrência de garantia constitucional expressa e por estar prevista diretamente no Código Tributário Nacional. Segundo, que a autoridade fiscal possui meios bastante efetivos e diversos para levantar as informações fiscais dos contribuintes. Esse segundo ponto é ainda mais relevante, quando se verifica que todas essas informações são colocadas à disposição do Fisco à revelia da vontade do contribuinte.

Nesse sentido, a relação entre o sigilo fiscal e a persecução criminal representa, em verdade, a vedação ou não de quebra de tal sigilo para fins penais. Como afirma Ruegenberg, a *"verdadeira relação entre o procedimento no direito tributário e o processo penal não retrata o sigilo fiscal em si, mas, sim, a sua supressão"*[31]. A mera existência de irregularidades na escrituração fiscal não adquire relevância para fins penais. Somente quando houver o intuito de fraude ou dolo do contribuinte em alterar a fidelidade dos documentos em relação aos fatos é que poderá surgir relevância penal das informações tributárias prestadas.[32] Mesmo assim, tais irregularidades somente podem ser utilizadas para fins penais nos exatos termos do artigo 198, §3°, inciso I do Código Tributário Nacional. Como consequência, o sigilo fiscal do contribuinte, portanto, protege-o de divulgações de suas informações fiscais em matéria penal, deixando-o submetido somente, *e tão somente*, à representação fiscal para fins penais.

---

[31] RUEGENBERG, Guido. *Das nationale und internationale Steuergeheimnis im Schnittpunkt von Besteuerungs- und Strafverfahren*. Colônia: Otto Schmidt, 2001, p. 18.

[32] KOCH, Oliver. Das *effiziente Finanzstrafverfahren*. Viena, Nova York: Springer, 1997, p. 89 e ss.; FALSITTA, Gaspare. *Per un fisco "civile". Casi, critiche e proposte*. Milano: Giuffrè, 2006. p. 360.

4.3. Não-Voluntariedade da Prestação de Informações

Como visto, o contribuinte é obrigado a prestar informações às autoridades fazendárias. Esse dever é decorrente de suas obrigações acessórias, que nada mais são do que deveres instrumentais em favor da fiscalização e da cobrança dos tributos devidos.

Tais obrigações são derivadas da lei e o contribuinte não pode se negar a prestar tais informações.[33] Com efeito, a negativa de prestação configura uma violação formal, sujeitando o contribuinte às sanções previstas na legislação tributária. Ainda, o simples fato de ter havido descumprimento das obrigações instrumentais faz com que as multas pecuniárias aplicadas assumam a natureza de obrigação principal tributária (art. 113, §3° CTN).

Em matéria tributária, portanto, não existe direito ao silêncio ou a garantia de não produzir prova contra si mesmo.[34] Pelo contrário. A própria concepção de obrigação acessória é a de instrumentalizar deveres informacionais do contribuinte perante a fiscalização.[35] Dessa forma, cria-se uma tensão entre a garantia constitucional de vedação de autoincriminação e a obrigatoriedade de prestação de informações tributárias. Sobre isso, afirma Reiter[36] que:

> (...) o risco de uma violação da garantia absoluta da não autoincriminação do acusado no processo penal foi reconhecida pelo legislador e concretizou isso de forma geral pelo estabelecimento de um direito de negar a prestação de informações (*Auskunftsverweigerungsrecht*). Por meio disso, a obtenção das informações fica suspensa, e a garantia do princípio do 'nemo tenetur se ipsum prodere' é obedecida de forma abrangente.

Com efeito, a garantia de que ninguém será obrigado a produzir prova contra si mesmo tem assento constitucional e legal. O artigo 5° prevê que o preso terá o direito de permanecer calado, sem que isso o prejudique ou

---

[33] BOCK, Wolfgang. *Pazifistische Steuerverweigerung und allgemeine Steuerpflicht*. Heidelberg: FEST, 1992, p. 184.
[34] RUEGENBERG, Guido. *Das nationale und internationale Steuergeheimnis im Schnittpunkt von Besteuerungs- und Strafverfahren*. Colônia: Otto Schmidt, 2001, p. 197.
[35] Veja-se, a esse respeito, a monografia de PAULSEN, Leandro. *Capacidade colaborativa*. Porto Alegre: Livraria do Advogado, 2014, p. 65 e ss.
[36] REITER, Christian. *"Nemo tenetur se ipsum prodere" und Steuererklärungspflicht: Zur Strafbarkeit der wiederholenden Hinterziehung periodischer Veranlagungs- und Fälligkeitssteuern im anhängigen Steuerstrafverfahren*. München: Utz Verlag, 2007, p. 45.

traga qualquer consequência na determinação de sua culpabilidade. Assim a previsão constitucional:

> Art. 5° (...)
> LXIII – o preso será informado de seus direitos, *entre os quais o de permanecer calado*, sendo-lhe assegurada a assistência da família e de advogado.

Da mesma forma, o Código de Processo Penal traz previsão sobre o silêncio do acusado e sobre a inexistência de quaisquer consequências para os acusados que decidam se calar perante o juízo penal. Veja-se:

> Art. 186. Depois de devidamente qualificado e cientificado do inteiro teor da acusação, o acusado será informado pelo juiz, antes de iniciar o interrogatório, do seu direito de permanecer calado e de não responder perguntas que lhe forem formuladas.
> Parágrafo único. O silêncio, que não importará em confissão, não poderá ser interpretado em prejuízo da defesa.

Somada às previsões constitucional e legal, a jurisprudência do Supremo Tribunal Federal, há décadas, reconhece a garantia da vedação de autoincriminação como sendo um direito fundamental. A decisão abaixo transcrita é exemplo do entendimento consolidado do Tribunal[37]. Veja-se:

> O Estado (...) também não pode constrangê-los a produzir provas contra si próprios (*RTJ* 141/512), em face da cláusula que lhes garante, constitucionalmente, a prerrogativa contra a autoincriminação. Aquele que sofre persecução penal instaurada pelo Estado tem, entre outras prerrogativas básicas, *(a) o direito de permanecer em silêncio, (b) o direito de não ser compelido a produzir elementos de incriminação contra si próprio nem de ser constrangido a apresentar provas que lhe comprometam a defesa* e (c) o direito de se recusar a participar, ativa ou passivamente, de procedimentos probatórios que lhe possam afetar a esfera jurídica, tais como a reprodução simulada (reconstituição) do evento delituoso e o fornecimento de padrões gráficos ou de padrões vocais para efeito de perícia criminal (...) A invocação da prerrogativa contra a autoincriminação, além de inteiramente oponível *a qualquer autoridade ou agente do Estado*, não legitima, por efeito de sua natureza eminentemente constitucional, a adoção de medidas que afetem ou que restrinjam a esfera jurídica daquele contra quem se instaurou a *persecutio criminis* nem justifica, por igual

---

[37] STF, HC 99.289, Segunda Turma, Rel. Min. Celso de Mello, publicado em 04.08.11.

motivo, a decretação de sua prisão cautelar. O exercício do direito ao silêncio, que se revela insuscetível de qualquer censura policial e/ou judicial, não pode ser desrespeitado nem desconsiderado pelos órgãos e agentes da persecução penal, porque a prática concreta dessa prerrogativa constitucional – além de não importar em confissão – jamais poderá ser interpretada em prejuízo da defesa.

Á utilização de informações prestadas pelo contribuinte no âmbito tributário não pode levar à violação indireta da regra de que ninguém é obrigado a produzir prova contra si mesmo. Em outros dizeres, como o contribuinte está obrigado a prestar informações às autoridades fiscais, a utilização de tais informações para finalidades diversas da fiscalização tributária faria com que a garantia constitucional e legal fossem indiretamente tornadas sem efeito.[38] Nas palavras de Seer[39]:

> (...) os procedimentos tributários não podem ir de encontro às garantias processuais penais do acusado. Esse ponto tem reflexo direto da seguinte forma: durante o procedimento tributário o contribuinte não pode se negar a prestar todas as informações requisitadas pela autoridade, ou seja, não possui o direito ao silêncio (*Mitwirkungsverweigerungsrecht*). No processo penal, o acusado tem o direito constitucionalmente garantido (art. 2, inc. I, alínea 1 Lei Fundamental), tendo aplicação a proibição de autoincriminação (*nemo tenetur se ipsum accusare* – ninguém pode ser obrigado a ser seu próprio acusador!).

As considerações anteriores apontam para uma conclusão. A não-voluntariedade da prestação de informações por parte do contribuinte deve ser considerada como elemento essencial quando da tentativa de consideração penal de informações tributárias prestadas.

Como consequência da não voluntariedade das informações tributárias entregues por força das obrigações acessórias, somente os elementos fáticos constantes das confissões realizadas nos programas de parcelamento é que adquirem natureza diversa. Com efeito, o contribuinte opta por ingressar nos programas de parcelamento ou de regularização. Essa opção, no entanto, está condicionada à confissão dos elementos fáticos necessários para a determinação da matéria tributável objeto de parcelamento.

Essa distinção é fundamental. As informações prestadas por força de mandamento legal, constituindo obrigação acessória, isto é, dever instrumental

---

[38] SEER, Roman. Kriminalisierung des Steuerbürgers. *Die Steuerberatung*, 2006, p. 8.
[39] SEER, Roman. Kriminalisierung des Steuerbürgers. *Die Steuerberatung*, 2006, p. 9.

em favor da fiscalização e cobrança dos tributos não têm natureza voluntária. As informações prestadas no âmbito de programas de parcelamento ou regularização, ao contrário, têm natureza voluntária, dada a opção do contribuinte por ingressar nos referidos programas. Essa voluntariedade, no entanto, não tem o condão de excluir tais informações da proteção do sigilo fiscal, constitucional e legalmente previsto.

4.4. Eficácia Limitada e Condicionada da Confissão Tributária no Processo Penal

A definição sobre a existência de efeitos penais para confissões operadas no âmbito do direito tributário passa por uma diferenciação fundamental. De um lado, o levantamento das informações com relevância processual penal. De outro lado, a utilização das informações como elementos de prova no processo penal.[40]

No primeiro aspecto, deve-se atentar que o levantamento das informações em matéria tributária é distinto do levantamento para fins de persecução criminal. É certo que a obtenção de informações pessoais constitui uma restrição ao direito fundamental de privacidade e intimidade que exige uma justificação por parte do Estado. Acima de tudo, a obtenção de informações dos contribuintes deve ter relação direta com uma finalidade legítima e constitucionalmente suportada.[41] Havendo razões que fundamentem, tanto o direito tributário quanto o processo penal têm legitimidade para interferir na intimidade do contribuinte/acusado para buscar as informações necessárias. No entanto, uma diferença fundamental entre os dois âmbitos é relevante: no tributário as informações prestadas são um dever legal, que cabe ao contribuinte, sob pena de sofrer sanções administrativas e tributárias ou, ainda, sob pena de não poder ingressar nos programas de parcelamento ou regularização tributária. No direito penal, a obtenção de informações compete única e

---

[40] KOCH, Oliver. *Das effiziente Finanzstrafverfahren*. Viena, Nova York: Springer, 1997, p. 89 e ss.; REITER, Christian. *"Nemo tenetur se ipsum prodere" und Steuererklärungspflicht: Zur Strafbarkeit der wiederholenden Hinterziehung periodischer Veranlagungs- und Fälligkeitssteuern im anhängigen Steuerstrafverfahren*. München: Utz Verlag, 2007, p. 45 e ss.

[41] STARCK, Christian. Bilanzpublizität und Datenschutz. *Deutsches Steuerrecht*, 2008, p. 2037 e ss.; PITSCHAS, Rainer. Informationelle Sicherheit oder "Sicherheitsstaat"?, *Neue Juristische Wochenschrift*, 1989, p. 2354 e ss.; REINEL, Stefan. *Der "nemo tenetur"-Grundsatz als Grenze steuerlicher Informationshilfe in der Europäischen Union. Zugleich ein Beitrag zu Geltung und Umfang von »nemo tenetur« innerhalb der Europäischen Union*. Tübingen: Mohr Siebeck, 2015, p. 41.

exclusivamente ao Estado acusador, sem qualquer participação do acusado. Este somente participará do levantamento dos fatos e do material probatório se assim o desejar expressamente.

A garantia da vedação de autoincriminação traz consigo uma obediência à *passividade*[42] do acusado, atribuindo o ônus ao acusador, sem que haja quaisquer deveres do primeiro para com o segundo. A obtenção dos fatos e das provas, portanto, é dever exclusivo do acusador, resguardando-se ao acusado a sua passividade que não o autoincrimina.[43] O ônus compete ao órgão acusador, que "*não pode se esquivar da incumbência de fazer da instrução criminal a sua estratégia oportunidade de produzir material probatório substancialmente sólido em termos de comprovação da existência de fato típico e ilícito, além da culpabilidade do acusado.*"[44]

O estado como unidade indivisível pode, em tese, transferir informações entre seus órgãos.[45] No entanto, devem ser respeitados dois requisitos essenciais: de um lado, o órgão que transfere as informações deve ter autorização legislativa para possuir tais informações e repassá-las;[46] de outro lado, o órgão que recebe as informações deve ter autorização da lei para buscar tais informações e sua atuação deve ter relação direta com as informações requisitadas.[47] No entanto, quando essa transferência envolver informações fiscais, o sigilo fiscal do contribuinte deverá ser respeitado, estando permitida apenas nos estreitos limites do Código Tributário Nacional.

No segundo aspecto, deve-se atentar para o fato que a utilização das informações prestadas compulsoriamente pelos contribuintes gera um conflito com a garantia constitucional da vedação de autoincriminação.[48] Assim é que, mesmo que ultrapassadas as restrições ao levantamento das informações

---

[42] REITER, Christian. *"Nemo tenetur se ipsum prodere" und Steuererklärungspflicht: Zur Strafbarkeit der wiederholenden Hinterziehung periodischer Veranlagungs- und Fälligkeitssteuern im anhängigen Steuerstrafverfahren*. München: Utz Verlag, 2007, p. 45.

[43] Exemplificativamente, vejam-se as seguintes decisões do Superior Tribunal de Justiça: RHC 57.750/RJ, Sexta Turma, Rel. Min. Sebastiao Reis Júnior, publ. 14/06/2016; RHC 52.067/DF, Quinta Truma, Rel. Min. Jorge Mussi, publ. 03/02/2015; HC 243.034/SP, Rel. Min. Laurita Vaz, publ. 02/09/2014; REsp 1361174/RS, Rel. Min. Marco Aurélio Bellizze, publicado em 10.06.2014.

[44] STF, HC 101.909. Segunda Turma. Rel. Min. Ayres Britto, publicado em 10.06.12.

[45] RUEGENBERG, Guido. *Das nationale und internationale Steuergeheimnis im Schnittpunkt von Besteuerungs- und Strafverfahren*. Colônia: Otto Schmidt, 2001, p. 241.

[46] GALLARDO, Esther Bueno. *La configuración constitucional del derecho a la intimidad*. Madri: Centro de Estudios Políticos y Constitucionales, 2009, p. 767 e ss.

[47] Nesse sentido, RUX, Johannes. *Wie viel muss der Rechtsstaat wissen?* in: HUSTER, Stefan, RUDOLPH, Karsten. *Vom Rechtsstaat zum Präventionsstaat*. Frankfurt a.M.: Suhkamp, 2008, p. 208.

[48] RUEGENBERG, Guido. *Das nationale und internationale Steuergeheimnis im Schnittpunkt von Besteuerungs- und Strafverfahren*. Colônia: Otto Schmidt, 2001, p. 192 e ss.

fiscais que estão sob sigilo, a sua utilização no processo penal depende do consentimento do acusado. Como já decidido pelo Supremo Tribunal Federal, *"aquele que sofre persecução penal instaurada pelo Estado tem, entre outras prerrogativas básicas, (a) o direito de permanecer em silêncio, (b) o direito de não ser compelido a produzir elementos de incriminação contra si próprio nem de ser constrangido a apresentar provas que lhe comprometam a defesa."*[49]

Utilizar como prova contra o acusado as informações, as quais o contribuinte estava obrigado a oferecer, violaria *"o efetivo direito a não se autoincriminar [que] constitui uma das mais eminentes formas de densificação da garantia do processo acusatório e do direito à presunção de não culpabilidade."*[50] Isso porque a sua utilização equivale ao constrangimento de obrigar o acusado a produzir as provas que serão utilizadas para fundamentar a sua condenação. O direito ao silêncio do acusado, no entanto, deve ser obedecido, uma vez que *"corresponde a garantia fundamental intrínseca do direito constitucional de defesa, a mera recusa de manifestação por parte do paciente não pode ser interpretada em seu desfavor."*[51] Exemplo disso é a previsão expressa na Lei n.º 13.254/16, denominada Lei de Repatriação, no artigo 4°, § 12, de que a declaração de regularização não poderá ser usada *"como único indício ou elemento para efeitos de expediente investigatório ou procedimento criminal"*. Essa disposição cristaliza garantia essencial para o bom funcionamento dos programas de repatriação de recursos. À mesma conclusão chega Kuhlen ao afirmar que *"as informações, que o sonegador fez em cumprimento de suas obrigações tributárias, não podem ser, dessa forma, utilizadas para o seu indiciamento e sua condenação pelo crime de sonegação cometido."*[52]

Diante dessa quadro, pode-se concluir que as informações fiscais do contribuinte estão sob sigilo e não podem ser objeto de levantamento sem a obediência dos requisitos e limites legais. Além disso, mesmo que sejam levantadas tais informações de forma legítima, a sua utilização no processo acusatório penal somente será autorizada se houver consentimento expresso do acusado, uma vez que a sua utilização como elemento probatório contra a vontade do acusado equivaleria a negar vigência à previsão constitucional e legal do direito de permanecer calado e de não produzir prova contra si mesmo. Em termos singelos: o levantamento da informações fiscais para fins penais fora das hipóteses legais viola o sigilo fiscal; a sua utilização para fins

---

[49] STF, HC 99.289, Segunda Turma, Rel. Min. Celso de Mello, publicado em 04.08.11.
[50] STF, HC 91.654, Primeira Turma, Rel. Min. Ayres Britto, publicado em 07.11.08.
[51] STF, HC 91.514, Segunda Turma, Rel. Min. Gilmar Mendes, publicado em 10.05.08.
[52] KUHLEN, Lothar. *Grundfragen der strafbaren Steuerhinterziehung*. Heidelberg: C.F. Müller, 2012, p. 162.

penais contra a vontade do contribuinte-acusado viola o seu direito constitucional de permanecer calado.

5. Conclusões

As considerações acima permitem chegar a algumas conclusões. Em primeiro lugar, os contribuintes são obrigados a prestar informações fiscais aos entes administrativos competentes para a fiscalização e cobrança dos tributos. Tal dever é consubstanciado nos deveres instrumentais ou obrigações acessórias, previstas expressamente pela legislação tributária.

Em segundo lugar, os programas de parcelamento trazem previsão expressa sobre a obrigatoriedade de confissão aos contribuintes que desejam aderir e usufruir dos benefícios previstos na legislação instituidora.

Em terceiro lugar, as confissões operadas em programas de parcelamento e regularização devem obedecer a determinados requisitos, sob pena de não serem consideradas válidas e eficazes perante a administração fiscal.

Em quarto lugar, as confissões realizadas nos programas de parcelamento e as informações prestadas pelo contribuinte dizem respeito exclusivamente a fatos. Dessa forma, nas confissões não há qualquer qualificação jurídica e de fatos, tampouco a qualificação de determinados fatos como elementos probatórios ou a sua aceitação como tal.

Em quinto lugar, a confissão no processo penal obedece a requisitos próprios, não tendo semelhanças relevantes com as confissões exigidas nos programas de parcelamento. Em especial, deve-se notar que a confissão na sistemática do processo penal é revogável a qualquer tempo, enquanto as confissões dos programas de parcelamento são, por expressa disposição legal, irrevogáveis e irretratáveis.

Em sexto lugar, as informações prestadas pelo contribuinte estão protegidas pelo manto do sigilo fiscal e não podem ser divulgadas ou repassadas aos demais órgãos administrativos, salvo nos casos expressamente previstos no Código Tributário Nacional. Da mesma forma, que a prestação de informações não é um ato voluntário, mas decorre de obrigações legais, os denominados deveres instrumentais.

Em sétimo lugar, como conclusão, de um lado, o levantamento das informações para fins de persecução criminal sofre severas restrições, uma vez que tais informações fiscais estão protegidas pelo sigilo fiscal. De outro lado, a sua utilização como elementos probatórios do processo penal, diante da sua não-voluntariedade, viola uma garantia constitucional expressa e reconhecida pelo Supremo Tribunal Federal.

Referências

ADAMY, Pedro Augustin. *Renúncia a Direito Fundamental*. São Paulo: Malheiros, 2011.
AMELUNG, Knut. *Die Einwilligung in de Beeinträchtigung eines Grundrechtsgutes*. Berlin: Duncker und Humblot, 1981.
_____. *Irrtum und Täuschung als Grundlage von Willensmängeln bei der Einwilligung des Verletzten*. Berlin: Duncker & Humblot, 1998.
_____. *Über die Einwilligungsfähigkeit (Teil I)*. Zeitschrift für die gesamte Strafrechtswissenschaft, Vol. 104, 1992.
APPEL, Ivo. *Verfassung und Strafe*. Berlin: Duncker und Humblot, 1998.
ÁVILA, Humberto. *Parcelamento e confissão de dívida no Direito Tributário*. in: DE SANTI, Eurico Diniz (org.). Tributação e Desenvolvimento – Homenagem ao Professor Aires Barreto. São Paulo: Quartier Latin, 2011.
BOCK, Wolfgang. *Pazifistische Steuerverweigerung und allgemeine Steuerpflicht*. Heidelberg: FEST, 1992.
BORGES, José Souto Maior. *Obrigação Tributária (uma introdução metodológica)*. 2a ed. São Paulo: Malheiros, 1999.
DEXHEIMER, Vanessa. *Parcelamento tributário*. São Paulo: IBDT, Quartier Latin, 2015.
FALSITTA, Gaspare. *Per un fisco „civile"*. Casi, critiche e proposte. Milano: Giuffrè, 2006.
FERRAZ Jr., Tércio Sampaio. *Obrigação acessória e limites de imposição*. in: TORRES, Heleno (Org.) Teoria Geral da Obrigação Tributária. São Paulo: Malheiros, 2005.
GALLARDO, Esther Bueno. *La configuración constitucional del derecho a la intimidad*. Madri: Centro de Estudios Políticos y Constitucionales, 2009.
GÜNTHER, Katarina. *Vertrauensschutz bei Angaben Dritter im Umsatzsteuerrecht*. Frankfurt a. M.; Peter Lang, 2013.
KUHLEN, Lothar. *Grundfragen der strafbaren Steuerhinterziehung*. Heidelberg: C.F. Müller, 2012.
MELLINGHOFF, Rudolf. *Steuerstrafrecht an der Schnisstelle zum Steuerrecht*. Colônia: Otto Schmidt, 2015.
MERTEN, Detlef. *Der Grundrechtsverzicht*. In: MERTEN, Detlef, PAPIER, Hans-Jürgen. Handbuch der Grundrechte. Vol. III. Heidelberg: C.F. Müller, 2009.
NOGUEIRA, Ruy Barbosa. *Curso de Direito Tributário*. 15ª ed. São Paulo: Saraiva, 1999.
NOVAIS, Jorge Reis. *Renúncia a Direitos Fundamentais*. in: MIRANDA, Jorge (Org.). Perspectivas Constitucionais nos 20 anos da Constituição de 1976. Vol. I, Coimbra: Coimbra editora, 1996.
PAULSEN, Leandro. *Capacidade colaborativa*. Porto Alegre: Livraria do Advogado, 2014.
PITSCHAS, Rainer. *Informationelle Sicherheit oder "Sicherheitsstaat"?*, Neue Juristische Wochenschrift, 1989.
RAWLS, John. *A theory of justice*. Cambridge: Harvard University Press, 1999, p. 303.

REINEL, Stefan. *Der "nemo tenetur" – Grundsatz als Grenze steuerlicher Informationshilfe in der Europäischen Union. Zugleich ein Beitrag zu Geltung und Umfang von »nemo tenetur« innerhalb der Europäischen Union.* Tübingen: Mohr Siebeck, 2015.

REITER, Christian. *"Nemo tenetur se ipsum prodere" und Steuererklärungspflicht: Zur Strafbarkeit der wiederholenden Hinterziehung periodischer Veranlagungs- und Fälligkeitssteuern im anhängigen Steuerstrafverfahren.* München: Utz Verlag, 2007.

ROGOSCH, Patricia Maria. *Die Einwilligung im Datenschutzrecht.* Baden-Baden: Nomos, 2013.

RUEGENBERG, Guido. *Das nationale und internationale Steuergeheimnis im Schnittpunkt von Besteuerungs- und Strafverfahren.* Colônia: Otto Schmidt, 2001.

RUX, Johannes. *Wie viel muss der Rechtsstaat wissen?* in: HUSTER, Stefan, RUDOLPH, Karsten. *Vom Rechtsstaat zum Präventionsstaat.* Frankfurt a.M.: Suhkamp, 2008.

SCHMOLKE, Klaus Ulrich. *Grenzen der Selbstbindung im Privatrecht.* Tübingen: Mohr Siebeck, 2014.

SEER, Roman. *Kriminalisierung des Steuerbürgers. Die Steuerberatung,* 2006.

_____. *Verständigungen in Steuerverfahren.* Colônia: O. Schmidt, 1996.

STARCK, Christian. *Bilanzpublizität und Datenschutz.* Deutsches Steuerrecht, 2008.

STURM, Gerd. *Probleme eines Verzichts auf Grundrechte.* in LEIBHOLZ, Gerhard, *et alli.* (orgs.). *Menschenwürde und freiheitliche Rechtsordnung: Festschrift für Willi Geiger zum 65. Geburtstag.* Tübingen: Mohr Paul Siebeck, 1974.

TIEDEMANN, Klaus. *Verfassungsrecht und Strafrecht.* Heidelberg: C.F. Müller, 1991.

VALDES, Ernesto Garzon. *¿Es eticamente justificable el paternalismo juridico? in idem. Derecho, etica y politica.* Madri: Centro de Estudios Constitucionales, 1993.

Parte III
Dos Crimes Contra Ordem Tributária e o Processo Penal Respectivo

Os Crimes de Sonegação Fiscal
(Arts. 1º e 2º, Lei 8.137/90)

Marcelo Almeida Ruivo

1. Introdução

O direito tributário[1] e o direito penal tributário[2] têm desenvolvido conteúdo ético nas últimas décadas. Os principais crimes tributários do ordenamento jurídico brasileiro são as denominadas sonegação fiscais dos arts. 1º[3] e 2º, da Lei 8.137/90,[4] sobre os quais persistem divergências por quase três décadas.

---

[1] BECKER, Alfredo Augusto, *Teoria Geral do Direito Tributário*, 3.ed. São Paulo: Lejus, 1998, p. 584-585 e 588-589. Sobre a ética fiscal do contribuinte e as atitudes frente ao dever de contribuir, TIPKE, Klaus. *Moral tributária del estado y de los contribuyentes*. Trad. Pedro Herrera de Molina, Madrid: Marcial Pons, 2002, p. 109 e ss. e 111 e ss.

[2] RODRIGUES, Anabela Miranda, "Contributo para uma fundamentação de um discurso punitivo em matéria fiscal" In: *Temas de direito penal econômico*, São Paulo: Revista dos Tribunais, 2000, p. 181-191.

[3] "Art. 1º Constitui crime contra a ordem tributária suprimir ou reduzir tributo, ou contribuição social e qualquer acessório, mediante as seguintes condutas: I – omitir informação, ou prestar declaração falsa às autoridades fazendárias; II – fraudar a fiscalização tributária, inserindo elementos inexatos, ou omitindo operação de qualquer natureza, em documento ou livro exigido pela lei fiscal; III – falsificar ou alterar nota fiscal, fatura, duplicata, nota de venda, ou qualquer outro documento relativo à operação tributável; IV – elaborar, distribuir, fornecer, emitir ou utilizar documento que saiba ou deva saber falso ou inexato; V – negar ou deixar de fornecer, quando obrigatório, nota fiscal ou documento equivalente, relativa a venda de mercadoria ou prestação de serviço, efetivamente realizada, ou fornecê-la em desacordo com a legislação. Pena – reclusão de 2 (dois) a 5 (cinco) anos, e multa. Parágrafo único. A falta de atendimento da exigência da autoridade, no prazo de 10 (dez) dias, que poderá ser convertido em horas em razão da maior ou menor complexidade da matéria ou da dificuldade quanto ao atendimento da exigência, caracteriza a infração prevista no inciso V".

[4] "Art. 2° Constitui crime da mesma natureza: I – fazer declaração falsa ou omitir declaração sobre rendas, bens ou fatos, ou empregar outra fraude, para eximir-se, total ou parcialmente, de pagamento de tributo;

Tratam-se de divergências sobre a teoria do tipo e a teoria do ilícito, com significativas consequências práticas na delimitação do crime e na exigência dos indícios mínimos de materialidade para o ajuizamento da ação penal.

Sonegação fiscal é a denominação tradicionalmente usada desde a Lei 4.729/65, ainda que se saiba não ser apropriada tecnicamente.[5] Em verdade, as ditas sonegações brasileiras são crimes de fraude fiscal que proíbem fenômenos semelhantes ao incriminado nos ordenamentos português, espanhol, italiano e alemão. Em Portugal, tem-se a fraude fiscal e a fraude fiscal qualificada (arts. 103º[6] e 104º,[7] do *Regime Geral de Infracções Tributárias* – REGIT).

II – deixar de recolher, no prazo legal, valor de tributo ou de contribuição social, descontado ou cobrado, na qualidade de sujeito passivo de obrigação e que deveria recolher aos cofres públicos; III – exigir, pagar ou receber, para si ou para o contribuinte beneficiário, qualquer percentagem sobre a parcela dedutível ou deduzida de imposto ou de contribuição como incentivo fiscal; IV – deixar de aplicar, ou aplicar em desacordo com o estatuído, incentivo fiscal ou parcelas de imposto liberadas por órgão ou entidade de desenvolvimento; V – utilizar ou divulgar programa de processamento de dados que permita ao sujeito passivo da obrigação tributária possuir informação contábil diversa daquela que é, por lei, fornecida à Fazenda Pública. Pena – detenção, de 6 (seis) meses a 2 (dois) anos, e multa."

[5] SANTOS, Gérson Pereira dos, *Direito penal econômico*, São Paulo: Editora Saraiva, 1981, p. 219.

[6] "Artigo 103.º Fraude – 1 – Constituem fraude fiscal, punível com pena de prisão até três anos ou multa até 360 dias, as condutas ilegítimas tipificadas no presente artigo que visem a não liquidação, entrega ou pagamento da prestação tributária ou a obtenção indevida de benefícios fiscais, reembolsos ou outras vantagens patrimoniais susceptíveis de causarem diminuição das receitas tributárias. A fraude fiscal pode ter lugar por:
a) Ocultação ou alteração de factos ou valores que devam constar dos livros de contabilidade ou escrituração, ou das declarações apresentadas ou prestadas a fim de que a administração fiscal especificamente fiscalize, determine, avalie ou controle a matéria colectável;
b) Ocultação de factos ou valores não declarados e que devam ser revelados à administração tributária;
c) Celebração de negócio simulado, quer quanto ao valor, quer quanto à natureza, quer por interposição, omissão ou substituição de pessoas. 2 – Os factos previstos nos números anteriores não são puníveis se a vantagem patrimonial ilegítima for inferior a (euro) 15000. 3 – Para efeitos do disposto nos números anteriores, os valores a considerar são os que, nos termos da legislação aplicável, devam constar de cada declaração a apresentar à administração tributária."

[7] "Artigo 104.º – Fraude qualificada – 1 – Os factos previstos no artigo anterior são puníveis com prisão de um a cinco anos para as pessoas singulares e multa de 240 a 1200 dias para as pessoas colectivas quando se verificar a acumulação de mais de uma das seguintes circunstâncias: a) O agente se tiver conluiado com terceiros que estejam sujeitos a obrigações acessórias para efeitos de fiscalização tributária; b) O agente for funcionário público e tiver abusado gravemente das suas funções; c) O agente se tiver socorrido do auxílio do funcionário público com grave abuso das suas funções; d) O agente falsificar ou viciar, ocultar, destruir, inutilizar ou recusar entregar, exibir ou apresentar livros, programas ou ficheiros informáticos e quaisquer outros documentos ou elementos probatórios exigidos pela lei tributária; e) O agente usar os livros ou quaisquer outros elementos referidos no número anterior sabendo-os falsificados ou viciados por terceiro; f) Tiver sido

Na Espanha, encontra-se a defraudação fiscal do art. 305 do CP espanhol, que exige o engano capaz de propiciar benefícios fiscais indevidos.[8] Na Itália, há os crimes de declaração fraudulenta mediante o uso de faturas ou outros documentos de operações inexistentes (art. 2),[9] declaração fraudulenta mediante outros artifícios (art. 3),[10] declaração infiel (art.4),[11] omissão declaração

---

utilizada a interposição de pessoas singulares ou colectivas residentes fora do território português e aí submetidas a um regime fiscal claramente mais favorável; g) O agente se tiver conluiado com terceiros com os quais esteja em situação de relações especiais. 2 – A mesma pena é aplicável quando: a) A fraude tiver lugar mediante a utilização de facturas ou documentos equivalentes por operações inexistentes ou por valores diferentes ou ainda com a intervenção de pessoas ou entidades diversas das da operação subjacente; ou b) A vantagem patrimonial for de valor superior a (euro) 50 000. 3 – Se a vantagem patrimonial for de valor superior a (euro) 200 000, a pena é a de prisão de 2 a 8 anos para as pessoas singulares e a de multa de 480 a 1920 dias para as pessoas colectivas. 4 – Os factos previstos nas alíneas d) e e) do n.º 1 do presente preceito com o fim definido no n.º 1 do artigo 103.º não são puníveis autonomamente, salvo se pena mais grave lhes couber."

[8] BAJO, Miguel; BACIGALUPO, Silvina, *Derecho Penal Econômico*, Madrid: Editorial Centro de Estúdios Ramón Areces, 2001, p. 221-222.

[9] "Art. 2. Dichiarazione fraudulenta mediante uso di fatture o altri documenti per operazioni inesistenti 1. E' punito con la reclusione da un anno e sei mesi a sei anni chiunque, al fine di evadere le imposte sui redditi o sul valore aggiunto, avvalendosi di fatture o altri documenti per operazioni inesistenti, indica in una delle dichiarazioni (...) relative a dette imposte elementi passivi fittizi. 2. Il fatto si considera commesso avvalendosi di fatture o altri documenti per operazioni inesistenti quando tali fatture o documenti sono registrati nelle scritture contabili obbligatorie, o sono detenuti a fine di prova nei confronti dell'amministrazione finanziaria.".

[10] "Art. 3. Dichiarazione fraudulenta mediante altri artifici. 1. Fuori dai casi previsti dall'articolo 2, e' punito con la reclusione da un anno e sei mesi a sei anni chiunque, al fine di evadere le imposte sui redditi o sul valore aggiunto, compiendo operazioni simulate oggettivamente o soggettivamente ovvero avvalendosi di documenti falsi o di altri mezzi fraudolenti idonei ad ostacolare l'accertamento e ad indurre in errore l'amministrazione finanziaria, indica in una delle dichiarazioni relative a dette imposte elementi attivi per un ammontare inferiore a quello effettivo od elementi passivi fittizi o crediti e ritenute fittizi, quando, congiuntamente: a) l'imposta evasa e' superiore, con riferimento a taluna delle singole imposte, a euro trentamila; b) l'ammontare complessivo degli elementi attivi sottratti all'imposizione, anche mediante indicazione di elementi passivi fittizi, e' superiore al cinque per cento dell'ammontare complessivo degli elementi attivi indicati in dichiarazione, o comunque, e' superiore a euro un milione cinquecentomila, ovvero qualora l'ammontare complessivo dei crediti e delle ritenute fittizie in diminuzione dell'imposta, e' superiore al cinque per cento dell'ammontare dell'imposta medesima o comunque a euro trentamila. 2. Il fatto si considera commesso avvalendosi di documenti falsi quando tali documenti sono registrati nelle scritture contabili obbligatorie o sono detenuti a fini di prova nei confronti dell'amministrazione finanziaria. 3. Ai fini dell'applicazione della disposizione del comma 1, non costituiscono mezzi fraudolenti la mera violazione degli obblighi di fatturazione e di annotazione degli elementi attivi nelle scritture contabili o la sola indicazione nelle fatture o nelle annotazioni di elementi attivi inferiori a quelli reali.".

[11] "Art. 4. Dichiarazione infedele 1. Fuori dei casi previsti dagli articoli 2 e 3, e' punito con la reclusione da uno a tre anni chiunque, al fine di evadere le imposte sui redditi o sul valore aggiunto,

(art. 5º)[12] e ocultamento ou destruição de documentos contábeis (10º),[13] do *Decreto legislativo 10 marzo 2000, n. 74*. Na Alemanha, existe o crime de fraude tributária (*Steuerhinterziehung*, § 370),[14] do Código Tributário (*Abgabenordnung*

indica in una delle dichiarazioni annuali relative a dette imposte elementi attivi per un ammontare inferiore a quello effettivo od elementi passivi ((inesistenti)), quando, congiuntamente: a) l'imposta evasa e' superiore, con riferimento a taluna delle singole imposte, a euro ((centocinquantamila)); b) l'ammontare complessivo degli elementi attivi sottratti all'imposizione, anche mediante indicazione di elementi passivi ((inesistenti)), e' superiore al dieci per cento dell'ammontare complessivo degli elementi attivi indicati in dichiarazione, o, comunque, e' superiore a ((euro tre milioni)). (4) ((1-bis. Ai fini dell'applicazione della disposizione del comma 1, non si tiene conto della non corretta classificazione, della valutazione di elementi attivi o passivi oggettivamente esistenti, rispetto ai quali i criteri concretamente applicati sono stati comunque indicati nel bilancio ovvero in altra documentazione rilevante ai fini fiscali, della violazione dei criteri di determinazione dell'esercizio di competenza, della non inerenza, della non deducibilita' di elementi passivi reali. 1-ter. Fuori dei casi di cui al comma 1-bis, non danno luogo a fatti punibili le valutazioni che singolarmente considerate, differiscono in misura inferiore al 10 per cento da quelle corrette. Degli importi compresi in tale percentuale non si tiene conto nella verifica del superamento delle soglie di punibilita' previste dal comma 1, lettere a) e b)."

[12] "Art. 5. Omessa dichiarazione 1. E' punito con la reclusione da un anno e sei mesi a quattro anni chiunque al fine di evadere le imposte sui redditi o sul valore aggiunto, non presenta, essendovi obbligato, una delle dichiarazioni relative a dette imposte, quando l'imposta evasa e' superiore, con riferimento a taluna delle singole imposte ad euro cinquantamila. 1-bis. E' punito con la reclusione da un anno e sei mesi a quattro anni chiunque non presenta, essendovi obbligato, la dichiarazione di sostituto d'imposta, quando l'ammontare delle ritenute non versate e' superiore ad euro cinquantamila. 2. Ai fini della disposizione prevista dai commi 1 e 1-bis non si considera omessa la dichiarazione presentata entro novanta giorni dalla scadenza del termine o non sottoscritta o non redatta su uno stampato conforme al modello prescritto."

[13] "Art. 10 – Occultamento o distruzione di documenti contabili. 1. Salvo che il fatto costituisca piu' grave reato, e' punito con la reclusione da sei mesi a cinque anni chiunque, al fine di evadere le imposte sui redditi o sul valore aggiunto, ovvero di consentire l'evasione a terzi, occulta o distrugge in tutto o in parte le scritture contabili o i documenti di cui e' obbligatoria la conservazione, in modo da non consentire la ricostruzione dei redditi o del volume di affari."

[14] "§ 370 Steuerhinterziehung (1) Mit Freiheitsstrafe bis zu fünf Jahren oder mit Geldstrafe wird bestraft, wer 1. den Finanzbehörden oder anderen Behörden über steuerlich erhebliche Tatsachen unrichtige oder unvollständige Angaben macht, 2. die Finanzbehörden pflichtwidrig über steuerlich erhebliche Tatsachen in Unkenntnis lässt oder 3. pflichtwidrig die Verwendung von Steuerzeichen oder Steuerstemplern unterlässt und dadurch Steuern verkürzt oder für sich oder einen anderen nicht gerechtfertigte Steuervorteile erlangt. (2) Der Versuch ist strafbar. (3) In besonders schweren Fällen ist die Strafe Freiheitsstrafe von sechs Monaten bis zu zehn Jahren. Ein besonders schwerer Fall liegt in der Regel vor, wenn der Täter 1. in großem Ausmaß Steuern verkürzt oder nicht gerechtfertigte Steuervorteile erlangt, 2. seine Befugnisse oder seine Stellung als Amtsträger oder Europäischer Amtsträger (§ 11 Absatz 1 Nummer 2a des Strafgesetzbuchs) missbraucht, 3. die Mithilfe eines Amtsträgers oder Europäischen Amtsträgers (§ 11 Absatz 1 Nummer 2a des Strafgesetzbuchs) ausnutzt, der seine Befugnisse oder seine Stellung missbraucht, 4. unter Verwendung nachgemachter oder verfälschter Belege fortgesetzt

– AO).[15] Mais do que a mera supressão, redução ou o simples não pagamento do tributo, bem como mais do que a não informação da ocorrência de fatos geradores do tributo, está em questão o dano ou perigo de dano à receita tributária, causado pela fraude ou omissão da conduta penalmente devida para o não pagamento total ou parcial do valor devido à título de tributo.

As bases da compreensão dominante estão consagradas na Súmula Vinculante nº 24,[16] mesmo assim se encontram propostas de relativização do conteúdo da Súmula em detrimento da legalidade penal e da segurança jurídica. A resolução analítica das ditas divergências exige a identificação da estrutura objetiva dos ilícitos da sonegação fiscal, diante do conceito constitucional de crime e dos modelos de técnica de tutela do bem jurídico. Isto é, a forma de redação da estrutura objetiva do ilícito no tipo penal. Igualmente, é neces-

---

Steuern verkürzt oder nicht gerechtfertigte Steuervorteile erlangt, 5. als Mitglied einer Bande, die sich zur fortgesetzten Begehung von Taten nach Absatz 1 verbunden hat, Umsatz- oder Verbrauchssteuern verkürzt oder nicht gerechtfertigte Umsatz- oder Verbrauchssteuervorteile erlangt oder 6. eine Drittstaat-Gesellschaft im Sinne des § 138 Absatz 3, auf die er alleine oder zusammen mit nahestehenden Personen im Sinne des § 1 Absatz 2 des Außensteuergesetzes unmittelbar oder mittelbar einen beherrschenden oder bestimmenden Einfluss ausüben kann, zur Verschleierung steuerlich erheblicher Tatsachen nutzt und auf diese Weise fortgesetzt Steuern verkürzt oder nicht gerechtfertigte Steuervorteile erlangt. (4) Steuern sind namentlich dann verkürzt, wenn sie nicht, nicht in voller Höhe oder nicht rechtzeitig festgesetzt werden; dies gilt auch dann, wenn die Steuer vorläufig oder unter Vorbehalt der Nachprüfung festgesetzt wird oder eine Steueranmeldung einer Steuerfestsetzung unter Vorbehalt der Nachprüfung gleichsteht. Steuervorteile sind auch Steuervergütungen; nicht gerechtfertigte Steuervorteile sind erlangt, soweit sie zu Unrecht gewährt oder belassen werden. Die Voraussetzungen der Sätze 1 und 2 sind auch dann erfüllt, wenn die Steuer, auf die sich die Tat bezieht, aus anderen Gründen hätte ermäßigt oder der Steuervorteil aus anderen Gründen hätte beansprucht werden können. (5) Die Tat kann auch hinsichtlich solcher Waren begangen werden, deren Einfuhr, Ausfuhr oder Durchfuhr verboten ist. (6) Die Absätze 1 bis 5 gelten auch dann, wenn sich die Tat auf Einfuhr- oder Ausfuhrabgaben bezieht, die von einem anderen Mitgliedstaat der Europäischen Union verwaltet werden oder die einem Mitgliedstaat der Europäischen Freihandelsassoziation oder einem mit dieser assoziierten Staat zustehen. Das Gleiche gilt, wenn sich die Tat auf Umsatzsteuern oder auf die in Artikel 1 Absatz 1 der Richtlinie 2008/118/EG des Rates vom 16. Dezember 2008 über das allgemeine Verbrauchsteuersystem und zur Aufhebung der Richtlinie 92/12/EWG (ABl. L 9 vom 14.1.2009, S. 12) genannten harmonisierten Verbrauchsteuern bezieht, die von einem anderen Mitgliedstaat der Europäischen Union verwaltet werden. (7) Die Absätze 1 bis 6 gelten unabhängig von dem Recht des Tatortes auch für Taten, die außerhalb des Geltungsbereiches dieses Gesetzes begangen werden."

[15] Especificamente sobre o crime de fraude tributária e o respectivo bem jurídico tutelado, ver TIEDEMANN, Klaus, *Wirtschaftsstrafrecht: Besonderer Teil mit wichtigen R-echtstexten*, 3º ed., München: Vahlen, 2011, p. 76-77.

[16] "Não se tipifica crime material contra a ordem tributária, previsto no art. 1º, incisos I a IV, da Lei nº 8.137/90, antes do lançamento definitivo do tributo".

sário esclarecer o que consta pressuposto na S.V. nº 24, a fim de ampliar a previsibilidade normativa e resguardar a segurança jurídica.

2. O Conceito Constitucional de Crime Como Ofensa ao Bem Jurídico

A Constituição Federal estabelece critérios orientadores do conceito constitucional de crime como ofensa a bens jurídicos. O princípio constitucional da ofensividade (*nullum crimen sine iniuria*) estabelece como requisito material obrigatório que todo tipo penal deve descrever conduta ofensiva ao bem jurídico.[17] A ofensividade é um critério de direito material na Constituição brasileira, utilizado para a classificação da gravidade dos crimes e orientação do tipo de procedimento penal, no sentido de que é competência dos juizados especiais o julgamento de "infrações penais de menor potencial ofensivo, mediante os procedimentos oral e sumaríssimo",[18] conforme determina o art. 98, I, CF.[19] O reconhecimento das importâncias dogmática e político-criminal do

---

[17] Por exemplo, D'AVILA, Fabio Roberto, *Ofensividade em direito penal, escritos sobre a teoria do crime como ofensa a bens jurídicos*, Porto Alegre: Livraria do advogado, 2009, p. 77; RUIVO, *Criminalidade financeira: contribuição à compreensão da gestão fraudulenta*, Porto Alegre: Livraria do Advogado, 2011, p. 72 e ss. e 179. Na Itália, MANES, Vittorio, *Il principio di offensività nel diritto penale, cânone di politica criminale, criterio ermeneutico, parametro di ragionevolezza*, Torino: Giappichelli editore, 2005, p. 242 e ss.; VALENTI, Alessandro, "Principi di materialità e offensività" In: INSOLERA, Gaetano; MAZZACUVA, Nicola; PAVARINI, Massimo; ZANOTTI, Marco, *Introduzione al sistema penale*, 3º ed., Torino: Giappichelli, 2006; FIANDACA, Giovanni; MUSCO, Enzo, *Diritto penale, Parte generale*, 6º ed., Bologna: Zanichelli, 2010, p. 152-153; GROSSO, Carlo Federico; PELISSERO, Marco; PETRINI, Davide; PISA, Paolo, *Manuale di diritto penale: parte generale*, Milano: Giuffrè, 2013, p. 53; PULITANÒ, Domenico, *Diritto penale*, 5º ed., Torino: Giappichelli, 2013, p. 183; MANNA, Adelmo, *Corso di diritto penale, parte generale*, 4º ed., Milano: Cedam, 2017, p. 66; LANZI, Alessio; ALDROVANI, Paolo, *Diritto penale tributário*, 2ºed., Milano: Cedam, 2017. p. 5-7.

[18] "Art. 98. A União, no Distrito Federal e nos Territórios, e os Estados criarão: I – juizados especiais, providos por juízes togados, ou togados e leigos, competentes para a conciliação, o julgamento e a execução de causas cíveis de menor complexidade e infrações penais de menor potencial ofensivo, mediante os procedimentos oral e sumaríssimo, permitidos, nas hipóteses previstas em lei, a transação e o julgamento de recursos por turmas de juízes de primeiro grau".

[19] Assim, RUIVO, *Criminalidade financeira: contribuição à compreensão da gestão fraudulenta*, Porto Alegre: Livraria do Advogado, 2011, p. 72, nota 220; RUIVO, "O início do julgamento da inconstitucionalidade do crime de porte de drogas para uso próprio (art. 28 da Lei 11.343/2006)", *Boletim IBCCRIM*, 2016, v. 281, p. 12. Nesse exato sentido encontra-se o voto do Min. Edson Fachin no julgamento do RE nº 635.659 pelo Supremo Tribunal Federal, bem destacando a expressividade constitucional da ofensividade no art. 98, I, da CF.

princípio da ofensividade tem aumentado na jurisprudência constitucional brasileira[20] e italiana.[21]

A ofensividade é uma característica fenomenológica da conduta desvaliosa, que é reconhecida pelo direito em razão do desvalor da ofensa causado ao bem jurídico tutelado penalmente. Há duas formas de ofensa ao bem jurídico que caracterizam dois resultados jurídicos diversos em grau de desvalor: o dano ao bem jurídico e o perigo de dano ao bem jurídico. O resultado jurídico não é sempre identificado com o resultado natural, o que ajuda a esclarecer a classificação dos crimes em relação ao resultado. O resultado jurídico ofensivo ao bem jurídico é a avaliação jurídico-axiológica de desvalor fundamentadora da incriminação da conduta,[22] quer no direito penal tradicional, quer no direito

---

[20] Ao menos três julgados constitucionais merecem destaque. No ROHC nº 81.057-8 em 2005, sobre o crime de porte ilegal de arma de fogo (art. 14, da Lei 10.826/03), sublinha-se o voto do Min. Cezar Peluso. Entende o Ministro que se o objeto de tutela "fora concebido, aliás, com tamanha vagueza e abstração" que "o bem jurídico seria incapaz de exercer qualquer dessas funções metodológicas, a começar pela mais simples a classificatória", razão pela qual "não basta que o tipo penal esteja disposto à tutela de um bem jurídico fundamental; é preciso mais, é necessário que a conduta seja idônea a lesar ou pôr em perigo o mesmo bem, o que traduz, para empregar termos contemporâneos, na danosidade da conduta" (ROHC nº 81.057-8, Rel. Min. Sepúlveda Pertence, DJ 29.04.2005, Ementário 2189-2). Mais adiante, no HC nº 93.820 sobre o crime de posse irregular de arma de fogo (art. 12, da Lei 10.826/03) em 2012, o Min. Celso de Mello votou no sentido de que "isso significa que tal percepção do tema ora em exame (que reconhece a delituosidade do porte e da posse de arma de fogo sem munição) desconsidera o princípio da ofensividade (*"nullum crimen sine injuria"*), cuja invocação afasta a própria incidência do Direito Penal, por inexistir, em casos como o destes autos, qualquer situação de dano efetivo ou potencial ao bem jurídico que se deseja tutelar" (STF, HC nº 93.820, Rel. Min. Celso de Mello, 2ª T, julgamento 28/02/2012, DJe-155, Publicação 09/08/2013, p. 6-7). No RE nº 635.659 sobre a apreciação da constitucionalidade do crime de posse de drogas para consumo próprio (art. 28, da Lei 11.343) em 2015, o Min. Edson Fachin avançou no reconhecimento da expressividade e fundamento constitucional da ofensividade, apontando que "a doutrina costuma indicar que a sede do princípio da ofensividade como parâmetro de controle de constitucionalidade reside no art. 98, I, da Constituição da República. Embora a referência tópica possa constar desse dispositivo, o conteúdo do princípio decorre, de um lado, da opção constitucional e legal por um Direito Penal orientado por fatos; e, de outro, da impossibilidade de se criminalizar condutas que não atinjam um fundamento constitucionalmente assegurado. Nesse sentido, é correto afirmar que o princípio da ofensividade tem assento constitucional e serve de parâmetro para o controle da atividade do Legislativo" (STF, RE nº 635.659, Min. Edson Fachin, sem publicação oficial, p. 7-8).

[21] Na decisão *Corte Costituzionale, Sentenza 5-8 luglio 2010*, a Corte Constitucional italiana declarou a inconstitucionalidade de causa de agravamento da pena baseado em circunstância estritamente pessoal do autor do fato (Cassazione Penale, 2010, v. 11, p. 3.746).

[22] O juízo de desvalor pode recair sobre uma realidade quer natural, quer axiológica prévia à intervenção penal, de modo que não pode o direito penal proibir e criar desvalor em situação não concebida socialmente.

penal empresarial, bem como seja por meio de crimes de dano, seja por crimes de perigo de dano.

O critério da classificação dos crimes de acordo com o tipo de resultado jurídico – dano ou perigo de dano – tem sido confundido com a existência do resultado natural no direito penal brasileiro. O resultado natural é a transformação mecânica do mundo físico perceptível por meio dos sentidos, o que se denominada de "evento" no direito penal italiano. Assim, há crimes com resultados jurídicos de evento, que tem resultado natural (crimes materiais), e crimes com resultado jurídico sem evento (crimes formais),[23] sem a necessidade de verificação de um resultado natural.

Os crimes materiais, com resultado natural de dano ao objeto de tutela, podem ter o evento constatado por meio de um exame de corpo de delito. Por exemplo, no direito penal tradicional, certifica-se o fim da vida de determinada pessoa como prova do dano ao objeto de tutela no evento morte (homicídio, art. 121, do CP) ou a lesão corporal no evento dano à integridade física (lesão corporal, art. 129, do CP). Na criminalidade empresarial, tem-se o exemplo paradigmático do crime de poluição ao meio ambiente (art. 95, *in fine*, da Lei 9.605/98).

Já os crimes formais não permitem a verificação de um resultado natural no plano físico, *v.g.*, a injúria (art. 140, do CP), posse irregular de arma de fogo (art. 12, da Lei 10.826/03), posse de drogas para consumo próprio (art. 28, da Lei 11.343) e gestão temerária (art. 4º, único, da Lei 7492/86). Mesmo assim, a configuração do crime exige sempre a ocorrência da ofensa ao bem jurídico. Em síntese, todos os crimes dependem para a sua consumação da verificação do resultado de dano ou de perigo de dano ao bem jurídico no plano valorativo, independentemente se o fenômeno descrito prevê ou não um resultado natural.

3. A Diferenciação Entre Elisão, Evasão e o Crime de Fraude Fiscal

O tradicional debate acerca dos critérios de diferenciação entre a (i) elisão, (ii) evasão e (iii) fraude fiscal retoma importância na atualidade brasileira devido aos desafios das autoridades administrativas e judiciárias diante de procedimentos de planejamento tributário. O conceito constitucional de crime como ofensa a bens jurídicos e a teoria do ilícito penal contribuem para

---

[23] A denominação crime formal refere-se à ausência de resultado físico-mecânico (evento natural).

o aclaramento da diferenciação dos três conceitos que possuem diferenças técnicas e axiológicas.

(i) A elisão fiscal significa o resultado da conduta de eludir (*eludere*), evitar ou esquivar[24] legalmente, por meio do conhecimento técnico e habilidade administrativa, a ocorrência de fatos geradores, que tornariam o cidadão sujeito passivo de obrigação tributária ou de obrigação tributária mais onerosa. Trata-se de condutas perfeitamente dentro do espaço de uso regular do direito de liberdade do cidadão,[25] *v.g.* advogados que montam sociedade de advogados para evitar a alíquota mais alta do IR de pessoa física; empresa que adota o regime de tributação menos oneroso entre as alternativas simples, lucro real e lucro presumido, sendo livre de qualquer tipo de sanção jurídica.

(ii) A evasão fiscal é o resultado da conduta de evadir (*evadere*), que significa iludir, sofismar, fugir as ocultas, escapar furtiva ou clandestinamente,[26] enganar com subterfúgios ilícitos as obrigações tributárias. A evasão fiscal segue a noção de escapada clandestina da obrigação legal *v.g.* evasão do condenado da prisão (arts. 113 e 352, do CP) e evasão de divisas (art. 22, da Lei 7.492/86). A evasão é reprovada e evitada por meio de sanção jurídica e, excepcionalmente, quando ofende bem jurídico de natureza penal por meio de pena ou medida de segurança.

(iii) A fraude fiscal é o resultado da conduta penalmente relevante que ofende bens jurídicos tutelados pela lei penal tributária. Não se trata de mera contrariedade ao mandamento da lei tributária, é o dano ou perigo de dano aos valores reconhecidos e protegidos pelo direito penal, razão pela qual são punidas com penas como ocorre nos arts. 1º e 2º, da Lei 8.137/90.

A fraude fiscal pressupõe a violação de lei tributária da evasão fiscal. Ao contrário, nem toda evasão fiscal significa fraude fiscal, porque nem todo ilícito tributário é efetivamente dano ou perigo de dano aos valores tutelados na lei penal tributária.

---

[24] FERREIRA, Aurélio Buarque de Holanda, *Novo Aurélio*, Rio de Janeiro: Nova fronteira, 1999, p. 730; MAISSAT, Georges Ignácio, *Pequeno dicionário de latim*, Porto Alegre: Edigal, 2002, p. 93.
[25] AMBROSSETI, Enrico Mario, MEZZETTI, Enrico; RONCO, Mauro, *Diritto penale dell'impresa*, 4º ed., 2016, p. 466; VILLEGAS, Hector, *Derecho penal tributario*, Cordobra: Lerner, 1965, p. 99-101.
[26] FERREIRA, Aurélio Buarque de Holanda, *Novo Aurélio*, Rio de Janeiro: Nova fronteira, 1999, p. 853.

4. Os Bens Jurídicos dos Arts. 1º e 2º, da Lei 8.137/90

O exato reconhecimento do bem jurídico tutelado na norma penal é pressuposto fundamental para a identificação da técnica de tutela empregada na proibição da conduta. Sem o reconhecimento exato do bem jurídico não há como apontar a modalidade de ofensa e o momento consumativo do crime. A fraude fiscal não apresenta entendimento pacífico sobre o bem jurídico tutelado, o que dificulta a compreensão dos pontos que são diretamente dependentes. Identifica-se, ao menos, quatro hipóteses sobre o bem jurídico tutelado.

4.1. Ordem Tributária

A primeira hipótese afirma que o bem jurídico tutelado seria a suposta "ordem tributária entendida como interesse do Estado na arrecadação dos tributos".[27] A titularidade monista estatal do bem jurídico é ostensiva nessa compreensão, dado que o interesse protegido é do Estado para a "consecução de seus fins"[28] e não da pluralidade dos cidadãos, que compõe a sociedade instituidora e legitimadora do Estado.

Trata-se de entendimento disseminado na doutrina e na jurisprudência, que não costuma ser explicado com maior detalhamento, para além da referência à previsão constitucional da ordem econômico-financeira (art. 170, da CF), razão pela qual não pode ser assumido como consequência inexorável da denominação da Lei 8.137/90. O conceito de ordem tributária é bem mais amplo que o estrito interesse arrecadatório estatal. Ordem é um conjunto organizado de valores, conceitos, princípios e finalidades, de modo que a ordem tributária é o conjunto organizado de princípios, valores, conceitos e finalidades, constitucionais e infraconstitucionais, tributárias. Isto é, "uma organização jurídica, uma disposição dada por normativas de Estado ao mundo econômico".[29]

---

[27] BALTAZAR JÚNIOR, José Paulo, *Crimes federais*. 9º ed. São Paulo: Saraiva, 2014, p. 417. Semelhante, CERNICCHIARO, Luiz Vicente, "Direito penal tributário – observações de aspectos da teoria geral do direito penal", *Revista Brasileira de Ciências Criminais*, São Paulo: Revista dos Tribunais, 1995, n. 11, p. 181.

[28] BALTAZAR JÚNIOR, José Paulo, *Crimes federais*. 9º ed. São Paulo: Saraiva, 2014, p. 417.

[29] RUIVO, *Criminalidade financeira: contribuição à compreensão da gestão fraudulenta*, Porto Alegre: Livraria do Advogado, 2011, p. 99.

A tutela penal de uma ordem jurídica na sua totalidade excede o conceito de bem jurídico-penal como o valor social reconhecido pelo direito penal.[30] Os crimes contra a ordem econômica, os crimes contra o sistema financeiro, os crimes contra o meio ambiente devem proteger valores específicos e melhores determinados que o conjunto dessa ordem na sua integralidade. O problema da proteção de conceitos indeterminados é a incapacitação do bem jurídico para o cumprimento das suas funções dogmáticas,[31] o que se concretiza na desorientação do destinatário da norma penal e na impossibilidade de verificação exata da forma de consumação delitiva.

4.2. Integridade Do Erário Público Ou Da Fazenda Pública

Outra orientação da doutrina acredita que o bem jurídico seria mais específico no sentido de parcela do patrimônio público, indicando o "erário público"[32] ou o "patrimônio da fazenda pública"[33] dos três diferentes entes da federação brasileira como o valor digno de tutela penal. Os entendimentos apresentam o bem com titularidade ora "supra-individual, de cunho institucional",[34] ora individual, segundo o tradicional monismo estatal. A palavra erário advém do vocábulo latino *aerarium*, que significa as reservas do tesouro público originariamente em moedas de bronze e outros metais (*aerarius*).[35] Atualmente indica a soma dos recursos financeiros do Estado advindos de diferentes fontes de renda e arrecadação.

Essa é uma das razões pelas quais não se pode identificar absolutamente o bem jurídico tutelado na sonegação fiscal com a integralidade da fazenda

---

[30] Nesse sentido, sobre a impossibilidade de tutelar a "ordem econômica", RUIVO, *Criminalidade financeira: contribuição à compreensão da gestão fraudulenta*, Porto Alegre: Livraria do Advogado, 2011, p. 98-99.

[31] ESTELLITA, Heloisa, *A tutela penal e as obrigações tributárias na Constituição Federal*, São Paulo: Revista dos Tribunais, 2001, p. 187; RUIVO, *Criminalidade- financeira: contribuição à compreensão da gestão fraudulenta*, Porto Alegre: Livraria do Advogado, 2011, p. 68-69, 98-99. Sobre a importância prática do bem jurídico, RUIVO, Marcelo Almeida, "Os crimes omissivos impróprios como delitos de violação de dever no nacional-socialismo", *Revista Brasileira de Ciências Criminais*, São Paulo: Editora Revista dos Tribunais, 2017, v. 131, p. 242-243.

[32] RIOS, Rodrigo Sánchez, *O crime fiscal*, Porto Alegre: Sergio Fabris, 1998, p. 50. Na jurisprudência, TRF4, AC 1999.71.00.013749-2, Des. Fábio Rosa, 7ª Turma, 11/02/03.

[33] PRADO, Luiz Regis, *Direito penal econômico*, São Paulo: Editora Revista dos Tribunais, 2014, p. 407.

[34] PRADO, Luiz Regis, *Direito penal econômico*, São Paulo: Editora Revista dos Tribunais, 2014, p. 407-408.

[35] MAISSIAT, Georges Ignácio, *Pequeno dicionário de latim*, Porto Alegre: Edigal, 2002, p. 17.

pública. Os tributos não são a exclusiva fonte de custeio do Estado,[36] mesmos ainda o patrimônio estatal restringe-se ao valor arrecado à título de tributos. Há outras formas de custeio como lucros e dividendos de empresas estatais, *royalties* de produtos, aluguéis de imóveis, emissão de títulos, que não podem ser atacados por meio da sonegação fiscal, de modo que é possível que se verifique o aumento do erário público mesmo diante da ocorrência de condutas de sonegação de tributos.

4.3. Arrecadação Tributária

Há a hipótese do bem jurídico ser a "arrecadação tributária", vista com titularidade supra-individual ligada à pessoa humana.[37] A arrecadação tributária é entendida como o "instrumento de formação de receita pública e de consecução e implemento das metas socieconômicas definidas na Constituição através da percepção dos tributos instituídos e cobrados em conformidade com as normas e valores constitucionais".[38] Essa seria proposta capaz de satisfazer o interesse na proteção tanto do aspecto da "parcela do patrimônio público", quanto o aspecto "dinâmico de finalidade extrafiscal".[39]

Trata-se de compreensão visivelmente mais concreta e determinada que as anteriores,[40] todavia ainda não inteiramente adequada ao conceito constitucional de crime como ofensa ao bem jurídico. O bem jurídico tutelado pela norma penal é o valor (bem) reconhecido pelo direito penal como merecedor,

---

[36] ESTELLITA, Heloisa, *A tutela penal e as obrigações tributárias na Constituição Federal*, São Paulo: Revista dos Tribunais, 2001, p. 184 e 186; RUIVO, Marcelo Almeida, "Criminalidade fiscal e colarinho branco: a fuga ao fisco é exclusividade do white-collar?" "In: COSTA, José de Faria; SILVA, Marco Antonio Nascimento da, *Direito Penal, Direito Processual Penal, e Direitos Fundamentais: visão luso-brasileira*. São Paulo: Quartier Latin, 2006, p. 1200.

[37] ESTELLITA, Heloisa, *A tutela penal e as obrigações tributárias na Constituição Federal*, São Paulo: Revista dos Tribunais, 2001, p. 188-190 e 220-221.

[38] ESTELLITA, Heloisa, *A tutela penal e as obrigações tributárias na Constituição Federal*, São Paulo: Revista dos Tribunais, 2001, p. 188.

[39] ESTELLITA, Heloisa, *A tutela penal e as obrigações tributárias na Constituição Federal*, São Paulo: Revista dos Tribunais, 2001, p. 188; RODRIGUES, Savio Guimarães, *Bem jurídico-penal tributário: a legitimidade do sistema punitivo em matéria fiscal*, Porto Alegre: Nuria Fabris, 2013, p. 165 e 167.

[40] Assim, RUIVO, Marcelo Almeida, "Criminalidade fiscal e colarinho branco: a fuga ao fisco é exclusividade do white-collar?" "In: COSTA, José de Faria; SILVA, Marco Antonio Nascimento da, *Direito Penal, Direito Processual Penal, e Direitos Fundamentais: visão luso-brasileira*. São Paulo: Quartier Latin, 2006, p. 1201.

carente e digno de tutela e não um interesse ou uma função prévia ou criada pelo direito.[41]

A arrecadação tributária é um instrumento, um procedimento por meio do qual a administração realiza o processo de arrecadar os tributos e obter receita tributária. Uma função somente é valiosa em razão da relação nuclear ou finalística que mantém com um valor social, quer seja mobilizada para desenvolver, quer para proteger o valor. Uma função desvaliosa ou axiologicamente indiferente nem mesmo alcança merecimento de penal para ser avaliada pelos critérios de carência e dignidade de pena. O valor da função está no seu núcleo ou na sua finalidade, razão pela qual a tutela de uma função significa o alargamento do âmbito de tutela do ilícito para âmbitos maiores que o limite do valor penalmente reconhecido. A fraude fiscal não é criminalizada por atacar as regras e os procedimento de arrecadação tributária, mas por lesar o valor social que as normas tributárias pretendem proteger.

Em termos práticos, a tutela de uma função acarreta a ampliação e o menor controle da intervenção penal em relação à tutela de valores, razão pela qual é necessário seguir na investigação do valor que confere conteúdo positivo à arrecadação.

4.4. Receita Tributária e a Verdade Informacional

Os crimes de sonegação fiscal brasileiros – pertencentes ao gênero da fraude tributária – têm as suas razões de existir na ofensa a dois bens jurídicos de titularidade supra-individual, nomeadamente a receita tributária[42] e a verdade informacional.[43] O tipo penal do art.1º, da Lei 8.137/90 resulta da proteção

---

[41] Sobre o conceito de bem jurídico e sua diferença da tutela de função, RUIVO, Marcelo Almeida, "O bem jurídico do crime de corrupção passiva no setor público", *Revista Portuguesa de Ciência Criminal*, Coimbra: IDPEE, 2015, v.25, p. 264-265; RUIVO, Marcelo Almeida, "Tutela penal do patrimônio administrado por terceiro no sistema financeiro (um breve comparativo da infidelidade alemã, portuguesa e italiana com a gestão fraudulenta brasileira)", *Revista Brasileira de Ciências Criminais*, São Paulo: Editora Revista dos Tribunais, 2017, v. 127, p. 113-114.

[42] Em Portugal, sobre o bem jurídico receita tributária, SOUSA, Susanna Aires de, *Os crimes fiscais: análise dogmática e reflexão sobre a legitimidade do discurso criminalizador*, Coimbra: Coimbra Ed., 2006, p. 288 e ss. e, em particular, p. 299 e ss.

[43] Em Portugal, sobre a verdade nos crimes fiscais, DIAS, Jorge de Figueiredo; ANDRADE, Manuel da Costa, "O Crime de Fraude Fiscal no novo Direito Penal Tributário português (considerações sobre a factualidade típica e o concurso de infrações)", *Revista Brasileira de Ciências Criminais*, São Paulo: Revista dos Tribunais, 1996, n. 13, p. 62: ANDRADE, Manuel da Costa, "A Fraude Fiscal – Dez anos depois, ainda um 'crime de resultado cortado'?", *Direito Penal Econômico e Europeu: Textos Doutrinários*, Coimbra: Coimbra Editora, 2009, v. 3. p. 270-271. Na Itália, sobre o interesse

conjunta desses dois valores que devem ser ofendidos, por condutas descritas nas elementares típicas, para que haja a fraude fiscal. Conforme reconheceu o STF, a sonegação fiscal não é apenas o inadimplemento ou o dano à receita tributária no sentido da proibição penal do "não pagamento de tributos",[44] mas, sim, a fraude com o fim de redução da receita tributária.[45] Igualmente a sonegação fiscal não é apenas a fraude que lesa a verdade informacional das declarações prestadas pelo contribuinte. Isoladamente as condutas de pagar menos tributo que o devido e a de omitir declaração ou de prestar declaração falsa podem constituir ilícitos administrativos ou mesmo penais diversos da sonegação fiscal do art. 1º, da Lei 8.137/90.

O *caput* do art. 1º, da Lei 8.137/90 tutela a receita tributária arrecadada pela administração pública, que pertence aos cidadão da sociedade que institui, organiza, controla e mobiliza o Estado. A receita tributária é o valor econômico pressuposto para que o ente estatal possa realizar uma série de demandas da população.[46]

A incriminação do art. 1º busca proteger também a verdade informacional lesada pela fraude. A razão de ser da fraude é fazer que o falso aparente ser verdadeiro, diante do dever do contribuinte de manifestar a verdade sobre as operações tributáveis. A verdade informacional é o valor nuclear do dever de prestação de informações imposto ao contribuinte pelo Estado, que recebe tutela penal específica pelos crimes de falsificação de documento particular (art. 297, do CP),[47] falsificação de documento público (art. 298, do CP)[48]

---

na "transparência fiscal", DI AMATO, Astolfo, *Diritto penale dell'impresa*, 7ª ed., Milano: Giuffrè, 2011, p. 504.

[44] ARE 999425 RG, Rel. Min. Ricardo Lewandowski, Julg. 02/03/2017, Processo eletrônico, repercussão geral, DJe. 050, Divulg 15/03/2017, Pub 16/03/2017, p. 7-8; Antes, STF, HC nº 81.611/DF, Min. Sepúlveda Pertence, 10/12/2003, D.J. 13/05/2005, Ementário nº 2191-1, p. 75.

[45] Já assim na Lei 4.729/65, FRAGOSO, Heleno Cláudio, "O novo direito penal tributário e econômico", *Revista Brasileira de Criminologia e Direito Penal*, 1966, n. 12, p. 68. Em relação a lei atual, RODRIGUES, Savio Guimarães, *Bem jurídico-penal tributário: a legitimidade do sistema punitivo em matéria fiscal*, Porto Alegre: Nuria Fabris, 2013, p. 167.

[46] PIMENTEL, Manoel Pedro, "Introdução ao estudo do direito penal tributário", *Ciência penal*, São Paulo: José Bushatsky editor, 1974, p. 40; NABAIS, José Casalta, "O princípio da legalidade fiscal e os actuais desafios da tributação", *Boletim da faculdade de direito*. Coimbra: Gráfica Coimbra, 2003, p. 1060 e 1063; KIRCHHOF, Paul, *Tributação no Estado Constitucional*, trad. Pedro Adamy, São Paulo Quartier Latin, 2016, p. 17.

[47] "Art. 297 – Falsificar, no todo ou em parte, documento público, ou alterar documento público verdadeiro: Pena – reclusão, de dois a seis anos, e multa.".

[48] "Art. 298 – Falsificar, no todo ou em parte, documento particular ou alterar documento particular verdadeiro: Pena – reclusão, de um a cinco anos, e multa."

e falsidade ideológica (art. 299, do CP).[49] Veja-se que os valores mínimos e máximos de penas desses crimes são semelhantes à moldura penal do art. 1º, da Lei 8.137/90. A verdade informacional somente carece nova tutela penal em tipo autônomo aos crimes de falsidade do Código Penal quando associada à proteção contra a lesão ou perigo de lesão à receita tributária, como ocorre respectivamente nos crimes tributários dos arts.1º e 2º, da Lei 8.137/90.

O crime do art. 2º, da Lei 8.137/90 tutela igualmente a receita tributária e verdade informacional, por meio das condutas descritas nos incisos I ao IV que criam o perigo de dano a receita tributária.[50] Assim se identifica na (I) declaração falsa para eximir pagamento de tributo, (II) desconto e cobrança de tributo, na qualidade de sujeito passivo da obrigação, não declarado e não recolhido aos cofres públicos, (III) pagamento ou recebimento de porcentagem sobre parcela dedutível ou deduzida como incentivo fiscal, (IV) não aplicação ou aplicação em desacordo incentivo fiscal ou parcelas de imposto liberadas por órgão ou entidade de desenvolvimento e (V) utilização ou divulgação de programa de processamento de dados que possibilite contabilidade paralela que coloque em perigo a arrecadação tributária e a verdade informacional prestada pelo contribuinte.

À primeira vista, a apropriação indébita tributária inciso II e a concussão ou extorsão tributária do inciso III nem sempre teriam relação manifesta com a lesão à verdade informacional. Em verdade, as duas condutas são igualmente comportamentos fraudulentos à verdade informacional por meio da (II) apropriação de receita tributária em engano do contribuinte de quem foi descontado e cobrado o tributo e da (III) exigência, pagamento e recebimento de

---

[49] "Art. 299 – Omitir, em documento público ou particular, declaração que dele devia constar, ou nele inserir ou fazer inserir declaração falsa ou diversa da que devia ser escrita, com o fim de prejudicar direito, criar obrigação ou alterar a verdade sobre fato juridicamente relevante: Pena – reclusão, de um a cinco anos, e multa, se o documento é público, e reclusão de um a três anos, e multa, se o documento é particular".

[50] "Art. 2° Constitui crime da mesma natureza: I – fazer declaração falsa ou omitir declaração sobre rendas, bens ou fatos, ou empregar outra fraude, para eximir-se, total ou parcialmente, de pagamento de tributo; II – deixar de recolher, no prazo legal, valor de tributo ou de contribuição social, descontado ou cobrado, na qualidade de sujeito passivo de obrigação e que deveria recolher aos cofres públicos; III – exigir, pagar ou receber, para si ou para o contribuinte beneficiário, qualquer percentagem sobre a parcela dedutível ou deduzida de imposto ou de contribuição como incentivo fiscal; IV – deixar de aplicar, ou aplicar em desacordo com o estatuído, incentivo fiscal ou parcelas de imposto liberadas por órgão ou entidade de desenvolvimento; V – utilizar ou divulgar programa de processamento de dados que permita ao sujeito passivo da obrigação tributária possuir informação contábil diversa daquela que é, por lei, fornecida à Fazenda Pública. Pena – detenção, de 6 (seis) meses a 2 (dois) anos, e multa".

benefício em desacordo com o procedimento fiscalizatório e arrecadatório da operação tributária. Assim, o inciso II somente tem relevância penal quando a omissão de recolhimento no prazo legal do tributo descontado ou cobrado, que coloca em perigo a receita tributária, lesar, simultaneamente, a verdade informacional. Caso contrário, a declaração do tributo cobrado ou descontado sem o recolhimento no prazo legal caracteriza-se ilicitude fiscal pela natureza meramente administrativo-tributária (ausência de fraude).

O reconhecimento do merecimento de tutela penal da verdade informacional nas hipóteses de perigo de lesão à receita tributária tem levado ordenamentos europeus contemporâneos a estabelecerem patamares de dano mínimo à receita tributária, para que a sonegação fiscal supere a ilicitude administrativo-tributária e caracterize ilícito penal.

5. O Tipo Objetvo do Crime de Dano do Art. 1º, da Lei 8.137/90

A lei penal tributária utiliza a expressão "suprimir ou reduzir tributo" no art. 1º, *caput*, para designar a conduta do sonegador fiscal causadora dos danos à receita tributária e à verdade informacional. A perplexidade técnica consiste no fato de que os tributos são sabidamente meios arrecadatórios e não os valores arrecadados em si, portanto somente podem ser reduzidos mediante legislação. A supressão de tributo ocorre exclusivamente por lei, ainda que o efeito prático da redução da alíquota do tributo à zero seja semelhante, em termos econômicos, à inexistência de tributo devido para a operação específica. Em verdade, a expressão da lei penal tributária pretende indicar a redução e a supressão da receita obtida com o tributo e não o tributo em si mesmo, que é apenas o meio de obtenção da receita tributária.

O art. 1º, da Lei 8.137/90 é um crime material de dano[51] configurado com a comprovação da lesão na redução da receita tributária (art. 1º, caput, da Lei 8.1307/90) e da lesão à verdade informacional (incisos do art. 1º, da Lei 8.137/90). A consumação do crime ocorre com o dano ao bem jurídico tutelado,[52] ou seja

---

[51] RUIVO, Marcelo Almeida, "Criminalidade fiscal e colarinho branco: a fuga ao fisco é exclusividade do white-collar?" "In: COSTA, José de Faria; SILVA, Marco Antonio Nascimento da, *Direito Penal, Direito Processual Penal, e Direitos Fundamentais: visão luso-brasileira*. São Paulo: Quartier Latin, 2006, p. 1201.
[52] PRADO, Luiz Regis, *Direito penal econômico*, São Paulo: Editora Revista dos Tribunais, 2014, p. 424: BALTAZAR JÚNIOR, José Paulo, *Crimes federais*. 9º ed. São Paulo: Saraiva, 2014, p. 431. Na jurisprudência, STF, HC nº 75.945/DF, Min. Pertence, 1ª T, Dj. 13/02/98.

a redução total ou parcial da receita tributária. A redução total é o que a lei denominou como sendo a expressão equivocada "supressão de tributo".

6. O Tipo Objetivo do Crime de Perigo de Dano do Art. 2º, da Lei 8.137/90

Conforme visto, o crime de fraude fiscal do art. 1º é um crime de dano que se consuma com a lesão aos bens jurídicos receita tributária e verdade informacional. O *caput* do art. 2º remete expressamente ao art.1º, por meio da locução "constitui crime da mesma natureza". Isto é, a natureza dos crimes do art. 2º, da Lei 8.137/90 é de fraude fiscal, razão pela qual tutelam os mesmos bens jurídicos, segundo a espécie tipológica clássica da sonegação fiscal. Os crimes do art. 2º da Lei 8.137/90 são crimes de dano ou de perigo de dano ao bem verdade informacional e de perigo de dano ao bem receita tributária, razão pela qual as penas mínima e máxima são consideravelmente menores que as do art. 1º, configurado sempre com o dano.

Cada um dos incisos refere-se a um tipo de conduta, desde a (I) "declaração falsa", (III) a exigência de "qualquer percentagem sobre a parcela dedutível ou deduzida de imposto", (IV) omissão de aplicação ou "aplicação em desacordo" "incentivo fiscal ou parcelas de imposto liberadas" até (V) a utilização ou divulgação de "programa de processamento de dados" que permita manter contabilidade paralela à fornecida à Fazenda Pública. São sempre condutas de fraude ou perigo inequívoco de fraude. Na imensa maioria das condutas dos incisos, exige-se o dano à verdade informacional da declaração ou do registro da operação tributária. Exceção seja feita ao crime de divulgação do programa de processamento de dados para a contabilidade paralela (art. 2º, V), que requer apenas a prova da ocorrência do perigo ao bem jurídico verdade informacional.

Especificamente, o art. 2º, II "deixar de recolher, no prazo legal, valor de tributo ou de contribuição social, descontado ou cobrado, na qualidade de sujeito passivo de obrigação e que deveria recolher aos cofres públicos" coloca problemas de desconformidade científica penal e constitucional. Há, sinteticamente, ao menos três razões nesse sentido:

(a) a lei é clara na afirmação de que os crimes dos arts. 1º e 2º possuem a mesma natureza jurídica, ou seja, trata-se de fraudes fiscais que atacam os mesmos bens jurídicos tutelados: receita tributária e verdade informacional. A diferenciação legal está no grau de ofensa aos bens jurídicos exigido para a configuração dos crime: dano no art.1º e perigo de dano no art. 2º, da Lei 8.137/90;

(b) o simples não recolhimento do tributo não configura os crimes de fraude fiscal na tradição das legislações internacionais, sob pena de violação do princípio constitucional da ofensividade (art. 98, I, CF). No Brasil, por exemplo, é preciso ao menos fraudar a verdade informacional (dano), criando o perigo de reduzir ou suprimir receita tributária (perigo de dano) para a tipicidade da conduta. A sonegação ou a fraude fiscal não são sinônimos da mera falta de recolhimento, inadimplemento tributário ou descumprimento dos deveres fiscais, sem uso de engano ou fraude;[53]

(c) a mera falta de recolhimento da obrigação tributária declarada não é fraude fiscal que lesa a verdade informacional. Ao contrário, existe o perfeito cumprimento da obrigação de declaração do tributo e o reconhecimento do valor devido pelo contribuinte. Resta insatisfeita a obrigação administrativo-tributária de recolhimento do valor do tributo declarado;

(d) o entendimento de que o não recolhimento do tributo ou contribuição social, descontado ou cobrado dentro do prazo legal, pode ser crime transforma o direito penal em instrumento de cobrança de tributos por meio da ameaça de pena, em violação aos princípios da subsidiariedade e fragmentaridade penal (*ultima ratio legis*) dos arts. 1º, III,[54] e 5º, LXVI,[55] da CF). O direito penal é o ordenamento de tutela de valores socialmente relevantes e não pode criar exceção na ordem tributária.

---

[53] Igualmente na Espanha, BAJO, Miguel; BACIGALUPO, Silvina, *Derecho Penal Econômico*, Madrid: Editorial Centro de Estúdios Ramón Areces, 2001, p. 222.

[54] "Art. 1º A República Federativa do Brasil, formada pela união indissolúvel dos Estados e Municípios e do Distrito Federal, constitui-se em Estado Democrático de Direito e tem como fundamentos: III – a dignidade da pessoa humana".

[55] "Art. 5º Todos são iguais perante a lei, sem distinção de qualquer natureza, garantindo-se aos brasileiros e aos estrangeiros residentes no País a inviolabilidade do direito à vida, à liberdade, à igualdade, à segurança e à propriedade, nos termos seguintes: LXVI – ninguém será levado à prisão ou nela mantido, quando a lei admitir a liberdade provisória, com ou sem fiança;"

7. A Lesão Penalmente Insignificante

O juízo de insignificância da ofensividade da conduta acompanha o direito penal em diversas áreas.[56] A técnica de tutela do crime material de dano torna a identificação dos casos de ofensa insignificante ao bem jurídico tutelado mais clara do que diante da técnica de tutela de crimes de perigo de dano. Mesmo assim os critérios de avaliação da conduta ofensivamente insignificante ou dos delitos de bagatela, como denominado na Alemanha, ainda são cientificamente discutíveis.

A concretização dos patamares quantitativos de indicação do âmbito de irrelevância penal da ofensa ao bem jurídico encontra-se positivada na fraude fiscal portuguesa (art. 103, nº 3, do REGIT) não sendo punível as condutas, quando a "vantagem patrimonial ilegítima for inferior a (euro) 15000". Semelhante ocorre na declaração fraudulenta mediante outras fraudes italiana (art. 3º, comma 1 e 3, *Decreto legislativo 10 marzo 2000, n. 74*), na qual a fraude só se torna punível quando *"e' superiore al cinque per cento dell'ammontare dell'imposta medesima o comunque a euro trentamila"*.

No Brasil, tem-se utilizado como referencial quantitativo o valor mínimo para o ajuizamento da execução fiscal seguindo pela fazenda.[57] O STJ pacificou entendimento de que valores devidos a título de tributo menores de R$ 10.000,00 são considerados insignificantes,[58] dado que os débitos inscritos em dívida ativa menores que este patamar não são executáveis por força do princípio da economia processual, conforme o art. 20, da Lei 10.522/02.[59] Os valores relativos à multa e juros, decorrentes da punição administrativa, não podem ser considerados como integrantes do dano à receita tributária, pois são posteriores à consumação do delitiva da fraude fiscal ocorrida na

---

[56] JESCHECK, Hans-Heinrich; WEIGEND, Thomas, *Lehrbuch des Strafrechts, Allgemeiner Teil*, 5º ed., Berlin: Duncker & Humblot, 1996, p. 58, n.2; WESSELS, Johannes; BEULKE, Werner, *Strafrecht, Allgemeiner Teil, Die Straftat und ihr Aufbau*, 39º ed., Heidelberg: C.F. Müller, 2009, p. 121, nm. 343; STOCO, Rui, "Princípio da insignificância nos crimes contra a ordem tributária", *Escritos em homenagem a Alberto Silva Franco*, São Paulo: Revista dos Tribunais, 2003, p. 382.
[57] STOCO, Rui, "Princípio da insignificância nos crimes contra a ordem tributária", *Escritos em homenagem a alberto silva franco*, São Paulo: Revista dos Tribunais, 2003, p. 384.
[58] STJ, Resp nº 1306425, Min. Maria Thereza de Assis Moura, 6º T, Julg.10/06/2014, DJe 01/07/2014.
[59] "Art. 20. Serão arquivados, sem baixa na distribuição, mediante requerimento do Procurador da Fazenda Nacional, os autos das execuções fiscais de débitos inscritos como Dívida Ativa da União pela Procuradoria-Geral da Fazenda Nacional ou por ela cobrados, de valor consolidado igual ou inferior a R$ 10.000,00 (dez mil reais)".

verificação administrativa da constituição definitiva do crédito tributário.[60] É somente por ação punitiva da autoridade administrativa tributária que o valor da receita tributária devida, presente na constituição definitiva do crédito tributário, vem a contar com a "inclusão de juros e multa por ocasião da inscrição desse crédito na dívida ativa".[61]

Posteriormente, a terceira secção do STJ ampliou o patamar mínimo indicativo da relevância penal da lesão à receita tributária nos tributos federais para valores acima de R$ 20.000,00, em consonância com o art. 20, da Lei 10.522/02 e as atualizações de valores introduzidas pelas Portarias n. 75 e 130 do Ministério da Fazenda.[62]

8. O Tipo Subjetivo

Há alguma divergência na doutrina e na jurisprudência acerca dos elementos do tipo subjetivo da sonegação fiscal do art. 1º, da Lei 8137/90.[63] A estruturação dos elementos subjetivos do tipo prevê um crime doloso de intenção, no sentido de que a além do elemento subjetivo geral dolo que cobre todo o tipo penal objetivo, há um elemento subjetivo especial identificado no especial fim de "reduzir ou suprimir tributo" descrito no *caput*.[64] A afirmação da existência do crime depende da verificação que o autor tinha conhecimento e vontade de realizar algumas das hipóteses fraudulentas descritas nos incisos com a específica intenção de "suprimir ou reduzir tributo". Isto é, não é suficiente nem o dolo de realização de algumas das fraudes, nem apenas a intenção de redução ou supressão de tributo, sem as condutas fraudulentas.

---

[60] STJ, Resp nº 1.306.425, Min. Maria Thereza de Assis Moura, 6ª T, Julg.10/06/2014, DJe 01/07/2014, p. 5.

[61] STJ, Resp nº 1.306.425, Min. Maria Thereza de Assis Moura, 6ª T, Julg.10/06/2014, DJe 01/07/2014, p. 5.

[62] STJ, 3ª Seção, Tema 157: Incide o princípio da insignificância aos crimes tributários federais e de descaminho quando o débito tributário verificado não ultrapassar o limite de R$ 20 mil a teor do disposto no artigo 20 da Lei 10.522/2002, com as atualizações efetivadas pelas Portarias 75 e 130, ambas do Ministério da Fazenda". Nesse sentido, STJ, Resp n.º 1.154.5, Rel. Min. Jorge Mussi, 5º T, Julg. 03/02/2011; STJ, REsp 1.688.878/SP, Rel. Min. Sebastião Reis Júnior, 3ª Secção, Julg 28/02/2018, DJe 04/04/2018.

[63] Sobre a divergência ver BALTAZAR JÚNIOR, José Paulo, *Crimes federais*. 9º ed. São Paulo: Saraiva, 2014, p. 430.

[64] BALTAZAR JÚNIOR, José Paulo, *Crimes federais*. 9º ed. São Paulo: Saraiva, 2014, p. 430.

9. Consequências Processuais e a Súmula Vinculante Nº 24

A relação entre o direito penal material e o direito processual penal é de uma complementaridade pouco estudada. As exigências específicas sobre o grau de evidência para a instauração do inquérito policial, o recebimento da ação penal e a condenação criminal dependem sobretudo de critérios materiais da técnica de tutela do bem jurídico. Os crimes de dano demandam a prova da lesão ou dano ao bem jurídico, sendo insuficiente a comprovação do perigo de dano, razão pela qual a condenação por homicídio exige a prova da morte e não apenas o perigo de morte caracterizado pela eventual lesão corporal.

A jurisprudência constitucional já se manifestou especificamente sobre a sonegação fiscal, todavia a permanência de divergência na fundamentação ainda permite que reste espaço de incerteza. No HC nº 81.611/DF, foi decidido que a justa causa para a ação penal do "crime material contra a ordem tributária (art. 1º, da Lei 8.137/90)" depende do "lançamento do tributo pendente de decisão definitiva do processo administrativo", sendo "suspenso, porém, o curso da prescrição enquanto obstada".[65] Ficou indefinido se o lançamento definitivo do tributo pendente da conclusão do processo administrativo fiscal diria respeito à elementar típica ou à condição objetiva de punibilidade.

A aferição da efetiva existência do tributo devido é necessária para a avaliação de eventuais indícios de materialidade criminal nos crimes tributários. Sem a existência de tributo devido, não há como haver dano à arrecadação tributária, por absoluta impropriedade do objeto de tutela (art. 17, do CP). Por exemplo, alguém que faz fraude em livro tributário, imaginando que deveria pagar tributo que não incide na operação não comete qualquer crime tributário pela inexistência do valor receita tributária. O lançamento definitivo do tributo significa para os crimes tributários a prova análoga ao exame necrológico para verificar se a vítima estava viva no momento da conduta do autor. Já as condições objetivas de punibilidade devem estar previstas expressamente em lei, como é o caso das legislações europeias referidas que apontam textualmente hipótese em que não se pune.

As razões dessa decisão – seja elementar típica, seja condição objetiva de punibilidade – são exigências materiais do tipo penal, legalidade material penal, e não meras questões processuais passíveis de serem ultrapassadas ou excepcionadas. O crime objeto de análise é um crime material de dano ao

---

[65] STF, HC nº 81.611/DF, Min. Sepúlveda Pertence, 10/12/2003, D.J. 13/05/2005, Ementário nº 2191-1.

bem jurídico. Se há meramente um ato administrativo com a precariedade do auto de infração administrativo, não há indícios suficientes de materialidade para o oferecimento da ação penal.

É isso que está pressuposto na S.V. nº 24 quando afirma corretamente que "não se tipifica crime material contra a ordem tributária, previsto no art. 1º, incisos I a IV, da Lei nº 8.137/90, antes do lançamento definitivo do tributo". Antes dos princípios processuais da dependência das instâncias e da economia processual, trata-se de uma exigência da técnica de tutela do bem jurídico da sonegação fiscal. Sem lançamento definitivo não indícios da ocorrência de eventual crime.

10. Conclusão

Os crimes contra a ordem tributária dos arts. 1º e 2º da Lei 8137/90 são crimes de fraude fiscal. O art. 1º, da Lei 8.137/90 é um crime material de dano que tutela dois bens jurídicos, nomeadamente a receita tributária e a verdade informacional. O delito é descrito por meio de duas condutas elementares do tipo penal, sendo uma a sonegação do valor devido no *caput* e outra a fraude à fiscalização nos incisos.

Por ser um crime material é necessário verificar a ocorrência do dano mediante o lançamento definitivo do tributo devido, ou seja a mera lavratura do auto de infração tributária não é indício da materialidade criminal, suficiente para o oferecimento da ação penal. Isso decorre da natureza precária do auto de infração que poderá ser corrigido, modificado ou anulado tanto no processo administrativo fiscal, quanto no controle jurisdicional dos atos administrativos.

Além disso, o autor do crime deve manifestar o conhecimento e a vontade de realizar a fraude com a especial finalidade de reduzir o valor a ser pago a título de tributo, lesando a arrecadação tributária. A denúncia deve descrever o especial fim de redução das receitas tributárias na forma do *caput* e o dolo de realização das condutas fraudulentas elencadas nos incisos.

O crime do art. 2º, da Lei 8.137/90 é um delito de perigo de dano à receita tributária, por decorrência das condutas danosas ou perigosas à verdade informacional descritas nos incisos. As penas mínimas e máximas são mais baixas que as previstas para o crime de dano do art. 1º justamente em razão da ofensa menos grave ao bem jurídico receita tributária. A noção de fraude à verdade informacional constituinte dos crimes de fraude fiscal da Lei 8.137/90 é constante nos art. 1º e 2º. A diferença entre eles está no grau de ofensa aos bens jurídicos tutelados exigidos pela redação típica para a consumação delitiva. A conduta de não pagamento de tributo regularmente declarado não pode caracterizar os crimes do art. 2º, da Lei 8.137/90.

Referências Bibliográficas

AMBROSSETI, Enrico Mario, MEZZETTI, Enrico; RONCO, Mauro, *Diritto penale dell'impresa*, 4º ed., 2016.

ANDRADE, Manuel da Costa, "A fraude fiscal – dez anos depois – ainda um "crime de resultado cortado". *Direito penal económico e europeu, Textos doutrinários*, Coimbra: Coimbra Editora, 2009. v. 3. p. 255-291.

BALTAZAR JÚNIOR, José Paulo, *Crimes federais*. 9º ed. São Paulo: Saraiva, 2014.

BAJO, Miguel; BACIGALUPO, Silvina, *Derecho Penal Econômico*, Madrid: Editorial Centro de Estúdios Ramón Areces, 2001.

BECKER, Alfredo Augusto. *Teoria Geral do Direito Tributário*. 3.ed. São Paulo: Lejus, 1998.

CERNICCHIARO, Luiz Vicente, "Direito penal tributário – observações de aspectos da teoria geral do direito penal", *Revista Brasileira de Ciências Criminais*. São Paulo: Revista dos Tribunais, 1995. a. 3. n. 11, . p. 175-183.

D'AVILA, Fabio Roberto, *Ofensividade em direito penal, escritos sobre a teoria do crime como ofensa a bens jurídicos*, Porto Alegre: Livraria do advogado, 2009.

DI AMATO, Astolfo, *Diritto penale dell'impresa*, 7º ed., Milano: Giuffrè, 2011.

DIAS, Jorge de Figueiredo; ANDRADE, Manuel da Costa, "O Crime de Fraude Fiscal no novo Direito Penal Tributário português (considerações sobre a factualidade típica e o concurso de infrações)", *Revista Brasileira de Ciências Criminais*, São Paulo: Revista dos Tribunais, 1996, n. 13, p. 54-78.

ESTELLITA, Heloisa, *A tutela penal e as obrigações tributárias na Constituição Federal*, São Paulo: Revista dos Tribunais, 2001.

FIANDACA, Giovanni; MUSCO, Enzo, *Diritto penale, Parte generale*, 6º ed., Bologna: Zanichelli, 2010.

FRAGOSO, Heleno Cláudio, "O novo direito penal tributário e econômico", *Revista Brasileira de Criminologia e Direito Penal*, 1966, n. 12, p. 63-88.

GROSSO, Carlo Federico; PELISSERO, Marco; PETRINI, Davide; PISA, Paolo, *Manuale di diritto penale: parte generale*, Milano: Giuffrè, 2013.

JESCHECK, Hans-Heinrich; WEIGEND, Thomas, *Lehrbuch des Strafrechts, Allgemeiner Teil*, 5º ed., Berlin: Duncker & Humblot, 1996.

KIRCHHOF, Paul, *Tributação no Estado Constitucional*, trad. Pedro Adamy, São Paulo Quartier Latin, 2016.

LANZI, Alessio; ALDROVANI, Paolo, *Diritto penale tributário*, 2ºed., Milano: Cedam, 2017.

MAISSIAT, Georges Ignácio, *Pequeno dicionário de latim*, Porto Alegre: Edigal, 2002.

MANNA, Adelmo, *Corso di diritto penale, parte generale*, 4º ed., Milano: Cedam, 2017.

MANES, Vittorio, *Il principio di offensività nel diritto penale, cânone di politica criminale, criterio ermeneutico, parametro di ragionevolezza*, Torino: Giappichelli editore, 2005.

NABAIS, José Casalta, "O princípio da legalidade fiscal e os actuais desafios da Tributação", *Boletim da faculdade de direito*, Coimbra: Gráfica Coimbra, 2003, p. 1057-1119.

PIMENTEL, Manoel Pedro, "Introdução ao estudo do direito penal tributário", *Ciência Penal*, São Paulo: José Bushatsky editor, 1974. v. 2. p. 37-59.

PRADO, Luiz Regis, *Direito penal econômico*, São Paulo: Editora Revista dos Tribunais, 2014.

PULITANÒ, Domenico, *Diritto penale*, 5º ed., Torino: Giappichelli, 2013.

RIOS, Rodrigo Sánchez, *O crime fiscal*, Porto Alegre: Sergio Fabris, 1998.

RODRIGUES, Savio Guimarães, *Bem jurídico-penal tributário: a legitimidade do sistema punitivo em matéria fiscal*, Porto Alegre: Nuria Fabris, 2013.

RUIVO, Marcelo Almeida, "Criminalidade fiscal e colarinho branco: a fuga ao fisco é exclusividade do white-collar?" "In: COSTA, José de Faria; SILVA, Marco Antonio Nascimento da, *Direito Penal, Direito Processual Penal, e Direitos Fundamentais: visão luso--brasileira*. São Paulo: Quartier Latin, 2006, p. 1177-1215.

RUIVO, Marcelo Almeida, "Criminalidade Fiscal: considerações sobre o Tipo-de-ilícito", *Revista Síntese de Direito Penal e Processual Penal*, 2006, v. 37, p. 37-58.

RUIVO, Marcelo Almeida, *Criminalidade financeira: contribuição à compreensão da gestão fraudulenta*, Porto Alegre: Livraria do Advogado, 2011.

RUIVO, Marcelo Almeida, "O bem jurídico do crime de corrupção passiva no setor público", *Revista Portuguesa de Ciência Criminal*, Coimbra: IDPEE, 2015, v.25, p. 263-283.

RUIVO, Marcelo Almeida, "O início do julgamento da inconstitucionalidade do crime de porte de drogas para uso próprio (art. 28 da Lei 11.343/2006)", *Boletim IBCCRIM*, 2016, v. 281, p.12-13.

RUIVO, Marcelo Almeida, "Tutela penal do patrimônio administrado por terceiro no sistema financeiro (um breve comparativo da infidelidade alemã, portuguesa e italiana com a gestão fraudulenta brasileira)", *Revista Brasileira de Ciências Criminais*, São Paulo: Editora Revista dos Tribunais, 2017, v. 127, p. 111-132.

RUIVO, Marcelo Almeida, "Os crimes omissivos impróprios como delitos de violação de dever no nacional-socialismo", *Revista Brasileira de Ciências Criminais*, São Paulo: Editora Revista dos Tribunais, 2017, v. 131, p. 223-247.

SANTOS, Gérson Pereira dos, *Direito penal econômico*, São Paulo: Editora Saraiva, 1981.

SOUSA, Susanna Aires de, *Os crimes fiscais: análise dogmática e refelxão sobre a legitimidade do discurso criminalizador*, Coimbra: Coimbra Ed., 2006.

STOCO, Rui, "Princípio da insignificância nos crimes contra a ordem tributária", *Escritos em homenagem a alberto silva franco*, São Paulo: Revista dos Tribunais, 2003, p. 370-386.

TIEDEMANN, Klaus, *Wirtschaftsstrafrecht: Besonderer Teil mit wichtigen R-echtstexten*, 3º ed., München: Vahlen, 2011.

TIPKE, Klaus. *Moral tributária del estado y de los contribuyentes*. Trad. Pedro Herrera de Molina, Madrid: Marcial Pons, 2002.

VALENTI, Alessandro, "Principi di materialità e offensività" In: INSOLERA, Gaetano; MAZZACUVA, Nicola; PAVARINI, Massimo; ZANOTTI, Marco, *Introduzione al sistema penale*, 3º ed., Torino: Giappichellli, 2006.

VILLEGAS, Hector, *Derecho penal tributario*, Cordobra: Lerner, 1965.

WESSELS, Johannes; BEULKE, Werner, *Strafrecht, Allgemeiner Teil, Die Straftat und ihr Aufbau*, 39º ed., Heidelberg: C.F. Müller, 2009.

PLs 236/2012: Reforma do Código Penal e os Crimes Contra a Ordem Tributária

Davi de Paiva Costa Tangerino
Henrique Olive Rocha

1. Introdução

A tramitação de qualquer projeto de lei, por natureza, não é simples; e quando se trata de um tema de tamanha repercussão e interesse geral, como o é o direito penal, esta dificuldade se mostra ainda maior, como se tem visto ao longo da tramitação do Projeto de Lei 236/2012 do Senado Federal.

Apesar de inúmeras comissões constituídas, audiências públicas realizadas, emendas propostas e, sem dúvida, um extenso debate acadêmico e popular, não são poucas as dúvidas, as discordâncias e as sucessivas alterações do texto legal do projeto. Porém não há surpresa neste *imbroglio*, afinal o turbulento processo legislativo é uma verdadeira queda de braço entre orientações político-sociais diversas; entre grupos que visam a promover sua própria política criminal também por meio de consubstanciá-las nas disposições legais, ou seja, de alguma forma positivar e promover seus valores e sua forma de encarar e enfrentar os problemas sociais[1].

Inúmeras são as questões que se colocam nestes debates, como, por exemplo, a inserção de delitos econômicos em um código aglutinador com uma parte geral única ou a existência de uma parte geral específica para os chamados novo direito penal; a (des)necessidade de reforma da atual parte geral

---

[1] BATISTA, Nilo. **Introdução crítica ao direito penal brasileiro.** 12ª ed. revista e atualizada, Rio de Janeiro: Revan, 2011, pp. 34 a 35. ZAFFARONI, Eugenio Raúl. **Tratado de Derecho Penal.** Parte general – 1. Buenos Aires, Ediar, 1998, pp. 149 a 153.

do Código Penal brasileiro; a responsabilidade da pessoa jurídica; os critérios quanto à imputabilidade; a colaboração premiada; o abuso de autoridade; o aborto; a eutanásia; e o incremento punitivo quanto aos crimes de colarinho branco.

Em específico neste último problema é que se insere a análise do presente texto, qual seja, quanto à imputação, punição e ao que chamamos de "tipos projetados", tributários e previdenciários. Nesta seara, visa-se a analisar os principais elementos da proposta elaborada pela Comissão Especial Externa do Senado ("Comissão de Juristas") por meio do denominado Anteprojeto (AP), bem como compará-los, além de à atual legislação, ao Substitutivo (SUB) apresentado pela Comissão Especial de Senadores, com relatoria do então Senador Pedro Taques.

Como se demonstra a seguir, ambos os projetos possuem virtudes e problemas, de modo que algumas considerações podem mostrar-se importantes, em especial considerando que o tema dos delitos tributários e previdenciários continua gerando interpretações contraditórias, inclusive na jurisprudência, promovendo insegurança jurídica, seja em pequenos contribuintes pessoas físicas, seja em grandes conglomerados econômicos.

2. Responsabilidade Penal da Pessoa Jurídica

Em primeiro lugar, a famigerada questão da responsabilidade penal da pessoa jurídica, que recebe destaque tanto no Anteprojeto, como no Substitutivo.

Ambos os documentos preveem que *"as pessoas jurídicas de direito privado serão responsabilizadas penalmente pelos atos praticados contra a administração pública, a ordem econômica, o sistema financeiro e o meio ambiente, nos casos em que a infração seja cometida por decisão de seu representante legal ou contratual, ou de seu órgão colegiado, no interesse ou benefício de sua entidade"* (AP: art. 41; SUB: art. 38).

Descabe, aqui, discutir a responsabilidade penal da pessoa jurídica em si, sendo certo que já nos posicionamos, anteriormente, ao menos em parte, sobre o assunto[2].

---

[2] TANGERINO, D. P. C.. Culpabilidade e responsabilidade penal da pessoa jurídica. Revista Brasileira de Ciências Criminais, São Paulo, ano 18, nº 85, pp. 36-60, set.-out. 2010; TANGERINO, Davi de Paiva Costa. A responsabilidade penal da pessoa jurídica para além da velha questão de sua constitucionalidade. Boletim do Instituto Brasileiro de Ciências Criminais, São Paulo, ano 18, nº 214, set. 2010.

Cumpre apenas apontar que no Anteprojeto os delitos tributários estão contidos no Título XIII, "Dos crimes contra a ordem econômico-financeira"; já no SUB, no Título XIV, de mesmo nome, de sorte que a responsabilidade penal da pessoa jurídica ultrapassará os limites atuais (apenas em crimes ambientais) e alcançará outras espécies de delitos, incluindo os tributários e previdenciários.

Há, do ponto de vista prático, ao menos uma virtude neste arranjo: nas empresas não-criminosas – isto é, naquelas que não existem para, principalmente, cometer delitos – a troca de dirigentes, por motivos comuns, diga-se, faz que com o que o tomador da decisão quanto a recorrer do lançamento, aderir a parcelamento ou mesmo pagar o tributo devido não coincida com as pessoas físicas possivelmente expostas à responsabilidade criminal. Isto pelo decurso natural do tempo disponível ao Estado para realizar o lançamento (em regra, de cinco anos), somado ao tempo do procedimento administrativo que, sob a vigência da Súmula Vinculante n. 24, desloca a possibilidade de exercício do poder de punir estatal para vários anos após a prática de eventual fraude. Em resumo, o gestor de hoje vai decidir, de certa forma, a incriminação do gestor de então.

Com a responsabilidade penal da pessoa jurídica, o interesse na decisão fica mais compartilhado, já que o pagamento aproveitaria, inclusive, a própria pessoa jurídica.

Porém, pergunta-se: como punir criminalmente estas pessoas jurídicas?

Além de multas e perda de bens e valores, pela via das penas restritivas de direito (AP: art. 43; SUB: art. 67) e de prestação de serviços à comunidade (AP: art. 44; SUB: art. 68), destacam-se como restrição de direito:

i) a suspensão parcial ou total de atividades, por um a dois anos (AP: art. 43, I, c/c §1º; SUB: art. 67, I, c/c §1º);
ii) interdição temporária de estabelecimento, obra ou atividade (AP: art. 43, II; SUB: 67, II);
iii) proibição de contratar com instituições financeiras oficiais e participar de licitação com a administração pública, de dois e dez anos (AP: art. 43, III c/c §3º; SUB: art. 67, III c/c §3º);
iv) proibição, ou cancelamento se já concedido, de obter subsídios, subvenções ou doações da administração pública (AP: art. 43, IV; SUB: art. 67, IV); e, de especial relevância à matéria penal tributária;
v) proibição a que seja concedido parcelamento de tributos, pelo prazo de um a cinco anos (AP: art. 43, V; art. 67, V).

3. Tipos Tributários Projetados

O Anteprojeto, desde logo, corrige a artificial separação entre os delitos tributários e previdenciários, cuja localização em leis diferentes deve-se a motivos históricos: o delito de apropriação indébita de tributos-fonte, criminalizado por equiparação na Lei n. 4.357/64, e o de sonegação fiscal, tipificado na Lei n. 4.729/65, desaguaram, respectivamente, nos dispositivos dos art. 2º, inciso II, e art. 1º (e artigo 2º, I, cf. interpretação), da Lei n. 8.137/90. Por sua vez, os delitos previdenciários tipificados desde 2000, por meio da Lei 9.983, nos artigos 168-A e 337-A do Código Penal, remontam à Lei n. 3807/60 (Lei Orgânica da Previdência Social) e à sua atualização, por meio da Lei 8.212/91.

A separação dos tipos em normas diferentes enceta dois níveis de problema: (i) abre discussão quanto às espécies de concurso de delitos em ações que, a um só tempo, impactam crédito tributário e previdenciário[3]; e (ii), ainda mais grave, trata com penas muito díspares delitos análogos: ao tipo penal do inciso II do art. 2º da Lei n. 8.137/98, as penas oscilam entre 6 meses e 2 anos; ao passo que a seu congênere previdenciário (art. 168-A), prevê-se pena de 2 a 5 anos.

O tipo projetado no Anteprojeto (art. 348) recebe o *nomen juris* de "*fraude fiscal ou previdenciária*", com pena de 2 a 5 anos e amalgama, direta ou indiretamente, o conteúdo dos art. 1º e 2º da Lei n. 8.137/90, bem como dos art. 168-A e 337-A do Código Penal.

Em que pese o incremento na pena abstratamente cominada em relação ao referido tipo penal da Lei 8.137/90, a nova redação aglutinadora do preceito primário deixa clara a natureza material do tipo penal projetado no art. 348, guardando, assim, proporcionalidade interna.

Porém, apesar do evidente objetivo de concentrar as condutas em um único artigo, o Anteprojeto não põe fim aos debates[4] sobre eventual concurso de delitos tributários em caso de uma mesma conduta suprimir tributos devidos a ordens tributárias diversas (União, Estados e Municípios) em função da

---

[3] TRF1: ACR 0015870-30.2004.4.01.3800/MG, Quarta Turma Rel. Des. Fed. Hilton Queiroz, j. 01/10/2013; TRF3: ACR n. 0001505-36.2011.4.03.6106/SP, Décima Primeira Turma, Rel. Des. Fed. José Lunardelli, j. 06/12/2016; TRF2: ACR 0000470-77.2010.4.02.5112/RJ, 1ª Turma Especializada, Rel. Des. Fed. Antonio Ivan Athié, j. 24/05/2017; TRF4: ACR 5000552-15.2016.4.04.7001/PR, Sétima Turma, Rel. Des. Fed. conv. Bianca Georgia Cruz Arenhart, j. 08/08/2017; TRF5: 0009830-23.2012.4.05.8300/PE, Segunda Turma, Rel. Des. Fed. Vladimir Souza Carvalho, 04/11/2014.

[4] Acerca destes, ver: STOCO, Rui; STOCO, Tatiana de Oliveira. Crimes contra a ordem tributária. São Paulo: Revista dos Tribunais, 2016, p. 320.

competência concorrente para arrecadação, com o que não concordamos por se tratar de um único bem jurídico[5].

Além disso, insiste o Anteprojeto em tratar o descaminho à parte, mas com alguns acertos.

Primeiramente, o *caput* do tipo projetado de descaminho (art. 350) prevê a forma simples do delito, que dispensa a prática de fraudes e se configura com a mera conduta de introduzir/promover saída de bens sem o pagamento dos tributos/contribuições devidos, cuja pena se encontra entre 1 e 3 anos, permitindo a suspensão condicional do processo (cf. artigo 89, da Lei n. 9.099/95).

Aquele, porém, que usar referidos bens em atividade comercial ou industrial, ainda que irregular ou informal, incidirá na forma qualificada, punível com prisão de 2 a 4 anos (art. 350, §1º). Por equiparação, tem-se o comércio *lato sensu* de bens com *"origem ou procedência estrangeiras que não tenham documentação de sua regular internação no país"* (art. 350, §2º).

Por sua vez, o excesso de exação jaz no projetado artigo 349 do Anteprojeto, com prisão de 1 a 4 anos, verdadeira *novatio legis in mellius*, considerando que se prevê no código em vigor penas entre 3 e 8 anos de prisão (art. 316, § 1º). Essas penas, aliás, são produto da Lei n. 8.137 que alterou o tipo em debate que, é curioso notar, até então nada mais era do que uma forma privilegiada de concussão, com penas oscilando entre 6 meses a 2 anos. Na prática, a Lei 8.137 elevou a forma privilegiada a verdadeira forma qualificada.

Sob certo aspecto, o Anteprojeto renova a natureza privilegiada, ainda que em sentido pouco técnico, haja vista que os bens jurídicos mudaram, nesse caso, de Administração Pública para Ordem Econômica. Isso porque o novo tipo de corrupção passiva (art. 276), que aglutina o atual tipo penal de concussão[6], tem pena de 3 a 8 anos. Em síntese, considerando a primeira parte do tipo projetado de excesso de exação, ou seja, a "violência moral, configurada *metu pubblicæ*"[7], é possível afirmar que o Anteprojeto enxerga a corrupção de exigir tributo indevido do contribuinte como uma conduta menos grave que

---

[5] FÖPPEL, Gamil; SANTANA, Rafael de Sá. Dos crimes contra a ordem tributária. Salvador: JusPODVM, 2005, pp. 60 a 62.

[6] AP: Art. 276. Exigir, solicitar, receber ou aceitar promessa de receber, para si ou para outrem, vantagem indevida, direta ou indiretamente, valendo-se da condição de servidor público: Pena – prisão, de três a oito anos.

[7] FARIA, Bento de. Código Penal Brasileiro (comentado), (Decreto-lei n.º 2.848, de 7 de dezembro de 1940). V. VII parte especial (arts. 286 a 361). 3ª ed. atual. Rio de Janeiro: Record Editôra, 1961, pp. 94.

as demais espécies de corrupção. Como, de certa forma, se previa na redação original do Código Penal de 1940.

Nos delitos propriamente tributários, o Substitutivo, retoma a velha fórmula "realizar a fraude X ou Y, com vistas a suprimir/reduzir tributos", valendo-se, pois, de estrutura de crime formal, cujo resultado é despiciendo para a configuração típica. Para piorar, incrementa as penas para prisão de 3 a 8 anos (art. 360 e incisos). Em síntese, torna o tipo formal (com antecipação punitiva, portanto) e, ao mesmo tempo, aumenta a pena, quando comparada à atual redação de tipos materiais. Incompreensível aumento punitivo, com carga desproporcional.

Insere, ainda, duas figuras perniciosas.

No inciso XI do projetado artigo 360, pune-se a elaboração ou o fornecimento, individualmente ou não, para outrem, de *"planejamento ou instrumentos para a prática de crimes previstos neste artigo"*.

O elemento do tipo "planejamento" pode vir a ser interpretado como a cooperação de terceiro ao plano delitivo, e, ainda, como o planejamento tributário elaborado por advogado ou consultor tributário. No primeiro caso, a previsão é despicienda; o projetado artigo 35 do Substitutivo pune todo aquele que *"não figurando como coautores, contribuem, de qualquer outro modo, para o crime"*. No segundo caso, cria-se o risco do crime de hermenêutica, isto é, criminalizar a conduta do advogado, em legítimo exercício regular de direito[8], que inclui o dever de prover interpretação das (intrincadas, diga-se) normas tributárias, apesar da inviolabilidade do exercício da advocacia nos termos do art. 2º, §3º, do Estatuto da Advocacia[9].

A outra armadilha punitiva encontra-se no artigo 360, inciso XIII[10]: estende a condição de garantidor àquele sócio, diretor, administrador, gerente ou que de qualquer outra forma participa de associação, pessoa jurídica ou sociedade – ou seja, todo mundo! – que sabe de "sua atividade principal ou secundária é

---

[8] QUEIJO, Maria Elisabeth. Responsabilidade penal do advogado parecerista em matéria tributária. In: TANGERINO, D. P. C.; NUNES, Denise (coords.) Direito Penal Tributário. São Paulo: Quartier Latin, 2007, p. 266.
[9] Lei 8.906/1994: Art. 2º O advogado é indispensável à administração da justiça. [...] § 3º No exercício da profissão, o advogado é inviolável por seus atos e manifestações, nos limites desta lei.
[10] SUB: Art. 360. Constitui crime contra a ordem tributária: [...] XIII – atuar como sócio, diretor, administrador, gerente ou qualquer outra forma de participação de associação, pessoa jurídica ou sociedade, personificada ou não, tendo conhecimento de que sua atividade principal ou secundária é dirigida à prática, ou ao auxílio para a prática de crimes previsto neste artigo, em benefício próprio ou de outrem: Pena – prisão, de três a oito anos.

dirigida à prática, ou ao auxílio para a prática de crimes previstos neste artigo, em benefício próprio ou de outrem".

Novamente, a figura é despicienda em vista das regras gerais de autoria e participação; se, todavia, torna qualquer envolvido na pessoa jurídica um obrigado, então cria, na prática, um tipo omissivo próprio, formal, portanto, com penas oscilando entre 3 a 8 anos de prisão.

Com três agravantes claros: (i) o juízo quanto à ilicitude tributária é, no mais das vezes, feito *a posteriori*; ou seja, na maior parte dos casos, somente quando o Fisco declarar que determinado arranjo tributário foi fraudulento é que a maioria dos membros de uma organização societária (se não todos) saberá de referida ilicitude. O juízo criminal, porém, na prática, antecipa essa compreensão para o momento do fato, o que gerará inevitável, desproporcional e indesejada criminalização. O caso da tributação do ágio interno é ótimo exemplo contemporâneo: o assunto tinha um tratamento consolidado no CARF; porém, após o escândalo associado à Operação Zelotes – que cuidou de alegada corrupção no seio do próprio CARF –, casos idênticos foram julgados de outra maneira, com aplicação, inclusive de multa qualificada. Quem tivesse se planejado olhando para a jurisprudência do CARF agora se veria em palpos de aranha.

Ainda, (ii), a dificuldade decorrente da criminalização de diretores ou gerentes sem qualquer poder administrativo de impedir ou controlar as ações delituosas, e cujo cargo dependa da vontade daquele responsável diretamente por tal conduta, como já apontava Hugo de Brito Machado ao analisar a Lei 9.605/98[11].

Por fim, (iii) a dicção *"auxílio para a prática de crimes previsto nesse artigo"* possibilita, em conjunção com o inciso analisado anteriormente, que, por exemplo, o advogado da equipe trabalhista, de um escritório que continuamente atua no planejamento tributário de uma sociedade empresária, seja criminalizado pelos pareceres dados por seu colega tributarista.

Ou bem estabelece-se um racional claro do porquê essas figuras demandam tratamento *ad hoc* no tipo penal projetado, ou recomenda-se que as regras gerais de autoria e participação sejam aplicadas – afinal, sua função é uniformizar ao máximo o tratamento das figuras de parte especial, conferindo organicidade e sistematicidade à prática penal[12].

---

[11] MACHADO, Hugo. Brito. Estudos de direito penal tributário. São Paulo: Atlas, 2002, pp. 98.
[12] GARRAUD, René. Compendio de Direito Criminal. V. 1. Trad. de A. T. de Menezes. Lisboa: Livraria Classica Editora, 1915, p. 105.

O incremento punitivo em âmbito dos crimes tributários no substitutivo é tão significativo, que prevê à sonegação qualificada[13] pena de 4 a 12 anos, portanto maior do que a pena prevista no mesmo diploma para o delito de roubo (art. 157: 4 a 10 anos).

Sob a rubrica "sonegação tributária não-fraudulenta" se incriminam as apropriações de tributos-fonte e a malversação de incêndios fiscais, só que com penas de 2 a 6 anos.

Há, por fim, uma virtude no Substitutivo: o tratamento dado à desobediência do contribuinte às solicitações do Fisco, tema não enfrentado do Anteprojeto. O atual parágrafo único do artigo 1º da Lei n. 8.137/90 recebe, por vezes, a equivocada interpretação de cuidar-se de tipo formal, bastando o não atendimento injustificado à exigência da autoridade tributária, quebrando a organicidade do tipo, já que o parágrafo faz relação ao inciso V, que, por sua vez, é uma das hipóteses de meio fraudulento para a realização do tipo material do artigo 1º[14].

Considerando que a nova pena no tipo de fraude fiscal, projetado no Substitutivo, é de 3 anos, é proporcional, pois, que a prisão mínima dessa desobediência fiscal seja de 1 ano pela desobediência (art. 360, §3º), em similaridade à mínima projetada para o projetado tipo penal comum de desobediência (art. 297).

4. Princípio da Consunção

Outro tema tratado em ambos os projetos é o princípio da consunção, isto é, quando uma conduta típica é uma das fases de realização de (um meio para) um delito mais grave, seja anterior ou posterior à consumação deste, resta

---

[13] SUB: Art. 360, §1º Se as condutas tipificadas neste artigo forem praticadas por meio de interpostas pessoas, físicas ou jurídicas, que ocultem ou dificultem a identificação do efetivo titular ou responsável pela operação econômica, pelo fato gerador ou pelo recolhimento do tributo: Pena – prisão, quatro a doze anos.

[14] Lei 8.137/90: Art. 1° Constitui crime contra a ordem tributária suprimir ou reduzir tributo, ou contribuição social e qualquer acessório, mediante as seguintes condutas: [...]

V – negar ou deixar de fornecer, quando obrigatório, nota fiscal ou documento equivalente, relativa a venda de mercadoria ou prestação de serviço, efetivamente realizada, ou fornecê-la em desacordo com a legislação. Pena – reclusão de 2 (dois) a 5 (cinco) anos, e multa.

Parágrafo único. A falta de atendimento da exigência da autoridade, no prazo de 10 (dez) dias, que poderá ser convertido em horas em razão da maior ou menor complexidade da matéria ou da dificuldade quanto ao atendimento da exigência, caracteriza a infração prevista no inciso V.

absorvida e, portanto, apenas incide ao imputado a pena da conduta mais gravosa[15].

O Anteprojeto traz expressamente que o falso é absorvido pela fraude fiscal *"quando se exaure na fraude fiscal ou previdenciária, sem mais potencialidade lesiva"* (art. 348, §7º); ou seja, positiva a atual interpretação jurisprudencial[16]. Destacam-se como principais consequências jurídicas desta absorção a eventual extinção da punibilidade também quanto ao delito de falso pelo pagamento do tributo devido; e a impossibilidade de se denunciar isoladamente delitos de falso antes da constituição do crédito tributário, deixando nova denúncia específica em relação ao delito tributário/previdenciário para momento posterior a tal constituição.

O Substitutivo não trata do tema de maneira abrangente, mas positiva que se aplica especificamente o concurso material aos delitos de descaminho e de uso de documento falso. Na exposição de motivos utiliza o exemplo do agente que usa documento falso em portos, aeroportos e pontos de fronteira alfandegados (primeira conduta) e, em momento posterior, utiliza o mesmo documento para assegurar o descaminho na zona secundária.

Por fim, vale lembrar que o Substitutivo propõe retorno do delito de descaminho para seção de crimes contra a administração pública (art. 300), contrariando a ideia de que aquele possui natureza estritamente tributária.

5. Relevância Penal do Crédito Tributário: Aspectos Diversos

5.1. Princípio da Insignificância

Ambos os projetos endereçam, de maneira expressa, a insignificância; a diferença, quanto ao montante, é sensível: a truncada redação do Substitutivo sugere como parâmetro aquele valor consolidado que obstaria a inscrição do débito tributário em dívida ativa da União (R$ 1.000,00, segundo a Portaria MF n. 74/2012), ao passo que o Anteprojeto emprega aquele montante que

---

[15] HUNGRIA, Nelson; FRAGOSO, Heleno Claudio Comentários ao Código Penal, v. 1, t. 1,: arts. 1º ao 10. 5ª ed. Rio de Janeiro: Forense, 1978, pp. 142-3; BITENCOURT, Cezar Roberto. Tratado de Direito Penal: parte geral 1. 20ª ed. ver., ampl. e atual. São Paulo: Saraiva, 2014, pp. 256-8.
[16] STJ: RHC 34.312/BA, Sexta Turma, Rel. Min. Sebastião Reis Júnior, j. 02/02/2017; HC 296.489/SP, Sexta Turma, Rel. Min. Nefi Cordeiro, j. 06/12/2016; RHC 37.268/RJ, Quinta Turma, Rel. Min. Felix Fischer, j. 04/08/2016; e RHC 31.321/PR, Quinta Turma, Rel. Min. Marco Aurelio Bellizze, j. 06/05/2013.

obstaria o ajuizamento de execuções fiscais (R$ 20.000,00, segundo o mesmo diploma legal) (Cf., respectivamente, artigos 360, §15 e 350, §4º).

Entendemos não se cuidar propriamente de tema de insignificância; o decisivo, quer parecer, nem é a potencialidade de ofensividade ao bem jurídico, porém, antes, uma questão de assessoriedade administrativa (*ultima ratio*): se o valor é tal que sequer o Estado, titular do bem jurídico, movimenta a máquina pública para arrecadar – com racional econométrico, aliás, academicamente desenvolvido pelo IPEA –, com menos razão, portanto, a colocação em marcha da onerosa (tanto pelo ângulo das contas públicas, como da dignidade humana dos envolvidos) engrenagem punitivo-criminal. Sob esse ângulo, não há um critério *a priori* dos limites da assessoriedade, mas o do Anteprojeto mostra-se mais orgânico com os atos administrativos como um todo.

Há, ainda, importante distinção entre os projetos: o Anteprojeto estende a "insignificância" inclusive ao descaminho, ao passo que o Substitutivo admite a "exclusão de tipicidade" apenas no delito de sonegação fiscal e em seus tipos derivados, ainda que os tome como delitos formais (excluídos, incompreensivelmente, a sonegação previdenciária e o descaminho).

5.2. Assessoriedade Administrativo-Tributária

O Anteprojeto tem a virtude de legislar o que o Supremo já havia solidificado por meio do enunciado da Súmula Vinculante n. 24; com efeito, o projetado art. 348, *caput*, combinado com o art. 348, §4º, deixa claro que não há crime tributário antes do lançamento definitivo do tributo ou contribuição social, afirmando expressamente que a partir de então se inicia o cálculo da prescrição penal.

De maneira importante, estende o mesmo entendimento ao delito de descaminho (art. 350, §4º). Porém, neste ponto, em contradição com a jurisprudência dos tribunais superiores, que não nos parece adequada.

Isto porque o Supremo Tribunal Federal tem reiteradamente considerado este delito como de natureza formal[17]. Por sua vez, o Superior Tribunal de Justiça demonstrou uma grande ambiguidade, mas, nos últimos anos, optou por seguir o posicionamento do STF.

Até o ano de 2012, encontram-se no STJ decisões tanto da Quinta como da Sexta Turmas considerando o delito de descaminho como de natureza

---

[17] STF: HC 122.268/MG, Segunda Turma, Rel. Min. Dias Toffoli, j. 24/03/2015; e RHC 119.960/SP, Primeira Turma, Rel. Min. Luiz Fux, j. 13/05/2014.

material, inclusive com a finalidade de vedar a persecução penal a crimes de falso ou estelionato sem o esgotamento da via administrativa quando estes se configuravam como crime meio para o descaminho[18]. Entretanto, entre os anos de 2012 e 2014 a jurisprudência se mostrou vacilante, ora o considerando como de natureza material[19]; ora, de natureza formal[20]. Porém, a partir do julgamento no AgRg no REsp 1.429.091/PR, ambas as Turmas do STJ se posicionaram definitivamente, em consonância com o STF, que o delito que se trata de crime formal[21].

Já o Substitutivo, por sua vez, afasta a exigência de constituição definitiva do crédito tributário para a persecução penal, na contramão da posição jurisprudencial consubstanciada no enunciado da Súmula Vinculante n. 24, porém com coerência interna com seu propósito expansionista, considerando a natureza de todos os tipos penais tributários como formal, de sorte que o menoscabo do resultado para fins de punibilidade é internamente plausível.

Segundo sua proposição, a ação penal pode ser ajuizada a qualquer tempo, bastando "indícios suficientes de autoria e prova, por qualquer meio idôneo, da materialidade" (art. 360, §12) e, inclusive, prevê o §13 que a representação fiscal para fins penais deve ocorrer o quanto antes. Enfim, vale ressaltar que emprego do termo "prova" já seria por si só questionável, já que ainda não teria havido crivo do contraditório; de qualquer sorte, prova há de ser entendida como mais do que meros indícios.

5.3. Efeitos Penais do Pagamento e do Parcelamento Tributário

O tema dos efeitos penais do pagamento do tributo devido está tratado no Anteprojeto, que confere extinção da punibilidade mediante pagamento do

---

[18] STJ: RHC 29.028/PR, Sexta Turma, Rel. Min. Celso Limongi (convocado), j. 02/08/2011; HC 139.998/RS, Quinta Turma, Rel. Min. Jorge Mussi, j. 25/11/2010.

[19] STJ: RHC 31.368/PR, Quinta Turma, Rel. Min. Marco Aurélio Bellizze, j. 08/05/2012; RHC 31.321/PR, Quinta Turma, Rel. Min. Marco Aurélio Bellizze, j. 06/05/2013; HC 265.706/RS, Quinta Turma, Rel. Min. Marco Aurélio Bellizze, j. 28/05/2013; AgRg no REsp 1.429.091/PR, Sexta Turma, Rel. Min. Sebastião Reis Júnior, j. 20/03/2014.

[20] STJ: HC 171.490/MS, Quinta Turma, Rel. Min. Gilson Dipp, j. em 17/04/2012; HC 218/961/SP, Quinta Turma, Rel. Min. Laurita Vaz, j. 15/10/2013; REsp 1.343.463/BA, Sexta Turma, Rel. Min. Rogério Schietti (p. acórdão), j. 20/03/2014.

[21] STJ: HC 232.877/CE, Quinta Turma, Rel. Min. Laurita Vaz, j. 26/08/2014; RHC 43.558/SP, Quinta Turma, Rel. Min. Jorge Mussi, j. 05/02/2015; AgRg no AREsp 552127/PR, Sexta Turma, Rel. Min. Ericson Maranho (conv.), j. 03/11/2015; HC 271.650/PE, Quinta Turma, Rel. Min. Reynaldo Fonseca, j. 03/03/2016; RHC 47.893/SP, Quinta Turma, Rel. Min. Ribeiro Dantas, j. 17/02/2017.

tributo devido, desde que anterior ao recebimento definitivo da denúncia (a remeter, portanto ao artigo 397 do Código de Processo Penal). Ainda, cria causa especial de redução de pena, entre 1/6 e 1/2, àqueles que pagarem o tributo devido após esse marco processual (art. 348, §4º).

O Substitutivo, por sua vez, emprega a vaga expressão "reparação do dano", o que daria, inclusive, margem, à interpretação de que bastaria o pagamento do principal (com juros de mora), haja vista que multas têm, por definição, caráter punitivo e não compensatório. Seja como for, referida reparação só gera efeito de redução à metade da pena, e desde que realizada antes do recebimento da denúncia (sem especificar se a do 396 ou a do 397 do CPP) e exclusivamente quanto tipo projetado de sonegação fiscal e seus derivados (art. 360, §9). De qualquer forma, está-se diante de figura similar ao arrependimento posterior, que se configura como uma "causa de redução de pena criada com o propósito de estimular a voluntária reparação do dano"[22] e está prevista em ambos os projetos (AP: art. 84, § 5º; SUB: art. 83, § 3º), com previsão de redução de 1/3 até 1/2, devendo ocorrer até o recebimento da denúncia. Por sua vez, também se encontram benefícios específicos em decorrência de reparação no caso de:

i) furto simples (AP: extinção da punibilidade, art. 155, §3º, II; SUB: redução até ½, art. 155, §3º, II);
ii) dano (AP: extinção da punibilidade, art. 163, §2º; SUB: redução até ½, art. 163, §2º);
iii) apropriação indébita (AP: extinção da punibilidade, art. 165, §3º; SUB: redução até ½, art. 165, §3º); e
iv) estelionato (AP: extinção da punibilidade, art. 171, §4º; SUB: redução até ½, art. 171, §3º).

Ou seja, tanto no Anteprojeto, como no Substitutivo há coerência no tratamento da reparação antes do recebimento da denúncia: extinção da punibilidade e redução de pena, respectivamente. No caso do Anteprojeto, a previsão de redução de pena mesmo com a reparação após o recebimento da denúncia evidencia a natureza assessória dos tipos penais tributário e previdenciários. Por sua vez, não há como compreender a adoção no Substitutivo, repete-se, da impossibilidade de redução pela reparação do dano quanto, por exemplo,

---

[22] SANTOS, Juarez Cirino dos. Direito penal: parte geral. 3ª ed. Curitiba: ICPC; Lumen Juris, 2008, p. 409.

a apropriação indébita previdenciária, frente à possibilidade de tal quanto a delitos de sonegação fiscal e apropriação indébita.

Duas observações adicionais: o Substitutivo traz vedação à concessão de benefício caso o destinatário já tenha deste se aproveitado nos cinco anos anteriores (art. 360, § 10); e apenas o Anteprojeto estende todos os efeitos do pagamento ao delito de descaminho (art. 350, §4º), o que há muito tempo já demandava a doutrina[23]. Porém, quanto a este último item, está o Substitutivo em consonância com a atual jurisprudência do Superior Tribunal de Justiça. Isto porque este inadmite a extinção da punibilidade pelo pagamento em função da natureza formal do delito, como exposto, ainda que este delito possua natureza tributária.

Encerre-se o tema do pagamento com uma perplexidade: no Anteprojeto, quando houver desembaraço, e lançamento tributário por tributos devidos na importação de bens, o pagamento extinguirá a punibilidade. Todavia, naqueles casos de perdimento, antes do desembaraçado, obsta o próprio fato gerador e, com isso, o lançamento. Esse descaminho tentado não pode ter pena extinta pelo pagamento? Melhor seria equiparar o perdimento ao pagamento e, com isso, conferir-lhe extinção da punibilidade.

O tema do parcelamento também foi expressamente tratado.

O Anteprojeto segue a fórmula geral adotada pelos mais recentes diplomas tributários: a suspensão da pretensão punitiva, e do prazo prescricional, se o acordo é celebrado antes do recebimento da denúncia, podendo haver extinção daquela caso haja completo adimplemento do acordo (art. 348, §5º).

Aqui a expressão *"recebimento definitivo da denúncia"* não foi empregada, o que traz dúvidas interpretativas. Pela literalidade, seria antes do primeiro recebimento da denúncia (art. 396 do CPP), o que, todavia, contrariaria a lógica do pagamento, possível até a fase do artigo 397 do CPP.

De maneira muito sincrônica com os problemas práticos enfrentados no campo penal tributário, o art. 348, §6º estende os efeitos do parcelamento à garantia *"mediante caução que assegure a sua futura quitação"*, *"em ação judicial em que se questiona o lançamento dos créditos tributários ou previdenciários"*, positivando uma melhoria em relação à atual jurisprudência do Superior Tribunal de Justiça, que, com base no princípio da taxatividade, não tem admitido a suspensão da exigibilidade do crédito tributário, e portanto da pretensão punitiva,

---

[23] ROSENTHAL, Sergio. A extinção da punibilidade pelo pagamento do tributo no descaminho. São Paulo: Editora Nacional, 1999.

em decorrência da apresentação de caução ou outras formas de garantia[24], que podem ter sua disciplina mudada em decorrência de um eventual novo tratamento legal dado à caução. Com efeito, não há reação *a priori* para conferir efeitos penais apenas ao parcelamento tributário e à caução, vedando a possibilidade quanto a outras formas de garantia; deste modo, a analogia em favor do acusado deverá operar, em que pese o atual referido posicionamento do STJ sobre taxatividade.

Já o tratamento do parcelamento no Substitutivo é confuso. Uma primeira leitura sugere que o Código estaria a proibir a concessão de parcelamentos de créditos tributários objeto de prática delitiva. Todavia, quer parecer que o espírito desse parágrafo é o de vedar qualquer efeito penal *pro reo* após o recebimento da denúncia; ou seja, proíbe efeitos penais ao parcelamento e ao pagamento feitos a "destempo" (art. 360, §11º).

O Anteprojeto silencia quanto aos efeitos penais de parcelamento tributário ou caução em ação judicial ao delito de descaminho. A regra da isonomia, todavia, aponta para o aproveitamento dessa figura ao tipo de descaminho.

Outro silêncio do Anteprojeto, porém tratado no Substitutivo, é o efeito penal de outra causa de suspensão de exigibilidade do crédito tributário: a liminar ou antecipação de tutela em mandado de segurança ou outra ação judicial; diz o art. 360, § 14, que, obtida "*decisão judicial no âmbito cível, mesmo que em sede liminar, reconhecendo que a infração penal dependa de solução de controvérsia relevante*", então o juiz poderá suspender a ação penal, por um ano, renovável, desde que presentes os requisitos que levaram à suspensão, até o deslinde da questão cível, suspensa, porém, por óbvio, a prescrição penal. Verdadeira questão prejudicial, inserida no Código Penal, que caberia melhor no CPP.

De mais a mais, essa figura é estranha ao sistema proposto pelo Substitutivo: se os delitos tributários são formais e não se pode conferir ao réu nenhum efeito decorrente da esfera tributária após o recebimento da denúncia, qual seria o sentido de suspender a ação penal? Quer parecer que seria restrito a hipóteses

---

[24] STJ: Caução: AgRg no AREsp 810.212/RS, Primeira Turma, Rel. Min. Benedito Gonçalves, j. 14/03/2017; AgRg no REsp 1.504.009/BA, Segunda Turma, Rel. Min. Herman Benjamin, j. 19/03/2015.. Seguro RHC 65.221/PE, Sexta Turma, Rel. Min. Rogério Schietti Cruz, j. 07/06/2016; AgRg na MC 25.104/SP, Primeira Turma, Rel. Min. Sérgio Kukina, j. 17/06/2016. Penhora: HC 323.929/PR, Sexta Turma, Rel. Min. Nefi Cordeiro, j. 10/05/2016; AgRg no AgRg no REsp 1.159.950/RS, Segunda Turma, Rel. Min. Conv. Diva Malerbi, j. 19/04/2016; Fiança bancária (AgInt no REsp 1.576.817/SP, Segunda Turma, Rel. Min. Og Fernandes, j. 25/10/2016; AgRg no AREsp 423.573/ES, Primeira Turma, Rel. Min. Sérgio Kukina, j. 04/10/2016; REsp 1.156.668/DF, Primeira Seção, Rel. Min. Luiz Fux, j. 24/11/2010).

de inconstitucionalidade no âmbito da tributação, ou, ainda, quando o litígio cível buscar reverter juízo administrativo quanto à prática de uma fraude.

De qualquer forma, quanto a todo o exposto, é de se lembrar de que sempre existe a possibilidade de leis posteriores determinarem tratamentos diversos daqueles previstos pela lei penal principal, seja com alterações permanentes ou por meio de leis temporárias, como os recorrentes programas de parcelamento dos anos 2000[25].

6. Concurso de Delitos e Questões Quanto à Punibilidade

Para além da extinção da punibilidade pelo pagamento do tributo devido, convém tecer algumas últimas considerações.

Presente apenas no Substitutivo a previsão de que o dano, quando superior a mil salários mínimos, elevará a pena de um a dois terços. Frisa-se que, possivelmente, decisões incorrerão em *bis in idem* ao aumentar significativa a pena base do delito em função de suas consequências e, também, fazer incidir a majoração na terceira fase da dosimetria da pena.

Mais relevante, porém, são as regras especiais para o crime continuado simples, previsto no projetado caput do artigo 87[26]: até três infrações, o incremento será de 1/6; de três a seis, de 1/5; de seis a nove, 1/4; entre 9 e 12, 1/3; mais de 11, até 14, 1/2; mais de 14, 2/3 (art. 360, §8º). O critério proposto, quantitativo, é razoável e, além de trazer, como dito, segurança no complexo cálculo da pena, positiva posicionamento pacificado na jurisprudência[27].

---

[25] Acerca destes, ver: TANGERINO, D. P. C.; PISCITELLI, Tathiane dos Santos. Suspensão da pretensão punitiva estatal pelo parcelamento. In: TANGERINO, D. P. C.; NUNES, Denise (coords.) **Direito Penal Tributário**. São Paulo: Quartier Latin, 2007, pp. 157-177.

[26] SUB: art. 87: Quando o agente, mediante mais de uma ação ou omissão, pratica dois ou mais crimes da mesma espécie e, pelas condições de tempo, lugar, maneira de execução e outras semelhantes, devem os subsequentes ser havidos como continuação do primeiro, aplica-se-lhe a pena de um só dos crimes, se idênticas, ou a mais grave, se diversas, aumentada, em qualquer caso, de um sexto a dois terços.

§1º Nos crimes dolosos, contra vítimas diferentes, cometidos com violência ou grave ameaça à pessoa, poderá o juiz, considerando a culpabilidade, os antecedentes, a conduta social e a personalidade do agente, bem como os motivos e as circunstâncias, aumentar a pena de um só dos crimes, se idênticas, ou a mais grave, se diversas, de um sexto até o triplo, observadas as regras do concurso formal de crimes.

§2º Não se admitirá continuidade delitiva em delitos dolosos que afetem a vida.

[27] STF: HC 131.871/PR, Segunda Turma, Rel. Min. Dias Toffoli, j. 31/05/2016; AgRg no HC 128.110/PE, Primeira Turma, Rel. Min. Rosa Weber, j. 30/06/2015; HC 117.779/RN, Segunda Turma, Rel.

Faltou, porém, legislar quanto aos parâmetros da continuidade: o contribuinte pessoa física que, por cinco anos seguidos, omite a mesma fonte, no mesmo valor, comete crime continuado? Em outras palavras, a apuração, sendo anual, alarga a temporalidade da continuidade? Entendo que, sendo um ato praticável apenas uma vez por ano, deve-se sim considerar continuidade delitiva.

7. Conclusões

Por todo o exposto, chega-se a algumas conclusões importantes sobre o PLS 236/2012, em tramitação no Senado:

Por mais que possua problemas, o Anteprojeto elaborado pela comissão de juristas resiste à crescente cobrança da sociedade quanto ao incremento punitivo a crimes de colarinho branco, em especial a delitos tributários e previdenciários, em face de todos os problemas relacionados à assessoriedade administrativa, exaustivamente debatidos em sede doutrinária;

Em regra, visa a positivar posicionamentos jurisprudenciais pacificados nos tribunais superiores;

Entre as inovações positivas trazidas pelo Anteprojeto, destacam-se: i) a natureza material dos delitos tributários e previdenciários e a necessidade de exaurimento da instância administrativa para sua tipificação; ii) sua união em um único artigo, facilitando a prática jurídica e promovendo coerência nas promoções punitivas; iii) a positivação de consunção em âmbito tributário quanto aos delitos de falso; e iv) a previsão de extinção da punibilidade pelo pagamento estendida ao delito de descaminho, enfim considerado como de natureza tributária.

Por sua vez, o Substitutivo elaborado pela Comissão Especial de Senadores e relatado pelo então Senador Pedro Taques, consubstanciando as impressões de que o legislativo sucumbe significativamente às pressões por expansão punitiva, em verdade transformou todo o conteúdo do Anteprojeto quanto aos delitos tributários e previdenciários, em especial, ao: i) tomar todos seus delitos como crimes formais; e, por consequência e em dissonância com a

Min. Teori Zavascki, j. 24/06/2014; HC 83.632/RJ, Primeira Turma, Rel. Min. Joaquim Barbosa, j. 10/02/2014; e STJ: REsp 1.699.051/MS, Sexta Turma, Rel. Min. Rogerio Schietti Cruz, j. 24/10/2017; AgRg no REsp 1.629.165/SP, Quinta Turma, Rel. Min. Ribeiro Dantas, j. 19/09/2017; HC 388.165/MS, Sexta Turma, Rel. Min. Sebastião Reis Júnior, j. 12/09/2017; HC 387.773/SP, Quinta Turma, Rel. Min. Felix Fischer, j. 12/09/2017.

função assessória, ii) limitar sobremaneira os efeitos do pagamento sobre a sanção penal; iii) tratar de forma muito desigual delitos tributários e previdenciários; iv) reduzir o alcance do princípio da insignificância.

Entretanto, não se pode negar que em algumas questões o Substitutivo possui, ao menos, coerência interna e visa a positivar a jurisprudência dos tribunais superiores, como ao: i) dar tratamento, quanto à reparação do dano, mais próximo à isonomia considerando delitos patrimoniais e tributários; ii) e inserir o descaminho como crime contra a administração pública e considerá-lo como de natureza formal; e, por fim, iii) estabelecer o critério quantitativo para o cálculo do aumento nos casos de crime continuado.

Deste modo, é possível perceber que a tramitação do projeto mais promoveu problemas do que acertos, de modo que dificilmente eventual Substitutivo elaborado na Comissão de Constituição, Justiça e Cidadania do Senado Federal, ou em futuras comissões, retomará as previsões do Anteprojeto ou as superará, sendo possível afirmar que se está diante de um projeto de lei que muito provavelmente, se aprovado, implicará retrocesso ao já problemático tratamento atual dos crimes tributários e previdenciários.

Referências

BATISTA, Nilo. *Introdução crítica ao direito penal brasileiro*. 12ª ed. revista e atualizada, Rio de Janeiro: Revan, 2011.

BITENCOURT, Cezar Roberto *Tratado de Direito Penal: parte geral 1*. 20ª ed. ver., ampl. e atual. São Paulo: Saraiva, 2014.

FARIA, Bento de. *Código Penal Brasileiro* (comentado), (Decreto-lei n.º 2.848, de 7 de dezembro de 1940). V. VII parte especial (arts. 286 a 361). 3ª ed. atual. Rio de Janeiro: Record Editôra, 1961.

FÖPPEL, Gamil; SANTANA, Rafael de Sá. *Dos crimes contra a ordem tributária*. Salvador: JusPODVM, 2005.

GARRAUD, René. *Compendio de Direito Criminal*. V. 1. Trad. de A. T. de Menezes. Lisboa: Livraria Classica Editora, 1915.

HUNGRIA, Nelson; FRAGOSO, Heleno Claudio. *Comentários ao Código Penal*, v. 1, t. 1,: arts. 1º ao 10. 5ª ed. Rio de Janeiro: Forense, 1978.

MACHADO, Hugo. Brito. *Estudos de direito penal tributário*. São Paulo: Atlas, 2002.

QUEIJO, Maria Elisabeth. *Responsabilidade penal do advogado parecerista em matéria tributária*. In: TANGERINO, D. P. C.; NUNES, Denise (coords.) Direito Penal Tributário. São Paulo: Quartier Latin, 2007.

ROSENTHAL, Sergio. *A extinção da punibilidade pelo pagamento do tributo no descaminho*. São Paulo: Editora Nacional, 1999.

SANTOS, Juarez Cirino dos. *Direito penal:* parte geral. 3ª ed. Curitiba: ICPC; Lumen Juris, 2008.

STOCO, Rui; STOCO, Tatiana de Oliveira. *Crimes contra a ordem tributária*. São Paulo: Revista dos Tribunais, 2016.

TANGERINO, D. P. C.. *Culpabilidade e responsabilidade penal da pessoa jurídica*. Revista Brasileira de Ciências Criminais, São Paulo, ano 18, n° 85, pp. 36-60, set.-out. 2010.

_____. *A responsabilidade penal da pessoa jurídica para além da velha questão de sua constitucionalidade*. Boletim do Instituto Brasileiro de Ciências Criminais, São Paulo, ano 18, n° 214, set. 2010.

_____; PISCITELLI, Tathiane dos Santos. *Suspensão da pretensão punitiva estatal pelo parcelamento*. In: TANGERINO, D. P. C.; NUNES, Denise (coords.) Direito Penal Tributário. São Paulo: Quartier Latin, 2007.

ZAFFARONI, Eugenio Raúl. *Tratado de Derecho Penal:* parte general – 1. Buenos Aires, Ediar, 1998.

Os Crimes Fiscais em Portugal

Susana Aires de Sousa

1. Introdução: o Regime Geral da Infrações Tributárias

No direito português as incriminações fiscais estão previstas fora do Código Penal[1], na Lei n.º 15/2001, de 5 de julho, diploma que prevê, em anexo, o Regime Geral das Infrações Tributárias (RGIT).

O legislador chegou a considerar a sua inclusão, pelo menos parcialmente, no âmbito do direito tributário. Com efeito, o diploma de autorização da Lei Geral Tributária (LGT), aprovada pelo Decreto-Lei n.º 398/98, de 17 de dezembro, concedia, na alínea 30, autorização ao Governo para introduzir naquela lei um título sobre infrações fiscais aduaneiras e não aduaneiras do qual constariam *"os princípios fundamentais relativos àquelas infrações, penas aplicáveis, responsabilidade e processo de contraordenação, ficando para proposta de lei a elaborar, os tipos de crime e contraordenações fiscais e aduaneiros, sanções e regras de procedimento e de processo (...)"*. Deste modo, previa-se uma divisão do regime jurídico das infrações tributárias: por um lado, uma parte geral a ser inserida na LGT; por outro lado, uma parte especial, a constar de um diploma autónomo, referente aos crimes e contraordenações. Assim se compreende que, ao tempo da sua publicação, o Título V daquela lei tivesse por epígrafe "Das infrações fiscais"[2].

Todavia, num processo legislativo algo confuso, a Lei n.º 87-B/98, de 31 de dezembro, concede nova autorização ao Governo para *"rever os regimes*

---

[1] De modo diferente e a título meramente exemplificativo, refira-se que em Espanha os crimes fiscais estão tipificados no Código Penal, nos artigos 305 a 310 bis.
[2] Na sua versão originária, esse título era constituído por dois capítulos: o primeiro referente às infrações fiscais (crimes e contraordenações) e aos princípios gerais a que obedeciam; no segundo capítulo estipulavam-se as regras gerais do processo contraordenacional.

jurídicos das infrações fiscais aduaneiras e não aduaneiras". Deste conturbado processo resultaria o RGIT, publicado em anexo à Lei n.º 15/2001, de 5 de junho, que revogou quer a anterior legislação penal fiscal quer o já referido Título V da LGT. Trata-se de um regime legal especificamente dedicado à infrações tributárias, compreendo normas substantivas e normas processuais, estando em vigor desde 2001, não obstante as sucessivas alterações a que tem vindo a ser sujeito ao longo dos anos[3].

Em termos sistemáticos o RGIT é composto por uma I Parte, de natureza geral, uma II Parte que integra disposições de natureza adjetiva ou processual, à qual se segue uma III Parte em que se consagram os tipos de ilícito criminal e os de mera ordenação-social. Todavia, o regime das contraordenações contra a segurança social consta de legislação especial, de acordo com o disposto no n.º 2 do artigo 1.º da Lei n.º 15/2001, o que não pode deixar de suscitar uma observação crítica no sentido de ficar prejudicada a organização sistemática e inclusiva das infrações tributárias privilegiada por este diploma.

No artigo 1.º o legislador definiu o âmbito de aplicação do RGIT. Este regime aplica-se às infrações, de natureza criminal ou contraordenacional, das normas que disciplinam: *a)* as prestações tributárias – definidas no artigo 11.º e referidas não só a impostos como a taxas e demais tributos fiscais ou parafiscais cuja cobrança caiba à administração tributária ou à administração da segurança social; *b)* os regimes tributários, aduaneiros e fiscais, independentemente de regularem ou não prestações tributárias – os regimes tributários que regulamentam prestações tributárias fiscais são, em especial, os códigos que regulam os impostos (sobre a pessoa singular, sobre a pessoa coletiva, sobre o imposto indireto, etc.); os regimes tributários que regulamentam prestações tributárias aduaneiras encontram-se, sobretudo, no Código Aduaneiro Comunitário; todavia, o legislador quis deixar claro nesta alínea que a aplicação das normas do RGIT não se limita às prestações tributárias previstas naqueles regimes tributários, "abrangendo as infrações relativas à generalidade de normas sobre regimes aduaneiros e fiscais, como por exemplo, as que preveem regimes de importação e as que regulam a escrituração da atividade comercial"[4]; *c)* os benefícios fiscais e franquias aduaneiras – o legislador teve sobretudo em mente a violação das normas constantes do *Estatuto*

---

[3] O RGIT foi já alterado, desde a sua vigência, por mais de trinta diplomas legislativos, dos quais a maioria são leis de Orçamento do Estado.
[4] Jorge Lopes de Sousa / Manuel Simas Santos, *Regime Geral das Infracções Tributárias Anotado*, 2.ª ed., Lisboa: Áreas Editoras, 2003, p. 34.

dos Benefícios Fiscais capaz de reduzir a receita tributária; *d)* as contribuições e prestações relativas ao sistema de solidariedade e segurança social, sem prejuízo do regime das contraordenações que consta de legislação especial – estão em causa nesta alínea as disposições que regulamentam as obrigações de contribuição para o sistema de solidariedade e de segurança social; fora do seu âmbito ficam as respetivas contraordenações contra a segurança social, que, por enquanto, continuam a estar fundamentalmente previstas em legislação extravagante.

Os delitos de natureza criminal repartem-se por quatro capítulos, organizados do seguinte modo: *crimes tributários comuns*, previstos nos artigos 87.º a 91.º (*Burla tributária, Frustração de créditos, Associação criminosa, Desobediência qualificada e Violação de segredo*); *crimes aduaneiros*, tipificados nos artigos 92.º a 102.º (*Contrabando, Contrabando de circulação, Contrabando de mercadorias de circulação condicionada em embarcações, Fraude no transporte de mercadorias em regime suspensivo, Introdução fraudulenta no consumo, Contrabando de mercadorias suscetíveis de infligir a pena de morte ou tortura, Violação das garantias aduaneiras, Quebra de marcas e selos, Recetação de mercadorias objeto de crime aduaneiro e Auxílio material*); *crimes fiscais* a que se referem os artigos 103.º a 105.º (*Fraude, Fraude Qualificada e Abuso de Confiança*); e, por último, *crimes contra a Segurança Social*, estipulados nos artigos 106.º e 107.º (*Fraude contra a segurança social e Abuso de confiança contra a segurança social*).

Seguem-se, no título II, as contraordenações tributárias, que se dividem em *contraordenações aduaneiras* (Capítulo 1, artigos 108.º a 112.º) e *contraordenações fiscais* (Capítulo 2, artigos 113.º a 129.º).

Da descrição do enquadramento legal das infrações tributárias na ordem jurídica portuguesa retira-se que, na sequência do que vinha sendo a tradição legislativa, *os crimes fiscais* podem ser de dois tipos: *Fraude* (artigo 103.º e 104.º do RGIT) ou *Abuso de confiança fiscal* (artigo 105.º do RGIT). O objeto central do presente estudo é composto essencialmente pelos crimes fiscais. É sobre eles que recairá, de agora em diante, a nossa atenção, privilegiando-se alguns dos aspetos mais problemáticos quer no plano da fundamentação das incriminações (*v. g.*, a natureza jurídica da infração fiscal e o bem jurídico tutelado) quer no plano da sua configuração legal (a técnica legislativa usada na construção da *Fraude qualificada* ou na tipificação do *Abuso de confiança fiscal*), quer no plano do direito a constituir (*v. g.* a relevância da regularização da situação tributária).

2. A Dupla Natureza da Infração Fiscal

A violação de deveres fiscais pode ser tipificada como ofensa de natureza criminal ou como ilícito contraordenacional punível agora com uma sanção pecuniária (a coima). A pretensa diferença entre ilícitos fiscais e ilícitos criminais tem pressuposta a problemática mais abrangente sobre o critério de distinção entre ilícito contraordenacional e ilícito criminal. A amplitude desta questão excede largamente o âmbito deste trabalho[5]. Dir-se-á, porém, que no plano da lei, a questão da natureza jurídica da infração fiscal está de algum modo resolvida. Esta natureza dupla é reconhecida pelo artigo 2.º, n.º 2, do RGIT. Assim, ainda que certas infrações fiscais sejam tuteladas pelo direito de mera ordenação social, outras há que têm natureza e dignidade penal; desde logo, pela própria modificação social no sentido de se reconhecer às condutas mais graves em matéria fiscal uma relevância ética e social e, como tal, capaz de sustentar materialmente uma intervenção punitiva de natureza criminal. A dignidade penal de algumas condutas é consequentemente reclamada e reconhecida, dentro dos princípios e garantias que enformam o sistema jurídico-penal[6].

Todavia, esta é uma questão historicamente debatida na literatura dedicada a este tema. A natureza jurídica da infração fiscal, designadamente o seu carácter criminal ou administrativo, foi na realidade uma das questões mais controversas que atravessou a doutrina e a própria legislação portuguesa do século XX[7].

De um lado, estiveram os defensores de uma teoria *administrativista* que, atendendo à função essencialmente utilitária das disposições repressivas fiscais, concebiam as infrações fiscais como fundamentalmente de natureza administrativa. O ilícito fiscal preenchia assim inteiramente as características

---

[5] Sobre esta problemática distinção, Nuno Brandão, *Crimes e Contra-ordenações: da cisão à Convergência Material*, Coimbra: Coimbra Editora, 2016. Também, em especial no âmbito tributário, Susana Aires de Sousa, «A natureza jurídica da infração fiscal: oscilando entre crime e contraordenação», *in: Contraordenações Tributárias, Coleção Formação Contínua*, Jurisdição Administrativa e Fiscal, Centro de Estudos Judiciários, 2017, pp. 69 a 78.

[6] Mais desenvolvidamente, Susana Aires de Sousa, *Os Crimes Fiscais. Análise Dogmática e Reflexão sobre a legitimidade do Discurso Criminalizador*, Coimbra: Coimbra Editora, 2006, em particular, p. 246 e ss.

[7] Sobre este ponto veja-se Susana Aires de Sousa, «A infracção fiscal (e a sua natureza) no direito português: breve percurso histórico», *Estudos em Homenagem ao Prof. Doutor Aníbal Almeida, Boletim da Faculdade de Direito*, Coimbra, 2012, p. 999-1014 (também publicado no *Boletim de Ciências Económicas*, Coimbra, 2010, pp. 39 a 59), disponível em http://ucdigdspace.fccn.pt/bitstream/10316.2/24712/1/BoletimLIII_Artigo2.

essenciais do ilícito administrativo ou ilícito policial, que começava a autonomizar-se nalguns ordenamentos jurídicos, *e. g.*, Alemanha e Portugal. Entendia-se que as "*infrações fiscais ao atingirem os direitos do Estado, não têm nada de semelhante com as infrações comuns que atingem os bens dos indivíduos, pois neste último caso, a infração é imoral e a punição assenta na culpa, enquanto que as infrações fiscais são meras infrações de ordem que colocam entraves à aplicação da lei fiscal*"[8]. Excluía-se assim esta ofensa do domínio criminal. Na doutrina portuguesa, muito próximos desta teoria, atendendo ao contexto legal então vigente, encontramos os escritos de Cardoso da Costa e de Martins Eusébio.

Por sua vez, *a teoria penalista*, segundo a qual a infração fiscal não é qualitativamente diferente da infração criminal, uma vez que a gravidade de certas ofensas fiscais desde há muito deixara de ser eticamente neutra. A evolução do direito tributário demonstra que os sistemas fiscais se encontram profundamente marcados por preocupações éticas e de justiça social. Destaca-se ainda que alguns dos comportamentos puníveis segundo o direito penal comum abrangem atos com igual desvalor às condutas violadoras das normas tributárias, por exemplo, o crime de burla, o crime de abuso de confiança, o crime de falsificação de documentos. Neste sentido se inclinam os escritos de Eduardo Correia e de Eliana Gersão.

Na legislação portuguesa, a evolução da legislação conduziria, como se referiu, à consagração de uma *teoria dualista* segundo a qual se entende que a violação das leis fiscais pode revestir em alguns casos natureza criminal, em outros, na sua maioria, uma natureza administrativa.

3. Os Crimes Fiscais

A sistematização legal dos crimes fiscais na ordem jurídica portuguesa surge centrada sobre dois delitos – *Fraude* e *Abuso de confiança*. A visão bipartida das incriminações fiscais seguida pelo legislador português tem a sua origem no direito penal fiscal anterior ao RGIT. Com efeito, no *Regime Jurídico das Infrações Ficais não Aduaneiras* (RJIFNA, criado pelo Decreto-Lei n.º 20-A/90, de 15 de Janeiro), que antecedeu aquele regime, o legislador tipificava, entre outras incriminações, a *Fraude Fiscal* (artigo 23.º) e o *Abuso de Confiança Fiscal* (artigo

---

[8] Nuho de Sá Gomes, *Evasão Fiscal, Infracção Fiscal e Processo Penal Fiscal*, Lisboa: Editora Rei dos Livros, 2000, p. 47.

24.º), enquanto crimes fiscais[9]. Estas incriminações viriam a transitar com profundas alterações para o regime jurídico atual, mantendo-se, no entanto, nos seus traços essenciais, o comportamento penalmente proibido: na *Fraude* incriminam-se condutas fraudulentas de ocultação, alteração ou simulação de factos ou valores que devam ser declarados, tendo em vista obter vantagens patrimoniais à custa das receitas fiscais; no *Abuso de Confiança* tipifica-se a não entrega pelo substituto fiscal de prestações tributárias que deduziu nos termos da lei.

Não cuidaremos, neste contexto, de uma análise exaustiva, nos seus elementos objetivos e subjetivos, destas incriminações, mas antes se colocará em evidência, pela sua importância, duas das modificações operadas pelo RGIT: a criação de um novo tipo legal – a *Fraude qualificada* – e a "objetivação" do crime de *Abuso de confiança*.

O artigo 104.º do RGIT prevê o novo tipo legal que compreende as situações mais graves de fraude fiscal: a *Fraude Qualificada*. Nos termos da lei, a qualificação pode ocorrer por via de três situações típicas distintas, previstas nos números 1, 2 e 3 daquele artigo, respetivamente.

a) Nos termos do n.º 1, a qualificação dá-se pela verificação da acumulação de mais de uma das circunstâncias previstas nas diversas alíneas que constituem esse número. Essas circunstâncias são: o conluio do agente com terceiros que estejam sujeitos a obrigações acessórias para efeitos de fiscalização tributária; o agente ser funcionário público e tiver abusado gravemente das suas funções; o agente socorrer-se de auxílio do funcionário público com grave abuso das suas funções; o agente falsificar ou viciar, ocultar, destruir, inutilizar ou recusar entregar, exibir ou apresentar livros, programas ou ficheiros informáticos e quaisquer outros documentos ou elementos probatórios exigidos pela lei tributária; o agente usar os livros ou quaisquer outros elementos referidos no número anterior, sabendo-os falsificados ou viciados por terceiro; a utilização da interposição de pessoas singulares ou coletivas residentes fora do território português e aí submetidas a um regime fiscal claramente mais favorável; e, por último, o conluio do agente com terceiros com os quais esteja em situação de relações especiais.

As circunstâncias previstas nas alíneas *a)* a *e)*, correspondem integralmente às alíneas *b)* a *f)* do n.º 3 da antiga *Fraude fiscal* prevista no artigo 23.º do RJI-FNA. A este elenco o legislador de 2001 acrescentou dois novos elementos

---

[9] Sobre a evolução quer no plano legal quer no plano doutrinal do RJIFNA ao RGIT veja-se, João da Costa Andrade, *Da Unidade e Pluralidade de Crimes*, Coimbra: Coimbra Editora, 2010, p. 341 e ss.

qualificadores, previstos nas alíneas *f)* e *g)*. Contudo, há uma diferença fundamental: a norma do RJIFNA não tinha qualquer natureza qualificadora, antes concretizava a indeterminação dos conceitos jurídicos de ocultação ou alteração de factos ou de valores que, por sua vez, correspondiam às condutas ilegítimas tipificadas. Desta forma, o legislador descrevia, a título exemplificativo, as circunstâncias que determinavam a ocorrência daquelas condutas ilegítimas[10]. Alguma doutrina, de que constitui exemplo Augusto Silva Dias, defendia que aquelas circunstâncias exemplificativas deviam ser interpretadas à luz da técnica dos exemplos-padrão, por via da qual só seriam admissíveis novas circunstâncias que, não estando expressamente previstas, se equiparassem, estrutural e substancialmente, às que figuravam nas várias alíneas[11]. Deste modo, as situações contempladas naquelas alíneas exemplificavam os conceitos indeterminados de ocultação e alteração de valor. Isto significa que estas mesmas circunstâncias, hoje tidas como qualificadoras, originariamente revelavam e concretizavam a conduta ilícita de *Fraude fiscal* simples. Por conseguinte, é de algum modo surpreendente que as mesmas circunstâncias que exemplificavam a conduta fraudulenta se tenham transmutado, em 2001, em elementos que servem a qualificação da conduta[12].

Do ponto de vista material, deve ainda acrescentar-se alguma estranheza, pela sua singularidade, quanto à técnica qualificadora usada pelo legislador no n.º 1 do artigo 104.º: trata-se de uma qualificação "aditiva" que pressupõe a acumulação de mais de uma das circunstâncias previstas naquele preceito normativo[13]. Mais uma vez, esta técnica resulta de uma adaptação, a nosso ver pouco feliz, da segunda parte do n.º 4 do artigo 23.º do RJIFNA. Aí se estabelecia uma *agravação* da pena aplicável às pessoas singulares nos casos em que, na ocultação ou alteração dos factos ou valores ou na simulação, se verificasse a acumulação de mais de uma das circunstâncias referidas nas alíneas *c)* a *f)*. Quer isto dizer que a ocorrência de mais de uma daquelas situações transformaria a *Fraude Fiscal* simples em *Fraude Fiscal* agravada. No âmbito do RGIT,

---

[10] Alfredo José de Sousa, *Infracções Fiscais (Não Aduaneiras)*, 2.ª edição, Coimbra: Livraria Almedina, 2005, p. 87; Augusto Silva Dias, «Os crimes de fraude fiscal e de abuso de confiança fiscal. Alguns aspectos dogmáticos e político-criminais», *Ciência e Técnica Fiscal*, n.º 394 (1999), p. 53.
[11] Augusto Silva Dias, «Os crimes de fraude...», *op. cit.*, p. 53.
[12] Esta transposição das circunstâncias previstas no antigo artigo 23.º do RJIFNA é denunciada pela própria redação do atual artigo 104.º, onde permanecem incompreensivelmente alguns elementos provindos da legislação anterior: veja-se, por exemplo, a alínea *e)* do n.º 1 do artigo 104.º. A referência ao número anterior não se compreende uma vez que não existe qualquer número anterior – esta referência provém da antiga redação e nunca foi corrigida pelo legislador.
[13] Cf. Susana Aires de Sousa, *Os Crimes Fiscais...*, *op. cit.*, p. 113 e ss.

o legislador transformou aquela agravação em uma qualificação, concedendo formalmente àquelas circunstâncias a natureza de elementos qualificadores. Ora, o juízo de especial ilicitude ou censurabilidade pressuposto por um delito qualificado não pode resultar de uma mera adição automática das circunstâncias previstas, antes o elemento qualificador deve indiciar uma situação de especial gravidade, denunciada por exemplo pelo modo como se realiza o ataque ao bem jurídico ou pela intensidade com que esse bem jurídico é lesado. Neste sentido, o elemento qualificador só ganha sentido se relacionado com o âmbito de proteção da norma. Assim, temos para nós que, na concretização daquelas circunstâncias, o julgador deve fazer um juízo valorativo destinado a verificar se através delas se exprime a especial gravidade exigida pelo elemento qualificador. Só por esta via se evitará que a aplicação automática daquelas circunstâncias conduza a situações materialmente injustas.

b) No n.º 2 do artigo 104.º prevê-se uma outra forma de qualificação a que corresponde a mesma pena (pena de prisão de um a cinco anos para as pessoas singulares e multa de 240 a 1200 dias para as pessoas coletivas): basta a verificação singular das circunstâncias descritas para se dar a agravação da punição, na medida em que elas se podem tomar como indícios de uma ilicitude qualificada. Em causa está o uso "de faturas ou documentos equivalentes por operações inexistentes ou por valores diferentes ou com a intervenção de pessoas ou entidades diversas das da operação subjacente". Pretende-se assim abranger situações de fraude que indiciam à partida uma maior gravidade, como a utilização de faturas falsas ou ainda a chamada "fraude em carrossel". Esta modalidade de qualificação, ainda que questionável pela sua automaticidade, fundamenta-se à partida no maior desvalor das condutas aí previstas, patente na forma ou meio de execução da fraude, distinguindo-se assim da qualificação prevista no n.º 1.

c) A lei n.º 64-B/2011, de 30 de dezembro, adicionou uma nova alínea ao n.º 2 que qualifica a fraude fiscal em razão do valor da vantagem patrimonial obtida pelo agente. Nos termos da alínea *b)*, realiza-se a qualificação quando a vantagem patrimonial for superior a € 50 000.

Este diploma acrescentou ainda um terceiro número ao artigo 104.º no qual se estabelece uma "hiperqualificação", punida com pena de prisão de 2 a 8 anos para as pessoas singulares e pena de multa de 480 a 1920 dias para as pessoas coletivas. A especial gravidade do ilícito advém do valor da vantagem patrimonial obtida pelo agente que há de ser superior a € 200 000.

As alterações legislativas acentuam a componente patrimonial do ilícito qualificado que surge agora centrado sobre o valor da vantagem patrimonial obtida pelo agente, em clara aproximação aos crimes patrimoniais comuns e, consequentemente, a um modelo de escalões: se a vantagem patrimonial for igual ou inferior a € 50 000 a fraude será simples, a menos que se verifiquem cumulativamente duas das circunstâncias previstas no n.º 1 do artigo 104.º ou o recurso aos expedientes previstos no n.º 2 daquele artigo; se a vantagem obtida pelo agente for superior a € 50 000 a fraude é qualificada; se a vantagem for superior a € 200 000 a fraude será "hiperqualificada".

Neste sentido, a introdução destes novos elementos patrimoniais reafirma a natureza patrimonial da *Fraude fiscal* e do bem jurídico que se procura proteger por via desta incriminação.

Como já se referiu, o direito penal fiscal português conhece, para além do *Fraude Fiscal*, o crime de *Abuso de confiança* (fiscal). Porém, em 2001 alterou-se de forma significativa este tipo legal do crime[14]. De facto, o artigo 105.º do RGIT deixou cair a referência à apropriação total ou parcial das quantias deduzidas, diversamente do disposto no anterior artigo 24.º, n.º 1, do RJIFNA, na versão introduzida pelo Decreto-Lei 394/93 do tipo legal de abuso de confiança fiscal – claramente mais próxima dos elementos típicos do crime de abuso de confiança comum, previsto no artigo 205.º do Código Penal. A redação do RGIT afasta-se ainda da versão originária do crime de abuso de confiança fiscal, na redação conferida pelo Decreto-Lei 20-A/90, uma vez que não faz qualquer referência a elementos subjetivos específicos, como "a intenção de obter para si ou para outrem vantagem patrimonial"[15]. Assim, a conduta incriminada consiste na *mera não entrega à administração fiscal*, dentro de determinado prazo, das quantias pecuniárias deduzidas, concretizando-se,

---

[14] Cf., entre outros, Manuel da Costa Andrade, «O abuso de confiança fiscal e a insustentável leveza (de um acórdão) do Tribunal Constitucional), *in*: *Direito Penal Económico e Europeu: Textos Doutrinários*, Vol. III, Coimbra: Coimbra Editora, 2009, p. 230 e ss.; Gonçalo N. C. Sopas de Melo Bandeira, *"Responsabilidade" Penal Económica e Fiscal do Entes Colectivos*, Coimbra: Livraria Almedina, 2004, p. 114 e ss.; Susana Aires de Sousa, *Os Crimes Fiscais...*, op. cit., p.122 e ss.; Germano Marques da Silva, *Direito Penal Tributário. Sobre as Responsabilidades das Sociedades e dos seus Administradores Conexas com os Crimes Tributários*, Lisboa: Universidade Católica Portuguesa, 2009, p. 241 e ss.; Paulo Marques Vidal, *Crime de Abuso de Confiança Fiscal, Problemas do Actual Direito Penal Tributário*, Coimbra: Coimbra Editora, 2011, p. 45 e ss.

[15] Na sua versão originária, o n.º 1 do artigo 24.º do RJIFNA tinha o seguinte teor: "1. Quem, com intenção de obter para si ou para outrem vantagem patrimonial indevida e estando legalmente obrigado a entregar ao credor tributário a prestação tributária que nos termos da lei deduziu, não efectua tal entrega total ou parcialmente será punido com pena de multa até 1000 dias. (...)".

numa omissão pura, que se consuma com o fim do prazo para a entrega daquelas prestações[16].

Os motivos que levaram o legislador a optar por uma tal conformação típica não são claros, mas prendem-se naturalmente com o "combate à evasão fiscal" e, como dá conta Germano Marques da Silva, *"ao que parece com o propósito de evitar as dificuldades de prova relativamente à apropriação e ao dolo específico"*[17].

Esta modificação legislativa foi vivamente criticada por alguns autores. Entre as principais objeções críticas conta-se a excessiva aproximação da conduta criminosa e da contraordenação prevista no artigo 114.º do RGIT. O que, nos termos do RGIT, delimita o crime da contraordenação é uma mera condição de punibilidade: a conduta passa a ser punida como crime quando tenham passado mais de 90 dias sobre o termo do prazo da entrega da prestação. Com inteira razão, Costa Andrade sublinha que a nova compreensão do ilícito criminal teve como reverso uma redefinição e uma deslocação da linha de fronteira entre o crime e a contraordenação à custa da expansão do ilícito criminal, renunciando-se ao elemento que até aí vinha marcando a dignidade penal dos abusos de confiança tributários.

Assim, em nosso modo de ver, ao alargar desta forma o âmbito da incriminação o legislador desconsidera princípios essenciais do direito penal como, no plano da infração, o princípio da mínima intervenção penal e, no plano da consequência jurídica, o princípio da proporcionalidade. Assinale-se ainda que, também no âmbito da *praxis*, aquela modificação legislativa teve como consequência inevitável o aumento do número de processos judiciais por abuso de confiança fiscal[18].

Procurando limitar o âmbito desta incriminação, o legislador altera, no final de 2006, por meio da Lei n.º 53.º-A/2006, a redação do n.º 4 do artigo 105.º: o novo texto manteve na alínea *a)* o decurso dos 90 dias como condição de punibilidade da não entrega das prestações deduzidas no prazo legal[19], mas acrescentou-se uma nova alínea, nos termos da qual só há punição se "*a*

---

[16] No mesmo sentido Nuno Lumbrales, «O abuso de confiança fiscal no Regime Geral das Infracções Tributárias», *Fiscalidade*, n.º 13/14 (2003), p. 86.

[17] Cf. *Direito Penal Tributário*, op. cit., p. 242. Também, do mesmo autor, «Notas sobre o regime geral das infracções tributárias», *Direito e Justiça*, Vol. XV, Tomo II (2001), p. 67-68.

[18] A este propósito, noticiava o jornal semanário *Sol*, de 6 de abril de 2007, que o abuso de confiança fiscal se intensificou, tendo aumentado 64% em 2004 face ao ano anterior, segundo dados disponibilizados pelo Ministério da Justiça.

[19] Sobre a alínea *a)* e a sua génese histórica, veja-se, de modo mais desenvolvido, Susana Aires Sousa, *Os Crimes Fiscais...*, op. cit., p. 136.

prestação comunicada à administração tributária através da correspondente declaração não for paga, acrescida dos juros respetivos e do valor da coima aplicável, no prazo de 30 dias após notificação para o efeito"[20]. Desta forma, restringiu-se a criminalização nos casos em que o substituto fiscal declara as quantias que deduziu mas não as entrega, fazendo-se depender a punição criminal de uma prévia notificação da administração para o pagamento pelo substituto da coima aplicável e dos juros no prazo de 30 dias.

A interpretação e aplicação desta norma esteve na origem de uma forte controvérsia doutrinal e jurisprudencial[21]. Todavia, a alteração legislativa clarificou de forma definitiva a atual compreensão do ilícito de abuso de confiança fiscal[22]: com esta alteração, o legislador veio afastar ainda mais o abuso de confiança fiscal da figura clássica patrimonial de abuso de confiança prevista no Código Penal. Assim, já não são as receitas fiscais que, enquanto objeto de tutela da norma, presidem como padrão crítico à construção da incriminação, mas antes a violação dos deveres decorrentes da relação fiscal estabelecida entre o substituto e a administração fiscal. Ora, a observância de deveres fiscais dificilmente cumpre as funções e a materialidade que deve exigir-se a um bem jurídico-penal, capaz

---

[20] Sobre esta modificação legislativa veja-se Manuel da Costa Andrade/ Susana Aires de Sousa, «As metamorfoses e desventuras de um crime (de abuso de confiança fiscal) irrequieto. Reflexões críticas a propósito da alteração introduzida pela Lei 53-A/2006, de 29 de Dezembro», *RPCC*, Ano 17, n.º 1 (2007), p. 53 e ss.

[21] A introdução desta limitação veio tornar ainda mais confuso e complexo um regime legal que era já duvidoso: desde logo impunha-se determinar quais os casos a que seria aplicável esta modificação; isto é, os tribunais depararam-se com a questão de saber se estava em causa uma verdadeira descriminalização de algumas condutas antes abrangidas pelo tipo legal de abuso de confiança fiscal, fazendo cair o caso julgado, nos termos do n.º 2 do artigo 2.º do Código Penal ou se, diferentemente, o legislador estabelecia somente um regime mais favorável, aplicável aos casos pendentes nos termos da redação então vigente do n.º 4 do artigo 2.º daquele diploma. Houve decisões judiciais nos dois sentidos e que determinar a necessidade de o Supremo Tribunal de Justiça fixar jurisprudência, através do Acórdão do STJ n.º 6/2008, de 15 de maio. Esta decisão constituiu um marco decisivo uma vez que acabaria por orientar, a partir desse momento, o sentido das decisões dos tribunais. Contrariamente à compreensão doutrinária dominante, que apontava no sentido da descriminalização, o Supremo Tribunal de Justiça entendeu que a alteração legislativa não representava uma descriminalização, mas antes um regime penal fiscal mais favorável ao arguido e como tal aplicável nos termos do n.º 4, do artigo 2.º do Código Penal aos casos pendentes e já não aos casos transitados em julgado. Criticamente acerca desta inovação legislativa, Manuel da Costa Andrade / Susana Aires de Sousa, «As metamorfoses e desventuras de um crime (de abuso de confiança fiscal) irrequieto...», *op. cit.*, p. 53 e ss.; também Américo Taipa de Carvalho, *O Crime de Abuso de Confiança Fiscal As Consequências Jurídico-penais da Alteração Introduzida pela Lei n.º 53-A/2006, de 29 de Dezembro*, Coimbra: Coimbra Editora, 2007.

[22] Cf. Manuel da Costa Andrade / Susana Aires de Sousa, «As metamorfoses e desventuras de um crime...», *op. cit.*, p. 61 e ss.

de sustentar a mais grave das sanções. Por esta via, esbatem-se de modo irremediável as diferenças entre o ilícito penal e o ilícito administrativo, em claro prejuízo do princípio da proporcionalidade de matriz constitucional, e do seu corolário de mínima intervenção do direito penal. O que adensa ainda mais as dúvidas sobre a constitucionalidade desta norma incriminatória.

4. O Bem Jurídico Protegido nos Crimes Fiscais

Uma das questões de natureza dogmática mais discutidas na doutrina portuguesa prende-se com o bem jurídico protegido pelas incriminações fiscais[23]. As respostas têm seguido sentidos diversos, por vezes divergentes, que agora se enunciam de forma tópica e sintética.

Alguns autores identificam o bem jurídico concretamente tutelado com os "valores que impedem sobre o sujeito tributário passivo, nas suas relações de comunicação com a administração fiscal, a verdade e a transparência"[24].

Numa outra proposta doutrinária, confere-se ao bem jurídico uma dimensão sistémica ou funcional, fazendo-o coincidir com o sistema tributário, "entendido numa perspetiva funcional, como o conjunto de atividades a desenvolver pelo Estado e outros entes públicos para a obtenção dos recursos financeiros e para a aplicação destes na satisfação das necessidades públicas que lhes cumpre realizar"[25].

Por último, parte da doutrina tem defendido uma compreensão patrimonial do bem jurídico protegido nas incriminações fiscais[26]. Foi justamente

---

[23] Sobre, em geral, as diversas propostas e modelos doutrinários referentes ao bem jurídico protegido, veja-se, com referências bibliográficas adicionais, Susana Aires de Sousa, *Os Crimes Fiscais...*, *op. cit.*, p. 266 e ss.

[24] Neste sentido Manuel da Costa Andrade, «A Fraude Fiscal – Dez anos depois, ainda um "crime de resultado cortado"?», *Direito Penal Económico e Europeu: Textos Doutrinários*, Vol. III, Coimbra: Coimbra Editora, 2009, pp. 270 a 271.

[25] Cf. Germano Marques da Silva, *Direito Penal Tributário*, *op. cit.*, p. 92. Também, Mário Ferreira Monte *Da Legitimação do Direito Penal Tributário, em Particular, os Paradigmáticos Casos de Facturas Falsas*, Coimbra: Coimbra Editora, 2007, p. 260, faz coincidir o bem jurídico protegido com a "função do tributo traduzida na realização de finalidades públicas". Já André Teixeira dos Santos, *O Crime de Fraude Fiscal. Um Contributo para a Configuração do Tipo Objectivo de Ilícito a partir do Bem Jurídico*, Coimbra: Coimbra Editora, 2009, p. 124, identifica o bem jurídico protegido com o sistema fiscal.

[26] Neste sentido, Américo Taipa de Carvalho / José Damião Cunha, «"Facturas falsas": crime de fraude fiscal ou de burla?», *in: Jus et de Jure. Nos vinte anos da Faculdade de Direito da Universidade Católica Portuguesa-Porto*, Porto, 1998, p. 860. Augusto Silva Dias, «Os crimes de Fraude fiscal...», *op. cit.* p. 57; Sousa, Susana Aires de, *Os Crimes Fiscais...*, *op. cit.*, p. 288 e ss.; Miguel João de Almeida Costa,

no âmbito desta última posição que tivemos oportunidade de defender, num estudo para cuja argumentação se remete, que o bem jurídico tutelado nos crimes fiscais coincide com as receitas tributárias enquanto componente ativa do património fiscal[27].

A compreensão que se siga do bem jurídico tutelado há de refletir-se na correspondente qualificação do crime como de perigo ou de dano. Assim, a título de exemplo, de uma perspetiva patrimonial, assente na obtenção completa e integral das receitas fiscais, o crime de Fraude Fiscal previsto no artigo 103.º do RGIT há de qualificar-se como de perigo, uma vez que não chega a exigir-se no tipo legal a efetiva lesão dessas receitas, mas somente o perigo de lesão[28]. Uma correta compreensão do bem jurídico-penal protegido no direito penal fiscal, dotado de uma natureza patrimonial, permite que ele possa exercer a sua função de padrão crítico da norma incriminadora: constitui por exemplo um dos apoios na interpretação dogmática dos limiares mínimos (quantitativos) de relevância penal da conduta ao nível do tipo de ilícito (15.000 euros no que respeita ao crime de Fraude Fiscal e 7.500 euros no que concerne à incriminação de Abuso de confiança fiscal) ou, num outro exemplo ilustrativo, legitima algumas dúvidas quanto à conformação legal do crime de abuso de confiança fiscal como um crime de mera desobediência à entrega de quantias tributárias deduzidas, como anteriormente se desenvolveu[29].

É evidente que estas conclusões não são exclusivamente sustentadas no princípio da tutela subsidiária de bens jurídicos, antes convocam de igual modo a mobilização de outros princípios jurídico-penais. Isto é, o bem jurídico indica, juntamente com os princípios da fragmentaridade, da subsidiariedade e de *ultima ratio*, do direito penal, a montante, e com as finalidades das penas, a jusante, o que pode ser legitimamente tutelado através das sanções penais: a obtenção de receitas fiscais, desde que não possam ser suficientemente

---

«A fraude fiscal como crime de aptidão. Facturas Falsas e Concurso de Infracções», *in*: *Miscelâneas 6 (2010)*, IDET, Coimbra: Livraria Almedina, p. 214 e ss.

[27] SOUSA, Susana Aires de, *Os Crimes Fiscais...*, *op. cit.*, p. 288 e ss. e, em particular, p. 299 e ss.

[28] Sobre a discussão doutrinal em torno da natureza de crime de perigo de fraude fiscal veja-se, por último, Miguel João de Almeida Costa, «A fraude fiscal como crime de aptidão...», *op. cit.*, p. 201 e ss.

[29] Sobre este ponto, Manuel da Costa Andrade / Susana Aires de Sousa, «As metamorfoses e desventuras de um crime (de abuso de confiança fiscal) irrequieto...», *op. cit.*, p. 53-72; também Susana Aires de Sousa «O limiar mínimo de punição da *Fraude fiscal (qualificada)*: entre duas leituras jurisprudenciais divergentes. Anotação aos acórdãos do Tribunal da Relação de Guimarães de 18 de maio de 2009 e do Tribunal da Relação do Porto de 23 de março de 2011», *Revista Portuguesa de Ciência Criminal*, ano 21 (2011), n.º 4, p. 611 e ss.

protegidas por via de outros ramos do direito sancionatório menos gravosos do que o direito penal.

5. A Regularização da Situação Tributária Pelo Contribuinte

Uma outra questão que tem assumido alguma relevância na doutrina e na legislação estrangeira, designadamente na Alemanha, mas também em Espanha, prende-se com a relevância jurídica que há de reconhecer-se, no âmbito do direito penal tributário, à regularização voluntária da situação tributária pelo contribuinte. Em ambos os ordenamentos se prevê a possibilidade de, verificados determinados pressupostos, se excluir a pena aplicável aos delitos fiscais quando o contribuinte voluntariamente regularize a sua situação tributária, ainda que a infração esteja consumada[30]. No caso espanhol trata-se do artigo 305.º, n.º 4 do Código Penal; na legislação alemã está em causa o § 371 (*Selbstanzeige bei Steuerhinterziehung*) da Abgabenordnung[31] que estabelece a não punição da fraude fiscal em casos de auto-denúncia[32].

A estas normas é reconhecida uma finalidade claramente pragmática e de natureza político-criminal em matéria fiscal[33], aproximando, por exemplo, este regime dos fundamentos que regem a figura da desistência da tenta-

---

[30] Dispõe o n.º 4 do artigo 305.º do CP espanhol, inspirado no § 371 da AO, que ficará isento de responsabilidade penal aquele que regularize a sua situação tributária relativamente às dívidas a que se refere o n.º 1 desse artigo, antes que tenha sido notificado pela administração tributária do início de ações de investigação com vista à determinação das dívidas tributárias objeto de regularização, ou, no caso de tais ações ainda não terem tido lugar, antes que o Ministério Fiscal, o Advogado do Estado ou o representante processual da administração autónoma, foral ou local em causa, interponha queixa ou denúncia dirigida contra aquele, ou quando o Ministério Público ou o Juiz de Instrução realizem ações que lhe permitam ter conhecimento formal do início de diligências.
[31] Sobre esta norma veja-se Susana Aires de Sousa, «Os crimes fiscais na Alemanha e em Portugal», *Direito Penal. Fundamentos Dogmáticos e político-criminais. Homenagem ao Prof. Peter Hünerfeld*, Coimbra: Coimbra Editora, 2013, p. 1129 e ss.
[32] A exclusão da punição nos termos do § 371 tem uma longa tradição no ordenamento jurídico alemão e remonta ao RAO (*Reichsabgabenordnung*) de 1919. Este diploma previa no § 374 uma causa de exclusão da responsabilidade penal que, sem modificações substanciais, transitaria para o § 410 do RAO de 1931 que, por sua vez, se tornaria no precedente normativo imediato do § 371 da AO. Sobre a história deste preceito veja-se, por todos, Franzen / Gast / Joecks, *Steuerstrafrecht*, München: Verlag C. H. Beck, 5. Auflage, 2001, § 371, nota de margem 1 e ss., e Schmitz/Wulf, *Münchener Kommentar*, § 371, nota de margem 3.
[33] Cf., com referências bibliográficas, Franzen / Gast / Joecks, *Steuerstrafrecht, op. cit.*, § 371, nota de margem 21.

tiva[34], assentes na capacidade de reintegração do bem jurídico-penal lesado (as receitas fiscais) e no carácter de voluntariedade que lhe é inerente, manifestado na intenção do agente de "regressar" ao direito, revertendo o processo lesivo.

No ordenamento jurídico português atual não se prevê há qualquer preceito normativo deste tipo[35]. Há somente, em algumas normas, afloramentos da relevância jurídica da reposição da verdade tributária. É o caso do artigo 22.º do RGIT, que consagra a possibilidade de dispensa de pena se o agente repuser a verdade sobre a situação tributária e o crime for punível com pena de prisão igual ou inferior a três anos, desde que a ilicitude do facto e a culpa do agente não sejam muito graves e não se oponham razões de prevenção. O n.º 2 deste mesmo artigo determina a atenuação especial da pena se o agente repuser a verdade fiscal e pagar a prestação tributária e demais acréscimos legais até à decisão final ou no prazo nela fixado. Da mesma forma, o artigo 14.º do RGIT condiciona a suspensão da execução da pena de prisão ao pagamento da prestação tributária e acréscimos legais, do montante dos benefícios indevidamente obtidos e, caso o juiz o entenda, ao pagamento de quantia até ao máximo estabelecido para a pena de multa. Também no plano dos preceitos normativos de natureza processual se concede alguma relevância à regularização da situação tributária, *maxime* nos artigo 43.º e 44.º [36].

Daqui se conclui que o legislador português optou por fazer relevar a reposição da verdade tributária de forma fragmentada no decurso da realização penal substantiva e adjetiva. Todavia, em nosso modo de ver, à semelhança do ordenamento alemão e espanhol, poder-se-ia ter ido mais longe, no que respeita aos efeitos da regularização da situação tributária, quando

---

[34] Sobre esta fundamentação dogmática veja-se Franzen / Gast / Joecks, *Steuerstrafrecht, op. cit.*, § 371, nota de margem 20, com adicionais referências bibliográficas.

[35] O artigo 26.º do RJIFNA previa a possibilidade de arquivamento do processo e isenção da pena, em caso de reposição da verdade por parte do agente. Todavia, a aplicação da norma estava sujeita à discricionariedade do Ministério Público e do juiz penal, não se exigindo a voluntariedade da conduta reparadora. Para mais desenvolvimentos Augusto Silva Dias, «O novo direito penal fiscal não aduaneiro (Decreto-Lei n.º 20-A/90, de 15 de janeiro). Considerações dogmáticas e político-criminais», *in: Direito Penal Económico Europeu: Textos Doutrinários*, Vol. II, Coimbra: Coimbra Editora, p. 283 e ss.

[36] Sobre a relevância da reparação penal no âmbito do RGIT *vide* Germano Marques da Silva, *Direito Penal Tributário, op. cit.*, p.124; também Mário Ferreira Monte, «Da reparação penal como consequência jurídica autónoma do crime», *in: Liber Discipulorum para Jorge de Figueiredo Dias*, Coimbra: Coimbra Editora, 2003, pp. 134 a 135.

realizada voluntariamente, pelo contribuinte[37], prevendo-se essa possibilidade em norma autónoma, de aplicação geral no âmbito dos crimes fiscais. Esta disposição teria um fundamento análogo à figura da desistência na prossecução do facto ilícito penal, assentando precisamente nos mesmos princípios que fundamentam esta figura.

Com efeito, uma tal solução louvar-se-ia quer nas finalidades reconhecidas à pena, quer na função do direito penal enquanto tutela subsidiária de bens jurídicos: neste caso, e de modo análogo às situações de desistência de tentativa, a atuação positiva daquele que regulariza a sua situação tributária não só mostra a sua intenção de regressar à juridicidade, como diminui a carência de tutela penal do ponto de vista da proteção do bem jurídico protegido pelos delitos fiscais, que consiste, segundo cremos, na tutela das receitas fiscais do Estado. Ou seja, quer da perspetiva da prevenção especial, quer sob o ponto de vista da prevenção geral emerge a falta de dignidade penal do facto.

Por outro lado, a impunidade do agente que voluntariamente regulariza a sua situação tributária também estará fundamentada, a jusante, de acordo com um princípio de oportunidade – sem que se ponha em causa o dogma da protecção preventiva de bens jurídicos. Antes se dota o sistema punitivo de "válvulas de escape" em matéria de delitos contra a Fazenda Pública, coerentes com os interesses tutelados, por meio de uma *fórmula de equilíbrio*[38] que procura tanto satisfazer as necessidades financeiras da administração tributária, como evitar que o Direito Penal se converta em puro instrumento de obtenção de receitas fiscais[39].

---

[37] Para maiores desenvolvimentos, Susana Aires de Sousa, *Os Crimes Fiscais...*, *op. cit.*, p. 307 e ss. Também Germano Marques da Silva, considera, a propósito do RGIT, que "teria sido desejável ir bastante mais além, premiando a reposição da verdade tributária, mas não foi possível. Há muitos que entendem ainda a sanção penal como uma necessidade ética ou jurídica, quando o que sobretudo importa é a protecção preventiva dos bens jurídicos tutelados. A solução que prevaleceu foi a possível". Cf. «Notas sobre...», *op. cit.*, p. 65.

[38] Nesse sentido, Fermín Morales-Prats, «Los efectos penales de la regularización tributaria en el Código Penal de 1995», in: *La Reforma de la Justicia Penal (Estudios en homenaje al Prof. Klaus Tiedemann)*, coord. Juan-Luis Gómez Colomer, José-Luis González Cussac, Castelló de la Plana: Publicacions de la Universitat Jaume I, 1997, p. 62.

[39] A este propósito, acrescente-se que a relevância da restituição ou reparação está consagrada, deste 2007, no artigo 206.º do Código Penal, para o direito patrimonial clássico. Aí se prevê que a restituição ou reparação possa extinguir a responsabilidade criminal. Em face da ausência de uma norma deste tipo no âmbito do direito penal fiscal, apetece dizer que os crimes fiscais passaram de um regime *"sui generis"* privilegiado, nas palavras de Nuno Sá Gomes, para um regime mais agravado quando comparados com o direito patrimonial clássico. Porém, veja-se em sentido diferente, Germano Marques da Silva, *Direito Penal Tributário*, *op. cit.*, p. 129.

6. Conclusões

É tempo de uma breve nota conclusiva em torno das considerações anteriormente desenvolvidas.

Em primeiro lugar, do ponto de vista sistemático, salienta-se que em Portugal os crimes fiscais estão previstos fora do Código Penal, em legislação penal extravagante, no chamado *Regime Geral das Infrações Tributárias* previsto pela Lei n.º 15/2001, de 5 de julho. Trata-se de uma regulamentação específica que engloba disposições substantivas e processuais referentes às infrações aduaneiras, fiscais e contra a segurança social. Na sequência do que vinha sendo a tradição legislativa portuguesa nesta matéria, os crimes fiscais são dois: a *Fraude* (artigos 103.º e 104.º) e o *Abuso de confiança fiscal* (artigo 105.º).

De uma perspetiva normativa, evidencia-se neste estudo a técnica legislativa usada qualificar ou agravar as condutas mais graves de fraude fiscal. Salienta-se que a peculiar técnica de qualificação prevista no n.º 1 do artigo 104.º, é claramente criticável de uma perspetiva dogmática. Uma outra observação crítica, assente na mínima intervenção do direito penal, dirige-se à objetivação dos elementos típicos do crime de abuso de confiança fiscal.

De uma perspetiva doutrinária, destaca-se, na literatura portuguesa a controvérsia em torno do bem jurídico protegido pelas incriminações fiscais, tendo surgido interpretações e propostas divergentes em torno de uma natureza mais funcional ou sistémica do bem jurídico, contraposta a um modelo patrimonialista do objeto tutelado por aquelas normas.

Por fim, de uma perspetiva político-criminal deverá atender-se à fraca relevância legalmente atribuída à regularização da situação tributária, quando voluntária. Uma solução dogmaticamente fundamentada permitiria dotar o sistema penal fiscal de uma maior agilidade, desde que pautada por uma estrita observância dos princípios fundamentais de direito penal.

Referências

ANDRADE, João da Costa, «*Da Unidade e Pluralidade de Crimes*», Coimbra: Coimbra Editora, 2010.

ANDRADE, Manuel da Costa, «*O abuso de confiança fiscal e a insustentável leveza (de um acórdão) do Tribunal Constitucional*», in: *Direito Penal Económico e Europeu: Textos Doutrinários*, Vol. III, Coimbra: Coimbra Editora, 2009.

_____, «*A Fraude Fiscal – Dez anos depois, ainda um "crime de resultado cortado"?*», *Direito Penal Económico e Europeu: Textos Doutrinários*, Vol. III, Coimbra: Coimbra Editora, 2009.

_____; SOUZA, Susana Aires de «*As metamorfoses e desventuras de um crime (de abuso de confiança fiscal) irrequieto. Reflexões críticas a propósito da alteração introduzida pela Lei 53-A/2006, de 29 de Dezembro*», RPCC, Ano 17, n.º 1 (2007).

BANDEIRA, Gonçalo N. C. Sopas de Melo, *"Responsabilidade" Penal Económica e Fiscal do Entes Colectivos*, Coimbra: Livraria Almedina, 2004.

BRANDÃO, Nuno, *Crimes e Contra-ordenações: da cisão à Convergência Material*, Coimbra: Coimbra Editora, 2016.

CARVALHO, Américo Taipa de, *O Crime de Abuso de Confiança Fiscal As Consequências Jurídico-penais da Alteração Introduzida pela Lei n.º 53-A/2006, de 29 de Dezembro*, Coimbra: Coimbra Editora, 2007.

_____; CUNHA, José Damião «*"Facturas falsas": crime de fraude fiscal ou de burla?*», in: *Jus et de Jure. Nos vinte anos da Faculdade de Direito da Universidade Católica Portuguesa-Porto*, Porto, 1998.

COSTA, Miguel João de Almeida, «*A fraude fiscal como crime de aptidão. Facturas Falsas e Concurso de Infracções*», in: *Miscelâneas 6 (2010)*, IDET, Coimbra: Livraria Almedina.

DIAS, Augusto Silva, «*Os crimes de fraude fiscal e de abuso de confiança fiscal. Alguns aspectos dogmáticos e político-criminais*», *Ciência e Técnica Fiscal*, n.º 394 (1999).

_____, «*O novo direito penal fiscal não aduaneiro (Decreto-Lei n.º 20-A/90, de 15 de janeiro). Considerações dogmáticas e político-criminais*», in: *Direito Penal Económico Europeu: Textos Doutrinários*, Vol. II, Coimbra: Coimbra Editora.

FRANZEN; GAST; JOECKS, *Steuerstrafrecht*, München: Verlag C. H. Beck, 5. Auflage, 2001.

GOMES, Nuno de Sá, *Evasão Fiscal, Infracção Fiscal e Processo Penal Fiscal*, Lisboa: Editora Rei dos Livros, 2000.

MONTE, Mário Ferreira, *Da Legitimação do Direito Penal Tributário, em Particular, os Paradigmáticos Casos de Facturas Falsas*, Coimbra: Coimbra Editora, 2007.

_____. «*Da reparação penal como consequência jurídica autónoma do crime*», in: *Liber Discipulorum para Jorge de Figueiredo Dias*, Coimbra: Coimbra Editora, 2003

MORALES-PRATS, Fermín, «*Los efectos penales de la regularización tributaria en el Código Penal de 1995*», in: *La Reforma de la Justicia Penal (Estudios en homenaje al Prof. Klaus Tiedemann)*, coord. Juan-Luis Gómez Colomer, José-Luis González Cussac, Castelló de la Plana: Publicacions de la Universitat Jaume I, 1997.

LUMBRALES, Nuno, «*O abuso de confiança fiscal no Regime Geral das Infracções Tributárias*», *Fiscalidade*, n.º 13/14 (2003)

SANTOS, André Teixeira dos, *O Crime de Fraude Fiscal. Um Contributo para a Configuração do Tipo Objectivo de Ilícito a partir do Bem Jurídico*, Coimbra: Coimbra Editora, 2009.

SILVA, Germano Marques da, *Direito Penal Tributário. Sobre as Responsabilidades das Sociedades e dos seus Administradores Conexas com os Crimes Tributários*, Lisboa: Universidade Católica Portuguesa, 2009.

SILVA, Germano Marques da, «*Notas sobre o regime geral das infracções tributárias*», *Direito e Justiça*, Vol. XV, Tomo II (2001).

SOUSA, Alfredo José de, *Infracções Fiscais (Não Aduaneiras)*, 2.ª edição, Coimbra: Livraria Almedina, 2005.

SOUSA, Jorge Lopes; SANTOS, Manuel Simas, *Regime Geral das Infracções Tributárias Anotado*, 2.ª ed., Lisboa: Áreas Editoras, 2003.

SOUSA, Susana Aires de, «A natureza jurídica da infração fiscal: oscilando entre crime e contraordenação», in: *Contraordenações Tributárias, Colecção Formação Contínua*, Jurisdição Administrativa e Fiscal, Centro de Estudos Judiciários, 2017.

――――――――. «A infracção fiscal (e a sua natureza) no direito português: breve percurso histórico», *Estudos em Homenagem ao Prof. Doutor Aníbal Almeida, Boletim da Faculdade de Direito*, Coimbra, 2012, p. 999-1014 (também publicado no *Boletim de Ciências Económicas*, Coimbra, 2010, p. 39-59), disponível em http://ucdigdspace.fccn.pt/bitstream/10316.2/24712/1/BoletimLIII_Artigo2.

――――――――. «Os crimes fiscais na Alemanha e em Portugal», *Direito Penal. Fundamentos Dogmáticos e político-criminais. Homenagem ao Prof. Peter Hünerfeld*, Coimbra: Coimbra Editora, 2013.

――――――――. «O limiar mínimo de punição da Fraude fiscal (qualificada): entre duas leituras jurisprudenciais divergentes. Anotação aos acórdãos do Tribunal da Relação de Guimarães de 18 de Maio de 2009 e do Tribunal da Relação do Porto de 23 de Março de 2011», *Revista Portuguesa de Ciência Criminal*, ano 21 (2011), n.º 4, p. 611-634.

――――――――. *Os Crimes Fiscais. Análise Dogmática e Reflexão sobre a legitimidade do Discurso Criminalizador*, Coimbra: Coimbra Editora, 2006 (reimpressão 2009).

VIDAL, Paulo Marques, *Crime de Abuso de Confiança Fiscal, Problemas do Actual Direito Penal Tributário*, Coimbra: Coimbra Editora, 2011.

A Fraude Fiscal – Dez Anos Depois, Ainda Um "Crime de Resultado Cortado"?*

Manuel da Costa Andrade

1. Introdução: Uma Controvérsia Portuguesa

1. Há cerca de dez anos publicámos, em co-autoria com FIGUEIREDO DIAS,[1] um estudo votado à consideração de algumas das marcas mais significantes da factualidade típica do crime de *Fraude fiscal*. Reportávamo-nos à versão então vigente desde o Decreto-Lei nº 394/93, de 24 de Novembro, que operara algumas modificações no desenho típico da incriminação, que remontava à versão originária do RJIFNA, aprovado pelo Decreto-Lei nº 20-A/90, de 15 de Janeiro. Nesse contexto, tivemos a oportunidade de, entre outros aspectos, pôr a descoberto os traços fundamentais do tipo subjectivo da incriminação e a relação deste com o tipo objectivo. Para dar tradução doutrinal a esta relação, apelámos para a categoria dos chamados *crimes de resultado cortado ou de tendência interna transcendente*.

---

* Como se refere no texto, o presente trabalho reconduz-se, no essencial, a um exercício de reexame e reafirmação dos conceitos, princípios, soluções doutrinais e prático-jurídicas, sustentadas por FIGUEIREDO DIAS e por nós próprios no estudo que, juntos, publicámos em 1996. Àquele estudo deve, por isso, imputar-se o mérito que o leitor possa descortinar nestas páginas. Os desvios e os novos passos aqui ensaiados foram empreendidos auf eigene Gefahr. Publicado in Revista de Legislação e de Jurisprudência, ano 135º. (2006), pp. 326-352.

[1] FIGUEIREDO DIAS/COSTA ANDRADE. "O Crime de Fraude Fiscal no Novo Direito Penal Tributário. Considerações Sobre a Factualidade Típica e o Concurso de Infracções", RPCC, Ano 6 (1996), pp. 71 e ss. Também inserto na colectânea Direito Penal Económico e Europeu. Textos Doutrinários, Vol. II. Coimbra, 1999, pp. 411 ss., para que remetem as citações feitas no presente estudo.

Para o efeito, chamámos ao "círculo hermenêutico" um conjunto de *topoi*, que, no seu conjunto – assim acreditávamos –, pareciam emprestar àquela categorização a indispensável pertinência normativa, consistência doutrinal e adequação político-criminal.

Recorda-se que, à semelhança do que hoje continua no essencial a valer para a forma básica da infração prevista no nº 1 do artigo 103º do RGIT (Regime Geral das Infracções Tributárias, aprovado pela Lei n.º 5/2001, de 5 de Junho), na versão (de 1993) do RJIFNA, a matéria proibida a título de Fraude fiscal compreendia um conjunto diversificado de *"condutas ilícitas tipificadas"*, de recorte e estrutura distintas, mas todas portadoras do mesmo e perturbador significado nas relações de comunicação entre o sujeito passivo da relação tributária e a administração fiscal. Todas, com efeito, introduzindo um momento de inverdade de "falsidade" na comunicação de factos fiscalmente relevantes. Enquanto isto, sobrava igualmente unívoco que o tipo objectivo não integrava nenhum resultado correspondente a um efectivo dano ou prejuízo patrimonial, traduzido numa qualquer diminuição de receita tributária. Neste preciso ponto, o legislador português afastou-se deliberadamente daquele outro arquétipo de construção da *Fraude fiscal* – tradicional, por exemplo, no direito germânico (cf. § 370 da *Abgabenordnung*) e também adoptado pelo código penal espanhol de 1995 (artigo 305.º) – que erige o *dano patrimonial* em momento autónomo da factualidade típica. Um modelo que, no fundo, faz emergir a Fraude fiscal como uma forma especial de Burla, singularizada pela circunstância de a *"autolesão inconsciente"* recair aqui sobre um património encabeçado pelo Estado-Fisco. Um modelo que, de resto, acabou por exercer uma certa atracção sobre o legislador português do RGIT, ao pôr de pé a Burla tributária (artigo 87.º)[2].

Não postulando a efectiva inflicção de um prejuízo patrimonial ao Fisco, a *Fraude fiscal* constante do RJIFNA não integrava outrossim e reversamente a *efectiva obtenção de uma vantagem patrimonial* por parte do agente. Sem embargo, resultava igualmente seguro que as condutas tipificadas só eram proibidas e incriminadas por referência – posta por ora entre parêntesis a natureza e a estrutura dessa referência, nomeadamente a sua índole objectiva ou subjectiva – aos ganhos do agente ou prejuízos do Fisco. Na verdade, as condutas

---

[2] GERMANO SILVA, "Notas Sobre o Regime Geral das Infracções Tributárias (Aprovado pela Lei nº 5/2001, de 5 de Junho)", Direito e Justiça, XV (2001), T. 2, p. 66. Segundo o autor do projecto sobre que assentou o RGIT, na Burla Tributária estará "reproduzido no essencial o tipo de burla, previsto e punível pelos artigos 217.º e 218.º do Código Penal".

tipificadas só valiam como tais quando *"visem..."*. Noutros termos e independentemente do seu desenho formal-típico, incriminação emergia animada de um escopo político-criminal e teleológico unívoco: assegurar a tutela do património fiscal.

Foi à vista deste enquadramento normativo que no nosso citado estudo avançámos, a benefício de melhor e mais adequada caracterização, com a formulação, segundo a qual a *Fraude fiscal* é *"tipicamente* um crime de falsidade; mas é também e ao mesmo tempo, materialmente, um crime contra o património fiscal".[3] E foi nesta linha, mas agora mais atentos às relações que medeiam entre o tipo objetivo e o tipo subjectivo – congruência/ incongruência, simetria/assimetria, sobreposição/desfasamento – que adiantámos a recondução da *Fraude Fiscal* à categoria e ao estatuto jurídico dos *crimes de resultado cortado ou de tendência interna transcendente*. No sentido de que o resultado patrimonial dano/vantagem tinha de ser almejado pelo agente, mas não tinha de ser produzido.

2. A década decorrida sobre a publicação daquele nosso estudo assistiu à multiplicação de tomada de posição doutrinais sobre esta mesma área problemática, algumas tomando como referência as soluções doutrinais, normativas e prático-jurídicas por nós próprios sustentadas. Referências que, não raro, servem para expressar discordâncias ou para formular críticas. Acontece, porém, que sendo a discordância e as críticas frequentes, elas seguem rumos e sentidos divergentes, por vezes mesmo antinómicos e raramente sobreponíveis entre si. Não será mesmo arriscado asseverar que o problema conhece praticamente tantas respostas quantas as vozes que sobre ele se pronunciaram. Para além de densificado de tomadas de posição, o panorama doutrinal português revela-se assim, neste domínio, particularmente diversificado e polícromo. O que parece emprestar à figura da *Fraude fiscal* o estigma de Proteu, a significar coisas diferentes aos diferentes ouvidos a que soam as palavras atrás das quais a lei se mascara.

E o quadro repete-se do lado da jurisprudência pátria. O período de tempo que tomámos como referência de análise e investigação assistiu a um número incontável de decisões judiciais centradas sobre os problemas suscitados pela *Fraude fiscal* e, particularmente, os problemas de concurso com infracções da lei penal comum como a *Falsificação de documento* (artigo 256.º do Código Penal) e a *Burla* (artigos 217.º e 218.º do Código Penal). Os tribunais

---

[3] FIGUEIREDO DIAS/COSTA ANDRADE, ob. cit., p. 422.

portugueses deixaram assim um extenso e denso universo de arestos, em que é possível rastrear o eco de praticamente todas as orientações doutrinais. Pelo menos até que o STJ, chamado a unificar jurisprudência, proferiu o acórdão de 7-05-2003, assegurando o triunfo do entendimento que nos últimos anos vinha emergindo como claramente maioritário.

Foi a consciência deste facto que nos levou a revisitar o problema. Desde logo, por nos sentirmos convocados para a discussão e para o reexame aberto e crítico das nossas próprias tomadas de posição. Além do mais porquanto se, numa primeira consideração, os problemas enunciados se revestem primacialmente de relevo teórico-doutrinal, a verdade é que a sua resposta se projecta em decisivas e plúrimas implicações prático-jurídicas. É o que a experiência portuguesa, ao longo desta década, não deixa de, abundantemente, confirmar.

No percurso que nos propomos fazer procuraremos, todavia, alargar o horizonte de compreensão para além dos limites estritos da área problemática que deixámos sinalizada. A par das questões atinentes à identificação do tipo subjectivo da *Fraude fiscal*, lançaremos ao mesmo tempo um olhar sobre uma outra ordem de questões teórico-categorialmente distintas, mas que com elas andam intimamente imbricadas. Tanto na elaboração doutrinal como na *praxis* dos tribunais. Temos, concretamente, em vista os problemas de enquadramento da incriminação na figura e no regime dos *crimes de perigo*: *crime de perigo concreto, abstracto, abstracto-concreto ou crime de aptidão?*[4] Procuraremos ainda aproveitar a oportunidade para lançar um olhar sobre os novos problemas – ou as novas respostas – trazidos pelo novo quadro normativo, neste ponto dominado pela criação da nova figura da *Burla tributária* (artigo 87.º do RGIT).

---

[4] Recordamos, desde já, que todas estas respostas têm curso na doutrina. Se, por exemplo, SILVA DIAS ou NOGUEIRA DA COSTA falam de crime de perigo concreto, DÁ MESQUITA adopta a classificação de crime de perigo abstracto-concreto, enquanto SUSANA DE SOUSA, qualifica a infracção como crime de aptidão. Cf. SILVA DIAS, "Crimes e Contra-ordenações Fiscais", Direito Penal Económico e Europeu, Vol. II, Coimbra 1999, pp. 439 ss; DÁ MESQUITA, "Sobre os Crimes de Fraude Fiscal e Burla", Direito e Justiça, Vol. XV (2001), pp. 108 e ss.: NOGUEIRA DA COSTA, "Facturas Falsas", Revista do Ministério Público, 1996, p. 133; SUSANA DE SOUSA, Os crimes Fiscais: Análise Dogmática e Reflexão Sobre a Legitimidade do Discurso Criminalizador, Coimbra, 2004 (policop.), pp. 58 e ss.

3. Como deixámos antecipado, propomo-nos inscrever o nosso regresso ao tema como uma intervenção nas controvérsias doutrinais que entretanto ganharam fôlego e dimensão. E, nessa medida, privilegiar o diálogo como forma de discurso e de percurso.

Este propósito condiciona o cunho e o estilo que pretendemos imprimir à escrita. Que evitaremos sobrecarregar com grande aparato bibliográfico, procurando além disso circunscrever as citações ao panorama doutrinal português e buscar na *praxis* portuguesa o suporte casuístico indispensável à sustentação do discurso. Não que no caminho não venhamos a deparar--nos com problemas de grande complexidade e actualidade dogmáticas, a reclamar o alargamento do horizonte de reflexão e de diálogo. E a convocar também alguns dos nomes mais credenciados que, lá fora, e particularmente na doutrina alemã, espanhola ou italiana, lideram o progresso daquela "gramática dogmática" de que a experiência portuguesa é tributária. Pense-se, por exemplo, em nódulos problemáticos como o dos crimes de perigo em que a emergência de novas figuras, como os *crimes de perigo abstracto-concreto* e os *crimes de aptidão*, obriga a rever a tradicional arrumação categorial.

De qualquer forma, a verdade é que o direito penal tributário – e particularmente os problemas suscitados pela *Fraude fiscal* – motivaram, entre nós, nos últimos anos, uma alargada e viva controvérsia. Que se espelha numa certa "agitação" da doutrina e nas hesitações e oscilações dos tribunais. Em termos tais que não será fácil referenciar na experiência nacional uma área do direito penal que, num tão curto período de tempo, tenha provocado tão grande acervo de produção doutrinal, devida já a penalistas já a cultores do direito fiscal. Uma movimentação que foi acompanhada com singular sincronia e simpatia pela jurisprudência e, mesmo, pelo próprio legislador, que não quis ficar fora da roda. É o que bem demonstra, por um lado, a frequência com que, desde 1990, o legislador se desdobra em alterações e inovações legislativas; e, por outro lado, o progressivo alargamento do número de incriminações com que, agónica e desesperadamente, o legislador procura responder à irreprimível propensão da realidade para o imprevisto e a surpresa. Dois "factos" normativos sem paralelo em direito comparado. O que não é necessariamente motivo de orgulho para nós nem augúrio de avanços na luta contra a fuga ao Fisco.

2. Do RJIFNA (1990) ao RJIFNA (1993). Também a Raposa Muda de Pelo Mas Não Muda de Natureza

4. Nesta linha, começaremos por uma primeira e mais aturada recensão da doutrina a este propósito sustentada por SILVA DIAS.[5] Um destaque que se justifica por duas ordens de razões.

Por um lado, porque o autor aborda de forma sistemática e articulada as questões fundamentais polarizadas pelos nódulos problemáticos enunciados. A consideração crítica da sua argumentação e das suas posições doutrinais permite-nos, por isso, demarcar o campo das discussões e sinalizar as coordenadas hermenêuticas de afrontamento dos problemas. Em termos tais que na discussão das soluções de SILVA DIAS vão já antecipadas as premissas político-criminais, teleológico- axiológicas, normativas e dogmáticas de leitura crítica das outras e demais construções recenseadas no panorama doutrinal pátrio. Deve, de resto, precisar-se que a fecundidade heurístico-hermenêutica do diálogo e da discussão com SILVA DIAS, na perspectiva do direito hoje vigente, não resulta comprometida pela circunstância de nos obrigarem a reverter ao período de vigência do RJIFNA, entretanto revogado e substituído pelo RGIT. Isto porque o legislador do RGIT desenhou a estrutura típica da *Fraude fiscal* (artigo 103.º, nº 1) em sobreposição total com a figura homóloga e homónima do RJIFNA (artigo 23.º, n.º 1). Mais: respeitando fielmente o respectivo teor verbal. Vale por dizer que o legislador de 2001 optou a este propósito por uma solução de total e assumida continuidade e comunicabilidade, tanto verbal como normativa, com o dispositivo vigente desde 1993. As mudanças legislativas de 2001 não desencadearam, nesta parte, aquele efeito dirimente e devastador de bibliotecas que KIRSCHEIMER referenciava como consequência possível de uma só palavra do legislador. Na verdade, os problemas de classificação e categorização da *Fraude fiscal*, tanto do ponto de vista do tipo subjetivo como da sua dimensão de ofensividade (dano/perigo) sobre os bens jurídicos protegidos, colocam-se face ao RGIT nos mesmo termos em que se colocavam na vigência do RGIFNA.

Em segundo lugar, sobreleva a circunstância de SILVA DIAS ter acompanhado a exposição das suas teses da discordância generalizada do exercício heurístico por nós próprios empreendido e das conclusões por nós subscritas, que submeteu a crítica sistemática e aturada. O que importa saudar e mesmo agradecer. Saudamos a discordância, convictos como estamos de que só ela abre espaço à afirmação do "melhor argumento". E agradecemos a crítica,

---

[5] SILVA DIAS, ob. loc. cit.

seguros de que ela pode configurar o antídoto mais indicado e eficaz contra a estagnação e cristalização do labor de investigação, mantendo-nos permanentemente despertos, à espera do último saber científico. Que é, sempre e necessariamente, penúltimo.

Terá de ser assim mesmo que a crítica tenha sido escrita naquela mágica hora, entre o dia e a noite, em que, ao anunciar-se a "aurora de róseos dedos" (HOMERO), se experiencia a realidade reduzida à separação entre as sombras e a claridade.

5. A benefício de economia de procedimentos e de clarificação dos temas e dos termos da discussão, recordamos alguns dos enunciados da crítica formulada por SILVA DIAS.

> "Esta interpretação, além de forçada e de não traduzir com clareza a configuração típica da fraude fiscal, aproxima-a estruturalmente das contra-ordenações, cujo fundamento de ilicitude assenta e se esgota, como é sabido, na violação de deveres de colaboração fiscal e se apresenta como ilicitude formal. Assim, o procedimento interpretativo criticado não incorporou o princípio da subsidiariedade ou de 'ultima ratio' do Direito Penal.
>
> Em segundo lugar, o argumento do art. 26 parece-nos um argumento fraco e reversível, pois aquele preceito estabelece como segunda condição para o arquivamento o pagamento efectivo do imposto em dívida e eventuais acréscimos legais e a restituição ou revogação dos benefícios injustificadamente obtidos...
>
> O elemento 'que visem' referido à conduta é elemento objectivo que designa uma aptidão ou tendência das acções descritas no n.º 2 para a não liquidação, não entrega ou não pagamento do imposto ou para a obtenção indevida de benefícios fiscais, reembolsos ou outras vantagens patrimoniais...
>
> A expressão 'susceptíveis de causarem' surge como qualidade que designa ou descreve o carácter perigoso daquelas situações fiscais. Com efeito, ela qualifica cada uma das operações descritas no n.º 1 e não as condutas previstas no n.º 2. A expressão utilizada conserva o sentido de 'dirigidos a' que constava da versão inicial da incriminação... Em lugar de utilizar na previsão típica o termo 'perigo', como faz habitualmente nas incriminações de perigo concreto do CP, o legislador preferiu utilizar uma expressão que tem inequivocamente o sentido da descrição de um processo de perigo. Podemos, pois, continuar a qualificar tipo de crime como de perigo concreto...
>
> ...
>
> FIGUEIREDO DIAS/COSTA ANDRADE... não interpretam este elemento típico ('que visem') em sintonia com as modificações introduzidas pelo DL

n.º 394/93, no sentido da objectivização dos tipos de crime fiscais. O tipo de fraude fiscal, na versão originária do DL n.º 20-A/90, continha um elemento subjectivo específico que consistia na 'intenção de obter para si ou para outrem vantagem patrimonial indevida'. Apesar da eliminação propositada desta intenção específica, os autores consideram que não houve alteração significativa do quadro normativo vigente e onde antes estava 'com intenção de' está agora 'que visem'.

A eliminação da intenção específica retira inequivocamente ao crime em análise a natureza de crime de resultado truncado (que não de consumação antecipada), afastando-se neste ponto quer do crime de burla quer do de falsificação de documento do CP. Por outro lado, a expressão 'que visem' está reportada às 'condutas ilegítimas', como aptidão objectiva das mesmas, e não a uma tendência interna do agente, como acontece sempre que o legislador descreve uma intenção específica."[6]

6. Salvaguardada a possibilidade de não termos feito uma leitura correcta do pensamento do autor, tanto a doutrina sustentada como a argumentação mobilizada nos suscitam reparos.

a) Uma observação de carácter metodológico-epistemológico a começar. Motivada pelo grau de segurança que SILVA DIAS acredita assistir aos seus juízos e às suas construções doutrinais, por mais de uma vez sublinhadas como "*inequívocas*". Não tanto para sinalizar o contraste com que são valoradas as posições criticadas, estigmatizadas como "*contraditórias*", assentes em argumentos "*fracos*", distraídas dos imperativos ou injunções constitucionais, etc. Mas sobre tudo a facilidade com que se encontram soluções "*inequívocas*" num texto legal que, desde as palavras escolhidas até à sua arrumação nas frases de que se tecem os enunciados normativos, está longe de ser meridiano. Trata-se, na verdade, de um texto de traço inseguro, de formulações equívocas e, por isso, de um texto capaz de oferecer eco positivo a qualquer das pré-compreensões a partir das quais venha a ser abordado. Não deve, de resto, levar-se a crédito do mero acaso ou da generalizada cegueira face ao inequívoco, o facto de a incriminação da *Fraude fiscal*, na redacção vigente desde 1993, conhecer praticamente tantas interpretações quantos os intérpretes. Bem podendo, por isso, acreditar-se que toda a interpretação que qualquer intérprete logre, em definitivo, alcançar, há-de seguramente fazê-lo à margem do inequívoco: à custa de laborioso exercício de heurística e de hermenêutica, na procura de pontos de convergência e encontro das sugestões oferecidas pelo elemento literal, sistemático, teleológico e político-criminal.

---

[6] SILVA DIAS, ob. cit., pp. 454 e ss. Sublinhados nossos.

b) Por ser assim, não será arriscado acreditar que mesmo a interpretação que venha a ser reconhecida como a mais plausível e intersubjectivamente mais estabilizada, ela só pode fazer caminho à custa de uma mais ou menos pronunciada correcção do teor verbal do preceito incriminatório. Não pode, noutros termos, esperar-se uma interpretação que venha a ser reconhecida com inequivocamente alinhada pelo sentido diretamente decorrente do texto da lei. Porque do texto da lei não dimana um qualquer sentido inequívoco.

Nesta linha, não pode deixar de sublinhar-se a diferença de severidade exegética com que SILVA DIAS trata as suas e as propostas alheias. Segundo o autor, não pode, por exemplo, adscrever-se ao inciso legal *"que visem"* um conteúdo subjectivo, no sentido de introduzir um elemento de *intenção* ou tendência na factualidade típica. Porque esta não é a fórmula utilizada "sempre que o legislador descreve uma intenção específica".

Diferentemente, já não descortina nenhum obstáculo exegético em adscrever à mesma fórmula legal o sentido de uma idoneidade ou aptidão objectiva, sendo outrossim seguro que essa não é também a expressão utilizada "sempre que o legislador descreve" um juízo objectivo de idoneidade ou aptidão.

De igual modo, o autor não vê nenhuma dificuldade em interpretar o inciso legal *"susceptível de causar diminuição das receitas"* como introduzindo um juízo de perigo concreto, sendo como é patente a distância que separa o inciso legal e a formulação usada "sempre que o legislador descreve" um juízo de perigo concreto. É que agora, argumenta-se, em vez de recorrer às formulações empregues "habitualmente nas incriminações de perigo concreto", o legislador "preferiu usar uma expressão que tem inequivocamente" o sentido de um juízo de perigo concreto. Outros poderiam, porventura com não menor plausibilidade, acreditar que a expressão denota inequivocamente um mero juízo de aptidão (de perigo). De qualquer forma, e é isto que agora importa sublinhar, o autor considera que a sustentação da sua tese já não é prejudicada pela circunstância, supostamente dirimente, de a letra da lei se afastar da formulação canónica, em geral utilizada para assegurar consagração positivada ao entendimento correspondente.

c) Noutra direcção, não cremos que, a ser pertinente a classificação da *Fraude fiscal* como crime de resultado cortado – e mais precisamente como crime tipicamente de falsidade ou inverdade e só materialmente como um crime contra o património fiscal – isso atrairia sobre a incriminação a censura da *inconstitucionalidade material*. Menos ainda que a desconformidade com a Lei Fundamental pudesse provir da invocada afronta ao "princípio da subsidiariedade ou da ultima *ratio* do Direito Penal".

Logo porquanto, tal como o problema é colocado – inconstitucionalidade decorrente da aproximação "estrutural" às contra-ordenações – ele é, em primeira linha, um problema de *dignidade penal*. Isto é, um problema lógica, normológica e axiológico-teleologicamente prioritário, situado logo no primeiro momento da legitimação material da criminalização.[7] Sendo, de qualquer forma, certo que, mesmo depois de deslocado o problema para esta sede, a sua resposta é tudo menos inequívoca.

Pelo que nos toca, não arriscaríamos verter, sem mais, o estigma da inconstitucionalidade sobre todas as incriminações que, apostadas em proteger determinados bens jurídicos, fizessem antecipar a intervenção do direito penal, em termos homólogos. Isto é, para um momento em que a conduta do agente sacrifica apenas valores ou interesses de natureza distinta, cuja preservação se considera decisiva para a salvaguarda do bem jurídico que, em última instância, se quer tutelar. E tanto menos quanto mais aquele interesse ou valor avançado se revestir da indispensável *Schutzwürdigkeit*. E menos ainda quando o seu sacrifício só seja criminalmente sancionado se empreendido com a intenção de atingir o bem jurídico principal. A ser de outra maneira, dificilmente se poderia sustentar a solvabilidade constitucional de muitas incriminações, a começar pelas diferentes manifestações de falsidade e falsificação.

d) Também não cremos que resulte particularmente forte a argumentação com que SILVA DIAS pretende infirmar o "fraco" argumento que nós procurámos colher no teor do artigo 26.º do RJIFNA (*Arquivamento do processo e isenção e redução da pena*). Que condicionava a concessão das soluções de favor, em primeira linha, à reposição da *"verdade sobre a situação fiscal"*. Uma solução normativa a que nós adscrevêramos o significado heurístico de sinalizar a danosidade social típica da incriminação. E, indirectamente, de apontar o bem jurídico tipicamente tutelado.

Vistas as coisas com o horizonte hoje disponível, necessariamente enriquecido com as observações críticas de SILVA DIAS, não vemos razões para alterar, nesta parte, as posições que anteriormente assumimos. Naturalmente, não se pretende – nunca se pretendeu – encontrar no argumento assente no teor do artigo 26.º do RJIFNA a vis hermenêutica suficiente para, só por si, decidir das questões. O propósito era, seguramente, mais modesto: descortinar no

---

[7] Sobre os conceitos de dignidade penal e carência de tutela penal, seu significado e respectiva topografia no discurso da legitimação material da criminalização, cf, para uma primeira síntese, FIGUEIREDO DIAS, Direito Penal. Parte Geral, T. 1. Questões Fundamentais. A Doutrina Geral do Crime, Coimbra, 2004, pp. 114 ss.; COSTA ANDRADE, "A Dignidade Penal' e a Carência de Tutela Penal' como Referências de uma Doutrina Teleológica-Racional do Crime", RPCC 1992, pp. 173 ss.

citado preceito legal um sinal de consonância com a tese defendida e, por vias disso, um reforço de sua pertinência.

Não se desconhece que o dispositivo legal fazia acrescer à reposição da verdade a exigência de que se mostrasse *"estarem pagos o imposto ou impostos em dívida e os eventuais acréscimos legais ou terem sido restituídos ou revogados os benefícios injustificadamente obtidos"*. Nem poderia ser de outro modo. Não se compreenderia, com efeito, que o Estado abrisse mão da efectiva perseguição criminal dos agentes da infracção, sem reclamar, sendo caso disso, os pagamentos a que tinha direito ou os reembolsos que tinham sido ilegalmente obtidos. Só que isto em nada prejudica a evidência de que a reposição da verdade ocupa a primeira linha entre os pressupostos da actualização das soluções de consenso ou diversão a que o artigo 26.º abria a porta. Enquanto isso, as exigências de natureza directamente patrimonial, para além de aparecerem apenas em segundo lugar, nem sequer configuram exigências necessárias, contínuas e, por isso, essenciais. Isto porque bem poderia dar-se a circunstância de, em concreto, não haver nada a pagar ou a devolver. E sobrasse apenas, irredutível, a reposição da verdade a sustentar a solução.

e) Também não cremos que possam interpretar-se as alterações legislativas levadas a cabo em 1993 atribuindo-lhes o significado de um inequívoco movimento "no sentido da objectivização dos tipos de crimes fiscais". Um movimento que seria selado com a substituição da expressão *"com intenção de obter para si ou para outrem vantagem patrimonial indevida"*. Um gesto do legislador a que nós não teríamos reconhecido o devido peso hermenêutico.

Não parece que as coisas sejam tão lineares e unívocas. Na ausência de outros e determinantes *topoi* hermenêuticos, tudo está em saber se, depois da referida novação legislativa, é ainda possível interpretar o texto emergente de acordo com a questionada categorização de *crime de resultado cortado*.[8] Se, noutros termos, não é possível referenciar gestos do mesmo legislador de 1993 que sinalizem o propósito de preservar os coeficientes de subjectividade da factualidade típica da incriminação da Fraude fiscal. Ora, a resposta a esta questão parece dever ser afirmativa. Permitimo-nos convocar, para o efeito, o teor dos n.ºs 3, 4 e 5 do artigo 23.º do RJIFNA em que o legislador fez inscrever a expressão *"vantagem patrimonial pretendida"*. Isto onde antes, na versão que vinha de 1990, se referia apenas a *"vantagem patrimonial indevida"*. É uma

---

[8] No sentido da qualificação da Fraude Fiscal como crime de resultado cortado, se bem que em termos não inteiramente sobreponíveis, cf. entre outros, NOGUEIRA DA COSTA, ob. cit., pp. 108. 108 ss; DÁ MESQUITA, ob. cit., pp. 110 s.

diferença que, seguramente, não pode desatender-se nem subvalorizar-se. Esta novação legislativa operada em 1993 só pode significar que, nas representações do legislador, a *Fraude fiscal* continuava a apresentar uma factualidade típica densificada de momentos subjectivos.

7. As razões de étimo literal e sistemático que jogam a favor da continuidade dos momentos subjectivos da factualidade típica da *Fraude fiscal* depois das alterações legislativas de 1993, são reforçadas por considerações convergentes de étimo teleológico e político-criminal. Trata-se agora de sublinhar que, a assumirem-se em toda a linhas as implicações normativas, dogmáticas e prático-jurídicas de posições como as sustentadas por SILVA DIAS, elas redundariam num claro aumento da complexidade da factualidade típica da incriminação, na densificação dos seus pressupostos típicos e, por vias disso, numa maior rarefacção da matéria proibida e do universo das condutas proibidas *sub nomine Fraude fiscal*. Elas redundariam, noutros termos, num maior amolecimento da tutela penal dos interesses encabeçados pelo Fisco. Isto em contravenção com o programa político-criminal a que comprovadamente obedeceu a reforma de 1993: reforçar a eficácia do sistema penal na prevenção e repressão da fuga ao fisco. Um propósito assumido pelo legislador[9] e que terá tido um dos seus afloramentos mais visíveis na (re)introdução da pena prisão como reacção contra os crimes fiscais, vencendo um tabu que o legislador de 1990 não lograra ultrapassar[10].

---

[9] É o que claramente sugere uma leitura integrada tanto das alterações legislativas como do próprio "relatório" que precede o articulado. Deste lado, sobreleva a preocupação por um "combate eficaz" à fuga do Fisco e a intenção de contrariar a "sensação de impunidade que um Estado de Direito não pode permitir". Deve, todavia, reter-se que a pena de prisão para crimes fiscais já tinha sido prevista pelo Decreto-Lei nº 619/76, de 27 de julho.

[10] O que se afirma para as alterações legislativas de 1993 vale, por clara maioria razão, para o RGIT de 2001, onde o leimotiv do reforço do punível e da punição tem uma presença constante. É o que inter alia ilustram: o alargamento do universo de incriminações; o aumento generalizado das reacções criminais, tanto das penas principais como das acessórias; a eliminação do Arquivamento (artigo 26.º do RJIFNA); o drástico agravamento do regime do Abuso de confiança; o endurecimento das condições da Suspensão da execução da pena de prisão, etc. No que ao último topos especificamente concerne, recorda-se que a mudança mais significativa residiu no facto de, ao arrepio do que prescreve o preceito homólogo da lei penal comum (artigos 55.º e 56.º do Código Penal), o normativo do RGIT (artigo 14.º n.º 2) admitir a revogação da suspensão em caso de falta de pagamento não imputável a culpa do condenado. Devem, todavia, ter-se presentes as posições assumidas pelo Tribunal Constitucional – acs. 256/03 e 376/03 – e subscritas pelo STJ (cf., v. g., ac. de 18-06-2004). Que, porventura contra legem por impor a interpretação político-criminalmente mais adequada e materialmente mais justa.

a) Numa consideração analítica, o tipo objectivo da *Fraude fiscal* integraria, na representação sustentada por SILVA DIAS, três autónomos e distintos momentos, a reclamar outros tantos juízos de subsunção normativa e outros tantos problemas de prova. A saber: a) *acção típica* (representada por qualquer das *"condutas tipificadas"* nas três alíneas do n.º 2 do artigo 23.º do RJIFNA ou no artigo 103.º do RGIT: *ocultação, alteração de factos ou valores e celebração de negócio simulado*); b) *aptidão ou idoneidade* objectiva da acção típica para produzir qualquer das situações descritas no n.º 1 (*não liquidação, não entrega, não pagamento, obtenção indevida de reembolso, benefício ou outra vantagem patrimonial*); c) *perigo concreto* (criado por estas situações) de diminuição das receitas tributárias.

Bem vistas as coisas, a *Fraude fiscal* surge, a esta luz, como um exigente *crime de execução vinculada*, com um *resultado de perigo*. Ele integraria, com efeito, três sucessivos momentos substantivos – conduta típica, situação típica e perigo concreto, tipicamente ligados entre si. Os dois primeiros, por um juízo de *idoneidade* concreta; o terceiro ligado ao segundo por juízo de *imputação objectiva*. Um desenho típico de ostensiva complexidade, cujo preenchimento integral, acima de toda a dúvida razoável, se deixa adivinhar problemático e difícil. Bastará para o comprometer a subsistência de um qualquer *non liquet* probatório a propósito de qualquer dos elos da cadeia.

b) As dificuldades sobem de tom quando se consideram as implicações duma exigência de *perigo concreto* como momento do tipo objectivo. Dificuldades que se revelam logo no plano doutrinal mas que se projectam no plano prático-jurídico. Recorda-se para tanto que a pertinente e fundada responsabilização por crime de perigo concreto pressupõe a comprovada produção de um *resultado de perigo*. Ora, descontadas as querelas doutrinais sobre a conceptualização deste *konkreter Gefahrerfolg*, sobra seguro que há-de tratar-se de um estado ou situação objectiva distinta e separada da acção do agente e a ela imputável nos termos da imputação objectiva[11]. Noutros termos, a verificação do perigo concreto exige que o objeto da acção entre na área objectiva de influência da acção do agente em termos tais que, só por acaso, o dano não se dá. Como pressupostos do crime de perigo concreto avultam *inter alia*: uma efectiva e concreta acção perigosa; o efectivo e concreto resultado de perigo e o efectivo e concreto nexo de imputação do resultado à acção.

---

[11] Para uma referência mais desenvolvida à exigência (e ao significado do) do resultado no crime de perigo concreto, bem como aos problemas de imputação que ele coloca, FIGUEIREDO DIAS, Direito Penal, cit., pp. 324 s.; HELENA MONIZ, "Aspectos do Resultado no Direito Penal", in: LiberDiscipulorum para Figueiredo Dias, Coimbra, 2004, pp. 554 ss.

É o que dificilmente pode acontecer na *Fraude fiscal*, tal como SILVA DIAS a representa. Que erige em situação suporte ou portadora do perigo qualquer uma das situações descritas no n.º 1 (não *liquidação, não pagamento ou não entrega e obtenção indevida de reembolso, benefício ou outra vantagem patrimonial*) cuja ocorrência efectiva não faz parte do tipo. Que pode estar preenchido mesmo na ausência de qualquer daquelas situações: bastará que a conduta típica (ocultação, alteração ou celebração de negócio simulado) detenha *idoneidade* ou *aptidão* para as produzir. Isto a seguir-se a interpretação sob escrutínio, que adscreve ao inciso *"que visem"* o significado duma idoneidade objectiva. Só que, uma situação inexistente – ou, pelo menos, uma situação que intervém no tipo como um momento objectivamente contingente – não pode suportar o juízo de perigo concreto, com as exigências de que este é portador.

As dificuldades de preenchimento do tipo objectivo replicam do lado do tipo *subjectivo*. Nomeadamente do lado do *dolo-do-tipo*. Isto à vista da relação de *congruência* e de cobertura recíproca que tem de mediar entre o dolo e o tipo objetivo. Por força da qual o dolo tem de estender as suas dimensões *cognitiva* e *volitiva* a todos os momentos do tipo objectivo. Resumidamente, a densificação dos momentos que integram o tipo objectivo reproduz-se em idêntica e reflexa densificação das dimensões do dolo. Tudo contribuindo para uma significativa subida da complexidade do tipo, a compensar por excesso a simplificação que poderia resultar da eliminação de um específico momento subjectivo correspondente à *intenção* ou *tendência*. Tudo, por isso, a fazer subir as dificuldades de preenchimento do tipo.

8. Do ponto de vista político-criminal, não se afigura linear acreditar que, com as inovações introduzidas, o legislador de 1993 se tenha proposto erigir uma incriminação que, multiplicando as exigências objectivas e subjectivas, multiplicaria *eo ipso* a "oferta" de saídas de atipicidade.

a) Não deve, a propósito, desatender-se que, do ponto de vista criminológico, o crime fiscal sobressai pela conhecida e reconhecida racionalidade da sua prática e pela inteligência dos seus agentes. A justo título descritos como *Inteligenzverbrecher*,[12] permanentemente despertos para a exploração dos

---

[12] Sobre a inteligência como característica do white-collar crime, em geral, e dos seus agentes, tópico recorrentemente sublinhado na criminologia do white-collar crime, cf., v. g., H. SCHAFER, "Zur Täterpersönlichkeit des Wirtschaftsstraftäter", Bundeskriminalamt 1963, pp. 120 s.; W. ZIRPINS/ O. TERSTEGEN. Wirtschaftskriminalität Erscheinungsformen und ihre Bekämpfung, Lübeck, 1963, pp. 46 s.: A. ZYBON, Wirtschafiskriminalität als gesamtwirtschäftliches Problem, München, 1972, pp. 40 e ss.

interstícios de atipicidade oferecidos pela lei criminal. Ora, não é crível que o legislador se tenha proposto sancionar soluções de direito material substantivo que, conjugadas com as vicissitudes próprias do processo penal, acabariam por resultar numa exponencial *criminal cases mortality*.[13]

Bem vistas as coisas, a compreensão que vimos escrutinando tem subjacente a crença num legislador penal-fiscal sobremaneira tolerante e paciente. Um legislador disposto a assistir à prática de manobras fraudulentas (ocultação ou alteração de factos ou valores, simulação de negócios) idóneos à não liquidação, não pagamento obtenção de reembolsos indevidos, etc.), dolosamente praticadas. E a fazê-lo numa postura de generosa ascese, suspendendo os juízos *de dignidade penal* e de *carência de tutela penal* e a intervenção das suas reacções contrafácticas... até à comprovada produção de um tipificado resultado de perigo. De mais a mais, um resultado de verificação mais que problemática porque dependente de situações de ocorrência contingente na economia da infração.

b) Do nosso lado, não temos razões para acreditar que o legislador de 1993 tenha querido assumir um perfil tão panglossiano. Como deixámos antecipado, tudo permite acreditar que o legislador histórico tenha sido movido por propósitos claramente antagónicos. Fosse ou não assim em 1993, dificilmente se poderia imputar aquela postura ao impaciente legislador de 2001, que armou o RGIT de um drástico arsenal de medidas de sentido único: alargar o punível, agravar as reacções e reforçar a eficácia da punição. O que o levou a gestos tão exasperados como o de regular o *Abuso de confiança* (fiscal) abrindo mão da exigência de *apropriação*, consabidamente o momento nuclear do ilícito típico do abuso de confiança, ao longo da sua já secular trajectória, tanto no direito pátrio como na experiência comparatística[14]. E fê-lo com o desígnio assumido de ultrapassar as resistências fácticas decorrentes da exigência da comprovada *apropriação*, que aos olhos do legislador dificultava a efectiva responsabilização de qualquer agente por abuso de confiança contra o Fisco.

Assim, se o legislador do RGIT aceitou sem alterações o desenho da *Fraude fiscal* herdado do RJIFNA, é muito provável que o tenha feito em nome de uma leitura diferente da subscrita por SILVA DIAS.

---

[13] Sobre o conceito, FIGUEIREDO DIAS/COSTA ANDRADE, Criminologia. O homem Deliquente e a Sociedade Criminógena, Coimbra, 1984, pp. 133 e ss.
[14] Sobre o tema, COSTA ANDRADE. "O Abuso de Confiança Fiscal e a Insustentável Leveza de um Acórdão do Tribunal Constitucional", RLI, ano 134.º, pp. 308 ss.

9. O percurso feito reconforta-nos na convicção de que as críticas de SILVA DIAS não abalaram o bem fundado da interpretação por nós sustentada há cerca de dez anos. Então como hoje, ousamos acreditar que, por sobre ser consonante com o teor literal dos preceitos em causa, aquela nossa interpretação se afigura credenciada nos planos teleológico e político-criminal e sintonizada com os desígnios do legislador.

a) Continuamos a acreditar que o legislador quis pôr de pé uma incriminação de desenho mais linear e de estrutura mais simples. E, como tal, muito mais indicada para responder às exigências de uma eficaz perseguição da fuga socialmente intolerável aos impostos. Descontado o *dolo-do-tipo*, a factualidade típica da *Fraude fiscal* analisa-se em dois momentos distintos e complementares: um de natureza *objectiva*, outro de índole subjectiva. Concretamente, a facutalidade típica da *Fraude fiscal* esgota-se numa *conduta típica* (ocultação ou alteração de dados ou valores, ou celebração de negócio simulado), acrescida da *intenção de obter um determinado resultado*. O *resultado* que tem de figurar como referente da intenção do agente tanto pode traduzir um *prejuízo* para o Estado-Fisco (não liquidação, não entrega, não pagamento); como uma *vantagem* indevida para o agente (benefício fiscal, reembolso, outras vantagens susceptíveis de causarem a diminuição das receitas tributárias). Na certeza de que o *prejuízo* (para o Fisco) e a *vantagem* (para o agente) estarão normalmente presentes em todas as formas de resultado, como duas faces da mesma moeda. Sendo relativamente indiferente, do ponto de vista normativo, que o resultado almejado seja chamado ao tipo pelo lado do *prejuízo* ou da *vantagem*.

Legítima à luz da letra da lei, esta se nos afigura ser outrossim uma interpretação perfeitamente congruente com a sua leitura mais directa e óbvia. Não tem, seguramente, de "forçar" o significado que resulta das palavras da lei mais do que interpretações alternativas, como a proposta por SILVA DIAS.

b) Duas clarificações adicionais, a este propósito.

b1) Na interpretação que defendemos associamos o inciso "*susceptíveis de causarem diminuição das receitas tributárias*" como qualificação e especificação das situações descritas como "*outras vantagens patrimoniais*". Como o faz, pelo menos na leitura mais directa e sem pré-compreensões, o próprio texto saído das mãos do legislador.

E o faz por boas e compreensíveis razões.

Na verdade, não faria sentido fazer depender a relevância típica das demais situações descritas no n.º 1 da incriminação, da *susceptibilidade para causarem a diminuição das receitas tributárias*. Porque ela, é óbvia e conatural. Do lado destas concretas e nominadas situações, o que fará sentido é, quando muito, questionar se, mais do que susceptíveis de causarem a diminuição das receitas tributárias, elas não representarão já, muitas vezes, verdadeiras e consumadas diminuições das receitas tributárias.

Seja ou não assim, compreende-se que, depois de enunciar as vantagens mais correntemente almejadas na heterogénea fenomenologia da *Fraude fiscal*, o legislador tenha querido estender a incriminação pela referência a *outras* e inominadas vantagens, que porventura possam também motivar os agentes a praticar as condutas típicas: *ocultação, alteração* e *simulação*. Além do mais, pela circunstância de o crime fiscal assumir privilegiadamente a natureza de *white-collar crime* caracterizado, já o vimos, pela racionalidade e inteligência dos seus agentes. Sempre capazes de andar à frente da lei e de evitar as malhas da lei sem renunciar à prossecução dos seus interesses. E terá sido para obviar a este perigo que o legislador lançou mão desta fórmula "de intercepção" ou de "cláusula geral", com vista a "apanhar" *outras* formas de vantagem, para além das nominadas e tipificadas. Fê-lo acrescentando, naturalmente, a exigência de que elas sejam sus*ceptíveis de causarem a diminuição da receitas fiscai*s, exigência que seria ociosa face às demais situações descritas.

b2) A interpretação que propomos assenta, por outro lado, na atribuição de um conteúdo subjectivo à expressão *"que visem"*. E também este um entendimento que não consideramos vedado nem contrariado pelo significado das palavras que fazem a lei. Não só temos como seguro que ele não ultrapassa o *Bedeutungshof*, como ousamos acreditar que ele cabe perfeitamente no pertinente *Bedeutungskern*.[15] Pelo menos, a igual título com que isso pode ser reivindicado por leituras alternativas que interpretam a expressão *"que visem"* em termos prevalente ou exclusivamente objectivos.

Não se pretende, diga-se a terminar este *topos*, que a leitura que deixamos enunciada para os incisos *"que visem"* e *"susceptíveis de causarem diminuição das receitas tributárias"*, atraia sobre si todas as complacências de Hermes e a evidência de todas as luzes. A ponto de se poderem proscrever as interpretações alternativas. Pretende-se, mais modestamente, sublinhar que ela não é, como SILVA DIAS a apoda, "forçada" e incapaz de "traduzir com clareza a configuração típica da fraude fiscal". Assim lhe assistam as credenciais de étimo político-criminal, axiológico-material e teleológico. Que pelas exigências de cariz literal ela passa folgada e confortavelmente.

---

[15] Para uma primeira informação sobre os conceitos e a compreensão epistemológica-hermenêutica que neles vai coenvolvida. COSTA ANDRADE, "O Princípio Constitucional 'nullum crimen sine lege' e a Analogia no Campo das causas de Justificação", RLJ, ano 134º. pp. 72 ss.

3. Lutar nas Termópilas, Defender Esparta

10. O caminho feito permitiu, ao mesmo tempo, desvelar e consolidar algumas premissas que trazem consigo um início de resposta ao problema da caracterização do crime de *Fraude fiscal*, do ponto de vista da sua *ofensividade*, isto é, da sua arrumação entre os *crimes de dano* e *de perigo*. Um problema cujo tratamento está prejudicado pelo problema – lógica, normológica e teleologicamente anterior – da definição do *bem jurídico* tipicamente tutelado.

Estatuto que, à partida, só pode ser reclamado por duas distintas ordens de valores ou interesses:

- de um lado, o *património fiscal*, compreendido como o conjunto de pretensões ao recebimento integral e tempestivo dos diferentes tributos, nos termos previstos nas respectivas leis;
- do outro lado, os valores ou interesses que impendem sobre o sujeito tributário passivo, nas suas relações de comunicação com a administração fiscal, a *verdade* e a *transparência*.

Como a experiência histórico-comparatística documenta, a ordenação topográfica destas duas distintas ordens de valores ou interesses na área de tutela da *Fraude fiscal* pode obedecer a modelos diferentes. Do ponto de vista político-criminal, *sc.*, do programa de protecção que o sistema social comete à incriminação, a prevalência e o primado vão, em toda a linha, para os interesses patrimoniais do Fisco. É seguramente para proteger estes interesses que, em definitivo, existe a *Fraude fiscal*. Como é para esse mesmo fim que todo o direito penal tributário, em última instância, existe.

Só que, para além de subsistema social, o direito – e particularmente o direito penal – emerge, também ele próprio, como um sistema autónomo e, como tal, auto-referente e autopoiético, organizado em torno de valores próprios, segundo códigos e racionalidade próprios. Bem podendo, por isso, suceder que o direito penal se proponha cumprir a sua função sistémico-social (aqui a protecção do património fiscal) desenhando as incriminações em torno de valores ou interesses outros, que possam ser erigidos à categoria de verdadeiros e autónomos bens jurídicos e, por causa disso, em bens jurídicos criminalmente protegidos. Isto sob ressalva de duas exigências:

- por um lado, que esta técnica legislativa viabilize um (mais) eficaz desempenho da função sistémico-social de protecção do património fiscal;

- por outro lado e sobretudo, que os valores ou interesses erigidos ao "capital dos bens jurídicos" (BINDING) do sistema penal gozem no contexto da *Wertordnung* historicamente vigente da *Schutzwürdigkeit* constitucionalmente requerida.

Como acontece seguramente com os valores da *verdade* e da *transparência* propostos e impostos ao contribuinte nas suas relações de comunicação com a administração fiscal. Desde logo, estes valores são portadores daquela dignidade de protecção reconhecida desde tempos imemoriais à "segurança e credibilidade no tráfico jurídico probatório", como pode ser definido o bem jurídico protegido pela *Falsificação de documento*.[16]

Para além disso, eles aparecem enriquecidos pela carga axiológica que lhes comunica a conhecida e celebrada *eticização* do direito fiscal. E que, como de todos os lados se reconhece, radica na assunção pelo Estado de direito social da *Fürsorge* o alfa e ómega da legitimação do *direito penal secundário* e do seu particular capital de bens jurídicos. Todos eles, em maior ou menor medida, produtos da capacidade poiética do direito penal. É o que acontece, por exemplo, com o próprio património fiscal que, em rigor, só detém a dignidade penal que recebeu da *Fürsorge* do Estado de direito social; e acontece, num segundo e derivado momento, com os valores imanentes à comunicação entre o contribuinte e a administração. Que recebem a dignidade daquele fonte matricial, se bem que agora de forma derivada e mediatizada pela *dignidade* de que o património fiscal é portador.

E é assim porquanto no contexto do sistema social estruturado em sociedade democrática, a própria economia configura um sistema auto-referente, também ela organizada segundo códigos, valores e racionalidade próprios. Em termos tais que a acção do Estado como colector de impostos está circunscrita a uma intervenção prevalentemente reactiva aos impulsos comunicacionais dos agentes económicos. Por ser assim, a perturbação e a frustração da verdade e da transparência configuram a forma mais drástica – e, ao mesmo tempo, mais carecida de tutela – de atentado contra o património fiscal.

Significativo o contraste entre os patrimónios privados e o património fiscal. As lesões sofridas pelos patrimónios privados assumem, em geral, a forma de intromissões arbitrárias na esfera de domínio e fruição dos seus titulares. Relevam, por isso, de relações mais ou menos expostas de conflitualidade.

---

[16] Assim, por exemplo, HELENA MONIZ, Comentários Conimbricense do Código Penal, T. II, pp. 680 ss.

Diferentemente, os atentados contra o Fisco têm normalmente subjacentes relações de consenso e de acordo, assumindo uma expressão fenomenológica própria da categoria criminológica dos *victimless crimes*. Por isso, também é do lado da *verdade* e da *transparência* que o património fiscal tem as suas "superfícies (mais) expostas às intempéries", na conhecida expressão de BINDING. O que empresta às violações da verdade e da transparência as marcas da *dignidade penal* e da *necessidade de pena*, impostas pela Constituição como o santo e a senha do *ilícito criminal*.

Resumidamente: se, por um lado, não podem sobrar dúvidas de que o património fiscal detém o domínio no horizonte de tutela da *Fraude fiscal*, nada obriga, por outro lado, a definir esse mesmo património como o bem jurídico típico da incriminação.[17]

11. De qualquer forma, não pode questionar-se a legitimidade de ensaiar a categorização da Fraude fiscal do ponto de vista da ofensividade na direcção do património fiscal, ele próprio erigido ao estatuto do bem jurídico típico. É, de resto, assim, que a generalidade dos autores procedem.

Nesta perspectiva, sobra, desde logo, manifesto que a infracção não configura um crime de dano. Isto à vista da circunstância óbvia e incontornável de, diferentemente do que fizeram outros ordenamentos jurídicos, o legislador português não ter levado à factualidade típica a exigência de uma lesão efectiva do património fiscal. Independentemente da expressão de que essa lesão se possa revestir: não liquidação, não pagamento, não entrega, obtenção indevida de reembolso, benefício ou qualquer outra atípica e inominada vantagem, susceptível de causar diminuição das receitas tributárias.

---

[17] Em sentido diferente, estabelecendo uma vinculação necessária entre a intencionalidade político-criminal da incriminação e o bem jurídico típico, SUSANA DE SOUSA. Segundo a autora, "o legislador português parece ter optado por uma concepção de carácter patrimonialista do bem jurídico tutelado, centrada na obtenção das receitas tributárias. Por outras palavras, há uma forte dimensão patrimonial inerente à factualidade típica dos crimes fiscais, induzindo a concluir que através daqueles ilícitos se quis proteger as receitas tributárias enquanto componente activa do património tributário do Estado". Cf. ob. cit., p. 55. Na mesma linha referem TAIPA DE CARVALHO/DAMIÃO DA CUNIIA: "quando se diz que ... a fraude fiscal assegura uma tutela avançada ou antecipada do património fiscal, está-se implicitamente a afirmar que é este o bem jurídico directamente protegido por este tipo legal de crime". Cf., dos autores, "Facturas Falsas: Crime de Fraude Fiscal ou de Burla?", in: Jus et de Jure. Nos Vinte anos da Faculdade de Direito da Universidade Católica-Porto, Porto, 1998, p. 860. Em conformidade, os autores consideram a infracção "típica e material teleologicamente como um crime de perigo contra o património fiscal" (p. 854). Não clarificam, todavia, de que espécie de crime de perigo se trata.

Por seu turno, pelas razões que a seu tempo pudemos explicitar, temos igualmente como segura a conclusão de que a Fraude fiscal não representa um crime de perigo concreto contra o património fiscal. Logo pela razão decisiva de a descrição da matéria tipicamente proibida não integrar nenhum momento subsumível no conceito de perigo concreto, com o sentido, alcance e as exigências que o mesmo conceito assume em direito penal.

As condutas típicas descritas no n.º 1 do artigo 103.º do RGIT são puníveis independentemente de elas, comprovadamente, causarem ou de lhes ser imputável um tipificado resultado de perigo concreto. Uma função que não cremos que possa ser cumprida por um suposto "processo de perigo" (SILVA DIAS)[18] traduzido na *"susceptibilidade"* de as situações previstas na lei – não liquidação, não entrega, não pagamento, obtenção indevida de reembolso, benefício ou outras vantagens patrimoniais – causarem diminuição das receitas tributárias. Logo pela circunstância dirimente de não fazer parte do tipo a comprovada e concreta ocorrência de qualquer daquelas situações. O tipo exige apenas que o agente pratique as condutas típicas – ocultação, alteração de factos ou de valores, simulação de negócio – com o propósito ou a intenção de produzir ou alcançar qualquer daquelas situações. No mínimo – naquela interpretação alternativa, que não subscrevemos, mas que vem sendo sustentada e que aqui se admite a benefício da linearidade discursiva – o tipo exige que as condutas típicas *sejam idôneas a produzir as situações*. Mas não reclama que estas, comprovadamente, se verifiquem. Ora, o que pode estar ou não presente, o que pode ou não acontecer, não pode ser referente da imputação do resultado de perigo concreto, que tem, comprovada e efectivamente, de verificar-se.

12. *a)* A exclusão do crime de Fraude fiscal da categoria dos *crimes de dano* ou de *perigo concreto* – num caso e noutro do património fiscal – coloca-nos diretamente no campo dos *crimes de perigo abstracto*. Tanto na sua forma tradicional como nas novas formas de *crimes de perigo abstracto-concreto* e de *crimes de aptidão*. É, com efeito, em torno destas figuras que devem equacionar-se tanto os problemas de categorização dogmática, como os de teor jurídico-normativo. E isto postos por ora entre-parênteses os problemas relativos à precisa definição dos conceitos coenvolvidos e à determinação das relações

---

[18] Ob. cit., p. 455. Adoptando igualmente a classificação de crime de perigo concreto, mas justificando-a com o facto de se tratar de um "crime de resultado cortado", NOGUEIRA DA COSTA, ob. cit., p. 113.

que medeiam entre eles: quer das relações entre os conceitos de crime de *perigo abstracto-concreto* e de *crime de aptidão*; quer das relações entre eles e o conceito matricial de *crime de perigo abstracto*. Na certeza de que as linhas de divergência e de afastamento que a partir de agora venham a registar-se perdem seguramente em dimensão e significado. De igual modo, as tomadas de posição que venham a assumir-se perdem em força assertiva e cogência conclusiva.

Nesta linha, cremos, à partida, que é possível, com igual pertinência e acerto, qualificar a *Fraude fiscal* como *crime* de *perigo abstracto*, de *perigo abstracto-concreto* ou de *aptidão*. Tudo dependerá da "leitura" do próprio texto da incriminação que, em definitivo, venha a doptar-se.

b) A tese do crime de aptidão foi recentemente sustentada por SUSANA DE SOUSA.[19] Temos dúvidas que o tenha feito da forma mais linear e convincente, isto é, assente na leitura mais indicada da norma incriminatória.

Na esteira de SILVA DIAS, também a autora interpreta as alterações legislativas registradas em 1993 como significando um "objectivização" da factualidade típica e particularmente do inciso "que visem". Sem todavia o explicitar, tudo parece sugerir que, mais uma vez seguindo SILVA DIAS, a autora pretende interpretar o inciso como traduzindo um juízo objectivo de idoneidade e aptidão. A saber: a idoneidade das condutas típicas (ocultação, alteração de factos ou valores e simulação de negócio) para produzirem as situações de não liquidação, não pagamento e não entrega ou obtenção indevida de reembolso, benefício ou outras vantagens patrimoniais. Na mesma linha, também SUSANA DE SOUSA sustenta que o inciso *"susceptíveis de causarem diminuição das receitas tributárias"* não vale apenas para *"outras vantagens patrimoniais"*, sendo antes extensivo a todas as situações previstas. É, de resto, a este momento normativo *"susceptíveis de causarem diminuição das receitas tributárias"* que atribui o *juízo de aptidão* ou idoneidade que permitirá caracterizar a *Fraude fiscal* como um *crime de aptidão*. Nesta parte se distanciando de SILVA DIAS que, já o vimos, cometia a este mesmo inciso a função de consagrar positivamente a exigência do *perigo concreto*.

Não é a conclusão alcançada – qualificação da infração como *crime de aptidão* – mas sim o percurso seguido que nos suscita reservas e discordância. Admitindo, a benefício de economia, a invocada objectivização da incriminação – uma asserção, de qualquer forma, a solicitar mais aturada e compreensiva fundamentação – a Fraude fiscal integra, na interpretação de SUSANA DE SOUSA, três diferentes momentos objectivos: a) *conduta típica* (ocultação,

---

[19] Ob. cit. pp. 58 ss.

alteração de factos ou de valores e simulação de negócio); b) *idoneidade ou aptidão* da conduta típica para produzir determinadas situações (não liquidação, não entrega, não pagamento ou obtenção de reembolso, benefício ou outra vantagem patrimonial); c) *idoneidade ou aptidão* destas situações para causarem a diminuição das receitas tributárias.

c) Como, facilmente se representará, mais uma vez, uma interpretação que, na medida em que densifica a factualidade típica de pressupostos ou exigências de natureza objectiva – que, por sua vez, se multiplica em exigências subjectivas a título de dolo – nessa mesma medida estreita e rarefaz o universo das condutas típicas. O que faz soar de novo a já sinalizada contra-indicação político-criminal. Não é verdade, na verdade, crível que o legislador tenha querido fazer depender a relevância típica das situações descritas (não liquidação, não pagamento, não entrega...) da sua comprovada e concreta aptidão para diminuir as receitas tributárias. E tanto menos quanto é certo que a autora considera que a vantagem patrimonial é um momento conatural a todas as situações. "A vantagem patrimonial – refere – é o denominador comum inerente às condutas previstas".[20] Isto é, todas as situações legalmente previstas seriam, por si mesmas e à partida, portadoras de *vantagem* para o agente; mas já não deteriam a mesma valência do lado da diminuição das receitas. Só poderiam relevar como tais se e na medida em que se mostrasse que elas eram, *em concreto e comprovadamente*, aptas a produzir aquele efeito.

Enquanto isto e do ponto de vista dogmático, não sobra líquido qual o momento que a autora erige em referente do juízo de aptidão ou, na terminologia de HOYER – um dos mais conhecidos teorizadores dos *Eignungsdelikte* – da *Eignungsklause*.[21] Uma cláusula cujo preenchimento postula, como o citado autor germânico acentua, para além de critérios generalizadores e típicos, também a comprovação de que com a sua actuação concreta o agente criou uma "*fonte de perigo*" (*Gefahrquelle*). Que só existe quando, face às circunstâncias do caso concreto e à luz dos conhecimentos disponíveis, os bens jurídicos possam correr perigo caso eles[22] *rectius*, os pertinentes objectos da acção[23] entrem em contacto com ela, passem ao seu alcance.[24]

---

[20] Cf. ob. cit. p. 56.
[21] De A. Hoyer, cf, sobretudo, Die Eignungsdelikte, Berlim, 1987: "Zum Begriff der 'abstrakten Gefahr", Juristische Arbeitsblater, 1990, 99. 183 ss.
[22] Cf. ob. cit. p. 56.
[23] Cf. ob. cit. p. 56.
[24] Assim, Hoyer, "Zum Begriff", p. 188.

No mínimo, o *crime de aptidão* exige a efectiva e comprovada realização de um concreto momento objectivo portador de um potencial de perigo: o perigo pode ser abstracto, mas a sua "fonte" tem de ser concreta. É o que dificilmente se pode encontrar na incriminação típica da *Fraude fiscal*, na interpretação sustentada por SUSANA DE SOUSA. Isto na medida em que identifica a aptidão para criar perigo com a *susceptibilidade para causar a diminuição das receitas tributárias* e reporta esta susceptibilidade às diferentes situações (não liquidação, não entrega, não pagamento...) que as condutas típicas (ocultação, alteração, simulação) são, por sua vez, idóneas a causar. E, como tais, podem causar ou não. A relação entre as condutas típicas e as situações portadoras do perigo é, pois, uma relação de mera aptidão e não de concreta e efectiva vinculação. O que significa que o preenchimento da factualidade típica não está dependente da efectiva e concreta ocorrência de nenhuma das situações susceptíveis de causarem a diminuição das receitas tributárias. Em definitivo, as situações objectivas, referentes do perigo, revestem-se no tipo da *Fraude fiscal* de uma contingência que as torna inidóneas como suporte da aptidão de perigo pressuposta pelos *crimes de tendência.*

13. Há seguramente uma leitura alternativa da incriminação da Fraude fiscal que permite a sua qualificação sem resistências como *crime de aptidão*. Isto suposto o bem fundado – o que, como temos vindo a sustentar, está longe de ser aproblemático – da interpretação do inciso *"que visem"* em termos objectivos, isto é, no sentido de idoneidade para criar as situações tipificadas. Bastará para tanto que, em escrupulosa fidelidade e consonância com o teor verbal do preceito, se leia: *"constituem fraude fiscal as condutas típicas (ocultação, alteração, simulação) idóneas a produzir não liquidação, não pagamento, não entrega, ou obtenção indevida de reembolsos, benefícios ou outras vantagens patrimoniais susceptíveis de causarem a diminuição das receitas tributárias".*

É uma leitura que, descontado o *dolo*, que esgota o tipo subjectivo, circunscreve a factualidade típica a dois momentos autónomos: a) *conduta típica*; b) *idoneidade objectiva para criar qualquer das situações* (não liquidação... ou outra vantagem patrimonial susceptível de causar a diminuição das receitas tributárias). Uma significativa redução da complexidade tomada possível pela associação da susceptibilidade para causar a redução das receitas tributárias àquelas outras, possíveis e não nomeadas, vantagens patrimoniais que as condutas típicas podem provocar.

Para além de não afrontar, longe disso, a letra da lei, é uma interpretação que tem por si vantagens de natureza político-criminal. E tem sobre a interpretação anteriormente apreciada a vantagem de identificar a conduta típica como suporte adequado da relação de perigo própria dos crimes de aptidão.[25]

14. O campo de hipóteses de categorização da Fraude fiscal do ponto de vista da sua ofensividade – na direcção do património fiscal – ficou limitado a duas alternativas: *crime de aptidão* ou *crime de perigo abstracto*.[26] Tudo dependendo, em definitivo, do conteúdo – objectivo ou subjectivo? – que venha a reconhecer-se ao inciso *"que visem"*. O crime será seguramente *de aptidão* a adscrever-se ao inciso um conteúdo objectivo, no sentido de idoneidade para a não liquidação, não pagamento, não entrega, obtenção indevida de reembolso, benefício ou outras vantagens susceptíveis de causarem a diminuição das receitas tributárias. Já será, inversamente, um *crime de perigo abstracto* a interpretar-se *"que visem"* como significando a introdução na factualidade típica de um momento subjectivo de intenção.

De qualquer forma, parece seguro que o inciso *"que visem"* configura na economia da factualidade típica da incriminação o único momento que pode funcionar como suporte *tanto do juízo de idoneidade objectiva* como da *intenção* enquanto autónomo momento subjectivo a acrescer ao *dolo-do-tipo*.[27]

Pelas razões que já tivemos oportunidade de explicitar, não cremos que seja forçoso interpretar as alterações introduzidas em 1993 como obedecendo ao desígnio de operar uma viragem na estrutura da factualidade típica no sentido da, sustentada por algumas vozes, "objectivização". Pelo contrário, todos os dados normativamente significativos são perfeita e igualmente compagináveis com o

---

[25] É verdade que, de alguma forma, também SUSANA DE SOUZA aponta implicitamente a conduta típica como suporte do juízo de perigo. Fá-lo, porém, sem a indispensável clareza e em termos que não são compatíveis com outros momentos da leitura que faz da incriminação. Cf. ob. cit., pp. 56 ss.

[26] Não se justificará questionar nesta sede a pertinência da classificação da infracção como crime de perigo abstracto-concreto, adiantada, por exemplo, por DÁ MESQUITA. Por um lado, porque a figura não está ainda claramente recortada, nem no que toca à sua compreensão e extensão, nem no que toca à sua compreensão e extensão, nem no que respeita às relações com o crime de perigo abstracto e com o crime de aptidão. Acresce que o autor que a invoca o faz atribuindo-lhe o sentido e alcance de crime de aptidão. Cf. ob. cit., p. 108.

[27] Não cremos que deva acompanhar-se DÁ MESQUITA na parte em que reporta o elemento subjectivo intenção ao momento susceptibilidade de causar a diminuição das receitas tributárias, construindo, por esta via, o crime de resultado cortado. Cf. ob. cit., pp. 109 ss. Não vemos, com efeito, como deva atribuir-se está conotação subjectiva ao momento susceptibilidade de causar diminuição das receitas tributárias, um conceito de claro recorte objectivo. E, como tal, aplicável a "outras vantagens patrimoniais" ou, no máximo, a todas as situações: não liquidação, não pagamento, não entrega, obtenção indevida de reembolsos, benefícios ou outras vantagens patrimoniais. Mas sempre de sentido e conteúdo objectivo.

propósito de continuar a desenhar a incriminação com a estrutura típica que ela conhecia desde 1990. Tudo parece mesmo sugerir que a substituição da fórmula *"com intenção de"* pela expressão *"que visem"* decorreu em boa medida da circunstância de o legislador de 1993 ter operado uma mudança completa no modo de formulação da infracção. Enquanto o legislador de 1990 formulava a infracção segundo o modelo canónico *"quem fizer x com intenção de y comete fraude fiscal"*, o legislador de 1993 optou, para dizer o mesmo, pela redacção *"constitui fraude fiscal a acção x que vise y"*. Técnica a que o legislador de 2001 se manteve apegado.

15. Discorremos até aqui admitindo que o patrimônio fiscal configure o bem jurídico tipicamente protegido pela *Fraude fiscal*. O que nos permitiu concluir pela categorização da infracção como um *crime de perigo abstracto*, do ponto de vista sua efensividade; e como um *crime de resultado cortado* na perspectiva da relação entre o tipo objectivo e o tipo subjectivo.

Só que, como deixámos acautelado, está consideração não é necessária, não tem por si a força cogente da "natureza das coisas". A margem de autonomia que sobra ao direito como subsistema social e a relativa plasticidade das coisas do direito positivo[28] permitem pensar num outro desenho normativo e dogmático da infracção, sem prejuízo da sua unívoca intencionalidade político-criminal. É possível assegurar ao património fiscal a mesma tutela estruturando a *Fraude fiscal* como atentado típico à *verdade* e à *transparência*, como tais erigidas ao estatuto de bem jurídico típico. O que pode imprimir à infracção aquela ambivância de Jano. Um crime tipicamente de falsidade e, simultaneamente, um crime votado à tutela do património fiscal. No plano abstracto e descomprometido das possibilidades teóricas – e da contingência das decisões do legislador – qualquer dos dois caminhos estaria, com igual legitimidade, aberto ao legislador.

Tudo está então em indagar qual foi o caminho que o legislador optou por, positivamente, trilhar.

---

[28] Para uma referência mais desenvolvida à compreensão subjaccente, que acentua a contingência e a permanente abertura à possibilidade de solução diferente, como marcas que identificam o direito positivo e o contrapõem ao direito natural – de étimo religioso ou metafísico – nota particularmente acentuada por LUHMANN, cf. do autor, Rechtssoziologie, Opladen, 1983, passim, sobretudo, pp. 132 ss. Na síntese do autor, "Gesetzheit significa, nomeadamente contingência, significa que a vigência assenta em "positivação" (Setzung), que bem poderia ter caído para outro lado (anders hätte ausfallen können)". Ob. cit., p. 209. para uma referência sumática ao carácter autopoiético do direito, ENGRACIA ANTUNES, "A Hipótese Autopoiética", in: Jus et de Jure. Os Vinte Anos da Faculdade de Direito da Universidade Católica-Porto, Porto, 1998, pp. 1282 ss.

Poderíamos, para encurtar caminho, ser tentador a acolher-nos no argumento de DUNS ESCOTO, parafraseando o seu conhecido *"potuit, decuit... ergo fecit"*. Só que, diferentemente do voluntarista franciscano, o intérprete e aplicador da lei não pode apelar para a força conclusiva do dogma teológico ou do axioma metafísico. Se podemos com segurança dizer que o legislador *potuit* e, com alguma pertinência que *decuit*, já só no termo de um adequado procedimento heurístico poderemos concluir o que o legislador fez.

Este é, todavia, um plano em que as coisas entretanto acontecidas – tomadas de posição doutrinal e pronunciamentos jurisprudenciais – não trouxeram argumentos capazes de comprometer de forma dirimente a conclusão que, há dez anos, sustentámos. Hoje como então, consideramos mais correcto o entendimento que define a *verdade/transparência* como bem jurídico típico da *Fraude fiscal*. A infracção está assim tipicamente estruturada em torno de um bem jurídico que está numa "relação de comunicabilidade axiológico/material, mesmo de sobreposição praticamente total como bem jurídico de crimes como a *Falsificação de documento*".[29]

Resta precisar que a identificação da *verdade/transparência* como bem jurídico típico da Fraude fiscal não altera significativamente as coisas do ponto de vista dogmático-categorial.

Por outro lado e do ponto de vista da ofensividade, parece dever continuar a falar-se de *crime de perigo abstracto*, como é próprio dos crimes de falsificação e falsidade, em geral.[30] As coisas persistem igualmente inalteradas do ponto de vista do tipo subjectivo e das suas relações com o tipo objectivo: mesmo construída sobre a *verdade/transparência* ou, até, a *fiabilidade do trato com documentos nas relações entre os sujeitos passivos da relação tributária e o Fisco*, a infracção continuará a configurar um *crime de resultado cortado* ou de *tendência interna transcendente*. Porque ela integrará sempre, como referente necessário da intenção do agente, um resultado (prejuízo/enriquecimento) desfavorável ao Fisco.

Por seu turno, à semelhança do que vimos suceder no plano categorial classificatório, também do lado dos efeitos práticos-jurídicos – e particularmente do lado do *concurso* – a posição tomada quanto ao bem jurídico típico não se projecta em implicações particularmente relevantes. É um tema a que, pelo significado pragmático e pelo peso na experiência jurídica portuguesa dos últimos quinze anos, voltaremos uma última e mais detida consideração.

---

[29] FIGUEIREDO DIAS / COSTA ANDRADE, ob. loc. cit., p. 420.
[30] Neste sentido, por todos, HELENA MONIZ, Comentário Conimbricense do Código Penal, T. II, p. 681.

4. E Agora a Burla Tributária

16. Em matéria de *concurso*, não parece que tenha sido particularmente questionada a tese do concurso aparente entre a *Fraude fiscal* e a *Falsificação de documento* do Código Penal (artigo 256.º). Um entendimento que as controvérsias entretanto registadas a propósito do bem jurídico protegido pela *Fraude fiscal* e do desenho da respectiva factualidade típica não puseram em causa. Ontem como hoje, a tese do *concurso* aparente pode continuar a reconhecer-se como pertinente e intersubjectivamente consensual. Trata-se, a nosso ver, de um concurso aparente assente numa paradigmática relação de *especialidade*:[31] no crime de *Fraude fiscal* contêm-se todos os momentos objectivos e subjectivos em que se analisa a *Falsificação de documento*, acrescidos da especial referência aos valores – de verdade, transparência, segurança de tráfico probatório, confiança e fé pública nos documentos – pertinentes à comunicação entre os sujeitos fiscais passivos e a administração tributária. Isto salvaguardada a hipótese especial de a *Fraude fiscal* ser levada a cabo através de uma acção de *simulação*. Logo porque, segundo o entendimento hoje pacífico, a simulação é material e juridicamente incompatível com a falsificação de documento. Depois porque, não configurando a simulação um ilícito criminal, a sua relevância esgota-se como pressuposto típico da *Fraude fiscal*, não subsistindo outro ilícito criminal a suscitar o problema de concurso.

Já do lado das relações entre a *Fraude fiscal* e a *Burla*, importa levar ao "círculo hermenêutico", para além dos desenvolvimentos doutrinais e jurisprudenciais, o novo quadro legislativo trazido pelo RGIT, em que sobressai a criação da nova figura da *Burla tributária* (artigo 87.º).

17. Em ordem a uma melhor compreensão e mais correcta equacionação das questões conviria refazer *per summa capita* a experiência jurídica portuguesa durante a década de vigência do RJIFNA. Experiência onde os primeiros problemas começavam por ser problemas prévios em relação ao problema do concurso. Tratava-se, antes disso e em primeiro lugar, de indagar da *possibilidade* e, em segundo lugar, do *âmbito* da ocorrência de situações de concurso neste domínio. Tratava-se, em síntese, de saber se e em que medida as condutas típicas de *Fraude fiscal* podiam ser ao mesmo tempo subsumíveis na incriminação da *Burla*.

---

[31] Pronunciando-se igualmente a favor da tese do concurso aparente, mas levando-a à conta duma relação de consunção, SILVA DIAS, ob. cit., pp. 459 ss.

No que ao primeiro *topos* concerne, não faltaram vozes na doutrina nem ecos na jurisprudência (cf., *v. g.*, ac. de 31-10-96 do STJ) a questionar – e a denegar – a possibilidade de o Estado-Fisco poder ser vítima de uma das clássicas e seculares figuras do direito penal clássico como a *Burla*. Logo porquanto, como certeiramente recordam DIOGO e MÓNICA LEITE DE CAMPOS, o reconhecimento da dignidade penal dos interesses patrimoniais do Estado-Fisco só se deu com o advento do chamado *direito penal secundário*. A sua protecção penal teria, por isso, de correr fora da área de tutela da incriminação da *Burla*, uma figura historicamente decantada e associada à protecção dos patrimónios privados.[32] Não era esta, todavia, a posição da doutrina e da jurisprudência maioritárias, que partiam do entendimento contrário, isto é, da possibilidade de o Fisco figurar como vítima ou ofendido típico do crime de *Burla*. Um entendimento cujo bem fundado no contexto do RGIT nos parece irrecusável. Isto à vista da adopção da figura da *Burla tributária*, a cuja consagração não pode deixar de adscrever-se, *inter alia*, o significado de dissipar as dúvidas, apesar de tudo subsistentes.

18. *a)* Admitida a possibilidade real e normativa da ocorrência da *Burla* haveria que determinar o âmbito em que tal poderia ocorrer, circunscrevendo o universo de manifestações de fraude fiscal subsumíveis naquela incriminação. Neste domínio, um dado sobrava, à partida, seguro: o problema só poderia questionar-se nas situações concretas em que a actuação do agente resultasse na efectiva produção do resultado almejado. A verificação deste resultado – que na incriminação básica de *Fraude fiscal* apenas tem de estar presente na intenção do agente, sendo transcendente em relação ao tipo objectivo – circunscrevia o universo de hipóteses face às quais se podia pertinentemente colocar o problema da subsunção na factualidade típica da *Burla*.

Tudo estaria, num segundo momento, em identificar quais daquelas constelações preenchiam, na pletora das suas exigências objectivas e subjectivas, a incriminação da *Burla* do Código Penal. A este propósito, não pareciam

---

[32] D. LEITE DE CAMPOS/ M. LEITE DE CAMPOS, "Burla e Impostos". Revista da Ordem dos Advogados, 1995, pp. 551 ss. Para fundamentar a sua posição, os autores invocam ainda a circunstância de a Burla e o específico modelo de acção e interacção que pressupõe não se ajustarem às relações que mediam entre o contribuinte e o Fisco. Para uma referência mais detida ao problema, TAIPA DE CARVALHO/DAMIÃO DA CUNHA, ob. cit., pp. 855 ss; DÁ MESQUITA, ob. cit., pp. 121 ss.; SUSANA DE SOUSA, ob. cit., pp. 84 ss.; MÁRIO MONTE, "O Chamado Crime de 'Facturas falsas': O Problema da Punição por Crime de Burla e ou Fraude Fiscal", Scientia Iuridica, T. XLV (1996), nº 262/64, pp. 374 ss.; NOGUEIRA DA COSTA, ob. cit., pp. 111 ss.

subsistir dúvidas fundadas quanto ao recebimento indevido de *reembolsos*. Já seria diferente do lado das constelações fácticas em que, com as suas manobras fraudulentas, o agente lograsse evitar (ou reduzir) a liquidação, a entrega, o pagamento, etc. E face às quais, não se tratava verdadeiramente de solucionar um problema de concurso; tratava-se antes, e mais liminarmente, de denegar a existência de um problema de concurso.

Havia, pois, que identificar um critério que permitisse separar as águas, tanto com rigor e consistência dogmática, como com acerto político-criminal.

b) Para tanto procurou uma certa corrente doutrinal e jurisprudencial – exemplar nesta linha o ac. do STJ de 15-12-93[33] – lançar mão da contraposição entre *enriquecimento* e *não-empobrecimento* do agente.

Do lado da doutrina, este entendimento foi defendido, entre outros, por DÁ MESQUITA. Segundo o autor, não seriam subsumíveis na incriminação da *Burla* os casos em que as manobras fraudulentas do agente – de forma paradigmática o recurso a facturas falsas – redundassem numa redução ilegal das receitas tributárias a recolher a título de IRS ou de IRC. Isto porquanto a prática – que respondia seguramente às exigência do tipo objectivo da *Burla* e, concretamente, ao momento *prejuízo* para o Fisco – já não realizaria o correspondente tipo subjectivo, dada a falta da *"intenção de enriquecimento"*. Na formulação do autor, sendo a "expectativa estadual de receber o IRC tutelada juridicamente (pela lei fiscal), a lesão dessa expectativa, valorável em termos económico-jurídicos, é susceptível de integrar um prejuízo patrimonial tutelado pelo crime de burla[34]". Noutra direcção, considera, porém, o autor que "a intenção de não pagar o imposto devido em face das regras legais não envolve uma intenção de enriquecimento, no sentido de aumento do património, mas de *não-empobrecimento*, o interesse de evitar a amputação do património privado atingido pela tributação é diferente do interesse de aumentar esse património por via ilícita, eventualmente à custa do Estado".[35]

---

[33] Na súmula do aresto: "No caso de burla, é elemento essencial um enriquecimento do agente, isto é, um engrandecimento do seu património à custa do lesado e provocado pelas manobras artificiosas, fraudulentas e enganosas daquele sobre este; na infracção fiscal não há propriamente enriquecimento do agente, uma vez que o seu patrimônio não fica acrescido com o não pagamento dos impostos através do engano em que o fisco caiu mercê das manobras daquele, mas apenas uma não diminuição do mesmo património correspondente àquilo que ele conseguiu não pagar".
[34] DÁ MESQUITA, ob. cit., p. 131.
[35] Idem, p. 132. No mesmo sentido parece inclinar-se SUSANA DE SOUSA, ob. cit., pp. 87 ss. Recorda-se que DÁ MESQUISA sustenta mesmo a atipicidade do ponto de vista da Burla das fraudes através das quais o agente obtém, indevidamente, reembolsos de IRC ou IRS. E isto por considerar que, diferentemente do que sucede nos reembolsos do IVA, os reembolsos de IRC

Diferentemente do que se passa com o IRC e o IRS, sustenta o autor, em caso de IVA, tanto as *deduções* ilegais como os *reembolsos* indevidos podem configurar autênticas manifestações típicas de Burla. Será assim em casos de dedução, porquanto o agente "pode ver aumentado o seu património e ter essa pretensão em face da apresentação de despesas forjadas... pois recebeu a importância relativa ao imposto suportado pelo adquirente do bem ou serviço, que não lhe pertence, e consegue enriquecer por via duma despesa alegada mas não suportada". Uma situação que "não é diferente", apenas "mais clara" do lado do reembolso: é que aqui "é materializada uma transferência patrimonial do Estado para o sujeito passivo".[36]

c) Não cremos que esteja aqui o critério indicado para separar, dentre as condutas que defraudam o Fisco, as que podem preencher a factualidade típica ela Burla e as que, inversamente, caem fora da incriminação. Uma crítica que vale sobremaneira para a contraposição entre *enriquecimento* (paradigmaticamente representado pelo recebimento indevido de um reembolso de IVA) e merb *não-empobrecimento* (por sua vez representado pela não-liquidação ou não-pagamento devidos de um imposto). Do ponto de vista axiológico-material e teleológico, não subsiste diferença significativa entre a obtenção indevida de um reembolso e a não-liquidação ou liquidação ilegalmente reduzida de um imposto que a lei obriga a pagar. Por seu turno, do ponto de vista económico e mesmo jurídico-económico, o não pagamento de um imposto devido – pretenso não-empobrecimento – é um verdadeiro *enriquecimento*. Bastará para tanto que o ângulo de observação e ele juízo deixe de se concentrar sobre imaginados tropismos do dinheiro – entre as mãos do Estado e os bolsos dos contribuintes – e se privilegiem, pelo contrário, os valores/desvalores de acção e de resultado coenvolvidos.[37] O normal será, com efeito, que o mesmo acto que lesa o Fisco tenha como reverso o enriquecimento do agente ou de terceiro. Ou, ao menos, que o agente actue com a *intenção de enriquecimento*.

ou IRS – que têm lugar quando os pagamentos por conta ou as retenções na fonte excederem o valor apurado nas declarações – não configuram um "verdadeiro pagamento do Estado mas tão só uma devolução de parte (ou totalidade) da importância que anteriormente entrada nos cofres do Estado. Mesmo quando se trate de um reembolso indevido por força de uma liquidação de imposto incorrecta, derivada do facto de o contribuinte beneficiar de deduções à matéria colectável baseadas em despesas inexistentes, nunca sai dos cofres do Estado uma importância que não tenha lá entrado com carácter provisório em virtude de pagamentos por conta ou retenções de imposto". Idem, p. 105. Nestes casos, precisa o autor verificar-se "a materialização em concreto da diminuição das receitas fiscais e não da redução do património estático do Estado". Ibidem. p. 116.
[36] Ob. cit., p. 134.
[37] Cf., nesta linha, FIGUEIREDO DIAS/ COSTA ANDRADE, ob. cit., p. 438.

Reduzida a um "mero e exangue formalismo conceptualista" (TAIPA DE CARVALHO/ DAMIÃO DA CUNHA)[38] a distinção que vimos considerando não detém as virtualidades para separar as coisas em termos de *dignidade penal* e, concretamente, da *dignidade penal* subjacente ao ilícito típico da *Burla*. E não parece que o juízo deva ser diferente do ponto de vista da *carência de tutela penal*. Nada, com efeito, permite adiantar que a obtenção indevida de um reembolso de IVA se mostre mais carecida de pena do que a fraudulenta e ilegal redução arbitrária do imposto liquidado. Se alguma diferença se faz sentir, ela joga precisamente em sentido oposto. Basta que se faça intervir aqui a chamada redução vitimodogmática do ilícito criminal, que encontra precisamente na *Burla* um dos terrenos mais consensuais de aplicação[39]. E que deixará claro que as possibilidades de autotutela da vítima – aqui o Fisco – são mais consistentes face ao pedido fraudulento de um reembolso do que face a uma liquidação fraudulentamente inquinada. O que significa que é deste lado que mais fortemente se faz sentir o apelo à intervenção do direito penal. Que, sendo *subsidiário*, deve começar por sê-lo em relação às possibilidades de autotutela da vítima.

19. A demarcação das manifestações de *Fraude fiscal* subsumíveis na incriminação da *Burla* tem de obedecer a outros critérios: político-criminalmente mais adequados e conceptualmente mais seguros, em ordem a responder às exigências da legalidade, *nullum crimen sine lege*. Nestes termos, a primeira e mais segura separação das águas deve procurar-se na própria factualidade típica da Burla: uma exigente e complexa factualidade, tanto do lado do *tipo objectivo* como do *tipo subjectivo* e a que, por isso, escapam muitas das situações concretas de *Fraude fiscal*.

Brevitatis causa, do lado do tipo objectivo, começam por avultar quatro momentos distintos e autónomos, mas tipicamente vinculados entre si: *engano, erro, deslocação patrimonial* e *prejuízo patrimonial*. Que têm de estar ligados entre

---

[38] Ob. cit., p. 854.
[39] A perspectiva vitimodogmática pretende operar uma redução teleológica do alcance de determinadas incriminações em nome das possibilidades de autotutela que assistem à própria vítima. No sentido de que a conhecia subsidiariamente do direito penal deve valer também em relação àquelas possibilidades. Assim, a vítima só deve esperar, a proteção do direito penal face a agressões ou intromissões que transcendam a autotutela que dela se pode esperar e exigir. Para uma primeira síntese. COSTA ANDRADE, Liberdade de Imprensa e Inviolabilidade Pessoal, Coimbra, 1996, pp. 196 ss.

si por nexos de causalidade ou de imputação objectiva.[40] O que faz da *Burla* uma manifestação paradigmática dos chamados *crimes de execução vinculada*. O tipo objectivo pressupõe ainda que a deslocação patrimonial que vai causar o prejuízo seja *levada a cabo pelo enganado ou burlado*. O que, por um lado – e sem se perder de vista que o prejuízo final pode ser sofrido por um terceiro –, justifica o recurso à fórmula *"autolesão inconsciente"* (LACKNER) com que se tenta traduzir, na sua expressão eidéctica, o recorte arquetípico da *Burla*.[41] E, por outro lado, sublinha um modelo de interacção entre o delinquente e a vítima, que singulariza a burla no panorama dos crimes contra a propriedade e o património, em geral.[42]

A complexidade volta a mostrar-se e a subir ele tom do lado do *tipo subjectivo*. Logo porque o *dolo-do-tipo* tem de se desdobrar em exigências, de molde a estender as suas dimensões cognitiva e volitiva a todos os pressupostos e momentos do tipo objectivo. Assim, o agente tem de ter a consciência e a vontade de, através de engano, induzir outrem em erro e de que este, por causa do erro, leve a cabo uma deslocação patrimonial que lhe causa (ou causa a terceiro) um prejuízo patrimonial. Para além do *dolo*, com esta compreensão e alcance, o tipo ela *Burla* integra ainda um outro e autónomo momento subjectivo, descrito como a *"intenção de obter para si ou para terceiro enriquecimento ilegítimo"*. Este enriquecimento, que tem de estar presente como referente da motivação do agente, não tem de ser efectivamente alcançado ou produzido. O que empresta ao tipo da *Burla* um desenho singular: é um *crime material* ou de *resultado* na direcção do *prejuízo*; e é, simultaneamente, um *crime de resultado cortado* na direcção do *enriquecimento*.

---

[40] É por isso que, fundamentalmente, os autores falam, a este propósito, de um duplo nexo de causalidade ou de imputação e outros de um triplo ou, mesmo, de um quádruplo nexo de causalidade. Para uma primeira síntese sobre o tema, ALMEIDA COSTA, Comentário Conimbricense, T. II. pp. 293 ss.

[41] Na clarificadora síntese de KINDHÄUSER/ NIKOLAUS, "da estrutura típica do delito resulta que o agenre tem de utilizar o enganado como um instrumento, no sentido da autoria mediata. Esta diminuição do património através do enganado é apontada como disposição patrimonial (Vermögensverfügung) e configura um momento não escrito do tipo legal do § 263". Isto sem deixar de se precisar que "o enganado não precisa de realizar a disposição patrimonial directamente pelas suas próprias mãos, podendo efectuá-la através de um terceiro". U. KINDHÄUSER/ S. NIKOLAUS, "Der Tatbestand des Betrugs (§ 263 StGB)", Juristische Schulung, 2006, p. 197.

[42] Resumidamente, a Burla distingui-se dos crimes que pressupõem uma intromissão arbitrária na esfera de fruição ou de domínio, de possa ou de propriedade da vítima (Furto e Roubo); como se distingue, noutra direcção, daqueles crimes em que a deslocação patrimonial não se reveste de relevo típico, porque a coisa, objecto da acção, se encontra, à partida, na posse legítima do agente, que procede à apropriação, isto é, à inversão do título de possa (Abuso de confiança).

Este olhar sobre o desenho típico da *Burla* deixa incontornável a conclusão: no contexto do RJIFNA escapavam à sua factualidade típica todos os casos em que, não obstante o agente ter conseguido o resultado, tal não acontecesse mediante "autolesão inconsciente" da administração tributária. Em que, noutros termos, o resultado não tivesse sido alcançado através de deslocação patrimonial efectuada pela mesma administração tributária. Seria concretamente assim em todos os casos em que o agente, mercê da sua conduta típica, lograsse furtar-se à liquidação, entrega ou pagamento de prestação tributária ou conseguisse a sua redução ilegal. O mesmo devendo adiantar-se em relação aos casos em que a actuação fraudulenta do agente se concretizasse numa *dedução* arbitrária, nomeadamente em matéria de IVA. E isto não obstante, de um ponto de vista material e patrimonial, o agente lograr, por esta via, um *enriquecimento* em tudo igual ao do reembolso, pelo qual pode, pura e simplesmente, não optar.[43]

20. Ficam assim demarcadas as constelações fácticas face às quais o preenchimento simultâneo da factualidade típica da *Fraude fiscal* e da *Burla* (artigos 217.º e 218.º do Código Penal) se poderia pertinentemente suscitar o problema do concurso.

a) Face ao problema, a doutrina majoritária pronunciava-se abertamente pela tese do *concurso aparente*, em que a punição do agente a título de *Fraude fiscal* – uma punição particularmente agravada nos termos consentidos pela moldura – afastava a punição por *Burla*.[44] Teria mesmo de ser assim nos casos em que os factos não atingissem outros interesses para além dos do Fisco. Isto por força do comando explícito neste sentido constante do artigo 13º do RJIFNA.

---

[43] Em sentido parcialmente convergente, DÁ MESQUITA, ob. cit., pp. 134 ss. Fundada e pertinentemente, o autor assinala que a dedução ilegal de IVA e o reembolso ilegal se revestem do mesmo significado patrimonial. Já não podemos acompanhá-lo na parte em que parifica as duas situações do ponto de vista da sua tipicidade no contexto da Burla. Porque a tanto se opõem as exigências de legalidade nullum crimen sine lege.

[44] As vozes que se pronunciavam em sentido contrário tinham um estatuto claramente minoritário. Assim, por exemplo, NOGUEIRA DA COSTA, que advogava a punição a título de Burla (que consumia a Fraude fiscal), em concurso real com a Falsificação de documento. Com a particularidade de este autor não limitar a punibilidade por Burla aos casos de reembolso, bastando-se para o efeito com a existência de "benefício ilegítimo da parte do sujeito passivo e prejuízo para o Estado" (ob. cit., p. 123). Também DÁ MESQUISA se afastava parcialmente do entendimento da doutrina majoritária. Embora se pronunciasse pela solução do concurso aparente, este autor sustentava que o agente deveria ser punido por Burla nos casos em que, por sobre infligir um prejuízo ao Fisco, actuasse com a intenção de obter um enriquecimento para si.

E o quadro não era significativamente outro do lado da jurisprudência e, particularmente, do lado da jurisprudência cio STJ. Que após alguma hesitação e mesmo uma certa inclinação para a tese do *concurso real*,[45] a partir de 1996 acabou por convergir decididamente com o entendimento ela doutrina maioritária. Claro neste sentido o ac. do STJ de 1-10-97.[46] Não será, de resto, arriscado asseverar que, à medida que nos aproximávamos do fim da década de noventa e do termo da vigência do próprio RJIFNA, aquele entendimento tendia a ser consensual nos autores e nos tribunais portugueses. Do lado dos tribunais e a acolher-nos ao juízo do próprio STJ, podia mesmo falar-se de "jurisprudência, que agora se pode dizer pacífica".[47] Uma evolução que viria a culminar no acórdão para a fixação de jurisprudência de 7-05-2003 que, tendo por pano de fundo um caso de reembolso indevido de IVA, adopta precisamente a tese doutrinal do *concurso aparente*.[48]

b) Pelo menos do lado da doutrina, esta convergência de fundo em torno da solução normativa e prático-jurídica do problema não tem correspondência do lado da fundamentação dogmática, matéria que provocou alguns desencontros e dissonâncias entre os autores.[49] Recordamos, por exemplo,

---

[45] Assim, para além do já citado aresto de 15-12-93, os acórdãos de 4-10-95 e 11-10-95.
[46] Nos termos do citado aresto: "II – o RJIFNA é um regime total, fechado, orientado para a tutela dos interesses tributários do Estado. III – Há uma relação de especialidade entre o direito penal comum e o direito penal fiscal, em que este, pela sua especialidade, exclui aquele... V – Estando apenas em causa os interesses fiscais do Estado e sendo a conduta do arguido subsumível ao disposto no art. 23º do RJIFNA, aprovado pelo Decreto-Lei nº 20-A/90, de 15 de janeiro, tem-se por excluído o direito penal comum e, logo, a burla".
[47] A asserção é retirada do acórdão para ficação de jurisprudência de 7-05-2003, a seguir citado.
[48] Acolhendo-nos à proclamação conclusiva do aresto: "Na vigência do Regime Jurídico das Infracções Fiscais Não Aduaneiras, aprovado pelo Decreto-Lei nº 394/93, de 24 de Novembro, não se verifica concurso real entre o crime de fraude fiscal, previsto e punido pelo artigo 23º daquele RJIFNA e os crimes de falsificação e de burla, previstos no Código Penal, sempre que estejam em causa apenas interesses fiscais do Estado, mas somente concurso aparente de normas, com prevalência das que prevêem o crime de natureza fiscal".
[49] E que, de resto, se compreendem se se considerar que esta era a tarefa que fundamentalmente sobrava para a doutrina: fundamentar dogmaticamente uma solução que era – e continua a ser, nos termos do artigo 10º, do RGIT – imposta directamente pela própria lei. Que mais do que uma regra de concurso, emergia como superação normativa de "um concurso de ordenamentos jurídicos: o direito penal comum e o direito penal tributário" (FIGUEIREDO DIAS/ COSTA ANDRADE, ob. cit., p. 417). Também é este o entendimento maioritariamente sufragado pelo STJ, como expressamente reconhece e sublinha o mesmo tribunal supremo no citado acórdão para a fixação de jurisprudência (7-05-2003). Que subscreve a "posição segundo a qual as condutas em infracção às normas fiscais têm um tratamento autónomo em face do direito penal comum". O que permite encarar o direito penal tributário como "um direito penal especial, que rege de forma total e fechada a tutela dos interesses tributários do Estado". Uma ideia que não terá sido alheia ao legislador do

que TAIPA DE CARVALIHO/DAMIÃO DA CUNHA apontam para uma "relação de *especialidade*, de modo que sempre e unicamente se aplicará a pena estabelecida pelo referido artigo 23º (do RJIFNA[50]). Também SILVA DIAS leva a conclusão pelo concurso aparente à conta duma "relação de epecialidade intercedente entre a fraude fiscal do artigo 23º e a burla do CP".[51]

Não é nosso propósito levar aqui as coisas mais longe no sentido ele apurar os méritos dogmáticos relativos das diferentes posições com curso na doutrina. Sempre nos permitiremos, contudo, dar conta elas dificuldades com que se defronta a tese da *especialidade*. Não parece, com efeito, que possa sustentar-se que a *Fraude fiscal* contenha todos os momentos que integram o tipo da *Burla*, acrescidos de momentos ou elementos de especialidade. Descontada a particularidade de a *Fraude fiscal* dirigir a sua danosidade na direcção de um património específico, bem pode dizer-se que é a inversa que se dá: é a *Burla* que alarga e adensa o universo de pressupostos da *Fraude fiscal*.[52]

É por isso que, sem pretender reabrir a discussão, continuamos a apostar na pertinência e plausibilidade da via que privilegia a figura e o regime do *crime de resultado cortado*. Que permite sustentar o enunciado nuclear de que "uma

---

RGIT, ao substituir no preceito homólogo a rubrica do RJIFNA "concurso de crimes" pela formulação mais "verdadeira" "especialidade das normas tributárias e concurso de infracções". As diferentes posições assumidas devem, por isso, ser lidas e apreciadas apenas como tais, como tentativas de arrumação dogmática de uma solução que decorre da lei positiva, isto é, de uma solução que é, à partida, dada. Isso vale, ao que julgamos para a generalidade das soluções doutrinais aventadas. E vale seguramente para a nossa própria doutrina, ao abrigo da figura e do regime do crime de resultado cortado. E com a qual se pretendeu apenas explicitar que é possível emprestar à solução, imposta pela lei, o indispensável suporte dogmático. É por isso que da construção sustentada para esta específica e localizada área problemática não podem tirar-se ilações sobre posições supostamente adoptadas ao nível da doutrina geral do concurso de crimes. Nesta linha, cremos ser infundamento que, referindo-se directamente à doutrina e às soluções por nós assumidas, DUARTE D'ALMEIDA afirma que "as conclusões a que chegam são integralmente transponíveis para o âmbito do concurso entre falsificação de documentos (artigo 256º do CP) e a mesma burla" (DUARTE D'ALMEIDA, O "Concurso de Normas" em Direito Penal, Coimbra, 2004, p. 71-72). E mais ainda que se possa adiantar que a "posição de FIGUEIREDO DIAS E COSTA ANDRADE... se percebe ir" no sentido da defesa de uma relação de consunção entre a Falsificação de documento e a Burla, em que a punição por falsificação afastaria a punição por Burla. Ibidem.

[50] Ob. cit., p. 860. Os autores sustentam, nesta linha, que a "autonomia e singularidade dos crimes fiscais e, nomeadamente, do crime de fraude fiscal nunca permitiram que a uma conduta fraudulenta (unicamente) contra os interêsses fiscais do estado possam ser aplicadas as penas previstas para a burla, mesmo que, por hipótese, os pressupostos típicos do crime de fraude fiscal não se verificassem e se verificassem os pressupostos típicos da burla". Idem, pp. 860-I.

[51] Ob. Cit., p. 458.

[52] Em sentido convergente, criticando, em termos idênticos, a tese da especialidade, NOGUEIRA DA COSTA, ob. cit., pp. 108 ss.

Fraude fiscal que desemboca na lesão efectiva do património fiscal continua a ser uma forma de *Fraude fiscal*"[53]. Enquanto isto, o artigo 13º do RJIFNA, ancorado numa sedimentada tradição histórico-cultural no mesmo sentido, obrigava a punir exclusivamente nos quadros da lei penal fiscal as condutas que, mesmo que formalmente também subsumíveis noutras incriminações da lei penal comum, apenas contendessem com os interesses patrimoniais do Fisco.

Mesmo convencidos do valor relativo e da historicidade de todos os pontos de chegada da ciência jurídica – também aqui o saber científico é sempre e só um saber penúltimo, à espera de alternativas que expliquem mais e melhor –, no estádio actual não descortinamos que tais alternativas tenham emergido no panorama doutrinal português. O nosso apego à doutrina sustentada significa, por isso, e tão-só que se continua à espera de um outro saber penúltimo.

21. Recenseada, no essencial, a experiência jurídica portuguesa – legislativa, jurisprudencial e doutrinal – no contexto da vigência do RJIFNA importa, a terminar, lançar um olhar apressado sobre o estado de coisas inaugurado com o RGIT e, mais concretamente, com a criação da *Burla tributária* (artigo 87º). Que só se compreende e explica tendo aquela experiência como pano de fundo.

O que primeiro sobressai no desenho normativo da *Burla tributária* é que ela traz consigo as marcas genéticas da sua filiação, isto é, do caldo de cultura das controvérsias presentes na experiência portuguesa ao tempo da sua gestação. E polarizadas em torno dos tópicos *enriquecimento, não-empobrecimento* ilegítimos à custa do Fisco. E foi para tomar posição nas discussões que o legislador de 2001 pôs de pé a nova figura. E fê-lo com o propósito de, no essencial, assegurar consagração positivada ao entendimento de sectores minoritários da doutrina e da *praxis* jurisdicional, que advogavam um tratamento qualificado para as situações de *enriquecimento*, propugnando pela sua punição a título de Burla (da lei penal comum): uns, em concurso efectivo com a *Fraude fiscal*; outros, com afastamento da lei penal tributária. Uma "reivindicação" que encontrava eco positivo no clima da segunda metade da década de 90 em que o tema da fuga ao fisco foi objecto de aturadas discussões, despertas e alimentadas pelo conhecimento público de alguns casos espectaculares, associados sobretudo ao uso de "facturas falsas". E em que o *"enriquecimento"* à custa do fisco funcionava como catalisador e motivo de indignação. Tudo a estimular

---

[53] Assim, FIGUEIREDO DIAS / COSTA ANDRADE, ob. cit., p. 59. O enunciado é também subscrito por SILVA DIAS (ob. cit., p. 459), apesar de contestar o acerto da classificação da infração como um crime de resultado cortado).

os impulsos da "sociedade punitiva" (FREUD). Foi neste ambiente que o legislador se propôs intervir. E fê-lo com a intenção de contrariar directamente as posições da doutrina maioritária e daquela corrente jurisprudencial que se afirmava progressivamente como consensual e pacífica.[54]

O propósito de aproximar e quase identificar a *Burla tributária* com a *Burla* da lei penal comum levou o legislador ele 2001 a parificar as molduras penais, sancionando as formas mais graves de *Burla tributária* com a pena de prisão de 2 a 8 anos, a mesma moldura com que o Código Penal (artigo 218º) manda punir as formas mais graves de *Burla*. O que não deixa de representar uma singularidade no quadro das relações entre as infracções tributárias e as figuras homólogas da lei penal comum, estas invariavelmente punidas com sanções relativamente mais pesadas. Uma relação a que, ressalvado o caso da *Burla*, o mesmo RGIT se manteve fiel.

Recorda-se que o RGIT não elevou a punição dos abusos de confiança tributários para além da prisão de 1 a 5 anos (artigos 105º e 106º), enquanto o Código Penal (artigo 205º, nº 2, alínea B) eleva a punição da figura correspondente até 1 a 8 anos de prisão.

As assimetrias projectam-se e reflectem-se mesmo no plano intra-sistemático, no confronto entre infracções igualmente inscritas no RGIT e portadoras de idêntico ilícito material, tanto em termos de danosidade social como de desvalor de acção. Por exemplo, uma *Burla* tributária que tenha por objecto um *"valor consideravelmente elevado"* levará o agente à prisão até 8 anos; diferentemente, um *Abuso de confiança* (contra o Fisco ou contra a Segurança social), mesmo que lese a propriedade do Fisco em somas muitas vezes superiores, não poderá ser sancionado com prisão superior a 5 anos.

A assimetria sancionatória chega a ganhar proporções insustentáveis se o confronto se fizer entre a *Fraude fiscal* e a *Burla tributária*. Em que a inflicção do mesmo prejuízo ao Estado pode determinar, de um lado, a impunidade e no outro, a punição particularmente drástica. Basta ter presente que a *Fraude fiscal* só é punível a partir de um limiar (artigo 103º, nº 2) que ultrapassa claramente o *"valor elevado"* que determina a punição com prisão até 5 anos a título de *Burla tributária*. Uma desproporcionalidade tanto mais estranha quando se representa que a assimetria assinalada pode ocorrer entre um *reembolso indevido* uma *dedução*

---

[54] Segundo o autor do projecto do que veio a ser o RGIT, "a orientação dominante na nossa jurisprudência e doutrina era a de enquadrar os actos típicos de burla, caracterizados pela obtenção fraudulenta da administração fiscal de atribuições patrimoniais, na fraude fiscal. Esse enquadramento não era, porém, pacífico, pugnando muitos autores pelo recurso à punição da burla do Código Penal". GERMANO M. SILVA, ob. cit., p. 66.

ilegal, ambas ocorridas em sede de IVA. E não obstante a já sublinhada identidade material entre as duas formas de atentado contra o património fiscal, tendo, de resto, em conta que o reembolso intervém apenas como forma subsidiária do procedimento normal de compensação entre IVA pago e IVA recebido.

22. Uma consideração mais aproximada deixa claro que o legislador do RGIT não logrou (ou não quis), apesar de tudo, desenhar a factualidade típica da *Burla tributária* sobre o molde da *Burla* da lei penal comum. Entre as duas figuras sobram, com efeito, algumas e não despiciendas descontinuidades e diferenças.

E tanto do lado do tipo objectivo comum do tipo subjectivo.

a) Desde logo, a *Burla* do Código Penal, pressupõe a efectiva produção de um *resultado-de-prejuízo patrimonial* para o Fisco, conjugada com a *intenção de obter um resultado-de-enriquecimento*. Dos dois resultados, um (prejuízo) tem de ser produzido, como momento pertencente ao tipo objectivo; o outro (enriquecimento) tem de figurar apenas como referente da intenção do agente, não pertencendo, como tal, ao tipo objectivo, antes o transcendendo. Diversamente, a *Burla tributária* pressupõe apenas um só resultado, concretamente o resultado pertence ao tipo objectivo e que, como tal, tem de ser produzido. Só que, em vez de, à semelhança da *Burla*, exigir como resultado típico o *prejuízo* para o Fisco, exige, antes, o *enriquecimento* do agente (ou de terceiro).

Este afastamento em relação ao modelo da *Burla* não é facilmente compreensível. Sempre se pode, fundadamente, sustentar que a diferença não se revestirá de significativo relevo prático-jurídico, certo como é que, em direito fiscal, o enriquecimento ilegal do contribuinte terá, normalmente, como reverso o prejuízo patrimonial do Fisco. Esta é mesmo uma representação subjacente ao presente estudo. Nada, porém, impede que possa acontecer enriquecimento sem o correspondente prejuízo. Se tal se der e quando se der, abre-se a porta à situação desconfortável da punição do enriquecimento pelo enriquecimento. Mesmo que tais situações sejam pela sua extremada raridade negligenciáveis, será sempre estranho que, numa incriminação votada à tutela do património fiscal, a conduta proibida seja referenciada e descrita como uma conduta que produz enriquecimento. Quase tão estranho como estranho seria se um legislador que se propusesse punir os atentados de Robin Wood contra o património dos ricos, definisse os factos a partir das entregas feitas aos pobres.

b) Acresce, a aumentar a perplexidade, que a *Burla tributária* deixou cair a qualificação de *ilegítimo* do enriquecimento – uma exigência expressa do tipo da *Burla* – *facto* que só apressadamente se pode considerar normativamente irrelevante ou inócuo. Como se se tratasse apenas de aligeirar a redacção depurando-a de uma qualquer "menção redundante da ilicitude". Sabe-se, com efeito, que, ao inscrever aquela exigência no artigo 217º do Código Penal, o legislador quis colocar expressamente fora do alcance da incriminação da *Burla* os casos em que o agente almeja alcançar uma vantagem patrimonial que não está em contradição com a ordenação jurídica material-substantiva. Resumidamente, ao prescindir tanto do elemento *prejuízo* (para o Fisco) como da qualificação de *ilegítimo* para o enriquecimento, o artigo 87º do RGIT pode, no limite, levar à prisão até 8 anos um agente que, por sobre não causar nenhum prejuízo patrimonial ao Fisco, não alcança para si (ou para terceiro) um enriquecimento *ilegítimo*.

c) A renúncia ao pressuposto objectivo *"erro"*, um momento fundamental no processo causal típico da *Burla*, marca outro sinal de diferença e distanciação entre a nova incriminação da *Burla tributária* e o modelo que o legislador terá querido seguir. E cujas implicações normativas e prático-jurídicas não cabe aqui rastrear. Talvez, de resto, sempre possa pertinentemente sustentar-se que o *erro* figura como momento não escrito da factualidade típica da *Burla tributária*, com a consequente redução teleológica do âmbito da incriminação. De qualquer forma, estará sempre em aberto o recurso à analogia – uma analogia *in bonam partem* – para fazer depender a aplicação da *Burla tributária* da verificação, em concreto, do *erro*, com o sentido e as implicações que este momento detém no contexto da *Burla* do Código Penal.

23. Às críticas que ficam enunciadas, centradas sobre aspectos intrínsecos da figura da *Burla tributária*, acresce que, ao tempo em que fez a sua entrada na história, ela não correspondia a nenhuma premente necessidade normativa e prático-jurídica. Isto à vista do já recordado consenso generalizado que, entretanto, emergia entre os autores, e sobretudo nos tribunais, quanto à interpretação do direito positivo até então vigente.

Postas, porém, as críticas entre parênteses, nesta circunstância importará acima de tudo não perder de vista que a criação da *Burla tributária* acabou por redundar numa não despicienda redução da complexidade normativa. Que convirá sinalizar sumariamente, a benefício de clarificação hermenêutica.

a) Por um lado, e como deixámos sugerido, a criação da *Burla tributária* não pode deixar de ser entendida como resposta normativa – de sentido claramente afirmativo – à questão da possibilidade de os patrimónios públicos poderem ser objecto típico de *Burla*.

b) Em segundo lugar, ao consagrar positivamente a *Burla tributária* e ao definir os seus pressupostos e os limites da área de tutela, o RGIT tomou ao mesmo tempo posição – implícita, mas segura – sobre as áreas problemáticas situadas no ambiente daquela infracção, isto é, fora do alcance da pertinente incriminação. Ao circunscrever a *Burla tributária* a um universo contado de constelações fácticas – e ao fazê-lo no tempo e no contexto em que o fez – o legislador declinou o seu propósito de deixar fora da matéria proibida e punida a título de *Burla tributária* toda a restante e extensa fenomenologia de fraudes contra os interesses do Fisco. Mesmo aquelas em que o agente acaba por alcançar o resultado almejado: quer ele se defina como *enriquecimento*, quer como *não-empobrecimento*, o agente só poderá ser punido por *Fraude fiscal*. Dir-se-ia que:

- se na parte em que consagrou a *Burla tributária* e na medida da extensão que lhe adscreveu, o legislador contrariou a doutrina e a jurisprudência majoritárias;
- na parte restante, o gesto do legislador vem, de algum modo, emprestar a marca duma interpretação autêntica à leitura que os tribunais e a doutrina maioritária vinham sustentando.

c) Tudo está assim, e em terceiro lugar, em determinar os limites que o RGIT quis imprimir à *Burla tributária*. Para tanto, o legislador privilegiou não o critério difuso e "parquinsoniano" da contraposição entre *enriquecimento* e *não-empobrecimento*, mas antes o modelo da interacção entre o agente e a "vítima", *sc.* a administração tributária. Fê-lo concretamente através da exigência típica: "*determinar a administração tributária ou a administração da segurança social a efectuar atribuições patrimoniais*". Que integra na factualidade típica da *Burla tributária* aquele momento de *"autolesão inconsciente"*. Que configura, já o vimos, o núcleo irredutível do ilícito típico da *Burla*. E que reduz significativamente o alcance da incriminação.

Nela caberão seguramente os casos de *reembolso* indevido, forma paradigmática de deslocação patrimonial empreendida pelo próprio "burlado". Deste ponto de vista, não cremos que subsistam razões a impor uma diferente qualificação típica consoante os reembolsos indevidos sejam obtidos em sede de IVA ou de IRC ou IRS. Já cremos haver obstáculos legais intransponíveis à inclusão das *deduções ilegais de IVA*. Não temos qualquer dúvida em acompanhar as vozes que,[55] apelando para critérios materiais ou de danosidade social, se pronunciam pela comunicabilidade ou, mesmo, pela identidade entre um

---

[55] Assim, por exemplo, DÁ MESQUISA, ob. cit., pp. 134 s.

reembolso indevido ou uma dedução ilegal. E, nesta linha, entendem não dever haver "lugar a uma distinção ao nível jurídico-penal entre os casos em que o Estado desembolsa quantias que já pertenciam ao seu património (por via de reembolsos de IVA), e aqueles em que o Estado (por via das deduções indevidas de IVA) deixa de receber quantias a que legalmente tem direito e que o sujeito passivo recebeu de adquirentes que suportaram o imposto".[56] Só que esta argumentação, se assumida coerentemente até ao fim, levar-nos-ia longe demais. É que, em boa verdade, do ponto de vista da danosidade social e dos atentados contra o património fiscal não há diferenças significativas entre as diferentes manifestações de fraude fiscal. Quer elas se concretizem sobre a forma de reembolso indevido, de dedução arbitrária, de não liquidação ou não pagamento ilegais, etc. Esta foi, de resto, a representação básica subjacente às nossas tomadas de posição no estudo publicado, vai para dez anos. E de cujo bem fundado continuamos convencidos.

Simplesmente, se tal fosse coerentemente assumido, isso levaria seguramente a colocar a extensa e heterogénea fenomenologia dos atentados fraudulentos contra o Fisco à sombra de uma única incriminação. Na esteira do que fazem outros ordenamentos jurídicos – como o alemão, que dispõe apenas da *Steuerhinterziehung* – que trocaram um alargado e luxuriante espectro de incriminações pela aplicação efectiva das poucas de que dispõem. E, ao que parece, com invejáveis vantagens relativas do ponto ele vista de satisfação dos interesses do Fisco.

Mas isso é outra história. Uma pregressa história de *jure condendo*. Entretanto prejudicada pelo *jus conditum*. Que, enquanto o for, terá de ser interpretado e aplicado segundo os cânones da hermenêutica jurídico-penal. Que não consentem que a dedução ilegal de IVA seja qualificada como *Burla tributária*, nos termos do artigo 87º do RGIT. Conclusão que não se afigura perturbadora, mesmo à vista do facto de a *Burla tributária* se estender a condutas materialmente idênticas, por lesarem de igual modo o património fiscal. Tal sempre teria de aceitar-se tendo em conta o celebrado carácter *fragmentário* do direito penal. Uma fragmentaridade cujas consequências político-criminalmente mais indesejadas sempre resultarão neutralizadas pela subsunção na incriminação de *Fraude fiscal*, a funcionar como incontornável tipo de intercepção.

---

[56] Idem, ibidem, p. 135.

A Responsabilidade Jurídico-Penal da Empresa e dos Seus Órgãos (ou Uma Reflexão Sobre a Alteridade nas Pessoas Colectivas, à Luz do Direito Penal)

José de Faria Costa

1. O problema: breve enquadramento

O estudo da responsabilidade penal das empresas e dos seus órgãos tem, mormente nas últimas décadas,[1] constituído um ponto saliente da doutrina penal.[2] Preocupação, adiante-se, que se não circunscreve ao plano da escrita produção académico-científica, antes se estende à zona onde se afeiçoam e concertam algumas das linhas mestras da política criminal comum entre nações de idêntica raiz cultural e civilizacional. Projecção esta que se pode perfeitamente surpreender, por exemplo, no cuidadoso estudo que instâncias

---

[1] Para uma apreciação do que tem sido a controvérsia sobre esta matéria, nomeadamente no espaço jurídico-penal alemão, v., por último, KLAUS TIEDEMANN, «Die Bebu☒ung von Unternehmen nach dem 2. Gesetz zum Bekämpfung der Wirtschaftskriminalität», *NJW*, 41 (1998), pp. 1169 e seg.
[2] Cf. BERND SCHÜNEMAN, *Unternehmenskriminalität und Strafrecht*, Colónia/Berlim/Bona/Munique, Carl Heymann, 1979; focando o problema das empresas multinacionais, v. a obra *Multinationale Unternehmen und Strafrecht* (herausg. Klaus Tiedemann), Colónia/Berlim/Bona/Munique, Carl Heymann, 1979. Relativamente a Portugal, v. EDUARDO CORREIA, «Introdução ao direito penal económico» (com a colabora;ão de José de Faria Costa), *Revista de Direito e Economia*, 3 (1977), pp. 3 e seg.; JOSÉ PIZARRO BELEZA, «Notas sobre o direito penal especial das sociedades comerciais», *Revista de Direito e Economia*, 3 (1977), pp. 267 e seg.; JOÃO DE CASTRO E SOUSA, *As Pessoas Colectivas em Face do Direito Criminal e do Chamado Direito de Mera Ordenação Social*, Coimbra, Coimbra Editora, 1985; para uma apreciação global dos problemas onde se insere a responsabilidade penal das empresas, v. JORGE DE FIGUEIREDO DIAS/MANUEL DA COSTA ANDRADE, *Problemática Geral das Infrações contra a Economia Nacional*, Lisboa, 1977 (separata do Boletim do Ministério da Justiça, nº. 262).

internacionais de particular relevo e de enorme influência dentro do nosso espaço jurídico-cultural, designadamente o Conselho da Europa,[3] põem no tratamento de uma tal questão. É, por outro lado, também indiscutível que aqueles estudos dogmáticos e aqueloutras directrizes de raiz político-criminal não deixam, por toda a parte, de encontrar eco, mais ou menos intenso, nos trabalhos legislativos mais recentes.[4] Este, por conseguinte, o pano de fundo, institucionalmente relevante, onde se insere a problemática que nos propusemos tratar neste Colóquio Internacional de Direito Penal.

No entanto, se se nos antolha como indesmentível, como uma evidência, como um dado objectivo, tão forte efervescência sobre o sentido e direcção das linhas de força político-criminais que hão de nortear esta matéria e se, para além disso, se verifica tão profundo empenhamento doutrinal sobre a mesma questão, é bom não esquecer que um tal quadro, por si só, não nos dá, nem nos faz aceder à razão de ser material de toda essa fenomenalidade. Por outras palavras e sintetizando: porque é, de todo em todo, inconsequente e dogmaticamente infrutífero quedarmo-nos naquela mera apreciação fenoménica, urge que nos perguntemos sobre as mutações político-sociais, jurídico-económicas e ético-culturais que fizeram alterar o quadro das coisas dentro do ordenamento penal.

Apoiados na legítima e operatória interrogação anteriormente formulada, tentemos, rapidamente, como se impõe no contexto deste estudo, traçar, ao nível do tecido jurídico-social, as linhas essenciais das rupturas já consumadas e das fissuras ainda só pressentidas.

---

[3] V., por último, a Recomendação (88) 18, adoptada pelo Comité de Ministros em 20 de outubro de 1988; aliás, recomendação que segue uma linha de preocupações já perfeitamente enquadradas, no princípio da década de 80, através da Recomendação (81) 12, de 25 de junho de 1981 (cf. JOÃO CASTRO E SOUSA, *As Pessoas Colectivas em Face do Direito Criminal e do Chamado Direito de Mera Ordenação Social*, pp. 204-205.

[4] Tenha-se presente, fundamentalmente, o Decreto-Lei nº 28/84, de 20 de Janeiro, que veio renovar de *fonds en comble*, sem, todavia, estabelecer uma ruptura com a tradição legislativa portuguesa, a chamada «disciplina jurídico-positiva» do direito penal económico. No que toca ao direito alemão, haja em vista a *Zweite Gesetz zur Bekämpfung der Wirtscharftskriminalität* (2 WIKG), de 1 de Agosto de 1986; para uma apreciação a esta lei, v. KLAUS TIEDMEMANN, «Die strafrechtliche Vertreter- und Unternehmenshaftung», *NJW*, 39, (1986), pp. 1842 e seg.; e ainda do mesmo autor KLAUS TIEDEMANN, «Die Bebußung von Unternehmen nach dem 2. Gesetz zum Bekämpfung der Wirtschaftskriminalität»; finalmente, HANS ACHENBACH, «Das Zweite Gesetz zur Bekämpfung der Wirtschaftskriminalität», *NJW*, 39, (1986), pp. 1835 e seg.; apreciação que para Achenbach é francamente favorável (*idem*, p. 1841).

É evidente que a sociedade técnica pós-industrial consagrou definitivamente uma realidade social: a empresa.[5] Por razões que, *brevitatis causa*, se dão, aqui, por explicadas,[6] o desenvolvimento técnico e tecnológico, ligado à prevalência *de* uma *ratio calculatrix*,[7] levou a que o homem passasse a agir, dentro da sociedade civil, quase que de uma forma exasperada, através da «personagem» que a empresa – legalmente constituída ou não, pouco monta, neste particular, para o caso – representa. Em termos de linguagem jurídica, comunicacionalmente relevante, a empresa, tal como o homem concreto, passou a ser uma entidade que o campo discursivo considerou susceptível de gerar comunicação; considerou susceptível de produzir uma narrativa jurídica, designadamente jurídico-penal. Ora, a aceitação destes pressupostos leva também a que não possamos deixar de considerar que a empresa passou a ser, nesta óptica, um centro gerador de normatividade.

Assim, a partir de tais dados, não é difícil perceber que, se a empresa se postula como entidade definidora, em unidade,[8] da congregação de esforços e da definição de objectivos e se, sobre isso, aparece ainda como um modo de racionalizar os meios de prossecução das metas anteriormente definidas

---

[5] Sobre um certo pioneirismo na definição da empresa (económica), por parte de Gustav Schmoller, e ainda sobre os problemas daí provenientes, v. JORGE COUTINHO DE ABREU, *Definição de Empresa Pública*, Coimbra, 1990 (separata do vol. XXXIV do *Suplemento ao Boletim da Faculdade de Direito da Universidade de Coimbra*), pp. 26 e 27 (notas 14 e 19).

[6] Uma abordagem crítica do papel das diferentes formas jurídicas de que a empresa se foi revestindo pode ver-se em JOSÉ PIZARRO BELEZA, «Notas sobre o direito penal especial das sociedades comerciais», em esp., pp. 267-276. Deste modo, «as sociedades anónimas [...] dirigir-se-iam à poupança pública – são palavras de Pizarro Beleza –, procurando captar os pequenos aforros, e enquanto forma particularmente adequada de centralização de grandes capitais, dotadas de personalidade jurídica e também de um regime de responsabilidade limitada dos seus membros, mas construídas com o recurso a montes de capital menos elevados» (*idem*, p. 276).

[7] Para o domínio do conceito (jurídico) de empresa, bem como para toda a problemática com ele conexa, continua a ser imprescindível, logo, fundamental, a obra de ORLANDO DE CARVALHO, *Critério e Estrutura do Estabelecimento Comercial*, Coimbra, 1967. Ora, Orlando de Carvalho, relativamente à questão do domínio intelectual do conceito de empresa (cf., quanto a este ponto, a nota 52, p. 96, do referido estudo), não deixa de ponderar que «o problema de uma ideia de empresa, ou de uma ideia de exploração, para além dos quadros classicamente mercantis [...] não é senão o reflexo de fenómenos de industrialização e de racionalização (ou de objectivação e de estandardização)» (*idem*, p. 109).

[8] A unidade aqui pressuposta engloba não só a «unidade técnico-organizatória», ligada mais ao «Betrieb», como a «jurídico-económica» conexionada, de modo mais intenso, com o «Unternehmen» (sobre este ponto, no que toca à literatura alemã, v. *Schönke-Shröder*[23] [LENCKNER], §14 Rn 29). Convém sublinhar que esta distinção, como refere Lenckner [«Die Unterscheidung... zwischen Betrieb und Unternehmen hat deshalb für §14 keine Bedeutung»], não tem, tendo em vista o §14 do StGB, qualquer significado (*idem*, Rn 28).

através de uma direção,[9] então, uma tal entidade desempenha um papel social que é tido pela comunidade como altamente valioso. Nesta perspectiva, a empresa não é só expressão de uma realidade social,[10] como se racionaliza através de um conceito de manifesto valor instrumental. A empresa é, assim, um dos nódulos essenciais do modo de ser comunitário das actuais sociedades pós-industriais[11] que se não limita a um campo meramente privatístico, antes se propaga à complexa problemática das chamadas empresas públicas.[12] E se o modo como olhamos, hoje, a empresa, em termos de direito penal, se não tem de circunscrever ao âmbito descrito pelo chamado «direito penal económico» – porquanto as tensões sociais, os conflitos, que se geram através da empresa se alargam para outros campos bem diferenciados[13] (v.g., direito do ambiente,

---

[9] Neste sentido, a empresa, a «empresa económica», perfila-se sempre como uma «organisatorische Einheit» (cf. BERND SCHÜNEMAN, *Unternehmenskriminalität und Strafrecht*, p. 6, e literatura aí referida; cf., também, *Schönke-Shröder*[23] [LENCKNER], §14 Rn 28).

[10] Uma interessante e lúcida perspectiva do desenvolvimento diacrónico da empresa, inserida no contexto social, pode ver-se em ARMAND CUVILLIER; *Manual de Sociologia* (tradução de Fernando de Miranda do *Manuel de Sociologie*[5]), II, Coimbra, Coimbra Editora, 1966, pp. 225-236.

[11] E se, hoje, o pensamento económico já se afastou de uma concepção de empresa, aliás muito em voga na fase mais intensa da industrialização, baseada verdadeiramente no gigantismo (o chamado «Mammutsbetrieb» – Dahrendorf), para propugnar a defesa e o incremento da pequena empresa (*small is beautiful*), o certo é que não nos podemos esquecer de que a «empresa» constitui ainda um componente particularmente relevante na definição das actuais características da nossa sociedade; para uma apreciação sobre a sociedade industrial e também para uma valoração da importância da «empresa», a partir da Revolução Industrial, no contexto das próprias relações sociais, v. RALE DAHRENDORF, *Handwörterbuch der Sozialwissenschaft*, «voce», «Betriebliche. Sozialordnung (I) Betriebssoziologie», pp. 59-67, em esp., p. 67.

[12] Para uma apreensão do problema, em uma óptica alemã, v., a título meramente indicativo, HANS RITSCHL, *Handwörterbuch der Sozialwissenchaften*, «voce», «Unternehmungen, öffentliche», pp. 506-517; no que se refere ao direito português, tendo em vista a controvérsia gerada em tomo das chamadas empresas públicas e a problemática jurídica e jurídico-política dela decorrente, v. JORGE COUTINHO DE ABREU, *Definição de Empresa Pública, passim*.

[13] Quer-se com isto significar que a fenomenalidade criminal que, hoje, se pode surpreender a partir da empresa não fica circunscrita à criminalidade económica, mesmo que a perspectivemos da forma mais ampla. Em termos de ressonância ética e de desvalor social, é fácil, dentro desta perspectiva, apercebermo-nos da importância de que se revestem os ataques ao meio ambiente ou as violações às regras da segurança para com os trabalhadores. E se o não cumprimento das regras de segurança, por parte da empresa, constitui, evidentemente, um facto desencadeador de uma criminalidade cujo centro de imputação se tem de ir buscar à estrutura organizatória da própria empresa, pesquisando as cadeias de responsabilidade, ou se tem de imputar, in toto, à própria empresa, é também indiscutível e de meridiana transparência que os mais profundos e violentos ataques ao meio ambiente são perpetrados, não pelas pessoas singulares, mas sim pelas pessoas colectivas (expressão jurídica das empresas). Ou, digamo-lo com as palavras de Figueiredo Dias: «As maiores e mais graves ofensas à sanidade do ambiente provêm, hoje, sem dúvida, não de pessoas

segurança do trabalhador na empresa,[14] fiscalidade[15]) – é indiscutível que foi a

individuais, mas de pessoas colectivas» (cf. FIGUEIREDO DIAS, «Sobre o papel do direito penal na protecção do ambiente», *Revista de Direito e Economia*, 4, 1978, p. 12).
Uma observação mais: dizemos em texto que muitos dos comportamentos desvaliosos que se podem compreender a partir da empresa estendem-se para campos bem diferenciados. Ora, se as coisas em termos de análise rigorosa não podem deixar de ser vistas dessa forma, continua, todavia, a ser pertinente salientarmos algumas dificuldades que fazem que muitas das situações que se querem incriminar sejam ainda reconduzidas à matriz do direito penal económico. Pense-se, por exemplo, na criminalidade derivada do uso dos computadores (*Komputerkriminalität*). Eis um campo de uma específica, criminalidade que o legislador alemão se não coibiu de tratar, precisamente, na 2ª lei de luta contra a criminalidade económica. E. de tratar de um modo que alguns autores (cf., por exemplo, HANS ACHENBACH, «Das Zweite Gesetz zur Bekämpfung der Wirtscharfskriminalität», *NJW*, 39 (1986), p. 1837) consideram ser um dos pontos essenciais daquela lei. O que nos dá bem a ideia da «apetência» demonstrada pelo núcleo da normatividade inerente ao chamado «direito penal económico».

[14] No que se refere ao direito português, v., p. ex., o Regulamento da Lei dos Acidentes de Trabalho e Doenças Profissionais, instituído pelo Decreto n.° 360/71, de 21 de Agosto, ancorado na Lei n.° 2127, de 3 de Agosto de 1965, e complementado pela Portaria n° 624/83, de 1 de Junho. Por outro lado, o Decreto-Lei n° 47.511, de 25 de Janeiro de 1967, no seu artigo 1°, determina que «nas empresas industriais e comerciais devem ser organizados serviços médicos de trabalho», se bem que uma tal constituição de serviços que fique dependente da aprovação dos «regulamentos necessários à execução» do Decreto-Lei (artigo 7°). Saliente-se, ainda a este propósito, o Decreto-Lei n°: 46.923 de 28 de Março de 1966, precisamente no que se refere à salubridade, higiene, comodidade e segurança públicas dos trabalhadores, nos «estabelecimentos industriais». Finalmente, a alínea c) do n°1 do artigo 59° da Lei Fundamental portuguesa consagra que: «todos os trabalhadores [...] têm direito à prestação do trabalho em condições de higiene e segurança».

[15] É óbvio que os problemas do chamado direito penal fiscal não têm que ver estritamente com as empresas; qualquer cidadão (contribuinte) pode cometer uma infracção fiscal. Mas é, outrossim, claro, pelo menos perante a nossa legislação, que uma qualquer empresa pode, do mesmo modo, praticar uma infracção fiscal (cf., por exemplo, o artigo 7.° do Decreto-Lei n.° 20-A/90, de 15 de Janeiro). Ora, a linearidade com que enunciamos estas proposições não está, nem esteve, principalmente em tempos não muito recuados, imune a críticas. Assim é que, por exemplo, Alexandre do Amaral, em uma das suas intervenções orais, no âmbito das I Jornadas Luso-Hispano-Americanas de Estudos Tributários, para fundamentar o seu ponto de vista, traz a debate as próprias pessoas colectivas enquanto elemento dissonante na arquitectura gizada pelo direito penal: «Parece-nos que, uma vez que neste ponto se defende a integração do direito criminal fiscal no direito criminal geral, haveria que sujeitar ao mesmo critério certos outros institutos do primeiro também aberrantes, até porque as implicações deles com a solução adoptada em matéria de imputação subjectiva são por demais evidentes: refiro-me, por exemplo, à *responsabilidade das pessoas colectivas e outras responsabilidades solidárias* pela infracção, tão abundantes na nossa lei».
E termina – quanto a nós sem razão, acrescente-se – com toda a força argumentativa centrada naquilo que por último referira: «E até, talvez, quanto a estes dois últimos pontos, os desvios de uma sã política punitiva sejam mais evidentes [...]» [cf. I *Jornadas Luso-Hispano-Americanas de Estudos Tributários* (*Relatórios e Actas dos Trabalhos*), Lisboa, 1969, pp. 505 e 506 – itálico nosso].

fenomenalidade atinente à criminalidade económica,[16] sustentada na empresa, que suscitou os primeiros estudos, não só criminológicos, mas também de natureza dogmática.

Nesta óptica, poderá dizer-se que a empresa foi «descoberta» pelo direito penal e pela criminologia como centro susceptível de gerar ou de favorecer a prática de factos penalmente ilícitos, porque de repercussão desvaliosa no tecido económico-social. A empresa passou a ser um centro, em redor do qual se podem conceber diferenciadas atividades ilícitas. Assim, podemos recortar vários tipos de criminalidade económica: a) uma criminalidade que se desenvolve à margem da empresa, não tocando, pois, a própria empresa; *b)* a criminalidade que germina dentro da empresa contra a própria empresa; *c)* a criminalidade levada a cabo por pessoas da empresa contra outros membros da empresa, e, finalmente, *d)* a criminalidade que se projecta a partir da empresa.[17] Omitindo a primeira forma de criminalidade por se postular, desde a nascença, como algo de marginal, «estranho» à empresa, refira-se que as duas formas seguintes de criminalidade se perfilam através da marca de uma tendência centrípeta, enquanto a última – para nós a mais relevante – tem o selo da determinação centrífuga. De certa maneira, o grupo de casos que aquelas duas formas [*b) e c)*] de criminalidade expressam reconduz-se à chamada «Betriebskriminalität»,[18] a qual, independentemente das suas especificidades e das novas intencionalidades político-criminais que aí se possam inserir ou surpreender, não deixa de poder ser trabalhada através do *instrumentarium* com que se opera para os chamados delitos comuns. Ora, não é este tipo de criminalidade que verdadeiramente constitui o objecto de estudo deste trabalho.

A nossa preocupação deste jeito, na criminalidade que encontra na empresa um possível centro de imputação penal. Ela não é só o lugar «onde» ou «por onde» a criminalidade económica se pode desencadear, ela

---

[16] Não nos esqueçamos de que «das Untemehinensrecht gehrt jedoch, systernatisch gesehen, zum Wirtschaftsrecht» (cf. FRITZ RITTNER, in *Staatslexikon*[7], «voce», «Untemehmung», p. 555). Isto é: a empresa apresenta-se, por onde quer que a perspectivemos, sempre com uma nítida vertente económica. Daí também que não seja de estranhar que a criminalidade económica nos surja como a primeira frente dos comportamentos penalmente proibidos.

[17] As linhas essenciais desta classificação fomos buscá-las a BERND SCHÜNEMANN, «Cuestiones básicas de dogmática jurídico-penal y de política criminal acerca de la criminalidad de empresa», *Anuario de Derecho Penal y Ciencias Penales*, 41 (1988), pp. 529-531.

[18] PETER HISERFELD, «A pequena criminalidade e o processo penal», *Revista de Direito e Economia*, 4 (1978), pp. 25 e seg.; v. também EDUARDO CORREIA, «Introdução ao direito penal económico» (com a colabora;áo de José de Faria Costa), *Revista de Direito e Economia*, 3 (1977), p. 14.

é fundamentalmente o *topos* «de onde» a criminalidade económica pode advir. E porque assim é, uma tal concepção das coisas leva a que a empresa se apresente ou possa apresentar como um verdadeiro centro gerador de imputação penal. Neste sentido, a empresa aparece-nos em lugar paralelo àquele que o agente assume ao nível da doutrina geral da infracção penal.[19] Com efeito, sendo as empresas revestidas de forma jurídica, «o mais importante e definido sujeito da vida económica e dos mais influentes no xadrez político, a possibilidade da sua sujeição à tutela punitiva do Estado não é mais do que o contrapólo implícito na dimensão de sujeito activo de direito».[20] A empresa, consubstanciada através da prefiguração jurídica, surge no campo da discursividade jurídica e jurídico-penal como uma entidade capaz de suportar legitimamente o fluxo de direitos e deveres decorrentes de qualquer centro de imputação, por mais simples e rudimentar que seja.

2. As Empresas, as Pessoas Colectivas, os Seus Órgãos e a Discursividade Jurídico-Penal

2.1. A Punição das Pessoas Colectivas: Um Eventual Novo Tópico Para a Sua Legitimidade

Independentemente das dificuldades teóricas em que se pode mergulhar a questão da definição (jurídica) de empresa,[21] é indiscutível que, se a empresa adquirir uma forma jurídica e, neste sentido, aparecer, no mundo da normatividade jurídica, como pessoa colectiva ou como pessoa jurídica, então, aquilo que era tão-só uma «unidade organizatória» de tonalidade essencialmente económica, passa agora a ser uma *pessoa jurídica*; passa a ser um centro autónomo de imputação jurídica, se bem que construído.

A realidade material de interesses que aquela «unidade organizatória» consubstancia, ao revestir a forma jurídica de pessoa colectiva, densifica-se

---

[19] O que nos leva a poder dizer, com Tiedemann, que, nesta acepção, repete-se, se concebe «a empresa como agente» [«das Unternehmen als Täter»] (cf. KLAUS TIEDEMANN, «Die Bebußung von Unternehmen nach dem 2. Gesetz zum Bekämpfung der Wirtschaftskriminalität», *NJW*, 41 (1998), p. 1171).

[20] FARIA COSTA, «Breves reflexões sobre o Decreto-Lei n.º 207-B/75 e o direito penal económico», *Revista de Direito e Economia*, 2 (1976), p. 42.

[21] Para uma análise desses problemas e das suas diferentes implicações, v. ORLANDO DE CARVALHO, *Critério e Estrutura do Estabelecimento Comercial*, Coimbra, 1967, pp. 46-68.

ainda mais e surge-nos com sentido e vocação para uma função jurídica apelativa, conquanto instrumental. E instrumental porque insusceptível, entre outras coisas, de uma recondução a uma dimensão onto-antropológica, que acompanha, por exemplo, um qualquer agir comunicacional de uma pessoa concreta. A possibilidade de se poderem imputar factos, juridicamente relevantes, à pessoa colectiva reduz a complexidade – permita-se-nos a utilização semântica, e só semântica, de uma expressão de entono luhmanniano – e aumenta, por conseguinte, grau de eficiência e fluidez sistemática de todo o ordenamento jurídico.[22]

Pura e simplesmente, fácil é de perceber que, mesmo em termos funcionais, pouco valeria a recondução daqueles interesses a uma unidade com sentido jurídico se ela mesma não pudesse ser sujeito/objecto de uma relação de imposição sancionatória. Por outras palavras: se isso não se verifica, isto é, se se não puder punir a *própria* pessoa colectiva, muita da eficácia antes propugnada perde-se na impossibilidade da correcta determinação, dos verdadeiros agentes que consubstanciaram a infracção penal. Sabe-se, sociologicamente, que, em qualquer estrutura humana organizada, designadamente no seio de uma colectividade, a responsabilidade, se não for correcta e juridicamente enquadrada, se dilui no interesse e projecção dos fins dessa mesma estrutura. E mesmo quando isso não acontece – é ainda a experiência e o saber sociológicos que nos ensinam –, tornam-se patentes e indiscutíveis as enormes dificuldades de prova – bastas vezes instransponíveis – com que deparamos sempre que se começa a percorrer reversamente o fio da cadeia hierárquica sustentadora da decisão que levou à prática de um acto penalmente ilícito.[23]

---

[22] O que não é necessariamente assim, isto é: a redução da complexidade não aumenta, de jeito imperioso, a eficiência. No entanto, por razões de economia e face à finalidade do estudo, achamos por bem não nos alongarmos em explicações. Facto que, por outro lado, não nos impõe a obrigação de prescindirmos de uma chamada de atenção crítica a formulações que se têm quase por indiscutíveis.

[23] Este um ponto de particular relevância e que é, por todos, reconhecido, dentro deste tipo de criminalidade, de difícil regulação jurídica. Isto é: apresenta-se como um daqueles factos que maior resistência oferece à regulação do direito (processual) penal (cf. BERND SCHÜNEMAN, *Unternehmenskriminalität und Strafrecht*, p. 530). Sendo certo que, por seu turno, entendemos, aqui, por regulação, não o mero acto de normação ineficaz, mas sim o acto de formação susceptível de satisfazer os fins propostos pelo legislador. Questão que é também salientada por Figueiredo Dias, na medida em que a cisão entre responsabilidade da pessoa colectiva e a responsabilidade de quem actue, individualmente, como seu órgão ou representante, «conduziria muitas vezes – sobretudo nos delitos económicos de grandes empresas, *v.g.* multinacionais, com diversificadas esferas de administração, donde deriva uma acentuada repartição de tarefas e de competências – à completa *impunidade*, por se tornar impossível a comprovação do nexo causal entre a actuação de uma ou

De todo o modo, demonstrada fica a inoperância – no que se refere exclusivamente a este aspecto das coisas – do ordenamento penal no momento em que se consideram insusceptíveis de punição as pessoas colectivas.[24] Porém, não seremos nós que em nome da eficácia advogaremos uma qualquer entorse relativamente aos princípios fundamentais que norteiam o direito penal historicamente situado. Postura intelectual que implica uma reflexão acrescida no que toca ao ponto crucial da chamada punição das pessoas colectivas, porquanto, repete-se, a admissibilidade, teoreticamente fundada, da punição *penal* das pessoas colectivas[25] só tem sentido desde que lhe encontremos uma racionalidade (material) que se não pode compaginar com a mera relevância de uma «necessária eficácia». A legitimidade ou o fundamento[26] que devem acompanhar o alargamento da punibilidade penal têm – aliás, como a legitimidade primeva que sustenta a própria punibilidade penal, independentemente da sua expansão – quanto a nós, de se fundar materialmente, mesmo quando o sujeito passivo da relação punitiva é uma entidade construída.

Por isso, em nossa opinião, é insuficiente fundamentar a punibilidade das pessoas colectivas em um modo de argumentação cesgado à ideia de necessidade. Sem dúvida que «a *necessidade* de responder ao desenvolvimento das actividades delituosas de poderosas organizações actuando sob a veste da

---

mais pessoas individuais e a agressão do bem jurídico produzida ao nível da pessoa colectiva» (cf. FIGUEIREDO DIAS, «Para uma dogmática do direito penal secundário», *Revista de Legislação e Jurisprudência*, 117, 1984-1985, p. 74 – itálico do autor).

[24] Um dos trabalhos que mais bem destacam aquela inoperância, aliás, sentida em todos os ordenamentos jurídicos e criteriosamente posta em relevo no estudo a que nos referimos – é o de MANUEL ANTÓNIO LOPES ROCHA, «A responsabilidade penal das pessoas colectivas – Novas perspectivas», in *Ciclo de Estudos de Direito Penal Económico*, Coimbra, Centro de Estudos Judiciários, 1985, pp. 109 e seg.

[25] Uma reflexão jurídico-penalmente consistente sobre a punição das pessoas colectivas, se bem que, aparentemente, circunscrita ao problema do «direito penal fiscal», é o estudo de MANUEL CORTES ROSA, «O problema da aplicabilidade de multas às pessoas colectivas por violações de deveres fiscais», in *Memoria, 1967, II Jornadas Luso-Hispano-Americanas de Estudios Tributarios*, t. II, Asociación Espanola de Derecho Financiero, Madrid, 1968, pp. 563 e seg.

[26] Sobre o fundamento da punibilidade ou o fundamento da pena *tout court*, v. MANUEL CORTES ROSA, «Natureza jurídica das penas fiscais», *Boletim da Direcção-Geral das Contribuições e Impostos*, nova série, 2.º semestre de 1960, Lisboa, p. 1274, em esp. nota 1. Concordamos por inteiro com Cortes Rosa quando defende que o fundamento da pena «diz respeito à justificação do direito de punir por parte do Estado» (*idem*, p. 1274, nota 1). Por outro lado, não vemos razões de fundo para acompanhar Spendel no juízo de equivocidade que faz sobre a expressão «fundamento da pena». De qualquer modo, isso pouco monta, na medida em que o essencial do significado (e dos seus limites) está perfeitamente adquirido e determinado e, por conseguinte, susceptível de uma apreensão inequívoca.

personalidade colectiva *(holdings,* sociedades multinacionais, etc.), a inoperância da mera responsabilização individual dos órgãos ou representantes do ente colectivo, levou a que, *sobretudo no domínio do direito penal secundário,* se passasse a admitir, cada vez mais, a responsabilização criminal das colectividades».[27] No entanto, uma tal afirmação – se bem que correcta – não constitui mais, mas também não constitui menos, do que uma mera verificação, baseada em um juízo de natureza descritiva. Irrespondida fica, assim, a pergunta que se prende não só com o fundamento para uma tal punição, como também intratada sobra a questão de saber até que ponto uma tal punição se articula legitimamente com os princípios fundamentais do direito penal, pois, como se sabe, o grande ataque dogmático-principal que se faz à punibilidade das pessoas colectivas residiria na manifesta incapacidade destas em suportarem um juízo de censura ética (um juízo de culpa)[28] ou até, de forma talvez mais radical, de serem insusceptíveis de uma verdadeira capacidade de agir.[29] De sorte que, para superar uma tal argumentação, não bastam razões de política criminal.[30] Exige-se mais. E exige-se, correctamente, em nome da coerência interna e normativa do direito penal.

[27] JOÃO CASTRO E SOUSA, *As Pessoas Colectivas em Face do Direito Criminal e do Chamado Direito de Mera Ordenação Social,* p. 204.
[28] CAVALEIRO DE FERREIRA, *Direito Penal Português,* I, Lisboa/São Paulo, Verbo, 1982, pp. 415 e seg., e, do mesmo autor, ri, pp. 186 e seg. Relativamente à problemática geral de que curamos, Cavaleiro de Ferreira pondera: «Os crimes de natureza económica para obtenção de monopólios ou na constituição e funcionamento de grandes sociedades ou empresas para alteração de preços normais ou para contrabando podem ser ideados e executados com abuso do poder da riqueza, mas também com abuso da riqueza do poder, e sobrepõem-se à criminalidade individual, em dois pontos essenciais: na programação de urna criminalidade sucessiva e duradoura, para alcançar resultados prejudiciais para extensas camadas da população, e na pluralidade de agentes que formam uma organização fortemente estruturada em que se conjugam, inseparáveis, a actividade licita e a actividade criminosa.
A medida da responsabilidade dos que ordenam, dirigem, executam ou auxiliam tem de acomodar-se ao modo de funcionamento de organização e que não é o de um grupo improvisado de comparsas para perpetração de um só crime» (Idem, II, pp. 188 e 189). E, mais recentemente, do mesmo autor, inequivocamente na defesa da não responsabilização criminal das pessoas colectivas, v. *Lições de Direito Penal,* Lisboa/ São Paulo, Verbo, 1985, pp. 155 e 156.
[29] EDUARDO CORREIA, *Direito Criminal,* I (reimpressão), Coimbra, Almedina, 1968, p. 234.
[30] Lopes Rocha, um dos autores que mais estudaram esta matéria e indesmentível defensor da punibilidade das pessoas colectivas, inverte de um jeito interrogativo, argutamente, o sentido da argumentação contrária e pondera: «Ocorre, porém, perguntar se vale a pena montar este complicado esquema, que não evita a possibilidade de injustiças, só para que o clássico princípio da culpabilidade individual continue a constituir a pérola do sistema repressivo.
Por outras palavras: se, para salvar esse princípio, é racional inventar 'sanções', mesmo que ilusoriamente adjectivadas de 'administrativas', 'económicas' ou rotuladas de 'medidas' que

Ora, uma das mais logradas fundamentações – no sentido de legitimar a punição das pessoas colectivas, e por isso mesmo narrativa jurídico-penal materialmente fundada, e que, para além do mais, corresponde aos níveis de exigência há pouco pressupostos – que surgiram no campo da discursividade teorética do direito penal, deve imputar-se, sem resto, a Figueiredo Dias.

Com efeito, partindo-se do arrimo da *necessidade* – arrimo que nos dá alguma segurança se filtrado por outros elementos críticos –, é então jurídico-intencionalmente pertinente e metodologicamente correcto poder ponderar-se que «se, *em sede político-criminal*, se conclui» – são palavras de Figueiredo Dias – «pela alta conveniência ou mesmo imperiosa necessidade de responsabilização das pessoas colectivas em direito penal secundário», não se vê «razão dogmática de princípio a impedir que elas se considerem *agentes* possíveis dos tipos-de-ilícito respectivos».[31] Assim, porque definido o espaço argumentativo e recortada também a razão de ser da intencionalidade material que deve presidir à punição das pessoas colectivas, Figueiredo Dias enceta o trabalho de desconstrução, afirmando: «A tese contrária só pode louvar-se numa ontologificação e autonomização inadmissíveis do conceito de acção, a esquecer que a este conceito podem ser feitas pelo tipo-de-ilícito exigências normativas que o conformam com uma certa unidade de sentido social».[32] E se, correctamente, o conceito de acção fica reconformado, igual sorte tem a noção de culpa, pois, «tão-pouco [...] parece impensável ver nas

---

produzem os mesmos resultados das penas, se não piores. Ou ainda: se é mais razoável consagrar o artificial mecanismo das 'presunções' que, no fundo, consiste numa verdadeira dispensa de prova directa da infracção, pondo a cargo do presumido o ónus de demonstrar o contrário, de resultados frequentemente aleatórios» (Cf. MANUEL ANTÓNIO LOPES ROCHA, «A responsabilidade penal das pessoas colectivas – Novas perspectivas», in *Ciclo de Estudos de Direito Penal Económico*, Coimbra, Centro de Estudos Judiciários, 1985, p. 182).

Ora, conquanto aceitemos que os defensores da insusceptibilidade da aplicação de penas às pessoas colectivas mergulhem na contradição de defenderem a sua necessidade à luz da politica criminal e de não abrirem mão, ao mesmo tempo, de uma estreitamente dogmática noção de culpa, não vemos que a desconstrução daquela antinomia – se é que de verdadeira antinomia se trata – faça, por si só, nascer uma fundamentação articulada e coerente para acompanhar a razão de ser da punibilidade das pessoas colectivas. Ou seja: aquela desconstrução não nos dá uma fundamentação, nem a consonância sobre a necessidade da punição (penal) das pessoas colectivas pode servir de ponto de apoio para uma extrapolação argumentativa. Talvez melhor: pode, quandó muito, servir justamente para essa extrapolação argumentativa, mas nunca para um juízo de legitimidade material no que toca à responsabilidade criminal das pessoas colectivas.

[31] FIGUEIREDO DIAS, «Para uma dogmática do direito penal secundário», *Revista de Legislação e Jurisprudência*, 117, 1984-1985, p. 73 – itálico do autor.

[32] FIGUEIREDO DIAS, «Para uma dogmática do direito penal secundário», *Revista de Legislação e Jurisprudência*, 117, 1984-1985, p. 73.

pessoas colectivas destinatários possíveis do juízo de censura em que a *culpa* se traduz. Certo que, na acção como na culpa, tem-se em vista um «ser-livre» como centro ético-social de imputação jurídico-penal e esse é o do homem individual. Mas não deve esquecer-se que as organizações humano-sociais são, tanto como o próprio homem individual, «obras da liberdade» ou «realizações do ser-livre; pelo que parece aceitável que ern certos domínios especiais e bem delimitados [...] ao homem individual possam substituir-se, corno centros ético-sociais de imputação jurídico-penal, as suas obras ou realizações colectivas e, assim, as pessoas colectivas, associações, agrupamentos ou corporações em que o ser-livre se exprime».[33]

Todavia, é bom de ver, falta ainda encontrar o cimento tópico-argumentativo capaz de dar sentido e consistência material às judiciosas considerações anteriores. E, precisamente, esse *quid* agregador vê-o Figueiredo Dias, em um *«pensamento analógico*, relativamente aos princípios do direito penal clássico».[34] Pensamento que, eventualmente, se poderá ainda ver reforçado, «sabido que também no direito das contraordenações se põem problemas dogmáticos análogos aos do direito penal»[35] e, todavia, aceita-se, neste campo dogmático, a responsabilidade das pessoas colectivas.

Ora, o caminho acabado de percorrer dá-nos um quadro que, sem desvirtuar o conteúdo essencial das proposições anteriores, se pode efectivamente sintetizar nos seguintes traços: *a)* necessidade de punição das pessoas colectivas, justificada, em primeira linha, por razões de política criminal; *b)* legítima reconformação ou *(rectius)* tão-só exacta compreensão das noções jurídico-penalmente operatórias de *acção* e de *culpa,* baseada *c)* no factor agregador de um pensamento analógico, materialmente fundado.

Desenhadas as nervuras essenciais daquilo que constitui um conseguido esforço teórico de fundamentar a responsabilização criminal das pessoas colectivas, resta-nos, a partir de base tão sólida, tentar lançar outros-pilares--que-consigam alicerçar uma unidade compreensiva fundamentadora, que seja, a um tempo, devedora para com a doutrina de Figueiredo Dias e credora da sua própria e autónoma intencionalidade jurídica.

---

[33] FIGUEIREDO DIAS, «Para uma dogmática do direito penal secundário», *Revista de Legislação e Jurisprudência,* 117, 1984-1985, pp. 73 e 74.
[34] FIGUEIREDO DIAS, «Para uma dogmática do direito penal secundário», *Revista de Legislação e Jurisprudência,* 117, 1984-1985, p. 74 – itálico do autor.
[35] FIGUEIREDO DIAS, «Para uma dogmática do direito penal secundário», *Revista de Legislação e Jurisprudência,* 117, 1984-1985, p. 73, nota 120.

Nesta linha de mediação hermenêutica, avancemos, desde já – em termos de transparência argumentativa – com a ideia de que a narrativa de Figueiredo Dias, no que toca às exigências da necessidade ou à exacta determinação dos conceitos de acção e de culpa, é por nós inteiramente subscrita.[36] Com efeito, a determinante que a necessidade encabeça não pode ser menosprezada por quem estiver minimamente atento ao real social-normativo. Para além de que, frise-se ou sublinhe-se a traço grosso, os problemas levantados pela acção penal relevante ou pela culpa, queiramo-lo ou não, não podem, em rigor, deixar de ser vistos à luz de uma panóplia de meios (instrumental) que tem de ser necessariamente jurídica, se bem que, quanto a nós, iluminada por uma pré-compreensão de matizes que não são, e bem, exclusivamente jurídicos. No estudo e na compreensão jurídico-penal de cada um daqueles elementos fundantes da dogmática penal é seguro que se (re)constroem noções. Tudo está em saber até onde vão os limites dessa reconformação. Por isso, mais do que discutir o sentido da própria noção, é operante, sobretudo, perguntarmo-nos pelo caminho que devemos seguir para surpreendermos ou sermos surpreendidos por aqueles elementos «(re)construídos». Coisa que, como é bom de ver, está aqui totalmente desaconselhada por manifesta desadequação ou desvio às finalidades do tema que nos propusemos curar. De qualquer modo, a pertinência da razão de ser desta pequeníssima reflexão não é sequer beliscada, em nosso modo de ver, se se aceitar que daquele jeito mais transparente ficou ainda o fundo sólido que acompanha todos os que, por um motivo ou por outro, avançam e defendem a ideia da punibilidade das pessoas colectivas. Urge, pois, que regressemos, rapidamente, àquilo que nos preocupa, de um jeito que consideramos essencial.

Temos para nós que a legitimidade da punição das pessoais colectivas se deve, em última instância, encontrar na racionalidade material dos *lugares inversos*. Consideramos que a unidade intra-ordenativa de uma qualquer ordem jurídica e, por conseguinte, do ordenamento penal, se deve ler à luz de diferentes cortes analíticos. Ora, um desses cortes – talvez aquele que mais fundo desvenda o sentido material do ordenamento jurídico-penal – é, sem sombra de dúvida, o que a lógica dos lugares inversos permite. Porém,

---

[36] Um pequeno afeiçoamento no que se refere à acção. A ontologificação da acção não tem necessariamente de circunscrever a acção ao homem onto-antropologicamente gizado em moldes, ou segundo os quadros, de uma antropologia de Setecentos ou mesmo Oitocentos. Se ligarmos a acção a um agir comunicacional relevante, já tido pode ser visto de forma totalmente diferente. No entanto, este ponto tem, neste quadro, um reflexo de lateralidade. O que faz que reiteremos, no essencial, a nossa adesão à posição do Prof. Figueiredo Dias.

em verdadeiro rigor, o que significa uma linha metodológica que se apoie na compreensão dos lugares inversos?

No sentido de fazermos uma aproximação segura ao núcleo da questão anteriormente referido, não deixará de ser útil perceber que os ordenamentos jurídicos, ao regularem determinadas matérias, criam espaços de normatividade que desencadeiam ou abrem por si mesmos linhas de força agregadoras que outra coisa não são senão *topoi*. Lugares onde se cruzam finalidades político-criminais; lugares onde se exerce o domínio da configuração jurídico-penal através dos axiomas desenvolvidos pela dogmática; e ainda lugares cujo sentido vivificador provem de um constante apelo crítico aos valores essenciais da comunidade historicamente situada.

Assim, despertados pelos recortes desenhados, não é difícil de compreender que, por exemplo, toda a construção jurídico-penal que envolve o problema do tratamento dos menores constitui um *topos* que encerra as características enunciadas. Efectivamente, ninguém pode duvidar, por um instante que seja, que uma criança[37] *age*, em termos onto-antropológicos, de uma forma absolutamente coincidente com o agir de um geronte ou de um adulto. Da mesma forma não restam dúvidas de que, em termos sociais ou mesmo em termos onto-existenciais, ao menor se não pode retirar a capacidade de valoração que o leva a poder ser sustentáculo de um juízo de censura. E, todavia, como bem se sabe, não há nenhum ordenamento jurídico-penal[38] que não considere que aquém de uma certa idade cronológica um menor não deve entrar no mundo da discursividade jurídico-penal relevante. Cria-se aqui um espaço de normatividade cujo traço essencial é representado pela ausência

---

[37] Circunscrevemos as nossas reflexões à categoria jurídica da menoridade penalmente relevante. Todavia, é manifesto que, sem esforço ou desvio inapropriado, poderíamos estender um tal modo de perceber as coisas ao mundo da inimputabilidade por anomalia psíquica. É também da mais meridiana transparência – e tal evidência justifica a nossa abstenção quanto a posteriores fundamentações – que o chamado inimputável por anomalia psíquica age. Do mesmo modo dúvidas não nos assaltam quando consideramos que, se certas formas de anomalia psíquica podem levar a uma situação de inimputabilidade – não só certas formas, mas até o momento em que se desencadeiam os distúrbios, por exemplo, funcionais da doença, impedindo, assim, um juízo de censura jurídico-penalmente relevante –, é outrossim indiscutível que tais formas não obstaculizam a que, partindo de outras sedes de valoração, se possa censurar o comportamento daquela concreta pessoa. Demais a mais é bom não esquecer que o ponto essencialíssimo para determinar uma situação de inimputabilidade é o «momento da prática do facto» (cf. artigos 20°, n.° 1 e 2, do Código Penal Português). O que faz perceber, conquanto de um jeito perfunctório, que também aqui se opera uma reconstrução ao nível de um agir com ou sem culpa.

[38] Cf. artigo 19° do Código Penal Português, n.° 2 do artigo 8° do Código Penal Espanhol, artigo 67.° do Código Penal Francês, artigos 97.° e 98.° do Código Penal Italiano e §19 do Código Penal Alemão.

de uma determinada característica. Ao menor não se pode fazer um juízo de imputação (subjectiva). Todavia, como se percebe de imediato, não é nossa intenção discutir o problema da imputabilidade, é sim nosso propósito fazer realçar o extraordinário poder conformador do direito, neste caso do direito penal. De uma forma, sem dúvida variável segundo os valores históricos, mas, de qualquer jeito, sempre com uma ponta de determinação infundada,[39] o direito penal não permite – e bem – que o menor aceda ao campo da discursividade penal. Neste sentido, criou-se um espaço de normatividade, criou-se um *topos* que, pela impressividade da sua razão de ser forte, pode ser iluminante e justificador, em termos de racionalidade material, do seu lugar inverso.

Depois das reflexões que levamos a cabo, julgamos que não passará despercebido, mesmo ao menos atento dos leitores, que o lugar inverso àquele que foi desenhado, relativamente à imputabilidade, é o que envolve o problema da punição (penal) das pessoas colectivas. Efectivamente, se ali tínhamos cerceamento dos segmentos ontológicos da acção, aqui, inversamente, temos expansão do alargamento de um agir comunicacional, penalmente relevante; se ali se limita e se afasta o juízo de censura penal por razões da mais variada índole, aqui, inversamente, reconstrói-se a noção de culpa e faz-se da pessoa colectiva um verdadeiro centro de imputação; se ali o traço distintivo da força argumentativa que a necessidade arrasta ia no sentido da restrição do universo dos possíveis agentes, ia no sentido da limitação do universo dos destinatários das normas penais, aqui, inversamente, tudo aponta, como se demonstrou já, para que o universo da punibilidade se alargue. Todavia, para que a compreensão dos lugares inversos tenha consistência, é preciso percebê-la ao nível de duas tónicas diferenciadas.

Primeiramente, urge observar que os lugares inversos são referencias tópicas que na sua polaridade (inversa) sustentam as linhas cruzadas de uma argumentação que, por seu turno, constói ou ajuda a construir também a unidade do próprio ordenamento jurídico. Neste preciso sentido, os lugares inversos são, pois, como que uma via metódica de apreensão do problema: de apreensão de uma fissura. Mas, porque via metódica argumentativa – e estamos deste modo, caídos no domínio da segurança tónica –, ela representa,

---

[39] Cóm um resquício de infundamentada determinação porque, mesmo no espaço jurídico-penal europeu, onde para alguns é suposto haver traços de identidade que determinem uma linha que seja a expressão do máximo divisor comum, vemos as diferentes legislações – com o nosso inteiro aplauso – empregarem diferentes limites cronológicos para que o «menor» possa aceder ao mundo relevante da discursividade jurídico-penal (cf. nota 37 anterior).

de igual jeito, uma função comunicativa que permite perceber e fundar a punição das pessoas coletivas.

Queremos, assim, significar que a compreensão dos lugares inversos – lugares esses pré-compreensivamente escolhidos de modo a darem coerência discursiva – não atinge, nem é esse o seu propósito primacial, a determinação essencial da responsabilização das pessoas colectivas. Uma tal forma de ver as coisas é tão-só, mas com isso é tudo, uma estrutura interpretativa (jurídico-penalmente interessada no sentido de Habermas) que explica com coerência uma realidade e que, para além de tudo, permite compreender o fenómeno da punição das pessoas colectivas. Uma estrutura interpretativa que permite racionalizar, não só o *dado*, mas também o dever-ser que acompanha a projecção ou impulso normativos que, por seu turno, sustentam a própria solução jurídico-penalmente relevante.

O nódulo problemático que fomos adensando, através da crítica e da mediação interpretativa, encontra, agora, um fio de estabilização que, no fim de contas, corresponde à própria placidez da intencionalidade legislativa detectada no nossa ordenamento jurídico-penal. Isto é: o legislador português entendeu, sem reticências, considerar susceptíveis de punição as pessoas colectivas,[40] precisamente em um dos domínios mais característicos, em termos criminológicos, mas não só, da criminalidade desenvolvida pelas empresas no domínio da criminalidade económica. E não se julgue que uma tal atitude é fruto de uma desintegrada intenção político-legislativa. Com efeito, quem assim ajuizasse cometeria grave erro de análise, tanto mais que também no domínio, por exemplo, das infracções fiscais,[41] se optou, decisivamente, por essa via. Via, aliás, aberta por anterior e variada legislação pertencente ao chamado «direito penal secundário»,[42] à qual, realce-se, o direito de mera ordenação social[43] não deixa de dar o seu aval. Fecha-se, assim, um círculo de considerações, estabilizando-se, do mesmo passo, a discursividade jurídico-penal em moldes de uma modelação perfeitamente coerente e consistente face às finalidades político-criminais e às próprias intencionalidades jurídicas do ordenamento penal. Coerência e consistência que não resultam, nem de formas ou formulações consensuais, nem, tão-pouco, da rigidez axiomática de um inteligir determinado por uma estrutura narrativa de sabor dedutivo. Abrimo-nos à

---

[40] Cf. artigo 3.º do Decreto-Lei n.º 28/84, de 20 de Janeiro.
[41] Cf. artigo 7.º do Decreto-Lei n.º 20-A/90, de 15 de Janeiro.
[42] V., por exemplo, o Decreto-Lei n.º 41 204, o Decreto-Lei n.º 85-C/75 (a chamada «Lei de Imprensa») e também ainda o chamado «Código da Estrada».
[43] Cf. artigo 7.º do Decreto-Lei n.º 433/82, de 27 de Outubro.

crítica de uma mediação que, não rejeitando lugares outros de argumentação, assume como seu o inteligir *teleologicamente interessado*.

3. As Empresas, a Alteridade e o Direito Penal

Independentemente de outras considerações sobre o homem, pessoa física – considerações que o mergulhariam, certamente, na inequívoca relação de alteridade que o sustenta onto-antropologicamente – é também a nossos olhos totalmente correcto perceber-se que a pessoa jurídica está, por definição ou natureza, em plúrimas relações de alteridade.

A pessoa jurídica, enquanto centro de imputação jurídico-penalmente relevante, entra, como vimos, na discursividade penal ao mesmo nível (formal) de todos os outros destinatários das normas penais, não havendo, por conseguinte, até aqui, nada de específico. Mas para se assumir como tal, para se assumir como pessoa jurídica, tem de actuar *necessariamente* através de órgãos ou representantes. Nesta perspectiva, a pessoa jurídica vive ou só vive se com ela automaticamente se prefizer uma relação de interna alteridade, para que assim possa agir de um modo jurídico-penalmente relevante. Não é que, como bem se compreenderá, a pessoa física não possa também agir por intermédio de outrem. Sem dúvida que sim. Sucede que uma tal forma de actuação não pertence à matriz essencial do seu *agir*. Há, por conseguinte, em termos de materiais, uma diferença entre a acção da pessoa concreta e a acção da pessoa jurídica. O ponto de charneira relevante para o direito (penal) traduz-se ou manifesta-se em uma *relatio ad alterum* e é em volta desse eixo compreensivo que se devem perceber e analisar os comportamentos dos concretos agentes que intervêm na feitura da discursividade penal.

As pessoas colectivas, porque centros de imputação jurídico-penal, evidente é que também rodam sobre aquele eixo. No entanto, é preciso aprofundar um pouco mais a análise que estamos a desencadear. Assim, é regra elementar, para o bom êxito do que nos propomos, não esquecer que as pessoas colectivas representam (são) um *real construído*. Ora, enquanto constituintes do ordenamento penal, certamente que elas também se conexionam em *relationes ad alterum*. Porém, abreviando razões, poder-se-á dizer que esta é a dimensão externa da pessoa colectiva. E a dimensão interna? É precisamente neste particular que as pessoas colectivas espelham o seu *quid specificum*. Continuando a usar uma linguagem sincopada e arredia a fundamentações, como convém a um trabalho deste género, poder-se-á afirmar que, internamente – na sua estrutura matricial de centro de imputação construído –, as pessoas colectivas não podem ser olhadas como partilhando da possibilidade de se afirmarem ontologicamente na dimensão de estruturas de diálogo em *relatio ad alterum*. As pessoas colectivas, nesta perspectiva das coisas, são sempre *relatio in altero*. Queremos, deste jeito, significar que elas só têm sentido e intencionalidade jurídico-penal no momento em que se estabelece o nexo indissociável entre aquilo que se quer construir e os órgãos reais de ligação (directa) ao mundo jurídico. A relação entre a pessoa colectiva e os seus órgãos ou representantes assume, pois, um carácter essencial; por isso, aqui não se trata de uma relação para com o outro, mas antes de uma relação em que o «outro» (o órgão ou representante da pessoa colectiva) está *necessariamente* presente. Tal forma de olhar e ponderar os segmentos fundamentais desta específica problemática permite, assim pensamos, mais bem perceber, ou até talvez superar, algumas dificuldades levantadas ao juízo daqueles que, como nós, defendem a responsabilização penal das pessoas colectivas. Vejamos.

Efectivamente, se o representante (legal) de um menor agir em nome e em proveito deste, e, nessa veste, praticar uma infracção penal, ninguém se lembrará de querer imputar tal infracção ao próprio menor.[44] E a força de uma tal argumentação estará tanto no facto de que «no direito privado [a imputação] não fundamenta um juízo de desvalor pessoal sobre o agente a quem o facto é imputado»,[45] quanto também na compreensão de que a «imputação de um facto a determinada pessoa tem, no direito privado e no direito criminal, efeitos tão profundamente diversos, que não é de estranhar serem diferentes também, nos dois domínios jurídicos, os pressupostos dessa imputação».[46]

Ora, se bem vemos e for correcto o discurso anteriormente efectuado, pensamos, então, que alguma luz pode ser lançada sobre este problema.

Nesta linha de argumentação dever-se-á, desde logo, avançar com a ideia de que a compreensão jurídico-penal por nós partilhada não vai bulir com o

---

[44] Exemplo trabalhado por MANUEL CORTES ROSA, «O problema da aplicabilidade de multas às pessoas colectivas por violações de deveres fiscais», in Memoria, 1967, II Jornadas Luso-Hispano-Americanas de Estudios Tributarios, t. II, Asociación Espanola de Derecho Financiero, Madrid, 1968, p. 566.

[45] MANUEL CORTES ROSA, «O problema da aplicabilidade de multas às pessoas colectivas por violações de deveres fiscais», in Memoria, 1967, II Jornadas Luso-Hispano-Americanas de Estudios Tributarios, t. II, Asociación Espanola de Derecho Financiero, Madrid, 1968, p. 566 – interpolação nossa.

[46] MANUEL CORTES ROSA, «O problema da aplicabilidade de multas às pessoas colectivas por violações de deveres fiscais», in Memoria, 1967, II Jornadas Luso-Hispano-Americanas de Estudios Tributarios, t. II, Asociación Espanola de Derecho Financiero, Madrid, 1968, p. 566.

essencial da argumentação centrada em torno da hipótese focada. Irá talvez, isso sim, permitir uma outra leitura. Isto é: na nossa compreensão do problema, continua a ser ponto indestrutível a impossibilidade de o menor poder ser responsabilizado pelos actos do representante, mesmo quando este actua em seu nome e no seu interesse. Sucede, porém, que uma tão forte razão não tem de ficar circunscrita ao âmbito argumentativo daqueles que advogam a impossibilidade de se responsabilizarem penalmente as pessoas colectivas. Ao invés – talvez melhor, paralelamente –, julgamos que a impossibilidade de se poderem imputar tais factos ao menor no exemplo referido reside na própria estrutura onto-antropológica da pessoa física que o menor, obviamente, encarna. Ele partilha, *rectius*, ele é uma estrutura própria (real verdadeiro) *de* e *para* um *agir* jurídico-penalmente vinculante. A entreposta pessoa do seu representante não lhe acrescenta nada, mas absolutamente nada, em termos de centro de imputação penalmente relevante. De sorte que, ao partir-se desta compreensão das coisas, o exemplo fica circunscrito à intencionalidade que dele se queira retirar, desde que arranquemos de outras premissas. Sem dúvida que o exemplo é elucidativo e fortemente expressivo para explicar a não responsabilização do menor. Porém, em nosso modo de ver, não pode ser ponto de arranque para fundamentar o pensamento daqueles que defendem a não responsabilização das pessoas colectivas. E não o pode ser na medida em que assenta em pressupostos incoincidentes com os que fundamentam a malha jurídico-normativa em que assentam as chamadas «pessoas colectivas».

A pessoa colectiva funda-se e encontra a sua razão de ser em uma relação interna com o «outro». Neste sentido, só pelo «outro» (órgão ou representante) – que é também um elemento estrutural da sua natureza construída – a pessoa colectiva ascende à discursividade jurídico-penalmente relevante. Por isso, a pessoa colectiva move-se em «lugares» que não são substancialmente coincidentes com os da pessoa física e daí também que para si possa reivindicar toda uma outra gama de efeitos que dificilmente se compaginam com as relações *ad alterum* entre a pessoa física e um seu representante.[47] Ora, quanto a nós, é a matriz da relação interna que acabamos de recortar, no que toca às pessoas colectivas, que pode explicar, com rigor, um certo tipo de responsabilidade com que a nossa lei abrange as já mencionadas pessoas colectivas.

---

[47] Em nosso modo de ver, é através de uma percepção, muito clara e bem desenhada, das relações *ad alterum* que mais facilmente se pode sustentar uma compreensão operatória de toda a doutrina da comparticipação em direito penal.

Com efeito, seguindo uma linha com larga tradição a nível de alguma legislação nacional referente ao direito penal secundário, o recente diploma que abrange a disciplina do direito penal económico,[48] no seu n° 3 do artigo 2.°, vem consagrar que «as sociedades civis e comerciais e qualquer das outras entidades referidas no n° 1 respondem solidariamente, nos termos da lei civil, pelo pagamento das multas, coimas, indemnizações e outras prestações em que forem condenados os agentes das infracções previstas» naquele diploma.

Pensamos que a estrutura de relações *in altero* é que pode justificar cabalmente uma tal responsabilidade solidária. Se as pessoas colectivas só «vivem» jurídico-penalmente *nos* e *com* os seus órgãos ou representantes, tem sentido fazê-las responder solidariamente pelas multas e coimas em que aqueles eventualmente venham a ser condenados pelas infracções previstas no diploma em questão. Parece ficar, assim, legitimado o desvio aos princípios gerais que uma tal responsabilidade solidária carrega ou arrasta. Pura e simplesmente, a simetria do desvio apreendida e justificada através das relações *ad alterum* nas pessoas físicas, e através das relações *in altero* para as pessoas jurídicas, pode sofrer ainda um outro entorse – que só pouco consistentes razões de igualdade e de política criminal poderiam então justificar – caso se não opere uma legítima interpretação restritiva.

Tudo seria límpido se o n° 3 do referido artigo 2° do Decreto-Lei n° 28/84 não suscitasse dúvidas quanto ao âmbito da responsabilidade solidária convocada. Efectivamente, ao consagrar-se que responde solidariamente qualquer das entidades referidas no n° 1 daquele artigo, pode parecer que se quer abranger também aquele que age «em representação legal ou voluntária de outrem». No entanto, temos para nós, pelas razões já largamente invocadas, que as relações *ad alterum* que intercedem na representação legal ou voluntária entre pessoas físicas não justificam, em caso algum, uma tal responsabilidade solidária. E se as razões substanciais que acompanham o nosso pensamento não bastassem, aí está o próprio texto da lei a afastar inequivocamente uma interpretação que vá ao arrepio daquele que propugnamos. Assim, neste sentido, e nunca será demais sublinha-lo, o legislador fala no n° 3 do artigo 2° do Decreto-Lei n° 28/84 em «qualquer das outras *entidades* referidas no n° 1». E *entidades*, se bem compreendemos, não são as pessoas físicas *qua tale*, mas sim as pessoas colectivas, as sociedades, ainda que irregularmente constituídas, ou mesmo as meras associações de facto. De sorte que este fundamentado

---

[48] Cf. Decreto-Lei n.° 28/84, de 20 de Janeiro. O mesmo regime se institui no que toca às infracções fiscais (não aduaneiras) (cf. n.° 3 do artigo 6° do Decreto-Lei it.° 20-A/90, de 15 de Janeiro).

modo de compreender as coisas permite não só que a «simetria do desvio» não seja ela própria fonte para outros desvios, mas também que se surpreenda uma unidade interna (normativa) dentro deste particular ponto da matéria relativa à responsabilidade penal das pessoas colectivas.

Responsabilidade Penal dos Sócios e Administradores Por Crimes Contra Ordem Tributária: Pressupostos da Legislação Brasileira

Pablo Rodrigo Alflen

1. Introdução

O estudo dos chamados crimes contra a ordem tributária tem assumido maior relevância no contexto brasileiro nas últimas décadas, em virtude, sobretudo, do *"modus"* como tem sido operacionalizada a sua prática. Este *"modus"* tem se caracterizado pelo uso cada vez mais frequente de empresas, mais especificamente na forma de *sociedade empresária*. Não se trata de aspecto absolutamente novo, uma vez que a conduta delituosa nos Crimes contra a Ordem Tributária, considerando-se como tais aqueles tipificados na Lei n° 8.137/1990 e nos art. 168-A e 337-A do Código Penal, pode manifestar-se tanto por comportamento direto de pessoa natural quanto por intermédio de pessoa jurídica.[1]

---

[1] Nesse sentido LOVATTO, Alécio Adão. Dos Crimes contra a Ordem Tributária ou Sonegação Fiscal. Revista do Ministério Público. Porto Alegre: MP-RS, vol. 1, n° 28, 1992. p. 37; OLIVEIRA, Antonio Claudio Mariz de. A responsabilidade nos Crimes Tributários e Financeiros, In: ROCHA, Valdir de Oliveira. Direito Penal Empresarial. São Paulo: Dialética, 1995. p. 27: "Em regra os crimes tributários envolve pessoas jurídicas e a perquirição da responsabilidade pessoal, corolário fundamental do Direito Penal não tem sido a preocupação primeira da polícia e do Ministério Público, que tem denunciado pela simples condição objetiva de ser o acusado diretor, gerente, administrador ou mesmo mero sócio da empresa"; igualmente FERREIRA, Roberto dos Santos. Crimes contra a Ordem Tributária. 2ª ed., São Paulo: Malheiros, 2002. p. 19; ainda, ANDRADE FILHO, Edmar Oliveira. Direito Penal Tributário. 6ª ed., São Paulo: Atlas, 2009. p. 90; PRADO, Luiz Régis. Direito Penal Econômico. 3ª ed., São Paulo: Revista dos Tribunais, 2010. p. 42; de modo semelhante SCHMIDT, Andrei Zenkner. Direito Penal Econômico. PG. Porto Alegre: Livraria do Advogado, 2015. p. 175; MACHADO, Hugo de Brito. Crimes contra a Ordem Tributária. 4ª ed., São Paulo: Atlas, 2015. p. 81.

Porém, o expressivo número de casos versando sobre Crimes contra a Ordem Tributária praticados por intermédio de sociedades empresárias, manifestados pela jurisprudência pátria é indicativo nesse sentido.[2]

Desse modo, tratar sobre a responsabilidade penal da figura dos *sócios* e/ou *administradores* em matéria de crimes contra a ordem tributária compreende o exame da modalidade de contribuição específica para o fato delituoso *na forma de* ou *por intermédio de sociedade empres*ária. E o problema radica, aqui, na pergunta se é possível atribuir a qualidade de autor da prática de fatos delituosos aos sócios e administradores de sociedade empresarial e, caso positivo, em quais condições ou sob quais pressupostos. Isso porque não há na ordem jurídica brasileira, em matéria tributária, uma regra – no sentido de um sistema unitário formal de autor – segundo a qual todos que concorrem para o delito tributário figurem indiferentemente como coautores, sejam eles administradores, sócios, gerentes, técnicos em contabilidade ou auditores (o que implicaria inadmissível responsabilidade penal objetiva); do mesmo modo, não há uma regra segundo a qual sócios, administradores, gerentes, figurem como (co-) autores, ao passo que os demais figurem como partícipes.[3]

A pergunta colocada suscita, portanto, além de questões próprias atinentes à responsabilidade penal, hipóteses substancialmente distintas orientadas pelo fazer positivo (ação) e negativo (omissão), que demandam uma análise mais detida. Porém, no presente estudo pretende-se analisar a problemática exclusivamente no tocante à forma comissiva (face à problemática própria atinente à omissão), conforme as seguintes possibilidades: *a)* Conduta praticada diretamente pelo único administrador, na condição de gestor de fato da sociedade empresária; *b)* Conduta praticada diretamente por todos os sócios-administradores mediante divisão de papéis; *c)* Conduta praticada por intermédio da sociedade empresária, porém, a mando de sócio(s)-administrador(es). Evidentemente, além destas hipóteses pontuais suscitadas, há que observar que nas grandes corporações, a descentralização estatutária

---

[2] Uma simples consulta à base jurisprudencial dos Tribunais do país é suficiente para concluir nesse sentido, veja-se: STF, HC 121719/RN, Segunda Turma, Julgado em 24/11/2015; STF, HC 122450/MG, Primeira Turma, Julgado em 28/10/2014; STF, HC 89427/BA, Segunda Turma, Julgado em 12/09/2006; STF, HC 84436/SP, Segunda Turma, Julgado em 05/09/2006; STF, HC 86294/SP, Segunda Turma, Julgado em 27/09/2005; STF, Inq 1578/SP, Tribunal Pleno, Julgado em 18/12/2003; STF, HC 79399/SP, Segunda Turma, Julgado em 26/10/1999.

[3] Nesse sentido STOCO, Rui; STOCO, Tatiana de Oliveira. *Crimes contra a Ordem Tributária*. São Paulo: Revista dos Tribunais, 2016. p. 157, os quais entendem, a nosso juízo, com razão, "que qualquer pessoa pode ser partícipe em crime contra a ordem tributária, desde que seu concurso tenha sido efetivo e se enquadre nas regras das disposições legais de regência".

do poder de decisão colabora para que outros órgãos atuem por delegação de instâncias superiores[4], de modo que, diante disso, poder-se-ia suscitar a hipótese de *d)* ser a conduta delituosa praticada por executor fungível, que atua a mando de gerente de setor, sem que haja ordem por parte do sócio que exerce, de fato, o poder de gestão.

Todas estas hipóteses se subsumem na problemática do concurso de pessoas e na imputação a título de autoria ou participação. Mais especificamente, o problema da autoria e da participação nos crimes contra a ordem tributária obedece as mesmas regras estabelecidas pela legislação e pela doutrina no que diz respeito a todas as demais espécies de crimes[5]. Prescinde-se, pois, no que diz respeito à responsabilidade penal dos sócios e administradores, de outras regras atinentes à responsabilidade dos sócios e administradores previstas, por exemplo, no Código Civil (o qual distingue a responsabilidade dos sócios, inclusive, em conformidade com o tipo de sociedade).[6]

Para determinar, portanto, a responsabilidade penal a doutrina e a jurisprudência pátrias tem procurado oferecer uma solução a partir da chamada teoria do domínio do fato[7], embora ela venha sendo empregada de maneira

---

[4] SCHMIDT, Andrei Zenkner. Direito Penal Econômico. *PG.* p. 176.

[5] Semelhante STOCO, Rui; STOCO, Tatiana de Oliveira. Crimes contra a Ordem Tributária. p. 85 e 156.

[6] Observe-se que o Código Civil brasileiro confere capacidade para exercer a empresa ao menor de 18 anos emancipado, por se encontrar, desde a ótica civil, no pleno gozo de sua capacidade jurídica, de tal modo que pode exercê-la como o maior, veja a respeito COELHO, Fabio. Ulhoa. Curso de Direito Comercial. Direito de Empresa. 21ª ed., São Paulo: Revista dos Tribunais, vol. 1, 2017. p. 46; ademais, como refere MACHADO, Hugo de Brito. Crimes contra a Ordem Tributária. p. 76: "a responsabilidade civil é bem mais ampla do que a responsabilidade penal. Primeiro porque abrange a responsabilidade objetiva, em certos casos admitida por nosso ordenamento jurídico. Depois, porque, mesmo no que concerne à responsabilidade subjetiva, tem alcance bem mais amplo do que a responsabilidade penal, na medida em que o conceito de culpa, no Direito Civil, é bem mais abrangente do que no Direito Penal."

[7] Na doutrina, veja ALFLEN, Pablo Rodrigo. Teoria do Domínio do Fato. São Paulo: Saraiva, 2014. p. 81 e ss.; ademais ALFLEN, Pablo Rodrigo. Teoria do domínio do fato na doutrina e na jurisprudência brasileiras, *Revista Universitas JUS*, v. 25, n. 2, 2014. p. 15-33, disponível em «https://www.publicacoes.uniceub.br/jus/article/download/2826/2447», acesso em 14/11/2017; também ROXIN, Claus. *Täterschaft und Tatherrschaft.* 9. Aufl., Berlin: De Gruyter, 2015, p. 20 e ss.; essencial WELZEL, Hans. *Das Deutsche Strafrecht.* 11. Aufl., Berlin: De Gruyter, 1969. p. 98 e ss.; ademais SCHILD, Wolfgang. *Tatherrschaftslehren.* Frankfurt a.M.: Peter Lang, 2009. p. 9 e ss., o qual apresenta um panorama das diversas vertentes da teoria do domínio do fato existentes, na atualidade, no contexto alemão e fora dele; com críticas ROTSCH, Thomas. *"Einheitstäterschaft" statt Tatherrschaft.* Tübingen: Mohr Siebeck, 2009. p. 290 e ss.; com vasta e contundente crítica à concepção de Roxin, veja HAAS, Volker. Kritik der Tatherrschaftslehre, *ZStW*, 119, H. 3, 2007. p. 519 e ss.; ademais GIMBERNAT ORDEIG, Enrique. *Autor y Cómplice en Derecho Penal.* Montevideo/Buenos

inadequada e puramente retórica, uma vez que não são enfrentados os seus critérios.[8] Em vista disso, no presente estudo serão analisados, em um primeiro momento, alguns aspectos atinentes à responsabilidade penal no sistema jurídico brasileiro; em um segundo momento, adentrar-se-á a teoria do domínio do fato como critério de delimitação da autoria e participação; e, por fim, serão examinados aspectos relativos à responsabilidade penal do sócio e administrador, em atenção às hipóteses antes mencionadas, tendo em vista a teoria do domínio do fato.

2. A Responsabilidade Penal no Sistema Jurídico Brasileiro

Como há muito já advertiram Hungria e Fragoso, o sistema de direito penal brasileiro mantem-se fiel ao princípio *societas delinquere non potest*, segundo o qual as pessoas jurídicas não podem praticar crimes.[9-10] A responsabilidade

---

Aires: Editorial BdeF, 2006. p. 78 e ss.; suscitando tal ideia especificamente em relação aos crimes contra a ordem tributária, veja OLIVEIRA, Antonio Claudio Mariz de. *A responsabilidade nos Crimes Tributários e Financeiros*. p. 28.

[8] Especificamente sobre o uso da teoria do domínio do fato em crimes econômicos empresariais veja URBAN, Carolin. *Mittelbare Täterschaft kraft Organisationsherrschaft. Eine Studie zu Konzeption und Anwendbarkeit, insbesondere im Hinblick auf Wirtschaftsunternehmen*. Göttingen: V&R unipress, 2004. p. 201 e ss.; paradigmática a respeito do mau uso da teoria do domínio do fato na jurisprudência, veja: STF, APn 470/MG, Julgado em 17/12/2012, disponível em: «http://www.stf.jus.br/portal/ inteiroTeor/obterInteiroTeor.asp?idDocumento=3678648»; bem como, com ampla análise crítica ALFLEN, Pablo Rodrigo. *Teoria do domínio do fato na doutrina e na jurisprudência brasileiras*. p. 15-33, disponível em «https://www.publicacoes.uniceub.br/jus/article/download/2826/2447», acesso em 14/11/2017.

[9] HUNGRIA, Nelson; FRAGOSO, Heleno. Comentários ao Código Penal. 5ª ed., Rio de Janeiro: Forense, vol. I, t. II, 1978. p. 628; assim também referia FARIA, Bento de. Código Penal Brasileiro Comentado. 3ª ed., Rio de Janeiro: Récord, 1961, vol. 2, p. 118-119; no mesmo sentido BRUNO, Aníbal. Direito Penal. PG. 2ª ed., Rio de Janeiro: Forense, vol. I, t. 2, 1959. p. 205; mais recentemente BITENCOURT, Cezar Roberto. Tratado de Direito Penal. 16ª ed., São Paulo: Saraiva, vol. 1, 2011. pp. 274 a 275; ademais DOTTI, René Ariel. Curso de Direito Penal – PG. 2ª ed., Rio de Janeiro: Forense, 2004. p. 66.

[10] Excetuando-se os casos que a jurisprudência recente tem admitido a responsabilidade penal da pessoa jurídica na figura de seus dirigentes: STF, HC 85190, Segunda Turma, julgado em 08/11/2005: "Responsabilidade de Dirigentes de Pessoa Jurídica. Art. 2º da Lei 9.605/1998. Rejeitado pedido de trancamento de ação penal, dada a expressa previsão legal, nos termos da legislação ambiental, *da responsabilização penal de dirigentes de pessoa jurídica...*" (grifo nosso); ademais, STF, HC 94842, Segunda Turma, julgado em 26/05/2009; igualmente, STF, HC 97484, Segunda Turma, julgado em 23/06/2009; também STF, RE 548181, Primeira Turma, julgado em 06/08/2013: "1. O art. 225, § 3º, da Constituição Federal não condiciona a responsabilização penal da pessoa jurídica

penal, diziam os penalistas brasileiros, é pessoal (depende de atuação do sujeito) e subjetiva (depende de culpa).[11] Entretanto, esclareceram que pessoas físicas *"serão autores do crime, quando agirem em representação, por conta ou em benefício da pessoa jurídica"*.[12]

Tal entendimento é manifestado pela doutrina pátria ainda hoje[13] e tem como premissa fundante da responsabilidade penal a de que somente a pessoa natural pode ser autora de crime, em virtude: a) da ideia de conduta punível; b) do princípio *nulla poena sine culpa*.

a) Por ocasião da Nova Parte Geral do Código Penal brasileiro, introduzida por meio da Lei n° 7.209, de 11 de julho de 1994, o legislador pátrio referiu, na Exposição de Motivos da Nova Parte Geral do Código Penal, que a ação e a omissão constituem as duas formas básicas do comportamento humano e advertiu que *"se o crime consiste em uma ação humana, positiva ou negativa (nullum crimen sine actione), o destinatário da norma penal é todo aquele que realiza a ação proibida ou omite a ação determinada, desde que, em face das circunstâncias, lhe incumba o dever de praticar o ato ou abster-se de fazê-lo"*. O argumento relativo à ação ou omissão, orientado pela ideia de dever, possivelmente não seria suficiente para determinar o aspecto humano inerente à ideia de conduta e enquanto fator obstaculizador da responsabilidade penal da pessoa jurídica, se não

---

por crimes ambientais à simultânea persecução penal da pessoa física em tese responsável no âmbito da empresa. A norma constitucional não impõe a necessária dupla imputação. 2. As organizações corporativas complexas da atualidade se caracterizam pela descentralização e distribuição de atribuições e responsabilidades, sendo inerentes, a esta realidade, as dificuldades para imputar o fato ilícito a uma pessoa concreta"; bem como STF, HC 128435, Primeira Turma, J. em 20/10/2015.

[11] HUNGRIA, Nelson; FRAGOSO, Heleno. Comentários ao Código Penal. p. 628.

[12] HUNGRIA, Nelson; FRAGOSO, Heleno. Comentários ao Código Penal. p. 628.

[13] Compare, de forma específica ao tratar dos Crimes contra a Ordem Tributária, MACHADO, Hugo de Brito. Crimes contra a Ordem Tributária. p. 77, que "a responsabilidade penal é sempre pessoal e subjetiva, enquanto a responsabilidade civil pode ser transmitida por sucessão, nos limites do patrimônio transmitido ao sucessor, pode decorrer de atos de outrem e pode ser objetiva"; também STOCO, Rui; STOCO, Tatiana de Oliveira. Crimes contra a Ordem Tributária. p. 85 e s.; igualmente FERREIRA, Roberto dos Santos. Crimes contra a Ordem Tributária. p. 19 e s.; OLIVEIRA, Antonio Claudio Mariz de. A responsabilidade nos Crimes Tributários e Financeiros. p. 27; ainda MÉLEGA, Luiz. O sujeito ativo do Crime e as Pessoas Jurídicas – A responsabilidade criminal e civil dos Administradores, In: ROCHA, Valdir de Oliveira. Direito Penal Empresarial (Tributário e das Relações de Consumo). São Paulo: Dialética, 1995. p. 101 e ss.; ademais ANDRADE FILHO, Edmar Oliveira. Direito Penal Tributário. p. 90-91; bem como PRADO, Luiz Régis. Direito Penal Econômico. p. 42; na doutrina em geral compare FERRAZ, Esther de Figueiredo. A Co-Delinquência no Direito Penal Brasileiro. São Paulo: J. Bushatsky Editor, 1976. p. 97 e s.: "sabido é que encontrou agazalho em nosso ordenamento o princípio segundo o qual a responsabilidade penal é exclusivamente pessoal, de que é corolário este outro – *societas delinquere non potest*." (sic).

fosse a inequívoca adesão do legislador à teoria finalista da ação, de origem alemã, que conferiu novos contornos à matéria.[14] Referida adesão, como ficou claramente reconhecido pela doutrina, deu-se em virtude da nova sistemática adotada em relação ao erro de tipo como excludente do dolo.[15] Isso, inclusive, foi manifestado pelo legislador no parágrafo 17 da Exposição de Motivos, ao afirmar que é *"no tratamento do* **erro** *que o princípio* **nullum crimen sine culpa** *vai aflorar com todo o vigor no direito legislado brasileiro"* e que, nessa esteira, acolheu o Projeto de Código à época *"as duas formas básicas de* **erro** *construídas pela dogmática alemã: erro sobre elementos do tipo (Tatbestandsirrtum) e erro sobre a ilicitude do fato (Verbotsirrtum)."*

O acolhimento destas duas figuras de *erro* pressupunha a adoção à teoria finalista da ação de Welzel. De acordo com tal teoria, a ação humana consiste no exercício de uma atividade final, ou seja, a ação é "final", e não um acontecimento "causal"[16]. E é esse elemento "final", diversamente do "causal", que faz da ação humana uma condição imprescindível para o delito. A finalidade da conduta, como esclareceu o jurista alemão, *"baseia-se em que o homem, com amparo em sua consciência causal, pode prever as consequências possíveis de seu agir em determinadas circunstâncias, e, por isso, pode traçar diferentes fins e orientar o seu agir pelo fim escolhido"*[17]. Tal ideia de ação é ínsita ao ser humano e, portanto, descabe nesse sentido transpor tal capacidade de ação à figura da pessoa jurídica.[18] Em se tratando especificamente de Crimes contra a Ordem Tributária observa-se, ademais, que as condutas previstas nos art. 1° a 3° da Lei n° 8.137/1990 podem ser praticadas por pessoa natural (física) sem que sequer estejam na condição de empresário. É suficiente verificar, a título meramente exemplificativo,

---

[14] Cfe. TOLEDO, Francisco de Assis. Culpabilidade e a problemática do erro jurídico penal, Revista dos Tribunais, vol. 67, n° 517, 1978. p. 251 e ss., texto republicado em FRANCO, Alberto Silva; NUCCI, Guilherme de Souza (Orgs.). Doutrinas Essenciais – Direito Penal. São Paulo: Revista dos Tribunais, vol. III, p. 409 e ss.

[15] LUIZI, Luiz. O Tipo Penal, a Teoria Finalista e a Nova Legislação Penal. Porto Alegre: Sergio Fabris Editor, 1987. p. 110.

[16] WELZEL, Hans. *Das Deutsche Strafrecht*. p. 33 e s.; WELZEL, Hans. *Das neue Bild des Strafrechtssystems*. 4. Aufl., Göttingen: Otto Schwartz & Co., 1961. p. 1; também WELZEL, Hans. Die finale Handlungslehre und die fahrlässigen Handlungen, JZ, 11. Jahrg., Nr. 10/11, 1956. p. 316 e s.; com algumas considerações relativas às bases teóricas fundantes do finalismo veja ALFLEN, Pablo Rodrigo. Bases teóricas do funcionalismo penal alemão, In: SILVA, Ângelo R. Ilha da (Org.). *Temas de Direito Penal, Criminologia e Processo Penal*. Porto Alegre: Livraria do Advogado. 2015. pp. 13 a 14.

[17] WELZEL, Hans. *Das neue Bild des Strafrechtssystems*. p. 1.

[18] Nesse sentido LAUE, Christian, *Die strafrechtliche Verantwortlichkeit von Verbänden*, JURA, Heft 5, 2010, p. 339; também SCHMITT, Rudolf. *Strafrechtliche Maßnahmen gegen Verbände*. Stuttgart: Kohlhammer, 1958. p. 187.

a prática por pessoa física da supressão ou redução de tributo mediante a omissão de informação, ou a prestação de declaração falsa às autoridades fazendárias (art. 1°, I da Lei n° 8.137/1990), ou, ainda, mediante a falsificação ou alteração de nota fiscal relativa à operação tributável (art. 1°, III, da Lei n° 8.137/1990),[19] considerando a exigência estabelecida no art. 1°, *caput* e § 1°, *b*, da Lei n° 8.846/1994, relativa à emissão de nota fiscal.[20]

b) Como já asseverou Fragoso, a responsabilidade penal consiste no *"dever jurídico de responder pela ação delituosa que recai sobre o agente imputável"*.[21] Trata-se, portanto, de pressuposto da culpabilidade, sem o qual não é possível proceder ao juízo de reprovação da conduta típica e antijurídica. Welzel já havia observado que uma conduta que viola um dos tipos penais somente se torna crime se o autor puder ser reprovado. Daí afirmar que *"tipicidade, ilicitude e culpabilidade são os três elementos do crime, que tornam uma conduta em delito"*.[22] De acordo com essa ideia de culpabilidade, o homem é um ser livre, responsável, capaz de autodeterminação moral e de se decidir pelo direito, ou seja, a culpabilidade supõe a capacidade de compreensão do caráter ilícito (antijuridicidade) da conduta perpetrada.[23] Tal fator está assentado no livre-arbítrio humano, o qual é representado, em termos jurídico-penais, pela capacidade de poder

---

[19] Nesse sentido PRADO, Luiz Régis. Direito Penal Econômico. p. 70, o qual ao comentar o art. 1° da n° 8.137/1990, refere que "o *sujeito ativo* pode ser qualquer pessoa que pratique alguma das condutas enumeradas na lei (delito comum)". Aliás, tal entendimento decorre do próprio preceito do art. 11 da Lei n° 8.137/1990, o qual dispõe que "quem, de qualquer modo, *inclusive por meio de pessoa jurídica*, concorre para os crimes definidos nesta lei, incide nas penas a estes cominadas, na medida de sua culpabilidade" (grifo nosso).

[20] "Art. 1º A emissão de nota fiscal, recibo ou documento equivalente, relativo à venda de mercadorias, prestação de serviços ou operações de alienação de bens móveis, deverá ser efetuada, para efeito da legislação do imposto sobre a renda e proventos de qualquer natureza, no momento da efetivação da operação.
§ 1º O disposto neste artigo também alcança:
b) quaisquer outras transações realizadas com bens e serviços, praticadas por pessoas físicas ou jurídicas."

[21] FRAGOSO, Heleno. Lições de Direito Penal. 17ª ed., Rio de Janeiro: Forense, 2006. p. 242; o qual mantêm tal entendimento desde a primeira edição da obra, compare o mesmo, Lições de Direito Penal. 1ª ed., São Paulo: Bushatsky Editor, 1976. p. 218.

[22] WELZEL, Hans. *Das Deutsche Strafrecht*. p. 48.

[23] LAUE, Christian. *Die strafrechtliche Verantwortlichkeit von Verbänden*, p. 339; assim também FERRAZ, Esther de Figueiredo. *A Co-Delinquência no Direito Penal Brasileiro*. p. 96: "as pessoas jurídicas não podem ser autores de delitos. Carecem não só de capacidade para cometer um delito (imputabilidade) como também da consciência da anti-juridicidade (culpabilidade) e ainda da possibilidade de agir intencionalmente".

agir de outro modo, conforme ao direito.[24] Nesse sentido, não há que se falar em pena sem culpa (*nulla poena sine culpa*).

Em se tratando de Crimes contra Ordem Tributária observa-se que tem sido adotada a teoria da responsabilidade pessoal do agente, o qual, no entanto, poderá utilizar-se de pessoa jurídica para lograr a supressão ou redução ilegal de tributos ou contribuições e, com isso, faz-se imprescindível a observância aos referidos critérios comuns estabelecidos no tocante à responsabilidade penal.[25] Tal ideia, aliás, encontra assento legal, por um lado, na própria Lei n° 8.137/1990 e, por outro lado, no Código Tributário Nacional.

O art. 11 da Lei n° 8.137/1990 dispõe que "*quem de qualquer modo, **inclusive por meio de pessoa jurídica**, concorra para os crimes definidos nesta Lei, incide nas penas a estes cominadas, na medida de sua culpabilidade*". Tal preceito destaca dois aspectos essenciais para a aferição da responsabilidade penal individual. Ao referir "*inclusive por meio de pessoa jurídica*", destacou o legislador que a punição, em qualquer hipótese, recairá sobre a pessoa natural (física), mesmo no caso de esta se utilizar de pessoa jurídica para a prática da conduta delituosa.[26] Ademais, ao estabelecer que a punição dar-se-á de na medida da culpabilidade, impôs a necessidade de aferição do grau de contribuição efetiva de cada um daqueles que concorre para o resultado.

O Código Tribunal Nacional, por sua vez, dispõe no art. 137:

> Art. 137. A responsabilidade é pessoal ao agente:
> I – quanto às infrações conceituadas por lei como crimes ou contravenções, salvo quando praticadas no exercício regular de administração, mandato, função, cargo ou emprego, ou no cumprimento de ordem expressa emitida por quem de direito;
> II – quanto às infrações em cuja definição o dolo específico do agente seja elementar;
> III – quanto às infrações que decorram direta e exclusivamente de dolo específico:
> a) das pessoas referidas no artigo 134, contra aquelas por quem respondem;

---

[24] HASSEMER, Winfried. Introdução aos Fundamentos do Direito Penal. Tradução da 2ª edição alemã por Pablo Rodrigo Alflen (com prefácio do autor para a edição brasileira). Porto Alegre: Sergio Fabris Editor, 2004. p. 308 e s.; bem como, HASSEMER, Winfried. Culpabilidade, Tradução por Pablo Rodrigo Alflen, Revista Estudos Jurídicos, vol. 33, n° 89, 2000. p. 207 e s.

[25] ANDRADE FILHO, Edmar Oliveira. Direito Penal Tributário. p. 90-91.

[26] Nesse sentido MÉLEGA, Luiz. O sujeito ativo do Crime e as Pessoas Jurídicas – A responsabilidade criminal e civil dos Administradores. p. 108.

b) dos mandatários, prepostos ou empregados, contra seus mandantes, preponentes ou empregadores;

c) dos diretores, gerentes ou representantes de pessoas jurídicas de direito privado, contra estas.

Desse dispositivo, como esclarece Andrade Filho, extrai-se que *"será sempre pessoal a responsabilidade do agente quando a conduta praticada for considerada crime ou contravenção"*. Inclusive, o autor adverte que a exclusão da responsabilidade pessoal do agente, prevista na segunda parte do inc. I, só pode ser entendida em relação aos crimes que sejam praticados com culpa, uma vez que, no caso de dolo, a regra será a do inc. II.[27] Quanto a isso é necessário destacar que a Lei n° 8.137/1990 somente tipifica crimes na modalidade dolosa, não havendo, portanto, previsão legal para a modalidade culposa.

Evidentemente, nas hipóteses em que a pessoa jurídica é o meio utilizado para se alcançar o resultado delituoso faz-se imprescindível distinguir o grau de contribuição de todos aqueles que concorreram para a sua prática, uma vez que, neste caso, pode ter ocorrido concurso de pessoas e, por conseguinte, é essencial identificar a forma de contribuição para efeito de aplicação da respectiva punição em atenção art. 11 da Lei n° 8.137/1990.

Vê-se, portanto, estar absolutamente excluída a responsabilidade penal objetiva pela simples condição funcional, posição hierárquica ou situação estática em matéria de Crimes contra a Ordem Tributária,[28] excluindo-se também, por conseguinte, a máxima *"versari in re illicita"*, oriunda do direito canônico, segundo a qual àquele que comete um injusto culpável também devem ser imputados os resultados acidentais ocorridos, sem dolo ou culpa.[29]

---

[27] ANDRADE FILHO, Edmar Oliveira. Direito Penal Tributário. p. 94.

[28] OLIVEIRA, Antonio Cláudio Mariz de. A Responsabilidade nos Crimes Tributários e Financeiros. p. 28 e 29; GOMES, Luiz Flávio. Responsabilidade penal objetiva e Culpabilidade nos Crimes Contra a Ordem Tributária, In: ROCHA, Valdir de Oliveira. Direito Penal Empresarial. São Paulo: Dialética, 1995. p. 89-94; bem como FERREIRA, Roberto dos Santos. Crimes contra a Ordem Tributária. p. 19 e s.; igualmente MALAN, Diogo Rudge. Considerações sobre os Crimes contra a Ordem Tributária, Revista dos Tribunais, vol. 865, nov. 2007. p. 455: "a responsabilização criminal não pode recair sobre uma determinada pessoa pelo simples fato de ela figurar nos estatutos sociais da empresa como gestora ou como responsável pelo recolhimento do tributo"; de modo semelhante, porém, orientando-se pela ideia de ofensa ao bem jurídico, veja SCHMIDT, Andrei. Direito Penal Econômico. p. 175, especialmente, pp. 177 a 179.

[29] BAUMANN, Jürgen. *Strafrecht*. AT. 3. Aufl., Bielefeld: Ernst und Werner Gieseking, 1964. p. 359; bem como MAURACH, Reinhart. *Deutsches Strafrecht*. AT. Karlsruhe: C.F.Müller, 1954. p. 482;ademais JESCHECK, Hans-Heinrich. *Lehrbuch des Strafrechts*. AT. 4. Aufl., Berlin: Duncker & Humblot, 1988. p. 235 e 409.

Esta posição, inclusive, foi firmada pelo Supremo Tribunal Federal, o qual destacou que *"a circunstância objetiva de alguém meramente ser sócio de uma empresa não se revela suficiente, só por si, para autorizar qualquer presunção de culpa (inexistente em nosso sistema jurídico-penal) e, menos ainda, para justificar, como efeito derivado dessa particular qualificação formal, a correspondente persecução criminal em juízo."*[30]

Analisando a questão da responsabilidade penal nos casos de crimes econômicos destacou Tiedemann que estes, em regra, não são cometidos por apenas um indivíduo, mas sim por muitos, sendo esta uma característica do fenômeno sociológico da *coletivização* da vida social, particularmente no âmbito econômico.[31] Esta participação pode, conforme o jurista alemão, existir no plano *horizontal*, no que diz respeito à colaboração de muitas pessoas de forma mais ou menos independente, como também no plano *vertical*, considerando a colaboração de muitas pessoas estruturadas de forma hierarquizada, em diferentes níveis de uma empresa.[32] A jurisprudência alemã propôs, nesse sentido, uma normativização do conceito de autor por meio do reconhecimento de uma delimitação no campo da responsabilidade. O BGHSt 37, 123, no caso *"Lederspray"*, absolveu o químico-gerente da empresa *Werner und Mertz GmbH*, pois em razão de sua responsabilidade e função limitadas ele não possuía nenhuma obrigação jurídica de orientar os diretores sobre a retirada dos produtos do mercado.[33]

Esta decisão partiu, ao mesmo tempo, de que a venda de um produto perigoso deve ser qualificada antes de tudo como conduta da empresa e esta conduta deve ser imputada às pessoas naturais responsáveis, como omissão de medidas de segurança por elas mesmas cometidas. Com isso, a imputação se tornou – no caso do *processo horizontal de divisão de trabalhos* – o critério central

---

[30] STF, HC 89427/BA, Segunda Turma, Julgamento em 12/09/2006, em cuja decisão a Corte ressaltou, ainda, que: "O simples ingresso formal de alguém em determinada sociedade simples ou empresária – que nesta não exerça função gerencial nem tenha participação efetiva na regência das atividades sociais – não basta, só por si, especialmente quando ostentar a condição de quotista minoritário, para fundamentar qualquer juízo de culpabilidade penal. A mera invocação da condição de quotista, sem a correspondente e objetiva descrição de determinado comportamento típico que vincule o sócio ao resultado criminoso, não constitui, nos delitos societários, fator suficiente apto a legitimar a formulação da acusação estatal ou a autorizar a prolação de decreto judicial condenatório."

[31] TIEDEMANN, Klaus. *Wirtschaftsstrafrecht. Einführung und Allgemeiner Teil*. 2. Aufl., Köln: Carl Heymanns, 2007. p. 130.

[32] TIEDEMANN, Klaus. *Wirtschaftsstrafrecht*. p. 130.

[33] TIEDEMANN, Klaus. *Wirtschaftsstrafrecht*. p. 131; para a decisão integral veja: BGH, 6. 7. 1990 – 2 StR 549/89, *JuristenZeitung*, 47. Jahrg., Nr. 5, 1992, p.253-259; ademais, TIMPE, Gerhard. Die strafrechtliche Produzentenhaftung, *HHRS*, 18. Jahrg., Heft 6, 2017, p. 272 e ss.

de responsabilidade do autor, que considera como decisivo para a autoria se foi criado um risco juridicamente não-permitido de ocorrência do resultado típico.[34] Além disso, o BGH tem utilizado a teoria do domínio da organização (BGHSt 39, 381; BGH NJW 1998, 767; BGH JR 1999, 205), de Roxin, no campo da estruturação vertical da empresa para a determinação da responsabilidade no plano diretivo.[35]

Independentemente desta perspectiva, a jurisprudência brasileira há muito vem fazendo referência à teoria do domínio do fato como critério para delimitação dos participantes em delitos econômicos, sobretudo, contra a ordem tributária, e em particular na forma de sociedade empresária. Apesar disso, muitas confusões têm sido cometidas em sua aplicação, o que impõe um exame mais detido desta teoria.

3. A Teoria do Domínio do Fato

As expressões *"domínio do fato"* e *"domínio sobre o fato"* – como já tivemos a oportunidade de esclarecer fartamente em outro lugar – foram empregadas pela primeira vez no direito penal pelo jurista alemão Hegler, em 1915, e, após, por Frank e Goldschmidt (1931), Bruns (1932), Lobe (1933), Berges (1934), von Weber (1935) e Eb. Schmidt (1936).[36]

---

[34] TIEDEMANN, Klaus. *Wirtschaftsstrafrecht*. p. 131.

[35] TIEDEMANN, Klaus. *Wirtschaftsstrafrecht*. p. 131; ademais, opondo-se a tal uso ROXIN, Claus. O domínio da organização como forma independente de autoria mediata. Tradução do alemão por Pablo Rodrigo Alflen, *Panóptica – Law E-Journal*. vol. 4, n° 3, 2009. p. 86 e ss. Empreendendo esforços em prol do uso da teoria no âmbito da criminalidade empresarial KUHLEN, Lothar. Die Abgrenzung von Täterschaft und Teilnahme, insbesondere bei den sogennanten Betriebsbauftragten, In: AMELUNG, Knut (Hrsg.). *Individuelle Verantwortung und Beteiligungsverhältnisse bei Straftaten in bürokratischen Organisationen des Staates, der Wirtschaft und der Gesellschaft*. Sinzheim: Pro-Universitate-Verlag, 2000. p. 71 e ss.; veja também ROTSCH, Thomas. Tatherrschaft kraft Organisationsherrschaft? *ZStW*, 112, Heft 3, 2000, p. 518 e ss.; ademais URBAN, Carolin. *Mittelbare Täterschaft kraft Organisationsherrschaft*. p. 205 e ss.

[36] ALFLEN, Pablo Rodrigo. Teoria do Domínio do Fato. p. 82 e ss.; breve menção em ALFLEN, Pablo Rodrigo. Teoria do domínio do fato na doutrina e na jurisprudência brasileiras. p. 15 e ss., disponível em «https://www.publicacoes.uniceub.br/jus/article/download/2826/2447», acesso em 14/11/2017, no qual tivemos a oportunidade de demonstrar, à nota de rodapé 17, que certos autores omitem e desvirtuam intencionalmente até mesmo esta construção história com o fito de fazer prevalecer suas posições e propósitos.

Somente mais tarde tais expressões foram utilizadas por Welzel (1939)[37] e Roxin (1963)[38], os quais, inegavelmente, desenvolveram teorias próprias acerca do domínio do fato para efeito de delimitação da autoria e participação. Tratam-se, portanto, de duas teorias do domínio do fato completamente diferentes, uma vez que partem de premissas diversas e traçam critérios fundamentalmente distintos.[39]

Embora na doutrina alemã o debate acerca desta teoria tenha prosseguido de forma latente e profunda – a ponto de Schild demonstrar a existência de diversas vertentes na atualidade[40] – a ideia de domínio do fato somente adentrou, efetivamente, no plano teórico-dogmático brasileiro no ano de 1979 e ficou restrita às concepções de Welzel e Roxin, sem que se tivesse deixado claro o limite e as diferenças entre estas duas concepções. Tal esclarecimento, naquela ocasião, era imprescindível, quer seja por se tratar de uma nova concepção a adentrar no cenário teórico-dogmático brasileiro, quer seja por não haver ponto de confluência entre ambas as teorias.[41]

Naturalmente, a inexistência de qualquer estudo posterior a respeito da teoria do domínio do fato, em caráter aprofundado, no Brasil, permitiu que a mesma fosse propalada em meio à doutrina e à jurisprudência de forma obscura e equivocada. Tal problema, inclusive, reflete-se no uso da teoria no

---

[37] WELZEL, Hans. Studien zum System des Strafrechts, In: *Abhandlungen zum Strafrecht und zur Rechtsphilosophie*, Berlin: Walter de Gruyter, 1975. p. 161 e ss. (publicado originariamente in ZStW, Bd, 58, 1939).

[38] Compare a tese de habilitação do autor, publicada em sua primeira edição no ano de 1963: ROXIN, Claus. *Täterschaft und Tatherrschaft.* p. 25 e ss.; bem como ROXIN, Claus. Straftaten im Rahmen organisatorischer Machtapparate. *GA*, 1963. p. 192 e ss.; também ROXIN, Claus. *Strafrecht, AT.* Bd. II, München: Beck, 2003. p. 9 e ss.; ROXIN, Claus. Organisationsherrschaft und Tatentschlossenheit. *ZIS*, nº 07, 2006, p. 293 e ss.; ademais ROXIN, Claus. *O domínio por organização como forma independente de autoria mediata.* p. 69 e ss.

[39] No mesmo sentido ABOSO, Gustavo Eduardo. El critério del domínio del hecho en la teoria del autor, In: HISCH, Hans Joachim. CEREZO MIR, José; DONNA, Edgardo Alberto (Dirs.). *Hans Welzel en el pensamento penal de la modernidade.* Santa Fe: Rubinzal Culzoni, 2005. p. 275 e ss.

[40] Cfe. SCHILD, Wolfgang. *Tatherrschaftslehren.* p. 33, o qual refere, além das teorias de Welzel, Maurach, Gallas e Roxin, as variantes desenvolvidas por Schünemann, Bottke, Jakobs, Murmann/Bolowich/Noltenius, Renzikowski, Heinrich, Schneider, Otto, Buse/Schwab, Gropp/Ransiek/Schild/Schlösser, Sinn/Lampe, Schmidhäuser, Luzón Pena/Diaz y Carcia, Jescheck/Rogall/Rudolphi, sendo que a estas acrescentamos nossa concepção em ALFLEN, Pablo Rodrigo. Teoria do domínio do fato. p. 184 e ss.

[41] Compare nossa crítica a respeito em ALFLEN, Pablo Rodrigo. *Teoria do domínio do fato na doutrina e na jurisprudência brasileiras.* p. 15 e ss.; observe-se, ademais, que antes mesmo de Nilo Batista ter feito menção à teoria do domínio do fato, esta já havia sido citada por BRUNO, Aníbal. Direito Penal. PG. p. 265 e ss.

tocante aos crimes contra a ordem tributária, em que se observa uma nítida adesão a uma ou outra de suas vertentes ou uma inconcebível fusão de critérios.[42] Logo, para determinar os critérios de aferição da responsabilidade dos sócios e administradores à luz da teoria do domínio do fato, é imprescindível analisar as diferenças existentes entre referidas concepções.

3.1. Diferenças Dogmáticas Entre a Teoria do Domínio Final do Fato e a Teoria do Domínio do Fato

As *principais* diferenças dogmáticas entre a teoria do domínio final do fato, de Welzel, e a teoria do domínio do fato, de Roxin, podem ser sintetizadas levando-se em consideração os seguintes aspectos: Welzel reconhece as três modalidades de autoria, a saber, a autoria direta, a autoria mediata e a coautoria. Porém, por entender que *o conceito de domínio do fato é um pressuposto fático* da autoria, não faz diferenciação entre espécies ou formas de domínio do fato. Roxin, diferentemente, desenvolve um modelo tripartido de domínio do fato, distinguindo entre as formas de *domínio da ação, domínio funcional* e

---

[42] TRF4: ACR 5012255-56.2015.4.04.7201, Sétima Turma, Julgado em 19/09/2017: "O responsável pela empresa responde pelos crimes contra a ordem tributária da pessoa jurídica, quando demonstrado que detinha o domínio dos fatos e o poder de decisão sobre a administração da empresa"; ACR 5005043-74.2012.4.04.7205, Oitava Turma, Julgado em 01/02/2017: "Em se tratando de crimes contra a ordem tributária, aplica-se a teoria do domínio do fato. É autor do delito aquele que detém o domínio da conduta, ou seja, o domínio final da ação, aquele que decide se o fato delituoso vai acontecer ou não"; ACR 5013788-12.2013.4.04.7107, Oitava Turma, Julgado em 06/07/2016: "A responsabilidade penal pelo cometimento do crime do art. 1º, da Lei 8.137/90, pressupõe a identificação do agente que deliberadamente voltou sua conduta para o cometimento de fraude destinada à supressão ou redução de tributo ou que, tendo o domínio do fato na condição de administrador, assentiu com o resultado"; ACR 5002463-60.2015.4.04.7110, Oitava Turma, Julgado em 26/10/2016: "Em se tratando de crimes contra a ordem tributária, aplica-se a teoria do domínio do fato. É autor do delito aquele que detém o domínio da conduta, ou seja, o domínio final da ação, aquele que decide se o fato delituoso vai acontecer ou não"; no mesmo sentido: ACR 0045591-66.2006.4.04.7100, Oitava Turma, Julgado em 10/08/2016; ACR 0003545-56.2006.4.04.7102, Oitava Turma, D.E. 21/09/2016; ACR 5002460-86.2012.4.04.7118, Sétima Turma, Julgado em 16/02/2016. TRF3: ACR 0001297-36.2002.4.03.6181, Primeira Turma, Julgado em 31/03/2015; ACR 0010017-62.2012.4.03.6109, Décima Primeira Turma, Julgado em 16/12/2014; ACR 0400658-03.1996.4.03.6103, Segunda Turma, Julgado em 19/02/2013. TRF1: ACR 2008.38.15.000291-3/MG, Quarta Turma, Julgado em 19/09/2016: "Segundo a teoria do domínio final do fato, deve ser responsabilizado o réu ou réus que detêm o domínio da prática do fato; isto é, aquele detém em suas mãos o curso, o 'se' e o 'como' do fato, podendo decidir, preponderantemente, a seu respeito; dito mais brevemente, o que tem o poder de decisão sobre a configuração central do fato". STJ: RHC 60077/PR, Sexta Turma, Julgado em 09/08/2016; bem como, HC 260390/PE, Sexta Turma, Julgado em 07/11/2013.

domínio da vontade, os quais correspondem, respectivamente, à autoria direta, à coautoria e à autoria mediata.[43]

a) Autoria direta

Welzel entende que a *Autoria direta* depende de dois pressupostos, a saber: *1) pressupostos pessoais*, os quais decorrem da estrutura do tipo e se subdividem em *1.1) objetivos*, tais como a posição especial de dever do autor (funcionário público, militar, comerciante, mãe, médico, advogado, etc.), e *1.2) subjetivos*, tais como intenções especiais, tendências ou tipos de sentimentos (os chamados elementos subjetivos do injusto); e *2) pressuposto fático*: o domínio final do fato, caracterizado pelo *domínio sobre a decisão* e sobre *a execução* da sua vontade final[44]. Logo, para o penalista alemão, o "domínio final do fato" (*"finale Tatherrschaft"*) não é o único critério para determinar a autoria, mas tão só o seu pressuposto material.[45]

Roxin, no entanto, desenvolve a ideia de domínio do fato sob o argumento de que "o autor direto é a figura central, a figura chave do acontecimento mediado pela conduta", o autor é sempre "a figura central da conduta executória" (*"Ausführungshandlung"*) e que a "figura central do processo delitivo é quem domina o acontecimento dirigido à realização do delito".[46] Daí referir ser autor direto aquele "que domina o fato, isto é, que desempenha o papel decisivo na realização do tipo", de modo que "tem o domínio do fato e é autor, quem aparece como a figura central, a figura chave na realização do delito, por meio de sua influência decisiva para o acontecimento".[47] Para Roxin, portanto, o domínio do fato é critério suficiente para determinar a autoria.

b) Coautoria

Para Welzel, a melhor representação visual da *Coautoria* "é a da divisão de papeis ('*Rollenverteilung*') em um plano elaborado conjuntamente"[48], ou, ainda,

---

[43] ROXIN, Claus. *Täterschaft und Tatherrschaft*. p. 527; veja a respeito, também, AMBOS, Kai. Tatherrschaft durch Willensherrschaft kraft organisatorischer Machtapparate. *GA*, 1998, p. 226; também SCHILD, Wolfgang. *Täterschaft als Tatherrschaft*. p. 7.

[44] Cfe. WELZEL, Hans. *Studien zum System des Strafrechts*. p. 164; ademais WELZEL, Hans. *Das Deutsche Strafrecht*. pp. 82 a 84: "senhor sobre o fato é quem o realiza finalisticamente com base na sua decisão de vontade".

[45] Cfe. SCHROEDER, Fr.-Christian. *Der Täter hinter dem Täter*. Berlin: Duncker & Humblot, 1965. p. 63; ainda HAAS, Volker. *Die Theorie der Tatherrschaft und ihre Grundlagen*, p. 15.

[46] ROXIN, Claus. *Täterschaft und Tatherrschaft*. p. 25, 108 e 527; bem como ROXIN, Claus. *Strafrecht, AT*, Bd. II. pp. 9 a 10.

[47] ROXIN, Claus. *Strafrecht, AT*, Bd. II. pp. 11 e 14.

[48] WELZEL, Hans. *Studien zum System des Strafrechts*. p. 171.

a *divisão de trabalho* (*"Arbeitsteilung"*)[49], sendo a *"decisão conjunta"* e a *"execução conjunta"* do fato seus requisitos imprescindíveis. Esclarece, contudo, que o coautor não possui o poder de decisão sobre a realização do fato integral, mas tão só sobre a sua parcela de contribuição.

Embora Roxin pareça coincidir com Welzel, quando afirma que a coautoria ocorre com a "realização do tipo por meio da execução pela divisão de trabalhos (*"arbeitsteilige Ausführung"*)"[50], de forma absolutamente diversa estabelece três pressupostos para a coautoria, a saber[51]: *1)* a existência de um *planejamento conjunto* do fato; *2)* a *execução conjunta* do fato, "não sendo suficiente uma participação na preparação" (diferentemente de Welzel, para quem a contribuição do coautor pode consistir em ato preparatório e de apoio[52]); *3)* a prática de uma *contribuição essencial* à etapa da execução[53].

c) *Autoria mediata*

Para Welzel, a autoria mediata consubstancia-se na ideia do domínio final do fato por parte daquele que está por trás do *instrumento* (*Werkzeug*), sendo que este último em hipótese alguma pode possuir o domínio pleno do fato, caso contrário, aquele que está por trás será mero indutor ou instigador.[54] *"Para a autoria mediata, de modo algum é exigível que o autor se sirva de um instrumento mecânico realmente eficaz"*, visto que *"ele pode adaptar em certa extensão a conduta final de outrem à sua atividade final, desde que conserve – ao contrário do outro – o pleno domínio do fato sobre o fato integral"*[55]. Com isso, deixa claro que a autoria mediata pode se dar no caso de o instrumento ser um indivíduo que atua de maneira consciente ou inconscientemente final, e desde que o autor mediato tenha o domínio integral do fato. Daí afirmar que a autoria mediata ocorre quando o homem de trás se utiliza de: 1) um instrumento que atua sem dolo; 2) um instrumento que não é livre (devido à coação, à ausência de vontade pela incapacidade do menor ou do portador de doença psíquica ou, ainda, à emissão de ordem ilícita direta do superior militar); 3) um indivíduo que não possui a qualificação exigida pelo tipo penal, no caso de crimes especiais, sendo que ele (o homem de trás) a possui.

---

[49] WELZEL, Hans. *Das Deutsche Strafrecht*. p. 107.
[50] ROXIN, Claus. *Strafrecht, AT*, Bd. II. p. 77.
[51] ROXIN, Claus. *Strafrecht, AT*, Bd. II. p. 78.
[52] WELZEL, Hans. *Das Deutsche Strafrecht*. p. 90.
[53] ROXIN, Claus. *Strafrecht, AT*, Bd. II. p. 78.
[54] WELZEL, Hans. *Studien zum System des Strafrechts*. p. 165.
[55] WELZEL, Hans. *Studien zum System des Strafrechts*. p. 164.

Roxin, por seu turno, considera que a *autoria mediata* ocorre quando um indivíduo se serve de outro (um "intermediador") para atingir seus fins, de tal modo que, por meio da instrumentalização deste (isto é, de seu uso como "instrumento"), aquele domina o acontecimento de forma mediata (como "homem de trás").[56] Assim, esclarece que na autoria mediata falta uma conduta executória por parte do homem de trás, de maneira que o domínio do fato somente pode se basear no *"poder de conduzir a vontade"*, e isto, aliás, só se pode imaginar no caso de uso de um indivíduo que *"não atua livremente"*[57]. Nesse sentido, para Roxin, o domínio do homem de trás ocorre em virtude de coação, de erro ou de aparatos organizados de poder.[58]

3.2. Autoria Mediata pelo Domínio da Organização

Em 1963, Roxin introduz na *"teoria do domínio do fato pela vontade"*, ou tão só *"domínio da vontade"*, a chamada *"teoria do domínio do fato pelo domínio da vontade em virtude de aparatos organizados de poder"*, a qual foi sintetizada sob o nomen juris *"domínio da organização"*[59] e foi criada à luz do caso Eichmann.[60] A teoria do domínio por organização baseia-se na tese de que em uma organização delitiva os homens de trás, que possuem poder de comando (*"Befehlsgewalt"*) e ordenam fatos puníveis, podem ser responsabilizados como autores mediatos, se os executores diretos igualmente forem considerados como autores plenamente responsáveis. Tais homens de trás, como refere Roxin, são chamados também de *"autores de escritório"* (*"Schreibtischtätern"*).[61]

De acordo com isso, quem possibilita ao homem de trás a execução de suas ordens não é só o "instrumento", mas também o próprio aparato organizado. Este consiste em uma diversidade de pessoas que estão inseridas em estruturas pré-estabelecidas, que atuam conjuntamente em diferentes funções

---

[56] ROXIN, Claus. *Strafrecht, AT*, Bd. II. p. 22.
[57] ROXIN, Claus. *Täterschaft und Tatherrschaft*. p. 142.
[58] ROXIN, Claus. *Täterschaft und Tatherrschaft*. p. 148.
[59] A tese é amplamente discutida na doutrina, sobretudo, no que diz respeito à sua aplicação em casos de crimes econômicos praticados por meio de empresas, compare, por exemplo, URBAN, Carolin. *Mittelbare Täterschaft kraft Organisationsherrschaft*. p. 27 e ss.; ROTSCH, Thomas. *Tatherrschaft kraft Organisationsherrschaft?* p. 518 e ss.; TIEDEMANN, Klaus. *Wirtschaftsstrafrecht*. p. 132 e ss.; KUHLEN, Lothar. *Die Abgrenzung von Täterschaft und Teilnahme*, p. 72 e ss. Para uma análise aprofundada veja ALFLEN, Pablo Rodrigo. *Teoria do Domínio do Fato*. p. 136 e ss.
[60] ROXIN, Claus. *Straftaten im Rahmen organisatorischer Machtapparate*. p. 193.
[61] ROXIN, Claus. *O domínio por organização como forma independente de autoria mediata*. p. 69, a expressão, traduzida de forma literal significaria "autor de escrivaninha".

condicionadas pela organização e cuja totalidade assegura ao homem de trás o domínio sobre o resultado. Nesse sentido, o executor e o homem de trás possuem formas diferentes de domínio do fato, que não se excluem mutuamente, pois o primeiro possui o domínio da ação, ao passo que o segundo possui o domínio por organização.[62]

A fim de sistematizar dogmaticamente a sua construção, Roxin apresenta quatro pressupostos fundamentais, para a caracterização da autoria mediata com base no domínio por organização, a saber: a) o poder de comando; b) a desvinculação do direito pelo aparato de poder; c) a fungibilidade do executor direto; d) a disposição essencialmente elevada dos executores ao fato.

O exercício do *poder de comando* pelo homem de trás, dentro de uma organização rigorosamente conduzida e hierarquicamente estruturada, pressupõe que este conheça as condições básicas determinadas pelas estruturas da organização, pois somente tal conhecimento permite com que ele se aproveite destas estruturas para a prática de delitos.[63]

O segundo pressuposto consiste na *desvinculação do direito* pelo aparato de poder, o que significa que o aparato deve atuar completamente fora da ordem jurídica. Isso, no entanto, não quer dizer que o aparato de poder deve estar desvinculado do direito em todos os aspectos, *"mas tão somente no marco dos tipos penais realizados por meio dele"*.[64]

O cumprimento das ordens do homem de trás, de acordo com Roxin, é assegurado pelo fato de que muitos potenciais executores encontram-se à disposição, de tal modo que a recusa ou a perda de um indivíduo não pode impedir a realização do tipo. Nesse sentido, a *fungibilidade do executor direto* constitui elemento essencial da autoria mediata por aparatos organizados. Tal aspecto radica na possibilidade de substituição do executor, de modo a garantir o funcionamento como que "automático" do aparato, no qual o executor é visto apenas como *"uma figura anônima, intercambiável"*, *"uma engrenagem substituível no mecanismo do aparato de poder."*[65]

---

[62] ROXIN, Claus. O domínio por organização como forma independente de autoria mediata. p. 79-80.
[63] ROXIN, Claus. O domínio por organização como forma independente de autoria mediata. p. 81.
[64] ROXIN, Claus. O domínio por organização como forma independente de autoria mediata. p. 81.
[65] ROXIN, Claus. *Strafrecht, AT.* Bd. II, p. 47; compare também ROXIN, Claus. *Täterschaft und Tatherrschaft.* p. 245, referindo exatamente que o executor é *"ersetzbares Rädchen im Getriebe des Machtapparates"*; ainda em ROXIN, Claus. *Straftaten im Rahmen organisatorischer Machtapparate.* p. 201.

Por fim, a disposição essencialmente elevada dos executores ao fato aumenta a probabilidade do resultado por meio de uma ordem e contribui com o domínio do fato do homem de trás. Roxin ressalta, no entanto, que são várias as circunstâncias que aqui podem exercer algum papel: ao integrar uma organização os membros sofrem a tendência a se adaptar, o que, no entanto, pode levar a uma adesão irrefletida a condutas que jamais passariam pela cabeça de pessoas; ademais, um fenômeno típico da organização é também o *"obsequioso zelo excessivo"*, seja pela ambição na carreira, ostentação, deslumbramento ideológico ou também de impulsos sádicos ou criminosos, *"os quais um membro de uma tal organização acredita poder fornecer impunemente"*.[66] Além dessas circunstâncias, o jurista alemão faz menção à reflexão resignada ("se eu não faço, de qualquer forma outro o fará"), bem como ao fato de que o executor solícito teme, no caso de recusa, a perda de sua posição, o desprezo de seus colegas outros tipos de reprovações sociais. Daí afirmar, o jurista alemão, que todas estas misturas alternadas de fatores *"conduzem a uma disposição condicionada dos membros da organização ao fato"* que, conjuntamente com a fungibilidade, formam *"um elemento essencial de segurança"*, com base no qual o homem de trás pode confiar no cumprimento de suas ordens.[67]

Embora Roxin rechace expressamente o uso desta teoria em casos de criminalidade econômica empresarial[68], o BGH passou a utilizá-lo de forma corrente, particularmente, a partir do caso da farmácia veterinária e do caso da eliminação de resíduos (*"Abfallbeseitigung"*)[69], assim como amplo setor da doutrina corrobora esta utilização.[70]

---

[66] ROXIN, Claus. O domínio por organização como forma independente de autoria mediata. p. 86.

[67] Cfr. ROXIN, Claus. O domínio por organização como forma independente de autoria mediata. p. 86; compare, ainda, mais recentemente ROXIN, Claus. Organisationsherrschaft und Tatentschlossenheit. ZIS, Nr. 11, 2009. p. 293.

[68] ROXIN, Claus. O domínio por organização como forma independente de autoria mediata. p. 94: "não se pode transferir esta figura jurídica aos fatos puníveis em empresas econômicas, ao contrário da opinião do Supremo Tribunal Federal alemão".

[69] Para uma ampla análise destes casos veja ALFLEN, Pablo Rodrigo. Teoria do Domínio do Fato. p. 148 e ss.; compare ainda BGH, 3.7.2003 – 1 StR 453/02: Verfall; Härte; Bruttoprinzip; Ermessen. NStZ, 2004. p. 457; bem como BGH, 6.6.1997 – 2 StR 339/96: Abfallbeseitigung; Abfall; Begriff; Geschäftsführer. *NtSZ*, 1997, p. 544.

[70] Cfe. BRAMMSEN, Joerg; APEL, Simon. Anstiftung oder Täterschaft? "Organisationsherrschaft" in Wirtschaftsunternehmen. *ZJS*, vol. 3, 2008. p. 256; bem como RÜBENSTAHL, Markus. Die Übertragung der Grundsätze zur Tatherrschaft kraft Organisationsherrschaft auf Unternehmen durch den BGH. *HRR-Strafrecht*, vol 10, 2003, p. 210; ademais ROTSCH, Thomas. *Täterschaft kraft Organisationsherrschaft?* p. 553; RANSIEK, Andreas. *Unternehmensstrafrecht*, Heidelberg: C.F.Muller, 1996. p. 46 e ss.; SCHILD, Wolfgang. *Täterschaft als Tatherrschaft*. Berlin/New York:

4. A Responsabilidade do Sócio e do Administrador a Partir da Teoria do Domínio do Fato

Como visto até aqui, a teoria do domínio do fato, em ambas as vertentes, possui critérios específicos que devem ser observados nos casos concretos, a fim de se delimitar a autoria em suas respectivas modalidades. Não se trata, portanto, de mero argumento retórico, com base no qual seja suficiente referir que certo indivíduo possui "domínio do fato" para efeito de atribuição da autoria. Nesse sentido, cumpre retomar as hipóteses inicialmente suscitadas no que diz respeito à figura dos sócios e administradores, em matéria de crimes contra a ordem tributária, a fim de oportunizar algumas diretrizes.

*a) Conduta praticada diretamente pelo único administrador, na condição de gestor de fato da sociedade empres*ária

A hipótese trata de inequívoca autoria direta e, portanto, deve ser solucionada à luz dos critérios determinados para sua caracterização. Assim, por exemplo, se "V", responsável legal pela empresa mercantil individual "V.ME", na condição de administrador, por si mesmo deixa de apresentar as Guias de Recolhimento de FGTS e Informações à Previdência Social (GFIPs), omitindo dados cadastrais, fatos geradores de contribuição previdenciária e outras informações, a qual é arbitrado o valor de R$ 150.000,00, atua como autor direto do delito tipificado no art. 337-A, III, do CP, na forma de suprimir contribuição social previdenciária.

O tipo penal do art. 337-A, III, do CP dispõe que constitui crime de Sonegação de contribuição previdenciária, *"suprimir ou reduzir contribuição social previdenciária e qualquer acessório, mediante as seguintes condutas"*: *"omitir, total ou parcialmente, receitas ou lucros auferidos, remunerações pagas ou creditadas e demais fatos geradores de contribuições sociais previdenciárias"*.

Desde o ponto de vista da *teoria do domínio do fato*, de Roxin, para a determinação da autoria, neste caso, há que observar se "V" detém o *"domínio sobre o acontecimento dirigido à realização do delito"*, ou seja, o domínio sobre a conduta executória de suprimir ou reduzir contribuição social previdenciária. Já desde o ponto de vista da *teoria do domínio final do fato*, de Welzel, dever-se-ia considerar o aspecto fático (material) relativo ao domínio sobre a *decisão* e a *execução* do fato caracterizado pela supressão ou redução da contribuição

Walter De Gruyter, 1994. p. 23 e s.; KUHLEN, Lothar. *Die Abgrenzung von Täterschaft und Teilnahme, insbesondere bei den sogennanten Betriebsbauftragten*. p. 71 e ss.; URBAN, Carolin. *Mittelbare Täterschaft kraft Organisationsherrschaft*. p. 201 e ss.

social previdenciária, ou seja, se "V" decidiu e efetivamente, por si mesmo, executou a supressão ou a redução da referida contribuição.

b) Conduta praticada diretamente por todos os sócios-administradores mediante divisão de papéis

A hipótese suscitada compreende a caracterização da participação dos sócios como coautores e, para tanto, é necessário observar que os critérios utilizados pelas Teorias de Welzel e de Roxin são distintos, de modo que podem conduzir a resultados diversos.

Assim, por exemplo, "S" e "H", sócios-administradores do comércio atacadista de cereais beneficiados "AZS", falsificaram e emitiram diretamente notas fiscais de vendas de mercadorias em duplicidade (clonadas) a fim de deixar de recolher o tributo de ICMS devido e pertencente ao Estado. Para tanto, "S" procedia à venda das mercadoras e "H" emitia notas fiscais, nas quais, intencionalmente, inseria falsos destinatários, com o intuito de reduzir a alíquota ao simular operações de saída para Estado no qual esta é menor. Com isso, "S" e "H" pretendiam reduzir o montante de tributo de ICMS devido e pertencente ao Estado.[71]

Consoante o art. 1°, II, da Lei n° 8.137/1990, *"constitui crime contra a ordem tributária suprimir ou reduzir tributo, ou contribuição social e qualquer acessório, mediante as seguintes condutas": " fraudar a fiscalização tributária, inserindo elementos inexatos, ou omitindo operação de qualquer natureza, em documento ou livro exigido pela lei fiscal".*

Para a determinação da coautoria, neste caso, deve-se observar que, desde o ponto de vista da Teoria do Domínio Final do Fato, de Welzel, seria necessário constatar uma decisão conjunta de "S" e "H", no sentido de reduzir tributo mediante fraude, identificando-se *a posteriori* a existência da execução conjunta, baseada na divisão de papéis/trabalhos. Já desde o ponto de vista de Roxin, a situação seria mais complexa, considerando que, seria necessário demonstrar a existência de planejamento conjunto, o qual supõe decisão e estruturação das atividades que seriam realizadas por cada um dos participantes; superado este aspecto, em termos probatórios, seria necessário demonstrar (aqui no mesmo sentido de Welzel) que houve execução conjunta baseada na divisão de trabalhos, porém, ainda seria necessário demonstrar que houve *contribuição essencial* à etapa da execução tanto por "S" quanto por "H". Assim, desde o ponto de vista de Roxin, supondo-se não haver a demonstração de

---

[71] TJRS, Apelação Criminal n.º 70023352933, Quarta Câmara Criminal, Rel. Des. José Eugênio Tedesco, Julgada em 11/09/2008.

que a contribuição de "S" fosse essencial para a etapa de execução, somente se poderia concluir pela condição de "S" como partícipe na modalidade de cumplicidade.

c) Conduta praticada por intermédio da sociedade empresária, porém, a mando de sócio(s)-administrador(es)

A hipótese suscita a possibilidade de imputação de autoria mediata, pelo uso das estruturas da organização empresarial. Evidentemente, a Teoria do Domínio Final do Fato, de Welzel, somente forneceria um aporte nesse sentido, no caso de o instrumento atuar sem dolo, o que implicaria a possibilidade de imputação das condutas desde a ótica do tipo penal objetivo e a exclusão da imputação somente na esfera do tipo subjetivo. Diferentemente, a Teoria do Domínio do Fato pelo Domínio da Vontade, de Roxin, oportuniza critérios objetivos que possibilitam delimitar a autoria já no âmbito do tipo objetivo, seja pelo domínio da vontade em virtude de erro, seja pelo domínio da vontade em virtude de aparatos organizados de poder.

Assim, por exemplo: "A" e "B" são sócios da Indústria de Confecções "BZK Ltda.", empresa multinacional, na qual somente "B" exerce de fato a condição de sócio-administrador, sendo, inclusive, o único responsável pela movimentação financeira e assinatura de cártulas. "C", por sua vez, era Supervisor do Departamento contábil da empresa "BZK Ltda.", sendo que a operacionalização da contabilidade ficava a cargo de outros três funcionários da empresa, a saber, "R", "S" e "T", os quais atuavam internamente no departamento de contabilidade da empresa exercendo as mesmas funções. "R", "S" e "T" procediam à contabilidade da empresa com base nos livros e documentos fornecidos pelo supervisor "C". Este, por sua vez, recebia os documentos do administrador da pessoa jurídica e repassava aos seus subordinados. Durante fiscalização da Receita Federal restou comprovado que a empresa "BZK Ltda." deixou de apresentar os livros fiscais requisitados desde o Termo de início de ação fiscal. Assim, como não foram fornecidos os dados para a verificação do faturamento, a fiscalização requisitou dos bancos toda a movimentação financeira da empresa nos anos 2004 a 2006. A partir desses dados a Receita elaborou um relatório de todos os depósitos havidos nas cinco contas bancárias analisadas, que revelaram que "BZK Ltda." teve receita bruta aproximada de R$ 31,5 milhões no período e que, portanto, teria suprimido tributos federais no montante de R$ 6.222.439,18, ao omitir, nos anos de 2004 a 2006, a receita bruta auferida pela empresa, apresentando DIPJ (declaração anual de informações econômico-financeiras da pessoa jurídica) com todos os campos zerados.

De acordo com o Art. 1°, I da Lei n° 8.137/90, *"constitui crime contra a ordem tributária suprimir ou reduzir tributo, ou contribuição social e qualquer acessório, mediante as seguintes condutas"*: *"omitir informação, ou prestar declaração falsa às autoridades fazendárias"*.

No presente caso, tem-se que "A" não exerce qualquer ato efetivo de gestão da empresa "BZK Ltda.", em vista disso, por absoluta inexistência de conduta que lhe possa ser imputada, fica excluída sua análise. Trata-se, evidentemente, de exclusão de responsabilidade pela inadmissibilidade de responsabilidade penal objetiva, a qual já foi consolidada pela jurisprudência brasileira.[72] Subsiste, portanto, unicamente a questão acerca da atribuição de autoria à "B", "C", "R", "S" e "T". Considerando que "B" exerce de fato a condição de administrador, bem como fornece os livros e documentos diretamente a "C", para este, na condição de supervisor, repassar à "R", "S" e "T" para operacionalizar a contabilidade, é oportuno verificar se estão presentes os pressupostos do domínio da organização.

Inequivocamente, "B" exerce poder de comando e, sobretudo, possui pleno conhecimento das estruturas da empresa. Embora a empresa não possa ser tida como um aparato organizado desvinculado do direito, uma vez que desenvolve atividades lícitas, ao menos no tocante à realização das condutas penalmente reprováveis executa atividades desvinculadas do direito. Ademais, no caso, "R", "S" e "T" constituem potenciais executores que se encontram à disposição, de tal modo que a recusa ou a ausência de um indivíduo no respectivo setor não pode impede a realização do tipo, evidenciando-se, assim, a *fungibilidade dos mesmos*. Haveria, no entanto, que averiguar se os executores fungíveis atuavam com disposição essencialmente elevada e condicionada, seja por "obsequioso zelo excessivo" seja por ambição na carreira ou reflexão resignada ("se eu não faço, de qualquer forma outro o fará"). Em havendo esta demonstração, tem-se por configurada, no caso, a ideia de autoria mediata por parte de "B". Entretanto, restaria indagar acerca da participação de "C".

---

[72] "A condição de sócio-administrador, prevista no contrato social, não permite que se conclua, automaticamente, pela autoria delitiva"; "Não é a condição de sócio ou de administrador, por si, que enseja responsabilização penal; este recai sobre aquele que tem, de fato, domínio sobre o ilícito"; "Tratando-se de tributo devido pela pessoa jurídica, autor será aquele que efetivamente exerce o comando administrativo da empresa" (TRF4: ACR 5013788-12.2013.4.04.7107, Oitava Turma; ACR 0045591-66.2006.4.04.7100, Oitava Turma; ACR 0003545-56.2006.4.04.7102, Oitava Turma; ACR 5002460-86.2012.4.04.7118, Sétima Turma; ACR 5006803-54.2013.4.04.7001, Sétima Turma; ACR 5002463-60.2015.4.04.7110, Oitava Turma; ACR 0002749-35.2001.4.04.7201, Oitava Turma; STF: AP 1005 QO, Segunda Turma, julgado em 08/08/2017; HC 127397, Segunda Turma, julgado em 06/12/2016).

Caso "C", na condição de supervisor tivesse plena ciência da atuação de "B" e, assim, anuindo com tudo, desse encaminhamento ao resultado delituoso, mediante o repasse dos documentos, estaria na condição de coautor mediato (*"mittelbare Mittäterschaft"*) ou "autor mediato em coautoria" (*mittelbare Täterschaft in Mittäterschaft*)[73].

5. Conclusões

Da análise elaborada até aqui conclui-se que a ideia de responsabilidade dos sócios e administradores em matéria de crimes contra a ordem tributária, dependerá do exame de todos os aspectos comumente exigidos para efeitos de atribuição de responsabilidade penal. Nesse sentido, exclui-se a ideia de responsabilidade penal objetiva e de imputação de resultados acidentais (*versari in re illicita*), sendo imprescindível a constatação dos pressupostos exigíveis a título de responsabilidade penal individual subjetiva. Isso significa, por um lado, a absoluta exclusão de atribuição da qualidade de autor a sócios e administradores pela simples posição assumida, ou seja, é inconcebível a atribuição de autoria àquele que figura em contrato social e não exerce a condição de administrador de fato. Por outro lado, ainda que se exerça de fato a posição de administrador, há que identificar alguma contribuição efetiva que possibilite a atribuição de autoria em atenção aos critérios estabelecidos dogmaticamente para tal.

Entretanto, na hipótese de ser adotada a teoria do domínio do fato como critério de determinação da autoria, é imperioso ter em vista que esta não pode utilizada como mera retórica, mas sim como diretriz efetiva, observando-se os critérios estabelecidos para cada modalidade de autoria (autoria direta, mediata ou coautoria).

---

[73] Conforme propugnado por WERLE, Gerhard; BURGHARDT, Boris. Die mittelbare Mittäterschaft – Fortentwicklung deutscher Strafrechtsdogmatik im Völkerstrafrecht?, In: BLOY, René et al. (Hrsgs.). *Festschrift für Manfred Maiwald zum 75. Geburtstag*. Berlin: Duncker & Humblot, 2010. p. 849 e ss.; compare a respeito ABANTO VÁSQUEZ, Manuel A. Verdirbt die Organisationsherrschaft versus Tatherrschaftslehre?, In: HEINRICH, Manfred; JÄGER, Christian; SCHÜNEMANN, Bernd (Hrsgs.). *Festschrift für Claus Roxin zum 80. Geburtstag am 15. Mai 2011*. Berlin/New York: Walter De Gruyter, 2011. p. 827; ademais KRÄMER, Katharina. *Individuelle und kollektive Zurechnung im Strafrecht*. Tübingen: Mohr Siebeck, 2015. p. 226 e ss.

Por fim, é necessário atentar ao fato de que, havendo mais de uma teoria do domínio do fato, há que se optar por uma ou por outra, considerando que possuem critérios distintos e que podem conduzir a resultados diversos.

Referências

ABANTO VÁSQUEZ, Manuel A. *Verdirbt die Organisationsherrschaft versus Tatherrschaftslehre?*, In: HEINRICH, Manfred; JÄGER, Christian; SCHÜNEMANN, Bernd (Hrsgs.). *Festschrift für Claus Roxin zum 80. Geburtstag am 15. Mai 2011*. Berlin/New York: Walter De Gruyter, 2011.

ABOSO, Gustavo Eduardo. *El critério del domínio del hecho en la teoria del autor*, In: HISCH, Hans Joachim. CEREZO MIR, José; DONNA, Edgardo Alberto (Dirs.). *Hans Welzel en el pensamiento penal de la modernidade*. Santa Fe: Rubinzal Culzoni, 2005. p. 275-312.

ALFLEN, Pablo Rodrigo. *Teoria do Domínio do Fato*. São Paulo: Saraiva, 2014.

_____. *Teoria do domínio do fato na doutrina e na jurisprudência brasileiras*, Revista Universitas JUS, v. 25, n. 2, 2014. p. 15-33, disponível em «https://www.publicacoes.uniceub.br/jus/article/download/2826/2447», acesso em 14/11/2017.

_____. *Bases teóricas do funcionalismo penal alemão*, In: SILVA, Ângelo R. Ilha da (Org.). Temas de Direito Penal, Criminologia e Processo Penal. Porto Alegre: Livraria do Advogado. 2015.

AMBOS, Kai. *Tatherrschaft durch Willensherrschaft kraft organisatorischer Machtapparate*. GA, 1998.

ANDRADE FILHO, Edmar Oliveira. *Direito Penal Tributário*. 6ª ed., São Paulo: Atlas, 2009.

BAUMANN, Jürgen. *Strafrecht. AT*. 3. Aufl., Bielefeld: Ernst und Werner Gieseking, 1964.

BITENCOURT, Cezar Roberto. *Tratado de Direito Penal*. 16ª ed., São Paulo: Saraiva, vol. 1, 2011.

BRAMMSEN, Joerg; APEL, Simon. *Anstiftung oder Täterschaft? "Organisationsherrschaft" in Wirtschaftsunternehmen*. ZJS, vol. 3, 2008.

BRUNO, Aníbal. *Direito Penal. PG*. 2ª ed., Rio de Janeiro: Forense, vol. I, t. 2, 1959.

COELHO, Fabio. Ulhoa. *Curso de Direito Comercial*. Direito de Empresa. 21ª ed., São Paulo: Revista dos Tribunais, vol. 1, 2017.

DOTTI, René Ariel. *Curso de Direito Penal – PG*. 2ª ed., Rio de Janeiro: Forense, 2004.

FARIA, Bento de. *Código Penal Brasileiro Comentado*. 3ª ed., Rio de Janeiro: Récord, vol. 2, 1961.

FERRAZ, Esther de Figueiredo. *A Co-Delinquência no Direito Penal Brasileiro*. São Paulo: J. Bushatsky Editor, 1976.

FERREIRA, Roberto dos Santos. *Crimes contra a Ordem Tributária*. 2ª ed., São Paulo: Malheiros, 2002.

FRAGOSO, Heleno. *Lições de Direito Penal*. 17ª ed., Rio de Janeiro: Forense, 2006.

_____. *Lições de Direito Penal*. 1ª ed., São Paulo: Bushatsky Editor, 1976.

GIMBERNAT ORDEIG, Enrique. *Autor y Cómplice en Derecho Penal*. Montevideo/Buenos Aires: Editorial BdeF, 2006.

GOMES, Luiz Flávio. *Responsabilidade penal objetiva e Culpabilidade nos Crimes Contra a Ordem Tributária*, In: ROCHA, Valdir de Oliveira. Direito Penal Empresarial. São Paulo: Dialética, 1995.

HAAS, Volker. *Kritik der Tatherrschaftslehre*, ZStW, 119, H. 3, 2007.

HASSEMER, Winfried. *Introdução aos Fundamentos do Direito Penal*. Tradução da 2ª edição alemã por Pablo Rodrigo Alflen (com prefácio do autor para a edição brasileira). Porto Alegre: Sergio Fabris Editor, 2004.

_____. *Culpabilidade*, Tradução por Pablo Rodrigo Alflen, Revista Estudos Jurídicos, vol. 33, n° 89, 2000.

HUNGRIA, Nelson; FRAGOSO, Heleno. *Comentários ao Código Penal*. 5ª ed., Rio de Janeiro: Forense, vol. I, t. II, 1978.

JESCHECK, Hans-Heinrich. *Lehrbuch des Strafrechts. AT*. 4. Aufl., Berlin: Duncker & Humblot, 1988.

KRÄMER, Katharina. *Individuelle und kollektive Zurechnung im Strafrecht*. Tübingen: Mohr Siebeck, 2015.

KUHLEN, Lothar. *Die Abgrenzung von Täterschaft und Teilnahme, insbesondere bei den sogennanten Betriebsbauftragten*, In: AMELUNG, Knut (Hrsg.). *Individuelle Verantwortung und Beteiligungsverhältnisse bei Straftaten in bürokratischen Organisationen des Staates, der Wirtschaft und der Gesellschaft*. Sinzheim: Pro-Universitate-Verlag, 2000.

LAUE, Christian, *Die strafrechtliche Verantwortlichkeit von Verbänden, JURA*, Heft 5, 2010,.

LOVATTO, Alécio Adão. *Dos Crimes contra a Ordem Tributária ou Sonegação Fiscal*. Revista do Ministério Público. Porto Alegre: MP-RS, vol. 1, n° 28, 1992.

LUIZI, Luiz. *O Tipo Penal, a Teoria Finalista e a Nova Legislação Penal*. Porto Alegre: Sergio Fabris Editor, 1987.

MACHADO, Hugo de Brito. *Crimes contra a Ordem Tributária*. 4ª ed., São Paulo: Atlas, 2015.

MALAN, Diogo Rudge. *Considerações sobre os Crimes contra a Ordem Tributária*, Revista dos Tribunais, vol. 865, nov. 2007.

MAURACH, Reinhart. *Deutsches Strafrecht. AT*. Karlsruhe: C.F.Müller, 1954.

MÉLEGA, Luiz. *O sujeito ativo do Crime e as Pessoas Jurídicas – A responsabilidade criminal e civil dos Administradores*, In: ROCHA, Valdir de Oliveira. Direito Penal Empresarial (Tributário e das Relações de Consumo). São Paulo: Dialética, 1995.

OLIVEIRA, Antonio Claudio Mariz de. *A responsabilidade nos Crimes Tributários e Financeiros*, In: ROCHA, Valdir de Oliveira. Direito Penal Empresarial. São Paulo: Dialética, 1995.

PRADO, Luiz Régis. *Direito Penal Econômico*. 3ª ed., São Paulo: Revista dos Tribunais, 2010.

RANSIEK, Andreas. *Unternehmensstrafrecht*, Heidelberg: C.F.Muller, 1996.

ROTSCH, Thomas. *"Einheitstäterschaft" statt Tatherrschaft*. Tübingen: Mohr Siebeck, 2009.

_____. *Tatherrschaft kraft Organisationsherrschaft? ZStW*, 112, Heft 3, 2000.

ROXIN, Claus. *Strafrecht, AT*. Bd. II, München: Beck, 2003.

_____. *Täterschaft und Tatherrschaft*. 9. Aufl., Berlin: De Gruyter, 2015.

_____. *O domínio da organização como forma independente de autoria mediata*. Tradução do alemão por Pablo Rodrigo Alflen, *Panóptica – Law E-Journal*. vol. 4, n° 3, 2009., disponível em «http://www.panoptica.org/seer/index.php/op/article/view/Op_4.3_2009_69-94», acesso em 14/11/2017.

_____. *Straftaten im Rahmen organisatorischer Machtapparate*. GA, 1963. p. 193-207.

_____. *Organisationsherrschaft und Tatentschlossenheit. ZIS*, nº 07, 2006, p. 293-300.

RÜBENSTAHL, Markus. *Die Übertragung der Grundsätze zur Tatherrschaft kraft Organisationsherrschaft auf Unternehmen durch den BGH.* HRR-Strafrecht, vol 10, 2003, p. 210-219.

SCHILD, Wolfgang. *Tatherrschaftslehren.* Frankfurt a.M.: Peter Lang, 2009.

SCHMIDT, Andrei Zenkner. *Direito Penal Econômico. PG.* Porto Alegre: Livraria do Advogado, 2015.

SCHMITT, Rudolf. *Strafrechtliche Maßnahmen gegen Verbände.* Stuttgart: Kohlhammer, 1958.

SCHROEDER, Fr.-Christian. *Der Täter hinter dem Täter.* Berlin: Duncker & Humblot, 1965.

STOCO, Rui; STOCO, Tatiana de Oliveira. *Crimes contra a Ordem Tributária.* São Paulo: Revista dos Tribunais, 2016.

TIEDEMANN, Klaus. *Wirtschaftsstrafrecht. Einführung und Allgemeiner Teil.* 2. Aufl., Köln: Carl Heymanns, 2007.

TIMPE, Gerhard. *Die strafrechtliche Produzentenhaftung, HHRS*, 18. Jahrg., Heft 6, 2017, p. 272 e ss.

TOLEDO, Francisco de Assis. *Culpabilidade e a problemática do erro jurídico penal*, Revista dos Tribunais, vol. 67, n° 517, 1978.

URBAN, Carolin. *Mittelbare Täterschaft kraft Organisationsherrschaft. Eine Studie zu Konzeption und Anwendbarkeit, insbesondere im Hinblick auf Wirtschaftsunternehmen.* Göttingen: V&R unipress, 2004.

WELZEL, Hans. *Das Deutsche Strafrecht.* 11. Aufl., Berlin: De Gruyter, 1969.

_____. *Das neue Bild des Strafrechtssystems.* 4. Aufl., Göttingen: Otto Schwartz & Co., 1961.

_____. *Die finale Handlungslehre und die fahrlässigen Handlungen, JZ*, 11. Jahrg., Nr. 10/11, 1956. p. 316-317.

_____. *Studien zum System des Strafrechts*, In: WELZEL, Hans. *Abhandlungen zum Strafrecht und zur Rechtsphilosophie*, Berlin: Walter de Gruyter, 1975. p. 120-184.

WERLE, Gerhard; BURGHARDT, Boris. *Die mittelbare Mittäterschaft – Fortentwicklung deutscher Strafrechtsdogmatik im Völkerstrafrecht?*, In: BLOY, René et al. (Hrsgs.). *Festschrift für Manfred Maiwald zum 75. Geburtstag.* Berlin: Duncker & Humblot, 2010.

A Responsabilidade Penal dos Sócios e Administradores no Âmbito dos Delitos Tributários

Augusto Assis

1. Considerações Iniciais

Ao presente artigo, inserido em uma coletânea que trata dos crimes contra a ordem tributária, coube analisar a responsabilidade penal dos sócios e administradores pela prática de delitos fiscais a partir da perspectiva do direito comparado. Como a obra é destinada ao público brasileiro e possui um viés prático, a análise aqui realizada partirá do direito positivo brasileiro e fará menção às legislações e doutrinas estrangeiras apenas quando necessário. Ademais, as construções teóricas estrangeiras que serão referidas e empregadas na presente análise podem ser classificadas como aquilo que alguns autores têm denominado de ciência penal universal. De forma bastante sucinta, esse conceito representa o esforço de desenvolver teorias que, sem ignorar as particularidades da legislação vigente em cada país, sejam calcadas em considerações materiais,[1] cuja validade independe dos sistemas jurídicos em que estejam inseridas.[2]

---

[1] Ou seja, em razões, na terminologia, extraída da filosofia do direito, empregada por Greco. Razão deve ser compreendida aqui como um contraponto ao mero exercício do poder de decisão que possuem aqueles que exercem o poder (GRECO, Luís. Strafprozesstheorie und materielle Rechtskraft, Grundlagen und Dogmatik des Tatbegriffs, des Strafklageverbrauchs und der Wiederaufnahme im Strafverfahrensrecht, Berlim: Duncker & Humblot, 2015, p. 40 e ss.).

[2] HIRSCH, Hans Joachim. Internationalisierung des Strafrechts und Strafrechtswissenschaft – Nationale und universelle Strafrechtswissenschaft, ZStW 116 (2004), p. 835 e ss.; STUCKENBERG, Karl-Friedrich, Vorstudien zu Vorsatz und Irrtum im Völkerstrafrecht, Berlin: De Gruyter, 2007, p. 34; GRECO, Luís. Strafprozesstheorie, op. cit., p. 40 e ss.; GRECO, Luís. Lebendiges und Totes in Feuerbachs Straftheorie – Ein Beitrag zur gegenwärtigen strafrechtlichen Grundlagendiskussion, Berlin: Dunckler& Humblot, 2009, p. 30.

O primeiro passo a ser dado pela presente investigação é, portanto, o de identificar de quais crimes estamos falando, ou seja, quais são os delitos contra a ordem tributária previstos na legislação brasileira (item 2). Após, verificar-se-á se tais delitos podem ser potencialmente praticados por qualquer pessoa ou se possuem um círculo restrito de autores (item 3). Essa análise conduzirá a uma incursão na discussão sobre os fundamentos dos delitos especiais (item 4), que, por sua vez, auxiliará a responder sobre a punibilidade dos sócios e administradores pela prática de delitos fiscais (item 5 e seguintes).

2. Delitos Contra a Ordem Tributária

Consideraremos aqui que os seguintes tipos penais contêm delitos tributários: 168-A do CP, apropriação indébita previdenciária; art. 334 do CP, descaminho[3]; art. 337-A do CP, sonegação de contribuição previdenciária; e os arts. 1° e 2° da Lei n° 8.137/90, que prevê os crimes contra a ordem tributária, econômica e contra as relações de consumo.

Ao fazer uma análise inicial dos tipos mencionados, é possível constatar que eles são de difícil classificação. Tratam-se de delitos comuns ou especiais? Comissivos ou omissivos? Se omissivos, são próprios ou impróprios? As respostas a essas questões não têm relevância apenas teórica, mas também prática. Delas dependem alguns dos requisitos para afirmar a responsabilidade penal das pessoas que ocupam posições de comando nas empresas.

A dificuldade em incluir determinado delito nas categorias acima listadas não decorre, contudo, apenas da redação dos tipos penais tributários, mas também do fato de a doutrina adotar critérios bastante distintos e controvertidos para definir tais categorias. Por conta disso e do espaço restrito de que dispomos nessa sede, será feita a opção inicial por um método mais indutivo. Antes de tentar definir em abstrato o que torna determinado delito especial ou

---

[3] Sobre a discussão acerca do caráter tributário do delito de descaminho ver ESTELLITA, Heloisa/BOTTINI, Pierpaolo Cruz. Extinção da punibilidade no RERCT: figuras penais contempladas e (algumas das) excluídas, in: Regime especial de regularização cambial e tributária (RERCT), Aldo de Paula Junior et. all. (org.), p. 247 e ss.; SCANDELARI, Gustavo Britta. O crime tributário de descaminho. Porto Alegre; Lex Magister, 2013, ambos com ulteriores referências. Na Alemanha não há um tipo penal equivalente ao contido no art. 334 do CP. A jurisprudência e a doutrina consideram, conduto, que o injusto dessa conduta é apreendido pelos tipos que proíbem a sonegação fiscal. Sobre isso KUHLEN, Lothar. Internationaler Schmuggel, europäischer Gerichtshof und deutsches Strafrecht, in: Festschrift für Heike Jung zum 65. Geburtstag, Baden-Baden: Nomos, 2007.

uma omissão imprópria, olharemos para os tipos que contêm crimes contra a ordem tributária e perguntaremos pelos requisitos necessários para subsumir uma conduta de um dirigente de empresa a eles.

3. Quem Pode Ser Autor de um Delito Tributário?

O primeiro aspecto a ser analisado é se os delitos contra a ordem tributária restringem o círculo de possíveis autores e, em caso afirmativo, se os dirigentes de empresa estão entre esses – caso utilizássemos uma lógica mais dedutiva, esta questão estaria mais próxima de corresponder à pergunta sobre se tais delitos se tratam de delitos especiais. Ao olhar para os tipos em questão, percebe-se que a maioria deles demanda condutas comissivas do agente: deixar de repassar, iludir o pagamento, suprimir ou reduzir contribuição mediante omissão, ausência de lançamento, etc.; e que alguns dos tipos parecem conter delitos inteiramente omissivos, caso dos artigos 168-A e 337-A do CP. Isso significa que os tipos penais tributários contêm diversos delitos omissivos; e a grande maioria dos tipos penais omissivos não pode ser realizada por qualquer pessoa, mas apenas por aqueles que detêm um dever especial de evitar o resultado[4] – como exceção pode ser citado o delito de omissão de socorro, art. 135 do CP.[5] Os delitos tributários não parecem estar, contudo, entre estas exceções. Tomemos o tipo do artigo 168-A como exemplo.

---

[4] Isso se deve ao fato de os delitos omissivos invadirem de forma muito mais gravosa a esfera de liberdade dos cidadãos, pois ameaçam com pena tudo aquilo que não for a realização da conduta exigida, enquanto os delitos comissivos demandam apenas a abstenção da realização da conduta proibida. Essa percepção está presente no direito penal ao menos desde que Feuerbach afirmou que "a obrigação originária dos cidadãos se dirige apenas a omissões. Os delitos omissivos demandam sempre um fundamento jurídico excepcional... em razão do qual a obrigação de agir se fundamenta. Sem tal fundamento, ninguém se torna um criminoso por omitir." (FEUERBACH, Paul Johann Anselm von, Lehrbuch des gemeinen in Deutschland geltenden Peinlichen Rechts, 5a ed., 1812, § 24, p. 26 (tradução livre). Por conta disso, Roxin considera que toda omissão imprópria é um delito especial, ou de dever na sua terminologia. ROXIN, Claus. Täterschaft und Tatherrschaft, 1ª ed. Hamburg, 1963; 9ª ed. Berlim, 2015, p. 458 e ss.; trad. espanhola da 7ª ed., Autoría y dominio del hecho en Derecho Penal, por Cuello Contreras/Serrano González de Murillo, Madrid/Barcelona, 2000.

[5] Caso adotássemos um método mais dedutivo, essa discussão poderia corresponder à discussão sobre a distinção entre omissões impróprias e impróprias. Contudo, fazer tal distinção com base no círculo de possíveis autores já significaria reputar esse critério como correto para tanto, o que não nós parece ser a melhor opção.

O tipo de apropriação indébita previdenciária criminaliza a conduta de *"deixar de repassar à previdência social as contribuições recolhidas dos contribuintes"*. Uma primeira leitura do tipo pode passar a impressão de que este não limita previamente o círculo de autores. Autor poderia ser todo aquele que tenha recolhido a contribuição social dos trabalhadores, assim como autor de uma omissão de socorro pode ser todo aquele que se depare com uma situação descrita no art. 135 do CP.[6] Ocorre que não são todas as pessoas que têm o "dever de recolher" tal contribuição – o que pressupõe também o "direito" de fazê-lo. A leitura global do art. 168-A conduz, portanto, à conclusão de que o seu círculo de autores é restrito, o que torna nesse sentido o crime de apropriação indébita previdenciária um delito especial. Os artigos 334 e 337-A do CP e os artigos 1° e 2° da Lei n° 8.137/90 também contêm delitos com estrutura semelhante.

A próxima pergunta que se coloca então é a de como determinar quem possui um dever especial de evitar o resultado. Em alguns tipos penais omissivos, a tarefa de limitar o círculo de autores já foi realizada inteiramente pelo legislador. É o caso do art. 12 da Lei n° 7.492/86, por exemplo: *"deixar, o ex-administrador de instituição financeira, de apresentar, ao interventor, liqüidante, ou síndico, nos prazos e condições estabelecidas em lei as informações, declarações ou documentos de sua responsabilidade: Pena – Reclusão, de 1 (um) a 4 (quatro) anos, e multa"*. Novamente esta não é, contudo, a situação nos delitos que estamos a analisar. Por se tratar de um dever originariamente tributário, a indicação de seu detentor não só não está no próprio tipo penal que criminaliza a conduta, como tampouco está no Código Penal, mas na lei orgânica da seguridade social (Lei n° 8.212/91), que diz em seu art. 30, I que os deveres de recolher a contribuição social dos trabalhadores e repassá-la ao fisco cabe à empresa.

A análise do primeiro aspecto necessário para imputar delitos tributários aos dirigentes de empresas nos levou, portanto, à conclusão de que boa parte desses delitos possui um círculo restrito de autores e nos apontou, em um primeiro momento, que nesses casos autor somente poderá ser aquele que detiver o dever tributário. Para a maior parte da nossa doutrina, essa questão poderia encerrar-se aqui, uma vez que como possíveis autores de tais

---

[6] É possível que isso seja o que leve determinados autores a considerarem o delito do art. 168-A um delito comum e não especial. Assim, por ex., CAMARGO, Beatriz Corrêa. Sobre o domínio do fato no contexto da criminalidade empresarial, in: Revista brasileira de ciências criminais, São Paulo: Revista dos Tribunais, n. 102, 2013, p. 385.

delitos são normalmente apontados os responsáveis tributários.[7] O que parece, porém, ainda não ter sido suficientemente notado é que tal solução conduziria à inaplicabilidade de diversos tipos penais tributários em diversas situações.[8] Afinal, na maioria dos casos, e certamente nos que aqui nos interessam, esse responsável será a empresa, ou seja, uma pessoa jurídica.[9] Dessa forma, nosso próximo problema reside em se, a quem e como deve ocorrer a transferência desse dever tributário inicialmente identificado como sendo da empresa.

A resposta mais intuitiva ao nosso último questionamento seria a de dizer que o dever tributário que recai sobre a empresa deveria ser transmitido às pessoas responsáveis pela empresa ou às que detêm no plano fático a função de cumprir tal dever em nome da empresa.[10] A correção dessa solução depende, contudo, dos motivos que levam determinados tipos penais a ter um círculo de possíveis autores restrito.

4. Os Delitos Especiais

Até o momento, nós buscamos nos esquivar das discussões mais abstratas sobre o que diferencia um delito comum de um especial e uma omissão própria de uma imprópria. A solução dos problemas colocados pelos tipos penais tributários omissivos exige, contudo, que agora façamos reflexões mais gerais, na medida em que o presente espaço nos permite, sobre essas matérias. O intuito imediato é o de averiguar se os delitos tributários são delitos especiais e, em caso afirmativo, quais seriam as consequências disso para a possibilidade de transferência do dever tributário da pessoa jurídica para alguma pessoa física que atue em nome da empresa. Para tanto, partiremos da concepção de Roxin sobre os delitos especiais. A opção se deve tanto ao fato de a posição de Roxin nessa área, ainda não exaustivamente investigada pela ciência

---

[7] Assim, DELMANTO, Celso, et. al. Código penal comentado. Rio de Janeiro: Renovar, 2002, p. 386; NUCCI, Guilherme de Souza, Código penal comentado. São Paulo: Revista dos Tribunais, 2009, p. 772 e ss.
[8] Crítica em relação a quem procede dessa forma exatamente por esse motivo, no entanto, CAMARGO, op. cit., p. 385 e s.
[9] Em relação aos delitos previstos no art. 168-A há ainda o problema adicional sobre se o responsável tributário pode ser considerado a pessoa jurídica que recolhe as contribuições. Sobre esse problema ver CAMARGO, op. cit., p. 386, com ulteriores referências.
[10] Essa última é a solução proposta por Camargo, que não vê, contudo, o círculo de possíveis autores do tipo previsto no delito do art. 168-A como sendo restrito (CAMARGO, op. cit., p. 385 e ss.).

penal, ser dominante,[11] quanto ao fato de a sua posição oferecer uma solução unitária ao problema.

4.1. A Teoria dos Delitos de Dever

A teoria dos delitos de dever, denominação dada por Roxin aos delitos comumente conhecidos como especiais ou próprios, apenas pode ser corretamente apreendida caso seja enxergada como uma parte da sua teoria geral sobre o concurso de agentes, desenvolvida em sua tese de habilitação "autoria e domínio do fato"[12]. Nessa obra, Roxin desenvolve os requisitos necessários para afirmar as diversas formas de autoria nas três categorias de delito por ele adotadas – delitos de domínio (delitos comuns, na terminologia usual), delitos de dever e delitos de mão própria – a partir da ideia central de que autoria é a realização do tipo, de forma que autor é aquele que realiza o tipo penal.[13]

Por trás dessa ideia há uma consideração de ordem prática e outra de ordem material.[14] No plano prático, faz mais sentido dirigir a proibição principal àquele que controla os rumos do acontecer típico, ou seja, que decide sobre a realização do tipo; e no plano material, aquele que realiza o tipo é mais responsável pela lesão ao bem jurídico tutelado – há aqui, portanto, uma consideração de *fairness* ou uma correlação entre liberdade e responsabilidade. Isso também significa dizer que entre autores e partícipes há uma diferença material, que os distingue já no plano do injusto e não apenas no momento da determinação da pena.

Como a estrutura dos tipos penais varia, dando ensejo a delitos das três grandes categorias acima citadas, a atenção à ideia reitora de que autor é quem realiza o tipo demandou que para cada espécie de delito Roxin desenvolvesse um critério distinto para determinar a autoria. Nos delitos comissivos

---

[11] Por todos JOECKS, Wolfgang. Comentários ao § 25 StGB, in: Münchener Kommentar zum StGB, 2. ed., Munique: C.H. Beck, nm. 48.

[12] ROXIN, Täterschaft, op. cit.

[13] ROXIN, Täterschaft, op. cit., p. 327 e s.; ROXIN, Claus. Strafrecht, Allgemeiner Teil, Band II. Munique: C. H. Beck, 2002, nm. 10 e ss. Sobre essa ideia ver SCHÜNEMANN, Bernd. Comentário ao § 25 do StGB in: Leipziger Kommentar zum StGB, 12 ed., v. 1, Berlim: De Gruyter, 2007, nm. 39; GRECO, Luís/TEIXEIRA, Adriano. Autoria como realização do tipo: uma introdução à ideia de domínio do fato como fundamento central da autoria no direito penal brasileiro, in: GRECO, Luís/LEITE, Alaor/TEIXEIRA, Adriano/ASSIS, Augusto. Autoria como domínio do fato, Estudos introdutórios sobre o concurso de pessoas no direito penal brasileiro. São Paulo: Marcial Pons, 2014, p. 53 e s.

[14] GRECO, Luís/TEIXEIRA, Adriano. Autoria, op. cit., p. 55 e ss.

dolosos, esse critério é o do *domínio do fato*. Isto é assim, pois os tipos que contêm delitos comuns concentram o seu foco em proibir ações que geram riscos juridicamente desaprovados para os bens jurídicos por ele tutelados,[15] sem se importar previamente com quem criará esses riscos – ou seja, sem limitar previamente o círculo de possíveis autores. Por conta disso, nos delitos comissivos dolosos, autor será quem dominar esse risco, vale dizer, quem tiver *domínio do fato*.[16] Por outro lado, como nós já vimos acima, os tipos que contêm delitos especiais se valem de uma estrutura diversa para atingir o fim comum de tutelar bens jurídicos. Ao invés de proibir condutas perigosas, eles exigiriam o cumprimento de determinados deveres de determinados grupos de pessoas que exercem determinadas funções sociais especiais (detêm certa qualidade especial).[17] Para Roxin, portanto, o núcleo do desvalor nesses tipos não está na criação de um risco, mas na violação do dever especial contido no tipo. Afinal, caso o critério do domínio do fato fosse aplicado aos tipos que contêm delitos de dever, a ideia central de Roxin sobre autoria seria violada, pois se consideraria autor alguém que da perspectiva do tipo penal não pode ser considerado a pessoa mais responsável pela lesão ao bem jurídico por ele tutelado. A adoção do critério da violação do dever também faria com que nesses delitos a configuração externa da conduta fosse irrelevante, ou seja, não importaria se o autor viola o dever omissiva ou comissivamente ou se ele pratica a conduta típica de mão própria ou por intermédio de outrem.[18]

Uma breve análise do delito de corrupção passiva, previsto no art. 317 do nosso Código Penal nos permitirá visualizar bem o que foi exposto até o presente momento. O tipo proíbe aos funcionários públicos: "*Solicitar ou receber, para si ou para outrem, direta ou indiretamente, ainda que fora da função ou antes de assumi-la, mas em razão dela, vantagem indevida, ou aceitar promessa de tal vantagem*". Em termos gerais, o bem jurídico tutelado por essa norma é o bom funcionamento

---

[15] Aqui se percebe a conexão entre a teoria do domínio do fato e outro grande pilar da obra de Roxin, a teoria da imputação objetiva – ambas, por sua vez, estão ligadas à sua proposição fundamental de que a finalidade, e também o fundamento, do direito penal consiste em proteger bens jurídicos. Sobre a teoria da imputação objetiva ver GRECO, Luís. Um panorama da teoria da imputação objetiva. São Paulo: Revista dos Tribunais, 4ª ed.

[16] ROXIN, Täterschaft, op. cit., p. 122 e ss. Sobre a teoria do domínio do fato ver GRECO, Luís/LEITE, Alaor/TEIXEIRA, Adriano/ASSIS, Augusto. Autoria como domínio do fato, Estudos introdutórios sobre o concurso de pessoas no direito penal brasileiro. São Paulo: Marcial Pons, 2014.

[17] ROXIN, Täterschaft, op. cit., p. 352 e ss.; ROXIN, Claus. Pflichtdelikte und Täterschaft, in: Festschrift für Bernd Schünemann, HEFENDEHL, Roland et al. (org.). Berlim: De Gruyter, 2014, p. 512 e ss. (522).

[18] ROXIN, Täterschaft, op. cit., p. 458 e s.

da administração pública, mas esse tipo não pretende simplesmente tutelar o bom funcionamento da administração pública contra agressões vindas de qualquer direção, como faz o tipo de homicídio em relação ao bem jurídico vida, por exemplo; o seu intuito é o de proteger o bem jurídico perante pessoas que exercem uma função social especial – a de funcionário público[19] – e justamente por isso possuem um dever maior de não violá-lo.[20] Assim, caso um funcionário público peça a um amigo seu que receba o dinheiro que lhe foi oferecido indevidamente em razão de sua função, esse amigo, que não possui um dever especial em relação à administração pública, não poderá ser autor, apesar de ter o "domínio do fato", mas apenas partícipe; e o funcionário público, que não preencheu os requisitos de nenhuma das modalidades de dominar o fato,[21] será assim mesmo autor.[22] Da mesma forma, caso um particular coaja um funcionário público a receber vantagem indevida em razão do seu cargo, ele não poderá ser considerado autor, mas apenas partícipe – no caso instigador. O funcionário público seguiria sendo autor, mas um autor exculpado, e como o particular não detém a qualidade especial, ele apenas poderia ser punido por prestar uma contribuição na realização típica do funcionário público.[23]

4.2. Delitos Tributários Omissivos Como Delitos Especiais (De Dever)?

Após tecer essas considerações gerais sobre os delitos especiais, ou de dever, voltemos por um instante a atenção novamente aos delitos tributários omissivos, nomeadamente para determinar se esses são comuns ou especiais. Com base no que foi exposto até agora, é possível afirmar que a estrutura desses delitos se molda à dos delitos especiais. Afinal, os tipos penais tributários

---

[19] Sobre alguns problemas do delito de corrupção passiva e do conceito jurídico-penal de funcionário público ver QUANDT, Gustavo de Oliveira, Algumas considerações sobre os crimes de corrupção ativa e passiva. A propósito do julgamento do "Mensalão" (Apn 470 /MG do STF), RBCC 106 (2014), São Paulo: Revista dos Tribunais, p. 181 e ss (184 e ss.).

[20] É em virtude de possuírem essa qualidade especial que nos delitos especiais essas pessoas são chamadas de *intranei*, enquanto que as que não a detém são denominados de *extranei*.

[21] Afinal não realizou a ação típica com as próprias mãos (autoria imediata), o seu amigo não estava em erro ou sob coação para torná-lo autor mediato e ele não prestou nenhuma contribuição na fase executória para poder ser considerado coautor. Sobre os critérios de determinação da autoria nos delitos comissivos dolosos ver GRECO/TEIXEIRA, Autoria, op. cit., p. 57 e ss.

[22] ROXIN, Allgemeiner Teil, op. cit., § 25, nm. 271 e ss.; GRECO/TEIXEIRA, op. cit., p. 61 e ss.

[23] De acordo com o instituto da acessoriedade limitada, para que possa haver punição da participação, o fato principal deve ser antijurídico, mas não necessariamente culpável. ROXIN, Allgemeiner Teil, op. cit., § 26, nm. 4 e ss; GRECO/TEIXEIRA, op. cit., p. 65 e ss.

omissivos exigem o cumprimento de um dever originariamente tributário de um grupo determinado de pessoas.[24] De acordo com a concepção de Roxin, eles seriam, portanto, delitos de dever. Isso significa não ser mais possível tentar fundamentar a responsabilidade dos dirigentes de empresa em cumprir os deveres originariamente dirigidos à empresa a partir de considerações baseadas na ideia de domínio do fato. Analisemos então quais as consequências de afirmar a existência de um delito de dever para a possibilidade de "estender☒ a qualidade especial para terceiros que não a detêm no nosso sistema jurídico e no sistema jurídico alemão.

5. A Punibilidade Daquele Que Toma Parte no Delito Sem Possuir a Qualidade Especial

5.1. Nos Casos em Que o Detentor da Qualidade Especial For uma Pessoa Física

Para entender de forma plena quais consequências a afirmação de que os delitos tributários omissivos são delitos especiais trariam para a possibilidade de transferência do dever inicialmente da pessoa jurídica para alguma pessoa física que atue em nome daquela nos sistemas ora analisados, é preciso comparar a resolução desses casos com a resolução daqueles em que quem detém a qualidade especial é outra pessoa física.[25]

Ácima, ao analisarmos o delito de corrupção passiva a partir da ótica da teoria dos delitos de dever, nós já vimos que quando um *extraneus* toma parte em um delito de um *intraneus*, ele, por não deter a qualidade especial exigida pelo tipo, apenas poderá ser punido como partícipe. Entretanto, essa consequência não decorre apenas dos preceitos da teoria dos delitos de dever de Roxin, mas é fruto de algo ainda anterior: a adoção de um sistema restritivo e diferenciador no âmbito do concurso de pessoas. Tal sistema recebe a denominação de diferenciador porque distingue autores de partícipes já no plano do injusto e de restritivo porque considera autor somente aquele que realiza o tipo penal.[26]

---

[24] Em geral dos responsáveis tributários.
[25] A respeito do problema do concurso de agentes nos delitos especiais, fundamental no Brasil, ORTIZ, Mariana Tranchesi. Concurso de agentes nos delitos especiais. São Paulo: IBCCRIM, 2011.
[26] Ver BATISTA, Nilo. Concurso de agentes: uma investigação sobre os problemas da autoria e da participação no direito penal brasileiro. 4a. ed., Rio de Janeiro: Lumen Juris, 2008, p. 27 e ss.; GRECO/TEIXEIRA, op. cit., p. 48 e ss; TRANCHESI, op. cit., p. 47 e ss.

O direito positivo alemão adota, no § 25 e seguintes do seu Código Penal (StGB), um sistema restritivo e diferenciador. Os casos em que alguém que não possui a qualidade especial toma parte no delito de alguém que a possui são, portanto, resolvidos da forma acima relatada. A norma de extensão da punibilidade aplicável a estes casos está prevista nos §§ 26 e 27 do StGB, parágrafos que preveem e regulam a punibilidade da participação; são eles que possibilitam, portanto, que o *extraneus* seja punido como partícipe,[27] e apenas como partícipe, por tomar parte no injusto realizado pelo autor. Além disso, o Código Penal alemão prevê em seu § (1) uma redução obrigatória de pena para o partícipe que não detiver a qualidade especial fundamentadora da punibilidade do autor.

A leitura mais tradicional dos dispositivos que regulam a autoria no nosso Código Penal, artigos 29 e seguintes do CP, conduz, no entanto, à conclusão de que este adotou um sistema extensivo e unitário de determinação da autoria. Unitário porque distingue autores de partícipes apenas no momento da determinação da pena e extensivo porque considera autor todo aquele que concorre para o delito, e não apenas aquele que realiza o tipo penal.[28] Afinal, o art. 29 determina que *"quem, de qualquer modo, concorre para o crime, incide nas penas a ele cominadas"*. Concorrer, por sua vez, é compreendido em um sentido causal, nos termos do art. 13 do CP, que considera causa *"a ação ou omissão sem a qual o resultado não teria ocorrido"* – é, portanto, a famosa fórmula da *conditio sine qua non* ou da teoria da equivalência das condições.

Uma primeira análise do sistema unitário e extensivo poderia conduzir à conclusão de que este possibilitaria uma punição direta do *extraneus*, pois este concorreria para o delito do *intraneus*. Entretanto, ao contrário do sistema diferenciador, o sistema unitário considera que cada concorrente realiza o seu próprio injusto e não que há um só injusto, em que todos os concorrentes participam. Como o *extraneus* não pode realizar o injusto de um delito de dever, pois ele não pode violar um dever que não possui, a sua conduta seria a princípio completamente impunível. Para evitar que tais lacunas de punibilidade existam, os sistemas unitários precisam prever uma norma de

---

[27] Em um sistema restritivo e diferenciador, as normas que preveem a punibilidade da participação são normas de extensão da punibilidade, pois diretamente da leitura dos tipos penais seria apenas possível extrair a punibilidade daqueles que realizam o tipo, ou seja, dos autores.

[28] Ver BATISTA, Nilo. Concurso de agentes: uma investigação sobre os problemas da autoria e da participação no direito penal brasileiro. 4a. ed., Rio de Janeiro: Lumen Juris, 2008, p. 1 e ss.; GRECO/TEIXEIRA, op. cit., p. 68 e ss.; TRANCHESI, op. cit., p. 37 e ss.

extensão que transfira a qualidade especial do *intraneus* ao *extraneus*.[29] Essa é a função do art. 30 do CP, que determina que *"não se comunicam as circunstâncias e as condições de caráter pessoal, salvo quando elementares do crime"*. Na prática, isso significa que a qualidade especial não é transferível ao *extraneus*, salvo quando a ausência dessa qualidade fosse gerar a lacuna de punibilidade acima indicada. Nos nossos exemplos, como a condição de funcionário público é uma elementar do crime que falta ao *extraneus*, o que o art. 30 faz nesses casos é, portanto, tornar o particular funcionário público para fins penais.

Inicialmente poderia parecer que a adoção de um dos dois grandes sistemas de concurso de pessoas se trataria de uma mera opção teórica e legislativa e que ambas as soluções oferecidas pelos sistemas para a constelação dos delitos de dever seriam viáveis. No entanto, o sistema unitário e extensivo padece de deficiências materiais graves. A principal delas, decorrente da análise da realização típica a partir de uma perspectiva causal, é a de conduzir a uma dissolução dos tipos penais e, consequentemente, a uma violação do princípio da legalidade na sua dimensão de lei certa.[30] Afinal, se todo concorrente é autor, matar, por exemplo, deixa de ser apenas controlar o risco da morte de alguém e passa a ser meramente causar a morte de alguém no sentido da teoria da equivalência das condições. Dessa forma, quem apenas empresta ou vende a arma a outrem teria realizado o tipo de homicídio da mesma maneira que quem efetuou o disparo.

No âmbito dos delitos especiais, a solução encontrada pelo nosso código a partir de uma lógica causalista traz consequências ainda mais graves, pois torna alguém que não possui as prerrogativas de um cargo detentor do dever de quem ocupa esse cargo, sem nem ao menos prever uma diminuição de pena para quem se torna detentor do dever apenas a partir do art. 30 do CP. Essa norma de extensão responsabiliza, assim, alguém por um injusto que não apenas não cometeu, mas que seria incapaz de cometer. Por conta disso, ela viola os princípios da legalidade e da culpabilidade e ainda rompe a correlação entre liberdade e responsabilidade que deve guiar não só um sistema de concurso de pessoas justo, mas um sistema de imputação penal justo como um todo.

---

[29] E aqui há no fundo uma confissão da falência do sistema causal de autoria, pois o próprio sistema unitário reconhece que não a causação, mas sim a violação do dever é o ponto central dos delitos especiais.

[30] GRECO/TEIXEIRA, op. cit., p. 49 e ss.

5.2. Nos Casos em Que o Detentor da Qualidade Especial For uma Pessoa Jurídica

Olhemos agora para os casos em que quem detém a qualidade especial não é uma pessoa física, mas uma pessoa jurídica. O problema encontrado nessa constelação, conhecido como atuar em lugar do outro, é em princípio o mesmo. De uma leitura direta do tipo penal apenas é possível fundamentar a punibilidade de quem detém a qualidade especial, pois apenas tais pessoas são capazes de realizar o tipo. A diferença reside, contudo, no fato de a empresa não ser capaz de realizar o tipo penal.[31] Por conta disso, as soluções trazidas pelos sistemas jurídicos brasileiro e alemão para as situações em que o detentor da qualidade especial é uma pessoa física não podem ser aplicadas aqui. As normas de extensão da punibilidade ao partícipe, constantes nos sistemas diferenciadores e restritivos, não são de valia, pois falta um injusto principal em que alguma pessoa física possa tomar parte como partícipe. O sistema unitário e extensivo tampouco está em melhor situação, uma vez que a empresa não concorre para o delito nos termos do art. 29 e por isso a sua qualidade especial não pode ser transferida à pessoa física. Para que a pessoa que atua em nome da empresa possa ser punida nesses casos, é em princípio necessário que haja uma norma de extensão da punibilidade que transfira a qualidade especial da empresa para ela. Ou seja, uma norma com os efeitos da contida no art. 30 do CP, mas que tenha sido pensada para a presente constelação. Vejamos, então, como o direito positivo alemão e brasileiro resolvem esse problema e se essas soluções não esbarram nas críticas que tecemos à transferência da qualidade especial entre pessoas físicas.

a) Análise do direito positivo alemão e brasileiro

Atualmente, a legislação alemã oferece uma solução direta e global para o problema por meio do § 14 do StGB. Tal parágrafo prevê, entre outras coisas, uma norma de extensão da punibilidade que diz que *"quando o representante legal de uma pessoa jurídica pratica uma conduta nessa qualidade, as qualidades especiais da pessoa jurídica comunicam-se ao representante legal."* (§ 14 I Nr. l, II). Essa

---

[31] Sobre a responsabilidade penal da pessoa jurídica ver BUSATO, Paulo César. Responsabilidade penal de pessoas jurídicas no projeto (e no texto substitutivo) do novo Código Penal. Alaor Leite (org.) Reforma Penal. São Paulo: Atlas, 2015; BACIGALUPO, Silvina. Responsabilidad penal de las personas jurídicas. Buenos Aires: Hammurabi, 2001; SCHECAIRA, Sergio Salomão. Responsabilidade penal da pessoa jurídica. São Paulo: Campus Elsevier, 2010; ver ainda o artigo de Pablo Alflen sobre o tema nessa mesma coletânea.

norma foi introduzida apenas em 1968.³² O problema em questão, que é típico das sociedades industriais modernas, já ocupava a jurisprudência e a ciência alemãs, contudo, desde o final do século dezenove.³³

No Brasil, por outro lado, o problema da atuação em lugar de outro ainda foi pouco notado³⁴ – uma demonstração disso está na afirmação da nossa doutrina dominante de que autor do delito de apropriação indébita previdenciária é o responsável tributário.³⁵ É bastante provável que isso seja fruto da adoção de um sistema unitário e extensivo por parte do nosso código penal. Afinal, ao não distinguir autores de partícipes, essa concepção simplifica a aplicação da lei penal nesse âmbito e com isso atrofia toda a discussão em torno da matéria do concurso de pessoas. A indiferença da nossa doutrina perante o problema também pode ser notada em nossa legislação: não há em nosso Código Penal uma norma geral de extensão da punibilidade como o § 14 do StGB.³⁶

É possível encontrar, contudo, normas similares em algumas leis penais extravagantes. Como exemplo pode ser citada a Lei nº 11.101/05, que regula a recuperação judicial, a extrajudicial e a falência do empresário e da sociedade empresária. Tal lei prevê diversos delitos que exigem a qualidade especial de devedor ou falido, qualidade que pode em alguns casos ser encontrada apenas na pessoa jurídica. O art. 179 da mesma lei dispõe, contudo, que *"na falência, na recuperação judicial e na recuperação extrajudicial de sociedades, os seus sócios, diretores, gerentes, administradores e conselheiros, de fato ou de direito, bem*

---

[32] Antes da inclusão do § 14, a legislação alemã até previa normas de extensão nos termos acima delineados em algumas leis penais esparsas e a jurisprudência e a doutrina se esforçavam para buscar interpretações que viabilizassem a aplicação de tais tipos penais nos demais casos, mas a doutrina clamava por uma solução global para o problema. SCHÜNEMANN, Bernd. Comentário ao §14 do StGB in: Leipziger Kommentar zum StGB, 12 ed., v. 1, Berlim: De Gruyter, 2007, nm. 2 e ss.

[33] SCHÜNEMANN, *ibid*.

[34] Exceção feita, sem a pretensão de se exaustivo, a LAUFER, Daniel. Artigo 25 da Lei n. 7.492/86. Problemas de autoria no âmbito jurídico-penal, Rio de Janeiro/São Paulo/Recife, 2008; ORTIZ, Mariana Tranchesi. A atuação no lugar de outro no direito penal empresarial: a responsabilidade dos representantes e dos gestores por delitos especiais próprios. In Revista Fórum de Ciências Criminais. Belo Horizonte, v. 7, 2017; CAMARGO, op. cit., p. 386; GRECO, Luís/ASSIS, Augusto. O que significa a teoria do domínio do fato para a criminalidade de empresa, in: GRECO et al. Autoria como domínio do fato, Estudos introdutórios sobre o concurso de pessoas no direito penal brasileiro. São Paulo: Marcial Pons, 2014.

[35] Vide DELMANTO, op. cit., p. 386; NUCCI, op. cit., p. 772 e ss.

[36] O art. 12 do CP português e o art. 31 do CP espanhol trazem um dispositivo similar ao § 14 do StGB. A respeito da discussão na literatura espanhola, ver GRACIA MARTIN, Luis. El actuar en lugar de otro en derecho penal, vols. 1 e 2. Zaragoza, 1985, 1986; A respeito da portuguesa, SOUSA, Susana Ayres de. A autoria nos crimes específicos: Algumas considerações sobre o art. 28 do código penal português, in: RBCCrim. São Paulo: RT, v. 107, 2014, p. 79 e ss.

como o administrador judicial, equiparam-se ao devedor ou falido para todos os efeitos penais decorrentes desta Lei, na medida de sua culpabilidade". Também no âmbito dos delitos tributários há a previsão de uma norma de extensão do gênero, disposta no art. 11 da Lei n° 8.137/90,[37] que diz *"quem, de qualquer modo, inclusive por meio de pessoa jurídica, concorre para os crimes definidos nesta lei, incide nas penas a estes cominadas, na medida de sua culpabilidade."*[38]

Essa norma resolve, portanto, o problema de atuar no lugar do outro em relação aos delitos previstos nos artigos 1 e 2 dessa lei. O que dizer, porém, dos delitos tributários omissivos previstos nos tipos do Código Penal? Esses dispositivos seriam inaplicáveis em decorrência da inexistência de uma norma geral de extensão? Ao analisar esse mesmo problema em conjunto com Greco em outra oportunidade,[39] não vislumbrei uma saída para esta situação e concluí que, de *lege lata*, essa seria a única opção compatível com o princípio da legalidade.[40] Como buscarei demonstrar a seguir, hoje, contudo, essa não me parece mais ser uma conclusão correta.

---

[37] O art. 6 da lei 4.729/65, lei que foi tacitamente revogada pela lei 8.137/90, também já dispunha que "quando se trata de pessoa jurídica, a responsabilidade penal pelas infrações previstas nesta Lei será de todos os que, direta ou indiretamente ligados à mesma, de modo permanente ou eventual, tenham praticado ou concorrido para a prática da sonegação fiscal".

[38] A redação dessa norma de extensão não é tão técnica quanto à dada pelas leis 11.101/05 e 4.729/65, pois a norma fala em concorrer para os crimes e a função dessa norma é justamente a de possibilitar que "haja um crime". Ou seja, como demonstrado acima, se somente a empresa detém a qualidade especial, não há um crime em que se possa concorrer. Essa norma chegaria tarde demais, portanto. Não me parece, contudo, que a má redação dessa norma de extensão chegue a inviabilizar a sua aplicação – independentemente de se concordar com a posição que será defendida adiante acerca da possibilidade de transferir a qualidade especial de uma pessoa jurídica a uma física a despeito da existência de uma norma explícita de extensão.

[39] GRECO/ASSIS, op. cit., p. 120.

[40] De lege ferenda seria interessante, contudo, incluir uma norma desse gênero, como fizeram os autores da proposta alternativa – Luís Greco, Frederico Horta, Alaor Leite, Adriano Teixeira e Gustavo Quandt – ao projeto de reforma do código penal que tramita atualmente (PLS 236/12). O trabalho, intitulado "Reforma da parte geral do código penal: uma proposta alternativa para debate" está disponível em formato pdf na internet e uma versão ampliada será em breve publicada pela editora Marcial Pons. Na versão proposta por eles, seria incluído o art. 31, que trataria da atuação no lugar de outrem e teria a seguinte redação: "Quem comete fato atuando como representante ou gestor de direito ou de fato de outrem, poderá ser considerado autor, ainda que não reúna em sua pessoa as condições especiais exigidas para a autoria, desde que tais condições estejam presentes naquele por ele representado ou gerido".

b) O fundamento material por trás da figura do "atuar em lugar de outro" em direito penal

O argumento central para defender a possibilidade de transferir uma qualidade especial da pessoa jurídica à pessoa física sem ter de recorrer a uma norma legal de extensão decorre da ideia de que, por tudo o que foi exposto acerca da categoria dos delitos de dever e da determinação da autoria nesses delitos, uma norma como a do § 14 do StGB apenas pode ter uma função declaratória e não constitutiva.[41] Caso contrário, essa norma violaria o princípio da legalidade por dissolver os tipos penais, a exemplo do que faz o artigo 30. Isso significa dizer, portanto, que se o fundamento da "transferência" da qualidade especial não está na norma de extensão, que apenas uniformiza e regula a matéria, é necessário, e possível, retirá-lo de outro lugar.[42] Eu vejo dois caminhos para tanto, que não necessariamente se excluem.

I. O primeiro deles é seguir com a interpretação que no caso do delito previsto no art. 168-A nos remete à lei que regula a seguridade social (Lei n° 8.212/91), qual seja, a de que os detentores dos deveres mencionados nos tipos penais tributários devem ser determinados exclusivamente por considerações extrapenais. Caso adotado esse método, a solução residiria, no entanto, em não parar a investigação obrigatoriamente no momento em que se identifica o responsável tributário, como temos feito, mas em levá-la adiante até o momento em que for possível identificar uma pessoa física como detentora do dever extrapenal. Se o responsável tributário for, então, uma sociedade empresária, deve-se perquirir qual é o fundamento legal de tal sociedade e ir à lei que a regula, por exemplo. Eu não poderei me estender nessa análise, mas caso se trate de uma sociedade por ações (regulada pela Lei n° 6.404/76), por exemplo, os artigos que tratam das responsabilidades dos administradores (art. 153 e ss.) e dos membros do conselho fiscal (art. 163 e ss.) parecem fornecer subsídios interessantes para chegar à pessoa física responsável pelo dever extrapenal – os artigos 134 e seguintes do CTN talvez também possam ser úteis nesse sentido.

II. A segunda opção, que me parece ser a decisiva, é adotar uma interpretação de que a determinação dos detentores dos deveres mencionados nos tipos penais tributários deve seguir uma lógica essencialmente vinculada a considerações de direito penal. Eu tampouco poderei me estender na fundamentação dessa solução, mas o seu cerne está vinculado ao que foi exposto sobre a categoria dos delitos de dever e aos critérios de determinação da autoria nesses

---

[41] SCHÜNEMANN, § 14, op. cit., nm. 15.
[42] SCHÜNEMANN, § 14 op. cit., nm. 1 e ss. (14 e ss.).

delitos. Como foi exposto acima, toda a concepção de Roxin sobre a autoria está vinculada à ideia de que autoria é a realização do tipo penal e à ideia de que deve haver uma correlação entre domínio e responsabilização penal. Em certo aspecto, nos delitos de dever continua sendo possível, portanto, dizer que o autor tem o domínio; aqui não mais necessariamente sobre o fato, mas ainda sobre a realização típica.[43]

Pois bem, seguindo essa lógica, o verdadeiro problema em responsabilizar um *extraneus* por um delito especial não estaria diretamente no fato de este não possuir a qualificação especial, mas sim no fato de este ser incapaz de realizar o injusto típico. A capacidade de realizar o injusto típico residiria, contudo, no domínio sobre a possibilidade de lesionar o bem jurídico nos moldes previstos pelo tipo.[44] Dessa forma, a qualidade especial seria apenas uma descrição do domínio e não o fundamento do injusto realizado pelo *intraneus*.[45] Isso explica porque o art. 30 do nosso CP transfere uma respon-

---

[43] Nesse ponto, me parece que a concepção de Schünemann sobre o concurso de pessoas, elaborada a partir da concepção de Roxin, está mais apta a demonstrar essa relação. Schünemann defende que autor é quem detém o domínio sobre o fundamento do resultado. Este conceito, que é tipológico (um conceito tipológico pode ser definido como um conceito que pode ser preenchido de mais de uma forma; que possui diversos elementos, que podem se manifestar em maior ou menor intensidade e em que a presença em menor intensidade de um dos elementos pode ser compensada pela presença em maior intensidade de outro. SCHÜNEMANN, § 25, op. cit., nm. 48) abarcaria todas as subformas de domínio, entre elas a de domínio do fato e a do "domínio sobre a violação do dever⊠ (SCHÜNEMANN, § 25, op. cit., nm. 49 e ss.).

[44] SCHÜNEMANN, § 14, op. cit., nm. 14. Para Schünemann, o fundamento de todas as formas de determinação da autoria, ou seja, de realização do tipo, reside no domínio que o autor exerce sobre o fundamento do resultado. Nos delitos comissivos, esse domínio se verifica no domínio que a pessoa exerce sobre o próprio corpo. A partir dessa ideia, Schünemann desenvolveu a teoria de que garantidor em um delito de omissão imprópria pode ser apenas aquele que detiver ou o domínio sobre a fragilidade do bem jurídico ou o domínio sobre a fonte de perigo que desencadeie a lesão ao bem jurídico (SCHÜNEMANN, Bernd. Grund und Grenzen der unechten Unterlassungsdelikte – Zugleich ein Beitrag zur strafrechtlichen Methodenlehre, Göttingen 1971, p. 231 e ss.). Posteriormente, Schünemann transferiu esse raciocínio para os delitos especiais como um todo. Para ele, todos os delitos especiais (denominados por ele de delitos especiais de garantidor) têm uma estrutura similar à das omissões impróprias. O que eu estou defendendo aqui, baseado principalmente na concepção de Schünemann, é, portanto, que *intraneus* é aquele que tem ou o domínio sobre a fonte de perigo que desencadeia o resultado ou o domínio sobre a fragilidade do bem jurídico tutelado pelo tipo.

[45] Como exposto na última nota, a posição aqui defendida se amolda em grande parte à concepção defendida por Schünemann na interpretação da figura do atuar em lugar de outro em direito penal (SCHÜNEMANN, § 14, op. cit., nm. 1 e ss., 13 e ss.), à sua interpretação sobre os critérios de determinação da autoria (SCHÜNEMANN; § 25, op. cit., nm. 48 e ss.) e à sua teoria sobre os fundamentos das posições de garantidor nas omissões impróprias (SCHÜNEMANN, Grund

sabilidade sem transferir o domínio e porque o § 14 StGB apenas reconhece (responsabiliza por) um domínio já existente. Não punir na constelação do § 14 StGB seria como descriminalizar a corrupção passiva sem extinguir a existência da figura do funcionário público, ou seja, quebrar a correlação entre domínio e responsabilização de forma inversa. A esse propósito, esse raciocínio também explicaria por que a transferência da qualidade especial de funcionário público é ilegítima, afinal a investidura na função pública segue as suas próprias regras, de forma que o particular jamais poderá ter domínio sobre o fundamento do resultado – essa distinção também indica que a premissa de Roxin de que não há diferença material entre os diversos delitos especiais está equivocada.

Por fim, em favor da adoção dessa interpretação para determinar o círculo de possíveis autores dos delitos tributários omissivos pesa ainda o fato de "os próprios tipos penais" darem mostras de "estarem cientes" de que a empresa e o detentor do dever típico não são a mesma pessoa, vale dizer, de que dirigem a sua proibição às pessoas que controlam o responsável tributário. Vide os artigos 168-A, § 1°, inciso III e 337-A, incisos I, II e III.

Seguindo essa lógica calcada em considerações de direito penal, para determinar o detentor do dever previsto nos tipos penais tributários seria necessário identificar qual é o bem jurídico tutelado por tais tipos e de que forma essa tutela é realizada.[46] Então, seria necessário determinar quem está em posição de realizar o injusto previsto no tipo penal. Esse raciocínio nos levaria novamente ao responsável tributário e, nos casos em que este for uma pessoa jurídica, novamente às pessoas que a controlam. A razão para tanto não seria mais, porém, as normas de direito societário, mas o domínio sobre o fundamento do resultado exercido por eles.[47] Se a empresa é uma fonte de perigo para os bens jurídicos tutelados pelos tipos penais tributários, quem a controla domina esse risco. Com isso é possível dizer que os sócios e administradores de empresa possuem ao círculo de possíveis autores dos delitos tributários omissivos.

---

und Grenzen, op. cit., p. 231 e ss.). Infelizmente, nessa sede não será, contudo, possível expor tais teorias em maior detalhe.

[46] Sobre a distinção entre bem jurídico e estrutura de delito ver GRECO, Luís. "Princípio da ofensividade" e crimes de perigo abstrato – Uma introdução ao debate sobre bem jurídico e estruturas do delito. In: Revista brasileira de ciências criminais. São Paulo: Revista dos Tribunais, v. 41, 2004, p. 117 e ss. Sobre o bem jurídico nos delitos tributários ver ESTELLITA, Heloisa. A tutela penal e as obrigações tributárias na Constituição Federal. São Paulo: Revista dos Tribunais, 2001; DIB, Natália Brasil. Bem jurídico tributário: uma análise a partir de suas funções e dimensões. Porto Alegre: Multifoco, 2017.

[47] SCHÜNEMANN, § 14, op. cit., nm. 14.

6. Possibilidade de Delegação do Dever

Definido o círculo de possíveis autores dos delitos tributários omissivos, cumpre agora determinar se sempre que a empresa violar o seu dever tributário os seus sócios e administradores poderão ser responsabilizados penalmente por tal violação. A resposta a essa pergunta somente poderia ser afirmativa, caso os dirigentes de empresa não pudessem delegar o cumprimento do seu dever típico para terceiros; esse não é, contudo, o caso. Por outro lado, o ato de delegar o cumprimento de tal dever a terceiros não desincumbe os dirigentes de seu dever originário, ele apenas altera o seu conteúdo. Agora, em vez de cumprir o dever diretamente, eles devem coordenar e fiscalizar o cumprimento deste pelo delegado.[48] Assim, caso o delegante permita com dolo ou culpa, nos casos em que o tipo prever a punibilidade da modalidade culposa, que o delegado descumpra o dever tributário, ele poderá ser responsabilizado penalmente – caso presentes os demais requisitos necessários para uma imputação.

7. Responsabilidade dos Sócios e Administradores Por Delitos Tributários Comissivos

Até o presente momento, somente foi analisada a punibilidade dos dirigentes de empresa pelos delitos tributários omissivos, vejamos então de forma breve como ela se dá em relação aos delitos comissivos. Há aqui duas hipóteses. A primeira dela se verifica quando o delito tributário comissivo for um delito especial. Nesses casos, as considerações acima feitas acerca dos delitos tributários omissivos valeriam de igual modo. A segunda ocorre quando tais delitos forem comuns.[49] Em relação a esses crimes, os sócios e administradores

---

[48] Sobre a figura da delegação de deveres de agir, seus limites e fundamentos ver ESTELLITA, Heloisa. Responsabilidade penal de dirigentes de empresas por omissão, Estudo sobre a responsabilidade omissiva imprópria de dirigentes de sociedades por ações, limitadas e encarregados de cumprimento por crimes praticados por membros da empresa. São Paulo: Marcial Pons, 2017, p. 146 e ss., com ulteriores referências. DANNECKER, Gerhard. § 5 Strafrechtliche Verantwortung nach Delegation, in: ROTSCH, Thomas (org.). Criminal Compliance, Handbuch. Baden-Baden: Nomos, 2015, p. 167 e ss.

[49] E aqui nos isentamos de entrar na discussão sobre se todos os delitos tributários comissivos são delitos comuns ou especiais. Afinal, a validade das considerações aqui feitas independem dessa discussão.

podem se fazer puníveis por ação ou por omissão imprópria.[50] Por ação, caso realizem de mão própria alguma das condutas previstas nesses tipos; e por omissão imprópria caso não evitem que algum membro da empresa realize as condutas previstas neles. O fundamento para tanto reside na existência de uma posição de garantidor (art. 13, § 2° do CP) do dirigente em evitar riscos provenientes da fonte de perigo empresa[51] – é possível notar, portanto, que a fundamentação acima defendida para afirmar um dever penal dos controladores da empresa nos delitos tributários omissivos se aproxima bastante da fundamentação da sua posição de garantidor em relação à empresa como fonte de perigo.

8. Conclusões

No início da presente análise acerca dos delitos tributários, estabeleceu-se que possuem um círculo restrito de autores, vale dizer, que são, nesse sentido, delitos especiais. Por conta disso, os sócios e administradores de empresa apenas poderiam ser responsabilizados como autores desses delitos caso fizessem parte desse círculo. Ademais, como na maioria dos delitos tributários esse dever especial inicialmente recai sobre a pessoa jurídica e essa não pode ser autora de tais delitos, até mesmo a punibilidade dos dirigentes de empresa a título de participação estaria em xeque. A investigação concluiu, contudo, que os portadores do dever penal especial contido nos tipos penais tributários são as pessoas que controlam a empresa. Dessa forma, é possível afirmar que

---

[50] Sobre a punibilidade dos dirigentes de empresa por delitos comuns tanto em um sistema restritivo e diferenciador quanto em um sistema extensivo e unitário, ver GRECO/ASSIS, op. cit.
[51] Sobre esse tema me manifestei em dois outros trabalhos, ASSIS, Augusto. A responsabilidade penal omissiva dos dirigentes de empresa, in: Comentários ao direito penal econômico brasileiro. LOBATO, José Danilo Tavares et al. (org.). Belo Horizonte: D'Plácido, 2017, p. 51 e ss.; GRECO/ASSIS, op. cit., p. 108 e ss. Fundamental sobre o tema no Brasil, ESTELLITA, Responsabilidade penal, op. cit.; ver ainda BOTTINI, Pierpaolo Cruz. Do tratamento penal da ingerência. Tese de livre docência, Universidade de São Paulo, Faculdade de Direito, 2015;TAVARES, Juarez, Teoria dos crimes omissivos. São Paulo: Marcial Pons, 2012 (p. 321 e s.); KLATTENBERG, Leenert. Die straf- und zivilrechtliche Verantwortlichkeit für die Nichverhinderung deliktischen Verhaltens Dritter in Kapitalgesellschaften: zugleich ein Beitrag zur sogennanten „strafrechtlichen Geschäftsherrnhaftung". Hamburg: Verlag Dr. Kovac, 2017; UTZ, Maxilimilian. Die personale Reichweite der strafrechtlichen Geschäftsherrenhaftung. Berlin: Duncker & Humblot, 2016; BÜLTE, Jens. Vorgesetztenverantwortlichkeit im Strafrecht. Baden-Baden: Nomos, 2015; SPRING, Patrick. Die strafrechtliche Geschäftsherrenhaftung:Unterlassungshaftung betrieblich Vorgesetzter für Straftaten Untergebener. Hamburg: Verlag Dr. Kovac, 2009.

incumbe aos sócios e administradores cumprir pessoalmente tais deveres, a menos que deleguem tal função a terceiros, caso em que mantêm deveres de coordenação e vigilância.

Referências

ASSIS, Augusto. *A responsabilidade penal omissiva dos dirigentes de empresa, in: Comentários ao direito penal econômico brasileiro*. LOBATO, José Danilo Tavares et al. (org.). Belo Horizonte: D'Plácido, 2017.

BACIGALUPO, Silvina. *Responsabilidad penal de las personas jurídicas*. Buenos Aires: Hammuabi, 2001.

BATISTA, Nilo. *Concurso de agentes: uma investigação sobre os problemas da autoria e da participação no direito penal brasileiro*. 4a. ed., Rio de Janeiro: Lumen Juris, 2008.

BOTTINI, Pierpaolo Cruz. *Do tratamento penal da ingerência*. Tese de livre docência, Universidade de São Paulo, Faculdade de Direito, 2015.

BÜLTE, Jens. *Vorgesetztenverantwortlichkeit im Strafrecht*. Baden-Baden: Nomos, 2015.

BUSATO, Paulo César. *Responsabilidade penal de pessoas jurídicas no projeto (e no texto substitutivo) do novo Código Penal*. Alaor Leite (org.) Reforma Penal. São Paulo: Atlas, 2015.

CAMARGO, Beatriz Corrêa. *Sobre o domínio do fato no contexto da criminalidade empresarial*. In Revista brasileira de ciências criminais, São Paulo: Revista dos Tribunais, n. 102, 2013.

DANNECKER, Gerhard. *§ 5 Strafrechtliche Verantwortung nach Delegation*, in: ROTSCH, Thomas (org.). Criminal Compliance, Handbuch. Baden-Baden: Nomos, 2015.

DELMANTO, Celso, et. al. *Código penal comentado*. Rio de Janeiro: Renovar, 2002.

DIB, Natália Brasil. Bem jurídico tributário: uma análise a partir de suas funções e dimensões. Porto Alegre: Multifoco, 2017.

ESTELLITA, Heloisa. *Responsabilidade penal de dirigentes de empresas por omissão, Estudo sobre a responsabilidade omissiva imprópria de dirigentes de sociedades por ações, limitadas e encarregados de cumprimento por crimes praticados por membros da empresa*. São Paulo: Marcial Pons, 2017.

_____. *A tutela penal e as obrigações tributárias na Constituição Federal*. São Paulo: Revista dos Tribunais, 2001.

_____; BOTTINI, Pierpaolo Cruz. *Extinção da punibilidade no RERCT: figuras penais contempladas e (algumas das) excluídas*. In Regime especial de regularização cambial e tributária (RERCT), Aldo de Paula Junior et. all. (org.).

FEUERBACH, Paul Johann Anselm von, *Lehrbuch des gemeinen in Deutschland geltenden Peinlichen Rechts*, 5ª ed., 1812.

GRACIA MARTIN, Luis. *El actuar en lugar de otro en derecho penal*, vols. 1 e 2. Zaragoza, 1985, 1986.

GRECO, Luís. *Lebendiges und Totes in Feuerbachs Straftheorie – Ein Beitrag zur gegenwärtigen strafrechtlichen Grundlagendiskussion*, Berlin: Dunckler & Humblot, 2009.

_____. *Strafprozesstheorie und materielle Rechtskraft, Grundlagen und Dogmatik des Tatbegriffs, des Strafklageverbrauchs und der Wiederaufnahme im Strafverfahrensrecht*, Berlim: Duncker & Humblot, 2015.

_____. *Um panorama da teoria da imputação objetiva*. São Paulo: Revista dos Tribunais, 4ª ed.

_____. *"Princípio da ofensividade" e crimes de perigo abstrato – Uma introdução ao debate sobre bem jurídico e estruturas do delito*. In: Revista brasileira de ciências criminais. São Paulo: Revista dos Tribunais, v. 41, 2004.

_____; LEITE, Alaor; TEIXEIRA, Adriano/ASSIS, Augusto. *Autoria como domínio do fato, Estudos introdutórios sobre o concurso de pessoas no direito penal brasileiro*. São Paulo: Marcial Pons, 2014.

_____; ASSIS, Augusto. *O que significa a teoria do domínio do fato para a criminalidade de empresa*. In GRECO et al. Autoria como domínio do fato, Estudos introdutórios sobre o concurso de pessoas no direito penal brasileiro. São Paulo: Marcial Pons, 2014.

_____; TEIXEIRA, Adriano. *Autoria como realização do tipo: uma introdução à ideia de domínio do fato como fundamento central da autoria no direito penal brasileiro*. In GRECO et al. Autoria como domínio do fato, Estudos introdutórios sobre o concurso de pessoas no direito penal brasileiro. São Paulo: Marcial Pons, 2014.

HIRSCH, Hans Joachim. *Internationalisierung des Strafrechts und Strafrechtswissenschaft – Nationale und universelle Strafrechtswissenschaft*, ZStW 116 (2004).

JOECKS, Wolfgang, comentários ao § 25 StGB, in: *Münchener Kommentar zum StGB*, 2. ed., Munique: C.H. Beck, nm. 48.

KLATTENBERG, Leenert. *Die straf- und zivilrechtliche Verantwortlichkeit für die Nichverhinderung deliktischen Verhaltens Dritter in Kapitalgesellschaften: zugleich ein Beitrag zur sogennanten „strafrechtlichen Geschäftsherrenhaftung"*. Hamburg: Verlag Dr. Kovac, 2017.

KUHLEN, Lothar. *Internationaler Schmuggel, europäischer Gerichtshof und deutsches Strafrecht*. In Festschrift für Heike Jung zum 65. Geburtstag, Baden-Baden: Nomos, 2007.

GRACIA MARTIN, Luis. *El actuar en lugar de otro en derecho penal*, vols. 1 e 2. Zaragoza, 1985, 1986.

LAUFER, Daniel. *Artigo 25 da Lei n. 7.492/86. Problemas de autoria no âmbito jurídico-penal*, Rio de Janeiro/São Paulo/Recife, 2008.

NUCCI, Guilherme de Souza, *Código penal comentado*. São Paulo: Revista dos Tribunais, 2009.

ORTIZ, Mariana Tranchesi. *Concurso de agentes nos delitos especiais*. São Paulo: IBCCRIM, 2011.

_____. *A atuação no lugar de outro no direito penal empresarial: a responsabilidade dos representantes e dos gestores por delitos especiais próprios*. In Revista Fórum de Ciências Criminais. Belo Horizonte, v. 7, 2017.

ROXIN, Claus. *Strafrecht, Allgemeiner Teil*, Band II. Munique: C. H. Beck, 2002.

_____. *Täterschaft und Tatherrschaft*, 1ª ed. Hamburg, 1963; 9ª ed. Berlim, 2015, p.; trad. espanhola da 7ª ed., Autoría y dominio del hecho en Derecho Penal, por Cuello Contreras/Serrano González de Murillo, Madrid/Barcelona, 2000.

ROXIN, Claus. *Pflichtdelikte und Täterschaft*. In Festschrift für Bernd Schünemann, HEFENDEHL, Roland et al. (org.). Berlim: De Gruyter, 2014.

SCANDELARI, Gustavo Britta. *O crime tributário de descaminho*. Porto Alegre; Lex Magister, 2013.

SCHECAIRA, Sergio Salomão. *Responsabilidade penal da pessoa jurídica*. São Paulo: Campus Elsevier, 2010.

SCHÜNEMANN, Bernd. *Grund und Grenzen der unechten Unterlassungsdelikte – Zugleich ein Beitrag zur strafrechtlichen Methodenlehre*, Göttingen 1971.

_____. *Comentário ao §14 do StGB* In Leipziger Kommentar zum StGB, 12 ed., v. 1, Berlim: De Gruyter, 2007.

_____. *Comentário ao § 25 do StGB* In Leipziger Kommentar zum StGB, 12 ed., v. 1, Berlim: De Gruyter, 2007.

SOUSA, Susana Ayres de. *A autoria nos crimes específicos: Algumas considerações sobre o art. 28 do código penal português*. In RBCCrim. São Paulo: RT, v. 107, 2014.

SPRING, Patrick. *Die strafrechtliche Geschäftsherrenhaftung:Unterlassungshaftung betrieblich Vorgesetzter für Straftaten Untergebener*. Hamburg: Verlag Dr. Kovac, 2009.

STUCKENBERG, Karl-Friedrich, *Vorstudien zu Vorsatz und Irrtum im Völkerstrafrecht*, Berlin: De Gruyter, 2007.

TAVARES, Juarez, *Teoria dos crimes omissivos*. São Paulo: Marcial Pons, 2012.

UTZ, Maximilian. *Die personale Reichweite der strafrechtlichen Geschäftsherrenhaftung*. Berlin: Duncker & Humblot, 2016.

Crimes Tributários e a Responsabilidade da Pessoa Jurídica nos Modelos Italiano e Espanhol: Em Busca de Novos Caminhos Para a Redução da Sonegação no Brasil

Fábio André Guaragni

1. Introdução

O debate acerca da responsabilidade penal da pessoa jurídica no universo dos crimes econômicos tem motivação evidente: os entes coletivos são os grandes *players* de todos os setores da vida econômica contemporânea.

A seu turno, o Estado não é produtor direto de riqueza. Para obter receitas, faz uso de três grandes vias: a) a emissão de moeda, com evidente consequência inflacionária, porquanto aumenta o volume de capital circulante para o mesmo número de bens e serviços postos à disposição, para consumo, no mercado; b) a obtenção de créditos, mediante empréstimos, situação que produz impactos macroeconômicos bastante sensíveis, sobretudo nas taxas de juros, ligados aos *ratings* ou classificações de risco da dívida pública (refletindo na privada), com redução de recursos orçamentários para investimentos diretos e estreitamento de volumes financeiros destinados à obtenção de *superavit* primário; c) a tributação, na forma do art. 145, CF, mediante impostos (sem destinação vinculada), taxas (com destinação vinculada) e contribuições de melhoria, para além de contribuições de traço parafiscal.

Esta terceira via ganha implemento mediante toda a dinâmica arrecadatória típica do direito tributário, cimentada sobre a ocorrência de fatos geradores de incidência tributária, previamente desenhados em suas respectivas hipóteses, em estreita legalidade (art. 146, III, CF, havendo aí ilícitos típicos, similarmente ao direito penal). As hipóteses de incidência prendem-se, modo geral, aos fluxos da vida econômica e, portanto, aos entes coletivos, enquanto seus grandes protagonistas.

Em junho de 2015, somente a União tinha mais de um trilhão, quatrocentos e sessenta bilhões de reais em dívidas a receber. À época, o Ministério da Fazenda publicou a lista dos 500 maiores devedores inscritos em dívida ativa[1], constituída em 90% por grandes empresas. Em checagem pessoal da lista, localizam-se apenas vinte e quatro pessoas naturais. Por volta de quatrocentos bilhões de reais eram devidos somente por vinte empresas (quase 1/3 do total). Os setores de bancos, mineração e energia elétrica eram os mais representados na gama de devedores. O vulto da quantia pode ser aquilatado quando se percebe que, para 2018, o orçamento da União projeta deficit de cento e cinquenta e nove bilhões de reais. Ou seja: o pagamento do montante integral devido cobriria o deficit em dez vezes.[2]

Nesta perspectiva, ganha enorme peso prático a exploração dos modos de responsabilização, previstos em ordenamentos estrangeiros, da pessoa jurídica, tangentes aos crimes fiscais com elas coligados. Trata-se de um modo de buscar caminhos melhores para proteção da ordem tributária, no sentido de preservar-se o interesse público primário nos préstimos sociais custeados pela arrecadação estatal. A centralidade do tema, num país de miseráveis como o Brasil, é autoexplicativa.

2. Dois Modelos de Direito Comparado: Critérios de Escolha

A escolha de modelos jurídicos estrangeiros, para cotejo com a normativa brasileira, sobre qualquer assunto do direito, não se dá de maneira aleatória. Convém que seja guiada por critérios previamente traçados. O modo de constituí-los é variado.

Aqui, atenta-se para a lição preciosa de PAOLO GROSSI, no sentido de que o direito é "história vivente", forjado sobre valores históricos enquanto "fruto de sedimentações longas, é a aquisição de certezas incansavelmente conquistadas e transformadas, depois de seculares esforços, em patrimônio de uma

---

[1] Disponível em https://app.box.com/s/o94jrcsuwc2s8qh8p2r15ftoz0hcvnvx. Acesso em 08 de dezembro de 2017.
[2] Dados fornecidos pela Fundação ANFIP de estudos tributários e seguridade social. Disponível em http://fundacaoanfip.org.br/site/2016/06/conheca-a-lista-dos-maiores-sonegadores-de-impostos-do-brasil/. Acessado em 08 de dezembro de 2017.

comunidade histórica"[3]. Mostra-se o direito como forma mais viva da cultura de um povo. Nesta perspectiva, a eleição de modelos de direito paradigmáticos sugere proximidade cultural e ligação histórica com o direito brasileiro.

Invocam-se, então, as raízes ibéricas do direito brasileiro[4], a sugerirem um olhar, por exemplo, sobre o direito espanhol. Na percepção de NILO BATISTA, as marcas da "continuidade público-privada", a diferenciação de penas conforme a classe do destinatário, através de expressões de direito penal de autor e "desvalia vitimária", da presença da "intervenção moral", bem como do "dogmatismo legal, da inquisitoriedade, do reinado da confissão", a ideia de "combate ao crime e (...) homomorfismo penal", além da prática tendencial de construção de sujeitos culpáveis[5], são heranças indesejáveis, com origens ibéricas, bem identificadas no panorama penal brasileiro. Evidenciariam o tronco comum que ata o direito brasileiro aos modelos ibéricos, tanto espanhol como português.

Para além, a tradição do direito europeu continental – *civil law* –, assentada sobre certa primazia de modelos escritos sobre os costumeiros[6] e ascendência do Poder Legislativo sobre o Judiciário[7], desenha raízes culturais para o direito

---

[3] GROSSI, Paolo. *Prima lezione di diritto*. Bari: Laterza, 2003, pp. 20-21.

[4] BATISTA, Nilo. *Matrizes ibéricas do sistema penal brasileiro I*. 2ª. ed. Rio de Janeiro. Revan, 2002, pp. 25, a partir de método historiográfico haurido da criminologia crítica, centralizada no sujeito alvo dos processos de criminalização secundária, identificou o direito germânico da antiguidade, o direito dos visigodos (que sucederam ao Império Romano no exercício do poder na península ibérica), o direito islâmico do período de dominação moura e o direito penal canônico medieval como núcleos mais remotos das matrizes ibéricas do direito brasileiro.

[5] BATISTA, Nilo. *Matrizes ibéricas do sistema penal brasileiro I*. 2ª. ed. Rio de Janeiro. Revan, 2002, pp. 25-26.

[6] GROSSI, Paolo. *Prima lezione di diritto*. Bari: Laterza, 2003, pp. 64, acentua-se que o apelo aos costumes como fonte revela que "bate um coração medieval" na matriz de *common law* anglo-saxã. Daí, a supremacia do Judiciário sobre o Legislativo, percebendo-se o direito como "coisa dos juristas e que só pode ser o segmento dos juristas encarregado de fixá-lo e expressá-lo, bem como garantir-lhe o desenvolvimento em relação às necessidades de uma sociedade em crescimento..." (op. cit., p. 64).

[7] Novamente com GROSSI, Paolo. *Prima lezione di diritto*. Bari: Laterza, 2003, pp. 57-59, assinala-se que o monarca dos Estados modernos europeus "torna-se cada vez mais legislador". GROSSI aponta a França como laboratório deste processo, do século XIV ao XIX, com o que o direito "se estatalizou", instrumentalizado pelo primado da lei sobre outras manifestações jurídicas. Axiomaticamente, a lei aparece a partir da Revolução Francesa como expressão da vontade geral, surgindo o Estado de Direito, em que impera a lei no lugar do monarca. Os códigos napoleônicos são fotografias deste desenvolvimento histórico. "A amadurecida civilização moderna, no continente europeu e depois nas colônias das nações continentais, acreditou intensa e sinceramente no Código, e durante o século XIX esta expressão da juridicidade se multiplicou em imitação do que a França havia feito", assinala GROSSI (op. cit., p. 60). O Brasil é herdeiro deste processo.

brasileiro que o tornam especialmente aproximado de ordenamentos como o francês, o alemão e o italiano. Em raízes mais profundas, todos têm uma tradição ligada ao direito romano e às formas de direito bárbaro-germânicas, que revezaram com a matriz romanística na criação das bases de institutos jurídicos de largo uso na atualidade[8]. Há um caldo comum de cultura latina, influenciada pelo direito dos povos germânicos. De modo condizente com este cadinho cultural, elege-se também o modelo italiano como paradigma comparativo.

A similitude cultural entre os povos de tronco latino é decantada. Há exemplos clássicos: recorde-se o olhar sobre o trabalho e o consumo derivado da influência comum católica, ligada à península itálica, celebrizada por WEBER na "Ética protestante e o espírito do capitalismo"[9]. Há exemplos recentes: visite-se o quadro comparativo formulado por CHEMIM GUIMARÃES a partir do cotejo entre as investigações da operação "Mani Pulite", nos anos 90, e a "Lava-Jato", em andamento no Brasil desde 2014[10]. São percepções das inúmeras aproximações culturais que há entre o Brasil e a Itália[11]. Elas também justificam a escolha do modelo legislativo italiano para exploração na perspectiva do direito comparado.

---

[8] O revezamento de ambos os modelos na elaboração histórica dos métodos de descoberta da verdade, que implicaram em sistemas processuais penais de gestão da prova distintos (acusatório e inquisitório, em linhas idealizadas), são fundamentalmente expostos por FOUCAULT, Michel. *A verdade e as formas jurídicas*. Rio de Janeiro: Nau, 2005, pp. 53-78. Sobre o caráter idealizado destes modelos, e a ausência histórica de emprego das respectivas formas em versões puras, v. GUIMARÃES, Rodrigo Régnier Chemim. "Desvinculando-se da dicotomia 'inquisitório versus acusatório e firmando-se o novo paradigma constitucional para sistema processual penal brasileiro, funcionalizado pela dupla baliza de proibição de excesso e proibição de proteção insuficiente". In *Ministério Público e princípio da proteção eficiente*. Coord. EDUARDO CAMBI e FÁBIO ANDRÉ GUARAGNI. São Paulo: Almedina, 2016, p. 242 e ss.

[9] WEBER, Max. *A ética protestante e o espírito do capitalismo*. São Paulo: Companhia das Letras, 2004, p. 157, assinalava que, pela perspectiva ascética protestante, sobretudo puritana, "o ser humano não passa de um administrador dos bens que lhe dispensou a graça de Deus e, como o servo da parábola bíblica, deve prestar contas de cada centavo [que lhe foi confiado], e é no mínimo temerário despender uma parte deles para um fim que tem validade não para a glória de Deus, mas para a fruição pessoal." Aqui está a base protestante da acumulação de bens, proponente de uma espécie de redenção pelo trabalho, inexistente sob o enfoque católico.

[10] GUIMARÃES, Rodrigo Régnier Chemim. *Mãos limpas e lava jato. A corrupção se olha no espelho*. Porto Alegre: CDG, 2017, *passim*.

[11] Na enciclopédia aberta Wikipedia, registram-se dois dados significativos: 1) o Brasil conta com cerca de trinta milhões de descendentes de italianos (em torno de 15% da população); 2) trata-se da maior população de *oriundi* no mundo. O ápice da imigração italiana para o Brasil é relativamente recente, dando-se entre 1880 e 1930. Disponível em https://pt.wikipedia.org/wiki/Imigra%C3%A7%C3%A3o_italiana_no_Brasil#cite_note-loba-8. Consultado em 29.11.17.

Por fim, a escolha dos modelos legislativos de Itália e Espanha, enquanto paradigmas para comparação com o modelo brasileiro, no tema da responsabilidade do ente coletivo derivada da ocorrência de crimes fiscais, também se justifica por motivos mais próximos histórica, dogmática e pragmaticamente. É que, conquanto partilhem de todo tronco comum a que também se ata o direito brasileiro, atualmente ostentam mecânicas distintas de tratamento para o ente coletivo no bojo do qual ocorrem crimes tributários. Estas diferenças são úteis para o desenvolvimento do tema.

2.1. O Modelo Italiano

O modelo italiano não prevê responsabilidade penal da pessoa jurídica pela prática de crimes fiscais. Há, porém, consequências para o ente coletivo, quando realizados delitos desta espécie por seus representantes

2.1.1. Prática de Crimes Fiscais Por Representantes de Pessoas Jurídicas e Consequências Para o Ente Coletivo: os DL 74/2000, 472/1997 e 269/2003

A legislação de regência dos crimes tributários, na Itália, concentra-se no Decreto Legislativo (DL) 74, de 10 de março de 2000, expedido a partir da delegação concedida pelo Parlamento Italiano ao governo, através da Lei 205, de junho de 1999. Estes instrumentos legislativos revogaram o regime vigente desde 1982, estampado na Lei 516. Voltam-se, precipuamente, ao imposto de renda e ao imposto sobre valor agregado (IVA), correspondente, em grandes linhas, ao ICMS brasileiro.

A Lei 205/99 estabeleceu as seguintes linhas reitoras para o decreto governamental 74:

a) a criação de um pequeno número de tipos, de natureza "exclusivamente delituosas [portanto, infrações puramente penais, não administrativas], caracterizados pela relevante ofensividade para os interesses do erário e pelo fim de evasão ou obtenção de restituições indevidas de impostos"[12]. Nesta perspectiva, o modelo legislativo abandonou a "criminalização de violações formais, frequentemente não vinculadas à

---

[12] AMBROSETTI, Enrico Mario; MEZZETTI, Enrico e RONCO, Mauro. *Diritto penale dell'impresa*. 3ª. ed.. Bologna: Zanichelli, 2012, p. 422

realização de alguma evasão fiscal"[13], presente na legislação do começo dos anos oitenta.

b) a necessidade de adoção de um montante financeiro mínimo significativo de prejuízo ao erário, "idôneo a limitar a intervenção penal"[14], ressalvados tipos penais de emissão ou uso de documentos falsos (como o art. 2º, que trata do crime de declaração fraudulenta mediante uso de faturas ou outros documentos para operações inexistentes) e ocultação ou destruição de documentos contábeis (art. 10). Assim, a reação jurídico-penal só opera se o delito gera um patamar mínimo de ofensa pecuniária ao erário; abaixo do patamar mínimo, dá-se exclusivo ilícito administrativo fiscal. Os patamares variam segundo o tipo penal, tendo sido majorados através da atualização do DL 74/2000 operada em 2015, pelo Decreto Legislativo 158. A título de exemplo, somente se o montante de valor sonegado superar trinta mil euros, ou a base de cálculo do valor sonegado superar um milhão e meio de euros ou ainda 5% do valor declarado, haverá sanção penal para o crime de declaração fraudulenta mediante outros artifícios, previsto no art. 3º do DL 74/2000.

Para além da fronteira do montante financeiro de prejuízo, que constitui um primeiro critério de separação e não cumulação dos campos penal e administrativo-fiscal, a não cumulatividade entre sanções penais e administrativo-tributárias foi expressamente estatuída pelo art. 19 do DL 74/2000, mediante o emprego do princípio da especialidade:

Art. 19. Principio da especialidade
1. Quando um mesmo fato é punido por uma disposição do título II e por uma disposição que prevê uma sanção administrativa, aplica-se a disposição especial.
2. Permanece, de todo modo, a responsabilidade pela sanção administrativa dos sujeitos indicados no art. 11, parágrafo 1o, do Decreto legislativo 18 de dezembro de 1997, n. 472, que não sejam pessoas físicas concorrentes do crime.

Deste modo, quando se ultrapassa o montante mínimo capaz de constituir ilícito penal, e um mesmo fato pode ser subsumido a tipo penal e administrativo, prevalece a regra com caráter mais especializante. De modo geral, é a penal – esclarece DI AMATO – por força da exigência do dolo, de um lado,

---

[13] DI AMATO, Astolfo. *Diritto Penale dell'impresa*. 6ª. ed. Milano: Giuffrè, 2006, pp. 452-3.
[14] AMBROSETTI, Enrico Mario; MEZZETTI, Enrico e RONCO, Mauro. *Diritto penale dell'impresa*. 3ª. ed.. Bologna: Zanichelli, 2012, p. 422.

e do patamar mínimo de lesão que evoca, de outro[15]. Estes elementos especializantes não se encontram nos ilícitos administrativos.

O art. 19 merece, todavia, atenção por um segundo aspecto, ligado à responsabilidade do ente coletivo. Seu parágrafo 2º ressalva a responsabilização administrativa de sujeitos indicados no art. 11, parágrafo 1º, do Decreto Legislativo 472/97. Este DL é, precisamente, a normativa que contém as disposições gerais em matéria de sanções administrativas, derivadas de violações de normas tributárias. Noutros termos: ainda que o sujeito ativo de crime fiscal seja punido no âmbito criminal, esta pena não excluirá a incidência da sanção administrativo-fiscal sobre os sujeitos apontados pela regra do art. 11, parágrafo 1º. Amiúde, são os entes coletivos. Veja-se a respectiva redação:

> Art. 11. Responsáveis pela sanção administrativa
> 1. Nos casos em que uma violação, que tenha incidido sobre a determinação ou sobre o pagamento de tributo, seja cometida pelo empregado ou representante legal ou negocial de uma pessoa física no cumprimento de sua função ou mandato ou pelo empregado ou representante ou administrador, ainda que de fato, de sociedades, associações ou entes, com ou sem personalidade jurídica, no exercício das suas funções ou incumbências, a pessoa física, a sociedade, a associação ou o ente no interesse do qual agiu o autor da violação, são obrigados ao pagamento de uma soma igual à sanção irrogada, salvo o direito de regresso segundo as disposições vigentes.
> (...)

Esta combinação de disposições – art. 19 do DL 74/2000 e art. 11.1. do DL 472/97 – permite delinear a maneira pela qual, em regra, as pessoas jurídicas são tocadas pela reação estatal sancionatória na disciplina dos crimes tributários.

Às citadas disposições se somou – alterando-as, em certa medida –, no ano de 2003, o Decreto Legislativo 269. Enquanto o DL 472/97 fazia incidir até mesmo a sanção administrativa sobre o ser humano, prevendo a sanção cumulativa entre o ser humano e o ente coletivo através do art. 11.1, o DL 269 inverteu a rota, dando atendimento à Lei de delegação 80/2003, cuja orientação é de que a sanção fiscal administrativa incide sobre o sujeito que obteve benefício derivado da violação[16]. Nesta medida, o art. 7º, do DL 269/2003, dispõe:

---

[15] DI AMATO, Astolfo. *Diritto Penale dell'impresa*. 6ª. ed. Milano: Giuffrè, 2006, p. 457.
[16] Art. 2, 1, l: "Il codice è articolato in una parte generale ed in una parte speciale. La parte generale ordina il sistema fiscale sulla base dei seguenti princípi: (...) *l*) la sanzione fiscale amministrativa si concentra sul soggetto che ha tratto effettivo beneficio dalla violazione."

Art. 7. (Referibilidade exclusiva à pessoa jurídica das sanções administrativas tributárias)

1. As sanções administrativas relativas à relação fiscal própria de sociedade ou ente com personalidade jurídica são exclusivamente a cargo da pessoa jurídica.

O sistema italiano não adota, portanto, nenhum modelo de responsabilidade penal da pessoa jurídica em matéria de crimes tributários.

2.1.2. A Não Incidência da Responsabilidade Penal do Ente Coletivo

De fato, não há atribuição de crime ao ente coletivo na matriz italiana:

a) nem pela via dos modelos de heterorresponsabilidade ou responsabilidade vicariante (*vicarious liability*) em que o ente coletivo responde penalmente pelo crime praticado por sujeito ativo diverso, consistente numa pessoa natural. São também conhecidos como modelos de responsabilidade por atribuição[17]. Em tais modelos, bastante variáveis, a pessoa natural ou física age em nome da pessoa jurídica, ou por sua conta, interesse ou benefício, ou no bojo de suas atividades, como empregada ou, sobretudo, como sócia ou gestora (hipótese em que ocupa posição de vértice do organograma empresarial, figurando como órgão apical, porquanto no ápice da pirâmide estrutural-hierárquica). São os modelos mais tradicionais de responsabilidade do ente coletivo, bem representados na teoria inglesa da identificação e no sistema francês de responsabilidade *"par ricochet"*[18]. A responsabilidade penal do ente coletivo, neles, depende da responsabilização de um ser humano. Este ou se identifica com a pessoa jurídica, encarnando-a, pela teoria

---

[17] SILVA SÁNCHEZ, Jesús María. *Fundamentos del derecho penal de la empresa*. Madrid-Buenos Aires: Edisofer/BDF, p. 254.
[18] PALIERO, Carlo. "Dalla vicarius liability alla colpevolezza d'impresa". In *Studi in onore di Mario Pisani III*. Milano: Casa Editrici La Tribuna – CEUT, s/a, p. 436. Para detalhes sobre o modelo anglo-saxão, op. cit., p. 431. Sobre os modelos de auto e heterorresponsabilidade, v. GUARAGNI, Fábio André e LOUREIRO, Maria Fernanda. "Responsabilidade penal da pessoa jurídica: rumo à autorresponsabilidade penal". In *Aspectos contemporâneos da responsabilidade penal da pessoa jurídica*. Org. Fauzi Hassan Choukr, Maria Fernanda Loureiro e John Vervaele. Vol. II. São Paulo: Fecomercio, 2014.

da identificação[19], ou tem sua responsabilidade ricocheteando no ente coletivo[20].

b) muito menos mediante uso de modelos de autorresponsabilidade[21], em que se abdica do ser humano para a imposição de responsabilidade penal para a pessoa jurídica. Nos modelos de autorresponsabilidade – ou por fato próprio[22] –, quem pratica o fato criminoso é a pessoa jurídica. Estes modelos, naturalmente, exigem uma teoria do delito ajustada ao ente coletivo. As tradicionais categorias da conduta, tipicidade, ilicitude e culpabilidade são ora adaptadas, ora substituídas por equivalentes funcionais. A título exemplificativo, recorde-se, no plano da conduta, a teoria da ação institucional[23], v.g., através de DAVID BAIGÚN; no campo da tipicidade, a construção de um dolo por "conhecimento organizativo"[24], mencionada por GOMES-JÁRA, para constituição do tipo subjetivo; no plano da culpabilidade, a censura incidente sobre a pessoa jurídica por força do *déficit organizacional* para prevenir a prática criminosa com ela relacionada[25], havendo cons-

---

[19] Esquematicamente: R (responsabilidade) → PN (pessoa natural) = PJ (pessoa jurídica). VIGANÒ, Francesco. "I problemi sul tapetto a dieci anni dal D. Lgs. 231/2001", p. 9, disp. em http://www.personaedanno.it/attachments/allegati_articoli/AA_003504_resource1_orig.pdf. Acessado em 28 de janeiro de 2012, assinala que neste modelo há uma "relação de identificação entre o ente e a pessoa física que age (...) em nome e por conta do ente, empenhando diretamente o ente mediante conduta própria; de modo que a responsabilidade do ente, aqui, configura-se como responsabilidade direta pelo fato criminoso, que se considera por ele cometido, através do seu representante legal."

[20] Esquematicamente: R → PN → PJ.

[21] Esquematicamente: PN ← R → PJ

[22] Nomenclatura referida por SILVA SÁNCHEZ, Jesús María. *Fundamentos del derecho penal de la empresa.* Madrid-Buenos Aires: Edisofer/BDF, p. 254.

[23] BAIGÚN, David. *La responsabilidad penal de las personas jurídicas (ensayo de un nuevo modelo teórico).* Buenos Aires: Depalma, 2000, pp. 38 e ss.

[24] GÓMEZ-JARA DÍEZ, Carlos. "La incidencia de la autorregulación en el debate legislativo y doctrinal actual sobre la responsabilidad penal de las personas jurídicas. In *Derecho penal de la empresa.* Coord. Luis Arroyo Zapatero, Carlos Lascano e Adan Nieto Martin. Buenos Aires: Ediar, 2012, p. 387.

[25] TIEDEMANN, Klaus. *Derecho penal y nuevas formas de criminalidad.* Lima: Grijley, 2007, p. 105, considera a falta de organização da empresa como assento de sua culpabilidade. Algo diverso, GÓMEZ-JARA DÍEZ, Carlos. "La incidencia de la autorregulación en el debate legislativo y doctrinal actual sobre la responsabilidad penal de las personas jurídicas". In *Derecho penal de la empresa.* Coord. Luis Arroyo Zapatero, Carlos Lascano e Adan Nieto Martin. Buenos Aires: Ediar, 2012, p. 379-380, destacando que a culpabilidade empresarial repousa sobre a "configuração de um âmbito organizativo determinado" fundado na própria capacidade de auto-organização da empresa. Do mesmo autor e no mesmo sentido, *La culpabilidad de la empresa.* Madrid: Marcial Pons, 2005, p. 271. Para um ótimo apanhado das formas de sustentar a culpabilidade autônoma do ente

truções que abdicam da culpabilidade, "driblando" a correlata discussão e laborando com a imposição de meras medidas de segurança, fundamentadas num prognóstico de "periculosidade criminal objetiva"[26]. Aqui, as responsabilidades do ser humano e do ente coletivo são independentes. A pessoa jurídica comete, diretamente, o crime. Há modelos de autorresponsabilidade parcial, em que a pessoa natural comete o injusto, mas a culpabilidade dele derivada é autônoma e separada para a pessoa natural e para a pessoa jurídica[27].

Portanto, o que se adota na Itália, *de lege lata*, é um modelo de responsabilidade administrativo-fiscal para os entes coletivos. Transportando as categorias utilizadas no campo da responsabilidade penal da pessoa jurídica, pode-se dizer que, no ordenamento jurídico peninsular: a) quando a destinatária da sanção é uma sociedade de fato, ela incide mediante uma espécie de heterorresponsabilidade do ente, dependente da prática da conduta pelos seus empregados ou administradores; b) quando a destinatária é pessoa jurídica regularmente constituída, o art. 7º da Lei 269/2003 conduz-se por um modelo de autorresponsabilidade administrativa do ente coletivo.

Não são jurídico-penais, pois, as consequências para a pessoa jurídica, quando uma prática ilícita tributária, que ao mesmo tempo reveste elementares de tipo penal fiscal, é levada a efeito por um ser humano. E este é o mais usual dos panoramas: a empresa incorre em fatos geradores de hipóteses de incidência tributária e sócios, administradores ou empregados fraudam, total ou parcialmente, o consequente tributo. A reação administrativa não a deixa imune, dando-se "uma espécie de cúmulo impróprio de sanções (penais e administrativas)", atingindo-se o sujeito ativo do delito com as primeiras e com as segundas aqueles em nome de quem o sujeito ativo agiu – "em regra um ente [coletivo]"[28]. A pretensão normativa, no resumo de DI AMATO, é

coletivo, LOUREIRO, Maria Fernanda. *Responsabilidade penal da pessoa jurídica. A teoria do delito para a incriminação da empresa*. Curitiba: Juruá, 2017, pp. 118-155.

[26] CASABONA, Carlos María Romeo et alii. "Informe sobre los nuevos instrumentos jurídicos en la lucha contra la delincuencia económica y tecnológica. Líneas de investigación y conclusiones." In *Nuevos instrumentos jurídicos en la lucha contra la delincuencia económica y tecnológica*. Granada: Comares, 2012, p. 844.

[27] PALIERO, Carlo. Dalla vicarious liability alla colpevolezza d'impresa". In *Studi in onore di Mario Pisani III*. Milano: Casa Editrici La Tribuna – CEUT, s/a, p. 441, posiciona assim o modelo italiano do DL 231/2001 como conciliação entre o paradigma do *vicarious liability* e "contextual exigência de reconhecimento de uma culpabilidade própria do ente".

[28] DI AMATO, Astolfo. *Diritto Penale dell'impresa*. 6ª. ed. Milano: Giuffrè, 2006, p. 457.

(...) sancionar a responsabilidade dos entes coletivos pela aplicação das sanções administrativas, em relação às violações cometidas no interesse do ente, pelos próprios empregados ou administradores; a *ratio* é evitar instrumentalizações do princípio da especialidade, que permitam ao ente escapar da aplicação das sanções administrativas, após a irrogação da sanção penal aos próprios empregados ou administradores (autores da violação).[29]

A solução italiana causa alguma surpresa por colocar-se paralela ao conjunto de consequências estatuído no Decreto Legislativo 231/2001.

2.1.3. A Ausência dos Delitos Fiscais no Rol de Crimes do DL 231/2001 e a Possibilidade de Atingir-se a Pessoa Jurídica Quando da Respectiva Prática Por Organizações Criminosas

O Decreto legislativo 231/2001 é uma referência legislativa bastante estudada, sobretudo por conta do modelo híbrido de responsabilização da corporação que contém, entre a hetero e a autorresponsabilidade. Rege, na Itália, a responsabilidade administrativa dos entes coletivos pela prática de uma extensa relação de crimes, englobando praticamente todo o conjunto do direito penal econômico[30]. Conquanto o texto legal refira-se à responsabilidade administrativa por crimes, de modo majoritário, a doutrina italiana trata o mecanismo de imputação como responsabilidade penal[31], seja porque deriva de crimes, seja porque as sanções são aplicadas por juízes com competência criminal (valem as máximas *nulla poena sine judicio et sine judice*), seguindo-se disposições de rito do Código de Processo Penal e alargando-se garantias típicas desta espécie processual.

---

[29] Idem, p. 457.
[30] A relação, contida nos arts. 24 e 25 do DL, compreende delitos de fraude para obtenção de fundos públicos, delitos informáticos, concussão, falsificação de moeda e títulos de crédito, delitos contra a indústria e o comércio, crimes societários, abusos de mercado, crimes contra a vida e saúde do trabalhador, lavagem de dinheiro, violação de direitos autorais, crimes ambientais, emprego laboral de estrangeiros irregulares no país. Há outras hipóteses alheias ao direito penal econômico.
[31] V. a relação de autores, incluindo-se o próprio, em PALIERO, Carlo. "Dieci anni di 'corporate liability' nel sistema italiano: il paradigma imputativo nell'evoluzione della legislazione e della prassi". In *Le società – Mensile di diritto e pratica commerciale, societaria e fiscale*. Supplemento. Ano XXX, n. 12., dez/2001, p. 15, nota 29. Porém, não é unânime a ideia de que a natureza da responsabilidade é criminal, algo disfarçada em verdadeira "fraude de etiqueta". PULITANÒ, Domenico. "La responsabilità da reato degli enti: i criteri d'imputazione". In *Rivista Italiana di Diritto e Procedura Penale*. Milano: Giuffrè, a.XLV, 2002, p. 418, por exemplo, entende não estar diante nem de ilícito penais, nem de administrativos.

Nesta perspectiva, a instauração legislativa de uma mecânica de atribuição de responsabilidade fiscal, para as pessoas jurídicas, apartada da solução do DL 231/2001, revela a pretensão legislativa expressa de desvincular a sanção tributária para os entes coletivos da eventual realização de tipos penais. O crime, enquanto categoria dogmática, tem centralidade para erigir responsabilidades administrativas para entes coletivos em uma vasta relação de hipóteses. A matéria tributária, entretanto, divorcia-se deste panorama.

Sem prejuízo do exposto, assinala-se que há um modo de a pessoa jurídica ser atingida a partir do cometimento de crimes tributários por seus membros, ganhando centralidade o direito penal a efeitos de punir-se o ente coletivo. E isto se dá pela via do DL 231/2001. Trata-se das situações em que os crimes fiscais são cometidos por órgãos em posição de vértice, ou mesmo subordinados, nas hipóteses previstas no DL 231 (art. 5°[32]), no bojo de organizações criminosas. Com efeito, o DL 231 prevê, através do art. 24-ter, a responsabilidade do ente coletivo quando seus membros, em posição apical ou subordinada, participem ou constituam organizações criminosas, cujas modalidades vêm previstas no CP, art. 416 e 630. A punição do ente coletivo dá-se mediante multas, variantes segundo a modalidade de organização criminosa, podendo ocorrer a interdição definitiva do exercício da atividade (art. 24-ter, parágrafo 4°) se "o ente ou uma de suas unidades organizacionais vem estavelmente usada para o único ou prevalente fim de permitir ou facilitar o cometimento de crimes".

Nesta linha, assinalam AMBROSETTI, MEZZETTI e RONCO que a jurisprudência tem estendido a responsabilidade da pessoa jurídica aos crimes praticados pelas associações e organizações criminosas, ainda que não estejam catalogados no DL 231/2001, como é o caso dos crimes tributários: "a Suprema Corte afirmou o princípio segundo o qual – na presença de uma hipótese do art. 416, CP – é legítimo realizar o confisco, pelo equivalente, do proveito derivado dos crimes tributários, aos quais se volta a associação criminosa."[33]

---

[32] "Art. 5. Responsabilidade do ente. 1. O ente é responsável pelos crimes cometidos no seu interesse ou vantagem: a) por pessoas que ostentam funções de representação, de administração ou de direção do ente ou de uma de suas unidades organizacionais dotadas de autonomia financeira e funcional, bem como por pessoas que exercem, ainda que de fato, a gestão e o controle das mesmas; b) por pessoas submetidas à direção ou à vigilância de um dos sujeitos referidos na letra a. 2 . O ente não responde se as pessoas indicadas no parágrafo 1° agiram no exclusivo interesse próprio ou de terceiro."

[33] AMBROSETTI, Enrico Mario; MEZZETTI, Enrico e RONCO, Mauro. *Diritto penale dell'impresa*. 3ª. ed.. Bologna: Zanichelli, 2012, p. 447.

Vale, nesta toada, registrar a ementa do precedente *Corte de Cassazione*, área penal, Seção III, 06 de junho de 2013, n. 24.841, Pres. Mannino, Rel. Sarno:

> A responsabilidade administrativa dos entes [coletivos] se aplica também aos crimes tributários se são o fim da associação para delinquir, com a consequência de que se deve considerar legítimo o sequestro [de bens] operado frente a uma sociedade cujos dirigentes são imputados por associação criminosa voltada á emissão e utilização de faturas falsas.[34]

Todavia, não haverá confisco de bens da pessoa jurídica como consequência de pena imposta à pessoa natural exclusivamente por crimes tributários (ou seja, sem que tenham conexão com crimes de associação ou organização criminosa), porquanto: a) não previstos no DL 231/2001; b) o art. 12, parágrafo 1º, do DL 74/2000 veda a incidência do confisco sobre bens pertencentes a sujeito "estranho ao crime". Neste sentido, há precedentes, como o proveniente da *Corte de Cassazione*, área penal, Seção III, 30 de julho 2013, n. 32958, Pres. Mannino, Rel. Andronio, considerando ilegítimo o sequestro de bens da pessoa jurídica diante da "natureza de sanção penal do confisco", ressalvado o caso em que a "estrutura societária represente um aparato fictício" utilizado para fraudes fiscais, "de modo que cada coisa atribuída à sociedade seja imediatamente conducente à disponibilidade do autor do crime"[35].

Compreendido em grandes linhas o modelo italiano, vai-se agora à normativa espanhola, que trata de modo bastante distinto da matéria.

2.2 O Modelo Espanhol

O direito espanhol adota a responsabilidade penal da pessoa jurídica em um vasto elenco de crimes. Para que incida, depende da respectiva declaração na Parte Especial do CP (art. 31 bis, parágrafo 1º). Assim, define-se seu cabimento delito a delito[36], inexistindo uma cláusula geral, extensiva a todos os crimes, de atribuição da responsabilidade penal ao ente coletivo.

---

[34] Disponível em http://www.giurisprudenzapenale.com/2013/06/12/responsabilita-degli-enti--il-d-lgs-231-e-i-reati-tributari/. Acessado em 06.12.2017.
[35] Disponível em http://www.giurisprudenzapenale.com/2013/08/01/reati-tributari-illegittima--la-confisca-dei-beni-della-societa-cass-pen-329582013/ Acessado em 06.12.2017.
[36] SILVA SÁNCHEZ, Jesús María. *Fundamentos del derecho penal de la empresa*. Madrid-Buenos Aires: Edisofer/BDF, p. 259.

2.2.1. A Adoção da Responsabilidade Penal da Pessoa Jurídica Por Crimes Contra a Fazenda Pública

Dentre os tipos penais que adotam a responsabilidade penal do ente coletivo, figuram os crimes contra a Fazenda Pública e Seguridade Social, enunciados no Título XIV do CP e previstos dos arts. 305 a 308 (assinale-se que cada artigo contém tipos básicos e derivados). A previsão legal está no art. 310-bis, CP, redação de 2010:

> Artigo 310 bis.
> Quando, de acordo com o estabelecido no artigo 31 bis, uma pessoa jurídica for responsável pelos delitos previstos neste Título, ser-lhe-ão impostas as seguintes penas:
> a) Multa do mesmo tanto ao dobro da quantia fraudada ou indevidamente obtida, se o delito cometido pela pessoa física tem prevista uma pena de prisão de mais de dois anos;
> b) Multa do dobro ao quádruplo da quantia fraudada ou indevidamente obtida, se o delito cometido pela pessoa física tem prevista uma pena de prisão de mais de cinco anos;
> c) Multa de seis meses a um ano, nos casos previstos no art. 310.
> Além das assinaladas, impor-se-á à pessoa jurídica responsável a perda da possibilidade de obter subvenções ou auxílios públicos e do direito de gozar dos benefícios ou inventivos fiscais ou da Seguridade Social durante o período de três a seis anos. Poderá impor-se a proibição de contratar com as Administrações Públicas.
> Atendidas as regras estabelecidas no artigo 66 bis, os Juízes e Tribunais poderão impor, do mesmo modo, as penas previstas nas letras b), c), d) e) e g) do art. 33, parágrafo 7º.[37]

---

[37] O art. 33, 7º, CP, prevê as penas dirigidas aos entes coletivos, pela ordem: a) multas; b) dissolução da pessoa jurídica; c) suspensão de suas atividades por até 5 anos; d) fechamento dos locais e estabelecimentos por até 5 anos; e) proibição, temporária (até 15 anos) ou definitiva, de realizar as atividades "em cujo exercício se haja cometido, favorecido ou encoberto o delito"; f) inabilitação para obter subvenções e auxílios públicos, para contratar com o setor público e para gozar de benefícios ou incentivos fiscais ou da Seguridade Social, por até 15 anos; g) intervenção judicial "para salvaguardar os direitos dos trabalhadores e credores pelo tempo que se estime necessário", limitada a 5 anos. Esta intervenção pode se estender a toda organização ou operar sobe alguma instalação, devendo o magistrado estabelecer o conteúdo da intervenção, nomear interventor e determinar prazos de relatórios informativos. O dispositivo prevê, ainda, que o fechamento temporário, suspensão de atividades ou intervenção judicial podem se dar como medidas cautelares incidentais à instrução.

Deriva do dispositivo que as seis modalidades de penas previstas para o ente coletivo podem incidir quando da prática dos crimes tributários. A multa e a perda da possibilidade de obter subvenções e auxílios públicos vêm expressas na previsão da parte especial; já as demais quatro modalidades podem incidir a partir da remissão do último parágrafo do art. 310 às penas contidas na Parte Geral, art. 33, 7º.

2.2.2. Aspectos Essenciais da Responsabilidade Penal do Ente Coletivo na Parte Geral do CP Espanhol

Conquanto a previsão da responsabilidade penal da pessoa jurídica seja realizada tipo a tipo, a Parte Geral do CP tem centralidade para o tema. A partir da reforma de 2010, com a adição do art. 31 *bis*, delineou-se a moldura, comum a todos os crimes que a adotem, do sistema de responsabilidade penal do ente coletivo. Em 2015, esta moldura foi submetida a refinamento, através da adição dos arts. 31 *ter*, 31 *quater* e 31 *quinquies*.

Não obstante a inserção da responsabilidade penal da pessoa jurídica no sistema espanhol tenha ocorrido expressamente com a referida reforma de 2010, é de se notar que, antes, pela redação do art. 129 do CP de 1995[38], havia a previsão de consequências acessórias para entes coletivos, derivadas de crimes. Eram as seguintes: a) fechamento da empresa, seus locais ou estabelecimentos; b) dissolução da sociedade, associação ou fundação; c) suspensão de atividades; d) proibição de atividades, operações ou negócios determinados; e) intervenção na empresa[39]. Todas elas estão, atualmente, compreendidas no rol de penas do art. 33, 7º, CP.

---

[38] Retrocedendo mais ainda, antes desta disposição do art. 129, constante da Parte Geral do CP espanhol/95, havia previsão, em tipos penais em espécie, de consequências similares para entes coletivos, reputadas "medidas de segurança de natureza administrativa que eram impostas por um juiz ou tribunal penal no marco de um processo penal", esclarece BACIGALUPO, Silvina. *Derecho Penal Económico*. Buenos Aires: Hammurabi, 2000, p. 96). Pelo CP ab-rogado em 1995, incidiam tais consequências em crimes relacionados a tráfico de drogas, meio ambiente, associações criminosas ou depósito de armas e explosivos, cf. MARTÍNEZ-BUJÁN PÉREZ, Carlos. *Derecho Penal Económico. Parte General*. 2ª. ed. Valencia: Tirant lo Blanch, 2007, p. 538.

[39] Medida que, *de lege ferenda*, deve ser adotada no direito penal brasileiro. V., a propósito, GUARAGNI, Fábio André e DETZEL, André Eduardo. "Responsabilidade penal da pessoa jurídica: a relação entre as sanções penais e a função social da empresa. In: DIREITO E SUSTENTABILIDADE I. Org. BEATRIZ SOUZA COSTA; MARIANA RIBEIRO SANTIAGO. Florianópolis: CONPEDI, 2015, pp. 440-461.

Todavia, o CP não deixava clara a natureza jurídica destas consequências. Na doutrina, ora eram consideradas um *tertium genus* de sanção entre a penal e a administrativa, com caráter inédito no panorama jurídico; ora, eram havidas como consequências acessórias "especiais" da sentença, similarmente ao confisco de instrumentos do crime (no Brasil, pela letra do art. 91, CP, o confisco de *producta et instrumenta sceleris* constitui efeito extrapenal genérico da condenação). Dividia-se este grupo entre autores que entendiam as consequências acessórias especiais como de natureza penal[40], e os que as consideravam medidas preventivas de caráter extrapenal. Por fim, alguns as consideravam penas, enquanto espécie do gênero sanções penais (afastando, inclusive, a possibilidade de que revestissem natureza de medidas de segurança, enquanto segunda espécie do gênero sanção penal)[41].

Atualmente, esta disposição está harmonizada com o art. 31 *bis*. Este, repise-se, é dirigido a pessoas jurídicas regularmente constituídas. Já o art. 129 CP volta-se a entes coletivos de fato, sem personalidade jurídica regulamente constituída[42]. Prevê a incidência de consequências acessórias à pena da pessoa física, evocando, como tais, as penas elencadas no art. 33, letras c a g (excluindo multas e dissolução da pessoa jurídica, justamente porque seriam inexequíveis em relação a um ente coletivo constituído meramente de fato), desde que a conduta incriminada, praticada pela pessoa física, seja daquelas que é contemplada, na parte especial, com a previsão da responsabilidade penal da pessoa jurídica. Nesta perspectiva, até mesmo coletividades de fato, mas não de direito, podem sofrer consequências severas, derivadas da prática de crimes fiscais.

O sistema de responsabilidade penal do ente coletivo espanhol diferencia-se do modelo contido na legislação italiana por prever, de modo expresso, que o ente coletivo sofre penas. Trata-se, pois, de uma responsabilidade verdadeiramente penal, e não uma responsabilidade administrativa por crimes, ou "quase-penal"[43], em que a natureza sancionatória criminal fica escamoteada.

---

[40] Posição de MARTÍNEZ-BUJÁN PÉREZ, Carlos. *Derecho Penal Económico. Parte General*. 2ª. ed. Valencia: Tirant lo Blanch, 2007, p. 540.

[41] Para a panorâmica das posições doutrinárias, BACIGALUPO, Silvina. *Derecho Penal Económico*. Buenos Aires: Hammurabi, 2000, pp. 92-102. Endossando a posição de ZUGALDIA, a autora entendia as referidas consequências como penas, estendendo à pessoa jurídica, enquanto sujeito de direitos, as garantias típicas do processo penal (v. op. cit., pp. 101-102) e os princípios de direito material que se atam à pretensão de vedação de excesso estatal.

[42] SILVA SÁNCHEZ, Jesús María. *Fundamentos del derecho penal de la empresa*. Madrid-Buenos Aires: Edisofer/BDF, p. 244.

[43] Refere-a TIEDEMANN, Klaus. *Derecho penal y nuevas formas de criminalidad*. Lima: Grijley, 2007,

Sem embargo, a mecânica de atribuição de responsabilidade é muito parecida. Em ambos, exige-se a prática de um comportamento por parte de seres humanos, de modo que – neste particular – sanciona-se a pessoa jurídica a partir de heterorresponsabilidade. De fato, o art. 31 *bis*, parágrafo 1º, condiciona a imputação do crime ao ente coletivo à existência de ação criminosa praticada por ser humano, tratando-se de: a) representantes legais, atuantes "em nome e por conta" do ente coletivo, bem como pessoas com poderes decisórios, nas mesmas condições; b) empregados dos sujeitos em posição apical referidos, desde que o crime ocorra por força do não exercício, sobre os subordinados, dos "deveres de supervisão, vigilância ou controle (...) atendidas as concretas circunstâncias do caso", giza o dispositivo legal. O dispositivo adiciona a necessidade de que o crime seja praticado no benefício, direto ou indireto, do ente. Guarda paralelismo, em grandes linhas, com o art. 5º do DL 231/2001 italiano.

Porém, se o injusto penal praticado pela pessoa natural é transferido à pessoa jurídica, em modelo de responsabilidade tipicamente vicarial, a culpabilidade do ente coletivo é, pelo texto legislativo, autônoma em relação à pessoa natural. Esta previsão de culpabilidade autônoma, própria do ente coletivo, conecta-se com modelos de autorresponsabilidade da pessoa jurídica. Com efeito, em modelos de responsabilidade do ente coletivo por fato próprio, a culpabilidade respectiva se ergue com independência em relação ao ser humano eventualmente envolvido no evento.

A evidência de que a culpabilidade é autônoma vem do art. 31 *bis*, parágrafo 2º, que prevê, como exculpante em favor da pessoa jurídica, a adoção de mecanismos de *compliance* efetivos, em funcionamento quando do fato e capazes de detectar a modalidade delitiva praticada. Pelo texto, a exculpante

---

p. 105, pp. 92-93. Segundo ele, os legisladores têm adotado, pelo mundo, cinco modelos capazes de atingir o ente coletivo quando da prática de crimes: a) responsabilidade civil, subsidiária ou cumulativa, pelos crimes praticados por seus empregados; b) medidas de segurança integradas no direito penal, mas procedentes do direito administrativo ou policial (refere-se, aqui, aos modelos de ordenação social, típicos da primeira metade do século XX); c) sanções administrativas (financeiras e outras), constitutivas de regimes "quase penais", mercê de alguns desenhos legislativos; d) uma "verdadeira responsabilidade penal" adotada por vários países europeus e também "na Austrália, América do Norte e Japão"; e) medidas mistas de caráter penal, administrativo ou civil, como a dissolução do ente coletivo ou submissão à administração forçada (é a intervenção judicial contida como pena no art. 33, 7º, g, CP espanhol e adotável como cautelar. A Lei Anticorrupção 12.846, editada em 2013 no Brasil, exibe esse mosaico jurídico, em que se mesclam os ramos tradicionais do direito em um modelo hibridizado.

que exonera de responsabilidade o ente coletivo poderá ser invocada, quando dos crimes praticados por seres humanos em posição de vértice[44], quando:

1.ª o órgão de administração adotou e executou com eficácia, antes do cometimento do crime, modelos de organização e gestão que incluem as medidas de vigilância e controle idôneas para prevenir delitos da mesma natureza ou para reduzir de forma significativa o risco do seu cometimento;
2.ª a supervisão do funcionamento e do cumprimento do modelo de prevenção implantado foi confiada a um órgão da pessoa jurídica com poderes autônomos de iniciativa e de controle ou que tenha por encargo legal a função de supervisionar a eficacia dos controles internos da pessoa jurídica;
3.ª os autores individuais cometeram o delito eludindo fraudulentamente os modelos de organização e de prevenção e
4.ª não se produziu uma omissão ou um exercício insuficiente de suas funciones de supervisão, vigilância e controle por parte do órgão a que se refere a 2.ª condição.

A previsão legal é, também e novamente, bastante similar ao art. 6º, parágrafo 1º, DL 231/2001 italiano. Também nele está prevista a possibilidade de uma mecânica de *compliance* instaurada previamente ao crime, atuante, gerida por órgãos independentes e "driblada" em suas práticas de controle, servir à exoneração da responsabilidade do ente coletivo.

O fato é que, se o injusto é praticado por parte de ser humano, e atribuído ao ente coletivo, a culpabilidade respectiva se mostra autônoma e independente do ser humano sujeito ativo do crime. Trata-se de um modelo híbrido[45], com mescla de aspectos de hetero e autorresponsabilidade penal, que não passa imune a críticas. Sobretudo, há quem ponha em dúvida a possibilidade de construção das bases de uma verdadeira culpabilidade do ente coletivo a partir das sapatas do deficit organizacional e/ou de uma cultura corporativa que permita o defeito organizacional[46].

---

[44] Já no art. 31 bis, parágrafo 4º, prevê-se a possibilidade de exculpação mediante programas de *compliance* com uma carga menor de exigências em comparação com aquelas elencadas no parágrafo 2º.
[45] Diversamente, vendo-o sem reparos como modelo de autorresponsabilidade, GIACOMOLLI, Felipe Mrack. "Responsabilidade penal da pessoa jurídica na legislação espanhola: inovações introduzidas pela reforma do código penal de 2015". In: *Direito penal econômico e empresarial*. Org. Luciano Feldens, Heloísa Estellita e Alexandre Wunderlich. Lumen Juris, 2016, p. 96.
[46] Para leitura sobre o hibridismo identificado no modelo espanhol, bem como para a crítica – apenas em parte compartilhada – veja SILVA SÁNCHEZ, Jesús María. *Fundamentos del derecho penal de la empresa*. Madrid-Buenos Aires: Edisofer/BDF, pp. 268-271. Não avançaremos mais nas

Na ideia de cultural criminógena de organização, há, de fato, o aspecto criticável de evocar-se uma espécie de direito penal de autor, havendo desdobramentos deste fundamento que literalmente constroem uma culpabilidade pelo "caráter corporativo"[47]. Quanto ao suporte da culpabilidade ser fornecido pelo deficit organizacional, parece-nos o caminho adequado, eis que a coletividade de pessoas há de ajustar-se, pena de reproche, de modo superavitário para evitar prejuízos aos públicos interno e externo com os quais lida. O injusto penal afronta, de regra, um princípio de *neminem laedere* (não lesividade), sugerindo a reação em detrimento do corpo coletivo por ele responsável, seja pela sua prática (modelos de responsabilidade por fato próprio), seja pela geração de circunstâncias que instam esta prática por terceiro (sistemas vicariais). Em ambos os casos, o déficit organizacional permite visualizar, com ALESSANDRI, um "culposo modo de ser organizado (...) em sentido normativo, ou seja, que registra e assinala um distanciamento respectivo a quanto era razoável esperar que o ente fizesse para prevenir o cometimento de crimes"[48]. O comentário, feito face ao modelo italiano, é trasladável ao espanhol.

Acrescente-se, como detalhes ulteriores do modelo jurídico espanhol:

a) a ressalva, efetuada no art. 31 *ter*, de que a pessoa jurídica responderá por delitos exigentes de cargos ou funções aludidas no art. 31 *bis*, ainda que não se identifique a pessoa natural que cometeu a ação ou não se possa, por algum motivo, processá-la, bem como se esta falecer. É correta a orientação: se há evidência processual da prática do fato por ser humano coligado à pessoa jurídica, ainda que dentro do emaranhado organizacional não se o identifique, o requisito da atuação humana prévia, no modelo misto de responsabilidade codificado, está

---

discussões, porquanto o tema central do artigo diz com o modelo de imputação de consequências de crimes fiscais a empresas, sem que se pretenda discutir – nele – algum aspecto específico da dogmática da responsabilidade penal do ente coletivo.

[47] GÓMEZ-JÁRA DÍEZ, Carlos. *Fundamentos modernos de la responsabilidad penal de las personas jurídicas*. Montevideo-Buenos Aires: BdF, 2010, pp. 299-301, reporta a obra de MOORE, na perspectiva do direito norte-americano, enquanto proponente desta base para construção da culpabilidade do ente coletivo. Já em GÓMEZ-JARA DÍEZ, Carlos. "La incidencia de la autorregulación en el debate legislativo y doctrinal actual sobre la responsabilidad penal de las personas jurídicas. In *Derecho penal de la empresa*. Coord. Luis Arroyo Zapatero, Carlos Lascano e Adan Nieto Martin. Buenos Aires: Ediar, 2012, às f. 378-380, apresenta contracríticas, defendendo seu modelo de culpabilidade da pessoa jurídica contra a acusação de conduzir-se a um direito penal de autor.

[48] ALESSANDRI, Alberto. *Diritto penale e attività economiche*. Bologna: Il Mulino, 2010, p. 220.

atendido. Fosse contrária a solução, a irresponsabilidade organizada[49] que caracteriza os ambientes de divisão horizontal e vertical de trabalho, no âmbito das empresas, seria premiado;
b) para além de uma possibilidade de exoneração por exculpante preventiva, i.é, modelos de *compliance* atuantes antes do crime, o art. 31 *quater* prevê atenuantes para o ente coletivo acaso adote modelos reativos de cumprimento normativo, ou seja, estatuídos e postos em marcha após o evento delitivo, para além de concebê-las, também, como incentivo à colaboração do ente coletivo na investigação do fato[50];
c) o art. 31 *quinquies* deixa expressa a não incidência da responsabilidade penal da pessoa jurídica em relação a entes de direito público e paraestatais.

Apresentadas, em linhas gerais, as características da responsabilidade penal da pessoa jurídica no modelo espanhol, e considerando-se a inclusão dos crimes tributários dentre os que a suscitam, convém apontar características do tratamento destes crimes no regime jurídico ibérico.

2.2.3. O Tratamento dos Crimes Fiscais no CP Espanhol: Contornos Gerais

No capítulo dos crimes contra a fazenda pública e seguridade social, arrolam-se os tipos penais de sonegação fiscal (art. 305), a forma qualificada do 305 *bis*, o crime de fraude de subvenções comunitárias, ofensivo à Fazenda da União Europeia (art. 306), de leitura conjugada com o art. 305, parágrafo 3º (crime de defraudação aos pressupostos gerais das Comunidades Europeias),

---

[49] Consulte-se, a respeito, SCHÜNEMANN, Bernd. *Obras. Tomo II.* Buenos Aires: Rubinzal-Culzoni Editores, 2009, p. 203.

[50] A tendência de envolvimento do ente coletivo na investigação de ilícitos se inicia com o combate à corrupção, enquanto técnica destinada a envolver o agente corruptor. Veja-se, a propósito, NIETO MARTÍN, Adán. "La privatización de la lucha contra la corrupción". In: *El derecho penal económico en la era compliance.* Coord. *Luís Arroyo Zapatero e Adán Nieto Martín.* Valencia: Tirant lo Blanch, 2013, p. 192. O uso legislativo de imposições ou recompensas para as empresas investigarem e se aparceirarem com o Estado na descoberta de delitos está bem explorado por FELDENS, Luciano e DIETTRICH, Eduardo Dalla Rosa. "A privatização da função investigatória nos delitos empresariais". In: *Direito penal econômico e empresarial.* Org. Luciano Feldens, Heloísa Estellita e Alexandre Wunderlich. Lumen Juris, 2016, pp. 46-47.

a defraudação contra a Seguridade Social (art. 307), a fraude de subvenções (art. 308) e o denominado crime contábil do art. 310[51].

Da relação, o primeiro crime pelo qual se protege especificamente a Fazenda Pública[52] é o art. 305. Trata-se da sonegação fiscal em sua forma básica, versando sobre a defraudação da Fazenda Pública mediante evitação de pagamento de tributos, falseamento de valores retidos, obtenção indevida de devoluções ou incentivos fiscais. Exige um montante mínimo de cento e vinte mil euros como quantidade da cota fraudada ao fisco ou do valor derivado de retenções ou ingressos ou, ainda, das devoluções ou benefícios fiscais indevidamente obtidos ou desfrutados. O cálculo, na forma do art. 305, parágrafo 2º, considera cada período de exercício anual, nos tributos de declaração periódica, ou por fato gerador, quando não possuam a nota da periodicidade. O patamar de seiscentos mil euros evadidos da Fazenda Pública leva a uma das formas qualificadas do art. 305 *bis*.

A seu turno, pelo art. 305, parágrafo 3º, protege-se a Fazenda da União Europeia. O patamar abaixo do qual não há crime cai para cinquenta mil euros. Trata-se de montante distinto porque ajustado, pelo direito nacional espanhol, ao Convênio relativo à proteção dos interesses financeiros das Comunidades Europeias, aprovado em 1995 pelo Conselho da União Europeia[53].

Como se vê, quando se trata de proteger a arrecadação da União Europeia, os patamares de valor são modificados substancialmente. Esta situação também fica estampada no art. 306, que versa sobre a evasão de valores à União Europeia em hipóteses distintas do art. 305, parágrafo 3º, bem como sobre a destinação indevida de subvenções. Assim, não há crime se o valor evadido não excede de quatro mil euros, apenas. Acima, dá-se crime com pena de meses a 1 ano. E, acima de cinquenta mil euros, vai-se à mesma pena de 1 a 5 anos prevista no art. 305.

O art. 310, crime contábil tributário, versa sobre obrigações tributárias acessórias, relacionando-se à falta de documentação fiscal sob a responsabilidade do sujeito ativo, realização de contabilidade paralela (caixa 2) ou ao lançamento de dados falsos. Quanto a estes lançamentos, só haverá crime se

---

[51] O art. 309 encontra-se revogado.
[52] O bem jurídico Fazenda Pública mostra-se mais estreito linguisticamente que a meta de proteção da ordem tributária. Remete-se ao interesse imediato arrecadatório, ganhando um traço bastante ligado ao interesse público secundário; já a ordem tributária concerne também aos fins mediatos da arrecadação, destinados às prestações sociais e aos fins de interesse público primário.
[53] MARTÍNEZ-BUJÁN PÉREZ, Carlos. *Derecho Penal Económico. Parte especial*. Valencia: Tirant lo Blanch, 1999, p. 358.

a diferença de valores entre os reais e os declarados em falso ultrapassar o montante de duzentos e quarenta mil euros por exercício financeiro. Abaixo, há mero ilícito administrativo-tributário.

Assemelham-se os modelos criminais fiscais espanhol e italiano, no ponto em que estabelecem patamares de prejuízo fazendário a partir dos quais ocorre o crime tributário.

Outra característica que aproxima os dois modelos diz com a vedação do *bis in idem* entre a sanção administrativo-fiscal e a resposta penal. Na boa síntese de BAJO,

> o legislador quis que as infrações contra a Fazenda Pública fossem sancionadas de duas maneiras diversas. Aquelas que revestem maior gravidade como crimes, cuja decisão compete à Administração da Justiça com aplicação das regras procedimentais ordinárias. As infrações de menor gravidade, com infrações tributárias reguladas nos artigos 77 e ss. da *Ley General Tributaria*...[54]

Na Espanha, por força do art. 25.1 da Carta Constitucional, é tradicional a não cumulação entre sanções penais e administrativas. Atualmente, a orientação constitucional ganha reforço pela jurisprudência do TEDH – Tribunal Europeu de Direito Humanos. A referência fundamental é o caso "Grande Stevens", de 2014, pelo qual a República Italiana foi condenada por cumular sanção penal com sanções administrativas, determinadas pela CONSOB (*Commissione Nazionale per le Società e la Borsa*, similar à CVM brasileira) sobre o advogado e gestores da Sociedade Familiar Giovanni Agnelli, detentora da *holding* Exor que, a seu turno, atual controladora da Fiat-Chrysler (FCA).[55] Também convém verificar a vedação de cumulação entre sanções penais e administrativas comandada pelas decisões do TEDH no tocante a imigrantes ilegais (liquidando a criação de tipos penais de "estado", incriminadores da posição de estrangeiro residente ilegalmente em país-membro da UE.

Ademais, consolidou-se ainda no século passado o traslado dos princípios de contenção do direito penal em favor do administrado, no âmbito do direito administrativo sancionador, ainda que ajustado aos contornos deste.

---

[54] BAJO FERNÁNDEZ, Miguel. "Nuevas tendencias en los delitos contra las haciendas públicas". In: *Nuevas tendencias del derecho penal económico y de la empresa*. Lima: ARA, 2005, p. 713.

[55] Para detalhes e comentários, v. SILVEIRA, Paulo Burnier. "O direito administrativo sancionador e o princípio *non bis in idem* na União Europeia: uma releitura a partir do caso "Grande Stevens" e os impactos na defesa da concorrência". In: *Revista de Defesa da Concorrência – RDC*. Vol. 2, nº 2, Novembro 2014, pp. 5-22.

Exemplarmente, a exigência de lei em sentido estrito prevendo a sanção administrativa, com taxatividade e vedação de analogia, para além do traslado de garantias de defesa típicas do processo penal[56].

A normativa espanhola que especificamente barra a cumulatividade entre a sanção penal e a administrativa-fiscal encontra-se nos art. 250 e 251 da *Ley General Tributaria*, modificada em 2015. Pelo art. 250, a administração fazendária, deparando-se com hipótese de fato subsumida a tipo penal, procede à liquidação do respectivo valor, porém se abstém de iniciar ou dar continuidade ao procedimento sancionador, situação em que deve passar o caso à autoridade judicial competente ou ao Ministério Público. O parágrafo 2º do art. 250 assinala:

> A sentença condenatória da autoridade judicial impedirá a imposição de sanção administrativa pelos mesmos fatos.
>
> Em não se constatando a existência de crime, a Administração Tributária iniciará, quando cabível, o procedimento sancionador administrativo de acordo com os fatos que os tribunais houverem considerado provados[57].

Já no art. 251, o texto legal prevê três situações nas quais nem a liquidação do valor devido deve ser realizada pela autoridade fiscal. Com as alíneas a e c do parágrafo 1º, busca impedir que, levada a termo, implique em prescrição, atrapalhe a investigação criminal. Já a alínea b concerne à vedação da liquidação quando não servirá para apontar o obrigado tributário ou quando se mostra inexequível a partir do resultado da investigação prévia.

Enfim, como panorâmica, são estas as mais marcantes características do modelo sancionador de delitos fiscais na Espanha.

---

[56] Para um breve olhar sobre o percurso jurisprudencial espanhol no tema, v. BAJO FERNÁNDEZ, Miguel. "Nuevas tendencias en los delitos contra las haciendas públicas". In: *Nuevas tendencias del derecho penal económico y de la empresa*. Lima: ARA, 2005, pp. 716-718. No mesmo texto, importantes passagens sobre o *ne bis in idem* entre direito penal e administrativo sancionador (op. cit., pp. 712-716), a propósito de crimes fiscais, assinalando a irrepetitividade do procedimento apuratório e da sanção quando há identidade de sujeito, fato e finalidade normativa.

[57] BAJO FERNÁNDEZ, Miguel. "Nuevas tendencias en los delitos contra las haciendas públicas". In: *Nuevas tendencias del derecho penal económico y de la empresa*. Lima: ARA, 2005, p. 713, nota 5, anota que isto limita as possibilidades da administração fiscal, eis que o Poder Judiciário pode declarar "simplesmente provado que não existe cometimento de crime", fazendo com que careça à administração "continuar o procedimento sancionador".

3. Conclusão

A exploração dos modelos italiano e espanhol de responsabilização da pessoa jurídica no âmbito dos crimes fiscais evidencia dois modos bastante distantes entre si. Aparentemente, a não adoção da responsabilidade penal da pessoa jurídica, no ordenamento italiano, com firme opção pela exclusiva via administrativa, tende a facilitar a cobrança dos valores devidos e a imposição das sanções típicas deste âmbito. Ao contrário, a responsabilidade penal da pessoa jurídica, na mecânica espanhola, impõe o uso instrumental do processo penal, em que a presença do garantismo negativo, operante *pro reu*, tem reforços consistentes, tanto quanto os princípios materiais que barram a incidência do poder punitivo, de modo a perder em agilidade e, usualmente, em efetividade.

É bem verdade que, no universo jurídico europeu, descortina-se tendência de certa unificação de um amplo "direito dos ilícitos" ou "direito punitivo geral", aproximando os vários ramos através dos quais o Estado, de um ou outro modo, sanciona[58]. Por força desta perspectiva, inscrevem-se duas notas aproximativas dos ordenamentos jurídicos explorados:

a) ambos recusam a cumulação de sanções penais e administrativo-fiscais sobre o mesmo agente, a partir do mesmo fato, quando há unidade de fins legais punitivos. É clara a incidência do princípio *ne bis in idem* entre direito penal e administrativo sancionador fiscal. A demarcação da fronteira entre os ilícitos é efetuada com base em critério quantitativo, atado aos valores do prejuízo gerado ao Estado. No caso do direito italiano, a distinção só opera para pessoas naturais, de vez que a jurídica não é atingida pelo direito penal. Na Espanha, opera para pessoas naturais e jurídicas;

b) ambos estendem garantias típicas do direito processual penal e princípios materiais de limitação do poder punitivo, tradicionais do direito criminal, para o administrativo sancionador. Na Itália, vai-se ao ponto de tachar-se como penal a responsabilidade administrativa de pessoas jurídicas por crimes, a partir do DL 231/01[59], apontando-se *fraude de etiquetas* no texto legal, conforme já exposto. Afinal, o art. 35 do regramento estende à pessoa jurídica as garantias do imputado, no

---

[58] NAPPI, Aniello. *Manuale di diritto penale. Parte generale.* Milano: Giuffrè, 2011, p. 09.

[59] Repita-se, mais uma vez, por importante, que os crimes fiscais não estão enumerados no referido Decreto Legislativo.

que compatíveis, ao passo que o art. 34.1 reclama a incidência procedimental do Código de Processo Penal. Tudo – diga-se – no âmbito de um processo desenvolvido perante o juízo com competência criminal. Já no DL 472, arts. 5º e 6º., que rege o procedimento administrativo fiscal italiano, estende-se para a pessoa física o princípio da culpabilidade, na dimensão da exigência de responsabilidade subjetiva por dolo ou culpa, bem como a exoneração de responsabilidade, por força de hipóteses de erro.

Sem embargo, o transporte destas garantias e princípios não opera "de forma automática, mas com matizes, porque a aplicação de ditas garantias ao procedimento administrativo só é possível na medida em que resultem compatíveis com sua natureza"[60]. Há uma demanda de harmonização com o procedimento administrativo, costumeiramente mais ágil e menos preocupado com vedação de excesso estatal, sobretudo quando caracterizado pela típica autoexecutoriedade, mediante poder de polícia, próprias do setor. Nesta perspectiva, o desenho legislativo italiano tende a uma maior efetividade.

Porém, a imposição espanhola da responsabilidade penal, em lugar da administrativa, mostra-se capaz de conduzir a respostas sancionatórias com maior potência e mais alongadas no tempo. De fato, as reações jurídico-penais do CP espanhol:

a) transcendem o catálogo de reações punitivas previsto para a pessoa jurídica na *Ley General Tributaria*, arts. 185 e 186. Tais sanções limitam-se a multas e respostas acessórias, de natureza não pecuniária, concernentes à vedação de obtenção de subvenções, benefícios fiscais e contratação com entes públicos;
b) ultrapassam a relação de multas administrativas e sanções acessórias previstas no art. 21 do DL 472, como suspensões temporárias de atividades ou de licenças, a cujo uso volta-se o modelo sancionador italiano.

Nesta perspectiva, parece evidente que as reações penais possuem maior efeito dissuasório.

Note-se que o apelo a um direito penal estendido ao ente coletivo tem na motivação para punir um verdadeiro universo de debates. Pode-se criticar a

---

[60] BAJO FERNÁNDEZ, Miguel. "Nuevas tendencias en los delitos contra las haciendas públicas". In: *Nuevas tendencias del derecho penal económico y de la empresa*. Lima: ARA, 2005, p. 717.

responsabilidade penal da pessoa jurídica, assinalando-se que o direito penal finda por irrogar, sobre a corporação, sanções semelhantes àquelas que derivam, usualmente, do direito administrativo. Com ironia, acusar-se como vão o imenso esforço dogmático necessário a ajustar o direito penal para punir entes coletivos, pois, ao final, as respostas sancionadoras poderiam ser obtidas sem ele.

Todavia, a extensão temporal e o elenco de reações, em direito penal, é maior (e tem legitimidade para sê-lo), com consequente reforço de seus efeitos preventivos. Mais: a pena tem uma força estigmatizadora estranha à sanção administrativa. Os efeitos comunicativos do direito penal são associados pela população às formas reativas mais severas que o direito reserva para os fatos mais graves. Por isso, quanto atingem a pessoa jurídica, tendem a produzir consequências deletérias para o grande capital da pessoa jurídica, enquanto *player* de mercado: a imagem.

De fato, a percepção negativa da corporação é capaz de afetar seus negócios, pela perda de consumidores que, sensibilizados com a condenação, decidam por abster-se de realizar novas aquisições de bens ou serviços do fornecedor punido. São os "danos punitivos (*punitive damages*)" derivados do reproche penal "na sociedade moderna, devido ao devastador impacto da publicidade negativa nas organizações empresariais"[61], anota GÓMEZ-JARA, evocando o exemplo do fechamento das atividades da empresa Arthur Andersen, a partir do procedimento criminal a que respondeu em 2002 por Auditorias e Consultorias inconsistentes por ela levadas a cabo junto ao Grupo Enron. À época, a empresa foi acusada de obstruir a justiça.

Observe-se, porém, que a geração de consequências negativas para a imagem da empresa, no âmbito dos crimes fiscais, deve ser vista *cum grano salis*. Embora este dado varie de país para país, conforme culturas mais ou menos solidárias e modelos de Estado mais ou menos eficientes (dentre outras variantes), a atividade fiscal estatal não é vista propriamente com simpatia. No Brasil, isto fica claro não só pelas enormes cifras sonegadas, mas pelo fato de que uma técnica de neutralização[62] da ilicitude opera quase que coletivamente,

---

[61] GÓMEZ-JARA DÍEZ, Carlos. "La incidencia de la autorregulación en el debate legislativo y doctrinal actual sobre la responsabilidad penal de las personas jurídicas. In *Derecho penal de la empresa*. Coord. Luis Arroyo Zapatero, Carlos Lascano e Adan Nieto Martin. Buenos Aires: Ediar, 2012, p. 365. Do mesmo autor, e identicamente, em *Fundamentos modernos de la responsabilidad penal de las personas jurídicas*. Montevideo-Buenos Aires: BdF, 2010, p. 161.

[62] Técnicas de neutralização, sabe-se, são autojustificações, i.é, justificações do comportamento que, embora não acolhidas oficialmente, são criadas pelo indivíduo para si mesmo, dando-lhe

como lugar-comum: "não pago porque o Estado é desonesto" ou "não pagarei porque o Estado só pensa em arrecadar"[63]. A avidez estatal e o mau uso do montante arrecadado, de fato, servem de mote para autêntica coletivização da técnica de neutralização pela qual, nos crimes tributários, é costumeiro negar tanto a existência de uma vítima – o Estado – como de um dano (o valor sonegado, que seria sistematicamente desviado por corruptos).

Nesta quadra, em que há uma operação quase que coletiva das técnicas de neutralização da negação do dano e da vítima, no âmbito de crimes fiscais, é curial que os *punitive damages* perçam consistência. Ao revés, corre-se o risco de que o ente coletivo evasor seja mesmo aplaudido por parcelas da sociedade...

Estas observações são fundamentais para o tratamento do tema no Brasil. Aqui:

a) somam-se ilícito fiscal e penal, de modo que as sanções podem ser cumuladas para a pessoa natural. Não há barreira quantitativa a separá-las em lei (há, sim, jurisprudência consolidada no STJ alusiva à inexistência de ilícito penal se o montante defraudado não se presta à própria execução fiscal);

b) quanto ao ente coletivo, há tão só responsabilidade administrativa, a partir do posicionamento respectivo como sujeito passivo tributário, autorizado pelo CTN a partir da expressão aberta "pessoa", empregada no respectivo art. 121.

Neste horizonte, a soma do emprego do direito penal ao direito administrativo-fiscal, de modo a atingir duplamente a pessoa jurídica, certamente seria uma mecânica a mais para corrigir o quadro de ampla sonegação descrito de maneira introdutória. Aumentaria o efeito de dissuasão. Porém, reforçaria os quadros de cumulação de sanções que têm sido eliminados no horizonte europeu. Ademais, a consequência comunicativa danosa à imagem da empresa,

---

espécie de conforto psicológico para a realização da prática desviante. São "fenômenos de natureza psicológica que justificam a ilegalidade cometida e portanto 'tranquilizam' aquele que viola a regra", na boa definição de ALESSANDRI, Alberto. *Diritto penale e attività economiche*. Bologna: Il Mulino, 2010, p. 65. Obrigatória, aqui, a consulta aos proponentes da existência de técnicas de neutralização no ambiente da criminologia dos anos 50 do século passado: SYKES, Gresham M. e MATZA, David. "Techniques of neutralization: a theory of delinquency". In American Sociological Review. Vol. 22, Issue 6. Dezembro, 1957. Disponível em [http://www.socqrl.niu.edu/miller/courses/soci380/sykes%26matza.pdf]. Acesso em 20.05.16.

[63] ALESSANDRI, Alberto. *Diritto penale e attività economiche*. Bologna: Il Mulino, 2010, p. 65, refere a alusão comum a um estado "ávido e parasita".

uma vez punida, dependeria de todo um esforço de alteração da percepção do próprio fenômeno da sonegação. Sobretudo, exigiria que o olhar acerca do dano que produz não fosse conectado isoladamente às arcas do Estado, mas ligado a cada préstimo social que acaba sofrendo abalos, como a carência de vagas escolares ou de leitos em hospitais[64]. Tais serviços, afinal, dependem dos recursos arrecadados pelo erário. Este olhar exige o restauro da "confiança geral sobre a justa distribuição do gasto público"[65]. Trata-se da confiança cidadã no Estado.

Referências

ALESSANDRI, Alberto. *Diritto penale e attività economiche*. Bologna: Il Mulino, 2010.
AMBROSETTI, Enrico Mario; MEZZETTI, Enrico e RONCO, Mauro. *Diritto penale dell'impresa*. 3ª. ed.. Bologna: Zanichelli, 2012.
BACIGALUPO, Silvina. *Derecho Penal Económico*. Buenos Aires: Hammurabi, 2000.
BAIGÚN, David. La responsabilidad penal de las personas jurídicas (ensayo de un nuevo modelo teórico). Buenos Aires: Depalma, 2000.
BAJO FERNÁNDEZ, Miguel. "Nuevas tendencias en los delitos contra las haciendas públicas". In: *Nuevas tendencias del derecho penal económico y de la empresa*. Lima: ARA, 2005.
BATISTA, Nilo. *Matrizes ibéricas do sistema penal brasileiro I*. 2ª. ed. Rio de Janeiro. Revan, 2002.
CASABONA, Carlos María Romeo et alii. "Informe sobre los nuevos instrumentos jurídicos en la lucha contra la delincuencia económica y tecnológica. Líneas de investigación y conclusiones." In *Nuevos instrumentos jurídicos en la lucha contra la delincuencia económica y tecnológica*. Granada: Comares, 2012.
CASS. PEN, Sez. III, 06 de junho de 2013, n. 24.841, Pres. Mannino, Rel. Sarno. Disponível em http://www.giurisprudenzapenale.com/2013/06/12/responsabilita-degli-enti-il-d--lgs-231-e-i-reati-tributari/. Acessado em 06.12.2017.
CASS. PEN., Sez. III, 30 de julho 2013, n. 32958, Pres. Mannino, Rel. Androni. Disponível em http://www.giurisprudenzapenale.com/2013/08/01/reati-tributari-illegittima-la--confisca-dei-beni-della-societa-cass-pen-329582013/. Acessado em 06.12.2017.
DI AMATO, Astolfo. *Diritto Penale dell'impresa*. 6ª. ed. Milano: Giuffrè, 2006.
FELDENS, Luciano e DIETTRICH, Eduardo Dalla Rosa. "A privatização da função investigatória nos delitos empresariais". In: *Direito penal econômico e empresarial*. Org. Luciano Feldens, Heloísa Estellita e Alexandre Wunderlich. Lumen Juris, 2016.

---

[64] RIOS, Rodrigo Sánchez. *O crime fiscal*. Porto Alegre: Fabris, 1998, p. 108, aponta corretamente que a estrutura patrimonial do delito "não impede que o legislador leve em conta as consequências econômico-públicas que mencionada conduta patrimonial provoca, tendo em vista a função que os tributos devem cumprir num Estado social, democrático de direito."

[65] BAJO FERNÁNDEZ, Miguel. "Nuevas tendencias en los delitos contra las haciendas públicas". In: *Nuevas tendencias del derecho penal económico y de la empresa*. Lima: ARA, 2005, p. 720.

FOUCAULT, Michel. *A verdade e as formas jurídicas*. Rio de Janeiro: Nau, 2005.
GIACOMOLLI, Felipe Mrack. "Responsabilidade penal da pessoa jurídica na legislaçao espanhola: inovações introduzidas pela reforma do código penal de 2015". In: *Direito penal econômico e empresarial*. Org. Luciano Feldens, Heloísa Estellita e Alexandre Wunderlich. Lumen Juris, 2016.
GÓMEZ-JARA DÍEZ, Carlos. "La incidencia de la autorregulación en el debate legislativo y doctrinal actual sobre la responsabilidad penal de las personas jurídicas. In *Derecho penal de la empresa*. Coord. Luis Arroyo Zapatero, Carlos Lascano e Adan Nieto Martin. Buenos Aires: Ediar, 2012.
_____. *La culpabilidad de la empresa*. Madrid: Marcial Pons, 2005.
_____. *Fundamentos modernos de la responsabilidad penal de las personas jurídicas*. Montevideo-Buenos Aires: BdF, 2010.
GROSSI, Paolo. *Prima lezione di diritto*. Bari: Laterza, 2003.
GUARAGNI, Fábio André e LOUREIRO, Maria Fernanda. "Responsabilidade penal da pessoa jurídica: rumo à autorresponsabilidade penal". In *Aspectos contemporâneos da responsabilidade penal da pessoa jurídica*. Org. Fauzi Hassan Choukr, Maria Fernanda Loureiro e John Vervaele. Vol. II. São Paulo: Fecomercio, 2014.
_____ e DEZTEL, André Eduardo. "Responsabilidade penal da pessoa jurídica: a relação entre as sanções penais e a função social da empresa". In: DIREITO E SUSTENTABILIDADE I. Org. Beatriz Souza Costa e Mariana Ribeiro Santiago. Florianópolis: CONPEDI, 2015.
GUIMARÃES, Rodrigo Régnier Chemim. "Desvinculando-se da dicotomia inquisitório versus acusatório e firmando-se o novo paradigma constitucional para sistema processual penal brasileiro, funcionalizado pela dupla baliza de proibição de excesso e proibição de proteção insuficiente". In *Ministério Público e princípio da proteção eficiente*. Coord. EDUARDO CAMBI e FÁBIO ANDRÉ GUARAGNI. São Paulo: Almedina, 2016.
_____. *Mãos limpas e lava jato. A corrupção se olha no espelho*. Porto Alegre: CDG, 2017.
LOUREIRO, Maria Fernanda. *Responsabilidade penal da pessoa jurídica. A teoria do delito para a incriminação da empresa*. Curitiba: Juruá, 2017.
MARTÍNEZ-BUJÁN PÉREZ, Carlos. *Derecho Penal Económico. Parte General*. 2ª. ed. Valencia: Tirant lo Blanch, 2007.
_____. *Derecho Penal Económico. Parte especial*. Valencia: Tirant lo Blanch, 1999.
NAPPI, Aniello. *Manuale di diritto penale. Parte generale*. Milano: Giuffrè, 2011.
NIETO MARTÍN, Adán. "La privatización de la lucha contra la corrupción". In: *El derecho penal económico en la era compliance*. Coord. *Luís Arroyo Zapatero e Adán Nieto Martín*. Valencia: Tirant lo Blanch, 2013.
PALIERO, Carlo. "Dalla vicarious liability alla colpevolezza d'impresa". In *Studi in onore di Mario Pisani III*. Milano: Casa Editrici La Tribuna – CEUT, s/a.
_____. "Dieci anni di 'corporate liability' nel sistema italiano: il paradigma imputativo nell'evoluzione della legislazione e della prassi". In *Le società – Mensile di diritto e pratica commerciale, societaria e fiscale*. Supplemento. Ano XXX, n. 12., dez/2001.
PULITANÒ, Domenico. "La responsabilità da reato degli enti: i criteri d'imputazione". In *Rivista Italiana di Diritto e Procedura Penale*. Milano: Giuffrè, a.XLV, 2002.

RIOS, Rodrigo Sánchez. *O crime fiscal*. Porto Alegre: Fabris, 1998.
SILVA SÁNCHEZ, Jesús María. *Fundamentos del derecho penal de la empresa*. Madrid-Buenos Aires: Edisofer/BDF, 2013.
SCHÜNEMANN, Bernd. *Obras. Tomo II*. Buenos Aires: Rubinzal-Culzoni Editores, 2009.
SILVEIRA, Paulo Burnier. "O direito administrativo sancionador e o princípio *non bis in idem* na União Europeia: uma releitura a partir do caso "Grande Stevens" e os impactos na defesa da concorrência". In: *Revista de Defesa da Concorrência – RDC*. Vol. 2, nº 2, Novembro 2014.
SYKES, Gresham M. e MATZA, David. "Techniques of neutralization: a theory of delinquency". In American Sociological Review. Vol. 22, Issue 6. Dezembro, 1957. Disponível em [http://www.socqrl.niu.edu/miller/courses/soci380/sykes%26matza.pdf]. Acesso em 20.05.16.
TIEDEMANN, Klaus. *Derecho penal y nuevas formas de criminalidad*. Lima: Grijley, 2007.
VIGANÒ, Francesco. "I problemi *sul tapetto* a dieci anni dal D. Lgs. 231/2001", p. 9, disp. em http://www.personaedanno.it/attachments/allegati_articoli/AA_003504_resource1_orig.pdf. Acessado em 28 de janeiro de 2012.
WEBER, Max. *A ética protestante e o espírito do capitalismo*. São Paulo: Companhia das Letras, 2004.

O Atual Estágio da Responsabilidade Penal da Pessoa Jurídica no Brasil

Sérgio Salomão Shecaira
Leandro Sarcedo

1. Introdução

O ambiente da sociedade globalizada, na qual se sobrepõem, a todo momento, novos fenômenos e segmentações sociais, novas descobertas científicas, enseja cada vez maiores e mais novos riscos sociais, que se amplificam pela ocupação e exploração desenfreada de áreas naturais, bem como por um fluxo cada vez frenético de informações e da comunicação de massa. Concentra-se a riqueza num ritmo nunca antes observado na história mundial, principalmente nas mãos das grandes corporações transnacionais, que submetem o exercício do poder político aos interesses do poder econômico.

    Nesse panorama político-social, encorpa-se a ideia de que se faz premente a criação de estratégias de proteção à existência e perpetuação das gerações futuras, de modo que ganha notória importância, na teoria do direto penal, a necessidade de proteção de interesses supraindividuais, consubstanciados na forma de bens jurídico-penais que visam à proteção não só da coletividade, mas também da capacidade do Estado Democrático e Social de Direito de prover serviços sociais. Faz-se, também, necessária a criação de instrumentos de regulação e padronização da atividade econômica ao redor do planeta, protegendo-se, enquanto interesse do capital, a concorrência, que passa a ser exercida também globalmente.

    Floresce, assim, a aceitação da responsabilidade penal da pessoa jurídica como ferramenta político-criminal apta a melhorar o rendimento da ação do direito penal na conformação, disciplina e regulamentação da seara econômica. Em poucos anos, assim, a responsabilidade penal da pessoa jurídica deixa de figurar como mero debate acadêmico e passa a ser realidade legislativa numa gama cada vez maior de países de sistema legal de tradição continental.

O presente artigo tem a finalidade de expor a atual situação da responsabilidade penal da pessoa jurídica no Brasil do ponto de vista legal e prático, isto é, explicar em que ponto se encontram a legislação e a jurisprudência brasileiras em relação a este tema, que já foi mais tormentoso num passado não muito distante, mas que ainda suscita acalorados debates doutrinários.

Para tanto, serão analisados a – pioneira – ancoragem constitucional do sistema de responsabilidade penal da pessoa jurídica e seu reflexo mais evidente e imediato, que foi a promulgação e aplicação judicial da Lei n. 9.605/1998 – a chamada Lei de Crimes Ambientais. Serão analisadas, também, a edição e a aplicação prática das Leis ns. 12.529/2011 e 12.846/2013, – respectivamente denominadas Lei de Defesa da Concorrência e Lei Anticorrupção –, as quais embora não estabeleçam formalmente a responsabilidade penal dos entes coletivos, acabam normatizando, do ponto de vista real, um efetivo sistema de responsabilização empresarial por atos criminosos praticados em nome e no interesse da empresa.

2. A Ancoragem Constitucional do Sistema de Responsabilidade Penal da Pessoa Jurídica no Brasil

Numa classificação que remonta à celebre obra de José Joaquim Gomes Canotilho, não há dúvida de que a Constituição brasileira de 1988 é, em seu cerne, o que se pode chamar de *Constituição dirigente*, já que, partindo da realidade social existente no País, estabelece objetivos e metas que devem ser alcançados no futuro, pautados por premissas materiais e valores políticos – norte político-valorativo –, buscando, por meio de iniciativas e ações práticas, transformar a sociedade brasileira a partir de sua própria vigência, numa existência reflexa, dinâmica e vinculada.[1]

Dentro desse seu conteúdo *dirigente*, a Constituição de 1988, por um lado, busca garantir aos cidadãos e à sociedade um feixe de garantias e direitos fundamentais, opondo contenções ao abuso do poder punitivo estatal. Contudo,

---

[1] *Constituição dirigente e vinculação do legislador, passim.* Verificar, também: SARCEDO, Leandro. *Política criminal e crimes econômicos – uma crítica constitucional*, pp. 44 a 48.

de outro lado, a partir dos valores políticos que estabelece – desenvolvimento nacional e justiça social, por exemplo –, busca moldar a sociedade como um todo, inclusive no seu aspecto socioeconômico.

Para tanto, o texto constitucional lança mão, inclusive, dos chamados *mandados de criminalização*, que atuam como verdadeiras determinações ao legislador infraconstitucional para que adequadamente protejam valores fundantes da República Brasileira, previstos no próprio texto constitucional, tais como: o terrorismo, o tráfico de entorpecentes, a tortura, os crimes hediondos, o racismo, a retenção dolosa de salário, a exploração sexual da criança e do adolescente, a discriminação atentatória aos direitos e liberdades fundamentais e a proteção ao meio ambiente.[2]

Em relação à possibilidade de utilização da responsabilidade penal da pessoa jurídica como ferramenta político-criminal apta, a Constituição de 1988 é pioneira e sem precedentes, prevendo, no § 3º de seu artigo 225, expresso *mandado de criminalização* nos casos de crimes contra o meio ambiente: *"as condutas e atividades consideradas lesivas ao meio ambiente sujeitarão os infratores, pessoas físicas ou jurídicas, a sanções penais e administrativas, independentemente da obrigação de reparar os danos causados"*.

Da mesma forma, parece não haver dúvida de que o artigo 173, § 5º, da Constituição Federal constitui-se também em *mandado de criminalização* quando preconiza que *"a lei, sem prejuízo da responsabilidade individual dos dirigentes da pessoa jurídica, estabelecerá a responsabilidade desta, sujeitando-a às punições compatíveis com sua natureza, nos atos praticados contra a ordem econômica e financeira e contra a economia popular"*, ou seja, é dever do legislador ordinário promulgar normas federais que prevejam a responsabilidade penal da pessoa jurídica nestas hipóteses.[3]

É certo que os detratores da legitimidade da responsabilidade penal da pessoa jurídica como ferramenta político-criminal apta a ser utilizada no ordenamento jurídico brasileiro batem na tecla na falta de clareza da norma constitucional do §5º do artigo 173 da Constituição, afirmando que o termo *"punições compatíveis com sua natureza"* excluiria a responsabilidade penal dos entes coletivos, ante sua natural incompatibilidade nestas hipóteses. Todavia,

---

[2] GONÇALVES, Luiz Carlos dos Santos. Mandados expressos de criminalização e a proteção de direitos fundamentais na Constituição brasileira de 1988, pp. 153 a 172 e 215 a 294.
[3] Responsabilidade penal da pessoa jurídica, pp. 121 a 133 e 191. E também: SHECAIRA, Sérgio Salomão; SARCEDO, Leandro. A responsabilidade penal da pessoa jurídica no Projeto de novo Código Penal (Projeto de Lei do Senado nº 236/2012), p. 690. No mesmo sentido, ainda: TIEDEMANN, Klaus. Responsabilidad penal de personas jurídicas y empresas en derecho comparado, p. 21.

tratar-se-ia de rematado contrassenso a interpretação de que a Constituição expressamente prevê a possibilidade de responsabilidade penal da pessoa jurídica no artigo 225, §3º, e ao mesmo tempo entender incompatível a aplicação desse mesmo tipo de responsabilização penal nas hipóteses previstas no §5º do artigo 173, o que, à toda evidência, não tem sentido algum e deve ser evitado.[4]

Naquele que é considerado, até o momento, o principal julgamento sobre a responsabilidade penal da pessoa jurídica no Brasil, a 1ª Turma do Supremo Tribunal Federal, à página 36 do acórdão relatado pela Ministra ROSA WEBER, na oportunidade do julgamento do Recurso Extraordinário n. 548.181/PR, afirmou expressamente que incumbe ao legislador infraconstitucional determinar condutas que devem ser tipificadas como criminosas e também quem podem ser os seus sujeitos ativos, conforme se vê do seguinte excerto:

> Em princípio, não há reserva de Constituição para a criminalização de condutas, nem para a definição de quem possa ser sujeito ativo da prática de crimes. Trata-se de matéria que se encontra, guardados os limites constitucionais, no âmbito da liberdade de conformação do legislador. E, o que sobreleva, a Constituição Federal de 1988, inovando, previu expressamente, para reforçar a proteção do meio ambiente, a responsabilização penal da pessoa jurídica no § 3.º de seu art. 225 [...].

Como se vê, muito diferentemente da situação constitucional italiana, em que o texto fundamental, em seu artigo 27, estabelece que a responsabilidade penal é pessoal, não há dúvidas de que, no Brasil, há a previsão expressa da possibilidade da responsabilização penal das empresas, sendo que suas possibilidades de aplicação restaram relegadas à atividade do legislador infraconstitucional, incumbido que foi, também, de implementar os respectivos *mandados de criminalização* existentes na Lei Fundamental, atividade da qual, malgrados os trinta anos de vigência da Constituição, ainda só se desincumbiu em parte.

---

[4] SALVADOR NETTO, Alamiro Velludo. Comentários à Lei de Crimes Ambientais – Lei nº 9.605/1998, pp. 90 a 92. O mesmo autor trata mais detalhadamente, em sua tese de titularidade, da oposição doutrinária existente no Brasil em relação à constitucionalidade e à compatibilidade da responsabilidade penal das pessoas jurídicas no sistema penal pátrio: Responsabilidade penal da pessoa jurídica: perspectivas contemporâneas e pressupostos dogmáticos para uma construção possível, pp. 293 a 302.

3. A Lei de Crimes Ambientais (Nº 9.605/1998) e o Atual Estágio da Jurisprudência Brasileira

Mesmo em vista do caráter *dirigente* da Constituição de 1988, em face da grande quantidade de temas por ela abordados, é certo que, hoje, passados quase trinta anos de sua vigência, há ainda muitas áreas sobre as quais não houve o preenchimento da lacuna legislativa. Não é o que acontece com a responsabilidade penal da pessoa jurídica incidente sobre os crimes praticados contra o meio ambiente, que teve sua regulamentação legal no ano de 1998, quando da promulgação da Lei nº 9.605, cujo texto de seu artigo 3º é o seguinte:

> Art. 3º As pessoas jurídicas serão responsabilizadas administrativa, civil e penalmente conforme o disposto nesta Lei, nos casos em que a infração seja cometida por decisão de seu representante legal ou contratual, ou de seu órgão colegiado, no interesse ou benefício da sua entidade.
>
> Parágrafo único. A responsabilidade das pessoas jurídicas não exclui a das pessoas físicas, autoras, coautoras ou partícipes do mesmo fato.

A sistemática de responsabilização das pessoas jurídicas proposta pelo legislador infraconstitucional foi a mais simplória possível: estabeleceu-se sua possibilidade jurídica no artigo 3º; cominaram-se genericamente algumas penas nos artigos 21 a 24; manteve-se o rol de crimes cuja estrutura típica é nitidamente voltada para condutas humanas (artigos 29 a 69-A).

A péssima técnica de elaboração utilizada pelo legislador infraconstitucional, que não estabeleceu qualquer critério de imputação dos crimes ambientais às pessoas jurídicas, ocasionou grande déficit de aplicação aos casos concretos, que foi ainda mais agravado pela insistência dos debates doutrinários sobre o tema em não avançarem no sentido de desenvolver alternativas mais funcionais ao instituto, permanecendo estacionados, em sua grande parte, nas discussões a respeito da sua (in)compatibilidade e (in)constitucionalidade.[5]

A péssima técnica legislativa utilizada na elaboração da Lei nº 9.605/1998, com seus critérios de imputação pobremente legislados, aliada à recalcitrância

---

[5] Davi de Paiva Costa Tangerino propõe a necessidade de avanço e superação desse debate, afirmando que só assim será possível de propiciar o instituto de "parâmetros garantistas que tornem seu emprego compatível com os preceitos constitucionais penais, sobretudo quando se tem por horizonte a tendência expansionista do poder punitivo". A responsabilidade penal da pessoa jurídica para além da velha questão de sua constitucionalidade. In Boletim do Instituto Brasileiro de Ciências Criminais, ano 18, n. 214, setembro/2010, p. 17.

da doutrina nacional em avançar nos debates sobre o tema, acabou permitindo que o Superior Tribunal de Justiça, ainda que apenas em fins do ano de 2005, pacificasse criticável entendimento no sentido de que a responsabilidade penal da pessoa jurídica, no Brasil, fosse baseada num modelo de *dupla imputação*, no qual, para haver responsabilização do ente coletivo, fazia-se necessária, também, a atribuição de responsabilidade à pessoa física responsável pelo ato.

De fato, o acórdão proferido no julgamento do Recurso Especial nº 610.114/RN,[6] de relatoria do Ministro GILSON DIPP, serviu de paradigma a um sem-número de julgamentos não só perante próprio Superior Tribunal de Justiça,[7] mas também em outros tribunais. Segue, abaixo, a transcrição de alguns dos argumentos utilizados no mencionado julgado, a fim de viabilizar a visualização dos critérios de imputação nele utilizados, os quais permaneceram, durante muito tempo, regendo a produção jurisprudencial brasileira:

> [...] IV. A imputação penal às pessoas jurídicas encontra barreiras na suposta incapacidade de praticarem uma ação de relevância penal, de serem culpáveis e de sofrerem penalidades.
>
> V. Se a pessoa jurídica tem existência própria no ordenamento jurídico e pratica atos no meio social através da atuação de seus administradores, poderá vir a praticar condutas típicas e, portanto, ser passível de responsabilização penal.
>
> VI. A culpabilidade, no conceito moderno, é a responsabilidade social, e a culpabilidade da pessoa jurídica, neste contexto, limita-se à vontade do seu administrador ao agir em seu nome e proveito.
>
> VII. A pessoa jurídica só pode ser responsabilizada quando houver intervenção de uma pessoa física, que atua em nome e em benefício do ente moral.
>
> VIII. "De qualquer modo, a pessoa jurídica deve ser beneficiária direta ou indiretamente pela conduta praticada por decisão do seu representante legal ou contratual ou de seu órgão colegiado." [...].

---

[6] Disponível em: www.stj.jus.br.

[7] Verificar os julgados proferidos nos seguintes processos: EDcl no REsp 865.864/PR, Ministro Adilson Vieira Macabu, 5ª Turma, j. 20/10/2011, pub. 01/02/2012; REsp 847.476/SP, Ministro Paulo Gallotti, 6ª Turma, j. 08/04/2008, pub. 05/05/2008; *HC* 93.867/GO, Ministro Felix Fischer, 5ª Turma, j. 08/04/2008, pub. 12/05/2008; REsp 889.528/SC, Ministro Felix Fischer, 5ª Turma, j. 17/04/2007, pub. 18/06/2007; RMS 20.601/SP, Ministro Felix Fischer, 5ª Turma, j. 29/06/2006, pub. 14/08/2006; R*HC* 19.119/MG, Ministro Felix Fischer, 5ª Turma, j. 12/06/2006, pub. 04/09/2006; RMS 16.696/PR, Ministro Hamilton Carvalhido, 6ª Turma, j. 09/02/2006, pub. 13/03/2006. Disponíveis em: <www.stj.jus.br> In: SARCEDO, Leandro. *Compliance* e responsabilidade penal da pessoa jurídica: construção de um novo modelo de imputação, baseado na culpabilidade corporativa, p. 119.

Conforme se observa do texto acima transcrito, o julgado que serviu de paradigma durante tantos anos para toda a jurisprudência brasileira, incorre em grave confusão entre *heterorresponsabilidade* – sistema de imputação no qual o ente coletivo responde, via reflexa, por ato de terceiro (necessariamente, pessoa física) – e *dupla imputação* necessária – hipótese em que deve haver necessária descrição de concurso entre pessoa física e jurídica na petição inicial da ação penal e também subordinação da condenação da pessoa jurídica àquela proferida contra a pessoa física responsável pelo ato.

Frente à problemática consistente na existência de critérios de imputação e de transferência de responsabilidade insuficientes e mal legislados, a interpretação dada pelo Superior Tribunal de Justiça à responsabilidade penal da pessoa jurídica – a qual influenciou a jurisprudência brasileira durante anos – praticamente transformou-a, de um lado, numa espécie de responsabilidade coletiva objetiva, enquanto, de outro lado, relegou-a a uma inaplicabilidade de fato, porquanto, ao vincular a responsabilização da empresa à aferição da culpabilidade da pessoa física, trouxe ao instituto toda a sorte de dificuldades da imputação de fatos eminentemente coletivos a uma só pessoa, por meio dos critérios de imputação tradicionais do direito penal, insuficientes para dar conta de situações complexas da sociedade contemporânea e sua criminalidade de caráter supraindividual.

Esse posicionamento jurisprudencial, firmado no Superior Tribunal de Justiça e adotado em larga escala nos tribunais estaduais, perdurou intato durante aproximadamente seis anos, quando o tema passou a receber novos influxos provenientes da 1ª Turma do Supremo Tribunal Federal, primeiramente num voto relatado pelo Ministro DIAS TOFFOLI, no qual se afirmou, ainda que de maneira lateral à discussão central da causa, que "a responsabilização da pessoa jurídica independe da responsabilização da pessoa natural".[8] Algum tempo depois, no ano de 2013, novamente a 1ª Turma do Supremo Tribunal Federal, em acórdão relatado pela Ministra ROSA WEBER, voltou a tratar do tema, determinando fosse dado seguimento ao processamento de Recurso Extraordinário que discutia violação ao artigo 225, § 3º, da Constituição da República em função da aplicação que vinha sendo dada à responsabilidade penal da pessoa jurídica, calcada no posicionamento do Superior Tribunal de Justiça e baseada na necessidade de dupla imputação.[9]

---

[8] Agravo regimental em recurso extraordinário n. 628.582/RS, julgado em 06/09/2011. Disponível em: <www.stf.jus.br>.

[9] Agravo regimental em recurso extraordinário n. 548.181/PR, julgado em 14/05/2013. Disponível

No final do ano de 2013, veio a lume a posição tirada dos debates havidos na 1ª Turma do Supremo Tribunal Federal, a qual foi aprovada por apertada maioria.[10] No voto relatado pela Ministra ROSA WEBER, houve enorme reviravolta na forma como vinha sendo, até então, aplicado aos casos práticos o instituto da responsabilidade penal da pessoa jurídica, apontando para o fim da necessidade de dupla imputação. Para melhor visualizar as mudanças empreendidas, verifiquem-se os termos de parte da ementa do julgado:

1. O art. 225, § 3º, da Constituição Federal não condiciona a responsabilização penal da pessoa jurídica por crimes ambientais à simultânea persecução penal da pessoa física em tese responsável no âmbito da empresa. A norma constitucional não impõe a necessária dupla imputação.

2. As organizações corporativas complexas da atualidade se caracterizam pela descentralização e distribuição de atribuições e responsabilidades, sendo inerentes, a esta realidade, as dificuldades para imputar o fato ilícito a uma pessoa concreta.

3. Condicionar a aplicação do art. 255, § 3º, da Carta Política a uma concreta imputação também a pessoa física implica indevida restrição da norma constitucional, expressa a intenção do constituinte originário não apenas de ampliar o alcance das sanções penais, mas também de evitar a impunidade pelos crimes ambientais frente às imensas dificuldades de individualização dos responsáveis internamente às corporações, além de reforçar a tutela do bem jurídico ambiental.

4. A identificação dos setores e agentes internos da empresa determinantes da produção do fato ilícito tem relevância e deve ser buscada no caso concreto como forma de esclarecer se esses indivíduos ou órgãos atuaram ou deliberaram no exercício regular de suas atribuições internas à sociedade, e ainda para verificar se a atuação se deu no interesse ou em benefício da entidade coletiva. Tal esclarecimento, relevante para fins de imputar determinado delito à pessoa jurídica, não se confunde, todavia, com subordinar a responsabilização da pessoa jurídica à responsabilização conjunta das pessoas físicas envolvidas. Em não raras oportunidades, as responsabilidades internas pelo fato estarão diluídas ou parcializadas de tal modo que não permitirão a imputação da reponsabilidade penal individual. [...].

em: <www.stf.jus.br>.
[10] Recurso Extraordinário n. 548.181/PR, julgado em 06/08/2013 e publicado em 30/10/2013. Disponível em <www.stf.jus.br>. Votos favoráveis dos Ministros ROSA WEBER, ROBERTO BARROSO e DIAS TOFFOLI. Votos contrários dos Ministros MARCO AURÉLIO MELLO e LUIZ FUX.

No decorrer da fundamentação do acórdão em questão, são debatidos muitos pontos de interesse doutrinário para minorar o déficit de aplicação da responsabilidade penal da pessoa jurídica no ambiente legal brasileiro, ressaltando-se, dentre eles: *I)* reconhece a recalcitrância da doutrina nacional em aceitar a possibilidade de responsabilizar penalmente os entes coletivos; *II)* pontua que a solução dada pelo Superior Tribunal de Justiça ao tema – sistema de dupla imputação – acabou por relegar essa ferramenta político-criminal à subutilização; *III)* observa que os critérios utilizados no sistema de responsabilização de pessoas físicas não podem ser reitores da responsabilização penal das pessoas jurídicas, daí porque não é funcional o sistema de dupla imputação; *IV)* busca fundamentar pragmaticamente a legitimidade do sistema de responsabilidade penal da pessoa jurídica; *V)* acentua que, frente à inexistência de critérios de imputação penal na Lei n. 9.605/1998, não sendo razoável a mera transposição dos critérios da responsabilidade pessoal, deve o juiz esforçar-se por tomar contato e conhecer a organização e os procedimentos internos da empresa sob julgamento, na medida em que restaria à doutrina e à jurisprudência desenvolver tais critérios nos casos concretos.[11]

Importante esclarecer que esta posição, tirada em julgamento por uma das duas Turmas do Supremo Tribunal Federal do Brasil, embora seja de inegável importância para a construção de uma nova tendência jurisprudencial, não tem poder vinculante sobre julgamentos em instâncias inferiores. O sistema de controle de constitucionalidade brasileiro é híbrido, ou seja, pode ser exercido de maneira difusa, com efeito *inter partes*, e também concentrada, com efeito *erga omnes*. Entretanto, para o exercício do controle concentrado de constitucionalidade, necessita-se de julgamento com quórum qualificado, realizado pelo Pleno do Supremo Tribunal Federal, órgão julgador composto pelas duas Turmas julgadoras mais o Presidente, ou seja, quórum qualificado.[12]

De qualquer modo, fica evidente a insuficiência e os insuperáveis problemas havidos na redação da Lei n. 9.605/1998, que não dá aos seus intérpretes e aplicadores qualquer balizamento objetivo em relação aos critérios de imputação e de aferimento da culpabilidade das pessoas jurídicas, já que – e isto é fora de dúvida – jamais poderá ser admitido um sistema de responsabilização que se autodenomine penal e que baseie seu sistema de imputação

---

[11] SARCEDO, Leandro. *Compliance* e responsabilidade penal da pessoa jurídica: construção de um novo modelo de imputação, baseado na culpabilidade corporativa, pp. 122 a124.

[12] Caso paradigmático a respeito do quórum para modulação do resultado de julgamento de recurso extraordinário com repercussão geral: RE 586.453/SE, j. 20/02/2013, Relatora Ministra ELLEN GRACIE. Disponível em: <www.stf.jus.br>.

na responsabilidade objetiva (aliás, como veladamente acaba sendo o funcionamento da Lei n. 9.605/1998).

Contudo, relegar a criação e o aferimento de parâmetros não legais de imputação e aferimento da culpabilidade empresarial ao aplicador da lei ou mesmo à doutrina, como faz a Ministra ROSA WEBER em seu voto condutor do julgamento paradigmático sobre o assunto no Supremo Tribunal Federal, acaba por lançar os entes coletivos num pantanoso terreno de insegurança jurídica, que deve ser evitado a todo custo quando se trata de um sistema penal de responsabilização.

4. As Leis de Defesa da Concorrência e Anticorrupção e Sua Recente Aplicação

Em contraposição à disfuncionalidade do sistema de responsabilidade penal estrita, prevista para punir as práticas lesivas ou atentatórias contra o meio ambiente, o legislador ordinário, influenciado pelas pressões exercidas pelo imorredouro debate doutrinário acerca da (in)compatibilidade da (in)constitucionalidade desta ferramenta político-criminal, optou por trilhar um caminho mais simples do ponto de vista pragmático, muito embora bastante arriscado do ponto de vista de seus critérios de justiça, consistente em criar verdadeiros sistemas penais para punir pessoas jurídicas envolvidas em práticas anticoncorrenciais e de corrupção, sem reconhecer, explicitamente, nas leis promulgadas (respectivamente, Leis ns. 12.529/2011 e 12.846/2013), seu caráter inegavelmente penal, atribuindo-lhes o rótulo de administrativas.

E o que é pior: ao denominar leis verdadeiramente penais de administrativas, foram criados sistemas draconianos de imposição de graves sanções, nos quais as empresas não dispõem de possibilidades de defesa ou de oposição às acusações que lhe são direcionadas.

Como já visto anteriormente, a Constituição de 1988 é *dirigente* e, em seu artigo 175, § 3º, determina expressamente ao legislador ordinário que estabeleça um sistema de responsabilidade penal da pessoa jurídica "*nos atos praticados contra a ordem econômica*". Tudo isso dentro do Capítulo I (artigos 170 a 181, "*Dos princípios gerais da atividade econômica*") de seu Título VII (artigos 170 a 192, "*Da ordem econômica e financeira*"), ou seja, de acordo com o texto constitucional, em relação aos crimes contra a ordem econômica, o legislador infraconstitucional está submetido a um *mandado de criminalização* expresso em relação a este tema. Há, portanto, evidente preocupação do legislador fundamental com as formas de controle das práticas contrárias à ordem econômica, envolvendo o legislador ordinário e os gestores públicos em sua pauta político-valorativa.

Logo nos anos subsequentes à promulgação da Constituição da República, o legislador ordinário aprovou a Lei n. 8.137/1990, que tipifica crimes contra a ordem econômica e as relações de consumo em seus artigos 4º a 7º, bem com a Lei 8.158/1991, que instituiu normas para defesa da concorrência, criando a Secretaria Nacional de Direito Econômico (SNDE) e dando novo fôlego à importância do Conselho Administrativo de Defesa Econômica (CADE), que já havia sido criado anteriormente. Algum tempo depois, foi promulgada a Lei 8.884/1994, que implantou o Sistema Brasileiro de Defesa da Concorrência (SBDC), formado pela atuação conjunta da Secretaria de Acompanhamento Econômico do Ministério da Fazenda (SEAE/MF), da Secretaria de Direito Econômico do Ministério da Fazenda (SDE/MJ) e do próprio CADE.

A Lei atualmente em vigor, n. 12.259, foi promulgada em 30 de novembro de 2011 e provocou enormes mudanças no Sistema Brasileiro de Defesa da Concorrência (SBDC), por meio de profundas transformações legislativas e institucionais. No que concerne à regulamentação da matéria criminal, este diploma leal diminuiu o âmbito de incriminação do crime de cartel, tendo suprimido, do tipo legal, algumas condutas típicas atribuíveis a pessoas físicas.[13] Ao mesmo tempo, introduziu verdadeiro sistema de responsabilidade penal da pessoa jurídica, denominado arbitrariamente de sistema administrativo de punição, cominador de graves sanções, mas sem qualquer tipo de garantia procedimental e material.

Determina o artigo 36 da Lei n. 12.259/2011, que as infrações contra a ordem econômica constituem-se *"independentemente de culpa", "ainda que não sejam alcançados"* seus objetivos, enumerados da seguinte forma: *"I- limitar, falsear ou de qualquer forma prejudicar a livre concorrência ou a livre iniciativa; dominar mercado relevante de bens ou serviços; III aumentar arbitrariamente os lucros; e IV- exercer de forma abusiva posição dominante"*. Da simples leitura dos trechos ora transcritos, vê-se que essa norma proibidora de condutas elege a responsabilidade objetiva como forma de responsabilização, tornando irrelevante se a conduta foi praticada com dolo, culpa ou mesmo sem elemento volitivo;

---

[13] A respeito, verificar comentários de Helena Regina Lobo da COSTA e de Marina Pinhão Coelho de ARAÚJO ao artigo 116 da Lei nº 12.529/2011 em: ANDERS, Eduardo Caminati; PAGOTTO, Leopoldo; BAGNOLI, Vicente (coordenadores). Comentários à nova lei de defesa da concorrência: Lei 12.529, de 30 de novembro de 2011, pp. 332 a 344.

equipara tentativa e ilícito consumado; e, ainda, se utiliza de descrições típicas excessivamente abertas.

Em relação à responsabilização das pessoas jurídicas por práticas anticoncorrenciais, a principal ferramenta de controle posta nas mãos do CADE pela Lei n. 12.529/2011, denominada acordo de leniência, encontra-se prevista em seus artigos 86 e 87, o chamado acordo de leniência.[14]

---

[14] Art. 86. O Cade, por intermédio da Superintendência-Geral, poderá celebrar acordo de leniência, com a extinção da ação punitiva da administração pública ou a redução de 1 (um) a 2/3 (dois terços) da penalidade aplicável, nos termos deste artigo, com pessoas físicas e jurídicas que forem autoras de infração à ordem econômica, desde que colaborem efetivamente com as investigações e o processo administrativo e que dessa colaboração resulte:
I – a identificação dos demais envolvidos na infração; e
II – a obtenção de informações e documentos que comprovem a infração noticiada ou sob investigação.
§ 1º O acordo de que trata o caput deste artigo somente poderá ser celebrado se preenchidos, cumulativamente, os seguintes requisitos:
I – a empresa seja a primeira a se qualificar com respeito à infração noticiada ou sob investigação;
II – a empresa cesse completamente seu envolvimento na infração noticiada ou sob investigação a partir da data de propositura do acordo;
III – a Superintendência-Geral não disponha de provas suficientes para assegurar a condenação da empresa ou pessoa física por ocasião da propositura do acordo; e
IV – a empresa confesse sua participação no ilícito e coopere plena e permanentemente com as investigações e o processo administrativo, comparecendo, sob suas expensas, sempre que solicitada, a todos os atos processuais, até seu encerramento.
§ 2º Com relação às pessoas físicas, elas poderão celebrar acordos de leniência desde que cumpridos os requisitos II, III e IV do § 1º deste artigo.
§ 3º O acordo de leniência firmado com o Cade, por intermédio da Superintendência-Geral, estipulará as condições necessárias para assegurar a efetividade da colaboração e o resultado útil do processo.
§ 4º Compete ao Tribunal, por ocasião do julgamento do processo administrativo, verificado o cumprimento do acordo:
I – decretar a extinção da ação punitiva da administração pública em favor do infrator, nas hipóteses em que a proposta de acordo tiver sido apresentada à Superintendência-Geral sem que essa tivesse conhecimento prévio da infração noticiada; ou
II – nas demais hipóteses, reduzir de 1 (um) a 2/3 (dois terços) as penas aplicáveis, observado o disposto no art. 45 desta Lei, devendo ainda considerar na gradação da pena a efetividade da colaboração prestada e a boa-fé do infrator no cumprimento do acordo de leniência.
§ 5º Na hipótese do inciso II do § 4º deste artigo, a pena sobre a qual incidirá o fator redutor não será superior à menor das penas aplicadas aos demais coautores da infração, relativamente aos percentuais fixados para a aplicação das multas de que trata o inciso I do art. 37 desta Lei.
§ 6º Serão estendidos às empresas do mesmo grupo, de fato ou de direito, e aos seus dirigentes, administradores e empregados envolvidos na infração os efeitos do acordo de leniência, desde que o firmem em conjunto, respeitadas as condições impostas.
§ 7º A empresa ou pessoa física que não obtiver, no curso de inquérito ou processo administrativo, habilitação para a celebração do acordo de que trata este artigo, poderá celebrar com a

Como se vê, para que a empresa possa se beneficiar do acordo de leniência firmado, inclusive com a possibilidade de extinção do procedimento punitivo da administração pública, deverá atuar de forma a possibilitar *"a identificação dos demais envolvidos na infração"* e *"a obtenção de informações e documentos que comprovem a infração noticiada ou sob investigação"*. Além disso, exige-se que a empresa *"seja a primeira a se qualificar com respeito à infração noticiada ou sob investigação"*, *"cesse completamente seu envolvimento na infração noticiada"*, *"confesse sua participação no ilícito e coopere plena e permanentemente com as investigações"*, sendo necessário, ainda, que *"a Superintendência-Geral não disponha de provas suficientes para assegurar a condenação da empresa ou pessoa física por ocasião da propositura do acordo"*.

Somente da leitura dos trechos da Lei em questão, acima pinçados, já se pode perceber a evidente falta de segurança jurídica que terá de enfrentar a empresa que se interesse por firmar acordo de leniência. Além da insegurança quanto a ser a primeira a bater na porta do CADE para reportar uma ação ilícita, ainda terá de enfrentar extensa lista de exigências cumulativas e se arriscar a uma análise posterior da autoridade administrativa, quando já tiverem sido produzidas provas prejudiciais à sua própria defesa.

Essa insegurança ganha grande importância quando se sabe que as sanções cominadas na Lei n. 12.529/2011 são bastante graves, podendo chegar à casa dos dois bilhões de reais, nos termos do seu artigo 37, inciso II.

Superintendência-Geral, até a remessa do processo para julgamento, acordo de leniência relacionado a uma outra infração, da qual o Cade não tenha qualquer conhecimento prévio.
§ 8º Na hipótese do § 7º deste artigo, o infrator se beneficiará da redução de 1/3 (um terço) da pena que lhe for aplicável naquele processo, sem prejuízo da obtenção dos benefícios de que trata o inciso I do § 4º deste artigo em relação à nova infração denunciada.
§ 9º Considera-se sigilosa a proposta de acordo de que trata este artigo, salvo no interesse das investigações e do processo administrativo.
§ 10. Não importará em confissão quanto à matéria de fato, nem reconhecimento de ilicitude da conduta analisada, a proposta de acordo de leniência rejeitada, da qual não se fará qualquer divulgação.
§ 11. A aplicação do disposto neste artigo observará as normas a serem editadas pelo Tribunal.
§ 12. Em caso de descumprimento do acordo de leniência, o beneficiário ficará impedido de celebrar novo acordo de leniência pelo prazo de 3 (três) anos, contado da data de seu julgamento.
Art. 87. Nos crimes contra a ordem econômica, tipificados na Lei no 8.137, de 27 de dezembro de 1990, e nos demais crimes diretamente relacionados à prática de cartel, tais como os tipificados na Lei no 8.666, de 21 de junho de 1993, e os tipificados no art. 288 do Decreto-Lei nº 2.848, de 7 de dezembro de 1940 – Código Penal, a celebração de acordo de leniência, nos termos desta Lei, determina a suspensão do curso do prazo prescricional e impede o oferecimento da denúncia com relação ao agente beneficiário da leniência.
Parágrafo único. Cumprido o acordo de leniência pelo agente, extingue-se automaticamente a punibilidade dos crimes a que se refere o caput deste artigo.

Por sua vez, a edição da Lei n. 12.846/2013, da forma como acabou promulgada, também só pode ser compreendida como manobra legislativa utilizada para driblar as possíveis discussões sobre a possível inconstitucionalidade de um sistema de responsabilidade penal das pessoas jurídicas para as práticas de corrupção, já que os comandos constitucionais dos artigos 173, § 5º, e 225, § 3º, nada trazem a respeito da adoção desse tipo de responsabilidade coletiva nos crimes contra a Administração Pública.

Dentro desse caráter autodenominado administrativo, a Lei n. 12.846/2013, logo em seu primeiro parágrafo, assevera que *"[e]sta Lei dispõe sobre a responsabilização objetiva administrativa e civil de pessoas jurídicas pela prática de atos contra a administração pública, nacional ou estrangeira"*, ou seja, iguala todas as empresas que se encontrem sob o seu jugo sob a vala comum da desnecessidade de aferir culpa nos fatos atentatórios ao sistema anticorrupção brasileiro.

As infrações administrativas tratadas pela Lei encontram-se listadas no considerável rol previsto em seu artigo 5º, que corre em paralelo a vários tipos penais existentes em torno das mesmas condutas (crimes contra a administração pública nacional e estrangeira, Lei de Crimes contra as Licitações), gerando o risco iminente de dupla punição pelo mesmo fato em esferas jurídicas diversas.[15]

---

[15] Art. 5º Constituem atos lesivos à administração pública, nacional ou estrangeira, para os fins desta Lei, todos aqueles praticados pelas pessoas jurídicas mencionadas no parágrafo único do art. 1º, que atentem contra o patrimônio público nacional ou estrangeiro, contra princípios da administração pública ou contra os compromissos internacionais assumidos pelo Brasil, assim definidos:
I – prometer, oferecer ou dar, direta ou indiretamente, vantagem indevida a agente público, ou a terceira pessoa a ele relacionada;
II – comprovadamente, financiar, custear, patrocinar ou de qualquer modo subvencionar a prática dos atos ilícitos previstos nesta Lei;
III – comprovadamente, utilizar-se de interposta pessoa física ou jurídica para ocultar ou dissimular seus reais interesses ou a identidade dos beneficiários dos atos praticados;
IV – no tocante a licitações e contratos:
a) frustrar ou fraudar, mediante ajuste, combinação ou qualquer outro expediente, o caráter competitivo de procedimento licitatório público;
b) impedir, perturbar ou fraudar a realização de qualquer ato de procedimento licitatório público;
c) afastar ou procurar afastar licitante, por meio de fraude ou oferecimento de vantagem de qualquer tipo;
d) fraudar licitação pública ou contrato dela decorrente;
e) criar, de modo fraudulento ou irregular, pessoa jurídica para participar de licitação pública ou celebrar contrato administrativo;
f) obter vantagem ou benefício indevido, de modo fraudulento, de modificações ou prorrogações de contratos celebrados com a administração pública, sem autorização em lei, no ato convocatório da licitação pública ou nos respectivos instrumentos contratuais; ou

Ainda na esteira da responsabilidade objetiva prevista, o artigo 7º, inciso VIII, da Lei n. 12.846/2013, assevera que *"serão levados em consideração na aplicação das sanções (...) a existência de mecanismos e procedimentos internos de integridade, auditoria e incentivo à denúncia de irregularidade e a aplicação efetiva de códigos de ética e de conduta no âmbito da pessoa jurídica"*, relegando à quase insignificância os esforços organizacionais implementados pelas empresas, com vistas a garantir boas práticas de governança corporativa, uma vez que esses investimentos não serão considerados para exculpar a empresa, mas tão somente para modular sua punição.

Além disso, padece a Lei n. 12.846/2013 de outra característica acentuadamente negativa, na medida em que permite o sancionamento administrativo e a responsabilização civil, em processo judicial, pela prática exatamente dos mesmos fatos, os quais encontram sua previsão no rol do artigo 5º, que já é uma espécie de *fac-símile* dos crimes contra a administração pública nacional e internacional e contra a lei de licitações. O artigo 18 da Lei n. 12.846/2013,[16] prevê, portanto, evidente e odioso *bis in idem*.

Quando se fala sobre as possibilidades de defesa da empresa frente à possibilidade de responsabilização nos termos da Lei n. 12.846/2013, há de se ter em vista, também, que o acordo de leniência previsto em seus artigos 16 e 17 representa perigosa armadilha, porquanto as benesses dele decorrentes são bastante tênues, cingindo-se à isenção das sanções de publicação extraordinária da decisão condenatória (artigo 6º, inciso II) e de proibição de recebimento de verba pública (artigo 19, inciso IV), além da mitigação de 2/3 da

---

g) manipular ou fraudar o equilíbrio econômico-financeiro dos contratos celebrados com a administração pública;
V – dificultar atividade de investigação ou fiscalização de órgãos, entidades ou agentes públicos, ou intervir em sua atuação, inclusive no âmbito das agências reguladoras e dos órgãos de fiscalização do sistema financeiro nacional.
§ 1º Considera-se administração pública estrangeira os órgãos e entidades estatais ou representações diplomáticas de país estrangeiro, de qualquer nível ou esfera de governo, bem como as pessoas jurídicas controladas, direta ou indiretamente, pelo poder público de país estrangeiro.
§ 2º Para os efeitos desta Lei, equiparam-se à administração pública estrangeira as organizações públicas internacionais.
§ 3º Considera-se agente público estrangeiro, para os fins desta Lei, quem, ainda que transitoriamente ou sem remuneração, exerça cargo, emprego ou função pública em órgãos, entidades estatais ou em representações diplomáticas de país estrangeiro, assim como em pessoas jurídicas controladas, direta ou indiretamente, pelo poder público de país estrangeiro ou em organizações públicas internacionais.
[16] Art. 18. Na esfera administrativa, a responsabilidade da pessoa jurídica não afasta a possibilidade de sua responsabilização na esfera judicial.

multa aplicável, mas não exime a pessoa jurídica de reparar o dano causado. Não há sequer a previsão de extinção da punibilidade do fato ilícito, como previsto na Lei de Defesa da Concorrência.[17]

Por fim, interessante também anotar que a Lei n. 12.846/2013 cria, em seu artigo 22 e §§, o CNEP – Cadastro Nacional de Empresas Punidas, uma espécie de folha de antecedentes das empresas sancionadas e também daquelas que celebraram acordos de leniência em razão dos fatos nela previstos. Utiliza-se o critério da estigmatização, tão próprio do direito penal, no âmbito administrativo, demonstrando o desbordamento de fronteiras existentes entre essas duas esferas de responsabilização na chamada Lei Anticorrupção.

5. Conclusão

Buscou-se, no presente texto, descrever de maneira sintética, o sistema de responsabilização da pessoa jurídica no Brasil, desde sua ancoragem constitucional até as dificuldades de aplicação da Lei de Crimes Ambientais, dada sua péssima técnica legislativa e falta de critérios legais de imputação.

Com a descrição a respeito dos autodenominados sistemas de punição administrativas – na realidade, penais em sua essência –, consistentes nas Leis de Defesa da Concorrência e Anticorrupção, almejou-se evidenciar as contradições existentes na compatibilização das esferas administrativa e penal dentro do *ius puniendi* estatal. Grande parte dessa problemática ocorre devido à intenção de contornar debates sobre a (in)constitucionalidade e a (in)compatibilidade do direito penal aplicado aos entes coletivos, renegando-se, para tanto, o próprio texto constitucional.

Há uma gama de problemas causada pela adoção do direito administrativo sancionador, sendo o principal deles a insegurança jurídica gerada da interface deste ramo do direito com suas consequências no campo do direito penal. Ademais, a baixa das garantias processuais e a adoção da responsabilidade objetiva colocam em xeque a legitimidade dessa escolha legislativa como meio de controle social formal da criminalidade empresarial.

Assim, vê-se que as insustentáveis resistências à aceitação da responsabilidade penal da pessoa jurídica têm efeitos nocivos à racionalidade do sistema jurídico. Com a única intenção de contornar possíveis questionamentos de ordem constitucional, o legislador denominou de administrativo aquilo que

---

[17] SOUZA, Luciano Anderson de. Lei Anticorrupção: avanços e desafios, pp. 4 a 5.

evidentemente penal, aprofundando a disfuncionalidade do sistema de coerção dos crimes empresariais.

Referências

CANOTILHO, José Joaquim Gomes. *Constituição dirigente e vinculação do legislador*. 2ª ed. Coimbra: Coimbra Editora, 2001.

DIPP, Gilson; CASTILHO, Manoel L. Volkmer. *Comentários sobre a Lei Anticorrupção*. São Paulo: Saraiva, 2016. (Série IDP; Linha doutrina).

GONÇALVES, Luiz Carlos dos Santos. *Mandados expressos de criminalização e a proteção de direitos fundamentais na Constituição brasileira de 1988*. Belo Horizonte: Fórum, 2007. Coleção Fórum de Direitos Fundamentais, 1.

GRECO FILHO, Vicente; RASSI, João Daniel. *O combate à corrupção e comentários à Lei de Responsabilidade de Pessoas Jurídicas (Lei n. 12.846, de 1º de agosto de 2013)* – Atualizada de acordo com o Decreto n. 8.420, de 18 de março de 2015. São Paulo: Saraiva, 2015.

SALVADOR NETTO, Alamiro Velludo. *Responsabilidade penal da pessoa jurídica: perspectivas contemporâneas e pressupostos dogmáticos para uma construção possível*. Tese de Titularidade apresentada ao Departamento de Direito Penal, Medicina Forense e Criminologia da Faculdade de Direito da Universidade de São Paulo. São Paulo, 2017.

SALVADOR NETTO, Alamiro Velludo; SOUZA, Luciano Anderson de (coords.). *Comentários à Lei de Crimes Ambientais – Lei nº 9.605/1998*. São Paulo: Quartier Latin, 2009.

SARCEDO, Leandro. *Política criminal e crimes econômicos – uma crítica constitucional*. São Paulo: Alameda, 2012.

SHECAIRA, Sérgio Salomão. *Responsabilidade penal da pessoa jurídica*. 3. ed. atual. Rio de Janeiro: Elsevier, 2011.

_____; SARCEDO, Leandro. *A responsabilidade penal da pessoa jurídica no Projeto de novo Código Penal (Projeto de Lei do Senado nº 236/2012)*. In: PASCHOAL, Janaina Conceição; SILVEIRA, Renato de Mello Jorge. *Livro homenagem a Miguel Reale* Júnior. Rio de Janeiro: LMJ Mundo Jurídico, 2014.

SILVEIRA, Renato de Mello Jorge. *Considerações penais sobre o acordo de leniência na realidade antitruste*. In: PASCHOAL, Janaina Conceição; SILVEIRA, Renato de Mello Jorge. *Livro homenagem a Miguel Reale* Júnior. Rio de Janeiro: LMJ Mundo Jurídico, 2014.

_____; SAAD-DINIZ, Eduardo. *Compliance, direito penal e lei anticorrupção*. São Paulo: Saraiva, 2015.

SOUZA, Luciano Anderson de. *Lei Anticorrupção: avanços e desafios*. Boletim do Instituto Brasileiro de Ciências Criminais, ano 22, n. 256, março/2014, pp. 4-5.

TANGERINO, Davi de Paiva Costa. *A responsabilidade penal da pessoa jurídica para além da velha questão de sua constitucionalidade*. Boletim do Instituto Brasileiro de Ciências Criminais, ano 18, n. 214, setembro/2010.

TIEDEMANN, Klaus. *Responsabilidad penal de personas jurídicas y empresas en derecho comparado*. Revista do Instituto Brasileiro de Ciências Criminais, ano 3, n. 11, julho/setembro 1995.

As Investigações Internas Empresariais e a Tutela da Ordem Tributária

Alexandre Wunderlich
Marcelo Azambuja Araujo

1. Primeira Constatação: o Reconhecimento da Criminalidade Econômico-Empresarial

Partimos do seguinte consenso: existe um fenômeno que extrapolou os limites da chamada criminalidade convencional. É a criminalidade econômico-empresarial[1], que foi reconhecida pela doutrina e que passou a ocupar largo espaço na jurisprudência dos tribunais brasileiros.

Nas últimas décadas, a criminalidade econômico-empresarial recebeu maior visibilidade, fundamentalmente após a publicação da Constituição Federal de 1988 – que deu dignidade penal para uma série de novos bens jurídicos imateriais e de natureza supraindividual, como o meio ambiente, as

---

[1] Adotamos um conceito amplo de *criminalidade econômico-empresarial*, enquanto um conjunto de infrações relevantes no qual estão incluídos todos os tipos legais de crimes praticados no âmbito das sociedades empresariais, por ações e omissões daqueles que têm o poder de comando dos negócios, os sócios, gestores e/ou administradores – os *donos das empresas*. A doutrina sinaliza para a construção de um Direito Penal Econômico, um Direito Penal Empresarial ou um Direito Penal Secundário, expressões empregadas como sinônimos. Vemos estas conceituações como respostas da doutrina para o tratamento destes problemas penais no âmbito da empresa e optamos pela expressão *criminalidade econômico-empresarial* para identificar um fenômeno, no sentido mais amplo do que aquele conceito em sentido estrito sugerido por Klaus TIEDEMANN nos anos 80, sem limitar o Direito Penal Econômico na tutela exclusiva de um bem jurídico consolidado no conjunto da ordem econômica do Estado, no sentido menos restrito e concebido além do direito de direção da economia pelo Estado (TIEDEMANN, Klaus, *Poder económico y delito*, Barcelona: Ariel, 1985, p. 18, GARCÍA CAVERO, Percy, *Derecho penal económico: parte general*, 3 ed., Lima: Jurista Editores, 2014, p. 67).

relações de consumo, o sistema financeiro, as ordens tributária, previdenciária e econômica, entre outros. A partir dos comandos constitucionais de incriminação, o Brasil passou a legislar energicamente – infelizmente de forma atabalhoada e sem critérios técnicos – sobre estes diversos bens jurídicos, acarretando o que se tem chamado de inchaço do direito penal, sobretudo quando a opção foi, também, a criminalização das condutas pertencentes ao quotidiano empresarial[2]. É visível, portanto, o fenômeno da expansão de imputações no ambiente empresarial.

É fundamental, aqui, fazermos uma digressão importante. A construção do conceito de criminalidade econômico-empresarial no Brasil é resquício de uma antiga cultura de negócios. O empresário enquanto o sujeito ativo da prática de delitos, que atua com um *modus operandi* intelectualizado e, que, mais das vezes, usufrui dos relacionamentos políticos, sociais e econômicos em benefício da empresa e em detrimento do Estado. A velha cultura de negócios obscuros produziu uma espécie de vitimização difusa e uma consequente danosidade invisível ao Estado; características que, efetivamente, não existem na criminalidade clássica ou convencional. Desde o nosso olhar, o tratamento legal dispensado às condutas praticadas por empresários contribuiu para o processo de *verticalização do direito penal*, dando vida ao *direito penal burguês*[3], que afetou grandes empresários até então distantes das amarras da Justiça Criminal.

Neste contexto, dentro do universo de condutas empresariais que sofreram com o espectro de expansão do direito penal, está a prática da sonegação, supressão ou redução de tributos, contribuições sociais e acessórios,

---

[2] WUNDERLICH, Alexandre, "A eficácia das Varas especializadas: competência exclusiva e ausência de transcrição de depoimentos – novos bens jurídicos, velhas violações", *Boletim IBCCRIM*, São Paulo, v. 14, n.166, p. 16-17, set. 2006: "[...] *o direito penal contemporâneo passa por um necessário processo de reexame da escala axiológica dos bens jurídico-penais. Escala esta que, como é cediço, sofreu uma inversão ideológica.* [...] *esse processo de reexame vem marcado pela expansão desenfreada do direito penal. Isto porque o direito penal contemporâneo, para além daqueles bens jurídicos tangíveis, de cunho individual, optou por absorver um universo de bens jurídicos de natureza supraindividual, bens imateriais e difusos. E a legislação nacional tem sido pródiga no processo de seleção e criminalização das condutas que violem ou simplesmente coloquem em risco estes bens jurídicos. Este inchaço do ordenamento jurídico-penal ganhou corpo a partir da criação de tipos penais que vieram atender a tutela dos interesses coletivos ou difusos, fundamentalmente pela inserção, no texto constitucional de 1988, de diversos valores que, com a menção na Carta Política, adquiriram dignidade constitucional.*"

[3] WUNDERLICH, Alexandre, "Crimes contra o Sistema Financeiro Nacional: da manutenção de depósitos no exterior à internação de capitais no Brasil", In: PRADO, Geraldo, CHOUKR, Ana Cláudia, JAPIASSÚ, Carlos Eduardo, *Processo penal e garantias*, Florianópolis: Empório do Direito, 2016, p. 57.

atualmente regulada pela Lei n. 8.137/1990[4]. Em realidade, superada a postura minimalista do direito penal, que recomenda a não intervenção, o fato é que desde o início da década de noventa, os ilícitos penais tributários passaram a compor o conceito de criminalidade econômico-empresarial no Brasil.

Logo, o estudo do objeto desta breve reflexão – *Investigações internas empresariais e a tutela da ordem tributária* – tem como pressuposto (a) a admissão da existência da criminalidade econômico-empresarial e (b) a necessidade de superação da antiga cultura empresarial, para posterior enfrentamento (c) dos contornos da investigação interna empresarial em ilícitos tributários, (d) enquanto medida privada de controle e regulação, que pretende a evitação de resultados indesejados, desde falhas de rotinas organizacionais até a prática destes ilícitos.

2. Segunda Constatação: o Reconhecimento da Necessidade de Superação da *Velha* Cultura Empresarial – Adoção da Cultura da Conformidade

É inegável que as mudanças sociais ocorridas nas últimas décadas afetaram enormemente o quotidiano das empresas. A revolução tecnológica e o avassalador incremento de riscos nos negócios, conhecidos sobretudo a partir dos avanços das pesquisas científicas, ocasionaram uma série de novas obrigações e deveres. Neste quadro de constante variação, diante das inovações e com o alto incremento da fiscalização do Estado, algumas práticas empresariais ilícitas receberam maior visibilidade por parte dos meios de comunicação e

---

[4] O Poder Legislativo optou pela criminalização das condutas que atentem contra a ordem tributária. Contudo, os programas de parcelamento de tributos ofertados pelo Estado ao longo das últimas décadas demostram que a intervenção penal serviu *apenas* como ferramenta na cobrança de dívidas. "[...] *a política criminal referente aos delitos tributários é condicionada pela política fiscal, pelo parcelamento e/ou pagamento dos tributos devidos. Tanto no plano legislativo, processo de criminalização primária e de elaboração de direitos subjetivos (tal como a extinção da punibilidade em razão do pagamento do débito), quanto no plano persecutório (criminalização secundária) – maior ou menor repressão por parte da Polícia, da Receita e do Ministério Público – é possível notar a imbricação entre política criminal e política fiscal. Ademais, no plano dogmático, é impossível evitar o entrecruzamento de conceitos, já que a lei penal-tributária é um espaço normativo híbrido, que mescla categorias de direito tributário e de direito penal.*" (WUNDERLICH, Alexandre; ALVES, Mayora Marcelo, "Desde os reclamos da doutrina até o *leading case do stf:* hc nº 81.611/DF e o exaurimento da esfera administrativa nos crimes tributários", In: PRADO, Luiz Regis; DOTTI, René, *Doutrinas essenciais: Direito Penal Econômico e da Empresa*, São Paulo: Revista dos Tribunais, v. V, 2011, p. 63 *et seq.*).

passaram a não ser mais toleradas pelo imaginário social, recebendo contornos de crimes graves, fruto do momento punitivista vivido no país – desde a sonegação fiscal, a sistemática de pagamento de propinas a agentes públicos até a ocultação patrimonial e a lavagem de dinheiro.

É preciso, pois, ter presente a necessidade de superação da maneira ilegal pela qual algumas empresas se relacionavam com o Estado – e, por suposto, muitas devem ainda seguir se relacionando à margem dos controles estatais. O fato é que, em nosso juízo, a difusão do antigo modelo de atuação dos negócios, de forma divorciada da legalidade, acabou forjando a cultura de ajuste em prejuízo do interesse público. Contudo, vivemos outros tempos, no sentido da compressão e da imposição de uma *cultura de conformidade*, ainda que num cenário em mutação – a *la fórceps*, é verdade, e com fissuras no sistema de franquias constitucionais, *v.g.*, a cognominada Operação Lava Jato.

Neste passo, cresce a preocupação com políticas de prevenção de práticas ilegais no âmbito das empresas, como a evitação da supressão e/ou redução de tributos, contribuição social e qualquer acessório, tema objeto deste breve artigo. Aliás, são múltiplas as condutas tratadas pelo diploma penal que merecem ser impedidas, desde "omitir informação ou prestar declaração falsa às autoridades fazendárias", "fraudar a fiscalização tributária", "falsificar ou alterar documentos fiscais", "elaborar, distribuir, fornecer, emitir ou utilizar documento que saiba ou deva saber falso ou inexato ou negar", "deixar de fornecer ou fornecer de forma inidônea, quando obrigatório, nota fiscal ou documento equivalente", entre outras.

Em nosso juízo, para a construção desta cultura empresarial, a *cultura de conformidade*, deve-se buscar mecanismos que possam contribuir eticamente para a implantação de novas teorias e práticas. A criação de programas de *compliance* em empresas é pauta importante nas discussões emergentes sobre o tema. Consequentemente, a investigação interna empresarial, cuja finalidade é a identificação de episódios sensíveis com sinais de ilícito, aparece como ferramenta útil num momento de transformação. A velha cultura recomendava o encobrimento das ilicitudes ocorridas dentro da empresa. Agora, afastada a cegueira deliberada, a empresa opta por instrumentos de controle capazes de identificar os riscos das suas atividades, de conter eventuais danos e de impedir ações ou omissões ilegais. É imperativo, pois, uma *mudança no paradigma empresarial*, com a justa adequação da empresa ao fiel cumprimento das regras.

3. Conformidade e Investigação Interna Empresarial

No Brasil, o artigo 7º, VIII, da Lei n. 12.846/2013, fomentou a implantação dos *programas de conformidade pelas empresas* que têm negócios com a Administração Pública. A legislação acabou por incentivar que as empresas adotem tais programas de integridade corporativa que, para além da melhoria da própria performance, representam uma causa-legal de diminuição de eventual imposição de sanção administrativa pelo Estado[5].

A partir da citada legislação, os programas de *compliance* tiveram um aumento exponencial no país, o que incrementou práticas de controle de riscos nas empresas. É inegável que os programas de *compliance* surgem da necessidade de controlar os riscos gerados pelas atividades empresariais. Estar em *compliance* é fazer cumprir as normativas impostas às atividades profissionais do setor privado (admitimos também a necessidade no setor público). É ter ciência das regras organizacionais de governança. É cumprir rigorosamente os procedimentos internos e adotar determinados padrões de conduta que são pautados na ética corporativa. *Compliance* é basicamente o cumprimento de deveres como prevenção de riscos puníveis, o que na área tributária das empresas é plenamente possível. Por esta razão, defendemos a utilização de tais programas e, ainda, o recurso à figura do *Compliance Officer*, que, dentre outras funções, deve tratar de assuntos positivos, como a disseminação dos padrões éticos e culturais de *compliance* e, também, aqueles temas negativos, como a regulação das deficiências nos padrões de conduta empregados nas dinâmicas diárias[6].

---

[5] A fim de evitar programas de conformidade sem efetividade ou programas de "fachada", o Decreto n. 8.420/2015 regulamentou a Lei n. 12.846/2013. A CGU estabeleceu orientações para criação de programas por meio da Portaria n. 909, identificando pressupostos para utilização do benefício de *redução no valor da multa*: (a) comprovar que o programa de integridade foi construído de acordo com o seu tamanho, perfil de atuação e posicionamento no mercado, (b) comprovar o histórico de aplicação do programa com resultados alcançados anteriormente na prevenção de atos lesivos e (c), demonstrar que o programa foi aplicado no próprio ato lesivo em questão, tendo funcionado como prevenção contra um dano maior ou na reparação do prejuízo causado.

[6] WUNDERLICH, Alexandre, *"Criminal compliance* e Lei Anticorrupção", In: REALE JÚNIOR, Miguel [Coord], *Código Penal Comentado*, São Paulo: Saraiva, 2017, p. 927. Por sua vez, *criminal compliance* é o mecanismo de sistema de cumprimento normativo de caráter penal que congloba um conjunto de medidas que as pessoas jurídicas podem/devem adotar na identificação de riscos de infração legal (*risk assessment*), delimitando-os, reduzindo-os ou eliminando-os (*risk management*), como ensina GARCÍA CAVERO (*Derecho penal económico*, p. 228-229, *Criminal Compliance*, Lima: Palestra, 2014, p. 30).

Atualmente, tempo de *cultura de conformidade*, a investigação interna é ferramenta fundamental a indicar eficiência na gestão empresarial. Vale sublinhar que, até o início dos anos 2000, nos Estados Unidos da América, as investigações internas eram realizadas primordialmente por empresas de auditoria. Entretanto, os escândalos públicos que implicaram as empresas *Enron* e *Arthur Andersen*[7] trouxeram significativa mudança, e a prática alcançou, também, os grandes escritórios de advocacia, que passaram a realizar investigações internas empresariais[8]. De igual modo, no Brasil, o tema ganhou maior notoriedade com o surgimento dos chamados *deveres de informação* e de *auxílio* às autoridades públicas nas persecuções administrativas e penais, fundamentalmente quando das publicações das Leis de Anti-Lavagem e Anti-Corrupção – Leis n. 9.613/1998 e 12.846/2013.

No *paradigma de conformidade*, com a implementação de programas de *compliance* e a efetivação de investigações internas, os funcionários das empresas passam a ser importantes fontes de informações, pois representam uma espécie de guarda-memória e a possibilidade de reconstrução dos fatos acontecidos. Diferentemente do que ocorria na velha cultura empresarial, a fidelidade do funcionário à empresa não deriva da sua omissão em relação às práticas ilegais. Não há encobrimento; nada deve ser acobertado. Ao contrário, existe

---

[7] No caso da *Enron Corporation*, que figurou como a sétima maior corporação americana no ano 2000, com faturamento de US$ 100 bilhões de dólares, diagnosticou-se que sua saúde financeira era operada por manobras contábeis a fim de omitir prejuízos e alavancar investimentos. As práticas foram descobertas pela SEC que, no curso das investigações, entendeu haver indícios de envolvimento de sua empresa de auditoria (*Arthur Andersen*, segunda maior auditoria no mundo), inclusive com sua participação na destruição de provas. O episódio acarretou a falência das empresas e uma profunda revisão na legislação norte-americana, buscando maior transparência da atividade empresarial e, com isso, recuperar a confiança dos investidores. (ROYSEN, Joyce, "Histórico da criminalidade econômica", In: *Revista Brasileira de Ciências Criminais*, n. 42, pp. 192 a 213, jan./fev. 2003).

[8] FELDENS e MADRUGA também destacam que a atribuição da condução das investigações internas a advogados tem como objetivo garantir que as informações apuradas estejam protegidas pelas regras de sigilo da relação advogado-cliente. "[...] *jurisprudência ainda é vacilante no reconhecimento de sigilo da comunicação entre contador e cliente, do mesmo modo que existe entre este e o advogado que o auxilia em sua defesa. Essa maior proteção de sigilo às comunicações entre clientes e seus advogados faz com que muitas empresas optem por confiar a advogados a condução das investigações privadas*". (FELDENS, Luciano; MADRUGA, Antenor, "Cooperação da pessoa jurídica para apuração do ato de corrupção: investigação privada?", *Revista dos Tribunais*, n. 947, p. 73-90, set. 2014; na mesma linha: GOMEZ MARTÍN, Víctor. "Compliance y derechos de los trabajadores", In: KUHLEN, Lothar; MONTIEL, Juan Pablo; GIMENO, Íñigo Ortiz de Urbina, *Compliance y teoría del derecho penal*, Marcial Pons: Madrid, 2013, p. 127).

fidelidade à conformidade e um estímulo a "dinâmicas completamente diferentes baseadas na transparência informativa e no fomento da delação"[9].

É certo que a investigação interna empresarial não deriva necessariamente da implantação de um programa de conformidade. Todavia, mais das vezes, a investigação interna decorre de fatos diagnosticados a partir da implantação destes programas. Diferentemente das investigações públicas, que dependem da existência de *justa causa* para que sejam instauradas, as investigações internas privadas prescindem desta base indiciária mínima, pois podem/devem ser iniciadas a partir de meras suspeitas, aleatoriamente, em caráter meramente *preventivo*[10]. Isto ocorre, por exemplo, com o surgimento de fatos noticiados à empresa por meio de identificação de condutas duvidosas em sistemas de segurança, no controle de fluxo de dados e informações financeiras, em canais de denúncia *(hot lines)* ou em programas de anistia, estes últimos instrumentos próprios de programas de conformidade.

4. Investigação Interna Empresarial: Conceito, Classificação e Limites

Ocorre que, não obstante o crescimento da *cultura empresarial de conformidade*, há total ausência na regulamentação legal da investigação privada no Brasil. Dúvidas e incertezas em relação aos limites e possibilidades na sua condução preocupam as empresas que buscam conformidade e fidelidade à lei. A verdade é que não há um conceito bem definido do que seja uma investigação privada empresarial e eventuais excessos, assim como ocorrem nas investigações públicas, podem levar à afetação de direitos e garantias individuais de investigados[11]. Neste particular aspecto, é conveniente traçarmos uma divisão

---

[9] BRUMENBERG, Alex-Dirk; GARCÍA-MORENO, Beatriz, "Retos prácticos de la implementación de programas de cumplimiento normativo", In: IBARRA, Juan Carlos; VALIENTE IVAÑES, Vicente [Coord.], *Responsabilidad de la empresa y compliance: programas de prevención, detección y reacción penal*, Madrid: Edisofer, 2014, p. 288.

[10] NIETO MARTÍN, Adan, "Investigaciones internas, whistleblowing y cooperación: la lucha por la información en el proceso penal", In: *Diário LA LEY*, n. 8120, p. 8, 5 julio 2013, Disponível em: <http://www.juntadeandalucia.es/institutodeadministracionpublica/aplicaciones/boletin/publico/Boletin55/Articulos_55/nieto-martin.pdf>, Acesso em: 2.5.2016.

[11] Ver FELDENS, Luciano; MADRUGA, Antenor, *op. cit.*, "Cooperação da pessoa jurídica para apuração do ato de corrupção: investigação privada?", p. 73-90; GOMEZ MARTÍN, Víctor, *op. cit.*, "Compliance y derechos de los trabajadores", p. 125-146; GREEN, Bruce; PODGOR, Ellen, "Unregulated Internal Investigations: Achieving Fairness for Corporate Constituents",

entre o *criminal compliance* e os procedimentos de investigação que podem ser desencadeados por ele. Consoante adverte Jesus-Maria SILVA SÁNCHEZ, os programas de conformidade são resultado da delegação pelo Estado de atividades de vigilância, em sentido amplo, às empresas, envolvendo não só a adoção de medidas de vigilância, mas também a execução de medidas pró-ativas com o fim de estimular a incorporação de uma cultura de obediência às regras e a identificar possíveis fatores que conduzam a condições favoráveis à ocorrência de ilícitos, eliminando-os[12].

Vale pôr em relevo a opinião de Oliver SAHAN, que após referir a inexistência de uma conceituação na Alemanha, define a investigação interna empresarial como um procedimento para o esclarecimento de atos que possam levar à responsabilização da empresa ou de seus órgãos de administração, elucidando fatos que, não obstante possam ter sido praticados em "benefício" do ente coletivo empresarial, são irregulares. O autor menciona que as investigações internas também podem ter a finalidade de identificar condutas praticadas por funcionários em detrimento da empresa, como delitos de furtos e estelionato[13].

Em nosso sentir, embora as investigações internas empresariais possuam uma ligação umbilical com os programas de conformidade, com eles não se confundem, em que pese muitas vezes serem decorrentes de informações advindas destes programas. A doutrina especializada costuma classificar as investigações internas em várias espécies, seja quanto ao seu *alcance* ou *objeto*, pelos responsáveis por sua condução, etc. Juan Pablo MONTIEL destaca a existência de dois grandes grupos, dividindo-as em investigações internas em sentido *estrito*, (a) quando integradas apenas por advogados externos e,

---

Boston College Law Review, v. 54, p. 73-126, 2013; GRIFFIN, Lisa Kern, "Compelled cooperation and the new corporate criminal procedure", In: *New York University Law Review*, v. 82, p. 311-382, 2010; MONTIEL, Juan Pablo, "Sentido y alcance de las investigaciones internas en la empresa", In: IBARRA, Juan Carlos; VALIENTE IVAÑES, Vicente [Coord.], *Responsabilidad de la empresa y compliance: programas de prevención, detección y reacción penal*, Madrid: Edisofer, 2014, p. 487--517; GRECO, Luís; CARACAS, Christian, "Internal investigations e o princípio da não auto-incriminação" In: LOBATO, José Danilo Tavares; MARTINELLI, João Paulo Orsini; SANTOS, Humberto Souza [orgs.], *Comentários ao Direito Penal Econômico Brasileiro*, Belo Horizonte: D'Plácido, 2017, pp. 787 a 819.

[12] SILVA SANCHEZ, Jesus-Maria, *Fundamentos del Derecho penal de la Empresa*, Madrid: Edisofer, 2013, p. 192.

[13] SAHAN, Oliver, "Investigaciones empresariales internas desde la perspectiva del abogado", In: KUHLEN, Lothar; MONTIEL, Juan Pablo; GIMENO, Íñigo Ortiz de Urbina, *Compliance y teoría del derecho penal*, Marcial Pons: Madrid, 2013, pp. 246 a 247.

em sentido *amplo*, (b) quando contarem com advogados externos e também com membros da própria empresa. O autor ainda salienta a possibilidade de uma distinção em relação ao momento em que são conduzidas, podendo ser *pré-judiciais*, quando se iniciam a partir de indícios acerca da ocorrência de uma infração, sem que tal fato tenha sido noticiado às autoridades públicas, ou *paralelas* a ações judiciais, quando desenvolvidas após o conhecimento dos fatos pelas autoridades[14].

De outra banda, Albert Estrada i CUADRAS e Mariona Llobet ANGLÍ[15], quanto ao *objeto*, dividem as investigações internas em expedientes para apuração de infrações penais, extrapenais (por exemplo, para apuração de infrações laborais) e de ilícitos contratuais. Referem que as investigações podem ser destinadas a esclarecer fatos ilícitos cometidos (passado), que ainda estejam ocorrendo (presente) e, de forma preventiva, que visam alcançar novas infrações (futuro). Como decorrência desta última divisão, aduzem a possibilidade de classificação das investigações conforme o grau de suspeita que recaia sobre o indivíduo investigado, separando-as em expedientes que possuem um suspeito determinado (quando tenham como objeto um fato passado) e investigações preventivas (que não apuram um fato individualizado). Os autores apresentam, ainda, outra classificação quanto ao sujeito sobre o qual recai a investigação, dividindo-a em quatro possibilidades: (a) em caso de ilícitos praticados por funcionários da empresa contra o patrimônio desta (estelionato, furto, apropriação indébita, etc.), (b) quando se trate de crimes cometidos por funcionários da empresa tendo como vítimas outros funcionários (abuso sexual, furto, etc.), (c) na hipótese de infrações penais praticadas por funcionários em nome da empresa e em seu "benefício" (corrupção, fraude em licitações, sonegação fiscal, etc.) e, por fim, (d) quando o empregador tenha o interesse em monitorar as atividades de seus funcionários, nos casos em que tem o dever de proteção da saúde e integridade física em cumprimento de normas de segurança.

Por outro lado, conforme destaca Juan Pablo MONTIEL, as investigações internas não incluem "*meras atividades de controle, mas compreendem (tal como no processo penal) atividades destinadas a (tentar) reconstruir o passado e adotar*

---

[14] MONTIEL, Juan Pablo, *op. cit.*, "Sentido y alcance de las investigaciones internas en la empresa", p. 498.
[15] CUADRAS, Albert Estrada; ANGLÍ, Mariona Llobet, "Derechos de los trabajadores y deberes del empresario: conflicto en las investigaciones empresariales internas", In: *Revista Brasileira de Ciências Criminais*, v. 108, pp. 151 a 188, mai./jun. 2014.

medidas a partir dos fatos identificados"[16]. Em sua opinião, a investigação interna mira fatos ocorridos, ou seja, é *reativa*, visa reconstrução dos fatos com o fito de diagnosticar possível cometimento de ilícitos dentro da estrutura empresarial. Juan Pablo MONTIEL ainda admite a possibilidade de investigação com o fim de obter elementos em relação à deficiência de seus sistemas de controle, que também seriam legítimas. Diferencia-a, contudo, dos procedimentos invasivos na esfera de intimidade dos funcionários que não tenham respaldo em qualquer indício, o que entende ilegítimo e denomina de *"caza de brujas"*[17].

Urge, portanto, que possamos definir um conceito legal de investigação interna empresarial em nosso país, a fim de que seja viável desenvolver teoricamente as suas classificações e fixar seus limites, evitar excessos e abusos, para que seja utilizada como instrumento de prevenção e punição no ambiente corporativo.

5. Conclusão – Investigação Interna Empresarial e Sua Aplicação nos Ilícitos Tributários

Em síntese, vários fatores podem levar uma empresa a optar por realizar uma investigação interna, tais como, por exemplo, (a) apurar irregularidades a fim de evitar riscos e prejuízos futuros e, assim, (b) mostrar-se como uma sociedade em conformidade com o Direito, buscando (c) a confiança de investidores, (d) reunir informações e dados que objetivam negociar acordos de leniência com órgãos públicos, (e) identificar condutas de funcionários/colaboradores que tenham agido em detrimento da empresa a fim de responsabilizá-los, (f) apontar irregularidades de fornecedores e/ou parceiros comerciais, com a cessação das atividades de modo a evitar futura responsabilização solidária, etc.

É lógico, portanto, ante o amplo espectro de utilização das investigações internas, que o instrumento (também) pode ser aplicado em diagnósticos

---

[16] MONTIEL, Juan Pablo, *op. cit.*, "Sentido y alcance de las investigaciones internas en la empresa", p. 496.

[17] O autor cita como exemplo de investigação que entende ilegítima os procedimentos realizados por uma rede de supermercados da Alemanha (*Aldi, Lidl y Netto*), que instalou câmeras de vigilância, contratou investigadores privados e instalou gravadores de voz ocultos em locais de reuniões, a fim de buscar elementos da vida privada de seus funcionários para prevenir qualquer tipo de conspiração contra os interesses da empresa.

sobre a regularidade e a legalidade de operações complexas envolvendo tributos, contribuições sociais e acessórios. Sob o prisma do cipoal de normas legais e dos inúmeros impostos e taxas devidos, a adoção de práticas contrárias ao direito gera diversas consequências jurídicas, como a criação de um passivo tributário, que, uma vez verificado pelas autoridades, acarretará em uma autuação fiscal, com penalidades e multas que podem ter alto impacto financeiro. Mais, dependendo da gravidade das condutas descobertas, poderá haver persecução e responsabilização penal de gestores e administradores da empresa, além do fato de haver um provável dano à imagem da corporação, que passa a ser vista como uma empresa sonegadora.

Então, pensamos que os programas de conformidade e as investigações internas devem andar lado a lado na busca por soluções, na redução de danos e na apuração de responsabilidades dentro da empresa. Quando estamos diante de empresas de grande porte, estruturadas a partir da delegação de poderes, com políticas de comissionamento pelo alcance de metas, temos um campo fértil para que sejam praticadas condutas arrojadas buscando aumento de resultados, ainda que, para tanto, sejam adotadas práticas ilegais como a sonegação de tributos. Desta forma, advogamos que os programas de conformidade e as investigações internas corporativas são importantes instrumentos ao dispor das empresas, justamente para a identificação de condutas contrárias ao direito levadas a cabo por seus funcionários e, quem sabe, por seus próprios gestores.

Em termos de deveres tributários, a investigação interna pode contribuir na identificação de eventuais ilegalidades, no levantamento de dados e na apuração de prejuízos. Uma investigação pode indicar a necessidade de soluções, como a adoção de medidas tendentes a regularização da situação fiscal, quiçá com o aproveitamento de dispositivos legais, como a denúncia espontânea (art. 134 do CTN). No ponto, lembramos que, na hipótese, as vantagens são condicionadas ao fato de que a iniciativa do contribuinte em confessar o débito tributário deva ocorrer antes do início de qualquer procedimento administrativo ou medida de fiscalização, o que reforça a importância da efetividade dos mecanismos de vigilância e de investigação.

Por fim, pensamos que a implantação de programas de conformidade com mecanismos efetivos de apuração de ilegalidades resulta em diversos benefícios materiais e morais para as empresas, o que justifica o investimento. Ao lado dos instrumentos de controle e vigilância dos programas de conformidade, as investigações internas representam eficientes instrumentos de detecção de condutas ilegais no âmbito da atividade empresarial. Não há outro caminho seguro a percorrer, que não seja o da regulação. O destino é a adoção de uma plena cultura de conformidade, com o consequente abandono das antigas práticas negociais.

Referências

BRUMENBERG, Alex-Dirk; GARCÍA-MORENO, Beatriz. Retos prácticos de la implementación de programas de cumplimiento normativo, In: IBARRA, Juan Carlos Hortal; IVAÑES, Vicente Valiente [Coord.], Responsabilidad de la empresa y compliance: programas de prevención, detección y reacción penal, Madrid: Edisofer, 2014.

CUADRAS, Albert Estrada; ANGLÍ, Mariona Llobet, *Derechos de los trabajadores y deberes del empresario: conflicto en las investigaciones empresariales internas*, In: Revista Brasileira de Ciências Criminais, v. 108, mai./jun. 2014.

FELDENS, Luciano; MADRUGA, Antenor, **Cooperação da pessoa jurídica para apuração do ato de corrupção: investigação privada?**, In: Revista dos Tribunais, n. 947, set. 2014.

GARCÍA CAVERO, Percy, *Derecho penal económico: parte general*, 3ª ed., Lima: Jurista Editores, 2014.

GARCÍA CAVERO, Percy, *Criminal Compliance*, Lima: Palestra, 2014.

GRECO, Luís; CARACAS, Christian, *Internal investigations e o princípio da não auto-incriminação*, In: LOBATO, José Danilo Tavares; MARTINELLI, João Paulo Orsini; SANTOS, Humberto Souza [orgs.], Comentários ao Direito Penal Econômico Brasileiro, Belo Horizonte: D'Plácido, 2017.

MONTIEL, Juan Pablo, *Sentido y alcance de las investigaciones internas en la empresa*. In: IBARRA, Juan Carlos Hortal; IVAÑES, Vicente Valiente [Coord.], *Responsabilidad de la empresa y compliance: programas de prevención, detección y reacción penal*. Madrid: Edisofer, 2014.

NIETO MARTÍN, Adan, *Investigaciones internas, whistleblowing y cooperación: la lucha por la información en el proceso penal*, In: Diário LA LEY, n. 8120, 2013.

ROYSEN, Joyce, **Histórico da Criminalidade Econômica**, In: Revista Brasileira de Ciências Criminais, n. 42, jan./fev. 2003.

SAHAN, Oliver, *Investigaciones empresariales internas desde la perspectiva del abogado*, In: KUHLEN, Lothar; MONTIEL, Juan Pablo; GIMENO, Íñigo Ortiz de Urbina, *Compliance y teoría del derecho penal*, Marcial Pons: Madrid, 2013, p. 245-259.

SILVA SANCHEZ, Jesus-Maria, *Fundamentos del Derecho penal de la Empresa*, Madrid: Edisofer, 2013.

TIEDEMANN, Klaus, *Poder económico y delito*, Barcelona: Ariel, 1985.

VALLÈS, Ramon Ragués, *Whistleblowing: Una aproximación desde el Derecho Penal*, Madrid: Marcial Pons, 2013.

WUNDERLICH, Alexandre, **A eficácia das Varas especializadas: competência exclusiva e ausência de transcrição de depoimentos – novos bens jurídicos, velhas violações**, In: *Boletim IBCCRIM*, São Paulo, v. 14, n. 166, set. 2006.

WUNDERLICH, Alexandre, **Crimes contra o Sistema Financeiro Nacional: da manutenção de depósitos no exterior à internação de capitais no Brasil**, In: PRADO, Geraldo, CHOUKR, Ana Cláudia, JAPIASSÚ, Carlos Eduardo, Processo penal e garantias, Florianópolis: Empório do Direito, 2016.

WUNDERLICH, Alexandre, *Criminal compliance* **e Lei Anticorrupção**, In: REALE JÚNIOR, Miguel [Coord.], *Código Penal Comentado*, São Paulo: Saraiva, 2017.

WUNDERLICH, Alexandre e ALVES, Mayora Marcelo, **Desde os reclamos da doutrina até o** *leading case do STF:* **HC n° 81.611/DF e o exaurimento da esfera administrativa nos crimes tributários**, In: PRADO, Luiz Regis; DOTTI, René, *Doutrinas essenciais: Direito Penal Econômico e da Empresa*, São Paulo: Revista dos Tribunais, v. V, 2011.

Associação Criminosa e Crimes Contra a Ordem Tributária

Renato de Mello Jorge Silveira

1. Introdução

O Direito Penal encontra-se em um momento de transformação, enveredando a um significativo endurecimento. Semelhante colocação, apesar de verdadeira, é repetida à exaustão. Aqui, no entanto, seu viés significativo tem razão própria, em especial quando se menciona sobre as múltiplas incidências de imputação acerca do alcunhado Direito Penal Econômico e Empresarial, e, em particular, as noções de crime associativo.

Embora restrito, por anteriores decisões jurisprudenciais, a ajuntamentos necessariamente ilícitos, isso tem sido revisitado por manifestações mais recentes. Recorde-se que o mundo conhece, desde fins do século passado, uma nova perspectiva de representação penal, vista, em especial, dentro do espectro empresarial. Ela, em si, guarda preocupações e formas de intervenção distintas, mormente calcadas em espectro omissivo. Apesar de tardar alguns anos, desde escândalos contemporâneos de alegadas corrupções ligadas a empresas várias, também por estas bandas tem sido repensado o problema penal-empresarial.

Alega-se, frequentemente, que em sede empresarial podem ser cometidos as mesmas sortes de crimes do que em termos individuais. Com isso em tela, e imaginando-se ser o crime associativo crime formal, chega-se a afirmar pela sua manutenção até mesmo em situações em que se dá, *v.g.*, a extinção da punibilidade do crime tributário pelo pagamento dos valores devidos. Entretanto, mantem-se a genérica indagação sobre a própria questão da possibilidade de imputação associativa em sede empresarial. E isso, sob o primado de que o crime empresarial obedeceria as mesmas regras dos crimes clássicos. Mormente isso seja verdade, já que se está a falar, de responsabilizações individuais tidas, ou isoladamente, ou, dentro de uma estrutura empresarial. Nesse sentido, de se distinguir a possibilidade, ou não, de se imputar também um crime associativo quando o crime é cometido dentro de uma superestrutura empresarial.

Antes da consagração da Lei nº 12.850/2013, ou seja, ainda na vigência do chamado crime de quadrilha ou bando, houve primeiros intentos, por parte do Ministério Público, para que isso fosse efetivado. Em que pese uma certa contrariedade lógica em relação a essa leitura, ela parece ganhar mais força após o redesenho da figura típica do art. 288, do Código Penal, para o crime de associação criminosa.

Com isso em vista, e tomando-se o exemplo da conduta (criminosa) mais facilmente verificada em seio empresarial – a sonegação tributária – é de se colocar em teste a possibilidade conceitual, ou não, de imputação dessa ordem. Para tanto, propõe-se, no presente ensaio, uma verificação das premissas do Direito Penal empresarial, de suas filigranas e como a perspectiva do crime associativo nele vem a atuar.

2. O Direito Penal Empresarial

A noção de empresa, e empresa lícita, não é própria do Direito Penal, senão anterior a este. Sua ligação ao *jus mercatorun* implica na busca necessária de lucro, dentro de uma perspectiva de risco sistêmico.[1] As implicações penais sobre as atuações empresariais é que fazem gerar o chamado Direito Penal Empresarial. Tenha-se, em mente, contudo, que *prima principia*, a busca de lucro é umbilical à noção existencial da própria empresa. A dúvida posta em tal cenário diz respeito, todavia, a como essa busca poderia implicar, ou não, em ilícito.[2]

Foi de Schünemann a percepção primeva, ainda em fins dos anos 1970, que um crime pode se dar dentro da empresa, em função desta ou por meio

---

[1] Cf. SILVA SÁNCHEZ, Jesús-María. Teoría del delito y derecho penal económico empresarial. *In*: SILVA SÁNCHEZ, Jesús-María. *Derecho penal de la empresa*. Buenos Aires: BdeF, 2013, pp. 16 e ss.
[2] Cf. AMATO, Astofo di. *Diritto penale dell'impresa*. Milano: Giuffrè, 2011, pp. 12 e ss. ALESSANDRI, Alberto. Parte generale. *In*: PEDRAZZI, C.; ALESSANDRINI, A; FOFFANI, L.; SEMINARA, S.; SPAGNOLO, G. *Manuale di diritto penale dell'impresa*. Bologna: Monduzzi, 1998, pp. 17 e ss.

dela.[3] Tal constatação fez gerar dúvidas sobre como deveria ser a resposta penal em perspectiva empresarial. Fundamentalmente, a questão posta é que, em termos empresariais, não necessariamente o agente que vem a praticar determinada conduta – o autor – detém a competência de decisão de tal atuação.

Por outro lado, isso fez agudizar, nessa particular sede, toda a busca de responsabilidades. No caso de se entender que a perspectiva empresarial venha a ser a mesma que uma perspectiva individual, seria de se dizer que a imputação deveria ser em termos ativos, ou seja, daquele que pratica o ato em si. Em termos de seus coautores ou partícipes, haveria de se buscar, dentro do firmamento dogmático, respostas para se chegar em escalões superiores de mando empresarial, especificamente, nos órgãos diretivos.[4]

Imagine-se, dessa forma, a questão de pagamentos de impostos. Aprioristicamente, a decisão de como pagá-los diz respeito a um grau gerencial financeiro, chegando-se, no máximo, até o diretor financeiro. Dificilmente se chegaria na direção geral da empresa. Entretanto, é de se imaginar, esse tem sim, algum grau de conhecimento no ocorrido.[5]

Pois bem. De pronto, poder-se-ia imaginar duas sortes de resposta tradicional para que se pudesse estabelecer a responsabilidade dessa órbita superior de mando.[6] Ou seria de se buscar a ideia de autoria mediata ou, ainda, relativa ao domínio do fato em estruturas organizadas de poder.

A primeira – autoria mediata – em que se buscaria a responsabilidade do homem por detrás de alguma atuação, gera, entretanto, um pequeno entrave. A grande maioria dos estudiosos a seu respeito, imagina que o que realiza esse "homem por detrás", nada mais é do que utilizar determinados indivíduos como instrumentos do crime. Em sendo assim, seria, também, de se imaginar que, na verdade, a autoria mediata pressupõe a utilização de hipossuficientes

---

[3] Cf. SCHÜNEMANN, Bernd. Cuestiones básicas de dogmática jurídica-penal y de política criminal acerca de la criminalidad de empresa. Traducción por Daniela Brückner y Juan Antonio Lascarain Sánchez. *Anuario de Derecho Penal y Ciencias Penales* 1988, pp. 529 e ss DEMETRIO CRESPO, Eduardo. *Responsibilidad penal por omisión del empresário*. Madrid: Iustel, 2009, pp. 29 e ss.

[4] Cf. SCHÜNEMANN, Bernd. Los fundamentos de la responsabilidad penal de los órganos de dirección de las empresas. Traducción por Lourdes Baza. *In*: SCHÜNEMANN, Bernd. *Temas actuales y permanentes del derecho penal después del mil2nio*. Madrid: Tecnos, 2002, 129 e ss.

[5] Cf. SELVAGGI, Nicola. *La toleranza del vértice d'impresa tra 'inerzia' e 'induzione al reato'. La responsabilità penale ai confini tra commisione e omisione*. Napoli: Edizioni Scientifiche Italiane, 2012, pp. 7 e ss.

[6] Cf. DEMETRIO CRESPO, Eduardo. Op. cit., pp. 34 e ss. RODRÍGUEZ ESTÉVEZ, Juan María. *Riesgo penal para directivos de empresa. Atribución de responsabilidad penal*. Buenos Aires: BdeF, 2016, pp. 4 e ss.

que se mostram como tais instrumentos. Dificilmente, no entanto, poder-se-ia imaginar que um gerente ou diretor financeiro assumiria feição de hipossuficiente. Tal resposta, aqui, seria carecedora de lógica.

Por outro lado, ainda dentro da ideia de responsabilização ativa, seria de se imaginar por responsabilidades de escalões superiores pelo domínio do fato em entidades organizadas de poder. Aqui, a questão se mostra, ainda, mais controversa.[7]

De modo geral, o questionamento idealizado por Roxin, dizia respeito a organizações fora do Direito, em que a fungibilidade de determinados indivíduos acabava por denotar que o controle, ou domínio do fato, encontrava-se em órbita superior da hierarquia.[8] Com utilizações pontuais em casos de responsabilidade de líderes nazistas, de casos relativos aos atiradores do muro de Berlin, ou nos casos de criminalidade política como as observadas nos casos da ditadura argentina ou do ex-Presidente Fujimori, do Peru, parece sobrar a inquebrantável dúvida sobre a possibilidade de sua utilização em sede empresarial.[9] Ainda que alguns autores entendam em sentido positivo, mesmo no Brasil,[10] a questão encontra-se longe de resposta simples. Diga-se, ao menos, que perdurariam seríssimas dúvidas sobre a viabilidade de tal tipo de imputação.[11]

Estabelecida a dificuldade de atribuição de responsabilidade ativa em sede empresarial, é de se ver que, de anos, iniciou-se o buscar por fórmulas mais

---

[7] Cf., em termos genéricos, FERNÁNDEZ IBÁÑEZ, Eva. *La autoría mediata en aparatos organizados de poder*. Granada: Comares, 2006, pp. 7 e ss. FARRALDO CABANA, Patricia. *Responsabilidad penal del dirigente en estructuras jerárquicas*. Valencia: Tirant lo Blanch, 2003, pp. 25 e ss.

[8] Cf. ROXIN, Claus. *Täterschaft und Tatherrschaft*. Berlin: De Gruyter, 1999, pp. 60 e ss. ROXIN, Claus. *Autoría y dominio del hecho en derecho penal*. Traducción por Joaquín Cuello Contreras y José Luis Serrano González de Murillo. Madrid: Marcial Pons, 2000, pp. 81 e ss.

[9] Cf., em termos genéricos, entre outros, ROSTCH, Thomas. De Eichmann hasta Fujimori. Sobre la recepción del dominio de la organización después de la Sentencia de la Sala Penal Especial de la Corte Suprema de Perú. Traducción por María Cecilia Dómine. *In*: AMBOS, Kai; MEINI, Iván (ed.). *La autoría mediata*. Lima: Ara, 2010, pp. 33 e ss. ROXIN, Claus. Sobre la Sentencia Fujimori de la Corte Suprema de Perú. Traducción por Raúl Pariona Arana. *In*: AMBOS, Kai; MEINI, Iván (ed.). *La autoría mediata*. Lima: Ara, 2010, pp. 93 e ss. GARCÍA CAVERO, Percy. La autoría mediata por dominio de la voluntad en aparatos de poder organizados: el caso de Alberto Fujimori Fujimori. *In*: AMBOS, Kai; MEINI, Iván (ed.). *La autoría mediata*. Lima: Ara, 2010, pp. 189 e ss.

[10] BUSATO, Paulo César. *Direito penal. Parte geral*. São Paulo: Atlas, 2013, pp. 713 e ss.

[11] Cf. GRECO, Luís; LEITE, Alaor. O que é e o que não é a teoria do domínio do fato. Sobre a distinção entre autor e partícipe no direito penal. *In*: GRECO, Luís; LEITE, Alaor; TEIXEIRA, Adriano; ASSIS, Augusto. *Autoria como domínio do fato. Estudos introdutórios sobre o concurso de pessoas no direito penal brasileiro*. Madrid: Marcial Pons, 2014, pp. 19 e ss. ALFLEN, Pablo Rodrigo. *Teoria do domínio do fato*. São Paulo: Saraiva, 2014, pp. 159 e ss.

seguras de resposta penal. A imputação ativa, que seguiria um raciocínio *botton up*, além de bastante difícil, ocasiona dificuldades que geram entrave de impunidade. Visto isso, iniciou-se outra via de responsabilização. Uma, aliás, muito mais intuitiva: a via *top down*, justificada por imputação omissiva.[12]

Sua construção é bastante simples. Imaginando-se o vértice da operação empresarial como maior responsável sobre o que passa dentro da estrutura piramidal em questão, passa-se, a partir de então, a buscar o grau de culpa do mero executor. Para tanto, uma nova lógica penal deve ser estruturada.

3. A Lógica da Responsabilidade Penal Empresarial

Existem, como se viu, duas modalidades de entendimento da responsabilidade penal empresarial. Uma, ativa, que se desenvolve a partir da premissa *botton up*, desde os níveis mais subalternos da mesma até as cadeias de comando. Outra, através da inicial responsabilidade do dirigente superior da empresa, o qual é o maior responsável por tudo que nela se passa, e que, portanto, poderia ser visto como responsável desde uma perspectiva de falta de dever de cuidado com o que se passa na empresa. A dificuldade, no entanto, é como construir, ou justificar, semelhante imputação.[13]

Pois bem. A justificativa, embora complexa, mostra-se bastante natural. Por primeiro, seria de se imaginar que, em termos de atividade, poderia se mostrar difícil a busca de responsabilidades em certos graus diretivos. Por outro, tendo-se em conta que a empresa, de modo geral, é uma fonte geradora de riscos (tributários, econômicos, financeiros, ambientais, trabalhistas, etc.), pode-se perfeitamente entender que o dirigente maior da empresa é o garante em relação a riscos inerentes à sua atividade.

Na verdade, o que faz o dirigente empresarial é delegar o gerenciamento de determinados riscos, compartilhando parte da responsabilidade com os agentes delegados. Nesse sentido, haveria completa adequação, inclusive, com as previsões e entendimentos sobre o garante em relação à crimes omissivos impróprios vistos no art. 13, § 2º, do Código Penal brasileiro.[14]

---

[12] Cf. DEMETRIO CRESPO, Eduardo. Op. cit., pp. 33 e ss. SILVEIRA, Renato de Mello Jorge. *Direito penal empresarial: a omissão do empresário como crime*. Belo Horizonte: D'Plácido, 2016, pp. 33 e ss.

[13] SELVAGGI, Nicola. Op. cit., pp. 17 e ss.

[14] Cf. DEMETRIO CRESPO, Eduardo. Op. cit., pp. 125 e ss. RODRÍGUES ESTÉVEZ, Juan María. Op. cit., pp. 133 e ss. ASSIS, Augusto. A responsabilidade penal omissiva dos dirigentes de

O questionamento, no entanto, é outro. A imputação, sem dúvida, pode se dar desde um primado omissivo e lastreado na ideia de ingerência. Mas deve-se ter em conta que a lógica de responsabilização dentro de uma perspectiva empresarial não segue o raciocínio de um crime de sangue, desenho básico da responsabilidade penal tradicional.

O que se verifica, assim, é que uma dada empresa tem, em seu organograma, divisões de responsabilidade verticais e horizontais. Especificamente no que diz respeito ao escalonamento vertical, é de se recordar que a verificação e o atingimento de graus de imputação em escalões superiores pode ser um tanto difícil ao se utilizar noções de coautoria costumeiras. Intuitivamente, no entanto, o grau de responsabilidade dos dirigentes parece de necessidade prementemente lógica.

Dessa forma, ao se imaginar as necessidades de verificação dos deveres de controle e vigilância, que se desdobram através das delegações assumidas pelos gestores empresariais, assume-se outra perspectiva de responsabilização, gerando, outrossim, uma aparentemente inescapável expansão dos conceitos de omissão imprópria. Embora seja também necessária a imposição de contenções à semelhante estado de coisas, a dinâmica de responsabilização penal empresarial parece seguir esse trilhar.

Sob essa perspectiva, seria de se imaginar como poderia ser vista uma pretensa imputação de situação decorrente de busca de lucro, através de incorrências de risco sistêmico, mediante interpretações quaisquer de pagamentos de impostos. Aqui, notadamente não se verifica um quadro preconcebido de busca criminosa, mas de eventual intercorrência (criminosa) atinente ao não (ideal) pagamento de impostos. E essa condição parece de todo distante dos crimes comumente vistos em perspectiva do que se deve entender ou em relação à paz pública, ou de segurança, via perigo abstrato.

---

empresas. *In*: LOBATO, José Danilo; MARTINELLI, João Paulo; SANTOS, Humberto Souza (orgs.). *Direito penal econômico brasileiro*. Belo Horizonte: D'Plácido, 2017, pp. 45 e ss. DOPICO GÓMEZ-ALLER, Jacobo. *Omisión e injerencia en derecho penal*. Valencia: Tirant lo Blanch, 2006, pp. 201 e ss. ESTELLITA, Heloisa. *Responsabilidade penal de dirigentes de empresas por omissão. Estudo sobre s responsabilidade omissiva imprópria de dirigentes de sociedades anônimas, limitadas e encarregados de cumprimento por crimes praticados por membros da empresa*. Madrid: Marcial Pons, 2017, pp. 75 e ss.

4. Os Crimes Contra a Ordem Tributária Dentro de Uma Perspectiva Empresarial

Dentro dessa perspectiva, a busca de responsabilidade penal por crimes contra a ordem tributária dentro de uma estrutura empresarial é absolutamente emblemática e conflituosa. É obvio, que muitas podem ser as possibilidades de verificação ocorrencial. Muitos podem ser os prismas de análise das condutas envolvidas. No entanto, a lógica empresarial deve contribuir para a compreensão, *in casu*, da pretensão de responsabilização penal, não cabendo, assim, o adesivar a leituras simplistas da questão.[15]

A jurisprudência nacional, ao entender que o crime associativo é formal,[16] acaba reiteradamente por sustentar que, mesmo havendo a eventual extinção de punibilidade do crime tributário pelo pagamento do tributo, persistiria a punibilidade do mesmo.[17] Entretanto, a dúvida aqui posta é outra: haveria a possibilidade de existência conceitual desse delito associativo?

Note-se que a empresa, dentro de um primado capitalista, tem, como se viu, a busca de lucro como um de seus objetivos últimos. Esse, o objetivo de sua existência. Outros, também podem haver, mas o lucro é a base de tudo mais que a empresa pode vir a querer gerar, como concessão de empregos, crescimento econômico, etc. Se, de fato, é perceptível essa busca de lucro, várias formas de planejamento tributário são, também, amplamente não só justificáveis como desejáveis. Pois bem, em assim sendo, é de se indagar o papel dos patamares mais altos da estrutura piramidal empresarial, do vértice da pirâmide, em função desse desejo de se pagar menos impostos.

É claro, e fundamental, que se frise que um crime de sonegação tributária sempre poderá ser de sustentável imputação a título individual.

---

[15] Afirma-se, não raro, que "são demasiadamente comuns organizações criminosas especializadas em suprimir ou reduzir tributos, ou seja, perpetrar atos que incidam na Lei 8.137/1990, 1ª Parte, a qual previu os crimes contra a ordem tributária, ou seja, crimes praticados com a intenção de suprimir (não pagar) ou reduzir (pagar parcialmente) tributo ou contribuição social ou qualquer acessório." CONSERINO, Cassio Roberto. *Crime organizado e instituições correlatas.* São Paulo: Atlas, 2011, p. 42.

[16] Cf., sobre a temática da sociedade empresária e o crime associativo, ESTELLITA, Heloisa. *Criminalidade de empresa, quadrilha e organização criminosa.* Porto Alegre: Livraria do Advogado, 2009, pp. 29 e ss.

[17] Cf., entre outros, STF 70.290/RJ, Rel. Sepúlveda Pertence, DJ STF HC 81.260/ES, Rel. Min. Sepúlveda Pertence, DJ 19/04/2202; STF HC 84.223/RS, Rel. Min. Eros Grau, DJ 27/08/2004; STF HC 90.757/SC, Rel. Min. Celso de Mello, DJ 27/02/2014; STJ HC 50.157/SC, Rel. Min. Gilson Dipp, DJ 18/12/2006.

Os responsáveis pelas decisões de sonegação dolosa sempre poderão ser responsabilizados pelos seus atos. A dúvida, no entanto, é se, de algum modo, seria possível sustentar a existência de situação associativa destinada a tais fins. Sob um ponto de vista positivista, no mais das vezes um tanto positivista, sem dúvida alguma, sim. No entanto, o Direito Penal mostra-se edificado, desde há muito, em primados teleológicos. Não se pode simplesmente sustentar que um ajuntamento de pessoas, reunidas com o propósito de, *v.g.*, várias sonegações tributárias, pode, a seu modo, justificar uma imputação de associação ilícita, nos moldes do art. 288, do Código Penal, ou para além destes, como seria o caso de uma organização criminosa.[18]

5. Os Crimes Associativos e a Referência Empresarial

Os chamados crimes associativos detêm uma curiosa historiografia que, em sendo desprezada, vicia toda a possibilidade de resposta justa por parte do Direito Penal. Cancio Meliá recorda, nesse sentido, que o fato de se pretender estabelecer uma resposta penal específica no que diz respeito a uma associação penalmente ilícita dentro da qual se pretende a realização de delitos outros.[19]

Em verdade, como já apontava Hungria, em seu tempo, "a delinquência associativa ou de grupo fez-se, na atualidade, um alarmante fenômeno de hostilidade contra a ordem jurídico-social. Certos indivíduos que, por circunstâncias múltiplas, notadamente por influência de um ambiente criminógeno, a agravar-lhes a inconformação com a própria incapacidade de êxito pelos meios honestos, coligam-se como militantes inimigos da sociedade, formando entre si estáveis associações para o crime e entregando-se, pelo encorajamento e auxílio recíprocos, a todas as audácias e a todos os riscos.

---

[18] Estelitta já assevera essa questão, ainda que sob outra óptica, pontuando que "o que se deve ter em mente, todavia, é que, *a priori*, a reunião de pessoas formando uma sociedade empresária para a prática de atividades econômicas não se consubstancia em formação de quadrilha ou bando, ainda que tais pessoas venham a ser responsabilizadas pela prática de crimes econômicos no exercício da atividade econômica lícita; nestes casos, não há formação de quadrilha ou bando porque falta a essa união de pessoas (4 ou mais) a finalidade da prática de crimes." ESTELITTA, Heloisa. *Criminalidade...*Op. cit., p. 31.

[19] Cf. CANCIO MELIÁ, Manuel. El injusto de los delitos de organización: peligro y significado. *In*: CANCIO MELIÁ, Manuel; SILVA SÁNCHEZ, Jesús-María. *Delitos de organización*. Buenos Aires: BdeF, 2008, pp. 15 e ss. MOROZINIS, Ioannis. *Dogmatik der Organisationsdelikte*. Berlin: Duncker & Humblot, 2010, pp. 63 e ss.

É o banditismo organizado."[20] Essa percepção, de segunda geração, foi a que fundamentou toda a estruturação do crime de quadrilha ou bando (art. 288, do Código Penal), e que se manteve sem grandes alterações, mesmo após a mudança da alcunha criminosa do tipo penal em questão para associação criminosa, com a Lei nº 12.850/2013.[21]

Se a noção típica basilar não foi alterada, é verdade que as infrações associativas não são um fenômeno novo – mas presentes desde o Direito Penal liberal do século XIX – basta ter olhos de ver para a verificação de que o conceito, em si, sofreu significativa mutação mais recente. Em um primeiro momento de codificação, via-se a justificativa na alegada luta contra a resistência ou dissidência política, em verdadeiro âmbito prévio a delitos de traição e rebelião.[22] Em um segundo momento – mais presente em relação à realidade brasileira – diz respeito à criminalização visando bens jurídicos coletivos, como a "ordem pública" ou a "paz pública", como o original delito de quadrilha ou bando, hoje vistos como associação criminosa, no art. 288, do Código Penal. Já uma terceira ordem de preocupação, diz respeito a um abuso do direito de associação, as quais perfariam a noção de organização criminosa propriamente dita, vista na Lei nº 12.850/2013, e que define a questão como sendo, entre outras, integrar uma associação de quatro ou mais pessoas, estruturalmente ordenada e caracterizada pela divisão de tarefas, ainda que informalmente, com o objetivo obter, direta ou indiretamente, vantagem de qualquer natureza, mediante a prática de infrações penais cujas penas máximas sejam superiores a quatro anos, ou que sejam de caráter transnacional.[23]

---

[20] HUNGRIA, Nélson. *Comentários ao código penal*. Rio de Janeiro: Forense, 1959, vol. IX, p. 175.

[21] Cf., sobre a ampla evolução dos conceitos associativos no Brasil, PITOMBO, Antônio Sérgio Altieri de Moraes. *Organização criminosa. Nova perspectiva do tipo legal*. São Paulo: Revista dos Tribunais, 2009, pp. 55 e ss.

[22] Cf. ALEO, Salvatore. *Sistema penale e criminalità organizzata. Le figure delittuose associative*. Milano: Giuffrè, 2009, pp. 67 e ss. SÁNCHEZ GARCÍA DE PAZ, María Isabel. Función político-criminal del delito de asociación para delinquir: desde el Derecho penal político hasta la lucha contra el crimen organizado. In: ARROYO ZAPATERO, Luis; BERDUGO GOMEZ DE LA TORRE, Ignacio (dir.). *Homenaje al Dr. Marino Barbero Santos in memorian*. Cuenca: Ediciones Universidad de Salamanca, 2001, pp. 649 e ss. FARALDO CABANA, Patrícia. *Asociaciones ilícitas y organizaciones criminales en el código penal español*. Valencia: Tirant lo Blanch, 2012, pp. 201 e ss. Cf., também, ROVITO, Pier Luigi. Mentalità emergenziale e crimine origanizzato: profili storici. In: MOCCIA, Sergio (a cura di). *Criminalità organizzata e risposte ordinamentali*. Napoli: Edizioni Scientifiche Italiane, 1999, pp. 11 e ss. ZÚÑIGA RODRÍGUEZ, Laura. *Criminalidad organizada y sistema de derecho penal. Contribuición a la determinación del injusto penal de organización criminal*. Granada: Comares, 2009, 35 e ss.

[23] Cf. BITENCOURT, Cezar Roberto. *Comentários à lei de organização criminosa – Lei nº 12.850/2013*. São Paulo: Saraiva, 2014, pp. 23 e ss. Nesse sentido, observe-se o destaque feito por Cancio Meliá,

Em assim sendo, verifica-se a curiosa situação hoje percebida na realidade brasileira. De um lado, existe a possibilidade de imputação de crime de associação criminosa para delitos cometidos no bojo empresarial. Sua justificativa básica seria a situação prévia de uma *voluntas sceleris* verificada nesse contexto. Em tais casos, o pretenso objeto de tutela não seria outro do que a própria paz pública. No entanto, se os crimes a serem perpetrados venham a ter pena máxima de quatro anos, ou sejam de caráter transnacional, tratar-se-ia, pelo texto legal, de uma organização criminosa.

Em momento anterior, chegou-se a pugnar que somente a realidade de empresas ilícitas, vale dizer, "sociedade empresariais formadas para a prática de crimes, geralmente econômicos, nas quais a obtenção de lucro se faz por meios criminosos",[24] poderia justificar a imputação penal a título de quadrilha ou bando de membros da mesma. E, no caso de situação em que tal ajuntamento viesse a praticar inúmeras sonegações, nem mesmo o pagamento dos tributos teria influência no crime associativo. Isso se justificaria, já que o crime seria formal, e que a intencionalidade restaria como basilar para a condenação. Aqui, no entanto, alguns problemas postos. Seria possível, ou cabível, tal percepção?

---

segundo o qual "resulta evidente que la incriminación de la pertinencia a una asociación ilícita, medida con base en el modelo de un modelo de un bien jurídico de titularidad individual, supone una expansión del ordenamiento jurídico penal hacia el estadio prévio a tal lesión de un bien jurídico individual. Éste es el punto de partida de la llamada 'teoría de la anticipación': la perspectiva de la determinación del injusto se proyecta sobre los futuros delitos cuya comisión por parte de la organización se teme (es decir, las infracciones instrumentales para los fines últimos de la organización, que son cometidas en su marco). Según Rudolphi, el principal impulsor en tiempos recientes de esta aproximación, la mera existencia de la asociación criminal, o, más exactamente, la intervención el ella (es decir: los delitos de organización), constituye, respecto de los delitos cometidos a través de ella, en relación con los bienes jurídicos del Estado y de los ciudadanos individuales, una 'fuente de peligro incrementado': la organización desarrolla una 'dinámica autónoma' que, por un lado – en el marco del grupo humano cohesionado que supone la organización delictiva – está en condiciones de reducir las barreras inhibitorias individuales, y, por otro, reduce de modo decisivo – a través de la estructura interna de la organización – las dificultades 'técnicas' para la comisión de infracciones. Esta especial peligrosidad, de acuerdo con este punto de vista, es la que justifica 'excepcionalmente' que la organización sea combatida ya en estádio de la preparación. De acuerdo con este planteamiento, en realidad no es posible identificar un objeto de protección especifico para los delitos de organización, de modo que habría que sostener que el bien jurídico protegido por estas infracciones sería idéntico al conjunto de los bienes jurídicos tutelados en la Parte especial. En consecuencia, los delitos de organización se conciben como meros delitos de peligro (abstracto)." CANCIO MELIÁ, Manuel. Op. cit., pp. 37 e ss.

[24] Cf. ESTELLITA, Heloisa. *Criminalidade...*Op. cit., p. 30. MOROZINIS, Ioannis. Op. cit., pp. 335 e ss.

6. Limitações Para a Perspectiva de Imputação Associativa

A assertiva de Silva Sánchez sobre o fato de que a organização, em termos criminais, não constitui, unicamente, um aparato de domínio dos diretores sobre os membros subordinados (em termos fungíveis), os quais podem acabar por cometer fatos em si, é fundamental. Na realidade, a organização estipula, sim, um sistema de acumulação institucionalizada de contribuições individuais que favorecem a execução de delitos fim da própria associação criminosa.[25] Não se trata, em outras palavras, unicamente de legitimar aumento de penas ou de rigores processuais, mas de verificar se existe legitimação para a imputação em si.

Tendo-se em consideração tais colocações postas, deve-se deixar claro que, em primeiro lugar, parece existir uma inegável limitação de imputação de crime associativo a entidades fora do firmamento jurídico, vale dizer, fora do Estado e da Lei. Em outras palavras, não pareceria cabível uma acusação por associação criminosa dentro de uma superestrutura que, aprioristicamente, não se mostra ilícita, mas, ao revés, lícita, e isso, fundamentalmente por uma não acoplagem do conceito desde uma perspectiva de correção funcional típica ou de orientação da pena. Esse pensamento, visto fundamentalmente em certa jurisprudência,[26] há de ser estruturado, no entanto, tendo por base o fundamento do crime associativo, quanto mais em se tratando de incidências tributárias.

Inimaginável, assim, a responsabilidade de todos os funcionários de uma empresa (lícita), por eventual sonegação fiscal da mesma. Se os diretores dolosamente uniram esforços para tanto, o que se verifica é, no máximo, um concurso de agentes, mas, nunca, crime associativo contrário à paz pública ou à segurança. Os mais críticos poderiam sustentar que essa colocação levaria a impunidade de crimes ocorridos dentro de empresas legalmente constituídas, mas que, ao depois, destinam-se a fins criminosos. Aqui, dois destaques. O primeiro é se saber originariamente se não existem vícios na formatação legalmente apresentada. Necessário, assim, saber-se se não se está diante de uma "empresa de fachada", em que o aspecto legal oculta a ilegalidade que a

---

[25] SILVA SÁNCHEZ, Jesús-María. La "intervención a través de organización", ¿una forma moderna de participación en el delito? *In*: CANCIO MELIÁ, Manuel; SILVA SÁNCHEZ, Jesús-María. *Delitos de organización*. Buenos Aires: BdeF, 2008, p. 100.
[26] Cf. ESTELITTA, Heloisa. *Criminalidade*...Op. cit., pp. 32 e ss.

permeia. Caso esta se apresente, aí sim, poderia ser vislumbrado crime. Em caso negativo, não.

Por outro lado, é de se verificar que não existe, em tais casos, como se viu, um desassossego social a legitimar a intervenção penal sob a justificativa da altercação da paz pública. A paz pública não se vê ameaçada por associações lícitas, uma vez que tal construção diz respeito, como se viu, à segunda geração de crimes associativos. O caso, entretanto, da organização criminosa, é mais complexo.

A busca do injusto da própria organização, no entanto, não difere tanto da necessidade de um semelhante turbar da busca de uma tranquilidade social. Muito embora diga respeito a um crime de perigo abstrato, há de se imaginar que, no caso da organização criminosa, existe uma predisposição baseada em um modelo de transferência, a contrário senso do que seria o modelo de responsabilidade por fato próprio.[27] Em tal caso, ainda que exista uma certa independência da imputação do tipo penal de organização, mostra-se fundamental a verificação de percepção em relação à ilicitude prévia da mesma. Nesse sentido, o desenho penal da organização criminosa mostra-se ainda em foco mais estreito do que o de associação criminosa, o qual nada mais é do que uma reestrutura básica do antigo crime de quadrilha ou bando. Este, por outro lado, também não significa simples responsabilidade penal autônoma por concurso de pessoas, mas, sim, pela turbação a uma paz pública desejada.

No entanto, mesmo que assim o fosse, em termos de logicidade de construção da norma penal, não faz o menor sentido pretender estipular uma responsabilização penal por fato que a engrenagem empresarial faz valorizar, qual seja, o maior ganho possível dentro da margem de legalidade. E isso, mostra-se dentro de uma margem de risco permitido em seara capitalista.[28] Pode haver uma responsabilização pontual por fato de sonegação, mas seria altamente improvável imaginar-se uma empresa lícita baseada unicamente em pretensões de sonegação fiscal.

Esse estado de coisas parece se originar em algumas bases a serem tidas como verdade. A primeira, diz respeito a um uso excessivo da pretensão punitiva no que diz respeito à criminalidade de empresa, chegando-se a confundir

---

[27] SILVA SÁNCHEZ, Jesús-María. La "intervención"...Op. cit., pp. 101 e ss.
[28] Cf. VOLK, Klaus. Criminalità organizzata e criminalità económica. Traduzione a cura di Antonio Cavaliere. *In*: MOCCIA, Sergio (a cura di). *Criminalità organizzata e risposte ordinamentali*. Napoli: Edizioni Scientifiche Italiane, 1999, pp. 359 e ss.

a mesma com crimes associativos. Estes, apesar de poderem ser presentes, são significativa exceção nessa seara.

Um segundo problema é verificado na confusão terminológica com o conceito de crime organizado. Sobreposições de percepções criminológicas, dogmáticas, legais e jurisprudenciais são exemplo claro disso. Empresas podem ser, criminologicamente, vistas como organizações criminosas, mas o injusto penal da organização não permite tão facilmente tal assertiva, em que pese o fato da jurisprudência perder um pouco tal definição.[29]

Nesse sentido, a colocação de Silva Sánchez acerca da necessidade de verificação de que o injusto sistêmico da organização deve constituir um injusto apto para a imputação penal. Somente com isso poderia haver a possibilidade de cada membro ser incriminado.[30] Ocorre, por outro lado, que, em crimes tributários, não se imputa responsabilidade penal a cada membro de uma dada empresa, mas, apenas, a certa órbita de mando. E, isso, desconstitui toda a referência de incriminação do crime associativo. Embora fruto da globalização e de uma pretensa luta contra crimes transnacionais, limites a imputações penais associativas hão se ser postas, em especial quando dizem respeito a atividades aprioristicamente não ilícitas.

Dessa forma, parece que, no mais das vezes, não se justifica a imputação penal associativa em casos de verificação de infrações tributárias em seio empresarial. A pretensa acusação ou resposta jurisprudencial, nesse sentido, além de artificial e de significado simbólico e punitivista,[31] mostra-se bastante duvidoso, e de pouca efetividade, como já afirmava Moccia.[32] E esse nunca foi o propósito final dos crimes associativos.

---

[29] Cf. ESTELITTA, Heloisa. *Criminalidade...*Op. cit., pp. 44 e ss. ZAFFARONI, Eugenio Raúl. Il crimine organizzato: una cattegorizzazzione fallita. *In*: MOCCIA, Sergio (a cura di). *Criminalità organizzata e risposte ordinamentali*. Napoli: Edizioni Scientifiche Italiane, 1999, pp. 63 e ss. CAVALIERE, Antonio. Effetività e criminalità organizzata. *In*: MOCCIA, Sergio (a cura di). *Criminalità organizzata e risposte ordinamentali*. Napoli: Edizioni Scientifiche Italiane, 1999, pp. 301 e ss. Cf., em termos de necessária limitação de organização em foco de ilicitude, ALEO, Salvatore. Op. cit., pp. 172 e ss.

[30] Cf. SILVA SÁNCHEZ, Jesús-María. La "intervención"...Op. cit., pp. 97 e ss. Cf. as preciosas colocações feitas em PITOMBO, Antônio Sérgio Altieri de Moraes. Op. cit., pp. 167 e ss.

[31] Cf. PAVARINI, Massimo. Lo sguardo artificiale sul crimine organizzato. *In*: GIOSTRA, Glauco; INSOLERA, Gaetano (a cura di). *Lotta ala criminatilà organizzatta: gli strumenti normative*. Milano: Giuffrè, 1995, pp. 75.

[32] Interessante a recordação de Moccia sobre o fato de que "non è, dunque, nella spirale repressiva che è possibile intravedere una via di uscita: a rapporti di fondo inalterati, il fenomeno, al di là di pur significativi successi di tipo giudiziario, tenderà a riprodursi sotto forme diverse. Non è contrastando i sintomi più evidenti del malessere che si aggregisce alle radici il fenomeno."

Referências

ABANTO VÁSQUEZ, Manuel A. El llamado "Derecho penal" del inimigo. Especial referencial al Derecho penal económico. *In*: ABANTO VÁSQUEZ, Manuel A. *Dogmática penal, delitos económicos y delitos contra la administración pública*. Lima: Grijley, 2014.

ALEO, Salvatore. *Sistema penale e criminalità organizzata. Le figure delittuose associative*. Milano: Giuffrè, 2009.

ALESSANDRI, Alberto. Parte generale. *In*: PEDRAZZI, C.; ALESSANDRINI, A; FOFFANI, L.; SEMINARA, S.; SPAGNOLO, G. *Manuale di diritto penale dell'impresa*. Bologna: Monduzzi, 1998.

ALFLEN, Pablo Rodrigo. *Teoria do domínio do fato*. São Paulo: Saraiva, 2014.

AMATO, Astofo di. *Diritto penale dell'impresa*. Milano: Giuffrè, 2011, pp. 12 e ss.

ASSIS, Augusto. A responsabilidade penal omissiva dos dirigentes de empresas. *In*: LOBATO, José Danilo; MARTINELLI, João Paulo; SANTOS, Humberto Souza (orgs.). *Direito penal econômico brasileiro*. Belo Horizonte: D'Plácido, 2017.

BITENCOURT, Cezar Roberto. *Comentários à lei de organização criminosa – Lei nº 12.850/2013*. São Paulo: Saraiva, 2014.

BUSATO, Paulo César. *Direito penal. Parte geral*. São Paulo: Atlas, 2013.

CANCIO MELIÁ, Manuel. El injusto de los delitos de organización: peligro y significado. *In*: CANCIO MELIÁ, Manuel; SILVA SÁNCHEZ, Jesús-María. *Delitos de organización*. Buenos Aires: BdeF, 2008.

CAVALIERE, Antonio. Effettività e criminalità organizzata. *In*: MOCCIA, Sergio (a cura di). *Criminalità organizzata e risposte ordinamentali*. Napoli: Edizioni Scientifiche Italiane, 1999.

CONSERINO, Cassio Roberto. *Crime organizado e instituições correlatas*. São Paulo: Atlas, 2011.

DEMETRIO CRESPO, Eduardo. *Responsibilidad penal por omisión del empresário*. Madrid: Iustel, 2009.

DOPICO GÉMZ-ALLER, Jacobo. *Omisión e injerencia en derecho penal*. Valencia: Tirant lo Blanch, 2006.

ESTELLITA, Heloisa. *Criminalidade de empresa, quadrilha e organização criminosa*. Porto Alegre: Livraria do Advogado, 2009.

_____. *Responsabilidade penal de dirigentes de empresas por omissão. Estudo sobre s responsabilidade omissiva imprópria de dirigentes de sociedades anônimas, limitadas e encarregados de cumprimento por crimes praticados por membros da empresa*. Madrid: Marcial Pons, 2017.

FARALDO CABANA, Patrícia. *Asociaciones ilícitas y organizaciones criminales en el código penal español*. Valencia: Tirant lo Blanch, 2012.

_____. *Responsabilidad penal del dirigente en estructuras jerárquicas*. Valencia: Tirant lo Blanch, 2003.

MOCCIA, Sergio. Prospettive non "emergenziali' di controllo dei fatti di criminalità organizzatta. Aspetti dommatici e di politica criminale. *In*: MOCCIA, Sergio (a cura di). *Criminalità organizzata e risposte ordinamentali*. Napoli: Edizioni Scientifiche Italiane, 1999, p. 174.

FERNÁNDEZ IBÁÑEZ, Eva. *La autoria mediata en aparatos organizados de poder.* Granada: Comares, 2006.
GARCÍA CAVERO, Percy. La autoria mediata por domínio de la voluntad en aparatos de poder organizados: el caso de Alberto Fujimori Fujimori. *In*: AMBOS, Kai; MEINI, Iván (ed.). *La autoria mediata.* Lima: Ara, 2010.
GRECO, Luís; LEITE, Alaor. O que é e o que não é a teoria do domínio do fato. Sobre a distinção entre autor e partícipe no direito penal. *In*: GRECO, Luís; LEITE, Alaor; TEIXEIRA, Adriano; ASSIS, Augusto. *Autoria como domínio do fato. Estudos introdutórios sobre o concurso de pessoas no direito penal brasileiro.* Madrid: marcial Pons, 2014.
JAKOBS, Günther; POLAINO-ORTS, Miguel. *Delitos de organización: um desafio al estado.* Lima: Grijley, 2009.
HUNGRIA, Nélson. *Comentários ao código penal.* Rio de Janeiro: Forense, 1959, vol. IX.
MOCCIA, Sergio. Prospettive non "emergenziali' di controllo dei fatti di criminalità organizzatta. Aspetti dommatici e di politica criminale. *In*: MOCCIA, Sergio (a cura di). *Criminalità organizzata e risposte ordinamentali.* Napoli: Edizioni Scientifiche Italiane, 1999.
MOROZINIS, Ioannis. *Dogmatik der Organisationsdelikte.* Berlin: Duncker & Humblot, 2010.
PAVARINI, Massimo. Lo sguardo artificiale sul crimine organizzato. *In*: GIOSTRA, Glauco; INSOLERA, Gaetano (a cura di). *Lotta ala criminatilà organizzatta: gli strumenti normative.* Milano: Giuffrè, 1995.
PITOMBO, Antônio Sérgio Altieri de Moraes. *Organização criminosa. Nova perspectiva do tipo legal.* São Paulo: Revista dos Tribunais, 2009.
RODRÍGUEZ ESTÉVEZ, Juan María. *Riesgo penal para directivos de empresa. Atribución de responsabilidad penal.* Buenos Aires: BdeF, 2016.
ROSTCH, Thomas. De Eichmann hasta Fujimori. Sobre la recepción del domínio de la organización después de la Sentencia de la Sala Penal Especial de la Corte Suprema de Perú. Traducción por María Cecilia Dómine. *In*: AMBOS, Kai; MEINI, Iván (ed.). *La autoria mediata.* Lima: Ara, 2010.
ROVITO, Pier Luigi. Mentalità emergenziale e crimine origanizzato: profili storici. *In*: MOCCIA, Sergio (a cura di). *Criminalità organizzata e risposte ordinamentali.* Napoli: Edizioni Scientifiche Italiane, 1999.
ROXIN, Claus. *Autoría y domínio del hecho en derecho penal.* Traducción por Joaquín Cuello Contreras y José Luis Serrano González de Murillo. Madrid: Marcial Pons, 2000.
_____. Sobre la Sentencia Fujimori de la Corte Suprema de Perú. Traducción por Raúl Pariona Arana. *In*: AMBOS, Kai; MEINI, Iván (ed.). *La autoria mediata.* Lima: Ara, 2010.
_____. *Täterschaft und Tatherrschaft.* Berlin: De Gruyter, 1999.
SÁNCHEZ GARCÍA DE PAZ, María Isabel. Función político-criminal del delito de asociación para delinquir: desde el Derecho penal político hasta la lucha contra el crimen organizado. *In*: ARROYO ZAPATERO, Luis; BERDUGO GOMEZ DE LA TORRE, Ignacio (dir.). *Homenaje al Dr. Marino Barbero Santos in memorian.* Cuenca: Ediciones Universidad de Salamanca, 2001.
SCHÜNEMANN, Bernd. Cuestiones básicas de dogmática jurídica-penal y de política criminal acerca de la criminalidade de empresa. Traducción por Daniela Brückner y Juan Antonio Lascarain Sánchez. *Anuario de Derecho Penal y Ciencias Penales* 1988, pp.

_____. Los fundamentos de la responsabilidad penal de los órganos de dirección de las empresas. Traducción por Lourdes Baza. *In*: SCHÜNEMANN, Bernd. *Temas actuales y permanentes del derecho penal después del milenio*. Madrid: Tecnos, 2002,

SELVAGGI, Nicola. *La toleranza del vértice d'impresa tra 'inerzia' e 'induzione al reato'. La responsabilità penale ai confini tra commisione e omisione*. Napoli: Edizioni Scientifiche Italiane, 2012.

SILVA SÁNCHEZ, Jesús-María. La "intervención a través de organización", ¿una forma moderna de participación en el delito? *In*: CANCIO MELIÁ, Manuel; SILVA SÁNCHEZ, Jesús-María. *Delitos de organización*. Buenos Aires: BdeF, 2008.

_____. Teoría del delito y derecho penal económico empresarial. *In*: SILVA SÁNCHEZ, Jesús-María. *Derecho penal de la empresa*. Buenos Aires: BdeF, 2013.

SILVEIRA, Renato de Mello Jorge. *Direito penal empresarial: a omissão do empresário como crime*. Belo Horizonte: D'Plácido, 2016.

VOLK, Klaus. Criminalità organizzata e criminalità económica. Traduzione a cura di Antonio Cavaliere. *In*: MOCCIA, Sergio (a cura di). *Criminalità organizzata e risposte ordinamentali*. Napoli: Edizioni Scientifiche Italiane, 1999.

ZAFFARONI, Eugenio Raúl. Il crimine organizzato: una cattegorizzazzione fallita. *In*: MOCCIA, Sergio (a cura di). *Criminalità organizzata e risposte ordinamentali*. Napoli: Edizioni Scientifiche Italiane, 1999.

ZÚÑIGA RODRÍGUEZ, Laura. *Criminalidad organizada y sistema de derecho penal. Contribución a la determinación del injusto penal de organización criminal*. Granada: Comares, 2009.

Da Tipificação dos Crimes Previdenciários: Compatibilidade e Proporcionalidade Prática

Maysa de Sá Pittondo Deligne
Sara Carvalho Matanzaz

1. Introdução

Ficamos muito honradas com o convite que nos foi formulado para contribuir com este texto para esta relevante obra sobre os crimes contra a ordem tributária. Aproveitamos a oportunidade para deixar aqui registrado nosso mais sincero agradecimento aos coordenadores Gisele Bossa e Marcelo Ruivo.

O presente estudo tem por escopo questionar as figuras típicas vigentes em matéria de arrecadação para a Previdenciária Social, a proporcionalidade das penas previstas e a razão de ser dos ilícitos previdenciários. Para tanto, será feita uma análise de como estes delitos se posicionam dentro do ordenamento jurídico brasileiro e qual o seu valor axiológico.

Reconhece-se, para tanto, o contexto brasileiro no qual este estudo se insere, de ampliação do alcance das normas de caráter penal para além da proteção dos direitos individuais, passando a ter por objeto valores cada vez mais difusos, desacompanhados da prévia identificação dos conceitos e valores jurídicos envolvidos.

Em um primeiro momento se faz breve análise da Previdência Social dentro do contexto da Seguridade Social, elucidando como está discriminada sua forma de financiamento na Constituição Federal de 1988. Em seguida, tece-se breve considerações quanto ao caráter tributário das contribuições previdenciárias, como uma das fontes de financiamento da Previdência.

Parte-se então para um retrospecto histórico da criminalização de condutas lesivas ao financiamento da Previdência, verificando a formação destas figuras típicas e sua consolidação no ordenamento. Com fulcro neste contexto é possível adentrar na exposição das atuais previsões típicas dos crimes previdenciários, elucidando suas características gerais e reprimendas imputadas. Ao final, passa-se à análise crítica da finalidade destes tipos penais e das efetivas sanções cominadas.

Buscando evidenciar a relevância deste estudo e de se questionar as possíveis alterações das definições de ilícito, será feita uma rápida análise da proposta de Reforma do Código Penal.

O que se buscará portanto é traçar um panorama geral dos ilícitos previdenciários no ordenamento jurídico brasileiro para questionar a efetiva necessidade de utilização do Direito Penal para proteção da Previdência Social.

2. Previdência Social na Constituição Federal de 1988

Em conformidade com o art. 194 da CF/88, a Previdência Social é um dos pilares da Seguridade Social, a qual compreende "um conjunto integrado de ações de iniciativa dos Poderes Públicos e da sociedade, destinadas a assegurar os direitos relativos à saúde, à previdência e à assistência social".

As ações de saúde, disciplinadas nos artigos 196 a 200 do texto constitucional, são aquelas voltadas à prevenção, promoção, proteção e recuperação da saúde, como um direito social de todos e dever do Estado, de acesso universal, independente do pagamento de contribuições. Da mesma forma, as ações de assistência social são prestadas independentemente do pagamento de contribuição à seguridade social. Disciplinada pelos artigos 203 a 204 da Constituição Federal, a assistência social é voltada àqueles que necessitam de amparo, visando a atender às *"necessidades elementares das pessoas mais carentes da sociedade, isto é, dos **hipossuficientes**, para tanto concedendo-lhes benefícios assistenciais mínimos"*[1].

Por sua vez, as ações de previdência social, tratadas nos artigos 201 a 202 do texto constitucional, são passíveis de acesso apenas por intermédio do pagamento das contribuições (sistema contributivo). Tratam-se daquelas ações voltadas à cobertura de determinados riscos sociais[2] que possam resultar em

---

[1] CARNEIRO, Daniel Zanetti Marques. Custeio da seguridade social: aspectos constitucionais e contribuições específicas. São Paulo: Atlas, 2010. p. 6.
[2] Na sintética definição do Ministro Gilmar Mendes, quando da relatoria do RE 573.540, a previdência é "o conjunto de ações destinadas a assegurar os meios indispensáveis de manutenção e subsistência ante a ocorrência de determinados eventos sociais (riscos)", tais como "incapacidade,

ausência da principal fonte de renda do cidadão (tais como os casos de doença, invalidez, morte daquele de quem se dependia economicamente, idade avançada, maternidade, desemprego involuntário) ou em situações específicas que demandam uma proteção econômica especial do segurado da previdência social[3], tais como a concessão de salário-família e auxílio-reclusão.

Como se depreende da disciplina constitucional, a exigência de prévio pagamento de contribuições apenas é feita para a garantia da proteção previdenciária, inexistindo exigência semelhante para o cidadão ser beneficiado pelas ações de saúde e de assistência social. Estas duas ações, passíveis de serem prestadas a todos independentemente do pagamento de contribuições, são orientadas pelo princípio da *"universalidade da cobertura e do atendimento"* (art. 194, I, CF/88).

Em conformidade com as lições de Miguel Horvath Júnior, esse princípio é igualmente aplicável ao sistema previdenciário, mas ele *"é instrumentalizado de forma mitigada, uma vez que a própria Constituição Federal estabelece no art. 201, os eventos que terão cobertura previdenciária, bem como o caráter contributivo da previdência social"*[4].

Dessa forma, a aplicação do princípio da universalidade da cobertura e do atendimento na seara previdenciária não se refere ao atendimento e benefícios de todos, independentemente de filiação ou pagamento de contribuições, como o é para a área de saúde e assistência. Restringe-se, apenas, à busca de uma maior cobertura dos riscos e contingência sociais dos filiados, para *"abranger o maior número possível de situações geradoras de necessidade sociais"*, em sua faceta objetiva e, em sua faceta subjetiva, à *"possibilidade de todos os integrantes da sociedade brasileira, atendidos os requisitos legais, filiarem-se ao sistema previdenciário"*[5].

Nesse sentido, as ações previdenciárias no Brasil exigem o pagamento de contribuições por seus beneficiários (diretos ou indiretos), em um sistema contributivo. Em função deste caráter contributivo, as contribuições

---

desemprego involuntário, idade avançada, óbito daquele de quem se dependia economicamente, etc." (BRASIL, STF, Tribunal Pleno, julgado em 14/04/2010, publicado em 11/06/2010). Voto proferido no julgamento do art. 85 da LC 62/2002 do Estado de Minas Gerais, que instituiu a contribuição cobrada dos servidores públicos do Estado para o custeio dos serviços de assistência médica, hospitalar, odontológica e farmacêutica.

[3] TOGNETTI, Silvania Conceição. Contribuições para o financiamento da seguridade social: critérios para definição de sua natureza jurídica. Rio de Janeiro: Renovar, 2004. p. 9.

[4] HORVATH JÚNIOR, Miguel. Direito previdenciário. 6. ed. São Paulo: Quartier Latin, 2006. p. 73.

[5] HORVATH JÚNIOR, Miguel. Op. Cit., p. 73.

previdenciárias são orientadas pelo denominado princípio da solidariedade do grupo, sendo dirigidas a *"um grupo social, que pode até mesmo não estar sendo diretamente beneficiado por isso, apenas de forma indireta"*[6].

Com efeito, a finalidade para a qual as contribuições previdenciárias são criadas beneficia de modo especial os componentes de um grupo/classe/categoria de pessoas que pagam a contribuição para cobrir o custo do atendimento dessa necessidade especial satisfeita pela atuação estatal[7].

Esse sinalagma entre os benefícios previdenciários e o seu financiamento pelo grupo de beneficiados é consignado no art. 167, XI, da CF/88[8], no qual se exige que o produto da arrecadação das contribuições devidas pelas empresas e empregadores sobre os rendimentos do trabalho (art. 195, I, 'a', CF/88) e das contribuições dos trabalhadores (art. 195, II, CF/88), seja destinado exclusivamente para o pagamento dos benefícios no regime geral de Previdência Social.

Outra contribuição previdenciária para a qual a própria Constituição identificou o grupo de contribuintes beneficiados consta do art. 195, § 8º, CF/88. Neste dispositivo foi identificado um grupo de contribuintes (*"o produtor, o parceiro, o meeiro e o arrendatário rurais e o pescador artesanal, bem como os respectivos cônjuges, que exerçam suas atividades em regime de economia familiar"*) que, em razão do exercício de suas atividades *"sem empregados permanentes"*, contribuem para a seguridade social *"mediante a aplicação de uma alíquota sobre o resultado da comercialização da produção"*. E, com esta contribuição, eles *"farão jus aos benefícios"* de ordem previdenciária[9].

Assim, ao se falar no termo contribuições previdenciárias[10], depreende-se três contribuições específicas previstas no texto constitucional, devidas *(i)*

---

[6] SCAFF, Fernando Facury. As contribuições sociais e o princípio da afetação. *Revista Dialética de Direito Tributário*, São Paulo, n. 98, p. 59, nov. 2003.

[7] OLIVEIRA, Yonne Dolácio de. Contribuições especiais. A – Noções Gerais B – Contribuição de Intervenção no Domínio Econômico. In: *Direito Tributário Atual*. São Paulo: Resenha Tributária; Instituto Brasileiro de Direito Tributário, 1995. v. 14. p. 175.

[8] Art. 167. São vedados: [...] XI – a utilização dos recursos provenientes das contribuições sociais de que trata o art. 195, I, a, e II, para a realização de despesas distintas do pagamento de benefícios do regime geral de previdência social de que trata o art. 201.

[9] Considerando-se que, como já dito, as ações de saúde e assistência independem de contribuição.

[10] Cumpre mencionar que, em razão de um modelo constitucional de amplo atendimento na saúde e na assistência social, e os grandes custos dele decorrentes, a angariação de recursos para o custeio da seguridade social no Brasil considera a participação de toda a sociedade (art. 195, CF/88), sob a orientação do princípio da diversidade da base de financiamento, indicado expressamente no art. 194, parágrafo único, inciso VI, da CF/88. Desta forma, para garantir em especial a continuidade das ações de saúde e assistência social sem depender exclusivamente da disponibilidade de recursos dos orçamentos dos entes federados, foram previstas contribuições sociais passíveis de

pelos empregadores, empresas e entidades equiparadas, incidentes sobre a folha de salários e demais rendimentos do trabalho pagos ou creditados, a qualquer título, à pessoa física que lhe preste serviço (art. 195, I, 'a', CF/88); *(ii)* pelos segurados da previdência social (art. 195, II, CF/88); e *(iii)* pelos produtores rurais pessoas físicas[11], incidente sobre o resultado da comercialização da produção rural (art. 195, § 8º, CF/88).

3. A Natureza Jurídica Tributária das Contribuições Previdenciárias

Importante aqui mencionar que antes da promulgação da Constituição vigente, mostrava-se acirrada a discussão em torno da natureza jurídica das contribuições, discussão essa que aparentemente surtiu efeitos na seara penal como será apontado adiante neste trabalho. Isso porque, estas figuras eram previstas no capítulo pertinente à ordem social e/ou econômica dos textos constitucionais anteriores, não estando incluídas no capítulo referente ao sistema tributário.

Desde a primeira menção à figura das contribuições na Constituição de 1934, elas foram incluídas nos capítulos ou títulos pertinentes à ordem social e/ou econômica, com a previsão da contribuição em favor da velhice, da invalidez, da maternidade e nos casos de acidentes de trabalho ou de morte (art. 121, § 1º, 'h'). Na Constituição de 1937, foram previstas no título referente à ordem social as contribuições para a caixa escolar (art. 130), e para financiar as atividades dos sindicatos representativos reconhecidos pelo Estado (art. 138).

---

serem cobradas de toda a sociedade, sem a necessidade de se verificar a relação de sinalagma e de retributividade presente no sistema previdenciário. Nesse sentido é que foram previstas as contribuições sociais devidas pelas empresas e equiparadas sobre o faturamento, receita e lucro, pelos importadores e pelos vencedores de concursos de prognósticos (art. 195, incisos I, 'b' e 'c', III e IV e no art. 239, CF/88), com destinação específica ao orçamento da Seguridade Social. Tais contribuições têm como finalidade o financiamento da Seguridade Social, em especial das ações da União voltadas à saúde e à assistência social, que são efetivamente voltadas a toda a coletividade, não trazendo um especial benefício para esses contribuintes indicados no texto constitucional. Para maiores considerações quanto a referibilidade das contribuições sociais securitárias e o seu reflexo na regra matriz de incidência destes tributos, vide DELIGNE, Maysa de Sá Pittondo. *Competência tributária residual e as contribuições destinadas à seguridade social*. D'Plácido, 2015, pp. 144 a 210.

[11] Produtor, o parceiro, o meeiro e o arrendatário rurais e o pescador artesanal, bem como os respectivos cônjuges, que exerçam suas atividades em regime de economia familiar, sem empregados permanentes.

Igualmente no título da ordem social, as contribuições *"em favor da maternidade e contra as conseqüências da doença, da velhice, da invalidez e da morte"* (art. 157) foram previstas na Constituição de 1946. Na Constituição de 1967, foram previstas as contribuições de intervenção no domínio econômico (art. 157, §9º), as previdenciárias (art. 158) e sindicais ou de categoria profissional (art. 159, §1º), novamente no título concernente à ordem social e econômica.

Nesse contexto[12], entendiam alguns autores que a própria ordem constitucional afastava a natureza tributária das contribuições[13].

Após a inclusão das contribuições na disciplina do CTN pelo Decreto-lei 27/1966 e de sua indicação no pertinente capítulo do Sistema Tributário Nacional pela Emenda Constitucional (EC) 1/1969[14], a doutrina e jurisprudência passaram a se orientar pela natureza tributária dessas exações, até a publicação da EC 8/1977, que novamente despertou a discussão especificamente quanto às contribuições sociais, dentre as quais as contribuições previdenciárias.

Por esta emenda, pela alteração na redação do art. 43 da EC 1/1969, passou a constar que a competência legislativa do Congresso Nacional abrangeria a matéria dos tributos, no inciso I, e as contribuições sociais, no inciso X. Com isso, ganhou força, inclusive no âmbito do STF[15], o entendimento veiculado por Brandão Machado no sentido de que *"ao enumerar de início os tributos e finalmente as contribuições sociais, o legislador constituinte distinguiu nitidamente essas duas categorias lógicas: no conceito de tributo não se enquadram as contribuições sociais, a partir da Emenda n.º 8"*[16].

---

[12] Para uma detalhada perspectiva histórica da figura das contribuições no direito brasileiro, vide: MÉLEGA, Luiz. Natureza jurídica da contribuição de previdência social. In: MACHADO, Brandão. Direito tributário: estudos em homenagem ao Prof. Ruy Barbosa Nogueira. São Paulo: Saraiva, 1984. pp. 376 a 381.

[13] Como narrado por: DERZI, Misabel de Abreu Machado. Contribuições. Revista de Direito Tributário, São Paulo, ano 13, n. 48, p. 223, abr./jun. 1989.

[14] Art. 21, §2º, I, na redação dada pela EC 1/1969, que modificou integralmente a Constituição de 1967.

[15] Vide: BRASIL, STF, Agravo de Instrumento 101.900. Relator Ministro Francisco Rezek, julgado em 16/09/1986, Publicado em 10/10/1986, p. 18.929.

[16] MACHADO, Brandão. São tributos as contribuições sociais? In: TAVOLARO, Agostinho Toffoli; MONTEIRO, Brandão; MARTINS, Ives Gandra da Silva (Coord.). Princípios tributários no direito brasileiro e comparado: Estudos em homenagem a Gilberto de Ulhôa Canto. Rio de Janeiro: Forense, 1988. p. 66.

Contudo, com a promulgação da Constituição Federal de 1988, foi apaziguada grande parte dessas discussões envolvendo a natureza tributária das contribuições.

Além de incluir as contribuições no capítulo pertinente ao Sistema Tributário Nacional, a CF/88 expressamente consignou no art. 149 a aplicação, no tocante às contribuições, de uma série de princípios tributários de extrema valia, como os princípios da legalidade e da irretroatividade, bem como as sujeitou a todas as normas gerais de direito tributário, pela expressa remissão ao art. 146, III, da CF/88. Mostrou-se como um verdadeiro avanço eis que:

> [...] a Constituição veio espancar vícios, corrigir equívocos constantes na prática constitucional tributária brasileira e que se manifestavam expressamente através dessa doutrina minoritária [que se manifestava no sentido de afastar a natureza tributária das contribuições] referendada em decisões dos mais altos tribunais do país, especialmente do Supremo Tribunal Federal.[17]

Da mesma forma, exigindo uma interpretação sistemática dos dispositivos constitucionais, o art. 149 fez expressa remissão ao art. 195 da CF/88, incluído no capítulo referente à Ordem Social, igualmente impondo a observância dos dispositivos referentes ao Sistema Tributário para as contribuições sociais destinadas à seguridade social, dentre as quais as contribuições previdenciárias.

Cumpre mencionar que um dos autores[18] que se manifesta em sentido contrário, especificamente às contribuições previdenciárias, é Wladimir Novaes Martinez[19], sustentando que estas parcelas não teriam natureza tributária tendo em vista a peculiaridade do sistema previdenciário, como seguro social ou poupança coletiva indisponível. Para o autor[20], enquanto os tributos

---

[17] DERZI, Misabel de Abreu Machado. Contribuições. Revista de Direito Tributário, São Paulo, ano 13, n. 48, p. 223, abr./jun. 1989.

[18] Além de Wladimir Novaes Martinez, possível encontrar posicionamentos afastando a natureza tributária das contribuições de forma geral, como por exemplo dos autores Marco Aurélio Greco (Contribuições (uma figura sui generis). São Paulo: Dialética, 2000. p. 70) e Luiz Mélega (Regime jurídico das contribuições na Carta Política de 1988. In: Direito Tributário Atual. São Paulo: Resenha Tributária; Instituto Brasileiro de Direito Tributário, 1992. v. 11/12. p. 3.294-3.295), cujos argumentos foram analisados com maior parcimônia em DELIGNE, Maysa de Sá Pittondo. Competência tributária residual e as contribuições destinadas à seguridade social. D'Plácido, 2015, pp. 86 a 87.

[19] MARTINEZ, Wladimir Novaes. Natureza jurídica da contribuição previdenciária na Carta Magna de 1988. In: ROCHA, Valdir de Oliveira (Coord.). Contribuições previdenciárias: questões atuais. São Paulo: Dialética, 1996. p. 269.

[20] Idid., p. 245.

"atendem a necessidades difusas", as contribuições em questão *"têm clientela menor, a dos protegidos pela Previdência Social"*, não podendo ser consideradas como exações tributárias.

Contudo, não nos coadunamos com esse entendimento. Ora, o fato de as contribuições previdenciárias possuírem destinação específica não lhe desnatura a natureza tributária sendo, na verdade, um dos principais traços distintivos das contribuições especiais em relação aos demais tributos. Ademais, tal argumento não se sustenta eis que outras parcelas de reconhecido viés tributário, como as taxas, possuem destinação específica, qual seja, o financiamento da atuação estatal diretamente prestada, e não por isso têm sua natureza posta em xeque.

De forma conclusiva, essencial consignar que, à luz da CF/88, o STF reconhece de forma pacífica a natureza tributária das contribuições. É o que se depreende de julgado de relatoria do Ministro Gilmar Mendes, no qual o Tribunal Pleno concluiu, por unanimidade, que *"as contribuições, inclusive as previdenciárias, têm natureza tributária e se submetem ao regime jurídico-tributário previsto na Constituição"*[21].

Assim, considerando-se o perfeito enquadramento ao conceito de tributo, não há como afastar a natureza jurídica tributária das contribuições previdenciárias.

4. Criminalização de Condutas em Desfavor da Previdência Social

Compreendida a disciplina constitucional das contribuições previdenciárias e a sua natureza jurídica tributária, há de se localizar o bem jurídico tutelado nos crimes contra o financiamento da Previdência Social e compreender o objeto de proteção penal quando esta instituição é sujeito passivo de um delito.

Com efeito, o Direito Penal, como ramo do direito público que visa à proteção por meio da pena de bens juridicamente tutelados, só pode ser compreendido face ao modelo de Estado em que se insere[22]. Com o pensamento iluminista, passou-se a compreender a necessidade do Direito Penal, como *ultimaratio* da intervenção estatal, delimitar quais são os bem jurídicos

---

[21] BRASIL. STF. Tribunal Pleno. RE 560.626, Trecho do voto do Relator Ministro Gilmar Mendes, julgado em 12/06/2008, publicado em 05/12/2008. (Precedente da súmula vinculante 8).

[22] ALBRECHT, Peter-Alexis. El derecho penal enlaintervención de la política populista. La insostentablesituacióndelderecho penal. Granada: Editorial Comares, 2000. p. 478.

protegidos através de definições legais de condutas típicas, que deveriam ser aquelas violações mais graves aos bens mais relevantes de cada sociedade[23].

O próprio conceito de bem jurídico dependerá, portanto, daquilo que cada sociedade considera como valor[24], sendo que o resguardo desse pelo Direito Penal é matéria de política criminal, diretamente influenciada pela estrutura estatal adotada.

4.1. Histórico

Como visto, no Brasil, a Constituição de 1988 estabeleceu a Seguridade Social como instrumento de garantia à saúde, à previdência e à assistência social. Especificamente para garantir as ações da Previdência Social, além da forma geral de financiamento da seguridade social, garantiu-se a cobrança de contribuições previdenciárias sinalagmáticas e referíveis, figuras tributárias que trazem um benefício para quem é incumbido o recolhimento. A partir desta delimitação constitucional defende-se que foi dada suficiente relevância ao bem jurídico da Previdência para que a violação a sua forma de financiamento ou à concessão dos benefícios seja passível de ilicitude penal:

> Será, em princípio, legítima a criminalização quando buscar a proteção de um bem jurídico protegido constitucionalmente. Por esse aspecto, inegável a constitucionalidade da criminalização da conduta em exame, que visa proteger um bem jurídico da maior relevância: a seguridade social, consagrada no art. 194 da Constituição Federal.[25]

A despeito da relevância constitucional dada à Previdência Social, não é pacífica a necessidade de utilização do Direito Penal para coibir a conduta contrária à arrecadação das contribuições previdenciárias ou ao recebimento de benefícios previdenciários, sendo que não há sequer consenso quanto ao bem jurídico tutelado nesses crimes. Analisando o tema sob diferentes perspectivas, cumpre questionar se o valor protegido seria o patrimônio público; o patrimônio dos segurados, o bom andamento da Administração; o sistema

---

[23] REALE JÚNIOR, Miguel. Instituições de Direito Penal. V.1.2ª ed. Rio de Janeiro: Forense, 2004. p. 3.
[24] DIAS, Jorge de Figueiredo. Direito Penal – Parte Geral. Coimbra: Coimbra editora, 2007. p. 292.
[25] BALTAZAR JÚNIOR, José Paulo. O crime de omissão no recolhimento de contribuições sociais arrecadadas. Porto Alegre: Livraria do Advogado, 2000. p. 183.

econômico; a ordem tributária ou ainda o equilíbrio econômico-financeiro da Previdência Social.

A discussão quanto à problemática da delimitação do bem jurídico, bem como suas consequências para justificar a imputação de sanção penal para condutas contrárias à Previdência será analisada adiante. De toda sorte, não há dúvidas de que o direito brasileiro optou por valer-se dos meios criminais de coação ante a condutas que lesem a Previdência Social.

A primeira previsão legal específica no sentido da criminalização destas condutas foi o Decreto-Lei 65/1937, que ao dispor sobre o recolhimento das contribuições devidas por empregadores e empregados aos Institutos e Caixas de Aposentadoria e Pensão[26], estabeleceu em seu artigo 5º a aplicação da previsão de apropriação indébita contida no Código Penal para as hipóteses de retenção das contribuições recolhidas dos empregados.

Posteriormente, a Lei 3.807/60 em seu art. 86, ainda por equiparação ao tipo penal geral, estabeleceu a tipificação da apropriação indébita previdenciária. O Decreto-Lei 66/1966 veio complementar a legislação vigente incriminando outras condutas correlacionadas. Em 1976, o Decreto 77.077 novamente prevê que será tratada como apropriação indébita a falta de recolhimento da contribuição, ampliando o tipo para as hipóteses de ausência de recolhimento tempestivo de qualquer importância devida ao então denominado Instituto Nacional de Previdência Social – INPS, o que é reiterado pelo Decreto 83.081/79 em seu art. 167.

Após a Constituição de 1988, a Lei 8.137/90 passou a prever os crimes contra a previdência social como delitos equiparados aos crimes tributários. Aliás o delito estava previsto dentro dos incisos relativos aos crimes contra a ordem tributária, o que levava à compreensão de unidade de bens jurídicos tutelados. Essa unicidade de tratamento das contribuições previdenciárias em relação aos demais tributos acompanhava o fim da divergência doutrinária e jurisprudencial quanto à natureza jurídica tributária das contribuições vista no tópico anterior.

No ano seguinte, a Lei 8.212/91 pela primeira vez definiu a figura autônoma de apropriação indébita previdenciária, a qual não se associava nem à previsão penal geral de apropriação nem ao delito tributário.

Finalmente, a Lei 9.983/2000 revogou os dispositivos da norma anterior, passando os delitos previdenciários a integrar o Código Penal através de tipos próprios, os quais serão analisados adiante. Note-se que para além dos delitos

---

[26] Antigo Instituto Nacional da Previdência Social – INSS.

introduzidos pelas normas específicas de proteção à previdência social, outros tipos gerais do Código Penal poderão ser aplicados a condutas lesivas a este bem jurídico, por equiparação.

4.2. Crimes em Espécie

Com a alteração trazida pela Lei 9.983/2000, a apropriação indébita previdenciária passou a integrar o Código Penal, tipificada no art. 168-A[27].

Como se pode verificar, além da tipificação geral da conduta de quem deixa de repassar ao órgão de arrecadação competente o valor das contribuições de segurados recolhidas na condição de responsável, o dispositivo prevê condutas acessórias que são equiparadas à apropriação indébita previdenciária.

De forma geral, a doutrina tem classificado o delito como omissivo, ou seja, pune-se o deixar de fazer, a ausência de recolhimento, repasse ou pagamento das obrigações descritas no tipo, além de considerar tratar-se de delito formal, que se consubstancia com a mera omissão, independente da verificação de resultado material, de efetiva redução patrimonial do sujeito passivo. Por essa razão é que, via de regra, não se verificará a tentativa pois, vencido o prazo sem o repasse da contribuição, consumado o delito[28].

---

[27] "Apropriação indébita previdenciária. Art. 168-A. Deixar de repassar à previdência social as contribuições recolhidas dos contribuintes, no prazo e forma legal ou convencional:
Pena – reclusão, de 2 (dois) a 5 (cinco) anos, e multa.
§ 1º Nas mesmas penas incorre quem deixar de:
I – recolher, no prazo legal, contribuição ou outra importância destinada à previdência social que tenha sido descontada de pagamento efetuado a segurados, a terceiros ou arrecadada do público;
II – recolher contribuições devidas à previdência social que tenham integrado despesas contábeis ou custos relativos à venda de produtos ou à prestação de serviços;
III – pagar benefício devido a segurado, quando as respectivas cotas ou valores já tiverem sido reembolsados à empresa pela previdência social.
§ 2º É extinta a punibilidade se o agente, espontaneamente, declara, confessa e efetua o pagamento das contribuições, importâncias ou valores e presta as informações devidas à previdência social, na forma definida em lei ou regulamento, antes do início da ação fiscal.
§ 3º É facultado ao juiz deixar de aplicar a pena ou aplicar somente a de multa se o agente for primário e de bons antecedentes, desde que:
I – tenha promovido, após o início da ação fiscal e antes de oferecida a denúncia, o pagamento da contribuição social previdenciária, inclusive acessórios; ou
II – o valor das contribuições devidas, inclusive acessórios, seja igual ou inferior àquele estabelecido pela previdência social, administrativamente, como sendo o mínimo para o ajuizamento de suas execuções fiscais".
[28] PRADO, Luiz Regis. Curso de Direito Penal Brasileiro. v.2. São Paulo: Revista dos Tribunais, 2015. pp. 493 a 494.

O crime também é considerado de forma livre, podendo ser cometido por qualquer meio eleito pelo agente, lembrando-se tratar de crime instantâneo, cuja consumação não se prolonga no tempo, dando-se em momento determinado, qual seja o do não recolhimento da contribuição no prazo estabelecido para tanto.

Segundo Damásio de Jesus, o *nomen juris* "apropriação indébita" previdenciária é inadequado posto que o dispositivo aponta condutas intrinsicamente diversas daquelas previstas na figura geral do código penal. Não só o bem jurídico protegido é distinto, como a própria conduta diferenciada da apropriação. Se no delito geral exige-se a precedente posse ou detenção do objeto material e ato posterior de *dominus*[29], na tipificação previdenciária basta a ausência de repasse no período estabelecido.

Poderão ser sujeitos ativos do delito aqueles que que alguma forma retiverem a contribuição, seja por não repassarem valor recolhido de seus funcionários no tempo determinado, seja por deixar de pagar ao segurado benefício reembolsado pela Previdência. Segundo Guilherme de Souza Nucci, a apropriação indébita previdenciária é crime próprio que só pode ser cometido por sujeito qualificado, qual seja, o titular da obrigação[30]. O sujeito passivo do crime, por sua vez, é aquele que deveria receber a contribuição, quem seja, atualmente, a Secretaria da Receita Federal do Brasil, ou, na hipótese da apropriação indevida de pagamento de benefício, o Instituto Nacional do Seguro Social – INSS.

Com efeito, após as alterações promovidas pela Lei 11.457/2007, a arrecadação das contribuições previdenciárias passou a ser atribuída à própria União Federal por meio da Secretaria da Receita Federal do Brasil, incumbindo a autarquia federal INSS, apenas, a concessão dos benefícios.

Para que configure o crime, exige-se o dolo genérico que consiste em não repassar à Receita Federal as contribuições recolhidas dos segurados e de permanecer com os valores de benefícios previdenciários direcionados a outro segurado. Trata-se de crime de ação penal pública incondicionada de competência da Justiça Federal, por se tratar de bem de interesse da União.

O próprio dispositivo prevê a extinção da punibilidade pela confissão e pagamento antes da ação fiscal, bem como a possibilidade de não aplicação da pena pelo cumprimento da obrigação até o oferecimento da denúncia.

---

[29] JESUS, Damásio de. Código Penal Anotado. 22. ed. São Paulo: Saraiva, 2014. p. 773.
[30] NUCCI, Guilherme de Souza. Código Penal Comentado. 10. ed. rev. atual e ampl. São Paulo: Revista dos Tribunais, 2010. p. 791.

Com isso se quer dizer que se o sujeito ativo do delito deixar de repassar a contribuição no prazo, mas espontaneamente o fizer antes do início da ação fiscal sua conduta não será punível criminalmente. Da mesma sorte, poderá o juízo deixar de aplicar pena se, mesmo após o início da ação fiscal, realizar o pagamento, desde que antes do recebimento da denúncia, na hipótese de ser primário de bons antecedentes.

Da mesma sorte, a pena não será aplicada em razão do princípio da insignificância quando o valor da contribuição ilidida não ultrapassa o patamar de R$ 10.000,00 (dez mil reais) previsto no art. 20 da Lei 10.522/2002, pois não se justificando a execução fiscal para tais montantes, quanto menos a utilização do Direito Penal, de natureza mais gravosa.

Ainda quanto a este delito, importante apontar circunstância supralegal excludente da culpabilidade, qual seja, a inexigibilidade de conduta diversa por ausência de recursos financeiros para o cumprimento da obrigação. Se demonstrada a situação de penúria do sujeito ativo, a qual não tenha sido provocada por este e seja apta a impossibilitar o repasse das contribuições, poderá não se consubstanciar o ilícito penal[31].

Além da apropriação indébita previdenciária, a Lei 9.983/2000, inseriu o art. 337-A[32]. Inicialmente o projeto da referida lei visava apenas a proteção à regularidade das informações e por essa razão não atribuía à conduta em

---

[31] CAPEZ, Fernando. Curso de Direito Penal – parte geral. Volume 1. 11ª edição, revista e atualizada. São Paulo: Saraiva, 2007. pp. 327 a 333.

[32] "Sonegação de contribuição previdenciária. Art. 337-A. Suprimir ou reduzir contribuição social previdenciária e qualquer acessório, mediante as seguintes condutas:
I – omitir de folha de pagamento da empresa ou de documento de informações previsto pela legislação previdenciária segurados empregado, empresário, trabalhador avulso ou trabalhador autônomo ou a este equiparado que lhe prestem serviços;
II – deixar de lançar mensalmente nos títulos próprios da contabilidade da empresa as quantias descontadas dos segurados ou as devidas pelo empregador ou pelo tomador de serviços;
III – omitir, total ou parcialmente, receitas ou lucros auferidos, remunerações pagas ou creditadas e demais fatos geradores de contribuições sociais previdenciárias:
Pena – reclusão, de 2 (dois) a 5 (cinco) anos, e multa.
§ 1º É extinta a punibilidade se o agente, espontaneamente, declara e confessa as contribuições, importâncias ou valores e presta as informações devidas à previdência social, na forma definida em lei ou regulamento, antes do início da ação fiscal.
§ 2º É facultado ao juiz deixar de aplicar a pena ou aplicar somente a de multa se o agente for primário e de bons antecedentes, desde que:
I – VETADO
II – o valor das contribuições devidas, inclusive acessórios, seja igual ou inferior àquele estabelecido pela previdência social, administrativamente, como sendo o mínimo para o ajuizamento de suas execuções fiscais.

comento a denominação de sonegação previdenciária. No Congresso Nacional o projeto ganhou nova redação e foi aprovado nos moldes do art. 337-A, tipo penal este que exige a efetiva supressão ou redução da contribuição para a sua caracterização.

Portanto, o crime de sonegação de contribuição previdenciária é de natureza material e exige a constituição definitiva do crédito tributário no âmbito administrativo para configurar-se como conduta típica. Aliás, esta afirmação decorre do próprio reconhecimento da natureza jurídica tributária das contribuições previdenciárias, sendo-lhe a elas aplicável[33] a expressão da Súmula Vinculante 24 do STF segundo a qual *"não se tipifica crime material contra a ordem tributária, previsto no art. 1º, incisos I a IV, da Lei nº 8.137/90, antes do lançamento definitivo do tributo."*.

Sob este aspecto, tratando-se de crime material, não há dificuldade em se verificar as hipóteses de tentativa, quando, iniciados os atos de execução, estes não chegam ao ponto de consubstanciar o delito de supressão antes da constituição definitiva do crédito tributário[34] pelo lançamento.

O núcleo do tipo penal é suprimir ou reduzir contribuição previdenciária com uma das condutas omissivas descritas pela norma. O objeto material da infração é a contribuição previdenciária e seus acessórios[35].

O delito de sonegação de contribuição previdenciária não exige qualidade especial do sujeito ativo, podendo ser cometido por qualquer pessoa, particular ou agente público. O sujeito passivo, assim como na apropriação, é a Receita Federal do Brasil.

---

§ 3º Se o empregador não é pessoa jurídica e sua folha de pagamento mensal não ultrapassa R$ 1.510,00 (um mil, quinhentos e dez reais), o juiz poderá reduzir a pena de um terço até a metade ou aplicar apenas a de multa.

§ 4º O valor a que se refere o parágrafo anterior será reajustado nas mesmas datas e nos mesmos índices do reajuste dos benefícios da previdência social.".

[33] "(...) De fato, o Enunciado nº 24 da Súmula Vinculante desta Suprema Corte não é de aplicabilidade obrigatória à hipótese em tela, uma vez que não versa expressamente sobre o art. 337-A do Código Penal. Contudo, desde o julgamento do Recurso Extraordinário 146.733/SP, de relatoria do Ministro Moreira Alves, esta Corte tem reiteradamente considerado, em seus julgados, que as contribuições devidas à Previdência Social possuem natureza tributária (...). Assim, a sistemática de imputação penal por crimes de sonegação contra a Previdência Social deve se sujeitar à mesma lógica aplicada àqueles contra a ordem tributária em sentido estrito (Inq 3102, Relator Ministro Gilmar Mendes, Tribunal Pleno, julgamento em 25.4.2013, DJe de 19.9.2013).

[34] MIRABETE, Julio Fabbrini. Código Penal Interpretado. 5 Ed. São Paulo: Atlas, 2005, p. 2511.

[35] PIERANGELI, José Henrique. Manual de Direito Pena Brasileiro. v. 2. Parte especial. 2ª ed. São Paulo: Revista dos Tribunais, 2005. p. 916.

Da mesma forma que o delito de apropriação, no crime de sonegação de contribuição previdenciária, não se exige dolo específico, bastando a vontade de suprimir ou reduzir a contribuição social.

Repete-se a possibilidade extinção da punibilidade pela confissão e pagamento antes da ação fiscal, mas não se afasta a aplicação da pena quando iniciado aquele procedimento, mesmo que o cumprimento da obrigação se dê antes do oferecimento da denúncia. A pena poderá deixar de ser aplicada, entretanto, pela insignificância do valor sonegado.

Importante notar que o crime de sonegação pode ser praticado por meio de condutas que visem falsear a realidade dos fatos. A jurisprudência[36] já se consolidou no sentido de que o crime de falso, quando cometido única e exclusivamente para viabilizar a prática do crime de sonegação de contribuição previdenciária, é por este absorvido, consoante diretrizes do princípio penal da consunção.

A já mencionada Lei 9.983/2000 ainda inseriu o parágrafo terceiro do art. 297[37], prevendo como típica a inserção de informação inexata na folha de pagamento, na Carteira de Trabalho e Previdência Social ou em documento que deva produzir efeito perante a Previdência Social.

O bem jurídico tutelado é a fé pública e o objeto material são os documentos descritos nos incisos I a III do dispositivo. Trata-se de norma penal em

---

[36] Vide: STJ, AgRg no AREsp 386.863/MG, Rel. Ministro SEBASTIÃO REIS JÚNIOR, SEXTA TURMA, julgado em 06/08/2015, DJe 26/08/2015.

[37] "Falsificação de documento público. Art. 297 – Falsificar, no todo ou em parte, documento público, ou alterar documento público verdadeiro:
Pena – reclusão, de dois a seis anos, e multa.
§ 1º – Se o agente é funcionário público, e comete o crime prevalecendo-se do cargo, aumenta-se a pena de sexta parte.
§ 2º – Para os efeitos penais, equiparam-se a documento público o emanado de entidade paraestatal, o título ao portador ou transmissível por endosso, as ações de sociedade comercial, os livros mercantis e o testamento particular.
§ 3º Nas mesmas penas incorre quem insere ou faz inserir:
I – na folha de pagamento ou em documento de informações que seja destinado a fazer prova perante a previdência social, pessoa que não possua a qualidade de segurado obrigatório;
II – na Carteira de Trabalho e Previdência Social do empregado ou em documento que deva produzir efeito perante a previdência social, declaração falsa ou diversa da que deveria ter sido escrita;
III – em documento contábil ou em qualquer outro documento relacionado com as obrigações da empresa perante a previdência social, declaração falsa ou diversa da que deveria ter constado.
§ 4º Nas mesmas penas incorre quem omite, nos documentos mencionados no § 3º, nome do segurado e seus dados pessoais, a remuneração, a vigência do contrato de trabalho ou de prestação de serviço".

branco, ao passo que deve ser complementada por lei previdenciária respectiva (atualmente, a Lei 8.212/91 e a Instrução Normativa 971/2009).

Da mesma forma como os delitos anteriores, trata-se de crime comum, cujo sujeito ativo poderá ser qualquer pessoa que tenha inserido as informações inexatas, inclusive funcionário público, condição esta que não implica aumento de pena diante da vedação da analogia *in malam partem* em matéria penal[38]. O sujeito passivo do delito será aquele ente público a quem o documento é dirigido, podendo ser a Previdência Social quanto aos benefícios e a Receita Federal quanto aos documentos fiscais e contábeis. Em segundo plano, o segurado e seus dependentes que vierem a ser afetados igualmente se apresentam como sujeitos passivos do crime.

Quanto ao tipo objetivo, trata-se de falsidade ideológica, ou seja, relativa ao conteúdo do documento. Pelo princípio da necessidade de afetação do bem jurídico, para consubstanciação do *falsum*, deve haver relevância jurídica e potencialidade de prejudicar seja a Previdência, seja os segurados. Sob o aspecto subjetivo, faz-se necessário o dolo consistente na vontade de inserir informação inexata nos documentos de interesse da Previdência Social.

Finalmente, esta mesma Lei 9.983/2000 inseriu no Código Penal os artigos 313-A e 313-B que, apesar de não tratar diretamente de crimes previdenciários poderão eventualmente incidir sobre bens jurídicos correlatos à seguridade social.

A inserção de dados falsos em sistemas de informação, prevista no art. 313-A do Código Penal visa salvaguardar as funções desempenhadas pela máquina administrativa. No que tange à seguridade social, a inserção inexata de informações poderá levar a prejuízo aos cofres da Previdência Social. O crime tem como elemento subjetivo o dolo específico de obter vantagem indevida para si ou para outrem ou para causar dano[39].

O art. 313-B, por sua vez, prevê a modificação ou alteração não autorizada de sistema de informações, em tipificação semelhante à do delito anterior. Dele se distingue por coibir a conduta física de se modificar a programação informática dos sistemas de dados[40]. A expressão *"sem autorização ou solicitação de autoridade competente"* integra o tipo como elemento normativo especial da ilicitude, razão pela qual a falta de autorização ou solicitação não representa

---

[38] REGIS PRADO, Luiz. Comentários ao Código Penal. São Paulo: Revista dos Tribunais, 2002. p. 930.
[39] REGIS PRADO, Luiz. Op. Cit., p. 979.
[40] FRANCO, Alberto Silva; STOCO, Rui. Código Penal e sua interpretação: doutrina e jurisprudência. São Paulo: Editora Revista dos Tribunais, 2007. p. 1440.

mera irregularidade administrativa, mas constitui a própria ilicitude da conduta[41].

Para além dos ilícitos previsto na Lei 9.983/2000 poderá ser que outras figuras gerais do Código Penal venham a atingir o bem jurídico da Previdência Social, sendo considerados crimes previdenciários. Tal é o que ocorre quando o delito de estelionato (art. 171) é praticado contra a Previdência Social, havendo incidência da causa de aumento do § 3º daquele dispositivo[42].

A aplicação da causa de aumento advém de entendimento do STJ consolidado na Súmula 24, segundo a qual *"aplica-se ao crime de estelionato, em que figure como vítima entidade autárquica da previdência social, a qualificadora do § 3º, do art. 171 do Código Penal"*. A maior punição se justifica em razão do serviço público, que é afetado com a ocorrência do crime de estelionato contra a Previdência. Em razão do bem jurídico afetado e de seu sujeito, a competência para apreciação do crime de estelionato, que, via de regra, seria da Justiça Comum Estadual, se desloca para Justiça Federal.

Seguindo a previsão geral de estelionato, a consumação apenas se verificará quando, realizado o ardil, o agente obtiver a vantagem ilícita, razão pela qual o delito se classifica com crime material. Assim, não há dificuldades para admissão da tentativa, quando iniciados os atos de execução, por circunstâncias alheias à vontade do agente, não se obtém a vantagem ilícita.

5. Proposta de Reforma do Código Penal

Como visto, o atual panorama normativo prevê delitos contra a Previdência Social de forma espaçada em nosso Código Penal, associando as condutas praticadas em desfavor ao financiamento ou aos cofres da Previdência a outras previsões gerais do Código Penal. A estrutura dificulta a identificação dos crimes, bem como não resolve a questão do bem jurídico tutelado, uma vez

---

[41] BITENCOURT, Cezar Roberto. Código Penal Comentado. 5 ed. São Paulo: Saraiva, 2009, p. 1001.
[42] "Estelionato
Art. 171 – Obter, para si ou para outrem, vantagem ilícita, em prejuízo alheio, induzindo ou mantendo alguém em erro, mediante artifício, ardil, ou qualquer outro meio fraudulento:
Pena – reclusão, de um a cinco anos, e multa.
(...)
VI – emite cheque, sem suficiente provisão de fundos em poder do sacado, ou lhe frustra o pagamento.
§ 3º – A pena aumenta-se de um terço, se o crime é cometido em detrimento de entidade de direito público ou de instituto de economia popular, assistência social ou beneficência".

que a disposição do *Codex*, através de sua separação por títulos, tende a separar os valores protegidos, e, como cada delito encontra-se em um título diferente, poderá se concluir por diversos bens jurídicos distintos.

Tramita em nosso Congresso projeto de lei – PLS 236/2012 visando à Reforma do Código Penal, atualmente sob análise do Senado Federal, que poderá trazer alteração nesta sistemática.

O que propõe a referida reforma é unificar, em um único *Codex*, as leis esparsas que tratam de matéria criminal e que geram dificuldades quanto à localização e determinação das figuras típicas em nosso ordenamento. Dentro deste escopo busca-se equilibrar as penas por meio de dispositivo único, que permite melhor comparação analógica dos delitos, facilitando a proporcionalidade das cominações.

Do ponto de vista dos ilícitos analisados, retome-se que a colocação dos delitos previdenciários em tópico distinto daquele que trata de crimes tributários gera confusão quanto ao bem jurídico protegido. À luz do posicionamento pacífico já explanado de que a contribuição previdenciária é um tributo, a proposta de Reforma, em seus atuais termos, retoma a abordagem da Lei 8.137/90 e novamente equipara as lesões à Seguridade Social aos ilícitos tributários.

Sendo assim, facilita-se não só a delimitação e localização das condutas proibidas, mas mesmo a compreensão de que o bem jurídico tutelado refere-se à proteção à ordem tributária.

Dentre as alterações relevantes quanto ao tema está o deslocamento do excesso de exação (art. 316) para delito típico previdenciário, sendo que na atual redação a pena, que era de três a oito anos, é reduzida para de um a quatro. O descaminho também passará a ser previsto de forma específica e também terá a pena reduzida.

Ademais, a questão da extinção da punibilidade pelo pagamento passa a ser unificada tanto para os crimes previdenciários como para os tributários. A proposta é de que a punibilidade poderá ser extinta se a dívida proveniente do inadimplemento tributário, de contribuições sociais e previdenciárias, for paga antes do recebimento da denúncia. Mesmo se esse pagamento ocorrer depois, a pena poderá ser reduzida entre 1/6 (um sexto) até a ½ (metade) – § 5º, art. 348. Nesse sentido, quanto aos delitos tributários a lei torna-se mais gravosa, pois atualmente não há restrição de prazo para o pagamento extintivo da punibilidade.

Já em relação aos delitos previdenciários a lei é mais benéfica, pois independe de início da ação fiscal, podendo extinguir a punibilidade sempre que o pagamento se der até o recebimento da denúncia. Note-se que na norma atualmente vigente a não aplicação de pena pode ocorrer apenas até o oferecimento da denúncia, quando o autor já tiver ciência do início da ação penal.

Aliás, na esteira do que hoje já ocorre quanto aos ilícitos tributários, passaria-se a igualmente suspender a pretensão punitiva do Estado e o curso da prescrição para os ilícitos previdenciários se, antes do recebimento da denúncia, tiver sido celebrado e estiver sendo cumprido acordo de parcelamento.

6. Compatibilidade e Proporcionalidade Típica

Seja na previsão atual do Código Penal, ou mesmo na proposta de Reforma acima analisada, os crimes previdenciários tiveram sempre como escopo a equiparação a um tipo penal geral, tendo por vezes a pena aumentada em razão da lesão aos cofres da Previdência Social.

Quanto ao crime de apropriação indébita, enquanto a sanção para o delito comum é de um a quatro anos, tratando-se de ilícito previdenciário passa para dois a cinco anos. A sonegação não possui delito equiparado, mas tem a pena nos mesmos patamares da apropriação. Na falsificação de documentos públicos, os crimes previdenciários possuem a mesma sanção do ilícito geral. Nos delitos de inserção de dados, apesar de não haver previsão penal geral, as penas podem variar de três meses a doze anos, pena máxima equivalente à de delitos contra a vida. Finalmente, no estelionato, a pena será aumentada de um terço se o atingido for a Previdência Social.

Cumpre indagar se a razão de ser da utilização do Direito Penal para proteção específica da Previdência Social encontra justificativa em nossos preceitos constitucionais e doutrinários. Ademais, há de se interrogar se os crimes previdenciários apresentam resposta sancionatória proporcional e razoável quando comparados a fatos análogos cujo sujeito passivo não seja a Previdência Social.

Consoante exposto, atualmente é pacífico o entendimento de que as contribuições previdenciárias são tributos, o que torna escorreita a proposta de alteração contida na Reforma do Código Penal, unindo os delitos em um único título, apontando para o mesmo objeto de proteção. Resta questionar se o Direito Penal seria de fato instrumento necessário à salvaguarda arrecadatória, seja dos tributos em geral, seja da espécie abordada, qual seja, das contribuições previdenciárias.

Relembre-se que o bem jurídico a ser protegido pelo Direito Penal, que é considerado a última esfera de proteção (*ultimaratio*), deverá ser aquele de maior interesse e relevância social, devendo ser criminalizadas apenas as lesões mais graves aos bens jurídicos mais relevantes.

Por outro lado, não se pode aceitar que o Direito Penal seja mero instrumento de coerção e imposição do cumprimento de obrigações nem sempre consideradas justas. Aliás, nosso sistema constitucional veda a prisão por dívida, o que não afasta as figuras típicas ora vigentes, mas nos leva a questionar quanto à justificativa de aceitação da aplicação da sanção penal nestas hipóteses.

Se estamos diante de uma convicção genuína de que possuímos um sistema de Previdência Social necessário, suficiente e merecedor do respeito de todos, e cuja violação atinge o senso último de justiça social, infringindo não só o patrimônio público, mas o interesse coletivo na concretização da norma, estaremos sim diante de um bem jurídico relevante ao ponto de justificar a proteção penal[43].

Mas, se, por outro lado, o que se tem é a necessidade de evitar que se descumpra a norma previdenciária, que parece à grande parte da população insuficiente e insatisfatória, o Direito Penal serve apenas como meio de imposição para o cumprimento da obrigação. E para isso não se faz necessário buscar a *ultima ratio* do Direito, existindo diversas outras formas de garantir a compulsória adimplência às contribuições previdenciárias como de qualquer tributo.

O que parece claro é que nosso sistema normativo optou por se valer do Direito Penal como meio de compelir o recolhimento tributário, tanto assim que com o pagamento poderá se extinguir a ação penal. Portanto, importa pouco o valor dado à norma, ou mesmo ao bem jurídico, restando irrelevante a violação ao preceito legal, desde que cumprida a obrigação previdenciária. Para tal fim existem outros meios próprios que garantem, às vezes de forma mais efetiva, o cumprimento da norma.

E se questionável a razão de punir, ainda mais o montante das penas aplicadas, que supera por vezes os patamares de delitos contra a vida, a integridade física ou ao patrimônio pessoal dos particulares.

Essa reflexão igualmente é necessária em face de tentativas absurdas e irrazoáveis de se buscar maiores garantias no âmbito tributário para o adimplemento de obrigações tributárias especificamente quanto às contribuições

---

[43] GONZALO RODRIGUEZ, Mourullo. Presente y Futuro del Delito Fiscal. Civitas: Madri, 1974. pp. 24 a 25.

previdenciárias. Com efeito, o Congresso Nacional já tentou[44] (e ainda tenta) incluir uma previsão ampla e irrestrita de responsabilidade dos sócios das pessoas jurídicas na Constituição Federal, com a inclusão de um parágrafo no art. 195 da Constituição Federal com uma redação próxima à seguinte:

> Os acionistas controladores, os administradores, os gerentes, os diretores e os prefeitos respondem solidariamente, com seu patrimônio pessoal, pelo inadimplemento das contribuições sociais de que trata o inciso I do caput, desde que comprovados dolo ou culpa.

É assente que o poder legislativo anteriormente, pelo art. 13 da Lei 8.620/1993, buscou expandir, excessivamente, os limites da responsabilidade patrimonial dos sócios especificamente quanto aos débitos previdenciários, buscando garantir a responsabilidade pela simples condição da pessoa física de sócio da pessoa jurídica. Contudo, essas tentativas já foram claramente afastadas pelo poder judiciário, sendo este dispositivo julgado inconstitucional pelo Supremo Tribunal Federal por contrariar o art. 135 do Código Tributário Nacional, recepcionado como lei complementar pelo art. 146, III, da Constituição Federal.

Como evidenciado pelos Ministros do Supremo Tribunal Federal no julgamento do Recurso Extraordinário n.º 562.276, proferido em sede de repercussão geral, um terceiro somente pode ser invocado para ser responsável por uma obrigação tributária *"na hipótese de descumprimento de deveres próprios de colaboração para com a Administração Tributária, estabelecidos, ainda que a contrario sensu, na regra matriz de responsabilidade tributária, e desde que tenha contribuído para a situação de inadimplemento pelo contribuinte"*[45].

---

[44] Somente a título ilustrativo, menciona-se uma das propostas de emenda ao Projeto de Emenda à Constituição – PEC n.º 287/2016 da reforma da previdência, que trazia essa previsão como proposta de inclusão no §11-C do art. 195, da Constituição Federal.
[45] "DIREITO TRIBUTÁRIO. RESPONSABILIDADE TRIBUTÁRIA. NORMAS GERAIS DE DIREITO TRIBUTÁRIO. ART 146, III, DA CF. ART. 135, III, DO CTN. SÓCIOS DE SOCIEDADE LIMITADA. ART. 13 DA LEI 8.620/93. INCONSTITUCIONALIDADES FORMAL E MATERIAL. REPERCUSSÃO GERAL. APLICAÇÃO DA DECISÃO PELOS DEMAIS TRIBUNAIS. 1. Todas as espécies tributárias, entre as quais as contribuições de seguridade social, estão sujeitas às normas gerais de direito tributário. 2. O Código Tributário Nacional estabelece algumas regras matrizes de responsabilidade tributária, como a do art. 135, III, bem como diretrizes para que o legislador de cada ente político estabeleça outras regras específicas de responsabilidade tributária relativamente aos tributos da sua competência, conforme seu art. 128. 3. O preceito do art. 124, II, no sentido de que são solidariamente obrigadas "as pessoas expressamente designadas por lei", não autoriza o legislador a criar novos casos de responsabilidade tributária sem a observância dos requisitos

Esse raciocínio foi igualmente traçado pelo Superior Tribunal de Justiça na súmula 430, segundo a qual *"o inadimplemento da obrigação tributária pela sociedade não gera, por si só, a responsabilidade solidária do sócio-gerente"*.

Ora, atentando-se para o dispositivo que se pretende incluir no texto constitucional, observa-se primeiramente que se pretende incluir matéria que não é de pertinência constitucional, vez que as normas gerais de legislação tributária, dentre as quais aquelas relativas à responsabilidade tributária, cabem à lei complementar como indicado no art. 146, III, da Constituição Federal.

exigidos pelo art. 128 do CTN, tampouco a desconsiderar as regras matrizes de responsabilidade de terceiros estabelecidas em caráter geral pelos arts. 134 e 135 do mesmo diploma. A previsão legal de solidariedade entre devedores – de modo que o pagamento efetuado por um aproveite aos demais, que a interrupção da prescrição, em favor ou contra um dos obrigados, também lhes tenha efeitos comuns e que a isenção ou remissão de crédito exonere a todos os obrigados quando não seja pessoal (art. 125 do CTN) – pressupõe que a própria condição de devedor tenha sido estabelecida validamente. 4. A responsabilidade tributária pressupõe duas normas autônomas: a regra matriz de incidência tributária e a regra matriz de responsabilidade tributária, cada uma com seu pressuposto de fato e seus sujeitos próprios. A referência ao responsável enquanto terceiro (dritter Persone, terzo ou tercero) evidencia que não participa da relação contributiva, mas de uma relação específica de responsabilidade tributária, inconfundível com aquela. O "terceiro" só pode ser chamado responsabilizado na hipótese de descumprimento de deveres próprios de colaboração para com a Administração Tributária, estabelecidos, ainda que a contrario sensu, na regra matriz de responsabilidade tributária, e desde que tenha contribuído para a situação de inadimplemento pelo contribuinte. 5. O art. 135, III, do CTN responsabiliza apenas aqueles que estejam na direção, gerência ou representação da pessoa jurídica e tão-somente quando pratiquem atos com excesso de poder ou infração à lei, contrato social ou estatutos. Desse modo, apenas o sócio com poderes de gestão ou representação da sociedade é que pode ser responsabilizado, o que resguarda a pessoalidade entre o ilícito (mal gestão ou representação) e a conseqüência de ter de responder pelo tributo devido pela sociedade. 6. O art. 13 da Lei 8.620/93 não se limitou a repetir ou detalhar a regra de responsabilidade constante do art. 135 do CTN, tampouco cuidou de uma nova hipótese específica e distinta. Ao vincular à simples condição de sócio a obrigação de responder solidariamente pelos débitos da sociedade limitada perante a Seguridade Social, tratou a mesma situação genérica regulada pelo art. 135, III, do CTN, mas de modo diverso, incorrendo em inconstitucionalidade por violação ao art. 146, III, da CF. 7. O art. 13 da Lei 8.620/93 também se reveste de inconstitucionalidade material, porquanto não é dado ao legislador estabelecer confusão entre os patrimônios das pessoas física e jurídica, o que, além de impor desconsideração ex lege e objetiva da personalidade jurídica, descaracterizando as sociedades limitadas, implica irrazoabilidade e inibe a iniciativa privada, afrontando os arts. 5º, XIII, e 170, parágrafo único, da Constituição. 8. Reconhecida a inconstitucionalidade do art. 13 da Lei 8.620/93 na parte em que determinou que os sócios das empresas por cotas de responsabilidade limitada responderiam solidariamente, com seus bens pessoais, pelos débitos junto à Seguridade Social. 9. Recurso extraordinário da União desprovido. 10. Aos recursos sobrestados, que aguardavam a análise da matéria por este STF, aplica-se o art. 543-B, § 3º, do CPC". (RE 562276, Relatora Ministra Ellen Gracie, Tribunal Pleno, julgado em 03/11/2010, Repercussão Geral – Mérito, DJe-027 Divulgado 09/02/2011 Publicado em 10/02/2011).

Ademais, ignora-se por completo as próprias premissas no trato da responsabilidade tributária já sedimentadas pela doutrina[46] e pela jurisprudência, inclusive do STJ e do STF, que evidencia que, somente quando comprovado que a pessoa física contribuiu para a situação de inadimplemento, tendo efetivamente agido com dolo na não prestação de informações ou no não pagamento dos tributos, que será cabível a responsabilidade solidária do sócio, em consonância com o que já está previsto no art. 135, III, do CTN.

Ora, se já temos no ordenamento jurídico uma previsão quanto a responsabilidade dos sócios, que se coaduna com os princípios da segurança jurídica tributária[47] e com o dever de moralidade da Administração, qual a finalidade de se incluir esta nova previsão no texto constitucional? E qual a razão para ela se referir apenas para as contribuições previdenciárias, considerando o forte e estruturado aparato que conta a Administração Pública para a Execução e cobrança deste e dos demais tributos existentes no ordenamento jurídico brasileiro? Trata-se de iniciativa completamente descabida, a nosso ver, que não deveria ser suscitada especialmente para evitar o pânico dos sócios e investidores das pessoas jurídicas no Brasil, afugentando novos investimentos e novas atividades empresariais.

7. Conclusões

Ao longo deste trabalho se pretendeu analisar a questão dos crimes previdenciários, sua localização em nosso ordenamentos e suas justificativas dogmáticas. Por certo este breve estudo não pretende trazer uma análise aprofundada de cada figura típica, ou mesmo conclusões definitivas quanto à justificativa da punição penal. Ao contrário, busca trazer um panorama geral quanto à criminalização de condutas contrárias à Previdência Social e levantar questionamentos para futuros estudos e discussões.

---

[46] Quanto a responsabilidade tributária dos sócios, dentre outros, vide: BRECHO, Renato Lobo. Responsabilidade tributária de terceiros – CTN, artigos 134 e 135. São Paulo, Saraiva, 2014; BRECHO, Renato Lopes. A Responsabilidade Tributária dos Sócios tem Fundamento Legal? Revista Dialética de Direito Tributário n.º 182, pp. 107 a 126, novembro/2010; CARDOSO, Alessandro Mendes. Sujeição passiva tributária no CTN: Evolução doutrinária e jurisprudencial. In: MACHASO SEGUNDO, Hugo de Brito, MURICI, Gustavo Lanna, RODRIGUES, Raphael Silva (orgs). O cinquentenário do código tributário nacional – vol. 1. Belo Horizonte: D'Plácido, 2017, pp. 19 a 52.

[47] Aqui entendida em conformidade com o raciocínio do professor Humberto Ávila em Teoria da segurança jurídica. 4ª ed. São Paulo: Malheiros, 2016.

Inicialmente buscou-se compreender como a Previdência Social foi disciplinada no texto constitucional e confirmar a natureza jurídica tributária das contribuições previdenciárias nele previstas. Em seguida, se fez um apanhado histórico da criminalização de condutas lesivas à Previdência Social, passando-se a exposição dos delitos atualmente contidos em nosso ordenamento. Para além das previsões atualmente vigentes analisou-se brevemente a proposta de Reforma do Código Penal, a fim de se vislumbrar as novas perspectivas quanto ao tema. Finalmente volta-se a atenção para os questionamentos pendentes acerca da justificativa para tipificação penal bem como da proporcionalidade das sanções cominadas.

A análise desenvolvida permitiu apontar para fragilidades na tipificação de ilícitos contra a Previdência Social. Historicamente os delitos previdenciários surgiram à sombra de previsões típicas gerais, como a da apropriação indébita, sem que se buscasse uma construção de ilícitos com elementos próprios da conduta proibida. Por vezes se associou os crimes previdenciários aos ilícitos tributários, com o foco na ausência de recolhimento de montante devido ao erário, o que novamente não parte da premissa de um bem jurídico específico. Nosso atual Código Penal não traz título próprio quanto ao tema, e prevê hipóteses de delitos equiparados a outros pré-existentes, sem distinção nem mesmo quanto à proporcionalidade das penas. Mesmo os atuais projetos de reforma não apontam para a distinção axiológica dos ilícitos previdenciário, permanecendo questionamentos quanto à necessidade de incursão penal.

As alterações sugeridas pelo PLS 236/2012 vão de encontro ao posicionamento doutrinário e jurisprudencial no sentido de que as contribuições previdenciárias são tributos, e por isso devem ser tuteladas dentre as violações à ordem tributária. Permanece, entretanto, o questionamento quanto à necessidade de salvaguarda penal desse bem jurídico, havendo outros meios de coação à arrecadação tributária.

Não resta dúvidas de que a Constituição Federal aborda a Previdência Social como relevante para a segurança e proteção do futuro dos sujeitos, o que poderia justificar a utilização do Direito Penal para garantir a proteção de bens jurídicos de tal relevo. Todavia a estruturação destes delitos em nosso ordenamento aponta mais para uma sanha arrecadatória e para utilização da sanção criminal como instrumento de coação. Nesse sentido, diversos são os meios à disposição do erário para ver cumpridas as obrigações previdenciárias sem que se utilize a *ultima ratio* do Direito Penal, em especial a execução fiscal tributária. Nesse sentido foram igualmente criticadas as tentativas infundadas de se garantir o recolhimento do crédito tributário previdenciário a partir da responsabilidade solidária dos sócios das pessoas jurídicas, em completo descompasso com a doutrina e a jurisprudência sobre a matéria.

Referências

ALBRECHT, Peter-Alexis. *El derecho penal enlaintervención de la política populista. La insostentablesituación del derecho penal.* Granada: Editorial Comares, 2000.
ÁVILA, Humberto. *Teoria da segurança jurídica.* 4ª ed. São Paulo: Malheiros, 2016.
BALTAZAR JÚNIOR, José Paulo. *O crime de omissão no recolhimento de contribuições sociais arrecadadas.* Porto Alegre: Livraria do Advogado, 2000.
BITENCOURT, Cezar Roberto. *Código Penal Comentado.* 5 ed. São Paulo: Saraiva, 2009.
CAPEZ, Fernando. *Curso de Direito Penal – parte geral.* Volume 1. 11ª edição, revista e atualizada. São Paulo: Saraiva, 2007.
BRECHO, Renato Lobo. *Responsabilidade tributária de terceiros – CTN, artigos 134 e 135.* São Paulo, Saraiva, 2014.
BRECHO, Renato Lopes. *A Responsabilidade Tributária dos Sócios tem Fundamento Legal?* Revista Dialética de Direito Tributário n.º 182, pp.107 a 126, novembro/2010.
CARDOSO, Alessandro Mendes. *Sujeição passiva tributária no CTN: Evolução doutrinária e jurisprudencial.* In: MACHASO SEGUNDO, Hugo de Brito, MURICI, Gustavo Lanna, RODRIGUES, Raphael Silva (orgs.) O cinquentenário do código tributário nacional – vol. 1. Belo Horizonte: D'Plácido, 2017, pp. 19 a 52.
DIAS, Jorge de Figueiredo. *Direito Penal – Parte Geral.* Coimbra: Coimbra editora, 2007.
CARNEIRO, Daniel Zanetti Marques. *Custeio da seguridade social: aspectos constitucionais e contribuições específicas.* São Paulo: Atlas, 2010.
DELIGNE, Maysa de Sá Pittondo. *Competência tributária residual e as contribuições destinadas à seguridade social.* D'Plácido, 2015.
DERZI, Misabel de Abreu Machado. *Contribuições. Revista de Direito Tributário.* São Paulo, ano 13, n. 48, pp. 221 a 252, abr./jun. 1989.
GONZALO RODRIGUEZ,Mourullo. *Presente y Futuro del Delito Fiscal.* Civitas, Madri, 1974.
HORVATH JÚNIOR, Miguel. *Direito previdenciário.* 6. ed. São Paulo: Quartier Latin, 2006.
FRANCO, Alberto Silva; STOCO, Rui. *Código Penal e sua interpretação: doutrina e jurisprudência.* São Paulo: Editora Revista dos Tribunais, 2007.
GRECO, Marco Aurélio. *Contribuições (uma figura sui generis).* São Paulo: Dialética, 2000.
JESUS, Damásio de. *Código Penal Anotado.* 22. ed. São Paulo: Saraiva, 2014.
NUCCI, Guilherme de Souza. *Código Penal Comentado.* 10. ed. rev. atual e ampl. São Paulo: Revista dos Tribunais, 2010.
MACHADO, Brandão. *São tributos as contribuições sociais?* In: TAVOLARO, Agostinho Toffoli; MONTEIRO, Brandão; MARTINS, Ives Gandra da Silva (Coord.). Princípios tributários no direito brasileiro e comparado: Estudos em homenagem a Gilberto de Ulhôa Canto. Rio de Janeiro: Forense, 1988.

MARTINEZ, Wladimir Novaes. *Natureza jurídica da contribuição previdenciária na Carta Magna de 1988*. In: ROCHA, Valdir de Oliveira (Coord.). Contribuições previdenciárias: questões atuais. São Paulo: Dialética, 1996. pp. 235 a 269.

MÉLEGA, Luiz. *Natureza jurídica da contribuição de previdência social*. In: MACHADO, Brandão. Direito tributário: estudos em homenagem ao Prof. Ruy Barbosa Nogueira. São Paulo: Saraiva, 1984. pp. 332 a 399.

MIRABETE, Julio Fabbrini. *Código Penal Interpretado*. 5 Ed. São Paulo: Atlas, 2005.

OLIVEIRA, Yonne Dolácio de. *Contribuições especiais. A – Noções Gerais B – Contribuição de Intervenção no Domínio Econômico*. In: Direito Tributário Atual. São Paulo: Resenha Tributária; Instituto Brasileiro de Direito Tributário, 1995. v. 14. p. 173-195.

PIERANGELI, José Henrique. *Manual de Direito Penal Brasileiro*. v. 2. Parte especial. 2ª ed. São Paulo: Revista dos Tribunais, 2005.

PRADO, Luiz Regis. *Curso de Direito Penal Brasileiro*. v.2. São Paulo: Revista dos Tribunais, 2015.

REALE JÚNIOR, Miguel. *Instituições de Direito Penal*. V.1.2ª ed. Rio de Janeiro: Forense, 2004.

REGIS PRADO, Luiz. *Comentários ao Código Penal*. São Paulo: Revista dos Tribunais, 2002.

SCAFF, Fernando Facury. *As contribuições sociais e o princípio da afetação*. Revista Dialética de Direito Tributário, São Paulo, n. 98, p. 44-62, nov. 2003.

TOGNETTI, Silvania Conceição. *Contribuições para o financiamento da seguridade social: critérios para definição de sua natureza jurídica*. Rio de Janeiro: Renovar, 2004.

Os Sujeitos dos Processos Penal e Tributário: Problemática e Proposições

Daniela Silveira Lara
Débora Motta Cardoso

1. Introdução

Os crimes contra a ordem tributária, de modo geral, foram remodelados com a edição da Lei nº 8.137 no início dos anos noventa, e muito embora a norma esteja na iminência de completar três décadas de existência, o desestímulo à prática da sonegação fiscal por meio da imputação de crime se mantém em voga, notadamente em razão da instabilidade político-financeira que o país atravessa nos dias atuais.

Com isso, o presente artigo assume a necessidade de serem alinhados certos conceitos do direito penal e do direito tributário, para que se possa refletir acerca da coincidência, ou não, dos sujeitos processuais nestes ramos do direito, bem como, dos efeitos decorrentes disso.

De plano, por motivos inequívocos, pontua-se que interessam à presente reflexão apenas os crimes comuns contra a ordem tributária, vale dizer, os delitos tipificados nos arts. 1º e 2º da Lei nº 8.137/90, na medida em que, tais tipos penais, classificados pela doutrina como leis penais em branco, por carecerem de definição integral, necessitam ser complementados pelas normas do direito tributário, e assim sendo, permitem a análise da convergência de distintos ramos do direito na esfera das responsabilidades dos sujeitos processuais.

Aliás, outra ressalva preambular há de ser feita. Em verdade, muito embora sejam sujeitos atuantes no processo o autor, o réu, o juiz, o advogado, os órgãos auxiliares da justiça e os órgãos jurisdicionados colegiados, nos ocuparemos neste texto apenas daqueles que antagonizam a relação processual[1], uma vez que neles recaem as consequências pela prática do ilícito seja ele tributário ou criminal.

Neste ponto, no que tange ao direito tributário, a delimitação dos sujeitos processuais mostrar-se-á demasiadamente importante, em razão da possibilidade de se responsabilizar pelo pagamento do tributo, terceiros, que não praticaram o fato gerador, mas que, por força da lei, assumem a relação obrigacional. Tal particularidade implica o fato de que, nem sempre o responsável tributário, apontado objetivamente pelo legislador como sujeito passivo da obrigação, poderá, em paralelo, ser responsabilizado criminalmente, considerando-se, em especial, as hipóteses em que lhe faltar a realização intencional da conduta delitiva.

Desta feita, delimitado o objeto de estudo, partiremos de uma breve análise sobre a responsabilidade dos sujeitos dos processos penal e tributário, seguida da discussão de precedente importante do Supremo Tribunal Federal que problematizou a temática em questão, pretendendo, desse modo, fomentar o debate quanto à possibilidade de responsabilização dos sócios-gerentes e administradores em ambas as áreas.

2. A Responsabilidade Penal e Tributária e os Sujeitos Processuais Envolvidos

Interessante notar, observando-se de uma perspectiva preliminar, que o sujeito ativo do crime é aquele que pratica a conduta descrita na lei. O sujeito passivo, por sua vez, é o titular do bem jurídico lesado ou ameaçado pela conduta criminosa[2]. No direito tributário, a terminologia se inverte, e o sujeito ativo

---

[1] Nos crimes tributários, conforme disposição expressa contida no art. 15 da Lei nº 8.137/90, o processo se inicia mediante ação penal pública, sendo por consequência atribuída exclusivamente ao Ministério Público a legitimação para dele participar como parte autora, vale dizer, no âmbito da lei que tipifica os crimes tributários é privativo ao promotor de justiça exercer o papel de sujeito ativo no processo penal, de outro lado, opondo-se a ele tem-se o réu – aquele que responde ao processo judicial, e a quem foi imputada a conduta delitiva.

[2] Como pretende Roxin, define-se os bens jurídicos como circunstâncias reais dadas ou finalidades necessárias para uma vida segura e livre, que garanta a todos os direitos humanos e civis de cada um na sociedade ou para o funcionamento de um sistema estatal que se baseia nestes objetivos. Ainda segundo o doutrinador alemão, seria a Constituição o norte adequado para se perquirir acerca de quais bens jurídicos seriam dignos de tutela penal. ROXIN, Claus. A proteção de bens jurídicos como função do direito penal. Porto Alegre: Livraria do Advogado, 2006, pp. 18 a 19.

ocupa a posição da pessoa jurídica de direito público titular da competência para exigir o cumprimento da obrigação tributária, enquanto o sujeito passivo constitui-se pela pessoa física ou jurídica responsável pelo recolhimento do tributo e que pode ser punida caso não realize seu pagamento.

De tal modo, no caso da abstenção no pagamento do tributo em razão da prática de um ato ilícito, as consequências punitivas serão atribuídas para o sujeito passivo da obrigação tributária e para o sujeito ativo do processo criminal, ou seja, são esses os sujeitos que podem ser responsabilizados nos dois ramos do direito, restando tão somente investigar as nuances relativas a tais punições.

2.1. O Sujeito Passivo do Processo Tributário: Contribuinte e Responsável Tributário

A fim de adentrar à discussão central desse estudo, passa-se a delimitar quais são os possíveis sujeitos passivos da obrigação tributária de forma a verificar quais deles podem ser levados a responder criminalmente pelos ilícitos penais descritos nos arts. 1º e 2º da Lei nº 8.137/90.

Em obra específica sobre o tema[3], Renato Lopes Becho definiu de forma didática que o contribuinte é o sujeito passivo identificável pela materialidade do tributo na Constituição Federal, tendo relação direta e antecedente à ocorrência do fato gerador. No entanto, continuou o autor, a lei, no caso, o Código Tributário Nacional, prevê a figura do responsável tributário definindo-o como *aquele que deve pagar o tributo mesmo sem ter uma relação pessoal e direta com o fato econômico*. Assim, de acordo com o art. 121[4] do Código Tributário Nacional, o sujeito passivo da obrigação tributária, ou seja, a pessoa chamada a responder pelo pagamento do tributo pode ser o: (i) *contribuinte*, quando tem relação pessoal e direta com o fato descrito na norma de incidência tributária; ou o

---

[3] BECHO, Renato Lopes. Responsabilidade Tributária de Terceiros. São Paulo: Saraiva, 2014, pp. 21 e 31.
[4] "Art. 121. Sujeito passivo da obrigação principal é a pessoa obrigada ao pagamento de tributo ou penalidade pecuniária.
Parágrafo único. O sujeito passivo da obrigação principal diz-se:
I – contribuinte, quando tenha relação pessoal e direta com a situação que constitua o respectivo fato gerador;
II – responsável, quando, sem revestir a condição de contribuinte, sua obrigação decorra de disposição expressa de lei".

(ii) *responsável*, quando, mesmo não tendo relação direta com o fato gerador, a obrigação pelo pagamento decorra de lei[5].

Maria Rita Ferragut[6] complementando a definição, afirmou que a ocorrência de um fato ilícito (fraude, excesso de poderes, etc.) ou lícito (morte, fusão, etc.), previsto legalmente, e anterior ao fato jurídico tributável, permite a responsabilização de terceiros pela obrigação tributária.

Note-se que a responsabilidade tributária do *contribuinte* vem da acepção de quem possui a relação direta e pessoal com o fato gerador do tributo. Assim, a pessoa jurídica, por exemplo, pode ser o contribuinte responsável direto pelo pagamento do tributo advindo da relação obrigacional com o fisco prevista na norma de incidência tributária. Ou seja, ao contrário do direito penal, empresas podem ser o sujeito direto da obrigação tributária.

Já o *responsável* tributário é aquele que, apesar de não possuir vínculo direto com a materialidade do tributo, na conformidade do art. 128 do Código Tributário Nacional[7], passa a ser sujeito passivo da relação obrigacional tributária. O Código Tributário Nacional divide os *responsáveis* tributários em três categorias, quais sejam: (i) *por sucessão* (arts. 129 a 133), como o adquirente de fundo de comércio por tributos devidos em períodos anteriores à sua aquisição; (ii) *de terceiros* (arts. 134 e 135), os administradores pelo tributo devido pela pessoa jurídica; e (iii) *por infrações* (arts. 136 a 138), como os agentes nos casos de crimes contra a ordem tributária.

Diante disso, a discussão que tem se travado é sobre a crescente responsabilização desses terceiros, os ditos *responsáveis*, alheios à conduta ou fato descrito na norma de incidência tributária, mas que são chamados pela lei a

---

[5] A doutrina classifica o contribuinte como o sujeito passivo direto e o responsável como o sujeito passivo indireto, nas palavras de Hugo Funaro: "o contribuinte é o responsável por débito próprio. O pagamento de tributo ou penalidade pecuniária, decorre de ato, fato ou negócio do qual tenha participado ativamente, na condição de principal interessado". Já o responsável seria o sujeito passivo indireto, que conforme o mesmo autor é "aquele que não produz a situação que deflagra a obrigação tributária, mas que deve recolher o crédito tributário, por força de lei". In: FUNARO, Hugo. Sujeição Passiva Indireta no Direito Tributário Brasileiro. São Paulo: Quartier Latin, 2013, pp. 55 a 59.

[6] FERRAGUT, Maria Rita. Responsabilidade Tributária e o Código Civil de 2002. São Paulo: Noeses, 2013, pp. 37 a 40.

[7] "Art. 128. Sem prejuízo do disposto neste capítulo, a lei pode atribuir de modo expresso a responsabilidade pelo crédito tributário a terceira pessoa, vinculada ao fato gerador da respectiva obrigação, excluindo a responsabilidade do contribuinte ou atribuindo-a a este em caráter supletivo do cumprimento total ou parcial da referida obrigação".

efetuarem o pagamento do tributo em função de uma relação indireta com o contribuinte ou com o fato gerador do tributo.

Nessa linha, a doutrina instituiu diferentes classificações para possibilitar a responsabilidade pelo cumprimento da obrigação tributária por pessoas diferentes do contribuinte, sendo a mais clássica a desenvolvida por Rubens Gomes de Souza, que subdivide a responsabilização de terceiros em: responsabilidade por substituição e responsabilidade por transferência[8]. Maria Rita Ferragut[9], de outro lado, entendeu que tal responsabilização deveria ser classificada de acordo com suas características, como pessoal, subsidiária ou solidária.

Não obstante a importância de tais construções dogmáticas, para este estudo nos interessa a *responsabilidade de terceiros*, mais especificamente, a previsão da responsabilidade dos administradores ou sócios-administradores contida no inciso III do art. 135[10] do Código Tributário Nacional, em relação ao crédito tributário devido pela pessoa jurídica, contribuinte do tributo.

Desta forma, tem-se que a citada norma atribui a responsabilidade tributária pessoal a terceiros pelos créditos tributários da pessoa jurídica, desde que tenham agido por meio de atos praticados com excesso de poderes ou infração de lei, contrato ou estatuto social. Assim, é necessária a comprovação pelo fisco da prática de ato ilícito ou abusivo pelos administradores e sócios gerentes para que lhe seja imputada a responsabilidade pessoal pelo pagamento do tributo devido pela pessoa jurídica.

Além disso, conforme o entendimento do Supremo Tribunal Federal, no julgamento do Recurso Extraordinário nº 562.276/PR[11], apenas o sócio com poderes de administração pode ser responsabilizado por dívida tributária da pessoa jurídica. Aliás, outro não é o entendimento do Superior Tribunal de Justiça, que decidiu que a responsabilidade pressupõe ato de gerência do sócio, como extraído da ementa do Recurso Especial nº 141.516[12]: *o CTN, no inciso III*

---

[8] Conforme explicou Hugo Funaro, *op. cit.*, p. 63.
[9] FERRAGUT, Maria Rita. *op. cit.*, 2013, pp. 37 a 40.
[10] "Art. 135. São pessoalmente responsáveis pelos créditos correspondentes a obrigações tributárias resultantes de atos praticados com excesso de poderes ou infração de lei, contrato social ou estatutos:
(...)
III – os diretores, gerentes ou representantes de pessoas jurídicas de direito privado".
[11] STF: RE 562276 RG, Rel. Ministra Ellen Gracie, Pleno, julgado em 03.11.2010.
[12] STJ: RESP 141516, Rel. Ministro Humberto Gomes de Barros, 1ª Turma, julgado em 17.09.1998.

do art. 135, impõe responsabilidade, não ao sócio, mas ao gerente, diretor ou equivalente. Assim, sócio-gerente é responsável, não por ser sócio, mas por haver exercido a gerência.

Nos casos concretos já analisados pela jurisprudência alguns pontos foram pacificados, tais como, a impossibilidade de responsabilização do sócio-gerente ou do administrador pela mera inadimplência da obrigação tributária pela pessoa jurídica, tendo sido o tema, inclusive, sumulado pelo Superior Tribunal de Justiça (Súmula nº 430[13]). Torna-se, deste modo, necessária a comprovação da infração à lei, pacificada pela jurisprudência como a dissolução irregular da empresa[14], conduta do agente com excesso de poderes ou como infração ao estatuto social (REsp nº 1.101.728/SP[15], julgado sob o regime dos recursos repetitivos do art. 543-C do antigo CPC), para que o terceiro, administrador ou sócio-gerente, seja responsabilizado pelo fisco em relação ao pagamento do tributo contraído pela pessoa jurídica[16].

De outra parte, cabe ressaltar, que as autoridades fiscais normalmente aplicam o conceito de *interesse comum* previsto no art. 124, I do CTN[17] para atribuir responsabilidade tributária por grupo econômico[18]. Todavia, não raras vezes, se utilizam desse mesmo dispositivo legal para responsabilizar solida-

---

[13] Súmula 430 do STJ: "O inadimplemento da obrigação tributária pela sociedade não gera, por si só, a responsabilidade solidária do sócio-gerente".

[14] Súmula 435 do STJ: "Presume-se dissolvida irregularmente a empresa que deixar de funcionar no seu domicílio fiscal, sem comunicação aos órgãos competentes, legitimando o redirecionamento da execução fiscal para o sócio-gerente". Há uma crítica a essa Súmula pela aplicação da responsabilidade tributária por presunção, sendo que o Supremo Tribunal Federal no julgamento do RE nº 608.426-PR determinou que a atribuição de sujeição passiva tributária deve ser motivada e fundamentada, respeitados os princípios do devido processo legal, contraditório e ampla defesa, sendo inconstitucional se baseada em presunções que "não revelem o esforço do aparato fiscal para identificar as circunstâncias legais". BECHO, Renato Lopes. *Op.cit.*, 2014, pp. 188 a 189.

[15] STJ: RESP 1101728, Rel. Ministro Teori Zavascki, 1ª Seção, julgado em 11.03.2009.

[16] A forma de aplicação da responsabilidade tributária de sócio administrador por débito tributário da pessoa jurídica em caso de dissolução irregular foi recentemente afetada ao rito dos recursos repetitivos no STJ, previsto no art. 1.036 do CPC, no RESP nº 1.643.944/SP, para se definir se basta o fisco comprovar que o sócio-gerente atuava à época da dissolução irregular ou, se, concomitantemente, necessita ser comprovado que administrava a sociedade ao tempo da ocorrência do fato gerador do tributo devido, para que lhe seja imputada a responsabilidade pelo crédito tributário e redirecionada a Execução Fiscal.

[17] "Art. 124. São solidariamente obrigadas:
I – as pessoas que tenham interesse comum na situação que constitua o fato gerador da obrigação principal;
II – as pessoas expressamente designadas por lei.
Parágrafo único. A solidariedade referida neste artigo não comporta benefício de ordem".

[18] Vide decisões do STJ: AgRg no AREsp 603177/RS, DJe 17.03.2015; AgRg no Ag 1.055.860/RS, DJe 26.3.2009.

riamente também os administradores e sócios por tributos da pessoa jurídica, principalmente quando comprovado que a redução tributária tenha implicado em benefício próprio, como no maior pagamento de bônus ou dividendos[19].

Contudo, o interesse comum na situação que constitua o fato gerador da obrigação tributária, conforme conceituado no art. 124, I do Código Tributário Nacional, deve ser aplicado apenas *quando há mais de uma pessoa ocupando o mesmo polo de uma relação jurídica (agora não de natureza tributária)*[20], sendo exemplo clássico de tal situação, a hipótese de duas pessoas jurídicas solidariamente responsáveis pelo IPTU devido sobre imóvel em que ambas são proprietárias. Todavia, as autoridades fiscais têm dado a essa disposição legal uma interpretação indevidamente alargada, com o fito de alcançar situações em que a redução tributária implicaria em vantagem indireta ao administrador ou sócio da sociedade, o que já foi rechaçado pelo Superior Tribunal de Justiça quando do julgamento do Recurso Especial nº 884.845[21].

Vale mencionar que, apesar da expressa disposição de responsabilização pessoal do terceiro[22] pela aplicação do art. 135, III do Código Tributário Nacional, o que excluiria a responsabilidade do contribuinte, as autoridades

---

[19] Neste sentido v. julgamentos do Conselho Administrativo de Recursos Fiscais – CARF: Acórdão n°1201-001.508 de 11/08/2016 e Acórdão n° 303-34.941 de 04.12.2007.

[20] BECHO, Renato Lopes. *Op. cit.*, 2014, p. 154.

[21] STJ: RESP n°884.845/SC, Relator Min, Luiz Fux, 1ª Turma, DJE de 18.02.2009: "1. A solidariedade passiva ocorre quando, numa relação jurídico-tributária composta de duas ou mais pessoas caracterizadas como contribuintes, cada uma delas está obrigada pelo pagamento integral da dívida. *Ad exemplum*, no caso de duas ou mais pessoas serem proprietárias de um mesmo imóvel urbano, haveria uma pluralidade de contribuintes solidários quanto ao adimplemento do IPTU, uma vez que a situação de fato – a copropriedade – é-lhes comum. (...) 6. Deveras, o instituto da solidariedade vem previsto no art. 124 do CTN (...)7. Conquanto a expressão "interesse comum" – encarte um conceito indeterminado, é mister proceder-se a uma interpretação sistemática das normas tributárias, de modo a alcançar a *ratio essendi* do referido dispositivo legal. Nesse diapasão, tem-se que o interesse comum na situação que constitua o fato gerador da obrigação principal implica que as pessoas solidariamente obrigadas sejam sujeitos da relação jurídica que deu azo à ocorrência do fato imponível. Isto porque feriria a lógica jurídico-tributária a integração, no polo passivo da relação jurídica, de alguém que não tenha tido qualquer participação na ocorrência do fato gerador da obrigação. (...) Forçoso concluir, portanto, que o interesse qualificado pela lei não há de ser o interesse econômico no resultado ou no proveito da situação que constitui o fato gerador da obrigação principal, mas o interesse jurídico, vinculado à atuação comum ou conjunta da situação que constitui o fato imponível".

[22] Para Becho, a responsabilidade *pessoal* do art. 135 do CTN exclui a responsabilidade do contribuinte, sendo exclusiva do terceiro previsto no artigo. Essa responsabilidade seria diferente da *solidária* prevista nos arts. 124 e 125, que exclui o benefício de ordem, e a *subsidiária*, do art. 133, II, por exemplo, em que há benefício de ordem. *op. cit.*, pp. 156 a 157.

fiscais, e a própria jurisprudência, têm mantido a responsabilidade conjunta de ambos, na forma da responsabilidade solidária prevista no art. 124, I do referido estatuto legal, em que o terceiro, administrador ou sócio-gerente, responde em conjunto com o contribuinte, pessoa jurídica[23].

Ademais, destaca-se que a Procuradoria Geral da Fazenda Nacional, com base no art. 135, III do Código Tributário Nacional, editou a Portaria n° 180/2010 definindo as regras para a responsabilização de terceiros por crédito tributário de pessoas jurídicas, para fins de cobrança judicial. A análise do documento propicia críticas ressaltando-se, dentre elas, a possibilidade de inclusão do terceiro coobrigado diretamente na certidão de dívida ativa, que é título executivo, base para a execução fiscal, no qual os princípios do contraditório e da ampla defesa são limitados, conforme art. 3º da Lei n° 6.830/80 (Lei de Execuções Fiscais). Neste ponto, não restam dúvidas de que a responsabilização de terceiro por crédito tributário deveria ser precedida da possibilidade de defesa em processo administrativo, para que o coobrigado pudesse figurar no polo passivo de execução fiscal[24].

Por outro lado, caminhando para o campo do direito penal, importante aduzir que o art. 136 do Código Tributário Nacional[25] determina que, em regra geral, seja aplicada a responsabilidade objetiva como forma de garantir a coercibilidade do sistema punitivo tributário, bastando, deste modo, que seja comprovado o descumprimento da obrigação tributária para a cobrança do sujeito passivo tributário, contribuinte ou responsável[26]. Todavia, a própria redação legal ao descrever a conduta ilícita tributária, excepcionou a introdução de elementos subjetivos previstos em lei. Ou seja, se a lei vir a estabelecer a existência de dolo ou culpa na descrição da materialidade ou

---

[23] Sobre o tema v. Acórdão n° 303-34.941 de 04.12.2007 do Conselho Administrativo de Recursos Fiscais – CARF.

[24] Mais recentemente, em setembro de 2017, a PGFN editou a Portaria n° 948 que dispõe sobre o procedimento administrativo de reconhecimento de responsabilidade (PARR) de terceiros em caso de infração à lei consubstanciada na dissolução irregular de pessoa jurídica, sendo analisado e julgado no âmbito da própria Procuradoria. Neste caso, é aberto o contraditório para o terceiro após a abertura de procedimento pelo Procurador da Fazenda Nacional.

[25] "Art. 136. Salvo disposição de lei em contrário, a responsabilidade por infrações da legislação tributária independe da intenção do agente ou do responsável e da efetividade, natureza e extensão dos efeitos do ato".

[26] Para Renato Lopes Becho, essa disposição do art. 136, bem como a do art. 138 do CTN, deveriam estar sistematicamente localizadas no capítulo das disposições gerais do CTN, visto que tratam de regras gerais, aplicáveis tanto para os contribuintes, quanto para os responsáveis tributários. BECHO, Renato Lopes, op.cit., 2014, p. 54. Para Ferragut, o art. 136 do CTN se refere a qualquer tipo de infração, tributária ou penal. FERRAGUT, Maria Rita, op. cit., 2013, p. 167.

da responsabilidade tributária, ao Fisco caberá o ônus da prova, visto que a responsabilidade passa a ser subjetiva. E é exatamente isso que prevê o art. 135 do Código Tributário Nacional, e apesar da regra geral impor a aplicação da responsabilidade objetiva no direito tributário, tal norma, de forma específica, determina que a conduta do agente deve ser considerada para que a responsabilidade de terceiro pelo pagamento do tributo seja aplicada.

Em acréscimo, a conjunção do direito tributário e penal é definida no art. 137[27] do referido diploma legal, que indica quais são as hipóteses em que a responsabilidade pelas infrações é pessoal. Assim, para a aplicação do artigo da lei há a necessidade de comprovação do dolo do agente, incidindo, portanto, a responsabilidade subjetiva. Nesse ponto, Renato Lopes Becho faz uma interessante distinção entre a responsabilidade dos agentes nos arts. 135 e 137 do Código Tributário Nacional, partindo da premissa de que ambos tratam de responsabilidade pessoal, ponderando o autor que *"no art. 137 as infrações à legislação são criminosas (infração à legislação penal), enquanto as infrações à legislação, no art. 135 do CTN, não são criminosas, constituindo-se desatenções a legislação diversa (notadamente a civil e comercial)"*[28].

De tal modo, para que o administrador ou sócio-gerente seja responsabilizado pessoalmente pelo tributo devido pela pessoa jurídica, nos termos do art. 135, III do Código Tributário Nacional, deve a autoridade fiscal comprovar que agiu com dolo para a prática de ato ilícito civil, à lei das sociedades por ações ou por ato com excesso de poderes ou contra o estatuto social da empresa. E mais, para que lhe seja imputada a responsabilidade penal nesses casos, deve a autoridade competente comprovar que agiu com dolo na prática de crime.

Já o inciso I do art. 137 do Código Tributário Nacional estabelece que a responsabilidade é pessoal do agente quanto às infrações descritas na lei como

---

[27] "Art. 137. A responsabilidade é pessoal ao agente:
I – quanto às infrações conceituadas por lei como crimes ou contravenções, salvo quando praticadas no exercício regular de administração, mandato, função, cargo ou emprego, ou no cumprimento de ordem expressa emitida por quem de direito;
II – quanto às infrações em cuja definição o dolo específico do agente seja elementar;
III – quanto às infrações que decorram direta e exclusivamente de dolo específico:
a) das pessoas referidas no artigo 134, contra aquelas por quem respondem;
b) dos mandatários, prepostos ou empregados, contra seus mandantes, preponentes ou empregadores;
c) dos diretores, gerentes ou representantes de pessoas jurídicas de direito privado, contra estas".
[28] BECHO, Renato Lopes. *op.cit.*, 2014, p. 157.

crime ou contravenção[29], o que não poderia ser diferente por se tratar de infração penal. Nesse ponto, vale destacar que a tutela penal da arrecadação tributária foi introduzida em nosso ordenamento jurídico com a inclusão, no Código Penal de 1940, do delito de descaminho (art. 334), vigente até hoje, passando pela Lei n° 4.729/65, que pela primeira vez tipificou o crime de sonegação fiscal, redefinido, posteriormente, pela atual Lei n° 8.137/90[30].

Concluindo esse ponto, para o direito tributário, há duas hipóteses para a caracterização do sujeito passivo: o *contribuinte* que é aquele que possui relação direta com a hipótese de incidência do tributo prevista na Constituição Federal e na legislação, podendo ser, inclusive, a pessoa jurídica que possui personalidade jurídica, e o *responsável*, que é aquele que a lei assim determina diante de uma relação indireta com o contribuinte ou com o fato gerador do tributo, podendo ser o administrador ou o sócio com poderes de gestão, em relação aos tributos devidos pela pessoa jurídica.

De forma geral, a responsabilidade pelas infrações tributárias é objetiva, conforme dispõe o art. 136 do Código Tributário Nacional. Assim, se o contribuinte ou o responsável deixa de recolher o tributo, em regra, ao fisco não importa a sua motivação para que lhe possa imputar a cobrança e as penalidades. A responsabilidade tributária de terceiro prevista no art. 134 do Código Tributário Nacional é um exemplo disso, pois independe de qualquer intenção.

De outro lado, nos casos em que estiver prevista legalmente a necessidade de comprovação da atuação do terceiro, a responsabilidade pela infração tributária passa a ser subjetiva, como no caso da responsabilização pessoal do administrador ou sócio-gerente pelo tributo da pessoa jurídica previsto no art. 135, III do Código Tributário Nacional.

Assim, para que o administrador ou sócio-gerente seja considerado como o terceiro responsável pelo tributo devido pela pessoa jurídica, deve o fisco comprovar que agiu com excesso de poderes ou infração à lei ou estatuto social, sendo que o mero inadimplemento do tributo não configura sua responsabilidade pessoal. Por outro lado, para que também seja responsabilizado criminalmente, o dolo na conduta criminosa tipificada na lei penal tributária, deve ser comprovado, como será melhor analisado a seguir.

---

[29] Maria Rita Ferragut assim esclareceu sobre o inciso I do art. 137 do CTN: O inciso I faz referência à responsabilidade no caso de infrações conceituadas como crimes ou contravenções. São as infrações penais. FERRAGUT, Maria Rita. op. cit., 2013, p. 169.
[30] Sobre a sucessão de leis penais nos crimes contra a ordem tributária v. DELMANTO, Roberto et ali. Leis Penais Especiais comentadas, 2ª edição. São Paulo: Saraiva, 2014, p. 171.

2.2. O Sujeito Ativo do Processo Penal nos Crimes Contra a Ordem Tributária

O direito penal distancia-se em muito do direito tributário, na medida em que o autor do crime possui garantias constitucionais individuais intransponíveis[31], sendo-lhe assegurado que não será processado e condenado por ato que não possa lhe ser pessoalmente atribuído por nexo de causalidade ligado por dolo ou culpa[32].

Neste universo, o conceito de autoria ultrapassa os limites sugeridos pela expressão *sujeito ativo do crime*, abrangendo além daquele que pratica pessoal e diretamente a figura delituosa, quem se serve de outrem como instrumento para a prática do delitiva, como ainda, aquele que não tendo praticado diretamente a ação penal, é seu mentor intelectual. Assim, o sujeito ativo do crime contra o sistema tributário poderá realizar a conduta típica descrita na lei (teoria restritiva); ter o poder de decisão sobre a realização dessa conduta (teoria do domínio do fato); ou ainda, realizar a ação típica através de outrem (autoria mediata)[33].

Em acréscimo, mais de uma pessoa – em *concurso de pessoas* – pode realizar conjuntamente a mesma infração penal tributária, sendo absolutamente comum a existência de vários sujeitos ativos em um único delito. Trata-se então, da consciência voluntária de cooperar na ação comum, quer praticando

---

[31] "Na evolução do relacionamento indivíduo-Estado, houve necessidade de normas que garantissem os direitos fundamentais do ser humano contra o forte poder estatal intervencionista. Para isso, os países inseriram em suas Constituições regras de cunho garantista, que impõem ao Estado e à própria sociedade respeito aos direitos individuais, tendo o Brasil segundo José Afonso da Silva, sido o primeiro a introduzir em seu texto constitucional normas desse teor" *in* SCARANCE FERNANDES, Antonio. *Processo Penal Constitucional*, 3ª edição, São Paulo: Revista dos Tribunais, 2002, p. 13. Em complemento v. GRIONOVER, Ada Pellegrini et ali, *As Nulidades no Processo Penal*, 7ª edição, São Paulo: Revista dos Tribunais, 2001, p. 24: "Da ideia individualista das garantias constitucionais-processuais na ótica exclusiva de direitos subjetivos das partes, passou-se, em épocas mais recentes, ao enfoque das garantias do "devido processo legal" como sendo qualidade do próprio processo, objetivamente considerado e fator legitimante do exercício da função jurisdicional. Contraditório, ampla defesa, juiz natural, motivação, publicidade, etc. constituem é certo, direitos subjetivos das partes, mas são, antes de mais nada, características de um processo justo e lega, conduzido em observância ao devido processo, não só em benefício de uma das partes, mas como garantia do correto exercício da função jurisdicional".

[32] Sobre nexo causal v. PRADO, Luiz Regis, Comentários ao Código Penal, vol I, Parte Geral, 9ª edição, São Paulo: Revista dos Tribunais, 2014, pp. 98 a 115.

[33] A respeito das teorias sobre o concurso de pessoas v. BITTENCOURT, Cezar Roberto. Tratado de Direito Penal, Parte Geral, 8ª edição, São Paulo: Saraiva, 2003, vol. 1, pp. 384 a 389.

atos de execução (coautoria), quer induzindo, instigando ou auxiliando (participação) na execução de uma conduta punível[34].

Para a prática dos crimes tributários[35], objetos deste estudo, não se exige qualquer qualidade especial do sujeito ativo, podendo tratar-se de qualquer pessoa humana. Neste ponto, deve ser salientado que a responsabilidade penal da pessoa jurídica consagrada pela Constituição Federal de 1988, restringe-se

---

[34] O Código Penal disciplina em seu art. 29 que: "quem, de qualquer modo concorre para o crime incide nas penas a este cominadas na medida de sua culpabilidade". Sobre concurso de pessoas v. BATISTA, Nilo. Concurso de agentes: uma investigação sobre os problemas da autoria e da participação no direito penal brasileiro, Rio de Janeiro: Liber Juris, 1979; PRADO, Luiz Regis, Curso de Direito Penal Brasileiro, vol. I, Parte Geral, 9ª edição, São Paulo: Revista dos Tribunais, 2014; e ainda, ROXIN, Claus. *Autoría e dominio del hecho en derecho penal*, 7ª edición. Madrid: Marcial Pons, 2000.

[35] Nos termos da Lei nº 8.137/1990 (Define crimes contra a ordem tributária, econômica e contra as relações de consumo e dá outras providências) tipificam crimes contra a ordem tributária as seguintes condutas:
"Art. 1º Constitui crime contra a ordem tributária suprimir ou reduzir tributo, ou contribuição social e qualquer acessório, mediante as seguintes condutas:
I – omitir informação, ou prestar declaração falsa às autoridades fazendárias;
II – fraudar a fiscalização tributária, inserindo elementos inexatos, ou omitindo operação de qualquer natureza, em documento ou livro exigido pela lei fiscal;
III – falsificar ou alterar nota fiscal, fatura, duplicata, nota de venda, ou qualquer outro documento relativo à operação tributável;
IV – elaborar, distribuir, fornecer, emitir ou utilizar documento que saiba ou deva saber falso ou inexato;
V – negar ou deixar de fornecer, quando obrigatório, nota fiscal ou documento equivalente, relativa a venda de mercadoria ou prestação de serviço, efetivamente realizada, ou fornecê-la em desacordo com a legislação.
Pena – reclusão de 2 (dois) a 5 (cinco) anos, e multa.
Parágrafo único. A falta de atendimento da exigência da autoridade, no prazo de 10 (dez) dias, que poderá ser convertido em horas em razão da maior ou menor complexidade da matéria ou da dificuldade quanto ao atendimento da exigência, caracteriza a infração prevista no inciso V".
"Art. 2º Constitui crime da mesma natureza:
I – fazer declaração falsa ou omitir declaração sobre rendas, bens ou fatos, ou empregar outra fraude, para eximir-se, total ou parcialmente, de pagamento de tributo;
II – deixar de recolher, no prazo legal, valor de tributo ou de contribuição social, descontado ou cobrado, na qualidade de sujeito passivo de obrigação e que deveria recolher aos cofres públicos;
III – exigir, pagar ou receber, para si ou para o contribuinte beneficiário, qualquer percentagem sobre a parcela dedutível ou deduzida de imposto ou de contribuição como incentivo fiscal;
IV – deixar de aplicar, ou aplicar em desacordo com o estatuído, incentivo fiscal ou parcelas de imposto liberadas por órgão ou entidade de desenvolvimento;
V – utilizar ou divulgar programa de processamento de dados que permita ao sujeito passivo da obrigação tributária possuir informação contábil diversa daquela que é, por lei, fornecida à Fazenda Pública.
Pena – detenção, de 6 (seis) meses a 2 (dois) anos, e multa".

apenas aos crimes ambientais previstos na Lei nº 9.605/98[36], em outras palavras, no que tange à execução do delito de sonegação fiscal não há proteção da pessoa física pelo ente jurídico, imputando-se pena exclusivamente àquele (ser humano) que, de acordo com os critérios legais, for identificado como autor do crime.

Nomeadamente, no que toca aos crimes contra a ordem tributária, o art. 11 da Lei nº 8.137/90 determina que quem, de qualquer modo, inclusive por meio da pessoa jurídica[37], concorra para os crimes nela definidos, incide nas penas a estes cominadas na medida de sua culpabilidade. Ou seja, ainda que o dispositivo em comento seja dispensável, em razão da regra contida no art. 29 do Código Penal, sem dúvidas, reafirma a hipótese prevista na parte geral do referido estatuto, de que a culpabilidade é essencial para a atribuição de responsabilidade penal.

Por assim ser, fica afastada a possibilidade de que o sócio, diretor, gestor, controlador, contador ou qualquer outro que atue em nome próprio, mas visando ao interesse da pessoa jurídica, seja responsabilizado pelos atos praticados por seu intermédio, sem que esses também lhes possam ser imputados subjetivamente, ou seja, a título de dolo, visto que os tipos em questão não admitem a modalidade culposa[38].

---

[36] Posicionando-se favoravelmente à possibilidade de se responsabilizar penalmente a pessoa jurídica pela prática de delitos ambientais v. SHECAIRA, Sérgio Salomão. Responsabilidade Penal da Pessoa Jurídica, 1ª edição. São Paulo: Revista dos Tribunais, 1999, p. 115. Diferente disso, na doutrina espanhola segundo SILVA SANCHES, Jesús-Maria, "el sistema legal de responsabilidad penal de las personas jurídicas es aplicable a uma extensa lista de delitos, entre los que se cuenta la práctica totalidad de los delitos patrimoniales y sócio-economicos." in *Criminalidade de empresa y compliance*, Barcelona: Atelier, 2013, p. 16.
Em sentido contrário à responsabilização da pessoa jurídica pela prática de crimes v. PRADO, Luiz Regis. Responsabilidade penal da pessoa jurídica, São Paulo: Revista dos Tribunais, 2001, para quem o art. 3.º da Lei 9.605/98 enunciou a responsabilidade penal da pessoa jurídica nos delitos ambientais, entretanto, cominando-lhes pena sem lograr, contudo, institui-la completamente. Ou seja, segundo PRADO faltam instrumentos hábeis para a aplicação da norma o que leva à sua inconstitucionalidade.

[37] Cumpre aqui relembrar a diferenciação feita por CRESPO, Eduardo Demetrio, *Responsabilidad penal por omisión del empresário, passim*, entre a criminalidade de empresa ("*unternehmenskriminalität*") e criminalidade na empresa ("*betriebskriminalität*"). É nosso pensar que no ordenamento jurídico brasileiro os crimes tributários se encaixam no conceito de criminalidade de empresa, na medida em que tais delitos são cometidos – exclusivamente por pessoas humanas – no interesse da companhia e não simplesmente em seu âmbito.

[38] A punição pela prática de crime demanda, no mínimo, da existência da culpa, entendida em sentido estrito como a conduta praticada por negligência, imprudência ou imperícia. Nos crimes tributários, entretanto, por ausência de previsão legal, pune-se os crimes apenas a título de dolo.

Utilizando um enfoque mais pragmático, a conduta de inadimplir o crédito tributário, *per si*, pode não constituir crime. Deste modo, na hipótese de o sujeito ativo declarar todos os fatos geradores à administração tributária, conforme periodicidade exigida em lei, cumprindo as obrigações acessórias e mantendo a escrituração contábil regular, não há que se falar em sonegação fiscal, mas em mero inadimplemento, passível de execução fiscal com as penalidades atribuídas pelas autoridades fiscais. Isto porque, os crimes contra a ordem tributária além do inadimplemento, em linhas gerais, pressupõem a ocorrência de alguma forma de fraude, que poderá ser consubstanciada em omissão de declaração, falsificação material ou ideológica, utilização de documentos material ou ideologicamente falsos, simulação, dentro outros meios, que igualmente exigem a intenção delitiva do autor da conduta criminosa.

Com isso, estão vedadas as acusações genéricas que deixam de individualizar a participação de cada um dos sujeitos ativos do delito, quer pela narração deficiente dos fatos, quer pela ausência de indícios que apontem para a coautoria ou participação criminosa. Em brevíssima síntese, o direito penal não admite a responsabilidade objetiva do agente. Isso significa que a atribuição de responsabilização pressupõe a culpa, *lato sensu*, e é, portanto, sem exceção, pessoal e subjetiva.

A despeito disso, nos chamados *crimes societários* ou de *autoria coletiva*, a pretexto da dificuldade de se individualizar as condutas reconhecidamente complexas dos delitos tributários cometidos por intermédio da pessoa jurídica, são frequentes os processos criminais pautados em acusações genéricas. Em verdade, especialmente em tais delitos – praticados por um colegiado –, depara-se o órgão do Ministério Público no momento do oferecimento da denúncia, com uma pluralidade de agentes envolvidos na mesma prática criminosa, como também, com um *iter criminis* composto de etapas delitivas complexas e sofisticadas, o que por certo dificulta a narrativa circunstanciada dos fatos, nos rigorosos termos do art. 41 do Código de Processo Penal.

Nessa situação, importante elucidar, que não se pode confundir a denúncia genérica com a denúncia geral, pois muito embora não se possa admitir a denúncia genérica como válida para dar início a um processo penal, em contrapartida é possível admitir-se a denúncia geral, ou seja, aquela em que, apesar de não detalhar minimamente as ações imputadas aos denunciados,

---

Sobre dolo e culpa v. PRADO, Luiz Regis, Comentários ao Código Penal, Parte Geral. 9ª edição, São Paulo: Revista dos Tribunais, 2014.

demonstre, ainda que de maneira sutil, a ligação entre suas condutas e o fato delitivo[39].

Nessa perspectiva, exige-se que a imputação penal contida na denúncia seja acompanhada de indícios mínimos da responsabilidade pessoal e subjetiva do agente, estabelecendo-se, nessa medida, a necessária relação de causalidade entre a sua conduta e o evento delituoso, não bastando a mera alusão à condição de sócio ou de administrador da empresa[40].

Em última análise, uma acusação genérica poderia levar à aplicação de pena com base na responsabilidade penal objetiva que, como explicitado, é inadmissível no contexto de um direito penal instituído com fundamento em princípios e garantias constitucionais que asseguram ao indivíduo um julgamento justo, pautado pelo devido processo legal.

De mais a mais, ao se responsabilizar de forma objetiva, insere-se o acusado na denúncia não pelo que fez e sim pelo que é, ou seja, o acusado não faz parte da inicial acusatória por ter efetivamente contribuído para a ocorrência do delito mas sim, por ser sócio, gestor ou contador da empresa envolvida nos fatos, o que por certo não se coaduna com os princípios comezinhos do direito penal pátrio[41].

---

[39] Em igual sentido manifestam-se os Tribunais Superiores:
STF: RHC 130730, Rel. Ministra Rosa Weber, 1ª Turma, julgado em 23.10.2015.
STJ: RHC 54075/RS, 5ª Turma, Rel. Ministro Reynaldo Soares da Fonseca – DJe 01.08.2017; RHC 66633/PE, 6ª Turma, Relatoria do Ministro Nefi Cordeiro – DJe 25.05.2016; RHC 82873/SP, 6ª Turma, Rel. do Ministro Rogerio Schietti Cruz – DJe 01.04.2016; AgRG no REsp 1463688/RS, 6ª Turma, Rel. Ministra Maria Thereza de Assis Moura; RHC 58.872/PE, 5ª Turma, Rel. Ministro Gurgel de Faria, DJe 1.10.2015; RHC 46.299/SP, 6ª Turma, Rel. Ministra Maria Thereza de Assis Moura, DJe 09.03.2015; RHC 294.833/SC, 5ª Turma, Rel. Ministro Felix Fischer, DJe 03.08.2015.
[40] Na mesma linha de entendimento v. FERNANDES, Antonio Scarance, *Reação defensiva à imputação*, São Paulo: Revista dos Tribunais, 2002, p. 187: "cada agente é responsável por parcela do fato e nem se exige que com sua ação realize todos os elementos da figura típica; em caso de participação, pode a sua conduta nem corresponder a tais elementos. Por isso, para poder realizar sua defesa, o co-autor ou partícipe precisa saber ser claramente qual é a parcela de sua contribuição para o fato criminoso. Impõe-se, portanto, que a denúncia ou queixa narre o fato de modo a tornar clara e precisa a conduta de todos os imputados".
[41] Nesse ponto é indispensável fazer uma distinção, clara e precisa, entre *derecho penal del hecho* (direito penal do fato) e *derecho penal de autor* (direito penal de autor). Segundo ROXIN, Claus. Derecho penal. Parte general, tomo I. Madrid: Thomson, 2008, pp. 176 a 177. "*Por Derecho penal del hecho se entiende una regulación legal, en virtud de la cual la punibilidad se vincula a una acción concreta descrita típicamente y la sanción representa solo la respuesta al hecho individual, y no a toda la conducción de la vida del autor o a los peligros que en el futuro se esperan del mismo. Frente a esto, se tratará de um Derecho penal de autor cuando la pena se vincule a la personalidad del autor y sea su asocialidad y el grado de la misma lo que decida sobre la sanción.*"

Daí porque, se por um lado a representação fiscal para fins penais em via de regra é suficiente para apurar a materialidade da sonegação fiscal, no que toca aos indícios de autoria, não se pode vislumbrar a mesma conclusão. Neste ponto, ainda que o inquérito policial não seja o momento oportuno para o exercício do contraditório, nos parece razoável que seja ele utilizado como veículo para se apurar a quem deve ser atribuída a autoria do delito, considerando que, ao menos, tal procedimento permite ao investigado participar das investigações, produzindo em seu benefício as provas que julgar necessárias.

Assim, conforme será demonstrado a seguir, o Supremo Tribunal Federal tem entendido que é ponto fulcral para o estabelecimento da responsabilidade penal a necessidade de a denúncia conter, minimamente, a individualização da conduta ilícita tipificada criminalmente e praticada pelos diretores e sócios-gerentes nos crimes contra a ordem tributária. De tal modo, a partir da análise de um caso concreto julgado em *habeas corpus* pela Corte Suprema, será avaliada a relação existente entre o sujeito passivo do processo tributário, em caso de responsabilidade de terceiros, e o sujeito ativo do processo penal.

3. Precedente: a Problemática dos Sujeitos Processuais

Conforme demonstrado, em conformidade do art. 135, III do Código Tributário Nacional, o sujeito passivo tributário pode ser o terceiro responsável, como os diretores ou sócios-gerentes pelos débitos tributários da pessoa jurídica, quando comprovado pela autoridade fiscal que agiram com excesso de poderes ou infração à lei civil ou societária ou ao estatuto social. Já para se tornar o sujeito ativo do processo penal é necessário que a autoridade competente comprove a ação dolosa do diretor ou sócio-gerente na prática do crime contra a ordem tributária, devendo a acusação conter, minimamente, a descrição da relação entre a sua conduta e o fato tipificado criminalmente.

Para elucidar a questão, vale analisar uma recente decisão[42] da Segunda Turma do Supremo Tribunal Federal que concedeu a ordem em *habeas corpus* para trancar ação penal por crime contra a ordem tributária, que havia sido imputado a diretores de empresa de telefonia, por entender que denúncia por sonegação fiscal não pode se basear em afirmações genéricas, sem sequer uma ínfima individualização da conduta ilícita de cada agente.

---

[42] HC 136.250/PE, julgado em 23.5.2017.

De acordo com a inicial, os acusados, com domínio dos fatos na administração da sociedade anônima, teriam fraudado a Fazenda Pública do Estado de Pernambuco por meio da inserção de elementos inexatos em livros fiscais. De tal modo, teriam se utilizado de notas fiscais com o destaque indevido do ICMS para a tomada de créditos tributários inexistentes com o intuito de suprimir o valor do imposto a recolher. Os denunciados, segundo a narrativa do Ministério Público, não apenas detinham poder para decidir sobre a ilicitude das condutas praticadas, como também para persuadir os funcionários a executarem a fraude, razão pela qual deveriam ser responsabilizados pelo crime descrito no inciso II, do art. 1º da Lei nº 8.137/90[43], que trata de crime material que depende do lançamento definitivo do crédito tributário para a consumação do delito.

O Ministro Ricardo Lewandowski, relator do *writ*, ao analisar o caso ponderou inicialmente que o atendimento aos requisitos da denúncia, previstos no art. 41 do Código de Processo Penal, como a exposição do fato e a individualização da conduta, viabilizam a ampla defesa ao acusado. Em contrapartida, esclareceu, que em casos de autoria coletiva, como nos crimes contra a ordem tributária, é necessário distinguir a ocorrência de uma denúncia genérica de uma denúncia geral. O Ministro relator, citando trecho do voto do Ministro Gilmar Mendes no HC nº 127.415/SP, lembrou que a denúncia pormenorizada, nesses casos, vem sendo mitigada pela Corte para se evitar a impunidade, mas não totalmente afastada, tendo em vista que o direito penal tem como regra a imputação da responsabilidade subjetiva. Ou seja, a mínima individualização das condutas dos agentes é necessária para garantir a ampla defesa e a aplicação de pena ao acusado.

O relator concluiu pela inépcia da denúncia por ter sido ela amparada em mera conjectura, considerando que *"a única acusação feita aos pacientes deriva unicamente dos cargos por eles ocupados na indigitada empresa de telefonia, e por não ter havido a mínima descrição dos atos ilícitos supostamente por eles praticados"*[44].

---

[43] "II- fraudar a fiscalização tributária, inserindo elementos inexatos, ou omitindo operação de qualquer natureza, em documento ou livro exigido pela lei fiscal;".
[44] Nesse sentido, relacionamos a seguir alguns precedentes dos Tribunais Superiores:
STF: RHC 128031, Relatora Ministra Rosa Weber, 1ª Turma, DJe 22.09.2015; Inq 3644, Relatora Ministra Cármen Lúcia, 2ª Turma, DJe 13.10.2014; RHC 118891, Relator Ministro Edson FAchin,1ª Turma, julgado em 01.09.2015, DJe 20.10.2015.
STJ: RHC 139.064/PE, Rel. Ministro Gurgel de Faria, 5ª Turma, DJe 18.09.2015; AgRg no AREsp 537.771/SP, Rel. Ministro Nefi Cordeiro, 6ª Turma, DJe Documento: 64293243; AgRg no AREsp 537.770/SP, Rel. Ministro Rogério Schietti Cruz, 6ª Turma, DJe 18.08.2015; RHC 43.399/PA, Rel. Ministro Felix Fischer, 5ª Turma, DJe 05.08.2015.

Finalizando, acrescentou que não se poderia invocar a teoria do domínio do fato, pura e simplesmente, sem nenhuma outra prova, para sustentar uma acusação, principalmente considerando que a empresa de telefonia não tem suas atividades voltadas à prática de atos criminosos, situação singular em que essa teoria poderia ser aplicada.

Os demais Ministros, acolhendo o posicionamento por unanimidade, entenderam que, em matéria de crimes societários, a denúncia deve apresentar, suficiente e adequadamente, a conduta atribuível a cada um dos agentes, de modo a possibilitar a identificação do papel desempenhado pelos denunciados na estrutura jurídico-administrativa da empresa. Ressaltou-se durante o julgamento que a responsabilidade civil possui requisitos diferentes da responsabilidade penal, devendo, por essa razão, receber tratamento específico.

Importante ressaltar que um dos argumentos utilizados pelos réus no citado *habeas corpus* foi a declaração de ilegitimidade da responsabilidade tributária na sentença dos embargos à execução fiscal que analisou o crédito tributário devido pela pessoa jurídica. Segundo alegado pela defesa, o próprio Estado de Pernambuco teria reconhecido que os diretores não figuravam como sujeitos passivos da execução fiscal. Todavia, apesar da exclusão da responsabilidade tributária nos embargos à execução ter ocorrido em razão da supressão da ampla defesa, visto que os réus não participaram do processo administrativo, o argumento não foi sequer considerado pelo Supremo Tribunal Federal. E mais, o Ministro Lewandovski deixou claro em seu voto que o trancamento da ação penal ocorreu apenas por vícios formais da denúncia, vale dizer, por não terem sido individualizadas as condutas dos diretores, sendo possível, inclusive, o oferecimento de nova denúncia, caso sejam sanados os problemas formais apontados.

Curioso notar que a conduta criminosa imputada aos diretores na denúncia, qual seja, a de reduzir tributo mediante fraude contra a fiscalização tributária pela inserção de informações incorretas nos livros fiscais, também importaria em infração à legislação societária (art. 177 da Lei nº 6.404/76[45]) o que levaria, em tese, à responsabilidade tributária pessoal do art. 135, III do Código Tributário Nacional. Contudo, como visto, a responsabilidade tributária dos referidos diretores não foi considerada pelas autoridades fiscais,

---

[45] "Art. 177. A escrituração da companhia será mantida em registros permanentes, com obediência aos preceitos da legislação comercial e desta Lei e aos princípios de contabilidade geralmente aceitos, devendo observar métodos ou critérios contábeis uniformes no tempo e registrar as mutações patrimoniais segundo o regime de competência".

que a limitaram apenas à pessoa jurídica, contribuinte do imposto. Isto é, pode ocorrer casos em que o diretor ou sócio-gerente da empresa, mesmo não sendo sujeito passivo da execução fiscal, ou responsabilizado pessoalmente pelo crédito tributário da pessoa jurídica, seja sujeito ativo no processo penal.

De mais a mais, como nos mostra a casuística, a exclusão do diretor ou sócio-gerente da execução fiscal por não terem figurado no processo administrativo como parte, por si só, não é capaz de afastar eventual responsabilidade penal. De tal modo, podemos concluir que a responsabilidade tributária de terceiros pelos débitos da pessoa jurídica difere-se da responsabilidade pela sonegação fiscal, o que pode levar a situações em que o agente é sujeito ativo do processo penal, sem necessariamente figurar como sujeito passivo da execução fiscal do crédito tributário. O contrário também é possível, pois a violação da legislação societária ou do estatuto da empresa poderá levar o diretor ou sócio-gerente a responder pessoalmente pelos débitos tributários da pessoa jurídica, figurando como sujeito passivo, coobrigado da execução fiscal, sem ser o sujeito ativo de processo criminal por não ter agido com dolo na prática dos crimes previstos na Lei nº 8.137/90.

4. Conclusões

De tudo quanto foi exposto, é possível perceber que, em obediência ao art. 136 do Código Tributário Nacional, a responsabilidade pelas infrações tributárias é objetiva e, portanto, independe de qualquer intenção do sujeito passivo, vale dizer, contribuinte ou responsável tributário. No entanto, nos casos em que houver previsão legal, haverá a necessidade de comprovação da atuação intencional do terceiro, e a responsabilidade pela infração tributária passará a ser subjetiva, como previsto no art. 135, III do Código Tributário Nacional. Ou seja, para que o administrador ou sócio-gerente seja considerado como o responsável pelo tributo devido pela pessoa jurídica, deve o fisco comprovar que ele agiu com excesso de poderes ou infração à lei ou estatuto social, sendo que o mero inadimplemento do tributo não configura a responsabilidade pessoal na seara tributária.

De outra parte, para que o administrador ou sócio-gerente seja responsabilizado criminalmente por ato ilícito, que tenha extrapolado os limites do direito tributário e ao mesmo tempo tipificado um crime, deve ser comprovado o dolo na sua conduta. Isto é, em via de regra no direito penal, notadamente nos crimes contra a ordem tributária, a culpabilidade é elemento essencial para a atribuição de responsabilidade penal e, por assim ser, o crime somente é imputado ao sujeito ativo se restar demonstrada a vontade e consciência de realizar o comportamento típico previsto em lei.

Há, portanto, de certa maneira, a necessidade de comprovação da responsabilidade subjetiva dos diretores e sócios-gerentes em relação às infrações por eles praticadas em ambas as hipóteses, tributária e penal. O que difere as duas situações é saber se a conduta delituosa praticada na esfera tributária pode ser também capaz de lesar o bem jurídico tutelado nos crimes contra a ordem tributária, e por consequência, dar ensejo a prática de um crime.

Pode-se dizer, exemplificando, que um diretor ou sócio-gerente que age com infração à lei societária poderá ser sujeito passivo em processo tributário e, solidariamente, arcar com os tributos devidos pela pessoa jurídica. Mas isso, por si só, não ensejará na sua inclusão como sujeito ativo do processo criminal, visto que, para tanto, ele deverá ter a sua conduta tipificada de maneira individualizada em um dos tipos penais previstos na lei que define os crimes contra a ordem tributária (arts. 1º e 2º da Lei nº 8.137/90). Em complemento, importante destacar, que não se pode confundir a denúncia genérica com a denúncia geral, porque muito embora não se possa conceber a denúncia genérica como válida para iniciar um processo penal, é possível aceitar-se a denúncia geral, isto é, aquela que, apesar de não conter minúcias de todas as condutas imputadas aos denunciados, demonstre a ligação entre eles e o fato criminoso.

Ademais, ainda quanto à admissibilidade da denúncia, deve-se acrescentar que, para o Supremo Tribunal Federal, tal acontecimento processual não se justifica tão somente pela aplicação da teoria do domínio do fato, desamparada de provas que sustentem a acusação, ou seja, é necessário que reste demonstrado, concretamente, que o sujeito ativo tinha o poder de decisão sobre a realização da conduta criminosa.

Pode-se acrescentar, conclusivamente, que mesmo que não tenha havido a responsabilização tributária ou a sujeição passiva do sócio-gerente ou diretor no processo tributário, o mesmo agente pode ser responsabilizado criminalmente se a denúncia contiver, minimamente, a descrição da conduta tipificada como crime contra o sistema tributário. Como notório, trata-se da hipótese de vigência do princípio da independência das instâncias, que como visto tem estado bastante presente na casuística dos tribunais superiores.

Afinal, é nosso pensar, que no extenso e intricado campo dos tributos, os representantes das empresas devem estar atentos ao significado que suas condutas podem assumir diante das peculiaridades que pesam sobre a responsabilidade tributária e penal, a fim de que possam evitar a indevida sujeição aos respectivos processos, bem como, consequentes punições indesejadas.

Referências

AMARO, Luciano. *Direito Tributário Brasileiro*, 16ª edição, São Paulo: Saraiva, 2010.
BATISTA, Nilo. *Concurso de agentes: uma investigação sobre os problemas da autoria e da participação no direito penal brasileiro*. Rio de Janeiro: Liber Juris, 1979.
BECHO, Renato Lopes. *Responsabilidade Tributária de Terceiros*. São Paulo: Saraiva, 2014.
BITENCOURT, Cezar Roberto. *Tratado de Direito Penal, Parte Geral*, 8ª edição, São Paulo: Saraiva, 2003, vol. 1.
CARVALHO, Paulo de Barros. *Curso de Direito Tributário*, 17ª edição, São Paulo: Saraiva, 2005.
CINTRA, Antonio Carlos de Araújo; GRINOVER, Ada Pellegrini; DINAMARCO, Cândido Rangel. *Teoria Geral do Processo*. 19ª edição. São Paulo: Malheiros, 2003.
CRESPO, Eduardo Demetrio. *Responsabilidad penal por omisión del empresário*. 1ª edição, Madrid: Iustel, 2009.
DELMANTO, Roberto; DELMANTO JUNIOR, Roberto e DELMANTO, Fabio M de Almeida. *Leis Penais Especiais Comentadas*. 2ª edição. São Paulo: Saraiva, 2014.
FERRAGUT, Maria Rita. *Responsabilidade Tributária e o Código Civil de 2002*. São Paulo: Noeses, 2013.
FUNARO, Hugo. *Sujeição Passiva Indireta no Direito Tributário Brasileiro*. São Paulo: Quartier Latin, 2013.
GRECO FILHO, Vicente. *Manual de Processo Penal*. 8ª edição, São Paulo: Saraiva, 2010.
GRINOVER, Ada Pellegrini; FERNANDES, Antonio Scarance; GOMES FILHO, Antonio Magalhães. *As nulidades no processo penal*. 7ª edição, São Paulo: Revista dos Tribunais, 2001.
SAAD, Marta. *Denúncia nos crimes societários*. In TANGERINO, Davi de Paiva Costa (Coordenador). Direito Penal Tributário, São Paulo: Quartier Latin, 2007.
MACHADO, Hugo de Brito. *Curso de Direito Tributário*, 2ª edição, São Paulo: Malheiros, 2009.
MARTÍN, Adán Nieto. *La responsabilidad penal de las personas jurídicas: Un modelo legislativo*. 1ª edición. Madrid: Iustel, 2008.
MARTINS, Ives Gandra da Silva. *O ilícito tributário e o ilícito penal tributário*, Revista dos Tribunais, ano 83, v. 700, fev. 1994.
MELIA, Manuel Cancio; SILVA SANCHES, Jesús Maria. *Delitos de Organización*. Buenos Aires: BDEF, 2008.
PRADO, Luis Regis. *Comentários ao Código Penal*. vol I, Parte Geral, 9ª edição, São Paulo: Revista dos Tribunais, 2014.
PRADO, Luis Regis. *Responsabilidade penal da pessoa jurídica: em defesa do princípio da imputação subjetiva*. São Paulo: Revista dos Tribunais, 2001.

ROXIN, Claus. *Autoría y Dominio del hecho en derecho penal*. 7ª edición. Madrid: Marcial Pons, 2000.

ROXIN, Claus. *Derecho Penal Parte General. Tomo I. Fundamentos. La estrutura de la Teoría del Delito*. 2ª edición. Madrid: Thomson, 2008.

ROXIN, Claus. *A proteção de bens jurídicos como função do direito penal*. Org. e Trad. André Luís Callegari e Nereu José Giacomolli. Porto Alegre: Livraria do Advogado, 2006.

SCARANCE FERNANDES, Antonio. *Processo Penal Constitucional*. 3ª edição, São Paulo: Revista dos Tribunais, 2002.

SCARANCE FERNANDES, Antonio. *Reação defensiva à imputação*. São Paulo: Revista dos Tribunais, 2002.

SILVA SANCHES, Jesús-María; FERNÁNDEZ, Raquel Montaner. *Criminalidad de empresa y Compliance*. Barcelona: Atelier, 2013.

SHECAIRA, Sérgio Salomão. *Responsabilidade penal a pessoa jurídica*. 1ª edição. São Paulo: Revista dos Tribunais, 1999.

Sobre os Autores

Alexandre Wunderlich
Advogado. Doutor em Direito e Mestre em Ciências Criminais pela PUCRS, Professor de Direito Penal na Escola de Direito da PUCRS.

Ameleto Masini Neto
Pós-Graduado em Direito Penal pela Escola Paulista da Magistratura – EPM. Graduado em Direito pela FMU-SP. Professor de Direito Penal na Faculdade de Direito Professor Damásio de Jesus (2008/2011). Oficial das Forças Armadas formado em 2000 pela Academia da Força Aérea Brasileira - AFA. Analista Judiciário do TRF da 3ª Região. Instrutor do Corpo Permanente de Capacitação da Justiça Federal da 3ª Região (2008/2011).

Andreia Scapin
Doutora em Direito Tributário pela USP (Doutorado Sanduíche pela Università degli Studi La Sapienza di Roma, Itália, em 2015, pelo Programa CAPES). Phd Researcher em Processo de harmonização das normas tributárias na Università degli Studi di Teramo, Itália. Mestre em Direito Penal pela USP. Especialista em Direito Tributário pela USP. Professora da pós-graduação lato sensu em Direito Tributário da Universidade Presbiteriana Mackenzie. Pesquisadora do Centro Didático Euro-Americano sobre Políticas Constitucionais (CEDEUAM) da Università del Salento, Itália/FURB, Brasil. Advogada.

Antonio Cláudio Mariz de Oliveira
Advogado criminalista há 50 anos. Bacharel e Mestre em Direito Processual pela PUC-SP. Foi secretário de Justiça do Estado de São Paulo entre janeiro e março de 1990 e Secretário de Segurança Pública do Estado de São Paulo entre março de 1990 até março de 1991. Exerceu os cargos de presidente da OAB/SP (1987/1988 e 1989/1990), e ainda, de Presidente do Conselho Nacional de Política Criminal e Penitenciária (2003/2004 e 2005/2006). Conselheiro Honorário do Conselho do MDA – Movimento de Defesa da Advocacia. Foi coordenador do Comitê de Direito Penal do Centro de Estudos das Sociedades de Advogados – CESA.

Augusto Assis
Mestre e Doutor em Direito na Universidade Ludwig-Maximilian, de Munique, Alemanha. Bolsista CAPES/DAAD.

Charles William McNaughton
Mestre e Doutor pela PUC-SP. Professor do Instituto Brasileiro de Estudos Tributários – IBET e do COGEAE PUC-SP. Advogado. Vice-Presidente da Comissão de Refugiados da OAB de Santo André.

Cristiano Rosa de Carvalho
Mestre e Doutor em Direito Tributário pela PUC-SP. Pós-Doutorado em Direito e Economia pela University of California, Berkeley. Livre-docente em Direito Tributário pela USP. Advogado.

Daniela Silveira Lara
Mestre em Direito Tributário pela FGV Direito SP e Advogada.

Davi de Paiva Costa Tangerino
Professor de Direito Penal da FGV Direito SP e da UERJ. Bolsista de pós-doutorado (DAAD e Max Planck), Doutor (2009) e Mestre (2005) em Direito Penal pela USP, com estágio doutoral na Humboldt Universität em Berlim. Advogado criminalista.

Débora Motta Cardoso
Doutora em Direito Penal pela USP e Advogada.

Eduardo Perez Salusse
Advogado tributarista há 26 anos. Bacharel em Direito pela PUC-SP. Tem especialização em contabilidade fiscal pela FGV Direito SP. É mestre em direito tributário pela FGV Direito SP e doutorando em direito constitucional e processual tributário pela PUC-SP. É professor palestrante na FGV/SP, EBRADI, FIPECAFI, dentre outras universidades. Foi Juiz do Tribunal de Impostos e Taxas de São Paulo (2000-2015). Colunista do Jornal Valor Econômico (Fio da Meada). Conselheiro Honorário e atual presidente do Conselho do Movimento de Defesa da Advocacia (MDA).

Elisabeth Lewandowski Libertuci
Mestre em Direito Tributário pela PUC-SP. Graduada pela PUC-SP (1985). Palestrante em assuntos tributários no Brasil e no exterior. Autora e coautora de livros e artigos da área tributária. Colunista de vários jornais. Professora de pós-graduação lato sensu. Atua em Consultoria e Contencioso Tributário há mais de 20 anos. Sócia Sênior de Lacaz Martins, Pereira Neto, Gurevich e Schoueri Advogados.

SOBRE OS AUTORES

Fábio André Guaragni
Doutor (2002) e Mestre (1998) em Direito das Relações Sociais pela UFPR, com pesquisa Pós-Doutoral (2012) junto à Università degli Studi di Milano. Professor de Direito Penal Econômico do Mestrado do Centro Universitário Curitiba – Unicuritiba. Professor de Direito Penal da Fundação Escola do Ministério Público do Paraná (FEMPAR) e da Escola da Magistratura do Paraná (EMAP), CERS e LFG. Procurador de Justiça no Ministério Público do Estado do Paraná.

Fernanda Regina Vilares
Mestre e Doutora em Processo Penal. Professora do GV Law. Procuradora da Fazenda Nacional.

Gisele Barra Bossa
Mestre e Doutoranda em Ciências Jurídico-Econômicas pela Universidade de Coimbra. Coordenadora de Pesquisa na FGV Direito SP e Professora de Direito Tributário. Conselheira Titular da 1ª Seção do Conselho Administrativo de Recursos Fiscais: – CARF.

Henrique Olive Rocha
Mestre em Direito Penal pela UERJ. Pós-graduado em Processo Penal e Garantias Fundamentais pela ABDConst. Advogado criminalista.

Hugo de Brito Machado Segundo
Mestre e Doutor em Direito. Membro do Instituto Cearense de Estudos Tributários – ICET. Professor da Faculdade de Direito da Universidade Federal do Ceará, de cujo Programa de Pós-Graduação (Mestrado e Doutorado) foi Coordenador. Professor do Centro Universitário Christus (Graduação e Mestrado). Visiting Scholar da Wirtschaftsuniversität, Viena, Áustria (2012/2013 – 2015/2016). Advogado em Fortaleza.

Jair Jaloreto
Advogado, especialista em Direito Penal das Empresas.

José Danilo Tavares Lobato
Professor da Universidade Federal Rural do Rio de Janeiro – UFRRJ e da Universidade Santa Úrsula.

José de Faria Costa
Professor Catedrático da Faculdade de Direito da Universidade de Coimbra.

Joyce Roysen
Graduada pela Faculdade de Direito da USP em 1986. Especialista em Direito Penal pela Faculdade de Direito da USP. Yale School of Management – MPL – Management Programfor Lawyers. Membro do Instituto Brasileiro de Ciências Criminais – IBCCRIM. Membro do International Bar Association – IBA. Membro do grupo Brasileiro da Association Internacionale de Droit Penal – AIDP.

Leandro Sarcedo
Mestre e Doutor em Direito Penal pela USP. Especializado em direito penal econômico e da empresa pela Universidade Castilla – La Mancha – Toledo. Advogado criminal.

Luciana Ibiapina Lira Aguiar
Mestre em Direito Tributário pela FGV. Bacharel em Ciências Econômicas e Ciências Contábeis. Professora nos cursos de pós-graduação da Faculdade de Direito da Fundação Getúlio Vargas – FGV. Professora Conferencista no IBET. Advogada em São Paulo.

Luis Henrique Marotti Toselli
Mestre em Direito Tributário pela PUC-SP. Conselheiro Titular da 1ª Seção do Conselho Administrativo de Recursos Fiscais – CARF.

Luiz Roberto Peroba Barbosa
Sócio de Pinheiro Neto Advogados, responsável pela área tributária. Especialista em direito tributário pela New York University – NYU. Membro do Instituto Brasileiro de Direito Tributário – IBDT e diretor da ABDTIC – Associação Brasileira de Direito de Informática e Telecomunicações. Professor Convidado da Escola de Direito de São Paulo da Fundação Getulio Vargas e da pós graduação *lato sensu* em Direito Tributário da Escola Paulista de Direito. Foi integrante da equipe da Reforma Tributária responsável pela PEC 233 no Congresso Nacional.

Manuel da Costa Andrade
Professor Catedrático da Faculdade de Direito da Universidade de Coimbra. Juiz Presidente do Tribunal Constitucional de Portugal.

Marcelo Almeida Ruivo
Doutor em Ciências Jurídico-Criminais pela Universidade de Coimbra, Visiting Professor na Faculdade de Direito da Universidade de Turim, Pesquisador convidado no Max-Planck-Institut für ausländisches und internationales Strafrecht, Professor do Curso de Direito da FEEVALE, Advogado Criminalista em Porto Alegre e São Paulo.

Marcelo Azambuja Araujo
Advogado. Mestre em Ciências Criminais pela PUCRS.

Mariana Correia Pereira
Mestre em Direito Tributário pela UFMG. Gerente de Orientação e Gestão de Riscos Tributários – Vale S.A.

Mariana Monte Alegre de Paiva
Graduada em Direito pela FGV Direito SP. Pós-graduada em Economia pela FGV EESP. Mestre em Direito Tributário pela FGV Direito SP. Membro do Núcleo de Direito Tributário Aplicado do Mestrado Profissional da FGV Direito SP. Advogada.

Mário Panseri Ferreira
Sócio de Pinheiro Neto Advogados, responsável pela área criminal, e especialista na análise de crimes do colarinho branco, fraudes e investigações internas. Vem sendo nomeado por anos seguidos pela publicação Análise Advocacia como um dos advogados criminalistas mais admirados no Brasil. Graduado em Direito pela Universidade de São Paulo (1995), com especialização em investigação criminal e prática policial pela Academia de Polícia do Estado de São Paulo (1996) e pós-graduação em Direito Penal pela Escola Superior do Ministério Público (2004).

Maurício Yjichi Haga
MBA em Gestão Tributária – Fundação Instituto de Pesquisas Contábeis, Atuariais e Financeiras – FIPECAFI. Pós-Graduado em Direito Tributário – Escola Paulista de Direito – EPD. Graduado em Direito – Universidade Presbiteriana Mackenzie. Membro Efetivo da Comissão Especial do Contencioso Administrativo Tributário da OAB/SP. Advogado.

Maysa de Sá Pittondo Deligne
Mestre em Direito Tributário pela Faculdade de Direito da USP, com doutorado em curso na mesma instituição. Bacharel em Direito pela Faculdade de Direito UFMG. Especialização em Direito de Empresa pela PUC MINAS. Conselheira Titular na 3ª Seção de Julgamento do Conselho Administrativo de Recursos Fiscais – CARF. Professora em cursos de pós-graduação em Direito Tributário do IBDT, PUC-Minas e FUMEC/CAD.

Mônica Pereira Coelho de Vasconcellos
Bacharel em Direito pela Universidade Presbiteriana Mackenzie. Especialista em Direito Tributário e Mestre em Direito Econômico e Financeiro pela Faculdade de Direito da USP. Advogada em São Paulo.

Pablo Rodrigo Alflen
Professor Permanente do Programa de Pós-graduação em Direito (mestrado e doutorado) e do Departamento de Ciências Penais da Faculdade de Direito da Universidade Federal do Rio Grande do Sul – UFRGS. Doutor em Ciências Criminais – PUCRS, Pós-doutor (U. Göttingen).

Pedro Adamy
Professor da Escola de Direito da PUCRS. Doutorando em Direito na Universidade de Heidelberg, Alemanha. Mestre em Direito do Estado – Direito Tributário – pela UFRGS. Advogado em Porto Alegre e São Paulo.

Pierpaolo Cruz Bottini
Advogado. Professor Livre Docente do Departamento de Direito Penal, Medicina Forense e Criminologia da Faculdade de Direito da USP. Mestre e Doutor em direito penal pela USP. Autor de livros sobre crimes econômicos, como "Lavagem de Dinheiro" em coautoria com Gustavo Badaró.

Raquel Cavalcanti Ramos Machado
Mestre em Direito pela Universidade Federal do Ceará. Doutora em Direito Tributário pela Universidade de São Paulo. Membro do Instituto Cearense de Estudos Tributários – ICET. Professora e Chefe do Departamento de Direito Público da Faculdade de Direito da Universidade Federal do Ceará. Visiting Scholar da Wirtschaftsuniversität, Viena, Áustria (2015/2016).

Reginaldo dos Santos Bueno
Bacharel em Direito e Especialista em Direito e Gestão Tributária pela Unisinos. Advogado.

Renato de Mello Jorge Silveira
Professor Titular da Faculdade de Direito da USP. Vice-Diretor da Faculdade de Direito da USP. Advogado.

Sara Carvalho Matanzaz
Mestre em Ciências Jurídico-Forenses pela Faculdade de Direito da Universidade de Coimbra. Bacharel em Direito pela Faculdade de Direito da UFMG. Advogada criminalista. Professora de Direito Penal e Direito Administrativo pela Nova Faculdade – Contagem/MG e de Direito Penal Tributário em pós-graduação FUMEC/CAD.

Sérgio Salomão Shecaira
Professor Titular de Direito Penal da USP. Mestre e Doutor em Direito Penal. Livre-docente em criminologia. Ex-Presidente do IBCCRIM e do CNPCPC. Advogado criminal.

Sidney Stahl
Sidney Stahl é advogado militante. Mestre em Direito Constitucional e Doutor em Direito Tributário pela PUC-SP. Pós-Graduado lato sensu em Administração Contábil e Financeira – CEAG pela Fundação Getúlio Vargas de São Paulo. Foi Conselheiro Titular da 3ª Seção do Conselho Administrativo de Recursos Fiscais do Ministério da Fazenda – CARF.

Susana Aires de Sousa
Professora Auxiliar da Faculdade de Direito da Universidade de Coimbra, Mestre e Doutorada em Ciências Jurídico-Criminais pela Faculdade de Direito da Universidade de Coimbra.